U0505362

PHILOSOPHY OF SOCIAL LAW

社会法哲学

（上）

董保华 著

上海人民出版社

自序

根深才能叶茂

诚如先生所说　每颗心都有瑕
潇洒不是不怕　是愿付出代价
权衡利弊后　仍守对与错①

十多年前，有一位北京法律出版社的编辑，赶来上海，约笔者写一本社会法哲学的著作。交谈间特别强调其他学科都有这样的著作，并认为，在曾获第十三届中国图书奖的《社会法原论》基础上进行理论升华，笔者具备条件。由于当时正在撰写《劳动合同立法的争鸣与思考》，无暇分心，错过了这一约稿。劳动合同法是一次破纪录的立法②，至少在当时看来，对这一场大讨论进行学术总结，是更为紧要的学术任务。2012年随着劳动合同法从立法争论转向修法争论，有些看法也会深化，“纵然一夜风吹去，只在芦花浅水边”。对于引发举国上下大讨论的立法活动，任何简单的学术说理，都会显得苍白，不忘来处，才有归途，学者应当去追根溯源。一场立法大讨论常常会促使理论体系的建设或深化，德国民法典的大讨论促成基尔克理论的完善，劳动合同法的大讨论促使笔者走近基尔克。2013年本人与出版社签下了本书的合同，只是没有想到这成为十年之约。寻根之旅之所以艰难，缘于对根的理解，根本、根源、根据，学科发展应当遵循“物有本末，事有终始。知所先后，则近道矣”的规律，社会法哲学须在历史、理论、现实三种逻辑中得到阐述。

根本讲的是现实逻辑。社会法应当注重体系化研究，这是一个学科保持定力的根本。长期以来，我国社会法学界对于是否需要进行体系化的基础理论研究存在严重分歧。《劳动合同法》立法中我们关注热点问题，从立法机构收到的意见数量上来看，在短短的一个月③内，全国人大共收到各地人民群众意见191 849件，远远超过在此之前的另一个争议极大的《物权法》法案11 543件，后者在当时创造了一个单行法

① 《借过一下》是由周深演唱、周以力作曲制作、唐恬作词的《庆余年第二季》片尾曲。

② 从影响范围的广度来看，其不仅在国内引发激烈讨论，更是在国际上掀起了轩然大波；从其影响的深度来说，不仅在劳动法学界引发了激烈争论，更是波及社会的各阶层；从其影响持续时间来看，自草案征求意见开始一直延续到《劳动合同法》公布实施，关于它的争论从来没有停止过。

③ 从2006年3月20日开始，到2006年4月20日截止。

规征求意见的最高记录。然而，我国学界不应回避数字差异的真实原因，更不能忽视这两场讨论中学者的不同表现。两部立法都面临着强烈的“姓资姓社”的社会质疑，《物权法》讨论并未引发民法学界的理论分化，法学的专业意见保持了稳定。《劳动合同法》讨论中，社会法学者不仅对一些劳资冲突的非理性表达乐此不疲，还公开形成理想主义与实用主义的两种治学方式。理想主义治学观决定了学术手段的多样性，实用主义治学观决定了学术立场的多变性。在我国民法典编纂取得成功后，劳动法学界迅速行动起来，不仅认识到体系化研究的重要性，基础理论的大厦似乎也一夜建成，很多学者都发出了具有中国特色的劳动法典的立法时机已经成熟的声音（朱宁宁，2022：54—55）。在一些学者还是学术新秀时曾以为：“‘社会法’能获得官方认可实为‘幸运’。”（郑尚元，2008b：155）在学术新秀成为学术中坚时，似乎“幸运”不在了。殊不知，从那两场大讨论开始，民法与社会法已经开始分道扬镳，两者并无可比性。一个学科会因为大量学者的随波逐流而失去定力，我国社会法研究离体系化、法典化的目标也渐行渐远。与其临渊羡鱼，不如退而结网，只有在历史与理论交织中才会结成现实之网。

根源讲的是历史逻辑。在法的发展过程中，实证法从自然法分离出来，使法律只具有形式法的特点。从马克思提出的社会法概念到基尔克的社会法概念，20 世纪自然法复兴，社会法学特别关注实证法脱离自然法的价值判断而带来的种种问题。社会法经典表述是：“在我们的公法中务必要飘荡着自然法自由王国的空气，而我们的私法也必须浸透着社会主义的膏油！”（基尔克，2017：31）完整理解基尔克对历史逻辑的表述，可以得出实质法也不应该脱离形式法的结论。社会主义法脱离形式法的制约构成了我国历史特点，通过推行劳动合同制度，让实质法有了形式法的保证，我国的市场经济发展是在放弃阶级斗争为纲的基础上展开的。在改革开放的背景下，我国接过了欧洲当年由一群社会民主党理论家创造的适应市场经济发展的社会法理论旗帜，这是将马克思主义与市场经济相结合的重大理论举措。日本福田德三则从社会政策的角度来重新检识自然法：“社会政策不认同自然法说，也不把社会任意的重塑，它不是单纯对现存社会进行说明和顺应，而是对现实社会中的问题和缺陷进行改良，它不同于社会主义对社会进行彻底的颠覆和改造。”（福田德三，1980：185—186）我国理想主义并未摆正革命与改良的位置，也才会有手段的多样性。韦伯的评价具有启发意义：“在一些感人的伦理公设（‘正义’‘人类尊严’）的基础上实行一种社会法（soziale Recht）。但是这从根本上使法律形式主义成了问题。”①

根据讲的是理论逻辑。在社会与法的互动关系成为社会法研究对象时，应当遵循马克思主义的分析方法：“事物本身的理性在这里应当作为一种自身矛盾的东西展

① Weber M., *The Theory of Social and Economic Organization*, New York, NY: The Free Press, 1964, p.648.

开，并且在自身求得自己的统一。”[①]基尔克提出个人法和社会法的概念时，已经预示了社会法以研究悖论为基本方法。基尔克语境下的个人法与社会法遵循着两种不同甚至是对立的价值观，表面上同一命题或推理中隐含着两个对立的结论。螺旋式的历史发展规律，体现为国家的重大立法活动常常会引发出所谓范式转换的思维，这是我国实用主义治学观以立场多变为特点的原因。悖论的成因极为复杂且深刻，社会法所涉及的悖论源于原生的个别劳动关系与派生的社会协调关系的内在冲突。劳动合同立法讨论中一些极端化的思维将这种悖论描绘为不可调和，其实是违背社会法立法目标的。施塔姆勒在《正当法的理论》中指出，意志的共同性是从人们的社会合作中引申出来的法是先验的必然，因为法存在于合作的思想中。弱者理论应当研究个人目的与社会合作的相互关系。社会问题、社会政策、社会运动形成社会领域三个中轴因素，社会法域与之对应，须建立契约理论、倾斜理论、分层理论，并在社会整合的目标下，构建法律平衡理论。

从根本、根源、根据三者统一的视角来观察，苏力认为，中国的学派之争在 20 世纪 80—90 年代表现为政法法学、注释法学和社科法学的交替出现（苏力，2001：3）。我国理想主义与实用主义的两种治学方式只是政法法学、注释法学在社会法研究中的具体表现，社会法的学术研究不可能脱离中国的学术大环境。我国社会法有“法律性质介于公法与私法之间”的基本定位（王家福，载肖扬，1995：18）。归纳起来，劳动法学研究中不拘绳墨的极端范式其实只有两个方向：一个是强化个人法，形成特别私法的观点；一个是强化基尔克所描绘的社会法[②]，形成特别公法的观点。历史上，强调雇佣关系，民法特别法的观点试图膨胀合同空间挤出基准法，改变社会法与私法的边界，将劳动合同置于雇佣合同的下位概念，归入民法。相反，随着劳资冲突理论的发展，将合同法理解为侵权法，试图膨胀基准法挤出合同空间，形成以公法方式改变社会法与公法边界的观点。当社会法的发展不断受到两个方向的干扰时，强调法思想与法形态对立统一关系，社会法哲学研究的意义凸显出来。

正如德国法学家克尔克加德（Kierkegaard）指出的那样：“任何概念都拥有自身的历史，它们不能抵抗时代的变化。”（魏德士，1995：114—115）今天是《中华人民共和国劳动法》公布 30 周年的日子，今年笔者进入古稀之年。生于甲午年，当算木马人，笔者的理论是在各种激烈的冲突中一步步走来的。20 世纪 80 年代的弱者理论，90

① “在生动的思想世界的具体表现方面，例如，在法、国家、自然界、全部哲学方面……我们必须从对象的发展上细心研究对象本身，决不应该任意分割它们；事物本身的理性在这里应当作为一种自身矛盾的东西展开，并且在自身求得自己的统一。”参见《马克思恩格斯全集》第 47 卷，人民出版社 1995 年版，第 8 页。

② 社会法规范的是被称为社会人（Gesellschaftwesen）的那些人们的意思关系，即将人视为较高的全部——即社会的团体之一部而加以规范，又把团体本身视为更高的团体的结合之一部而加以规范。社会法是以上下关系（Einordnung，üher-und unterordnung）为基础而从“主体的拘束”出发的。Gierke，Deutsches Privatrecht，I. p.26f（转自美浓部达吉，2003：30—31）。

年代的倾斜理论，21世纪00年代的分层理论，10年代的平衡理论，“人在其中，行动进退，随意所适”①，后三种理论是围绕着《劳动法》《劳动合同法》的立法与修法提出与展开的。笔者以两种不同的方式参与了我国两部最重要的法律的立法、修法活动。如果说前一部法是以起草者这样的身份；后一部法则是批评者的角色，由此有了冰火两重天的人生经历。“白衣过泥潭，世故里浪漫”，这是听的歌，也是走的路，人过总是会留痕。在我们这一代人走向学术生涯的终点时，留衣钵还是泥潭，留世故还是浪漫，不同治学观有不同的传承内容。

基尔克的社会化思想成为今天法学的主流思想，然而本人去世后却常深陷泥潭，被污名化，历史上这种现象时有发生。对于我国社会法学来说，有人留下了人多势众式的众口铄金，这是一种足以让一个学科积毁销骨的力量。当指鹿为马得以传承时，本书只是让人了解真实的“马说”。然而，过大的容量使这一目标可能难以达成，有鉴于此，在本书送交出版编辑期间，笔者另外为华师大的学生编写了《社会法原理》的教材，建议读者可以先读教材，再来阅读本书。当然，对只有耐心读前三页或前三句的批评者，这本教材的容量也是偏大的。

一个学科应当有自己的根，根深才能叶茂，本固才能枝荣。从《劳动合同立法的争鸣与思考》开始，笔者开启了“社会法与法社会”这套丛书的写作计划。其中：《劳动合同立法的争鸣与思考》一书，尽可能真实地回顾并还原劳动合同立法的进程及背景资料，梳理并展示主要争议话题的各家学说。该书曾获上海市第十一届哲学社会科学优秀成果奖(2010—2011年度)著作类一等奖。《集体劳动争议与群体劳动争议的法律机制研究》在界定我国集体争议与群体争议的基础上，对两种机制进行联动分析，获上海市第十六届哲学社会科学成果奖(2020—2021年度)著作类二等奖。本书也为丛书画上句号。“社会法与法社会”丛书由上海人民出版社出版，各著作得以付梓，离不开编辑们的辛勤劳动，在此致以诚挚的谢意！

董保华

2024年7月5日写在《劳动法》公布30周年的日子

① 《南史·齐纪下·废帝东昏侯》：“(帝)始欲骑马，未习其事，俞灵韵为作木马，人在其中，行动进退，随意所适。”

目　　录

自序　根深才能叶茂 …… 1

第一篇　弱者论

第一章　社会法的悖论与理论 …… 3
　第一节　社会法与弱者理论 …… 3
　第二节　社会法与社会法域 …… 14
　第三节　法社会与社会领域 …… 35
　第四节　社会法与法社会 …… 43

第二章　社会法的实质论 …… 50
　第一节　社会领域与实质法 …… 50
　第二节　社会主义的实质法 …… 60
　第三节　实质法在我国的演变 …… 70

第三章　社会法的形式论 …… 76
　第一节　社会法域与形式法 …… 76
　第二节　公法、私法的分立逻辑 …… 84
　第三节　个体、社会的融合逻辑 …… 94
　第四节　分立、融合逻辑的理论冲突 …… 103

第四章　社会法的体系论 …… 112
　第一节　社会法体系的概述 …… 112

第二节　德法的社会法…… 120
第三节　英美的社会法…… 132
第四节　日本的社会法…… 144
第五节　西方各国社会法演变的启示…… 158

第五章　社会法的本位论 …… 172
第一节　社会法的利益观…… 172
第二节　社会法的权利观…… 182
第三节　社会法的法益观…… 193
第四节　社会法的权益观…… 206

第二篇　契约论

第六章　微观层次的悖论与理论 …… 219
第一节　契约理论面对的悖论…… 219
第二节　历史视域:从身份到契约 …… 226
第三节　思维视域:契约面前人人平等 …… 234
第四节　现实视域:相对弱者的理论定位 …… 239

第七章　社会法的平等主体 …… 245
第一节　平等性的法律主体…… 245
第二节　合同关系的权利主体…… 253
第三节　合同关系的受益主体…… 265

第八章　社会法的契约权利 …… 274
第一节　契约权利与消极权利…… 274
第二节　劳动择业权利…… 283
第三节　劳动报酬权利…… 295
第四节　解雇限制权利…… 313

第九章　社会法的权利救济 …… 327
第一节　自发秩序与权利救济…… 327

第二节　一般秩序:法律非伦理化 …… 340
第三节　特殊秩序:法律伦理化 …… 352

第三篇　倾斜论

第十章　宏观层次的悖论与理论 …… 367
第一节　倾斜理论面对的悖论 …… 367
第二节　历史视域:从契约到身份 …… 377
第三节　思维视域:法律面前人人平等 …… 387
第四节　现实视域:倾斜保护的原则 …… 394

第十一章　社会法的从属人格 …… 402
第一节　从属性的法律人格 …… 402
第二节　福利关系的义务主体 …… 414
第三节　福利关系的受益主体 …… 430

第十二章　社会法的生存法益 …… 441
第一节　生存法益与积极权利 …… 441
第二节　劳动就业法益 …… 456
第三节　劳动保护法益 …… 470
第四节　退休养老法益 …… 491

第十三章　社会法的法益保障 …… 504
第一节　建构秩序与法益保障 …… 504
第二节　契约的行政干预 …… 510
第三节　福利的行政给付 …… 519

第四篇　分层论

第十四章　中观层次的悖论与理论 …… 537
第一节　分层理论面对的悖论 …… 537

第二节　历史视域:契约与身份的融合 …………………………………… 550
第三节　思维视域:真理面前人人平等 …………………………………… 560
第四节　现实视域:分层保护的机制 ……………………………………… 569

第十五章　社会法的社团人格…………………………………………… 574
第一节　社会团体的法律人格…………………………………………… 574
第二节　社团关系的权力主体…………………………………………… 587
第三节　社团关系的受益主体…………………………………………… 603

第十六章　社会法的调整法益…………………………………………… 619
第一节　社会权力与社会责任…………………………………………… 619
第二节　西方谈判与参与的机制差异…………………………………… 634
第三节　我国谈判与参与的机制合并…………………………………… 642
第四节　谈判与参与的机制界分与互动………………………………… 652

第十七章　社会法的权力衡量…………………………………………… 660
第一节　团体社会的争议行为…………………………………………… 660
第二节　利益争议与社会救济…………………………………………… 671
第三节　权利争议与公力救济…………………………………………… 689

第五篇　平衡论

第十八章　多层协调的悖论与理论 …………………………………… 697
第一节　平衡理论面对的悖论…………………………………………… 697
第二节　国际视角:三代人权的平衡 …………………………………… 708
第三节　国内视角:历史面前人人平等 ………………………………… 715
第四节　平衡保护的立法目标与现实演变……………………………… 727

第十九章　社会法的复合人格…………………………………………… 735
第一节　平等人与从属人的平衡………………………………………… 735
第二节　权利人与义务人的平衡………………………………………… 749

第三节　自利人与受益人的平衡 …… 765

第二十章　社会法的综合权益 …… 779
第一节　契约权利与生存法益的平衡 …… 779
第二节　择业权利与就业法益的平衡 …… 789
第三节　报酬权利与保护法益的平衡 …… 798
第四节　解雇权利与养老法益的平衡 …… 813

第二十一章　社会法的救济保障 …… 829
第一节　权利救济与法益保障的平衡 …… 829
第二节　权利关系权力化的平衡 …… 843
第三节　权力关系权利化的平衡 …… 856

第二十二章　社会法理论的主要争鸣 …… 864
第一节　社会法与经济法的争议焦点 …… 864
第二节　围绕合同法的争论 …… 877
第三节　围绕劳动合同法的争论 …… 885
第四节　围绕民法典编纂的争论 …… 900
第五节　历史与观念的现实汇合 …… 919

参考文献 …… 927

社会法悖论与理论的对称框架及索引 …… 980

后记　山不转水转 …… 983

第一篇 弱者论

基尔克之问：除了形式上的法外，是否还存在实质上的法，以至于人们可以跟立法者对论不法，并在人格最内在的圣地被其所侵犯的个人可以主张反抗的权利，还是这里仅仅涉及法与道德的冲突？

- 社会与法之间的紧密联系是社会法名称的由来，以弱者理论为核心的社会法理论涉及三种逻辑的相互关系。
- 从历史逻辑上看，从身份到契约，再从契约到新的身份，社会法在历史演变中产生出来。
- 从思维逻辑上看，界定权力、权利、法益、利益的相互关系，才可能认识在社会利益发展轨迹上形成的各种法学范畴。
- 从现实逻辑上看，社会法关注形式法脱离实质法而产生的社会问题，社会法的社会政策不能脱离法社会的观察分析。

第一章

社会法的悖论与理论

我们所说的"社会法"学说其实应被更准确地称为"社会主义"学说，同我们之前提到的个人主义学说相对应。

——莱昂·狄骥（Léon Duguit）

第一节　社会法与弱者理论

从马克思提出的社会法概念到奥拓·冯·基尔克(Otto Friedrich von Gierke，1841—1921)①的社会法概念，社会与法的互动关系成为社会法研究对象。循着基尔克之问来进行观察，第二代人权概念与第一代人权概念发生了价值冲突，并在第三代人权概念中延伸，社会法的理论在三代人权观念的冲突与协调中形成。

一、社会法的概念

黑格尔(Hegel)第一次明确提出了逻辑的东西和历史的东西相统一的思想。他指出："意识在这条道路上所经历的它那一系列的形态，可以说是意识自身向科学发展的一篇详细的形成史。"(黑格尔，1981:55)马克思继承和发扬了这种研究方式。只有历史逻辑与思维逻辑相结合的观察，才会对社会法形成恰当的理解。

从德国法来看，"社会法(Sozialrecht)一词至少可以溯源于17世纪的胡果·格劳秀斯(Hugo Grotius)"，②以后成为社会主义的代名词。"社会法"的概念经过长期演变后主要集中在"法社会学""社会法学"两种理解上，在这两个方面马克思主义具有开创性的地位。社会学称之为"法社会学"，法学称之为"社会法学"，两种称谓之间既有联系又有区别。马克思主义对社会现实的关注，与只强调国家权威的实证法学

---

① 在我国也曾经被译为祁克，德国法学家、德国历史法学派日耳曼学派的代表。主要著作有《德国私法》(*Deutsches Privatrecht*)、《国家法基本理论》(*Grundbegriff des Staatsrechts*)、《德意志团体法论》(*Das deutsche Genossenschaftsrecht*)、《团体理论》(*Die Genossenschaftstheorie*)，等等。

② Hans F. Zacher, Was ist Sozialrecht, in: Klaus Müller herausgeben, Sozialrecht in Wissenschaft und Praxis, Verlag R.S. Schulz, p.371(转自沈建峰，2019a:38)。

形成了鲜明的对比，因此也被社会学家莱塞尔尊为"法社会学"的鼻祖（莱塞尔：2011：47）。魏德士（Rüthers）则从法学的角度强调马克思开创了"社会法学（Gesellschaftliche Rechtswissenschaft）的法学新时代"。[①]一般认为，第三法域之社会法作为一个学术概念起源于德国，这一概念早在1870年即由偌斯勒（H. Roesler）提出，[②]但是偌斯勒"试图对当时法学的推动并无持续共鸣，他关于'社会法'这一概念的萌芽也很快被遗忘了"。[③]以后基尔克做出了大量的论述，并成为现代社会法研究的奠基人。

社会法学的研究首先要克服望文生义、图解法律的弊病，这恰恰是我国当下社会法研究的基本方法。美国法学家罗纳德・德沃金（Ronald Dworkin）认为，在法律、政治等人文社会科学领域所运用的概念常常是一种诠释性的概念（interpretative concept），缺乏确定不变的使用规则[④]。美国法学家庞德（Roscoe Pound，1870—1964）在谈及法学概念的滥用问题时，总结了法学观念的三种较为容易被误用的情况：(1)使用了"解释性词语"；(2)使用一些涵盖太多内容的概念而又对它们不加区别地适用于不同事项而导致混乱；(3)因消除上述混乱，人们企图假定一个确切单词的严格适用能解决法律科学中的基本问题而导致的混乱（庞德，2007：35）。传统法学研究中有热衷给法律概念下定义的惯例，因此庞德所批评的现象至今仍普遍存在。英国法学家哈特（H.L.A.Hart）强调在使用中理解法律概念，对"定义偏好"给予批评。社会法学作为一门独立的学科也必然在抽象思维成果方面形成一些最重要、最核心的范畴或概念，但是长期以来我国社会法研究一直沉迷某种"定义偏好"的状态。

社会法理论应当建立在悖论研究的基础上，马克思强调"事物本身的理性在这里应当作为一种自身矛盾的东西展开，并且在自身求得自己的统一"。[⑤]依据历史的观点，法是人类自己共同生活（Gemeinleben）的基本组成部分，由于法作为人类自由意志行为的外部标准具有特殊的、独特的社会功能，在形成过程中其在一定程度上臣服于内在的法则。因此，基尔克从实质法与形式法的冲突入手来进行分析，强调了法思想（Rechtsgedanke）与法形态的区别与联系，"内核在表皮中形成，且该表皮对于内核的形成不可或缺"。基尔克所说的实质法与法思想并不完全相同。实质法等同于与个体相关且历史悠久的社会存在的其他组成部分——如同语言、宗教、美德、习俗、经济、艺术、科学和外在的社团组织（Verbandsorganisation）。这里既包括法思想也包括承载这种思想的外在表现形式如社团等社会存在。这种实质法既是日耳曼性的，

---

① 魏德士则从法学的角度强调："马克思和施坦因开创了被人们称为社会法学（Gesellschaftliche Rechtswissenschaft）的法学新时代。"（魏德士，2005：231）

② Hermann Rosier，Deutsches Verwaltungsrecht，Bd.，I，Das sociale Verwaltungsrecht，1872（转自 Hans F. Zacher，2005：6）。

③ Felix Schmidt，Sozialrecht und Recht der sozialen Sicherheit，Duncker & Humblot，1981，p.69（转自沈建峰，2019a：38）。

④ Ronald Dworkin，*Law's Empire*，Beijing：China Social Sciences Publishing House，1999，p.71（转自胡欣诣，2013：127）。

⑤ 《马克思恩格斯全集》第40卷，人民出版社1982年版，第10页。

又是社会性的，因而也是具体的。形式法与实质法的冲突是社会法悖论的基本来源，基尔克显然赋予私法新的含义。拉德布鲁赫(Gustav Radbruch, 1878—1949)[①]称基尔克为“社会法思想的前驱”(拉德布鲁赫，1997:66)，随着时间的推移，特别是三代人权理论的提出，我们越来越能感受到这一评价的精准。

从悖论出发来进行理论论证，说明只以一种视角或者只强调单方面的因素来看待社会法是不科学的。当人们审视和谐社会建构的问题时，常常以达到的某种预设的和谐目标来标榜人类社会进步，然而，马克思不仅将冲突看作现代社会的普遍现象，而且将冲突视为解释人类历史的一把钥匙(俞睿，2008:66)。在这一争论中，基尔克的思想被我国学界长期忽视。基尔克的重大贡献是揭示出了社会法学研究中的内在矛盾。

二、基尔克之问的理论阐述

如果说苏格拉底方法是引进距离和质问，基尔克在1882年的演讲中，则提出了一系列发人深省的问题并开始着手回答，从某种意义上说是将社会法研究中两重含义的内在冲突凸显了出来，由此为极具批判精神的社会法理论奠基。拉德布鲁赫的相对主义更是赋予这种研究以法哲学地位。从现代冲突理论的视角看社会的建构问题，可以得到一个独特的观事视角。

(一) 基尔克提出的质问

1882年，基尔克在名为“自然法与德国法”演讲中提出了一系列的问题。其中一个重要问题反映出社会矛盾：“除了形式上的法外，是否还存在实质上的法，以至于人们可以跟立法者对论不法，并在人格最内在的圣地被其所侵犯的个人可以主张反抗的权利，还是这里仅仅涉及法与道德的冲突？”(基尔克，2017:2)从以下三点可以看到社会法理念对传统法学的冲击。

其一，基尔克提到的“人们可以跟立法者对论不法”，很快发展成为一场现实大讨论，即《德国民法典》制定时的立法争论。在基尔克看来，“在欧洲各处，或至少在德意志的大地上，抽象理论中的反社会的构想在不久前已经成为现实”(基尔克，2017:29)。《德国民法典》总体上是第一代人权观念的产物，潘德克顿法学是由罗马法(学说汇纂)发展而成的体大思精的德国民法学，是以一种实证法的方式来研究罗马法。《德国民法典》在雇佣关系上受罗马法的影响，按“物法”规范，把雇佣关系视为财产法，甚至未达到第一代人权思想的保护标准。这一时期古典人权论在英国已经发展出“法定权利说”，在德国也存在“目的人权论”。在最广泛的公众中，以及在最狭义的专业圈内，人们开始感受到了抽象学科在理论上的贫瘠和在实践中的无能。

其二，基尔克提到的“除了形式上的法外，是否还存在实质上的法”。基尔克所说

① 拉德布鲁赫也译为拉得布鲁志，现通译为拉德布鲁赫，德国著名法学家、社会活动家，一生著述甚丰，以Einführung in die Rechtswissenschaft(《法学导论》)与Rechtsphilosophie(《法哲学》)最负盛名。

的形式法，主要是指以公法、私法划分为特征的罗马法。罗马法这时是作为一种德国的实在法而存在的，与之相联系的实证法具有抽象的特点。杰里米·边沁[①](Jeremy Bentham, 1748—1832)明确反对"天赋人权说"，而主张"法定权利说"。[②]在当时的社会环境中，基尔克认为实质法与形式法，社会性与反社会性发生了激烈的冲突。[③]以社会法观念为依据，一些学者对立法提出了不同意见，《德国民法典》制定时，除基尔克外，安东·门格尔(Anton Menger)等都从极不相同的角度对只注重形式法的倾向提出批评。

其三，基尔克强调"在人格最内在的圣地被其所侵犯的个人可以主张反抗的权利，还是这里仅仅涉及法与道德的冲突"？这是一个相当超前的提法。这个问题在第二次世界大战后，曾经引发了自然法学派与分析法学派的世纪大讨论，事实上，这些问题在当时历史法学派内的罗马学派与日耳曼学派中就存在激烈争论，罗马学派所持的是实证法的观点，而日耳曼学派所持的是自然法的观点，这和日后的那场争论非常相似。基尔克对德国当时的法律现状是极为不满的，并认为法学研究不应当仅研究"法"是什么，而要关注法"应当是"什么。在他看来，[④]《德国民法典》是19世纪末自由资本主义向垄断资本主义过渡时期制定的法典，也是德国资产阶级和荣克贵族相妥协的产物，具有时代的局限。[⑤]

(二) 基尔克之问的现实聚焦

基尔克那长长的一串的问题可以说是其长期深入而广泛研究的结晶，聚焦于历史与未来交汇点，理论在对未来进行构建时，首先要对过去进行回顾。

基尔克之问回溯了历史，强调形式法与实质法的冲突是物法与人法的冲突。罗马法学家盖尤斯(约130—180年)在《法学阶梯》以人法、物法、诉讼法形成三编式结构。16世纪法学家登厄鲁斯认为，属于我们的东西，可以分为两种，一种是本来就属于我们的东西，另一种就是我们所负担义务的东西(星野英一，载梁慧星，1997a：176)。这里所说的本来属于我们的东西，最基本的部分就是人格(李岩，2007：142)，由此不仅构成人格法与财产法的区别，更存在内在的冲突，并发展为罗马法与日耳曼

① 英国的法理学家、功利主义哲学家、经济学家和社会改革者。他是政治上的激进分子，亦是英国法律改革运动的先驱和领袖，并以功利主义哲学的创立者、动物权利的宣扬者及自然权利的反对者而闻名于世。

② "权利是法律的产物，而且仅仅是法律的产物；没有法律也就没有权利。"H.L.A. Hart, *Essay on Bentham Oxlord*, 1981, p.82(转自叶立煊、李似珍，1991：122)。

③ "赤裸裸的实证主义经常浮现，其最终目的是消灭法理念(Rechtsidee)。"这种状态妨碍了必要的调整。"在形形色色、熠熠生辉的法形态中，如今恰恰是学术中的各种理论被尊为贵重器皿，这些理论肯定或多或少地会拒绝对法思想(Rechtsgedanke)进行清洗。"在各种人类共同体之中国家居于重要的地位，一些学者"被委任为共同文化进程中的缔造者一样，亦被特别地呼召为法的塑造者。"(基尔克，2017：7、5)

④ "历史法学派不可辩驳地证明了法律本质之中的可变化性(Wandelbarkeit)。"因此，才需要"通过自然法而将法律理念提升到实证法之上"以自然法来纠正实证法(基尔克，2017：126)。

⑤ 《公共基础知识：德国民法典》，《中公教育》2018年1月12日，载 https://www.offcn.com/jzg/2018/0112/14902.html，2022年12月19日访问。

法的冲突。基尔克从日耳曼法观点将这种人法称为“共同体人法”。①在社会变动的条件下，基尔克之问重新强调了被当时民法学者所忽视的人法的理论价值。《德国民法典》起草中罗马法学者作为主要起草者，而日耳曼法学者作为主要批评者的现实也反映在基尔克的问题中，基尔克继承了日耳曼人法的传统。

基尔克之问面向着未来，可以视为社会人权论（第二代人权理论）向古典人权论（第一代人权论）提出的质疑，多少说明当时的法律形式难以解决社会现实问题。目的人权论的代表人物是伊曼努尔·康德（Immanuel Kant，1724—1804）以及新康德主义学派的一部分人权论者。目的人权论认为人本身即目的，故而有人权的概念。边沁认为“在立法方面，安全是最重要的目标”。②可惜的是，哪怕是康德人权观念也没有在《德国民法典》草案中得以充分反映。基尔克继承了康德的思想，以更新了的人法观念向雇佣关系中的物法倾向挑战，其实也是以当时的人权观念或自然法观念对当时立法者提出批评。在“尊重人，永远把人当作目的”的人权运动正成为时代精神的主旋律时，人法与人权之间的关系极为紧密。19 世纪兴起的社会主义思潮，针对自由资本主义竞争进行了严厉的批判，社会法从一开始就建立在对当时占据主导地位的资本主义形式法的批评之上。“基尔克之问”伴随社会改良，穿越 130 年的时空，横亘在我们面前，对今天仍有启发意义。100 多年来社会仍在不断发生冲突与妥协，基尔克当时批评的法律形式与社会现实脱节的问题，仍是今天法学研究的主要问题，实质法与形式法之间的矛盾冲突依然是今天社会法研究的主要难题。

（三）基尔克之问的历史背景

19 世纪的末期，在“政治-社会”的革命转型中，欧洲出现了精神危机。这场危机强烈地震撼人文科学的前提、路径及其意义的思考。基尔克的批评对象很大程度上是德国历史法学派中的罗马学派，该学派的领袖人物是萨维尼（Friedrich Karl von Savigny，1779—1861）。这一时期德国学术界以萨维尼、埃希霍恩（Eichhorn）、格林（Grimm）③等人为主流，基尔克将他们称为“历史分析法学派”（基尔克，2017）。当时的德国社会各阶层分化开始显现，新兴社会力量如资产阶级团体、无产阶级团体开始涌现，对于社会生活产生重大影响。承法国大革命之余绪，又受法国 1830 年 7 月革命的影响，到 19 世纪 40 年代，德国差不多处于法国 1789 年所处的状况了。社团在革命的政治理论中具有重要地位，社团的发展壮大往往会导致萨氏的不安，因此，萨氏对于新兴社团极不信任。④面对当时西方市场经济发展到一定阶段出现的社会矛

---

① 基尔克认为，在市场经济条件下，私法应当“涵括人法上的持续关系，这涉及整体和其部分之间的关系。而罗马法和日耳曼法观点、个人的和社会的制度在这里分歧更严重！”（基尔克，2017：47—53）

② J. Bentham, *Theory of Cegislation London*, 1914, Vol.1, p.123（转自叶立煊、李似珍，1991：134）。

③ 指的是雅各·格林（Jakob Grimm），其曾为萨维尼的学生，1830 年任哥廷根大学教授，“哥廷根七君子”之一。

④ Frederick Hallis, *Corporate Personality: A Study of Jurisprudence*, Aalen: Oxford University Press, 1978, p.4（转自仲崇玉，2006：53）。

盾，基尔克主张的改良与萨维尼的保守恰成对比。

罗马学派与日耳曼学派的冲突有深刻的历史背景。古典自然法学曾经适应了资产阶级反对封建神权及王权，要求获得政治权利和地位的需要，提出第一代的人权要求。随着古典自然法的观点受到分析法学派的批评，在法的发展过程中，实证法从自然法分离出来，只强调实然法，使法律具有形式法的保守特点。20 世纪自然法复兴，社会法学特别关注实证法脱离自然法的价值判断而带来的种种问题，争议也从私法与公法两方面展开。

一方面，从德国私法研究上看，随着自然法与实证法的分离，自然法体现的正义也有可能与实在法强调的个人权利相冲突，两者间的关系也成了民法学的争论焦点。"显而易见，贯穿我们当代立法的社会性特征已经在众多地方赋予了私法不可磨灭的印记。这些最新的法律，即通常被冠之以'社会政策（sozialpolitisch）'法称号的法律，深度地影响了私法的领地。"（基尔克，2017：33）基尔克批评保守的实证法不仅切断了与自然法的联系，更切断了与社会现实的联系。

另一方面，在德国公法学史上，与著名的实证主义法学家拉班德同一时代的黑内尔（Albert Hänel，1833—1918）为拒绝拉班德把重要的历史和政治内容从国家法学说中驱逐出去，构建了以"实质性内容"为基础的国家法学说（施托莱斯，2007：474—479）。其后，黑勒（Hermann Heller，1891—1933，也被译为赫勒、海勒）与凯尔森的争论可以说在一定程度上延续了黑内尔与拉班德的争论。黑勒持有与黑内尔相似的观点，在对拉班德继承人凯尔森的批判中，试图将实证主义法学为构建实定法的规范体系而剔除出去的"实质性内容"重新注入实定法的规范体系内部。"实质性内容"只是一个归纳，黑勒在其著作中经常以历史、伦理、政治、社会实在或者经验内容等来指代这个对象（李哲罕，2016：177）。社会国的论证过程中，强调了实质法与形式法的统一。

在基尔克看来，德国当时出现的情形是：一方面，族群、阶级、所有的宗教团体、国际组织这些紧密或松散的组织的确都在进行着自己独特的法律生活，甚至已经发展为社会运动；另一方面，当历史分析法学派"暂时地忽视"这些现实生活时，他们虽然揭示了法的历史本质，然而，由于他们提供给世界的不是一个全新的、推定的体系，而只是揭示其历史的存在，历史学派并未着手解决法哲学的最新问题。当学者将社会现实问题宣布为无关紧要，并暂时搁置在了一旁时，他们只是在那里强调国家权威（基尔克，2017：4—5）。在基尔克看来，这种保守的历史分析法学派的眼中其实只有"法缔造者的族群精神"，①当实证法脱离自然法的价值理性时，必然出现"恶法亦法"的现象。随着自然法与实证法冲突的加剧，基尔克认为以自然法为核心的实质法会以某种方式显示自己的力量，那种狭隘的、短期的"法缔造者的族群精神"必然受到革命和改良这两种社会法观念的挑战。

① 这里的族群很大程度上是封建王权与资产阶级的结合。对于立法的参与者来说，也只是在保障一种委托人的利益。

三、社会法研究中的弱者理论

我国社会法研究源于弱者理论的提出。西方社会法对经济领域的关注是以社会问题为重点的，从而形成经济领域的社会化；市场经济领域的自治底色，必然强调自由及平等，两者形成了一种悖论。弱者理论以这种形式平等、实质不等的悖论作为研究对象而形成的一种体系思维，是对市场经济条件下社会矛盾进行反思的一种理论，是一种中国语境下的新型人法，事实上与基尔克"人格共同体"理论极为接近。

（一）我国弱者理论的提出

基尔克以"人格共同体"理论来对社会法进行定义："今天私法的使命在于，在强者面前保护弱者，在个人的自私自利前保护集体的福祉。"（基尔克，2017：43）这一论断成为基尔克著名的观点。拉德布鲁赫在《民法典草案和德意志法》（1898）第 2 版中称"他站在德意志法的立场上与草案的个人主义的罗马法学者作斗争"，并强调"劳动法则是针对经济强者，以保护经济弱者的角度思考经济关系"（拉德布鲁赫，1997：66、80）。弱势群体，也叫社会弱者群体，在英文中称"social vulnerable groups"，即同类处于不利地位的社会成员的集合，社会学中的"群体"，往往是由那些在对彼此行为有着共同期待的基础上有组织地在一起发生相互作用的人组成的集团，其基本特征是共同目标性、互动性、聚拢性和组织化。社会法弱者理论强调的弱势群体只是一个虚拟的"群体"，彼此之间并没有组织的认同，也无彼此的互动和联系。弱势群体是根据人的社会地位、生存状况而非生理特征和体能状态来界定，它是社会中一些生活困难、能力不足或被边缘化、受到社会排斥的散落的人的概称（王志惠，2017：290）。

笔者在 20 世纪 80 年代末将"保护劳动者"概括为劳动法的基本原则之一（宣冬玲、董保华，1989：46—47），[①]并做出了与当时传统法学不一样的理解。这一原则强调针对市场经济条件下，劳动异化而产生的相对弱者现象进行一定程度的法律规制，在以后我国纷繁复杂立法活动中进一步完善，从而形成具有我国特点的弱者理论，也是具有我国特点的"人法"理论。许建宇在劳动合同法争论最激烈的时候对笔者当时的努力做出过回忆："劳动法理论中的'倾斜保护''弱者理论'最早还是他提出来的，这一理论已经被《劳动合同法》所采纳。"[②]2002 年，朱镕基总理代表国务院在第九届全国人民代表大会第五次会议上所作的《政府工作报告》中首次对于中国式的弱者理论进行了回应。[③]自此，如何界定"弱势群体"并给予其保护，成为全社会关注的热点，同时，也成为社会学界以及法学界研究的重要对象。社会法上的弱者，实际上不具有社会学意义上的"群体"特征，而即同类处于不利地位的社会成员的集合。如何确切

---

① 该书共有十四章，笔者撰写了其中的十二章。

② 《一位亲身参与立法的浙江专家披露劳动合同法后面的劳资博弈》，《都市快报》2007 年 11 月 25 日。

③ 朱镕基总理代表国务院在第九届全国人民代表大会第五次会议上所作的《政府工作报告》中指出："对弱势群体给予特殊的就业援助。"郑重地使用了"弱势群体"这一术语。

描述进化、异化视域下相对变化的法律体系“特别的社会性目的”，对于社会法研究至关重要。通过立法赋予处于不利地位的市场主体以特殊权利，是社会法追求实质平等特质的表现。作为一种制度建设，保护弱势群体时，社会法需要分成“劣势群体”“脆弱群体”两类，这也是一个较为国际化的群体分类。

（二）脆弱群体与劣势群体

从思维逻辑的视角来观察，朱镕基在《政府工作报告》中提出的“弱势群体”主要是“社会脆弱群体”，我国的社会法理论一开始就是以“社会不利群体”的保护来作为建构的理论依据，两者存在着现实政策与理论观念的差距。现时中国所称的“弱势群体”，无论在政府的规范性文件中，抑或在中国社会对该名词的普遍使用与理解中，已经开始逐步宽泛，既包括“劣势群体”，也涵盖“脆弱群体”。

其一，“社会脆弱群体”（social vulnerable groups），是在“脆弱群体”（vulnerable-groups）概念上发展起来的概念。脆弱群体指由于身体健康有缺陷或者行为能力上的限制，致使其参与市场竞争和社会生活的能力受到严重影响，缺乏生活机会而造成的依赖性人群，包括身体或精神残疾的人、年老体弱的人、丧亲或父母丧失资格的儿童。①日本学者河上肇认为：“对于人类来说有三个东西最重要，即肉体、智能和灵魂，人类所理想的生活就是使三者健全的发展。”（河上肇，2008：17）在河上肇看来，肉体、智能和灵魂三者在对贫困认识上所发挥的作用不一样，他认为由于智能和灵魂完全属于无形之物，是否贫困不容易计量；只有身体是可以计算长短、看得见摸得着的有形之物，在实际对贫民的调查中，一般都以身体作为一个简便的衡量是否贫困的标准，所以那些连维持身体的自然发展之物都无法获取的人就理所当然被认为是贫困的人（河上肇，2008：17）。在当代，社会脆弱群体主要由于缺乏生活机会而造成依赖性的人群，包括身体或精神残疾、年老体弱、丧亲、父母丧失资格的儿童以及艾滋病人、无家可归者、家庭暴力牺牲者等，他们由于身体健康或体能方面的缺陷，参与社会生活的能力受到严重影响，生活困难。

社会脆弱群体是一个传统济贫法的概念，随着民族国家的建立，英国1601年的《济贫法》（*Poor Relief Act*）成为里程碑。最低生存保障这一长期以来由家庭与教会承担，之后在“良善警察”（guten Policey）意义上归属于城市的任务，成了国家的任务。启蒙运动时期的许多重要立法都关注国家职能的这一变化。如在《普鲁士一般邦法》（*Preußisches Allgemeines Landrecht*）中就写道：“国家应向那些不能自负生计，也不能从其他依照特别法有义务为其提供生计的私人处获得生计来源的国民提供饮食照料。”②随着德意志联邦共和国的建立，最低生存保障这一任务在德国获得了宪法保障。对于社会脆弱群体的保障奠定了社会保障法的基础。

---

① Rothman, *Practice with Highly Vulnerable Clients: Case Management and Community-Basedservice*, New Jersey: Prentice Hall, 1995, pp.3—4（转自朱媛，2014：140）。

② Preußisches Allgemeines Landrecht, von 1794, TeilII, Tite 119, §1（转自乌尔里希·贝克尔，2019：7）。

其二,"社会不利群体"(social disadvantaged group),"劣势群体"(disadvantaged groups)是一个在大工业生产中发展起来的概念。"社会不利群体"是一个与"有利群体"(advantaged group)相对的概念,指的是长期、普遍地处于社会经济各领域不利环境的群体,而这种不利环境是由结构性因素和制度性安排造成的。"雇员所拥有的就是饥饿的肚皮和他的双手,他必须获得工作,而在他能找到工作的地方,无论好坏他都必须接受雇主向他提供的各种劳动条件。"(拉德布鲁赫,2017:120—121)河上肇认为有一类"贫困人"只是相对于"有钱人"而言财富不充裕,但是他们生存的需要并没有受到威胁,所以还不是真正意义上的"贫困人"(河上肇,2008:17)。弱势群体散落在市场各个领域,结构复杂,分布广泛。社会法上相对弱者的概念主要是指"社会不利群体",以市场经济的语境加以认识,即在市场竞争中处于劣势地位的市场主体。

我国弱者理论出现于改革开放之初,但弱者理论的法理及其相应的调整方式,却是源于各国社会实践的总结。19 世纪下半叶乃至 20 世纪初期,伴随工业化进程与随之而来的涉及劳动者的社会问题[①],对一般生活风险的保障(Absicherung gegen allgemeine Lebensrisiken)就进一步成为社会国的任务。[②]"社会不利群体"成为法律制度设计主体,"社会脆弱群体"的问题在一定程度上被这一制度吸收并予以解决。个人解放的诉求和民间自助社团的兴起,使劳动关系的调整,社会福利出现了一种新的体制,而不再是旧时代绝对主义国家的主导性权力实践。我国弱者理论在归纳过程中注意了市场经济发展中的共同规律。

(三)弱者理论与主人理论

从历史逻辑上看,在西方的法学研究中,"劳动法"是"社会法"最为重要的内容,但在 20 世纪 80 年代,由于我国强调阶级性,强调劳动控制资本,西方资产阶级的"社会法"与我国无产阶级的"劳动法"犹如两个独立运行的系统,并未发生联系。通过改革,我国劳动关系出现了新的特点:劳动关系兼有财产关系和人身关系的属性,劳动关系兼有平等关系和隶属关系的特征(董保华,1992b:78—79)。从身份到契约,我国劳动者的地位在一个具体的契约关系中,具有相对弱者的地位;从契约到身份,弱者理论试图以一个较为国际化的视角来认识我国的特有劳动问题。笔者依据我国两种同时发生的历史逻辑展开了我国社会法研究的历程。40 年的历程使笔者意识到要对弱者理论进行深入的研究,仍然需要回到历史原点。劳动合同法立法、修法中提出的所谓"单保护"理论,其实仍是传统上主人理论所依据体制的一种反映。历史上,我国弱者理论在进行归纳时,是针对当时占据统治地位的主人理论来进行的。随着时间的推移,经历了多场社会大辩论之后,基尔克之问的启示意义越来越显现。不忘来处,才有归途。一种理论在与明天对话时,首先要与昨天对话,社会法研究中更需

① Franz-Xaver Kaufmann, Sozialpolitisches Denken, Suhrkamp, Frankfurt am Main, 2003, p.29ff.

② 关于这一社会国之铸造过程,参见 Hans F. Zacher, Sozialpolitik und Verfassung im ersten Jahrzehnt der Bundesrepublik Deutschland, Schweitzer, Berlin, 1980, p.18ff, 676ff(尤其是 698f)(转自乌尔里希·贝克尔,2019:8)。

要界定的是我国时隐时现的旧体制的影响。

我国传统的主人理论强调社会主义的实质法，在很大程度上是一种更为典型的"人法"理论，由于脱离市场经济也形成了一种绝对凌驾于"物法"的伦理法。我国现行宪法仍留有历史痕迹，主人理论的表述是"国有企业和城乡集体经济组织的劳动者都应当以国家主人翁的态度对待自己的劳动"。"国家主人翁"成为公有制企业的一种劳动态度，具有公有制道德观念的特点。主人理论的内涵已经大为限缩，不直接与形式法相联系，与传统的主人理论有很大的区别。然而，2022 年 1 月 1 日起施行的《工会法》有了不同的表述，强调"发挥国家主人翁的作用""保障产业工人主人翁地位"。我国传统的主人理论源于马克思关于劳动控制资本的未来社会超前论述。马克思指出："劳动权实际上是表示控制资本、而控制资本又是表示占有生产资料，使生产资料受联合的工人阶级支配，从而消灭雇佣劳动、资本及其相互间的关系。"①这是在一定历史条件下才可能出现的社会形态。当我们以教条主义的方式对待马克思理论时，实际上是以一种特殊类型的身份关系来否定雇佣劳动，国家的作用与历史上的"家父权"相类似，劳动者与国家的关系以类似人身亲属权的观念来描述。我国的历史状态决定了在引入市场经济观念后，劳动法理论体现的社会人权论与基尔克表达的那种日耳曼法更具有亲和性。

以市场经济条件下的社会问题的反思为重心，弱者理论的前提是资本雇佣劳动，当年社会主义法的批判总是依据某种虚幻理论发起的。"保护劳动者原则"是我国 20 世纪 80 年代劳动法著作中普遍提到的一条原则，但从具体阐述来看，传统劳动法学主要依据传统的"主人理论"，劳动者被描绘为特殊的身份。"保护劳动者原则"理解为："这一原则表明我国把劳动者尊为享受权利主人，备加保护。""我国劳动法的这一原则，正确体现了劳动者在生产过程中主人地位，从而与资本主义国家劳动者(劳动力)实行的物权保护原则，权利义务不平等原则以及重物轻人原则相对立。"(吴超民，1988：55—56)这是以德性甚至于神性的观点来认识劳动关系所得出的结论，当阶级内的关系被理解为是一种阶级兄弟的亲属关系时，这是利益一致必然得出的结论。在笔者看来，形式平等而实质不等的社会关系，是我国市场自发运行产生的结果，契约关系带来的现实社会问题须通过弱者理论来认识。两者的区别也集中反映在主人理论与弱者理论的差异上。前者强调了权力型的社会结构，后者强调的是权利型的法律结构。传统的主人理论强调了特殊的身份制度，弱者理论以契约关系作为基本前提。社会法关注一个实行"契约面前人人平等"的自在性领域。

(四) 劳动关系的广义与狭义

从现实逻辑上看，思维逻辑与历史逻辑聚焦于劳动关系的广义与狭义。如果说传统的苏联模式是以一统法的视角来认识广义劳动关系，20 世纪 90 年代开始，则从三分法的视角来认识劳动关系。笔者 90 年代初提出"中国劳动法学"的系统理论，提

① 《马克思恩格斯选集》第 1 卷，人民出版社 1972 年版，第 476 页。

出了狭义劳动关系、具体劳动关系的概念(董保华、程惠瑛,1992:26—31)。广义与狭义的主要区别是国家不再直接成为劳动关系的一方当事人,个别劳动关系出现契约相对性的特点并开始在社会法意义上使用,并在此基础上形成后来被学者称为中义的社会法。

其一,劳动关系在主体上从广义转向狭义。传统的主人理论强调了国家与个人从属关系,国家是劳动关系的一方主体,弱者理论是以企业与劳工的关系为前提,劳动关系具有相对性的特点。我国传统劳动法学可以说是从"国家本位"的视角进行理解的,强调了劳动者的特殊身份,其实也是一种身份制度(董保华,2004a:22);弱者理论关注我国正在推行的劳动合同制度,在主体上狭义劳动关系是从探索用人单位的地位开始的。20世纪80年代末由关怀主编的《劳动法学》。该书劳动关系定义的当事人含糊其辞地称之为"人们之间"(关怀,1987:7)。劳动者被称为"公民","公民"的称谓显然是一个公法上的称谓,对应的应当是国家。实践部门从克服这一定义出发,提出录用者的概念。[①]一些学者进一步提出"单位"(李景森:1989:3)"用人单位"(龚建礼、吴思、李琪,1989:28)与"劳动使用者"(任扶善,1989:162)的概念。主人理论曾作为一种特殊的身份制度,在主体架构中只有国家与个人的纵向关系,经济组织、社会组织的横向联系事实上都因虚化而被抽空。在市场经济条件下,国家不再成为劳动关系的一方主体,劳动关系的双方主体有着各种不同的甚至对立的利益诉求,合同上的相对性是弱者理论认识的前提。

其二,劳动关系在内容上从抽象转向具体。传统的主人理论是权力型关系,弱者理论以权利型关系为前提。主人理论与政治民主直接联系,内容上具有抽象性。任扶善称:"劳动法是我国人民民主法的一个重要部门。"(任扶善,1957:48)关怀强调:"劳动权则是一切民主权利的基础,它是有劳动能力的公民获得参加社会劳动和切实保证按劳动取得报酬的权利。"[②]广义劳动关系具有政治从属性的特点,当时的"内部劳动规则"也是由国家统一制定的,企业、机关、集体组织只是国家管理的一个层次,"企业行政"的称谓也由此而来。劳动权广泛而稳定,很多劳动法的教科书将"劳动法律关系具有长期性"作为一大特点来概括,强调劳动关系的终生特点(谢怀栻、陈明侠,1985:7)。这一理论在我们日常的称谓中也有所体现,如"退休职工""退休工资"等。具体劳动关系的理解是建立在推行劳动合同制度上,经济从属性与政治从属性分离并分别依托市场来建立,劳动权开始了再认识,被理解为分离出多种权利,这些权利有着不同的属性。在市场经济的条件下,择业权、休息权、劳动报酬权、劳动安全卫生权作为宪法中的基本权,也都与劳动权并列,并有了更具体的认识。

其三,劳动关系在方式上从管制转向自治。以公有制为基础,传统的主人理论强调管制关系,弱者理论以自治关系的存在为前提。20世纪80年代劳动关系还是按

① 参见《劳动法手册》,经济管理出版社1988年版,第305页。

② 《劳动法词典》,辽宁人民出版社1987年版。

广义来认识的："由于生产社会化，劳动关系的概念也就扩大了，它不仅包括直接生产过程中发生的劳动关系，而且也包括监督、协调、管理等方面所发生的劳动关系。"(穆镇汉、侯文学，1984：1—2)在这里，劳动关系内容中加入了监督、协调、管理方面的社会关系。在解释这种关系时，指出劳动关系除了包括工时、休假、劳动报酬、职工培训、劳动保护、劳动纪律等内容外，还包括："劳动者在劳动过程中，由于主客观原因，暂时或永久丧失劳动能力时，必须给以物质帮助，在法律形式上表现为劳动保险制度。"这种管制的特点是由企业办社会所带来的。任扶善教授也在《新中国劳动法的产生和发展》一文中详细介绍了如何通过国家的管理来消灭失业(任扶善，1957：48—51)。关怀教授在谈到劳动法的作用时，排在第一位的是"加强国家对劳动工作的领导"，排在第二位的是"合理组织社会劳动，巩固和发展劳动组织"。尽管排在第三位的内容中出现了"保护劳动者权益的内容"，但目的是"充分调动劳动者积极性"，而且排在第四位的内容进行了更进一步的阐述："加速劳动生产率提高，加速实现社会主义现代化。"(关怀，1985：226—228)弱者理论强调的自在性领域是一种自发秩序。而劳动关系是企业行为产生的社会关系，局限于企业范围，着眼于微观利益，是一种等量劳动相交换的自治关系。

长期以来，我国一直按照苏联的理解来解释马克思的相关理论。这是以劳动者作为国家的主人、企业的主人，国家与社会完全一致作为理论前提来进行论证的一种建构秩序，国家从全社会的角度指挥协调单位和个人的活动，对劳动者实施保障。就我国当时的劳动法-统法理论而言，主要强调社会主义性质的实质法，由于根本不存在与市场经济相联系的形式法概念，自然也不会考虑形式与实质的悖论。劳动者的义务与福利也直接与国家的安排相联系。承袭苏联的体制，传统上将劳动法作为纯公法来认识。弱者理论是以权利型关系作为前提来讨论社会问题，劳动关系从广义到狭义的认识，促成我国从市场经济的视角来理解劳动法，这也是笔者有机会参与《劳动法》起草的原因。劳动关系狭义化，劳动法分解为劳动关系调整法与社会保障法，也才有了官方的社会法定义，官方概括的法律门类，被学者理解为中义社会法。

第二节　社会法与社会法域

我国在三分法与一统法的争论中，最终三分法从一统法中挣脱出来，从而形成三分法与一统法并列的立法格局。根据恩格斯的论述，只有从思维逻辑与历史逻辑两个方面来观察，才可能理解我国的社会法体系。各国关于社会法的定义首先遵循的是一种历史逻辑，作为一种体现统治者意愿的法律定义，学者对于社会法的定义总体上不可能突破本国历史给定的条件。

一、我国官方确定的社会法概念

社会法是以维持社会弱势主体的生存及其福利的增进为目的而形成的，调整社会弱势群体在进行社会活动中所产生的社会关系，兼具私法和公法特点的新型法律门类。我国从社会法体系安排上看，以劳动关系为中心，仅将传统上因工人运动推动而产生的立法现象归入社会法体系，而将其他社会运动产生的立法规范归入社会性立法。

（一）我国社会法概念的正式提出

2001年3月9日，时任第九届全国人大常委会委员长李鹏在第九届全国人民代表大会第四次会议《全国人民代表大会常务委员会工作报告》中将有中国特色社会主义法律体系划分为七个法律部门（法律门类）："根据立法工作的实际需要，初步将有中国特色社会主义法律体系划分为七个法律部门，即宪法及宪法相关法、民法商法、行政法、经济法、社会法、刑法、诉讼与非诉讼程序法。"并将社会法界定为"调整劳动关系、社会保障和社会福利关系的法律。我国已经在这方面制定了劳动法和一批保障社会特殊群体权益的法律"（李鹏，2001）。这是中国官方文件中第一次出现"社会法"的概念，并将其作为法律体系中一个重要的法律部门（法律门类）。我国第九届、第十届全国人大常委会是将"社会法"作为一个立法概念提出的，从实在法的角度看，社会法作为一种法律门类，"社会法学"可以说是一种部类法学。

第十届人大也沿用了类似的提法。第十届全国人大法律委员会主任委员杨景宇先生将"社会法"解释为："规范劳动关系、社会保障、社会福利和特殊群体权益保障方面的法律关系的总和。""所调整的是政府与社会之间、社会不同部分之间的法律关系。"（杨景宇，2003）社会法所涉及的范围有所放大。事实上，第九届全国人民代表大会第四次会议在提出"社会法"概念时，我国当时主要是按困难弱势群体的标准来构建法律体系。然而，人大已经申明，其是按实际工作需要来进行立法归类，除了立法理念，还要考虑我国社会发展的实际状况，社会法所涵盖的具体范围是会有一些变动。但总体说来，社会法的提出，标志着我国在适应市场经济发展过程中已经形成较为稳定的立法体系。这是我国法制建设中的重要举措。

十五大报告从党和国家事业发展和法制建设的角度，明确提出到2010年形成中国特色社会主义法律体系。十六大报告再次强调，要适应社会主义市场经济发展，社会全面进步和加入世贸组织的新形势，加强立法工作，提高立法质量，到2010年形成中国特色社会主义法律体系。2011年3月10日，全国人民代表大会常务委员会委员长吴邦国向十一届全国人民代表大会四次会议作全国人大常委会工作报告时庄严宣布，一个立足中国国情和实际、适应改革开放和社会主义现代化建设需要、集中体现党和人民意志的，以宪法为统帅，以宪法相关法、民法商法等多个法律部门的法律为主干，由法律、行政法规、地方性法规与自治条例、单行条例等三个层次的法律规范构成的中国特色社会主义法律体系已经形成(李云刚,2011:1)。从20世纪90年代开始,历经20年的努力,我国形成了自己的法律体系。十七大报告一方面总结,“中国特色社会主义法律体系基本形成,依法治国基本方略切实贯彻”,另一方面提出任务,“依法治国是社会主义民主政治的基本要求,要坚持科学立法、民主立法,完善中国特色社会主义法律体系”。十八大报告强调,要继续完善中国特色社会主义法律体系。十九大报告在强调建设中国特色社会主义法治体系的同时,提出发展中国特色社会主义法治理论。二十大报告强调坚持全面依法治国,推进法治中国建设。

当代中国语境下的法律体系,已经不是学理概念的法律体系,它成为中国社会政治发展的目标,被赋予了丰富的社会政治意义(信春鹰,2014:20)。我国官方公布的社会法定义与整个法律体系一起成为理论与历史的聚焦点。

(二)我国社会法官方定义的基本含义

我国有学者对我国的法律体系的特点进行了论述:“法律体系的结构分为基本结构(部类法结构)、部门法结构、子部门法结构、法律制度等。”“法律体系的基本结构”是指“统摄整个法律体系的总体框架;在这个框架中,法律体系的内容被划分为几大部类”。(谢鹏程,1994:51)之后有学者从世界范围来对这种模式进行研究,将这种法律体系形容为“挂衣钩式的法律体系”(徐国栋,2009:24)。从我国官方给出的定义来看,我国社会法官方定义大体上强调了三个方面的含义。

其一,从外部结构看,社会法是一个与民法商法、行政法、经济法相并列的概念。这是以我国全部现行法律规范按照一定的标准和原则划分为不同的法律门类、法律部门,并由这些法律部门所构成的具有内在联系的统一整体。法律体系(legal system)通常是指一个国家全部现行法律规范分类组合为不同的法律部门而形成的有机联系的统一整体。①简单地说,法律体系就是部类法体系。部类法,又称法律部门,是根据一定标准、原则所制定的同类规范的总称。按官方的解释,我国社会主义法律体系的七大部门(门类),从法学原理上看,这是按照公法、私法和社会法的三分划分,如果说行政法属公法,民商法是私法。

其二,从内部结构看,当时立法体例的一些设计者认为:“社会法的主旨是保护劳动者权益,提供社会保障,对社会弱者予以救济。”(王家福、李步云、刘海年等,1996)社会法是“规范劳动关系、社会保障、社会福利和特殊群体权益保障方面的法律关系的总和”。“其目的在于,从社会整体利益出发保护劳动者,维护社会安定,保障市场健康发展。”(王家福,载肖扬,1995:18)“社会法与公法的不同,主要表现在公法是强制性规范,社会法是强制性规范与任意性规范的结合,如《劳动合同法》确定了劳动基准,在法定基准的前提下当事人享有选择的自由。公法强调权利义务对称,社会法规范可能表现为当事人权利义务的不对称,如公民享受社会保障的权利可能与其义务脱离,称为‘倾斜保护’。”(信春鹰,2014:25)

---

① 《中国大百科全书—法学》,中国大百科全书出版社1984年版,第84页。

其三，从内外结合看，强调“法律性质介于公法与私法之间”（王家福，载肖扬，1995：18）。三分立法本身是指宪法之下的实体法。去除宪法和程序法，七部类立法其实只是五部类立法。这五部类立法中刑法作为保障各个法律部门的责任法是在各个法律部门的法律义务被严重违反时才使用的最严厉的制裁法，可以说具有全局性的独立地位。以权利、义务为特征的立法只有四部类：民商法是私法，行政法属公法，基本上没有争议；与公法、私法并列存在的还有社会法、经济法。社会法作为第三法域以公法与私法融合为特征，以保护弱者为目标并无人质疑；真正存疑的是带有综合性质的经济法。撇开经济法的特殊情况不说，其实我国的多部类立法就是三部类立法也可以说是“三分法”。一统法与三分法的相互博弈，在 20 世纪被称为“单一的法律调整”与“综合法律调整”（梁慧星、王利明，1986：71）的分歧，“三分法”在理论研究与实际归类虽有差异，但两者都体现了“分”的特点，这是社会共识，这是由我国三元法律结构的总体特点决定的。我国的经济法保留着某种历史痕迹，范围比多数国家的经济法大。我国原来是公法的一元法律结构，经济法的这种纵横统一的形式适应了计划经济的特点。随着社会主义市场经济的发展，多元法律结构的形成，三部类立法相当多的内容是从经济法里逐步分离出来的。这种“统”的保留，使我国的多部类立法带有了某种折中的特点，既形成了三个界限清楚的法律部类又在一定程度上保留了“统”的模糊（董保华，2014：104）。

（三）我国社会法官方定义的提出过程

20 世纪 90 年代我国学者开始从社会结构的视角对社会法进行研究，王家福、李步云等主张的多部类立法，[①]影响较大；谢鹏程的三部类立法也有一定的影响。[②]多部类立法侧重现实立法，三部类的立法侧重理论阐述。从实际立法来看，选用多部类立法显然更容易避开有争议的话题，易为大家所接受。我国的七部类立法其实就是在后一种多部类观点基础上形成的，保留了三分法与一统法并存的格局。人大已经申明，其是按实际工作需要来进行立法归类，除了立法理念，还要考虑我国社会发展的实际状况。我国社会法的内外关系是由这种立法现状决定的。

1992 年，党的十四大提出并于翌年 3 月第八届全国人民代表大会第一次会议上通过的《宪法修正案》中明确了“国家实行社会主义市场经济”的目标。十八届四中全会通过的《关于全面推进依法治国若干重大问题的决定》，提出了中国特色社会主义法治体系的概念，其中包括完备的法治规范体系、严密的法治监督体系、有力的法治保障体系等。之后，法学界开始对我国社会主义法律体系进行新的深入研究。随着中国社会主义市场经济改革的发展，中国的法律制度和法律观念发生了重大变化，从某种意义上可以说是私法精神在中国的复兴（江平，1995：34），当时我国学者对于这

① 由宪法、行政法、经济法、行政诉讼法、民商法、民事诉讼法、刑法、刑事诉讼法、社会法九类法律构成（王家福、李步云、刘海年等，1996）。

② 主张宪法之下应当形成私法、公法、社会经济法（谢鹏程，1994：53—57）。

样的法律分类是有高度共识的。

学者的共识并非凭空产生，而是源于国家政策的调整以及一系列的立法活动展开。一般认为我国人大的表述借鉴了1999年根据全国人大常委会领导的指示成立的“有中国特色社会主义法律体系专题研究小组”对我国的法律体系划分的主张。这一小组集中了我国当时最著名的法学专家[①]，这一小组的研究成果，集中反映在王家福向中央领导授课的讲稿上。王家福所强调的：社会法“法律性质介于公法与私法之间。其目的在于，从社会整体利益出发保护劳动者，维护社会安定，保障市场健康发展。”（王家福，载肖扬，1995：18）可以说是集体讨论的产物，也体现了一种官方理解。强调公法、私法、社会法的三者并立，从维护社会利益出发，对劳动者进行倾斜保护，使社会法既不同于对调整对象平等保护的私法，也不同于调整国家与相对人之间不等关系的公法。这是以三分法的观点来对我国的社会法进行诠释。

随着我国法律体系的完善，三分法从一统法中分离出来成为定局。2014年全国人大常委会法工委副主任信春鹰强调：“社会法作为一个独立的法律部门，表现为对民法‘意思自治’原则的修正，所以学术界将之称为公法和私法之外的‘第三领域’。”（信春鹰，2014：24—25）“何谓社会法？从经济往来角度讲，侧重于劳资关系。社会法是大陆法系首先提出来的。社会法的通常定义是：国家为解决各种社会问题，加强社会干预而制定的法律。社会法是公法与私法的结合，又不同于公法和私法，属第三法域。中华人民共和国成立后，陆续制定了几十部有关民政法、劳动法、社会保险法等方面的社会法，在社会生活中起了很大作用。”（邓伟志，2017：7）

从法学理论上看，对应私法与公法，社会法域被理解成为市场与国家之间的互动领域，也可以说是私域与公域之间的一个弹性空间。正如柯亨和阿拉托所分析的那样，个人并不是只在私域活动；国家也并不是只在公域活动。国家的有形之手，有时会越过公域的界限，通过社会政策的方式来影响社会法域；个人的利益有时提升出私域的界限，以社会运动的方式来影响社会法域。正是这种市场与国家之间的互动关系，导致社会法域的形成与发展（董保华等，2001：7）。如果我们将整个社会的利益分成层次的话，个人利益作为私人利益可以视为一种微观的利益；公共利益表现为国家利益时可以视为一种宏观的利益；社会利益反映出一种中观的利益（董保华，2013c：18）。社会法域思想来源是社会有机体理论，社会合作的理念认为社会是一个整体，需要从整体的角度重新解释自由主义理论中有关“公共”和“个体”领域的分野。

二、历史视域中的社会法概念

经济法作为“公法和私法的结合”（信春鹰，2014：24—25），曾经是“一统法”，行政

① 该小组的成员包括：顾昂然、甘子玉、于友民、王利民、王叔文、王家福、厉以宁、乔晓阳、刘政、刘海年、吴志攀、应松年、张晋落、杨景宇、姜云宝、胡康生、高铭暄、程湘清。该小组经研究、讨论认为，我国法律体系划分为以下七个法律部门比较合适：宪法及宪法相关法、民法商法、行政法、经济法、社会法、刑法、诉讼与非诉讼程序法（傅旭，1999）。

法、民商法、社会法的主要内容都是从中分离出来的。20 世纪末的民法与经济法的大论战，实质上是维持当时私法关系屈从于公法关系的纵横统一现状，还是将私法、公法、社会法从"一统法"中分离出来，以三分的形式更清晰地界定国家与市场的关系，"一统法"还是"三分法"成为两种最主要的看法。我国法律体系最终定格在三分法从一统法中分离出来并形成三分法与一统法并列的状态上。劳动法演变为社会法组成部分的过程也是从"一统法"中分离出来并进入"三分法"的进路，是"公法私法化"的反应。

（一）西方社会法概念在我国的提出

20 世纪 30 年代我国就有学者介绍过社会法的相关概念，在郑竞毅编著的《法律大辞书》中有"社会化"词条："法律由个人本位而进于社会本位，不偏于保护私人，不着眼于私人之福利，而以全社会之利益为目标，为全社会之大集团之幸福为根据，即法律之社会化也。"（郑竞毅，2012：705）马超俊、余长河在《比较劳动政策》中以个人主义、国家主义、社会主义的分类来介绍劳动政策体系（马超俊、余长河，2012：57—77）。新中国成立以来，我国社会法的理论研究基本上处于停滞状态。20 世纪 80 年代，我国一些研究西方政治法律思想史的学者开始介绍"社会法"的概念，作为史学研究对象、通过辞书表述为一种历史客观存在的法律现象。

改革开放初期，整个法律体制还与计划经济相联系，我国的法学研究中强调阶级性，社会法主要是作为西方资本主义发展中资产阶级法学家提出的一种法学思潮来进行介绍，一般强调以下三个特征。（1）"社会法"是西方法学发展中的概念，《法学大辞典》强调"西方法学中对公法和私法以外或介于两者之间的一些法律部门的称谓，即具有普遍社会意义的法"（曾庆敏，1988：797—798）。（2）"社会法"是与资本主义一定的发展阶段相联系，《西方政治法律思想史（增订本）》称"是资本主义发展到一定阶段的产物"（吕世伦、谷春德，1987：424—425）。《中国百科大全书—法学》称其是资本主义经济的发展的产物。[①]（3）"社会法"是与资产阶级国家、资产阶级法学家相联系。[②]"社会法"作为"西方法学""资本主义一定发展阶段""资产阶级国家""资产阶级法学家"的主张介绍进我国，与体现我国阶级特色的"劳动法"研究无关，大部分劳动法学者也不关心西方法律思想史上存在"社会法"概念。我国社会法形成路径大体可以归纳为从"苏联版劳动法"到"中国版劳动法"，再到"中国版社会法"。这是一个从社会主义实质法到类似日耳曼式形式法的演变过程，中国版劳动法再三强调自己独立的特点，意在防范罗马法中个人主义的过度渗透。

（二）苏联理论影响下的我国劳动法学的研究

在新中国成立初期，我国曾依靠集中统一的管理体制对市场进行了积极的干预

① 《中国大百科全书—法学》，中国大百科全书出版社 1984 年版，第 80 页。

② 《法学词典》，上海辞书出版社 1984 年版。

和引导，使恶性通货膨胀迅速得到抑制。在“一五”期间，我国依靠这种体制，集中了全国的人力、物力和财力，进行了大规模的基本经济建设，比较快地奠定了新中国工业的初步基础。但是这种体制片面强调国家的集中统一，用行政方法管理经济。就我国劳动法而言，主要强调其社会主义性质。苏联在无产阶级取得政权后，在第一时间公布了八小时工作制。我国《劳动法》在苏维埃政权时就已经实际制定和实施，作为新中国立法的源头，我国劳动法具有鲜明的阶级特色并强调国家的集权。①20 世纪 50 年代我国就曾试图起草《劳动法》，80 年代改革开放后这一法律也是第一批列入立法计划。1978 年，邓小平在党的中央工作会议上提出必须加强社会主义法制建设，十几部法律相继进入起草阶段，劳动法起草委员会也于 1979 年再次开始运转(尤雪云，2007：23)。然而，80 年代我国劳动法学在研究方法与研究思路上与 50 年代基本相同。

受苏联影响，我国早在 20 世纪 50 年代便产生了劳动法学的研究队伍，任扶善教授在《新中国劳动法的产生和发展》一文中也详细介绍了如何通过国家的管理来消灭失业(任扶善，1957：48—51)。中国人民大学成立时，关怀成为该校法律系教师。那时的劳动法课程教研小组除关怀教授外，还包括从北京大学研究生毕业的郭寿康教授以及法学院著名战争法学家的朱荔荪教授，之后王益英也加入了这一队伍。王益英教授以后谈道，在苏联专家的影响下，劳动法因属于公法范围而备受重视。②关怀也强调：“当时法律系学习苏联模式设置课程和建制，讲授莫斯科大学的法学教材，后来逐渐增加了中国实际的内容，并邀请政府部门的官员做报告。”③1954 年宪法出台，我国也开始准备起草《劳动法》，“当时的指导思想是一切学习苏联，所以我们就以它为模式”(刘巧玲，2004)。承袭苏联的传统，以关怀先生为代表的劳动法学家遵循着国家本位思想，传统上将劳动法作为纯公法来认识。

我国的劳动法研究，最初可以说是从接受苏联的劳动法学研究成果开始的。苏联学者亚历山洛夫著的《苏维埃劳动法教程》(亚历山洛夫，1955)曾作为我国 50 年代的劳动法学教材，其革命观点在我国有广泛的影响。苏联所采用的概念体系以阶级专政为价值理念并由一套以意识形态为中心的独特概念构成。在西方的法学研究中，“劳动法”是“社会法”最为重要的内容，但在 80 年代，由于强调阶级性，西方资产阶级的“社会法”与我国无产阶级的“劳动法”犹如两个独立运行的系统，抽象的政治概念极大地排斥了对西方以改良主义为特点的社会法概念的接受，我国革命性的“劳动法”与西方改良性的“社会法”并未发生联系。在以后劳动合同法讨论中，以一统法

① “劳动法是我国人民民主法的一个重要部分。它的任务在于建立、巩固和发展我国社会主义的劳动组织，从而促进劳动生产率的不断增长，并且在生产发展的基础上逐步改善我国劳动者的物质和文化生活。因此，正确地运用劳动法这个武器，就能充分发挥劳动者的积极性和创造性，就能有助于生产计划的完成和超额完成，就能加速社会主义建设的进程，使我国早日从落后的农业国变为先进的工业国。”(任扶善，1957：48)

② 《口述人大法学院历史第十六期举行　王益英教授讲述法学研究所历史》，人大新闻网 2010 年 5 月 31 日，载 https://news.ruc.edu.cn/archives/15662，2021 年 1 月 31 日访问。

③ 《关怀教授口述人大法学院历史，讲述法学院六十年发展历程及劳动法教学体会》，中国人民大学法学院，载 http://law.ruc.edu.cn/Article/ShowArticle.asp?ArticleID=20201，2013 年 8 月 20 日访问。

排斥三分法，理想主义作为一种学说只是历史逻辑重新显现。

我国实行平均主义的分配制度，排斥了优胜劣汰的市场竞争机制，压抑了企业和劳动者的生产积极性和创造性，使企业缺乏活力。这种社会现实形成了政府高度集中管理的一元管制的社会结构，其结果是在改革开放初期，从苏联"进口"强调经济管制的经济法理论很容易取得一统地位，劳动法也被视为这种公法的组成部分从属于经济法。在三分法与一统法争论中，关怀教授被誉为"新中国劳动法学科的奠基人"和"经济法理论的早期开创者"，这两个称号联在一起本身说明争论中我国主流劳动法学是"一统法"理论形成的中坚力量。1983 年，关怀教授主编出版了新中国第一本高等院校法学统编教材《劳动法学》，系统阐述了劳动法的理论，在劳动法学界产生了重要的影响，并载入《中国大百科全书—法学》《法学词典》等著作。1978 年，他公开发表了经济法论文《适应社会主义建设需要，必须加强经济立法研究》。1981 年，他出版的《经济立法与经济司法》被认为是中国经济法的开山之作之一，提出了经济法的概念、理论。经济法、劳动法的概念都源于苏联，两者一脉相承，也可表述为后者从属于前者。

（三）传统劳动法学演变为社会法学的历程

传统劳动法学演变为社会法学是基于劳动关系从广义到狭义的变化，与此同时，我国的社会法学也经历了从中义到广义的演变。这一演变涉及一统法的经济法、广义劳动关系、狭义劳动关系、中义社会法、狭义社会法、广义社会法等一系列概念的演变。

其一，一统法的经济法理论。1980 年关怀受邀担任了《法学词典》的常务编委，并撰写了其中关于"经济法"和"劳动法"的全部词条，还受聘担任《中国大百科全书—法学》编委并担任其中"经济法学科"和"劳动法学科"的主编。这些著作中经济法被表述为"统一调整论"，对"经济法"下的定义是："调整经济关系的法规的总称"，该理论认为经济法调整一切经济关系。所谓"一切经济关系"包括经济管理关系、民事经济关系、劳动经济关系等等，实际上是要用一种国家高度集中统一的管理方式去调整一切经济关系。"统一调整论"流行于我国改革开放的初期，这与我国劳动关系的理解是完全一致的。《苏维埃劳动法教程》在分析了劳动关系的历史类型后，讲了社会主义劳动的性质、劳动关系与劳动法律关系的联系，但并未讲清究竟何为"劳动关系"，更未给劳动关系下定义。这种研究方法也影响了我国的学者。在这种理解中劳动关系作为国家经济管理关系的一部分，国家是当然的主体，劳动关系与其他管理关系高度一致，甚至不需要一个独立的定义来表述。

其二，广义劳动关系的理论。广义劳动关系有时也称为社会劳动关系，是与一统法的经济法相联系的一种劳动法观念。20 世纪 80 年代初期我国是按广义来理解劳动关系的。1984 年出版的《法学词典》中并无劳动关系的词条。"劳动法是调整劳动关系以及与劳动关系密切联系的一些关系的法律"①带来理解上的困惑：在长达千字

① "劳动法是调整劳动关系以及与劳动关系密切联系的一些关系的法律"，这一让大家耳熟能详的"劳动法"概念正出自关怀之手，并载入《中国大百科全书—法学》《法学词典》等各项著作中（关怀，2005：16）。

的"劳动法"词条中，虽然明确其调整对象主要是劳动关系，但对"劳动关系"也无任何解释。[1]何谓劳动关系？与劳动关系密切联系的一些关系有哪些？这时学者已经提出劳动关系需要一个定义的强烈主张。然而，我们是按正在逝去的计划经济，还是已经发生的市场经济来回答这些问题，涉及以什么理念来填补空白。长期受到苏联劳动法影响的我国劳动法学界主流观点的社会劳动关系其实是按前者来填补的。

就劳动关系而言，20 世纪 80 年代后期，关怀主编的《劳动法学》作为高等学校的统编教材，书中将社会劳动关系定义为："人们之间在运用劳动能力、实现劳动过程时发生的关系，这种社会关系与劳动有着直接的联系，劳动是这种关系的基础，也是它的实质。"(关怀，1987：7)这一定义在主体与内容上是有待解释的。对于劳动关系主体，该书只明确了一方：在企业、机关、集体组织中劳动，并遵守各有关单位的内部劳动规则的"公民"。作为公民，个人通过一定的民主形式参与国家的管理，享有公民权；并在公共利益领域服从行政权力的介入、管理，这是公法关系。我国的劳动关系事实上是按公法的含义来理解的。与社会劳动关系相联系的是经济法学者提出的社会分配关系。经济法被认为应当调整四类关系，劳动关系包含在其中。劳动关系被经济法学者以工资、社会保险等关系的名义归入社会分配关系，仍强调国家的决定性作用(李昌麒，1994：35—49)。在以后劳动合同法的争论中，郑尚元、谢增毅等一众社会法学者以公民权来理解社会法，将含有劳动合同法在内劳动法排除在社会法之外(谢增毅，2006；郑尚元，2008b)，虽是模仿经济法学的结果，但源头在于这种社会劳动关系的理解。

其三，狭义劳动关系的理论，市场经济发展影响劳动法学研究。20 世纪 90 年代我国开始按狭义来理解劳动关系。1990 年史探径的《劳动法》出版，尽管依然延续了统编教材中"劳动法是调整劳动关系以及与劳动关系密切联系的一些关系的法律"提法，但做出了全新的解释，他将上述的"劳动关系"定位为"横向关系"；将"与劳动关系密切联系的一些关系"在一定程度上理解为"纵向关系"，并认为"劳动法学界的个别人曾经设想，劳动法应和民法一样，只调整平等主体之间的横向关系，而不调整纵向的关系，纵向的关系应由行政法去调整。如果这样，上面所说的与劳动关系密切相联系的五个方面的关系基本上都将从劳动法的调整范围中划出"，将造成"割裂劳动法律规范"的后果。[2]从市场经济发展的眼光来看，这种认识有待进一步完善，笔者认为应当更清楚地界定这两类关系，从长远来看，工会关系应当从纵向关系中区别出来。笔者进一步将其分为个别劳动关系、集体劳动关系、劳动行政关系这样三类关系(董保华、程惠瑛，1992：38)。这一理解，已经具有后来学者所说的"劳动法学者的标准叙述"(郑少华，2007：5)的雏形。

受当时经济法纵横统一论的影响，史探径将劳动关系理解为"横向关系"，将包括工会关系在内的其他关系理解为"纵向关系"虽不够准确，但其看到劳动关系所具有

---

① 《法学词典》，上海辞书出版社 1984 年版。

② 这里指的是：管理劳动力方面的关系、执行劳动保险方面的关系、处理劳动争议方面的关系、监督劳动法律执行方面的关系、工会组织与工会会员之间的关系(引者注，史探径，1990：47)。

的"横向关系"的性质，在当时至少是难能可贵的。这种看法也促使青年学者反思苏联的劳动立法实践："苏联社会主义的劳动立法活动是一场伟大的实践，然而，社会主义在发展过程中，逐步形成了高度集中统一的管理体制，劳动法也成为强化行政管理的手段，劳动法的一些规定脱离了本国社会主义经济发展的实际。总结社会主义发展的曲折经历，对于完善我国的劳动法体系，促进劳动领域的改革具有重要的意义。"（董保华、程惠瑛，1992：10—11）在强调苏联模式局限性的基础上，开始接受来自西方的社会法学改良思想。"可见，自由竞争经济，是通过市民社会里的民法，根据私法自治原则运行的。但是在这种条件下形成的自由的雇佣关系又阻碍了资本主义的发展，这就需要超越民法界限的国家干预法，也就是法的社会化。如果说权利法观念的着眼点在个人，那么社会法观念的着眼点则在社会。劳动法的制定正是这种法观念演变而出现的法律现象。"（董保华，1997a：9）弱者理论的提出，使革命性法转向改良性法，中国版劳动法有强烈的人法特点，从一开始就更接近日耳曼法而非罗马法。从以后合同法、民法典编纂讨论中可看出，这是以国内外民法教科书培养出来的所谓民法特别法学者难以理解的地方。

其四，狭义劳动关系转向社会法研究的转折点。20 世纪 90 年代初期我国开始第三次起草《劳动法》①。20 世纪最后十年的中国和世界，都出现巨大的变数，邓小平南方谈话要求我们以更加市场化的方式来进行《劳动法》的起草工作，也使有关部门原来起草的稿子有了调整的压力，这也是笔者被邀请参加《劳动法》起草的缘由。笔者提出的基准化与合同化相结合的观点是希望将国家有限的管制建立在一个更为市场化的环境下，这一观点体现在这一时期公布的《劳动法》上。从内容上看，《劳动法》既包含传统上具有私法内容的劳动合同，又包括具有公法内容的劳动基准、社会保障，两者的结合，必然形成介于公法与私法之间的第三法域。从主体上看，适应基准化与合同化的相结合的立法体例，需要明确用人单位、工会的法律地位，相对国家与个人，这是第三种力量；我国劳动法在形成过程中，事实上并非罗马法定位，《劳动法》的公布，使我国有条件建立社会法的体系。从法律体系上看，民商法、行政法、社会法已经定格为三分法，并正式从大一统的经济法中分离出来。我国市场经济条件下的社会人权论的理论形态更接近基尔克论证的日耳曼法，与历史上德国一些社会民主党理论家创造的三分法产生了不约而同的联系。

其五，中义社会法的理论。随着社会主义市场经济目标的提出，法学界开始对我国社会主义法律体系进行探索。这一时期我国以"建立社会主义市场经济法律体系"为内容的报告及文章大量出现，《法学研究》等一些重要的刊物开辟了专栏对这一问题进行讨论。正是在这样的背景下，"社会法"的概念开始进入我国法律体系宏观研究的视野。《劳动法》公布之后，笔者开始对我国劳动法的基础理论进行研究，作为一个综合立法，劳动法既有调整劳动关系的内容，也有社会保障、促进就业、特殊群体保

---

① 1956 年，中国曾起草《劳动法》，由于历史原因，中途夭折。1979 年第二次起草《劳动法》，1983 年 7 月曾由国务院常务会议讨论通过《草案》，但因很多问题难以妥善解决，未提交全国人大审议。

护、职业培训的内容，我国学者后来将这部分内容概括为中义社会法的概念。我国的中义社会法理论一开始就是从现实劳动法规定提炼而成，笔者出版了《劳动法原理》(1998)、《劳动法论》(1999)、《劳动关系调整的法律机制》(2000)等一系列专著来研究中义社会法的原理。我国一些学者之所以提出中义社会法的概念，是相对狭义社会法而言。有些学者依据德国立法体例，从社会保障法的角度对“社会法”概念进行介绍。张守文认为：“各国的社会立法却都是以其社会保障政策和社会保障制度为核心的，这一共同之处使得社会法在狭义上常常被理解为社会保障法。”①覃有土教授和樊启荣教授在《社会保障法》一书中也在指出，社会法的意义有广义和狭义之分，认为：“狭义的社会法，乃指由俾斯麦以来创建的社会保障立法，包括社会保险和社会福利立法……”(覃有土、樊启荣，1997：75)中义社会法是一个区别于狭义社会法的概念。在我国立法部门拒绝了狭义社会法的同时，也拒绝了将劳动法作为民法特别法的德国模式。在我国公布的劳动法基础上，由笔者完成了“劳动法学者的标准叙述”。“标准叙述”是指：“董保华教授以总论篇、主体篇、合同篇、基准篇、保障篇、执法篇来构筑其劳动法体系。”“董保华教授以个别契约、团体契约、社会基准的三元调整模式来描述劳动法的调整模式。”(郑少华，2007：5)

其六，广义社会法的理论。笔者作为原理概括出来的广义社会法是根据逻辑自洽而从中义社会法中发展出来的内容。如果将社会法理解为中义社会法，那么以“提取公因式”的方式，具有共同原理的社会法与社会性法可合称为广义社会法。笔者关于基准化与合同化的思想凝固在《劳动法》中，基准界定了与公法的关系，合同界定了与私法的关系，形成了介于公法与私法之间的法域。20世纪末笔者发表了《社会法——对第三法域的探索》，明确将劳动法理解为社会法的一部分，笔者从法律结构的视角对我国劳动法所涉及的内容进行新的定位(董保华、郑少华，1999：30—37)。该文在很大程度上只是一本已经撰写成型著作的提纲。随后出版的《社会法原论》(董保华等，2001)较为细致地论述了这一思想。进入20世纪，法律结构的研究方式开始流行，史探径老师去世后才出版的《社会法学》(史探径，2007)也是以社会法域作为研究对象。在该书中史老披露：这种研究早在1993年便已经开始，在经济法与民法大论战的背景下，史老并未公开主张这一观点。中国社会科学法学研究所课题组1993年8月完成的研究报告中说，社会法“是调整因维护劳动权利、救助待业者而产生的各种社会关系的法律规范的总称，包括劳动法、社会保障法等。它的法律性质介于公法与私法之间，其目的在于从社会整体利益出发，保护劳动者，维护社会安定，保障社会主义健康发展”②。史老当时的想法迂回曲折地反映在其中，由于出版的延

① “各国对社会法的理解是不尽相同的。由于各国的经济与社会发展水平、历史文化传统等各不相同，各国在不同历史发展时期所出现的社会问题及社会政策也有所不同，因而各国社会立法的侧重点及社会法的体系也不尽相同。尽管如此，各国的社会立法却都是以其社会保障政策和社会保障制度为核心的，这一共同之处使得社会法在狭义上常常被理解为社会保障法。”(张守文，1996：9—10)

② 中国社会科学院法学研究所课题组：《建立社会主义市场经济法律体系的理论思考和对策建议》，《法学研究》1993年第6期，第11页。

误，使笔者没有机会就这一话题与史老当面交流。

（四）传统劳动法学演变为社会法学的意义

我国在改革开放的背景下，接过了欧洲当年由一群社会民主党理论家创造的适应市场经济发展的社会法理论旗帜。这是将马克思主义与市场经济相结合的重大理论举措。

德国社会民主党是第一个马克思主义的政党，历史上德国社会民主党发展曾受到马克思、恩格斯的亲自指导。第三法域的理论是第二次世界大战前，由一群参与了大量国家管理实践的社会民主党理论家创立，强调的是一种社会改良，辛茨海默、拉德布鲁赫、黑勒是创立这一理论的重要成员，部分思想体现在《魏玛宪法》中。《魏玛宪法》是由以民主党法学家胡戈·普洛伊斯（Hugo Preuß）为首的起草小组制定的，在这一小组中，唯一的社会民主党成员正是胡戈·辛茨海默，[①]他也是这个起草小组中唯一的劳动法专家。因而辛茨海默的思想是我们理解代表会条款产生历史的重要前提（孟钟捷，2007：45）。拉德布鲁赫担任德国国民议会宪法制定委员会委员（Mitglied der Verfassunggebenden）。1921 年被任命为维尔特内阁（Kabinett Wirth）司法部长。1923 年接手斯特来斯曼（Stresemann）第一届和第二届内阁司法部。拉德布鲁赫 1920 年当选为德国议会民主党议员党团（die Fraktion der Mehrheitssozialisten des Deutschen Reichstags）成员，[②]在海德堡参与修订新社会民主党党纲，1925 年海德堡党纲发表，明确以马克思主义为导向。黑勒也是社会民主党重要成员，提出了社会国的理论。

就德国社会民主党而言，150 年来从德意志帝国时期的工人阶级革命党到魏玛共和国时期议会中的社会主义工人党再到纳粹时期的地下党，第二次世界大战后成为在野党（薛松、柏兴伟，2016：4）。“该党共制定过 6 个纲领，每一个纲领都反映了当时党内的分歧和党内的主流思想。从 1875 年的第一个纲领开始到即将完成的 2003 年新纲领，从中我们可以看到德国社会民主党对社会主义认识过程。”（孙劲松，2002：77）第二次世界大战后德国西占区与柏林之社会民主党代表于汉诺威召开党代表大会，宣布重建社民党，并沿用 1925 年以马克思主义为导向的海德堡纲领，1959 年制定哥德斯堡纲领，放弃了马克思主义，[③]改为主张社会市场经济。第三法域的理论也在这一过程中经历了兴衰，从《社会法》的法律规范上看，仅包括社会保障法，也没有制定魏玛共和国时期曾明确的《劳动法》，魏玛时期最重要的集体谈判的法律地位也

---

① 社会民主党人辛茨海默（Hugo Sinzheimer，1875—1945）曾在慕尼黑、柏林、弗莱堡、马堡和哈勒研究法学与国民经济学。在慕尼黑大学，辛茨海默参加过新历史学派代表、社会政策协会成员卢约·布伦塔诺（Lujo Brentano）的国民经济学讲座，深受后者的社会思想影响，从此开始关注社会问题与社会政策。1903 年，辛茨海默参加自由工会，后来则在法兰克福加入社会民主党。1917 年，他当选为法兰克福市议员。1918/1919 年革命爆发后，他被任命为法兰克福警察局长（孟钟捷，2007：45）。

② 拉德布鲁赫 1933 年被巴登邦（纳粹）当局被解除公职。1945 年恢复教职。

③ 1959 年的哥德斯堡计划中社民党放弃了阶级政党和马克思主义的某些概念，不主张暴力革命，不主张无产阶级专政，并从阶级政党改革为人民党。

有所下降。

我国的市场经济发展也是在放弃阶级斗争为纲的基础上展开的，但我国仍坚持马克思主义的指导思想。市场经济的发展促使我国私法精神复兴，我国参加经济法与民法论战的民法学者关注重点主要在于私法是不是应当从经济法的“一统法”中独立出来，劳动法研究者关注劳动法如何摆脱苏联的影响，并从经济法的大一统框架下分离出来。我国最终采纳了一种三分法与一统法并存的格局，劳动法合并入社会法并成为其主要内容，笔者的学术思想不仅是通过理论阐释，更通过参加《劳动法》的立法实践而得到体现。

我国的社会法理论在形成过程中，总体上并未受到当年德国社会法理论的直接影响，但根据改革开放的社会实践，也强调了社会改良，从客观效果上看，与当年辛茨海默、拉德布鲁赫、黑勒强调的精神其实是一致的。然而，由于我国讨论只发生在有限的范围内，社会法独立地位并未成为大论战的焦点，尽管如此，对于社会法的地位并非没有争论，大体存在三分法与一统法的两种主要的看法。一统法的观点认为劳动社会保障法应当从属于纵横统一的经济法，即便在具有私法特性的民商法已经确立的情形下，仍没有必要提出社会法的概念，更不应当独立。笔者则认为随着私法地位的确立，以限制私权为特点的社会法应当独立，不仅如此，经济法也应当逐步摆脱“一统”的混沌局面。两种观点必然形成针锋相对的学术争论。尽管将劳动法纳入民法的观点在日常学术研究中有相当的影响力，但在立法过程中往往由于众多学者揣摩立法部门意图而产生集体转向，从与自己学术观点相反的立场来对立法提出意见，并未真正影响社会法的学术研究进程(董保华，2011a：343—348、351—357、361—365)。

三、思维视域中的社会法概念

随着劳动法从“一统法”走向“三分法”，社会法与经济法的相互关系，出现了认识上的分歧。在笔者撰写《社会法原论》时，在关于第三法域的讨论中，涉及社会法与经济法的相互关系，当时存在三种看法。在官方定义形成过程中，这三种看法也以一定的方式影响着官方立场。

(一) 社会法与经济法并列的观点

社会法与经济法并列是我国官方最后确定的立法体例，我国将社会法定义于一个相对狭义的范围内，经济法则定义相对宽泛。这是一个“分”的清晰与“统”的模糊相结合的立法体例。全国人大法工委负责人的解释是：“社会法作为一个独立的法律部门，表现为对民法‘意思自治’原则的修正，所以学术界将之称为公法和私法之外的‘第三领域’。”(信春鹰，2014：24—25)由于“分”是三分法的概念，自然只是将社会法理解为第三法域；具有“一统”法特点的经济法被排除在第三法域之外。

中国社会科学院法学研究所课题组于1993年8月完成的研究报告《建立社会主义市场经济法律体系的理论思考及对策建议》，在该报告中提出，我国社会主义市场经济法律体系框架主要由民商法、经济法、社会法三大板块构成的初步设想。王家福代表课题组概括的社会法是中义社会法的正式表达:“社会法作为一个法律部门主要是 20 世纪 60 年代以后的事情,法律性质介于公法与私法之间。其目的在于,从社会整体利益出发保护劳动者,维护社会安定,保障市场健康发展。主要包含了三类法律。一类是劳动法、劳动就业法、职业培训法等。二类是社会保险法,即社会强制(义务)保险法如养老保险法、医疗保险法、失业保险法、事故保险法等。三类是社会救济法。”(王家福、载肖扬,1995:18)我国劳动法通过签订中国式的劳动合同而摆脱苏联体制,相对弱者的理论内涵,合同化与基准化可以确定理论外延,形成介于公法与私法之间的边界。社会法有较为完整的理论表述。

行政法、民商法、社会法的三分法与经济法的一统法的并列,构成了我国七分法的基础,这是我国当时现实生活中可以达成的一种共识。对于经济法而言,官方强调是“公法和私法的结合”(信春鹰,2014:22),从字面上看,可以理解为存在着有待于进一步分解入三分法的过渡内容,从历史演变看,其实当时只是强调“一统法”的特点。官方采取社会法与经济法并列模式是由来源苏联的大一统的经济法本身具有多元价值所决定。在当时经济法多元价值中以国家本位为基调,这种价值观与社会法总体上并不一致,甚至于完全相反。从经济法的大一统框架下分离出来,从认识路径上看,社会法是以“分”的思路出发,成为三分法的组成部分。在对大一统的经济立法支持者甚多的情形下,我国选用多部类立法,一个重要的指导思想是避开有争议的话题。第三法域取一个较狭窄的覆盖范围显然更有利于达成共识,而这种共识正是当时官方定义的基础。当时的立法状态影响了“社会法”覆盖范围的宽窄。

(二) 经济法对社会法吸收的观点

有学者提出,社会法与经济法两者合并以后形成社会经济法概念,并希望将这种社会经济法称为第三法域。从表面上看,这种观点似乎主张社会法与经济法合并,这种合并是以社会法接受经济法的价值观为前提的,其实是经济法“纵向关系为主论”①理论的翻版,经济法吸收社会法。事实上在当年德国提出三分法理论时,也曾经遇到过类似的争论,对比中德的争论有助于我们理解当时的“社会经济法”观点。

1994 年,就读于中国社会科学院的谢鹏程博士发表了论文《论市场经济法律体系的基本结构》。他主张,宪法之下应当形成私法、公法、社会经济法的三部类立法。这种观点认为,仅仅依靠私法来调整市场经济必然面临三方面的问题:“市场失灵”,从而需要“政府在一定范围内进行社会的宏观管理和行政指导”;经济中存在的“外部性”破坏了市场机制对资源的有效配置,从而需要“政府采取行政规制或经济奖惩的办法来加以处理”;中国社会主义制度的性质需要“政府通过实施适当的税收政策和收入政策来保证社会分配和再分配的公正性”“通过建立和健全社会保障机制来保护弱者”。“上述三方面界定了国家干预社会和经济生活的基本内容。前两个方面既是

---

① 纵向关系为主论,见本书第二十二章,第 867—869 页。

经济法的调整对象，又是经济法（如投资法、反垄断法、农业法、金融法等）存在和发展的社会根据。后一个方面则主要属于社会法（如劳动法、保护消费者权益法、教育法、工会法、社会保险法等）的范围。”（谢鹏程，1994:54—56）可以看到，他们提出“国家干预”为特点的第三法域其实是一个基本排除私法内容的经济公法的概念。

1995年，孙笑侠教授进一步对社会法的概念进行了较为系统的论证。他认为，所谓法域，是指法律领域。由于某些部门法存在着一定的共性，所以在法律体系之下、部门法之上存在着另一种分类模式，这是法律体系的中观层次，即法律体系的构成要素。他认为社会法规制对象是“社会经济生活中市场主体与社会间的关系”，并以经济法、社会保障法和环境资源法这三个部门法为规制对象。他认为社会法的规制对象包括经济法（含反不正当竞争法、反垄断法、产品质量与消费者法、财政与金融法、计划法等），社会保障法（含劳动关系法、劳动保障法、社会福利法、工会法等）和环境资源法这三个部门法的规制对象（孙笑侠，1995:93、105）。他所理解的第三法域劳动法被保障法吸收，依然是一个经济公法的领域。德国在提出三分法时也曾发生过与我国类似的争论，拉德布鲁赫进行了介绍：“如果说经济法是将经济关系置于国民经济生产效率的视角下进行观察的话，那么劳动法则是将经济关系置于保护经济上弱者免受经济上强者侵害的视角之下进行观察。前者倾向于企业主的立场，后者则注重劳动者的利益。故经济法的视角和劳动法的视角——以及体现它们的国家机关——经济部和劳动部——时常会发生实际上的或表面上的对立；有关8小时工作制的对立就是一例。”（拉德布鲁赫，2017:119）拉德布鲁赫当时面对的经济法并非是我国这种包罗万象的经济法，但已经面临着价值冲突。

如果将中德学者的论述进行比较，可以看到一些区别：(1)两者对于社会法的内容有不同的表述。我国社会经济法虽然都提到了劳动法，但实际论述时强调的是社会保障法；拉德布鲁赫则是直接将劳动法与经济法做对比。在三分法的情形下，劳动法才是社会法的核心，从当年官方对于社会法的表述中也可看出这一观点。(2)两者对于社会法的价值倾向有不同理解。我国学者更强调经济法与社会法价值共性，这也是我国学者强调社会保障法的原因。以建立社会保障机制的名义，强调需要“政府在一定范围内进行社会的宏观管理和行政指导”的共同价值。而拉德布鲁赫则更强调经济法与劳动法“实际上的或表面上的对立”。(3)两者对于社会本位有不同理解。我国学者在提及社会经济法的概念时，更强调国家对市场的抑制，其实是国家本位。在经济法的理解上，拉德布鲁赫强调国民经济生产效率。经济法所讲的经济政策虽然对结果的关注但并没有彻底否弃公民的平等权利，其重点却是在形式平等得到保证的前提下，设计出一套具有经济效率的合理性政策制定程序（向玉琼，2018:66），这种特点有倾向于企业主的立场。拉德布鲁赫举关于8小时工作制的例子来强调劳动法向劳动者倾斜的特点。这三点区别，折射出我国学者提出社会经济法这一所谓第三法域概念时，其实是以经济法的国家本位理念来吸收社会法的观念，按我国学者关于社会经济法的主张来实行，劳动法其实是没有必要从经济法中分离出来的。在我国劳动法已经公布的情况下，这种观点并不符合我国改革开放的方向，也是最终未被采纳的根本原因。

在笔者进行社会法理论研究的初期，从第三法域的角度系统对社会法进行论述仍然不多，提到"社会法"这一概念的学者也较少。比较而言，孙笑侠先生的论述较为完整，这也是笔者在形成社会法观点时，对该观点着墨较多的原因（董保华等，2001：126—127）。然而，孙笑侠观点将规制对象定位在"市场主体与社会间的关系"，将社会视为改变市场方向的一种力量，这是不恰当的。改革开放前，我国的社会结构是以社会再分配作为制度基础，这种历史逻辑很容易通过强调所谓的社会政策而重新膨胀国家权力。社会是市场经济条件下，以共同的物质生产活动为基础而相互联系的人们的总和，主体是社会关系内容的承载者。社会生活中的主体有自然人、法人、合伙、非法人团体、国家机关等，各类社会关系必然发生于主体之间，而不是主体与社会之间。正是从这种社会再分配的立场出发，才会将财政法、计划法这种体现社会再分配的纯公法的内容与作为消费者保护法、劳动法等保护弱势群体的内容放在一起进行归类，完全忽视了两类立法背后的理念并不相同。尽管如此，如果以社会本位观念对其观点进行修改，仍可以得出一些有意义的结论。社会法的规制对象可以说是市场主体之间涉及社会利益相互关系，这样定义也会对内容进行大幅度调整。

（三）社会法对经济法有限吸收的观点

在第三法域的范围内，以社会法的价值对我国仍归属于经济法的部分内容进行有限吸收，从而使社会法成为一个较为广义的学理概念。拉德布鲁赫《法学导论》中曾引用辛茨海默的观点表示："对于经济法究竟是一个新的法律领域，还是仅是一种新的法律思想方法在不同法律领域的运用，人们尚存争议。与此相反，劳动法（Arbeitsrecht）作为新学科这一点却毫无疑问。"（辛茨海默，1927；波特霍夫，1928；转自拉德布鲁赫，2017：119）间接提及了社会法对经济法有限吸收的观点，必然产生社会性法的概念。这一概念在日本得到了较为充分的发展。作为经济法学者，张守文于1996年撰文反对日本学者的观点，他认为法律社会化并不足以孕育介乎于"公法"与"私法"之间的第三法域，社会法与公、私法并非"同一层次"的概念，社会法应是公法领域中的独立法律部门，具有"社会政策"属性（张守文，1996：12）。当我国以劳动法作为中义法基础时，必然会产生出具有类似价值的社会性法，两者组合成广义社会法。

在官方定义之前，我国学者是从一种比"法律部门"更高层面的"基本结构"[①]的角度，对"社会法"作为"第三法域"进行学理解释。笔者从弱者理论出发，以合同化、基准化为主线，社会法是一个有相同结构因素的法律群，强调社会法域。笔者关于广义社会法的主要观点发表于1999年和2001年，《社会法原论》作为司法部的课题，本

① 如谢鹏程教授在20世纪90年代初期提出："法律体系的结构分为基本结构（部类法结构）、部门法结构、子部门法结构、法律制度等。"谢教授所称的"法律体系的基本结构"是指"统摄整个法律体系的总体框架；在这个框架中，法律体系的内容被划分为几大部类"（谢鹏程，1994：51）。

身还要评审出版，成果完成于2000年上半年。笔者在使用“社会法”这一概念时，在扬弃的基础上借鉴了孙笑侠的提法。如果做一个对比，孙笑侠所称的社会法除官方现在定义的社会法外，还包括中国式的经济法；笔者定义的社会法，除包括现在官方定义的社会法外，还包括部分经济法内容。笔者认为财税法、计划法这些完全以国家管理为内容的法律，其实只是一种经济行政法，是纯公法的内容，在很多市场经济国家也不包括在经济法中，更不应包含在社会法内（董保华等，2001：126）。第三法域只应包括社会法与社会性法。

笔者提出的广义社会法包含了社会法价值对经济法价值吸收的内容，孙笑侠观点中包含了经济法价值对社会法价值的吸收。笔者的观点不仅引起经济法学者的不安，更引起自称社会法学者其实主张上述社会经济法的学者担忧（李昌麒等，2003；谢增毅，2006；郑尚元，2008b；冯彦君，2013）。然而，2010年经济法学研究中发生的那场“反垄断法”与“财政法”何谓龙头法的争论（史际春、宋槿篱，2010），说明经济法学者已经开始较为深入地研究国家视角与社会视角的差异，从而以一种更为精细的方式来梳理自己的体系。经济法在一定程度上实现视角转换，“社会法”与“社会性法”本身会以广义社会法为原理建立起某种内在的逻辑联系，后一类立法从国家划界上从属于经济法。对于我国社会法研究而言，更有意义的是在“统”的领地，发生“分”的探索（董保华，2014：109—110）。

四、现实视域中的社会法概念

现实逻辑可以说是历史逻辑与思维逻辑整合而形成的一种结果。从现实逻辑来观察我国的社会法，有学者认为社会法存在着狭义、中义、广义和泛义的概念（竺效，2004a：171），于是一些学者纷纷撰文在这四个概念中选取一个立场，并据以否定其他概念。从各国的法律体系来看，社会法事实上往往是以多层的方式存在。在我国，内容上区分为社会法与社会性法，形式上区分为法律部门与法律门类，两种划分标准必然整合出狭义社会法与广义社会法等多个并不冲突的概念。

（一）社会法与社会性法

随着我国官方定义的公布，当我国将劳动与社会保障确定为社会的适用范围时，理解社会法的原理，需要涉及社会法与社会性法两个概念。社会法域在进行学理研究时，需要在其他部门法中分离出与自己价值类似的内容，进行比较研究，这部分内容可称之为社会性法。在社会法的立法体系之外出现社会性法这种立法现象，往往是由于社会关系中已经出现了一类需要适用社会法调整机制的社会关系，然而，受制于国家对于立法体系的宏观规定，将这类规范纳入社会法进行调整仍存分歧。这是思维逻辑与历史逻辑冲突所形成的一种妥协性的立法现象。

从思维视角来观察，在官方定义宣布之前，笔者认为，随着市民社会与政治国家的相互渗透，某些私人利益受到普遍的公共利益的限制而形成社会利益。私法与公法的相互交错，出现了作为中间领域的、兼具私法和公法因素的社会法。如果我们将公法看作第一法域；私法看作第二法域；那么私法与公法相融合而产生的社会法则是第三法域。三个法域一经形成，就存在着明显的区别与紧密的联系。私法以个人利益为本位；公法以公共利益为本位；社会法以社会利益为本位。从法律的调节机制上看，三种本位思想，也会形成三种调节机制。以个人利益为本位建立起来的私法在对平权型关系进行调整过程中形成市场调节机制。以公共利益为本位建立起来的公法在对不等型关系调整过程中，形成政府调节机制。市场调节机制存在着内在不稳定性、信息不对称以及相应的外部效应，出现“市场失灵”“政府失灵”的现象，社会则会形成社会调节机制。

从历史视角来观察，社会性法是指针对契约关系产生出来的具有强弱特征的社会关系，并以保护弱者、倾斜立法为原则形成某些法律规范，然而这种法律规范并未纳入社会法的独立体系加以规范。苏永钦在总结德国民法特别法形式时，曾讨论有没有必要纳入第三法域进行归类的问题。他认为，就劳动法而言“渐渐形成一个公私法外在概念体系与指导理念都自成体系的第三法域”，消费者权益保护法也具有“第三法域”的特点，但“最多可以纳入同样宽泛的经济法领域，其体系化的程度都还无法和真正属于第三法域的劳动法相提并论”(苏永钦，2010：67)。按这样的分类，社会法是“应当”纳入第三法域来规范的法律；社会性法是“可以”纳入第三法域来规范的法律。对于后一类法律的纳入与否取决于各个国家的现实情况。从思维逻辑与历史逻辑相结合的角度来对社会法进行定义时，提出社会性法的概念就会变得非常重要，如果我国将劳动法归为社会法，便可将消费者权益保护法归为社会性法。这是以社会法理念来吸收部分经济法的内容的结果。

笔者以为，我国社会法的发展进路是分出两类立法，一类是官方定义的“社会法”，另一类是“社会性法”。这种情形在三分法的其他两分法中也存在。私法与私法性的法并非一个概念，劳动合同法在我国属于社会法，行政合同法属于行政法，但从私法的角度来观察，是一种具有私法性的法。公法与公法性的法并非是一个概念，婚姻法、产权法在我国属于私法的概念，但婚姻登记、产权登记是一个公法性的法。法域作为社会法学理论逻辑或思维逻辑的产物，并不带有国家划界的特点，既包括社会法，也包括社会性法，可以称之为广义社会法。我国社会性法的产生是一种历史逻辑的产物，体现了国家现实管理体制的特点，社会性法并没有涵盖在官方划定的社会法范围内，我国三分法与一统法并存的立法体例事实上会产生中义社会法与广义社会法的区别。从思维逻辑与历史逻辑相结合的角度来对社会法进行定义，提出社会性法的概念就会变得非常重要。

(二) 法律部门与法律门类

以门类形式与部门形式比较来看，由于出现了法典化的形式要求，从国家法律体系上看会产生出区分中义社会法与狭义社会法的要求。我国的法律部门概念为狭义社会法，例如劳动法、社会保险法等，应当是与西方的法典相对应的范围；我国社会法作为门类法概念，可以称之为中义社会法。很多国家的社会法都是以狭义法典与中义门类这样的结构形式存在，区别只在于将前者或后者哪一个命名为“社会法”，如德国更愿意将社会保障法这一部门法称为“社会法”；而法国更愿将劳动法与社会保障法门类法称为“社会法”。狭义与中义两者本不矛盾，更不对立，而是相互补充。我国“中义社会法”的理论价值也应当从狭义部门法与中义门类法来认识。中义社会法与狭义社会法的关系可以视为是社会法内在体系的分层概念。

从形式上看，法律部门是运用特殊调整方法调整一定种类社会关系的法律规范的总和，在某些特定情况下也会出现法律门类的表达。全国人大关于法律部门、法律门类的表述是：“构成有中国特色社会主义法律体系的基本标志是：第一，涵盖各个方面的法律部门（或法律门类）应当齐全。”（李鹏，2001）我国一些学者以为括号中“法律门类”的内容是可以省略的，这是不恰当的。我国立法部门的表述本身说明法律部门的提法具有一定的弹性，有些是狭义法律部门的含义，有些则应当理解为中义的法律门类。严格说来，社会法应当是一个法律门类的概念，狭义法律部门与中义法律门类在属性上存在差异时必然会产生两种不同的研究方法。

法律部门，又称为部门法，我国一般理解为：根据一定的标准和原则，按照法律规范自身的不同性质，调整社会关系的不同领域和不同方法等所划分的同类法律规范的总和。在法学上划分法律部门的主要依据是法律调整的对象和方法，调整对象是主要标准，调整方法是辅助标准（郭琦、雷蕾，2011：264、268）。严格说来，劳动法、社会保险法、社会团体法等，才符合法律部门的定义。从调整对象上看，法律规范的调整对象是某一法律部门所调整的特定的社会关系，是划分法律部门的基本依据和出发点。劳动关系是劳动者与用人单位，社会保险关系是保险人、投保人、被保险人、受益人，社会团体关系是团体与成员，这些调整对象差异很大。从调整方式上看，不同的社会关系决定要由不同的法律规范来调整，这三类立法的调整方式也具有完全不同的特点。当某些构成调整对象的社会关系在性质上不属于同一类，且以不同的调整方法来规范时，应当作为独立的法律部门来对待。我国法律部门在学理上虽是以调整对象和方法来划分，但实际上存在行政划界的管理特点。

法律门类或称为法律部类，在我国并无专门的理论研究，我国有些学者将其等同于“法域”概念，其实两者虽有联系，仍有区别。法域是一个国际上较为流行的理论概念，是一种学术概括；法律门类只是我国立法实践中的特有概念，是一种立法的现实存在。两者范围并不完全一致。官方之所以要提出法律门类的概念，主要是为了补充法律部门概念的不足。我国特有的法律部门概念中管理性与调整性其实是存在一定冲突的。在西方的法律体系中，一般只有调整性含义，这是由于西方的民主政治采取的是在立法过程中，明确执法部门；我国则完全不同，往往是先有管理部门，然后才会根据管理部门的意图，履行必要的立法程序产生出相应的法律，管理性的发展会突破调整性的限制，我国一统法与三分法并存的现实更是加剧了这种现象。在不可能根本改变现有体制的情况下，这种矛盾现状决定了在法律部门概念的基础上，需要补充中义“法律门类”、狭义“法律部门”等相关概念，从而使立法具有某种层次性。我国一些学者在制造所谓中义社会法与广义社会法的概念冲突时，本身是为了服从其学术目的，但选择法律与法域的差异视角来作为攻击对手的依据时，仅从技术层面来考察，涉及内外两个方面的知识贫乏，这种贫乏是由于对我国社会现实常识缺乏所导致的。

从部类法的外部关系上看，涉及门类法与法域的关系。有学者将门类法等同于法域的概念："立法部门将社会法与宪法及宪法相关法、民法商法、行政法、经济法、刑法、诉讼与非诉讼程序法等其他法律部门并列，显然是将其作为一个法律部门来看待的，否则这种并列则成为'法律部门'与'法域'之间的并列，是违反逻辑的。"（冯彦君，2013：16）在该学者的表述中，宪法、行政法、刑法是法律部门，而公法才是"法域"；民法、商法合称时与私法相同，是"法域"（冯彦君，1999a：15）。在国家的七分法中，全国人大已经将这些学者理解为法律部门的宪法、行政法、刑法与其理解为"法域"的私法（民法、商法）并列了。从理论上看，三分法也都具有法域的广义特点，在七分法中还会形成法律门类。从某种意义上看，法律门类作为中义社会法虽是一个比法律部门更接近"法域"的概念，但并非完全相同。民法、商法分列并作为部门法时，其规范只对该法律部门发生作用，但作为中义门类法的则是民商法，根据私法产生出的法域理念则可能对两个部门法产生对内连接作用，法域本是一个理论概念，还有对外辐射。官方所称的社会法本身就不是什么部门法，而是一个门类法，才有必要将其定义为中义社会法，作为门类法必然产生出广义社会法的理念，从而对其他法领域进行辐射。

从部类法的内部关系上看，涉及门类法与部门法的关系。从部门法来看，当我们要用一种类似的调整方式去规范社会关系时，就要求所调整的社会关系具有相同或相近的性质，范围一般比较狭窄，否则制度设计便会失去针对性。从世界各国的发展趋势看，部门法在法典化时应当狭义化，只有具备独特的调整对象与调整方法才可能凝结为法典。从世界各国的法典起草情况来看，民法、商法作为狭义法律部门各有自己的调整对象，[①]当其捆绑而成为一个中义民商法这样的私法门类法概念时，就应当有一个共同的指导思想，而私法理念不仅会对外产生出对其他法域的辐射，也是部门法捆绑成为法律门类的内部依据。在七分法中行政法作为部门法，充其量只可能产生行政程序法典；其实也存在从中义来理解门类法的特点，不同的行政类别，也可提出制定不同法典的要求，每个法典都可理解为狭义行政法。同理，社会法作为一个中义门类法也应有一个统一的法学理念。就劳动法、社会保障法、团体法而言，在大部分国家是分别起草独立的法典来调整，法国将社会保障法与劳动法区分为两部法典为我们提供了范例。随着社会发展，部门法只有狭义化，才可能法典化，从而体现出法律规范的稳定。劳动法、社会保障法、团体法之间的差别比民法与商法之间的差别更大，研究这些狭义法典为什么要捆绑成法律部类法，研究联结这些部门的法学理念，具有现实意义。

---

① 如民法调整平等主体之间的人身和财产关系；商法调整的是市场经济下商主体和商行为之间的关系。

(三) 中义社会法与广义社会法

中义社会法加上社会性法的内容,仅从范围上看,与广义社会法相当。有些学者将“社会法”语词归类为狭义、中义、广义和泛义四种(王为农、吴谦,2002;竺效,2005:61)。有学者进一步建议将社会法研究狭义、中义、广义和泛义相关语词统一为“社会保障法”“社会法”“社会法域”和“社会中的法”(竺效,2005:61—62),问题的关键是要找到这种划分的依据。依笔者看来,除了“社会中的法”泛义概念外,狭、中、广概念是内容与形式的分类结合而整合出来的不同层次的概念。

以法域内容与部类形式比较来看,由于出现了社会性法,从国家法律体系上看会产生出区分中义社会法与广义社会法的必要。中国官方文件中第一次出现“社会法”的概念,①就是将其作为法律体系中一个重要的法律门类,第十届人大也沿用了类似的提法,可以“中义社会法”来概括。官方所具有的强势地位,使“社会法”概念得以官方确定的中义范围,成为一个具有排他性特点的实证法概念,超出这一范围的,都只能归入广义社会法原理范畴,否则不仅会引起新的语词混乱,更会引发部门利益的争夺。中义社会法与广义社会法是社会法联结外部内容的概念。日本学者则更愿意以法域理论为标准,将包括社会保障法、劳动法、经济法等部门法的法群称为“社会法”(董保华,2013c:12、20),法域理论概念决定广义社会法范围。我国中义社会法与广义社会法各个子法之间不具有分层隶属关系,可以说是实际社会法与理论社会法的区别。

在我国学界最大的分歧是以什么样的原理来研究官方确定的中义社会法?笔者的回答是采用广义社会法的理论。从广义社会法的视角来观察,社会法的学理涉及社会法域的同类关系。以传统的私法领域为对象,承认形式平等而实质不等的法律现实,从而划出一种私主体、公内容即“私法公法化”的调整模式,或私主体结成团体即“私法社会化”的调整模式,我国还应加入公主体、私内容即“公法私法化”的调整模式,制度背后的理论逻辑是主体的强弱对比。我国的部门立法带有行政划界的痕迹,在社会法概念形成时,官方已经将一部分具有强弱对比关系的法律,如消费者权益保护法,划归经济法这样的部门法,致使官方中义社会法的范围与学者广义社会法的范围有了区别。这种区别只涉及经济法是否应当适用广义社会法的原理来进行研究,一些研究法理学、民商法的学者甚至于实务界的研究者也已经注意到:“经济法学界越来越多地认同经济法是一种社会法。”(张鲲,2007:22),“基于社会法的视角来研究和认识经济法,已经成为中国经济法学界较为流行的一种潮流。”(毛德龙、王燕,2008:112)无论经济法学者采用何种研究方式,均不妨碍我们在研究官方定义的所谓中义社会法时采用学者阐述的广义社会法的原理来建立体系。

社会法是在弱者理论基础上形成合同法、团体法、基准法的调整方式,笔者认为,学术逻辑有其自身的逻辑张力,学理逻辑既无必要也无可能从学术领地的观念出发,

---

① 九届全国人大将社会法界定为“调整劳动关系、社会保障和社会福利关系的法律。我国已经在这方面制定了劳动法和一批保障社会特殊群体权益的法律”(李鹏,2001)。

来进行削足适履的限制。我国官方定义的社会法以解决社会问题为立法宗旨，涉及狭义法律部门、中义法律门类，但类似的社会问题并不因为官方的行政划界而不出现在其他法律部门，社会法的研究只能通过门类法，并进而以广义社会法的原理来进行。从历史上看，保护相对弱者的要求首先出现在劳动关系中，当这一要求发展到保护消费者时，劳动者依然是相对弱者。社会法有可能限缩自己的逻辑吗？同理，社会法采用基准法、团体法的学术规范，消费者保护中也出现了标准化法以及消费者团体，社会法就不再使用这些概念吗？因为经济法也提出保护弱者，劳动法就不再运用这一概念，这才真的是“耕别人地荒自家田”（冯彦君，2013：15—16）。学术研究本无禁区，劳动法学者并非不可以研究保护消费者的问题，经济法学者长期认为劳动关系是国家管理关系的延伸，讨论劳动问题更是司空见惯，为什么社会法学者需要画地为牢？在相邻法律部门的学术研究中本不存在“仰仗于经济法”①的情形，更不存在通过领导划界来实现和平共处的问题。在特定环境中社会法学术研究出现这种论调，只能说是学界的悲哀。②在笔者看来，无论经济法学者采用何种研究方式，均不妨碍我们在研究官方定义的社会法同时（笔者指的是官方定义而非自称中义社会法学者改造过的定义），采用学者阐述的广义社会法的原理来建立学术体系。

第三节 法社会与社会领域

社会是一个关注事实的自在性领域，从主体和客体的辩证关系来理解，法社会学常常在社会观察的视域里建立起自己的理论范畴，在社会与法的关系中社会被视为主体。我国研究需要从社会领域的角度来研究社会这一概念。笔者认为应当形成社会问题、社会政策、社会互动、社会合作这四个关键词。

一、社会领域的含义

“社会”一词从语义学上分析，是一个用途极其广泛、含义相当复杂的概念。③在西方语境中，英语“society”和法语“societe”均源出拉丁“socius”一词，是指伙伴的意思。德语“社会”（social）一词的词根源于拉丁语“socialis”，较早源于法国的影响，19世纪30年代开始得到传播。在明治年间日本学者最先将英文“society”一词译为“社

① “仰仗于经济法”的提法，见本书第二十二章，第871—872页。

② 《评“需要国家干预论”——兼谈社会法、经济法》一文是笔者对李昌麒等先生公开发表的《经济法与社会法关系考辨——兼与董保华先生商榷》一文的回应，论文写成于2004年，直到2015年才得以公开发表（董保华，2015a：184）。

③ 在我国古籍中，“社”是指土地之神，或祭祀之所；“会”是聚集之意，两字连在一起就是指人们为祭祀土地神而聚集联系在一起。“社”与“会”联用始于唐朝，是指集会庆典的意思。

会”，近代中国学者在翻译日本社会学著作时，沿用了“社会”一词（杨思远，2010：150）。社会法中的“社会”远远超出对于人际交互意义上的社会之描述，[①]“社会”一词在近代以来的西方知识范围内，在政治哲学上获得了一种经典性的规定，它涵盖的是独立于国家之外的私人领域，意指国家控制之外的社会和经济安排、规则和制度。在社会立法的视域中，法社会的视角往往涉及社会领域。从词义学来看，领域是从事一种专门活动或事业的范围或部门，社会领域是一个需要与一般经济领域相区别的概念。日本学者在界定社会事业时谈及了社会领域的概念“拒绝了与资本制经济的优越性意义上的连接，止于社会领域的一般情况下的经济的、保健的、道德的、教育的等的要救护性，在这个意义上来说，从资本制经济的再生产机构中脱落下来，是所谓的经济秩序外在的存在”（大河内一男，1981：119—120）。这一理解是将社会政策与社会领域进行了挂钩，这也是社会法研究中应当关注的视角，社会法常常被理解为社会政策的法律化。

社会法最早的含义是社会主义法，莱昂·狄骥（Léon Duguit，1859—1928）指出：“我们所说的‘社会法’学说其实应被更准确地称为‘社会主义’学说”（莱昂·狄骥，1999：8）。法社会学是以社会学的方法研究法律现象，代表人物有涂尔干（Emile Durkheim，1858—1917）、埃利希（Eugen Ehrlich，1862—1922）、韦伯（Max Weber，1864—1920）、霍姆斯（Holmes）、庞德等。西方许多国家又把这门学科称为“法律与社会”（law and society），或“法学与社会科学”（law and social science）。基尔克的表述是：“显而易见，贯穿我们当代立法的社会性特征已经在众多地方赋予了私法不可磨灭的印记。这些最新的法律，即通常被冠之以‘社会政策（sozialpolitisch）’法称号的法律，深度地影响了私法的领地。”（基尔克，2017：33）

19世纪40年代后“社会”一词进入德语诸多的复合词中被广泛使用，比如社会问题、社会运动、社会科学和社会政策（熊跃根，2020：105），只有与这些概念相联系才能理解社会领域的含义。日本福田德三在日本被尊称为“福利经济之父”，[②]他认为18世纪末到19世纪初的“社会的发现”是和16世纪的“个人的发现”和“国家的发现”相并列的人类的三大发现。在日本，对于“社会”这个词，福田认为“国家不能完全囊括社会，个人也不能与社会相分离，关于社会的现象如社会运动、社会问题、社会主义、社会阶级、社会事业等场合都会使用社会这个概念”（福田德三，1980：22）。20世纪60年代的社会领域常被视为由政府决策并实施的对市民福利有直接效果的政策，包括社会保险、社会救济、住房、教育等等，即沿袭了社会行政的传统。到了80年代，

---

① 正如韦伯所言，个体间的“社会性行为”涉及的是“被期待的他人之行为”，参见Max Weber，Wirtschaft und Gesellschaft(1922)，1972，p.11（转自乌尔里希·贝克尔，2019：7）。

② 福田德三生于东京，就读于东京商科大学（一桥大学的前身）学习经济学，毕业后在应庆义塾执教，后赴德国留学，在德留学期间，系统性学习了德国的社会政策。当时作为后起资本主义国家的德国，产业振兴和科学技术的振兴都获得了迅猛发展，由此日本学习的对象就从以英美为主转向了德国。福田在德国学习了最新的社会政策，回国后在其母校应庆义塾讲授经济学史、社会政策等课程，其所讲授的经济理论，从更广泛的层面展开，在当时的日本学术界产生了很大影响。从其学术贡献来看，他留下了近20卷的《福田德三著作集》，对于日本以东京大学、京都大学等国立大学经济学派为主流的经济学的发展做出了重要贡献。

社会领域被理解为“决定不同社会群体的资源、地位及权利的分配”。90 年代以来，对于社会领域的解释进一步深化，从关注经济性资源分配发展到更加关注社会关系（地位及权利）的分配，认为正是社会关系的分配影响了社会部门（家庭、学校、社会福利、教育、社区等）与经济部门（市场）之间的关系；社会领域不仅属于政府的行为，还反映了不同社群在社会资源及社会关系方面的分配结果，左右社会政策产生不同结果的是社会、经济及政治部门的制度安排（王桌祺、Alan Walker，载张敏杰，2001：283）。这种变化反映了一个多世纪以来人们对社会领域作为一个独立领域的认识越来越深化（杨团，2002：128—129）。

对于社会法的研究来说，某些形式法脱离实质法而带来的问题是社会法产生的最初原因，这种研究必然涉及社会观察，从这个意义上说社会法不能脱离法社会的观察、研究而独立存在。法社会学的结构没有统一的模式，因为法律与社会的关系实在是一个大框架，几乎所有与法律有关的社会问题都可以放在其中。实质法显然是社会法最重要的观察视角，社会法是在社会改良的限缩意义上来理解实质法概念。形式法脱离实质法是社会法产生的原因，这种研究方式也必然包括实质法脱离形式法而产生的问题。社会主义法脱离形式法的制约构成了我国历史特点，通过推行劳动合同制度，让实质法有了形式法的保证。

二、社会领域的构成

社会政策的分析需要政治、法律和管理学方面的知识，①社会问题的复杂性决定了社会领域的复杂性。从法社会的研究角度出发，我国社会领域的研究可以社会问题、社会政策、社会运动作为基本要素。

（一）社会问题

从市场的角度来观察，社会法的目标在于“解决某个‘社会性’问题（soziales problem）”，②在意思自治成为基本方法的自由资本主义时期，个人的人格自由以及相互间的人格平等成为法律制度设计的依据，当年的德国社会政策协会主要是对当时日益发展、高度组织化的德国工人的社会敌对情绪和政治思潮有担忧，进而展开对德国社会问题的理论与经验分析（熊跃根，2020：104—106）。社会问题的研究构成了社会法的研究的逻辑起点，可以从范围、路径，规范上入手。福田对于社会政策的理解富有启发：“社会政策并不是为了政策而制定政策，在‘社会’和‘政策’这两个构成中，最重要的是‘社会’这个词，而不是‘政策’这个词，社会政策是为了社会的政策。”（福田德三，1980：33—34）社会政策与社会问题（social questions）密切相关，从根本

① Spicker，Pau，*Social Policy*：*Themes and Approaches*，1995，London：Prentice Hall，p.9.

② Hans F. Zacher，Sozialstaat，in：Leitgedanken des Rechts，Paul Kirchhof zum 70. Geburtstag，C. F. Müller，Heidelberg，2013，p.285，293（转自乌尔里希·贝克尔，2019：7）。

上说，社会政策是应对社会问题的产物。

从研究的范围上看，以私人所有制为基础的资本主义经济是一种权利关系的经济结构，它建立在强者对弱者的财产先占之上，这种资本主义制度保证了企业经营者对剩余价值的占有，劳动者无法获取自己劳动的全部成果，所以欲望与充足、劳动者和劳动生产物之间的关系难以达到理想状态。日本学者孝桥正一以"劳动者"或"国民大众"作为社会事业的对象，他将劳动者所涉及的课题分为"社会问题"和"社会的问题"两种。所谓社会问题是在资本主义经济体制下由于社会制度的构造缺陷等原因所形成的社会基础的、本质的课题，其具体表现为劳动问题或劳动条件的基本问题；社会的问题则是从基础的、本质的社会问题所派生出来社会困难等，如贫穷及由此产生的无知、怠惰、贪欲、饮酒、游荡、疾病、自杀、暴力、赌博、毒品、卖淫、盗窃、犯罪等社会问题（孝桥正一，1962：24—25）。从这一分类来看，社会法关注的主要是前一类，即社会问题。

从研究的路径上看，福田在国家和个人之间导入"社会"这一媒介，将个人经济问题和国家经济问题都作为重要的社会经济问题而加以重视，认为不论是资本主义还是社会主义都应该以无法消灭的社会问题作为其社会政策的主题来研究（陶芸，2017：48）。蒂特姆斯指出："研究社会政策的基础知识包括：人口变迁——它的过去与现在以及对未来的预测；家庭制度与妇女地位；社会分层与阶级、世袭阶级、地位和流动等概念；社会变迁与工业化的后果，城市化和社会状况；政治结构；工作伦理与工业关系的社会学；少数民族与种族偏见；社会控制、附合、越轨行为和维持政治现状的应用社会学等。"（蒂特姆斯，1991：3）英国是工业革命的发源地，因此也是最早遭遇从传统社会走向现代社会过程中产生的诸多社会矛盾的国家（唐钧，2012：28—29），市场机制带来千百倍于前工业化社会的财富增长，然而，从资源占有到财富分配却出现了显著的不公。

从研究的规范上看，不仅在异化、物化的表达上，马克思、基尔克是相通的，两人对于病态社会的诊断标准其实也有相通之处。分析病态现象是为了认知病态社会，马克思、基尔克、韦伯均认为这种病态现象是资本主义社会特有的现象。马克思认为异化绝不是永恒存在的现象，而是受一定生产关系制约的历史现象。基尔克在德国民法典的起草中，面对"潘德克吞法学"抽象产物提出的批评，才形成实质法的概念。韦伯更是把现代社会的经济行为分成主张形式合理性的市场经济类型和赞成实质合理性的计划经济类型。与此相适应，韦伯在社会形态上区分了社会主义和资本主义（陈志刚，2001：40）。三位理论界的巨匠都清楚地知道，对于病态社会的诊断很大程度上也是对资本主义社会的诊断。

病态社会一定是相对健康社会而言的，在一个变动的社会中，异化是病态，分化是常态，衡量一个社会健康程度的标准应当有正负两个标准。在基尔克看来，健康的标准是："如果存在一个社会体的真实共同生活，则必然有一个中心的生命统一体（Lebenseinheit）与之相适应，这一生命统一体在社会体的所有功能中都发挥作用，并且也让这一社会体的所有器官都服务于自己。"与之相对应的反常标准就是异化的标准,“如果单个的功能由于其分化而损害功能之间的相互联结;由于其独立化而发展成为自我统治的孤立领域,那么这一生命统一体将崩溃,社会有机体将面临解体和消亡”(基尔克,2017:93—94)。虽然使用的概念不同,马克思的评判标准也是类似的。如果将三位理论界的巨匠放在一起,以类似的标准会得出不一样的诊断。马克思通过异化理论说明资本主义已经病入膏肓,不可挽救;韦伯主张形式合理性的市场经济类型时虽然认为形式法是病态的,但认为总体上是理性的,基本上还在健康的范畴中,不需要治疗;基尔克诊断结论则在两者之间,他认为这是一个有病的社会,但可以找到治愈的方法,其方法是在形式法中注入社会法的实质法的改良内容。

随着资本主义进入工业社会的快速发展期,社会生产力发展到全面工业化、自动化和社会化阶段。工业社会的快速发展给资本主义社会提出了新课题:(1)它要求从事自动化、现代化生产的劳动者要有一定的科学文化素质,经过一定的教育和训练,过去那种陷入赤贫境地的工人已无法适应工业社会快速发展的要求;(2)快速发展的工业社会对不断开拓商品市场具有不可抑制的渴求,为此,它需要劳动者群体也能够有较高的市场消费能力,助推市场的开拓;(3)社会生产力的全面工业化、自动化对社会稳定的依赖性增强。任何一种剧烈的社会动荡都会给社会带来无法估量的损害(胡连生,2015:96)。社会问题有了新的形态。

(二)社会政策

政策“policy”,源自拉丁文“politia”,其原义为国家、政府,后指用以指导政府处理公共事务或者立法机关制定法律的一般原则(薛波,2003)。社会政策是以自上而下的方式对社会问题进行应对的社会行为。从政府的角度来观察,英国学者斯皮克和美国学者梅齐力对社会政策的定义略有不同。“社会政策这个名词有三种用法:(1)政府用于福利和社会保护的各种政策,这种用法特别关注社会服务和福利国家;(2)一个社会发展福利的方式,这种用法显得更加宽泛,它代表了一个远远超出政府行动的范畴,包括促进福利的方式和塑造社会福利发展的社会经济条件;(3)关于该主题的学术研究。”①一般来说,我们可以从内涵和外延两方面来界定一个概念。社会政策的内涵主要涉及主体、对象、目标和手段四个要素;社会政策的外延主要指其所涉及的社会领域。

其一,大部分学者认为社会政策的制造者是国家或政府(张海鹰,1993:345—346;夏征农,2002:1477;邓伟志,2006:6)。但也有学者指出,国家和政府并非社会政策的唯一主体,还可能包括其他组织,如有关的国际机构(杨伟民,2004:53;关信平,2005:15)。德文对应英文单词“social policy”(社会政策)的是“Sozialpolitik”(社会政

① 前者在其发表的网络版《社会政策导论》中指出,参见 Spicker and Paul, *An Introduction to Social Policy*, 2005, Aberdeen, Scotland: The Robert Gordon University,载 http://www2.rgu.ac.uk/publicpolicy/introduction, 2022 年 7 月 13 日访问。后者则认为社会政策具有两层含义:“首先指影响市民福利的实际公共政策和项目;其次指描述、诠释和评估这些政策的学术研究领域。”Midgley, James, Tracy Martin and Michelle Livermore, *The Handbook of Social Policy*, 2000, Thousand Oaks: Sage Publications Inc, p.5.

策或社会政治)。作为德国社会政策协会的发起者和核心领袖,施莫勒(Gustav von Schmoller, 1838—1917)、瓦格纳(Adolph Wagner, 1835—1917)和布伦塔诺的观点代表了早期德国学者对社会政策阐述的内涵,他们认为社会政策是一种代表政策倡导的努力,它试图通过对劳工阶级斗争的调整,将其整合进其他社会阶层的社会——政治系统中去。与当时桑巴特等狭隘地将社会政策看作一种针对特定阶级利益或问题的努力不同,施莫勒等人更倾向于将社会政策看作一种以行政力量对社会进行整合的系统努力①。当前一般认为,社会政策是与大众福祉和社会发展密切相关的国家行为或治理工具,它包含一系列的政府政策和计划。社会政策是伴随着近代工业化生产而衍生出来的一个研究领域,需要将其放置在国家的特定语境中来认识,意指国家或社会为了应对社会问题、提升成员福祉而做出的各种制度设计与安排。

其二,社会政策的对象是个人或家庭,或全体社会成员(吴忠民,2004;杨伟民,2004:53)。德国学者最早提出这一概念时,主要针对当时德国贫困人口增加,社会收入分配不公加剧,劳资矛盾尖锐等情况,瓦格纳及其历史学派认为这些社会问题是不符合伦理道德的,由于这些问题被视为自由竞争的结果,他们建议,国家应该加强对生产、分配和消费等经济过程的干预,运用立法和行政手段来调节财产所得和劳动所得之间的分配不均问题。对于社会政策和社会事业之间关系的认识,日本大河内一男认为社会政策的主要对象与资本主义经济社会中作为生产者或劳动者的资格相关联。当前社会政策旨在更加公平地分配各种资源,因此社会政策主要是为弱势群体或下层群体服务,特别是有些社会政策是针对特定人群的,如长者、儿童、残障人士等(黄晨熹,2008:164、178)。

其三,社会政策要实现某种社会目标,主要包括:满足社会需求、增进社会福利,解决社会问题,保障基本权利,稳定社会秩序,促进社会发展(夏征农,2002:1477;吴忠民,2004:75—89;杨伟民,2004:53),其宗旨与核心是实现社会的公平与正义,人的自由与发展。资产阶级的有识之士对本阶级发出警告:"财产越滚越大,一场雪崩就要发生,必须设法阻止它",否则,"它将压扁你和你的子孙"。阻止的办法就是"分散它的速度一定要快于它的增长速度"②。福田德三认为,罗马法以来的西方法律规范植根于私有财产权的"先占"原则,"先占"以外的权利弱势者,其欲望无法得到充分满足,最终会被自然淘汰。福田德三认为,社会政策具体以劳动者的收入确保、身体保护和人格保护的"劳动保护三要点"为实施内容(陶芸,2017:49)。当前一般认为,社会政策的意义就在于矫正欲望与充足、劳动与劳动生产物之间的不适当性。不过,我国学者有时也以较为笼统的"社会目标"来概述之(关信平,2005:15),在社会领域与经济领域、政治领域的互动中,过去 40 年间,各国对于社会领域的具体目标不断地发生着变化。

---

① Werner J. Cahnman, Carl M. Schmitt, "The Concept of Social Policy(Sozialpolitik)," *Journal of Social Policy*, 1979, 8(1), pp.47—59.

② James Allen Smith, *The Evolving American Foundation*, *Philanthropy and the Nonprofit Sector Changing America*, Indiana University Press, 1999, p.37(转自杨团,2002:129)。

其四，社会政策的实施，以国家的立法和行政干预为主要手段。面对社会问题，传统的宗教的或世俗的慈善事业难以应付汹涌而来的社会问题。1601年英国颁布的"伊丽莎白济贫法"，通常被认为是开了国家干预社会(济贫事业)之先河，因此"伊丽莎白济贫法"也被后人追认为是最早的社会政策。社会政策在表现形式上，就是"一系列行为准则、法令和条例的总称"(张海鹰，1993:345—346；夏征农，2002:1477；吴忠民，2004:75)。有学者则把社会政策的主要领域分为社会保障政策、公共医疗卫生政策、公共住房政策、公共教育政策、劳动就业政策、社会福利服务政策、针对专门人群的社会政策体系和社会政策的其他内容(关信平，2005:16—18)。社会政策和社会事业之间基本的不同点在于，社会事业实际上在社会政策的外围活动，对社会政策的周边进行强化和补充，以便于在"经济秩序外的存在"和"经济秩序内的存在"之间进行转换。

(三) 社会运动

社会运动是社会问题发展到一定程度，自下而上的暴发形式。从社会互动的角度来观察，福田认为，劳动者为了获得"人格性"所进行的运动，超越了法律、制度等国家的"外围"，这就意味着劳动者的劳动运动是一种"非国家的、反国家的、超国家的"社会运动。社会行动中最重要的形式是无产阶级为维护自身利益进行斗争的运动，具体形式包括暴力革命、示威、游行、议会合法斗争等形式，其在资本主义的不同发展阶段呈现出不同的特点(语贺楠、方涛，2008:145)。

随着法国工业化在19世纪30年代以后突飞猛进，工人阶级兴起及社会主义思想广泛流行。圣西蒙(Saint-Simon)、傅立叶(Fournier)、卡贝(Cabet)、路易·布朗(Louis Blanc)及蒲鲁东(Proudhon)皆是法国著名的社会主义者。他们成立民间组织，提倡社会主义及人道思想，希望政府加强保障国民的就业机会、老弱者的权益。这种思想亦直接激发"主权在民"的观念及对普选的争取。社会主义的宣传行动，更增加了人民的普遍不满。劳动权诞生于工人阶级反抗资产阶级的剥削和压迫斗争中，是世界工人运动胜利的成果。1831年法国里昂工人起义时提出了"生活、工作或死亡"的口号；1848年法国"二月革命"时，资产阶级政府被迫在当年发布的命令中承认了劳动权(但随后废除)(李炳安，2002:3)。1946年法国规定：任何人有工作的义务，并享有就业的权利。进入20世纪后，劳工运动、消费者运动、妇女运动、环保运动的风起云涌使人们对社会问题在深度、广度上都有了不同的认识。

在福田看来，"人格生活"本来在作为个人的生活和作为国家一员的生活两者之间是统一的，但是现实中，拥有"人格"的劳动者不得不为了生存而受制于财产所有者，从而陷入了人格无法发展的矛盾，因此，劳动者就必然想要克服资产所有者的支配而发生劳动运动，其目的在于回复"人格"的地位，这种"人格性"回复的运动是在社会中实现的。然而，社会运动是否真的能促使"人格性"回复，却充满争论。1789年的大革命给法国社会带来了深远影响，初期的法国大革命具有宗教般的色彩，自由、平等的价值理念被赋予神圣性，"穷人们兴高采烈地看着人间天堂的回归。这种激情滋养了革命的理想主义，但与此同时，它也点燃了令人担忧的激情所带来的全部复杂性”（乔治·勒费弗尔，2010：65）。“大革命通过一番痉挛式的痛苦努力，直截了当、大刀阔斧、毫无顾忌地突然间便完成了需要自身一点一滴地、长时间才能成就的事业。这就是大革命的业绩。”（托克维尔，1992：60）这段话可以说是表达了托克维尔解释的核心思想：社会运动乃是旧制度下社会演进的结果（刘北成，2001：98）。法国大革命宣扬“自由、民主、平等”的理念成为备受推崇的价值观念，却没有使法国走上稳定发展的道路，反而呈现循环式的暴力革命。如何终结法国社会不断发生的暴力革命并形成稳定的社会秩序，成为当时的社会思想家所面临的核心问题（曹锦清、张贯磊，2018：119）。社会运动是否真的能促使“人格性”回复，充满争论。

总之，在福田德三看来，所谓社会政策的“本领”，就是用“国家这个容器来控制社会生活扩张的妨碍者”或者“使得国家的外围更加富于弹性，从而能够包容共同生活的斗争”劳动者通过与“非人格的斗争”促进“人格的发展”和“福利化”，社会政策在协调不同的“斗争政策”中发挥作用。福田德三指出“发现社会的存在，研究其运行规律，在这个运行规律上对社会与国家之间的关系做出正确的解释，同时还要探究社会与个人之间的关系，这是社会政策理论研究的第一问题。”（福田德三，1980：33—34）

三、社会领域的整合

自上而下的社会政策与自下而上的社会运动是两种反向的行动，作为一种国家主导的规范实践，促成了 19 世纪 80 年代具有浓厚法团主义色彩的社会保险法案的诞生，出现社会整合或社会融合（social integration）的概念。德国俾斯麦时期的社会立法在一定程度上使社会政策的理念更广为人知，更重要的是这些立法使工人问题变成德国国家整合的一个关键问题。①20 世纪国际劳工组织也在努力推动各国在社会合作与社会互动中，达成一些共识。例如，面对社会政策实行中眼花缭乱的称谓，采用了社会保障这个概念，并于 1952 年国际劳工大会上通过了《社会保障（最低标准）公约》，制定了建立社会保障制度的基本准则。社会领域是一个相对政治领域、经济领域而存在的概念。在政治领域、经济领域之外发现社会领域的独特价值，从社会合作的角度出发，可以对社会领域进行界定。

从经济领域与社会领域的界分与互动来看，公司制度的发展，使现代社会出现了一对特有的关系，即法人与自然人的关系。法人与自然人表面看来是完全平等的，然而，在现实生活中，法人制度的出现，打破了财产关系原有的平衡。这一矛盾也使传统的老弱病残的社会问题以及妇女问题变得更为复杂。福田德三提出所谓“解放的社会政策”就是要将人从“痛苦的劳作”中解放出来，使其作为自立的个人承担组织化、发挥创造性、获得自由，这样积极的社会政策融入“社会运动”的要

① Kauffman, F. X. “The Idea of Social Policy in Western Societies: Origins and Diversity,” International Journal of Social Quality, Vol.3, No.2, 2013, pp.16—40（转自熊跃根，2020：106）。

求，认可劳动者的人格性。韦伯鲜明地提出，德国社会政策（或社会政治）的核心问题是社会整合并提出了领导阶级的政治素质对民族国家的重要性，强调了通过社会整合达成社会合作的目标（熊跃根，2020：108）。实现社会合作的目标需要相应的社会结构。

从政治领域与社会领域的界分与互动来看，法团主义的概念曾经长期与法西斯政权联系在一起，20世纪70年代末施密特使用“corporatism”一词，将其概念化为一种控制权体制的特征。在《布莱克维尔政治学百科全书》中，法团主义被两次单立词条，其中文是“社团主义、社会合作主义”。“法团主义”似已成为一个一般化的分析概念（very generalised concept），被用于观察各种不同时空的制度现象。[①]20世纪五六十年代的学者曾经把政治秩序看成是两个“系统”——社会系统和政治系统——的互动，双方通过“输入”和“输出”交换资源，以各取所需。社会系统向政治系统输出社会需要和支持，政治系统向社会系统输出利益代表和决策。这个颇机械的看法虽然简单，但它否定了政治仅仅是输出而没有输入、仅仅是统治但和被统治者无关——这一文化秩序的假定。

根据马克思对市民社会与政治国家本质的科学分析，有学者进一步概括三个主要区别：国家是普遍性领域，社会是特殊性领域；国家是自为性领域，社会是自在性领域；国家是政治领域，社会是经济领域（荣剑，2001：28—29）。现代秩序达成的方式已经有所变化，这个变化的方向是，它越来越依靠“结构”（制度所确定的关系）而非个人或文化来维持，也可以说，现代秩序的基础是一种新型的结构关系，在经历了第二次世界大战后福利国家阶段的高歌猛进，社会政策因经济动荡屡屡遭遇危机和挑战，但仍是各国重要的治理工具。

第四节　社会法与法社会

法律是以规范形式存在的自为性领域，从哲学主体和客体的辩证关系来理解社会法，社会法学应当在社会法域的范围里建立起自己的形式法理论范畴，然而，在社会与法的关系中社会才应当被视为哲学意义上的主体，由此决定了社会法域与社会领域的关系。笔者认为，以弱者理论为核心，我国社会法域应当形成四种理论：契约理论、倾斜理论、分层理论、平衡理论，以对应社会领域中社会问题、社会政策、社会互动、社会整合这四个实质法的关键词。这种对应关系体现着社会法与法社会的紧密联系，也形成了本书的体系结构。

---

① P. J. Williamson, *Varieties of Corporatism: A Conceptual Discussion*, Cambridge University Press, 1992, p.3（转自张静，2015a：1）。

一、社会悖论与弱者理论

基尔克之问强调了社会法研究需要从某种悖论出发，悖论的成因极为复杂且深刻，其反义词是理论。马克思主义不仅科学地阐述了社会的基本结构，还把整个社会及其构成部分看作完成不同功能的系统，社会体系内各个部分都是相互关联的，实质法与形式法冲突会引起社会的重组与整合。社会是个关注事实的自在性领域，在社会与法的关系上，法社会学常常成为社会法学的先导。契约社会存在各种不同的甚至对立的利益集团，而每一个特殊的利益集团都是根据自己的利益要求来从事社会活动，由此使社会处在任意的、自发的状态中（荣剑，2001：28—29）。弱者理论通过对市场经济条件下的社会问题的概括和提炼，从而进一步阐述"保护弱者"社会性目的理论，这种社会性目的也会反作用于社会问题。法社会观察的社会悖论与社会法提出的弱者理论存在联系，在这种悖论与理论的互动关系中，马克思的法社会与社会法理论从不同的视角对社会悖论进行分析，为我们树立了学术研究的典范。

一方面，马克思创立了法社会理论，理论落脚点在社会。从法社会学看，马克思主义经典作家在批判资本主义社会和旧社会，揭露了后来被称为第一代人权理论的内在矛盾。恩格斯指出："社会的经济进步一旦把摆脱封建桎梏和通过消除社会不平等来确立权利平等的要求提到日程上来，这种要求就必定迅速地获得更大的规模。这种要求就很自然地获得了普遍的、超出个别国家范围的性质，而自由和平等也很自然地被宣布为人权。"①如果说资本主义多少强调了物权的特点，马克思主义一开始就针锋相对地强调"人权"的特点，这种人权后来被称为第二代人权。法社会学的视角也是社会法中实质法的研究视角。

另一方面，马克思创立了社会法理论，理论落脚点在法。从社会法学看，法总是与国家与权利相联系，马克思主义更强调权利，而将国家视为一个逐步消亡的过程。人权应当是全面的，不仅应当体现在政治领域，也应当扩大到经济和社会生活的一切方面。在马克思看来，对于公民的权利具有双重的意思，一方面，每个人都自觉地、自愿地、自由地劳动，尽量发挥自己的体力、智力和才能为社会也为自己谋福利；另一方面，社会也要给每个人提供能发挥其体力和聪明才智的条件和机会，更加强调了人民的经济、社会和文化权利（喻权域，1999：33）。马克思主义经典作家指导无产阶级革命斗争的实践过程，强调人权从其本质上讲是反映了一定的社会关系，而作为人的权利，人权一定是具体的，其产生、发展和实现都必须以一定的社会经济等条件为基础（张晓玲，2006：38—39）。社会法学的视角事实上已经将形式法也纳入自己的研究范围。

马克思主义哲学把主体和客体的相互作用建立在社会实践的基础上，科学地阐明了主体、客体及其相互关系。从社会和国家的互动关系上看，法作为政治国家的组

① 《马克思恩格斯选集》第3卷，人民出版社1995年版，第447页。

成部分，是以社会关系的调整者面目来到人世间的，面对形式平等而实质不平等的社会关系，通过社会法的实施解决社会问题，改变着社会存在。社会现实的特点使社会法在各类人权保障的协调中形成了形式不等而实质平等的一类立法。在社会与法、主体和客体的实践关系中，同时发生着认识关系。主体和客体是对立的，又是统一的，同时也是辩证的。主体和客体不仅相互联系、相互制约，而且在一定条件下相互转化，并形成独立的范式。两者的关系更形成社会与法的互动关系。从哲学意义上主体和客体的辩证关系来理解社会法域，在法与社会的互动中，法虽然是第二性的，但也不是社会现实的简单描摹。社会问题、社会政策、社会运动形成社会领域三个中轴因素，对于社会法域的研究，应当建立契约理论、倾斜理论、分层理论三个理论。社会整合的追求推动法律平衡理论的形成。

二、社会领域与社会法域

在社会领域与社会法域的互动中，微观的社会问题与契约理论，宏观的社会政策与倾斜理论，中观的社会运动与分层理论，三个层次的矛盾与解决也正好对应着三代人权理论的发展。

（一）社会问题与契约理论

第一代人权推动了经济领域的形成，也构成契约社会的微观层次，强调合理性。契约是以意思自治为特点的自在性领域，契约理论关注契约社会的自发秩序，实行“契约面前人人平等”。社会法是通过解决契约社会的问题实现特定的社会目标，“社会问题”作为社会学范畴，事实上会进一步转化为“社会性目的”这样的法学范畴。弱者理论与契约理论相结合，通过对市场经济条件下的社会问题的概括和提炼，形成社会性目的；社会性目的反作用于社会问题，出现经济领域的社会化。从传统的市民社会出发，经济领域的社会化具有以下三层含义。

其一，劳动关系作为劳动力的使用关系，属于传统的市民社会，具有经济领域私法自治的一般特征。劳动关系首先是一种平等的契约关系，私权利作为经济权利是契约制度的产物。黑格尔和马克思常常把“市民社会”称为“经济国家”，就是由于它是物质生活资料的生产和消费的领域或“需要的体系”。在马克思看来，“市民社会包括各个人在生产力发展的一定阶段上的一切物质交往。它包括该阶段上的整个商业生活和工业生活”，“在过去一切历史阶段上受生产力制约同时又制约生产力的交往形式，就是市民社会”。①第一代人权作为一种消极权利构成了经济领域的基本底色，为保障个人的权利，要求国家尽量减少对个人生活的干预。弱者理论不能脱离市场经济所具有的自治主轴。

其二，劳动者与劳动力、主体与客体在经济上分离（形成财产关系），而在自然状

① 《马克思恩格斯选集》第1卷，人民出版社1995年版，第87—88、130页。

态上劳动者是劳动力的物质载体，主体与客体又是统一的（形成人身关系）（董保华，1998b：39）。这种矛盾使形式私权利转化为实质私权力，经济权利转化为经济权力。马克思以异化劳动的理论、恩格斯以社会实证的方式，关注劳动者的弱者地位。德国社会学家较早开始社会问题的理论研究，从契约到新的身份认定，强调了某种病态社会的特点。马克思、恩格斯对形式平等实质不等的资本主义社会关系进行了深刻分析。

其三，当经济领域成为社会法的规制对象时，经济领域的特点也开始发生变化。经济权力必然产生出相应的责任，如果将社会与法律均视为独立的子系统，两者本身会发生相互影响，经济权力会自发的产生出社会责任的制约。契约社会产生的社会问题，使社会法将观察视角从法律关系回到伦理关系。对于经济领域而言，弱者理论首先是一种伦理性评价，如果说法律是硬性控制，道德与价值观则是软性控制。社会责任的出现，使社会法的关注对象超出传统的法学领域。

契约理论以私法自治为底色，强调正当性的实然价值。契约理论是从身份到契约的社会运动中产生的，权利包含着人的某种正当要求，第一代人权强调形式法，强调自由及平等。社会法的微观层次以保护私权利为基本内容。随着私权利转化为私权力，契约关系带来的现实社会问题也表现为形式平等与实质不等的悖论，出现应该的概念。权力发展客观上要求责任的制约，弱者理论与契约理论的结合，产生出社会责任的道德制约。契约理论与弱者理论结合也体现在权利救济过程中，契约理论决定法律非伦理化为一般秩序，弱者理论决定了伦理法律化为特殊秩序。

（二）社会政策与倾斜理论

第二代人权推动政治领域的转型，构成社会法的宏观层次，强调合法性。法律是以规范形式存在的自为性领域，国家作为管理社会的公共权力机关，其一切活动不是任意的。国家实行“法律面前人人平等”，通过一系列政治法律制度使社会活动限制在一定的范围内（荣剑，2001：28）。社会主义的理想落实在第二代人权观念中，马克思以实质法的理论介入了形式法的传统，从法理学的角度开创了“法学新时代”（魏德士，2005：231）。社会法对政治领域的关注是以社会政策为重点的，从而形成政治领域的社会化。政治领域的社会化具有以下三层含义。

其一，政治领域本是一个国家管制的领域，如果将法律也视为政治领域的组成部分，私法自治与依法行政构成了国家管制的基本底色。消极权利是公民针对国家暴力侵害的防御权利，国家具有公权力，相应的责任是“不干预”；主动权利是公民主动参与自身共同体的政治决断过程的权利，18 世纪出现了人的政治参与权，相当于主动权利，这项权利的目标是民主的法治国家。这两类权利也构成了传统政治生活的底色。①

其二，从法律人重新回到自然人，作为一种社会对策，复杂的社会现实要求国家

① 卡雷尔·瓦萨克（Karel Vasak）也是在这两位学者论述的基础上提出第一代人权的概念。

改变传统的消极做法，强调行政干预，介入社会生活，社会责任转化为法律责任，以消除市场竞争所导致的以强凌弱。国家以政治权力限制企业的经济权力，努力去修正市场力量，通过基准法产生出反射法益，以法定标准限制约定权利，形成经济领域的社会化。

其三，各国均在不同程度上引入了福利国家的社会对策，强调行政给付，国家有计划地运用组织力量（透过政治与行政），保障每一个国民的最低所得、营养、健康、住宅、教育之水平，对国民来说，这是一种政治权利，而非慈善。借着减少不安全的范围，以使个人与家庭有能力去面对因社会事故，如疾病、老年、失业等所导致的个人与家庭的危机；确保所有国民不分地位与阶级都能在某种被同意的社会服务范围内得到最佳水准（林万亿，1994：7—9）。从法律的视角来观察，第二代人权事实上往往也只具有法益的特点。福利国家的发展使政治领域社会化。

其四，无论是经济领域社会化还是政治领域社会化，社会对策要求国家扮演"当家人"的角色时，可能通过扩大法益来膨胀行政权力，从而越过"努力去修正市场"的界限。耶利内克提出积极权利的概念，马歇尔也强调个人的社会经济权利，通过公权力转化公权利，将法益转化为权利。

倾斜理论以国家管制为底色，强调应当性及应然价值。这是从契约到身份的社会运动中产生的理论，义务标示的行为是义务主体不可选择的行为，第二代人权强调实质法。倾斜理论与弱者理论相结合，试图对实质法、形式法结合的规律进行探讨。为矫正表面平等而实质不等的社会关系通过国家这种表面不等的社会关系来恢复实质平等的社会关系。实质法具有伦理法的特点，为公民提供作为经济、社会和文化等条件的各种给付和设施，国家职能的扩大，似乎是在回归伦理关系。在一个伦理关系中，国家更像是行使放大了的家父权，行使权力时也承担了照顾家庭生活的责任。新、老身份关系都具有身份差别的特点，一旦实质法摆脱以平等为特征的形式法制约时，也存在着回归旧的身份社会的危险。社会法通过倾斜立法实现实质法与形式法的整合。倾斜理论要求平衡法益与权利的关系，在行政干预时要为私权利的行使留出足够的空间，在行政给付时要尽可能将公权力转化公权利。

（三）社会运动与分层理论

第三代人权推动社会领域独立，构成社会法的中观层次，强调合适性。政治和经济的关系在互动过程中形成了狭义的社会领域。马克思、恩格斯将权威以及控制行为视为各种主体在政治实践、社会实践和生产实践等过程中形成的一种特殊的交往形式，实行"真理面前人人平等"。哈贝马斯指出："今天称为市民社会的，不再像在马克思和马克思主义那里包括根据私法构成的、通过劳动市场、资本市场和商品市场之导控的经济。"（哈贝马斯，2003：453—454）当代狭义的社会的理解由于抽取了市民社会中原有的经济内容，而加入了社会商谈的内容构成了相对独立的社会文化领域，也被称为文化意义上的社会。自在性领域发动社会冲突与自为性领域做出的社会干涉，两者的溢出使社会领域成为事实与规范交织、互动的领域。第三代人权观念的出现，在社会与法的关系上，使层次化、多样化成为基本特色。

其一，第三代人权强调集体维度，各类社会团体成为关注对象，也强调了社会领域的重要意义。如果说经济领域的底色是个人自治，政治领域的底色是国家管制，社会领域的底色是社会自治或称社会管治，两种称谓只是一个硬币的两个方面。社会自治强调的是与个人自治的联系与区别；社会管治是与国家管制的联系与区别。社会团体对内的管治与对外的自治形成基本特点。对于以个人为特征的私人领域以及以国家为特征的公共领域既是对两个领域批判、施压的双刃剑，也是沟通两个领域的双通道。

其二，社会对法施加影响中最极端的方式是社会运动。劳工运动或工人运动泛指某个或某些劳工团体为了己方或己方团体得到雇主与政府较好的待遇（例如制定劳动法令），而组织起来的活动，这是最早发起的社会运动。工业革命后，资本主义经济迅速发展，加深了新的阶级矛盾，导致了被压迫阶级的反抗斗争，病态社会发展到一定程度，就会出现社会运动。20 世纪的社会运动会以一种波澜壮阔的形式展开。社会运动既是社会病态的表现，也是社会进步的产物，会带来巨大的社会破坏。法律通过调整法益的承认和保护，赋予压力机制一定的法律地位。

其三，社会团体通过压力机制产生出社会权力与经济权力相平衡，经济权力所对应的经济责任发展出一套职工参与的合作机制。集体谈判与职工参与在相互补充的过程中，更形成此消彼长的相互竞争。以社会互动取代社会运动，合作机制取代斗争机制，是各国政府乐于见到的情形，然而，我国试图取消斗争机制来发展合作机制，通过将集体谈判与职工参与合并而形成的集体参与机制，事实上并未取得应有的成效。

分层理论以社会自治为底色，强调相当性的必然价值。相当性首先是一个适宜、合适的概念，只有通过劳资双方博弈才可能实现。这一理论面对的现实悖论具有强烈的中国特色，劳动关系中有协商无压力，有压力无协商，工会发展中“高入会”与“高游离”成为相伴关系。《工会法》的双保护与《劳动合同法》单保护是形成当前畸形格局的根本原因，在这种关系中工会组织演变为准行政机构。分层理论将实质法的原则置于社会法特有的形式法中讨论。劳动者与用人单位都存在着分层的特点，处于社会底层劳动者才适宜国家管制，用人单位则正好相反，在不同层次上，平等与从属有着不同的配比。分层理论涵盖了诸多社会法特有的范畴，社会法组合成基准法、社会自治、个人自治三者组合的调整模式。

三、社会整合与平衡理论

法学总体上应当强调平衡，平衡理论对应社会领域中社会整合的要求，强调社会合作。从“结构”秩序的观念出发，政治权威和社会相互联系，它们互相给予承认、支持、同意，合理、合法、合适得以平衡。三代人权应当理解为三类价值各异的人权观念，经济领域、政治领域、社会领域会产生各自的问题，应当有自己的中轴价值，这些价值是人的社会性本质的反映，人类社会中的各种交往形式构成某种联结状态。正当性、应当性、相当性交织，各自需要与综合结果并存，出现了社会问题、社会政策、社会互动三个概念，三类人权价值需要社会衡平，如果我们将历史视为上帝，实行“上帝面前人人平等”。

其一，从静态上看，弱者理论与倾斜理论本身就存在经济与政治对应的逻辑关系。从调整对象上看，劳动关系具有形式平等、实质不等的特点；从调整依据上看，社会法具有形式法、实质法兼容的特点。强弱对比的利益格局形成社会法特有人格法范畴，也决定了倾斜保护的法律原则，不仅决定着强制性规范、自治性规范的运用，更体现为相对强制性规范，由此形成社会法权益的范畴；不仅决定着原权利的特点，也极大丰富了救济权的内涵，由此出现了社会法的权利救济、法益保障范畴。法律对社会生活的介入，也会使经济生活脱离本来的轨道。第一代人权与第二代人权作为两类人权存在着价值上的冲突，经济与政治的互动关系不仅需要定性研究，也需要定量分析。

其二，从动态上看，经济与政治的互动关系是在社会领域中展开的。如果说劳工运动是经济社会对政治社会的影响，社会法的调整模式则是政治社会对经济社会的影响。两者存在竞争与替代的关系。社会法从规范方式上看，是通过重组形式法、实质法的调整模式以达到对病态社会进行矫正的目的。社会法调整方式不仅受到法律这一调整依据的影响，也受到劳动关系这一调整对象的影响。从分层理论的规制依据上看，只有在具体的分层中才能凝结成社会法的特有范畴，从而具有形式法的特点。从分层理论的规制对象上看，社会法的规制对象不是一成不变的，社会学的研究已经证明，马克思当年描绘的阶级社会已经出现了更为复杂的分层情况。社会领域对于经济领域、政治领域而言，这种既是批判、施压的双刃剑，也是沟通的双通道的特点，使第三代人权既可能放大，也有可能抑制前两类人权原有的价值冲突。

平衡理论是对这类整合方法与效果进行研究的理论形态。任何建构的社会系统都立基于高度复杂性的环境，因此，社会系统必须从环境之间的关系来加以考察。社会与法的关系是主体改造客体以及主体也受客体影响的关系，法不能无视第一性的社会现实，社会法也可以说是为解决社会问题而产生的一种立法现象，法的调整方式不应与社会现实脱节。我国法律体系的建立意味着社会法独立地位的形成，而系统的分化是一种结构性技术，使得在有限的时空中一个系统通过在其内部的复制而生成差异来应付社会环境的复杂性。[①]实质法的要求分别体现在道德领域，习惯领域；形式法的要求体现在私法法域，公法法域。实质法与形式法的分离与结合，不仅使伦理与法律在分离基础上出现融合，也使私法、公法在分离基础上出现整合，形成了复杂的亟待平衡的社会法域。社会问题、社会政策、社会运动形成社会领域三个中轴因素，“结构”秩序必然形成权利与利益的分化，需要在微观、中观、宏观三个层次中界定利益、法益、权利以及三者与权力的关系。社会法平衡理论根据我国改革开放 40 年来的制度变迁，研究静态立法形式对动态社会实质的关系整合效果。

---

① Niklas Luhman, *Systems Theory*, Stanford, CA: Stanford University, 1995, p.26.

第二章

社会法的实质论

随着现代阶级问题的出现，出现了对法律的一些实质性要求，一方面来自那些具有法律利益的那部分人（也就是劳动阶级），另一方面来自那些考虑法律意识形态的人们。他们……要求在一些感人的伦理公设（“正义”“人类尊严”）的基础上实行一种社会法［soziale Recht］。但是这从根本上使法律形式主义成了问题。

——马克斯·韦伯（Max Weber）

第一节　社会领域与实质法

社会法以诸法合体为其基本的调整方式，“诸法合体”首先是指自然法与实证法的合体，因此，社会法学关注实证法脱离自然法的价值判断而带来的种种问题。美国著名的社会法学家庞德在谈到英语“law”一词时也指出了这一点，说它有三种用法，①以庞德的这一论述为切入点，我国有学者将“法”分为必然法、应然法和实然法并对这三个概念进行了定义。②“实质法”与“形式法”的关系，也可以说是应然法和实然法的关系。

一、社会法的必然法

必然法强调事物的规律或定律，法是人造的，又不完全是人造的，它是事物固有的法则，客观规律的反映。社会法以诸法合体为其基本的调整方式，“诸法合体”首先

① 其一，是自然科学家用于指事物的规律或定律，如万有引力定律；其二是法哲学家所说的“自然法”，它或者指“由哲学的伦理学的法律研究所发现之原理”，或者指社会中“约束行为及调节人类相互关系的基本原则”，或者指在国家里“规定义务与权利的法律之基础”；其三，即一般通常所说的所谓法律或实在法（庞德，1934：15）。

② 必然法即客观规律，它是事物固有的法则，所以叫客观法；应然法是人所理想的法，它是被人认识到的做人之道，因而可以称为道义上的法；实然法是由当权者所认可或创制的行为规则，可以叫权威性法（严存生，2015：69—76）。

是指自然法与实证法的合体，实质法的内容也从古代自然法、古典自然法发展到当今的自然法复兴。造法不是一种纯粹人为活动，而应该是人类发现法的客观规律和基本精神(何家弘，2003：136)。自然法具有某种必然法的特点。一部分社会法学者关注实证法脱离社会规律而带来的种种问题。

(一) 古代自然法的兴衰

古代意义上的自然法中所指涉的“自然”概念，强调理性与正义均源于自然。在我国的文字中“道”和“德”两个单词组合而成。就“道”而言，语义主要有三种：(1)道路；(2)法则；(3)宇宙万物的本原、本体。就“德”而言，有两种含义：(1)心性正直即为“德”，有“正心”意蕴；(2)“德”又与“得”相通，指称个体对“最高法则”有所“心得”(《辞海(中)》，1990：2775)。“道”的概念通向必然法，“德”的概念通向应然法。“在法理学思想史中，正义观念往往是同自然法联系在一起。”(博登海默，1999：271)亚里士多德认为，如果一条正义规则在任何地方都具有同样的效力，那么它就是“自然的”(博登海默，2004：286)。古代自然法是自然法思想形成时期，往往强调必然、应然、实然的统一。

自然法是西方特有的意识形态现象，它源远流长，一直延续到今天而愈盛，就其特征而言，古代自然法是自然主义的自然法。哈特将自然法描述为：普遍发生的事在目的论观点之下，如果可以被认为处于朝向合宜的目标迈进的阶段，就可以被说明同时被评价为好的，或应该发生的。因此，事物的发展法则就应能同时证明其应该如与事实上如何规律地行为或变迁(哈特，1996：176—177)，反映了古代自然法具有的早期性质。在国家与社会的关系上，人类最初的认识来源于某种自然法的观念，必然以共同体的观念来审视社会。韦伯认为“‘自然法’基本上是斯多噶学派[①]的产物，而后基督教为了在本身的伦理与现世的规范之间架起桥梁接受此概念”(韦伯，2011：302)。

自然法学源于古希腊哲学。著名的自然哲学家赫拉克利特(Heraclitus，约公元前530—前470)，便提到自然法与人为法，后来，诡辩学派代表人物普罗塔哥拉(Protagoras，约公元前490或480—前420或410)又对此作了阐述，认为法律源于自然状态，是正义的表现。[②]亚里士多德在《政治学》一书中，正式从法学的角度提出和论证了自然法的基本思想。古罗马西塞罗在《法律篇》中系统阐述自然法理论。他不仅给自然法下了定义，而且把它同理性、正义联系起来，并指出理性与正义均源于自然。在他们看来，自然法永世长存，万古不变，是绝对正确的；而人定法(制定法)则有两种情况：凡符合自然法原则的人定法是正当的法律，否则就不是法律。古代自然法是自

① 斯多葛哲学学派(或称斯多亚学派，也被译为斯多阿学派)，是塞浦路斯岛人芝诺(Zeno，约公元前336—约前264)于公元前300年左右在雅典创立的学派，因在雅典集会广场的画廊(古希腊语转写：Stoa Poikile)聚众讲学而得名，是希腊化时代一个影响极大的思想派别。芝诺被认为是自然法理论的真正奠基者。

② 苏格拉底在此基础上，正式把法律分成两种：一是制定法，一是不成文法。不成文法是人类行为的准则，是神的立法，而人的立法必须服从神的立法(李化，2010：22)。

然法思想形成时期，以西塞罗为代表，认为自然法是存在于天地之间一种不变的理法。①

随着神学的自然法思想的发展，中世纪的自然法学以亚奎纳斯为代表，该派认为法律原理是正义与理性，以神学自然法思想为重心有永久法、自然法与人定法。中世纪作为神学世界观统治的时代权力的观念，因而也带有上帝的色彩。奥古斯丁提出天上神国与地上人国之区别：天上神国受神法所支配，是真理与正义的渊源。地上人国受人法所支配，是盗贼与罪恶的根源。《神国论》宣扬人和人之间不等的正当性。自然法成为了连接上帝和人类的桥梁。②中世纪是整个法学的衰落时期，自然法被披上了神学的外衣，成为从属于上帝创造的永恒法，大大降低了自然法的科学含量，也导致古代自然法的衰落。

当自然法比较保守、充当着社会稳定的作用时，实在法越出自然法安排的一些变动，有积极意义。“十二表法”是罗马国家第一部成文法。自然法只是哲学概念，被用来充当外部修饰，使罗马法有机会构建公法与私法划分的二元结构。③

（二）古典自然法的兴衰

古典自然法是在历史发展中形成的一种法观念，历史上的经验因素，通过法学家作出表述。韦伯对此进行了理论概括：“特别是所有的这种理论，认为真正的、基于直接的‘法律感’、而非‘人为的’依目的理性所制定出来的——法律，乃是‘有机地’成长出来的理论。”（韦伯，2011：303）古典自然法首先是以经验的自然法思想出现，主要以荷兰的格劳秀斯为代表，他的学说中开始将自然法引入对市民社会特性与原则的分析，在一定程度上切断自然法与宗教的关系，他说：“自然法的根本原则：一是各有其所有，二是各偿其所负。”他认为自然法的一系列原则乃是不证自明之公理。他举例说：“上帝本身不能使二乘二不等于四，他不能颠倒是非，把本质是恶的说成是善的。”（格劳秀斯，1983：138、143）并由此推演出国内成文法和国际法的一系列内容。格劳秀斯（Hugo Grotius，1583—1645）的这种主张也使其成为古典自然法之父。理性的自然法思想以 18 世纪法国的大思想家卢梭为代表，该派认为法律的渊源就是社会契约。早期哲理法学家黑格尔认为“自然法”就是“哲学意义上的法”即法的原理（黑格尔，1979：6）。霍布斯（Thomas Hobbes，1588—1679）说：“自然法就是公道、正义、感恩以及根据它们所产生的其他道德……这一切在单纯的自然状况下都不是正式的法律，而只是使人们倾向于和平与服从的品质。”所以，“研究这些自然法的科学是唯一

---

① 古希腊晚期的斯多亚派的思想家们就明确地指出，事物的本性（自然）和规律也就是事物运动的法则（严存生，2015：69）。

② 本来按照神的计划，一切人都应当是受到神法支配的单一神国的平等成员，只是由于人的“原罪”堕落才出现了受人法支配的地上人国。从此，唯有得到上帝恩宠的人才能充当社会合格的成员，因为正义只有在崇拜上帝的人们之间才能存在（周沂林，1985：18）。

③ “罗马人在哲学中借用希腊人的观点，并且在用他们最崇高的智慧从法学中提炼出的自然法（jus naturale）这一概念几乎只被当作外部修饰来使用，其并未涉及他们国家法的内部机理。”（基尔克，2017：12）

真正的道德哲学”（霍布斯，1985：207、121）。

随着欧洲封建社会的解体以及各种新的社会力量出现，自然法一跃成为政治革命的理论武器。①这里称为自然法的学说是古典自然法理论，其代表人物有格劳秀斯、霍布斯、洛克（John Locke，1632—1704）、孟德斯鸠（法语：Charles de Secondat，Baron de Montesquieu，1689—1755）、让·雅克·卢梭（Jean-Jacques Rousseau，1712—1778）。这些启蒙思想家相信，有一种永恒的和普遍的自然法，相信它是至高无上的理性命令，是一切实定法的依据。古典自然法往往是通过必然法来论证应然法并对当时的实然法进行批评，并促使实然法向着有利于古典自然法理论的方向发展。

19世纪中期经验主义和实证主义逐渐兴起，曾经盛极一时的自然法思想逐渐淡出各种法学理论。“社会契约”与“自然法”，启蒙运动时期的两大旗帜型理论，被梅因（Henry Sumner Maine，1822—1888）从法律史层面驳斥为虚妄之论。萨维尼在与蒂堡的论战中提出，古典自然法学派的理性主义立法观点，即通过人类的普遍理性制定出人类普遍适用的法典这一设想是“幻想”，是“荒诞不经”的（张宏生，1998：371）。在《当代罗马法体系》中，萨维尼指出，法律的存在与民族的特征是有机联系在一起的。历史法学派认为法律是随着历史的发展而自发地产生和发展起来的，法律渊源首先是习惯而不是立法，这种观点排除自然法的影响，其完全不承认实证法之外的其他法。分析法学通常主张法律与道德相分离，仅仅研究“法”是什么，而无须关注法“应当是”什么，这种观点与历史法学派中的罗马法学派有相通之处，因此基尔克才会将他们批评为“历史分析法学派”。

按韦伯的说法：“确实，古老的‘自然法’，在历史主义和法实证主义的批判下，似乎业已丧失其信用。”（韦伯，2011：331）古典自然法学曾经适应了资产阶级反对封建神权及王权，要求获得政治权利和地位的需要。资产阶级需要卢梭、孟德斯鸠、洛克等人的自由、民主及财产权主张，需要他们提出的自然权利、自然法则和社会契约设想，以便为自己争取各种“天赋人权”，为自己争取民主、自由、平等和博爱。但是，当资本主义统治秩序确立后，资产阶级看到他们以往的思想武器也为无产阶级或一些同情劳动者的学者所运用时，感到有必要修正或丢弃旧的法学理论。②

（三）自然法的近代复兴

随着自然法与实证法冲突的加剧，法律形式主义下的社会不平等，致使自然法理论“复兴”。价值判断在人类理论思维的发展中，特别是社会科学方法论中的具有重要的地位，自然法的每次复兴往往是以重新发现法律的价值为历史契机，很多思想大

① 基尔克对于古典自然法的兴起有一段经典的表述“自然法从中世纪的教条和经院哲学方法的枷锁中解放了出来，并通过一个无间断的法哲学上的推理链条觉察到了一个始终封闭的内容、一个始终抽象的内容和一个始终激进的趋势。一个犀利的、有预谋的反对派产生了”（基尔克，2017：15）。

② 因此在法学领域出现了一种新趋势，即指出古典自然法的虚伪性，从功利、利益出发阐述法的基础，从法律体系本身来研究法如何为资产阶级的统治服务（朱力宇、刘建伟，2007：30）。

家都会参与“价值判断之争”的行列中,从而使价值判断成为一个涉及范围极其广泛的问题。以欧文、傅立叶、圣西门、蒲鲁东以及青年马克思为代表的早期社会主义者认为,社会主义的本质是为了实现法国大革命以来对价值理想的诉求。社会主义者对资本主义制度的批评主要是针对由私有制引起的社会不平等。韦伯将自然法的复兴称为:自然法在现代社会经历了一个从“形式自然法向实体自然法的转变”过程(韦伯,1997b:289)。19 世纪末、20 世纪初复兴的自然法并非全面复兴古典意义上的自然法,而是希望强调自然法的某些特点。“现在让我们从另一个角度来检视自然法。自然法是独立并且超越于一切实定法的那些规范的总体”(韦伯,2011:302),针对实证法所强调的实然,这时自然法所针锋相对的强调“应然”的特点,并希望改变现行的实然法。这种针对实然而提出的“应然”观念,是对现行制度的挑战,具有革命性或改良性。

二、社会法的应然法

应然法是人所理想的法,从自然法的角度关注社会法的理念是西方的历史传统。自然法在人类认识史上出现过多种不同的认识。但通常是指的关于正义的基本和终极的原则的集合,从具体表述来看,往往被称为“正义”“理性”“人性”,有时更认为是“神意”。自然法也可以说是正义法,一部分社会法学者虽不赞成必然法的含义,但从社会伦理的角度,认为存在着某种应然法的概念,也是一个古老概念的现代表达,如果说自然法偏重社会规律,实质法更强调社会正义这样的伦理观念。

(一) 应然法的含义

韦伯所称的社会法是以马克思主义为代表的社会主义的法,“奠基于激昂的伦理要求(‘正义’‘人的尊严’)上的社会法(soziales Recht)。不过这意味着,对法的形式主义提出根本的质疑”(韦伯,2011:326)。在韦伯的社会学理论中,有两组相似的概念范畴,即工具合理性与价值合理性;形式合理性与实质合理性。①韦伯还根据法律制度的“形式性”和“合理性”,对社会历史中的法律制度进行了类型划分。所谓“形式性”,是指运用那些内在于法律制度中的判决标准,这种“形式性”可以用来衡量法律制度本身是否内在自给自足即法律自治性的程度。所谓“合理性”是指遵循那些运用于所有类似案件中的判决标准,这种“合理性”可以用来衡量法律制度所运用的规则的一般性和普适性。根据前一标准,法律可分为形式法和实质法,根据后一标准,法

① 关于这两组概念范畴之间的关系,苏国勋先生认为:“实际上,形式合理性与工具合理性,实质合理性与价值合理性基本是同义的。”对此,李猛先生也有类似看法。“在韦伯的社会学概念体系中,所谓目标理性与价值理性一直被视为是最重要的对立范畴,这对范畴也对整个社会理论的发展,产生了相当重要的影响。而相比来说,形式理性与实质理性这对范畴的影响要小得多。”(李猛,2001:147—148)在李猛的论著中,他使用的是目标理性而非苏国勋先生的工具理性,他认为工具理性的翻译有着严重的问题,而目标理性更好地表达了韦伯这一概念与“价值理性”相对的意涵。

律又可分为理性法和非理性法。把这两条标准结合起来，我们就得到了四种法律类型：即形式理性法、形式非理性法、实质理性法和实质非理性法（王明文，2011：76）。

"实质上的法"与"形式上的法"是"基尔克之问"中的重要分类，"法"一词在西方法学上用法甚多，黑格尔将形式法称为实定法，因为在他看来，自然法或哲学上的法也是实际存在的，只不过是它未经国家确认因而未能以确定的形式展现在人们的面前罢了。①17世纪的自然法理论，一般都是在"自然"既是"本性"又是"本质"（即理性规定）这两个含混含义的纠缠中考虑问题。格劳秀斯和德国自然法学家普芬道夫（Samuel Pufendorf，1632—1694）都是直接把人的社会性当作人的自然本性，并从中得出自然法规定，②这种思考也构成了社会法的最初含义。福田德三则从社会政策的角度来重新检识自然法："社会政策不认同自然法说，也不把社会任意的重塑，它不是单纯对现存社会进行说明和顺应，而是对现实社会中的问题和缺陷进行改良，它不同于社会主义对社会进行彻底的颠覆和改造。"他对社会政策从哲学的视角审视，认为社会政策是一种与历史学派的自然法和社会主义的"革命哲学"相匹敌的一种"改良哲学"，它是将所有人类的生存权作为"文化价值"来看待的一种哲学理念（福田德三，1980：185—186）。

（二）应然法的特征

对于"实质法"与"形式法"的关系马克思有更清楚的表述："形式必然从内容中产生出来；而且，形式只能是内容的进一步的发展"③。应然法常与价值、理想的内容相联系。

就"价值"法而言，往往与正义的概念相联系。奥古斯丁主张："法律就是正义。"（圣·奥古斯丁，1963：63）柏拉图早期法哲学的主要特征是以正义（公道）论为核心，亚里士多德在《马各尼科伦理学》中从理论上对正义作了详尽的论述。实质法是整体社会对于法律体现的正义的强调，重视人民之总意思表示。亚里士多德称："法律的实际意义应该是促成全部人民都能促进于正义和善德的制度。"（亚里士多德，1981：138）"正义乃百德之总"④，道德的真谛是正义，而正义是一种理想的社会状态及其建构这一状态的人际关系的基本原则。⑤价值还是一种利益取向，它是由人性和不同时空环境下的宗教、道德、习惯上的观念混合并通过思维最终形成的产物。利益的增加

---

① 他认为自然法和实定法，分别属于法的两个方面，自然法属于法的概念，实定法属于法的存在。法的理念就是它们的统一（严存生，1993：80）。

② "这种社会性（sociality，socialitas）法律——教导一个人如何使自己成为人类社会一个有用成员的法律——就是自然法。"（普芬道夫，2014：83）

③ 《马克思恩格斯全集》第40卷，人民出版社1982年版，第10页。

④ 实质正义（substantive justice）意味着正义的终极状态必须实现，也就是善人（或善行）应该得到善报，恶人（或恶行）必须得到恶报。如果司法制度或公共政策无法体现实质正义，就会被视为欠缺正当性（王小林，2010：139）。

⑤ 他们对"价值"的研究和论述越来越聚焦于正义，其核心是"正义"，根本的含义是与周围事物保持和谐统一（严存生，2015：72）。

或减损往往会反映在可见的外部行为之中。法的价值形态可能更多地是对法在价值上的一种设定,即对可适用性的价值取向的方案设定。魏德士说:“任何完整的法律规范都是以实现特定的价值观为目的,并评价特定的法益和行为方式,在规范的事实构成与法律效果的联系中总是存在着立法者的价值判断。”(魏德士,2005:52)各种价值通过立法,形成内涵相对稳定的规范。

就“理想”法而言,理想需要在现实中实现,“应然”除了与“必然”相对应外,更与“实然”相对应,往往具有应该如此,但实际上尚不如此的属性。实质法是相对形式法提出的概念。形式法理论在当时主要是指实证法学派和历史法学派。实证法学派强调先由国家依照公权力制定法律,再依照法律之方法论,进而推论到具体案件,故实证法学派是由人类基于经验而创造的具体法律规范,再依据文理、系统、历史与类推解释,按照三段论法予以推论的法学方法,在这个推论之下,只要法律具备完整性,就能规范社会上之一切行为。历史法学派是18世纪末期在德国兴起的法学派别。因反对古典自然法学派,主张法律由历史传统形成而得名。德国法学家萨维尼则认为法律和语言及生活习惯,都是以民族精神为依据,而民族具有生命力与精神,并且永远存在不变,法律之本质就是民族心理的表现,因此习惯、判例、学说及法条的形成,都是属于民族心理的表现,诚如古语所谓“法律只求之于民族历史、民族精神与民族确信”(刘性仁,2007)。这两种学说都可能在体现形式正义时而忽视实质正义。

(三)应然法的作用

关于法的定义,英语中的法(Juris)的词根源于拉丁文中的Jus,而Jus本身即为正义、权利,德文里的“法”也同时兼有“正义”“权利”的意思。权利更多强调的是各行其是,各负其责。正义是自然法体现的价值,权利是实在法律关注的重点,在两者合为一体时,实在法关注的权利以实现正义价值为目的。随着自然法与实证法的分离,自然法体现的正义也有可能与实在法强调的权利相冲突,两者间的关系也成了当代法学的争论焦点。当实证法脱离自然法的价值理性时,必然出现“恶法亦法”的现象。从应然法的角度来看,在完美的法律理论和法律制度出现以前,自然法永远有其存在的空间和理由。弗里德曼分析道,当法律人发现实证法和逻辑方法不能解决变化万千的问题时,对确定性的信心就发生了动摇,而理念哲学就复苏在法律领域,这意味对正义理念的再次探求。①就这种倾向的法律理论的影响而言(其代表人物如斯塔姆勒、惹尼等),可谓自然法理论的“复苏”(而逊于随后的“复兴”)。基尔克认为以自然法为核心的实质法会通过以下两种方式显示自己的力量,我国劳动合同法讨论中的各种观点,可以在历史上找到相应的依据。②

其一,以革命的方式显示自然法的现实力量。韦伯分析了这种革命性:“自然法是经由革命所创造出来的秩序的一种特殊的正当性形式。自然法的援用,是反抗既

① W. Friedmann, *Legal Theory*, Stevens & Sons, Ltd.(London), 1947, pp.59—60.

② 劳动合同法讨论中的各种观点,见本书第二十二章,第885—900页。

有秩序的阶级为了让自己的法创造的要求具有正当性——而不是仰赖实定的宗教规范或启示——所一再使用的形式。”(韦伯,2011:302)自然法复兴其实是强调了自然法的革命性,革命性的实质法是相对保守性形式法而言的。社会正义观的改进和变化,常常是法律改革的先兆。[①]如果实在法在该法域(Rechtsgebiet)已无任何自然法基础,现行法为非正义,通过世俗的冲动甚至于群起革命的方式,以大众思维方式中的历史观来谴责实在法,并要求废除。当反抗、起义、革命成为道义上需要时,使用这些手段为道义所允许。然而,悲剧性的冲突中的确可能会涉及人民的生命。违法始终是一个严重的灾难,没有任何立法技巧可以彻底阻止其再次发生。但是随意触及此类创伤将成为民族的阵痛![②]

其二,以改良的方式显示实质法的道义力量。在当代,自然法的观点要比其所呈现的更广泛、更强大,只有直接源自理性的人类法才是历史上真正的法。“为了弥补普通法的缺陷,一种新的法律形式应运而生,那就是衡平法。所谓‘衡平’(equity),就是要公平处理争议,其基本原则是‘公平和善良’(ex aequo et bono)。从这个意义上讲,衡平法实际上具有自然法的属性。最初,衡平救济是由国王直接授权的。那些有正当诉讼理由却得不到普通法院救济的当事人通过各种渠道求助于国王,国王便按照‘公平和善良’的原则做出裁决。后来,求助于国王的人越来越多,国王应接不暇,便委托作为‘国王良知守护人’的大法官来裁判,解决那些案件中普通法院无法解决的难题。于是,衡平法就逐渐形成自己一套规则体系,独立于普通法。”(何家弘,2003:138)正如基尔克所言:“我们今天的超实证主义者却经常颠覆性地、悄悄地从自然法中汲取养分,以改善其体系内难以忍受的贫瘠。”[③]

其三,从革命与改良两个方面进行综合考量。西方福利社会的发展,使这类社会立法取得了日益重要的地位,从新康德主义开始,社会法开始从社会主义法中分离出来,两者成为不同的理论范畴。社会主义法往往是从政治哲学的视角来进行研究,而社会法成为法学的研究领域,这种研究上的分工渐渐成为惯例,这种分工也使社会法只可能具有改良的含义。对于康德的道德哲学理论的阐述,首先是从实质法(应然法)而非形式法(实然法)的角度涉入,新康德主义的法学思想被称为自然法也说明这

---

① 恩格斯在一条脚注中引用黑格尔论述法国革命的话:“正义思想、正义概念一下子就得到了承认,非正义的旧支柱不能对它作任何抵抗。因此,在正义思想的基础上现在创立了宪法,今后一切都必须以此为根据。”参见《马克思恩格斯选集》第3卷,人民出版社1995年版,第719页。

② “自从有自然法概念以来,原初用自然法取代历史法的零星呼吁就越来越大。从中世纪后期的革命性痉挛中它就已经向我们发声。在宗教改革的风暴中,它以强劲的暴力在德国宣示了自己。起义的农民和狂热的宗派主义者引用神法和自然法,认为一切人类规范都必须屈从于它,踏过尸首和废墟,人们追求实现仅从《圣经》中演绎出来的自然法,而其在自由与平等、废除统治者和财产制中达至顶峰。”(基尔克,2017:6—7、15)

③ “现实中,对相近内容模糊不清的描述影响到大量的人,并特别构成了那些极端的革新派系的势力基础。此处,该学派的代表者与相对极端派系的代表者经常携手并进,他们通过将实证法的理论据为己用,以作为其有效清洗的刀把子,然而我们今天的超实证主义者却经常颠覆性地、悄悄地从自然法中汲取养分,以改善其体系内难以忍受的贫瘠。”(基尔克,2017:8)

类立法仍带有法学意义上的改良性。如果说伯恩施坦只是接受了新康德主义的某些观点,以后,作为社会民主党重要成员拉德布鲁赫更与施塔姆勒等人一起被称为新康德主义代表人物。其实这些提法从社会法的角度来看,都只是强调了他们与列宁理解的马克思主义相区别。

可见,应然法是以社会正义作为自己的基本内容,然而何谓社会正义?应然法与实然法的理解各不相同,因社会法理念的出现而再次成为争论的话题。历史法学派、社会法学派、功利主义法学派、实证主义法学派纷纷兴起,试图以自己的理论来适应新时代的要求,相互间展开了激烈的争鸣。社会法因而具有极其不同的含义。实质法既是历史演进的产物,也促进了具有现代意义社会领域的出现,从而再次出现具有社会色彩的自然法与实证法合体的情形。

三、社会法的实然法

实然法是由当权者所认可或创制的行为规则,作为法律或实在法,可以叫权威性法。"实然"指的是历史上和现实中实际存在的法。这类法是立法者制定的,也称制定法;它是人的主观意志的产物和体现,它能为人们的感觉所证实,西方的一些法学家还把它叫作实证法(positive law)(严存生,1993:80)。实质法作为"应然法"除了与"必然法"区别外,还与"实然法"相对应。自然法历史上曾强调"应然"与"实然"的区别,即实质法是一个"应然"的概念,形式法是一个"实然"的概念。我国围绕合同法、民法典编纂发生的争论,可以在这种概念区分中找到轨迹。①

(一) 分析法学派理解的实然法

休谟的铡刀将"实质"与"实然"截然分开。从形式法的角度来观察,对"应然"与"实然"重新定义,即法律规则是应然法而法律事实是实然法,往往以客观法与主观权利来分析。休谟证明所谓法律只不过是动机和经验的产物,根本没有什么自然法。古典自然法的观点受到分析法学派的批评,在法的发展过程中,实证法从自然法分离出来,只强调实然性,使法律具有形式法的特点。分析法学的学者对法哲学范围、法概念的理解各有差别,但他们的思想一脉相承,在法律研究方法上,只从逻辑形式上去分析法律,无需作任何政治、道德或正义的评判。法的价值考察被认为是非科学的,法学仅限于法的经验研究。更进一步,从实证法的角度看,价值与事实还被分别划分到"应是"与"是"的范畴内,近代哲学家休谟指出,人类的知识领域分为两类:一种是有关事实的知识,这种知识的命题(或陈述)只关心事实的真相是怎样的,其不是真就是假,即"是"与"不是"的命题。另一种是关于价值的知识,这种知识命题与事实无关,其关心事情应该是怎样的,因此,不存在真与假的问题,是"应当"与"不应当"的命题。价值判断不能影响事实的存在的判断(李艳萍、徐艳君,2006:95)。西方法从

① 关于合同法、民法典编纂发生的争论,见本书第二十二章,第877—884、900—919页。

古罗马到现代的发展演变过程，主要就是形式主义运动过程，这种观点最终走向从根本上否定形式法与实质法的联系。韦伯的工具合理性和价值合理性分类受到休谟的影响。

就孤立的个人而言，人们总是根据自己的价值判断来行为，即由“价值”直接到“事实”。社会产生于众多的个人的思想和行为的有计划的协调，个人预计共同实现某一种特定的目的会于己有利，因而聚合一起共同行动（滕尼斯，1999）。在一个规范化的社会环境中，“价值”通过“规则”才会产生“事实”。在“价值—规则—事实”模式中，从规则的角度看，“价值”相对于“规则”而言，是“应然”与“实然”的关系，“规则”相对于“事实”而言，也是“应然”与“实然”的关系。可见，规则既可理解为是一个“实然”的概念，也可理解为是一个“应然”的概念。在“价值—规则—事实”模式中，“事实”不仅受到价值的指引，更受到规则的规范，随着社会生活的日益复杂，“价值”与“规则”冲突会影响事实的状态。分析法学只将规则作为一个“应然”的概念。法哲学也就被实证主义熄灭，人们不再从法现实中寻求价值，实证法科学取代法哲学，其任务是：研究法的众多学科中共通的最一般的法概念，进而超出法的领域探索它与其他文化领域的关联。

（二）社会法学派理解的实然法

由于法律的实质指的是关于自由、公正、平等这类法律的规范性理想的个人行为和制度模式，基尔克将自然法与实证法冲突称之为内容法与形式法的冲突，福利制度正是这种冲突的一种协调措施，从上述各种定义中，可以看到，社会法正是以这种内容与形式冲突与协调为研究对象。当实证法学派故意回避价值元素时，必然会引发社会震荡。20世纪70年代批判法学运动，对几乎所有的传统法学发起攻击，分析法学不能够幸免。他们嘲弄法律现实主义、形式主义、自由主义和其他一切理论，结果是对于传统上不可侵犯的法律规范和法律原则展开多学科的攻击。批判法学把分析法学传统称为一种法律的形式主义，他们认为，法律的自治性是一个谎言，因为如果没有一种社会的理论，就不可能存在一种合适的法律理论（麦考密克、魏因贝格尔，1994：91），“这里首先出现的严重障碍正是现有的东西和应有的东西之间的对立。”我们可以据此回溯马克思的看法：“应有”与“现有”不应截然对立，他认为把“形式法”与“实质法”截然划分开的看法是：“拙劣的、错误的划分。”①

正是在实证法大行其道的背景下，“马克思和施坦因开创了被人们称为社会法学（gesellschaftliche Rechtswissenschaft）的法学新时代”（魏德士，2005：231）。社会主义法从一开始就是从实质法的角度来对社会法进行阐述。正如韦伯所表述的：随着近代阶级问题的兴起，一方面来自部分法利害关系者（尤其是劳工阶级）这边，另一方面来自法的意识形态者这边，对于法律提出实质的要求。“他们反对单以交易伦理为基准的排他性的支配，并要求一种奠基于激昂的伦理要求（‘正义’‘人的尊严’）上的社会法（soziales Recht）。”（韦伯，2011：326）马克思指出，法律“是事物的法的本质的

① 《马克思恩格斯全集》第40卷，人民出版社1982年版，第10页。

普遍和真正的表达者。因此，事物的法的本质不应该去迁就法律，恰恰相反，法律倒应该去适应事物的法的本质”①。形式法要适应实质法的要求。实然法之所以要受应然法的制约，是由于应然法体现的是必然法的要求。立法必须以客观事实为基础，以事物的本性为前提，以客观发展规律为依据，以合理地处理利益与伦理关系为原则，充分考虑客观需要与可能，而不能主观臆断，任意妄为(李步云，1997：72)。在马克思看来，资本主义的形式法与社会主义的实质法发生了激烈的冲突。马克思确立了社会主义法应当是实质法与形式法相统一的原则。然而，百年的社会实践，也使人们开始意识到，不能仅仅从价值理性来认识社会法。社会法作为一种实在法，不能脱离体现工具理性的法律形式。

第二节　社会主义的实质法

马克思主义法学是马克思和恩格斯在 19 世纪 40 年代创立马克思主义的同时，所创立的无产阶级法学理论和学说。作为社会主义法，主要是从实质法的角度来认识社会法，实质法作为一种应然法，其与必然、实然也有联系，可从三个方面来认识。

一、社会主义法的必然论

对于社会法的发展而言，必然论中最为重要的是国家与社会的关系。社会主义(socialism)是一种社会学思想，主张整个社会应作为整体，由社会拥有和控制产品、资本、土地、资产等，其管理和分配基于公众利益。19 世纪 30 年代至 40 年代，“社会主义”的概念在西欧广为流传，发展出不同分支。作为实质法，社会法最早的含义是社会主义法。分析马克思观点有助于我们理解社会主义法的必然论。

(一) 马克思主义的进化论

“必然”是“规律”的意思，如果把“法”理解为一种不可抗拒的规律，违背就会遭到惩罚，社会法在必然法上强调经济性，在这个意义上“法”就是一种客观法。拉德布鲁赫认为，马克思、恩格斯的经济唯物论取代机械唯物论，吸收了黑格尔体系，在经济事实中寻找发展的动因。它既是意识形态论，又是必然论：(1)任何时代的社会经济结构都是解释该时代法律、政治、宗教、哲学等观念上层建筑的终极基础；(2)经济发展导致社会主义经济法律秩序有因果必然性、社会主义由空想变为科学(田野，2019：34)。日本学者河上肇从马克思的生产力和生产关系之间关系的理论出发来认识经济组织变革的意义，他指出：“从经济上来看，当社会的生产力(表现为财富的生产力)

① 《马克思恩格斯全集》第 40 卷，人民出版社 1982 年版，第 139 页。

增加时，与之相关联的社会生产关系或经济组织也会随之发生变动，而且经济组织是社会组织的根本，一旦经济组织这个基础发生了动摇，构筑在它之上的上层建筑如社会的法律、政治、宗教、哲学、艺术、道德等都会发生变动。”（河上肇，2008：134）

1842年到1843年，马克思在《莱茵报》工作期间，关于林木盗窃法的辩论中坚决捍卫“政治上和社会上备受压迫的贫苦群众的利益”①。马克思对当时德国社会中存在的种种矛盾冲突作了认真观察，并提出一个重要的思想：“事物本身的理性在这里应当作为一种自身矛盾的东西展开，并且在自身求得自己的统一。”②这种研究方法应当是客观性的基本方法。③马克思在1859年写的《政治经济学批判》序言中，对经济基础和上层建筑的理论作了精辟的表述：“人们在自己生活的社会生产中发生一定的、必然的、不以他们的意志为转移的关系，即同他们的物质生产力的一定发展阶段相适合的生产关系。这些生产关系的总和构成社会的经济结构，即有法律的和政治的上层建筑竖立其上并有一定的社会意识形式与之相适应的现实基础。”（杨增崇，2018：58）马克思主义的必然论是在历史观察中展现出来的。

我国学者认为，社会进化论才是马克思主义哲学研究的第一起点，唯物史观只能算是第二起点（方强，2015：9—11）。社会主义的法的任务不是任意的，而是从马克思主义的“客观法律”中得出，并在为社会主义向共产主义发展与转变而服务的政党决策中表达出来。马克思认为，法也是符合客观规律的，也就是说只能由物质生活条件来阐释。马克思引用了可能来自一位托马斯主义自然法学家的一段话：“立法的权力并不创造法律，它只是揭示和表达法律。”社会主义法的制定不是任意的，其内容与马克思主义学说紧密联系，马克思主义学说的历史预言部分应当视为科学。因此，可以清晰地看到，马克思主义法理学具有某种“自然法”的特征，只是强调法律的应然内容来源于生产关系的社会经济存在必然规律。马克思主义认为，对立统一的规律是事物发展的根本规律。任何事物都有发生、发展、衰落、灭亡的历史，新事物必定要代替旧事物，这是不以人们的主观意志为转移的。

（二）马克思主义的国家论

马克思主义的国家论主要是在分析国家与社会的关系中阐述的，从历史、现状与未来三个视角，可以发展三种状态。

国家凌驾于社会。在马克思看来，在前资本主义时期，市民社会与政治国家之间具有高度的同一性，两者之间没有明确的界限，政治国家就是市民社会，市民社会的

① 《马克思恩格斯全集》第1卷，人民出版社1956年版，第141—142页。

② “在生动的思想世界的具体表现方面，例如，在法、国家、自然界、全部哲学方面……我们必须从对象的发展上细心研究对象本身，决不应该任意分割它们；事物本身的理性在这里应当作为一种自身矛盾的东西展开，并且在自身求得自己的统一”。《马克思恩格斯全集》第47卷，人民出版社1995年版，第8页。

③ 马克思强调的客观性具有不同形式：（1）人类根据不同的社会条件通过个人的相互作用所创造的客观性，与某种异化力量的能动的个人相对立；（2）客观性不通过人的活动的中介。根据历史条件，客观性成为或没有成为人类劳动和生活的物质基础；（3）通过社会实践形成人类主体性的客观性（程志民，1997：80）。

每一个领域都带有政治性质，一切私人活动与事务都打上明显的政治烙印。在古希腊和罗马，“一切私人领域都有政治性质，或者都是政治领域”①，国家事务是真正的私人事务。中世纪的精神可以表述为：市民社会的等级和政治意义上的等级是同一的，因为市民社会就是政治社会，因为市民社会的有机原则就是国家的原则，“市民生活的要素，如财产、家庭、劳动方式，已经以领主权、等级和同业公会的形式升为国家生活的要素”②。

国家并列于社会。资本主义市民社会具有经济含义，正如当代研究市民社会问题的著名加拿大学者查尔斯·泰勒(Charles Taylor)所说，“马克思援用了黑格尔的概念，并把它几乎完全地化约为经济领域；而且，从某种角度讲，正是由于马克思这种化约观点的影响，‘市民社会’才一直被人们从纯粹经济的层面加以界定”(邓正来、亚历山大，1999：19)。国家与社会二元对立的理论模式逐渐成为思想家们思考和解决社会政治问题的基本理论路径，市民社会和政治国家的清晰分离是法律性质公私二分存在的前提。公法与私法的相互关系正是放在市民社会与政治国家分离的社会结构内进行解读，“二分法”被广泛认可。

国家回归于社会。从必然性的角度出发，马克思在分析国家与社会的关系时，不仅论述了国家产生于社会，更强调了国家最终应当回归社会的思想，由此构成了历史唯物主义的特点。法律消亡论是马克思主义法学的一个著名论题。法律消亡问题是由马克思、恩格斯和列宁这些正统的马克思主义者提出来的，后来引起了马克思主义法学家的普遍关注。苏联法学家帕舒卡尼斯甚至认为“法律消亡的问题是一块基石，用来衡量一个法学家与马克思主义的接近程度”。③马克思早就批判并在此后反复批判国家主义的表现。恩格斯也认为国家最多不过是无产阶级在争取阶级统治的斗争胜利后所继承下来的一个祸害。而它的发展前景只能是“直到新的自由条件下成长起来的一代能够把这全部国家废物抛掉为止”(马克思，1961：12—13)。

(三)马克思的进化论与国家论

1848年，马克思和恩格斯在《共产党宣言》明确指出：“为了把社会生产变成一种广泛的，和谐的自由合作劳动制度。”④共产主义社会是一个“自由人的联合体”，“在那里，每个人的自由发展是一切人的自由发展的条件”。⑤后来，在《资本论》中，马克思进一步指出，共产主义社会是比资本主义“更高级、以每个人的全面而自由的发展为基本原则的社会形式”，是人类社会由“必然王国”向“自由王国”的飞跃。马克思在对共产主义的描述中，一直把自由放在显著的地位。他强调共产主义社会

---

① 《马克思恩格斯全集》第1卷，人民出版社1956年版，第284页。

② 同上书，第334、441页。

③ *Pashukanis: Selected Writings on Marxism and Law*, ed. and intro. Piers Beirne, Robert Sharlet; tran. Peter B. Maggs (London: Academic Press, 1980), p.268(转自邱昭继，2015：43)。

④ 《马克思恩格斯全集》第16卷，人民出版社2010年版，第218页。

⑤ 《马克思恩格斯选集》第1卷，人民出版社1995年版，第294页。

将“以自由的联合的劳动条件去代替劳动受奴役的生产条件”，建立起“广泛的、和谐的、自由合作共享的制度”，即“自由平等的共享者联合的制度”。这个社会是由“自由结合的人”构成的，是一个“自由平等的共享者的联合体所构成的社会”（杨治，2008：35）。

人类最早的社会组织是氏族制度。氏族实行习俗的统治。虽然氏族社会同样存在着包括“部落会议”等管理机构，但这些管理机构决不是现代意义上的政治社会，它仅仅是政治社会得以起源和发展的“萌芽”。①对于氏族成员来说，他们“尚未脱掉同其他人的自然血缘联系的脐带”②，从而也不能脱掉自然发生的氏族共同体的脐带。恩格斯描述这种单纯质朴的氏族制度时说：“没有大兵、宪兵和警察，没有贵族、国王、总督、地方官和法官，历来的习俗就把一切调整好了。”③在氏族制度盛行的地方，之所以既没有国家概念，也没有政治社会的存在，是因为这种“建立在作为其结合原则的血亲纽带上”的氏族社会在本质上是民主的。上古时代的氏族社会是一个真正的人人平等的社会，马克思显然注意到了摩尔根以易洛魁人部落为考察对象所得出的结论。④可见，对于身处19世纪对充满残酷剥削和无情竞争的资本主义社会本质有着深刻认识的马克思和摩尔根，对于上古时代氏族社会的那种平和、平等、自由的境界是心仪和向往的（秦国荣，2005：344）。

就国家起源而言，恩格斯认为：“国家是社会在一定发展阶段上的产物；国家是承认：这个社会陷入了不可解决的自我矛盾，分裂为不可调和的对立面而又无力摆脱这些对立面。而为了使这些对立面，这些经济利益互相冲突的阶级，不致在无谓的斗争中把自己和社会消灭，就需要有一种表面上凌驾于社会之上的力量，这种力量应当缓和冲突，把冲突保持在‘秩序’的范围以内；这种从社会中产生但又自居于社会之上并且日益同社会相异化的力量，就是国家。”⑤随着社会的阶级分裂及其矛盾的激化，原先赋予少数人执行维护氏族组织利益的社会职能，就逐渐独立化并上升为对社会的统治。由于氏族作为当时“社会制度和管理制度的单位”，作为“组织起来的”“社会的基础”，其根本原则是血缘关系和绝对民主，因而它与“政治社会”或国家的本质是根本对立的。所以，“在氏族的基础上不可能建立政治社会或国家”，或者说“君主政体是与氏族制度不相容的”。⑥

就国家归宿而言，随着社会的发展，国家应当逐渐融入社会，作为社会异化的国家最终应当消失。马克思在批判拉萨尔“自由人民国家”论时，更明确地说道，无产阶级争取的是社会的自由和个人的自由，而完全不是国家的自由。这是理解个人人权和集体人权关系的至理名言。作为个人异化物的各种集体也会消失。那时个人人权

---

①⑥ 《马克思恩格斯全集》第45卷，人民出版社1985年版，第437、439页。

② 《马克思恩格斯全集》第23卷，人民出版社1972年版，第96页。

③⑤ 《马克思恩格斯选集》第4卷，人民出版社1995年版，第95、160页。

④ “氏族的全体成员都是人身自由的人，都有相互保卫自由的义务，在特有权利和个人权利方面一律平等；不论酋长或酋帅都不能要求任何优越权，他们是由血亲纽带结合起来的同胞。自由、平等、博爱，虽然从来没有明确表达出来，却是氏族的根本原则。”同①，第439页。

将会发生历史性的新飞跃，普遍人权才会真正实现（吕世伦、薄振峰，2004：22）。马克思把法律与国家视为资产阶级维护其共同利益的手段，他憧憬的未来社会是一个没有剥削与压迫且充分自由的共产主义社会（邱昭继，2015：44）。马克思的论述中存在着一种返璞归真的想法。

二、社会主义法的应然论

对于社会法理论而言，应然论指“由哲学的伦理学的法律研究所发现之原理”，或者指社会中“约束行为及调节人类相互关系的基本原则”，或者指在国家里“规定义务与权利的法律之基础”，它是被人认识到的做人之道，因而可以称为道义上的法。社会主义法的应然论中最为重要的是革命与改良的关系。

（一）马克思主义的正义论

社会主义的应然法是与某种社会正义理论相联系的社会法权利，这与我国学者作为实然的权利理解的积极权利有区别。“社会主义的法”（也就是从被推翻的资本主义向共产主义过渡阶段的法）是在马列主义政党领导下获得国家权力的工人阶级的工具。

“应然”指的是应当如此，社会主义法的应然论是建立在必然法基础上的。马克思强调法律应当“是事物的法的本质的普遍和真正的表达者。因此，事物的法的本质不应该去迁就法律，恰恰相反，法律倒应该去适应事物的法的本质”。[①]将马克思的观点与庞德的观点联系起来，可以得出社会法实质法是一种价值法、理想法的结论，与必然法相对应。它是人们在认识事物，特别是认识人的本性与活动规律的基础上于内心所形成的对人生之道的观念（严存生，2015：72）。社会法在应然法上强调正当性。法律消亡论对资本主义法律体系进行了深刻的批判，同时也提出了未来社会秩序的理想图景（邱昭继，2015：43—44）。马克思主义的应然论除马克思论述外，还包括恩格斯论述的内容。

（二）马克思关于应然法的论述

社会主义的应然法是以社会生活为根据、以社会劳动为基础，并与社会劳动相对等、与社会秩序相依存的理想状态。正如韦伯所说，走向实质的自然法的关键性转折，主要是与这样的社会主义理论相关联，亦即唯有借着一己的劳动所获取的东西，才具有正当性。因为，此理论不仅否定通过继承权或被保障的独占而无偿地取得财货，而且连契约自由的形式原则，以及根据契约取得的权利的根本正当性，也一概否定。财货的任何占有，全都必须经过实质的检验：到底在多大程度上是奠基于劳动——以劳动为取得原因（韦伯，2011：308）。

---

① 《马克思恩格斯全集》第1卷，人民出版社1956年版，第139页。

马克思从这种必然法出发，考察当时资本主义发展状况，指出了未来实现的共产主义目标，马克思在《哥达纲领批判》中强调："平等的权利按照原则仍然是资产阶级的法权，这个平等的权利还仍然被限制在一个资产阶级的框框里。在共产主义社会高级阶段上，在迫使人们奴隶般地服从分工的情形已经消失，从而脑力劳动和体力劳动的对立也随之消失之后；在劳动已经不仅仅是谋生的手段，而且本身成了生活的第一需要之后；在随着个人的全面发展生产力也增长起来，而集体财富的一切源泉都充分涌流之后——只有在那个时候，才能完全超出资产阶级法权的狭隘眼界，社会才能在自己的旗帜上写上：各尽所能，按需分配！"[①]在共产主义第一阶段还保留着旧社会的痕迹，还存在着资产阶级法权，因而得出了从资本主义社会过渡到共产主义社会的历史时期必须实行无产阶级专政的结论。

马克思将当时资本主义社会存在的各种实在的法律视为一种形式法，在这种形式法背后存在着体现"事物的法的本质"的实质法。为了体现这种"本质"，马克思还提出了一条非常重要的原则。"要能达到这一点，只有使法律成为人民意志的自觉表现，也就是说，它应该同人民的意志一起产生并由人民的意志所创立。"马克思强调应从"现有"事物自身矛盾的分析，来求得应然与实然的一致。社会法要追求内容法与形式法的平衡，"形式必然从内容中产生出来；而且，形式只能是内容的进一步的发展"。[②]实质法与形式法相统一的原则也可以表述为必然法、应然法、实然法相统一的原则。

马克思逝世后留下的手稿十分杂乱。他不仅没有完成其著作，而且大量著作的草稿还表明，他对自己已经发表的学说作了一番新的阐述，至少很多西方研究马克思主义的学者是这样评价的。马克思逝世时，人们对其思想的了解，主要是通过过于简练的《共产党宣言》和艰深的《资本论》这两部书。1930 年前后，马克思的早期著作得以出版；1941 年马克思《经济学手稿》(1857—1858)出版，由于 1939 年和 1941 年这份手稿在莫斯科用原文分两册陆续出版时，编辑加的标题是《政治经济学批判大纲(草稿)》，后来便习惯上沿用这一篇名，并简称为《大纲》[③]。马克思的思想方法不容许将其概括为几个简单的公式，马克思的思想在后期通过恩格斯的阐述为世人理解。

(三) 恩格斯关于应然法的论述

恩格斯坚持历史唯物主义的法学，其法律思想是马克思主义法学的组成部分，他在晚年的历史唯物主义通信中，把马克思主义的法律观和方法论大大推进了一步。恩格斯广泛地涉及宪法、刑法、民法、婚姻法诸领域，有不少独到的见解。他对罗马法、英国法、古日耳曼法和教会法都有系统地思考，达到很高的学术造诣。恩格斯对于劳动相关权利的论述，最为集中的是《法学家的社会主义》。恩格斯强调经济基础

① 《马克思恩格斯全集》第 19 卷，人民出版社 1963 年版，第 21—23 页。

② 《马克思恩格斯全集》第 40 卷，人民出版社 1982 年版，第 184、10 页。

③ 《马克思恩格斯全集》第 46 卷上、下，人民出版社 1979、1980 年版。

的决定性作用;[①]“在‘社会主义思想’中谈的恰好就是人民经济关系,首先是雇佣劳动和资本之间的关系”强调应当研究事实,而不能只研究观念。[②]针对门格尔提出的历史发展的动力是法律观念的错误论调,恩格斯重申了历史唯物主义在这个问题上的基本观点。在将马克思的观点同门格尔的历史唯心主义作了比较后,强调指出:各大社会阶级的法的观点都是由它们当前的阶级状况决定的。[③]

恩格斯尽管不赞成门格尔的法权公式,并不意味着社会主义者拒绝提出一定的法权要求。[④]每个进行斗争的阶级都必须在纲领中用法权要求的形式来表述自己的要求。历史上每个阶级夺取国家政权后,都面临着艰巨的立法任务。但是,每个阶级的要求在社会和政治的改造进程中不断变化;在每个国家中,由于各自的特点和社会发展的水平,这些要求是不同的。因此,各个政党提出的法权要求,尽管最终目的完全一致,但在各个时代和各个民族中并不完全相同。它们是可变因素,并且有时重新修改。这种情况在不同国家和社会主义政党那里,都可以看到。[⑤]因此,“无产阶级的第一批党组织,以及它们理论代表都是完全站在法学的‘权利基础’之上的”[⑥]。在无产阶级夺取政权的条件下,可以说这是一种不同于个人法权的社会法权。

英国学者麦克莱伦认为“恩格斯在两个不同方面发展了马克思的思想,这显然都与马克思原来的思路很不相同。(1)马克思主义最终被描绘成苏联(及其他国家)的辩证唯物主义教科书所体现的那种教条主义形而上学体系,这条道上的最初几步是由恩格斯迈出的;(2)面对以革命党著称的德国社会民主党在议会民主中获得越来越大的成功,恩格斯不得不作出了妥协、予以承认”(麦克莱伦,2004:9—10)。这样的论述有作者很强的主观色彩,但至少说明,在革命与改良的两个方面,恩格斯都表现出宽容与支持的态度。

三、社会主义法的实然论

对于社会法理论而言,实然论中最为重要的是如何认识具有个人主义色彩的形

---

① “人们的一切法律、政治、哲学、宗教等等观念归根结蒂都是从他们的经济生活条件,从他们的生产方式和产品交换方式中引导出来的。”参见《马克思恩格斯选集》第 21 卷,人民出版社 1965 年版,第 548 页。

② “况且,经济学还是一门所谓的科学,而且比法哲学还要科学一些,因为它研究的是事实,而不像法哲学那样,单纯研究观念。”同上书,第 549 页。

③ 马克思曾告诉我们,各大社会阶级的法的观点都是由它们当前的阶级状况决定的。工人阶级的经济地位决定了他们的世界观,与“无财产”相适应的只能是“无幻想”,“由此便产生了适合于无产阶级的生活条件和斗争条件的世界观;与工人无财产相适应的只能是他们头脑中无幻想,现在这个无产阶级的世界观正在全球环行”。同上书,第 548 页。

④ 恩格斯认为:“正如资产阶级在反对贵族的斗争中一度按照传统抱有神学世界观一样,无产阶级起初也从敌人那里学会了法学的思维方式,并从中寻找反对资产阶级的武器。”同上书,第 546 页。

⑤ “在进行这种修改时考虑到的是实际关系;相反,在现存的社会主义政党中还没有一个政党想到要从自己的纲领中造出一个新的法哲学来,就是在将来也不会想到要这样做。”同上书,第 546—547 页。

⑥ 同上书,第 546—547 页。

式法。狄骥在强调"社会主义"这个词特指一个政党,"该政党采取各种方式,试图废除个人所有权,其方式有人认为是渐进性的,有人认为是革命性的"(莱昂·狄骥,1999:8)。德国与法国一样,社会民主党内部对于社会主义也存在渐进性与革命性的理解。1917年,社会民主党发生分裂,一部分左翼分子组成独立的社会民主党,另一部分激进分子组成德国共产党。

(一) 马克思主义的实然论

实然法也称制定法,"应然"除了与"必然"外,还与"实然"相对应。社会法在实然法上强调批判性。在传统的认识中,实然法在很大程度上是一种实证论,在当时往往体现个人主义法学观。作为法学家,立场往往是偏向保守的,更强调形式法,然而,施坦因却是从本质上来认识当时的法国社会主义和共产主义运动。这种认识是通过与法国领袖们(蒲鲁东、布兰克、卡贝特)的交往达到的。他认为,"劳动的薪水与资本的盈利之间的战争是利益之战,而不是法律概念之战"。任何社会秩序都有自己关于所有权、契约、家庭、宪法和行政的概念。主张以现实的、有生命力的和批判性的观点来表达法律概念(魏德士,2005:230)。蒲鲁东与马克思在很多问题上存在分歧,但在对资本主义个人主义的批判上是一致的。社会法是作为社会主义法提出来的,这是一种对个人主义学说进行批判过程中形成的法,它将关注的重点转向了社会现实。

从实现革命的目标出发,应然法的内容是由必然法来决定的,这种内容对于以罗马法为特点的资本主义的实然法保持着强烈的否定性。法律消亡论是马克思主义法学的一个著名论题。法律消亡论体现了马克思主义社会理论的批判和理想性特征(邱昭继,2015:43),也是实现革命的基本目标。因此,马克思主义对法只作出了很少的、一般性的、因而有些模糊的解释性论述。十月革命胜利后苏联社会主义体制的模式被认为实现马克思所说的革命目标,在历史进程中,马克思和恩格斯关于法的观点被进行了列宁、斯大林式的实然性解读。从革命与改良角度来观察,伯恩施坦只强调改良,这种观点与施坦因是比较接近的。早在伯恩施坦开始产生这些思想以前,德国社会民主党党内的改良主义倾向就由福尔马尔和大卫这样一些作者做出了表达。

(二) 列宁主义的实然论

列宁(1870—1924)作为社会主义制度革命的实践很快认识到,马克思"法律消亡论"的设想其实是对十分遥远的将来的设想,"我们不知道,这将会多快地发生,也不知道会有怎样的结果,但是我们知道它们(国家和法)将会消亡"。民主的完全实现与消亡是一个统一的过程,列宁对这个发展过程作了明确的概括。在他看来,资产阶级统治,是只供少数统治者享受的民主,这种民主不是真正的民主,而是虚伪的民主。无产阶级民主则与资产阶级民主不同,它是"供穷人、供十分之九的居民享受"的民主，是真正的民主。[①]列宁认为“法令就是召唤阶级行动起来的号令”[②]。

从实现改良的目标出发，无产阶级革命之后对于继承下来的国家政权要实现一定的改良。这时应然法对于实然法虽然保持着批判，但并非全盘否定。马克思的学说中也有这方面的论述，但总体上是作为一个阶段性目标来论述的。马克思认为在共产主义第一阶段还保留着旧社会的痕迹，还存在着资产阶级法权；恩格斯在涉及阶级性时主张要反对的是这些人的统治而不是法规本身。[③]无产阶级为自己奠定的“权利基础”和资产阶级的“权利基础”毕竟存在着差异，资产阶级的法学世界观不能适当表现和全面概括工人阶级因其经济状况而产生的寻求解放的愿望，社会主义社会的生产资料公有制、剥削阶级的消灭和人民当家做主，为实现权利平等与义务平等的统一奠定了物质的、政治的基础。这种统一性表现为：(1)社会主义条件下，权利义务所代表的社会利益和意志是一致的；(2)享有权利和义务的主体是一致的(吕世伦、张学超，2002：58)。

从革命与改良相结合的角度来观察，在《论无产阶级在这次革命中的任务》《国家与革命》中，列宁对政治体制论述的要点是：(1)“工人阶级应当打碎摧毁‘现成的国家机器’，而不只是以简单地夺取这个机器为限”(列宁，1949：39)；(2)“从资本主义过渡到共产主义，当然不能不产生多种多样的政治形式，但本质必然是一个，就是无产阶级专政”[④]；(3)“工人代表苏维埃是革命政府唯一可能的形式”，革命政府“不应当是议会式的，而应当是同时兼管立法和行政的工作机关”[⑤]，即“立行合一”的政权机构(熊光清，2002：55)；(4)实行直接普选制，组成无产阶级及劳动人民的国家政权；(5)在国体问题上，否定联邦制，主张建立民主集中制的苏维埃共和国。

从1917年至1924年，苏联经济体制方面曾经发生过两次截然不同的变化，即战时共产主义体制和新经济政策体制。如果说，经济体制的变化首先是由于社会现实所迫，不得不实行的话，那么，在政治体制方面，除了十月革命初期曾有过一段充满各种剧烈矛盾和斗争的“短暂的革命民主时期”以外，其主要发展趋势是越来越向高度集中化转变。这与马克思和恩格斯在《共产党宣言》中强调的“自由人的联合体”，“在那里，每个人的自由发展是一切人的自由发展的条件”[⑥]的“法律消亡论”并不相同。尽管如此，《劳动法》还是作为一项改良措施受到重视。1866年9月在日内瓦召开的国际工人代表大会上，根据马克思的倡议，首先提出“8小时工作制”的口号。十月革

① “发展的辩证法(过程)是这样的：从专制制度到资产阶级民主；从资产阶级民主到无产阶级民主；从无产阶级民主到没有任何民主。”参见《列宁全集》第31卷，人民出版社1985年版，第156页。

② “既然工人联合起来能够强迫资本家实行让步，能够反击他们，那么工人联合同样也能影响国家法令。”参见《列宁全集》第2卷，人民出版社1963年版，第83页。

③ 恩格斯更进一步指出，“当需要从法学上来具体表述它们的时候，都会陷入无法解决的矛盾，而且问题的实质，即生产方式的改造，则多少没有被触及”。参见《马克思恩格斯选集》第21卷，人民出版社1965年版，第547页。

④ 《列宁全集》第25卷，人民出版社1961年版，第400页。

⑤ 《列宁选集》第4卷，人民出版社1995年版，第159页。

⑥ 《马克思恩格斯选集》第1卷，人民出版社1995年版，第294页。

命胜利后，苏维埃政权于1917年11月11日颁布了《关于8小时工作制》的法令。第一次世界大战后，8小时工作制被1919年10月国际劳工会议所承认。以后资本主义各国被迫陆续确认了8小时工作制。苏维埃劳动法是苏维埃社会主义法的体系中一个重要组成部分，它体现了苏联共产党和苏维埃国家的劳动政策，在巩固社会主义社会劳动关系与劳动组织方面发挥着巨大的作用。

对社会主义法学理论产生影响的是列宁的一段话。列宁在1922年写给司法人民委员库尔斯基的信中说："我们不承认任何'私的东西'，在我们看来经济领域的一切都属于公法范围。"①列宁这段话被社会主义国家的法学家们广泛论证，成为否认社会主义存在公、私法划分的主要依据。苏联科学院国家与法研究所所长特西契茨等认为，"列宁的话被这样解释：在社会主义国家中不仅没有私法，也没有传统意义的公法。在以生产资料公有制为基础的社会条件下，不存在私人利益与公共利益的对抗，社会主义法取消公、私法的划分，不是因为公法取代了私法，而是因为这种划分失去了存在的基础"。②我国法学界也接受了这种观点。事实上对于大部分社会主义国家来说，在社会主义的发展过程中，并不是简单地取消了公、私法的划分，而是形成了一种新的公法一元论的观点。尽管这种公法一元结构不是建立在阶级对立的基础上，但是在市民社会为政治国家所吸收，整个社会只存在着一个层次这一点上与传统公法一元论并无不同。

（三）伯恩施坦的实然论

伯恩施坦主义是西方马克思主义的代表流派之一，产生于第二国际右派。伯恩施坦(Eduard Bernstein，1850—1932)是德国社会民主党成员，社会民主主义理论家及政治家，也是改良主义的代表人物。由于社会民主党不仅在年代上，而且在思想上是自由主义的继承者，得出了"实际上真正的自由概念无不是社会主义思想的要素"(伯恩施坦，1961：151)的结论，由此产生了伯恩施坦的政治渐进的社会主义。社会改良主义是以局部社会改良来代替无产阶级革命斗争的一种思潮，价值和事实各执一端的观念在其理论中有突出表现。1899年伯恩施坦写了《社会主义的前提和社会民主党的任务》一书，系统阐述了他的改良思想。

伯恩施坦的理论水平尽管不高，却是一位密切关注当代发展趋势的观察家，注意到正在出现的经济福利主义的新观念，对于资本主义的形式法并非采取强烈否定的态度。卡特尔、托拉斯和垄断资本的增长是一些重要现象，其伴随着生产社会化和所有权与管理权的分离。根据这些因素，再加上信贷工具的增加和通讯与信息服务的巨大改善，19世纪末实际工资大幅度提高，伯恩施坦断定资本主义获得了一种自我调节的能力。从应然与实然的关系上看，按照伯恩施坦的观点，社会主义理想在资本主义制度条件下其实已经开始逐步实现。从改良主义出发，劳动法被置于极其崇高

① 《列宁全集》第24卷，人民出版社1987年版，第426—427页。

② 《列宁文稿》第4卷，人民出版社1978年版，第222页。

的地位："把经济企业从私人手里转交给公众管理当然也带来这一发展，但这只能缓慢地进行"，"一部好的工厂法比把一批工厂全都国有化可能更体现社会主义。我坦率地承认，我对通常称作'社会主义最终目标'的东西极少热情和兴趣。这个目标无论怎样，在我看来都是微不足道的，运动就是一切。"（伯恩施坦，1898：555f）以后，拉德布鲁赫更从理论上进行了完整的解释。奠定拉德布鲁赫的"社会法解释"之基础的契机，并不是号召"全世界无产阶级联合起来"的《共产党宣言》，也不是马克思《资本论》中精密的论证和"民主的意识形态和社会学"的成熟，而是他所处的那个社会、政治紧张关系频发的时代，是那个生动的社会现实，拉德布鲁赫在其《阶级法和法理念》中的观点是改良主义的（铃木敬夫，2004：4）。

从福利国家的视角出发，社会国的基本法律就是社会法，关于社会法的理论大部分来源于社会国的实践。这种国家观深深植根于历史悠久的路德教观念，这种观念要求人们对诸侯效忠的同时，同样要求诸侯照顾其臣民的福利。伯恩施坦理论是19世纪下半期德国统一后社会稳定发展和工业化突进的必然产物，在当时的德国，作为工人阶级（特别是中上层工人）的代表在一场革命中可能会丧失不少东西，他们更愿意为争取普选权而斗争，也更关注改善工人的待遇和社会保障。伯恩施坦关于经济力量本身不会带来社会主义的取消，无产阶级革命信念使他为其社会主义寻找另一种道德基础，他在新康德主义的复兴中找到了这种现成的动力（戴维·麦克莱兰，1988：45）。通过对黑格尔社会理论以及伯恩施坦修正主义的再解释，让形式法融入实质法的内容，另一个社会民主党人黑勒发展出了与施密特（Carl Schmitt，1888—1985）①、凯尔森（Hans Kelsen，1881—1973）②针锋相对的中间道路。如果我们客观地进行观察，这种理论倾向成功推动了德国基本社会保障事业的发展，使得德国成为全世界最早的社会保障体系基本确立的国家，成为后来的福利国家的先驱。

第三节　实质法在我国的演变

按韦伯分类，存在实质合理性的计划经济类型。新中国成立以来，我国虽然并没有提出社会法的概念，但在社会主义的指导思想下，不乏以自然法、实质法的视角来认识社会生活，社会主义法的核心范畴有着中国式的表达方式。

---

① 德国著名法学家和政治思想家。施密特于1888年生于威斯特伐里亚普勒腾贝格的一个天主教家庭。1933年，施密特担任柏林大学教授，同年加入纳粹党。他的政治思想对20世纪政治哲学、神学思想产生了重大影响，并提出了许多宪法学上的重要概念，例如制度性保障等。

② 20世纪著名奥地利裔犹太人法学家，法律实证主义的代表人物。他是20世纪最富思想原创力的法学家之一，在法哲学、宪法学与国际法学等领域颇有建树。

一、我国实质法的历史表现

改革开放前，我国模仿苏联，从必然、应然、实然的视角对于实质法进行了中国式的改造；改革开放的发展，使我们重新对权利概念进行反思，也对社会主义的实质法进行了重新定位。历史上，我国国家领导人在几次讲话中都提到实现共产主义的问题。社会公德与阶级斗争理论相结合，用应然法代替实然法，用实质法代替形式法成为我国无产阶级专政下的继续革命理论的基本要求。当时这个问题同劳动领域的分配制度（八级工资制）、人与人之间的关系联系在一起，并把它们纳入限制资产阶级法权范畴之中。供给制、共产主义精神、共产主义制度这几个概念被画上等号。这种社会主义法是建立在对于实在法批评的基础上的，强调所有制解决以后，资产阶级法权制度还存在，如等级制度、领导与群众的关系。要考虑取消薪水制、恢复供给制问题(陈晋，1993:52)。

马克思主义的核心问题是实现人的彻底解放，使人成为“真正的人”“完整的人”“自由的人”。我国当年的提法，其思想的表层动因是要在“大跃进”的形势下，打掉“官气”，充分调动人民群众建设社会主义的积极性；更深刻的内涵是按照理想的社会主义模式来建设中国的社会主义(高远戎，2006:78)。人民公社等一些构想源于对马克思自由人的“联合体”理解，反映了当时对公正、平等的社会主义的一些构想。

其一，从马克思所说的“真正的人”来看，我国供给制是在战争环境下形成的制度，战争形成的恰恰是一种“局部的人”。《1844 年经济学哲学手稿》第一次对未来社会的本质特征作了表述：“共产主义是私有财产即人的自我异化的积极的扬弃，因而是通过人并且为了人而对人的本质的真正占有；因此，它是人向自身、向社会的即合乎人性的人的复归，这种复归是完全的、自觉的，和在以往发展的全部财富的范围内生成的。”(马克思，2018)战争环境下的人格往往是有一定程度扭曲的，是一种消极的异化。我国社会主义建设环境下形成的制度只能以“谋生的人”为特点。当我国在实现马克思所设计的目标时，忽视了这是一个长远目标，在共产主义社会高级阶段上，劳动已经不仅仅是谋生的手段，而且本身成了生活的第一需要之后才可能实现这样的目标(王元璋、崔建华，2001:6)。按劳分配作为一种等量劳动相交换的形式，“在共产主义社会第一阶段，在它经过长久的阵痛刚刚从资本主义社会里产生出来的形态中，是不可避免的。权利永远不能超出社会的经济结构以及由经济结构所制约的社会的文化发展”①。只有在集体财富的一切源泉都充分涌流之后，才可能实现马克思所说的“真正的人”的目标。

其二，从马克思所说的“完整的人”来看，我国社会主义建设中是一种“分工的人”并不符合共产主义的预设条件。1846 年马克思和恩格斯写成《德意志意识形态》一书，他们用形象的语言，生动地描述了共产主义社会“每个人自由发展”的情景：“……

① 《马克思恩格斯选集》第 3 卷，人民出版社 1972 年版，第 11—12 页。

在共产主义社会里，任何人都没有特殊的活动范围，而是都可以在任何部门内发展，社会调节整个生产，因而使我有可能随自己的兴趣今天干这事，明天干那事，上午打猎，下午捕鱼，傍晚从事畜牧，晚饭后从事批判，这样就不会使我老是一个猎人、渔夫、牧人或批判者。"①由于消除了那种强制性的、固定性的分工，每个人作为个人参加共同体，个人的存在摆脱了对人与对物的依赖，成为独立的、有个性的个人，成为全面发展的自觉自由的个人(叶汝贤，2006:7)。这种联合体的出现是以消灭社会分工为前提的，只有劳动本身成了生活的第一需要之后，在随着个人的全面发展生产力也增长起来时，才可能实现马克思所说的"完整的人"的目标。

共产主义社会的本质就是自由人的"联合体"，其表现形式是："以每个人的全面而自由的发展为基本原则的社会形式"②。"没有军队、宪兵和警察，没有贵族、国王、总督、地方官和法官，没有监狱，没有诉讼"③之类的东西。《1844年经济学哲学手稿》就强调争取自由的过程。自由化过程，就是争取人的本质的复归过程，也是人的解放的过程。共产主义的目标就是人的解放，实现自由。

二、我国实质法的当代表达

我国有学者提出著名的"人权三形态说"，对此提供了说明："从应有权利转化为法定权利再从法定权利转化为实有权利，这是人权在社会生活中得到实现的基本形式。"(李步云，1991:17)在社会法的研究领域，我国实质法的当代表达呈现出复杂的情形，既有来自意识形态的传统表达，也有来自国际公约的当代表达。

(一) 意识形态的传统表达

意识形态(ideology)作为一种观念的集合，是一定的政治共同体或社会共同体主张的精神形式。孔狄亚克的学生特拉西(Destutt de Tracy)创制了"意识形态"这一新概念，试图为一切观念的产生提供一个真正科学的哲学基础(俞吾金，1993:3)，然而在学术研究中这一概念滋生了某种极化现象，也许这是概念创造者当初并不愿意看到的。20世纪五六十年代，随着福利国家的建成，许多人认为意识形态的争论在西方国家已经终结，因此，社会政策需要研究的就是如何增进公民福利即政策的有效执行，这就形成了这门学科最初的社会行政传统。(杨团，2002:127)1979年6月，第五届全国人民代表大会第二次会议宣布剥削阶级作为阶级已经消灭以后，法学界对我国长期宣传的法的阶级性也提出不同的看法。然而，尽管"文化大革命"早已过去，但是在一定条件下，当年限制资产阶级法权的思维仍会以某种变形的方式出现在我们的现实生活中，从泛化阶级斗争的视角来理解我国的社会法，甚至在相当长一个

① 《马克思恩格斯选集》第3卷，人民出版社1995年版，第37页。

② 《马克思恩格斯全集》第23卷，人民出版社1972年版，第649页。

③ 《马克思恩格斯选集》第4卷，人民出版社1972年版，第92页。

时期构成了我国社会法研究中的主流观念。

正如吉登斯指出的常识，在马克思看来，随着充分发达的社会主义社会的到来，阶级、国家都会消亡，在这种社会中，“每个人的自由发展将是所有人自由发展的条件”，这才是共产主义的目标。在实践中，一些社会主义的传统理论都极端重视国家在形成阶级团结中的作用。然而，必须强调的是国家主义的意识形态，并不符合马克思主义理论。

(二) 回归阶级意识及其应然法反思

从回归阶级意识出发，劳动合同法讨论被一些学者描绘成了一场阶级斗争。“这是市场经济条件下使用最为广泛的概念，其特点是突出劳资区别，主体明确，关系清晰，但具有某种阶级的和对抗的意义。”(常凯，2004a:69)这种“劳资冲突”有时也被说成是“劳资博弈”，值得注意的是，这部分研究者所说的“劳资博弈”基本是指劳资阶级斗争。[①]资方“过度地剥削工人”，[②]“阶级问题是无法回避的”，“说阶级问题主要是社会结构意义上讲，叫阶级也好，阶层也好，学术也有争论，但是作为一个特定的，具有特定经济利益，经济壁垒和特定的社会意识社会群体来说这批人已经存在了。这是一个更宏观层面的问题”(常凯，2009:182)。在以这种阶级意识进行所谓的学术批评时，以对人不对事为基本特点，通过强调自己“劳”的阶级阵营，而努力将学术对手归入“资”的阶级阵营。

回归阶级意识形态必然强调阶级道德，也涉及道德与法律的关系。道德与法律的冲突，应当如何来进行协调？韦伯强调从阶级道德出发是无法协调的：“契约自由的形式理性主义的自然法，与唯有根据劳动的收益方具正当性的实质的自然法，两者当然都具有很强烈的阶级关系性。契约的自由，以及由此导出的、关于正当的所有权的诸多命题，显然是市场利害关系者——对于最终占有生产手段感兴趣者的自然法。”(韦伯，2011:308)法律不应当出自阶级意识形态，韦伯因此强调一种道德无涉的法制观。

基尔克分析过阶级性与普遍性两种道德观的关系：“现在，在共同统治领域内二者相互区分的地方，面对道德法则，法律秩序该如何行为？如果法律秩序想要尽可能圆满地完成自己的任务，那么它该追求什么样的形态？”答案是：社会法只能建立在普遍性的道德观上。“如果我们首先看一下敌对性的矛盾，那么维持人民生活的健康就

---

① 有人在听完一些学者关于《劳动合同法》的论述后，当着论述者的面，发表了这样的想法：“今天听了常教授、王教授和于老师的谈话以后，有一点感想。我们现在改革的理论，或者说执政理论，实际上是处于没有突破的状态，所以很多问题不能自圆其说，比如宪法规定‘工人阶级领导的、工农联盟为基础的人民民主专政国家’。宪法还有一句‘阶级斗争还在一定的范围内存在’。我们多年来很厌烦‘阶级斗争’这句话，搞得实在太多了，现在回头看，这句话又有价值了。这是我的第二个感想。第三个感想，我们现在讨论《劳动合同法》涉及剩余价值问题，涉及资本原始积累问题……现在劳动法、劳动合同法要解决的，是第二轮原始积累的合同关系。”章立凡：《我们是在重复资本的二次原罪》，博客中国专栏作家交流联谊会暨《劳动合同法》研讨会。

② 常凯观点，参见郭晋晖，2006。

明显要求，这些敌对性的矛盾要尽可能地被避免，而当它们出现时，则通过法律和道德的妥协来调解。永久和平的理想当然是不可实现的。法律秩序和道德法则都不可能放弃自己的自主。如果法律秩序和道德法则为了避免一切冲突而懦弱地放弃了它们最为本质的要求，那么它们就是背叛了自身。但是，向着和平目的的靠近是可能的，它会在这样的程度上成功，即两种力量都意识到自身需要弥补的地方并设置聪明的自我限制。”(基尔克，2017:119)基尔克是以普遍正义作为其应然法的重要内容。

应然法涉及伦理领域与法律领域，韦伯、基尔克对应然法具有不同的看法，应然法具有某种道德性，但不是无产阶级的道德观，通过法律和普遍道德的妥协来调解由于阶级冲突带来的道德冲突，这才是一个成熟的社会法治观。

(三) 回归国家意识及其必然法反思

从回归国家意识出发，社会法域的理论概念被描绘成“危害社会法的存在价值”[①]。他们所讲的社会法特别在意所谓的“中国特色”(冯彦君，2013:14)，他们理解的社会法是那种“封建社会也存在‘公’与‘私’的融合问题”“‘公力’调整的方法比比皆是”(郑尚元，2003b:125)。他们以部分社会加上全体社会，生存权加上发展权为界定标准(谢增毅，2006:97)，在一个模糊的空间中，重新引入了早期经济法中“统”的分析范式。作为一种理论形态，这种所谓“中国特色”其实源于苏联[②]的“纵横统一论”，说到底是纵向关系统帅横向关系，这种理论的出现与我国历史上曾经存在的公法一元法律结构有关。我国学者在此基础上，创造性的提出了“国家需要干预论”，[③]也被解释为“需要国家干预论”，[④]在他们看来，国家干预的模糊设置反映了所谓“人文科学所必然的某种模糊规律”。[⑤]

在必然法与应然法的关系上，列宁与伯恩施坦的理解大相径庭，这是由于他们对社会主义的发展道路认识不同，但他们的共识是：劳动法、社会保障法这样的法律都是一种具有资产阶级法权特点的改良法。对于无产阶级而言，当代意义的社会法在定性上不存在分歧，区别只在于这类社会立法是目标还是手段，应当出现在无产阶级夺取政权之后，还是可以代替夺取政权。“封建社会也存在‘公’与‘私’的融合问题”，“国家凌驾于社会”的观点不能用来论证列宁主义的主张，从而得出“‘公力’调整的方

---

① “如果将社会法作为第三法域，将无法构建社会法自身体系，社会法只能沦为一种法律性质或者法律理念，而且也不符合目前国际上关于社会法的普遍学说，最终将危害社会法的存在价值。”(谢增毅，2006:96)

② 苏联纵横统一论的代表人物拉普捷夫指出：“经济法作为一个部门法的理论基础，就是横向的和纵向的经济关系的统一，就是所有这些关系中的计划组织因素和财产因素的结合。”需要说明的是，苏联学者并不回避这种理论与产品经济条件下计划经济的管理模式相联系。马穆托夫也指出：“不论是纵向关系，还是横向关系，都是产品的生产和流通方面的有计划的直接社会关系。”(马穆托夫，1979:30)

③ “经济法的调整对象是国家需要干预的社会经济关系。”(李昌麒，1994:35)

④ “不是所有的全局性的和社会公共性的经济关系，都需要由国家进行干预，干预或者不干预，完全取决于国家的需要。国家需要就干预，不需要就不干预。”(李昌麒，2002:41—42)

⑤ “如果说，‘需要由国家干预’仍然具有某种模糊性的话，那么正好反映了包括法律科学在内的人文科学所必然的某种模糊规律。”(李昌麒，2002:41—42)

法比比皆是”。列宁论述中由于将较大的注意力集中于无产阶级的革命行动，对于无产阶级取得政权后的社会改良的讨论相对较少，与之形成反差的是，对于工会的论述则颇丰。

必然法涉及经济领域与政治领域，回归国家意识形态也涉及市场与国家的关系。20 世纪末期以电子和信息技术为特征的第三次科技革命引发了社会结构的深刻变化。传统工业尤其是制造业在西方发达国家国民经济中的比重不断下降，传统工人阶级的队伍也不断萎缩。与此同时，第三产业和高新产业的从业人员迅速增长，而此类人员较为缺乏组建或参与工会的意愿。特别是中高级白领职员，他们往往自我认同为中产阶级而非工人阶级，因此，工会的动员力量与谈判实力有所减弱。与英国、美国相比，法国得到的赞誉是在保持经济效率的同时又能维持高水平社会福利的能力。这使社会民主资本主义闻名，像其在瑞典和奥地利所实践的那样。法国社会党（左翼）总理若斯潘（Lionel Jospin）执政时于 1998 年 6 月通过的一项每周 35 小时工作制的法律，而在此之前，法国自 1982 年起一直推行的 39 小时工作制。这项计划的初衷是为了增加就业，通过减少雇员的工作时间，迫使雇主不得不使用更多的人来完成与此前相同的工作量。时任法国就业部部长的奥布莱表示，此举每年将至少创造了 10 万个就业机会（曾航，2008：59—60、84）。然而，马克思的必然法体现的是客观规律，事后证明法国其实走了弯路，依然要进行更彻底的改革。

第三章

社会法的形式论

"私法"和"公法"的概念不是实证法的概念，它也不能满足任何一个实证的法律规则，当然，它可以为所有法律经验做先导，并且从一开始就为每个法律经验主张有效性。它是先验的法律概念。这并不是说，私法和公法之间的区别自古以来就一贯为人们所认识——过去的德国法就不了解这种区别，对罗马法的接受才使人们得以认识到它。

——古斯塔夫·拉德布鲁赫（Gustav Radbruch）

第一节　社会法域与形式法

社会法以"诸法合体"为其基本的调整方式，从形式法的视角来观察，"诸法合体"强调公法与私法的合体。学者对于社会法的定义总体上不可能突破本国的社会条件。社会法域对应的是公法与私法，这一法域的出现也是一个历史演变的过程。

一、两大实证法形态的产生

实证法作为抽象的人类法（Menschenheitsrecht）的实体构成，本质上为国家的创造物，自然法与实在法在一开始是密不可分，以一元的方式存在，两者的关系经历漫长的历史演变。由于实证法主要贯彻在古罗马法和中世纪的日耳曼法之中，所以实证法主要指这两大法形态。在法的形成时间上，罗马法的形成时间大大早于日耳曼法，前者形成于奴隶制社会时期，后者形成于封建社会早期。德国与英国是大陆法系与英美法系最具代表性的国家，在人类法制史的历史长河中，罗马法与日耳曼法在其中占据着重要的历史地位。德、英两个国家都是以日耳曼人为主要民族，法律的历史渊源都是古日耳曼法，两国法律历史道路分野的关键点在于对罗马法与日耳曼法的各自取舍。在法的内容丰富程度上以及立法水平和立法技术上，罗马法比日耳曼法更加丰富。一个不容回避的现实是：德国继承罗马法，但族群主体不是罗马后裔，英国继承日耳曼法，但不在民族发祥地（王涛，2009：857）。虽年代久远，两者对后世仍有借鉴价值，至今罗马法、日耳曼法也以大陆法系与英美法系的区分而产生着巨大的影响。

罗马法一般泛指罗马奴隶制国家法律的总称，罗马法是属地法，存在于罗马奴隶制国家的整个历史时期，然而在罗马帝国灭亡以后却被并非罗马所在地的日耳曼人继受。在欧洲大陆的德意志等地区，将德国称为“德意志”(Deuthschland)的只有德国、日本、中国三个国家，除此以外的国家常常将德国称为日耳曼(German)。“到公元一世纪，日耳曼人已遍布于多瑙河以北和莱茵河以东的广大地区。有几支日耳曼人已渡过莱茵河下游侵入高卢人的地域。”而莱茵河以东未归属罗马的广大地区则被称为“大日耳曼尼亚”，“日耳曼”这个名称后来就专指“大日耳曼尼亚”，大日耳曼尼亚正是后来德意志的基本领土(丁建弘，2002:9)，德国继受罗马法，从传统上分成“理论的继受”和“实践的继受”。理论继受的历史可以追溯到12世纪，它是以“日耳曼民族的罗马帝国”是古罗马帝国的延续这一观念，作为理论基础的，这时日耳曼还具有优先效力。实践的继受一直延续到15、16世纪，德国才比法国北部地区更为全面地接受罗马法，并且把罗马法的一些规定引入审判实践(沃森，2005:11—12)。

日耳曼法，也被称为蛮族法，法律制度主要形成于西欧早期封建社会时期。古日耳曼法是属人法，被日耳曼人带到了传统居住地以外，并为英国所接受(李赋宁，2005:35)。“而未中断盎格鲁-撒克逊人已经发展起来的法律制度。”(何勤华，1999:68)在英国人自身的概念中，其包括法律在内的文化传统具有其独特的优越性，出于政治的原因，他们认为反对罗马法的影响具有天然的正义性。在英美法系，排斥罗马法的时期是其法律史发展的最重要时期(王涛，2011:15)。在英国亨利八世与罗马教廷决裂，不仅导致政治上的英国与教皇对立，作为爱国主义表现，英国法律职业人士将法律与政治主张联系在一起，抵制罗马法被视为弘扬英国法的伟大事业(威格摩尔，2004:918)。以此为凭，英国的日耳曼法得到国家力量的支持。

早期的日耳曼国家所采用的生产方式并不利于财产制度的发展。虽然日耳曼人在建国之后，逐渐放弃了原来那种游牧民族式的生产、生活方式，接受了农耕式的生产、生活方式。但是其整体社会生产力发展水平和经济生活中的商品交换程度仍较低。因此，早期日耳曼法是在商品经济不发达的条件下发展而成的。在土地所有制的问题上，并未真正建立土地私有制，仍保留了马尔克土地制度，即土地集体所有制。这种土地所有制，一方面限制了土地私有制的发展，另一方面也阻碍了有关土地转让与买卖的商事活动的发展。法律所要调整的商品交易关系不易形成，在客观上也制约了经济的进一步发展。

二、两大实证法形态的差异

历史上，自然法与实证法曾是内容与形式的关系，也使这种二分法以后被自然法所接受，并成为自然法的一部分。法律的产生依赖经济和生产方式，法律的繁荣和发达程度与商品经济的发达程度密切相关。

(一) 罗马法的分离形态

罗马法的巨大成功,极大地促进了实证法的发展,市民社会(私域)成为人们活动的中心,维持这样一个"私法自治"的空间是保障个人自由的条件。"虑及了自己法源上的内容,并在自己的框架内通过罗马法现代化(usus modernus)这概念不可避免地转向创造空间。"在确定公共与私人之间的关系上,以后的自然法体系表现得缤彩纷呈。但是在基本思想上是一致的,即在自然法上,国家主权的范围与个人自由的范围应划出法律界限,从而区分出两个法域(基尔克,2017:15、20)。以物为客体所形成的所有、契约关系属于财产关系,属于因私人利益形成的法律关系,由私法调整。公元 2 世纪的法学家盖尤斯就把所有的实体法简单地划分为人法和物法(盖尤斯,1996:4)。在人法与物法的分类中,"人法"以后主要演变为国家法,"民法"从历史传统上强调"物法"的特征。

在中世纪,"民法"专用来指罗马法,以及在罗马法基础上发展起来的法律,在民法法系内部,实体法的明显特征虽然不是直接地或间接地仿效罗马法具体规则的结果,但在相当程度上,它们大都由罗马法衍生而来(沃森,2005:4—5)。罗马法建立在发达的奴隶制商品经济基础之上。当时罗马的社会经济实力雄厚,无论海外贸易还是国内贸易,都高度发达,土地私有化程度也很高,并且允许土地买卖。正是由于商品生产和商品交换的不断发展,为调整平等主体之间的财产归属和财产流转提供了良好的财产法律环境(阿依古丽,2010:168)。"民法"这个术语直到现代仍然用来指私法,并与公法相对称。法律有公、私之分渊源于罗马时代法学教科书的逻辑分析,这种划分最早是由罗马帝国时期的五大法学家之一乌尔比安提出的。依据这种区别标准,当时公法调整的范围主要是城邦的组织结构,宗教信仰,祭司的法律地位,司法官的权利义务等有关罗马国家稳定的法;私法调整的范围包括后来民商法的所有内容,同时,还包括某些侵犯个人权利的犯罪行为,如偷窃,人身伤害等(刘兆年,1986:55),调整公民个人之间的关系,为个人利益确定条件和限度。这种法律的区分方法后来为查士丁尼所采纳,①大陆法系中公认的基本法律分类是公法和私法。私法主要包含民法和商法两个部门。严格说来,近代民法(作为罗马私法派生出的现代的法)仅包括极其抽象的人法(自然人和法人)、家庭法、继承法、物权法和债法。这些与查士丁尼的《法学阶梯》和 19 世纪民法典的篇目大体相同。它们互相联系,构成一个严密的法律原则和法律制度的体系:固守传统人法、物法的基本分类,是大陆法系突出的特点之一(梅利曼,2004:72)。

在罗马时代,虽然从观念上区分了公法与私法,但是罗马国家直到最后也未能在立法上实现公、私法的真正分立。近代民法的形成与市民社会从政治到经济的性质演变相关。对市民社会的研究在西方由来已久,18 世纪以前,人们通常是在古典意义上使用市民社会的概念,是指人类的文明状态(米勒、波格丹诺,1992:125)。14 世纪到 17 世

---

① "法律学习分为二个部分,即公法与私法,公法涉及罗马帝国的政体,私法则涉及个人利益。"(查士丁尼,1995:1—2)

纪的一场反映新兴资产阶级要求的欧洲思想文化运动即文艺复兴(Renaissance)兴起,公法与私法的古老划分对历史产生了巨大的推动作用。在基尔克看来,自然法仅仅通过其罗马思想元素便促使公法与私法的彻底分离这一伟大的进步。从古典的市民社会理论到现代的市民社会理论的转变是在18世纪内得以完成的。西方历史上第一部以市民社会为主要论题的著作是福格森(Ferguson)的《市民社会史论》(俞可平,1993a:70),马克思亦在其分析欧洲社会的结构时采用此分析框架。公法与私法划分,这一卓越的思维模式为古典自然法学家所继承和发挥,并渐次贯彻于资产阶级革命后欧洲大陆的法律体系及法律制度中。资产阶级法学家,尤其是大陆法系国家的法学家,大都继承了公私划分的原则(刘兆兴,1999:30),并将这种划分作为部门法的基础。

在私法、公法的分类后面,是个人利益与公共利益的相互关系,而对个人利益与公共利益的认识,必须联系商品经济发展的恢宏背景。随着私有财产制度的发展,市民社会成为私人活动领域的抽象;政治国家成为公共活动领域的抽象。利益体系分为私人利益与公共利益两大体系,整个社会分为市民社会和政治社会两大领域(曹红冰,2004:24)。个人也因此而具有双重身份:市民与公民。大陆法系所运用的主要法律概念、法的基本结构以及基本法律制度,无一不是直接从民法中推演和发展而来的。随着私有财产关系制度的不断扩大,法学研究方法形成也是由于民法学家的努力。在财产关系领域中发展起来的系统化、概念化的结构,推广为其他法律部门,并被有条件地采用。人们至今还常常认为,适用于整个法律制度的一般法学理论是由民法学家发展起来的。虽然21世纪国家活动激增,公法不断发展,但仍然没有动摇人们的这种看法。民法仍然被视为基本法,对民法的研究是对其他部门法研究的前提,民法是大陆法系法学家的思想发源地(约翰·亨利·梅利曼,2004:72)。

(二)日耳曼的合体形态

中世纪所称的"社会法"主要指日耳曼法,"起初一切都以温和的形式浸透着尚存的'日耳曼中世纪'的思想,混杂着发展中的社会法的残余和萌芽"。基尔克认为日耳曼法主要特点是诸法合体,基尔克称之为"诸法合体的伟大的日耳曼思想"(基尔克,2017:28,30—31)。对于旧社会法的残余,恩格斯指出,日耳曼的法律即古代的马尔克法律。我国学者常用团体本位主义、形式主义、属人主义等来阐述古日耳曼法的特点(李秀清,2018;李宜琛,2003;施璟,2008:128—130),从人法与物法的划分来看,日耳曼法由于商品交换的不发达,从一开始就比较偏重人法的特点,而且人法并不体现为高度等级化的身份特点。日耳曼法合体形态是实质法与形式法相统一的产物。

马尔克是一种以地缘关系为基础的农村公社组织,它兴于公元5世纪,衰于公元9世纪(彭钰,2011:344)。马尔克公社也存在于印度、亚细亚等地,世界各地的公社具有某些相同的特点。日耳曼法的主要代表就是法兰克王国的法律制度,可以说是从原始社会直接进入封建社会。当时法兰克王国内一方面私有制已出现,各阶级已形成;另一方面氏族部落虽已逐渐解体,但影响还未消除,使日耳曼法具有自己的特点。"总有"是马尔克公社中对公社的耕地实行公社所有,分配给公社成员使用收益的制度。这是一种特殊的共有，因为共有人没有私人所有权，所有权属于独立于公社成员的团体，这种所有权是恒定的，因为成员不能请求分割耕地而将之转化为私有权。①个人在其作为个人的地位外，还各有作为其团体构成成员的地位，团体与团体中成员的关系并不对立，而是相互依存的关系。日耳曼的团体常常具有作为单一体存在与作为成员的结合体存在的双重性格。团体既是为了自身的目的，又是为了构成成员的目的，成员同样也是既为了自身的目的也是为了团体的目的而存在，团体的单一权与成员的个别权是相互结合的。英国地处欧洲边陲，孟德斯鸠认为，海洋使英国和大陆的帝国隔绝，帝国暴政不能够向那里伸展。征服者被大海止住；岛民很少受到战争的影响，他们可以比较容易保持自己的法律。当时的英国被定位为日耳曼法的唯一继承者（王涛，2011：15）。

私有财产制度的不发达，日耳曼人生活的基本规则既不是彻底的利己，也不是彻底的服从。在为了自己目的的同时也为了团体的目的，而生活单一的个人须随时为团体利益和生存而准备牺牲，团体的生存与利益始终站在个人生存与利益之前（李秀清，2005：398）。这种没有主权的国家，没有独立的个人的情形，具有彻底的社会性。基尔克认为日耳曼人踏入历史时国家和法尚未成熟。然而，恰恰是在此不完美中，其法律理念设置得比罗马人的法律理念还要广博、深邃。通过对一个唯一的处处平等的、掌控一切的法的认知，它以全副精力投入了诸法合体的思想。这样，公法就具有了进入私法形态中的危险。随着国家与个人的分化“在所有日耳曼特有的形态中出现了国家与个人促成的社团（Verband）这一支自然法理论的最毒之箭”（基尔克，2017：27、21）。日耳曼特有的社会形态为后来发展“社会法域”范畴提供了某些历史依据。

三、两大实证法形态的冲突

《德国民法典》起草围绕着雇佣契约的性质，发生了罗马法与日耳曼法两大实证法形态的激烈冲突。两者的分歧由来已久，一般认为，萨维尼及其学生温德夏特属于前者，基尔克属于后者。基尔克的法律观在《德国民法典》起草的争论中有集中表述，在这场争论中，基尔克以人格法上共同体理论塑造了某种社会人的形象。历史地看待这场争论，可以说是将雇佣契约置于私法域还是社会法域来进行规范的争议。

（一）两大实证法形态的立法冲突

19 世纪的德国学术界，以萨维尼、埃希霍恩、格林等人为主流，基尔克将他们称为“历史分析法学派”，围绕民法典的制定，出现了潘德克顿法学派。德国民法典第一草案的起草委员会，罗马学派潘德克顿法学的集大成者是著名学者温德夏特（Beruhard Windscheid，1817—1892）②他作为委员长，花了 13 年之久，草拟了德国民法典的第

① 参见《马克思恩格斯全集》第 19 卷，人民出版社 1963 年版，第 541 页。

② 又翻译成温德莎德、温德沙伊德，其代表作是《潘德克顿教科书》（*Lehrbuch des Pandenktenrechts*），该书共 3 卷，初版刊行于 1862—1870 年。潘德克顿法学是由罗马法（学说汇纂）发展而成的体大思精的德国民法学。

一草案，该草案可说是潘德克顿法学的产物，在研究《学说汇纂》的基础上，使概念法学发展得更为充分和系统。德国民法典在长达20余年的制定过程中，历经两个起草委员会、一个议会的专门委员会的讨论，两次公布草案向公众征询意见。许多著名的法学家都提出详细的意见。潘德克顿法学派按照罗马法的《学说汇纂》阐发的民法“五编制”体例，为德国民法典所最终采用。

随着德国历史法学的发展，该派别分化为罗马学派和日耳曼学派，两大学派虽然都强调法是民族精神的体现，认为法学研究的首要任务应是对历史上的法律渊源的发掘和阐述，但罗马学派强调罗马法是德国历史上最重要的法律渊源，并形成了潘德克顿法学派；日耳曼学派则强调体现德意志民族精神的是德国历史上的日耳曼习惯法（王振东，2009:25），一般认为，萨维尼及其学生温德夏特属于前者，基尔克属于后者。基尔克认为：“他（萨维尼）努力要回到罗马法的传统。”[①]基尔克将团体性作为日耳曼法最基础、最根本的特征而非具体制度，充满激情地投入对日耳曼合作团体的历史发展的研究中（仲崇玉，2013:57）。这两种观念在德国民法典起草中发生了激烈的冲撞。在德国民法典的起草中，面对“潘德克顿法学”的产物，基尔克旗帜鲜明地表达了不同的意见。循着基尔克的批评，我们看到了在热情的“社会的”德国法和冷酷的自私的罗马法的对立。两者的重要冲突是将雇佣契约视为“物法”还是“人法”？在基尔克看来，当时参与立法的“实证法学仍屹立于一个原则性的基座之上，其并未被该冲击撼动，且也不能被撼动。此为历史学派所阐述的法的历史分析方法”（基尔克，2017:4）。

罗马法基本上按“物法”规范，把雇佣关系视为财产法。罗马帝国存在大量奴隶，以提供生产劳力，其奴隶劳动关系仍然与前期情形并无区别。与之不同的是自由人的劳动关系，在一个契约观念已经开始流行的时代，自由人为其他自由人所使用时，已不复以债奴或自己出借之方式出之，而是将自己的劳动出租给对方，于是成立劳动租赁契约（locatio conductio operarum）。[②]在罗马法中奴隶为主人之外的人提供的劳动也适用劳动租赁。在整个罗马法时期还谈不上完全的个人主义，但是在整体趋势中个人的不断获得解放是不容置疑的事实。这种“自由劳动形式的劳动者自己出租”的劳动关系是以两个人格者间的债权关系为基础。

日耳曼法基本上按“人法”规范，把雇佣关系视为人格法。日耳曼时代的劳动思想与罗马时代完全不同，毋宁说正好相反，完全不具有自由人间之劳动关系之性质。如果说，罗马法是以债权法的契约关系规范劳动关系；日耳曼法则以身份法的奉公关系来进行规范，本质上是团体主义的。日耳曼的法律关系常常是以人格者相互间“人的连锁关系”为基础，并非建立在绝对的个人对立基础之上，因此日耳曼思想中的劳

① Otto Gierke, Allgemeiner Teil und Personenrecht, Deutsches Privatrecht BandI, Leipzig: Duncker & Humblot, 1895, p.464.

② 正如拉德布鲁赫所言：“在罗马法中，劳动关系建立在物权的基础之上：劳动者是奴隶，是主人的财产，是物。只有那些习惯于将劳动的人视为物的法律才可能以最近似物的租赁的方式使用‘雇佣租赁’这个表达。”（拉德布鲁赫，2017:120）

动关系乃是主从间的忠勤关系，以及上下身份的结合关系（夏蕾，2006:26）。在忠勤契约中，主人与随从作为契约当事人，双方系人格法上的双务关系。随从的行为自由受到限制，主人享有命令、惩罚随从的权利；与此同时，随从享有请求主人提供保护的权利。[①]日耳曼并无对于劳动卑下的厌嫌思想，反而视为服务忠勤的表现，甚至于认为是一种名誉的事情，这种理解与日后日耳曼国家勤勉之民族性不无关系。这种情形在东亚也是存在的，以日本而言，劳务关系中至今留有若干遗风，即一种神秘的“恩”的思想孕育于其中（黄越钦，2003:4）。

（二）两大实证法形态的历史回溯

从历史上看，忠勤关系（Treudienstverhältnis）首先出现于8、9世纪之际，到了12、13世纪左右逐渐发展，身份法逐渐加入债权法的要素。14—16世纪为德意志诸邦继受罗马法之全盛时期，当时欧陆正从农庄经济进入货币经济的时期，而罗马法长期发展出来的都市经济、货币经济的法律，适合欧陆的发展需要。在劳动生活的法律思想方面，罗马的劳动租赁观念取代日耳曼固有法的思想。在19世纪初期的德国资本主义早期发展阶段，虽然有些国家已经颁布了劳动保护法令，但仍以“以劳务交换报酬之给付与对待给付关系”来理解劳动关系。罗马法上有劳务租赁（locatio conductio operarum）的概念，与实物租赁（locatio conductio rei）及承揽（locatioconductio operis）同属租赁的下位概念。这种以类推实物租赁而加以处理的劳务租赁（locatio conductio operarum）在罗马法概念体系中被当作一种劳动租赁时也被翻译雇佣租赁，并非一种独立的契约类型，可以说只是物租赁特殊类型，其主要适用备用物之租赁契约的规定，有时也会按承揽契约来处理。有学者认为，这种雇佣租赁有别以劳务租赁（Dienstmiete）之名的独立契约类型，后者也被翻译为服务租金。在涉及财产交换的合同之下，温德夏特依据的不同客体，将租赁合同分为“劳务租赁”（Dienstmiete）的概念与“物的租赁”（Sachmiete）。[②]在罗马法上有劳务租赁关系的基础上，“近代的劳动关系建立在债权的基础上，亦即建立在自由契约的基础上。”（拉德布鲁赫，2017:120—121）童工、女工的被虐待、极低的“饥饿工资”比比皆是。正是在这样的背景下，民法典起草中出现了罗马法学者与日耳曼法学者的争论。

日耳曼法学派对于社会人格的强调，基本上按“人法”规范，主张将雇佣关系视为人格法，是回归社会而产生的一种团体人格，[③]基尔克在讨论雇佣关系时，经常会提及家庭成员，基于有机体理论提出人格共同体的观点。基尔克在援引日耳曼法忠勤契约（Treuedienstvertrag）的基础上，提出劳动关系是一种人格法上的统治关系（ein

---

① Gierke, Die Wurzeln des Dienstvertrages, in: Festschrift für Heinrich Brunner, 1914, p.40ff(转自西谷敏，1987:206)。

② Vgl. Windscheid, Lehrbuch des Pandekentrechts, II, 1900, p.671.

③ “难以想象的是，我们仍将长期处于源于罗马奴隶制度的、依据物的租赁构建的劳务租赁的框架中！随着契约介入家庭中的全体人员，家庭法开始产生了；随着介入一个经营性企业，商业性的社会法就开始要急于起作用。”（基尔克，2017:45）

personenrechtliches Herrschaftsverhältnis)(李干,2017:13)。面对1889年对雇佣契约继续维持一般债法契约基调的第一次德国民法草案,基尔克提出了严厉的批评,他认为草案设计根本就忘记了"德意志法的思维",并于同年于维也纳法学会的演说中强调私法之社会任务"我们的私法中,必须滴入社会主义的精油","特别在当人格为契约所拘束之客体时,一个健康的私法,就必须以该人格之概念为核心"(林佳和,2014:217)。

在《德国民法典》起草中,围绕着雇佣契约的性质,罗马法学派主张的"物法"思维与日耳曼法学派主张的"人法",构成两大实证法形态的冲突。这场冲突的实质是将雇佣契约置于私法法域还是社会法域来进行调整的冲突。随着"私法中滴入社会主义的精油",基尔克将实质法上的冲突引入了形式法的范畴,也形成了罗马法体系的内在矛盾。基尔克的想法在20世纪有了长足的发展,并形成了两种实证法制度构建的基本思路。

(三)两大实证法形态的进路差异

随着诸法合体法的提出,对未来法走向的影响构成罗马法与日耳曼法争论的焦点。罗马法学派代表的实然法与日耳曼法学派代表的应然法的分歧开始加大。当时的德国实际上出现了两条进路。

其一,沿着罗马法,从诸法合体法向公法与私法分立的方向继续发展。从团体本位走向个人本位,这也可以说是一条从具体走向抽象。这曾经是一条成功的道路,"在所有内在或外在的变革中,重新觉醒的罗马法扮演了先锋角色"。罗马法也从自然法变成了实在法,然而,这条进路现在却已经黯淡。对于这条道路的历史演变,基尔克用起初"混杂着发展中的社会法的残余和萌芽"随着原始社会的清除,罗马法的作用开始转向负面。"所有囤积的精神和物质财富似乎都不足以换来这一分裂的、僵化的社会以更长久的寿命。"(基尔克,2017:28—29)

其二,沿着日耳曼法,在公法与私法分立的基础上引入诸法合体的思路,对现有的立法格局进行必要的调整。这是从个人本位走向社会本位,也可以说是从抽象走向具体的道路。当今自然法要对已经过时的实证法进行调整,实质法要对形式法进行校正。基尔克认为这是一条唯一正确的出路。"同样确定的是,在为了我们的文化继续存在而作出且必须作出的斗争中,只有当我们以膨胀的集体精神(Gemeinschaftsgeist)来武装自己,并懂得如何从中构建出为社会服务的国家、法、道德和经济时,胜利的曙光才会向我们挥手。"(基尔克,2017:29—30)

这两条进路构成的冲突成了当时罗马法学派与日耳曼法学派争论的基本线索。"在此关系中,有关公法与私法的关系问题成为当代的切身问题(Lebensfrage)。"罗马法学派提出的第一条进路仍有巨大的影响力。基尔克也清楚地知道,事实上整个社会对日耳曼法学者提出的第二条进路也充满猜疑:"我们真的看见崭新一天的曙光了吗?还仅仅是没落世界的晚霞在映照着我们?或许我们仅仅是播种了国家的种子,而它在我们的文化断裂之后,在战胜原始的野蛮过程中会孕育出一个新的社会果实?也许沉沦的旧世界的基督教信仰在其暮年所能给予的仅剩下了慰藉,且直到在新近野蛮时代的灵魂中,作为昂贵遗产的它已经成为点亮一切并燃烧一切的太阳?

这似乎是猖狂的回答。"基尔克对问题的回答是:"对此,当我们创造了一个真正前途似锦的法时,那么我们可以越过外国统治阶段,将我们伟大的日耳曼的历史传承下去。"(基尔克,2017:30、29、32)

第二节　公法、私法的分立逻辑

基尔克早在19世纪70年代就认为,公法和私法的界限,不是原理的而是"历史的"(historische)。"有关公法与私法的关系问题成为当代的切身问题(Lebensfrage)。"(基尔克,2017:30)私法的分立逻辑出现冲突与矛盾。

一、分立逻辑的物法思维

罗马人已经通过乌尔比安之口传递公法私法分立的理念,将调整私人利益的私法与调整罗马国家利益的公法(Publicum ius est quod ad statum rei Romanae spectat, privatum quod ad singulorum utilitatem)相区别,将两大法律分支的区分归因于预设不同的目的,该区分强调人类存在的二重目的。因私人利益形成的法律关系,在当时主要是指以广义的"物"为客体的财产关系。进入20世纪,"私法中滴入社会主义的精油",给私法的传统体系带来了冲击,由于社会主义的精油主要滴入雇佣关系,冲突也首先出现在劳动领域。

(一)公私法划分的程序法意义及分歧

对于程序法上的意义,拉伦茨(Larenz)认为:民事纠纷原则上都属于普通法院,即民事法院管辖(拉伦茨,2003a:4)。美浓部达吉也强调法院裁判民事及刑事案件,公法上的纠纷则由普通行政法院管辖的特点。在美浓部达吉看来,所谓"民事"的定义,法律没有特别规定,但是,一般都无异议地以为民事是指私法关系的争讼而言。所以这规定是以公法和私法区别为前提,表示着关于公法关系的争讼,除法律特别规定其属于法院的权限者外,都不归通常法院管辖。因此,若要决定某事件可否向法院起诉,就有先决定该事件究为公法关系之争讼亦为私法关系之争讼的必要。在尚未辨明其所属之前,想决定应否视该事件为合法的民事诉讼而受理,是不可能的事(美浓部达吉,2003:4—5)。拉伦茨因此得出这样的结论:"我们必须对公法和私法作出尽可能精确的界定。因为,某条或某些法律规范的适用以及各个不同的法院部门之间的不同分工,都是以这种界定为基础的。"(拉伦茨,2003a:4)

在梅迪库斯看来,尽管在程序法上存在着公法与私法的二分结构,但现实生活中并不是那么泾渭分明的"无异议",最典型的例子便是劳动争议。在劳动法律纠纷方面,德国审级的程序则是:由劳动法院至州劳动法院再至联邦劳动法院。根据《行政诉讼法》第40条第1款规定，在通常情况下，即在宪法法院或特别行政法院不享有管辖权的情况下，公法方面的纠纷由普通行政法院审理。这种普通行政法院的设置本身就突破了公法与私法的二元结构。美浓部达吉也不无矛盾地指出："我们可不能把公法和私法的区别，看做单纯的裁判管辖那种技术的问题，以为在理论上是不能维持的。"（美浓部达吉，2003：5）

（二）公私法划分的程序法作用及分歧

程序法上的划分其实是依赖于实体法来明确的，以程序法的需要来论证公法与私法划分的必要性其实是倒因为果。美浓部达吉的论述过程中也可得出这样的结论："'何谓民事'和'应以何种标准区别公法与私法'的问题，能在理论上得到判别为前提的，所以当法律规定之先，公法和私法的区别，即已在理论上为人所认识。法律却是以这种理论上的认识为基础。"（美浓部达吉，2003：6）因为有了公法、私法的划分，才使程序法依据这种划分来受理案件。问题在于，这种划分本身还常常不是清楚的。梅迪库斯承认"对不同的法律途径所作的区分，并没有得到彻底的贯彻"。但他认为"私法与公法之间却的确存在着实体上的差异：在私法（Privatmcht）中，占据主导地位的通常是那些自由的（freie）、不需要说明理由的决定；而在公法（öffentliches Recht）中，占据主导地位的则是那些受约束的决定"（梅迪库斯，2000：7）。这一规定事实上是不清楚的，尤其是用于劳动争议就完全不适用，这是由于其强烈的社会法特征，劳动法中对于一些传统上属于私法管辖的行为，例如解雇也要求正当理由，并不完全实行私法自治。

美浓部达吉从实定法的理解出发，发现私法并不单指个人相互间的法而言，是更含有经国家承认和保护的意义的内容，由此决定了公法与私法的区别。从坚持公法与私法的分立的立场出发，美浓部达吉不得不另立一个新的标准：以请求权作为划分公法关系与私法关系的依据。①然而，请求权本身并非仅是一个私法上的概念，作为一种积极权利，公民对于国家也应当是存在请求权，这在社会保障制度中是广泛存在的。实际上，无论是拉伦茨还是梅迪库斯都注意到这种划分并不清晰。事实上实体法上的模糊除了历史原因外，很大程度上是由公法与私法划分标准的理论困境形成的，公法与私法划分可以分为单一标准与综合标准，社会现实中出现的一些新的情况，使这两种标准都陷入困境。

二、分立逻辑的单一划分标准

根据法的内容可以作公法与私法的分类，这是罗马法以来的传统分类法，它是历史的并且是相对的，作为制度的结果，两者的区别和对立已形成现代法律制度的基本

① 公法为本来的国家法——直接的第一次的国家法；私法为本属于其他社会、因国家充当其保护监督之任而为第二次的国家法，由此也构成公法与私法两者的区别（美浓部达吉，2003：21）。

结构，并构成法学的体系(齐乃宽，1980：70)。在这一历史发展进程中，公法和私法理论产生了诸多分歧，就划分公法与私法的标准来说有各式各样的学说，而其争议主要集中于划分标准方面。自20世纪以来，学者们提出的公法与私法的分类标准多达数十种。1904年瑞士学者荷林嘉举出17种，1928年法国学者华尔兹举出12种，1962年英国学者哈勒举出27种(王利明、郭明瑞、方流芳，1988：6)。我国学者谈论较多的是利益说、主体说、意思说，日本学者还强调了社会说。

(一) 利益说(Interessentheorie)

"利益说"是以法所保护的利益为标准。乌尔比安最初是以法律保护的利益的不同为标准来区分公、私法的。他认为保护国家利益的法律属于公法(jus publicum)，保护私人利益的法律属于私法(jus privatum)(江耘，2008：23)。根据利益说，判断一项法律关系或一个法律规范属性应以公共利益还是私人利益为准。以国家利益、私人利益为标准，也是根据法的目的进行区别，以公益为目的的法是公法，以私益为目的的法是私法，这一思想因此也被称为"目的说"。乌尔比安在《学说汇纂》中提出的"利益说"虽然是一项较为古老的认定标准，但这种学说由19世纪末20世纪初的德国新黑格尔法律哲学家拉逊(Adslf Lason)所继承(刘兆年，1986：55)。

在当今社会公私两种利益在实际生活中往往是交织在一起的，很难找到一条泾渭分明的界线。美浓部达吉、拉伦茨都在一定程度上强调了私法与私益，公法与公益不再对应的情况是当代社会的特点。美浓部达吉认为："在这种意义上，说公法是公益的法，私法是私益的法，实未可尽非。可是国家固然是公益的保护者，同时却亦是个人的私益的保护者。保护各个人的生命财产及自由之安全，亦为国家的重要任务之一。故在公法中，亦有不少是以保护个人的利益为主要目的而存在的。"(美浓部达吉，2003：29—30)拉伦茨说得更为具体，根据"利益说"，在界定法律规则时，关键要看法律主要保护的是个人利益(即私人利益)还是所谓公共利益这一观点是站不住脚的。一方面，私法不但保护个人利益，而且往往同时保护公共利益。例如，私法保护司法的利益，保护交易安全的利益，保护法律关系的易于识别性和可证明性的利益(土地登记簿制度，形式方面的规定)，保护社会秩序如婚姻和家庭等稳定的利益，保护社会照顾的利益(如在租赁法和劳动法中)，保护社会经济和市场经济的利益。另一方面，虽然公法通常涉及公共利益，但也并不是仅仅关系到公共利益，它同样也适当地照顾个人利益。正是为了维护个人的这一利益，法律才规定了每个人都有权在行政法院提起诉讼。在他看来，无论是公法还是私法，其宗旨都不仅仅在于促进或保护某些公共的或个人的利益，而在于适当地平衡各方面的利益，创造正义和公正的局面(拉伦茨，2003a：4—5)。

梅迪库斯结合社会福利国家的发展来强调，公共利益和私人利益往往是不能互相分离的。例如，被归属于私法范畴的婚姻制度和竞争制度，在本质上也是服务于公共利益的。与此相反，在属于公法范畴的社会照顾法或道路建设中，在很大程度上也涉及私人的利益(梅迪库斯，2000：11)。当今社会公共利益是以私人利益为出发点和归宿，纯粹抽象的公共利益是不存在的；个人对私人利益的追求也有边界，只有不损害他人及社会公共利益时才受法律的保护依照利益说的标准。民法是私法，“私人自治”“私权神圣”被奉为民法的基本原则，然而民法实行“私人自治”“私权神圣”也是为了维护当时社会的公共利益，况且，民法中也有旨在保护社会公共利益、维护“公序良俗”的原则。被认为属于公法的刑法、刑事诉讼法也保护着个人的利益，如“罪行法定”“无罪推定”等（孙国华、杨思斌，2004：102）。

为了更好地解释利益说，有人对利益说进行了修正，认为利益说应理解为：私法对两种利益不加区别，而公法则将公共利益置于更高地位。但是，由于现代利益关系的复杂性、多变性，何种利益属于社会公共利益，何种利益应处于更高的地位等问题仍然不易回答，利益说的缺陷仍然难以克服（孙国华、杨思斌，2004：102）。

（二）意思说（Willenstheorie）

意思说是以法律关系的性质差异为标准。意思说强调划分公法权力者与服从者，私法关系对等者。“公法和私法的区别标准求之于法律关系的性质之差异，以为公法关系是权力者与服从者间的关系，私法关系是对等者间的关系的学说。这学说主张公法所规律的意思为权力者及服从者的意思，私法所规律的意思为对等者的意思，因此，我拟称之为‘意思说’。”[①]梅迪库斯将这种观点称为隶属说（Subjektionstheorie）：“隶属说认为，公法的根本特征在于调整隶属关系，而私法的根本特征则在于调整平等关系。”梅迪库斯的评价是：“此说在长时间内一直处于主导地位。”（梅迪库斯，2000：11）

拉斑特[②]以为公法的特色在于其为统治关系的法之特点。他说：“所谓统治（Herrschen），是一种可以命令自由人（及其结合体）作为、不作为及给付，并能强制其遵守的权利。而公法和私法的区别要点即存于此。至私法只有对物的支配，而无支配自由人的权利；对自由人只有请求权（Forderungsrechte），因此，对于义务者没有强制的权力，亦没有以某事命令之的权力。”[③]拉斑特这种观点，可说是意思说的代表。该说认为，凡是法律所规定的内容与行使国家权力发生关联，即法律适用的主体彼此不是处于平等地位，而所定的事项又涉及管理与服从关系的法律为公法，如刑法、行政法。凡是法所规定的为私人之间关系的也即对等者、平权者间的关系的为私

---

① 美浓部达吉还进一步说明：“自法的规律之内容言，因为法的规律在内容上为意思的规律，又为利益的规律，所以若以公法和私法为在内容上有所差异，那就非求之于意思或利益的任何一方不可。”（美浓部达吉，2003：26、39）

② 保罗·拉斑特（Paul Laband，1838—1918），德国法学家。先后求学于布雷斯劳、海德堡、柏林，1858 年在柏林大学获得博士学位，1861 年任海德堡大学讲师，1864 年起任哥尼斯堡大学非教席教授（außerordenflicher Professor，不拥有一个教学科研部门领导权之教授），1866 年起晋升为教席教授。主要著作 Die Stellvertretung bei dem Abschluß von Rechtsgeshäften nach dem Allgemeinen deutschen Handelsgesetzbuch（《论德国普通商法典中的代理》，1866 年发表于《商法杂志》[ZHR，Zeitschrift für Handelsrecht]）、Das Staatsrecht des deutschen Reiches（《德意志帝国国家法》，三卷 1876—1882）。

③ Laband，Das Staatsrecht des deutschen Reichs，I. p.64.

法，如民法。该学说一方面重视国家权力，另一方面承认个人的地位，于是在国家与个人对立观念的基础上，产生了公私法划分的观念（孙国华、杨思斌，2004：103）。

拉伦茨的批评是，平等关系或隶属关系这一标准也并不是永远正确的。我们充其量只能说，原则上，私法中主要是平等关系，公法中主要是隶属关系。在平等关系中，形成具体法律关系的手段通常是合同，合同的订立必须征得双方当事人的同意。因此，一方当事人不能单方面责成另一方当事人承担义务或者限制他的权利，而这一点在隶属关系中恰恰是可能的。例如，国家可以不问某个人是否同意，而责成他承担纳税义务；国家也可以在宪法许可的范围内，限制某个人的权利，如对他使用自己土地的权利予以限制，国家这时是在行使公权。然而，一个私法社团的成员，也必须受社团依据章程规定所做出决议的约束，如他必须遵守关于提高会费的决议，除非他退出社团，否则无法解除这种约束。父母在其行使亲权尤其是教育权的范围内，也可以要求未成年子女承担义务，或限制他们的权利。另外，各州或乡镇对于它们公权领域内的共同问题，可以在平等的基础上，通过公法合同予以调整。传统的国际法本质上即是享有平等权利的国家之间的法。因此，在某项法律关系中，当事人之间是平等关系还是隶属关系的事实，对于确定该项法律关系属于公法还是私法范围，充其量只能作为标志之一，而不能把它作为一个可靠的标准（拉伦茨，2003a：5）。

归纳起来，此学说的缺陷在于：(1)法律关系绝不限于国家和个人两个方面，在一国之内，有大量的介于国家与个人之间的团体（也称社会中间组织），如企业法人、公益团体、行业协会等。依据该学说的标准，调整社会中间组织的法律很难划归公法或私法。(2)就管理与服从的观念来说，非国家的社会团体很多也有一定的管理职能，如亲属团体中的亲子关系，法人团体中法人与其成员的关系等，都有相当多的管理与服从关系，但调整这种关系的亲属法和公司法并不因此成为公法。(3)公法也有对等关系，如平等的地方国家机构之间的关系（孙国华、杨思斌，2004：103）。

（三）主体说（Subjekttheorie）

主体说以参与法律关系的主体为标准。根据主体说，凡是以国家或公共团体的一方或双方为主体而规定了法律关系的法算公法；规定私人相互关系的法叫私法。“如果在某项需要调整的法律关系中，至少有一方当事人正是以公权主体的性质参加这项法律关系，那么这项法律关系就属于公法范围；不符合这一条件的所有法律关系都属于私法范围。”（拉伦茨，2003a：5—6）“这学说以为在私法，法主体的双方都是私人或私团体；反之，在公法，法主体的双方或最少一方是国家或在国家之下的公团体，而主张公法和私法的区别标准即在于此。”这种学说为德国法学者耶林（Rudolph von Jhering，1818—1892）①所创，在当代已经成为“通说”，“最普通的学说可说是‘主体

① 耶林以其不朽成就，得以与萨维尼、基尔克并列，成为19世纪西欧最伟大的法学家，也是新功利主义（目的）法学派的创始人，其思想不仅对西欧，而且对全世界都产生了巨大的影响。耶林的《为权利而斗争》是他在世界范围内引起轰动的著作。

说’”(美浓部达吉,2003:24)。“今天该说是通说”(梅迪库斯,2000:12)。“今天已经成为主导的学说”(卡尔·拉伦茨,2003a:5)。“主体说”的代表人物众多(拉伦茨,2003a:5、6)。

梅迪库斯认为,主体说虽然能够避免遭遇对其他两种学说提出的批评,但这一点也是有代价的,在主体说中,有一个关键的问题依然没有得到回答,那就是:在什么时候,主体行使的是公权,且行使的方式足以表明国家是在上述定义的意义上参与法律关系?这一点,在国家从事照顾性质的行为时,很成疑问,例如,国家根据《联邦教育促进法》向一个大学生提供贷款的行为,与该大学生的有钱叔叔向其支付生活费的行为,其实质是无异的。尽管如此,国家的照顾行为毫无疑问地属于公法领域,因为国家在这方面的决策必须受法律的约束,而且还必须说明理由,这方面的有关纠纷受行政法院管辖也是没有争议的。与此相反,有钱叔叔的给付行为性质就不同了,特别是,这位叔叔不需要说明为什么他给这个侄子生活费而不给那个侄子的理由(梅迪库斯,2000:12)。也有些学者希望对主体说进行某种修正,古典自然法学者沃尔夫(Christian Wolff, 1679—1756)也是以主体说为出发点的,但他对这一学说作了限定,并承认有多种例外。事实上,将有些法律关系归入私法或公法领域,只能从历史的原因中作出解释,梅迪库斯建议采用另一个界定标准(梅迪库斯,1985:边码10)。他认为,公权行为必须严格遵守指示,而私法行为则主要是自决的、自治的行为——这一观点还是正确的;公法是关于受约束决定的法,而私法是关于自由决定的法。然而,在执行公务的公务员为国家或为他所代表的法人组织订立一项私法合同时,他所做出的决定也是“受约束的”,因此,这个标准也不能产生令人满意的结果(拉伦茨,2003a:6)。

拉伦茨认为主体说依然会陷入逻辑混乱,尤其是在出现劳动法、经济法这样的法律的情况下,“劳动法中既有公法的成分,也有私法的成分。经济法也是这样,无论经济法包括哪些具体内容”。社会团体的发展也使这种标准带来动摇。“民法是私法的一部分。私法是整个法律制度中的一个组成部分,它以个人与个人之间的平等和自决(私法自治)为基础,规定个人与个人之间的关系。与私法相对,公法是法律制度中的另外一个部分,它规定国家同其他被赋予公权的团体相互之间、它们同它们的成员之间的关系以及这些团体的组织结构。国家以及被赋予公权的团体(如乡镇及其他公法上的法人)同它们的成员之间的关系,不是一种平等的关系,而是一种隶属关系。在法治国家中,对这种隶属关系有详尽的规定。”(拉伦茨,2003a:3)其实,在私法中也存在着某种隶属关系,如在亲属法中就存在隶属关系,在私法上的公司及社团同它们成员的关系上也存在着这种关系。另外,虽然乡镇与国家之间是一种隶属关系,而在两个乡镇之间或在德意志联邦共和国的两个州之间,则又存在着平等的关系。因此,用平等关系或者隶属关系的标准,还无法最后界定公法和私法这两个概念。

三、分立逻辑的综合划分标准

在公法与私法划分的单一标准陷入某种困境后,有人提出公法与私法划分综合适用的各种标准的观点。美浓部达吉认为:"考其主要的原因,实在于从事该区别,不能只根据任何单一的标准,而应将各种不同的标准结合起来才有可能的缘故。"(美浓部达吉,2003:32)

(一)公私法划分标准的综合适用

针对公法私法的区别标准的学说纷然不一,事实上,美浓部根据重要性依次提出了三条认定标准,涉及上述学说。

其一,调整方法的标准。无论公法或私法,在其为国家法上具有共通的性质的,美浓部达吉认为,国家法可分为两种,一个是直接的国家法,另一个是本属于其他社会的法,因国家为着保持法的秩序对之加以保护监督而同时又为国家法的法。美浓部达吉由此发展出两次调整的概念,所谓第一次调整,就是国家的管制,所谓第二次调整,其实是当事人的自治。"那私法,有的由该社会本身自行规定,有的却依国家的意思而规定。但是,即使是由国家规定的场合,国家亦不是直接命令其遵守,不过规定那社会的法所应然的基准而已。""那是第二次的性质,第一次的私法是没有国家法的性质的。"在美浓部达吉看来,区别公法与私法之所以必要,完全在于那法第一次是何种社会的法这问题上。一切法都是社会的规律,是跟着社会而存在的,所以因法所规律的社会之差异,便当然生出法的类别。而所谓法所规律的社会之差异,又不外是那法所规律的权利义务的主体(法主体)之差异,据此,就可明白从法所规律的法主体之差异去求公法与私法的区别标准的学说,即所谓"主体说"之所以为正当的理由(美浓部达吉,2003:34、35、36)。

其二,法律主体的标准。美浓部达吉认为,"公法所规律的法主体,最少有一方是国家或是由国家予以国家的公权者,反之,私法所规律的法主体,直接地都是个人或非'国家公权的主体'的团体,国家只当第二次的(换言之,就是在直接受规律的法主体再没有维持那法的力量,因而得到关系者的保护请求时)才受其规律。区别公法和私法的基本标准,即在于此"。"在这种意义上,公法可说是以国家的组织,国家与其他国家或国内人民(包含个人及团体,又于本国人民外,并包含外国人)的关系为规律之直接对象的法;反之,私法是以个人(私团体准此)相互间的关系,私团体的组织或私团体与其团员的关系为规律之直接对象的法。"(美浓部达吉,2003:36、37)

其三,意思、利益的标准。"公法与私法的区别,如上所述,其基本标准在于法主体的差异,因此,由法的成立根据或法的规律之内容的差异,已可以显示出公法与私法的大体倾向之不同。但是若以之为两者的区别标准,却还有不足之嫌。"美浓部达吉认为,还需要引入意思与利益的标准。"自法的规律之内容言,因为法的规律在内容上为意思的规律,又为利益的规律,所以若以公法和私法为在内容上有所差异,那就非求之于意思或利益的任何一方不可。而大体言之,'意思'方面的特质,在于公法为关于具有优越权力的意思,与只在该权力所承认之限度内发生力量的微弱意思相交涉的规律;私法为关于彼此有对等力量的意思相交涉的规律。至'利益'方面的特质,却在于公法为以保护国家的利益或社会公共的利益为主眼的规律;私法为以保护个人的利益为主眼的规律。但如前所言，这都不过是指示大体的倾向而已，并不能以之为两者的区别标准。”(美浓部达吉，2003：37—38、39)

美浓部达吉所主张的综合标准不仅强调目的、主体、内容、方法四个方面，而且对这四个要素的适用顺序进行了规定，在他看来，应当首先适用方法的标准，其次适用主体的标准，在这两个标准仍难以判断时适用目的和内容的标准。显然，这种观点是综合了利益说、意思说、主体说、社会说等主张而形成的一种折中学说(孙国华、杨思斌，2004：103)。

(二) 公私法划分综合标准的评价

随着公私法相互渗透，单一根据说被将几种根据结合起来的综合说所取代(孙国华、杨思斌，2004：103)。综合标准的提出说明公法、私法划分标准的学说虽然众多，但任何单一标准恐怕都难以服众，只好转向这些标准的综合适用。只有将法律目的、法律主体、法律内容、调整方法综合起来，才可能较为完整地对公法与私法的区别做出界定。对于不习惯逻辑思维而习惯于调和的我国学界，这种观点很容易得到传播。目前我国已有不少学者采用综合说，如多数高校使用的法理学教材认为：“凡涉及公共权力、公共关系、公共利益和上下服从关系、管理关系、强制关系的法即为公法，而凡是涉及个人利益、个人权利、自由选择、平权关系的法即为私法。”(张文显，1999：57)

公私法划分标准综合适用兼顾了多种学说的合理性，好像是一种有解释力的观点，但问题也正在这里，即上述各种单一根据的缺陷也被综合进来。多标准等于无标准，综合说由于其根据的多元性使得公私法划分的根据更加模糊和不确定。可惜的是一些学者宁可采取综合说这种丧失基本逻辑品格的学说，也要努力维持二分法划分标准。按美浓部达吉说法，对于公法与私法划分“非将其所以发生区别的根本原则究明”还要对“有无其他修补的原则之存在的问题”。当一个划分标准“不能单拘泥于论理”①还希望引进经验的法则来解决理论的困境时，说明综合标准本身已经陷入极大的不确定性。到底是经验迁就理论，还是理论指导经验，这种表述无不说明二分法理论的苍白。美浓部达吉还进一步强调，无法“全然置论理于不顾”，又不能依理“采取机械地断定某者为公法某者为私法的态度”，②这种表述本身说明公法与私法划分理论进入了某种进退两难的境地。在笔者看来，针对美浓部达吉这种随意性，恰恰应当强调机械论的严肃性。

四、分立逻辑背后的机械论

在公法与私法划分从单一标准发展到综合标准时，分立逻辑已经陷入深深的困

① “要究明两者的区别何在，那第一，非将其所以发生区别的根本原则究明，第二非将该根本原则在现实国法中贯彻至如何程度和有无其他修补的原则之存在的问题加以考察不可。因为那不是单纯论理的问题而是现实的国法的问题，所以不能单拘泥于论理。”(美浓部达吉，2003：33)

② “在现实的国法中亦没有何种足资根据的‘原理的’的法则，对于各项事件便当然不能采取机械地断定某者为公法某者为私法的态度，所以全然置论理于不顾，亦有所未当。”(美浓部达吉，2003：33)

境。美浓部达吉所坚持的思想方法归根到底是机械主义的，只是在遭遇问题时用随意性取代严肃性。机械主义认为，社会是个人的联合体。机械论世界观所推崇和关注的主要是工具理性（刘科、李东晓，2005：38）。分立逻辑的困境其实是由物法模式本身的特点带来的。物的可分性，使我们很容易以机械论世界观来对其进行定位，还原论和二元论为机械论主要特征，分立逻辑困境其实是机械论的困境。

分立逻辑中的私法观念体现了还原论的看法。笛卡尔的自然哲学观认为，所有物质的东西，都是为同一机械规律所支配的机器，甚至人体也是如此。复杂的事情看不明白，应当把它尽可能分成简单的部分，直到理性可以看清其真伪的程度。在他看来，数学是理性能够清楚明白地理解的，所以数学的方法可以用来作为求得真理的方法，应当以这种方法找出一些最根本的真理来作为哲学的基础。就还原论而言，机械主义认为个人先于社会而存在，个人是本源，社会是派生的，社会、国家是个人为了保障自己的某种权利或利益而组成的人为的机构，除了个人的目的之外，社会或者国家没有任何其他目的。法律上抽象人格的产生也是这种个人主义的产物。分立逻辑中的二分法观念本身也体现了机械论二元论的看法。就二原论而言，笛卡尔也认为，除了机械的世界外，还有一个精神世界存在，这种二元论的观点后来成了欧洲人的根本思想方法。霍布斯系统地阐明了自己的机械唯物主义的自然观，物体是唯一的存在，广延性是物体的根本特性，机械运动是物体的唯一运动形式。一些激进主义的意识形态把社会看作是一台机器，认为社会像机器一样可以被拆分成不同的部分，而且，每个个人不过是机器上的螺丝钉。这些看法都是将机械论极端化。

分立逻辑并不否定在私法制度之外有着公法观念的存在，从历史表现上看，在以财产关系私有对抗以公共利益名义出现的国家权威时，私法常常表现出让步的特点。以分立逻辑划分标准的历史沿革来看，从目的、内容发展到方法标准，其实是一个退守过程，综合说的提出，说明分立逻辑已经丧失基本的解释力。分立逻辑最初的假设是由于目的不同导致内容、方式均不同，这是严格按照机械论标准来确定的。综合说的假设是方式或许还可以成为区分依据，如果不行还可以再看内容与目的。采取这种随意性的态度，其实已经是精神世界的另一元论的侵入。

机械论世界观在社会进步中取得了巨大的成就，与此同时，以物的方式观察世界也有片面性。它所主张的人与自然、思维和物质、心灵与身体的分离和对立，形成了价值理性与工具理性相分离的哲学基础（刘科、李东晓，2005：38）。从以上罗马二分法四种学说的演变本身可以看出，公法与私法很难找到一种令人信服的划分标准。不仅如此，在笔者看来，罗马二分法的理论发展陷入了一种“美浓部悖论”：一方面美浓部达吉明白“利益”“意思”是法的“两种本质的要素”“两要素中之任何一者的学说之发生，是必然的结果”；①另一方面美浓部达吉却违背作为“必然的结果”的学说，主

① “一切法的内容，即在其为人类的意思之规律及同时为人类的利益之规律，意思和利益是法的两种本质的要素，因此，主张公法和私法的区别标准应求于意思或利益两要素中之任何一者的学说之发生，是必然的结果。”（美浓部达吉，2003：28）

张方法说、主体说为主的综合说(美浓部达吉,2003:24—26)。为什么二分法的理念无法建立在"本质的要素"理解上?"本质的要素"为什么会和主体要素分离呢?进一步与调整方式的要素分离?其实这正是形式法摆脱实质法制约带来的尴尬,随着私法公法化的发展,分立逻辑在当今的社会发展中丧失自己的学术品格。

当二分法陷入逻辑混乱时,是不是意味着我们应当如美浓部达吉所强调的那样,不再采取机械论研究方式?笔者认为,无论是科学发展还是法学发展,其实都在一定程度上借助机械论的思想方法。契约关系对应的是以物为客体的财产关系,物的可分性为这种思维提供了依据,雇佣关系被视为租赁关系,也是这种思维的反映。随着契约面前人人平等思想的发展,私法自治其实是将法律关系抽象出了伦理社会,并试图以价值无涉的方式来进行调整,这是私法与公法划分的根本意义。从社会中抽象出某种平等的人格,并以这种人格来确立双方当事人的契约关系,这也是依据机械论来进行的。真正需要反思的是为什么公私法划分各种标准会丧失解释力。其实是二分法分类方法已经没有办法穷尽社会生活。

二分法的四种学说都被社会法的内容所困扰。(1)"利益说"强调公共利益与私人利益的区分,从法律目的角度来界定公、私法;然而,梅迪库斯结合社会福利国家的发展来强调公共利益和私人利益往往是不能互相分离。(2)"意思说"强调了权利、权力的区分,从法律内容的角度来界定公、私法;然而,拉伦茨认为劳动法、经济法中既有公法的成分,也有私法的成分,说明两者难以划分。(3)"主体说"强调国家与个人的区分,从法律主体的角度来界定公、私法;然而,拉伦茨是结合各种形式多样的社会团体来批评意思说的解释力。(4)"方法说"强调自治与管制的区分,从调整方式的角度来界定公、私法,其实也遭遇了同样的情况。不仅是实体法,程序法也遭遇了同样的情况,梅迪库斯看到劳动争议解决程序突破了传统公私法的划分。可以看到,实体法上四大学说丧失解释力,程序法上出现各种例外的原因是社会法诸法合体调整模式冲击造成的。只有先将诸法合体的内容划分出去,才可能逻辑地进行二分法划分。

社会法具有建构秩序的特点,二战后社会法的过度发展极大地挤压了私法自治的社会空间。对于建构一种秩序而言,18 世纪末,不仅是法国,整个世界经历了一个史诗式的转变,社会法的理念也是这一转变的产物。200 多年来,旧制度与大革命的冲突引发后来者思考与探索,也成为哲学家、政治家长期争论的话题。按机械论的观点,复杂事情看不明白,应当把它尽可能分成简单的部分,直到理性可以看清其真伪的程度。对于公私法划分而言,其实一个最可行的方式就是将社会法划出私法的范围,以保持私法的逻辑自洽。事实上如果将社会法划分出去,四大学说的解释力都会有不同程度的提高。社会法公私法划分的调整思维在我国改革开放的发展中有着巨大的推动作用,今天仍不能完全放弃。对于建构一种法律秩序而言,仍应当强调"有所能,有所不能",从而为自发秩序留出空间。三分法的发展,不仅是社会法的需要,更是私法发展的需要,在一个公法过度发展的社会中,尤其要强调私法自治。对于完善社会法的内部结构而言,一个私法领域的独立存在,也是良性的参照标准。法律对于社会的介入应当是解决问题而不是制造麻烦,社会法中行政权膨胀的结果,常常按相反的方向运行。

第三节　个体、社会的融合逻辑

法律有个别法与社会法之分，源于日耳曼法的社会生活。日耳曼法实行诸法合体，基尔克认为是一种古老的社会法。德国法的复兴使日耳曼法“诸法合体”的法律机制重新进入人们的视野。基尔克希望扩大诸法合体式的社会法，基尔克从泛义的角度对社会法进行研究。

一、融合逻辑的人法思维

基尔克以人的个体性和社会性为出发点，将法律分解为个人法(Individualrecht)和社会法(Sozialrecht)，社会法规范致力于将下位的社会有机体纳入其上位的社会有机体中，并最终纳入拥有主权的集体(Gemeinwesen)中。这种思维方式极大地影响了以后社会法的发展方向，孤立个体的社会性在现代法律制度中有了实现路径，与社会法的发展思路是契合的。被誉为德国劳动法之父的辛茨海默尽管认为他的社会法概念不同于基尔克的社会法概念，但在论述社会法时也采纳发现自然人的社会属性这个思路。“社会法以社会性的人格为出发点，也即以自然人作为社会关系中的全体参与人员之一为出发点。它在世界中理解人，在他的社会约束的世俗存在中理解人。”①1961年著名的劳动法学者尼基施(Nikisch)在论证劳动法属于社会法时依然强调基尔克影响力：“将个人法和社会法进行对比具有根本性的意义。个人法将作为个体的人置于相互关系中，社会法将其作为更高整体的成员。”(沈建峰，2019a：40)

从个体之人来观察，基尔克的解释是：“关于个体的人们之相互关系的法是个人法，所以个人法是以规律独立的单一体的个人为主要目的的。”个人法是以对等关系(Verhältnis der Nebenordnung)为基础的，是以“主体的不拘束”为出发点的。②个人法所强调的对等人格主要是私法关系的人格，是指任何主体在法律关系中的法律地位完全平等。萨维尼从他的理论体系出发，只承认民事主体在民事活动中平等地享受民事权利和承担民事义务；任何民事主体享有的民事权利都平等地受到法律保护。基尔克的对等人格应当是类似的，个体人是自由人格，自然人的自由是一种实现自己追求的权利的能力，是在法律条件下人类可以自我支配，凭借自由意志而行动，并为自身的行为负责的自权人格。基尔克与萨维尼的主要区别在于：“对于团体，当团体

---

① Hugo Sinzheimer, Das Weltbild des Bürgerlichen Rechts, in: Hugo Sinzheimer, Abeitsrecht und Rechtssoziologic, Band2, Europäische Verlaganstalt, p.320.

② Gierke, Deutsches Privatrecht, I. p.26f(转自美浓部达吉，2003：30—31)。

之全体成为单一的个体而应以之与个人作同等观的限度内，个人法亦加之以规律。”[①]可见，基尔克所说个体之人并非局限于自然人，社会团体作为法人时也可以成为个体人，因此个人法会成为一种外部关系，与社会法的内部关系相区别。“由于个人法只涉及个体之人，那些基于人的社会属性形成的关系，则须由社会法进行规制。”（基尔克，2013：51）

从社会之人来观察，自然人意志之外存在团体意志时，必然承认现实生活中的从属人格。从属人格是基于上下关系产生的拘束人格。拘束是被限制的人格，拘束人格是与自由人格相对应的他权人格。“从属人格”强调的是自然人与团体人交往形成的人格。在团体人格中从属人格与“自然人格”两者交织，在基尔克的理论中产生出一个“成员”的概念。“各法律规范规制着由其成员组合而成的社会实体。这就产生了成员（Mitgliedschaft）这一法律概念。”（基尔克，2017：76）“作为一种法律状态，成员是权利和义务的载体；与自由的个人领域不同，在这个封闭的领域中，个体成员的生活和行为将受到法律的限制；通过成员资格的取得和丧失，规则将个体与团体之间的结合和分离关系上升为法律事件。”（基尔克，2013：51）我国学界一般认为“成员”这一概念是公司法的概念，其实这一概念源于日耳曼法，在基尔克的视野中，公司法、家庭法也是社会法的调整范围。

个人法与社会法是对立统一关系。基尔克虽然也从个人法和社会法相互对立入手阐述其社会法的内涵，但更强调两者联合为一个和谐的整体，二者相互弥补、相互渗透，不可偏废。作为生活制度的法发现了人类生活的双重内容，并据此区分为两种不同的范畴，这必然一方面将界定和保护个人外部生活范围设定为目的，另一方面将建构和保障共同生活设定为目的。人也因此成为分别承载着个人生活和部分整体生活的主体。然而此二者实际上已经交织成不可分割的同一体，基尔克认为，只是我们在想象中对此加以区分。我们称为个体和族群的东西，仅仅是对我们的思维不可囊括的全部历史中的人的真实性而言不可或缺的概念上的抽象化。“我们现在正在经历的个人法和社会法的紧密交织不会轻易地被消除。但是我们必须坚信这一点，即这两个意志领域的分化建立在既作为个体本质（Einzelwesen）又作为类本质（Gattungswesen）的人的双重本质（Doppelnatur）当中，这一分化构成了我们文化的根本前提条件”，“维护这二者的通过各自中心的特殊性所带来的独立性，并实现二者的相互平衡”。（基尔克，2017：145）

二、融合逻辑的适用范围

社团（Verband）是自然人或法人为了共同的目的而缔结成的共同体，绝大多数具有基于章程设定的内部确定的组织结构，其存在于社会各处，基尔克讲的社团是一个广义的概念，包括经济社团也包括社会社团，甚至于一些政治社团。从这一古老的

---

① Gierke, Deutsches Privatrecht, Band1, Verlay Von Duncker & Humblot, 1895, p.26.

"最毒之箭"入手,将各种概念进行了组合。如果说,分立逻辑的分类是为了强调区别从而建立一种私法、公法分别调整的机制,基尔克的分类意义在很大程度上是对比分立模式而强调在看似对立的价值之间的相互联系。

(一) 从自然人格到法人人格

个体的人之所以拥有人格,是因为人是自由意志之存在,团体人格说强调了在自然人意志之外存在着团体意志。19 世纪初,谢林构想出作为一个整体的"有机体"概念,它消除了自然与精神之间的分裂。基尔克也以有机体理论为依据,遵循康德的理路,认为构成法律上人格,意志是必备条件,但他与萨维尼、耶林只承认自然人意志不同之处在于强调存在着两个意志领域。自然存在感与社会存在感相结合,个人法是将自然人意志载体作为个体置于相互关系中的法律;而社会法是将自然人意志载体之间的关系作为社会存在而调整的法律。"这一分化构成了我们文化的根本前提条件。"(基尔克,2017:145)基尔克受到个人人格与团体人格是高度融合的日耳曼法的启发,自然意志与团体意志既相互独立又相互渗透。这与将私法、公法视为完全对立的罗马法传统根本不同,基尔克要建立起一种将私法人格与公法人格融合起来的思维范式。这是构建共同体思维的关键,这也是其理论不同凡响之处。

从自然人意志与团体人意志相互独立的角度看,萨维尼、耶林认为只有自然人存在自由意志,才拥有人格;团体无法产生意志,也不能行为。他们的理由是:社会团体无论怎样都无法拥有灵魂与肉体的统一体,而正是这一要素使自然人成为天然的法律主体。基尔克对这种观点进行了批评,若认为人能够用眼睛看到人格,则为一个严重的错误,也是难以自圆其说的。如果自然人可见的身体改变了,那么其人格仍然未变;其肉体被肢解了,但是其人格绝不被拆解或损害。可见,人格是依附于一个不可视的且仅从其功效中展示出的单位体之上的表征。"我们所感知的仅为该实体的运动!我们将其解释为该生命体的效力,这样我们从可知的内容中推断出不可知的内容。"(基尔克,2017:70)基尔克强调人格是一个抽象的概念。从法律人格创制的观点来看,"普芬道夫引进了简单法人和复合法人的概念,从而将集合群体或实体(我们的'法人')与自然个体归于同一法学范畴"(路易·迪蒙,2003:71)。人类社会发展中,法人与自然人都是作为民事主体被法律抽象确认,这是自然人不同于法律人的特点,后者是抽象的存在。从抽象法律人格来看,法人和自然人都是由法律规定的,他们之间不存在谁拟制谁的问题。

从自然意志与团体意志相互渗透的角度看,将自然人格与法律人格相结合,基尔克以其别具一格的人格权理论提出以人格权来保护"自然人人格"的概念时,可以说是希望以一种新型的人法来实现法律人格与自然人格结合的目标。日耳曼法学派是德国人格权理论的完成者,基尔克创建了完整的人格权理论体系。从有机体理论来观察,我们在一个有生命的本体中起作用的、不同于各部分的总和的单位体中拥有的想法,触动着我们在一个不可知的世界中去思考。自然人本是一个人身体,但成为社会人时也成为财产体;法人作为一个财产化人格体也需要存在人身体的特征。正是自然人身体被当作财产体产生出劳动异化的问题，这是社会主义思想普遍关注的病态现象。社会主义强调通过暴力革命将劳动者从劳动异化中解放出来。基尔克则更强调的是让法人这一财产体具有人身体的特征，即具有伦理的特点，这是他与伦理社会主义相联系的地方。就法人的人身性特征而言，历史上往往以拟人的方式来强调社会有机体人身体的特点。对于这种想法基尔克认为，完全按照纯粹自然体来看待社会体，就像由许多个体珊瑚虫所组成的珊瑚树，这些思想被强烈地物质化了。但这种想法会激励我们首先在法律团体人格的问题上，以假设的形式提出真实的团体性统一体（reale Verbandseinheit）学说（基尔克，2013：45）。

（二）从契约人格到组织人格

“对等人格与从属人格”最容易联想的就是“契约人格与组织人格”，在个体中产生的对等人格主要定型为契约人格；在社团中产生的从属人格在社会范围内主要表现为组织人格，这是“对等人格与从属人格”相互交织的一种典型关系。

就契约人格而言，契约的观念早在古罗马时期的债法中就已经产生，罗马债法最早概括和反映了契约自由的原则。“孤立主体之间以共同的意思内容为基础，并作为其行为准绳的合同概念”（基尔克，2013：52），体现外部主体、对等主体、自由主体相互重合，通过自由订立协定而为自己创设权利、义务，并形成基本的调整方式。古典自然法学家通过宣传自由，也强化了契约人格的意义。在卢梭看来，自然人所共有的自由，乃是人性的产物。自由是人的一切能力中最崇高的力，是所有天赋中最宝贵的天赋。任何一个具有健全的理智的人都不可能转让自己的自由（张卉，2003：102）。这种自然法思想取得了实证法的地位。基尔克对当时以罗马法学为主的实证法进行评说：“法学上制约或解放个人的仍为自由的契约。”（基尔克，2017：50）在劳动关系的调整上，社会法并不反对契约自由，而是强调契约自由实现的条件。

就组织人格而言，法国学者米休（Michoud）、撒莱叶（Salleilles）和意大利学者费尔拉（Ferara）都曾强调过法人的组织体说。他们认为，法人是一种区别于其成员个体意志和利益的组织体，即所谓法人，乃适于为权利义务主体之法律上的组织体。法人意志实现是为了法人自身的利益。法人具有自己的利益，法人具有自己的组织。这个组织体要依据个人的意志，但又是绝对不同于个人的意志；法人的意志是由法人机关来实现的。这种观点只是将组织人格视为法人人格。基尔克是将这种组织人格从法人人格扩大到社会法的一般理论来认识，法人之组织有其一定的社会功能，这种社会功能是其可以在更为宽广范围认识的基础。不同联合体中极其繁多且通常非常棘手的众多规范的目的在于，确定组织机构的数量和种类、为其中的每一个界定一个权能的限制性影响范围、确定各个组织机构间的关系、保障下位组织机构和上位组织机构直至整个组织机构和有机体间相互制约的效能，以及运行、规定有机体功能运作过程的形式，并使其功能的内容与其目的相协调（基尔克，2017：76）。

契约人格与组织人格具有相互转化的特点。在社团中企业以员工为成员，但在社会范围内，企业也是一个个体的成员。社会人一面以个体而生存，同时，在其他方面又居于为组织全部之一员的地位(美浓部达吉,2003:30—31),两者共同形成了社会发展的有机整体。基尔克在评价德国民法典时指出:“如果该法不仅仅想控制在自由灵活的行为中缔结并消解的各个交易关系,而且还被适用于基于契约构建的长期之债时,那么对该债法的社会性怀疑就无限量地增加。”(基尔克,2017:45)劳动关系中债法部分与物权法(Sachenrecht)重叠,部分与人法(Personenrecht)重叠,基尔克强调在契约性义务涉及人格本身时,必须将人格的概念置于核心地位。日耳曼在分封的关系中,封主与受封者之间以双方之相互忠诚为基础,存在某种组织人格。封主不得单独解除分封的关系,受封者却可返还其受封之象征物或为拒绝忠诚之意思表示,消灭其主从关系。社会的组成及维持的基础和模式,与其说是封建,不如说是契约,并且在此契约中突出了受封者在“撤销”契约上的优先地位(龚曙东,2004:133)。基尔克更强调的是两种人格在社会范围的交织而形成的复杂关系,成员的概念并不限于自然人。基尔克由此得出的结论是:“至于社会法,规律为社会人(Gesellschaftwesen)的那些人们的意思关系,即将人视为较高的全部——社会的团体之一部而加以规律,又把团体本身视为更高的团体的结合之一部而加以规律。”[①]

(三) 从法律人格到伦理人格

团体人格强调了法律人格与伦理人格的重组。各类社会团体事实上不仅有意志,而且有行为。为什么拟制说、否定说都认为不能成为意志主体呢?对等人格与从属人格的存在,要求协调法律人格与伦理人格的相互关系。对于公司这样的组织形式能否生成道德人格,从各自的理论出发,必然有不同的结论。基尔克强调了社会团体也有伦理人格。

基尔克之所以要强调人法的特点,是由于对民法财产化倾向的担心,[②]历史的经验告诉我们,危险的冲突根源在于某种独立力量的片面发展。契约自由使“所有人对所有人的战争”(das bellum omnium contra omnes)这种原子化的交易形式披上法律的外衣(基尔克,2017:43),法典使得所期望或应当期望的后果都从自由的法律行为中产生,在和平秩序的表象下出现了极端的形式主义。如果一个是强者手中可怕的武器,另一个是弱者手中并不锋利的器具,这将成为一方欺压另一方的手段,精神和经济优势者毫无仁慈地进行剥削的手段。知识与信仰的冲突、权力与权利的冲突、法与道德的冲突、道德与习俗的冲突、教育与经济的冲突、资本与劳动的冲突,以及阶级之间的分裂与党派之间的仇恨都将不可避免地发生。这些冲突会撼动社会有机体的内在生命,并可能被它撕裂和瓦解。事实上这种担心在萨维尼那里不仅同样存在甚至更为强烈。

当着我们分出强弱时,一定会进入某种伦理状态。从苏格拉底到柏拉图再到亚

---

① Gierke, Deutsches Privatrecht, I. p.26f(转自美浓部达吉,2003:30—31)。

② “迄今我们只谈到了纯粹财产法领域的私法任务。若私法的任务仅存在于财产法中,则没有比这广泛传播的思想更危险的了。”(基尔克,2017:46)

里士多德，他们都有着浓烈的“政治人”情结，古希腊的城邦制度与城邦生活孕育了“社会人”利益伦理的最初形态。在德国早期的法人论争中一直贯穿着一条哲学线索：法人的法律人格以伦理人格为基础，而伦理人格则又以其社会本体为基础，无论是萨维尼、耶林还是后来的基尔克，都明白无误地沿着这条内在线索进行思考，三种观点也以此为依据展开了争论（仲崇玉，2011：75—83）。基于市场法人的非伦理性，萨维尼主张引入国家力量通过拟制来限制这类法人的发展。萨维尼并非纯粹的法人拟制说，他对传统的非市场法人团体主张实在说，而对适应市场经济发展的法人团体主张拟制说，一个基本的依据是前者有伦理人格，而后者没有伦理人格。这是萨维尼面临的矛盾，从适应市场经济的角度看，法律人格要抽象掉基于强弱产生的传统伦理因素才能形成市场发展所需要的平等观念，而适应市场经济发展的法人恰恰是没有伦理人格。他得出的结论是这种缺乏传统伦理人格的法人应当以拟制的方式，以国家力量限制其发展的结论，这种区别对待，是一个与市场经济相悖的结论，与其整个理论体系多少有些不符。

基尔克在强调法人实体时，与萨维尼的区别是：他是在法律人回归自然人、社会人的语境下讨论私法的问题。在坚持法人实在说时，也提炼出团体人格的两个更重要的特点：社会性团体具有“肉体—灵魂性”、“精神—道德体”（基尔克，2013：43）。基尔克认为，私法的使命在于，在强者面前保护弱者，在个人的自私自利前保护集体的福祉（基尔克，2017：43）。基尔克是通过“躯干精神合一”的人法来强调社会团体的道德责任以及道德责任的法律化。实现这样的目标就需要对法律与道德的关系进行重新界定，自然人、社团人都有道德人格。基尔克从古老的日耳曼团体这一“最毒之箭”入手，重新发现团体人格的丰富伦理内涵，“由于社会有机体抵御内外风险的能力立足于处于个人和公共之间的中间形态的健康状态与生命力”确认这些社会团体的地位，不仅有助于极大地发挥法人组织的积极作用，而且也有助于从法律责任上确认法人的社会责任。“私法通过联合克服了人员的分裂”，团体被视为一种共同体而非对抗体。

日耳曼的“最毒之箭”是射向罗马法的，后者对新型社团的排斥，使其将公司视为对抗体，当时实证法观点与现实发展格格不入。因此我国有学者认为，主导拟制说的个人主义法学方法不过是一种表象，更为实质的是集体主义（仲崇玉，2011：71）。日本学者我妻荣进一步提出的社会作用说，发展了这种学说。他认为，法人可独立承担社会价值。社会作用说反映了现代社会中各类经营主体已不是单纯追逐自身利益的现实，它们的存在既对社会经济的发展起着重要的推动作用，也对社会负有越来越多的责任（宗宁，2009：14）。在法律与道德的关系上，某些非道德内容应当视为无效，这是基尔克当时就提出的观点，也是二战后自然法学与实证法学争论中达成的共识。基尔克的深刻在于他当时就已经意识到随着道德内容的增加，合同无效的范围也会扩大，也有可能带来对经营自由过度限制的情形。基尔克的难能可贵之处在于承认团体人格时，从来没有否认个人人格的价值。“具有社会性理念的私法促成了以自己形式存在个体梯进式地迈向了有机的共同体。”“私法的使命同样扩展到公法范围。”

(基尔克,2017:53)社团以梯进式的方式走向社会,形成微观与宏观的不同层次,两个层次的良性互动就变得日益重要。

三、融合逻辑的内外机理

基尔克将规制有机体内外关系的理论范畴上升到相当的理论高度,“规制联合体内部生活的联合体法部分原则上不同于所有规制被确认为主体的生命体的外部关系的法”(基尔克,2017:75)。这种内外区别及联系,解释了融合逻辑的主要机理,也成为融合逻辑充满辩证思想的点睛之笔:“只要存在团体人格,法学就有责任为团体的内在和外在生命去梳理、规制和发展适用的法律规则,从而成为社会有机体的(躯干精神合一的)生命统一体的表达形式。”这一概括是两个方面的汇合点,一方面,从社团到社会的分析中,法律人格与伦理人格的特点会分别出现在内外人格中;另一方面,契约人格与组织人格的特点也必然延伸到内外人格中,成为社会人格的重要内容。在内外的交汇点上,“一个新的法律概念世界得以产生”(基尔克,2013:51、53)。

(一) 内部人格与外部人格的区别

社会学家也看到这种内外分类的重要意义。如埃利希认为:“人类团体的内部秩序不仅仅是原初的法的形式,而且直到当代仍然是法的基本形式。”(埃利希,2009a:40)如果说契约确立的是一种外部秩序,那么团体的自身运转规范就构成了内部秩序,它在一定意义上比外部秩序更加普遍也更加有效。

外部人格是对等人格、契约人格,“我们称之为个体法(Individualrecht)”,这也形成传统上抽象的法律人格。由于法律规则往往是一种由外向内发生作用的机制,从外在强制性的角度来看,法律人格可以说是一种外部人格,无论是古典自然法还是以后发展起来的实证法都是从这个视角来认识法律人格的。风俗习惯与法律在这一点上是一致的,即它们都提供了外在行为的规则,风俗习惯有时比法律更外在,因为风俗习惯满足于对外在行为的评价,而完全不提出关于外在行为以之为基础的内在心理过程的问题(基尔克,2017:106)。在法律人格中,古典自然法更强调体现自由意志的契约人格,如卢梭所强调的“放弃自己的自由,就是放弃自己做人的资格,就是放弃人类的权利,甚至就是放弃自己的义务。对于一个放弃了一切的人,是无法加以任何补偿的。这样一种弃权是不合人性的;而且取消了自己意志的一切自由,也就是取消了自己行为的一切道德性。最后,规定一方是绝对的权威,另一方是无限的服从,这本身就是一项无效的而且自相矛盾的约定”(卢梭,1980:16)。

内部人格是从属人格、组织人格,也是传统上的伦理人格并为社会法所特别重视。基尔克强调法律不仅从为了共同体目的而存在的相互联合的角度来调整人的关系,而且也为每个个体确保了一个自由领域,在其中,法律为个体赋予了自我封闭的、自持目的的人格。以这种内部人格为依据,社会团体在一个更大的范围内,也是成员人和机关人,其内在生命对集合性的有机体施加影响,联合体由具有自己生命单元的独立的整体和包含于整体之中的分支或组织层次的形成。“总体状态构成了世界历史主要内容的庞大的集体人(Gesammtperson)已经为任一个自然人创造和改造了生活制度,即在任一个具体的国家法或教会法中都存在一个特别法思想的体系。”(基尔克,2017:101—102、79)英国的鲍曼所称的共同体是指社会中存在的、基于主观或客观上的共同特征(这些共同特征包括种族、观念、地位、遭遇、任务、身份等)(或相似性)而组成的各种层次的团体、组织,既包括小规模的社区自发组织,也可指更高层次上的政治组织,而且还可指国家和民族这一最高层次的总体(鲍曼,2003:5)。这一概念与基尔克所讲的内部人格是高度一致的。

从内部人格出发,也涉及法律人格与道德人格的区别。道德法则也是一种内在权力。借助植根于道德意识中的内在权力,道德法则也发挥着心理强制的作用;通过良心强制(Gewissenszwang)的力量,即使面临最强大的外在权力,道德法则也能获得胜利。对内在权力的观察揭示的更多的是法律规范和道德规范的亲缘性,而非其对立。道德规范价值判断的最后决定基础总是在行为中表现为观念。因此,它的方法是由内而外的(基尔克,2017:98、105—106)。

(二) 内部人格与外部人格的联系

罗马法更注重的是外部人格,而日耳曼法更注重内部人格,基尔克所说的“新的法律概念世界”似乎主要是指内部人格,“一个由内产生的运动在学术与生活中已经抵挡了灾难性的大逃亡,堵塞的群众力量之源泉再次被疏通,从岩石中已经涌崩出活力之泉”。这也是以后对于基尔克理论中共同体思想的批评的主要依据。从“抵挡了灾难”“堵塞的群众力量之源泉”的表述看,其实是由于实证法对于外部人格的过分强调。“在欧洲各处,或至少在德意志的大地上,抽象理论中的反社会的构想在不久前已经成为现实。”这使得基尔克“我们所处的世纪中”不得不更多强调内部人格。基尔克也多次强调“在法学上制约或解放个人的仍为自由的契约”(基尔克,2017:29、50)。他所说的“新的法律概念世界”却应当从内外人格的相互渗透来理解。

总之,无论是自然人,还是经济团体、社会团体、政治团体无不处于这种内外交织的人格中。这种交织也使契约人格与组织人格相互影响,法律人格与伦理人格相互交织。“一个新的法律概念的世界主要基于此来开启,即此类分支人或组织机构人的内部生活同样能够受到整个有机体的法律影响。”(基尔克,2017:79)

四、融合逻辑的有机论

基尔克的观点在刚提出时,作为一种抽象的理论可以说是一种应然的观点,这是一种与当时实在法有明显不同的法律观点。从应然出发,在促使一种理论走向实然的过程中,必然讨论这一理论“从哪里来”“到哪里去”的问题,理论面向离不开某种基础理论的思考。从学术观点上来看,基尔克从人格法的角度强调了一种“有机体理论”,在他看来,集体和个人一样,它的意志和行动的能力从法律获得一种法律行为能力的性质，但决不是由法律创造出来的。法律所发现的这种能力在事先就存在，它不过是承认这种能力并限定这种能力的作用而已。组织体说有时也与有机体说（organische Theorie）画等号。这种思想可追溯到古代以及中世纪的社会理论，与自然法思想世界中克服原子、机械式推断结论的尝试相伴相随。而直到19世纪，在新的有关人类共同体生命思想的推动下，这种思想才得到其完善的科学建构形式。基尔克对自己的社会有机体的理论评价是："这些问题曾是我整个学术生涯的出发点，并始终是其中心点。"（基尔克，2013：42）这也是从理论面向来探讨社会法的问题。社团作为一种共同体与自然人一样，也是一种有机体。

基尔克是从有机体理论来认识两个主体的关系，自然人是自然有机体，法人是社会有机体，两个主体在互动中也存在着相互渗透及影响。在基尔克看来："如果存在一个社会体的真实共同生活，则必然有一个中心的生命统一体（Lebenseinheit）与之相适应，这一生命统一体在社会体的所有功能中都发挥作用，并且也让这一社会体的所有器官都服务于自己。"（基尔克，2017：93—94）"由于有机体的概念原本就是从个体生命体中抽象出来的，故而有机体说认为有必要将社会有机体和个人有机体进行类比。""'社会性团体'（Körper，身体*）或者'团体性'（Körperschaft），会说一个团体的'首脑'（Haupt，头）和'成员'（Glied，四肢），会说'组织'（Organisation），会讲'机关'（Organ，器官）和'功能'（Funktion），以及'合并'（Einverleibung，同化）和'结合'（Eingliederung），等等。这些概念都表现出了某种相似性。"法律通过规定如何以及在什么条件下，特定成员以及成员综合体对生命统一体具有外部的法律效果，使"机关"成为法律概念（基尔克，2013：46、52）。从这种自然有机体与社会有机体共用一名的现象中，可以得到一些启发。

有机体说（organische Theorie）"这一概念引入社会科学是强调事物构成的各个部分相互关联，像生命的个体一样具有统一性的物体"。有机体说对社会属性的认识往往是通过与自然属性比较而得出某些结论。"有机体说将国家和其他组织视为社会性的有机体。它认为，由人类组合而成的总和有机体是高于个体有机体存在的。"（基尔克，2013：48—49、46）有机体说往往会夸大国家在整个社会生活中的作用。在《德意志意识形态》中，马克思和恩格斯指出了国家是一种与人的力量相异化的力量。他们揭示了现代资本主义国家的阶级本质，指出它是一种虚幻的共同体，是压抑个性发展的。基尔克："社会法规范的庞大系统最终致力于将下位的社会有机体纳入其上位的社会有机体中，并最终纳入拥有主权的集体（Gemeinwesen）中。联合体同时可能是具有自己生命单元的独立的整体和包含于整体之中的分支或组织机构，他们与单个自然人一样。然而，一个新的法律概念的世界主要基于此来开启，即此类分支人或组织机构人的内部生活同样能够受到整个有机体的法律影响。"（基尔克，2017：78—79）从国家是一种虚幻的共同体的论述出发，可以看到基尔克理论的两个重要

* Körper的本意为"身体"，而"团体"的意义是派生而出。以下各例亦同。在此特将与中文不同的派生词本意标注于括号内的原文词之后，以备对比。——译者杨若濛注

特点。

一方面，基尔克从有机体理论出发，更注重内部人格，强调从属关系。基尔克强调一个丰富的社会法规范系统包含了低级社会性有机体融入更高的有机体，乃至融入主权性共同体之中的全过程。民族共同体也具有人类联合体的特征。“也正是这样，借助几千年来不断发展的分化过程，民族共同体（Volksverband）从自然民族（Naturvolk）的简单结构关系发展到了现代文化民族（Kulturvolk）的无限复杂和细化的划分与组织。”“一个单独的自然人与其肢体或器官之间的法律关系是难以想象的。相反，存在联合体人（Verbandsperson）对其分支机构人（Gliedsperson）或组织机构人（Organperson）的权利，且在作为世上最高权利的国家权力中达至顶峰，并丰富多样地分列于一切联合体和私的协会的权力中。”（基尔克，2017：93、78）社会组织中在上下级的联系中，成员所具有的服从义务，以自然有机体来比较论证，容易得出夸大国家作用的结论，这种观点事后被纳粹利用，在歪曲的基础上得出违背基尔克本人意愿的错误结论。

另一方面，基尔克从有机体理论出发，得出了强调社团重要的结论。社团是具有自己生命单元的独立的实体，包含于整体之中的分支或组织机构，国家也只是一种特殊类型的社会团体，人类联合体是一个由个人和社团构成的庞大系统。基尔克认为：“有机体理论将国家和其他联合体视为社会的有机组织（Sozialer Organismus）。因此，其肯定单个有机体之上、由人类组成的整个有机体的存在。”（基尔克，2017：66）这一理论也应当引申出社团与国家所具有的相同性质，以这一理论为基础，从社团走向社会、微观走向宏观。在基尔克看来，法律也是按类似的方式进行调整的。基尔克将国家与社团并列的观点，在相当长的时期被后人忽视了。

第四节　分立、融合逻辑的理论冲突

在公私分立与诸法混合两种思维中，存在着理论冲突。从思维逻辑看，日耳曼法中个人法与社会法分类与融合是一种更逻辑的理论，但面对罗马法已经形成的私法与公法分立的历史现状，日耳曼法融合的逻辑其实是难以贯彻的。

一、以分立逻辑整合融合逻辑

罗马法在对抗日耳曼法的批评时，以单一标准与综合标准为依据，在汗牛充栋的论述中，其实只形成私法论与私域论两种观点。前者强调历史，重在私法之名，类似于我国的部门法或门类法观点；后者强调逻辑，重在私域之实，从私法理念、方法出发，类似于社会法中的法域论。稍加分析便可知道私法之名与私域之实其实是不同的。

（一）综合标准维持私法范围

综合标准的运用事实上会使私法名义上的范围依然维持在民法典所确立的包罗万象的状态上。综合标准其实就是没有标准，但论者心目中却有一个包罗万象私法的当然范围，难以找到明确界定的标准，于是当一条标准不够用时，就采用两条标准，这两条标准有时甚至是冲突的；两条不够用时可以是三条、四条，当然冲突也会以几何级数增长。论者在乎的只是以转弯抹角的方式，固守官方划定的包罗万象的法律范围。美浓部达吉在强调综合时，其实很明白，真正的标准只有一条："这不单是为着满足理论上的要求，主要的还是由于究明国法之应用的实际上的必要。"（美浓部达吉，2003：5）

传统罗马法的分立模式本身是非此即彼的，既是划分私法的标准，又是划分公法的标准，如果采用单一标准，私法的扩张应当导致公法的限缩，私法的维持应当导致公法的维持。当着私法以充满矛盾的综合标准来进行"盾"式包罗万象的维持时，公法其实同样可以运用矛盾标准的另一方面，这是一种"矛"式包罗万象的扩张。换句话说，私法包罗万象式的维持，导致的不是公法的限缩，而只是私法、公法混合部分增加，这种混合只是让私法徒有虚名。以这样逻辑确定的私法标准就会与"私法自治"的私域逻辑发生根本冲突。在三分法的条件下，我国社会法形成中义的门类法与广义的法域法，与之相反，私法在西方二分法中会形成广义的门类法与中义的法域法。广义的门类法不仅包括私法自治的内容，也包括具有公私混合特点社会性私法。有些私法学者将前一部分称为古典私法，后一部分被称为现代私法。①

（二）单一标准维持私域范围

拉伦茨强调了私法领域的基本特点是平等和自决，似乎选择的是维持私域范围，即"私法自治"。他认为："民法是私法的一部分。私法是整个法律制度中的一个组成部分，它以个人与个人之间的平等和自决（私法自治）为基础，规定个人与个人之间的关系。与私法相对，公法是法律制度中的另外一个部分，它规定国家同其他被赋予公权的团体相互之间、它们同它们的成员之间的关系以及这些团体的组织结构。国家以及被赋予公权的团体（如乡镇及其他公法上的法人）同它们的成员之间的关系，不是一种平等的关系，而是一种隶属关系。在法治国家中，对这种隶属关系有详尽的规定。"（拉伦茨，2003a：3）以平等与隶属这样的私域标准来划分，只能引入单一的方法论上的标准，才可能符合学术逻辑的基本要求。真能以单一标准确定"私法自治"则具有维持私域范围的特点，如果以平等和自决的私域标准来衡量，"私法自治"是一种私人行为不受国家干预的范围，是一个私人领域的概念。公法关系以综合标准"矛"方式进入了私法包罗万象覆盖的范围时，改变"私法自治"现状时，只要符合制定法的标准，私法自治的范围事实上就会限缩。从结果的角度来看，单一标准只可能限缩私域范围。

我们不妨以美浓部达吉补充的标准来讨论，在他看来这些标准是最值得委以"重

① 我国也有很多民法学者主张现代私法的观点，参见本书第二十二章，第882—883页。

任”。美浓部达吉认为个人相互间的法，“第一次”只是个人间的社会的法。债权人和债务人、雇主和受雇人、地主和承租人、家长和家属等，都各自构成一个社会（矶谷幸次郎、美浓部达吉，2006：145f）。私法本来不外是此等社会的法，其对于国家的关系，不过是服从国家的监督和可以请求国家的保护而已，公法与私法似乎必然形成两套规则，“观察现代国家的法时，将其在外观上区别为公法和私法，却是究明国法上所不可缺的要图”（美浓部达吉，2003：22、2）。美浓部其实是以请求权作为划分公法关系与私法关系的依据。[①]然而，在社会法的范围内，伦理法律化后，国家不请自到。雇主和受雇人这一传统上的私法关系常常突破学者划定的范围，集体谈判中的强制仲裁，劳动基准法中的劳动监察，国家都可能突破请求权的限制，对本属于“第二次”的国家法的社会关系，采用直接的“第一次”的国家法，从而导致私法与私域的背离。

（三）综合与单一的标准选择

以综合标准来维持私法范围与以单一标准来限缩私法范围？面对日耳曼法的批评，帕夫洛夫斯基（Pawlowski）认为，应当将私法中决策自由受到约束的那部分内容，从整个私法中分离出来，并用“社会法”（Sozialrecht）这个术语来称呼（梅迪库斯，2000：10）。壮士断腕其实是私法最有利的自救方式。

对于帕夫洛夫斯基的主张，从维护包罗万象私法地位出发，梅迪库斯引用拉伦茨的观点提出两方面的反驳。（1）社会法的概念已经在另外的意义上固定使用，它与《社会法典》的适用范围以及社会法院的管辖范围互相一致。（2）使用帕夫洛夫斯基所称意义上的“社会法”概念，大概就难以确定私法中是否存在一些可以明确界定的部分。因为在包罗万象的私法中，到处存在着对权利滥用行为的监督审查，而要在这种监督审查与帕夫洛夫斯基所称的扩大的、制度化的监督审查之间做出区分，几乎是不可能的（梅迪库斯，2000：10—11）。这两点理由其实都只是强调包罗万象私法在现实生活中已经成为一个既成的法律现实，这种法律现实其实只是强调私法之名。“罗马法在1450年至1550年之间开始蹑手蹑脚地潜入了德国”（拉德布鲁赫，1997：58），现在“历史”已经成为对抗逻辑的挡箭牌。强调“社会法的概念已经在另外的意义上固定使用”，其实是强调官方将社会保障的法典定义为社会法，与我国学者有些类同的是，这也是引入了官方划界的概念。如果说以官方权威替代学术说理本身就缺乏学术大家的风范，第二点的强调才让人看到学术大家的诚实：一旦引入社会法标准，“大概就难以确定私法中是否存在一些可资明确界定的部分”，多少承认了社会法的学术解释力远在私法之上。

（四）标准选择带来的逻辑混乱

自治与管制的混合领域其实是社会法域，关键在于，传统的私法会根据私法自治

---

① 公法为本来的国家法——直接的“第一次”的国家法；私法为本属于其他社会、因国家充当其保护监督之任而为“第二次”的国家法，由此也构成公法与私法两者的区别（美浓部达吉，2003：21）。

的要求来限缩管辖范围吗？如果不愿意，只能采包罗万象的综合标准，对于私法而言，在名与实之间，注定放弃自己的基本价值。一方面强调私法自治的私域价值，另一方面又承认混合领域的现实存在，不愿意为逻辑自洽而限缩范围。拉伦茨的选择代表了大部分民法学家的看法，私法研究必然陷入混乱。

有时民法学者会立足于价值自洽，强调思维逻辑。素以逻辑思维见长的德国民法学家常常难以容忍自身的逻辑混乱，于是他们举出了诸多难以解释的现象。从平等与隶属标准来看，一方面，私法中出现了很多本不应该存在的隶属情况，例如，在私法中也存在着调整隶属关系的规范，如在亲属法中就存在隶属关系，在私法上的公司及社团同它们成员的关系上也存在着这种关系；另一方面，公法中出现了很多本不应该存在的平等情况，虽然乡镇与国家之间是一种隶属关系，而在两个乡镇之间或在德意志联邦共和国的两个州之间，则又存在着平等的关系。面对这种冲突，拉伦茨的回答是：不管这类团体承担着什么样的社会功能，不少团体的内部组织是属于私法领域的，它们以合同的法律形式共同活动，也属私法领域。平等与隶属这样的私域标准在进入混合模式后，自然会变得含糊不清。

有时民法学者会立足于现实自洽，强调历史逻辑。拉伦茨也承认："不过，正确的是，这类团体或利益代表机构参与决定了经济生活和劳动世界各种条件的形成，它们因此承担着相应的责任。这是当代经济秩序和社会的一个基本特征，而且这一特征有不断增强的趋势。①从这一角度来看，区分公法和私法是否能够适当地把握所有的法律关系，这的确是很成问题的。"（拉伦茨，2003a：7）

面对难以避免的混乱，著名的德国民法学者梅迪库斯一边试图为"主体说"这一流行的标准补入"公法是关于受约束决定的法，而私法是关于自由决定的法"，将单一标准转变为综合标准；一边说了一番似乎令人沮丧的话："法界定中的所有困难。在公法与私法之间，并不能用刀子把它们精确无误地切割开，就像我们用刀子把一只苹果切成两半一样。公法与私法在许多方面相互交错一起，其中历史上的原因起着一定的作用。今天，在劳动法中，公法与私法的交错最为明显，劳动法中既有公法的成分，也有私法的成分。经济法也是这样，无论经济法包括哪些具体内容。"（拉伦茨，2003a：7）梅迪库斯在强调历史逻辑时，不得不感叹思维逻辑的混乱。"即使到了今天，我依然认为，任何一种旨在用一种空洞的公式来描述公法与私法之间界限的尝试，都是徒劳无益的。毋宁说，还是应当让历史因素来做出决定。"（梅迪库斯，2000：13）梅迪库斯以历史因素为分立模式进行辩护时显得很无奈，也许归根到底这一曾以逻辑严谨而让无数学子惊叹的体系原本就是"历史的赐予"（美浓部达吉，2003：19）。

二、以融合逻辑整合分立逻辑

拉伦茨指出了帕夫洛夫斯基在界定社会法方面的问题："帕夫洛夫斯基将经济上

① 维亚克尔，2006：546f；施瓦布，1985：78。

重要的社团法算作社会法的一个部分。而什么是‘经济上重要的社团’呢?”(拉伦茨,2003a:7)这显然是一个吹毛求疵的指责,也是帕夫洛夫斯基没有将日耳曼法逻辑贯彻到底的产物,符合逻辑的结论是:任何社会组织内部关系都应是社会法范围,这当然不是当代德国民法学者所能接受的说法。拉伦茨矛盾在于主张平等、隶属作为单一标准的同时,也已经多少引入了日耳曼法的观点。然而,日耳曼法将个人法、社会法的关系建立在相互联系中,一开始就不与“私法自治”相联系,从拉伦茨的学术经历来看,他可能也是受到基尔克影响的。沿着“主体拘束”这一“人格从属性”的理论,必然走向日耳曼法逻辑,这是罗马法学者不可能接受的。

基尔克同一主体既是社会法也是个体法的观点,与公法和私法分立的立场截然不同。在基尔克主张的合体法中,“主体拘束”作为划分个人法与社会法的标准。团体内部组织性关系是从属性关系,属于社会法调整范围。解释了在传统私法调整的范围内为什么会出现了类似公法中“上下关系”这样一种“主体拘束”的关系。在罗马法归为私法的范围内存在着调整隶属关系的社会法规范,如亲属法中的隶属关系、公司及社团同它们成员的关系;乡镇与国家之间更是一种隶属关系,这些内容都是应当作为社会法调整范围来对待的。“主体平等”的个人法范围也很广大,在两个乡镇之间或在德意志联邦共和国的两个州之间,无非是两个社会组织之间的关系,是作为个人法之间的关系来看待的,两者存在平等的关系。可以看到,导致罗马法百思不得其解的问题,在日耳曼法的思维逻辑中其实是简单明了的。

正是看到罗马法学者的逻辑混乱,基尔克希望以个体性、社会性的“诸法合体”模式对“公法私法”分立模式进行改造。“如果该冲突不可消弭,那么我们就必须要全力找出并创造出该冲突的并存之地。”(基尔克,2017:30)基尔克主张在罗马法“公法私法分立”的形式上,注入日耳曼法“诸法合体”的精神,并以后者来整合前者。旧形式承载新内容时,“诸法合体”与“公法私法分立”是否会在新的形式中发生冲突呢?以一种思维逻辑的方式改造历史已经形成的理论框架,从基尔克的论述中,可以看到确实是有风险。我们不妨看一下私法与公法的情形。

先看私法,基尔克认为:“我们还需要一个私法,其中虽然将私人范围不可侵犯视为神圣,但是也存在并活跃着集体的思想。”“法律同时规制并贯穿联合体的内部构造和内部生活。”这里会涉及私法公法化的“诸法合体”。“私法的使命同样扩展到公法范围。私法触及公法团体(die öffentlich-rechtliche Verbandsperson)和国家自身,就此而言其在拒绝国家主权的条件下进入了私法关系领域,特别是进入了财产交易中。”然而,当“诸法合体”的社会法形式进入私法时,事实上就产生出了传统私法与社会性私法两种私法类型。前者是“私人范围不可侵犯”,后者是“集体的思想”“法律同时规制并贯穿联合体的内部构造和内部生活”。这两种私法是否会产生矛盾呢?“显而易见,贯穿我们当代立法的社会性特征已经在众多地方赋予了私法不可磨灭的印记。”当时的《〈德国民法典〉草案》其实已经遭遇了这样的尴尬,从德国当时且一直沿用至今的做法是采用一般法与特别法相结合的处理,“人们认为应当将社会事务授之于特别法,以便通过转嫁任务来毫无负担地打造一个纯粹个人主义的普通私法。”(基尔克，2017:31、65—66、53、33)但是这样的话，集体精神必须彻底渗入私法。基尔克其实是希望以社会私法来改造传统的一般私法。

再看公法，同样的问题是这种公法私法化“诸法合体”与“整体的义务”传统公法义务的关系为何？“当国家将一些机构或法人认定为公共的机构或法人团体，并将它们全部或部分纳入公法中时，也将财团(Stiftung)和所有以私法法人身份行为的职业共同体和协会纳入了私法之中。私法在此处完全摆脱了其个体法的特征，并转入社会法之中。”从这样的表述中，也同样可以看到公法中会区分出国家公法与社会公法。基尔克重点强调的是日耳曼式的社会性公法，他希望建立一个广义的社会性的公法。实际上是要用社会公法改造传统的一般公法。基尔克认为：“我们需要一个公法，一个完完全全的法；整体与部分、最高的普遍性与最紧密的联合、国家与个人之间的相互关系；其彻底地渗透并约束着国家，同样，在抵制暴力之地仍享有司法判决的保护；其虽然将对整体的义务置于首位，但是同时保障并担保着对国家的部分权利和国家的最小利益；这基于共同生活的必要性和稳定性，并接纳了自由。”基尔克提出了一个“基于共同生活的必要性和稳定性”“国家的最小利益”的概念，这是一个“接纳了自由”的公法私法化的“诸法合体”。“公法在其自己的形态中融入了私法元素，以至于从公法组织和机构以及国家自身的公共生活过程和状态中发展出来。”(基尔克，2017:52、31、53)基尔克其实是希望以社会公法来改造传统的一般公法。

在基尔克二分法构想中，传统的私法、公法两元结构，在加入社会法元素后会成为传统私法、社会性私法、社会性公法、传统公法四种类型。与罗马法将私法与公法视为对立关系不同，基尔克强调：“私法和公法恰如一个母亲的孩子，它们虽然履行着自己的使命，但是并非如敌对的兄弟相互争斗，而是最终始终聚集在一起创造共同的事业。”(基尔克，2017:53)但四者之间的冲突其实难以避免，以思维逻辑来调整历史逻辑也决非易事。

三、整合逻辑的理论及当代进路

德国在罗马法框架内最终形成的社会法形态其实与基尔克的设想表面上是有些相似的，可以概括为：一般私法、社会性私法(作为民法特别法的劳动法)、社会性公法(作为公法特别法的社会保障法)、一般公法四种类型。区别在于：是以罗马二分法来吸收日耳曼二分法。当今的争论主要在于一般私法、社会性私法(民法特别法的劳动法)是否需要进一步整合。当年罗马法、日耳曼法的争论在新的历史条件下重新点燃，只是转化为民法与劳动法的相互关系的讨论，并形成现实与理想的两种进路。

(一) 社会性私法作为特别私法

在普通私法与社会性私法并列的情形下，社会性私法作为特别私法。并列是欧洲各国的现状，这是私法不仅调整私域也调整社会法域的理念必然形成的现实基础。民法与劳动法的关系被理解为一般法与特别法的关系，劳动法形式上虽然归属于私法，但其却具有自身的特殊性，劳动法实际上保持着相对独立。私法与特别私法的这种制度安排的本意是希望从传统民法中提炼出私法一般规则来作为劳动法的基础规则，因此民法教义学总是试图告诉人们民法是一种逻辑自洽的完整体系，而劳动法是一个需要民法支撑的残破体系。加米舍格教授（Gamillscheg）认为，劳动法属于私法是不言自明的，但传统民法中的财产法与劳动法，“在法律体系的总体建构上，应当是并立的而不是有隶属性。以此为出发点，发掘出其共性并形成两个领域的总则的道路却是畅通的”①。

德国对于社会法的内容以私法特别法的方式置于民法特别法的体系下，基尔克是持反对意见的。从形式法的角度看，社会法正是为了克服体系上的混乱才提出来的，然而，最终崇尚理性的德国法律体系似乎选择了“两种不同精神控制”的逻辑混乱。这种情形的发生既与对二战反思有关，也与罗马法学派与日耳曼法学派长期争论有关。基尔克并没有看到二战的结果，但当年就给出过严厉的批评：“这是一个严重的错误——一个《〈德国民法典〉草案》所犯的错误。”“因为人们现在具有由两种不同精神控制的体系：仅仅具有‘纯粹’私法的普通民法体系和大量的特别法，其中存有为公法所侵蚀并混杂的私法。此处，是内部运动中充满的有活力的、大众的、具有社会色彩的法；彼处，是无活力的教义中罗马式的、私人性的、僵化的、抽象的陈规。”对于延续至今的一些理解，当年基尔克就持完全否定的态度：“不！一个想要完成自己使命的一般私法，必须具有足够深的地基和足够高的穹顶，以便将所有的特别法纳入其思想架构之中。”在一般法与特别法的关系上，基尔克的主张完全反过来（基尔克，2017：33—34）。

（二）社会性私法作为一般私法

在普通私法与社会性私法并列的情形下，社会性私法作为一般私法。随着社会发展，让人始料不及的是在一般性私法与社会性私法保持通道的做法，让社会性私法有了改造一般性私法的机会。社会性私法事实上成为一般私法，并以极大的力度挤压私法自治的空间。当代民法学者开始以劳动法的名义向平等和自决这一“私法自治”的核心领域发起了攻击。里夏迪（Richardi）教授认为，作为劳动法基本构成要件的依附性本身就是私人自治的合同建构的结果，劳动法对民法而言根本不存在独立性；相反，民法本身缺乏社会化，而社会化是工业时代整个民法的问题，因此，民法应积极吸收社会化思想，完成社会化，在社会化的基础上，劳动法将融入民法中。这种观点希望以社会化的立场，按照劳动法的标准来重新定义“私法自治”，其实是要求民法放弃自己“平等和自决”的最后一块阵地。这种想法甚至比当年的基尔克走得更远：“因为对劳动关系适用私人自治，这就预设了从法律上判断其与民法体系统一性的前提。劳动法相对于民法不是具有自己的规范、自己的原则和自己的解释规则的独立法律领域。”在这一理论中，劳动法和民法的适用关系是“不是民法的适用，而是

① Franz Gamillsheg, Zivilrechtliche Denkformen des Individualarbeitsrecht, ZfA(1986), p.198（转自沈建峰，2017：1513）。

其不适用需要进行论证”①。我国一些学者认为这种思路在立法上的体现大概是《瑞士债务法典》的模式。

尽管德国民法学者基本上都遵循罗马法传统，故意忽视或贬低日耳曼法的实际影响力，但社会发展似乎正沿着基尔克指明的方向在发展。“帕夫洛夫斯基想以三分法来取代传统的两分法。他把（实体）法分为私法、社会法和公法（帕夫洛夫斯基，1987：2f）。他认为，在私法领域，个人在对全体成员都适用的法律的范围内，根据自己的利益判断来决定法律关系的形成。”（拉伦茨，2003a：7）在公法领域，国家或其他依公法组织的团体通过其公务员决定法律关系的形成；公务员必须严格遵循其上司的指示，上司又必须严格遵守法律和宪法。而在“社会法”领域，某些自愿组合而成的团体（如工会、雇主联合会）或通过选举产生的利益代表机构（如企业委员会）也在参与着决定法律关系的形成。如果说帕夫洛夫斯基也只是想将具有团体性特征的劳动关系纳入社会法，事实上，由于整个雇佣关系基本上全部划入劳动法，这种特别私法的劳动法其实比当年三分法主张范围已经有所扩大。

包罗万象的私法与私域脱节最大的特点其实是放弃了传统意义上私法自治。历史逻辑一直是罗马法学者对抗日耳曼法的有力武器，当今的现实似乎是：历史正在放弃罗马法那种简单的二分法划分。私法既调整私域也调整社会法域的现实，使公法可以近乎随意地进入所谓的私法领域，从而将其转变为社会法域。私法自治范围缩小，私法领域正在被社会法域占领，“民法为私法”正在变得徒有其名。公法与私法的结合正在产生独特的法理。例如，传统民法研究的是一时性债的关系，以弱者保护为理念的解雇保护，产生了持续性法律关系。继续性合同正在成为更普遍的合同形式，对传统的合同领域发生影响力。民法理论将其主要精力放在法教义学，例如，通过强制性规范与公法性规范的区别，对于私法自治重新定义。当私法自治可以通过大量强制性规范来实现时，抽象民法转变为具体民法，私法精神已经大大消减，脱离私法精神的民法技术的完善，其实并无实益。一些学者在采用拉伦茨历史上表现出的治学态度时也许会比拉伦茨走得更远。

（三）两种进路背后的理论与思考

从历史的眼光来看，在罗马二分法的框架中，利益说、意思说、主体说、方法说、综合说依次成为过流行观点，一种观点被另一种观点替代恰恰是因为解释力的减弱，其发展变化也还得应验那句“历史因素来作出决定”（梅迪库斯，2000：13）。整体主义思想可在古希腊哲学中找到其源头。作为社会学方法论的整体主义最早可以追溯到社会学的奠基人孔德那里，就是“借助于整体的系统观察各个部分”（科瑟，1990：9）。迪尔凯姆始终坚持社会的实在性和整体性，因而在方法论上坚决反对任何形式的还原论，这种方法论把社会等整体当作分析问题、解决问题的基本单位。由迪尔凯姆开创的整体主义方法论被以后许多社会学理论流派所接受，试图通过对整体进行研究，对

---

① Reinhard Richardi, in: Staudinger-B2-Ab.8 T.8, 2005, § § 611-vorb., p.122（转自沈建峰，2017：1520）。

事物的全貌进行描述(肖倩,2005:57—58)。在不同时代、不同学者那里,社会学整体主义方法论的内涵虽有变化,但仍有共同接受的基本观点:社会整体是不同于个体集合的真实存在,虽然社会不能脱离个体存在,但社会也不能还原为个体(周业勤,2004:110)。

个人主义加上机械论世界观存在着有待克服的片面性,这是罗马二分法理论苍白以及人权理论从生存权向集体权利发展的根本原因。我国以三分法与一统法作为基本的立法体系,是符合我国社会现实的。基尔克描述的那个较为广泛的社会法,在我国被分解在社会法、私法、经济法中,当社会法以保护弱者作为自己的立法目标时,也意味着放弃基尔克那种庞大的社会法,有利于形成自己的逻辑自洽。反观私法,当其将基尔克当年定义为社会法的公司法(团体法的一部分)以及家庭法(传统人法的典型形态)涵盖在自己的范围时,一开始就注定了自己的逻辑混乱,最终也必然是以社会性私法作为一般私法,这也是我国最令人担心的情形。这种整体论也是我国最先选择的一种思维方式。比如,我国古代的儒家思想就以"家国天下"为号召,提出"修身、齐家、治国、平天下"的理念,认为人应该具有"兼济天下"的思想,而不应谋求一己私利。在社会整体性前提预设的基础之上,"单位组织"统治结构本身构成了社会结构的核心部分,我们往往从社会结构、社会制度、社会现象等宏观层面来进行解析。

我国的私法研究应当强调私法自治的私域特点,在罗马二分法理论逻辑视角中加入集体主义的理解,原有理论的解释力固然会加大,但私法与私域的过分脱节会使其丧失自己的价值观。在整体主义方法论那里"社会"成了一个暗箱,虽然整体主义者强调社会的客观性、实在性,但最终导致的结果反而是将社会神秘化了。个人的一切行动只能听命于社会的指令,个人没有任何的主体性和能动性,出现了"过度社会化"的情形,从某种意义上来说,整体主义方法论消解了个体。尽管个人主义地位普遍衰落,但如果我们联系历史的演变,决不应当得出个人主义已经过时的结论,三百多年来,机械论世界观指导着现代科学和工业化的发展,在社会科学的研究中也绝非一无是处,它的成功运用,也推动了历史的进步,也许我们正在从一个极端走向另一个极端。与基尔克理论不同的是,我国第三法域理论本身既强调了独立也强调了对另两个法域的承认和依赖。这正是我国三分法理论的当代意义,社会法从悖论到理论的研究方式也是要对社会暗箱进行分层解析。

第四章

社会法的体系论

如果要用法律语言来表达我们所见证的社会关系和思潮的巨大变革，那么可以说，由于对“社会法”的追求，公法与私法、民法与行政法、契约与法律之间的僵硬区分已越来越趋于动摇；这两类法律逐渐不可分地渗透融合，从而由此产生了一个全新的法律领域，它既不是私法，也不是公法，而是崭新的第三法域：经济法和劳动法。

——古斯塔夫·拉德布鲁赫（Gustav Radbruch）

第一节　社会法体系的概述

法概念本身是与正义、权利共同使用的一个词，随着自然法与实证法的分离，正义与权利分别成为实质法与形式法的核心范畴，社会法体系可以说是诸法合体的典型代表，不仅是实质法与形式法的结合，更体现了公法与私法的融合。一国的社会法体系具有某种抽象性，由根本、根源、根据三个要素组成，只有将现实、历史、理论结合起来，才可能理解法律体系的含义。

一、社会法体系的现实面向

社会法体系的现实面向是回答“根本”的问题。一国的社会法体系具有某种抽象性，德国理论界对社会法的解释主要有三种不同观点：郭明政将德国三种学说形象地分为广义、中义、狭义三类（郭明政，1997），在笔者看来，还应当加上泛义。作为一种现实的法律体系涉及德国与美国，我国有一种表面的观察，狭义社会法是德国学界对于社会法的一般理解；泛义社会法是美国立法状态的一种描述。事实上，“莱茵模式”与“盎格鲁-撒克逊模式”都存在着这四个层次，只是内容以及在整个法体系中的地位并不完全相同。

（一）泛义社会法

作为社会政策法律化的一种表现形式，泛义社会法是社会政策与经济政策高度混合而形成的一种社会法。相对来说，美国学者对社会政策的定义似乎更为宽泛(黄晨熹，2008:166)。历史上，德国社会政策学会是在与主张“自由放任主义”的曼彻斯特学派的论战中诞生的。战后德法受美英的影响，并跟随其进行类似的调整。

社会政策涉及再分配制度，常常是政府或社会力量干预市场分配结果的一个手段，因此它首先是一种经济制度。基于此，各国的不同党派、不同政治力量和利益集团，对于经济社会发展的作用历来就有不同主张，也以一定的经济政治学说为其理论依据，形成一种经济社会的混合制度(刘翠霄，2010:134)。1601年英国颁布的“伊丽莎白济贫法”，被后人追认为是最早的社会政策，其实是一种泛义意义上的社会法。英国的济贫法制度是一项具有综合性功能的社会政策体系。社会救济、惩罚和社会控制构成济贫法制度的主要社会功能，而其中的救济则是其基本社会功能(丁建定，2013:73)。德国历史学派对自由资本主义的批判是保守派中最前后一致的内容，特别是弗里德里西·李斯特(Friedrich List)、瓦格纳(Adolph Wagner, 1835—1917)、施莫勒(Gustav Schmoller)。他们不相信市场中原始的现金交易是对经济效率唯一的或最好的保证，理想中最好的法律是政治和社会外壳保护下以永久的父爱主义，实现专制主义(埃斯平-安德森，2010:15)。德国的社会政策历史建立在一种重商主义传统中，绝对主义国家的官僚合法化将福利目标置于一种中心位置。历史上日本在德国与英国的政策中摇摆，最终选择了德国的政策走向。

20世纪60年代中期，法德受英美的影响，从经济政策上看，以凯恩斯主义为指引，走上了经济政策与社会政策相结合的道路。比较而言，英美国家更重视经济手段，而大陆国家更强调行政干预。蒂特姆斯(Titmuss)提出的福利社会分工(social division of welfare)学说扩展了社会行政只是研究公共福利的狭窄范畴，他把财政福利(税收豁免和优惠)及职业福利(雇主提供的福利)引入社会政策的分析。[①]显然，蒂特姆斯提出的福利社会分工仍然是资源分配问题，不过是把它扩展至包括财政及职业福利而已(王卓祺、雅伦·获加，1998:45)，也是一种泛义意义上的社会法。

(二) 广义社会法

广义社会法是社会福利法律化现象，“社会法往往体现为‘凝结的社会政策’”(乌尔里希·贝克尔，2019:5)，社会福利独立地成为立法目标。各国对广义社会法的理解并不相同，郭明政根据德国学说，将其定义为实现社会政策而制定的法律。这里的广义社会法并非我们所说的社会法域的概念，更多是强调福利国家的概念，主要涉及宪法保护的社会权益概念，如社会保障法、住宅法、环境保护法、教育法、医疗卫生法、安全生产法等保障公民健康权、安全权等社会权利。劳动法、消费者保护法从强调国家干预的角度有时也会被涵盖其中。这里的社会政策已经与经济政策相分离，而成为促进社会福利的一种法律现象，通常也是给付行政涉及的范围。德国与英美等福利国家形成了类似的理念，在社会调整系统中，政策和法是两个重要的、相对独立的

① R. Titmuss, “Social Division of Welfare,” Essays on the Welfare State, London: Allen & Unwin, 1963.

调整机制，广义社会法强调了政策法律化的调整机制。20 世纪 60 年代中期，无论是法德还是英美，都进入了福利国家的时期，走上了同凯恩斯主义相结合的道路。70 年代末 80 年代初，随着西方国家“滞胀”困境的出现，英美与法德都出现了趋向市场灵活机制的调整要求，古典自由主义的传统使英美的调整任务虽然艰巨，但终能较为彻底地完成；德国则很难进行彻底地调整，法国更是出现了逆向发展的情形，正是没有顺应市场内在要求及时调整，带来了 21 世纪的困难。如果说法德更强调国家帮助，英美则更强调自我负责，研究西方广义社会法往往更多关注社会政策导向，法德与英美常常会出现差异。

（三）中义社会法

郭明政根据德国学说，将这类立法定位于公法与私法之外的第三法域。这种概括并不十分准确，法域是一个学理概念，从实证法的角度来看，称为门类法也许更为准确，只能说是以社会法域为原理建立起来的法律门类，比较起来门类法与法域的概念最为接近。法律体系之下存在公法、私法、社会法的划分，公法因素与私法因素发生一定程度的融合，涉及相互联系和相互作用构成社会调整系统。由于英美不存在公法、私法的划分，不存在社会法域的理论概念，但英美学者仍会区别政治、经济、社会，并以这种分类为依据来研究第三领域。两者都涉及了某种“社会调整”机制，即指一个社会（国家）通过特定的规范和措施把每个社会成员的行为纳入一定的范围、目的和秩序之中，使社会得以有组织、有秩序地运行（范愉，1988：105）。社会法域与社会领域这两个概念存在着区别，每个社会都有与其经济基础和政治制度相适应的社会调整措施，两个概念体现出这种社会调整措施重点不同。在社会与法的关系中，英美国家则更强调社会，德法国家更强调法，日本主要受魏玛政权的影响。就成文法国家而言，它们强调法域，更多强调了制定法的调整作用；就判例法国家而言，它们强调领域，更多强调社会互动。如果说法德更强调建构秩序，英美更强调自发秩序，研究中义社会法的概念，重点在于理解社会调整机制，尤其是社会政策与法关系。二战之后，日本的法律现代化深受美国法律制度的影响，但并未改变日本作为大陆法系国家的特点，日本虽然受到了美国的影响，却在德国放弃魏玛社会法提法时，采纳社会法提法，并制定了相关规定。

（四）狭义社会法

郭明政根据德国学说，将社会法等同于社会安全法。对于社会调整机制而言，每一种措施往往构成一种相对独立的机制或子系统，从部门法的角度出发，各个国家放置在以“社会法”命名的部门法的内容不同，德国置于核心地位的是社会保障法；美国置于核心地位的是社会团体。德国社会法旨在“令人在与他人的共同生活中仍保有自由”（乌尔里希·贝克尔，2019：5）。通过社会保障提供的社会安全，来使个人在个别劳动关系中获得自由度。美国更希望通过社会团体发展出团体社会，通过社会团体的平衡来加强这种自由度。如果说法德更强调行政给付，英美则更强调团体运作，研究狭义社会法，其意义在于明确各个部门法在法律体系中的地位，有时也会强调部门法命名，以明确各国将“社会政策法律化”关键部门法定位在哪里。

世界各国一般都存在为实现社会政策而制定的社会法，不仅如此，很多国家的社会法都是以狭义法部门、中义法门类与广义法群这样的结构形式存在，区别只在于将前者或后者哪一个命名为“社会法”。富勒所言可以成为很好的警醒：“严密的法律思想既不排斥创造性，也不要求专业的术语表达，更不会让道德成为与法律无关的独立变数或事后的思考。”（萨伯，2009：13）对于一国的法律体系而言，了解其背后的历史与思维逻辑才更为重要。

二、社会法体系的历史面向

社会法体系的历史面向是回答“根源”的问题。人们必须考虑不同福利国家政策背后的历史基础、政治行动者的差异性、政策过程的变化以及各国模式对不同国家的不同影响。[①]哈耶克强调了法国式思维与英国式思维的区别。如果以这样的分类方式，两种类型在根源性思维上有明显的区别，“莱茵模式”与“盎格鲁-撒克逊模式”对于社会法的接受方式也会不同。

（一）以德国为典型代表的“莱茵模式”

以德国为典型代表的“莱茵模式”主要在欧洲大陆国家运作，“‘莱茵模式’遍布莱茵河谷的所有国家，从奥地利到荷兰，包括今日属于欧元区的大陆欧洲所有的国家”（米歇尔·阿尔贝尔，1999：“中译本序言”2）。该模式是经济自由主义、民主社会主义等多种经济社会理论和政策主张的综合体，强调建立一种以市场经济为基础的经济社会秩序，认为需要强大的国家来维护竞争秩序（吕薇洲，2005：101）。

霍布斯-黑格尔范式即国家优位的理论范型，它的重要特点是在承认国家与社会分离的前提下，认为国家高于市民社会，国家具有至高无上的权威和神圣性，而个人和社会只是国家的工具和附庸，其最集中的表现为黑格尔的市民社会理论（刘旺洪，2002：17）。如果说从古希腊、古罗马到中世纪再到近代启蒙思想家，市民社会就是指政治国家或政治社会的话，那么黑格尔的市民社会理论则彻底终结了这种传统观念。黑格尔第一次把市民社会与政治国家明确区分开来，开启了市民社会理论的近代转向。市民社会由三个环节构成：（1）通过个人的劳动以及通过其他一切人的劳动与需要的满足，使需要得到中介，个人得到满足，即需要的体系；（2）包含在上列体系中的自由这一普遍物现实性，即通过司法对所有权的保护；（3）通过警察和同业公会，来预防遗留在上列两体系中的偶然性，并把特殊利益作为共同利益予以关怀。在黑格尔看来，市民社会和政治国家均属于伦理哲学的范畴，市民社会处在家庭（自然社会）和

---

① Kasza, G.J., “The Illusion of Welfare Regimes,” *Journal of Social Policy*, 2002(31):2（转自熊跃根，2007:49）。

政治国家(政治社会)之间差别的阶段,它是各个成员作为独立的单个人的联合。"这种联合是通过成员的需要,通过保障人身和财产的法律制度,和通过维护他们特殊利益与公共利益的外部秩序而建立起来的。"(黑格尔,1961:203、174)

"莱茵模式"与"法团主义"思想有着某种联系,两次世界大战时期,法团主义的概念曾经长期与法西斯政权联系在一起(刘为民,2005:5)。二战后"莱茵模式"的发展也大致经历了三个阶段:从二战后形成到20世纪60年代中期是第一阶段,其特征是自由主义思潮在秩序政策中占据主导地位;从20世纪60年代中期到80年代初是第二阶段,其特点是走上了同凯恩斯主义相结合的道路;20世纪80年代之后,受经济自由主义浪潮的影响,"莱茵模式"也开始推行"多一点市场、少一点国家"的经济政策,并由此进入了由政府全面干预转向减少干预和放松管制的第三阶段。从自由主义思潮占主导地位,到凯恩斯主义的制度化和普遍化,再到新自由主义的回潮,"莱茵模式"的经济社会政策处于不断变动之中,但其"既严格遵守市场经济自由竞争的原则,又注重从社会政策的角度对经济加以指导"的指导思想并没有改变,与之相应,其基本框架和特征也保持了下来:在坚持自由竞争原则的前提下,注重保障和维护社会的公正和平等;实行国家有限调控和干预,认为只有借助于国家力量才能确立良性的竞争秩序(吕薇洲,2005:101)。

(二)以英、美为典型代表的"盎格鲁-撒克逊模式"

以英、美为典型代表的"盎格鲁-撒克逊模式"建立在主张"自由放任"的古典经济学理论基础之上,认为不受政府干预的自由市场经济能够自动实现经济均衡,要求经济自由发展,因此,该模式又被称为"市场导向资本主义"或"自由资本主义模式"(柯茨,2001:12—13)。

社会权利的观念可以追溯到英国的伊丽莎白女王时代,在以后发展起来的观念中不认为国家救济国民是纯慈善行为,在一定意义上,这被看作社会权利观念的萌芽。后来,托马斯·霍布斯依据自然权利是自然法得以成立的决定性前提的思想,完成了由自然法理论向自然权利理论的转型,把社会权利观念又向前推进了一步。在《独立宣言》中,杰斐逊把追求幸福的权利当作人的基本权利,推动了传统的社会权利观念向现代的社会权利观念的转变(王春福,2010:91)。

自18世纪末至20世纪30年代,古典自由主义基本上一直都是西方资本主义国家主流的政治经济学思想,代表人物有贝尔纳德·孟德维尔、亚当·斯密、让·巴蒂斯特·萨伊、威廉·冯·洪堡等。古典自由主义一方面强调市场在资源配置上的绝对作用,并且认为市场在"经济人"的参与过程中可以自发形成一套秩序,对分工与交换、供给与需求进行合理的安排;另一方面反对国家过多地扼杀私人动机,主张国家的作用应当是有限的。与古典自由主义相伴的还有功利主义,代表人物是边沁与约翰·斯图尔特·密尔。功利主义主张"最大多数人的最大幸福就是判断是非的标准"。在功利主义者看来,只要提高了福利总量,即使出现社会和经济不平等,也是可以容忍的。正如约翰·罗尔斯所说,功利主义有可能以总体福利为借口,牺牲掉某些人的基本利益，或者证明对某些自由和机会平等的限制是正当的(罗尔斯，1988)。

自18世纪首先在英国形成以来，“盎格鲁-撒克逊模式”经历了三大阶段的发展：20世纪30年代之前为第一阶段，其特点是单纯依赖自由竞争的市场机制。以“罗斯福新政”(1933年)和凯恩斯《就业、利息和货币通论》(1936年)的出版为标志，该模式进入了第二阶段，即有计划、有调节的市场经济发展阶段，欧洲福利国家相关的制度法规建设发展至鼎盛(吕薇洲，2005：101)。1973年的石油危机，随着西方国家“滞胀”困境的出现，凯恩斯主义-贝弗里奇模式和福利国家的现实遇到前所未有的信任危机和经济危机，反对国家干预的自由主义思潮又重新抬头。1979年英国撒切尔夫人上台和1981年美国里根当选，新保守主义经济和社会政策取而代之，英国首相撒切尔夫人和美国总统里根在经济政策领域，共同发起了一场新保守主义革命，即国家最小化革命，该模式由此进入了第三阶段，其标志是“新美国模式”的兴起和迅速扩张，主要发达国家掀起了福利改革和削减福利项目的浪潮。90年代，“第三条道路”应运而生并开始受到青睐(郑秉文，2005：10)。

纵观“盎格鲁-撒克逊模式”的发展，可以看到：在不同历史阶段、不同历史背景和历史环境下，该模式为克服资本主义面对的各种危机，进行了不断的调整和革新。即便是最新发展阶段的“新美国模式”形成后，该模式又发生了许多变化，“盎格鲁-撒克逊资本主义今天与20年前相比，已经有很大的不同”①。但不论如何发展，其基本框架和特征保持了不变：即资源配置和经济活动主要靠市场机制自动调节，强调个人主义，注重自由创新(吕薇洲，2005：101)。

(三) 以日本为典型代表的“国家和家长中心主义模式”

“日本模式”又称“政府导向资本主义”，亦有人称之为“亚洲资本主义”或“开发政府”(柯茨，2001：13)，儒家文化起着重要作用。日本模式体现了东方文化的特点，宗教领域中长期存在着佛学、儒教、神道教、基督教等思想并存的局面，其中以佛教和儒教的影响力最大。“日本是将儒家思想运用到经济领域的典范。”(多尔，2002：176)它将儒家文化的“忠”“孝”思想同日本的“家”文化相结合，体现出“日本模式”深刻的东方文化底蕴，即国家和家长中心主义，强调权威主义和等级意识，具有集团主义民族文化传统和共同体意识，这是“政府导向型”市场经济以及“官产复合体”管理方式存在的依据。在劳动管理方面，“年功序列制”“终身雇佣制”等企业制度被日本社会广泛认可。

“日本模式”的形成和发展经历了三个发展阶段：(1)从二战结束到20世纪50年代中期，是日本从统制经济向政府主导型市场经济的过渡阶段；(2)20世纪50年代中期到90年代初是其迅速发展时期，日本模式的诸多特征在这一阶段得以形成和发展，并促成了日本经济奇迹的诞生；(3)从20世纪90年代至今，在不断的声讨和改革

---

① Dore，R.P.，“Will Global Capitalism be Anglo-Saxon Capitalism?” *Asian Business & Management*，2002，pp.8—16.

呼声中,“日本模式”开始沿着“缓和规制”、限制政府主导经济的思路进行改革。作为东方国家,“日本模式”显示出不同于西方发达资本主义国家的一些重要特征,即强调政府的“主导”或“导向”作用,实行家族式的企业集团制以及劳资协调(吕薇洲,2005:102)。

艾斯平-安德森在其名著《福利资本主义的三个世界》中将西方世界福利制度分为盎格鲁-撒克逊模式、欧洲大陆传统模式和“社会民主”模式三种不同制度模式,并运用劳动力和福利项目的“非商品化”作为分析工具分别对这三种模式中的合作主义因素进行考察,根据其多寡程度又将福利制度划分为“合作主义”与“极端国家主义”运行机制完全不同的两种类型。美国学者 G.J.卡扎对“福利范式”的概念进行了批评,他指出在比较不同福利国家的政策时,研究者很难从这些国家的不同政策背景与实践中推断出内在的一致性,从而来验证“福利范式”的概念(熊跃根,2007:49)。然而,不可否认的是,法律制度的产生和发展离不开与之相适应的各种客观条件,这些条件涉及方方面面的内容。在孟德斯鸠看来,法的精神是由自然的、文化的和政治的因素结合而成,包括“气候、宗教、法律、政府的准则、先例、风俗、习惯”(费伦德,1990:44),其中任何一个因素的改变都会给法律制度带来影响。

三、社会法体系的理论面向

社会法体系的理论面向是回答“根据”的问题。“法”一词在西方法学上用法甚多,黑格尔将形式法称为实定法,因为在他看来,自然法或哲学上的法也是实际存在的,只不过是它未经国家确认因而未能以确定的形式展现在人们的面前罢了。他认为自然法和实定法,分别属于法的两个方面,自然法属于法的概念,实定法属于法的存在。法的理念就是它们的统一(严存生,1993:80)。随着福利国家的产生,在一些对近代法进行批评的学者那里,社会法被视为法的一种理想状态。社会法所体现的现代法的特征,最初被认为是一种体现价值理性的实质法,与近代法发展中所出现的工具理性的形式法相区别,甚至于相对立。因此,也有人认为社会法是一种体现伦理要求的新型的自然法。事实上,从实证法的角度关注社会法的制度,社会法作为一种改良措施,也是制定法作用于福利社会后的一种状态,可以说是一种形式法。所谓的三分法无非是休谟的铡刀之外,为实质法与形式法留出一块博弈的空间。

在德国参与社会法理论建设的主要是两种学术力量:一是马克思对私有财产的权利批判,构成了社会主义的思想。具有强烈社会主义思想的社会民主党人,如辛茨海默、拉德布鲁赫、黑勒,他们对体现资本主义特点的私法持批评的态度。正如拉德布鲁赫所强调的“只有社会主义才在他们与私有财产权,总而言之是与私法进行斗争时,赋予私法学以私法原则为基础的意义”(拉德布鲁赫,1997:56—57)。他们从社会主义的观念出发,构建社会法的体系。二是强调团体主义的日耳曼学者,如基尔克,他们对罗马法持批评的态度,强调“根源性”的问题。从现实问题入手,这两股力量的联合绝非偶然。一方面,马克思从根本性问题出发涉及根源性问题。罗马社会也被后人冠以古代资本主义社会的称号,马克思认为:“罗马人最先制定了私有财产的权利、抽象权利、私人权利、抽象人格的权利。”①另一方面，基尔克从根源性问题出发涉及根本性问题。在批评“反社会的构想”的《〈德国民法典〉第一草案》时所指出的“无疑，未被平息的危险以可怕的方式潜伏在我们的社会中”(基尔克，2017：29)。从两种不同的学术背景出发都对于市场经济发展中的个人主义过度膨胀的现实进行了批评并付诸实际行动，是要解决社会的具体问题。社会法的理论是在解决现实激烈冲突的社会问题中形成的。

19 世纪末在欧洲普遍出现的社会运动和社会变革，使得“社会主义”成为一种联结政治参与和社会科学的价值理念，它并非今天意义上的阶级取向和意识形态导向，更多强调的是人与人关系属性中的团结性和相互性，进而为后来的社会干预(社会立法与社会服务) 提供了智识指引(熊跃根，2020：106)。作为实质法，古老的社会法通过日耳曼法而得到重新定义。基尔克创立的社会法是在马克思和施坦因开创了社会法学的基础上加入日耳曼法的历史因素而形成的。基尔克并不回避其观点建立在社会主义法的基础上：“对此可晦涩地表述为：在我们的公法中务必要飘荡着自然法自由王国的空气，而我们的私法也必须浸透着社会主义的膏油!”(基尔克，2017：31)

赫尔曼·黑勒的公法学思想被称为需要“实质性内容”的公法学思想(李哲罕，2016：177)。“社会法治国”思想的提出与黑勒既是一个社会主义者，又是一个德国公法学者的身份有关。从社会主义学说来看，理解黑勒的“社会法治国”思想应当了解他所处的历史时代的特点。黑勒的理论与魏玛时期所推行的社会政策有关。黑勒将“社会法”概念与“社会国”的概念相联系，发展出“社会法治国”的渐进性理论。针对自由法治国对于人民所享有的权利在法律上一律平等，但立法者却忽视社会现实中实力的差距，以致形成经济上的强者享有权利时因具有优势的社会资源而造成经济上的弱势群体的竞争力更为弱化的状况，透过社会法治国的实行来赋予立法者照顾弱者的义务，使其获得与经济上强者类似的公平竞争机会，进而达至真正自由与实质平等(杨展嘉，2007：69—70)。黑勒认为，国家是一个由个别意志的多样性而形成统一性的客观过程，这个统一性形成的客观过程受到社会上既存的各项文化或物质条件的限制，即“我们暂且可以这样界定国家，它是一个通过社会整体的心理-物质方面的显示经历所保障的‘有机的统一体’”(黑勒，2010：44)。这种国家观深深植根于历史悠久的路德教观念，这种观念要求人们对诸侯效忠的同时，同样要求诸侯照顾其臣民的福利。

20 世纪以来，福利国家在发展过程中本身遇到了很多问题。用法哲学意义的法社会学来研究作为部门法学的社会法学成为最重要的方式。法社会学比社会法学更具有反形式主义(anti-formalism)的法律观，在他们看来，法并不只是一套孤立的纯粹形式规则体系(胡平仁，2007：237)，强调法律的多元主义；在对社会利益的研究中，庞德认为社会利益高于个人利益，强调法律是一种“社会功能”或“社会控制”，是协调利益冲突的手段。罗尔斯正义理论中对社会制度正义的强调，替代性纠纷解决方式

① 《马克思恩格斯全集》第 1 卷，人民出版社 1956 年版，第 382 页。

的青睐，对劳动者、消费者等弱势群体保护问题的关注等促使第三部门研究有了长足的发展。可见，当一种理论在演变为法律体系及制度安排时，不仅要关注这种理论内在优势及缺陷，更应当研究这种思维进路背后的历史逻辑。

第二节　德法的社会法

法律社会化形成泛义社会法；社会福利的法律化形成广义社会法，社会政策逐步深入并定型于社会国的概念；中义社会法将社会法定位于公法与私法之外的第三法域，在德国、法国，这是由一群社会民主党的理论家根据魏玛共和国的法律规定与社会现实进行的理论阐述；狭义社会法等同于社会安全法，二战后德国学者常常是从《社会法典》的规定来定义德国社会法。由社会民主党理论家提出的“第三法域”与“社会国”两个概念背后多少折射出马克思社会法理论在德国学术界的实际状况。

一、德法的泛义社会法——法律社会化

社会政策（social policies）在法律化过程中首先推动了原有法律的社会化，从而形成泛义社会法。历史学派是19世纪中期在德国出现，反对英国古典经济学的经济学说，并推动社会政策理论的形成。这种以国家给付为形式的社会法可以说是社会政策法律化雏形，并在社会政策学会强调“一切政策应使其社会政策化”主张中逐步定型。

（一）社会政策概念的提出

19世纪末，统一后的德国在加快工业化、城市化进程的同时，也出现了劳工问题（尼古拉斯·巴尔，2003：16），法律开始出现社会化的情形。至少早在1810年的一份文献索引“关于战争负担与战争损害”中就曾出现过“社会法”的提法。在这份索引中引有一部于1800年末署名发表的作品，作者写道：“所有向国家之整体或国家之部分所要求的，而国家之整体或国家之部分必须给付的那些东西，都必须由所有人共同给付。”作为对此的补充，作者还称该原则系“来自一般性的社会法”。[①]法律社会化最初的含义是在实现法律原有目标时，一般性的社会化要求。

在德语文献里，“社会政治或社会政策”（Sozialpolitik）这一术语最早出现在一位慕尼黑的名为威勒姆·海因里希·里尔（Wilhelm Heinrich Riel，1823—1897）教授

---

① Karl Wilhelm Friedrich Grattenauer，Repertorium aller der Kriegslasten，Kriegsschäden und Kriegseinquartierungen betreffenden neueren Gesetze und Verordnungen，Band. 1，1810，p.24（转自乌尔里希·贝克尔，2019：6）。

撰写的《人民的自然史作为德国社会政策的基础》一书中。里尔认为,社会联系的松散比经济剥削更成为社会分裂和重建的核心问题,因此,他认为社会政策应和社会的总体性(或整体性)联系在一起,换句话说,里尔认为一个社会最重要的不是成员的经济状况,而是成员之间的相互联系尤其是社会团结的基础是否牢靠。因此,社会政策被理解为可以作为一种立法实践在人民与行政管理之间建立桥梁。从里尔的论述中我们看出,在 19 世纪那个工业革命发展迅速的时代,包括德法在内的欧洲大陆国家,急剧的社会转型和经济变革导致社会分化,动摇社会基础。社会政策或社会立法成为调和阶级利益和矛盾,促进社会整合的重要措施(熊跃根,2020:104)。

我国学者一般认为,德国比较系统提出社会政策概念的是 19 世纪德国社会政策学会(Verein für Sozial politik)。1872 年,讲坛社会主义者建立起来的"社会政策协会"(the Verein für Sozial politik),它的核心成员是大学教授,是一个除了社会民主工党以外的所有政党都有成员参加的社团组织。作为德国社会政策协会的发起者和核心领袖,施莫勒、瓦格纳和布伦塔诺的观点代表了早期德国学者对社会政策的基本阐述。在德国社会政策协会创立者、国家社会主义者瓦格纳看来,社会政策是指国家采取的政策,旨在分配过程中通过立法和行政措施改善受损害的社会关系,他极力主张实行一种"国家社会主义"(韦建平、孙来斌,1999:47)。瓦格纳在其发表的文章中第一个对社会政策作出了"社会政策是依立法和行政的手段,以排除分配过程中的弊害的国家政策"定义。瓦格纳的定义有其特殊的含义:"现在国家的主要目的,在变更财富的国民分配,而使劳动阶级获受利益。一切政策应使其社会政策化,国家当保护劳动者。"(曾繁正等,1998:165—166、202)德国社会政策协会对德国社会政策学科与实践的发展产生了深刻的影响。瓦格纳笔下的社会政策概念充满了早期政治经济学的功利主义色彩,这和他作为历史学派代表人物之一的角色一脉相承。

就社会政策体现的政治经济学而言,涉及历史上对于重商学派的认识。正如学者指出的那样,同英国不同,德国、法国的社会政策历史是建立在一种重商主义传统中,绝对主义国家的官僚合法化并将福利目标置于一种中心位置,其理念是要为大众谋利益但并不由大众来决定(熊跃根,2020:106)。经济学上所称的重商主义,是指一些松散地结合起来的理论体系。这些理论体系从 15 世纪直到 19 世纪初流行于西欧各国,而与西欧资本主义的原始积累阶段大体相符。安徒安·德·孟克列钦(Antoine de Montchrestien, 1575—1622)是 17 世纪初法国重商主义的代表。他在法国第一次提出了《政治经济学》,是想以此来说明他所论述的是涉及整个国家的经济问题。他认为政府的主要任务就是使国家获得荣誉和不断地致富,因此政府应该执行有利于法国商人的政策并提出了各种建议。这种政治经济学有强烈的功利主义色彩,将社会目标归纳为一个公式:"最大多数人的最大幸福。"这就将政策的制定以及政策的效用都导向了一种结果主义。瓦格纳把社会政策看作与财政政策、租税政策平行的公共政策。与今天的社会政策概念相比,他的概念更多强调国家对社会的控制,而不是公民福利的提升(黄晨熹,2008:164)。

就社会政策体现的历史学派观点而言，涉及德国历史上传统国家的认识。历史学派是19世纪中期德国出现的反英国古典经济学的经济学说，新历史学派主张社会改良，形成于19世纪70年代并开始在德国取得了主流经济学的地位，并对19世纪后期德国的“特殊发展道路”发挥了重要的影响(胡明，2008:48)。该学派特别强调两点，一是强调道德和法律因素对社会经济的影响，当时社会广泛存在的劳资矛盾、工资问题等都是伦理道德问题，通过教育改变个人的伦理、道德观念就可以解决。二是强调国家的作用，认为国家是至高无上的，可以直接干预经济，同时对“文明与福利”负有不可推卸的责任。一个指令性的国家会比混乱的市场更善于综合国家、社会和个人的长处(埃斯平-安德森，2010:15)。新历史学派是第一个系统阐述社会保障思想的经济学派，德国最初建立社会保障制度的目的是为了缓和阶级矛盾，调节劳资关系，受新历史学派的影响，其政策中极力主张劳资合作，带有明显的政治色彩(刘志英，2006:129)。

(二) 法律社会化的举措

德国国会于1884年通过工伤保险法案、1889年通过老年和残疾社会保险法，首开社会保险之先河。德国在俾斯麦统治时期及其之后都在经济发展与社会政策发展方面形成了自己的特色。保守政治经济学的出现是针对法国革命和巴黎公社的，在当时是一种民族主义和反对革命的措施，国家本位保守主义认为社会权可以解决“社会问题”。当俾斯麦(Bismarck, 1815—1898)与冯·塔弗率先推出现代社会保险时，他们事实上是追随了法国拿破仑三世。俾斯麦想要更进一步，甚至考虑将就业权(也可以称之为就业义务)变成他更为宏大的以工为兵(Sodaten der Arbeit)理想的重要成分，工人在经济中所扮演的角色与士兵在军队中的角色一样。这个政策还反对妇女就业，同时强迫性地要求工人加入罗伯特·莱(Robert Ley)的高度法团主义的“劳工阵线”。[①]在保守主义的社会政策中，责任与权利之间的界限常常是模糊的。以后，20世纪30年代，通过工作征召，纳粹真的开始实施俾斯麦将工人军事化的古老观念。

新历史学派为德国俾斯麦首相创建社会保险制度建立了理论基石，他们对社会政策发展的最大贡献不在于提出社会政策概念，而在于他们提出的国家干预经济和社会生活的主张。社会保障制度从思想渊源上看，除了受到了诸如施莫勒和瓦格纳这样的保守学者的影响，也受到天主教教诲，如被克特乐(Ketteler)主教的言论所引导。在为统治者提供的福利中融合了“君主社会主义”(monarchical socialism)的原则以及父权式专制模式的义务，与法团主义一样，其最终的动机是社会整合、维护权威，对抗社会主义并同样强烈地反对个人主义与自由主义，但客观上三大社会保险法

---

① Rimlinger, G., “Social Policy under German Fascism”, in G. Esping-Andersen, M. Rein, and L. Rainwater (eds), *Stagnation and Renewal: The Rise and Fall of Policy Regimes*, Armonk, NY: M. E. Sharpe, 1987.

的实施奠定了德国社会保险制度的基础。它也是我们今天所认定的现代福利国家的一块基石(埃斯平-安德森,2010:55)。随着俾斯麦在德国引入社会保险,社会安全客观成了一项范围越来越广的国家任务,由此成就了一个新的纪元。20 世纪 80 年代以来,社会政策这一概念则受英美国家的影响,开始摆脱反市场化的特点,社会保险成为其他资本主义国家效仿的对象,社会政策也借用了市场化的语言表示一种与时俱进的新观念,开始具有现代的意义。

二、德法的广义社会法——社会福利法律化

社会福利(social welfare)的法律化形成广义社会法,在德国这一概念的发展与社会国概念的提出与实施密切相关。社会国是国家和社会通过各种福利事业、福利设施、福利服务为社会成员提供基本生活保障,并使其基本生活状况不断得到改善的社会政策和制度的总称。强调普遍性社会福利是一种面向全民的社会政策,旨在提升全民的福利水平。[①]广义社会法将社会法定义为实现社会政策而制定的法律,包括劳动法、教育法、消费者保护法和住宅法等。[②]欧洲意义上的福利国家在历史上是一个跨国现象,可以一直追溯到 19 世纪,当时它的主要功能是对资本主义工业化、城市化和人口冲击等问题做出一个回应。

(一) 社会国概念的提出

社会国,源于德语"social state"。1789 年《法国人权宣言》第 16 条声称:"凡是既没有提供权利保障,又没有确立权力分立的社会都没有宪法。"德国康德哲学思想中很重要的一点就是对人以及人权的尊重,《魏玛宪法》整个篇章结构基本上遵守了这个原则。德国"社会国"思想有着深厚的渊源和重要的地位,这与德国特殊的历史文化条件密切相关,作为实质法与形式法相结合的概念,社会法在德国的运用,与魏玛共和国演变密切相关。《魏玛宪法》颁布于 1919 年 8 月 11 日,总体规定体现了法治国理念,法治国理念的核心乃是分权和权利保障,在第二篇的一些章节中也含有社会国的雏形。社会国理念的兴衰也决定了社会法的范围变化。

在德国学说史上"社会国"一词的正式使用出自魏玛共和国时期的著名国家法学者黑勒。他于 1930 年在《法治国或独裁》(*Rechtssaat oder Diktatur*)中指出:"唯有持续发展自由法治国家成为社会法治国家,否则依然难逃独裁的命运。"(龙晟,2010:50)黑勒是犹太裔德国国家法学者,是魏玛时期德国公法学论争的主角之一。1920 年追随拉德布鲁赫加入社会民主党,并投身社会主义事业。黑勒坚信"生产关系不断

---

① 关于"普惠型福利"的详细解释,参见 Pratt, Alan, "Universalism or Selectivism? The Provision of Services in the Modern Welfare State," in Michael Lavalette & Alan Pratt(ed.), *Social Policy: A Conceptual and Theoretical Introduction*, London: Sage Publications, 2001(转自李迎生,2012:51)。

② Zacher, Einfürung in das Sozialrecht der Bundesrepublik Deutshland, Heidel berg: Muller, 1983, pp.9, 14(转自竺效,2004b:61)。

进步必然导向社会主义”,“资本主义社会秩序也必然被社会主义取代”(黑勒,2010:51)。但他对社会主义具有自己独到的见解。“社会法治国”思想的提出与黑勒既是一个社会主义者也是一个德国公法学者的身份有关。

政治是自觉按照目标进行的社会塑造,社会作为互动着的个人的总和,只有当这些个人结成统一体或者联合体时,才能谈得上对社会的塑造。从传统的社会政策概念,到社会国意义下的社会政策,指导思想有了根本性的转变,二战以后德国“社会国家”发展问题成为至关重要的问题。德国的“社会国家”(Sozialstaat)经常被直译为“社会福利国家”(连玉如,2009:22)。如果说历史上国家主义思想代表了德国中上层的利益,更突出地强调了国家对社会的控制和改造能力,那么代表社会中下层利益的社会民主主义思想,则更突出地强调了国家对社会的责任,特别是对弱势群体的救助之职。从泛义社会法到广义社会法,罗马法的公法、私法分类的观念主要受到了两个方面的冲击:公法与给付的概念相结合,产生出社会给付法;私法与强制的概念相结合,产生出强制性契约。罗马法将私人利益与国家利益的法分别称为私法、公法,其利益说标准也因此受到挑战。

(二) 社会给付改变了传统的公法理念

社会政策法律化使公法与给付的概念相结合,产生出社会给付法。社会给付是国家负责的金钱或实物给付,其服务于社会性目的。社会法是应使依附于共同体的人过上自由与幸福的生活成为可能的法。社会法应使人们可以在一种更加强调同理心的社会政策环境下,“在自由中获致家的感受”。[①]德国社会给付体系从制度上可分为四类。从宪法角度观察,这些社会给付应力求使自由与平等达致某种平衡,社会给付的提供指向社会国的目标,并且必须注意基本权。这一体系通过一种建立在去中心化的互助协会之上的社团结构得以发展。社会医疗保险、一些社会服务以及很多收入保障体系都是通过独立的基金系统来管理的。

1919年的《魏玛宪法》是社会(国)理念实证化之开端,也是在资本主义国家进行社会化之先驱。魏玛宪法中的社会国理念主要集中在“经济生活”这一章。社会国原则作为最高层次的法律原则即宪法基本原则之一,是需要法律制度进一步具体化的“一般法律思想”(拉伦茨,2003b:348)。社会国原则所要求的内容主要包括社会保险制度、社会救助、社会补偿制度、劳动法、给付行政、促进劳工福利的诱因规定、劳工教育及进修的权益保障、经由其他法规对社会经济弱者的优惠与特殊保障、国家对经济发展与稳定的责任、计划行政的措施、环境保护等(陈慈阳,2005:255—257)。私法中某些社会法规范以及公法中的一些社会法规范,也可在广泛的意义上被称为社会法,这种干预会使社会政策法律化产生出多样的形式,成为广义社会法新的存在形式。社会福利是与工资挂钩的,那些没有工资的人受到的保障也更少,社会福利的公

① Wilfrid Schreiber, Sozialpolitik in der Sozialen Marktwirtschaft, in: ders.(Hrsg.), Sozialpolitische Perspektiven, Wirtschaftsverl. Bachem, Köln, 1972, pp.23, 34.

共开支应该与经济发展的需要一致。在德国有人称社会法是调整对收入(如工资)、个人待遇不足或其他特殊负担及损失进行平衡的社会支出以及与之相关的预防和改正措施的法律规范。它还应包括对“社会弱者”提供机会(如培训促进、住房补贴及职业介绍)的有关法律以及有关社会救济的基本保障法律。有学者认为,社会法正是通过教育促进以及职业教育来规范少年儿童扶助的个别次领域(乌尔里希·贝克尔,2019:10)。社会法被理解为消除社会不公平和不平等待遇的法律。

(三)强制契约改变了传统的私法理念

社会政策法律化使私法与强制的概念相结合,产生出强制性契约。19世纪末,德国走上了工业化的道路并开始崛起,但在当时并未形成有效的社会责任机制。容克地主对工人阶级的剥削是十分残酷的,所以劳资矛盾十分尖锐,工人阶级的反抗日趋激烈。于是,工人阶级在马克思主义的指导下,争取权利的斗争风起云涌。随着社会国理念的发展,国家干预使劳动领域中出现强制契约的概念,这种概念以后也在向其他领域扩散。在德国,虽然《魏玛宪法》依然将所有权、契约自由作为基本权利加以保护——却强调这种保护只是要“按照法律规定的尺度保护”,所有权和契约自由的内容和限制都是出自法律的规定——而且在某种程度上还十分严格。

罗马法将服从者与对等者的法分别称为公法、私法的意思说标准也因此受到挑战。强制契约也有人译为命令契约(diktierter Vertrag),是限制契约自由的一种方式,不同于缔约强制、内容强制,其基本的特点在于通过公权力行为建立一种契约或者类似契约的法律关系。所有权制度的发展过程类似于亲权制度发展已经经历过的过程,即同样是由一个利己的权利变成了一个受义务制约的权利,并且其行使的合义务性处于国家监督(Obervormundschaft)之下。人们干脆称之为德国法中所有权概念与其天生公权限制的复活,称之为新出现的超越一切私人所有权的国家最高所有权;由此也可以看到因宪法而变得可能的“社会化”(Sozialisierung)的基础(拉德布鲁赫,2017:116)。

广义社会法的缺陷是内容过于庞杂,社会国概念的提出,使社会政策概念发生性质上的转变,从强调国家对社会的控制和改造能力,到强调国家对社会的责任,尤其是对弱势群体的救助之职。长期以来,社会政策制定者一直都是国家,20世纪70年代出现共同体社会政策,如今欧盟在社会政策方面的影响力也在扩大,例如制定反歧视立法。对社会法的定义过于宽泛,有些描述不够精确,结果像《租房法》也都成为社会法的内容。为了使社会法具有更坚实的实证法基础,广义社会法发展出中义社会法。

三、德法的中义社会法——社会法域实证化

中义社会法将社会法定位于公法与私法之外的第三法域,在德国、法国是由一群社会民主党的理论家根据魏玛共和国的法律规定与社会现实进行的理论阐述。

(一) 统一劳动法的设想及实施

随着商品经济的不断发展，社会分工日益专业化，19 世纪下半叶，比利时、瑞士和法国出现了关于劳动合同的专门立法。法国和德国更是酝酿制定统一的劳动法。

在法国，人们工作在换取工资收入时，被认为应当获得更多的权利和自由。这些发展可以说是对涂尔干(Emile Durkheim)思想的一种解读。在涂尔干看来，法律是“社会团结的象征”。法律带来了“社会团结”的深刻变化。起初的团结是机械且传统的，涂尔干称之为“机械团结”(mechanical solidarity)，它鼓励个体尊重传统并服从于社区共同体的权威。随后，伴随社会的发展，这一团结向基于劳动分工(division of labor)的“有机团结”(organic solidarity)演化。“有机团结”是建立在社会分工和个体异质性基础上的一种社会联结，它得到了组织个体相互合作依赖生存的合作法体系(un droit coopératif)的制度支持。这一体制允许个体们伸张确保合同得以正常实施执行的公共正义(la justice publique)。[①]法国的立法大讨论主要聚焦两个方面的内容：一个是《劳动法典》(1898—1910)；另一个是《劳动合同法》(1904—1908)。此后，法国成为世界上最先颁布《劳动法典》的国家。法国劳动社会(labor society)的出现得益于其劳动法及相关制度体系的构建及发展(易臻真、Claude DIDRY，2021：72、70—71)。“劳动合同”应运而生，在劳动制度允许的范围内，生产活动契约的建立给予所有参与生产者终止合同的权利；罢工行为也取得合法地位，个体能够参与受社会和国家所保障的互动中。

在德国，《魏玛宪法》曾被誉为“世界上最民主的宪法”。《魏玛宪法》第 157 条规定：“劳力，受国家特别保护。联邦应制定划一之劳动法。”第 161 条规定：“为保持健康及工作能力，保护产妇及预防因老病衰弱之生活经济不生影响起见，联邦应制定概括之保险制度，且使被保险者与闻其事。”(施米特，2005：435—437)《魏玛宪法》许诺：“联邦应制定统一的劳动法”，就需要更为统一、严谨的法理指导。拉德布鲁赫说：“劳动法(Arbeitsrecht)作为新学科这一点却无毫无疑问。”(拉德布鲁赫，2017：119)大规模的有关《劳动法典》的准备工作也已着手进行。当时认为，统一不只意味着法典的统一，首先应该是精神的统一，这种精神的统一才能得到保障。第三法域并非只是一种抽象的理论构想，而是对这一宪法规定的理论概括。被拉德布鲁赫称为毫无疑问的新学科核心内容是在“资本主义的生产方式与交易方式的民主化”基础上实现“社会自治”。从广义社会法到中义社会法，魏玛共和国最为突出的制度特点是以“社会自治”来对社会福利法律化的现象进行整合，只有明确与另两个法域之间的区别，才可能真正界定作为社会法域的第三法域。

《魏玛宪法》试图建立一种国家制度与社会制度相结合的结构形式。《魏玛宪法》是由以民主党法学家普洛伊斯为首的起草小组制定的，起草小组唯一的社会民主党成员是辛茨海默，第三法域也是辛茨海默主张的学术观点。辛茨海默早在 1907 年就

① Emile Durkheim, De la Division du Travail Social, Paris: Alcan, 1902.

要求国家承认工会同资本家签订的集体合同，以保障工人的劳动权[①]。在他成为宪法起草小组成员后，将其思想反映在宪法第 165 条中，具体而言，社会层面上实行"全体成员共决权"，[②]企业层面上实行"工人共决权"。

（二）社会法域与私法域的联系与区别

魏玛共和国时期的劳资协议对个别劳动契约产生出法规效力，这种形式与传统的债的相对性理论明显不符合。1918 年 12 月 23 日，由劳资利益团体共同推荐的人选、临时政府经济复兴部部长约瑟夫·克特（Josef Koeth）中校颁布《关于集体合同、工人/职员委员会和劳动纠纷调解条例》（简称《集体合同条例》）承认职工协会、企业主及企业主协会之间有权用书面合同来规定劳动条件，即缔结集体合同，集体合同优先于个人合同。次年 1 月 4 日和 24 日，临时政府又两次颁布法令，对集体合同的内容进行了细化。拉德布鲁赫将其描绘为：从私法上的劳动关系中，我们看到一个公法性的劳动制度（Arbeits Verfassung）的诞生。《魏玛宪法》对其做了概括：劳动者及雇员得会同企业主平等地制定涉及工资条件和劳动条件的规则，并共同推动生产力总体经济发展，双方所组织之团体及其协定，均受认可。魏玛共和国实际形成了集体谈判与职工参与这样两种相互联系的重要制度。

就集体谈判而言，劳资协议自治是德国劳动关系领域的基本制度，其中心内容就是资方团体和工会组织均能独立地存在，并通过集体谈判自行确定雇员的最低劳动报酬和工作条件，集体谈判和集体合同是处理劳动关系的基本形式（林永基、何燕真，2005：11）。随着集体劳动契约的发展，劳动者也获得了组织罢工的权利，形成"最后理性"（ultima ratio）的调整方式。单个劳动者面对企业主是那样的势单力薄，但一个行业内全部或者大部分劳动者通过组织罢工这种"最后理性"时，会变得强大有力。

就职工参与而言，1920 年，魏玛政府出台《企业代表会法》。劳动者以劳工的身份参与经营，实现从"参与决定"到"共同经营"的"工业民主化"制度，"劳资共决制"的广泛实行，使得工人参与的权利得到有效的保证，使劳雇利益协调和合作得以顺利进行（林永基、何燕真，2005：11）。1918 年底，政府颁布法令，规定拥有职工 20 名以上的企业必须设置工会和职工委员会，一年多后公布了《企业委员会法》。1922 年又通过一项新法案，规定企业职工委员会有权派 1—2 名代表参加股份制企业的监事会（李传军，2003：82）。企业在解雇工人、颁布工作规章等诸如此类的重要行动上受到企业委员会异议以及共同参与的限制，恰恰是劳动规章特别体现出企业组织法的法律本质。

劳动规章和其他的"企业协议"均属于自治企业法（autonome Betriebsgesetze），

---

① Hanau Peter, Hugo Sinzheimer: Vater des deutschen Arbeitsrechts. Eine Biographie, Frankfurt am Main: Schriftenreihe der Otto Brenner Stiftung, 1996, pp.122—135.

② Michael Louis, Der Begriff der "wirtschaftsdemorkratie", Eine problemgeschichtliche Untersuchungzum deutschen wirtschaftsverfassungsrencht, Muenster, 1969, p.36.

就像劳资协议是自治行业法(autonomes Berufsgesetz)一样。拉德布鲁赫认为:“他们再清楚不过地显示职业组织和企业组织法如何从私法基础上跃升为公法。”(拉德布鲁赫,2017:124)宪法所保障的基本权利中,“保证以及促进劳动和经济条件的结社自由”“联合自由”对于劳动者来说最为重要。但是只要雇员协会(工会)和单个雇主或者雇主协会就工资和劳动条件达成的协议对个别劳动契约的权威性依赖于个别契约缔结者的意志,则该协议的效力就难以获得足够的保障。也许人们可以将劳资协议的合意看作个别劳动契约的缔结人愿意默认的合意,但是如果当事人明示地达成了其他合意的话,就不能视劳资协议的合意为当事人所愿意的了(拉德布鲁赫,2017:122)。

(三) 社会法域与公法域的联系与区别

随着集体劳动法的提出,整个劳动法的实施归于一个行政部门,经济纠纷裁决机关、仲裁机关以及劳动法院也必须受此行政机关影响。《魏玛宪法》第 165 条(又称“代表会条款”)正是“经济民主”的法制化,它应允成立实现工人共决权的“企业代表会”(Betriebsrat)与有权审查社会经济政策的“中央经济委员会”。①德国当时的“社会议会制”②“劳动者委员会”③“国家经济委员会”④“劳资委员会”⑤等制度设计,明显受到了苏维埃模式的影响。⑥集体工资制获得法律承认。劳资利益团体达成的协议

① Herbert Michaelis und Ernst Schraepler, Die Weimarer Republik, Vertragserfüllungund innere Bedrohung 1919/1922, Berlin: Wendler, 1960, pp.490—491(转自孟钟捷,2007:45)。

② 国家制度是一个由职业阶层组成的议院,如上议院;社会制度则一个咨询性质的专家议会,包括劳动者委员会(Bezirksarbeiterräte)和国家劳动者委员会(Reichsarbeiterrat)以及相应的企业代表和其他民众代表共同参加区经济委员会和国家经济委员会。按拉德布鲁赫的介绍,《魏玛宪法》的起草人曾经想象:国家制度(Staatsverfassung)之外还有一个社会制度(Gesellschaftsverfassung),“社会议会制”是在“政治民主”之外,建立起经济领域的社会民主运作模式,这一传统的政治国家不同。按拉德布鲁赫的描绘,在由平等、自由的个体——如同他们所认为的民主一样——所组成的砖瓦房子之旁,还存在着一个由各种不同经济部门和社会阶层材料所构成的方石建筑(拉德布鲁赫,2017:118)。

③ 宪法规定区劳动者委员会(Bezirksarbeiterräte)和国家劳动者委员会(Reichsarbeiterrat)(拉德布鲁赫,2017:118)。

④ 国家经济委员会很快建立起来了,《魏玛宪法》的实际规定是不将经济委员会设置为立法机构、上议院,而是仅仅将其设计为一个咨询性质的专家议会。拉德布鲁赫认为,这是完全是正确的。一个由职业阶层组成的议院之所以不适合作为立法机关,是因为每个职业分支所选举出来的人仅仅感觉自己是该职业分支的代表,而无法像政党一样意识到自己有义务形成一种意识形态,用以指导政党,同时将自己作为全体人民的代表。职业阶层议会必然缺乏意识形态的整体前进推动力。“由此就会导致整个政策的经济化和工会化。”(拉德布鲁赫,2017:118—119)

⑤ 资本家与工会达成协议,成立了一个由劳资双方对半参加的“德国工商业劳资中央委员会”,下设各行业中央委员会,处理劳资之间的所有争执。通过劳资协议的平等谈判来协调劳动关系,不仅劳资双方的关系比较和谐稳定,而且使社会经济也能得以稳定发展。这种类型劳资关系,对于雇员和雇主之间比重关系的问题只能回答为平等(Parität);恰恰是通过用雇主和雇员的平等代替了民主形式下雇员表决权的绝对优势,才在某些范围为职业阶层思想赢得了许多认同者(拉德布鲁赫,2017:118)。

⑥ 德文“Arbeiterrat”源于德国 1918 年基尔港水兵起义期间所组织的旨在支持议会政府和结束一战的工人和士兵组成的委员会。该委员会以苏联十月革命时期的苏维埃模式为榜样,但其参与人多是社民党(SPD)和独立社民党(USPD)的成员。魏玛共和国建立后,成立“临时中央经济委员会”,这种委员会机制被改造后吸收进了宪法(拉德布鲁赫,2017:118)。

也得到临时政府的支持。同时国家保留了介入劳资关系的权力。集体谈判的发展，出现了集体劳动争议与个别劳动争议两种劳动争议。

集体劳动争议(Gesamtstreitigkeiten)，即一个行业或者一个企业内组织起来的劳动者与雇主或者雇主组织之间关于劳资协议或企业协议的缔结而发生的经济斗争和利益争端(集体劳动契约或总企业协议，Gesamtvereinbarung)；集体劳动争议为仲裁的标的，个别劳动争议属于劳动司法的标的(拉德布鲁赫，2017：125)。《集体合同条例》规定，一旦劳资双方在集体谈判中无法达成共识，可自行组织调解；如若调解失败，双方在自愿的基础上提请国家调解。由此，集体合同制得到普及，在一定程度上维护了工人的劳动权与其他合法权益。

个别劳动争议，即劳动者和雇主之间或双方组织之间有关解释或适用集体契约以及个别劳动契约而发生的法律纠纷。有关劳动司法机构曾引起强烈的争议：劳动法院应该归入将来的劳动行政部门，还是应该归入普通法院系统？一方面，劳动法院被设置在劳动法这个氛围中，而在劳动法中社会(sozial)观念和个人主义的市民法完全不同；另一方面，这种社会精神也影响了普通司法。因此，拉德布鲁赫认为，应当理解为劳动法院在劳动行政机关的附近，但又不远离普通法院的地方找到它自己的位置。1926 年颁布的《劳动法院法》在法官所追求的将劳动法院归入普通法院系统和劳动者所主张的特别法院思想之间寻找到了一条中间道路：第一审劳动法院为特别法院，但它与司法关系密切，因为该法院的主审法官一般由普通法院法官担任；较高的审级，亦即州劳动法院和联邦劳动法院完全归入普通法院的主管范围。①

(四) 德国、法国在社会法域制度建设上的差异

德国魏玛共和国在社会给付法以及各种类型强制性契约广义社会法规范的基础上，对于传统罗马法私法、公法的规范进行了更深度的融合，这种合体产生的机制甚至于已经使私法、公法划分标准进行任何修补均不可能来进行解说。随着第二代、第三代人权概念的提出，社会政策作为一种实质法更在一定程度上改造了私法与公法价值观念，使当今的私法与公法互动中出现了深度社会化的特点，中义社会法被赋予新的内涵。纳粹政权可以说终止了社会法域实证化的进程，战后德国并未以法律形式确认第三法域的形式，而是将第三法域的内容分拆在私法特别法与公法特别法中。

---

① 不难看出，平衡的结果是更多地倾向将劳动法院归于司法机关一边。但是比组织问题更重要的是审判人员问题。在所有劳动法院的审级中，由劳动者和雇主群体选出的同样数量的陪审法官被邀请共同参与判决。这种人选的安排，考虑了一个分化为阶层社会的社会情况。通过来自两个相互斗争的阶层的陪审法官，职业法官可以随时清楚地了解到更大范围内的阶级斗争，它们实际上体现在要求裁决的劳动争议中。因此，除掉个人利益内容的表象将其上升为一般的超个人的阶级斗争，则真正当事人之间的对立就会在法庭上重现。或许有人认为，由于陪审法官存在截然对立的观点，故从职业法官方面来说，他完全是在独立裁决；但正是通过陪审法官的对立使他了解了单个案件所包含的更广泛的社会争议情况，否则他会做出和没有陪审法官时完全不同的判决。唯有这样，在一个分裂为阶级的社会中，职业法官才能积极地获得这样一种意识，即他当然地不能够具有任何一种来自他本身所属阶级的观念而且可以不使之受到检验(拉德布鲁赫，2017：125—126)。

法国劳动法典制定时间较早，也许更接近当初设想。法国将劳动法与社会保障法统称为社会法，社会法作为私法与公法相融合的第三法域，与公法、私法相并列，是三分法。雇佣关系与劳动关系的含义类似。从《法国劳动法典》适用的广度上看，除了对适用一般规定的劳动者做了规定之外，还专门设立一卷对某些行业进行特别规定，调整对象涉及各种企业与不同类型的劳动者。[①]从《法国劳动法典》调整的深度上看，当整个雇佣关系(劳动关系)几乎都纳入劳动法时，也考虑了这种关系的整体平衡，并形成一个较为完善的调整机制。在第一卷第二编"劳动合同"中对于劳动合同的订立、履行、解除等进行了规定，还确定了相应的适用范围；[②]第一卷第三编规定了集体劳动合同的适用范围[③]及基本规范；《法国劳动法典》还详细地规定了工时、休假等基准制度。哪怕从形式上看，法国也是将整个雇佣关系作为劳动关系置于社会法中。

四、德法的狭义社会法——社会安全法典化

狭义社会法等同于社会安全法。德国学者常常是从《社会法典》的规定来定义德国社会法，该法典第 1 条第 1 款规定：社会法典为实现社会公正和社会保障，应有效调整社会福利支出(包括社会救济和教育性救助)。它应协助：保证符合人之尊严的生活；为性格之自由发展创造平等的前提条件；保护家庭并促进和谐；保证自由选择就业方式以谋取生活费用；消除或协调生活特殊负担。法律意义上的社会福利支出是指国家以及依公法而组织的保险集体(如医疗保险、养老保险、工伤保险和失业保险)的支出。从社会福利支出的意义上去理解社会法，则社会法包括社会保险、社会补偿、社会促进和社会救济(吴军，2003：12)。德国学者察哈尔认为，社会法是一种社会保障，是为一国的社会政策服务的，如社会救济、困难儿童补助、医疗津贴等有关的法律，都属于社会法的范围。传统上，德国社会安全法区分保险、照顾(Versorgung)、救济(Fürsorge)。[④]一般认为这分类是依据宪法上关于立法职能的规定来进行的，也是

---

① 包括能源——采掘业、加工工业(包括家庭劳动者、对织布、络纱、裁剪、印染、漂白与上浆等作业工种)、公共建筑与工程施工、交通运输业与通信业(包括运输业间断性劳动者、海员、港口装卸企业的员工)、推销代表、记者、艺术工作者、模特、住宅楼的看门人与雇员、家庭雇员、保育员以及对特殊类型的劳动者与企业的规定(樊琳，2013：7—8)。

② "本编第一、第二、第三、第四、第五以及第六章的规定尤其适用于公务办事处及部委办事机关、自由职业、民事公司、行业工会以及各种性质的协会的受薪雇员。"(《法国劳动法典》，1996：18)

③ 《法国劳动法典》第 L131-2 条规定，集体协议一编的规定适用于工业、商业行业、使用《农村法典》第 1144 条所指之受薪雇员服务的农业行业、自由职业、公共及部属办事机构、家庭雇佣、住宅楼或非住宅楼或者混合用楼房的门卫与看门人、上门工作的劳动者、照看母婴的保姆、民事公司的员工、职业工会、合作性公司、不具有公共机构性质的社会保险机构的员工以及协会或者其他一切私法组织的员工，不论这些组织的形式与标的如何；适用于公营企业、具有工商性质的公立机构，受到保护的手工作坊以及上门劳务分派中心，等等。

④ Georg Wannagat, Lehrbuch des Sozialversicherungsrechts, Mohr, Tübingen, 1965, p.1ff.

20 世纪 50 年代与 60 年代改革所考虑的出发点。[①]德国的社会法通常就是指社会保障法，两个概念是可以通用的。

第二次世界大战中以及战后初期，由于战争的影响和破坏，德国社会保险几乎完全崩溃。直到 1949 年颁布新的社会保障法后，社会保险在德国才逐渐恢复，并随着经济增长而获得了较大发展，到 70 年代达到其发展高峰。这一时期，德国继 1949 年社会保障法颁布后，1952 年制定了《战争损失补偿法》；1954 年在全德国实施普遍性的家庭津贴制度；1956 年修改完善了《失业保险法》；1957 年修订了老年残废保险法，使养老金随工资增长而增加，并颁布了《农民老年救济法》；1960 年、1961 年、1963 年和 1964 年，先后发布实施了《联邦住房补贴法》《联邦社会救济法》《事故保险新条例》和《联邦儿童补贴法》；1965 年德国将生育保险从疾病保险中独立出来，扩大了保险范围，增加了产前产后服务；1960—1973 年，德国根据战后新的社会经济形势和就业政策，制定颁布了《联邦教育法》《劳工促进法》《职业培训法》和《联邦教育促进法》，以新的劳工安置与就业法规取代了 1927 年制定、1956 年修改完善的失业保险法；1969 年还制定了新的工业伤害保险法，取代了 1884 年发布的伤害保险法。新的工业伤害保险法除了在保险范围和给付标准方面有许多改进以外，还特别强调了伤害前的预防工作；1973 年又重新修订了老年残废保险法，进一步扩大了保险范围，提高了给付标准（邓大松，1998：80）。德国通过上述立法，使社会保障由战前的 8 种开支项目增加到 18 种，给付金额由 1950 年的 99 亿马克，猛增到 1973 年的 2 526 亿马克，23 年间增加了 24.5 倍。[②]

按照保险、照顾、救济分类就有了德国社会给付体系的四分法：(1)在社会政策与经济意义上一直居于核心地位的是社会保险。其依照社会风险分类，只有个别部分依照被保障人群分类。其标志在于保险强制，保费财务，以及依各分支而不同程度存在于被保险人之间的财务上的平衡。其给付部分旨在替代工资与生计（通过短期金钱给付与作为长期金钱给付的年金），部分则旨在避免风险（预防）或者改善损害（康复给付）。(2)社会补偿（soziale Entschädigung）在德国是一种独立的社会给付类型。通过集体的（更准确地说：由共同体的）责任来承担损害，而不将损害承担与肇事主体的违法行为进行连接。(3)社会救助（soziale Hilfe）服务于生计保障。其由税收支应财务，并取决于（消极欠缺意义上的）需要（Bedürftigkeit），因为社会救助是与避免不所欲之状态以及“撑紧社会法的兜底网”相关的内容。(4)与社会救助相反，促进给付（Förderleistungen）与对某一特别（积极寻求意义上的）需求（Bedarf）的原则上所欲之状态相联。所以，无论是存在被一般性地认可的为生存发展之需求，还是存在与共同福祉之目标相符的更高需求，都应通过促进给付提供支持。

① Germany (West), Sozialenquête-Kommission/Walter Bogs, Soziale Sicherung in der Bundesrepublik Deutschland, Kohlhammer, Stuttgart, 1966, p.60ff(转自乌尔里希·贝克尔，2019：11)。

② 资料来源：《德国福利开支状况(图片)》，《光明日报》1994 年 8 月 2 日。

第三节　英美的社会法

社会政策的法律化构成泛义社会法，社会政策理论具有悠久历史，但成熟在二战以后；社会福利法律化构成广义社会法，福利国家的本质在于政府负担为国民提供全面福利保障的责任；社会领域类型化构成中义社会法，学者以三元分析模式来进行分析，强调第三部门的作用；社会调整法律化构成狭义社会法，社会团体立法是最重要的立法。

一、泛义社会法——法律社会化

韦伯在《论社会科学与社会政策的客观性》一文中曾明确指出，作为文化科学的社会政策不仅涉及工具理性的效率，还涉及行动背后的价值观与伦理。将社会政策界定并理解为一种"行动"，即社会政策既不同于意识形态和观念，也不同于人们的日常行为，而是一种特定价值和策略引领的文化活动，是特定历史条件与人们观念综合作用的结果（熊跃根，2020：105）。

（一）社会政策法律化的实践

英国是工业革命的发源地，因此也是最早遭遇从传统社会走向现代社会过程中产生的诸多社会矛盾的国家。传统的宗教的或世俗的慈善事业难以应付汹涌而来的社会问题。历史上，为了解决 1348—1349 年黑死病之后出现的混乱现象和劳动力短缺问题，英国政府先后于 1351 年、1388 年制定了《劳工条例》(*the Statute of Labourers*)和济贫法案(the Poor Law Act)用以控制工资和劳动者的流动。社会法从其产生来看，主要是对劳工问题的关注，19 世纪的济贫法、工厂法可从泛义的角度称为社会法。

1802 年皮尔勋爵第一个向议会提出了《学徒健康及道德法案》，要求限定学徒的工作时间。同年英国国会通过了该法案。该法案成为英国历史上第一个保护童工的立法，被认为是"工厂立法"的开端，其开创了近代劳动立法的先河（王益英，2001：27）。1833 年，英国颁布了第一个工厂法，该法规定：13—17 岁的少年工人工作时限为 12 小时，9—12 岁的童工为 8 小时；1847 年又通过了《十小时工作日法》，童工使用也大受限制。

现代社会政策的出现源于英国的公共救济的长期实践，1576 年，地方上开始实行《济贫法规》(*The Poor Relief Act*)，该法规规定，向乞丐提供一定的实物救济，是为了使他们能够凭借此项救济从事某种劳动，以此来偿还救济。1601 年英国颁布的"伊丽莎白济贫法"，以 1576 年《济贫法规》为基础，颁布《济贫法》(*Poor Relief Act*)（亦称旧《济贫法》），虽然以教区为单位对几类穷人进行救济（尼古拉斯·巴尔，2003：

16)，国家救济国民的行为同纯粹慈善的行为区别开来，通常被认为是开了国家干预社会(济贫事业)之先河，因此"伊丽莎白济贫法"也被后人追认为是最早的社会政策。当时，国家对"需要"的界定是很苛刻的，能不饿死人就算是满足需要了。在行政程序上，也强调要以进行严格的"家庭经济调查"为前提，以确定申请者是否"真的"贫困或有需要(唐钧，2009：72)。1834年，英国实施新的《济贫法》，将社会救助确定为公民的合法权利，确认人人享有生存的权利，救济是国家和社会的一项义务，在积极意义上对最低生存权进行保障。针对该立法后果所作的努力，亚当·斯密认为这一立法具有里程碑意义。[①]从《济贫法》的出现就可以看出，当时社会政策的使命本质上是服务于经济发展对稳定的劳动力供应的需求。有不少学者认为，19世纪的《济贫法》既是一种救济制度，也可以看作一种就业制度。1834年《新济贫法》开始实施，其经济功能从旧《济贫法》保证农业劳动力规模从而保证农业经济稳定，转变成提供大量自由流动的劳动力，以适应工业经济的发展为主(丁建定，2013：76)。显然，这一时期的社会政策在适应和促进工业经济发展方面的功能是主要的(吕朝华，2019：55—56)。这是一种兼具经济与社会功能的制度。

1929年，世界范围的经济危机突然爆发。此后，生产过剩和消费不足的恶性循环导致了持续多年的大萧条，美国经济陷入了建国以来的最大灾难。罗斯福在纽约州率先实施《威克斯法案》(即《纽约州失业救济法案》)，随后多个州先后效仿纽约实施地方失业救济政策，罗斯福宣誓就职后在全国实行"新政"。1933年5月《联邦紧急救济法》的签署使联邦政府担负起救济民众的责任；1935年8月签署了《社会保障法》，通过缴费性的社会保险和非缴费性的公共援助为防止生活失去保障筑起了两道防线。"新政"提出了一系列国家资本主义的政策：(1)以联邦政府的财政政策来保证社会的总需求，加强经济部门的规章管理，调整经济结构，以改革促进生产力的发展与社会财富的增长。政府通过举办公共工程，扩大内需，刺激了经济增长，维持了充分就业，保持了公众购买力，提高了社会消费水平。(2)把赈济和就业看作政府的基本职责，通过提供工作机会，每个人都有权利获得最低生活保障，担负起拯救贫困的职责。(3)实施一系列社会保障项目，合理分配社会财富，防止扩大两极分化，重点解决全国人口中低收入阶层的再分配问题(周穗明，2000：45—46)。

罗斯福新政实行了一系列兼具经济与社会功能的制度，美国依赖国家干预政策，克服了大萧条，挽救了困境中的资本主义经济，从而确立了美国政府对社会生活的崭新理念，即政府要干预就业，维持人民的充分就业，而不仅靠私有制自行调节。1936年，罗斯福在对前期"新政"作总结时指出："我们美国正在打一场伟大而成功的战争。这不仅是一种反对匮乏、贫穷与经济不景气的战争，而且更是一种争取民主政治生存的战争。我们正为挽救一种伟大而珍贵的政府形式而战；既是为我们自己，也为全世界。"(刘绪贻、李存训，1994：205)

---

① Eberhard Eichenhofer, Internationales Sozialrecht, Beck, München, 1994, Rn 41f(转自乌尔里希·贝克尔，2019：7)。

（二）英国对社会政策的界定

被称为福利经济学之父的英国经济学家庇古在他 1920 年出版的巨著《福利经济学》中提出了实施社会保障计划的准则与措施：(1)福利措施应当不以损害资本增值和资本积累为宗旨，否则就会减少国民收入和社会福利；(2)不论实行直接转移收入还是间接转移收入措施，都要防止懒惰和浪费，以便做到投资福利事业的收益大于投资机器的收益；(3)反对实行无条件的补贴，最好的补贴是"能够刺激工作和储蓄"。庇古首次将社会保障发展与国民经济发展联系在一起，从而使充分就业、经济安全等福利国家的目标具有了全社会的性质。他的理论对于英国福利国家的形成产生了重要的推动作用(郑秉文、和春雷，2001:20)。

社会政策理论成熟在第二次世界大战以后，英国的应用社会科学领域出了马歇尔(Thomas Marshal)与蒂特马斯(Richard Titmus)两位大师级的人物。对比两位大师对社会政策的界定，最显著的特点是前者相对狭义，而后者相对广义。蒂特姆斯首先把社会政策概念从社会行政传统中释放出来。他认为，社会福利或市民的福祉不单只是政府提供的各种社会福利服务或待遇，工作岗位雇员的就业福利及政府的财政、税收优惠，也反映不同社群的资源分配结果。蒂特马斯诠释道："我们关注的是对一系列社会需求，以及在稀缺的条件下人类组织满足这些需求的功能的研究。人类组织的这种功能在传统上被称为社会服务或社会福利制度。社会生活的这个复杂的领域处于所谓的自由市场、价格机制、利益标准之外。"(唐钧，2009:72)其他一些学者也持类似观点。米休拉(Ramesh Mishar)认为"社会政策是依据需求的某些标准分配社会资源的有关的社会安排或社会行动模式"。拉特里迪斯(Demetrius Latridis)认为"社会政策是向全体人民提供公民权利的媒介物"。瑞恩(Martin Rein)则认为"社会政策被认为是社会生活中那些不太具有交换特征的方面，在其中等价交换被单方面的转移所替代。这种替代由具有某种合法的身份，或属于某个社会群体来证明其正当性"(杨伟民，2006)。从以后社会政策学的发展及后人的评述来看，广义的解释更被普遍接受。

蒂特姆斯对马歇尔只把社会服务作为社会政策研究对象的观点提出了挑战，他认为，所有为了满足某些个人需求和/或为了服务广泛社会利益的集体干预大致可分为三大类：社会福利、财政福利(fiscal welfare)和职业福利(occupational welfare)。① 这里的社会福利就是指社会服务，或那些"直接公共服务(如教育和健康照料)和直接现金给付(如退休金和救助金)"。财政福利指具有明确社会目标的特别减税和退税措施，如在许多发达国家，凡市民参加慈善捐款、社会保险或抚养子女等都能获得所得税减免，从而增加净可支配收入。蒂特姆斯把它看成是一种转移支付(transfer payment)。职业福利，也称为附带福利(fringe benefit)，指与就业或缴费记录有关的由企业提供的各种内部福利，可以现金或实物形式支付，常常由政府依法强制实施，如企业补充医疗和补充养老保险、子女教育和住房补助、有薪假期等。蒂特姆斯认

① Titmuss Riehard M., Essays on "The Welfare State"(2nded.), London: Mien & Unwin, 1964, p.42.

为，社会福利只是社会政策的“冰山一角”，而财政福利和职业福利则是“社会政策冰山的水下部分”，在社会政策中占主体地位，①这是他竭力反对马歇尔之观点的理由（黄晨熹，2008：165）。

（三）美国对社会政策的界定

1936年，英国学者凯恩斯发表的《就业、利息与货币通论》否定19世纪的自由放任主义，提出国家干预经济，主张在社会有效需求不足的情况下，扩大政府开支，增加货币供应，实行赤字预算以刺激国民经济，达到增加国民收入，实现充分就业的目的。凯恩斯理论对美政府制定的经济政策产生了巨大影响（李琮，1989：188；顾俊礼，2002：6）。正如日本学者分析的那样："美国的社会权保障，是为解决经济恐慌带来的贫困这样的社会弊病而实现的。"在克服社会不安，维护基本秩序的同时，"更显出其本质的经济目的，这就是要借此来提高劳工和农民的购买力，争取景气的再度恢复，圆滑地疏通商品的流通渠道，复兴产业，重建经济"（大须贺明，2001：9）。

美国学者对社会政策的定义也很宽泛。他们把社会政策看成是"社会的"政策，而不只是"社会福利的"政策。吉尔认为，社会政策体系是生活方式的指导原则，它的发展动力来自人类基本的感觉性需求。社会政策体系通过一系列制度过程及相关作用进行运作，并形成一些与生活方式相联系的结果变量。②显然，与他人的定义不同，吉尔认为，社会政策不是单一的（social policy），而是组合的（social polices），即社会政策体系，尽管这些社会政策之间的关系不一定十分紧密。通过对已有文献的综合评述，吉尔看到了学者们在界定社会政策过程中所表现出来的不确定性和局限性，他试图跳出这种定义上的困境，高屋建瓴地从中抽象出一个社会政策体系模型。吉尔提出，之所以能这样做是因为，"虽然政策在形式、目标和范畴上存在差异，但所有社会政策皆要直接或间接地处理同一领域，通过同一社会存在（societal existence）过程来运作"③。也就是说，经济、就业、健康、教育和经济保障、住房、交通和税收等各种形形色色的政策会对共同的基本领域产生影响，并涉及相同的过程。社会政策体系模型应该辨析所有社会政策的关键变量，帮助分析具体的社会政策、政策体系及其后果，并帮助制定其他政策和政策体系。

罗斯福新政是美国新中产阶级精英在20世纪30年代世界经济大萧条的背景下发动的一场重大改革，从理论上说，"罗斯福新政"是政策实践中的凯恩斯主义，其目的是改革资本主义制度，重新确定以中产阶级社会为核心的美国现代化道路。30年代中期出现的凯恩斯主义的基本思路是：所有的公民都具有足够的消费能力是最为重要的，因此，公共权力机构应采取适当的规划。在凯恩斯国家干预主义理论的影响下，美国强调政府全面管理宏观经济，通过全面立法和有效干预，扩大政府预算，增加

---

① Titmuss Riehard M., *Commitment to Welfare*, London: Allen & Unwin, 1968, pp.192—193.

② Gil, David G., *Unravelling Social Policy: Theory, Analysis, and Political Actiontowards Social Equality (5th, rev. and enl. ed.)*, Rochester, Vt.: Schenkman Books, 1992, pp.24—25.

③ Ibid., p.20.

有效需求，同那些可以引起消费能力降低甚至消失的因素做斗争，失业自然是首先需要消灭的因素(周穗明，2000：45—46)。社会政策强调刺激生产发展，保证充分就业。

二、广义社会法——社会福利法律化

福利国家的本质在于政府负担为国民提供全面福利保障的责任，责任的负担主体及保障的范围和水平是决定一国是否属于福利国家的根本(刘倩，2016：138)。广义社会法强调了福利国家是有严格内在规定性的概念，政府提供福利保障的措施需要转化为国家的制定法。在英国，社会立法被解释为对具有普遍社会福利意义的立法的统称，例如涉及教育、居住、租金的控制。工厂法、健康福利设施、抚恤金以及其他社会保障方面的立法也属于社会立法(沃克，1988：833)。

(一) 社会福利法律化的理念

马歇尔在其《社会政策》一书中把社会政策定义为“关于政府行动的政策，即政府通过向市民提供服务或收入，从而对他们的福利产生直接的影响。所以，社会政策的核心内容包括社会保险、公共(国家)救助、健康和福利服务以及住房政策”。[①]显然，在他看来，社会政策的主要研究对象就是广义的社会服务，这种定义方式完全契合社会行政的内涵(黄晨熹，2008：165)。社会政策是与政府相关的政策，并涉及向公民提供服务与收入的行动，而通过这些行动会对公民的福利产生直接的结果。社会政策的核心是社会保险、公共救助、健康和社会服务、住房政策以及教育等等。与蒂特马斯不同，马歇尔理解的社会政策范围主要是社会福利政策。

1958年，沃伦斯基(Harold L. Wilensky)和莱博克斯(Charles N. Lebeaux)在《工业社会与社会福利》一书中，以美国的社会变迁及福利制度的变迁为例，根据国家在社会福利供给中的职能，将社会福利制度区分为“补缺型”(residual，也有的译为“剩余型”或“残余型”)和“制度型”(institutional)两种类型，这是对福利制度的经典划分之一。[②]英国学者蒂特马斯等人也提出过类似的划分：普遍性福利和选择性福利。[③]“补缺型”社会福利重视家庭和市场的作用，强调依靠家庭和市场来提供个人所需的福利待遇，即只有当家庭和市场的作用失灵而难以提供个人所需的福利待遇时，国家和政府才会承担相应的责任。作为“制度型”社会福利则重视国家和政府的作用，认为国家对于个人的福利需求负有不可推卸的责任，主张国家和政府通过一整套完善的法规制度体系，提供个人所需的社会福利(李迎生，2012：51)。

---

① Marshall, Thomas H., *Social Policy*, London: Hutchinson University Press, 1965, p.7.

② Harold L. Wilensky and Charles N. Lebeaux, *Industrial Society and Social Welfare*, New York: Russell Sage Foundation, 1958(转自李迎生，2012：50)。

③ 关于“普惠型福利”和“选择型福利”的详细解释，参见 Pratt, Alan, “Universalism or Selectivism? The Provision of Services in the Modern Welfare State,” in Michael Lavalette & Alan Pratt(ed.), *Social Policy: A Conceptual and Theoretical Introduction*. London: Sage Publications, 2001。

英国模式强调的是“国家责任”或“政府责任”，基本特点是自上而下的“施与”，是以政府提供社会服务的“集体供给”方式实施的，其核心是“需要”（唐钧，2009：72）。马歇尔的定义与英国的历史发展有着密切的联系。原来国家对“需要”的界定是很苛刻的，当代的需要范围大大拓展。《贝弗里奇报告》提出社会保障的新理念，该报告强调国家应当通过社会财富的再分配与强制保险，使任何人不再成为贫穷、疾病、困苦、失业、愚昧的牺牲品（刘倩，2016：138），风险防备不应是或主要不是个人的任务，而是国家的任务，社会保障是国家经济不可分割的组成部分，政府应当承担起为国民提供全面社会福利保障的责任。

（二）英国的社会福利制度

1946 年，执政的工党以贝弗里奇报告为基础，颁布了一系列社会保障法。如果说俾斯麦做出了社会保险方面的探索，受凯恩斯和贝弗里奇思想影响的战后英国福利国家则为 20 世纪提供了最大的制度模型。

1941 年，英国成立社会保险和相关服务部际协调委员会，着手制定战后社会保障计划。威廉·贝弗里奇（William Beveridge，1879—1963）是福利国家的理论建构者之一，1942 年发表《社会保险和相关服务》（*Social Insurance and Allied Service*），也称《贝弗里奇报告》。该报告提出建立社会权利的新制度，包括失业及无生活能力之公民权、退休金、教育及健康保障等理念，对当代社会福利政策及健保制度深具影响。英国政府在批准贝弗里奇报告的基础上，通过了一系列社会保障立法，其中主要有：《社会保险法》（1946）、《国民健康服务法》（1946）、《家庭补贴法》（1945）、《工业伤害法》（1946）、《国民救济法》（1948）以及为社会保险主管机构专门建立的《国民保险法》（1944）。这六项立法加上其他有关措施，构成了战后英国社会保障的新法律（吴丽萍、鲍明，2004：73）。

《贝弗里奇报告》主张的社会福利可以被概括为“3U”思想：普享性原则（Universality），即所有公民不论其职业为何，都应被覆盖以预防社会风险；统一性原则（Unity），即建立大一统的福利行政管理机构；均一性原则（Uniformity），即每一个受益人根据其需要，而不是收入状况，获得资助（郭航帆，2011：41）。这一报告背后的理念是，政府既应该又必须承担起为所有公民提供过得去的最低生活水准的责任。充分就业、普遍社会服务和社会援助，这三个方面具体地表述了“维持”作为一种社会权利的最低生活水平的集体责任的观念（李静，2005：170）。总之，在典型理想的意义上，福利国家把政府防止和减少贫困以及为所有公民维持充足的最低生活水平的作用制度化了。这意味着国家（即政府）要积极地、不断地干预，以控制不平等（米什拉，2003：21—22）。英国不断完善社会保障的内容，政府社会福利事业开支逐年增加，据统计，当前英国社会福利项目不下 60 种，主要分为两大类。

其一，社会保险。实行国民保险缴费制度，即享受国民保险者一般在事先都得缴纳相当数量的保险费，政府通过法律形式强制在职职工按期缴纳社会保险，作为社会保险基金。当劳动者丧失劳动能力或失去收入来源时，即可取得一定的保险补助金。

除工伤事故保险费用由政府和雇主负担外，退休养老、失业保险、免费医疗等项的保险费用均由政府、雇主和职工三方共同负担，其中职工负担的那一部分因人而异，收入越高的职工所缴纳的保险费用越高，但在接受保险赔付或津贴补偿时则相差不大(姜红明、唐文彰，1999：56)。社会保险的内容包括：退休年金、病残人津贴、产妇津贴、儿童津贴、失业津贴、寡妇津贴、死亡津贴、特殊困难津贴等。

其二，社会福利补助。这是政府的社会服务部门和各类社会志愿者团体针对具有特殊困难的居民所提供的各种福利设施和各类服务。社会福利补助的对象主要是针对失去工作能力者、精神病患者、失去正常家庭照顾的儿童和老年人；费用一般由国家财政负担。社会福利补助主要补助项目有老弱病残补助、家庭补助、学生补助、房租补助、食品补助、遗属抚恤等，用于对失去收入或难以维持最低生活水平的社会弱者提供特殊照顾，对孕妇、母亲、学龄前儿童给予保护性补贴，对中小学生提供免费教育，对大学生提供助学金或低息无息贷款，等等(姜红明、唐文彰，1999：56)。住房补助，主要是对低收入者实行住房津贴和房租补贴；免费教育，英国的初等教育和中等教育均实行免费教育。学生除免缴学费外，书本和其他学习用具也都免费。结束了义务教育而不能升学的青年，政府仍实行免费继续教育(吴社兴，1996：105)。

英国是发达的市场经济国家中第一个全面实施社会福利政策并建立起一整套社会福利制度的国家。因此被人们认为是当代西方社会典型的“福利国家”之一，尤其是在社会福利制度全面发展的鼎盛时期(20世纪六七十年代初)，各种福利措施形成一个巨大的网络，覆盖了全社会公民基本生活需求的各个方面，到了20世纪80年代，英国建立起了真正的“从摇篮到坟墓”的社会保障制度(吴社兴，1996：105)。事实上，英国所实行的各项福利措施已经和本国公民的衣食住行、生老病死、生活、工作、学习等日常生活的各个方面紧密地联系在一起，有相当一部分居民离开了社会福利简直无法生存下去。

(三) 美国的社会福利制度

国际劳工组织对社会保障所下的定义是：“社会通过一系列对付经济和社会风险的公共措施，为社会成员提供保护——否则，这种风险将导致薪给的停止支付，或因疾病、生育、工伤、失业和死亡导致实际收入的减少；同时它也提供医疗照顾和家庭津贴。”①在詹姆斯·米奇列(James Midgley)所著的《社会保障、不平等与第三世界》一书中，把社会保障的外延界定为社会救助、社会保险和社会津贴。②美国的社会福利制度基本内容包括：(1)社会保险是政府举办个人投保的一种收入保险。它分为失业保险、老年残废与遗属保险和健康保险。美国的失业保险是由政府出面举办的，通过工资税的形式向雇主征收。凡投过保的失业者，在失业的第二周起就可领取失业保

① ILO, *Introduction of Social Security*, ILO, Geneva, 1984.

② James Midgley, *Social Security, Inequality and the Third World*, Wiley, London, 1984(转自唐钧，2014：57)。

险金，保险金一般为原工资的50%。各州对领取失业保险金的时间规定不一，但最长不得超过两年。(2)社会救济一般由政府财政拨款，对没有参加投保的老人、残废者、抚养未成年子女的贫困家庭以及两年内找不到工作的失业者予以救济，其项目有救济金、医疗补助和食品券补贴等。(3)社会福利是保证社会成员能享受政府提供的福利设施，如住房保障是保障每人有一间居室，并有浴室、厨房与之配套。为此设立了“低利建房贷款”“房租补贴”和“帮助低收入家庭获得住房所有权”等福利措施。教育保障为公民提供11—12年义务教育(林珏，1994)。

(四) 英美两国社会福利制度的比较

英美同属于实行市场经济体制国家，但在社会保障机制方面却有许多不同之处：我国有学者概括了四个方面的区别：(1)英国的社会保障机制覆盖面广、水准高、设施完善。几乎遍及全社会公民基本生活需要的各个方面。而美国相对而言覆盖面窄、程度低、设施不完全。(2)英国全国实行统一的社会保障标准，各种社会福利条件较为优厚，而美国除联邦政府的有关规定外，各州都有不同的政策规定，因而条件较严，补贴低且差距较大。(3)为维持“高福利国家”的运转，英国采取的是高税收政策，以弥补财政的不足；而美国由于其社会福利程度低，相应采取的是低税收政策。(4)从实施效果来看，英国的社会福利提高了人民的平均生活水平和整个社会物质文化水平，缓和了劳资关系和阶级矛盾，维护了政治和社会的长期稳定，但庞大的公共开支成为政府沉重的财政负担，而财政赤字又加剧通货膨胀，过分强调“公平”和“高税收”影响公民的劳动积极性，造成经济低效率。与此相反，美国低水准的、不够完善的社会保障制度，却降低了可能殃及美国的高福利国家的风险：财政负担过重，受惠者过分依赖政府的援助，人们的劳动积极性受挫以及税率过高等弊端。这一特点正是美国比英国成功的地方(吴社兴，1996：105—106)。

三、中义社会法——社会领域类型化

贝弗里奇-凯恩斯式的福利国家在20世纪70年代后成为英美两国的新保守主义意识形态攻击的目标。柏克认为，慈善和福利应由私人和民间来提供，主张用民间的慈善事业来取代政府的福利计划。民间的慈善不仅更有同情心，而且帮助穷人的办法也更为有效。在分配问题上，保守主义认为，市场机制的公平是政府主导的计划经济所无法比拟的。政府要做的，不是取代市场，而是去维护市场自身的公平。这里，我们再次看到，保守主义倚重的是社会，而不是政府(刘军宁，2014：156—157)。“合作主义”(corporatism)这个术语在理解上和使用上以及用于分析时都有不同的含义，大致理解为：根据总的国家形势为谋求各种经济和社会目标之间达到平衡状态而在社会(societal)层面上实行的“三方伙伴主义”。只有借助三元分析模式，才能理解合作主义的运行机制。当我们将“社会领域”作为一个独立的范畴来加以研究时，就会发现国内外学者对于这一领域的认识并不完全相同。

哈贝马斯的三元分析模式。这是一种“公共领域—经济—国家”的分析框架。这里的“经济”并不是指随便一种经济体制或经济制度，而是指一种特定的经济制度，即市场经济。哈贝马斯认为，资本主义市场经济的发展导致了国家与社会的分离，与国家相对应的是“公共权力领域”，即政治领域，而与社会相对应的则是“私人领域”。“对于私人所有的天地，我们可以区分出私人领域和公共领域。私人领域包括狭义的市民社会，即商品交换和社会劳动领域，家庭以及其中的私生活也包括在其中。”“私人领域当中同样包含着真正意义上的公共领域，因为它是由私人组成的公共领域。”哈贝马斯所说的公共领域从属于私人领域，而不同于“公共权力领域”。这种“公共领域”其实说成是“社会领域”恐怕更准确，体现的是一种社会利益。哈贝马斯所说的“公共领域”包括“教会、文化团体和学会，还包括了独立的传媒、运动和娱乐协会、辩论俱乐部、市民论坛和市民协会，此外还包括职业团体、政治党派、工会和其他组织等”。“它以公众舆论为媒介对国家和社会的需求加以调节。”(哈贝马斯，1999：35、29)

柯亨和阿拉托的三元分析模式。这是一种“市民社会—经济—国家”的分析框架。美国哲学家柯亨和阿拉托在1992年出版的《市民社会与政治理论》一书的序言中，“把‘市民社会’理解成为经济与国家之间的互动领域，它首先是由私人领域(尤其是家庭)、结社的领域(尤其是志愿结社)、社会运动，以及各种公共交往形式构成的”。①他们认为“有必要作以下很有意义的区别，即一方面把市民社会同一个党派、政治组织和政治公共体(尤其是议会)构成的政治社会区别开来，另一方面把市民社会同一个由生产和分配的组织(通常是公司、合作社、合营企业等等)构成的经济社会区别开来”。“通过切断市民社会与私域之间的意识形态的一对一的对应关系以及切断国家同公域之间的意识形态的一对一的对应关系，说明了在市民社会、经济与国家之间的结构性相互关系。”(邓正来、亚历山大，1999：190—191)在这里，市民社会是介于经济与国家之间的领域，其实是一个“社会领域”。

塞拉蒙的三元分析模式。这是一种“政府部门—营利部门—非营利部门”的分析框架。美国资深非营利组织和社会福利学者塞拉蒙在《美国的非营利部门》一书中，把“非营利部门”(nonprofit sector)看作有别于“政府”和“营利部门”的第三部门(third sector)。在他的许多文章中，“非营利部门”和“第三部门”是可以互换使用的同一概念。如果我们将塞拉蒙的三元分析模式与柯亨和阿拉托的三元分析模式相对比，可以看到“政府部门”对应于“国家”，“营利部门”对应于“经济”，“非营利部门”对应于“市民社会”。在塞拉蒙看来，美国社会是一个典型的三元社会。

尽管以上三种分析模式，各有不同，却也存在着许多共同的因素。我国一些年轻学者将三个领域分为政治领域、经济领域、社会领域，并对以上三种模式做了如下的归纳(康晓光，1999：27—44)。

---

① Jean L. Cohen and Andrew Arato, *Civil Society and Political Theroy*, Cambridge, Massachusetts/London: The MIT Press, 1992, p.ix(转自童世骏，1993，载童世骏，2010：174)。

第一，主要活动主体。政治领域的主要活动主体是政府或政府组织。经济领域的主要活动主体是营利组织，作为独立的生产经营单位的家庭和个人，在市场活动中追求利润最大化。社会领域的活动主体包括非营利组织、家庭和个人。

第二，提供主要物品。在政治领域中，政府组织主要职能是为社会提供公共物品。公共物品就是市场无法有效率地供给或市场根本就不能提供的物品。公共物品可以分为三类：第一类是市场在原则上就无法有效率提供的物品，如基础科学研究、公共卫生、司法、国防等。第二类是为市场有效率地运转提供条件的公共物品，如保护财产所有权、控制垄断等。第三类是市场根本无法提供的物品，如人权保障、社会公正、宏观经济稳定等，而且主要是垄断性的公共物品。特别需要指出的是，只有政府组织，才有资格为社会提供垄断性公共物品。在经济领域中，营利组织的主要社会职能是通过市场，为社会成员提供私人物品。在社会领域，非营利组织的主要社会功能是向社会提供非垄断性公共物品或准公共物品。

第三，主要资源来源。在政治领域中，政府获取资源的主要方式是税收。在经济领域中，营利组织的主要资源源于销售收入。在社会领域中，非营利组织用来“生产”公共物品的资源有三个来源：社会捐赠、政府资助、收费。

第四，主要组织目标。在政治领域中，政府组织的目标是公共服务职能，即通过提供公共物品为社会全体成员服务，可以说是服务于公共利益。在经济领域中，通过市场交换，满足个人需要，可以说其目标是实现个人利益。在社会领域中，非营利组织的功能在于填补政府功能的空白，可以说其实现的是集体利益。

社会福利的大多数作者把福利国家等同于提供一系列基本社会服务和转移支付的国家项目和活动。当年托克维尔等人将目光转向了美国的自由结社，基尔克从一定意义上接过了托克维尔的学术使命，他们都重视社会团体对于国家权力的抗衡和缓冲作用。基尔克系统地构建了“合作团体”理论，其宗旨是强调现代社会中自愿社团的重要作用，主张在个人、社团组织与国家之间形成平衡结构。①

四、狭义社会法——社会调整法律化

维持充分就业一直是社会合作主义通过自愿的工资限制而寻求平衡的一个重要目标。这种观点也会体现在美国狭义社会法的各种观点中。社会法在狭义上使用时有较大的弹性，以下几种使用方法最能体现美国特点。

其一，相对雇佣法，社会法是指劳动法。劳动法在各国概念中是指因雇佣关系而影响劳动者的法律，在美国，这种关系通常与私人雇主有关而被称为雇佣法；劳动法旨在处理有组织的劳工活动所产生的纠纷。美国的这一理解有些类似欧洲的个别劳

① Gierke, *Community in Historical Perspective*: *A Translation of Selections from Das deutsche Genossenschaftsrecht*, ed. by Antony Black, trans. by Mary Fischer, Cambridge: Cambridge University Press, 1990, p.12(转自仲崇玉,2013:58)。

动法与集体劳动法的区别。

雇佣法具有个别法的特点,处理员工个人的福利待遇问题。它包含了一系列常见的州法,如那些确立了赔偿金、规定劳动报酬、劳动工时标准、预防危害童工和禁止因种族、宗教或民族而在就业中有所歧视的州制定法。有一部联邦工资与工时法,即1938年《公平劳工标准法》,它与后续修改的制定法规定了联邦最低工资标准、最长工时、超过该最长工时的工作时间需额外支付报酬、保证给予员工孕产假、健康保险制度和其他福利,以及禁止使用童工。有一种联邦供款的社会保险制度,提供养老金、死亡抚恤金以及有关福利。根据一项联邦与州的合作计划,各州均提供失业保险。最近几十年来,还有几项特别重要的联邦法律规定出台,旨在确保安全健康的工作环境、[①]推动并改善员工养老金计划[②]以及禁止基于种族、宗教、性别、民族或年龄的歧视。[③]

劳动法具有社会法的特点,更确切地说,旨在处理有组织的劳工活动所产生的纠纷。其现代发展始于20世纪30年代,在此之前,劳资关系法主要是判例法,基于先例和传统原则,往往倾向雇主一方,这些雇主有能力向法院申请禁制令来禁止多种形式的工会活动。作为对法院过限的回应,出台了相应的制定法以制衡法院的影响。1932年出台的《诺里斯-拉瓜迪亚法案》严格限制了联邦法院在劳资纠纷中签发禁制令的权力,现在雇主几乎不可能取得限制劳动者和平集会的禁制令。1935年《劳工关系法》颁布后,形成了首部综合调整劳资关系的制定法,它也被称为《瓦格纳法》,以推动雇主与工会之间的集体性谈判。它确保雇员享有组织和开展集体性劳资谈判的权利并禁止雇主针对劳工的不公平做法,包括因员工参与工会活动而对其有所歧视,还包括雇主拒绝与经员工授权的劳资谈判代表谈判等。1947年,国会通过了《劳资关系法》(Labor Management Relations Act,也称《塔夫脱-哈特利法》)。该法最重要的条款是首次限制了工会的不公平实践,包括胁迫、不经过直接当事人而向劳资纠纷中的雇主方施压等。它也限制了雇主与工会达成要求或鼓励员工参加工会的协议。最高法院对其进行解释,一方面授权联邦法院构建以保障劳资谈判协议实施为目的的联邦法体系,另一方面准许这些法院在谈判协议遭到违反时禁止罢工。[④]1959年颁布的《劳资报告与披露法》,也称作《兰德勒姆-棉里芬法》,该法从不同方面修改了早先的两项规定并对工会内部事务管理作出规定以确保工会对其会员诚实、公平(法恩思沃斯,2018:139—140)。

其二,相对大陆法,社会法是指社会保障法。美国学者海伦·克拉克在其所著的《社会法》(Social Legislation)一书中对社会法所作的定义为我国许多学者引用:"我们今天所称之'社会法',这一名词的第一次被使用是与俾斯麦的贡献有关,他在

① 参见1970年《职业安全与健康法》(Occupational Safely and Health Act)。

② 参见1974年《雇员退休收入保障法》(Employee Retirement Income Security Act)和1980年《多雇主养老金计划修改法》(the Multiemployer Pension Plan Amendments Act)。

③ 参见1964年《民权法》第7条和1967年《雇佣年龄歧视法》(Age Discrimination in Employment Act)。

④ Textile Workers Union v. Lincoln Mills, 353 U.S. 418(1957).

1880 年曾立法规定社会保障，以防疾病、灾害、残废、老年等意外事故。其立法意义一是为了保护在特别风险下的人群的利益，另一方面是为了大众的利益，我们今天使用这一名词必须包括这两方面的意义。"①美国学者有时为了与大陆法系的学者在同一个平台上对话而使用社会法的概念，这时社会法的概念其实是社会保障法。社会保障一词译自英文"social security"，美国 1935 年的《社会保障法》(Social Security Act)第一次在社会立法中引入这个名词。二战以后，欧洲国家纷纷建立"福利国家"。但因为价值理念和文化传统的差异，远隔大西洋的美国并没有简单地附和及接受这个在当时得到普遍赞扬的新生事物，而是坚持本国较为低调的社会保障的概念。国际劳工组织 1952 年国际劳工大会上通过了《社会保障(最低标准)公约》，建立社会保障制度的基本准则。社会保障一词逐渐被国际社会普遍使用，成为一个在相关的社会政策和社会立法中频频出现的专门术语(唐钧，2014：57)。1946 年至 1948 年，英国政府先后完成了《社会保险法》《国民保险法》《国民医疗保健法》《住房法》《国民救济法》《家庭补助法》等一系列重要的社会立法。

其三，相对制定法，社会法是民间法。埃利希认为，"人类社会的概念构成了任何社会科学考察之不言自明的出发点"，法学当然也不例外。而所谓"社会"就是"彼此存在联系的人类团体的总体"(埃利希，2009a：28)，换句话说，社会就是各种"团体"的集合而非"个人"的叠加。理解社会本位涉及个人与社会的关系，个人与社群既是人存在的两种基本形式，又是任何社会结构不可或缺的两个基本层次。围绕着个人与社群何者构成社会基础与价值本原，形成了两种相互对立的基本观点，即个人主义(individualism)与社群主义(communitarianism)。在当代西方伦理学、政治哲学与法哲学中，个人与社群的关系引发了学者们长期而激烈的理论争论。

社会法强调社会与法的关系，英美法更强调社会的作用，而大陆法更强调法的作用。在社会法的概念上，埃利希认为，"相对于同国家和地方的立法机关制定的法律规范——即'国家法'而言，所谓的'社会法'则是指由社会团体制定的，并且仅适用于其内部的一种'行为规范'。换句话说，相对于所谓的'国家法'包括了所有的国家制定的实在法而言，'社会法'的渊源，除了那些不成文的习惯、民约等之外，还包括了社会团体自主制定的内部的'法律规范'，即并非按着'国家法'的立法程序制定的，像社会团体的规章和协议等这样的一些行为规范"(王为农、吴谦，2002：91)。这种观点其实解释了制定法与社会的关系。由于法德继受的主要是罗马法的传统，英美继受的主要是日耳曼法的传统，社会法的理解完全不同。在英美法的体系中，社会团体制定的、并且仅适用于其内部的一种行为规范，只要成为一种习惯的概念，就可能成为判案的依据。英美社会法，往往将重点放在对于社会的理解上，在社会与法的关系上更强调社会的自在特性。在美国成功地建立了一种独特的社会秩序，人们通过政治安排反映他们的利益，社会在自由的基础上得以延续，在保护个人权利的制度基础达到社会稳定。英国首相撒切尔夫人和美国总统里根在经济政策领域，共同发起的那场

① Helen I. Clarke, Social Legislation(1940), p.117(转自林嘉，2002：117)。

新保守主义革命之所以取得成效与这种社会现实有关。

20 世纪以来，福利国家在发展过程中本身遇到了很多问题。用法哲学意义的法社会学来研究作为部门法学的社会法学成为最重要的方式。社会法学或者法社会学普遍持一种反形式主义（anti-formalism）的法律观，在他们看来，法并不只是一套孤立的纯粹形式规则体系（胡平仁，2007：237），强调法律的多元主义；在对社会利益的研究中，庞德认为社会利益高于个人利益，强调法律是一种“社会功能”或“社会控制”，是协调利益冲突的手段。罗尔斯正义理论中对社会制度正义的强调，替代性纠纷解决方式的青睐，对劳动者、消费者等弱势群体保护问题的关注等等促使第三部门研究有了长足的发展。

第四节　日本的社会法

对于社会法的范畴，日本学者沼田稻次郎认为，如果从小至大排序的话，应该为狭义社会法—广义社会法（社会立法＝社会政策立法）—社会政策（沼田稻次郎，1950：89）。这一分类忽视了菊池勇夫提出的社会法域的概念。将两种分类方式加以综合，从泛、广、中、狭的分类演变来看，由泛至狭与由狭至泛，两种研究进路体现出法律调整取代政策调整，理论法学融合实证法学的日本的社会法概念特色。

一、日本的泛义社会法——法律社会化

对于泛义社会法的含义，日本学者的理解差别很大，在效仿法国法还是效仿英国法的问题上曾存在争论，其实也可视为是罗马法与日耳曼法的日本式争论。沼田稻次郎在将广义社会法定义为社会政策立法时，强调社会政策。桥本文雄则从更加广泛的角度来定义泛义社会法。

（一）一战前的社会福祉立法

19 世纪中叶，随着日本封闭的国门被美国人用炮舰打开，日本人首次接触到西方工业革命的先进成果（吴飞，2019：59）。1854 年日本改变多年的锁国政策，1868 年日本开启学习欧美先进制度的“脱亚入欧”之路，日本法制在经过明治维新之后转向西化。西方自由、民主、人权、契约等思想开拓了人们的视野，体现市场自由的英国《济贫法》首先对日本发生影响。1871 年明治政府就制定了《贫民临时救济规则》，“社会福祉”概念开始进入法律层面。岛田肇在《社会福祉“论理七伦理”样相》中将日本社会福利的逻辑和伦理分裂期界定为明治后期，对于“国家”与“个人”的性质和两者之间的关系从德国国家学理论的视角下进行探讨，他根据国家的有机体观对当时日本的救济行政及公共救济事业进行思考，最后他指出个人的伦理观应当从公共思

想的构筑过程中来考察并指出了社会福利的强制逻辑特性。[1]福泽谕吉[2](1835—1901)作为近代日本自由主义经济思想的重要代表人物,他的福利经济思想是其自由主义经济思想的重要组成部分。福泽谕吉时代西欧的福利国家还没有诞生,政府的作用是"国民公心的代表",他所理想的国家是:人类社会应该达到的真正目的是公心与私心的一致,这就要求人们不要有太多欲望和私心,均苦乐,给老幼病弱者以帮助,将劳动作为社会问题来把握,主张解决企业中的劳资对立。福泽精通英国的济贫法,他在《西洋事情》中就介绍了英国救贫的具体制度。他还对自由人权观、贫困观、济贫法观、救贫设施观、相互扶助观等进行了详细阐述,这些思想对后来的福田德三和河上肇产生了重要影响。

明治初年形成了一个构成复杂且较为广泛的贫困阶层,这一时期以矿山劳动为代表的劳动环境恶劣问题也不断凸显。广泛贫困阶层的存在使得劳动暴动频发,为了维持社会稳定、安定人心,1871 年明治政府制定了带有明确救济性质的《贫民临时救济规则》,这个规则以因贫困而流入城市的贫民为实施对象,后来救济的范围逐步扩大,1874 年《抚恤救济规则》正式制定并执行。日本 1889 年制定的《明治宪法》承 1850 年的《普鲁士宪法》而形成,这一时期生存权是不受保障的,与其他立法相比,近代日本的社会保障立法显得比较落后。这与当时统治者的指导思想有关,他们认为,对贫穷者的救济应由其亲属或近邻负责,通过人民"相互的情谊"来解决;只有在上述条件不具备时,才由公费救助,否则会出现"惰民"。正是出于这种思想,初期日本对救助事业的限制非常严格,并且在救助中强调救助的恩惠性。1890 年日本政府着手修改《抚恤救济规则》,其救助的目的在于维持治安和保障公共卫生,决不是承认生活贫困者的生活保障请求权。这被定为当时的一项原则,国家的救济不过是一种例外而已,出于天皇的仁慈,属于慈善行为;严格限制救济对象,稍有劳动能力的即被排除在外。(何勤华等,1999:310)。对于这一特点,大须贺明曾评价:"只要看一下 1874 年的《救恤规则》和 1929 年的《救护法》,就一目了然了。"(大须贺明,2001:9)日本最初的社会立法大多是以慈善、抚恤、安抚的面目出现的社会救济性立法,因此,这个时期的日本社会立法带有极强的"行政法"特性(丹宗晓信,载菊池勇夫,1958:30)。当时学术界倡导生存权的思想和理论(松尾敬一:433f),在现实中要通过法律等手段来进行保障是完全不可能的。

这一时期,针对战争中流离失所的流浪儿童、问题少年等不断增多的现象,政府开始大力发展感化事业和感化救济事业。感化事业是对不良少年的感化教育和治安对策的结合。日本 1911 年从英国引入了《工厂法》这样的立法。《工厂法》的最初法案是 1897 年完成的《职工法案》,该法案在 1898 年经农商务省的修改后,以《工厂法》

① 本书中关于日本社会政策的介绍大多引自陶芸:《日本福利经济思想研究》,武汉大学 2017 年度博士学位论文。涉及的主要有福泽谕吉、住谷悦治、若山仪一、大岛贞益、桑田熊藏、高野岩三郎、福田德三、河上肇、柳田国男、阿普翰姆、海野幸德、沼佐隆次、风早八十二、大河内一男、杉田菜穗等等。

② 福泽谕吉作为日本派往欧美学习的留学生,深受当时欧美自由主义思想的影响。他很早就将英国社会哲学、经济学等著作翻译成日语传入日本,是日本近代思想的启蒙者和经济学传统的开创者(陶芸,2017:43)。

草案向农工商高等会议提出，但该草案遭到财界的强烈反对。特别是一些经营者认为，劳资间并不是一种权利义务关系，而是以主从关系为基础的"温情"关系。1910年1月，该法案向第26次议会提出，但由于以纺织业为中心的资本家的强烈反对，特别是对"禁止夜间作业"条款的反对，最后政府被迫撤回该法案。同年10月，"工厂法案"交生产调查会讨论审议，经修改后，于1911年再次向第27次议会提出，经修改于3月20日通过，3月29日公布，但该法的实行时间则是在5年之后的1916年9月1日。这一时期日本的社会法其实留有英国早期的痕迹。

社会福祉的概念为"法律社会化"进行了理论奠基，事实上只有从社会政策与法律两个方面入手，才可能来完成社会法的理论构建，然而这一时期，日本只有社会政策的理论，而基本上没有社会法的理论，社会法学的概念也首先出现在社会政策的理论研究中。《明治宪法》具有君权主义和立宪主义相结合的特点。在宪法中，既有万世一系的天皇总揽统治权的规定，又吸收了西方宪法的立宪制原理，可以说是传统的君主集权理论与西方宪政理论的混合产物。宪法所保障的权利与自由，都是作为天皇的恩惠赐予的。因而，在宪法中设置了所谓"法律的保留"之构造，以此保证在天皇不想赐予时，任何时候都可以加以限制或者剥夺该项权利。

（二）一战前的社会政策理论研究

从学说上看，历史学派是19世纪中期在德国出现，对当时日本经济学说产生了较大的影响(胡明，2008:48)。社会政策学派以关心和解决日本的劳动问题为己任，在政策上它反对古典经济学对劳动问题自由放任的态度，它认为要解决劳动问题不能只从每一个劳动者角度来考虑，更应该从社会层面来解决，该学派立足于社会改良，主张政府通过制定法律、完善社会制度，在私有财产制的前提下预防和解决劳动问题。其中对私有财产制度的拥护与否也是社会政策学派和马克思主义学派的区别。

1890年，住谷悦治等先驱者们将源于德国历史学派的德国社会政策学思想传入日本后，经过若山仪一、大岛贞益等进一步的发展，为后来日本社会政策学派的建立打下了良好的基础。日本社会政策学会，从1896—1920年期间，大多数年会的议题都围绕着日本的劳动问题展开讨论，表现出了对劳动问题的高度重视和广泛关注，这些讨论在当时社会上引起了强烈反响。事实上，在社会福祉立法过程中，就开始出现社会政策的提法，"社会政策"概念在第一次世界大战前从德国传入日本，当时日本正处在社会激烈动荡时期，在"富国强兵、殖产兴业"理念下，社会政策的理论也开始形成。社会福祉与社会政策最初强调的都是国家权威与恩惠赐予。这个学会对日本第一部较为完整的劳动者保护法——《工厂法》的制定产生了重要影响。金井延等人建立了日本的社会政策学派并培养了一批后继者。它还培养了一批杰出的社会、经济学者，这些人后来也成为马克思主义、社会主义思想在日本传播的重要力量。这个阶段，涌现出了诸如福泽谕吉、涩泽荣一、柳田国男、高野岩三郎等一系列的福利实践家和理论家，在这些人物中，思想最深刻、影响最广泛的当数被誉为"日本福利经济之父"

的福田德三，以及日本马克思主义的重要传播者河上肇(陶芸，2017:43、27、38)。

(三) 一战前后泛义社会法研究

一战前的社会福祉主要采取政策调整的方式，沼田将社会政策视为一种泛义社会法，但这一时期并未形成相关的社会法理念，法律社会化的理论是20世纪30年代形成的，真正的"泛义社会法"的概念出现在一战之后。

其一，一战前社会法的理论空白。一战前的社会政策理论活跃与社会法的理论空白形成鲜明对比，这种状态反映了社会政策调整为基本模式的现实。桥本文雄对社会法的产生过程进行了梳理和分析，认为"'社会法'不是从其产生之初就被确立的概念"(桥本文雄，1957:166)。从社会法的衍生过程可以看到，社会法发展的开端是有关劳动者保护法，模仿英国的立法例，首先使用"工厂法"(factory act)、"工厂立法"(Fabrikgesetzgebung)的概念，之后从保护经济上弱势的被雇佣者的社会政策出发，制定了"劳动者保护法"(Arbeiterschutzrecht)。此后，劳动者保护法与劳动契约法、劳动者保险法相区别，产生了包含这三个领域新的"劳动者法"(Arbeiterrecht)。随着社会保险适用主体范围的扩大，"劳动者法"演变为"被雇佣者法"(Arbeitnehmersrecht)、"被雇佣者保护法"(Arbeitnehmerschutzrecht)，另外，劳动者保险法被称为社会保险法，出现了涵盖这些立法的"社会立法"(soziale Gesetzgebung)、"社会政策立法"(sozialpolitische Gesetzgebung)的概念(桥本文雄，1957:166、167)。一战前，虽然已经出现了"工厂立法"的动议，但这一时期并没有形成社会法的概念。1911年通过的工厂法，5年之后才得以实施的现实说明社会立法尚未形成共识。至1907年，日本制定了宪法典、民法典、刑法典、商法典、刑事诉讼法典、民事诉讼法典等，确立了"六法体系"，其中并无体现社会政策法律化的内容。

日本的家长制传统，使其比较容易接受体现国家集权的社会政策概念，但将其转化为法律概念则还有待社会的进一步发展，美国的日本法专家的一些评论也许能间接地说明这一时期有社会政策而并无社会法概念的原因。阿普翰姆(Upham)于1990年提出，日本人微弱的法意识并不真正是他们传统固有的态度。相反，它实际上是种"虚拟的传统"伪造出来以便服务于日本掌权阶层的利益，因为他们不希望人们去主张自己的权利。[①]日本学者也认同这种看法。这种理论并不时新。战后日本学者以不同的方式指出，20世纪二三十年代的日本在观念和意识形态上要求一种强有力的国家主义以支持战时的经济，超出这一紧迫需求之外的发挥市场以及合理统治的功能的法律范围受到限制。结合对霸权性话语的洞察，我们看到了日本"传统的"无讼观变成自然化的话语的倾向(棚濑孝雄，2002:757)。事实上民法典的制定也非一帆风顺，劳动领域更被视为应当体现这种"无讼观"，以社会政策方式来干预尚存

① Upham, F., "*Weak Legal Consciousness as Invented Tradition*," in S. Vlastos(ed.), *Mirror of Modernity: Invented Traditions of Modern Japan*(Berkeley, Cal.: University of California Press 1998), pp.48—64(转自棚濑孝雄，2002:757)。

在很大的分歧,“法律的社会化”更难形成立法上的共识。

在私法领域,明治时代之前,日本不存在私法法典,有关土地所有交易、家族、继承等重要的私法事项也是通过太政官布告来进行规范。日本从 1873 年起着手按照西方国家的法律模式进行法典的编纂。当时,在效仿法国法还是效仿英国法的问题上存在着争论,其实也可视为是罗马法与日耳曼法的争论,由于日本和法国在法律体系上的相似特征,其采用了法国法。在法国法学家保阿索那特直接指导下,以法国法典为蓝本开始起草法典工作,将 1804 年的法国民法典几乎原封不动地作为日本民法典来使用,借穗积陈重的话讲,是彻头彻尾的“模仿民法”。草案一公布,立即遭到了一部分学者和政界人士的反对,认为旧民法所依据的是天赋人权论,将破坏日本社会的人伦,东大教授穗积八束甚至提出“《民法》出,而忠孝灭”的论点(竹内理三等,1988:282),主张法典延期施行。另一种意见主张如期施行,从而形成了日本史上关于旧民法的延期派与断行派之争,最后延期派的意见占了上风,1892 年第三届议会通过延期实施《民法》《商法》草案,延期派取得了胜利。

无论是法国民法典还是德国民法典事实上都是无法解释当时正在出现的法律社会化现象。社会政策的法律化需要法律理论的更新,“法律的社会化”以及“社会法”一词在大正时代(1912—1926 年)末期、昭和时代(1926—1989 年)初期出现,学者们意识到了“市民法与社会法”区别的意义(沼田稻次郎,1953:7)。日本大正天皇在位的时期,是短暂而相对稳定的时期,成为日本自明治维新以后前所未有的盛世,后来称之为“大正民主”。1911 年制定了《工厂法》(1916 年实施),这些立法并不符合日本模仿法国、德国建立起来的罗马法体制。表面看来,这似乎是法学理论的探索落后于立法实践,其实该法适用于雇佣工人 15 人以上以及从事危险或生产有害于身体的产品的企业。在这些企业中,禁止使用 12 岁以下的童工,对女子和未满 15 岁的少年,实行 12 小时劳动制,并禁止夜间工作;该法同时规定,在该法实行后 15 年之内,禁止夜间工作条款不适用于实行两班制的企业,从而使这一条款在当时成为一纸空文。根据该法的规定,随着日本进入战时体制,社会化思想迅速衰退。

其二,一战后出现的理论社会法。由于工会在社会法形成中具有重要作用,除了国家的社会政策立法之外,劳动协约、经营协约等劳动者团体的自主立法的重要意义得到认可(田思路,2019:65)。一战后,才出现了较为系统的“社会法”的理论研究,并形成理论法学派与实证学派。①

最为著名的研究者是桥本文雄(1902—1934),②“于是包含上述全部法域的、超脱一般的传统的市民法法理的新的法理体系产生了,这样的新法域或新法系的根本志向是社会的或团体主义的精神,由此,学者之间开始倡导‘社会法’这一新的概念”(桥本文雄,1957:166、167)。桥本是在泛义上理解“社会法”的概念。他试图研究资

① 前者以桥本文雄、加古佑二郎、沼田次郎等京都的理论法学派为代表,后者以菊池勇夫为代表(丹宗晓信,1958:44)。

② 桥本文雄 1927 年毕业于京都大学经济学部,1930 年在东北大学任副教授。

本主义法律体系中社会法的地位，曾经发表了诸多具有奠基意义的学术成果。桥本的《社会法与市民法》《社会法的研究》是较为经典的理论，对此后的社会法理论带来很大影响，他也被誉为日本"社会法理论的奠基人"(江口公典，2000:287)。桥本的社会法学研究，主要是针对以自由、平等、独立等为基本原理的民法学理论所存在的"形式性、抽象性"等诸多弊端展开的(桥本文雄，1929)。但由于当时日本的社会立法并不发达，且不论是在体系上，还是在理论的构建上都远不及民法学的理论研究，因而使得桥本在如何把握社会法这一问题上一时陷入了困境(王为农，2004:35)。桥本的"保护特定主体"的社会法学说(桥本文雄，1934:325)与菊池的实证主义不同，桥本是从法学的一般性原理出发来认识社会法。从大正时期新康德学派的理想主义哲学曾经独占鳌头，堪称大正哲学的主流，新康德学派始终将人作为关注重点，桥本深受拉德布鲁赫的影响，曾经引用其观点来论证自己的理论。

拉德布鲁赫提出的"社会人"的概念："如果单纯地把社会法理解为保护经济的弱者及为了社会福利的法的话，那么，便无法真正理解社会法的发展了。"[①]在此基础上，拉德布鲁赫进一步揭示了社会法所具有的基本特征：(1)强调主体的特殊性——在被平等化了的人格概念背后，考量基于各自社会地位的个性，也就是社会权势者和无力者的地位；(2)社会法的保护功能——尽可能地保护社会的无力者、制衡社会的权势者；(3)谋求法律的形式与现实的调和；(4)基于以上目的的国家介入。[②]受拉德布鲁赫启发，桥本提出："被特定化了的社会集团"(桥本文雄，1934:200)的概念，必须从法的主体变迁中来把握。他指出：作为一个法域的社会法，其除了劳动法及社会保障法这些保护"反资本主义的社会集团"的法之外，还包括了与"生存权的保障"并无关联的社会行为法、社会组织法、社会诉讼法以及社会财产法等(桥本文雄，1934:325)。桥本提出的"社会人"概念，其实与基尔克的观点有着千丝万缕联系，从国家立法由保护一般主体权益向保障特定主体的法益转变这一立法现象出发，来研究产生于发达的民事立法基础之上、并对其缺陷做出矫正的社会法，的确可以称得上是充满了智慧的研究路径。然而，在一个已经将罗马法体系确定为基本法律体制的国度内，企图通过超然的理论抽象来建立起社会法的理论体系，这种观点是很难被人接受的。因此，其社会法学理论并未得到更多的日本学者支持(王为农，2004:35—36)。日本著名法学家在编写法律学辞典时，对于"社会法"词条还是采用了基尔克提法："社会法与个人法相对、是将个人作为团体构成成员来规范的总称，其适用范围包括家庭关系、公司、工会及其他私人团体组织、公共团体组织，甚至包括国家和国际团体组织。相对于个人法将个人的自由平等作为指导原理，社会法为实现团体的共同目的，在一定程度上统治了个人的地位。"[③]"社会法"一词意味着：修正以个人的绝对所有权和契约自由等为基本原则的近代资本主义法的新的法学理论。

---

① 引用拉德布鲁赫的论述(桥本文雄，1929:122)。

② 桥本所引用的文献部分(桥本文雄，1929:126)。

③ "社会法"词条，参见我妻榮、横田喜三郎、宮澤俊義，1937:501—502。

二、日本的广义社会法——社会政策立法

日本学者对于广义社会法的认识较为一致，其含义是指社会政策立法，沼田稻次郎认为，社会政策立法等于社会立法，社会政策理论影响了社会法的理论。这一时期关于社会政策的讨论围绕着“社会政策”“社会事业”“社会福利”这些关键词展开，日本的广义社会法可以说是社会政策法律化的理论。福田德三的生存权社会政策理论在日本很有影响，生存权也成为限缩理论社会法的依据，促成了社会法理念的发展。

（一）一战后的社会权立法

第一次世界大战使得日本的国际地位得到提升，日本的法律也有新的变化。第一次世界大战结束后，日本在 1920 年至 1930 年的短短十年内，先后经历了三次大的经济危机，社会的贫困阶层也在进一步扩大。而且，由于私人企业生产的盲目性造成了生产与消费的严重背离，导致了失业率不断上升、职工收入的持续下降（王为农，2004：32）。

面对人们生活的困苦和社会矛盾的激化，日本政府的福利制度由此前单纯的救济事业向保障范围更广泛的社会事业转变。从公共的救济对策来看，由原来仅以有限的贫困群体作为救济对象向着更为广泛的国民和贫困阶层的防贫经济保护工作转变，政府于 1918 年设立救济事业调查会，1921 年设立社会事业调查会，社会事业调查会的工作涉及职业介绍、住宅规制、市场管理等诸多方面。这一时期取代原有的《抚恤救济规则》实行“救济保护制度”，救济保护的公共和私人组织在政府的行政主导下不断推进，中央和地方都创立了关联行政组织，民间的慈善救济设施和关联事业设施的数量不断增加。1929 年《救护法》正式制定并实施，这意味着原有的《抚恤救济规则》已经退出历史舞台；1933—1937 年《儿童虐待防止法》《少年保护法》《母子保护法》等多部涉及妇女儿童保护的法律制度相继出台。1938 年政府以原有内务省的社会局和卫生局为中心，将社会行政和卫生行政统一起来设立了日本的厚生省，此后，厚生省就成了日本主管社会福利的主要的、专门的机构，它的诞生也标志着日本的福利制度由社会事业向着社会福利更迈进了一步。

总体来说，日本从明治初期到二战结束的不到一个世纪的时间里，福利制度实现了从救济制度到社会事业再到社会福利的转变。虽然这种战时环境下的社会福利和现代意义的社会福利还有一定的差距，但是这种转变以及福利专门主管机构的设立为战后日本现代社会福利制度打下了坚实的基础（陶芸，2017：30）。体现第二代人权观念的社会法是从社会主义发展而来，经过德国历史法学派改良加工而形成的学说，日本法学在摇摆于法国与英国时，总体还停留在第一代人权的接受上，并无这种社会法的思维。一战前后，一方面，日本社会权立法已经有了一定的发展；另一方面，社会政策研究的发达与社会法学的相对落后，如果说社会政策研究成为立法的驱动力量，社会法学更多立足于现实立法进行总结。这种状况致使日本社会

权理论以及三分法思想首先由作为社会政策理论研究的经济学而非法学提出。三分法本是一种法哲学思想，日本同时提出了“社会哲学”“经济哲学”“社会法学”等理论。

（二）一战后的社会政策理论

日本在向德国学习时，社会经济领域逐渐受到两种思潮的影响，一是马克思主义革命思想，二是在德国社会政策影响下的社会改良主义思想。这种两极分化的趋势越来越趋明显。河上肇就是前者的代表，福田德三是后者的代表。一战结束后，福田德三和幸德秋水一起翻译了一些马克思的著作并将马克思主义思想介绍给日本学者，后来福田德三主张社会改良，他逐渐和河上肇分道扬镳。如果说福田德三以保障生存权来确定社会政策的性质，大河内一男的社会事业理论拓展了生存权的范围。社会福利定性与定量研究构成了社会法的实质法。

其一，福田德三的生存权社会政策理论。福田德三认为劳动权、劳动全收权和生存权都属于社会权，他在三种社会权中最重视生存权，并将它作为最终目的以及社会政策制定的依据。生存权的社会政策是为了弥补对企业者或财产所有者有利的现行法律制度中的缺陷，保障劳动者可以和他们享受同等追求自由的权利，从这个意义上来说，这是为了推进新自由主义的社会政策。基于对社会政策的哲学基础的认识，福田德三指出，新的社会政策，把私法社会政策化，把民法上的规定从社会政策的哲学观点进行再检讨，不论在什么体制和自然法则下，现行政策制度的不完备在不断改革的过程中，承认所有的人都能自由追求生存权的新社会政策也被逐步推进。福田德三认为“生存权的社会政策”中包含了三个要素，即将以物质和人格的欲望充足为目的的生产活动作为文化价值来看待的“社会哲学”，为了承认生存权而推进法制改革的“社会法学”，关于生存权被认可的社会的再审视的“经济哲学”。

三个要素成为福田德三福利经济思想的重要组成部分。(1)“个人、国家、社会”的社会哲学视角。福田德三哲学视角与基尔克融合逻辑的人法思维有一定的联系。“人格”必须要不断地对“物格”依照“人格”的意思来进行“征服”。融合与人格相结合，劳动者就必然想要克服资产所有者的支配而发生劳动运动，其目的在于回复“人格”的地位，这种“人格性”回复的运动是在社会中实现的，社会的存在就是为了调和作为个人的生活和作为国家一员的生活，最终使得“人格生活”的经营成为可能。(2)“劳动国家”论的社会法学视角。从这一视角出发，强调了社会政策与社会运动的互动。在福田德三看来，所谓社会政策的“本领”，就是用“国家这个容器来控制社会生活扩张的妨碍者”或者“使得国家的外围更加富于弹性，从而能够包容共同生活的斗争”劳动者通过与“非人格的斗争”促进“人格的发展”和“福利化”。(3)“经济哲学”的福利经济学。福田德三将经济学分为“价格的经济学”和“福利的经济学”，“福利经济学”就是要将人们从价格的束缚中解放出来。福田德三认为一定要区别“满足的程度”和“愿望的程度”，建立真正的“福利经济学”的基础就在于这个“满足的程度”，这也是两种经济学的根本区别(陶芸，2017：47—49)。

其二，大河内一男的社会事业的系统化理论。从战前到战后关于社会政策理论研究中，除大河内一男、孝桥正一和冈村重夫作为他思想的后继者对日本社会福利理论的建立也发挥了非常重要的作用。除了这三个人物以外，在战时有关社会政策研究的代表人物还包括海野幸德、沼佐隆次、风早八十二等；战后对社会福利理论基础研究做出贡献的还包括竹中胜男、竹内爱二、鸠田启一郎、木田彻郎等。从社会事业到社会政策，他们都有较完整的论述。在社会事业和社会政策的论述中，最为著名的代表人物是大河内一男。大河内一男具体分析了社会政策和社会事业的理想和现实。从社会政策看，他认为社会政策应对劳动力的不足与失业，应该建立职业介绍所、劳动者培养机构，确立失业保险制度，保护劳动者作为生产者的资格，完善劳动时间的缩短和最低工资标准。但现实中社会政策成为慈善政策，将基于雇佣契约建立劳动关系的劳动者当作贫民对待，社会政策行使了社会事业的功能，失业保险制度缺失。从社会事业来看，大河内一男认为，社会事业应该从慈善事业向完善的社会福利制度转变，以科学为指导，满足最低限度的救济需要，对社会政策的生产机能从外部进行补充，并且不断推进增进社会文化生活的相关设施建设。

（三）一战后广义社会法研究

广义社会法在日本也常被称之为“社会政策立法”（sozialpolitische Gesetzgebung）。社会政策学术研究中的定性与定量研究，为社会法奠定了基础，社会福利法律化以广义社会法为形式法。广义社会法的代表人物为加古佑二郎、沼田稻次郎与渡边洋三，该学派认为，社会法是作为对市民法的修正而存在的，由于市民法的贯彻和执行使资本主义社会形成了结构性的矛盾，进而对市民社会中现实存在的特殊社会群体的生存权构成了严重的威胁，社会法就是基于社会正义，为维护生存保障权而实施的法律。这一学说实际上是以当时的劳动法、社会保障法、禁止垄断法以及环保法等社会立法为范围（沼田稻次郎，1975：106）。

针对桥本的泛义社会法学理论所存在着的过于宽泛的缺陷，同属于“理论法学派”的加古，为了克服桥本社会法主体的“社会人”概念的宽泛和不确定性，指出：“社会法实际上是保护由处于社会的从属地位的劳动者、经济上的弱势者所组成的社会集团的利益，而并非是所有的社会集团的利益之法律规范。”（加古佑二郎，1935：345f）在批判和吸收了桥本的学说精华的基础上，加古加入了阶级分析的立场，形成了新的社会法学说。

加古与桥本的学说相联系之处是对民法学中的“人格理论”进行修正而建立起来的所谓“状态理论”①。“劳动法修正了市民法的‘人格’理论和‘意思’理论，作为‘状态’理论和‘保护’理论而登场。对比市民法的法主体的抽象性，社会法的法主体的特殊性、具体性的意义就可以被理解了。”（丹宗晓信，1958）加古使得相对于民事法主体的抽象性而言的社会法主体的特殊性和具体化理论变得让人易于接受了。加古质疑

① 即认为国家和社会要对“社会人”的一定“状态”负责。

民法的抽象人格，认识到了劳动者的从属性。事实上，不仅是劳动法的主体特殊性问题，日本的学者们对经济法、社会保障法等的主体特殊性问题，也进行了具体分析，从而使其社会法学的内容变得越来越丰富了(王为农，2004:36)。

加古与桥本的学说相区别之处在于对于主体理论进行限缩。加古指出，社会法实际上是保护由处于社会的从属地位的劳动者、经济上的弱势者所组成的社会集团的利益，而并非所有的社会集团的利益之法律规范(加古佑二郎，1935:345f)。加古将主体限定于阶级对立："从阶级分析的立场出发"，"站在阶级利益关系的基点上来考察"分析社会法主体的具体性和特殊性(王为农，2004:36)，并且通过对社会法的具体表现形态之一的劳动法及其主体所作的考察分析，进一步地揭示了社会法(劳动法)的基本特征。他指出：与民事法律以一般的"法人格"为主体不同，劳动法则是将处于特殊的、现实状态的"特殊部分的社会人"确定为其所要保护的法律主体(加古佑二郎，1935:345f)。

三、日本的中义社会法——社会法域立法

菊池勇夫的社会法理论——作为"部门法及法域"的社会法学说，以社会法域立法，创设了日本的中义社会法。

(一) 一战后的劳动基本权立法

在第一次世界大战后，随着民主运动和工人运动的高涨，日本国内要求"承认工会合法"的呼声很高，该要求的中心是废除《治安警察法》中的第 17 条(禁止承认工会的规定)，这一要求得到了进步学者、劳动团体和在野党的支持。1920 年，日本内务省和农商务省都提出了自己的"工会法案"。1926 年，政府以内务省的法案为基础，向行政调查会提出了一系列相关法案，即"工会法案""《治安警察法》第 17 条消除案""劳动争议调停法案"。这些法案经行政调查会的审议后，提交议会审议，最后由于"工会法案"遭到了资本家团体的反对，议会只通过了后两项法案。由于国际劳工组织规定了成员国的代表团必须由政府、雇主和工会三方代表组成，1924 年推举了劳动者代表，实际承认了工会存在的合法性。1926 年消除了《治安警察法》第 17 条之后，工会的合法性实际得到确认。

由于经济危机，工会运动进一步发展，至 1936 年，共有工会组织 973 个，会员达到 42 万人。面对工会运动的压力，日本政府不得不制定一些法律以作回应。1932 年制定了《劳动者灾害扶助法》和《劳动者灾害扶助责任保险法》，强调雇主对劳动灾害的责任，并使之保险化。1936 年制定了《退职准备金及退职补助金法》，作为失业保险的替代形式。1938 年制定的"商店法"，则初次规定了闭店时间和店员的劳动时间。昭和时代日本走上了军国主义的黑暗道路，这一时期日本的经济获得了快速的恢复和惊人的高速增长。1930 年，政府再次向议会提出修改工厂法草案，但仍因财界的反对而未能审议完毕，最后成为废案。1938 年以后，随着侵略战争的扩大，劳动

立法逐渐进入统制阶段。当时的日本劳动同盟发布了“消除罢工”的宣言，许多工会被强制解散。1939 年，政府发布“国民征用令”，否定了劳动合同的自由。1940 年的“工厂法战时特例”废除了保护少年和女工的劳动时间规定。而此时一系列所谓的“产业报国运动”的出现，则表明日本的劳动运动已经退化为法西斯统治的工具。此后，一直到第二次世界大战结束，日本也未能制定工会法(赵立新，2010：344)。

总之，日本战前的劳动立法是在工人运动的压力下被迫出台的，都是个别立法，没有形成完整的劳动法体系，比起其他资本主义国家，相当落后，如重要的工会法曾 5 次提交国会，却都成了废案；对于起码的劳动时间，都没有法律限制。法西斯政权建立后，仅有的社会立法也被纳入战争轨道，因此，日本真正的社会立法是从二战后开始的。

(二) 一战后的社会问题研究

从一战到二战期间，贫困问题一直是日本极其重要的社会问题，河上肇正是立足于这种社会现实，运用马克思主义的世界观和方法论围绕着贫困的定义、产生的原因和济贫的对策等全方位展开其贫困观，他的福利经济思想通过解决贫困的政策得到体现，《贫乏物语》也提起了人们对贫困问题的广泛关注。河上肇从认识“贫困人”这个词语入手，来展开他的贫困观。他将“贫困人”分为三类。他认为：“第一意义上的贫困人是相对于有钱人而言的贫困人，这是对两者的财富拥有进行比较后，相对于‘有钱人’这个词产生了‘贫困人’这个词，由于贫富差距的绝对存在，所以任何一个国家在任何时候，存在有钱人的同时就必然会存在贫穷的人。”不同的人之间进行比较有贫富之分；他将第二类的“贫困人”理解为“被救济者”，在他看来，这种“贫困人”接受救助，依赖社会慈善事业维持生活，只要对其进行救济，就可以根除这种贫困，所以济贫的工作在于寻找“被救济者”。河上肇认为，经济学意义上真正应该被关注的“贫困人”是第三类型，即“连仅仅只够维持肉体的自然发展的人类生存所必需之物都无法获取的人”。无法享受生活的必要之物，它意味着经济上的不足。

河上肇最初作为日本社会政策学会的重要成员之一，其思想意识上有着明确的社会政策、社会改良的主张，如他在治贫第一策中主张通过人的思想精神的教化，使富人自觉地减少奢侈品的消费，即禁止奢侈；[①]第二治贫政策中主张运用社会政策解决贫富差距问题；但是到了他的治贫第三策则主张发挥国家在经济组织改革中的作用，尤其是后来认识到只有社会主义、社会革命才是解决贫困问题的根本办法，这一思想转变的过程也是河上肇马克思主义治贫观逐步建立的过程。他真正站在社会下层劳动者的立场上，运用马克思主义的理论来思考贫困问题的对策，因此京极高宣指出：“河上肇的经济思想，从某种意义上来说是从自由主义到军国主义统治下向马克思主义转变的表现，河上肇是那个黑暗的时代极具日本的良心探求经济学的真理的

---

① 不论贫贱、患难，人们都应该保持一颗君子之心。河上肇在治贫第一策中提出要富人自觉禁止奢侈，实际上也包含了通过人精神层面的改造而达到一种节俭自觉的理想。

一个人真正的求道者。"(京极高宣,1999:161)

(三) 一战后中义社会法研究

美浓部达吉对中义社会法的评论是:"颇有人主张在公法和私法的两大法域外,应有'社会法'的第三法域存在;并以为在社会法的领域内,无公法和私法的区别可言(参照《法律学辞典》中菊池勇夫教授'社会法'之项)。"(美浓部达吉,2003:39)这段话也间接地指出,中义社会法的代表人物是菊池勇夫。针对战前的日本社会立法,菊池最早提出了对于社会法应从"作为学科和法域意义上的社会法"和"作为法理学和法思想意义上的社会法"这两个方面来认识的基本观点(菊池勇夫,1939;1936)。并且在一战前,菊池将其研究重点主要放在了前者——对社会法的概念及其法域构成进行广泛而又深入的研究。菊池最初认为:社会法是"规范社会阶级均衡关系的国家法规以及社会各种规范的统一名称"。纵观菊池关于社会法的理论学说,我们发现,其社会法理论观点的形成,实际上是经历了一个不断发展和完善的历史过程。对此,丹宗将其理论思想的形成和发展过程划分为三个不同阶段(丹宗晓信、载菊池勇夫,1958:30—35)。中义社会法的观点主要是第二个时期的观点,这也是菊池最具代表性的观点。

"普遍存在的共识是,德国魏玛时期的劳动法理论对日本的理论生成发生了深刻的影响。"[①]法国一般认为社会法包括劳动法和社会保障法。在日本,社会法的研究和发展有一个演变的过程。对于社会法究竟是一种法律观念,还是根据这种观念制定的法律,都曾经引起过争论。最初,在学者的心目中,"社会法"一词意味着:修正以个人的绝对所有权和契约自由等为基本原则的近代资本主义法的新的法学理论;根据这个修正理论而制定的法律,不属于私法、公法等任何一个旧的法律部门,而成了新的第三个法律领域。劳动法是其中的典型并得到了发展。随着日本进入战时体制,社会化思想迅速衰退。第二次世界大战后,社会法在日本重新得到发展,"社会法"一词通常被学者非常实际地肯定为对劳动法和社会保障法的总称,或者指社会保险及有关社会事业的法(《国外法学知识译丛·法学总论》,1982:41)。

菊池将社会法修正为"社会事业法",并将社会改良主义的思想(阶级调和论)作为社会法的基本理念的阶段(菊池勇夫,1935;1936)。菊池通过对日本已有的社会立法所作的分析和考察,归纳出了社会法所具有的三个基本特征:(1)公共性——与私人的意思相比,社会法处于公共管制的优势地位;(2)混合性——社会法并非是私法与公法的并存产物,而是其两者相互渗透形成的混合形态;(3)限制性——社会法对私权的行使附加了社会义务,体现了对私权的必要限制(菊池勇夫,1938)。随着日本社会立法的不断增多,菊池也开始逐步地修正其最初的基本观点,并将社会法界定为以社会改良主义为理念的社会政策立法。在此基础上,菊池在其确立的社会法的体

---

① Keiji Kubo, Bemerkungen über die Aufnahem von Sinzheimers Gedanken in japan, in Hugo Sinzheimer-Vater des deutschen Arbeitsrecht, Otto Brenner Stiftung, p.213.

系中，将社会事业法置于同劳动法同等重要的地位。他指出："社会事业法与劳动法，由于在以社会改良为目的这一点上是共同的，因此作为在以社会改良思想这一特色下将其两者统一的场合所使用的名称，称为'社会法'是合适的。"（菊池勇夫，1936）不过，菊池也不否认在两者之间也还存在比较明显的差异。因为，劳动法是以存在劳动契约关系为前提的，而与其相对应的社会事业法，则是以自然灾害和社会病理为施救原因的。并且，劳动问题所涉及的主要是如何积极地改善劳动者的劳动状况，而社会救济问题，则是如何改善包括劳动者在内的一般无产阶级的生活状况。因此，他认为，在理论上将两者区分开来，也是完全必要的（菊池勇夫，1937）。正是基于这样的基本认识，菊池又把"社会法"分解为了劳动法和社会事业法两个组成部分。不过，在这一阶段里，菊池还尚未在其社会法的体系中给经济法确立一个比较明确的地位（王为农，2004：34）。

四、日本的狭义社会法——劳动保障法

社会法概念在日本的兴起虽可以追溯到二战前的明治宪法时代，但是理论研究和实然发展主要是在二战后。社会法"真正成为独立的法领域，并获得实定法上的根据，是战败以后的事"（蔡茂寅，1997：389—390）。二战前日本学界对于社会法的概念、范畴研究，已上升到社会法的体系研究，并归纳出广义、狭义的双层模式。从社会法学说来看，历史上狭义社会法只是指劳动法。

（一）二战后的社会立法体系

"二战"后美国占领军在日本实行战后民主政策，日本政治经济体制发生了根本变革。同时，这个时期也是日本解决和克服战后社会经济混乱的非常时期。1946 年 11 月 3 日公布《宪法》（1947 年 5 月 3 日实施），其中第 25 条规定，"全体国民都享有健康和文化的最低限度的生活的权利，国家必须在生活的一切方面为提高和增进社会福利、社会保障以及公共卫生而努力"（百濑孝，2002：34f），明确了国家完善社会保障制度的《宪法》上的义务。社会结构的巨大变化和社会立法的加速进行为社会法理论研究提供了广阔舞台。劳动三法与福利三法是日本最具代表性的社会法。

劳动三法：1945 年制定了《劳动组合法》，1946 年制定了《劳动关系调整法》，1947 年制定了《劳动基准法》，"劳动三法"相继诞生。[①]随着法制的完善，日本的劳动法以后完全超出三法的范围。现代劳动法主要有 4 个分支：个别劳动法、集体劳动法、劳动市场法和公共部门法。个别劳动法有：《劳动基准法》《最低工资法》《工资支付确保法》《劳动安全卫生法》《劳动者灾害补偿保险法》《男女雇佣机会均等法》《非全日制用工劳动法》《育儿休假法》《劳动合同法》《劳动合同继承法》；集体劳动法包括：《工会法》《劳动关系调整法》；劳动市场法方面有：《雇佣对策法》《职业安定法》《劳动者派遣

① 日本 1947 年还制定了《劳动者灾害补偿保险法》《职业安定法》和《失业保险法》。

法》《雇佣保险法》《高龄者雇佣安定法》《残疾人雇佣促进法》《地方雇用发展促进法》《职业能力发展促进法》;公共劳动法有:《国家公务员法》《特定独立行政法人等劳动关系法》《地方公务员法》《地方公营企业等劳动关系法》。

福利三法:1946 年制定了《生活保护法》,1947 年制定了《儿童福利法》,1949 年制定了《身体残疾人福利法》,由此产生了"福利三法"。在日本宪法制定过程中,最初将"social security"译为"社会的安宁",后改为"生活的保障",最后确定为"社会保障"(百濑孝,2002:34f)。社会保障法分为关于社会保障行政的法、关于社会保障给付的法和关于社会保障争讼的法三部分,其中关于社会保障给付的法大致有保障所得的法和保障生活危险的法两类。社会保障法一般分为三大类:社会保险法、社会救助法和社会福利法。具体来说,属于在医疗方面有《健康保险法》《国民健康保险法》《老人保健法》等;属于养老金方面的有:《厚生养老保险法》《国民养老保险法》《农业从业人员保险法》《国会议员互助养老金法》等;属于雇佣方面的有:《失业保险法》《劳动保险征收法》等;属于社会保险运营及管理领域的有《社会保险审议官及社会保险审查法》《社会保险审议会及社会保险医疗协会法》等(刘烁、逄丹,1995:63)。

(二)二战前的社会立法理论

由于二战后日本学界较为一致地将社会法定义为中义或广义社会法,狭义社会法的理论研究应当追溯到二战前。菊池的社会法理论形成阶段是将社会法仅定义为劳动法。这一时期,菊池针对国家进行的有关调和劳资对立关系的立法,将社会法界定为"调整社会的阶级均衡关系的国家法规及社会诸规范的统称"。在这里,"社会是指近代资本主义经济制度下的社会。而阶级的均衡关系,则是从劳动与资本的阶级对立中产生的,并且与资本主义的各个发展阶段相适应,其均衡常在更新"。实际上,是将社会法等同为劳动法。对此,菊池指出:"社会法源于产业革命后出现的工业劳动者保护法,最初被称为工业法(Industrial law, Legislation Industrielle)……但是,随着资本主义的发展,不仅是工业企业,就连一般产业也经历了变革。劳动者问题已成为全体产业的共同问题。也就是说,同称其为工业法相比,将其称为劳动法(Labour law, Droit ouvrier)则显得更为合适。"不过,菊池还同时指出:"在将社会法视为劳动法的时候,我们还必须注意到,在劳动法领域所调整的'不只是单纯地保护劳动条件方面的问题,其还包括了关于劳动者的生活状态,以及全体无产阶级的问题'。"也就是说,其"包含了从有关各种社会保障、社会卫生等的所谓社会预防法制,到社会化法和社会事业法的全部内容"(菊池勇夫,1930:495)。

菊池从实证的角度对劳动法的规范进行了讨论。依据菊池的观点,美浓部举了,《劳动者罹灾扶助法》一个法律条文同时为私法而又为公法,是把公法和私法结合在一起的,其例颇非少数。这因为劳动者和资本家的关系,虽然本来是个人相互间的关系,但两者经济上的实力悬殊,若单予私法自治裁判上的保护,不能充分保障经济上的弱者之利益,所以国家就不能放任于其个人相互间的交涉,径进而直接当其保护之任(美浓部达吉,2003:40)。

第五节　西方各国社会法演变的启示

20 世纪 80 年代我国的社会法立法开始起步，社会法域理论与 90 年代立法相遇碰撞出我国的社会法体系。从西方立法与政治实践来看，第三法域与第三条道路都带有社会民主主义的鲜明特色。在我国的社会法演变中，第三法域遇到第三条道路，强化了第三种力量。

一、广义、中义、狭义与第三法域

在各国社会法广义、中义、狭义的理解中，对于我国社会法体系产生巨大影响力的第三法域理论，源起德国。1919 年魏玛宪法全面规定了公民的社会经济权利，一般认为，魏玛宪法以生存权为核心，体现了第二代人权的要求，第三法域理论给出福利国家干预社会经济生活的理论解说。然而，从形式上看，令人困惑的是受益国家似乎对魏玛宪法并没有表现出应有的热情，这种理论反而在德国以外的国家发展成一种较为普遍的社会法解说。这种现象的出现与二战的结果不无关系，战败国常常会进行全面反思，我们不妨先从二战战败国的立法反思来观察。

（一）德国《魏玛宪法》与第三法域理论

第三法域是欧洲社会主义者的一种理论探索，由一些社会民主党的理论家提出，体现了革命转向改良的愿望，也是根据德国《魏玛宪法》的社会实践提出的一种理论，兼顾了罗马法与日耳曼法的平衡。在德国，集体合同产生于德意志帝国时期，在魏玛时代实现了法制化。因此，集体劳动法被视作魏玛民主的重要成果之一，是共和国福利政策的重要组成部分（孟钟捷，2009：677）。对于德国社会法发展而言，除了公法私法化、私法公法化的视角外，当员工参与成为《魏玛宪法》的重要内容时，社会化更体现在集体劳动法这样的立法新内容上。

对于德国第三法域的立法，拉德布鲁赫的看法是："如果要用法律语言来表达我们所见证的社会关系和思潮的巨大变革，那么可以说，由于对'社会法'的追求，公法与私法、民法与行政法、契约与法律之间的僵硬区分已越来越趋于动摇；这两类法律逐渐不可分地渗透融合，从而由此产生了一个全新的法律领域，它既不是私法，也不是公法，而是崭新的第三法域：经济法和劳动法。"《魏玛宪法》确立了统一劳动法的立法思路，拉德布鲁赫曾认为，统一不只意味着法典的统一，首先应该是精神的统一，而只有整个劳动法的实施归于一个行政部门时，这种精神的统一才能得到保障。职业介绍、失业保险、劳动监察、社会保险必须成为统一的劳动行政部门的不同业务分支，经济纠纷裁决机关、仲裁机关以及劳动法院也必须紧跟此行政机关（拉德布鲁赫，

2017:114、124—125)。

纳粹政府被推翻之后,纳粹政府对劳动者忠实义务的滥用,引发了二战之后德国劳动法学界激烈的大讨论。德国的劳动法学界发起了一场将契约要素重新恢复为劳动关系基础要素以及强调个人自治的复兴运动。而这场"契约复兴运动"带来的直接影响就是对于劳动关系的人身属性以及劳动者忠实义务的冲击。人身属性是否仍应是劳动关系的核心要素,其与契约要素究竟谁是劳动关系的首要因素,迅速成为劳动法学界争论的焦点。[①]战后德国从三分法向二分法的转化时,由于重回公法与私法的传统体制与法理,德国的社会法属于公法的特别法,劳动法属于私法的特别法。在德国,有着紧密联系的劳动与社会保障被分割在私法与公法两个法域的范围内,从立法形式上看,集体劳动法似乎受到了削弱。

(二) 纳粹德国的《国家劳动秩序法》

1920 年 2 月,成立不久的德意志工人党改为国家社会主义德意志劳工党,即纳粹党(NSDAP)。希特勒在 1921 年 7 月 29 日晋升为党魁。纳粹在取得政权后,德国社会面临巨变。随着国家社会主义(national sozialismus)正式登上历史舞台,最核心的影响便是集体劳动法制度的整体崩解与消灭。纳粹德国于 1934 年 1 月 20 日正式颁布施行所谓的《国家劳动秩序法》(Gesetz zur Ordnung der nationalen Arbeit, AOG,也有译为《民族劳动秩序法》),作为德国最核心与重要的劳动基本法,以"企业共同体"为依托,按照"德意志法律的忠诚合同和领袖原则"规定了雇主和雇工的新的社会统治权力关系。这部劳动法是建立在纳粹共同体思想上的一部法律,"企业共同体"是民族共同体思想在企业中的体现,但它并不是纳粹提出的新概念,而是在魏玛时期企业主对企业劳资关系设想的基础上产生的。它没有否定雇主和雇工之间冲突的存在,而是强调共同体雇主和雇工之间的权力、义务差异,用等级制度代替魏玛时期法律上的劳资平等关系。《国家劳动秩序法》于 1934 年 5 月 1 日生效,自它生效起魏玛时期制定的《企业代表会法》《劳动合同法》《调解规定》《停工规定》等 11 部劳动法律无效。[②]因此该法是对魏玛时期劳资关系法的彻底否定,确立了以企业为中心的劳资关系。《国家劳动秩序法》废除了这种劳资谈判的模式,把劳动条件的决定权放回企业层面,交给企业主。企业主要对被剥夺共决权的职工履行关怀义务,职工也要对企业主尽忠诚义务。立法者认为通过这样的方式,劳资双方将抛弃阶级斗争思想,以关怀和忠诚义务为纽带,团结在"企业共同体"内(邓白桦,2007:26)。

与魏玛时期的劳资关系相比,纳粹劳资关系的重点放在了企业层面,采取了一系列具体措施:(1)在企业内部,恢复了企业主一家之主的地位,按照领袖原则建立"企业领袖—追随者"劳资关系模式。"企业主是企业领袖,职员和工人是追随者,一同为

---

① Thomas Ramm, "Das Arbeitsverhältnis als Austauschs-Und Gemeinschaftsverhältnis," Juristenzeitung, 1968—14, pp.479—480(转自李亘,2017:101)。

② *Völkischer Beobachter*, 17. Januar 1934, p.1.

推动企业目标、人民和国家的共同利益劳动”。[①](2)1920 年的《企业代表会法》被取消,用“信任代表会”取代魏玛时期的企业代表会。(3)在工资等劳动条件方面,用劳动托事的“集体工资规章”和企业领袖制定的“企业规章”取代原来工会与雇主协会谈判的集体工资合同,两者具有法律效力。(4)在企业外层面上,确立了“劳动托事”这一国家机构。(5)为了增强劳动托事的威慑力,在劳动托事的辖区设立“荣誉法庭”维护“企业共同体”。(6)没有对德意志劳动阵线这个组织作出法律规定,把劳动阵线放在十分次要的地位(邓白桦,2007:24—26)。

迈克尔·基特纳(Michael Kittner)言简意赅地指出纳粹劳动宪法的三项特征:(1)排除工会,解散自由的集体协商体制,以国家强制命令代之;(2)以国家社会主义的企业秩序(Betriebsordnung),取代自由的契约法与企业组织厂场共同决定;(3)伴随着形式上的剥夺劳工权利,却同时于意识宣传上提升劳动者的地位,同时改善相应的社会保障(林佳和,2014:220)。纳粹利用政权的力量对魏玛共和国进行了多方面的清算。

二战后,德国在否定纳粹“企业共同体”理论时,也在一定程度上否定了二战前的一些社会法理论。1946 年 3 月 5 日,英国前首相温斯顿·丘吉尔在美国富尔顿发表“铁幕演说”,正式拉开了冷战序幕。从战后形成的法律体系上看,联邦德国显然希望通过社会法来命名社会保障法,以消除社会法中社会主义法的联想,降低社会自治在整个法律体系中的作用。不仅基尔克受到了并不公平的批评,辛茨海默“集体权利思想”的学术观点也受到冷落,“社会议会制”(Sozialer Parlamentarismus)与“社会自治”(Soziale Selbstverwaltung)这两个相辅相成的概念事实上均有所削弱。只有联系以辛茨海默中为代表的社会民主党人的思维以及德国对社会主义理论的态度,才能体会这样的体系调整。

(三) 二战前后日本的社会法演化

日本虽然同为战败国,但美军占领的事实,使社会法并不会产生社会主义的联想,《魏玛宪法》在日本反而受到高度重视,在战后的短时间内,日本在完善劳动立法的同时,建立了多层次、立体式的劳动行政体制,德国魏玛时期的劳动法理论在日本得到了比较完整的落实。日本社会法被称为社会政策法,有两条进路交汇而成,社会政策作为一种经济学思想主要研究社会政策应当包含的内容,社会法主要研究以怎样的法律形式将其确定下来。仅从法律研究的视角来观察,也形成了由广到狭的应然法进路与由狭到广的实然法进路。

由广到狭的应然法进路。在应然法的研究进路上,法学界主要是跟随社会政策学派的发展而进行法学理论的阐释。社会政策学派以关心和解决日本的劳动问题为己任,该政策反对古典经济学对劳动问题自由放任的态度,与之相对应,桥本提出的“社会人”概念,与基尔克的观点类似,从国家立法由保护一般主体权益向保障特定主

---

① 《民族劳动秩序法》第 1 条。

体的法益转变。从社会政策立法现象出发，并随着社会政策具体化而逐步收窄研究范围，使法学研究逐步摆脱单纯的法理阐释。

由狭到广的实然法进路。在实然法的研究进路上，菊池始终是从法律的体系化和法域的构成这一角度来理解和把握“社会法”。伴随着其本国的社会化立法的不断丰富与完善，又适时地对其“社会法”体系的外延做了相应的补充和扩展。可以说，其社会法理论体系的形成和发展，是与其本国的社会立法不断分化、发展变化的历史紧密地联系在一起。由于在战前的这段时期内，菊池一直是致力于社会法的概念、法域和体系的构成等方面的研究，并从最初的阶级调和观点出发去界定社会法，逐渐转向了从现实法律的基本结构来定义社会法。因此，菊池的社会法学观点，在日本通常被称为“实证法学派的社会法学理论”(王为农，2004：35)。

两种研究进路最终交汇于社会法的双层结构。从法律社会化发展而来，沼田稻次郎将社会法定位于“第三法域”并形成“生存权的社会法”的观点。菊池则分三个阶段形成自己的研究特色。第一个阶段，将社会法界定为“调整社会的阶级均衡关系的国家法规及社会诸规范的统称”(菊池勇夫，1930：495)。第二个阶段，菊池将社会法修正为“社会事业法”，并将社会改良主义的思想(阶级调和论)作为社会法的基本理念的阶段(菊池勇夫，1935；1936)。第三个阶段，则是菊池明确地将经济法置于社会法域的阶段。菊池有关经济法的论述，最早出现在为祝贺牧野 60 寿辰而撰写的《近代法与经济的关系——经济法的序论考察》(1938)一文中。菊池指出：经济法是有别于民商法、劳动法的独立的法律部门(王为农，2004：34—35)。两条进路并非冲突。

菊池研究应当更代表日本社会法的研究范式。二战后，尽管日本为适应本国社会经济的发展和变化的需要制定并颁布实施了大量的社会立法，但此时的日本社会法学研究尚未走向成熟，诸如社会法的体系、法域的结构等一些基本的理论问题仍没有从根本上得到解决。面对这一现实，菊池一反以往的实然法研究思路，将其社会法学的研究重点移向了探讨社会法思想等社会法域的基本法理问题，并试图从思想史及法哲学的视角来重新审视和解释社会法这一立法现象及其有关的基本问题，以期能从宏观上对社会法有一个整体的把握，并发表了论文《社会法思想与社会立法》阐述其基本的观点。①

(四) 德国第三法域理论的战后发展

第三法域理论奠基于基尔克的社会法理论，后者源于日耳曼法。第三法域理论在德国的遭遇是我国学者非常喜欢讨论的问题，涉及必然法、应然法与实然法的关系。

其一，反思必然法与应然法的关系。二战时，纳粹德国将企业共同体理论归为“人格法上之共同体关系”理论，并认为其源于基尔克的论述，二战后基尔克因此受到批评；“人格保护之给付交换关系”这种脱胎于罗马法的理论开始流行。这一时期，虽

① 该文刊载在《九大法学部独立纪念论文集》，《法政研究》第 17 卷合并号(王为农，2004：36)。

然仍有一些劳动法学者坚持将劳动关系比作婚姻关系，认为人身属性以及劳动关系双方的照顾和忠实义务应是劳动关系的核心和基石，然而，受到纳粹时期阴影的影响，当时主流观点却并不赞成这种看法。劳动法学界的主流观点认为，虽然不可否认劳动关系仍然具有强烈的人身属性，但是人身属性已不再是劳动关系的核心要素，同样也不再是所有劳动者义务产生的本源。[①]纳粹治下“人格法上之共同体关系”理论固然过度夸大了劳动者从属性的必要性，并过度扩张了人格从属的范畴；但二战后，德国不再将人身属性视为劳动关系特点的看法，也与德国社会发展的实践并不相符，从一个极端走向了另一个极端。

之后德国学者也开始反思“人格保护之给付交换关系理论”的偏颇，着眼于劳动者从属性可能带来的弊端，对劳动者的人格能力与人格权利予以保障（李干，2017：15）。随着“人格保护之给付交换关系理论”不断被法官法修补，长期留学德国且对德国法有较深入理解的黄程贯认为：“其与人格法上共同关系理论二者实际上只是商标不同之相同商品，二者之实际结论并无重大差异。”（黄程贯，1998）毕竟劳动者对雇主的人格从属是客观存在的，也是劳动法需直视的问题，须予以正确看待。德国在法教义学中强调了人格法益的概念，劳动法领域更不得不以法官法的形式进行调整。从法治实践看，第三法域理论并未真正退出司法实践，是劳动领域法官法的基本依据；在立法领域则更多地成为一种理解德国社会国的基本理论。

从必然法与应然法统一的视角来观察，社会法发展至今，在市场经济调整体系和国家法律体系中应该强调社会法域的独特地位，也验证了拉德布鲁赫社会法不同于私法社会化观点的正确。一方面，应当反对将私法社会化扩大解释，以期用私法来涵盖社会法的内容，二者有不同本质，私法丢弃其私法自治的核心思想，会因异化而走向自我否定（桑铭一，2019：25）。另一方面，也应当反对将公法社会化做扩大解释。

其二，反思应然法与实然法的关系。对于第三法域，我国有学者不无讥讽评论：“国际上曾经流行而且现在又受到国内某些学者推崇的‘第三法域’。”（谢增毅，2006：97）似乎中国的社会法理论是拾德国过时理论之牙慧。在一些学者看来，社会法作为民主社会主义的理论产物，在德国都没有经受住现实的考验（沈建峰，2019a：47—49），更无推广到其他国家的可能。第三法域理论在世界的影响力。“普遍存在的共识是，德国魏玛时期的劳动法理论对日本的理论生成发生了深刻的影响。”[②]第二次世界大战后，不仅广义社会法在日本得到发展，英美国家的第三领域理论其实也体现了基尔克的社会法理念。事实上，无论从内容还是形式上，日耳曼法在英美国家才得到比较完整的贯彻，基尔克的社会法概念在美国已经变成了某种社会现实。社会法不仅强调社会团体，更作为民间法来理解，除着眼于解决社会问题外，更关注社会问题的形成原因。

---

① Nils Schwerdtner, Fürsorgetheorie und Entgelttheorie im Recht der Arbeitsbeziehungen, Wiesbaden: Gabler Verlag, 1970, pp.31, 66, 79（转自李亘，2017：101）。

② Keiji Kubo, Bemerkungen über die Aufnahem von Sinzheimers Gedanken in Japan, in Hugo Sinzheimer-Vater des deutschen Arbeitsrecht, Otto Brenner Stiftung, p.213（转自沈建峰，2019a：38）。

二、理论、历史、现实与第三道路

我国现行社会法体系形成过程中，西方正好也进入了社会调整的改革时期，西方正在探索的"第三条道路"理论对我国的社会法体系的形成也产生相当的影响。这一时期，二战后的一些立法也已经呈现出负面结果，二战战胜国也不得不进入立法调整，"第三条道路"理论是重要的指导思想。

（一）欧美的社会改革与"第三条道路"理论

第三条道路于1900年代由庇护十一世提出，他认为资本主义和社会主义都不合适，希望找到走在资本主义和社会主义中间的"第三条道路"，此后经常被社会民主党人和欧洲社会主义者所使用，说明自己的观点与美国自由市场资本主义和苏联社会主义模式的差异，最早可以追溯到德国社会民主党理论家伯恩施坦那里。"第三条道路"强调适应科技、经济、社会、阶级和生存环境等各方面全球性变化的"中间偏左"的社会民主主义（陶正付，1998：14），为寻求一个最有活力和能力的政府，支持人民生活最大福祉的政府，提供了一个可以平衡各种关系的道路。

从政治实践上看，"第三条道路"在20世纪90年代则特指欧美社会民主主义变革过程中的社会思潮和调整措施。撒切尔政府和罗纳德·里根政府，将经济上缓和管制、个人主义以及全球化等理念融合进主流的左翼思想，许多政治家倾向用"第三条道路"来形容这种新政，这个名称有时也被作为新自由主义社会经济政策的别称。作为一种社会民主主义的复兴思潮，"第三条道路"是在对凯恩斯主义、新自由主义和传统左右派理论综合的基础上提出来的，是二战后欧美发达国家，特别是西欧国家社会、经济、政治、文化生活变化的产物，也是战后资本主义发展进程中，更新和重建发展模式的一次变革尝试（赵洁，2009：89）。美国总统克林顿、英国首相布莱尔虽然都与前任属于不同政党，但分别继承"第三条道路"的理念。1989年11月9日，民主德国政府宣布允许公民申请访问联邦德国以及西柏林，柏林墙被迫开放。1990年6月，民主德国政府正式决定拆除柏林墙。欧洲发生了巨大的变化，如果说东欧企图避开一个由政府主导的社会，西欧则试着躲避一个由市场主导的社会，无论东欧还是西欧，人民都希望有一个真正全力为民服务、保护人民、以人民为中心的政府。"第三条道路"也成为东西欧的共识。前德国总理施罗德（1998—2005）以及前西班牙首相萨帕特罗（2004—2011）在任期间均主张采取这一"中间道路"。

从学术思想上看，作为战后资本主义进行调整的政治哲学理论，英国伦敦经济学院院长安东尼·吉登斯（Anthony Giddens）的《第三条道路：社会民主主义的复兴》对"第三条道路"的思想观点进行了完整的阐述，是研究"第三条道路"的代表性学者（赵洁，2009：89）。《第三条道路：社会民主主义的复兴》分析了在第二次世界大战以后，古典社会民主主义失败的原因，特别是福利制度的弊病；伴随着新自由主义的兴起，也出现了新的问题。两种主义都存在优点与不足，导致两种派别无休止的争论。吉登斯提出“平等、对弱者的保护、作为自主的自由、无责任即无权利、无民主即无权威、世界性的多元化、哲学上的保守主义”等价值理念，这其实是社会民主主义的基本价值观念的一种表达(方秋兰，2011：34—38)。面对崭新的局面和问题，希望超越“左与右”的制度，而去寻找能够解决新问题的新制度，“第三条道路”要实现管制与解除管制、社会生活的经济方面与非经济方面之间的平衡，重建国家和政府的关系(吉登斯，2000)。吉登斯在对自己的福利思想的描述中，提到了“国家和公民社会应当开展合作”，第三部门的介入、社区的自助发展以及“民主家庭”概念。他认为一个平等的社会应该具备“平等、有限的精英统治、公共空间的复兴、超越劳动的社会、积极的福利政策、社会投资型国家”(杨月明，2017：164—165)，实现社会团体民主与国家治理的结合及互动。

(二) 英国的社会法调整

20世纪30年代英国卷入资本主义世界空前的经济危机之中，各种社会问题发展到了极其尖锐的程度。凯恩斯理论对当时英国政府制定的经济政策产生了影响，成为英国在二战后建立福利国家的理论依据。从战胜国的一方来看，随着英国工党取得执政地位，《魏玛宪法》的社会宪法特点，不仅被英国采纳，从摇篮到坟墓的保障方案可以说是有过之而无不及，《贝弗里奇报告》曾被认为具有划时代意义。二战后，英国的经济迅速发展，19世纪末到20世纪40年代一直存在的赤贫现象基本消灭，但也给英国带来了新问题。

20世纪80年代英国被迫做出了社会调整，保守党大选获胜，一个新的时代开启。1979年撒切尔夫人担任首相时所接手的英国，是一个被民主社会主义沉疴缠身、奄奄一息的英国。大英帝国往日风光已经不再，在国际事务中的影响力也持续下降。人们把英国当时所处的这种状态称作“英国病”。二战后的50年代到70年代末，英国经济增长停滞，通货膨胀居高不下，工党治下的英国饱受竞争力下降的困扰。从1951年到1979年，英国国内生产总值的年均增长率仅为2.6%，低于其他发达国家，经济增长乏力，相继被法国与日本等国超过。[①]英国病把昔日的日不落帝国变为“欧洲的病夫”(sick man of Europe)，民众与精英中弥漫着悲观、无助、绝望的情绪，民气萎靡、民心涣散。撒切尔夫人赋予自己去根治这一疾病的使命(刘军宁，2014：322)。撒切尔夫人针对英国病症状采取了相应的措施：(1)私有化，这是针对国企低效以及给国企较多的亏损补贴而采取的措施。国企只服从权力而不是服从市场，因而没有追求利润的动力。(2)削减福利开支，这是针对政府财政负担过重而采取的措施。社会福利太好，导致民众没有工作意愿，大额的福利支出，加重财政负担。(3)打击工会力量，这是针对工会强大、无休止地提出各种福利要求而采取的措施。(4)控制货币，这是针对经济滞胀并发症而采取的措施。民众不愿意工作，财政负担过重，国企低效，以及由此带来的通货膨胀。采取四项措施，通过恢

① Ian Gilmour, Dancing with Dogma: Britain Under Thatcherism, Simon and Schuster 1992, p.79.

复市场活力取得一定成效，但为了减少通货膨胀实行紧缩政策，也使得商业损失和破产均有增加。

工党领导托尼·布莱尔(Tony Blair)任英国首相(1997—2007)期间受到吉登斯影响，以"第三条道路"作为竞选口号，结果使工党在野18年后，终于在1997年赢得了大选，重新上台，故他被视为体现"第三条道路"理念的表率者(李梓烨，2014：130)。1997年，布莱尔领导的工党上台执政，这时新工党已经接受了撒切尔主义，尽管这是一种掺入了相当多的同情和包容性的、经过改造的撒切尔主义。布莱尔在内政上力行"第三条道路"，以改革、现代化与合作精神应对全球化的挑战，寻求"发展与公正""权利与义务"的平衡，建设一个强大、充满活力的新英国。布莱尔进行了横向的政治制度改革和纵向的国家结构形式调整。改革的目标是"分散权力，开放政府、改革议会及增加个人权利"。其目的是改善中央与地方、政府与公众的关系以及协调立法、司法和行政之间的关系：通过加强地方自治使其承担更大责任，从而维系社会团结；通过加强议会、司法权力以及开放政府、给予公众以更大的信息自由权等对行政权进行有效制衡，并推动民主制度的民主化进程；通过政府自身的现代化提高其抵御风险的能力，回应全球化所带来的各方面的挑战(王凤鸣、李艳，2003：80)。

(三) 美国的社会法演化

凯恩斯式福利国家(KWS)曾被西方世界视为提供了社会稳定，随着西方国家"滞胀"困境的出现，反对国家干预的自由主义思潮又重新抬头，导致了一场对凯恩斯式福利国家的信任危机，美国在经济政策领域发起的新保守主义革命，在70年代就已经开始了被称为"劳动法死亡"的过程。

1971年当时的里根就已经开始与民主党的议会会长鲍伯·莫瑞迪(Bob Moretti)合作，改革加州的社会福利。1981年1月里根出任总统后，执政时期的经济政策被称为"里根经济学"，其主要措施包括支持市场自由竞争、降低税收和公共开支、降低政府对企业经营的控制等。这种政策也使他对工会持强硬态度。像撒切尔主义一样，里根经济学相信应由市场力量来创造就业和决定就业水平。它也依靠货币主义的通货紧缩政策来控制通货膨胀。到1982年止，货币主义和高利率的混合作用导致了一场把失业率推到9.7%的衰退。与英国不同的是，1983—1984年，美国成功地实现了经济复苏，使失业降了下来，到1986年，失业率已回到70年代末的水平。里根在总统离任的最后一次演讲中把美国的成功归纳为："我们从1981年1月起就卷起袖子大干起来，我们满怀希望，从不灰心丧气，我们向过去失败的政策挑战，因为我们相信，一个社会之所以伟大，并不在于其政府做出多少许诺，而仅仅在于其人民取得了进步，这就是我们进行的改革。"(里根，1998)

克林顿任美国总统(1993—2001)时也实行"第三条道路"政策。在克林顿领导下的美国参议院中间党派，强调政府在财政上的保守、用一系列所谓"工作福利"的政策来代替旧有的"高福利"政策。1993年1月25日，克林顿成立医疗改革委员会，10月

《医保改革法案》[①]正式发表。医改失败后，在既存的医疗制度上进行了一些局部的改革，[②]为后来的奥巴马医改提供了重要参考。克林顿在对自由市场功能维护时，也避免与纯粹的“自由放任主义”经济学相混同。

三、必然、应然、实然与第三力量

我国20世纪90年代制定了《劳动法》并在此基础上形成了社会法的相应理论。战后两大法系的调整，均涉及如何处理社会法与阶级斗争的关系、社会法与集权主义的关系、社会法与自由主义的关系等问题。这些问题正好是我国立法体系形成过程中需要解决的问题，只有从阶级政党转向人民政党才可能作为执政党来处理好这些关系，社会法只有摆脱阶级意识形态、国家意识形态的某些思维定势，才可能构建多元的良性法律体系。

（一）我国社会改革与第三力量的形成

我国采取传统社会主义经济模式有一个历史过程。[③]我国通过劳动立法及有关的劳动政策，逐步形成在劳动、工资、保险、福利几方面相互配套、高度集中统一的管理体制。

“第三条道路”的实质不是让国家政治权力快速从经济与社会公共领域退出，而是通过保留一些国家主导的组织机制或者发展社会机制，更好地确保社会的竞争性。基尔克作为德国著名法学家，其敏锐在于对“社会团体”这一在几十年后才得以大发展的社会现象进行了极富预见的观察，从这一意义上说也是英美政治多元主义的先驱。基尔克所称的社会团体既包括企业这样的经济团体，也包括工会这样的社会团体，政治权力要受到经济权力、社会权力的制约。与西方不同，经济权力的扩大是我国改革开放的重要成果，劳动制度的改革是从扩大企业用人自主与个人择业自主开始，个人这一社会主体开始了个人与经济组织的分化；工会组织曾被要求摆脱准国家机关的地位，从政治权力转向社会权力，国家这一主体应该分化出政治组织与社会组织。

20世纪80年代的改革开放，对于我国社会法的形成而言，可以视为在国家与个人之外，以经济、社会团体形成了社会这样的第三种权威力量。第三法域与第三条道路在20世纪80—90年代的结合，对于我国的学术思想产生了一定的影响，从20世纪90年代我国《工会法》《劳动法》的相继公布，并以此为基础形成我国社会法概念。从某种意义上看，提出用人单位概念比提出劳动者概念更重要，工会改革也是重要步

① 《医保改革法案》的主要内容：(1)促进企业为员工购买保险；(2)对商业医疗保险市场规制；(3)增加政府的管理作用。

② 局部的医改：(1)促进局部改革；(2)促进州政府改革；(3)控制医疗费增长。

③ 早在全国解放以前，在东北解放区的国营工业企业和铁路部门，苏联的企业管理和计划管理方法已经得到广泛的推广，全国解放后，经过民主改革，所有国营企业也建立了与当时苏联体制相仿的管理体制。

骤，两者都可以视为推动了第三种力量的形成。传统的行政单位人作为伦理人的特点，也发生了变化，经济单位人的出现，使伦理人特点只限于宏观层次，微观层次更多体现经济人特点。如果说民法更多的是承继了罗马法的物法内容，由于我国的特殊国情，在三分法的形成中，我国是从社会主义法到社会法。第三法域与英、美第三条道路结合对于中国社会法体系形成具有重大意义，从一种人法到另一种人法，更多具有日耳曼法的轨迹。

如果说《劳动法》公布催生了社会法与第三法域概念的结合；随着《劳动合同法》公布，工会改革的停滞，社会法学界的主流观点转变为让社会法摆脱第三法域概念的“束缚”。社会法学者的两次集体转向，具有很强的象征意义：(1)《劳动合同法》起草过程中，一大批过去主张劳动法是民法特别法的学者以所谓的劳动合同法只保护员工利益的单保护理论，对自己学术观点进行了180度的大转弯，通过占据道德制高点来对其他学者进行并不符合学术规范的所谓批评；①(2)随着劳动合同法的公布，更多学者加入了我国社会法脱离社会法域的学术突变的过程。②这两次学术突变都是以一种极化的意识形态方式来推进的，前一次强调阶级意识形态，将所有的学术争论归结为劳与资的对立；后一次强调国家意识形态，将所有的学术争论归结为是否符合国家意志。从阶级意识形态、国家意识形态出发，政治正确常作为排除学术异己的手段，但以这种非正常手段也未必能够改变我国市场经济的发展方向。对于中国社会法的良性发展而言，20世纪90年代我国第三法域理论与英美第三条道路的不期而遇，形成了中国社会法研究理论的中流砥柱。社会法发展中的两次学术突变都是从回归传统的意识形态开始。立足于历史回溯，20世纪90年代的这种不期而遇对于中国形成第三种力量的重要意义怎么评估都不为过。

(二) 发展第三力量的重要意义

在我国社会法域理论形成过程中，受到资料的限制，并未受到德日社会法理论的直接影响，而直接受到英美第三条道路的启发，这是中国社会法发展中值得庆幸的机遇。从西方社会民主主义的理论传播来说，第三条道路理论是先于社会法域理论来到中国的。笔者的社会法域理论之所以会与德日的理论有相似之处，其实是基于两个理论元素：一方面，中国改革开放在接受罗马法公私分立的立法体制下展开，罗马法理论曾是中国体制极力抵制的内容，也与社会领域的实际情况并不符合，笔者在劳动法起草中明显感觉到需要一种公私混合的立法理论；另一方面，社会民主主义三分法理论中体现出来的社会主义理论基调是与我国立法体例有共识。尽管如此，笔者以“合同化-基准化”为重点，提出的社会法域理论与德国的理论也明显不同。德国的社会法理论是以集体劳动法为基本内核；我国的社会法理论则是以劳动合同法为核心，这是由当时中国的社会现实立法状态决定的，在社会力量的形成上，中国工会改

① 详情参见董保华、李国庆，载董保华，2015b：3—21；董保华，2011a：346—373；本书第885—900页。

② 详情参见董保华，2015a：18—30、214—245。

革的面貌并不清晰。

一般认为，第三条道路不是一种意识形态，因为其不涉及政治运动，试图将第三条道路政治化的努力称为激进中间派（radical centrism）。我国工会理论至今停留在列宁主义时期一些论述，我国改革初期的一些设想也已不再执行。从立法机关的领导者来看（这是我国学界较少关注，而实际上对立法有着根本性的影响），《劳动合同法》相当程度上是工会主导下的一部立法。我国工会改革的停滞，致使第三种力量并未完整形成，客观上产生了将改革中已经形成的另一半社会力量，也拉回改革开放前的驱动力，这也是阶级意识形态与国家意识形态出现的社会原因。在当今，基于工会理论[①]产生的社会法构想本身脱离了中国整个社会环境与立法体系，在劳动合同法起草过程中，社会法研究领域出现的许多观点依据的正是一些改革开放前极端的提法与做法。

混合立法要防止私法为公法吸收而走向极端。从战败国的一方来看，战后《魏玛宪法》中"联邦应制定统一的劳动法"许诺未完全落实，战后"社会法"这一名称只作为社会保障法的名称，显然与当时的想法并不一致。从战胜国的一方 40 年后发生的调整来看，二战后主动形成的立法内容也不得不修改。实然法、应然法背后有着社会发展的必然规律，其中，阶级政党转变为人民政党是社会民主主义能否取得成功的关键，这也是我国三分法能否成立的关键。圣西门、傅立叶、欧文对资本主义的不平等分配提出的抗议"在被剥削的群众中恰恰得不到任何响应"。[②]马克思主义的革命理论提出时，空想社会主义改良道路不被接受，这种情形在 19 世纪出现了极大的变化。

俾斯麦作为一个保守的专制主义者，镇压了 19 世纪 80 年代的社会民主运动，但为了安抚劳工阶级，维护社会稳定，他通过立法建立了世界上最早的工人养老金、健康和医疗保险制度及社会保险。[③]这种改良措施开启了福利社会的先河，对社会民主党的理论观念也产生了一定的影响。这正是伦理社会主义的一些观点能为民主社会主义接受的原因。然而当一些政党参与执政后，也带来新的问题，例如，社会民主党如何从阶级政党转变为人民政党？第二代人权如何与第一代人权平衡？福利国家如何防止被强权利用？福尔伦德在《康德和马克思》（福尔伦德，1926）一书中研究了社会主义发展中康德主义对修正主义运动的影响。拉德布鲁赫虽然也是社会民主党人，但往往被大部分学者介绍为新康德主义，正是其相对主义的法哲学思想，体现了某些人民党的执政理念。

拉德布鲁赫一生经历坎坷，无时不生活在矛盾和抉择之中，在 1921—1922 年和 1923 年任魏玛共和国司法部长，1933 年由于政治原因被解除公职；1945 年重新任命为海德堡教授，并担任法学院院长，参与大学重建。拉德布鲁赫在战后审判中也发挥

---

① 我国工会组织的基本构想可以概括为：劳动合同法搞单保护，工会职能实行双保护。详见本书第十五章，第 583—585 页；本书第二十二章，第 885—886 页。

② 《马克思恩格斯选集》第 3 卷，人民出版社 1995 年版，第 491—492 页。

③ 《领袖的雄心与风范》，《人民论坛》2014 年第 12 期，第 33 页。

了重要作用，尽管他对社会法与私法社会化的区别有清醒的认识，但似乎并没有为其参与创建的社会法理论体系进行争辩。只有观察德国从《魏玛宪法》到《社会法典》的演变过程，才可能理解背后的历史逻辑，在必然法与应然法冲突中特别要防止导向某种独裁。纳粹政权的出现，也说明"集体权利思想"如果不加制约是有可能走向异化的。二战后，拉德布鲁赫在谈到社会主义时说道："社会主义道路有很多类型，不仅有'科学社会主义'，还有具有同等权利的'空想社会主义'以及'理想社会主义'的存在。""社会主义并不是和特定的世界观相结合的。各种不同的世界观也能得出同样的结论。"①科学社会主义是由马克思创立的社会主义理论，列宁则更强调了无产阶级专政。拉德布鲁赫的看法是："我们希望法治国家和人格自由而决不希望独裁，即使是被称之为无产阶级专政的东西。我们希望学术自由而不希望教条的强制，即便那是所谓的科学社会主义的强制。"②这些看法也可以视为对社会法域分拆在私法、公法管辖之下的一种间接回应，受列宁主义的影响，他显然没有认识到马克思的科学社会主义与人民政党的联系路径。

(三) 德国立法体例形成中的历史教训

二战后，德国对二战引发的原因进行了反思。这一浩劫是如何发生的？如何解释颠倒是非、不公正的纳粹法律体制？如何在未来避免再犯这样的错误？战败的德国与战胜的英国，两国的学者有着不同的看法。以拉德布鲁赫为代表的德国知识界普遍认为，法实证主义扮演了极权统治的帮凶。③因为法实证主义坚持法律与道德相分离、法律的有效性独立于自身的道德内容，使德国法律家阶层和普通民众在"法律就是法律"的思维下丧失了对纳粹暴政的抵抗(周力，2008：10)。在对纳粹极权统治的声讨和反思浪潮中，自然法理论迎来了复兴。英国人罗伊德(Dennis Lloyd)就不以为然，他认为拉德布鲁赫式的指责，不仅是出于误会，也是对事实的错误评估，并指出无论在过去还是现在的盎格鲁-撒克逊世界中法实证主义一直有着极大的影响力，而民主的价值体系却获得了相当彻底的承认与实施，比起世界上任何其他地方都不逊色。④尽管这样的讨论并不是直接针对社会法域，但对社会法的发展也产生了微妙的影响。当社会法中的社会主义被描述为通过立法保护某一阶级成员，或以立法强化独裁时，对崇尚理性的德国法律体系而言，接受民法体系逻辑混乱⑤是一个更现实的选择。

社民党魏玛政权时代一大失误是没有及时从阶级政党转变为人民政党，无意中

① Gustav Radbruch, *Kalturlehre des Sozialislmus*, Berlin, 3 aufl, 1949, pp.82—83(拉德布鲁赫，1970：121、123)。

② Radbruch, a.a.O., p.85(Nachwort)(拉德布鲁赫，1970：125—126)。

③ Arthur Kaufmann, *National Socialism and German Jurisprudence from 1933 to 1945*, 9 Cardozo L. Rev., 1629, 1645(1988).

④ Dennis Lloyd, *The Idea of Law*, Penguin Books Ltd. (New York), 1981, p.112(转自陈林林，2003：476)。

⑤ 民法来源于罗马法，其解释力的讨论参见本书第四章，第120—131页。

为纳粹政权的上台提供了条件，[①]这是德国立法体例形成中的教训。就阶级性的道德观而言，基尔克曾经举例论证："在薪资斗争中工人服从于植根于其阶级意识中的道德确信，人们也不能将对与工人道德确信相矛盾的法律禁令——如禁止设立罢工纠察岗或者禁止驱逐破坏罢工者——的违反评价为道德过错。这些只是任意挑选出的例子，这样的例子还可以随意增多。"(基尔克，2017：119)从不同的阶级立场出发，要求经济罢工与限制经济罢工都具有各自的道德正当性。社会法的任务是协调两者关系，而非偏袒一方。魏玛共和国显然没有处理好这一关系，社会民主党人参与执政时有着鲜明的阶级立场，三分法中的社会法也因此被打上了阶级斗争的烙印。

事实上，1930 年前，纳粹党制定的经济纲领不多，而经济纲领中提及劳资关系的地方更少，因此，纳粹党本身也对于今后发展方向进行了辩论，生存权保障本是魏玛政府的一大特色，这时却为纳粹党政策调整提供依据，社民党的失误更为其提供了机会。从 1919 年到 1925 年，德国社会民主党的弗里德里希·艾伯特一直担任年轻的魏玛共和国总理，德国社会民主党也主导政府的各个部门。当德国雇主协会联合会要求成员企业拒绝国家调解员和调解委员会，企业主应该努力同劳方谈判时，多少说明当时劳动部坚持的是阶级立场而非普遍立场。纳粹政权显然利用了这种情形，不仅得到了企业的支持，甚至也得到了工人的支持。战后一些第三帝国亲历者的口述历史中常涉及类似观点，甚至有一种观点认为"小市民让希特勒上了台，工人让他留在台上"[②]。对于魏玛政权而言，这是一个双输的结果。基尔克的理论在被扭曲的情况下，仍取得一定的成效，这才是德国应当总结的内容，可惜罗马法学者一旦占据主导地位，是不可能得出这样结论的。战后德国开始向社会市场经济方向发展，法律体系的调整也应当与此相适应，事实上也不得不与此相适应。在 1959 年的哥德斯堡计划中社民党同时摒弃了阶级政党和马克思主义原理，但继续推行社会福利计划。社民党的这种调整本身是建立在马克思主义只能与阶级政党相联系的观点上，在人民政党与马克思主义二选一时，他们选择了前者。

---

① 1930 年 9 月纳粹党在国会选举中大获全胜，得票率从 2.6%上升到 18.3%，获得 107 个议席，一跃成为国会第二大党。纳粹政权对魏玛政策进行一系列的清算(邓白桦，2007：22—24)。历史学家经常会问的问题是：希特勒所担心的大罢工为什么没有出现？自由工会没有号召举行大罢工来抗议纳粹政府的行为。不仅如此，罢免和开除自由工会企业代表会成员也没有遭到大规模抵抗。答案常常是：自由工会的软弱让纳粹党采取了更为大胆的行动。事实上，在世界经济危机的影响下，自由工会成员都是失业者，工会拿不出任何有效的策略来改善工人生活状况，在希特勒上台前德国工会联盟主席特奥多·莱帕德就表示无论什么政府上台都愿意与之合作。当时的魏玛政府和工会错失了一些改良的机会。

② 《民族劳动秩序法》反映了纳粹运动与企业主利益的统一，纳粹劳资关系调节的主动权从此掌握在政府和企业主手中。但从维护社会稳定出发，劳动者的生存权也得到了一定程度的保障(邓白桦，2007：90)。"为何纳粹统治下没有出现工人大规模的反抗"？尽管可以将原因部分归于纳粹统治者的镇压，但是"可以一段时间内对上百或者上千的工人进行压迫和专制，但是不可能在 7 年时间内强迫上百万工人提高效率、执行可怕的工作……而没有赢得这上百万人的愿意或者同意。"

（四）我国立法体例形成中的经验与反思

随着西方福利社会的发展，改良主义的思潮日益高涨，民主社会主义与伦理社会主义的共同点增加，社会法与社会主义法的关系需要重新界定，我国在走向社会主义市场经济时，也会遭遇类似的问题。对于改革开放而言，阶级政党与马克思主义的关系是我们首先面临的问题，我国取得了令世人瞩目的成功经验，但这种经验并不牢固。

从应然法上看，我国的改革开放是在坚持马克思主义的同时，树立起人民政党的理念，20 世纪 80 年代我国就在五届人大二次会议宣布剥削阶级作为阶级已经消灭。这一宣布可以从"第三条道路"理论得到解释，从社会正义出发，将劳资之间视为"社会伙伴关系"。这样的政治理念才可能保证我国在公法与私法之外形成不再强调对立与剥削的社会法，社会法不能是一种阶级立法。然而，社会法发展过程中也会出现某些曲折，《劳动合同法》制定过程中，我们在很大程度上偏离了正确轨道。我国的学者在立法过程中，重新强调阶级立场。《劳动合同法》受这种阶级立法的强烈影响，因而得到企业近乎一致的反对。2012 年 6 月 26 日，十一届全国人大常委会第 27 次会议审议《劳动合同法》修正草案，2012 年 12 月 28 日《修法决定》公布。该法在起草说明中极不寻常地多次强调"从维护工人阶级主体地位、巩固党的执政基础的高度来认识这个问题"。[①]在一个准备通过的审议法案中，以正式法律文件的形式将我国的执政党重新与工人阶级画上等号，这显然是阶级政党的思维，而非人民政党的思维。事实上，转变为人民政党这是我国深思熟虑的结果，2012 年 12 月 26 日修正草案重提阶级政党的立法思路显然是草率的，也与五届人大二次会议的内容相悖。尽管这只是我国立法中一个局部情况，但德国的前车之鉴仍当引为教训。

从实然法上看，德国的社会主义法在经过日耳曼法诸法合体的阐释，并通过相对主义融入了伦理因素，形成了较为完整的体系。然而，社会法体系在德国最终似乎还是从形式上分拆在私法与公法的体系中，成为两种特别法，民法选择了"两种不同精神控制"[②]。在大陆法系的学术研究中，这种分拆首先涉及罗马法与日耳曼法宿怨，以及背后的个人主义与集体主义传统争论，我国尽管并无这样的学术传统，但随着以罗马法为底色的民法学科地位的人为抬高，将劳动法作为私法特别法，以及社会保障法作为公法特别法的声浪日高，以"民法帝国主义"实际状况来看，完成学术并购似乎并不困难。然而，学者忽视了这种形式法分拆背后还存在着马克思主义法理念的限缩，如此严肃的命题并无学术操弄的空间。从长远来看，德国给我们留下的启示是，我们能否在坚持马克思主义指导思想的同时，处理好阶级政党与人民政党的关系，这是重大课题。这一课题没有做好，即便没有民法的学术扩张，我国也很难完成社会法的学术建设。

---

① 《关于〈中华人民共和国劳动合同法修正案（草案）〉的说明》，载 http://www.npc.gov.cn/npc/xinwen/lfgz/flca/2012-07/06/content_1729107.htm，2012 年 7 月 8 日访问。

② 基尔克："人们现在具有由两种不同精神控制的体系：仅仅具有'纯粹'私法的普通民法体系和大量的特别法，其中存有为公法所侵蚀并混杂的私法。"（基尔克，2017：33）

第五章

社会法的本位论

对社会利益进行日益广泛和有效的保护；更彻底和更有效地杜绝浪费并防止人们在享受生活时发生冲突——总而言之，一项日益有效的社会工程。

——罗斯科·庞德（Roscoe Pound）

第一节　社会法的利益观

曾经对美国罗斯福“新政”产生巨大影响的庞德的社会法学理论将社会利益作为其关注的重点。对于利益从社会角度来进行关注，并提出了社会利益的概念。在笔者看来，社会利益是一个奠定社会法理论基础的概念。社会利益范畴的形成过程也是社会法理论体系的完善过程。

一、法本位及其早期的争鸣

在法律的本位上历来有国家本位、社会本位与个人本位之争，“个人权利本位”与“社会利益本位”构成了从民国至今的争论话题，这一话题涉及法本位与法目的的区别。

（一）法本位的含义

按照现代汉语的通常用法，“本位”是指“某种理论观点或做法的出发点”。我国国内较早接触该问题的当算民国民法学者胡长清。他在1933年著的《中国民法总论》（大学丛书）对本位有所论及：“法律本位云者，法律之中心观念或法律之立足点。”（胡长清，1997：43）其他学者也持这种观点（潘维和，载潘维和等，1984：65）。改革开放以后，法本位问题重新受到国内学者重视。民法学者梁慧星指出，民法的本位即指民法的基本观念，也即民法的基本目的，或基本作用，或基本任务。民法上所谓本位问题，系指民法以何者为中心（梁慧星，2004：36）。确立合理的法本位，不仅对于理论研究，对于立法、执法、司法、守法均有重要意义（章礼强，2004：5）。有学者认为，法本位问题是法律价值的落脚点问题（胡玉鸿，2013：12）。法及其本位的理论基础包含法世界观和方法论（章礼强、汪文珍，2006：60）。

我国法本位的讨论是由民法学者发起的，本身并不严谨，带有强烈的学科背景与中国特色。价值观和本位观的关系正如一些学者所言，本位观既是法律价值的落脚点问题，也是法律规范的起始点，比较容易导向个人主义。作为联接实质法、形式法的概念，本位观较价值观更为具体，将正义与平等、自由相联系，从本位观出发很容易得出个人权利本位的概念，也能以概念法学来建构体系。从社会法的视角出发，法目的讨论是更符合学科特点的，社会正义作为价值观显得过于抽象，只有体现在具体利益上，才能达到社会控制的目的，比较容易导向整体主义。本章从法本位开始讨论，只是更符合我国的学术传统以及实际情况，也间接强调社会法不要忽视个人主义。作为观念或实践的出发点或立足点，大致说来，关于法律本位的探讨可以从法律价值承载的两个方面来展开：(1)主体上，以国家、社会为本位，还是以个人为本位？(2)法律规定的内容上，以权利为本位，还是以利益为本位？"个人权利本位"与"社会利益本位"成为相互对立的两种主要观点。

（二）法目的的含义

如果跳脱我国民法学科营造的话语语境，从社会法的视角来观察，更应当研究法目的。耶林法律哲学的核心概念是目的（魏德士，2005：234）。耶林在他没有完成的第二部主要著作《法的目的》中体现了这样的主题："目的是整个法的创造者。"（博登海默，1987：104f）法律是根据人类欲实现某些预期结果的意志而有意识制定的，耶林将法律目的比喻为在茫茫大海中指引航船方向的"导引之星"（北极星）。他在另一部著作的序言中指出："本书的基本观点是，目的是全部法律的创造者。每条法律规则的产生都源于一种目的，即一种事实上的动机。"（耶林，1924：IV）法律目的涉及了法理学至今仍在研究的重大课题，对于法律目的，不同的法学流派、不同的法学家有着不同的理解。在法律目的的研究上，价值说与利益说是两种引人注目的学说，前者向后者的转化推动了社会利益的理论发展。

价值说强调世界观。在社会法学的发展中新康德主义起了重要的作用。新康德主义法学家在目的的理解上，受康德的价值理论影响，但也注入了新的内容。在施塔姆勒看来，法律是一种联合社会人类目的的意志，至于这种联合是不是正义却是另一个问题。在新康德主义法学家那里，认识论上的事实与价值是二元两分的。法律的目的在于调和一个社会的各个人的目的。凡是能够实现这个目的的法律，就是正义的法；否则，就是不正义的法。施塔姆勒进一步论述道，如果允许各个人自由地去实现他的目的，而不顾与他有关的邻人的目的，就无调和的可能了。所以，法律的目的应当是"无所不包的目的"，使各个人互相冲突的目的能得到调和。施塔姆勒将这种社会叫做自由意志的社会，也就是可称为"社会理念"。他认为，判断法律是否是正义应以此为标准，如果法律符合这个理念就是正义的（吕世伦，2008：401）。

利益说更强调方法论。利益法学的源头是边沁的功利主义法学，经过耶林目的法学的奠基，黑克创立了利益法学，而庞德可以说是利益法学的集大成者，经济分析法学也受到了利益法学的很大影响。庞德深受耶林的影响，作为当代著名的社会法研究者对法律利益高度重视，总体上，他是从利益的角度对法律目的进行关注。他认为涉及“法律目的之公认理想”“法律规则的应然状态及其努力目标之公认理想”。罗斯科·庞德认为，利益是存在于法律之外的一个出发点，法律必须为这个出发点服务，这种强调了目的论的社会价值，明显受到边沁和耶林的利益理论影响。

世界观与方法论本是一个问题的两个侧面，分别是认识问题和解决问题。“目的”是大家都知道的一个常用词，是想要达到的目标或是想要达到的结果的意思，反映了人对客观事物的实践关系。庞德所说的“法律规则的应然状态及其努力目标之公认理想”说明行为主体想要达到的目的，必然有其观念形态，规定着行为的价值和方向，并且贯穿于行为的全过程。可见，目的必然是从价值论出发的，但也会体现出某种价值论并不完全包含的方法论内容。耶林《法的目的》对《罗马法的精神》所提出的论点作了进一步的展开，通过该书，耶林既为他关于法的定义即“法是国家权力通过外部强制手段来保证其实现的最广义的社会生活条件的总和”进一步提供了理论基础，也为克服只重视逻辑、形式和概念的“概念法学”的缺陷，以及强调个人利益和社会利益相结合的新功利主义法学出台创造了条件(何勤华，1995b：39)。

价值论与目的论的深入发掘会涉及个人权利本位与社会利益本位的区别。“目的”是指行为主体在行为之前心目中想要实现的行为目标或预期达到的行为结果。事实上，耶林在强调法律哲学的核心概念就是目的时也承认，部分惯例源于历史，但是他否认历史法学派认为法律只是偶然的、无意识的、纯粹历史力量的产物的论点(耶林，1915：8—9)。根据他的观点，法律在很大程度上是国家为了达到一定目的而有意识制定的(博登海默，1987：104)。基尔克通过自为目的(Selbstzweck)来讨论法律秩序。法律不可能仅仅是一种自为目的。它将自己嵌入目的的等级中去，在其中每一个自为目的总是又表现为另一个更高目的的手段。个人生活以及共同生活，这两种生活同时是为了彼此而存在的，并就此而言它们在相互补充中找到它们的目的规定(基尔克，2017：128)。

庞德从利益说出发：“我们以为正义并不意味着个人的德行，它也并不意味着人们之间的理想关系。我们以为它意味着一种制度。我们以为它意味着那样一种关系的调整和行为的安排，它能使生活物质和满足人类对享有某些东西和做某些事情的各种要求的手段，能在最少阻碍和浪费的条件下尽可能多地加以满足。”(庞德，1984：35)如果说社会正义这样的法律价值观需要体现在我国本位观这样的话语系统中，社会法所说的社会本位应当是一种社会利益本位，行为主体根据某种需要，借助价值观念的中介作用预先设想的行为目标，并通过国家或社会组织促成公正目标的实现。

(三) 民国时期法本位的争鸣

当个人权利本位与社会利益本位成两种理路，日本河上肇指出：“从学问上来说，如果说国家是社会的一种形态，那么与国家这个词相比，社会这个词包含的意义更加广泛，所以相对于'个人主义'，'社会主义'这个词比'国家主义'更加合适。"(河上肇，2008:17)民国研究者达成的共识是:法本位按其发展，可分为三个时期:义务本位时期、权利本位时期、社会本位时期(潘维和等，1984:65)。当时学者争论的焦点在于那时的中国处于哪一个阶段?"个人权利本位"与"社会利益本位"，两种理论不可避免地发生了激烈的碰撞。

我国法制现代化发端于清末法律改革，北洋政府时期继承清末传统，南京国民政府跟随晚清变法修律的脚步创制六法，其"民法"以清末《大清民律草案》和北洋政府时期《民国民律草案》为蓝本，广泛参考德、日、瑞、法、苏、英、美等国家的民法典制定而成的，最主要参照德国、瑞士立法内容(柴荣，2007:211)。我国学界也出现了全面学习西方，建立中国现代法律体系的呼声。个人本位被等同于权利本位，建立在个人权利基础上。20世纪前半期正值德国法如日中天，以民法总则为代表的德国民法典模式中强调个人权利及其概念法学的观念，在我国可以说是风靡一时(王卫国，1995:34)。其时，社会利益观念与社会学法理学的理论也传入中国。社会本位理论主要受到当时盛行的狄骥社会连带主义、庞德社会利益法学的影响，在相当程度上，被等同于法律社会化或法律道德化(孔庆平，2008:901)。

当我们为整个法律体系而非某些门类法设置本位思想时，一开始就走偏方向。两种本位观念的碰撞中，"个人权利本位"很快败下阵来。郑保华①对于社会利益本位的思想充满溢美之词:"社会改革，法律亦随之改革;社会进化，法律亦随之进化。""法律社会化，已成20世纪以来世界各国立法之新趋势，我国亦能步其后尘，以求实现，苟此后立法者能再接再厉，多加改进，则此后因人人了解法律之真谛，而减少纷争;人民依法律而生存于社会，社会赖法律而顺序发展，举凡社会间所呈不安险恶之状，一举而廓清之者，皆受法律社会化之赐也，其功用之伟大，又岂笔墨所能罄之乎!"(郑保华，1930:676)这种观点反映了当时的主流看法。

二、社会利益本位的释义

个人权利本位与社会利益本位可分解为个人与社会，权利与利益这样两对相互联系的社会关系。社会利益本位，因此可以区分为社会本位与利益本位，前者对应的是个人本位，后者对应的是权利本位。对于社会法的研究而言，理顺两者的关系尤为重要。

(一) 社会利益的概念与特征

社会利益包括一般安全、个人生活、维护道德、保护社会资源(自然资源和人力资源)的利益以及经济、政治和文化进步方面的利益。作为主客体之间的一种关系，社

① 郑保华，1931年毕业于东吴大学法学院(第14届)，获法学学士学位;1933年毕业于东吴大学法学院(第16届)，获法学硕士学位。

会利益表现为社会发展规律作用于主体而产生的不同需要和满足这种需要的措施，反映人与周围世界中对其发展有意义的各种事物和现象的积极关系。从平衡的角度来认识社会利益的这一概念，使人与世界的关系具有了目的性，构成人们行为的内在动力（袁中红，2009：377）。马克思主义经典作家的作品中总是把个人利益与社会利益联系在一起考察，社会利益除了具有利益这一概念天然具有的经济性特点外，还有伦理性与法律性的特征。

社会利益的伦理定位。社会利益以社群作为社会基础与价值本原，同一社会中的人们具有共同的需要，这种需要只有通过共同的集体生活才能得到满足。这种客观事实可以归纳为：一方面是人们基于"相似性"而彼此相互关联；另一方面是人们基于"劳动分工"而彼此关联（莱昂·狄骥，1999：10）。社会连带作为一种利益伦理的观念可以说源远流长，亚里士多德强调了某种共同的善，这也构成了包括法学在内的伦理学的目的，对于这种共同的善，从整体论和平等论出发，形成西方学术界两种研究的视角。从整体论来观察，这种善在《政治学》中即是城邦的共同善，是促进城邦公民的善德（吴迪，2017：61）；从亚里士多德对公民与奴隶、野兽的区分来看，善的范围是有限定的，只有公民才是目的本体或者主体。亚里士多德主张分配正义与共同善密切相关，二者共同贯穿于城邦目的。

社会利益的法律定位。庞德认为，19 世纪法学著作有法律的性质、法律与道德的关系，以及法律史的解释三大主题，并认为"当今关于法律之性质的讨论，即将被关于法律目的或目标的考虑所取代"（罗斯科·庞德，2003：第一版前言）。社会利益是一个实质法概念，可见，从法本位到法目的转变，强调的重点发生了变化，是一个从实质法到形式法的过程。社会法以诸法合体为其基本的调整方式，"诸法合体"首先是指自然法与实证法的合体。社会法学者关注的是实证法脱离自然法的价值判断而带来的种种问题，自然法体现的价值被作为法律的目的，实在法律应当是实现价值的手段。

可见，社会利益是从某种社会存在出发，将实质法与形式法联系起来的法学范畴。随着法律与道德的分离，社会法学者也关注两者间在分工基础上的合作，以不同的规范形成合力。民法是以个人权利为本位，虽然也会涉及法益的概念，更看重形式法。

（二）社会本位的含义及争鸣

社会本位是相对个人本位产生出来的概念。在法律的本位上我国存在国家本位、社会本位与个人本位之争，在西方法律发展中，社会本位对应的主要是个人本位。社会本位观念很大程度上是建立在社会连带观念之上。追寻社会连带理论的形成过程，我国有学者强调了从"社会契约"到"社会连带"的思想演变（胡兴建，2004：123—126）。有关社会的观念其实都可归为两大类，即整体主义和个体主义。

个人本位强调平等性。个体主义是一种物理学的机械主义思维，其基本观点就是社会个体的加总，因而，社会只有其名而无其实（唯名论）。奥地利著名经济学家路德维希·冯·米塞斯提出了个人主义方法论的三项基本假设:(1)个人是社会行为的主体。“任何行为都是由一些个人做出来的。”一切社会行为的性质都取决于行为的个人和受该行为影响的各个个人对于这一行为所赋予的意义。(2)社会化的过程奠基于个人之间的关系。“社会的基础乃个人行为。”个人不可能与社会相脱离,从这个意义上说,个人天生就是社会动物。然而没有个人行为的投入,也就不会有社会的发展以及存在。(3)集体行为由个人赋予其特定的意义。“集体是无法被量化的。”集体被认识、集体的行为之所以有意义,集体行为等术语之所以在学科上有其存在的价值,实际上不过是个人行为的社会性在发生作用(张宇燕,1992:34)。个人法是以对等关系(Verhältnis der Nebenordnung)为基础的,是以“主体的不拘束”为出发点的,①即对于团体,团体之全体成为单一的个体而应以之与个人作同等观的限度内,亦如个人法加之以规范。

社会本位强调从属性。社会本位强调人们通过合作,能比孤立状态更好地进行生存斗争;通过参加社会,每个人都能最好地为自己的利益服务。整体主义思维是生物学的、有机主义思维,其基本的观点就是社会犹如生物体,是一个有机整体,因而是不同于其构成部分的、本体论意义上的独立存在(唯实论)。斯宾塞的社会有机说——把国家和社会看作如同自然界生物一样,是一个从简单到复杂,不断进化的有机的观念。涂尔干、滕尼斯对古代社会的分析是:人们的相互关系是基于情感动机而产生的本质意志,这种温情脉脉背后却也反映出人的相似性、同质性,才使人更容易形成共同意志。这种特点在基尔克强调的社会法规制的内部关系中其实也是存在的,各种社会团体既有自利的一面,也有利他的一面。这也是社会本位对应的社会。至于社会法,规范的是被称为社会人(Gesellschaftwesen)的那些人们的意思关系,即将人视为较高的全部——即社会的团体之一部而加以规范,又把团体本身视为更高的团体的结合之一部而加以规范。社会法是以上下关系(Einordnung, üher- und unterordnung)为基础而从“主体的拘束”出发的。②

在社会法体系中平等性与从属性的两种视角也需要相互补充。个人本位强调平等性,也强调了个人的自主性与独立性,以个人作为学科分析的基点或基本研究单位,并通过对单个人的分析,来研究社会互动关系中个人及其对社会所产生的影响并基于个人尊严和不可替代性的假设,展开该学科的一般原理,各构成部分的关系被视为功能分工与互补的关系。个体之间的关系主要就是利益交换,因而是此消彼长的冲突的关系。社会本位强调从属性,是社会连带关系的体现,社会连带关系本身决定了社会规范的存在,社会规范维护社会连带关系,使社会得以存在。狄骥将社会规范自上而下分为经济规范、道德规范和法律规范等三个层次。经济规则是社会连带关系对人们违反经济义务行为的制裁;道德规则是社会对违反道德行为的一种强制;法律规则是指当被违反时会引起一种在社会中组织起来的反应的规则。经济规则或道

①② Gierke, Deutsches Privatrecht, I. p.26f(转自美浓部达吉,2003:30—31)。

德规则只在一定条件下才上升为法律规则(赵迅、严颂,2006:127—128)。

(三)利益本位的含义及争鸣

利益本位是相对权利本位产生的概念。利益是一个复杂的概念,利益法学是在批判自然法学和概念法学的基础上,适应法律社会化的时代需要而发展起来的。利益法学否认自然法学主观权利的独立存在,同时反对概念法学只注重空洞的概念,进而提出法律是利益的产物(黄辉明,2007:76)。从西方法学思想的演变来看,社会法的利益本位对应的是民法的权利本位。

平等性与权利性存在紧密联系,权利本位强调的权利体现出选择自由具有正当性和先定性,其价值地位是绝对至上的、唯一目的性的。涂尔干、滕尼斯对近代社会的分析是:人的多元性、异质性,面对日益复杂的社会,人们很难形成共同意志,人们的相互关系是基于理智思维、个人的目的而形成的选择意志,这种自由选择背后却也反映出有机团结社会的某种连带性,这也是个人本位对应的社会。个人观念的差异决定了利益实现的相对性,每个人是自己利益的最佳判断者。平等、意思自治对促进个人利益及社会利益的重大意义决定了国家的政治合理性就在于其对于确保个人生命和个人权利的行使。利益是由个人来进行判断的,社会不过是个人的派生形式与集合形式,社会法的微观层次尤需强调这种认识。

从属性与权力性存在紧密联系,当利益与权利相对时,说明某些利益不可能脱离社会而独立存在,需要协调者。利益本位强调的利益是法律形成与发展的内在驱动力,法律的作用在于对利益的确认、界定及分配。天下熙熙,皆为利来;天下攘攘,皆为利往。“法律应该以社会为基础。法律应该是社会共同的、由一定物质生产方式所产生的利益和需要的表现。”①利益本位可以说是一种权利-义务相平衡、法律-道德相统一的本位思想。为了实现合作,就需要排除或调整个人的目的同社会合作的矛盾。狄骥打造了一个以义务本位为特征的完整的利益伦理体,在狄骥看来,这种社会连带是一种永恒不变的客观事实,是一切人类社会的基本事实。个人权利的观念也被“义务观念”所代替。在人与人互相依赖的社会中,只有服从连带关系的义务,服从、维护和发展集体生活的义务。国家没有主权,只有实现社会连带关系的义务;个人也没有权利,只有服从社会连带关系的义务。社会法的宏观层次才需这种认识。

在我国理解的社会法中,权利性与利益性的两种视角需要相互补充。个人作为社会基础与价值本原,个人主义往往强调权利本位。法学研究中权利本位范式提供的理论框架,是包括权利和义务基本范畴(核心范畴)、凝结为权利本位的理论基石(章礼强、汪文珍,2006:59)。社会利益本位以社群作为社会基础与价值本原,同一社会中的人共同分担或分享,这种需要只有通过共同的集体生活才能得到满足。社会连带作为一种利益伦理的观念可以说源远流长,合作、和谐是主流,利益本位不仅是

---

① 《马克思恩格斯全集》第6卷,人民出版社1961年版,第292页。

强调了法律义务的重要性，而且更强调的是利益体现为伦理义务以及习惯义务。当人们的社会需求形成稳定的价值观念体系的时候，法律有必要将利益内化为权利的形态来加以保护。

三、社会利益本位的思考

19世纪以来，社会本位法律观成为我国主导性的法学思潮，民国时期学人就法律本位问题，几乎毫不犹豫地接受了西方的社会思想，严厉批判西方自由主义，某些原因也影响至今，值得思考。这种"一边倒"局面的出现在当年大致有以下一些原因。

（一）社会利益本位观念流行的原因

其一，社会主义观念的流行。社会本位在当时与社会主义思想紧密相联。当时的学者普遍认为："20世纪之社会，乃一社会主义之社会也。英有基尔特社会主义(Guild Soclaism)，法有工团主义(Syndicalism)，德有社会民主主义(Social Democracy)，俄有共产主义(Communism)，再同则有三民主义中之民生主义；即其他各国，亦莫不受社会主义重大之影响。法律为社会生活中人类行为不可破的规范，为社会科学之一，由社会关系产出，其应随社会演进而演进，实属明甚，故法律之社会化(Socialization of Law)，近世各国已逐渐见诸施行。我国国民政府成立，所立法典，亦多以社会为依归，实以极佳之现象也，尚希今后能再接再厉，努力进行，使其完全实现，则今日法律社会化之萌芽，即他日国治民安之先导，贫富阶级，不难因此无形消除。"（郑保华，1930：637—638）

其二，三民主义理论的确立。孙中山先生是伟大的资产阶级革命先行者和政治思想家。孙中山的三民主义尤其是新三民主义以社会化作为基本价值观，孙中山也以国家社会本位确定了他的法律观。在阐释民权思想时，他指出："自由这个名词……万不可用到个人上去，要用到国家上去，个人不可太过自由，国家要得完全自由。"①他认为人类最大的事实就是社会整体的共同生存，脱离社会存在的抽象自然人是不存在的。在孙中山的观念中，整体利益高于个人利益，国家自由高于个人自由。孙中山价值观、法律观奠定了南京国民政府"国家、社会"的理论基础（潘念之、华友根，1993：210）。南京国民政府立法院的《民法总则起草说明书》也专项解释强调绝对个人权利的危害："自个人主义之说兴，自由解放之潮流，奔腾澎湃……驯至放任过甚，人自为谋，置社会公益于不顾，其为弊害，日益显著。"（柴荣，2007：210）

其三，我国传统文化的影响。在我国古代，以儒家思想为核心强调伦理等级与身份关系，成为社会细胞的不是众多的个体而是家庭这个血缘团体，个人只是整个家族的一分子。血缘关系对义务本位思想的形成产生了深远的影响，传统的自然经济为法律混合的宗族制度的生长提供了必要的土壤。社会利益本位是一个融法律与道德

① 《孙中山全集》第9卷，中华书局1986年版，第282页。

于一身的概念，当时认为与我国的传统文化更为契合。家族优先很容易转化为一种社会优先的法治思想(孔庆平，2008：905)。王伯琦先生也认为："吾国法律，从未与道德分家，数千年来的法律始终浸润于道德之中。清末变法，正当西洋法律的中心观由个人转向社会，严格法的时期已过，恰逢道德与法律三度重圆之良辰。"(黄俊，2011：116)"迨及1929年至1931年新《民法》陆续制订施行，西洋法律的道德化，正是炽烈风靡之时，与吾国传统的法律与道德累世同居的情形，不谋而合，所谓天衣无缝，并非过言。"(王伯琦，2005：49)正如时人所言："法律社会化乃先废除个人本位阶级本位或权利本位之法律，代以社会本位之法律，必为其重大之目的。"(郑保华，1930：640)因而，社会本位，在他们眼中，就是以社会连带思想或社会利益法学的理论为基础，法律以公共利益为重，以个人利益为轻(孔庆平，2008：901)。

(二) 社会利益本位观念流行的反思

民国学界普遍认为，法律将由义务本位，权利本位进而至于社会本位，这是一个社会发展的必然过程。笔者以为，民国时期的学者讲的三个时期只是讲了某种本位思想产生的时间，这种历史演变，对于当代而言都产生了某种影响，形成了当今学术理论中国家本位、个人本位、社会本位三种看法。这三种本位思想，并非简单的替代关系，而是同一历史时期的并列关系。社会的内部秩序不具有一种共同的目的序列，只有在累积性进化的框架内，个人的理性才能得到发展并成功地发挥作用，从而实现每个个人的目的(哈耶克，1997：14)。没有个人权利观念，根本也就无从谈起社会利益观念。我国当前存在的社会现实是：理论上否认社会利益本位的客观现实，实践中又不断歪曲个人权利本位的基本含义。社会法研究中要防止以下两种倾向。

其一，学术思想中我国从来不乏个人权利本位阐述，但并不落到实处。一些学者认为中国缺失的是个人权利，我国并没有经历过个人权利本位广泛发展的时期。蔡枢衡①和王伯琦②当年的观点至今仍值得我国学者深思。蔡枢衡认为，从社会经济的发展过程来看，中国的现代法律是跳过了一个历史阶段的法律；从法制发展的过程看，社会本位的法律必须把个人本位的法律当作基础；从社会发展的过程看，若要个人能在社会本位的社会站得起来，必须预先经过充分发展个人的阶段；从法制对社会的规范性看，在社会本位的法制下，能不能充分发挥竞争，充实个人，以间接充实社会，都不无疑问。况且假定可能，发挥的结果，也决不能和曾经有过纯粹竞争经济和个人本位阶段的社会同样充实(蔡枢衡，1947：55、66)。王伯琦在强调社会本位的天

---

① 蔡枢衡是中国当代刑法学家，江西省永修县人，早年留学日本，回国后，任北京大学、西南联合大学等校教授。中华人民共和国成立后，曾在中央人民政府法制委员会、国务院法制局、全国人民代表大会常务委员会办公厅工作，1958年起担任全国人大常委会办公厅法律室顾问。

② 王伯琦，1909年出生于江苏宜兴和桥镇。1931年毕业于苏州东吴大学法学院，获法学学士学位。同年赴法国巴黎大学留学，1956年获法学博士学位。1961年3月21日，年仅53岁的王伯琦先生于教职任上英年早逝。

衣无缝时也强调，中西气候不同，这件天衣并不合时宜。就我国而言，“这一伦常观念，压根儿与西洋的个人观念立于对敌的地位，我们的道德观念，从根起与西洋近代的道德观念不相为谋。”(王伯琦，2005：51)从这一意义上看，我国仍应当补上个人权利本位这一课，这是民法学者的当代任务。

其二，历史上的“伦理本位”往往被披上现代外衣。一些学者认为中国缺失的是社会公德，对于我国历史发生重大影响的是梁漱溟的“伦理本位”思想。在梁漱溟看来，传统道德体系尽管提倡“崇公抑私”，但是其含义根本不是“发扬公德”，而是“克己复礼”，在这样一个缺少团体的社会里，人们彼此之间的人伦关系就极为重要，社会结构呈现出“伦理本位”的特征。“每个人对其四面八方与他有伦理关系的人，各负有其义务；同时其四面八方与他有伦理联系的人，亦各自对他负有义务；全社会的人不期而辗转互相联锁起来，无形中成为一种组织。”上述伦理义务的核心是家庭伦理，社会关系是家庭关系的扩大，所以梁漱溟认为“中国人就家庭关系推广发挥，以伦理组织社会”(梁漱溟，2005：82、83)。从“伦理本位”思想出发，才能理解“公私悖论”的本质。中国人缺乏公德的根本原因不在于传统公私观念错误，而是因为其行为特征和伦理本位的社会结构高度耦合。归根结底，虽然“崇公抑私”在表面上和“缺乏公德”存在悖反关系，但事实上两者根本无关，没有什么矛盾关系、紧张关系——所谓“公私悖论”乃是一个伪悖论(廉如鉴，2015：98)。其实，“伦理本位”缺乏的是个人权利本位，要补的不是“崇公抑私”，依然是权利本位。

社会利益本位只能建立在个人权利本位的基础上，我国常常用国家本位、伦理本位来代替社会利益本位，这种社会发展的历史已经证明王伯琦、蔡枢衡的担心是不无道理的。个人权利本位与价值论相联系，导向承认社会发展中客观存在的某种自发秩序中体现出来的自由价值；社会利益本位与目的论相联系，容易关注主观性的建构秩序中体现出来的公平价值。从这个意义上说我国还不能用目的论取代本位论。我国有学者基于王伯琦的观点，针对我国当下的情形，提出“在没有对基本权利的宪法直接保障制度和切实可行的违宪审查制度下，尤其应当祛除社会本位理念”(高慧铭，2015：129)。在一个重视社会和义务，忽略公民个人的价值和权利的社会环境下，祛除一种描述性的理论就能改变社会现实吗？这种以动机代替效果的乌托邦式的讨论，并不能对社会现实的改变有所助益，认清中国当今现实的本位思想以及何以成形，才更具现实意义。

总之，社会利益本位不能脱离保护弱者的目标限定，基尔克从目的论的角度提出两种相互协调的人格，对于今天仍有重大意义：“我们既不能给个体人格(Einzelpersönlichkeit)，也不能给整体人格(Gesamtpersönlichkeit)赋予作为最终目的的任意发展(Sichausleben)，同样也不能赋予国家这样的任意发展。”社会利益本位容易混淆于公共利益为本位，在西方社会是由长期的个人本位观念发展起来的，具有对个人本位补充的作用。基尔克的人法沿袭康德的提法，强调“人的目的”。“在这个意义上，我们说它们应该服务于人。在这里，我们以此为前提条件，即存在一个所有历史运动都为其实现而努力的人的目的(Menschheitsziel)。”(基尔克，2017：128)

第二节　社会法的权利观

对于社会法而言，权利观是形式法的研究范围，形式法的矛盾也会以更为聚集的方式得以反映。“选择说”对“利益说”的批评的意义在于将利益因素从权利因素中抽取出来，形成独立的范畴来另行研究。这种研究方式并非要贬低利益的价值，而是要强调权利与利益是两个独立的范畴。作为两个独立的理论范畴，由于内涵减少，两个概念的外延都得到了扩大。

一、权利概念的概览

西方学界对权利含义的解释不仅在结论上莫衷一是，在方法上也的确是纷繁杂乱的。康德曾说：“问一位法学家‘什么是权利？’就像问一位逻辑学家一个众所周知的问题‘什么是真理？’同样使他感到为难。”（康德，1991：39）费因伯格则干脆说，对权利下一个“正规的定义”是不可能的，应该把权利看作一个“简单的、不可定义、不可分析的原初概念。”①1991 年出版的弗雷泽（Michael Freezer）的《权利》一书在论及研究概念的途径与方法时说：“在政治理论里，权利已经成了一个最受人尊重而又确实模糊不清的概念，想在原理上阐发权利概念所代表的观念，与阐发诸如平等、民主乃至自由之类的观念，几无二致。”（夏勇，1992：38）通常采用的方法诚如弗雷泽所说，是用一连串相邻的或相关的概念来解释权利，如自由、平等、民主、人性、利益、选择、权力、正义等。而这些概念本身又不是很清楚，使用者往往从自己特定的学术立场出发，还给这些作为解释工具的概念附加了一定前提条件或赋予某种新的含义。不仅如此，在现代西方，权利是由政治学家、历史学家、法学家、哲学家所组成的不同学术群体共同关注的焦点。政治学家们从社会政治的角度研究权利，历史学家着重探讨权利概念的历史涵义，法学家着重从人与人之间法定关系的角度理解权利，哲学家则关注权利的性质、权利与义务的联系、权利的功能等问题。②

庞德认为人们通常在六种涵义上使用权利一词：（1）应当得到承认和保障的利益；（2）得到法律实际承认和保护的利益，这可以称为广义的法律权利；（3）通过政治社会的强力来限制另一个人或所有其他人作出一定行为或抑制一定行为的能力；（4）一种创立、改变或剥夺各种狭义法律权利从而创立或改变各种义务的能力，最好称之为法律权力；（5）某些可以说是法律不过问的情况，也就是某些对自然能力不加

① Joel Feinberg, “The Nature and Values of Rights,” *Journal of Value Inquiry*, 4(1970), pp.243—244（转自夏勇，2004：3）。

② M. Freezer, *Rights*, University of Minnesota Press, 1991, pp.3—5（转自夏勇，1992：38—39）。

法律限制的情况，这就是自由权及特权；(6)纯理论意义上的正当之物(张文显，1993：68)。庞德总结说："利益、利益加上保障这种利益的法律工具、狭义的法律权力、权力、自由权、特权，这六种在任何细心的思考里，都需要加以区别。"(庞德，1984：46—48)美国乔治敦大学伦理学教授彼彻姆(T.L. Beauchamp)将关于权利的解释分为四种：(1)以权力来解释权利；(2)以利益解释权利；(3)以资格来解释权利；(4)将权利看作一种有效的要求权(夏勇，1992：52—53)。

在现代论著中，也有一些学者是从多个侧面来论述权利的。如《政治学原理》认为权利有三个要素：(1)权力(power)，(2)对该权力行使的确认(recognition)，(3)关于确认每个人享有该权力的要求(claim)。①并在这种分类的基础上主张可称之为"综合说"或"调和说"的观点。在前述一些学说中，有些观点存在着相互继承或相互借鉴的关系，例如，可能说与规范说，自由说与选择说等等，但也有一些学说则是不能调和的。这一点对于我们将要分析的社会权利和社会义务至关重要。我国学界在权利义务的研究上正是因循着这些貌似全面而实际上却抹杀了特点的表达而止步不前。

二、个人本位的权利观

以个人本位来观察，权利在法律上下文中是个法律概念，它表示通过法律规则授予某人以好处或收益。"在古希腊哲学和罗马法中，权利似乎和正确与正义一致。有时从自由意志的基本论据中推导出权利，有时认为，权利实质上是根据两者之间的法律关系，由法律决定并通过法律认可和保护，有时被看作是受法律公正地承认和保护的某种利益。"(沃克，1988：773)从理论传统上看，权利主要是一个私法上的概念。

(一) 权利理解的对立概念

意志说是依据自由说产生的一种理论，也可以说是一种主观权利说。自由说认为权利本质上是一种"自由"，但对于"自由"如何理解存在分歧，因而自由说中又分为自然权利说和意志说。自然权利说是古典"社会契约论"的副产品，如卢梭、洛克、霍布森等人认为在人们未进入文明社会之前处于一种"自然"状态之中，在这种状态中人人享有一种自然的权利，即一种天然的自由，人人得为保护自己的自然权利如生命、财产与其他人发生战争。为了避免这种战争状态，通过缔结"社会契约"进入文明社会中，互相承诺不侵犯对方的权利，并将保护自己权利的力量交由共同的权威机关来行使。社会契约论主张"天赋人权"，"每个人生而自由、平等"人类进入文明社会仍保有自由，而法律正是对这种自由赋予强制力的保障。因此，"人类由于社会契约而丧失的，乃是天然的自由以及对于他所企图的和所能得到的一切东西的那种无限的权利，而他所获得的，乃是社会的自由以及对于他所享有的一切的所有权"(卢梭，

① R. N. Gilchrist, *Principies of Political Science*, Longmans, Green & Co.1923. Second Edition.

1962:9、30)。自然权利说与社会契约论相联系，为近代资产阶级政治革命提供了理论上的支持，具有重大的政治意义。然而这种学说对于权利的界定却不够清晰，因此“自由说”的主要观点是“意志说”。

意志说直接源于德国古典哲学。伊曼努尔·康德指出：权利表示一个人的自由行为与别人行为的自由的关系，权利使得“任何人的有意识的所为，按照一条普遍的自由法则，确实能够和其他人的有意识的所为相协调”(康德，1991:40)。黑格尔在批判康德关于权利是个人意志的观点时说道：康德所谓的权利“实体性的基础和首要的东西，不是自在自为存在的、合乎理性的意志，而是单个人在他独特任性中的意志，也不是作为真实精神的精神，而是作为特殊个人的精神”。黑格尔在扬弃康德“个人意志说”的基础上，将法(权利)规定为“自由意志”的表现形式，这种自由意志是一种普遍的、绝对的“客观精神”，黑格尔由此也将法哲学纳入其精神哲学中(黑格尔，1961:37、204)。

德国古典哲学影响了德国法学的观点。萨维尼认为：“个人所享有的权力(Macht)，即个人意志支配的领域，并且该支配乃是在吾等同意之下进行。我们称此权力为该当之人的权利(Recht)，它与权限(Befugnis)同义，亦被称为主观意义上的权利(Recht im subjectiven Sinn)。”温德夏特(Windscheid)认为：“主观的权利是一种意志力(Willensmacht)，或是法律命令所认可的一种意志支配力(Willensherrschaft)”，“法律命令所保障的一种意志力量。”(温德夏特，载莱昂·狄骥，1959:200—201)“权利是法律秩序所赋予的意欲准许(Wollendürfen)、权力或支配。”依照意志理论，权利划定了当事人的行为空间，在此空间之内，当事人得依其意志自由形成法律关系，若权利遭受侵犯，当事人可选择诉诸法院寻求法律救济，以回复其受到侵害的自由意志，亦可选择忍受侵犯、放弃权利。换言之，权利的功能在于确保个人自由之实现。普赫塔(Puchta)等人也持这样的观点。显然，意志理论表达的是古典意志哲学背景下私法自治的要求。德国法在“权利”之前一律冠以“主观”作为修饰语，也正是强调权利主体对于该项权利的“主观性”(或主体性)，即该项规则承认公民的主体资格，他可在义务人未履行义务时主动向其发难(赵宏，2011a:58)。

利益说也是由德国学者首先提出的，其代表人物是耶林和戴恩布格(Dernburg)。耶林认为，“主观权利的真正实质是存在于主体的利益、利益的实际效用和享受上”，“法的存在不是为实现抽象的法律意志的观念；相反的是用以保障生活的利益，用以援助生活的需要并实现生活的目的而服务的”。“主观的权利便是受法律保护的利益”。将权利本质归结为意志的看法遭到耶林的强烈反对。1865 年，耶林《罗马法的精神》第 3 部第 1 册出版，该书以“权利的一般理论”作结，系统表达了以利益理论取代之前意志理论的立场。1877 年，利益理论在《法律中的目的》第 1 卷中得到进一步展开(朱庆育，2009:189)。利益说产生于利益法学。18 世纪初以边沁为代表的功利主义学派已经注意到法律是对各种利益的衡定以及权利和义务的功利主义基础(包玉秋，2008:33)。自从耶林道破权利背后的利益，利益说就在西方法学中占据了重要位置。

耶林尽管也是从主观权利角度提出看法，但“利益说”实际上是强调从客观方面来认识这种主观权利，权利体现一种利益，应当称之为客观权利说。他认为，法律保护或促进个人的利益，使之免受他人或社会的侵犯，办法是为后者设定对权利主体的义务和责任。在特定的权利义务关系里，如果有一项义务，规定作出对某人有利的行为或不行为，那么就可以说某人享有一项权利。因此，义务是为权利而设立的，所有的义务都是为了促进某个人的利益。不论权利客体是什么，对权利人来说，它总是一种利益，对义务人来说是不利。奥斯汀也曾明确指出：“权利之特质在于给所有者以利益。”“授权性规范的特质在于以各种限制条件对实际利益进行划分。”（奥斯汀，1954：140）“利益说”在当代的主要代表人物有里昂斯（D. Lyons）、拉茨（J. Raz）、麦考米克（D. N. Maccormick）。

（二）权利理解的调和概念

在“意志说”和“利益说”的主观、客观之间也一直存在着一些调和的理论，在我国也被称为法力说。斯托加认为，一种恰当的、妥帖的权利分析，需要这两种理论。“利益说”让我们注意到权利与利益相关联；“选择说”让我们注意到享有权利意味着能够提出要求，同时，这种要求在道德上或法律上能够得到确证，而且，正是这种确证性（answerability）使权利具有某种绝对性。因此，这两种理论并不是像人们通常认为的那样相互排斥。“选择说”解释了允许提出要求的权利能力，但被允许的要求只有在某种条件下才能提出，而这种条件，可以说，正是由“利益说”来提供的。[①]作为一种调和理论，早在洛克、卢梭把产生某种结果的力量与权利挂钩时，就预示着法力说的出现。19世纪德国法学家梅克尔针对权利的自由说或意志说的主观主义特征，明确提出并系统阐述了法力说（张文显，1993：77—78）。法力说在调和意志说与利益说的基础上，认为权利是“可享受特定利益之法律上之力”。其代表人物是德国学者梅克尔（Merkel）、莱格尔斯伯格（Regelsberger）以及日本学者三潴信三。他们解释法力说时认为：权利是权利人以享受特定利益为目的，而法所许可其主张的势力范围（吴学义，1935）。后来，法力说进一步表述为：权利是法律赋予权利主体的一种用以享有或维护特定利益的力量，义务则是对法力的服从，或为保障权利主体的利益而对一定法律结果所应承受的影响。梅克尔以后，法力说逐渐成为大陆法系民法学理论的通说（张文显，1993：78）。

调和说也是我国法理学的通说。梅仲协认为，权利是法律赋予特定人以享受其利益之权力（梅仲协，1998：32）。我国学者依据国外各种学说，进一步将权利释义为资格说、主张说、自由说、利益说、法力说、可能说、规范说、选择说等八种（张文显，1993：74—82）。我国学者一般总是倾向于“综合说”，将各种学说加以综合，来对权利义务进行释义。夏勇认为，各种关于权利的学说，“只是从一个侧面来描述权利的属性。如果我们将各种权利属性的描述结合起来，并顺着这条线索联系权利的实际，就

---

① S. J. Stoljar, *Anaysis of Rights*, p.35（转自夏勇，1992：49—50）。

会得出关于权利本质的比较全面的认识”。并将权利归纳为五大要素:利益、主张、资格、权能、自由。“对于一项权利的成立来讲,这五个要素是必不可少的。以其中任何一种要素为原点,以其他要素为内容,给权利下一个定义,都不为错。”(夏勇,1992:44)张文显在分析了这八种学说之后,对权利和义务作如下释义:“权利是规定或隐含在法律规范中、实现于法律关系中的主体以相对自由的作为或不作为的方式获得利益的一种手段。”“义务是设定或隐含在法律规范中、实现于法律关系中的主体以相对抑制的作为或不作为的方式保障权利主体获得利益的一种手段。”(张文显,1993:82)这一定义显然也是综合了各种学说,或者说是满足了各种学说的要求所下的一个定义。与《牛津法律大辞典》所下的定义也相类似。这一定义与我国其他学者的定义也大同小异,可以说基本上反映了我国目前法学研究对权利义务的认识。这样的一些表达方式,表面看来,似乎非常全面,但实际上却抹杀了各种学说的个性。

(三)调和说与个人权利本位相适应

以调和说论证权利,与私法的逻辑是一致的,一旦扩大到社会法就会显示出局限性。从哲学逻辑上看,权利概念的兴起也必须以国家与社会的分野和个人主义哲学的勃兴为前提,权利语言虽然源于西方,但权利文化现在已经成为一种全球现象。作为用来诉求和表达正义的方便而精巧的工具,权利语言提供了一种表述实践理性要求的途径(姜涌,2015:51)。与调和说相反,权利体现一种主观选择的自由,对我们认识权利的特征极具启发,哈特强调权利与义务的基本区别点在于主体对于某种利益或主张是否有自主选择的可能。有自主选择可能,为权利;无选择可能,则为义务。即使某主体被强迫要求、主张的是某种利益,由于这种强迫使主体人无自我选择的可能,以致它依然是义务(北岳,1994:2)。生物人与法律人分离的条件,更有利于建立一种以自由为特点的权利观念。在两种对立的解说中,笔者以为,前者作为调和说,只能与个人权利本位相适应;社会法理论只能选择后者的选择说。我国个人权利本位是建立在权利理解中的调和概念的基础之上的。

对于权利(right)而言,概念是对客观对象的反映,包括内涵和外延两个因素,一旦确定了对象的本质属性并将其提炼为内涵,具有该本质属性的诸事物马上可归入与对象相对应的概念外延之内,对象的外延就同时确定了。当外延扩大时,内涵必然减少;当内涵增加时,外延也就相应缩小。按照我国大部分学者所持的那种调和的观点,利益、主张、资格、权能、自由五个要素“对于一项权利的成立来讲,这五个要素是必不可少的”。由于内涵的增加,外延就会变得极为狭小。按照这种观点,权利既是一种利益也是一种资格,权利主体与利益主体只能是同一的,可以说是一种“利益-权利”主体。这种权利又是通过一定的自由与主张来行使的,只有“利益-权利”主体可以主张自己的利益或放弃自己的利益,因此可以进一步说是只有受益人才有资格对自己的权利作出处分。当权利主体集利益、主张、资格、权能、自由于一身时,对权利主体本身也提出了很高的要求,权利人是极具智慧的强者,是自己利益的立法者,国家和社会只要对权利人采取消极的方式,权利义务就可以依靠主体自身的力量实现。

这种权利显然只是一种个别权利与消极权利。这种从最狭隘的视角对权利的表述只能适应完全平等的民事主体。一旦超出私法界限，满眼看到的是与之相反的情况(董保华等，2001：166—168)。

对于义务(duty)而言，《牛津法律大辞典》称，源自拉丁语的"债务"和法语的"责任"一词，是指负有或应支付他人而又必须履行的一种法律上的不利条件。法律义务是对依法必须作出和恪守的行为的确定形式。规定义务及对不履行义务者予以制裁是法律用以调整人们行为的主要方式(沃克，1988：276—277)。在调和的观点中，权利与利益相联系，义务则与不利相联系，两者相互对应。对于权利义务的释义，中外法学家大都是先阐释权利，然后附带地界说义务，或者干脆把义务隐含在权利概念之下。社会本位的研究中恰恰对于社会义务给予了高度的重视。不仅如此，在社会法中，法律常常将弱者利益规定为不可放弃，有时国家和团体会主动的甚至是强制的为弱势群体作出选择和安排，弱势群体只需也只能作为受益主体而享受这种安排的收益，显然，这一切都是无法用我国流行的那种调和的法理学观点来解释的(董保华，1999a：107—108)。

三、社会本位的权利观

对于分析社会法上的权利与义务来说，认识权利义务与利益的关系至关重要，我国大部分学者正是在这一问题的研究上迷失了方向。权利理解中对立主要体现在意志说与利益说的对立概念中。在罗马法中，没有确定的权利概念和权利分类。权利的概念并非自法律出现时就已经存在，因此，认为"法即权利，权利即法""法学即权利学"并不符合历史现实。不过，罗马人却以法律来支持正当的事情，这就在观念和技术上有可能都把问题引到权利概念上来，但应当认识权利与法并不是一个概念。正如梅因所说："概括的权利这个用语不是古典的，但法学有这个观念，应该完全归功于罗马法。"(梅因，1984：102)权利包含着人的某种正当要求，这一含义源于欧洲法的传统，早期的托马斯·阿奎那明确了这一概念的初步含义，并启发了后世法学家，但对于社会法而言，正当的事情并不只限于权利。

对于权利(right)，《牛津法律大辞典》称，这是一个受到相当不友好对待和被使用过度的词(沃克，1988：773)。这种过度使用与调和说的发展密不可分。从人权理论来看，第一代人权强调政治权利，在很大程度上是以自由说、意志说来定义权利；第二代人权强调生存利益，在很大程度上是以利益说作为基础来定义人权。两代人权存在着价值冲突。随着调和说的出现，两种相悖价值被不合逻辑的混合在一起，并被定义在同一概念中，从而使理论解释陷入混乱。利益说与意志说各有其道理，这种争论只是由于视角不同，其实真正有害的恰恰是我国法学界所普遍认同的那种调和的观点。社会利益只有从权利概念中抽取出来，才可能形成社会利益本位的观念。如果我们不将意志说与利益说人为调和，社会法研究就存在着在两者之间选择一种学说作为权利定义的基础的问题。作为两种对立的观点，两者相互进行了批评，为了选择其中的一种观点，我们不妨先来观察相互间的批评。

法学上权利意志说在产生之时即遭到“利益说”学者的反对，与温德夏特同时代的法学家耶林认为，“主观权利的定义必须建立在利益而不是意志之上”（莱昂·狄骥，1959：200—201）。法国学者莱昂·狄骥也批评意志说：“意志不可能成为主观权利的实质，因为一种意志服从一定的权利完全和权利执掌者的意志干预无关，因此权利的实质也就和执掌者的实际意志无关，它是不经执掌者的意志干预而存在的。”“另一方面，有许多人虽不能由他们来表示意志，却是有权利的……那么我们就不可能说主观权利是一种意志的力量了。”（莱昂·狄骥，1962：200）我国学者对于在意志说基础上发展起来的选择说的批评是：把选择作为权利的普遍特征是片面的，因为有些权利是不可选择的，如公民的人身自由就既是不可被剥夺的，也是不能自我放弃的；再如儿童接受父母照料的权利是不能拒绝的（张文显，1993：81）。

温德夏特对利益说也进行了针锋相对的批评。他认为，利益不过是权利的目的或权利行使的结果，利益说将权利的目的当作权利的本质，混淆了二者的含义。奥地利学者凯尔森批评利益说指出：“一个人可能对另一个人的一定行为具有权利却对这一行为并无利益，一个人也可能虽有利益但却并无权利。”（凯尔森，1996：90）我国学者对于利益说的批评是：(1)权利只是利益的表现与获得利益的手段，而不是利益本身，把权利同利益等同，必将造成享有法律权利就等于获得实际利益的错觉。(2)并非所有的利益都是权利，宣布为权利的利益不能仅是纯粹个人的利益，而应被视为能够普遍享有的、获得广泛关注的，即可能相互冲突并可竞争的利益，或可以平等地适用于同一群体或社会成员的利益。那种被个别人垄断的利益是特权而不是权利；只被个人视为利益、而其他人对之漠不关心的东西不能成为权利（张文显，1993：77）。

如果我们将利益理解为实质法内容，权利就是一种表现形式，但利益并不仅仅表现为权利。尽管主张利益说的多有社会法的思想，但客观地看，他们只是强调了利益的重要性，这无疑是有意义的，但也容易从实质法的角度来强调某种内部联系，更有用实质法取代形式法的含义。耶林说过，“权利就是受到法律保护的一种利益，当然，不是所有的利益都是权利，只有法律所承认和保障的利益才是权利”（张文显，1996：492）。这段论述，对于社会法研究具有重要意义，但由于当时尚未归纳出法益的明确概念，利益究竟是法的权利还是目的确实表述不清。尽管如此，法律保护的概念已经加入了从属的、组织的因素。我国学者对于“利益说”的评说是比较有力的，但对于“选择说”的批评似乎就不那么有力了，批评者常常是置身于权利、义务混淆的语境。例如最为常见的两种举例：例一，被监护人不能放弃权利。儿童接受父母的照料就法律意义而言，是指未成年人接受法定监护，显然这并不是什么权利，而是义务；对于丧失或部分丧失行为能力的人来说，这些人同样有接受法定监护义务。例二，自然人不能放弃自由与生命。对于一个有行为能力的公民而言，不能放弃生命，并非权利而是承载利益的某种义务。同理也不存在要放弃人身自由的选择，例如，有人如选择自我禁闭，这可以说是人身自由的一种实现方式。这两个例子恰恰证明了利益有时候体现为一种义务。“如果说一个人有某一权利只不过是指他是一个义务的未来受益者，那么在这种意义上，'权利'就可能是一个不必要的、多余的，甚至令人迷惑的描述法律的术语；因为用权利这一术语能够表达的也能够而且最适宜用义务这一必不可少的术语表达。所以，利益论除了制造义务公式外，并没有理解权利。把人们负有不得谋杀、不被伤害他人的法定义务这一陈述转述为个人享有不被谋杀、不被伤害的权利之另一陈述，或者当一个人被谋杀时，说他不被杀害的权利受到了侵犯，这并没有获得任何有意义的清晰的东西。"①

笔者认为，尽管自然法学派奠定"权利"概念在近代法学中的地位，社会法更要强调权益概念，只有先从权利概念中抽象出利益，在分别定义权利与利益的基础上才能定义权益的合成概念。

四、社会法的权利界定

只有当我们将权利与利益分别作为形式法与实质法的不同内容来对待时，才能在权利与其他概念的关系中真正看清权利的含义。权利与义务的关系以及权利与权力的关系，无疑是权利概念的关系中，社会法研究中最需要重视的范畴。

(一) 权利与义务的社会法界定

在权利义务的释义上，张恒山等人的论述可以说是在我国学界独树一帜，极具特色。他的观点对我们认识社会法的权利、义务的特点颇具启迪。"义务的形成是因为相互结成社会的每一个体为了保证自己的共同的某种需要得到先行满足，从而对追求他种需要满足的行为加以限制。这种分析实际上包含着这样的观念：当结成社会的各个个体成员存在着两种或两种以上的需要、而有限的环境资源满足手段不可能对两种或两种以上需要同时给以充分满足时，为了避免在争夺资源的冲突中同归于尽，社会成员们理性地选择具有最高价值的共同性需要作为利用有限资源条件给予先行满足的目标，在此基础上将剩余资源条件作为满足它种需要的手段。这样，社会成员们为满足具有共同性的最高价值的需要的行为（或不行为）就成为义务。在不影响这一最高价值需要的满足的情况下，社会成员各自追求的他种需要的满足行为是权利。""这样，我们断定，义务是在社会资源有限的情况下为解决社会成员的两种或两种以上需要的互损性或冲突性而形成的。一般说来，那种在价值上具有优先性，在群体中具有共同性的需要的满足度，就是义务确定的依据。"（北岳，1996：105）

按照上述观点，法律义务被定义为："为了维护和实现社会共同利益、国家利益、集体利益或他人的非损他性利益，由社会普遍公认为'应当的'，并因此为国家所要求的、法律主体在一定的条件下所必须作或不能作的某种行为。""义务标示的行为是义务主体不可选择的行为。按照义务准则，主体对某种行为不做、或者对某种行为必

---

① Hart, *Bemth on Legal Rights Oxford Essays in Jurisprudence* (*2nd series*), Clarendon Press, 1973, p.190.

做，这是被规定、被要求的。在这里，主体不能在做、不做、放弃之间进行选择。社会所确定的义务准则，在义务准则所涉及的范围内，已经给每个主体作了行为方式的选择与规定。""法律权利是法律主体为追求或维护某种利益而进行行为选择、并因社会承认为正当而受国家承认并保护的行为自由。"（张恒山，1999：70、97）"权利就其要素构成而言，其中之一是主体具有行为选择的自由。权利主体可以就权利这一名目下标示的行为在做、不做、放弃之间进行选择。"在这里，权利主要是被论证为具有选择性的行为，而义务则是主体具有必然性的行为。尽管张恒山本人并未承认，其实他所持的观点具有"选择说"的痕迹，只是在"义务"与"利益"的联系上作了进一步的阐述。

张恒山、黄金华认为，"权利和义务是有区别的，但这种区别并不像许多学者认为的那样处处对应。根据我们的看法，权利和义务在区别的每一个点上都含有某种共同的因素"（张恒山、黄金华，1995：13）。这一看法在劳动法，甚至可以说是社会法的法域，是正确的。这种共同的因素是：(1)权利是"正当的"，义务是"应当的"。二者在这种区别的同时，又有共同点：即"应当"中也包含"正当"的成分。就劳动法而言，从劳动者的角度看，劳动报酬中的领取最低工资是作为义务来规定，而在最低工资以上的劳动报酬是作为权利来规定，两者都含有正当的成分，但最低工资则在"正当"的基础上加入了"应当"的含义。(2)权利是主体具有行为选择的自由，义务是主体应做的必然性行为。但是，必然性行为是自由行为的前提条件，因必然才有自由。就劳动法而言，从劳动者的角度看，因劳动合同产生的权利，是以遵守劳动基准法的义务规定为前提条件。(3)行使权利是主体依据自我利益判断而作出的行为，履行义务是符合社会要求的行为。但是并不是所有的履行义务的行为动机都是被强制的结果。实际生活中，存在着大量的，出于自我利益判断，或自我感情驱使下的履行义务的情况。就劳动法而言，从劳动者的角度看，遵守劳动基准法，虽是一项义务，但劳动者履行这项义务的动机通常并不是被强制的结果。(4)行使权利是受到国家保护的行为，不履行义务是受国家强制的行为。但是，自行履行义务也是国家不管、国家应保护的行为，这与国家对权利行使的不管和保护是相同的。就劳动法而言，无论是劳动者还是用人单位遵守劳动法所确定的义务，同样受到法律的保护（董保华，2000a：102—103）。

劳动权利与劳动义务在以上四个方面的区别和共同点，说明两者绝不是简单地处在对立的两极上。而存在着远为复杂的相互渗透、相互依赖的关系。在权利与义务的对立统一关系中，三个法域有着完全不同的特点。这正是我们应当着力研究的。对于社会法而言，只有引入利益与法益的观点才能真正使张恒山、黄金华的权利"正当的"与义务是"应当的"的观点体现出解释力。权利是主体具有行为选择的自由，个人利益是这种选择的动机，个人可在做、不做、放弃之间进行选择，个体利益使权利具有防御功能。义务是"应当的"，按照义务准则，主体对某种行为不做、或者对某种行为必做，这是被规定、被要求的。社会利益是这种不可选择的行为产生的原因，社会利益在给每个主体作了行为方式的选择与规定时，一定会产生出某种受益主体，这种受益主体也具有相应的法益，整体利益使义务具受益功能。权利与义务的关系，也会在一定条件下转化为权利与法益的关系。

(二) 权利与权力的社会法界定

"权力"的拉丁语是 potere,意为"能够",或具有做某事的能力。英文的 power、法文的 lepouroir,侧重指有影响、支配、操纵他人的能力与力量。欧美学者对权力的定义,第一种是"影响力说",认为"权力是一些人对另一些人造成他们所希望和预定影响的能力"①。"权力这一术语只能用来指一种特殊类型的影响或力量,它符合本团体的准则和价值体系,因而被看作是合法的。"(迪韦尔热,1987:15)第二种是"强制力说",认为权力是"一个人或一部分人具有强加于他人的一种强制力"(莱昂·狄骥,1983:631)。"权力是指它的保持者在任何基础上强使其他个人屈从或服从于自己的意愿的能力。"(布洛克等,1993:453)德国社会学家马克斯·韦伯则认为权力是"这样一种可能性,即处于某种社会关系内的一员能够不顾抵制而实现其个人意志的可能性,而不管这种可能性所依赖的基础是什么"(博登海默,1987:34)。另一学者的类似说法是:"权力是个人或者群体将其意志强加于他人的能力,尽管有反抗,这些个人或群体也可以通过威慑这样做。"(布劳,1988:137)

在权力和权利的关系上,我国著名的民法学家江平教授认为:"权力和权利本身没有绝对的分水岭。"(江平,2005:33)而郭道晖则从公私属性、强制性、法律地位、对应关系、自由度等方面强调了两者的区别(郭道晖,2009:25—27)。二分法以私权利、公权力作为基本假想,在权利与权力的关系上,我国两位著名法学家观点看似截然不同,其实却相互补充。公权力之外,还有社会权力。我国有学者将社会权力定义为:个体或社会组织通过凭借自身的暴力、知识、威望、社会资源等权力基础,直接影响他人而实现自己意愿的能力(卫知唤,2015:127)。在笔者看来,权利重在利的协调,强调平等性;权力重在力的规制,强调从属性。两者自是不同。然而,正如郭道晖也强调的"权利与权力是互相渗透的。权利中有权力,权力中有权利,广义的权利即包括权力在内,权力也是一种权利"(郭道晖,2009:22)。利益的分层也会在社会法领域形成权利与权力的四方面理解。

第一,权力与权利的内涵和外延不同。从二分法的分类上看,公权力原义指权位、势力,现一般指职责范围内的指挥或支配力量,即政治权力,是政治上的强制力量,是一个政治范畴;而私权利本义指权势和货财,在法律上指公民或法人依法应享有的选择和利益,是一个法律术语,常常涉及经济权利。社会法在保留二分法的分类基础上,超出传统,研究新的权利(力)类型。权力从外延上扩大,公共权力、政治权力、经济权力、社会权力、个人权力等,在社会法的范围内,宏观层次有政治权力,中观层次有社会权力,微观层次有经济权力;反之也一样,权利的范畴也会放大,在这三个层次也都存在着权利的概念,不仅有私权利,还会有公权利,还有兼具两者特点的特

① Dennis H. Wrong, *Power: It's Forms, Bases and Uses*. New York: Harper & Row Publishers, 1979, p.2.

殊类型的社会权利。

第二,权力与权利的目的与对应关系不同。公权力以国家社会的公共利益为目的,私权利则体现个人或法人等主体的利益为目的(蒋君芳,2011:277)。从二分法的分类上看,私权利与私义务相对应,对权利来说,权利的实现要求义务的履行,义务的履行确保权利的实现。对公权力来说,基于公共利益的目的,权力与职责相对应,有一份权力就要承担一份责任,权力主体对授予它的权力不得放弃或转让,政府权力对国家也是一种责任。公共机构行使管理权,权力必须以对方的服从为条件,是管理与被管理的关系,对权力的相对方来说,一方行使权力,相对方就必须服从,拒绝服从或妨碍、阻挠行使公权力的,也要追究法律责任(郭道晖,1990:4)。社会法无疑也保留传统二分法的这些特点,但也存在超出传统二分法的情形,反射利益的存在,产生出大量义务与受益的结合形式,致使权利与义务并非传统上的完全相对,权利不仅受到对方义务的限制,也受到大量自身义务的限制。权力与职责相对应的情形也并非只存在于公权力的情形,社会团体在行使社会权力时,也受到职责的约束,不得滥用权力,不得越权侵权或失职渎职,否则也要追究法律责任。

第三,权力与权利的行为主体与行为属性不同。从二分法的分类上看,公权力主体主要指被授予权力的国家机关及其特定的工作人员,权力是单向的,自上而下的,双方关系是不平等的。私权利主体一般是公民与法人和其他团体,双方关系是平等的。按其行为属性来说,权力行为一般是立法行为、行政行为、司法行为等属于公务的行为,是一种公共权力;权利行为一般是民事行为(蒋君芳,2011:277)。社会法保留二分法的分类,权力与权利在一定意义上也可以说是公行为与私行为的区别。在二分法的分类基础上,随着给付行政、社会责任的发展,社会生活中,公主体私行为,私主体公行为均有发展。社会法也超出传统二分法的分类,由合同关系转化而来的私权力,因具有管理的属性,而具有某些公行为的管理特点,社会团体在互益团体之外发展出公益团体,形成了社会权利、社会权力特殊类型。随着公益团体的发展,在社会法的范围内社会权力有时甚至于对国家强制力有替代作用。

第四,权力与权利的法律地位与强制程度不同。从二分法的分类上看,公权力具有强制性特征,私权利具有许可和保障性特征。统治阶级为实现其政治统治并对社会进行全面管理,便需要设置一种公共权力,即军队、警察、法庭、监狱等强制性机关,以高度的强制力来维系和实现其政治统治。私人权利是法律对主体具有一定作为或不作为资格的许可保障。权力和权利虽都在一定条件下对相对人具有强制性,但公权力强制性与私权利强制性不同。只有公权力具有国家的直接强制力,私权利则只是以国家强制力为后盾,当权利不能实现或遭到侵犯时,权利人可以请求国家行使权力予以保护或救济,但权利人不得自行对相对人施以强制力(蒋君芳,2011:277),比如不得因为讨债而拘留、殴打债务人,因此,权利的强制性是以权力为中介的。社会法无疑也保留传统二分法的这些特点,超出二分法的分类,社会法的社会强制力有时也具直接强制力的特点。除经济权力产生出诸如违纪处理的某种强制力以外,某些社会团体在法律规定的范围内,以压力机制作为强制力。尽管国家在法律秩序中无疑具有最高的强制力,虽然社会成员享有什么权利,要由国家法律规定或许可,但这种许可本身产生出经济强制力与社会强制力,也不容忽视。

第三节 社会法的法益观

曾世雄认为,法益为法律上主体得享有经法律消极承认之特定生活资源(曾世雄,1993:69)。法益也是一种形式法,可以说是利益与权利的中间状态,是法律主体享有的受法律保护的利益。社会法的法益可分为人身性法益、反射性法益、调整性法益,由此也构成其与个人利益与公共利益的联系与区别。

一、社会法的人身性法益

在个体主义权利观念的发展中,关注人身性而形成法益的概念。辛茨海默提出"社会法再次把人(Person)变成自然人(Menschen)"①。从法律人到自然人的运动中,学者重新呼唤人们注重自然人本身,在关注过程中,社会利益必然强调人身性的特点。随着民法现代化的发展,社会利益的人身性成为我国社会法研究与私法研究的联系纽带。从人身性的特点出发,正当性不仅反映为权利,也可能反映为法益,存在法益向权利转化的可能。如果说在特定条件下,权利与义务相对应;在一般情况下,权力与责任相对应。社会利益作为社会责任存在时,强调了社会责任对于经济权力的制约。

(一) 自然人人格引发的争鸣

基尔克主张的社会法是一种"人格共同体"也可称之为新型人法:"新的人的概念导致新的法律,该新的法律就是社会法,社会法不仅把自然人理解为人(Person),而且把他理解为社会生物。"②具体而言,"社会法以社会性的人格为出发点,也即以自然人作为社会关系中的全体参与人员之一为出发点。它在世界中理解人,在他的社会约束的世俗存在中理解人。"③基尔克显然赋予私法以新的含义。权利就其要素构成而言,是主体具有行为选择的自由,是被法律确定为"正当"的一种行为模式。"正当"意指"对的""正确""可以",当这些价值无法转化为权利这一较为稳定的形式时,

---

① Hugo Sinzheimer, Das Weltbild des Bürgerlichen Rechts, Hugo Sinzheimer, Abeitsrecht und Rechtssoziologie, Europäische Verlaganstalt, Band 2, p.322(转自沈建峰,2019a:42)。

② Hugo Sinzheimer, Der Wandel im Weltbild des Juristen, Hugo Sinzheimer, Abeitsrecht und Rechtssoziologie, Band 2, Europäische Verlaganstalt, p.43(转自沈建峰,2019a:42)。

③ Hugo Sinzheimer, Das Weltbild des Bürgerlichen Rechts, Hugo Sinzheimer, Abeitsrecht und Rechtssoziologie, Band 2, Europäische Verlaganstalt, p.320(转自沈建峰,2019a:40)。

也可能以法益这种次稳定形式来实现。

罗马法基本上按"物法"规范，把雇佣关系视为财产法，双方都是私权利的主体。日耳曼法基本上按"人法"规范，把雇佣关系视为人格法，有可能引向经济权力的认识，权力与责任相对应。日耳曼时代的劳动思想与罗马时代完全不同，毋宁说正好相反，完全不具有自由人间之劳动关系之性质。在当时的社会环境中，具体与抽象发生了激烈的冲突："然而，法的理念(die Idee des Rechts)与语言、上帝的旨意、善良风俗的思想、我们种族内部井然的秩序一样，是人类的共同财富。可是人类的统一根本就没有在存在形式中体现出来，而是体现在大量特殊的局部有机体中，所以法理念同样没有体现在抽象的世界法中，而是仅仅实现于历史长河里沉浮的各种人类共同体的具体的法律形态之中。"(基尔克，2017:5)雇佣契约中的"物法"与"人法"的冲突正是这种形式与实质的冲突的体现。

(二) 法律人格与自然人格的冲突

德国历史法学罗马学派的领袖人物萨维尼从维护民法完整体例的角度出发，对人格权、一般人格权均持否定态度，[①]代表着传统民法的一般看法。他认为，一个人是不能拥有对自己的身体及其各个组成部分的权利的，否则人就会拥有自杀的权利。[②]即使人拥有对自己及其自身的权利，这种权利也不能在实证法上得到确认和规定。[③]萨维尼的这种理论在 19 世纪中期的德国居于统治地位，在潘德克顿法学那里，人格利益损害的财产补偿是受到限制的。他们认为，人格利益的保护可以由刑法这样的公法来承担。[④]萨维尼之所以拒绝承认人格权，是因为他从原则上明确厌恶自然法理念，特别是"原权利"的提法。对于萨维尼在人格权理论发展史上的贡献，劳依茨(Leuze)评价道："萨维尼从他反对人格权的论断中获得了声誉。在萨维尼对这个问题阐明之前，人格权在德国只存在于自然法学派的著作之中；经过萨维尼的阐明，人格权第一次在实证法上得到讨论。可以说，虽然萨维尼拒绝人格权的想法并不可信，特别是他的'自杀论据'也遭到进一步的攻击。但是在接下来的时间里，贯穿着 19 世纪的德国民法史，他在这个问题上的权威论断激起了无数学者的兴趣，开启了是否要承认人格权的争斗。"[⑤]

日耳曼强调人法必然承认人格权或人格法益。著名的早期日耳曼学派人格权研究代表人物布农斯(Bruns)曾认为："权利意味着其必须得到承认以及其存在是不可侵犯的，否则对权利存在的侵害就不能称之为非法了。"[⑥]这里更像是一个法益的论

① Savigny, Vom Beruf unserer Zeit für Geset, gebung und Rechtswissenschaft, 1814, p.117f.

② Savigny, System des heutigen Römischen Rechts, 1840, Bd II, p.335f.

③ Ibid., p.336.

④ Vgl. Coing, Zur Entwicklung des Zivilrechtlichen Persönlichkeitsschulzes, JZ 1958, p.559.

⑤ Leuze, Die Entwicklung des Persönlichkeitsrecht im 19. Jahrhundert, 1962, p.51(转自张红,2010:23)。

⑥ Bruns, Das heutige römische Recht, in: Enczclopädie der Rechtswissenschaft, hrsg.von Franz von Holtzendorff, Erster Teil, 2. Aufl., 1873, p.309(331)(转自张红,2010:25)。

证。在此之后，日耳曼法学的另一代表人物伽哈依斯(Gareis)创设了一套完整的人格权体系。[①]伽哈依斯明确表示："这些权利是法律共同的核心。法律主体有权利使其'个性'通过这种承认而成为显见的。"他将个性理解为："法律主体所固有的保持其个体存活的必要条件，并且法律主体通过这种个性来彰显其作为主体的存在。"[②]日耳曼学派科勒从权利能力推导出："人格权是所有法律秩序的起点，因为每一项权利都须依附一定的主体，而作为法律主体，他的人格必须得到法律的保护，否则其将不是法律上的主体。"[③]以我们对权利的定义来看，法益是相对方产生不侵犯的义务，常常与公法保护相联系；同时，劳动法在一定条件下也会产生具有选择性的请求权特点的人格权利。

(三) 法律人格与自然人格的协调

19 世纪末的《德国民法典》通过法益概念的创设，开始显示出民法对人类自身的关切，在立法上改变了对人格利益漠视，以后民法典更是规定了姓名权、生命健康权、自由权等人格权。各国的立法或司法实践进一步扩大了对人格利益的保护范围，如隐私权、名誉权、肖像权等。这种人格权其实是一种人格法益，与我国社会法所提出的权益有相通之处。大陆法系对于利益的保护一般总是从权利出发对利益进行思考。

其一，德国民法法益概念的创设是为了实现人格利益保障的法律化。生命、健康等是法律保护的生存利益(Lebensgüter)；也被称为法益(Rechtsgüter)，是在伦理秩序走向法律秩序时产生的一个概念。多伊奇、阿伦兹认为："我们将那些与人类生命息息相关的生存利益称为法益，它们尽管具有绝对性，也即可以对抗一切他人而受保护，但并未成为一项绝对权。之所以如此，是因为它们原则上不得转让。"[④]在译法上，史尚宽先生将其译为"生活利益"(史尚宽，2000：111)，有学者认为应当译为"生存利益"。[⑤]所谓"法益者，法律上主体得享有经法律消极承认之特定生活资源"(曾世雄，2001a：62)。

其二，德国民法法益概念的创设是为了强调生存利益与财产权的区别。民法既不能放弃抽象的价值，否则民法的理论体系将会崩溃；又无法回避人格利益需要保护

---

① Vgl. Klippel, Histonsche Wurzeln und Funktionen von Immaterialgüter- und Persönlichkeitsrecbten im 19. Jahrhundert, in ZNR 4, 1982, p.132(转自张红，2010：24)。

② Gareis, Das juristische Wesen der Autorrechte, sowie des Firmen- und Markenschutzes, in: Buschs Archiv für Thorie und Praxis des allgemeinen deutschen Handels- und Wechselrechts, Bd. 35(1877), p.185(196)(转自张红，2010：25)。

③ Kohler, Lehrbuch der Rechtsphilosophie, 2. Aufl., 1917, p.131(转自张红，2010：26)。

④ Deutsch/Ahrens, Deliktsrecht, 5. Aufl., *Carl Heymanns Verlag*, Köln 2009, Rn.231(转自于飞，2012b：143)。

⑤ 有学者认为"Leben"一词有生命、生活、生存之意。"Lebensgüter"译为"生命利益"是显然不妥的，因为其下位概念中已包含"生命"。"生活利益"似略显宽泛，大量人格利益及财产利益都可认为是一种生活上的利益。而"生存利益"指自然人维持其正常生存所必需的人格利益，与其内容"生命、身体、健康、自由"相比照，似乎较为贴切(于飞，2012a：16)。

的立法现实，于是，民法一方面以法益的方式给予“生命、身体、健康和自由”等伦理价值以法律保护，另一方面又将它与“所有权或其他权利”的物权性法理相区别(马俊驹，2005：47)。日耳曼学派的社会法理论是以解决民法面临的现实问题，但也使依罗马法而形成的民法陷入理论体系难以自洽的尴尬境地。基尔克区别内外关系，并以人格法作为社会法的主要内容，以个人法作为财产法的主要内容，强调两种法律现象的区别。事实上，引入人格法益概念，民法体系本身就会裂变成两个方面：财产性的法律关系与人身性的法律关系，这是当年萨维尼以及以后的潘德克顿体系所不愿见到的而今天又实际发生的情形。德国民法典立法时，人们的普遍认识是财产利益的重要性大于人格利益。多伊奇的总括：“立法者明确命名了法益，因为立法者不想把法益归入主观私权利。一方面的考虑是要把生存利益完全列举，且不得再补充；另一方面是考虑须对一切类似于所有权的绝对主观权利提供全面保护。”①德国民法典则将两种观点的差异区别为生存法益与财产权利，民法调整方式决定了其重点只能是保障权利。所有权等绝对权被认为可以经司法继续扩张，而代表人格利益的法益则被认为已为立法完全固化了。二战后，两者的区别已经淡化。

其三，德国民法法益概念的创设强调了权利、法益、利益的排序。二战后，在民法法益与民事权利的区别已经淡化的情形下，2002 年债法改革后的德国民法典中，首次使用了“法益”概念，使该概念终于从一个法解释用语，变成了法典正式用语。在债总部分新增的第 241 条第 2 款(保护义务)及第 311 条第 2 款(缔约过失)中，立法者将“权利、法益、利益”并列规定，三者同为债之保护义务和缔约过失的保护对象。“在前合同之债中，当事人即已负有不侵害他人的法益(生命、身体、健康、自由)和权利(如所有权)的义务。……此外，当事人须顾及另一方的其他利益(尤其是概括财产，也包括决定的自由)。”②可见，德国民事立法上仍延续了民法典初创时的思想，即“法益”(四种具体人格利益)、“权利”(主要是绝对性财产权)、“利益”(主要是纯粹财产利益)三者的概念区分。而且在表述排序上，仍然是权利第一、法益第二、利益第三(于飞，2012b：148)。这种视角显然是从法律传统逻辑的视角来观察的。二战后，这种区别已经淡化。

其四，德国民法法益概念提出了权利与法益区别的依据。在《民法大全》所构建的民法体系中，权利虽为民法逻辑体系建构之主要工具，但这种权利大厦却主要是以实在之物为客体的所有权为中心而建立，即权利所指向的或支配的客体是一种客观存在于主体之外的物体(张红，2010：29)。这种“外在于人”的实在之物以平等的权利形式构联人们的相互关系，与市场经济的发展是高度契合的。多伊奇认为：“权利与法益之间的实质性区别可以从以下三个标准来考虑：客体、可转让性、数量是否固定

---

① Erwin Deutsch, *Allgemeines Haftungsrecht*, 2. Aufl., Carl Heymanns Verlag, Köln/Berlin/Bonn/München Rn.58(1996)(转自于飞，2012b：146)。

② Brox and Walker, *Allgemeines Schuldrecht*, 34. Aufl., C.H. Beck, München 2010, §25, Rn.12f(转自于飞，2012b：147—148)。

或者说是否能够开放地补充。"[①]德国基本法真正可以改变的其实只是第三个方面，即法益的数量和内容可以增加，客体与可转让性的特征依然明显。经济生活中的可转让性具有重要意义，主要适用于《民法大全》[②]所构建的民法体系中，法律秩序的特点是权利是以实在之物为客体的所有权为中心而建立，即权利所指向的或支配的客体是一种客观存在于主体之外的财产，人格法益并无这种"外在于人"的客体，与财产权利有显著的区别。

二、社会法的反射性法益

在整体主义观念中权力概念的发展，社会利益必然强调反射性的特点。利益概念从权利概念中独立出来，也有了与权力概念相联系的可能性。随着行政法现代化的发展，社会利益的反射性成为我国社会法研究与公法研究的纽带。社会利益成为反射利益时，应当性反映为法律义务，往往是基于社会利益的反射性。社会法理论不仅强调法律职责对于政治权力、社会权力的制约。从保护弱者的理念出发，反射性形成于公权力，也要求在一定条件下转化为公权利。

(一) 反射利益的理论溯源

洪逊欣认为法益乃"法律之反射作用所保护之利益"(洪逊欣，1979：50)。曾世雄强调民法也存在有限的反射利益，"民法纵然规范法益，应以自权利直接反射出生活资源为限；自权利间接反射出之生活资源，应以自由资源视之"(曾世雄，2001a：63)。"反射利益"主要强调与公法相联系，指"法规之反射效果，即法规之目的在保障公共利益而非个人私益，但因法规之规定对个人也产生一种有利之附随效果"(吴庚，2005：104)。反射利益从公法的角度看，是权力行使的一种结果，社会法法益很大一部分内容是这种反射利益。行政法上的公权概念，一般认为始自格尔伯(Carl Friedrich von Gerber)于 1852 年所著的《公权论》。格尔伯的公权理论，也涉及了反射利益问题。他认为，国民由于服从特定之国家而成为国家统治之客体，但此与私法上物权法中之主体与客体的关系不同，当时属于统治客体的国民并不限于客体之地位，国家在国民服从的对待给付中，将各种重要权能授予国民，于是成立国家与国民的相关法律关系，但此种"权利"乃法律之反射效果(die Reflexwirkungen des recht)(杨建顺，1998：198—199)。这一描述并不完全准确，这里所称的"权利"其实是一种法益，具有反射利益的特点。

法律上反射利益最初的理解是利益超出法律或者法律行为预先设想的范围而产

---

① Erwin Deutsch, Haftungsrecht, Carl Heymanns Verlag, Köln/Berlin/Bonn/München(p.17)1976(转自于飞，2012b：145)。

② 从法制史上来看，潘德克顿法学体系作为德国民法典结构之基础确属无疑，而潘德克顿法学又主要源于优士丁尼《民法大全》。

生的利益。作为利益法学派代表人物耶林这样描述这种法律现象:“某一法律的或者是经济上的事实超出由法律或者由行为人或权利人原本的意愿规定的作用范围,而对第三人所产生的回溯力,即被称为反射作用。”(巴霍夫,2006:296—297)私法是以调整个人的私利益为目的,对当事人一方科以义务,同时也使他方当事人产生权利。所以在私法上,权利与义务是相对应的。而在公法上则不同,绝大部分公法规范不是谋求个人利益的满足,而是在谋求或者主要是谋求公共利益的保护(杨小君,2009:69)。史尚宽认为“法益乃法律间接保护之个人利益”(史尚宽,2000:127)。反射利益与权力制度的发展密切联系,是行政法义务规范所产生的一种“投射”,属于一种法律利益,不同于单纯的事实利益。我国有学者因此将反射利益概括为公法权利分析的剩余产品与否定性分析工具(王本存,2017:77)。按照德国学者的说法,德国法学家耶林在《罗马法精神》一书中就曾涉及反射利益:“并不是所有的利益都需要得到法律的保护,也不是所有的利益都能获得法律的保护。并不是所有保护利益的法律都能赋予利益人以主观意义上的权利,即给予这种保护法律请求权。”这一段话应当被理解为有必要区分利益、法益、权利三个概念,耶林的这一理解对于社会法有奠基的作用。社会法反射利益与公共利益既有联系也有区别。

(二)社会法反射利益与公共利益的联系

生存利益是一种社会利益,由于也属于整体利益范畴,作为一种反射利益具有与公共利益类似的特点。从公共利益的角度来观察,各种权力制度的发展对于个人利益的利害关系影响具有不确定性,这是区别于主观公权利的特点。我国目前的生存利益仍具有这样的特点。

社会法是在生存利益保护的基础上形成法律体系。生存利益通过宪法来规定,基本权成为立法者形成社会法客观规范规则的推动力,并成为限制行政权力的立法目的。宪法基本权作为客观价值,最初主要针对立法者,之后也辐射至行政与司法领域,社会法的客观规则也在遵循保障基本权所确立的指导思想下进行法律解释。基本权利被视为一种“客观的法”时,国家也被认定为是生存法益保障的法律义务主体,体现生存利益的劳动基准法扩大了约束力,反射利益也被放大;劳动基准法作为法律规则,其约束力扩大到对私法规范的限制,基本权所确立的生存法益通过基准法影响合同效力,民事法律关系相对性受到反射利益的影响而大大减弱。反射利益理论是大陆法系行政法中的重要理论之一,我国社会法的生存利益往往表现为反射利益,与行政权力相联系。

耶利内克在《主观公法权利体系》中曾这样经典性地谈及反射利益:“为了共同利益,公法的法律规范要求国家机关为特定的作为或不作为。这种作为或不作为的结果可能会有利于特定个人,尽管法制并无扩大个人权利领域的意图。这种情形可以被称为客观法的反射作用。”(耶利内克,2012:64)反射利益理论的一个重要参照是主观权利理论。公法规范即便是科以行政机关一定的义务,也不能就此认为个人对行政机关有公法上的权利。也就是说,个人并无概括的、一般的请求行政机关执行法律的请求权。只有公法规范赋予个人有请求国家为具体作为、不作为或者容忍的法律上之力，才能认定有公法上的权利。按照这个理论，主观权利是指法律规范赋予主体的权能；主观公权利是指公法赋予个人为实现其权益而要求国家为或者不为特定行为的权能。社会法意义上的反射利益与法律上权利的区别依然存在，反射利益理论仍然是行政法作为请求权是否存在的重要判断标准，所不同的只是反射利益的范围有了一些变化，标准更为宽松而已（杨小君，2009：70）。

社会法的弱者利益表现为社会利益并得到保护，有时通过建构行政法规范来形成。行政秩序规范本质上是在个人与社会之间分配利益，表现为“私益和公益”之间关系的调整（叶金方，2016：63），这类规范构成行政授权规范的基础，也是反射利益产生的根源。当社会公共利益被理解得极其“广大”时，社会利益就具有某种程度超预期性，导致法律对这一利益无法完整保护，也不可能被赋予请求权。利益享有者并不拥有针对妨害其利益的当事人的意志力（“法力”）。行政法上的反射利益被界定在一定程度上也仍为社会法所接受：“客观之法基于公益目的，命令行政主体为作为或不作为时，就该单纯反射效果，人民事实上所享受之利益是谓，因未赋予关系人民得于裁判上主张自己利益之请求权，故与主观之公权有别。”（刘宗德，1998：291）

（三）社会法反射利益与公共利益的区别

社会法产生的整体利益本质上不同于公共利益，各国对社会性制度（gesellschaftliche Institutionen）的采纳，通过社会性目的界定，从公共利益转向社会利益，从利害不确定到利害确定，社会法的反射利益开始与公共利益相区别。在二战以前，德国把反射利益的范围限制得比较严格，也就是从严格意义上解释法律目的。随着给付行政的增加，尤其是二战以后，反射利益的范围扩大了很多，学说和判例都采取了更为宽松的解释法律目的的做法。这实际上反映了给付行政、给行政机关职能及职责所带来的变化（杨小君，2009：70）。社会国措施应保障的是社会性的参与与分享（gesellschaftliche Teilhabe），这类措施包括：对教育、对参加职业生活的促进，对劣势的平衡，以及对家庭与福利机构的支持。我国的社会法是以弱者理论建立起来的，通过弱者界定，反射利益与公共利益有了明确的区别。

从主体上看，出现特定的受益群体。在传统行政关系中，行政直接相对人与利害关系人的利益既可能是背反的，也可能是一致的（叶金方，2016：63）。社会性制度使反射利益出现了新的特点，受益主体与不利主体相对固定。反射利益作为“客观法的单纯反射作用”，最早是通过建构行政法规范来形成。面对行政秩序规范，行政机关只进行权力与职责的平衡，在行政过程中，产生行政相对人，行政直接相对人与行政机关构成权力（利）义务关系，行政机关所负义务与利害关系人可能形成反射利益，也可能反射不利，是否构成权利义务关系则需要具体分析，很难成为一种抽象的理论范畴。社会法特别的社会性目的就是社会性融合（gesellschaftliche Integration）。通过反射利益，以社会性融合的形式对那些处于特别的生活处境、有特别需求者的生活状况进行改进（乌尔里希·贝克尔，2019：8）。在社会法域，以行政秩序规范和行政给付规范为基础的行政授权规范中，固定地出现“三方关系”，即行政机关、行政直接相对人和利害关系人。当社会法区别强势主体与弱势主体，并确定保护弱势主体，实施倾斜立法时，也使上述“三方关系”中的“利害关系人”进一步细分为“受益群体”与“不利群体”，这时私人利益已经转化为社会法意义上的社会利益形式。由于行政秩序规范与行政授权规范共同构成行政机关执法的具体依据，对利害关系人情况的分析必须围绕着“受益群体”与“不利群体”两类主体展开。

从形式上看，形成特有的基准制度。在传统理论中，强调利害关系具有反射利益，重点要强调实施行政秩序规范的利害关系人不能依据行政授权规范与行政机关形成权利义务关系，不能享有公权利(叶金方，2016：63)。事实上，社会生活的复杂性决定了，只有个人利益可以通过法律诉讼来保护时，才会构成主观权利，否则就只是反射利益。弱势主体的生存利益具有广泛性，决定这种利益的复杂性，社会法专门产生出诸如劳动基准法等各类基准法，成为行政秩序规范实施的直接目的。当弱者利益表现为社会利益时，社会性立法中产生出大量标准类立法，使行政秩序介入“私益和私益”的合同关系。社会法规范发展，使行政主体分离出专门职责，反射利益不仅从数量上大幅度增加，而且有了质的稳定性。社会法受益主体享受的生存利益主要来源于国家公权的行使，正是这种稳定的特点，才能形成相对强制性规范，也才会产生出相对应的法益。

从内容上看，保护特殊的社会利益。社会法所强调的社会利益要从所谓广大公民利益的社会公共利益中区别出来，保护较为狭义的社会利益。一般认为，如果法律规定不仅是为了公共利益，而且是或者至少也是为了个人利益，就应当认定为主观权利，这种思考是在“公共利益-公权力”与“私人利益-私权利”的二元分析框架内思考。社会法超出了这一分析框架，行政授权规范行政秩序规范的设置是为了维护社会利益的内容，出现了“社会利益-公权力”的内容。劳动基准法之后产生出各类的社会性的基准法，这类立法的产生目的，并不是笼统地强调维护公共利益，而是保护劳动者、消费者，维护社会利益，这种社会利益是个人利益提升而形成的利益。生存利益作为一种反射利益，是社会利益而非私人利益，这种受益并非个体性的而是具有社会整体的性质，这种社会利益与个人利益既一致，又相区别。例如，最低工资、最高工时立法保护了劳动者的整体利益，使劳动者群体在与用人单位议价时居于较有利的地位。最低工资虽然整体上维护了劳动者的报酬权，但落实到个别劳动者时未必有利，这样的规定也使没有能力获得最低工资的人，无法获得相应的工作；最高工时虽然整体上保护了劳动者的休息权，却也使需要通过加班获得收入的人，失去这样的机会。生存利益人作为受益人并成为立法保护的目标，构成这类关系的重心所在，对于如何恰当地确定这种反射利益，有了独立规范的必要，在社会法研究中有着重要的理论价值。

三、社会法的调整性法益

在团体主义观念中社会权力概念的发展，社会利益必然强调调整性的特点。从正当性出发形成的人格法益是源于私法，从应当性出发形成反射法益是来源于公法，从相当性出发形成调整法益是源于社会法的理念。出于保护弱者的需要，继续性合同、关系性契约都强调了过程调整的重要性。

（一）调整性法益含义

庞德认为，法律目的从根本上说，是一个与法律制定、司法发现、司法解释和法律规范适用相关联的价值理论问题。"在调整或者整合相互冲突或重叠的诉求时，应当承认哪些诉求，以及如何界定和保障这些诉求等问题，都依赖于一种价值纲目的或一个价值理论。"（庞德，2003：第二版前言）正是在这一意义上，帕特森认为，庞德利益理论的提出是对19世纪个人主义的一种颠覆："庞德赞同耶林有关社会是最高者以及国家应当隶属于社会的观点。立法与司法乃是这样的过程，其间所发生的就是对利益的平衡以及对相互抵触的要求的协调；社会利益占据着如此重要的支配地位，以至于个人利益只应当在一种或多种社会利益得到增进或维护的前提下得到保护。……庞德的理论似乎是敲响了19世纪个人主义的丧钟。"[①]从劳动关系的视角出发，继续性合同理论是从形式法，而关系性契约理论是从实质法来进行讨论。两种理论都具有很强的批判性，继续性合同针对一时性合同，这是一种以德国社会为背景的形式法讨论，而关系性契约针对个别性规范，这是一种以美国社会为背景的实质法讨论。两种理论相结合，从探究当事人主观意图的形式主义到社会客观利益实质主义构成了社会法的特有法益，即调整性法益，体现在概括条款、利益争议（也称为"经济争议"）等一些形式上。

通过过程公正达到结果公正是调整法益产生的根本原因，"有些法益反映的社会矛盾是社会中的新问题，这种社会矛盾是社会发展的阶段性产物，极有可能随社会发展而最终消亡，此时这种法益可能在没有上升为权利之前就已经消亡"（黄小雨，2000：16）。过程公正最终会反映为某种公正结果。庞德理论中最值得注意的是社会利益的理论具有目的论的特点。"就理解法律这个目的而言，我很高兴能从法律的历史中发现了这样的记载：它通过社会控制的方式而不断扩大对人类的需求、需要和欲望进行承认和满足；对社会利益进行日益广泛和有效的保护；更彻底和更有效地杜绝浪费并防止人们在享受生活时发生冲突——总而言之，一项日益有效的社会工程。"（博登海默，1999：147）庞德早期的学生和重要研究者帕特森（Edwin W. Paterson）在该问题上所持的最为核心的论点是：庞德认为，任何不能在成熟的文化水准上起到维续文明之作用的利益，都不能将其视作社会利益，亦即社会利益本身并不是如庞德所说的实际存在的主张或要求，而是一种值得承认和保护的主张或要求，利益理论旨在强调追求或实现的价值和目标。这意味着社会利益本身并不像个人利益那样是需要被衡量之物，而是据以衡量重叠或冲突的利益的判准本身，也是需要被追求和保护的

① Edwin W. Patterson, International Encyclopedia of the Social Sciences, vol.12, The Macmillan Company & The Free Press, 1968, "Roscoe Pound", p.397（转自邓正来，2003：282）。

终极目的价值(杨晓畅,2010:130)。调整性法益可以从以下两方面来理解。

其一,在正当性的基础上,加入相当性的理念,调整性法益体现为法官法并形成一种权利救济机制。“就我看来,一个迫切的问题是关于法律理想要素——法律目的之公认理想,以及法律规则的应然状态及其努力目标之公认理想。这一理想要素塑造了部分可靠的司法工具。”(庞德,2003:第一版前言)法官法的发展与概括条款密切相关,后者是被立法者授权法院行使规范制定的权限规范(Normbildungsauftrag),在法律体系中起到某种框架搭建功能,使法官从被动执法转向一定程度的积极作为。在庞德的社会法理学中,其对法律体系和基本法律概念的分析大部分是以私法为基础的,这就预先决定了庞德法学的立足点为个人利益与社会利益的平衡协调关系。在这个意义上,赫克(Heck)把概括条款称为“授权规范”(Delegationsnorm),[①]海德曼(Hedemann)称之为“立法者的公开漏洞”,[②]托依布纳(Teubner)称之为“多次无限地援引社会价值”[③],彼德林斯基(Bydlinski)称之为“援引规范或者对于法官的授权规范”[④]。这些表达强调了应然法与实然法相结合的特点,依赖于法官对法律理念或概括性法律原则的领悟得以实现,不同的法官基于不同的价值观念会做出不同的判断;可以概括为四层含义,即不确定法律概念、授权规范、价值填充概念、规范性概念。对于社会法而言,这类调整性法益属于微观层次的内容,在个人权利的基础上通过社会伦理的法律化,形成权利救济机制。司法行为相对立法行为而言,法律对于法益的保护相对于权利来说力度较弱,一方面肯定其合理性,另一方面则提供相对薄弱的保护。

其二,在应当性的基础上,注入相当性的理念,调整性法益体现为团体法并形成一种权力制衡机制。面对经济权力的发展,若只以反射利益制衡时,会使行政权力过分膨胀。通过发展调整性法益,在社会权力与经济权力博弈中求取平衡。这种博弈不仅具有债权效力,也会产生出类似法规的规范效力,从而对个别劳动关系进行制约。在民法理论中,某些利益在上升为权利之前往往存在一个法益的表现阶段,通过法益的形式获得法律暂时性的、不完全的、间接的保护,而其一旦获得法律的明确承认,上升为法律上的明确的权利,则法益的表现形式就会消失(李岩,2008:24)。社会法强调的调整性法益是在社会压力机制的保障下,发展出两个团体的谈判机制,凸显了法益表现形式中商谈的重要作用。调整性法益从内容上看,往往强调调整事项,与权利事项相区别;从主体上看,这类法益往往强调整体,与个人的主体性相区别;从方式上看,这类法益往往强调自力救济。团体法发展出来的豁免机制使司法系统对于集体行动采取消极态度。

---

① Vgl. Heck, Grundriss des Schuldrechts, Aalen: Scientia-Antiquariat, 1958, §4, p.11ff.

② Vgl. Hedemann, Die Flucht in die Generalklauseln, Tübingen: Mohr, 1933, p.58.

③ Vgl. Günther Teubner, Standards und Direktiven in Generalklauseln, Frankfurt, 1971, p.65ff.

④ Vgl. Bydlinski, Grundzüge der juristischen Methodenlehre, 3.Aufl., Wien: facultas, 2018, p.117(转自刘亚东,2019:82)。

（二）继续性合同的观察——社会法的视角

实然法是以个人权利为基础的形式法的价值观念，具有结果公正的意义。相当性作为一个过程性的概念，调整性法益的意义在于引入过程公正的概念，通过过程公正达到结果公正。对继续性合同的讨论，在大陆法系民法史上，最早可以追溯到德国学者基尔克，基尔克于1914年在耶林法学年报(Jherings Jahrbuch)中对继续性债务关系理论进行了分析。其后，德国、日本等大陆法系法学家的传承与发展，对大陆法系债法理论产生了深远的影响。继续性债务关系的理论为社会法调整性法益提供了一种法学视角，相当性可从三个方面对传统权利观念的正当观进行补充。

其一，合同给付的时间因素具有重要意义。根据基尔克的看法，我们可以了解到，在继续性合同中，合同给付的时间因素具有重要意义，继续性合同的给付必须延续一段时间才能完成(屈茂辉、张红，2010:26)。对于基尔克提出的时间因素，后世的法学家们也有不同的理解，正如日本学者内田贵所言，要严格界定继续性合同究竟为何物是一件非常困难的事情(内田贵，载梁慧星，1997a:315)。尽管《德国民法典》新债法第313、314条使用了"继续性债务关系"(Dauerschuldverhältnisse)术语，但立法者并没有给出一个明确的定义，原因可能在于，法学家们对继续性合同概念的理解，还存在很多分歧，继续性合同的类型还处于不断生成的过程之中。[①]根据德国判例和学说上的通常见解，继续性债务关系是指："在存续期间从中不断产生给付义务和保护义务，因此时间因素在其中具有重大意义的债务关系。"[②]劳动合同的期限制度具有重要的意义，我们也因此以固定期限、无固定期限、以完成工作为期限来进行合同分类，[③]缺少了时间因素的参与，继续性合同无法存在。劳动合同符合拉伦茨看法：继续性债之关系不是以继续性行为，就是以特定时期的反复个别的给付为内容，所以债的清算不是一时的给付即可完成，而是持续一段时间。因此，给付时间的长度决定总给付的范围才是继续性债之关系的本质。[④]我国学者韩世远认为，理解继续性合同的概念，应着重把握时间因素在其中的作用，关键之处并不在于给付在时间上的持续性，而在于给付本质上的无限延续性，从而，时间的长短决定总给付范围的多寡，这是继续性合同的基本特色。[⑤]我们认为，继续性合同的一个本质性特征，就是时间

---

① 《德国民法典》新债法第313条第3款第2句规定："就继续性债务关系而言，以通知终止权以代替解除权。"第314条第1款第1句规定："合同当事人任何一方均可以由于重大原因而通知终止继续性债务关系，无须遵守通知终止期间。"(《德国民法典》，2006:117、118)

② Vgl. Begruendung, BT-Drucks. 14/6040, p.177, re. Sp(转自杜景林、卢谌，2004:119)。

③ 《劳动合同法》第12条规定："劳动合同期限分为固定期限、无固定期限和以完成一定工作任务为期限三种。"《劳动合同法》第13条至第15条对三种形式分别做出了定义。固定期限劳动合同，是指用人单位与劳动者约定合同终止时间的劳动合同。无固定期限劳动合同，是指用人单位与劳动者约定无确定终止时间的劳动合同。以完成一定工作任务为期限的劳动合同，是指用人单位与劳动者约定以某项工作的完成为合同期限的劳动合同。以某项工作的完成为合同期限其实也是一种定期合同，实际上我国只存在定期合同与不定期合同。

④ Larenz, Ledrbuch des Schuldrechts, Bd. IAT 13 Aufl. 1982, p.29(转自屈茂辉、张红，2010:26)。

⑤ 韩世远对继续性合同进行了进一步论证(韩世远，2008:69)。

因素对权利观念中合同给付内容的确定性提出了挑战，这种时间因素使原来的正当性或应当性有了调整的需求。

其二，从继续性合同理论出发，时间的延展是一个连续的履行过程，强调合意的变动性，契约通常会强调有一个不断延展的持续期间，各种社会因素会以各种方式加入其中。在这样一个无限期的时间中，当事人的交换可能由一系列的“点”契约组成，这些“点”契约即是分立性交换；也可以是一个长期的契约，例如一个长达 20 年之久的雇佣契约；其开端可回溯到遥远的过去。继续性合同在交易中某些细节在缔约之处很难被具体确定，在缔约之处多为框架性条款，合同的内容随着时间的延展而逐渐填充完整。现代经济社会的复杂性所致的人与人之间的联系日益紧密，人们之间的交换关系不再仅仅是单纯的可以瞬间进入、瞬间退出(sharp in，sharp out)的简单交换(郑辉，2011：12)。交换的存续期间不断延展，使交换的扩展和当事人的增加对个别权利涉及的各种利益关系提出了挑战。

其三，从继续性合同理论出发，双方当事人之间的信赖关系是继续性合同得以履行的关键因素，继续性契约强调社会与法的互动关系。由于当事人在缔约之时无法预知合同风险，也就不能在缔约之时确定合同中的权利义务，因此合同当事人之间存在着很强的相互依存性。历史上，“不可期待”(unzumutbar)的意思是“主仆之信任关系破坏殆尽”①。信赖关系多为相互的、双向的，在合同履行过程中任何时间点都可能出现一方当事人对另一方不信任的情形，从而影响到合同是否能够持续进行下去。缔约之时的合意主要是规划将来的交换，只是合同关系的片断，而信赖关系维系着合同的履行，对将来的交换发挥着至关重要的作用(张同超，2018：2)，信赖关系的结束应当允许结束劳动关系。正如情事变更原则的发展演变过程所表明的那样，该原则的出现在很大程度上也是归因于社会交换关系的复杂性，人们之间的交换期间不能仅仅用时间点来衡量。由于信赖关系是基于内心主观评价的，具有主观任意性，现实生活中往往也无法用客观标准来归责因哪一方原因导致信赖关系的丧失，继续性合同的终止概念目前没有统一的定论。有的学者从“合同过程论”来分析。“合同过程论”强调：合同从缔约之初到履行完毕整个阶段是一个连续的过程，倾向从过程的侧面把握合同，强调时间的延展和一个连续的履行过程，继续性合同已不是一个简单的自成立的时候就能确定下来关于将来合同履行的情况，持续变化发展的动态过程对个别权利强调的预设性提出了挑战(内田贵，2000：89)。

(三) 关系性契约的观察——法社会的视角

应然法是以社会利益为基础的实质法的价值观念，关系性契约理论为社会法调整性法益提供了一种社会学视角，不仅挑战了权利的价值，事实上也对传统权力观念的应然观进行挑战。1980 年美国学者麦克尼尔(Ian R. Macnei)出版《新社会契约论》，首先提出了关系契约的概念(麦克尼尔，2004：10)。该理论从法社会学的角度解

① 参见 BAGv.26.11.1981，NJW 1982，2015。

释契约现实，通过将契约背后的社会关系推向前台，来克服古典契约理论的个别性和现实化问题。日本学者内田贵在《契约的再生》一书中，认为关系契约理论体现了传统契约理论在现代社会的发展，并结合现实中具体的契约形式进一步完善了关系契约理论。麦克尼尔和内田贵的观点，在关系契约理论研究中具有一定代表性（张艳，2014：1）。突破形式主义的约束，同传统的古典契约理论唱反调的关系契约理论，从契约的现实语境出发，采用与形式主义相对的实质主义（Substantialism）方法论，力求矫正形式主义的刚性（郑辉，2011：30）。关系性契约的理论为法社会提供了一种社会学视角，相当性的价值可从三个方面进行考量。

其一，社会始终是契约的基础。麦克尼尔的理论降低了合意在契约中的核心地位，将社会纳入契约法研究领域，改变了传统以主观意思作为考察重点的研究视角。麦克尼尔认为，从动物行为和原始人类的行为可以发现原始契约的四个基础要素：（1）社会关系矩阵；（2）劳动分工与交换；（3）某种意义上的选择；（4）对过去，现在和将来的自觉意识。关系契约理论将社会生活中人们约定俗成的一些惯例、习俗、道德、组织规则等社会规范作为契约的调整规范，从而突破了实定法的范围，基于避免契约破裂的合作意识，有效地弥补了契约实定法的不足（麦克尼尔，2004：34）。事实上，这种社会视角也对反射利益形成的行政权力提出了挑战。

其二，契约往往是一种不完全契约。每一个契约都包含了为法律所承认的决定契约责任和救济途径的规则和标准，它们或者取决于双方当事人的协议，或者取决于政府在规制私人交易方面的政策考量，或者取决于一方请求法院介入纠纷的诉求。关系契约理论指出，一些内在于当事人之间的关系之中而在契约协议中未明确显现的内部规范有可能会成为相互之间的责任的一部分（郑辉，2011：11）。不论是原始契约还是现代契约，契约内容实际包容了超越权利义务的约定的关系、分工、价值选择等固有因素，其中社会关系的矩阵是天然存在的，是不为人的主观意志自觉而存在的，将古典契约法理论无法容纳或者已经排挤出去的社会现象进行统一说明。扩大契约的范围：超越实定法规范的单一作用，引入关系性规范解决契约纠纷，扩大契约调整规范的范围（王艳慧，2016：186）。在现代契约理论中，那些有助于促进交易进行的规范也可能源于交易背景，而这正是麦克尼尔得以提出关系契约理论的立足点。

其三，契约与社会的关系。麦克尼尔着手重建社会契约概念，他认为"所谓契约，不过是有关规划将来交换过程的当事人之间的各种关系"（麦克尼尔，2004：4）。因而，持续不断的关系所带来的结果之一是，参与者从不试图或期望在任何一个时间点上将未来的关系现时化（郑辉，2011：12）。对于制度法意义上的"关系"，他进一步指出，就是一个人与另一个人通过社会的或其他相互的连接而发生作用的处境，或通过情景、感情等的关联；而"关系的"是贯穿于关系中的或以关系为特征的，具有将一事物同另一事物相关联的作用。①许多为古典契约法理论所不认可的契约被重新找回

① Ian R. Macneil, *Relational Contract Theory: Challenges and Queries*, Northwestern University Law Review, Spring, 2000, p.878.

来，其基本的区分点是承诺(古典契约法理论称为合意)是否为契约的唯一发动机制和拘束力来源。麦克尼尔对众多契约中出现的各种各样的、具体的规范进行抽象概括，并用社会学的语言进行表述。“正如个别性规范(the discrete norm)反映了特定契约规范的强化一样，关系性规范同样反映了普通契约规范(common norm)的强化。”(麦克尼尔，2004：59)这些强化主要体现在普通契约规范中的几个关系性规范上。如角色保全(role integreity)、关系的维持(preservation of relation)、关系中冲突的协调(harmonization of conflict)以及超契约规范(supracontract norms)(郑辉，2011：11)。他称之为中间性规范，其中凡是适用于个别性契约的称为个别性规范，凡是适用于关系性契约的称为关系性规范，计划的执行和同意的实现属于个别性规范，角色保全、关系的保持、关系中冲突的协调、超契约规范则属于关系性规范(麦克尼尔，2004：33—64)。我们可以发现，关系性因素也是划分契约调整规范的重要标准。

总之，以社会法的视角来观察，正当性形成的权利化与应当性形成的义务化都具有缺陷，须以相当性为基础形成一种新的法益，这种法益不仅要对权利化形成的确定性，更要对义务化形成的稳定性有一定的修补。从实然法的角度看，时间因素对履行过程的影响，正当性还应建立在双方当事人之间的信赖关系之上，这种相当性依然是个别视角；从应然法的角度看，还原契约的本来面目和基本要素，相当性对契约的发动机制和运作过程进行社会学的解构，对契约的过程性和动态性予以说明，改进了应当性的社会机制。麦克尼尔回应格兰特·吉尔默对契约所下的死亡论断。他认为契约不但没有死亡，而且广泛存在，死亡的不是契约，而是契约理论。“契约的死亡”是针对英美法上的“约因”理论，而这种理论是法院判断契约拘束力的依据，无论是主观约因论还是客观约因论都共同遵循严格的形式主义，这也是古典意思自治理论的产物。在这种情况下，麦克尼尔详细地考察了现实生活中所发生的契约现象，他认为契约没有死亡(王艳慧，2016：184)。

第四节　社会法的权益观

形式法与实质法是有密切的联系的两种理性，如果说前者更多与“权”的概念相联系，后者更多与“益”的概念相联系。个人权利本位到社会利益本位，是通过将利益概念从权利、法益概念抽象出来，从而形成社会利益的概念，并以这一概念为社会法的本位观念。然而，对于一个国家的现实制度而言，权利与利益还应当结合起来进行分析。对于我国社会法律关系的内容来说，最重要的是认识“权益”的概念。社会立法通过权益整合，使社会利益分别或同时体现为伦理秩序与法律秩序。

一、社会法权益的关系

权益是我国社会立法中的核心范畴。从词义源头上看，我国有学者认为权益与法益在德语中是同一个复合词“Rechtsgut”（刘芝祥，2008：95—96），由德国学者首创，日本学者从德文翻译过来（张明楷，2003：164）。我国社会法现实立法中“权益”一词的使用，与学者对“法益”的理解相差甚远。我国社会法权益是“权利”与“利益”的合成词，既包括权利也包括权利以外“合法的利益”，即法益，有时甚至还包括并不需要法律介入的某些正当的道德利益。如果单纯从法律体制来思考，利益表现为“权利”与“法益”的合成与平衡。两相比较，我国的权益实务上应当理解为权利、法益的上位概念，在理论分析时还要包括正当的利益。

（一）我国社会法权益的官方表述

社会法作为“第三法域”并不是公法吞并私法，也不是公法与私法的简单重合，两者的融合必然形成自己的核心范畴。“人权”作为一个横跨伦理和法律等人文社会科学领域的概念，正如德沃金所言，具有诠释性的特征，社会法权益的概念则是一个具有中国特色的诠释性的概念。社会立法中“权益”是“权利”与合法的“利益”的合成词，是我国20世纪90年代提出的一个极具特色的社会法概念，这个概念极具中国的传统色彩。权益混合调整也是中国社会法一个无法回避的现状。

《中华人民共和国归侨侨眷权益保护法》（1990年9月7日第七届全国人民代表大会常务委员会第15次会议通过，自1991年1月1日起施行，根据2000年10月31日第九届全国人民代表大会常务委员会第18次会议《关于修改〈中华人民共和国归侨侨眷权益保护法〉的决定》修正）在立法宗旨中将“权益”界定为“合法的权利和利益”。20世纪90年代以来的一些社会立法基本上沿用了这一提法。“权益”这一概念不仅大量出现在立法宗旨的位置上，而且相当一部分社会立法直接以这一概念作为法律的名称。尽管我国社会法理论研究长期对“权益”概念采取忽视的态度，但并不妨碍这一概念在现实立法中产生出强大生命力。在现实社会立法中“权益”的概念主要有三种表现形式。

其一，不仅直接以“权益”概念作为立法的名称，且以保障某类社会群体“权益”作为立法宗旨，体现了倾斜保护原则。例如，以促进男女平等为宗旨产生了妇女权益保障法，《中华人民共和国妇女权益保障法》是1992年4月3日第七届全国人民代表大会第5次会议通过的，虽历次修改，至2005年8月28日《关于修改〈中华人民共和国妇女权益保障法〉的决定》修正开宗明义的第一条强调：“为了保障妇女的合法权益。”又如，因年老而产生的保护性立法主要是老年人权益保障法，《中华人民共和国老年人权益保障法》是1996年8月29日第八届全国人大常委会第21次会议通过的，现行版本是2015年4月24日第十二届全国人民代表大会常务委员会第14次会议修正。“为了保障老年人合法权益”一直是其立法宗旨。再如，消费者权益保护法，1993

年 10 月 31 日第八届全国人大常委会第 4 次会议通过，虽历次修改，直至现行版本《中华人民共和国消费者权益保护法》(2018 年)，“为了保障消费者合法权益”始终是其立法宗旨。这些立法内容中也多次涉及权益的概念。

其二，虽不直接以“权益”概念作为立法的名称，但以保障某类社会群体“权益”作为立法宗旨，体现了倾斜保护原则。例如，调整劳动关系以及与劳动关系密切联系的社会关系的《中华人民共和国劳动法》于 1994 年 7 月 5 日第八届全国人民代表大会通过，以“为了保护劳动者的合法权益，调整劳动关系，建立和维护适应社会主义市场经济的劳动制度，促进经济发展和社会进步”作为其立法宗旨。2001 年 10 月 27 日中华人民共和国第九届全国人民代表大会常务委员会第 24 次会议通过了《中华人民共和国职业病防治法》，该法将“保护劳动者健康及其相关权益”设定为立法宗旨。又如，2007 年中华人民共和国第十届全国人民代表大会常务委员会第 28 次会议通过的《中华人民共和国劳动合同法》，其立法宗旨表述为：“为了完善劳动合同制度，明确劳动合同双方当事人的权利和义务，保护劳动者的合法权益，构建和发展和谐稳定的劳动关系。”再如，2018 年第十一届全国人民代表大会常务委员会第 17 次会议通过的《中华人民共和国社会保险法》，其立法宗旨表述为：“为了规范社会保险关系，维护公民参加社会保险和享受社会保险待遇的合法权益，使公民共享发展成果，促进社会和谐稳定。”

其三，虽不直接以“权益”概念作为立法名称、立法宗旨，但体现了倾斜保护原则。例如，为了加强安全生产工作，2002 年 6 月 29 日中华人民共和国第九届全国人民代表大会常务委员会第 28 次会议通过的《中华人民共和国安全生产法》，其立法宗旨即第一条：“为了加强安全生产工作，防止和减少生产安全事故，保障人民群众生命和财产安全，促进经济社会持续健康发展。”表面看来，这一立法似乎并未直接提及特殊群体的权益，但防止和减少生产安全事故，其实也是保护劳动者的权益，因而这一立法中仍有相当一部分规范涉及劳动者权益的保护。

通过对部分法律、法规的简单梳理，便可发现“权益”这一概念早已成为我国社会立法的核心范畴。我国现在以七分法方式确立起来的社会法的范围与基尔克的设想并不相同，社会法范围实际上已经大为缩小。现代民法将基尔克当年所称的大量内部关系都纳入了自己的体系，这种过分扩张的结果使人格法与财产法的价值冲突成为民法的内部冲突，也造成了民法体系上的庞杂与混乱，民法立法有时也沿用“权益”这一极具社会法特点的概念。与民法范围扩大对应的是我国社会法范围的缩小，社会法的理论可以更坚定地建立在人格法的基础上，利益在一定条件下转变为法益也成为社会利益合法化的一个路径。德国民法典所强调的财产权优于生存权的理念在当今德国已经不存在；在我国社会法的范围内则从不存在这样的理念，我国主人理论所代表的制度特点，历来注重生存法益。基尔克当年那句话“由于一切财产都仅仅是为了人的目的，且人格权位于一切财产法关系之上”(基尔克，2017：46)，也构成了新中国成立后体制的根本特点。德国理论界对基尔克的某些批评甚至于是曲解很大程度上是建立在这一表述上，在我国对于人格权进行强调时应当恰如其分。

(二) 社会法权利视角的分析

就社会法的权利而言，强调的是法规范，与形式法有密切的联系。权利作为法律制度的基础概念之一，无疑是寻求利益正当化以及解决利益冲突的一种手段，在私法的范围中已经毫无疑问地取得了“本位”地位。在权利已经成为主流话语的今天，当我们以“选择说”为内涵时，不仅包括个人权利，也包括集体权利、社会权利。意志说是对等人格、契约人格的体现，强调外部人格。个人权利实现的局限性，使社会成为个人的派生形式与集合形式，扩大了权利的主体范围。选择权行使时，尽管内部有某种决策系统，但确定的选择总是带有个体性，从这一意义上看，国家也可以是一个个体。国家的政治合理性就在于其确保个人生命和个体权利的行使，不仅包括消极权利也包括积极权利。随着利益从权利中抽离成为法律目的，权利因内涵减少而使外延有了拓展。

从“权”的含义看，权益关系具有法律性，连接形式法。自从法律产生以来，就一直与利益有着极为密切的关系，从最一般的意义上讲，法是国家制定或认可的规范、以权利与义务为形式并依国家强制力保证其实现。“社会法”强调了法律秩序，社会治理方式是法治，法律具有非伦理的特点。以选择来定义权利，作为社会法的权利主体，享有自由权利。权利的基本权能是防御功能，即个人作为权利主体应享有的一种要求其他人承担不得侵害其权利的不作为义务的能力，表现为权利主体必须具有的请求其他人履行不侵犯其权利所承载的自由和肯定性的利益能力之义务的能力(菅从进，2008c：89)。权利的防御权能体现的是个体利益，会导向私权利；权力一旦转向公权利，也在一定程度上增加防御功能的权能，防止国家权力的滥用，使受益功能受到防御权能的限制。当私法公法化成为规范团体关系的一大特征时，权力、权利、法益、利益成为一种由外向内的法律秩序时，防御权能也必然受到削弱。

(三) 社会法利益视角的分析

就社会法的利益而言，强调的是法目的，与实质法有密切的联系。实质法关注各种利益的客观存在。社会法上的利益不仅体现在权利规范上，往往也体现在义务规范上。利益说曾认为“选择说”或“新意志说”把人们公认的最重要的权利排除在权利范围之外，所以“选择说”是一种极不适当的权利理论。这种批评恰恰说明一些重要的利益，如生存利益有时是需要通过义务形式或权力形式来实现的。利益因此不完全是由个人来进行判断的，以社群作为社会基础与价值本原，往往强调利益本位。利益说是从属人格、组织人格体现，强调内部人格。社群的文化传统、价值理想、物质利益构成了某种社会利益，成为社会伦理源泉。随着利益从权利义务中抽离出来，利益的体现方式也有了发展，也才能真正得以展现其独立的特征。

从“益”的含义看，说明权益关系存在伦理性，连接实质法。在“法社会”概念中强调“社会”，与私法的权利，公法的权力不同，社会法之所以将“益”置于“权”之后，并非说明“权”比“益”重要，“权益”概念强调了在被权利、权力保护范围之外存在着的利益。这种“益”也具有应当性，这种应当性首先来源于道义上的评价，可以说是一种伦理关系，社会治理方式是德治。伦理调整本是一种内部关系，伦理与权力相结合，受益功能是与整体利益相联系的功能，也是生存利益的具体体现。受益功能有时意味着国家以及相应的义务主体履行积极作为义务，弱势主体受到反射利益的影响，并形成法益。德国的立法经验与教训，给我们的启迪是：在人权保护上，在满足利益主体的利益要求，从而实现社会法整体利益时，不可能将所有的内容统统法律化、政治化、建构化，如何让自生自发的伦理秩序发挥应有的作用，是亟待研究的课题。在存在着外部社会的情况下，利益、法益、权利，也发生着由内向外的社会秩序，这种社会秩序在一部分转化为法律秩序的同时，客观上也在抵制法律秩序的过度膨胀。

（四）社会法权益的联系与区别

“权益”包含了“权利”，体现了“权利”一词中所反映的选择，“权益”这一词还强调与“权利”一词的区别，包含了以法律义务、社会义务形式体现的社会利益。依据各类社会基准法的强制性规范而产生的是法律义务，如最低工资、最高工时、最基本的劳动安全卫生条件、产品质量标准、义务教育等等，使弱势群体得到保护；依据企业社会责任产生的义务是社会义务，主要是一种新型的伦理义务。在这两类义务中，劳动者、消费者、受教育者虽然是受益人，但并不是权利人，不能随意改变或放弃自己的利益，用人单位所承担的义务是对国家或团体的义务。用人单位与劳动者、消费者与生产经营者、教育者与受教育者都应当按照法律或团体协约的规定去执行（董保华，2013c：18—19）。这种社会义务需要与法益的概念联系起来认识。

法益概念正式提出至今仅有 100 余年，比权利概念要晚得多（内藤谦，1967）。“法益”一词是由德文“das Rechtsgut”翻译而来的，“das Rechtsgut”一词是由表示“法”的“das Recht”与表示“财，有价值的事物”的“das Gut”结合而成的。在这个词没有被创设前，是以“das Gutdes Recht(e)s”表示的，总称就是“法概念上的财（rechtliches Gut）进由法承认其价值的事物”，德国学者比恩鲍姆（Michael Birnbaum，1792—1872）等人于 1830 年左右开始使用法益的概念。这一概念最初被比恩鲍姆引入犯罪的实质概念中，并明确地被赋予其作为犯罪客体的地位（高志明，2003：11）。在德国学界，从早期宾丁和李斯特的法益论争，到二战前后的各种法益学说的论争，已经出现不下 30 种学说（张明楷，2003：29f）。社会法的法益往往是与国家权力、社会权力相联系，除了劳动基准法外，在团体协约中存在着替代性选择，个别劳动合同与集体协议抵触的，抵触部分无效。这类义务不是基于自然人与法人作为当事人之间所订立的合同而产生的，往往是两个社会团体间达成的，又对团体成员有约束力的协议。

随着法益理论不断渗透到法学的各个领域，法益概念正逐渐成为整个法哲学的基本范畴之一。然而，对法益的定义，学者的认识不尽相同。日本学者大塚仁认为，法益是法所保护的利益（大塚仁，1992：83）。借鉴日本法学界对法益概念的相关阐述，我国刑法学者张明楷对法益进行了较为系统的研究，将法益表述为：“法益是根据宪法的基本原则，由法所保护的、客观上可能受到侵害或者威胁的人的生活利益。”

(张明楷,2003:167)我国有些民法学者认为:“法益,指于法定权利之外,一切合乎价值判断,具有可保护性的民事利益。这些民事利益通常不能归纳到具体的、有名的民事权利当中,但又确实为权利主体所享有,并经常成为加害行为侵害的对象实有保护的必要。”(张驰、韩强,2001:55)对一般人格权的争论也许有助于我们对其本质进行认识。德国民法法益作为一个狭义的法益是与权利相比较而存在的概念。

我国作为一个有着高度集中统一管理传统的成文法国家,利益本位更多地体现在法律权利、义务的形成过程中,张恒山等人关于权利义务的阐述符合社会法特点。在选择说与利益说的争论中,笔者比较赞成选择说。“选择说”是在自由说、意志说基础上发展起来的一种学说,对“利益说”持批评的态度,认为利益说不能完全解释权利现象。王泽鉴认为:“权利为主观化的法律(Subjektives Recht),法律为客观化的权利(Objektives Recht)。”(王泽鉴,2015:95)笔者以为,权利应当是主观化的法律,但法律应当是客观化的合法利益。

二、社会法权益的转化

“法律的功能在于调节、调和与调解各种错杂和冲突的利益。”(庞德,1984:41)法律或法律秩序的任务或作用,在于承认、确定、衡量利益。界定权力、权利、法益、利益的相互关系显得尤为重要。

(一)社会法权益的失衡

权益作为一个法律、伦理的合成词,社会利益的存在,既决定了个人利益为伦理义务所限制,也决定了个人权利为法律义务所限制。弱者理论正是依据这种需要而产生的理论,对社会法的调整对象须理解权益冲突的客观性与权益协调的可能性。

其一,权益冲突的认识。法律体现的意志背后是各种利益。随着现代社会的发展,人们的社会生活日益丰富多彩,人们间的利益关系日益纷繁复杂,“人们奋斗所争取的一切,都同他们的利益有关”①。社会不同集团、不同阶层具有不同的利益,利益差别是构成利益冲突的基本原因。权益冲突是权利主体基于利益差别和利益矛盾而产生利益纠纷和利益争夺(赵震江,1998:250)。逐利乃人之本性,市场经济必然承认权利所包含的个人利益,也必然承认利益冲突的特点。从实质法上看,社会利益识别的主要内容是分析利益的分化状况、利益的摩擦原因、利益的冲突程度。

其二,权益失衡的认识。利益源于对资源的控制,利益的大小取决于对资源控制的多少,然而,社会中的现有资源总是处于匮乏的状态。对资源控制的不同导致各种社会关系中权利主体实际地位的差别,当利益转变为私权利时,某些私权利会发展为

① “人们奋斗所争取的一切,都同他们的利益有关。”参见《马克思恩格斯全集》第1卷,人民出版社1956年版,第292页。“每一个社会的经济关系首先是作为利益表现出来。”《马克思恩格斯全集》第18卷,人民出版社1965年版,第307页。

私权力。社会资源占有的份额相对较少的个人或组织可以称之为弱者,例如,雇佣关系中的雇工、消费关系中的消费者、环保关系中的受侵害者、垄断关系中的小企业主,等等;反之则为"强者"。强势主体与弱势主体形成利益失衡。在一个团体社会中身份关系是一种重要的约束力量,父义、母慈、兄友、弟恭、子孝。这种渗透着义、慈、友、恭、孝观念的亲子长幼之间的关系,就是以血缘为基础的家庭伦理关系(宋希仁,2000:59)。社会利益的提出,是在利益失衡基础上,在原来的权利关系中,有限地加入伦理因素,通过企业社会责任改善权利格局。

其三,权益转化的认识。针对私权力的膨胀,公权力、社会权力成为平衡的手段。立法是国家机关依照法定程序,制定、修改和废除法律规范的专门活动;团体间的谈判进一步确定双方利益的保护范围,概括成由权利、义务和法益组构的法律秩序。20世纪以来,以《魏玛宪法》为代表,某些弱者的个人利益提升为社会利益,西方出现了"私法公法化""私法社会化",通过国家和社会来保障。社会是一个矛盾的复杂体,也是一个利益的复杂体,伦理义务、法律义务的关系构成了权益的核心内容。社会法将这种伦理义务有条件的放大到整个社会,体现出将伦理义务转化为法律义务的特点,也就是存在违反伦理义务同时违反法律义务的情形。在成文法国家,立法过程是一个利益衡量的过程,公权力也存在着过度膨胀的问题,一旦失当,也可能带来灾难性后果。

(二)社会法权益的变异

当存在一个超越于市场主体的"裁决者"来识别和确定社会利益,弱者理论如果不能与平衡理论相结合时,可能走向制度设计的反面。基尔克人格法上共同体理论被歪曲便是一个典型的例子。从表现形式上看,基尔克人格法上共同体理论与纳粹德国的企业共同体规定确实有一些相似之处。德国慕尼黑大学劳动法教席、德国法学会(Akademie für Deutsches Recht)劳动法委员会主席阿尔弗雷德·怀克(Alfred Hueck,1889—1975)教授对于纳粹德国的立法草案评价道:"在草案中,劳动关系是一特殊的法律关系,奠基于随从与企业主间之人格人的结合,同时要求,企业主与随从必须建立一个本于荣誉、信赖、忠诚与照顾之劳动与企业共同体。"纳粹德国似乎采纳了基尔克的理论。"由于一切财产都仅仅是为了人的目的,且人格权位于一切财产法关系之上"(基尔克,2017:46),基尔克的观点很大程度上被引向极端。事实上,纳粹德国的企业共同体制度并不符合基尔克的人格法上共同体理论。纳粹德国的企业共同体理论可以说对基尔克的理论有三个抽取、三个注入,这种抽取与注入,恰恰是将社会有机体改造成服务于某种战争机器的人,两种理论有了本质区别。

抽去合意注入专制。纳粹德国《国家劳动秩序法》第1条与第2条明文:"企业中,企业主为企业之领袖,雇员与工人为随从,共同促进企业目的与民族暨国家之共同福祉","企业之领袖决定,有关随从之所有本法所定之企业内事项(第1项)。领袖应照顾随从之福祉。随从应保持企业共同体所生之忠诚(第2项)"。表面看来,这样的规定似乎与基尔克强调的"此类团体对内或对外作为一个君主体制式的有机整体出现，即企业主作为其唯一的所有权人，雇员或工人作为其下属”的提法有些相似，实则并不相同。雇佣关系被基尔克视为是一种债法与人法的重叠关系。“实际上，债法在这里部分与物权法（Sachenrecht）重叠，部分与人法（Personenrecht）重叠。”（基尔克，2017：45）基尔克并未忽视合意在雇佣关系建立和调整中的作用。纳粹德国的企业共同体将企业主和职工的关系从魏玛共和国时期单纯的经济利益关系变为类似中世纪“王侯（Gefolgsherr）和随从（Gefolgschaft）”①之间的依附关系，这种关系“并没有解除原来的劳动合同，然而，忠诚义务成为债权合同中的主要义务，而债权关系退后”②。“关怀义务”（Fürsorgepflicht）和“忠诚义务”（Treupflicht）是这部法律的重点，是企业共同体关系的基础（邓白桦，2007：25）。

抽去独立注入渗透。1920 年的《企业代表会法》被取消，用“信任代表会”取代魏玛时期的企业代表会。纳粹德国的企业共同体规定，抽去员工参与中的独立地位。《国家劳动秩序法》主要执笔人韦尔纳·曼斯菲尔德、沃尔夫冈·保罗等同年出版的《民族劳动秩序法评论》③中依据该法批评原来的企业代表会“被《企业代表会法》确定为企业主的对手”，实际上是工会进行阶级斗争的工具，是其在企业中“伸长的手臂”和“传声筒”，虽然表面上企业代表会是“经济民主中的利益代表方，是它有意识地制造企业主和职员之间的对立”。在他们看来，“新法律是从共同体原则出发，让信任代表会成为企业共同体的机构，该机构按照领袖原则由企业领袖自行领导”。事实上，信任人不是由职工选举产生，而是由企业领袖和纳粹企业支部主席挑选的，如果职工对信任人不满意，他们无权更改名单或自行推荐信任人，职工对“信任人”的产生没有任何决定权（邓白桦，2007：25）。通过这种替换，“信任代表会”成为纳粹党对企业渗透的一种形式。这种渗透与基尔克强调的“将人格自身融入经济体中”（基尔克，2017：50）的想法是格格不入的。从学术观点上来看，基尔克从人格法的角度强调了一种“有机体理论”，在他看来，“集体和个人一样，它的意志和行动的能力从法律获得一种法律行为能力的性质，但决不是由法律创造出来的。法律所发现的这种能力在事先就存在的，它不过是承认这种能力并限定这种能力的作用罢了”。④

抽去协商注入干预。表面看，企业主作为“企业领袖”拥有单独决定权，能够“决定企业中的所有事物”，其中最主要的是单方面制定“企业规章”，取代原来由工会和企业家协会谈判制定集体工资合同的方式，单方面规定工资和劳动时间等劳动条件（邓白桦，2007：24—25）。然而，“企业主是企业领袖，职员和工人是追随者，一同为推动企业目标、人民和国家的共同利益劳动”⑤。“企业共同体”是民族共同体思想在企业中的体现，企业主本身受控于纳粹政府。纳粹政府临时设立隶属劳动部的“国家托事”，全面掌控工资和劳动时间的确立。1934 年 1 月，纳粹政府出台新劳动法，正式

---

①② Werner Mansfeld：Kommentar，p.74.

③ Wemer Mansfeld/W. Pohl/G. Steinmann/A. B. Krause：Kommentar.

④ *Otto Gierke*，*Die Genossenschaftstheorie und die deutsche Rechtsprechung*，Berlin：Weidmann，1887，p.608（转自蒋学跃，载梁慧星，2008：223）。

⑤ 《民族劳动秩序法》第 1 条。

授权“劳动托事”根据政府的工资政策，实行封顶式的最高工资率，这样一来，集体合同制的法律基础也遭到颠覆。虽然有研究表明，被集体合同覆盖的雇员总数还在不断增加，魏玛时期的大部分集体合同实际上并未被废除，只是更名为“企业宪章”而已，但是在纳粹的控制下，这些集体合同完全反映政府的意志，增加劳动时间，冻结工资。二战爆发后，集体合同的形式也不复存在，一切生产以战争为中心，重点工业的劳动时间逐渐上升到 54—56 小时，航空工业在 1944 年甚至达到 72 小时。①

纳粹德国也是打着社会主义的旗号来进行法西斯统治。对于形形色色的社会主义，基尔克本身有一段醍醐灌顶的警示：“社会主义理论中被擢升为体系的思想，即将人类绝对地理解并界定为社会一部分的思想，以便将其改造编入国家的行政制度，威胁着一切私法。”(基尔克，2017：30)从根本上讲两种理论的最大区别在于纳粹德国塑造的法律人格迎合国家社会主义的世界观及意识形态，为亚利安种族之人民所建立起之民族秩序服务，它崇尚反民主的、强调权威与上下服从关系的国家体制，这些内容都与基尔克理解的社会人格格格不入。

三、社会法权益的界定

有关社会的观念和思维方式都可归为两大类，即个体主义和整体主义，前者形成了社会法微观层次的制度，后者形成了社会法宏观层次的制度。社会利益可以分为宏观利益、中观利益和微观利益。正如庞德把利益分为个人利益、公共利益与社会利益，个人利益作为私人利益可视为微观利益，公共利益作为国家利益可视为宏观利益，而社会利益其实是一种中观利益。中观利益指“以中观范畴的部门、行业、地方、阶层、阶级、民族作为经济主体的研究对象，是这些利益在生产、流通、分配、消费活动中获得能满足自身需要的物质财富和精神财富之和，以及其他需要的满足”(管跃庆，2006：7)。沿着这个思路，宏观利益、中观利益和微观利益可推演为整体利益、局部利益和个体利益，或者国家利益、集体利益和个人利益，而个体利益中的个体主体对象主要是指个人，局部利益中的局部主体对象主要是指团体，而整体利益中的整体主体对象主要是指特定国家(张玉堂，2001；转自洪远朋、高帆，2008：74—75)。在社会法的权利界定与利益界定的基础上，才可能来进行社会法的权益界定。在利益分层的基础上，也会在社会法领域形成三对权利、权力与法益的关系。

微观层次的人格法益与私权利、私权力。微观层次是法律对社会浅介入的层次，伦理、法律实行诸法分离。在诸法分离的条件下，社会利益分别体现为法律权利与伦理义务。从正当性出发形成四种关系：(1)私权利与私权利，只有利益-权利主体可以主张自己的利益或放弃自己的利益，雇主与雇工的利益凝结为双方各自的私权利，私权利与私权利以契约的平等方式联结。(2)私权利与私权力，不同利益主体的利益失

① Mason, Tim. 1997. Social Policy in the Third Reich, The Working Class and the “National Community”. Oxford: Berg. p.359(转自孟钟捷，2009：679—680)。

衡，私权利转化为一种能够影响、支配、操纵他人的能力与力量，事实上产生出弱势主体从属于强势主体的“经济权力”。(3)私权力与人格法益，私权力的膨胀，容易使弱势主体的人格利益受到侵犯，产生出人格法益。(4)私权力与私责任。具有从属特征的经济权力，客观上需要一种责任的制约，强势主体的经济权力也会产生对弱势主体保护的社会责任，利益失衡通过伦理义务来弥补。在利益、法益、权利、权力的社会秩序中，产生出由内向外的社会秩序。

宏观层次的反射法益与公权利、公权力。宏观层次是法律对社会深介入的层次，伦理、法律诸法合体体现为政治权力，反射利益是法规之反射效果，也是政治权力的运作形式。从应当性出发形成四种关系：(1)私权力与公权力，私权力的发展，促使国家权力这种政治力量介入传统权利关系，以政治权力从属性抑制经济权力的从属性。(2)公权力与反射法益，当公权力以反射利益的方式使弱势主体受益时，公权力的强制性，使弱势主体和强势主体都转化成了义务主体。(3)公权力与公责任，家父的伦理义务成为公法上的国家义务时，客观上需要形成公责任来制约公权力，这种制约力量主要是依法行政。(4)公权力与公权利，伦理义务一旦与法律义务竞合，政治的伦理化必然出现膨胀的趋势，公权力需要转化为公权利，从保护个人利益的角度来观察公权利，以平等性来抑制从属性的过度发展。当社会法在调整方式上发展出权利与权力融合的积极权利时，权力、权利、法益、利益成为一种由外向内的法律秩序。

中观层次的调整法益与社团权力、参与权利。中观层次是法律与社会互动而形成的中间层次，诸法分离与诸法合体两种机制生成某种升级或次级机制并形成了竞争。从相当性出发形成四种关系：(1)经济权力与社会权力，经济团体的权力与社会团体的权力可以形成两种具有相当性特点的团体力量。(2)社会权力与调整法益，调整法益发展为集体谈判机制，以用手投票形成社会压力机制。(3)社会权力与社会责任，社会权力发展出集体谈判机制，社会责任发展出职工参与机制，用脚投票与用手投票出现了竞争。(4)社会权力与政治权力，社会压力机制对政治权力形成了挑战，社会秩序与政治秩序也需要平衡。在利益、法益、权利由内向外的社会秩序与政治权力、权利、法益、利益由外向内的法律秩序中，通过市场压力与社会压力，经济权力与社会权力的博弈，对利益格局进行重整。

在利益、法益、权利由内向外的社会秩序与权力、权利、法益、利益由外向内的法律秩序中，私法权利、经济权力，公法权利、政治权力，社团权力、参与权利，出现了多种元素的博弈与平衡。斯坦(Stein)指出：“作为法律的首要目的，恰是秩序、公平和个人自由这三个基本的价值。”(斯坦、香德，1990：3)以分层理论为依据，我们可以从形式法的角度，抽象出主体、内容、秩序三个法律环节，来分析秩序、公平和个人自由的价值平衡。

第二篇 契约论

基尔克之问：谁塑造了法：是具有创造能力的个人？还是协商一致的多数决原则？是有机联合的整体？还是全部人类？其如何演进：如树木一样生长，还是如艺术品一样被创制？是实然的即为其必然的，还是将它的至善至美归功于自由的行为？

- ◆ 契约社会具有伦理与法律，公法与私法的双分离的特点，在诸法分离的基础上产生出以主观权利为特点的第一代人权，强调私法自治的合理性。
- ◆ 从身份到契约形成抽象人格，强调法律主体平等性，法律内容非伦理化。
- ◆ 以个人利益形成的正当性为价值核心，强调权利与权利救济，自发秩序构成社会法微观层次，实行契约面前人人平等。
- ◆ 弱者理论与契约理论相结合，针对形式平等、实质不等的自在性领域，对法律意义上的私权利以及伦理意义上的私权力进行理论界定。
- ◆ 社会法关注契约关系中的财产性特点，法社会视域中的经济权力对应社会责任，相对弱者理论具有双视角。

第六章

微观层次的悖论与理论

所有进步社会的运动在有一点上是一致的。在运动发展的过程中，其特点是家族依附关系的逐步消灭以及代之而起的个人义务的增长。“个人”不断地代替了“家族”，成为民事法律所考虑的单位。……我们可以说，所有进步社会的运动，到此处为止，是一个“从身份到契约”的运动。

——亨利·萨姆那·梅因（Henry Sumner Maine）

第一节 契约理论面对的悖论

平等关系、隶属关系兼有的特征，人身关系、财产关系兼有的性质，可称之为契约社会的悖论。社会是第一性的，社会法面对的社会是一个关注事实的自在性领域，双兼有的悖论反映出契约社会具有形式平等、实质不等的特点。笔者提出相对弱者理论，以理解契约社会的现实。

一、微观层次:社会法的悖论

社会法微观层次的悖论是市场失灵的一种反映，形式平等而实质不等的社会关系首先出现在劳动领域，我国将这类关系作为社会法的规制对象。劳动关系兼有平等关系和隶属关系的特征，兼有人身关系和财产关系的性质（董保华，1999a：50—55）。劳动关系出现的“两个兼容”构成了弱者理论中的核心悖论，也是对合理性的一种挑战。

（一）劳动关系兼有平等关系和隶属关系的特征

恩格斯在谈到生产和交换两种职能时，用经济曲线的横坐标和纵坐标作比喻。我们现在常常用隶属关系和平等关系来比喻经济管理和商品交换关系。从这种比喻中，我们可以找出这两类经济关系的特征。（1）隶属关系是国家在生产领域中管理经济活动所产生的关系；平等关系是各个独立的商品生产者在交换领域中产生的关系。（2）隶属关系是按指令和服从原则建立起来的行政关系；平等关系是按协商原则建立起来的民事关系。(3)隶属关系是以全社会需要为宗旨而建立起来的无偿的关系;平等关系是按局部需要建立起来的等价有偿的关系(李时荣、王利明,1984:126)。这种隶属关系和平等关系是经济组织的内外关系。随着商品经济的发展,外部关系都要通过搞活企业来发生作用,经济组织内部生产者和经营者(或所有者)之间的劳动关系兼有平等关系和隶属关系的某些特征。

从平等关系上看,随着用工制度的改革和劳动力市场的发展,劳动力配置由国家集中的一元化统包统配决策,转变为国家、用人单位、劳动者个人的多元化有机决策。劳动者作为劳动提供者,进行着劳动力配置的个体决策。社会法规制的社会关系首先是存在着一定的平等性的,在劳动关系中,每一个劳动者都是他自己的"劳动力"的所有者,他可以"自由地"把他的"劳动力"出卖给任何一个雇佣他的人,从而换取雇主给予的工资。通过这种决策,劳动者选择最适合自己劳动能力发挥的劳动组织。劳动组织作为劳务受领者,也根据它所管理的那部分生产资料的特性以及不断变化着的市场需要,进行劳动力的选择和吞吐。因此,经济组织外部的劳动关系是按照平等协商的原则建立起来的,这种相互选择的关系可以说是一种平等关系(董保华,1990:8)。这种平等关系是由劳动合同来调整的。

从隶属关系上看,劳动关系虽然是按照平等关系的方式建立的,然而劳动关系一经建立,劳动者必须根据社会化大生产的要求,必须接受用人单位的管理,成为被管理者,以使他的劳动力现实地成为集体劳动要素的一个组成部分。由于劳动力和劳动者不可分割地联系在一起,用人单位成为劳动力的支配者,也就成了劳动者的管理者。正如恩格斯在《论权威》一书中说,大工厂是以"进门者放弃一切自治"为特征的。用人单位和劳动者之间必须建立一种以指挥和服从为特征的内部管理关系,这种从属性的管理关系可以说是一种隶属关系。日本的一些学者认为,劳动法"从正面承认了如前所述的雇主与劳动者之间在经济、社会方面的不平等,并企图纠正从那些不平等产生出的不正当的结果"(星野英一,载梁慧星,1997a:184)。

劳动关系兼有平等关系和隶属关系的特征。劳动关系的平等性,一般只体现在劳动关系建立前;而且这种平等性具有触发性,即一旦劳动关系正式建立,劳动关系外部的平等性即为内部的隶属性所替代。从以平等为主的关系转化为以隶属为主的关系来看,产生了为什么劳动关系在建立时是平等关系,而建立以后会转化为隶属关系的问题?答案在于劳动力与生产资料仍存在着不同的归属。在社会主义条件下,劳动还没有成为生活的第一需要,仍然是谋生的手段;人们受旧分工的束缚,劳动者的劳动能力彼此仍有质和量的区别,因此,不得不"默认不同等的工作能力是天然特权"①。社会主义的劳动者还必须保持劳动力的个人所有权,靠自身的劳动谋取个人生活资料。劳动力属于个人所有,劳动力的所有权和使用权可以是统一的,也可以在一定的条件下实现分离。在劳动力市场上,用人单位与劳动者相遇时,用人单位作为生产资料的所有者或经营者,劳动者作为劳动力的所有者,两者形成平等关系;劳动

① 《马克思恩格斯选集》第3卷,人民出版社1972年版,第13页。

关系一经确立,劳动者有偿地让渡劳动力的使用权,用人单位掌握了劳动力的支配权,两者形成隶属关系。

(二) 劳动关系兼有人身关系和财产关系的性质

财产关系是具有经济内容的社会关系。对于财产关系,我国有学者从物的归属这个角度出发,把"通过物而发生的人与人之间的关系叫做财产关系。换句话说,财产关系是把通过物而发生的人与人之间的关系里的物作为财产来看的。所以,经济关系与财产关系都是通过物而发生的人与人之间的关系"(杨志淮,1983:36)。财产关系和生产关系既相联系,又相区别。人身关系,是人们在社会生活中形成的具有人身属性,与主体的人身不可分离的、不是以经济利益而是以特定精神利益为内容的社会关系。人身关系是指与人身不可分离而无直接财产内容的社会关系。人身关系是基于人格和身份而产生的一系列的关系总和,即自然人基于相互间的人格和身份而产生的相互关系。劳动关系兼有人身关系和财产关系的性质。

从财产关系看,作为经济关系的法律用语,是人们在物质资料生产、分配、交换和消费过程中形成的具有经济内容的社会关系。劳动关系从广义上说是经济关系的一部分,因此也具有财产关系的一般属性(董保华,1992b:78—79)。前苏联学者加明斯卡娅给劳动关系下了如下定义:"凡是在人的劳动是用来换取报酬,同时他的直接劳动成果并不属于工作者自己而属于他为之进行的那一个人(法人或自然人)的情况下,摆在我们面前的就是劳动关系。"(《劳动法论文选译》,1956:65)在社会主义条件下,劳动还是人们谋生的手段,人们还需要通过劳动来换取生活资料,由此缔结的社会关系是一种财产关系。正如马克思指出的,"至于消费资料在各个生产者中间的分配,那末这里通行的是商品等价物的交换中也通行的同一原则,即一种形式的一定量的劳动可以和另一种形式的同量劳动相交换"①。劳动法所调整的是活劳动和物化劳动相交换的财产关系。

人身关系是与人身不可分离的社会关系。从人身关系看,它是指具有人身属性的社会关系。如基于人的生命、健康、自由、姓名、荣誉、肖像而产生的社会关系;基于婚姻、血缘等特定身份而产生的社会关系;基于创作、发明、发现活动而产生的社会关系。人身关系以人身利益为内容,与公民的人身密切联系且不直接体现财产利益的社会关系,具有不可转让的专有性。生命、健康、姓名等不能离开公民的人身单独成为有意义的事物。劳动关系就其本来意义说是一种人身关系。劳动如果撇开它的具体形式,无非是人体的一种生理机能,是"人的脑、神经、肌肉、感官等等的耗费"②。劳动力存在于劳动者肌体内不能须臾分离,基于劳动力的使用而产生的社会关系是和劳动者的人身紧密相联的。劳动力的消耗过程亦即劳动者生存的实现过程,这种劳动力消耗过程和劳动者生存过程的高度统一是劳动关系的重要特征。劳动法最初

---

① 《马克思恩格斯选集》第 3 卷,人民出版社 1972 年版,第 11 页。

② 《马克思恩格斯全集》第 23 卷,人民出版社 1972 年版,第 88 页。

就是从维护劳动者生存权出发来调整劳动关系。

在自然经济的条件下，劳动力与劳动者在自然状态上和经济状态上都是完全统一的，商品经济是伴随着劳动力与劳动者在经济状态上的分离而发展起来的，劳动者把他的劳动力归用工单位支配，劳动法是适应这种分离而产生的。它是要解决商品经济发展过程中暴露出来的那种劳动力与劳动者在经济上分离（形成财产关系）而在自然状态上又是统一的（形成人身关系）的矛盾（董保华，2000a：41—44）。

二、契约社会：社会性法的悖论

形式平等而实质不等不仅是社会法也是社会性法面临的契约社会的悖论。作为市场失灵的一种状态，也从劳动领域向其他领域延伸，劳动关系的“两个兼容”在其他领域的社会关系中发展出“平等性掩盖不等性”“财产性兼容人身性”的悖论（董保华等，2001：60—66）。我国虽然没有将这类关系作为社会法的规制对象，但仍可借鉴社会法的分析方式，我们可以称之为社会性法规制对象的悖论。

（一）平等性掩盖不等性

社会性法规制的社会关系首先是存在着一定的平等性的，例如，在消费关系中，每一个消费者是完全自由的，作为买者可以自由地选择卖者。然而，表面与实质存在差异，才会产生出强弱对比。在以下一些情形中，强势主体往往对于社会关系的调整起着决定的、主导的作用，可以将自己的意志强加于对方，产生出平等性掩盖不等性的特点。

其一，存在管理关系。某些契约关系本身会产生出一种隶属关系。就隶属关系而言，教育关系也有类似的特征，教育者与受教育者在建立教育关系时可能是平等关系，但在建立教育关系以后，教育者与受教育者之间形成了管理与服从的关系，即隶属关系。受教育者要服从教育者制定的规章、纪律的要求，如校纪校规等。教育者对受教育者有给予处分的权力。

其二，信息不对称。信息不对称是造成强弱之分的另一原因。在某些社会关系中，当事人之间并不存在隶属关系，但由于对信息掌握程度不同，造成两者实际地位的不平等。“人们越来越意识到双方已经达成协议的东西可能并不符合公众的利益，甚至并不代表各方的最大利益，原因是信息分布不均。”（奥利弗，1986：83）如在消费关系中，消费者与经营者是合同关系，订立买卖合同、运输合同等，双方是平等主体。然而，因为信息在两者之间的分布并不均衡，作为自然人的消费者所掌握的商品和服务的信息是非常有限的，经营者对其商品、服务信息的提供占据着主动。一方面，经营者可以隐瞒对其不利的信息；另一方面其又可以通过广告、宣传夸大其提供的商品、服务的优点。消费者由于精力、知识的限制，只能被动接受这些信息，双方的实际地位并不平等。又如，在环境侵权关系中，由于被侵害者掌握的信息极少，被侵权对象遭到侵害后，难以证明侵害者的过错。

其三，经济力量的差距。除了原始社会，贫富差距在任何社会都存在，随着垄断组织的出现，经济组织之间经济力量的差距越来越大，甚至到了无法相比的地步。垄断者具有极强的经济力量，现实社会中与之相对应的其他经营者和广大消费者的经济力量是无法与之相抗衡的。环境侵权关系中也存在着这个特征，侵权者与被侵权者之间的经济力量往往对比悬殊。

其四，自然原因和传统影响。妇女、儿童、老人、残疾人作为社会上的弱者出现。其之所以在社会生活中处于不利的地位，首先由于生理方面的自然原因。这些人群中本身不乏佼佼者，但作为一个社会群体来看，这些对象往往在体力或智力上处于相对不利的状态。其次，这些对象有些还受到社会传统的歧视，例如，“男女平等”是近代乃至现代才提出的口号。这种口号本身是针对不平等的现状提出的。因此，恩格斯才会认为，妇女解放的程度是衡量一个社会进步的天然尺度。“两性世界中，任何一种试图贬抑另一性的做法实际上都是对人格尊严的一种侵犯。”(何清涟，1997)

(二) 财产性兼容人身性

时至19世纪，以自由放任为底蕴的近代私法和以限权为特色的近代公法遇到了诸多挑战，尤其是19世纪末，公司作为法人登上经济舞台，开始大规模发展，形成了人类史上颇为壮观的“法人运动”(董保华、郑少华，1999:32)。股份公司的出现使社会资本聚集日益方便，极大地推动了人类物质生活的发展。公司之间相互结盟，实行卡特尔主义，新产品的日益丰富，在为人类生活带来便利的同时，又因为产品质量的内在缺陷而造成产品事故，频繁导致市场机制失灵和消费者利益受损。公司是劳动力与资本的结合点，因此，雇主与劳动者在劳动力市场上的契约关系演化成雇主与劳动者之间的管理与被管理关系。随着所有权与经营权的日益分离，公司或其他经济组织“内部人控制”的问题日益严重，劳动者与有产阶级之间的对抗，逐渐地演化为作为单个自然人的社会成员与实际上作为一种社会控制力量的资本之间的对抗。而社会法规制范围内的多种社会关系，如消费者保护关系、社会保险关系等，也都与这种对抗有关。工业的发展还带来了“外部效应”——环境污染日趋严重，极大地恶化了人类社会自然人所处的环境。

一些国家市场经济的发展曾经以个人为本位，将一切事物都打上了财产的烙印，使之成为财产关系，而忽视了对财产关系中的人身内容的保护，也有一些计划经济国家曾经以国家为本位，将一切事物都打上了政治等级和身份差别的烙印，这时没有真正意义上的法人，也没有财产关系，自然人形式上是面对企业(企业办社会)，实际上是依附于国家。这两种极端说明：市场经济发展而出现一种财产关系与人身关系交织的新型关系，应当将其作为社会法的规制对象，以社会为本位来进行调整。

上述悖论涉及法律主体与伦理人格的相互关系。罗马法上使用 persona 大概有两种情况。(1)在涉及“人法”概念中的“人”时使用(De iure personarum)，在此情况下使用时，所指称的对象一般是“自由人”，也可以说是具有法律上资格的人。(2)在泛指一般人时使用，并不以具有法律主体资格的人为限，如指称“从属他人支配的人”

和“处于财产权下的人”时，分别使用的是“Personae in potestate”和“Personae mancipio”(优士丁尼，1999:71)。平等性、财产性是从法律人格角度来说的，隶属性、人身性是从自然人角度来说的。循着人格的两重含义，可以对上述悖论展开更深入的分析。

三、社会法契约理论在我国的提出

20 世纪 80 年代初期，中国开始探索一种以个人有固定期限劳动合同为主的管理模式，体现在被称为“新人新制度，老人老制度”的改革方案中。1986 年 7 月 12 日，国务院公布了《国营企业实行劳动合同制暂行规定》等改革劳动制度的四项暂行规定。这四个暂行规定的公布实施，是新中国成立以来劳动制度的一次重大改革，是整个经济体制改革的一项重要内容(辛民，1986:9)。《国营企业实行劳动合同制暂行规定》对合同制工人的招收录用，劳动合同的种类、期限，合同的订立、变更和解除，合同的内容，劳动合同制工人的各种待遇，以及合同制工人的管理，都作了详细的规定，并宣布，今后国营企业招用工人一律实行劳动合同制。劳动制度改革也使劳动法学界出现了不同的看法。

关于劳动合同主要有两种理解。分歧的双方是劳动法学界的两位老前辈关怀与夏积智。关怀不仅将苏联劳动法学的研究成果和研究方法引入我国，还培养了一大批劳动法学的教学人材，功不可没，然而其作为学院派的代表，毕竟远离改革的实际；夏积智作为劳动部门的研究者，始终处于劳动制度改革的前沿。两者的分歧不可避免，其核心是在当时高度行政化的固定工劳动关系中是否有必要融入私法因素。

针对当时正在兴起的劳动合同制度，关怀认为，固定工与用人单位也存在着劳动合同关系。“我国劳动立法规定，企业、事业、机关单位录用临时工或亦工亦农轮换工的时候，必须订立劳动合同，规定劳动合同的期限、权利与义务、工资福利待遇等。这样使人们容易产生一种错觉，似乎我国劳动合同法律制度，只限于在临时工和亦工亦农轮换工中实施，而广大正式工人职员同企业、事业、机关单位不存在劳动合同，劳动合同法律制度不包括各单位的正式职工。”“事实上，从法律的角度来看，各单位同正式职工之间是存在劳动合同的。正式工人职员同各单位之间是有协议的。如录用通知书、报到证明文件和任职文件等等，这些有关参加工作的文件，即是属于劳动合同性质的文件，说明双方是达成了协议，从而产生了劳动法律关系，各单位和正式职工双方依法享有有关劳动的权利与承担劳动义务。因此，从法学的原理看，劳动合同应该是适用于全体职工的一种法律制度。”(关怀，1987:125)关怀是从隐性契约这种实质法的角度来认识合同制度。

夏积智则认为，固定工与用人单位虽存在劳动关系，但并不存在劳动合同关系。“合同也可以叫作契约。按照最简单的解释，合同是可以依法执行的诺言。这个诺言是两个或两个以上的公民或法人为达到某种目的而共同做出的。一旦这个诺言正式成立，就在许诺者之间产生一定的权利义务关系，双方必须严格地按照诺言办事。如果一方不信守诺言，另一方有权请求法律保护，以避免或挽回自己的损失。”从“合同是可以依法执行的诺言”出发，他将劳动合同定义为：“它是劳动者与企业、事业、机关、团体等单位行政之间发生劳动关系并确立双方的权利和义务的协议。”按照这种理解，“劳动合同制”被解释为“用劳动合同的方式调整劳动关系的一种劳动人事制度”，并强调这种制度与当时主要的用工制度固定工制度的显著区别（夏积智等，1985：3—7、36—38）。夏积智是从显性契约这种形式法的角度来认识合同制度。

这两种观点的分歧显然并不在于概念之争，而在于对当时固定工制度的评价，折射出形式法与实质法的冲突。按照关怀的说法，原有的固定工制度其实也是一种“劳动合同制”，对其也就没有改革的必要了。而按照夏积智的理解，劳动合同制与固定工制是两套截然不同的用人制度，改革的目的是用前者代替后者，使过去的那种以固定工为主体的用人制度逐步改变为多种用工制度并存的劳动合同制度。这是我国用人制度改革的目标模式，即无论是长期工、短期工、季节工、临时工都必须与企业签订书面劳动合同。随之公布的《中华人民共和国劳动法》可以说是明确地支持了夏积智的观点。

随着我国劳动制度改革的方向日益明确，尤其是《中华人民共和国劳动法》的公布，显性契约观念得到了比较充分的体现，关怀的观点已很少有人再坚持，相反，我国的学术界可以说是一起向其“开火”。这种现象在以后的历次劳动法讨论中不断重现。针对“录用通知书、报到证明文件和任职文件也是劳动合同”的观点，王全兴从三方面进行了比较充分的批评：(1)劳动合同是一种合意行为，这类行政文件则是有关国家机关作出的单方面行为，在发出行政文件之前，发文机关虽然需要考虑劳动者本人意愿，但不以劳动者与发文机关达成协议作为行政文件成立的要件。(2)劳动合同是劳动者与用人单位通过双向选择和协商一致而确立劳动关系的法律形式，这类行政文件则是由发文机关指令劳动者与用人单位确立劳动关系的法律形式。(3)劳动者与用人单位凭这类行政文件确立劳动关系，只是履行由行政文件所引起的义务（即劳动者必须服从行政分配，用人单位必须执行国家计划），其中虽然在一定程度上也体现了双方的意志，但不应当以此认为劳动关系的确立是双方协议的结果，更不能以此认为这类行政文件因此而成为劳动合同（王全兴，1997：150）。这一时期，王全兴以“民法特别法”的观点对关怀进行批评。

从我国劳动合同制度的发展历史可以看出，我国的劳动合同制度基本上是作为改革国家包就业的一项措施发展起来的。劳动合同制度的推行是要在我国高度公法化的劳动关系中融入私法因素。合同的精髓是“协商一致”，取得合意。关怀观点的最大问题是忽视了当时劳动关系的现实基础。在我国过去高度集中统一管理的公法一元化体制下，国家采取“一竿子插到底”的管理模式，劳动者与用人单位均缺乏决策权，显性合同根本就没有生存空间。这种状况恰恰是要通过推行劳动合同来进行制度重构，关怀那种维持现状的观点理所当然地为立法所否定。值得注意的是，当时夏积智、王全兴从某种意义上说也是在用民法中个人本位的观点批评关怀国家本位的观点。从“合同是可以依法执行的诺言”出发，必定会导致过分重视一纸合同书，指望用这一纸合同书“明确双方权利和义务”，这种观点为我国学者所普遍认同。这种观点正是基尔克当年批评的保守观点，在我国当时立法中一度可以说发展到登峰造极的地步。王全兴还由此提出了劳动法是民法特别法的一系列观点，这种观点也颇得一些学者的赞赏(董保华，2000a：3)。

以后在一篇报道中，关怀是这样来回忆 1984 年劳动法的草案：“可惜并没通过，人大认为太超前。比如草案里提到‘劳动合同制度’，但当时很少有‘合同’一说。工人参加工作就是参加革命、参加社会主义建设，不会说是来和谁订合同的。所以有些观念百姓接受不了。”关怀讲述了当时情形：“于是领导提出只能试用劳动合同，要等人们转变观念才可全面实行。草案也就被打回来。”(刘巧玲，2004)其实，如果说“革命”向“改良”的转变，有谁不适应，在当时得首推关怀本人。关怀今天所持的口气显然已经不希望别人记住这场争论了，因为从某种程度上说他已经完全接受了批评者的观点。“《劳动合同法》的制订对实际工作中不签劳动合同、劳动合同短期化、滥用试用期、拒不与劳动者签订无期限劳动合同等一系列问题作出了规定，应当说《劳动合同法》是纠正劳动用工中歪风邪气的法宝，是构建和谐劳动关系的法律保障。”(关怀，2008)关怀当年是主张劳动合同关系未必需要书面形式，这时已经将其当年的观点指为“歪风邪气”。

笔者在 2000 年《劳动合同的再认识》一文中对上述两种倾向进行了分析，并认为关怀的早期观点，虽有忽视劳动合同应体现的当事人的合意的问题，但其正确之处在于认识到劳动合同的作用只是在于“启动劳动关系”，并不过分重视合同的表面形式。而这后一点恰恰为我们大多数学者所忽视。在社会主义市场经济的条件下，认识这一点是极为重要的。劳动合同缔约时签约双方是平等主体，劳动者与用人单位经过双向选择，确立劳动关系，这一点虽与民事合同相类似；而劳动合同缔结后，双方就转化为隶属关系的特点已不符合典型意义上那种调整两个平等主体之间关系的契约。随着社会主义市场经济的发展，我国劳动法对于劳动关系的调整也是通过劳动基准法、集体合同、劳动合同三个层次构成的调整模式来进行的。三个层次的层层限定，既区别于民法，也区别于行政法。这种调整模式也形成了劳动合同的特点(董保华，2000e：46)。以今天的眼光来看，关怀的早期观点中是有一些合理因素的，然而随着时间的演进，关怀本人的观点也在人云亦云中演变。这种演变恰恰将其理论中最合理的部分抛弃了。社会法契约理论尤其是继续性合同的特点，也在这场讨论中逐步形成。社会法契约理论在我国提出时，国家本位、个人本位、社会本位的争论已经开始酝酿。

第二节　历史视域：从身份到契约

从历史逻辑上看，从身份到契约的运动，出现了伦理与法律的分离、公法与私法的分离，契约社会以这种双分离为特点，在诸法分离的基础上产生出以消极自由为特点的第一代人权。

一、西方身份到契约的历史演变

梅因将社会分为身份型社会和契约型社会，我国有学者认为要理解梅因"从身份到契约"命题，有必要对该句中的三个关键词，即身份、契约、进步社会作一分析（张金海，2016：74）。

（一）身份社会——诸法合体引发社会矛盾

梅因在《古代法》一书中有一段著名的论断，强调所有进步社会的运动在一个方面是一致的，"从身份到契约"的过程是古代社会走向近代社会的历史过程。梅因对于"身份"完整的表述是："在'人法'中所提到的一切形式的'身份'都源于古代属于'家族'所有的权力与特权，并且在某种程度上，到现在仍旧带有这种色彩。"梅因提到的原始社会时称："并不像现在所设想的，是一个个人的集合，在事实上，并且根据组成它的人们的看法，它是一个许多家族的集合体。"正如梅因所言，"一个古代社会、据我们所能设想到的，虽然是多种多样的，但'家族'是它的典型"。这段论述提出了重要的论点："人们不是被视为一个个人而是始终被视为一个特定团体的成员。"（梅因，1984：92、105）血缘关系、氏族社会与身份差别存在着必然的联系，这是一种具有"人格中心化"特征的社会。

我国有学者认为，梅因对于"身份"的理解是狭义化的。他认为，罗马法中的status一词一般指一种法律制度或法律地位。在后一层含义上，其与人格（caput）同义。[①]与此含义相对应的有自由人身份、市民身份及家庭身份。梅因所使用的身份一词显然不具有市民身份的含义，此点亦可从梅因自己的表述中获得旁证（张金海，2006：74）。完整地读梅因的这段话，似乎并不能得出作者完全排除市民身份的狭义化结论。"源于古代属于'家庭'所有的权力和特权"，只能说明"家父权"作为一种血族团体的身份是一种更为古老也更为重要的身份；联系那句"到现在仍旧带有这种色彩"更说明存在着与"家父权"有联系的其他权力，梅因提到的"人法"以后演变为国家法。尽管如此，《古代法》中谈论"身份"的内容主要是具体的身份，如家族、妇女、奴隶等。由此，我们得出了这样的结论：梅因在提出"从身份到契约"的理解时，是在罗马法一般意义上下定义的，但其主要分析的是与"家父权"有密切联系的社会关系。"这些权利应当是安全地起作用的，因此它们以习俗、以宗教为规定的前提，而该宗教是与义务、与人之血脉相系的礼俗社会（die Gemeinschaft）密切相关的。"（拉德布鲁赫，2001：143）

在马克思和恩格斯的理解中，古老的公社是一个自成系统的社会基层组织，在社

① Adolf Berger, *Encyclopedic dictionary of Roman law*, Philadelphia: The American Philosophical Society, 1980, p.714.

会中作为一个相对独立的有机体而存在(袁林,2001:117),需要相应的规范调整社会关系。古代人的一切生活以政治国家(公域)的活动为中心,国家的权威渗透到社会的每一个细胞,不存在私域的可能。政治意义上的市民社会,指相对于原始社会的自然状态或野蛮状态的文明社会、政治社会或公民社会。城市的出现是古希腊罗马从野蛮走向文明、从部落制度走向国家的标志,也是它们区别于周围野蛮民族的标志(何增科,1994:67),这种社会很大程度上是一种身份社会。马克思、恩格斯和基尔克在有机体的理解上是完全一致的。无论是家族本位还是国家本位,都是集团本位的表现,而集团内部必然以等级差别为存在方式。按照马克思、恩格斯的看法,"在最古的自发的公社中,最多只谈得上公社成员之间的平等权利,妇女、奴隶和外地人自然不在此列"①。在家庭关系中,大量家庭成员作为一种生物人而非法律人存在,主要以伦理的方式来进行调整,形成以伦理道德为支点的人法类型。

梅因、马克思的看法可以追溯到亚里士多德的观点。后者把法律分为自然法和人定法。夫与妻之间、父与子之间、主人与仆人之间的关系,就是属于"自然存在的秩序",就应该由自然法来调整(吕世伦,2008:132)。社会法的研究者一般也认为,人与人之间的关系这时主要是通过身份制度勾连起来的。在这种政治意义上的市民社会中,身份表征着主体对于某一集团的从属以及他由此得到的权利义务分配结果,往往成为分配社会资源的工具。伦理成为一个融合习惯、道德、法律甚至于宗教的概念。血缘关系中的亲疏远近和社会关系中的尊卑贵贱决定了其各种义务的大小,人被深深嵌入在等差有别的人际关系网里,过着不平等的生活(沈寨,2011:2),团体人的一个突出的特点是将团体与成员的关系视为从属性的等级关系。伦理社会是一种诸法合体式的社会,伦理要求有时虽也在一定程度上体现为法律约束力,总体而言,团体内部成员之间主要不是法律义务,更多的是习惯义务与道德义务。

可见,在人类过去的历史上,基于血缘、亲缘的伦理社会往往是身份型社会,超经济强制关系成为占主导地位的社会关系,形成混合的社会机制,身份关系渗透于一切社会关系之中。个人无独立人格,须依附于行会、家族集团、家族等群体。当以"身份"作为确定社会关系的方式时,强调的是当事人之间地位的不平等。

(二) 契约社会——诸法分离形成微观层次

对于"契约",梅因没有对合同的含义进行界定,但我们可以从《古代法》第五章的最后一段看出,他实际上是将合同等同于 agreement 即合意或协议(梅因,1959:97),其所称的契约的含义较今天合同法意义上的契约要广,契约是一种基于自由合意产生的关系,强调了契约型社会的特点。梅因将契约作为身份对立面来表述,这样的表达显然与当时人法、物法的通行理解相契合。契约的观念早在古罗马时期就已经产生,罗马法最早概括和反映了契约自由的原则。梅因是以个人权利的变化来划分时代,体现了法律主体与权利文化相适应的特点。契约的发展也从传统的身份社会中

---

① 《马克思恩格斯全集》第20卷,人民出版社1971年版,第113页。

分离出一种独立的微观机制，这是一种去"中心化"特征的开放社会。

资产阶级用法律的形式记载了资产阶级的个人自由、意思自治，并为发展自由的资本主义经济扫清障碍。从典型的意义上说，契约是市场的法律原型，契约关系是市场经济关系在法律层面上的表现(郑成良，1994:28)，商品生产发展的历史，是契约关系发展的历史，作为其在观念上的反映，也是契约理念发展的历史。"私法自治"把个人权利放在"本位"的地位，奉行"私有财产神圣不可侵犯"的原则，把静态的私有财产自由权(有时也叫个人财产所有权)和动态的相互竞争中的财产权即契约自由权当作不容动摇的两根支柱(吕世伦、郑国生，1996:10)。当社会内部取得自治地位时，"现代的市民社会是彻底实现了的个人主义原则，个人的生存是最终目的;活动、劳动、内容等等都不过是手段而已"[①]。

契约型社会的发展，使传统的以"政治—伦理"为基础的身份型社会发生了改变。"政治—伦理"可以追溯到希腊人的城邦观念，其城邦生活也更多的是一种公民"政治—伦理"生活(何增科，1994:67—68;肖岁寒，1999:97)。人们的事业和爱好都集中于城邦，在那里，市民社会融化在城邦或国家之中，二者成为无法区别的整体，甚至连他取得个人的生活资料，也远比现代生活中的人们要更多地依靠国家。polis 原意即为"公民之家"，希腊人的日常生活与其他公民是时时发生关系的，而不是现代人那种各自分离的家庭生活。18 世纪以前，人们通常是在古典意义上使用市民社会的概念，是指人类的文明状态。在拉丁文中，publicus(公共的)一词源自 populus(人民)，而国家(res publica)的含义是"公共的事业"，这是在政治意义上使用市民社会的概念。亚里士多德《政治学》中首先提出"市民社会"一词，指的就是政治共同体或城邦国家。后经西塞罗的发展，市民社会不仅指单一国家，而且也指业已发达到出现城市的文明政治共同体的生活状况(米勒、波格丹诺，1992:125—126)。"对全体希腊人来说，城邦就是一种共同生活"，"城邦的宪法是一种'生活的模式'而不是一种法律结构"(乔治·霍兰·萨拜因，1986:33)。相比较这种"政治—伦理"的宏观结构，当今微观契约结构的引入，也使"政治—伦理"结构得以分离，形成政治社会、契约社会、伦理社会。当伦理调节成为社会的内部机制，政治调节成为社会的外部机制，契约社会促成了诸法分离的社会发展。

(三) 社会进步——以微观机制来重塑社会机制

马克思在《政治经济学批判导言》中对人作为历史主体的三种形态作了精辟的论述，人的存在将依次经历"人的依赖关系"到"以物的依赖性为基础的人的独立性"。从身份到契约体现了这种历史进步。据梅因对于法律发展阶段的认识，经历了由判决、习惯法至法典的历程后，继续向前发展的为进步的社会。"他所说的'从身份到契约'则是罗马社会乃至整个人类社会进步的重要标志，也是贯穿其中的主要内容或主线。"(陈刚，2005:19)随着非血缘关系以及商品社会的发展，契约成为人与人之间的

① 《马克思恩格斯全集》第 1 卷，人民出版社 1956 年版，第 345—346 页。

联系纽带。所有进步社会的运动在一个方面是一致的,"从身份到契约"的过程是去"人格中心化"的过程,也是古代社会走向近代社会的历史过程。

当梅因作出"从身份到契约"的论断时,他指的是通过自由订立的契约来分配财产的方式比在封建的家长制度中由个人在家族中的地位决定一切的方式来得进步。奴隶社会存在人身所有关系,封建社会存在人身依附关系。中世纪的权利是作为一种特权而存在。18 世纪以前的欧洲社会是一个身份的社会,人的私法地位是依其性别、身份、职业、宗教等不同而有差异。梅因"进步社会"论述反映社会经济变化的现实,他在提出家庭是古代社会的典型之后,结合罗马法中人法的变迁来进一步强调,个人稳步地取代家庭成为法律所考虑的主体。在这一趋势中,逐步取代源于家庭权利义务相互关系的形式是契约。私法自治无疑是一种进步,它是近代资产阶级革命胜利的产物。

二、我国身份到契约的历史演变

我国也存在身份型社会和契约型社会。梅因"从身份到契约"命题中的三个关键词,即身份、契约、进步社会,也适宜分析我国的改革开放。社会法微观层次的悖论也应当置于这一历史演变来认识。

(一) 身份社会——隐性契约中的权力关系

秦晖在他的《天平集》中多次使用了"广义契约"这一概念,在他的《问题与主义》中也使用了"广义契约"这一概念(秦晖,1998:41—42、109—110; 1999:37)。广义契约强调传统的依附型社会执行事实上的、非形式化的契约,从而实现广义的公正。依附型社会中个人依附于共同体(家族、社区、国家等),从而共同体的一般成员依附于代表共同体的首领,这是以既得到后者的保护又受到后者的束缚为常态的。有学者认为"广义契约"的概念不但模糊了身份关系和契约关系的区别(就民事契约而言),模糊了专制社会和民主社会的区别(就是否依社会契约成立政府而言),使梅因"从身份到契约"的著名论断失去了意义;而且它还包含着一个更深层次的也是更普遍的错误,就是把社会契约当作政府和人民之间的契约(杨支柱,2001:97—98)。笔者认为这种批评有一定的道理,也曾经撰文强调"广义契约"的概念确实模糊了身份关系和契约关系的区别,而这种区别对于我们理解人类社会的进步具有重大的意义(董保华、周开畅,2004:45—46)。

"广义契约"这种理论的合理之处,在于强调权力关系的他主主体之间事实上也存在着类似契约的信赖基础。依附型社会固然不像契约型社会那样以形式化契约关系为基础,但广义地看,任何稳定的社会都可以视为某种契约的结合体,君义、臣行、父慈、子孝、兄爱、弟敬的六顺可视为"事实上的契约"。国君行事合乎道义,臣子奉命行事,父亲慈爱,儿子孝顺,兄长友爱,弟弟恭敬,表现了儒家思想中顺从的道德要求。"水能载舟,亦能覆舟",君贤才能民顺,父慈才能子孝,君不君则臣将不臣,父不父则子将不子。换句话说，从属关系中，相对软弱的一方“愿意”受到束缚，是因为他“希望”得到保护。而共同体和代表它的首领之所以能够行使束缚者的权力，是以他(它)承担了保护者的义务为“条件”的。广义契约的观点实际上是以一种契约的观点来分析身份伦理关系，这里把“愿意”“希望”“条件”加上了引号，是因为它并未经过形式化的认证而只是一种事实，具有亲属关系的特点，也可以说是一种以公德或私德为主的伦理关系。这种伦理关系如果不是与特定的制度安排联系，未必一定需要隐性契约的概念。

作为历史形态，我国是一种以国家权力为中心的调整模式，通过企业办社会来实现，这种体制将每一个企业变成国家管理的中介单位来实现。单位是一种制度化的组织形式，是中国社会的基本单元之一。中国实际上是一个个单位组合而成的权力体系，有学者称为“单位社会”(李汉林，载潘乃谷、马戎，1996:1151—1184)。新中国成立初期，城市经历了一个被改造和重组的过程。为了摒弃旧中国零乱、分散的制度遗产，单位在社会整合中，成为个人回归公共生活建构起来的一种制度化形式。经过对资本主义工商业的改造和公有制的确立，单位作为城市中的基本单元，逐步获得了比较完整的表现形式(刘建军，2000:2)。单位与职工的关系完全成为控制与被控制、管理与被管理、服务与被服务的权力格局，劳动者正是通过对单位的依附，来依附于国家。这种由“国家用工”所缔结的劳动关系实际上是一种行政性的劳动关系，即其形式上是劳动关系，但其实际内容是行政性的(董保华，2000a:50—51)。我国传统劳动法学其实只是这种劳动关系的理论反映，我们摆脱亲属关系的伦理安排，往往以政治理论进行解读，对国家的职责其实是界定不清的，这种事实上的而非形式化经济联系也可以隐性合约的概念来分析。

20世纪50年代，我国曾经形成在劳动、工资、保险、福利几方面相互配套、高度集中统一的管理体制，这是一种以公德观念建立起来的经济关系，可以把它理解为事实上的而非形式化的契约。国家与个人为主体的、以公德为联系方式的隐性合约具有四个基本特点:(1)劳动力是计划配置。由国家通过“计划”这一“看得见的手”来进行劳动力的配置。国家对劳动者实行“包就业”。城镇劳动者由国家通过指令性计划，实行统一招收、统一调配。用人单位和劳动者没有“招工”和“择业”的自主权。劳动就业成了一种社会安置行为。(2)用工形式是国家用工。职工进入企业后实行“固定工制度”。它是我国当时全民所有制单位的基本劳动制度。这种制度的基本特点是“固定”，人员只进不出，职工的工作期限没有规定，就业后长期在一个单位内从事生产和工作，职工一般不能离职，单位也不能辞退，工资待遇和劳保福利是根据国家的统一规定给予。劳动力基本上处于凝滞状态，个人对国家是一种人身依附关系。(3)劳动管理是公共管理。在我国传统理论中，把社会主义的联合劳动看成是全社会一个层次的劳动，国家实行“一竿子插到底”的劳动管理方式，制定统一的奖惩办法，企业只是按照国家的统一规定来实施。(4)调整方式是行政调节。劳动关系采用行政调节手段，企业只是作为上传下达的一个行政层次，对上负责。对于任何决策，均由国家明文下达或依行政权力做出，企业必须严格遵守(董保华，1999a:63—64)。关怀当年认为，固定工与用人单位也存在着劳动合同关系（关怀，1987：125），其实正是从这种隐性契约的角度来讲的。

（二）契约社会——显性契约中的权利关系

我国20世纪80年代的劳动制度改革，可以视为一个隐性契约显性化的过程，通过改革形成国家、集体、个人的多元决策体制。随着我国市场经济的发展，劳动关系已发生了深刻的变化：（1）劳动力是市场配置。劳动者和企业通过劳动力市场双向选择，劳动者在社会范围内的流动以工资为测量器和指示器，仍需要在一定程度上借助“看不见的手”来调节。（2）用工形式是企业用工。企业可根据本单位的实际情况确定工资标准、分配方式、福利水平、岗位设置，人员安排等。企事业单位有权制定适合于该单位的劳动规则。（3）劳动管理是经营管理。劳动关系确立后，双方形成管理关系。企业有权利也有义务组织和管理本单位的员工，把他们的个人劳动组织到集体劳动中去。通过劳动纪律对协调运行的秩序进行规定，并对劳动秩序的破坏者——违纪职工——给予惩处，必要时清除一些严重违纪者，从而使社会化大生产得以顺利进行。（4）调节方式是合同调节。随着劳动合同制的推行，通过劳动合同的签订、履行、终止、变更、解除，调节劳动力的供求关系，既能使劳动者有一定的择业权，又能制约劳动者在合同期内履行劳动义务和完成应尽的职责，从而使劳动力有相对的稳定性和合理的流动性（董保华，1999a：64）。夏积智当年认为，固定工与用人单位虽存在劳动关系，但并不存在着劳动合同关系（夏积智等，1985：3—7），其实是从这种显性契约的角度来讲的。

（三）社会进步——隐性契约的显性化

隐性契约的显性化过程是我国劳动力从计划配置转向市场配置；用工形式从国家用工转向企业用工；劳动管理从公共管理转向经营管理；调节方式从行政调节转向合同调节（董保华，1999a：64）。劳动关系已经具有了独立内容，区别于劳动行政关系。个人的意志自由、信仰自由与良心自由是私人领域里的权利体现，这种自由既然是私人领域里的自由，也就同样有着私人性的特征，这些特征体现了个人的自主选择。如果说，正是对于高度集中统一的管理制度的某种程度的肯定形成了以国家为本位的传统劳动法学，对这种管理制度的否定将形成以社会为本位的现代社会法学。

新中国成立后，劳动合同最初见于政府文件的是1950年劳动部办公厅《关于“劳动契约”“工厂管理委员会”及“学徒待遇”等问题给温州市劳动局的复信》。以后，为了规范劳动者跳厂、流动，劳动部在1951年5月15日发出了《关于各地招聘职工的暂行规定》，其中规定：“在招聘职工时，雇佣者与被雇佣者，双方应直接订立劳动契约，须将工资、待遇、工时、试用期以及招往远地者来往路费、安家费等加以规定，并向当地劳动行政部门备案。”这些规定成为以后订立劳动合同的主要依据。后来，由于对企业职工采取“包下来”的政策，在固定工中订立劳动合同的做法也随之消失。从

1957 年开始，党和国家对于当时劳动制度中实行“包下来”的政策已感到有问题，刘少奇同志曾经多次强调要实行劳动合同制，并进行了试点。由于“大跃进”和十年动乱，劳动制度的改革被迫中断。我国劳动制度的改革是承认自利机制，并在劳动就业中融入消极权利。

我国劳动合同制度是伴随着我国对外开放、对内改革而形成的。在对外开放中，外商投资企业率先实行了一种可称为集体劳动合同的制度。在对内改革中，劳动合同制度也成为重要举措。党的十一届三中全会之后，1980 年国家首先在上海开始了劳动合同制试点工作，以后逐步推广至北京、广西、广东、河南、湖北、安徽、甘肃等省、自治区、直辖市的部分地区。在国企改革中，我国以“新人新制度、老人老制度”为指导原则，形成了我国的固定期限合同与无固定期限合同制度。劳动法中的期限制度是在整合外企、国企新老员工三套制度的基础上形成的。

关怀在回忆中提到的 1984 年劳动法的草案，因为劳动合同制度设计而未获通过，反映的是整个社会在 20 世纪 80 年代初期，并未在隐性合同转向显性合同上达成一致。随着我国实行全员劳动合同制度，《劳动法》确立了劳动合同制度并于 1994 年得以公布，隐性合同转向显性合同的制度安排已经有了高度共识。王全兴对于关怀的批评，以及关怀事后对自己当年的观点遗忘，并进行言辞激烈的自我否定，都是官方立场转变带来的反映（王全兴，1997：150）。随着官方立场在 21 世纪初的再次转变，我们可以看到历史留给两位学者的传承，王全兴不仅对其他学者进行批评，也选择性忽视当年自己的学术观点，并进行言辞更为激烈的否定（王全兴，2006b）。事后看来，这种传承在中国社会法学术研究中成为一种普遍现象。

三、第一代人权观念的形成

第一代人权观念的形成与西方从身份到契约的历史演变相一致。在文艺复兴、宗教改革之后，17、18 世纪以人性代替神性来解构中世纪神学自然法思想。近代自然法思想是在重构中世纪神学自然法的基础上展开的，突出了人性或人自然本性的重要地位。17 世纪的英国资产阶级革命，表现为反对封建王权的斗争，被称为第一次人权运动（安连成，1998：45）。第一代人权属于“消极权利”，体现在《公民权利和政治权利国际公约》中，瓦萨克认为第一代人权目的是保护公民的自由免遭国家专横行为的侵犯，在欧洲思想启蒙运动之中形成并于美国和法国革命时期达到高潮，强调公民的政治权利。所谓自由意思，是指有选择的自由意思，即有实施现行行为或其他行为的可能性的意思（胡欣诣，2011：70）。

人权观念是伴随资本主义的发展而出现的，第一次比较系统地阐释天赋权利观念，进而奠定资产阶级人权学说基础的则是约翰·洛克（谷春德，1991：26），[①]第

① 他认为生命、自由和财产是自然法赋予人类的基本权利，是不可转让、不可剥夺的自然权利，或称之为“天赋权利”。

一代人权的概念与古典自然法的产生密切相关，随着欧洲封建社会的解体以及各种新的社会力量出现，自然法一跃成为政治革命的理论武器。第一代人权论是在与专制国家的对抗中形成的人权理论。古典人权论包括天赋人权论、自然人权论、意志人权论、法定人权论、目的人权论、功利人权论、宗教人权论等（杜钢建、陈壮志，2011：294）。古典人权论者所主张和强调的主要人权是以政治自由为代表的各项自由权。尽管第二、三代人权的划分存有分歧，但对第一代人权观念的形成存在着较为广泛的共识。拉德布鲁赫认为，这一时代又可以分为两个阶段，即警察国家时期和启蒙时期。这一时代的法律是以自由主义观念①作指导的（严存生，2004：99）。

古典自然法往往是通过必然法来论证应然法并对当时的实然法进行批评，促使实然法向着有利于古典自然法理论的方向发展。那些权利基本上就是国际人权法案所规定的公民权利和政治权利。这些权利要求国家权力受到限制，因此被说成是“消极的权利”。经1776年的美国《独立宣言》和1787年的美国宪法及其修正案，以及1789年的法国《人权宣言》等的确认，生命、自由和财产等道德性人权转化为制度性人权（汪进元，2010：14）。《独立宣言》说：“我们认为这些真理是不言而喻的：人人生而平等，他们都从‘造物主’那里被赋予了某些不可转让的权利，其中包括生命权、自由权。”古典人权论者所主张和强调的主要人权是以政治自由为代表的各项自由权。受法国大革命之影响，劳动关系亦有显著的进展，18世纪自然法思想认为对人全面之支配关系乃是一种反人伦的关系，要求将一切对人羁束、压迫的法律制度予以撤废，努力将个人从所有桎梏之中解放出来，恢复人类人格之绝对，于是在法律上产生“全然自由地对等的人格者间之契约关系”思想，劳动关系亦承其一贯理论，逐渐丧失其身份要素，慢慢地渗入债权的要素，遂成为两个人格者间劳务与报酬之交换关系，劳动成为买卖关系中之商品，劳动关系成为纯债权关系，不能不说是启蒙时代的产物（罗贝妮，2005：3）。

第三节　思维视域：契约面前人人平等

从思维逻辑上看，契约面前人人平等，在自发秩序中个人利益具有正当性。诸法分离使权利具有双视角，法律视域中为私权利，伦理视域中为私权力，法律非伦理化，契约社会实行私法自治，强调合理的价值。

① 自由主义者认为，个人是组成国家的基本单位，每个人生而自由、平等，享有天赋之权利，国家是通过签订社会契约的方法建立的，是为了更好地保护这一权利。因此，这一时代法律的显著特点是突出个人权利，以个人的正当权利作为它的出发点和归宿点。表现在其所包含的一系列原则，如民法上的契约自由原则、民事程序法中的当事人主义原则等。

一、正当性的自治机制

正当性体现为契约面前人人平等的理念，这一理念不仅反映了诸法分离的历史进程，更体现了私法的自治机制。契约型社会的发展使市民社会具有经济含义，并与政治国家清晰分离，由此形成了“国家—市民社会”的二元理论范式，权利是一种极其重要的法律技术，使得正当利益获得保护，契约社会取得了正当性的社会价值。

（一）社会法的自治性机制

“自治”，乃是“自我为治”或“自我统治”之意，意指个人或由个人组成的共同体按照自己的意愿决定并处理与自己有关的事务，使社会成为自在性领域。正当性是“私法自治”的核心价值，“个人得依其意思形成其私法上权利义务关系”（梁慧星，1996：33）。与“自治”相联系的英语单词有两个，“autonomy”和“self-government”，二者都有“自我统治”或“自我治理”之意，但是含义略有不同。前者可以追溯到古希腊的“autonomia”，意指独立城邦中由自由公民以直接民主的方式进行“自我统治”（黄东兰，2019：164—165）。契约社会以个人权利为核心，私法自治也相应取得了正当的社会价值。

1882年，与马克思几乎同时提出社会法概念的德国学者施坦因（Lorenz von Stein，1815—1890）对率领宪法调查团来访的伊藤博文一行说，“autonomy”源自古希腊语，意为“自己制定法律，进行自我统治”（清水伸，1971：393）。“autonomy”一词侧重于立法权，隐含对抗权力甚至含有政治上的“独立”之意①。“政治制度本身只有在私人领域达到独立存在的地方才能发展。在商业和地产还不自由、还没有达到独立存在的地方，也就不会有政治制度。”②法学中使用的“自治”（autonomy），是“他治”或“人治”的相对概念，是指人能够依自己的意志决定自己的事务，自己约束自己行为的状态，无须服从他人意志。与此不同，“self-government”意为“自我统治”或“自我管理”，指在法律许可的范围内处理与自己有关的事务，并没有从国家等较大的政治实体中独立出来之意。在政治学尤其是行政学领域，人们一般使用“self-government”和由此派生出来的“local self-government”。德语中的“selbstver-waltung”和日语、汉语中的“自治”，分别来自英语的“self-government”和“local self-government”（黄东兰，2019：165）。

（二）社会法的正当性理论

正当性使法律对于个人间的关系采取自治的态度，强调某种自发秩序的合理性。关于法的定义，由于德文里的“法”同时兼有“权利”“正义”的意思，个人利益与“正当”

① 例如，*The New Columbia Encyclopedia* 的“autonomy”条中有如下解释：“Autonomy within empires has frequently been a prelude to independence.”译为：帝国内部的自治经常是独立的前奏。William H. Harris, Judith S. Levey, *The New Columbia Encyclopedia*, Columbia University Press, 1975, p.194.

② 《马克思恩格斯全集》第1卷，人民出版社1956年版，第283页。

行为模式相结合，形成社会法微观层次的合理性特点。"正当"意指"对的""正确""可以"。对社会而言，可能是一种价值、一种好、一种善，也可能不具有价值，但最起码不会是恶；同时，这种行为若未被做甚至被放弃，对社会而言，即使不具有价值，最低限度也不会有损害。因此权利主体可以在做、不做、放弃之间进行选择，社会与他人都不应干涉（张恒山、黄金华，1995：10）。这种正当性以个体主义为价值依据，个体主义是一种物理学的机械主义思维，其基本观点：社会就是个体的加总，因而，只有其名而无其实（唯名论）。

黑格尔第一次把市民社会与政治国家明确区分开来，开启了市民社会理论的近代转向。黑格尔的"市民社会"概念首次出现在1821年的《法哲学原理》中，他把人类社会共同体的基础或联系纽带分为三种，即感觉的、知性（Verstand）的和理性的，并依此区分了人类社会结合的三种形式：家庭、市民社会和国家。在黑格尔那里，这就是伦理发展的三个阶段，表示特殊性与普遍性、主观意识与客观的组织制度之间的三种不同性质的关系（丛日云，2008：93）。市民社会被定义为由私人生活领域及其外部保障构成的整体。黑格尔所定义的市民社会，并不是存在于一切历史时期的任何社会，其实际指向是当时以市场经济为基础的资本主义社会。黑格尔认为市民社会"是各个成员作为独立的单个人的联合"（黑格尔，1961：174）。[①]也只有在市场经济社会，人与人之间才能以黑格尔所描述的方式联系起来，这恰恰是对近代市民社会概念的精确理解。他把国家定位于伦理的本性和道德的合目的性，把国家"作为社会正当防卫调节器"，作为普遍性和特殊性统一的机制，完成了对国家神圣的逻辑论证。

马克思真正系统地研究市民社会、政治国家和法治关系的相关理论，是从对黑格尔法哲学进行深入批判开始的，更完整地揭示出契约社会的特点。马克思的市民社会理论具有以下三个特征[②]：（1）和黑格尔一样，马克思也是在物质交往关系意义上使用市民社会这个概念，不同之处在于他将司法制度和警察组织从市民社会范畴中剔除了出去。（2）"正是由于私人利益和公共利益之间的这种矛盾，公共利益才以国家的姿态而采取一种和实际利益（不论是单个的还是共同的）脱离的独立形式，也就是说采取一种虚幻的共同体形式。""这些特殊利益始终真正地反对共同利益和虚幻的共同利益，这些特殊利益的实际斗争使得通过以国家姿态出现的虚幻的'普遍'利益对特殊利益进行实际的干涉和约束成为必要。"[③]（3）从市民社会和政治国家的相互关系角度来把握市民社会的发展演变规律。伴随着市场经济发展以及随之而来的国家与社会的相互分离，社会具有私人领域的特点，与公共领域相互对立。马克思批判地继承了黑格尔市民社会思想，建立唯物主义市民社会理论，有极其深厚的理论渊源。

---

① "在市民社会中，每个人都以自身为目的，其他一切在他看来都是虚无。但是，如果他不同别人发生关系，他就不能达到他的全部目的，因此，其他人便成为特殊的人达到目的的手段。但是特殊目的通过同他人的关系就取得了普遍的形式，并且在满足他人福利的同时，满足自己。"（黑格尔，1996：197）

② 著名学者俞可平对马克思的市民社会理论进行了比较深入的研究（俞可平，1993a、b）。其他学者的文章，参见荣剑，2001；陈晏清、王新生，2001；邓宏炎，1996；王兆良、吴传华，1999；张海夫，2001；何增科，1994。

③ 《马克思恩格斯全集》第3卷，人民出版社1976年版，第37—38页。

二、实然性的契约社会

契约关系是经济领域中最主要的法律关系。契约社会与私法自治是一种现实存在,实然性强调契约社会的自发形成,而非人为设计,理论家只是发现这种诸法分离的自治形式。契约社会相对伦理社会,提出了法律与伦理的分离;市民社会是相对政治国家,提出了私法与公法的分离,我们可以称之为两分离。

(一)契约社会与伦理社会的分离

契约平等是通过与伦理社会的界定来实现其自然法与实证法分离的基本要求。“伦理”作为人们处理相互关系应遵循的道理和规则,伦理社会曾以诸法合体的方式存在。伦理在历史上是个含义广泛的概念,既包括人伦之实、人伦之理,也包括人伦之规。随着法律从伦理社会分离出来,法制社会发展起来,如果将伦理社会作为内部关系,则契约社会日益成为外部关系。作为不同的自发秩序,两个独立的社会会从外部对对方产生影响。

契约社会与伦理社会分离。如果说契约平等要求团体在缔约时也是作为个体而存在,伦理社会总是要求个体作为团体成员而存在。契约面前人人平等强调了法律独立的要求。当“契约”作为社会关系的调整方式时,强调的是以当事人之间的地位平等,对内强调理性,对外强调开放,法律规则具有独立的地位。就社会性而言,历史上伦理人格曾是习惯、道德、法律、宗教混合的一种诸法合体的综合人格。契约面前人人平等反映规则之间的影响,契约社会以外的伦理社会仍具有不平等的特点。随着市民社会的各要素日益获得独立存在和发展的实然意义,自由主义正义理论的个人原则取代了古典正义理论的政治社团原则。

契约社会与伦理社会互动。梅因的论述反映出当时各种社会力量的变动所带来的价值判断标准的变化,两个社会的规则完全不同,甚至可能是对立的。契约关系表现为以私有财产神圣不可侵犯为基本原则的财产制度及利益协调方式,自由平等也成为法律准则。伦理也取得对契约社会独立的评价地位,在伦理的视野中,具有团体性质的社会关系,会导致契约以外人无平等。法律制度实施取决于法律实施方与法律遵守方之间是否出现良性状态,也会涉及伦理社会不同于法律的评价。社会法微观层次的悖论正是契约社会与伦理社会互动中产生的冲突。

(二)市民社会与政治国家的分离

契约平等通过与国家规则的界定来实现其私法与公法分离的基本要求。与市民社会的自发性相比,政治国家具有很强的建构性,法律制度进入实施阶段,涉及政治国家的行为方式。

市民社会与政治国家分离。契约面前人人平等强调了私法独立的合理性。契约平等是市场经济得以正常运转的基本前提,反映的是自然人和法人的独立人格和行为自由。如果说物权制度追求的是权利人的财产自由，合同法贯彻的是订约人的合同自由，过错责任原则所要求的自主选择与自己责任，也是这一原则的体现。自发秩序原理为个人的自由和有限的政府提供了系统的正当性依据。自生自发秩序的存在不必为人们的感官能力所及，正如哈耶克所言："人们所依据的是一种对它们的特征进行解释的理论，否则人们也不可能认识它们。……尽管这种自生自发秩序所包含的所有特定要素乃至这些要素的数量发生了变化，它们仍会存续下去。"（哈耶克，2000：58）契约平等包含法律秩序在内的各种规则秩序，行为人互动的实际状态除受法律影响外，还取决于诸多社会因素。我国的改革开放促使国家与社会的分离，社会法微观层次的自发秩序也在这一背景下产生，并得到合理性评价。

市民社会制约政治国家。契约面前人人平等反映公法、私法之间的关系。市民社会独立的、单个的人"就是政治国家的基础、前提。国家通过人权承认的正是这样的人"①，自发秩序理论反对政府干预并重申个人自由。在市民社会和政治国家相分离的情况下，市民社会须通过立法权的机关（它其实也是一种代表权机关）来参与政治国家的事务，通过立法机关实现契约平等的要求。契约平等是私法自治的重要原则，也是二元分野结构中市民自治的法律表现（丁海俊，2005：120）。契约面前人人平等要求统治者也受契约规则的约束，当事人得通过契约行为自主地从事交易活动，立法者或裁判者原则上无权介入或者干预此种民事活动。在契约当事人提起诉讼的情形下，契约也为司法机关裁判提供了标准，法官自由裁量权缩小，法官受到法律规则的约束。司法获得了独立，法律裁判摆脱了政治意志的干扰，法律被抬到了政治"之上"（诺内特、塞尔兹尼克，1994：63）。

三、正当性与实然性的结合

正当性与实然性相结合具有进化意义。进化论（theory of evolution）是要找出生命生存规律和发展方向的系统性的科学理论（王勇，2019：33）。社会进化中的人类社会因素影响往往大于自然因素，随着市民社会的发展，社会进化促使人与人之间发展出形式平等的法律关系。法律主体的独立性一旦成为普遍要求，便会形成平等人格的理念，这种合理性观念促成了具有法制逻辑的社会法微观层次生成。

契约型社会在人类历史上指的是资本主义社会，该社会的基本关系是建立在各种各样公开的契约关系基础之上。尽管市民社会和政治国家的分离过程从 16 世纪就已开始，但直到 18 世纪，一些思想家才认识到国家和社会的区别，并在此基础上提出了一些颇有价值的观点（何增科，1994：70）。从 17—18 世纪资产阶级启蒙思想家（特别是洛克、孟德斯鸠、卢梭、杰斐逊）直到当代资产阶级政治学家和法学家，不间断地加以阐发和论证，从而构成了一套系统的理论模式。市民社会理论把那些不能与国家相混淆或者不能为国家领域所吞没的所有社会领域称为市民社会，并通过"国

① 《马克思恩格斯全集》第 1 卷，人民出版社 1956 年版，第 424 页。

家—市民社会"二元理论范式论证契约社会的正当性。在"权力—权利"理论范式下，市民社会是一个广阔的民间自治领域，在其现实形态上，它包括个人家庭、经济交往、社会活动的私人领域以及以公共意见表达为核心的公共领域等所有"非国家的社会空间"。这一理论反映了自由资本主义时期的西方社会结构特征，在当时具有现实合理性，并对促进市场经济发展、防止公共权威侵犯个人权利、推进自由民主和法治的实现具有决定性的意义(杨仁忠，2010：22)。

日本学者伊藤正己在其《法律面前的平等》一书中这样指出："对于法律面前的平等来说，其重要之处在于，平等作为近代民主政治的理念并不是实质上的，而是形式上的。只有这样的形式上的平等，才和自由连接在一起。"而自由权对于自治的承认，意味着要把个人的自主判断和决定置于最优先的地位，并对此给予最大的尊重。古代人的一切生活以政治国家(公域)的活动为中心，国家的权威渗透到社会的每一个细胞，根本不存在私域的可能。按照哲学家麦金太尔的说法，在任何古代或者中世纪的语言中，都没有可以恰当表达权利的词语。"而现代人的目标则是享受有保障的私人快乐；他们把对这些私人快乐的制度保障称作自由。""个人得依其意思形成其私法上权利义务关系。"(梁慧星，1996：33)

劳动领域中形式平等的合理性观念很大程度上是机械主义的理论产物。滕尼斯把人们的共同意志分为本质意志和选择意志。在本质意志中，目的与手段完全合而为一，自然地结合在一起，彼此之间没有区分。在选择意志中，有目的和从属于目的之手段的区别。即在选择意志中，人们反复权衡利弊，采取某种行动取决于是否有助于个人利益(汪玲萍，2006：10)。形式平等是选择意志的产物，契约社会是一种暂时和表面的共同生活，滕尼斯更赞赏的是本质意志。与滕尼斯观点不同的是，涂尔干将这种合同联系称为有机的连带关系，是随着劳动分工、职业分化而产生的社会进化，并将其置于有机体理论来进行解读。尽管结论不同，但两人似乎都对机械主义观点给予了一定程度的批评。这种批评也预示着自发秩序合理性会受到建构秩序合法性制约，契约以外人无平等的伦理评价标准可以对政治国家产生影响，从而形成诸法合体的宏观层次。

第四节　现实视域：相对弱者的理论定位

思维、历史相交织形成现实逻辑，社会法视域中的相对，体现了契约权利平等性、财产性的特点；法社会视域中的弱者，体现了经济权力隶属、人身的特点。弱者理论与契约理论相结合，在伦理范围中，经济权力对应社会责任。从双兼有的悖论出发，相对弱者理论是在双分离历史逻辑与双视角思维逻辑的交接点上对私权利、私权力，以及形式法、实质法进行的理论定位。

一、相对弱者的理论概念

滕尼斯受基尔克的启发，在 1887 年发表的《共同体与社会》建立起现代社会理论的分析范式。“社会”（Gesellschaft）主要指现代大都市中的商业交往。[①]针对“社会”这一人类关系的新形态，他特别强调，作为彼此分离的个体的聚合，“社会”的核心观念是一种“必须履行契约”的自然法规定，是通过现代自然法的约定建立起来的人类关系（李猛，2012：89）。相互对应的法律主体是在社会进化视域下认识的。相对弱者理论强调相互对应的契约主体之间的权利性关系。劳动关系是我国社会法的核心，也是大多数欧洲大陆国家都存在的社会法与劳动法之间的紧密联系点，现存的社会法一直都在相当程度上与劳动合同关系发生联系。[②]相对弱者理论由此可以从相对与弱者两方面来理解。就微观层次而言，相对体现的是法律性，弱者体现的是伦理性，这是从两个独立视角对契约行为观察的结果。

法律强调契约权利，具有形式法合理意义。契约就其古典意义上说，是由两个特殊意志形成的共同意志，合同相对性原则的含义是指合同的效力仅在缔约的当事人之间发生，合同当事人以外的第三人既不享有权利，也不履行义务。相对弱者是以契约关系的存在为前提，具有契约关系所具有的相对性。契约关系可谓现代社会的特征之一，确立了个人本位的独立思想。就独立性而言，民法典中的人是掌握自己的命运、忠实自己的约定、认识自己的责任的人，自愿缔结的合同本无强弱之分。当以“契约”作为社会关系的方式时，强调的是当事人之间的地位平等，在法律上形成具有约束力的协议，且双方都有参加或退出的权利。

伦理强调经济权力，具有实质法批判意义。从属性是一种与权力相联系的自然现象，社会的单位是“团体”而非“个人”，内部关系是以权力关系来建构的，伦理社会关注契约关系中体现出的权力的实然特征，个人天生对团体具有从属性。社会法中的弱者理论是以自然人的伦理观念观察契约关系，从形式转向实质，在社会比较中区分出了强弱。法律抽象平等与伦理具体强弱形成了冲突。权力与职责相对应，经济权力与社会责任在伦理领域形成相互对应关系。

在微观层次，相对弱者是两种有差异的视角相结合产生的概念，弱者理论强调了形式平等与实质不等的经济权力特征。从法律与伦理两种视角的结合看，相对弱者理论是在相对性中融入了社会性或伦理性。契约关系经常是相互的，法律主体被视为一种“契约主体”时，双方主体都具有相对的特点。依据自然人产生的相对性给出了两方面的限定。一方面，相对性是在具体合同关系中产生的，脱离了这种合同环

---

① Ferdinand Tönnies, Gemeinschaft und Gesellschaft, Darmstadt: Wissenschaftliche Buchgesellschaft, 1963, I.i.6—7, 9—10, 12, I. ii. 24—25（斐迪南·滕尼斯，2010；Ferdinand Tönnies, *Community and Civil Society*, trans. Jose Harris and Magaret Hollis, Cambridge: Cambridge University Press, 2001）。

② Ulrich Becker, Sozialrecht und Sozialrechtswissenschaft, ZÖR 65（2010）, p.607, 622ff（转自乌尔里希·贝克尔，2019：19）。

境，就两个自然人而言，将一个小企业的雇主与一个大企业的雇工比较，往往是雇工更具强势地位，逾越合同的相对性是难以认识社会法的特点的。另一方面，在这一相对法律关系范围内，两者地位实际比较才有理论意义，自然人在一类法律关系是弱势主体，可能在另一类法律关系中是强势主体，例如，在劳动关系作为强势主体的自然人雇主可能在消费关系中作为消费者，具有弱势主体特点。

概括而言，基尔克从日耳曼的法观点将这种人法称为“共同体人法”（基尔克，2017：49—53）。弱者理论首先是在一个契约的结构中讨论自然人法律地位，强弱只能在一种具体关系中通过比较来识别，不应脱离合同相对性原则来认识强弱。当社会法不得不进行某种法律抽象时，不应忽视强弱只有在具体关系中才能比较识别的基础认识。相对弱者理论定位会从进化与异化两个相反方向发挥作用。

二、社会进化视域下的私权利

就法律发展而言，梅因所强调的“从身份到契约”的过程是人法上的解放与物法范围的扩大齐头并进，社会进化视域下私权利是一种体现相对性的契约权利。从社会进化的角度来观察市民社会出现的法律上的平等人格，也是权利性人格。在这一过程中，从财产保护发展起来的法律制度能否适应人格保护的要求？这一问题引发了激烈的争论，这一争论在我国被称为劳动力所有权的争论。在社会法理念的冲击下，私法从不应与人格法益挂钩到人格法益的保护，再到人格权利的确认，民法的理念也在发生从逻辑自洽到向现实妥协的变化。社会法以人法为底色，相对弱者理论也涉及在微观层次“人法”调整方式向物法靠拢的构想。

一方面，在法律主体的拟制过程中，为了适应市场权利制度形式平等的需要，有些身体、健康、尊严、名誉等一些内容差异需要从法律主体中抽象出去，交给以道德为核心的伦理范畴去调整。抽象人格作为财产权的人格，这种抽象适应了市场经济的发展，在等价有偿的市场逻辑面前，以尊严、名誉、健康名义的涨价或降价行为，只能被视为扰乱市场的行为。法律主体因此也取得了自己的独立地位，甚至于可以说建立了与传统伦理根本不同的市场伦理。事实上，资产阶级在财产权的保护下，在100年中创造的生产力比过去人类所有的社会创造的生产力的总和还要大。

另一方面，所谓的“物法”范围的扩大影响“人法”的调整规则，使得物法与人法的古老分类发生了质的变化。现有的法律主体虽是将自然人格抽象之后形成的法律人格观念，但一些法律规则仍应用于具有财产性特点的人法内容上。民法学者认为：“所有权，指所有人于法令限制范围内，对于所有物为全面支配的物权。”（梁慧星、陈华彬，1997：102）“所有权是所有人对物的占有、使用、收益和处分，并排除他人干涉的权利。”[①]法律理论的难点在于：一些人身要素可能在财产关系意义上使用吗？从基尔克开始，社会法明确提出了人格权的财产性问题，是努力将以物法为基础形成法律

① 《法学词典》，上海辞书出版社1984年版，第554页。

规则扩大进入人法范围，应当有三个层次的认识。

首先，人格权一般来说不同于财产权。自然法的目的可以说是伦理的，现实法之所以能发生法的效力，是为了实现“正义”的目的，与这种目的相比，法律与道德都具有手段性。在基尔克的理论体系中，“比所有财产利益具有更高文明价值的精神利益”——人格利益——是不能被当作财产权来理解的。我国学界一般认为，人格权主要表现为对抗他人实施的某种侵害行为的消极权利（郭明瑞、房绍坤、唐广良，1999：441）。社会法则由于涉及生存利益，在权利的保护上，从消极自由发展到积极自由。对于生存利益，更是在一定程度上与反射利益或主观公权利相结合，安排至社会法宏观层次来进行调整。在这种重叠关系中，大多数社会保险体系至今都是与雇佣工作（Beschäftigung）相关的。在此程度上，社会保障法与劳动法彼此连接紧密，雇主也在贯彻社会保障法上有重要作用，例如，登记、缴纳保费或者承担特殊的任务（如身心障碍者的融入）①。

其次，人格权有时具有财产权特点。有一些权利“可以全部或部分地被他人所发挥利用，甚至它们当中的一些物质性因素还能被转让”，在这种情况下，可以忽略其“人格领域”的因素。②在契约关系中，当事人都是自己的立法者，因而被认为最能体现个人的独立人格。恩格斯认为，“只有能够自由地支配自身、行动和财产并且彼此处于平等地位的人们才能缔结契约”③。人格权在特定的情况下也会产生支配权的性质，甚至出现财产权的效果。如传统民法理论对于支配权、请求权的划分，在传统民法学者看来，这种划分主要是针对物权和债权，而“支配”并非人格权的主要权能和基本特性，且生命权、身体权以及健康权的主要目的仅在于抵御他人的不法伤害，故其不属于支配权，而名称权、肖像权中的确存在某些支配性质的权利（尹田，2004：17—20）。在社会法理论中，“内在于人”的权利可能向“外在于人”的传统民法权利结构转化。人们必须将这部分的权利列入传统的财产权体系。④社会法是财产与人身交织形成的法律关系，在微观层次仍可采纳诸如支配权、请求权、形成权的一些表达和规范方式。

最后，虽然同时具有人格权、财产权的特点，但人格权在两者重叠时具有优先地位。我国一些学者也认为，“人格权是一种支配权，而且是一种不同于财产权的支配权，其行使不仅要受到民法基本原则的限制，还要符合伦理要求”（李新天，2009：125—126）。人格权在出现支配权性质时也需符合人格权的特点。对于雇佣关系而言，“实际上，债法在这里部分与物权法（Sachenrecht）重叠，部分与人法（Personenrecht）重叠。”基尔克认为，“由于一切财产都仅仅是为了人的目的，且人格权位于一切财产法关系之上”。人身关系同时具有财产关系性质时，要明确优先地位。一些具有社会保障性质给付与劳动法给付从功能上看有时是等价的，这种等价性尤其体现在疾病

---

① Ulrich Becker, Rechtliche Grundlagen der beruflichen Teilhabe von Menschen mit Behinderungen, in: ders./Elisabeth Wacker/Minou Banafsche, Homo faber disabilis?, Nomos, Baden-Baden, 2015, p.13, 21 ff mwN（转引自乌尔里希·贝克尔，2019：19）。

②④ Gierke, Deutsches Privatrecht, Bd. 1.1895, p.707f、706f（转自张红，2010：27）。

③ 《马克思恩格斯选集》第4卷，人民出版社1972年版，第76页。

时的工资续付[①]及养老保障。在法律规定的情况下，出于养育儿童或照顾亲属目的而中断或减少劳动成为可能，基尔克强调了人格权的优先地位。“在契约性义务涉及人格本身时，必须将人格的概念置于核心地位。一旦劳务合同通过单独的劳务并非仅仅创造了一个暂时的联系，而是将整个人置于目的关系之中，并被分配了一生的职业，则首先涉及劳务合同的规则。”(基尔克，2017：45、46)基尔克的理论在表述生存法益时，具有合理性，我们只能强调在生存法益与财产权利两者重叠时，人法所应当具有的优先地位。基尔克的理论曾被纳粹歪曲，说明这一理论不能在过分扩张的语境下使用。

三、社会异化视域下的私权力

相对固定的伦理定位是在社会异化视域下来进行认识的。强者与弱者是一种伦理性的评判，来自我们个人或团体的感受，本身很难以科学方法进行定性的分析。桑内特(Richard Sennett)认为，“视依存他者为耻辱的情感是19世纪工业社会留下的烙印”(R. Sennett，1987：47，转自新里孝一，2015：6)。在社会法微观层次，当强者与弱者作为一种伦理性的评判时，现代民法的一些平等性法律规范会受道德谴责。这种“耻辱的情感”源于社会异化的认识。这是伦理人格所具有的社会性的体现，私权力的这种认识往往促成在法制逻辑中融入德治的观念。这种伦理定位似乎要得出限缩契约制度的结论，事实上这种异化论证引向了宏观层次建构法律秩序，生存法益以反射利益形式，以政治权力来限制经济权力的过分膨胀。

社会法在微观层次保留了实证法的传统，对于凯尔森而言，伦理道德永远不能侵入法学的领地。因而，法律概念永远是在形式的意义上对法律秩序进行表达，法律上的人只能是“特定法律规范的人格化”。社会法是一种与实证法相对应的分析方法，其所说的“社会”很大程度上是一个伦理的概念，相对弱者理论强调相对固定的伦理定位。微观层次上，伦理评价可以被视为法律体系之外的一种评价。从社会异化的角度来观察得出从属人格的结论，它是权力性人格。

异化的德文词Entfremdung是英文alienation的翻译，而alienation又源于拉丁文alienatio，异化作为现象早在原始社会末期就已出现。在神学和经院哲学中，拉丁文alienatio主要揭示两层意思：(1)指人在默祷中使精神脱离肉体，而与上帝合一；(2)指圣灵在肉体化时，由于顾全人性而使神性丧失以及罪人与上帝疏远(苗荣珍，2010：149)。异化(alienation)作为哲学和社会学的概念现象是近代的事情，异化理论是在文艺复兴以来的近代西方哲学里逐渐形成的。作为近代的理论，社会法所强调的社会异化强调了形式平等背后的实质不等。首先接触异化实质的理论形态是社会契约说。异化曾被理解为一种损害个人权利的否定活动，即指权利的放弃或转让，荷兰法学家格劳秀斯是用拉丁文alienatio这个概念说明权利转让的第一人。“异化”的含义

① 这也适用于通过VO 883/2004对欧洲经济区的社会保障系统的协调，参见EuGH，Rs. C-45/90(Paletta)，Slg 1992，I-3458，Rn 16 ff(转自乌尔里希·贝克尔，2019：19)。

在德国古典哲学中被扩展和加深，马丁·路德最先把希腊文《圣经》中表述异化思想的概念翻译成德文 hat sich gesaussert（自身丧失）。从费希特到黑格尔，他们所使用的外化（Entäußerung）概念，是从马丁·路德的翻译演化来的。黑格尔把存在的一切都归结为“自我意识”，把异化也归结为“自我意识”的异化。自我意识作为绝对理念外化为自然，在社会历史中作为“自我意识”环节的人异化为“绝对精神”（魏小潭，2011：47）。

从实质法上看，契约权利被视为经济权力，私权利被视为私权力，这是一种社会异化现象，可以经验或定量的方法来论证。皮埃尔·勒鲁[1]对资本主义秩序的合理性进行了激烈的批评：“社会在宣布竞争的同时，直到现在并没有做其他事情，只做了一件大丑事：这就是把社会组织得活像一块圈地，一群被捆绑和被解除了武装的人在里面听任另一群用优良武器装备的人肆意宰割。”（皮埃尔·勒鲁，1988：27）劳动关系最初是以雇佣关系的形式出现的，雇工和雇主之间的权利关系似乎只存在着平等的交换关系，雇工出卖劳动力以换取雇主所给予的工资。然而，正是雇工（劳动者）出卖劳动力这一特点使雇工与雇主形成了隶属关系，雇主获得了劳动力的支配权，也就获得了对劳动者的支配权。以当代的语境看，皮埃尔·勒鲁强调在契约自治中，雇佣关系出现了负外部性，也可称为外部成本或外部不经济，是指雇主的行为影响了劳工利益，使之支付了额外的成本费用，但劳工又无法获得相应补偿的现象。“在这方面实际上占优势的是最可怕的不平等。真正的竞争并不存在，因为只有一小撮人占有劳动工具，其他人不得不在悲惨的情况下沦为工业的奴隶。”（皮埃尔·勒鲁，1988：27）社会主义者认为所谓的意思自治并不存在。日本学者河上肇从认识“贫困人”这个词语入手，来展开他的贫困观。河上肇研究一些国家的财富分配状况后发现，这些富国的财富集中于只占全国人口极少数的人群手中，其中英国、德国、美国、法国 65％的最贫困者所占有的财富比例分别为 3％、5％、6％、5％左右，而占人口总数 2％的最富有阶层所占有的财富比例分别高达 70％、61％、50％、60％以上（河上肇，2008：36、39），这种贫困和财富集中的现状促使河上肇展开了对贫困原因的思考（陶芸，2017：53）。

总之，从相对弱者理论定位出发，劳动关系的安排设置之所以重要，是因为其与职业能力（Erwerbsfähigkeit）有关。基尔克将社会法视为人法，称为“共同体人法”。私法应当“涵括人法上的持续关系，这涉及整体和其部分之间的关系。而罗马的和日耳曼的法观点、个人的和社会的制度在这里分歧更严重！”（基尔克，2017：47）社会法规制对象的悖论正是这种分歧的具体呈现。在笔者看来，基尔克将社会法视为人法时，就已经在某种程度上意识到“社会进化视域下相互对应的法律主体”同“社会异化视域下相对固定的伦理定位”的冲突，形式上的权利关系与实质上的权力关系。这种价值冲突只能通过法律设置多层次来平衡。

① 皮埃尔·勒鲁（1797—1871）是 19 世纪法国著名的哲学家、小资产阶级空想社会主义者。

第七章

社会法的平等主体

社会关系如果从由法律规范着的那些方面的观点出发来领会的话，可以称为法律关系，但是如果将人是法律关系的当事人称为法律人格的话，则凡是有法（律）存在的地方便有法律人格的存在。然而，此处所言的“法律人格”不是那种比较广义的概念，而是上述“权利义务归属点”这样一种更加限定的意义。

——星野英一（ほしのえいいち）

第一节　平等性的法律主体

平等性的法律人格是从自然人到法律人的历史发展中形成的。当法律主体被视为一种“契约主体”时，主体间的法律地位是平等的，权利和义务对称，权利主体与受益主体合体。当然，这是一种形式上的平等，平等性的法律人格主要体现法律权利。在社会法的微观层次，强调平等性的法律人格，也意味着还存在着从属性的伦理人格。

一、平等性法律主体的含义

成文法制定的重要任务之一，是将现实中的人转化为法律上的人，由此使得生活中现实存在、各具特性的个人，在法律上以统一的标准人、制度人的方式出现（胡玉鸿，2008：3—7）。从主体向度来说，契约、强制、情感是社会关系主体形成的三种方式（陶富源，2013：16），平等性法律主体具有某种契约主体的任意特点。法律思想史上有关主体资格标准的学说可大致归纳为理性说、德性说、感性说与神性说（陈劲松，2019：85—88）。平等性法律主体以理性说来建立主体制度，内容上强调理性，形式上强调契约。

（一）平等主体的概念

契约是近现代社会关系体现平等意识的法律形式，从身份到契约的过程中，平等性法律主体主要体现为契约人格，在社会法的理论研究中，这是一种微观层次的法律主体。

主体一词在不同的场合下含义不尽相同,作为一个法律范畴,是指一定法律部门所调整的同类社会关系的当事人,即在法律关系中享受权利和承担义务的个人、组织和国家机关。主体是“主”和“体”的结合,“主”体现的是控制和归属,“体”体现为实体或载体,只要是法律关系的参加者、权利义务的归属者、责任的承担者都是该法律关系的主体(付翠英,2006:76)。各门社会科学都有主体概念,在法律的世界里,法律主体当属法律“权利”和“义务”的“主人”,是后者在法律上的“归属”(毋国平,2013:115)。在西方纯粹法学派的首创人凯尔森看来,“实际上,法律上的人并不是在‘它的’义务和权利之外的一个分立的本体,而不过是它们的人格化了(personified)的统一体,或者由于义务与权利就是法律规范,所以不过是一批法律规范的人格化了的统一体而已”(凯尔森,1996:106)。这些观点都强调了应当从法律人格的视角对主体进行研究。日本学者星野英一认为,“社会关系如果从由法律规范着的那些方面的观点出发来领会的话,可以称为法律关系,但是如果将人是法律关系的当事人称为法律人格的话,则凡是有法(律)存在的地方便有法律人格的存在”(星野英一,载梁慧星,1997a:155)。他也强调从法律人格的视角来研究法律主体。

现代汉语中具有法律主体含义的“人格”一词,源自日文。国外一些学者往往是从“法律人格”(persona)的角度对主体进行研究。历史上,人格是对自然人的身份的确定,作为法律用语,是指人在法律舞台上所扮演的角色,凯尔森所说的“人格化了(personified)的统一体”其实是抽象立法技术的结果。日本学者认为,日本法学家在翻译西方法学文献时,用汉字创造了“人格”一词,表示法律上的主体资格。主本身就是体的身份,然而,此处所言的“法律人格”不是那种比较广义的概念,具有更加限定的意义,法律人格是指法律上的“主体资格”(李锡鹤,2009:78)。哲学上的主体主要强调某种主导的、主动的地位,民事主体虽不是哲学上的主体(张文显,2001:101),但有相通之处。沃尔夫①是一名数学家兼哲学家,他在法学上的贡献之一是提出了“主体”的范畴,他把主体理解为权利的主体,而不是受制约的人②,其实是从平等人格的角度来理解主体,这是以几何学方法分析法律的一个必然的结果。

劳动法调整劳动关系,劳动契约主体具有特定性,一方是劳动者,另一方是用人单位,人的抽象也为劳动契约提供了法律基础。正如拉德布鲁赫所说:“法律的平等是由法律规则赋予人类的。没有谁是自然或者生来就是(平等的),奴隶的法律地位已经证明了这一点。”(拉德布鲁赫,2005:133)人是法律规则的人格化的结果,当劳动关系纳入私法调整时,法律正是依靠这种“强不齐以为齐”的技术方式,将事实上并不雷同、差异极大的劳动者、劳动力使用者以某种理性标准,赋予同等的法律地位。“在私法中,自然法的入侵不仅仅终结了自罗马法即开始的传统阶级特权的解体过程,而且如其

① 德国博学家、法学家、数学家、启蒙哲学家。

② Cfr. Adiriano Cavanna, Storia del diritto modemo in Europa, Vol.1, Giuffrè, Milano, 1982, p.349.但也有人认为,总则的思想是普芬道夫提出来的(何勤华,2000:80;另参见 Franz Wieacker, Storia del diritto privato moderno[Volume primo], Traduzione italiana di Umberto Santarelli e Sandro—A. Fusco, Giuffrè, Milano, 1980, p.472),并且认为普芬道夫受的笛卡尔哲学训练导致他创立总则理论(徐国栋,2015:18)。

他地方一样，在罗马的平等理念上，在此处要求在自然的或社会的关系中建立的权利不平等中尽可能地平等。”（基尔克，2017：22）没有法律的这一抽象，法律就既无法建构起劳动关系一体遵行的规则，也无法体现劳动者与用人单位之间法律上的平等对待。

契约是近现代社会关系体现这种平等意识的法律形式，在社会法的理论研究中，平等性法律主体应当是指契约人格。在历史上，契约经历了示意契约、口头契约、文字契约等不同的发展阶段。英国哲学家霍布斯和洛克在否定神权政治时，阐述了“人生而自由平等”的思想，平等性法律主体要求对每个人个人权利的限制都是同等的，否则同一个社会群体的人就不会拥有完全相同的权利（莱昂·狄骥，1999：8）。契约人格强调平等的意义：“一是为个人在社会生活中提供一个立足点，可以对抗强势的他人、团体和国家的不合理支配；二是进一步保障个人的自由意志，为社会结构的更新和发展提供动力。人格平等否定了身份特权所代表的不平等，为解放社会生产力和发挥个人的创造力起了决定作用。”（马俊驹、童列春，2009：49）在社会法的视野中，这种平等性契约人格只存在于微观层面。

（二）理性说的价值分析

理性是民法“强不齐以为齐”的人格化技术的哲学基础。在民法的抽象人法的历史上，与从身份到契约的过程相适应，还发生过身份到理性的过程。徐国栋认为，这一过程的结果是炸毁了关系主义和我族中心主义的罗马人法，形成了现代的理性本位的民法主体制度（徐国栋，2006：64—72）。理性说重在抽象的认识能力须具备一般的辨识是非、合理预见及在此基础上的自我控制能力。以理性为主体资格标准，合理性主要有以下三方面意义。

理性具有深厚的历史底蕴。自从苏格拉底（Socrate，公元前469—前399）提出灵魂的本质是理性的观点，理性就成为贯穿西方哲学史的重要概念。从赫拉克利特的本体论、柏拉图的价值论到笛卡尔的认识论，理性因时代不同和社会变迁而具有不同含义，同一时代不同思想家的理解也各有侧重。柏拉图（Plato，公元前427—前347）的价值论区分了理论理性和实践理性，前者是“纯粹智力的技艺”，用康德的话来说是涉及认识外在世界的东西（自然律）；后者是“实用的技艺”，用康德的话来说是涉及控制人的行为的善恶两种倾向的东西（道德律）（王炳书，2002：63）。由16世纪的法国思想家笛卡尔（Rene Descartes，1596—1650）创立的认识论，把所有的人都理解为具有理性的主体。①近代各国普遍以具有认识客观世界规律的理性能力的人作为构造经济、政治、法律理论的预设，确立民事、刑事的法律主体制度，主要是受始自笛卡尔的近代哲学的影响（陈劲松，2019：85）。17世纪的欧洲发生了自然科学进步、宗教改革、对希腊文明和罗马法的继受等重大事件，启蒙运动步入了理性的时代，催生出理性主义，人类由此获得了成熟的思维框架和学术研究材料，文明取得了巨大进

① Vèase Carlos Fuentes Lopez, El Racionalismo Juridico, Universidad Nacional Autonoma de Mexico, 2003, p.262.

步，遂开始了“公开地运用自己的理性的运动”（康德，1990：24），由此步入了理性的时代。理性概念联结人的自然属性与社会属性。

理性联结人的自然属性，法律上的主体理性说源于古希腊自然哲学的“理智”。“理智”即希腊文的“奴斯”（nous）或“心灵”（mind），是一种无形的、纯粹的实体，它虽贯穿于宇宙万物却能保持自身统一。人类因分有“理智”之神的灵性和自觉而与万物相区别，在此意义上，阿那克萨戈拉首次发出了“心灵是万物运动的本原”的声音（赵敦华，2001：8）。理性是指对事物的本质、整体及其内在联系的认识，理性说重在强调抽象的认识能力及在此基础上的自我控制能力。在康德看来，人不同于动物的根本原因在于人有理性而自然界其他的一切存在物都没有理性，正是因为这个原因，康德甚至认为整个自然界的目的就是产生“理性”，而一切“有理性存在者”就成了“自然的目的”。

理性联结人的社会属性，运用理性正确地认识自然、社会人自身，表示思考的阶段或意志的品质，是人类意识觉醒与形成的重要标志，可以形成相对客观的社会标准。从法律实践中公正评判当事人的行为效力和责任份额出发，具有理性的人能缔结契约，能理解权利、义务的内涵及相互关系，能有序参与社会活动。理性是人的本质特性和自治基础，表明人是自我决断、自我约束、具有自主自由的能动性和创造性的主体（陈劲松，2019：85）。正是从这个角度来说，具有理性的人具有崇高的地位，而基于理性的道德法则，即道德的“绝对命令”：“责任的普遍命令，也可以说成这样：你的行动，应该把行为准则通过你的意志变为普遍的自然规律。”（康德，2005：40）主体是人之为人的一种特殊身份，强调运用理性制订计划、确立目标并使人类的实践活动达到合规律性和合目的性的统一。成文法制定的重要任务之一是将现实中的人转化为法律上的人。

（三）平等人与理性说

在微观层次，社会法的主体制度体现了自由与理性的有机结合。“契约作为典型的法律事务，同时对一切理性的法律关系也是典型的，理性的法律关系就是一切理性的社会关系的确认的表达——在这种意义上，‘整个’社会和国家也是始终设想为建立在个人的契约基础之上的，而个人契约又是建立在他们的自由的和自觉的志愿之上的。”（滕尼斯，1999：32）现代民法中，存在包括权利能力和行为能力的统一的能力制度，人格平等与人格自由的含义类似。

权利能力概念体现了平等理念。依德国学者的解释，权利能力是指一个人作为法律关系主体的能力，也即作为权利享有者和义务承担者的能力（或称资格）。①承认权利能力的伦理戒律是使每个自然人都具有平等、自由的人格。德国民法草案说明书承认权利能力的理由是消灭等级差别，实现人人平等，这种平等与自由紧密相联，权利能力是为了对抗罗马法确认的“人格”。仅就权利能力的文字本身而言，《德国民

① 拉伦茨，2003a：119—120；梅迪库斯，2000：781；王泽鉴，2003：47—48。

法典》并未直接标示出"平等""自由"，只是通过"自然人的权利能力始于出生"来暗含其平等性带来的自由。人的权利能力的平等是近代私法的重要进步之一，是资产阶级革命的胜利成果之一。就如有的学者所言，人的权利能力平等在今日被认为理所当然，然而，在当时应该说是西欧历史中划时代的重要事件（星野英一，载梁慧星，1997a：156）。权利能力作为享有权利的资格，其所指仅为享有法律允许享有的一切权利带来的自由（权利之总和）的资格，正是在此意义上，权利能力与法律人格被视为等同（尹田，2002：126）。权利能力不分年龄、性别、职业、精神状况等因素而一律平等，这是民法赖以生存的市民社会的特质。正如一些学者所言，对于平等原则应从其法律伦理价值的角度去理解，而不能机械地理解（张俊浩，2000：96）。平等性法律主体在社会法中主要出现在权利主体的概念上，体现为一种权利理论。

行为能力概念体现了理性的理念。行为能力系指有意思能力之主体因其所为之行为而取得权利、承担义务的能力，为本人或被代理人所为的能产生法律后果的行为的能力成为连接主体制度的桥梁。《法国民法典》没有使用人格，也没有创制其他替代概念，而是直接在《人权宣言》上宣示，人权的主体是人（Homme）和市民（Citoyen）。晚于《法国民法典》将近一个世纪的《德国民法典》，没有步法国之后尘，以行为能力概念体现理性说的要求。行为能力制度在现代民法中获得了极大发展。以理性人为模型是传统权利能力制度缺陷的根源，汇编法学派和集其大成的德国民法典始终以康德为精神导师，其哲学框架和理论基础建立在康德的理性哲学和法权理论之上（拉伦茨，2001：46）。行为能力是理性的体现，而不平等恰恰是人被理性衡量的结果，"是不考虑知识、社会及经济方面的力量之差异的抽象性的人；并且，在其背后的是'在理性、意思方面强而智的人像'"（星野英一，载梁慧星，1999：279）。

权利能力、行为能力两个概念为德国法学所创造，近代民法的抽象人格，具体到人的"理性"属性上，表现出强烈的技术性色彩。两者的融合更是产生出劳动能力的概念。围绕着劳动能力，雇佣关系在法学理论上也逐渐丧失了身份要素，慢慢地渗入了债权的要素，成为两个人格间劳务与报酬的交换关系，劳动力成为买卖关系中的商品，劳动关系成为纯债权关系，并且正式与借贷、租赁关系相分离，在债权法中取得了独立的地位（黄越钦，2003：1—5）。罗马法基本上按"物法"规范，把雇佣关系视为财产法。法律调整按财产关系，与传统意义上"外在于人"的民法权利相适应，主体的权利往往指向某种"身外之物"，即客体。这是一种由内向外的关系，社会法中的劳动能力也具有平等性法律主体体现出的自由、理性特征。

二、平等性法律主体的特征

随着商品经济的发展以及契约法的发展，整个社会关系都被从契约关系的角度来看待，被马克思称为"以物的依赖性为基础的人的独立性"①，这是一个从群体主体

① 《马克思恩格斯全集》第46卷（上），人民出版社1980年版，第104页。

到个体主体的发展过程。平等性法律主体具有独立性、抽象性、外部性的特征。

（一）平等法律主体的独立性

平等主体法律人格从内容上强调独立性。人格平等源于每个法律主体与生俱来的理性与自由意志，人格独立与人格平等、人格自由可以说是同义反复。理性直接建立在个人的自我属性和独立价值上，独立性可以从自然性与社会性两个方面来认识自觉、自主、自为、自律的特点。

从自然属性上来看，平等法律主体强调独立的生命体与精神体，强调自觉和自主。这是人对自身的强调。作为独立的生命个体，不以年龄、阶级、身份、财产等外在或“偶然”因素作为判断标准，是以自己生命个体参与生产与生活活动。在契约的缔结中具有独立判断能力，在对真理的追求以及政治的参与中具有独立思考能力。社会发展的趋势是实现人的全面而自由的发展，人活着的过程就是寻找自己独立生活方式的过程，任何人的人性尊严均有着相同的本质。人格平等是一种高度抽象的平等，在这一语境下的人，每个人“可由自身意思自由地成为与自己有关的私法关系的立法者”（星野英一，载梁慧星，1999：279）。

从社会属性上来看，强调独立的行为体与责任体，强调自为和自律，任何人不论其智力程度、身体状况、文化水平、宗教信仰等各方面存在的何种差异，皆无例外能够享有权利并承担义务；独立的责任体强调自律，表现为自我负责。人的行为无时无刻不受到来自各方面的束缚，民法典中的人是掌握自己的命运忠实于自己的约定、认识自己的责任的人，具有“以物的依赖性为基础的人的独立性”。当人具有选择独立生活方式的遵从一定准则时，就有控制情绪并为自己的行为负责的义务，人有较强的理性能力，为自己的所作所为受到的褒贬并不断的完善自我。

（二）平等法律主体的抽象性

平等主体法律人格也是一种抽象人格，是对自然人法律地位和法律关系主体的资格进行的高度概括和抽象。对于法律主体中“经验因素”和“规范因素”的糅合，法学和实证法在对人的规定中，“充盈着对一个不可动摇的人的本质的祈求”。这样的人是道德的、理性的，并具有自由的意志。也只有具有此种特质的人才可配得上“人”之称谓，才可以成为法律上的人，成为人格人（毋国平，2013：119）。为了确定权利和义务的归属，涉及“人之为人”的应然层面，使权利和义务能够被归属于特定的主体，传统民法上的权利能力制度主要发挥着抽象的主体资格赋予功能，成为整个民法制度的“前提”。值得注意的是，私法自治隐含了这样的逻辑前提：私法中的“人”或市民社会中的“市民”作为法律上的主体是平等的、自由的、理智的。民法坚持的是平等标准，而平等只有在抽象的意义上才是存在的。

抽象人格是法律技术的产物，也是一种制度塑造的结果，形式上强调拟制性。拟制性是与自然性相对应的特征，法律人是经过塑造的人。“人在这些民法上的资格中，被作为平等的主体对待，两者之间的经济实力、社会势力、情报收集能力的差异完全没有当成问题”(拉德布鲁赫,1962a:12)。民法典是“不知晓农民、手工业者、制造业者、企业家、劳动者等之间的区别的”(拉德布鲁赫,1962b:109)。法律正是依靠这种“强不齐以为齐”的技术方式,赋予事实上并不雷同、差异极大的人同等的法律地位。没有法律的这一抽象性,法律就既无法建构起全社会一体遵行的规则,也无法体现人与人之间法律上的平等。“劳动法以民法的思想取向为前提条件。民法只认识‘人’(Person)”。此处“人”一词指作为抽象的、没有实质差异的、民事法律上规定的人(拉德布鲁赫,2017:119)。拟制性作为法律人格的一种创制方式,既可以与个人主义也可以与团体主义相适应。远在启蒙时期,德国著名法学家普芬道夫(Samuel Baron von Pufendorf,1632—1694)①就在创制人意义上使用“法人”一词,提出简单法人和复合法人的概念,是为了强调法律人的抽象性(路易·迪蒙,2003:71)。拉德布鲁赫也认为,法律上的“人”实际上就是“法人”(juristische person),也即由法律塑造的人(凯尔森,1996:107)。

(三) 平等法律主体的外部性

平等主体法律人格是外部人格。“我们称之为个体法(Individualrecht)”(基尔克,2017:75—76),这也形成传统上的契约法律人格。由于法律规则往往是一种由外向内发生作用的机制,从外在强制性的角度来看,法律人格可以说是一种外部人格。外部性是从独立于社会的视角来认识社会,涉及个人与社会的关系。自由主义是西方社会的主流思想和倾向,具有独立思维、能够独立决策的权利人不应依赖于任何精神权威,也不依附于任何现实的身份力量。无论是古典自然法还是以后发展起来的实证法都是从这个视角来认识法律人格的。在法律人格中,古典自然法更强调体现自由意志的契约人格。

抽象性也会使平等法律主体具有外部性的特点。社会唯名论者认为社会是代表具有同样特征的许多人的名称,是空名而非实体,高度评价个人自信、个人私生活和对个人的尊重,反对权威和对个人的各种支配。法国学者塔尔德认为,社会是具有共同心理的人们的集合(韩强,1999:92)。以个体主义的观点,来看待世界和社会人际关系。个人本身就是目的,法文中 individualisme,源于拉丁文 individuum,意为“个体”“不可分割的东西”。法律强调外观主义,只将他人视为一个抽象的、具有各种特质的存在而加以对待,以“独立人”的形象要求法律做到类似问题类似处理,实现契约面前人人平等。个体的内在特点,身体上的强健或者虚弱,精神上的诚实或者欺诈,态度上的自私或慷慨,都被忽视了。这样的人是法律上的人,社会被看作一群“同心的人”的集合体,法律不应该因人而异,差别对待。社会只是达到个人目的的手段;一切个人在道义上是平等的。法律不因其恶的特质而否认其权利,也不因其善的特质而扩大对其保护。

① 17世纪德国法哲学的开创者,近代世界范围内最杰出的自然法学思想家。

三、从属性伦理人格的演变

从属性伦理人格是历史演变的结果。美国社会学家派克认为，社会是一种包括人类行为习惯、情操、民俗等在内的遗产，也使伦理人格成为一种具体的社会人格。伦理人格依附性、自然性、内部性与法律主体的独立性、抽象性、外部性可以说截然相反。权利能力作为一种法律主体制度与罗马法的人格制度正好相反。

历史上，在不同的血缘关系、不同等级的人之间，他们的"人格"是不平等的。所以，罗马法身份制度集中体现在这种家父权上，家父对牲畜和其他财产具有完全的支配权，是家父以个人的身份代表家庭从事交换的集体主义形象。当时的罗马社会结构，不是个人与城邦的二元格局，而是家庭与城邦的二元对峙，交易主体表面上看是作为个人的家父，其实质是家父代表着家庭行使家父权力（马俊驹、王恒，2012：17）。家族作为生产、生活单位，以自然能力差别为基础，实现强者对弱者的管理与照顾，这是一种公开赞扬强弱的伦理制度。"如果子服从父是出于自然的，那么子希望父具有卓越的体力或卓越的智慧也是同样出于自然的。因此，当社会处在体力和智力都具有特殊价值的时候，就会发生一种影响，倾向于使'家父权'限于确实具有才干的和强有力的人。"（梅因，2009：90）通过人法的筛选，也只有少数强者能够以法律人的身份进入契约社会，大多数自然人被视为弱者而成为他权者，一般不进入交易过程，也有可能以客体的地位进入交易。家父对家属、奴隶占有统治地位。如果从法律权力上看，父对其子有生杀大权，有无限制的肉体惩罚权；也可以任意改变他们的个人身份；可以为子娶妻，可以将女许嫁，可以令子女离婚；可以通过收养转移子女到其他家族去；可以出卖他们。家父"握有生杀大权，他对待他的子女、他的家庭像对待奴隶一样，不受任何限制……父子关系和主奴关系似乎很少差别"（梅因，1995：79、71）。

罗马法的"人格"从形式到内容都是不平等的。"由于罗马法不是以确认自然人人格平等为己任，相反以限制自然人人格为宗旨，奴隶和外国人被剥夺了做人的资格"（李锡鹤，2009：91—92），法律赋予家父以权威，但也课加他责任，并提供在他不能履行其保护从属者的责任时的替代补救（监护和保佐）。在一个诸法合体的社会中，根据人的能力的强弱，赋予不同的资格，承担不同的责任。通过人法上的细化，使每个人处在不同的"人格状态"上，有人被他人支配，有人不被他人支配；有人既被他人支配，也支配其他人。"人法是通过对人进行分类，赋予不同的人以不同的身份达到如此效果的。面对这样的图景，我们不能不说人法是组织一个社会的工具"（徐国栋，2002：47）。

当人格开始强调平等性时，大量自然人转变为法律人，也因此从传统的团体中独立出来，这是从伦理从属走向法律平等的过程，在这一过程中传统的家庭式生产、生活单位也日益衰退。随着市场经济的发展，作为单个的自然人与作为团体的法人，虽然都是法律规范赋予的抽象主体，也都是法律程序的产物，并被赋予法律意义的平等主体。从属性人格更多只是保留在传统的家庭结构中，作为一种伦理义务而存在。

滕尼斯认为，共同体是建立在有关人员的本能的中意或者习惯制约的适应或者与思想有关的共同的记忆之上的。血缘共同体、地缘共同体和宗教共同体等作为共同体的基本形式，它们不仅仅是它们的各个组成部分加起来的总和，而且是有机地浑然生长在一起的整体(滕尼斯，1999：译者前言 iii)。强弱人格是自然人未走出家庭，通向社会的这种“集体形象”。

社会法微观层次的悖论，是法律秩序与伦理秩序冲突的一种反映。公司作为法人登上经济舞台，开始大规模发展，形成了人类史上颇为壮观的“法人运动”。股份公司的出现使社会资本聚集日益方便，极大地推动了人类物质生活的发展，但也带来了社会生活的巨大矛盾。当抽象的法律主体使个人脱离团体或团体蜕变为个人时，原本匍匐于家族内部的强弱关系，也以赤裸裸的形式暴露于利益至上的契约社会。当人们失去家庭、家族团体的庇护时，原有的自然人直接面对高度竞争的市场环境时，在表面平等的面具下，实质上是失去家族护佑的弱势群体。劳动异化产生的弱势主体发展为病态社会时，本身说明需要重建以伦理义务为特征的新型的身份制度。在微观层次上，弱者与强者只是伦理秩序的反映，而非法律秩序的结论。人们开始意识到，平等、抽象只是人在法律舞台上所扮演的众多角色之一。古代自然法上混合着身份、能力、品格、资格等多种因素的伦理人格，重塑了当代的伦理视角。

可见，随着法律主体从伦理人格中独立出来，更突出了个人享有权利、承担义务主体资格的特征，在法律视域中，权利主体是平等的。在伦理视域中，强势主体与弱势主体的出现，私权利在运行中已经转化为私权力，权力主体之间并不平等，权力与责任相对应，经济权力与社会责任相对应，社会利益体现为社会责任。随着具有个体主义色彩的平等人格从传统整体主义的伦理人格中抽象出来，现实中的伦理人格本身也会发生一定的演变。平等法律主体与从属伦理人格的并存是微观层次的社会现实。从这一层次上看，弱者理论首先反映的是一种伦理现实而非法律规则。

第二节　合同关系的权利主体

权利能力一般被界定为“能够作为权利和义务的承担者的能力”，具有这一能力的人也被称为权利主体，主要发挥着抽象的主体资格赋予功能。形式法上，权利能力是主体地位的表征，劳动能力制度在微观层次更强调权利主体的特点。

一、劳动关系的主体理论

我国有学者认为权利能力与法律主体并非完全等同，因法律主体是权利义务的主体，权利能力是指能够作为权利义务主体资格的可能性(李洪雷，2000：76)。权利能力是随着市民社会发展而形成的一个概念，市场经济的发展使这一概念，由合到分，劳动法的契约主体却坚持合理论，从而与民事主体理论相区别。

（一）权利能力的“合”理论

“权利能力”这一概念是由奥地利民法典首先创造的概念，①权利能力制度是19世纪康德哲学和法学技术完美结合的产物，有人概括了权利能力的四项功能：(1)享有和行使各种政治权利的能力；(2)进入法律承认并保护的权利能力；(3)取得并享有财产权的能力；(4)请求人格、自由、生命和身体的法律保护的权利。（星野英一，载梁慧星，1997a：165）从建立社会法的秩序来看，这四项功能缺一不可，对于微观层次，最重要的应当是第三项，权利主体是作为契约权利主体来出现的。现在民法上的“权利能力”一词的适用源于《德国民法典》，用以判定享有民事权利和承担民事义务的主体能力。权利能力本是一种含“理性”要素的“合”理论，传统理论将自我负责的理性作为权利能力的内在含义。德国学者哈腾鲍尔的观点，可以说是综合了这两个方面的认识：“‘人’的概念是我们从罗马法继承来的，而‘人格’这一概念却是18世纪末创造出来的。”（哈腾鲍尔，2001：398）以18世纪为界限，人与人格的演变区别为两个阶段，权利能力的“合”理论产生于后一个阶段。

早在罗马法中就有了关于权利能力的表达，capacite de jouissance des droits，中文译为“权利能力”，“jouissance”是享有和使用的意思，“capacite”以及词根既有能力又有资格的意思（朱振、都本有，2005：56）。始于罗马法的人格理论，其最重要的特点就在于人与人格的分离。在罗马法上，生物学意义上的人称为“homo”，具有主体资格的人称为“caput”（“caput”原指“头颅”或书籍的一章），只有当“homo”具有“caput”时，才是法律意义上的“人”（persona）（朱慈蕴，1998：2）。在罗马法中，要成为完全的权利义务主体，须具有三种资格：自由权、市民权、家族权。罗马法人格概念的诞生制造了生物人和法律人的分裂，公开地以不平等为基础型构人法。伯尔曼对于罗马法的看法是：“罗马法是由一种复杂的法律规则网络组成；但是它们并不表现为一种知识的体系，而宁可说是由解决具体法律问题的实际方案组成的一份精致的拼嵌。因此我们可以说，尽管罗马法中存在着概念，却不存在有关某个概念的概念。”（伯尔曼，2008：145）

用理性代替身份是历史进步，主体上却仍是“合”的理论。蒂堡将权利能力的概念引入德国法学，1803年在其代表性著作《潘德克吞法体系》一书中，副标题使用了“权利能力”一词，原初的权利能力概念内在地包含理性要素。②蒂堡认为，权利能力的享有者必须是“人格体”（Person-Sein）。类似于蒂堡，毛伦布雷歇尔（Maurenbrecher）在其1840年的《德国私法教科书》中同样将意志和理性作为权利能力的必要条件。③关于权利能力拥有者需为“人格体存在”，“理性”和“意志”的要求体现了康

---

① 《奥地利民法典》第16条规定：“任何人生来就因理性而获有明确的天赋的权利，故得作为自发的人格而被看待。”第18条规定：“任何人都具有在法定条件下取得权利的能力。”

② Fritz Fabricius, Relativität der Rechtsfähigkeit, C.H. Beck Verlag, 1963, p.37.

③ Romeo Maurenbrecher, Lehrbuch des gesamten heutigen gemeinen deutschen Privatrechts, I Band, 2. Auflage, 1840, p.125.

德哲学的思想，是康德哲学对德国民法的深刻影响与根基地位的具体表现（拉伦茨，2003a：46）。长期以来占主流地位的是以个人主义来解释这种意志。人的独立性发展到一定阶段才产生了人格的概念。当人格从内容上强调独立性，使其与伦理性相分离；从形式上强调拟制性，使其与自然人相分离，两者以某种抽象方式结合时，法律主体作为一个抽象主体的概念便能承载权利的内容，更好地体现出法律的权利文化特点。

（二）行为能力的“分”理论

传统权利理论认为，权利是连接“人”与“物”之间的桥梁，当一个人想要正当地获得利益的时候，就必须在法律上享有权利。德国民法典确立的权利能力正是为了体现权利思想，权利能力和行为能力的出现给人格概念赋予新的含义。权利能力与行为能力的区分，经学者普赫塔与邓伯格的努力，至萨维尼时始得明确，前者系一种持有权利的可能，后者则作为人自由行为的前提，被理解为取得权利的可能性（张俊浩，1991：77）。自然人中有无意识能力或意识能力欠缺的人。为保护这些人的利益，使他们在交易中不因意识能力的欠缺而受到损害，就需要从法律上对他们作出无民事行为能力或限制民事行为能力的规定，以排除或者限制意思自治原则对他们的适用。从“分”理论出发，努力推动生物人与法律人的合一，并以抽象的法律主体来构建平等的法律关系，权利能力、行为能力要素的“分”理论体现了这一要求。

从“分”理论出发，民事行为能力制度采纳理性行为形式化、类型化的一般判断标准。民法中关于行为能力的规定，主要是要求主体能够认识自己行为的法律后果。达到这个要求只需要符合两个条件，即法定年龄和智力正常，这两个条件集中反映人的意志能力的成熟（蒋济，1983：50）。民事行为能力本质上是一种形成意思能力的理性规范方法。在民事交易中，在权利能力的基础上确定一个人是否具有民事行为能力来兼顾交易安全。权利能力、行为能力要素的“分”理论也与代理理论的发展有关。民事代理是指平等民事主体之间发生的一种民事法律关系，民事主体可以通过代理人实施民事法律行为。代理人以被代理人的名义，在代理权限内与第三人实施民事行为，其法律后果直接由被代理人承受。有权利能力而无行为能力的主体，可以通过代理来行使权利。因此，民事行为能力问题本质上是民法意思自治原则的适用问题，对有意识能力的人就适用意识自治原则，对无意识能力或意识能力欠缺的人就不适用或限制适用意思自治原则。权利能力真正实现了从“权利义务归属点”这一视角来认识法律人格这一概念。

（三）劳动能力的“合”理论

劳动能力制度也具有权利能力的一般特点，获得资格确认的个体，就能占有、支配和处分劳动能力；没有获得确认的人，即使是一个自然生物意义上的事实劳动者，也不是一个社会法意义上劳动者，他对劳动能力的支配可能将被宣布为非法，甚至受到排斥和制裁（曹刚，2007：58）。权利能力由“合”到“分”的理论发展，一定程度上使能力成为资格，并都是以理性为理论基础。劳动法律关系的发展，要求重新讨论能力的性质。

“能力”是能胜任某项任务的条件，不仅包括人的心理和生理要素，人所处的社会关系甚至财产状况都可能对其产生一定程度的影响。“能力”在《辞海》的定义是“成功地完成某种活动所必须的个性心理特征”（夏征农、陈至立，2009：1366），这其实是说自然能力。“罗马法原始文献中已有了比较丰富的表示能力的词汇。对它们进行分析，可得出对能力为何之问题的认识。什么是能力，积极地讲，是可以做一定的事情。消极地讲，是做一定的事情无法律上的障碍，这个定义与霍布斯的自由的定义暗合：‘自由指的是没有障碍’。”（徐国栋，2009：128）当我们将权利定义为正当加自由时，法律能力是某种原权利，支撑着人格的概念，只有取得某种法律上的能力才能进行一定的行为。法律能力具有“自由”的含义，使之与自然能力有了区别。一方面，生物人虽然具有自然能力未必有法律能力，另一方面，只有具备法律能力才能使生物人成为法律人。劳动能力的“合”理论强调了自然能力与法律能力的一致性。在笔者看来，劳动能力制度其实是行为能力制度深入权利能力制度而形成的一种具有社会法特征的制度。劳动能力要素的“合”理论具有重大意义，至少有三层含义。

其一，劳动能力是从行为能力发展起来的一种能力，强调生理因素。基尔克在社会法研究方法中使用了“社会整体是一个灵魂与肉体的自然之物。因为其作用中存在着肉体性和精神性的现象”（基尔克，2013：50）。劳动能力制度可以说是在自然人的理解上，真正回归了“灵魂与肉体的统一体”的研究。马克思说：“我们把劳动力或劳动能力理解为人的身体即活的人体中存在的，每当人生产某种使用价值时运用的体力和智力总和。”①劳动能力作为一种自然能力是指人类进行劳动工作的能力，行为能力是对自然人能力属性在法律上的塑造，在此过程中必然存在对相关能力因子的取舍，仅用民法的两条标准是不够的，需要综合运用多项标准来确定潜在的劳动能力。劳动能力范畴的设立，意味着社会法抛开现代民法行为能力制度的唯智主义基础，建立一种“灵”“肉”兼顾的行为能力制度。劳动能力有多种属性，它首先是一种体力行为能力，在简单劳动的情况下尤其如此禁止童工首先考虑的就是劳动能力的这种性质。其次才是一种智力行为能力，在涉及复杂劳动的情况下尤其如此，后一种能力亦称“技术能力”或“职业（professional）能力”（徐国栋，2006：70）。

其二，劳动能力具有权利能力的特点，这种权利能力加入了社会因素。在权利能力、行为能力“分”理论近乎“公理”式的标准，只考虑自然人的生理特性而不必强调社会因素；而劳动能力是参加劳动关系的资格，不是仅仅从事劳动的能力（例如家务劳动）。立法上将年龄、智力和精神状态三种要素放在同一个平面进行比较的做法，存在价值取向单一的缺陷。依据这些标准来确定行为能力，是和民法所调整的财产流转关系相适应的，只要法律赋予民事主体进行与他的年龄和智力相适应的民事活动的权利，也就可以保证财产流转的正常秩序。这种标准一旦引入劳动领域，就会出现

① 《马克思恩格斯全集》第23卷，人民出版社1975年版，第190页。

逻辑混乱。劳动能力取得年龄常常要低于民事行为能力的取得年龄，因为简单劳动的智力要求低于进行全方位的民事活动尤其是财产活动的智力要求，这常常是一种社会习俗的考虑。外国人身份也影响一个人在特定法域的劳动能力(这个时候的劳动能力尤其表现为一种劳动权)，非经特别许可，外国人不得在内国打工是国际通例，内国以此保护自己的劳动力市场(徐国栋，2015：239—240)，也属于这种情形。

其三，劳动行为能力与劳动权利能力不能分离，强调亲自履行。劳动能力具有人法的传统，是自然人独有的自然能力，不能通过代理来行使权利，行为能力演变为一种特殊类型的权利能力。正像其他权利能力取决于一定的身份，劳动能力也是如此，这种身份具有不可转让的人身性。有学者认为，“劳动能力制度的提出很有意义，它开创了一种制度既是权利能力又是行为能力的先例”①。当劳动能力不能以代理方式来行使时，权利能力、行为能力“合”理论使劳动法调整劳动关系时，不仅涉及劳动力市场的交易行为，更要深入劳动过程中劳动力的使用情况，除了要反映人的意识能力的成熟外，还要赋予公民参加职业劳动的劳动者资格，也就是运用自身的劳动能力获取合法收入的资格。任何人要想获得经济上的成功，就得服从市场行为法则。法律的目的首先在于指出劳动能力是进行合法劳动的能力；其次是指出这种能力既涉及享受权利，也涉及承受义务。

劳动能力可以说是一个可以与权利能力(Rechtsfähigkeit)和行为能力(Geschäftsfähigkeit)相并列的概念。从权利能力到权利能力、行为能力两者并列，再到劳动能力、权利能力、行为能力三者并列，可以看到某种从合到分、从分到合的主体认定的情形。这是一个历史演变过程，是思维逻辑顺应历史逻辑产生出来的概念。对于劳动关系的主体制度的研究，主要关注劳动能力制度，只有先理解自然人到法律人的抽象过程，才能理解作为社会法的微观层次平等主体的劳动能力制度。

二、西方自然人到法律人

契约主体体现为原权利，身份到契约的内容演变带来自然人到法律人历史进化。个人以生命体形式存在，不但生理、心理特征存在差别，而且利益需求也各不相同，抽象人格的形成是通过抽象掉传统伦理关系中自然属性与社会属性来实现的，这是法律主体拟制性特点的体现。

(一) 西方自然人到伦理人的演变

人格概念的提出时间上，我国学界存有分歧，学者的共识是：18世纪末期，人格作为一个较为完整的理论范畴出现于德国，康德把人格引入了哲学的领域，并把人格理论建立在自然人理性与道德的基础之上。当时人格不是一个法律概念而是一个伦

① Crf. La Voce di Capacità di Lavoro di Giuseppe Suppiej, In Enciclopedia del Diritto, XI, Giuffrè, Milano, 1962, p.2、48(转自徐国栋，2015：239)。

理学概念，自然人到伦理人是一个理论抽象过程。

从自然人到伦理人是抽象掉某些自然属性。从自然人中抽象掉作为物理存在体的某些人身性，可以说是让精神脱离物质，从而强化意志因素，得到伦理存在体，这也是自然人走向法律人的第一步。从自然人到伦理人是强调类本质，对不同个体之间共同性的抽象的过程。类生活是人作为人应该过的生活，就人来说，他不像动物那样是片面的存在物，而是普遍的、无限的存在物，是类存在物。意志被认为是人类区别于动物的最重要的特征，人的类生活的生产劳动生活应该是自由的自觉的活动。通过对人类特性的弘扬，赋予了人以理性、自由的品格（王森波，2010：142—143）。在这一次抽象中，以道德为核心的伦理秩序在一定程度上得到强化。

盛行于欧洲各国的近代自然法理论被称为古典自然法，以格劳秀斯、霍布斯、斯宾诺莎、普芬道夫等人为主的思想家对传统的以亚里士多德主义、经院主义为哲学基础的自然法思想展开攻击与清算。霍布斯理论的出发点就是这种“自然人”的观念（霍布斯，1985：1—2），在德国古典自然法中，伦理人概念以较为正式的方式提出来。德国自然法学的先驱阿尔图修斯（Althusius）在其代表作《罗马法原理两卷本》（1623年第5版）把人定义为相互之间的权利的拥有者，①其所谓的拥有者，实际上就是主体。普芬道夫的著作中充满着自然法思想，尤其是契约论思想更是影响深远，提出了“伦理存在体”的概念。以后沃尔夫对主体理论进行了更清晰的表述。

普芬道夫对于伦理人进行了较为系统的论述。他认为：“我们的任务是考察某种属性是如何被赋予事物及其自然运动的——主要被用于指导意思行为，从这些属性产生了人的行为规范，以及装饰着人类生活的卓越的适当性与秩序，我们把这种属性称为伦理存在体（entiamoralia），人的行为将据此得以评判与节制，如此，他们获得了与动物的粗鲁属性截然不同的特性。我们可以把伦理存在体定义为某种样式（modi），它被加之于物理存在体或其运动之中，用于引导、节制人的意思行为之自由，以此确保文明生活中的秩序。任何被赋予理解力的存在物都能通过反思与比较形成概念，伦理存在体就是这样的存在物。”②普芬道夫把人理解为两个存在：人的肉体属于物理存在体，与其他生命体并没有本质区别，在这个物理存在体之上，还有一个伦理存在体，它由理智与思维构成，人的行为即受其决定。普芬道夫不但对人作了二元化的诠释，从中提炼出一个与生物性存在不同的伦理性存在，而且对人生活于其中的世界也作了二元化的诠释，将其区分为有形的物理世界与无形的伦理世界。作为一个整体的伦理世界是由每个人身处其中的伦理状态共同组成的伦理共同体，实际上就是具备伦理性的社会（杨代雄，2008：77）。

19世纪伟大的哲学家康德对于伦理人格进行了深刻的论述，他也强调人的类本质，将某些自然人的某些人身属性抽象出去。在《法的形而上学原理》中，康德认为，

---

① Hans Hattenhauer, Grundbegriffe des Bürgerlichen Rechts: Historisch-dogmatische Einführung, 2. Aufl., Verlag C.H. Beck, München, 2000, p.7（转自杨代雄，2008：78）。

② Samuel Pufendorf, De jure naturae et gentium libri octo, the photographic reproduction of the edition of 1688, Oxford: Clarendon Pres, 1934, pp.2—3.

人作为自由意志行为的主体，按照纯粹理性的绝对命令去做是一种责任。具有理性的人就是能够承担责任的人，而那些不能承担责任的东西，只能是意志活动的对象，它本身没有自由，因而，只能被称为物。“所谓人格不是其他的东西……它指的是在整个自然世界那种机械式的规则之中保持的自由和独立，同时也包括他对自己的财产比如所有权依据自己的理性所归纳出来的实用法律的观察力；对这样的法律，人们在自己的人格从属于的那个物质世界的时候是必须服从的，当然人也有自己的精神世界……”(哈腾鲍尔，2001：398)在精神世界，人格只是识别道德要求并根据道德要求行为的能力，能够为自己建立道德法则。这样的观点也为法律人格的理论奠定了伦理基础。康德因此成为理性自然法的代表人物，也为法律主体成型奠定了一个最为重要的基础：理性。在自己的道德哲学中，他严格区别了“自然”与“自由”、“知性”与“理性”。康德认为，道德法则之所以区别于自然法则，不仅在于它的效力范围是一个自由的领域，更为重要的是它本身是自由的，是完全以理性自身的纯粹形式作为自己的意志前提(李海星，2009：19)。

(二) 西方伦理人到法律人的演变

从伦理人到法律人是一个持续抽象过程。从自然人到伦理人只是一个中间环节，从伦理人到法律人是要进一步抽象掉某些社会属性，一些伦理因素成为抽象的目标。通过众多学者的理性思考，18世纪后人格概念更是经历了多次演变，这种抽象过程才得以完成。古典自然法思想使人彻底从神的阴影中摆脱出来，阿尔图修斯开始试图摆脱神学和伦理学的束缚，认为法学是一种实际应用的学问，而不是政治理论的源泉(程华，2008：104)。这种理论已经有了法律人的萌芽，众多学者的介入开始了一种学理上的进一步抽象。法律实证主义者进而要求“法律人格从伦理的人格中解放出来”，私法性的法律主体开始呈现出极其抽象的形式。为了让生物人最大限度地成为法律人，去身份化、去能力化、去伦理化甚至去理性化，成为法律主体研究中的基本进路。

去身份化。“是故所谓身份者，原为组织法上之观念但中世法制，则恒就身份赋予私法上之效果。”(李宜琛，2003：21)17世纪的法国法学家让·多马(Jean Domat)完成了对这两类身份的区分。在其于1694年出版的《在其自然顺序中的民法》一书中，他对身份的概念进行了清理，把“资格”(qualità)当作身份的同义词。他认为，身份有自然资格与民事资格(英译者将民事资格译作“非自然资格或武断的资格”)之分。前者如性别、年龄、家父或家子的地位、婚生子女和非婚生子女的地位等；后者如拥有自由权的状态、受奴役的状态、诸种社会的和职业的身份等级、臣民的地位、外国人的地位等。自然资格与私法有关；人为的或武断的资格与公法有关，应该从私法中排除，由此完成了身份概念的私法化，并且把在罗马法中实际存在，但未被归入身份范畴的男女、胎儿、未成年人等原家庭法外的身份吸纳到了私法性的身份中，①其实

① Cfr. Adriano Cavanna, Storia del Diritto Moderno in Europa, Giuffre, Milano, 1982, p.363(转自徐国栋，2004b：73)。

已经抽象掉了身份社会等级性的特点。

去能力化。普芬道夫是通过把人与其他存在物相比较来洞悉其本质的。普芬道夫对法学的贡献主要表现在他对自然法的捍卫，作为古典自然法学派在德国的主要代表，其著作中处处充满着自然法思想，尤其是契约论思想更是影响深远（程华，2008：99）。在他看来，人与其他存在物自然属性上的根本区别在于人具有理智，其他存在物则没有（杨代雄，2008：77）。当伦理人格与抽象的人性相联系时，普芬道夫所强调的伦理人格也开始具有较为平等的特点。普芬道夫将伦理人格与抽象的人性相联系，等于否定了通过能力来论证身份的传统做法。血缘关系体现为习惯人格，普芬道夫、沃尔夫的主体理论抽象掉了这种作为身份等级来描绘的最为古老的习惯人格形态。

去道德化。古典自然法尽管不再强调身份对人格的影响，但还是强调了品格所代表的行为准则对于形成人格的重要意义。沃尔夫把人界定为权利义务的主体，其伦理状态是由权利义务决定的，[①]这一理论被认为奠定了当代法律主体理论基础。然而，沃尔夫作为自然法学者，仍强调伦理人具有行善避恶的本性，因此，那些自身为善或自身为恶（in sich guten oder bösen）的行为本身就是自在自为地值得做或值得拒斥的。他在论证过程中发展了伦理人概念，明确把伦理人视为权利义务的主体。伦理人的自由行为若有助于人的完善，就是善的，若导致人趋于不完善，就是恶的。伦理人按其本性，应当为善行，不为恶行（杨代雄，2008：78）。然而，蒂堡建立的法律主体理论不再具有自然法的特性，对普芬道夫、沃尔夫的理论进行了进一步改造。在蒂堡的主体理论中，没有沃尔夫主张的道德含义。蒂堡在建立法律人格的逻辑进路上抽象掉了道德人格。

去理性化。理性自然法的代表人物被认为是康德。蒂堡最初提出的关于法律主体能力的权利能力概念，吸收了康德哲学关于人格和主体的认知，将理性和意志作为享有权利能力的必要前提。法律人格主要与主观权利相联系，按照德国哲学家康德的理解，就是“让他人来尽义务的一种（道德的）能力”[②]。主观权利是“每个人都可以针对所有其他的人来主张的一种正当要求”[③]，他认为，关于权利能力概念必须以理性和意志为条件。蒂堡认为，活着的具有生存能力的人，只有当其具备运用理性的能力时，才能被作为权利和义务的主体。那些理性未充分发展的未成年人或者因为疾病而欠缺理性的人不能享有权利也不能承担义务，无法作为法律主体。[④]蒂堡认为，权利能力区分为自然的权利能力和市民（法律）的权利能力，法律上的权利能力概念建立在自然的权利能力之上，并以其为基础。[⑤]可见，蒂堡所提出的原初的权利能力概念内在地包含着理性和意志的能力因素。（刘召成，2013：147）与普芬道夫、沃尔夫

---

① Christian Wolff, Grundsätze des Natur-und Völckerrechts, Hildesheim, Georg Olms Verlag, 1980, p.59.

②③ Vgl. Christoph Menke/Arnd Pollmann: Philosophie der Menschenrechte zur Einführung, Hamburg 2007, p.96.

④ Vgl. Thibaut, System des Pandekten-Rechts, erster Band, Johann Michael, Mauke, Jena 1803, p.212.

⑤ Ibid., p.208.

的理论相比，蒂堡虽然不再保留伦理人格中的道德因素，但对古典自然法中所强调的理性能力还是有所保留的。他的最初理论中，要成为行使权利承担义务的主体，须具备一定的意志能力。

然而，蒂堡在其第八版《潘德克吞法体系》中改变了以往的主张，将理性和意志的要求从权利能力的概念中排除，将每一个具有人类躯体的已活着出生的人都作为权利能力的拥有者。[①]这样的修改对于主体的能力要求已经大大下降。尽管如此，蒂堡的表达是有些犹豫的，萨维尼是进行了更为清晰而坚定的阐述，并使之成为一种系统的理论。"萨维尼的权利能力构造及其体系效应与蒂堡的权利能力截然不同。蒂堡关于权利能力的内涵比较丰富，不仅包含了拥有权利和义务的能力，而且包含了行使权利和义务的能力，还包含了通过自己的行为为自己获得权利和义务的能力，是一种全面的作为法律主体的能力。而萨维尼的权利能力概念则仅包含拥有权利和义务的能力，剔除了通过自己的行为为自己获得权利和义务的能力"，这样的权利能力"只能消极地承受权利和义务而不能积极地通过行为去实现自己的自由和人格"（刘召成，2013：148—149）。

（三）西方具体人到抽象人的演变

随着个人人格被抽象出来，自然人普遍取得平等法律人的地位，个人与国家成为两个最基本的法律主体，抽象法律人格也因此有了长足的发展。

从思维逻辑上来观察，西方从自然人到伦理人，再从伦理人到法律人，可以说是从具体人到抽象人的塑造过程。通过去身份化、去伦理化、去能力化，甚至于去理性化，伦理人格被抽去了身份、能力、品格等因素时，作为一种法律主体其实只剩下一种抽象的独立资格，这种资格与让·多马所说的资格已经大不相同。如果说伦理人格只是学者对现存的社会事实的某种确认，法律主体可以说是诸多学者以接力的方式从逻辑上论证出来的。抽象出的形象正如克尼佩尔所说："一个自治的个人，一个孤立的，褪掉个人历史特性和历史条件的个人，一个绝对的法定的我的图像。"（克尼佩尔，2003：75）以身份社会确定人格的传统因素而言，当品格分解进入道德人格后，法律主体主要体现为某种抽象的资格。从平等人格的产生过程可以看到，随着契约社会的发展，法律资格已经不再与身份、能力、品格相联系，通过内涵减少、外延放大，扫清了生物人转化为法律人的一切障碍，理性的现实人和法律人已经很少存在区别。正如庞德指出的那样，"在我们所了解的人类最早时期，人们就已经处在各种社会关系、团体和社群中了。法学家们只不过从抽象的'人'那里推导出他们早已预设好的结论罢了。抽象的人并非是一个确定的实体"（庞德，2007a：20）。

从历史逻辑上来观察，基尔克对当时抽象人格产生后的情形做出了描绘："因为罗马法，私法与公法的彻底分立最终实现，私法成为自由的个人人格的势力范围，公法成为抽象的国家的生活制度。"（基尔克，2017：28）私法的调整对象主要是平等主体

---

① Vgl. Thibaut, System des Pandekten-Rechts, erster Band, Johann Michael, Mauke, Jena 1803, p.119.

之间的财产关系。近代私法发端于财产法，财产关系是近代私法的中心，雇佣关系作为劳动力租赁关系也完全是当作财产关系来认识的。作为人身关系重要内容的人格权在《法国民法典》中只字未提，绝非偶然。“这是因为当时正处于自由资本主义时期，资产阶级所关心的是有关商品经济发展的自由竞争和契约自由，宪法确认的人格权核心是私有财产神圣不可侵犯……”(王利明，1994：40)这是由于刚刚从封建桎梏下解放出来的资产阶级迫切要发展自由的经济，前提必须是财产明确地归私人所有。这时资产阶级人权口号的核心是财产权利，他们必须用法律形式固定下来，而正如埃德蒙·柏克(Edmund Burke，1729—1797)所说，国家“只是为保护财产而顺便存在的”。这一点从《法国民法典》的“人”“财产及对于所有权的各种限制”“取得财产的各种方法”的三编结构来看，是不言自明的。近代民法的三大基本原则也与人身权利无缘。

从现实逻辑上来观察，法律主体从伦理人格的整体中分离出来并通过实证法确立起来，当伦理人格不再承担维护社会秩序的主要功能时，自然法意义上的人格也被实证法意义上权利能力型的人格取代。随着法律主体理论的发展，身份差别转化为平等人格，法律主体也因此有了长足的发展，与伦理人格的区别日益明显。我国学者认为，法律人的预设，既有抽象的理论建构成分也有经验分析的成分，因此可以用“拟制人”“一般人”“正常人”“复合人”四个概念来加以概括。拟制人是指法律人的成立源于法律的抽象建构；一般人是指法律上拟制的人是以生活中的普通人为依据，而不刻意区分人在身体、性别、素质、能力上的差异；正常人是指必须具有在他那个年龄段中通常人所具有的理智；复合人是指人并不是有着单一的价值取向，人是一个综合体，他们有着多重不同的人性面向，也有多种不同的行为方式(胡玉鸿，2006：41—44)。严格说来，一般人、正常人、复合人都是建立在所谓“拟制人”的基础上的，只是拟制时所要达到的具体标准。

三、我国自然人到法律人

对于人权如何进行划分存在着争议，也有人不同意三代人权的划分。他们认为，人权运动自始至今大约经历了限制王权、确立人权、人权的国际化和多元化三个阶段。按这种划分，社会保障权出现在人权运动的第三个阶段——人权的国际化和多元化，因为在18、19世纪，人权运动仅局限于欧美主要资本主义国家，1948年的联合国《世界人权宣言》把各种不同的人权运动汇合成了一股国际潮流(俞可平，2000：99)，致使这一运动以极不相同的形式扩展到了全世界。我国在社会主义运动中强调的主要是政治人、伦理人，在20世纪末的改革开放中，随着经济一体化的加速和全球范围政治经济文化的交流的迅速增加，自然人到法律人的演变过程加快了。

从伦理人到法律人的演变，我国社会领域的个人权利的确立与劳动力所有权讨论密切相关。早在1958年艾思奇就提出了“虽然没有生产资料的私有，但是个人的劳动力在实际上仍被承认为私有”的观点(艾思奇,1958:6),由此在我国经济学界拉开了“劳动力所有权”讨论的序幕,围绕着一系列问题展开了激烈的争论:“存不存在劳动力所有制经济范畴?”“劳动力所有制性质是由什么决定的?”“社会主义社会劳动力是什么性质?”“社会主义劳动力个人所有是否导致劳动力成为商品?”“社会主义劳动力所有制与按劳分配是什么关系?”“社会主义劳动力所有制与社会主义经济体制改革是什么关系?”这场讨论历经40年,至今尚未有定论。但是,自十四届三中全会通过的《中共中央关于建立社会主义市场经济体制若干问题的决定》正式提出“劳动力市场”后,否定“劳动力私有”观点的人已比较少见。劳动力所有权的个人化是生成我国消极权利的前提。

对于这场对我国经济体制改革产生过重大影响的讨论,我国法学界的同仁大部分未予参与。少数参与讨论的劳动法学研究者则是对“劳动力个人所有”持反对意见。参加这场讨论的劳动法学者认为,劳动力是劳动者的生命运动,不能作为所有制的对象。“就所有制而言,是指人们对物质资料的占有形式,通常是指对生产资料的占有。那么,劳动力是什么呢? 是物质的,还是精神的? 是社会占有的对象,还是人格的化身?”“不能把它归生产资料的范畴,也不能把它划归生活资料的范围。既不是劳动工具,也不是劳动对象。……不能把它作为所有制的对象。”(苏万觉,1997)显然是在用民法观点对这场讨论进行教条主义的评判,从而强调“劳动力所有权”问题与传统的民法财产观点相悖。意志自由是主体实现其自身所拥有权利的基础,“劳动力个人所有”是从财产与个人的角度对于自由的阐释与呼唤。

四、个别劳动能力的抽象标准

如果说权利能力是随着市民社会的发展形成的抽象概念,由合到分,劳动能力的概念是在由分到合逆运动中回归自然人的概念。这种回归并非要否定市场逻辑,而是在承认社会进步的基础上,进行某种改良。尽管劳动法的契约主体坚持合的理论,劳动能力理论整体上与民事主体理论相区别,但在微观层次两者也有共性,都保持着相当的抽象性。

劳动力就是劳动能力,从马克思在《资本论》中对“劳动力”的定义[①]出发,我们知道劳动力是蕴藏在活的人体中包括体力和智力两个方面的能力。劳动能力从主体上可以分为个别劳动能力与社会劳动能力,从内容上可以分为自然劳动能力与社会劳动能力。如同生物人与法律人的区别,劳动能力这一概念本身可以分为自然能力与法律能力。作为一种法律能力,劳动法律关系是因劳动者有偿让渡劳动力使用权而产生的法律关系。如果民事法律关系中个别能力体现为原权利,那么可以说劳动能力作为一种法律能力,也具有某种原始权利与原始利益的性质。它还是一种特殊的

① “我们把劳动力或劳动能力,理解为一个人的身体即活的人体中存在的、每当他生产某种使用价值时就运用的体力和智力的总和。”(马克思,2004:195)

权利能力，因为它是合法进行劳动的能力。[①]我国目前为自然人成为劳动者、成为劳动法律关系的主体规定了三类标准(董保华，1999a，211—214)。

年龄标准是以法定年龄作为确定是否具备劳动能力的依据，可分为就业年龄和退休年龄。就业年龄是劳动者建立劳动法律关系的起始年龄；退休年龄是劳动者结束劳动法律关系的终止年龄。随着新的社会保险体制的建立，退休年龄将成为劳动关系的终止年龄和养老关系的起始年龄。从保护劳动者这一立场来看，退休年龄更应作为社会保障制度的内容。我国一般规定年满 16 周岁为法定就业年龄。我国禁止使用童工的规定，实际上只是从另一个角度对劳动者的年龄标准进行规定。童工是指未满 16 周岁，与单位或个人发生劳动关系从事有经济收入劳动或者从事个体劳动的未成年人。童工的基本特征有两点：一是未满 16 周岁的少年或儿童；二是从事有经济收入的劳动，既包括违法形成事实劳动关系的有酬劳动，也包括从事个体经营的劳动(李景森，1996：66)。国务院在 1991 年 4 月 15 日发布了《禁止使用童工规定》，《中华人民共和国劳动法》第 15 条也明确规定："禁止用人单位招用未满十六周岁的未成年人。"由于劳动能力形成的特殊性，某些职业对劳动者有特殊要求，各国劳动法往往也规定一些例外情况。我国也对文艺、体育和特种工艺单位招用未满 16 周岁的未成年人作了例外的规定。文艺、体育和特种工艺单位，确需招用未满 16 周岁的文艺工作者、运动员和艺徒时，须报劳动行政部门批准。

身份标准。某些具有特殊身份的劳动者虽然有劳动能力，也符合就业年龄，但由于其身份所具有的特殊性，使其不能成为劳动合同主体，主要包括四类。(1)已经签订有劳动合同的劳动者，在标准劳动关系中一个劳动者只能同时与一个用人单位形成一份劳动关系，对已经与用人单位签订劳动合同的劳动者，其他用人单位在使用其时，便不能再与其签订劳动合同，如劳动力派遣人员、停薪留职人员等，他们已经与一个单位签订了劳动合同，便不能与实际使用单位签订劳动合同。(2)对于一些特殊身份的劳动者如在校学生也不能成为劳动合同主体，劳动部[②]明确规定在校学生勤工俭学行为不作为就业处理，在校学生与单位不建立劳动关系。(3)劳动法所确定的智力标准和民法是不同的，民法的智力标准只是精神健全与否，而劳动法的智力标准还包括文化条件。1986 年 4 月 12 日六届全国人大四次会议通过并公布了《中华人民共和国义务教育法》，规定我国实行九年制义务教育，即"在普及初等教育的基础上普及初级中等教育""禁止任何组织或个人招用应该接受义务教育的适龄儿童、少年就业"。(4)根据世界各国的惯例，外国人就业也受到一定的限制。部分劳动者必须经过审批才能成为劳动合同主体，如外籍人员在华就业必须经过劳动部门审批，未经审批的外籍人员在华就业的则作为非法就业处理，与单位之间不建立劳动

① Cfr. La Voce di Capacità di Lavoro di Giuseppe Suppiej, In Enciclopedia del Diritto, XI, Giuffrè, Milano, 1962, p.2、48(转自徐国栋，2015：239)。

② 《劳动部关于印发〈关于贯彻执行《中华人民共和国劳动法》若干问题的意见〉的通知》第 12 条："在校生利用业余时间勤工助学，不视为就业，未建立劳动关系，可以不签订劳动合同。"

关系①。

行为自由标准。前两个标准主要是从是否具备劳动能力来进行衡量，还必须从是否有权支配劳动能力的角度来进行衡量。公民在特定的区域内是否具有人身自由。在奴隶社会和封建社会，由于存在人身所有关系和人身依附关系，奴隶和农奴没有完全的人身自由，不可能成为劳动法律关系的主体。在当今社会，一般来说，公民的人身自由是不发生问题的，但也有例外。某些公民触犯刑律，国家的司法部门依法剥夺这些公民在一段时间内的人身自由。这些公民虽然具备劳动能力，但他们已经无权自由地支配这种劳动能力。国家在一定时期内取消了这些公民作为劳动法律关系主体的资格，已经确立的劳动法律关系随之解除或中止。

劳动能力作为一个自然概念，一旦法律化，也在实现自然能力与法律能力的相互转化与制约，实现形式与内容的统一。在微观层次，为适应市场经济的发展，劳动能力主要强调法律能力，具有抽象的特点，以实现形式平等的功能。

第三节 合同关系的受益主体

合同关系的受益主体，反映的主要是个别利益。利益是法学中的一个重要范畴，可以视为实质法概念利益有狭义与广义之分，其中狭义的利益仅指经济利益或物质利益，广义上则包括各种非经济利益或非物质利益在内(戴锐、龚廷泰，2002:75)。微观层次的个别关系、财产关系属性，使利益主体主要是个人利益、经济利益的主体，涉及经济人假说。

一、微观层次的受益主体

在微观层次上，权利主体与利益主体具有高度的一致性。如果说权利主体具有财产权利、个人权利的属性，背后的利益主体则具有经济利益、私人利益的属性。社会法所强调的社会利益可以说是以一种社会性的个人利益的形式存在，即利益的社会性与行使的个人性相结合。社会利益这时是以道德、伦理的社会形式存在，从法外对私人利益产生影响。当私权利被视为私权力时，在个别情况下，可以公序良俗、诚实信用的方式影响法官法，对司法判决产生影响。

---

① 《中华人民共和国外国人入境出境管理法实施细则》第44条："对未经中华人民共和国劳动部或者其授权的部门批准私自谋职的外国人，在终止其任职或者就业的同时，可以处1 000元以下的罚款；情节严重的，并处限期出境。对私自雇用外国人的单位和个人，在终止其雇用行为的同时，可以处5 000元以上、50 000元以下的罚款，并责令其承担遣送私自雇用的外国人的全部费用。"

(一) 微观层次的利益理性

在契约型社会，现代权利能力制度的要旨是生物人与法律人基本上合一，因此隐含着平等的观念，它是对隐含了不平等的人格概念的取代(徐国栋，2015：134)。夏勇将权利归纳为五大要素：利益、主张、资格、权能、自由。"对于一项权利的成立来讲，这五个要素是必不可少的。以其中任何一种要素为原点，以其他要素为内容，给权利下一个定义，都不为错。"(夏勇，1992：44)其他学者也有类似的观点。①权利主体这一概念基本上符合我国大部分学者在权利概念上所持的那种利益、主张、资格、能力、自由五个要素调和的观点，如果说"资格""能力"是一个主体概念，"主张""自由"是一个权利概念，权利能力作为"承受权利的主体"基本上符合"资格""能力"的主体概念以及"主张""自由"的权利概念，符合五个要素中的四个。利益涉及法律关系建立的目的，在主体概念中应当将权利(义务)主体与受益主体区别开来，前者是手段性的，后者是目的性的。当权利通过一定的自由与主张来行使，又只有利益—权利主体主张自己的利益或放弃自己的利益时，可以进一步说权利主体已经包含了利益主体的因素，也可表述为权利主体只是利益主体的法律表现形式，这一概念甚至集齐了利益、主张、资格、能力、自由五个要素。随着内涵的增加，外延也在缩小，对于社会法而言，这种"利益—权利"高度统一的情形，只可能出现在社会法的微观层次。

就法律理性而言，以调和说论证权利，浓缩了以个体利益为起点、经由事实和价值论证、以他人负担义务为终点的实践推理过程，凝聚了价值共识，提高了实践效率。从古罗马法学家到马克思主义法学家再到现代法学家，始终把利益问题作为他们研究法律、关注社会的出发点。庞德认为，法律的作用和任务在于承认、确保、实现和保障利益，或者说以最小限度的阻碍和浪费来尽可能满足相互冲突的利益(林怡，2008：37)。法律意义上的平等主体其实是以经济人假设为基础的一种法律人的假设，只是这种经济学假设在法学理论上的反映。利益论的权利概念反映了权利在社会实践中的这些普遍特征，能够合理地解释权利与个人价值、私人利益以及与相应义务关联(于柏华，2018：36)。经济利益与主体理性相结合产生出经济利益理性的概念，契约理性的重要意义就在于它对人们的利益实践起着重要的主导和推动作用，通过提供经济利益目标和经济利益行为方式，对人们的利益活动进行指导和规范。这种指导和规范是通过法律主体理性本身所具有的特点来实现的(戴锐、龚廷泰，2002：75)。

在社会法研究中，笔者认为，除了整个法治社会的价值外，微观层次也会在一定程度上反映"社会利益本位"的特点。微观层次的利益理性，不仅涉及法律理性，也涉及伦理理性的间接影响。在社会法的微观层次上，社会利益总体上以一种法治以外的道德理性的方式存在，在特定条件下，在司法实践中也可以通过法院判决来影响法律理性。当法院以公序良俗作为审判依据时，首先要强调在合同以外存在着一个完

① "权利是规定或隐含在法律规范中、实现于法律关系中的主体以相对自由的作为或不作为的方式获得利益的一种手段。""义务是设定或隐含在法律规范中、实现于法律关系中的主体以相对抑制的作为或不作为的方式保障权利主体获得利益的一种手段。"(张文显，1993：82)

整的社会秩序，并以这种社会秩序来改变双方当事人通过合同确立的法律秩序。社会秩序中的“利益”是一种社会利益而非个人利益，当这种社会利益与个人自由相冲突时，司法审判有时会支持基于社会利益的诉请。当然，这种伦理性的社会利益改变法内的个人自由的情形是局部的，并不影响私法自治的基本秩序，经济利益理性是理解劳动能力制度所具有的财产属性的关键。在社会法的微观层次上，只有私人利益凝结为权利要素，权利主体是与个人利益主体合体构成法律范畴；社会利益存在于道德层面。

(二) 个人利益的法律主体

启蒙时代英国思想家孟德维尔（Mandeville, 1670—1733）是继霍布斯和洛克之后又一位倡导人类利己心造成社会繁荣的学者。其长篇讽刺诗《蜜蜂的寓言》描绘了由于蜂巢中的每一只蜜蜂受利己心驱使，整个蜂巢得以繁荣。某一天，蜜蜂们猛然醒悟，决定去除自私的本性，然而蜂巢却因此衰落下去。孟德维尔用蜜蜂与蜂巢比喻个人和人类社会。在孟氏看来，“如果没有人的利己心和由此产生的各种行为，要想建立一个繁荣的社会，只能是一种乌托邦式的空想”（杨春学，1998：57）。以后的古典自由主义经济学家延续了孟德维尔的学说，提出了“经济人”的假说。

“经济人”假设最早源于亚当·斯密的《国民财富的性质和原因的研究》，之后英国经济学家约翰·穆勒在亚当·斯密和英国古典经济学家西尼尔的基础上进行了提炼。亚当·斯密从“经济人”的假设出发，认为人类的本性是利己的，每一个人在利己心的支配下尽力追求个人利益，每个人都是自己经济利益的最佳判断者。由于分工和交换的需要，每个人又不得不顾及其他“经济人”的利益。人们在自愿的交换中互相交易、互通有无，满足各自的需要。自愿的交换进一步导致分工的发展、劳动生产率的提高，最终促进了社会财富的增长，形成了个人利益与社会利益相一致的人类社会自然的秩序（傅殷才、颜鹏飞，1955：95—98）。斯密根据“经济人”的假说导出了一个积极的悖论：私人的罪恶产生公共利益。在“看不见的手”的作用下，以牟取个人私利或利润为目标的个人利益与为促进人类福利为目的的公共利益之间将达到自然均衡。

在《法国民法典》编纂者心目中，民法中“人”的理想形象是市民形象，这种市民形象也就是亚当·斯密意义上的“经济人”形象，或者星野英一所说的“强有力的智者”。《法国民法典》第1134条规定：“依法成立的契约，在当事人之间有相当于法律的效力。”第537条规定：“除法律规定的限制外，私人得自由处分属于其所有的财产。”这两条规定形成近代民法三大原则中的两项：契约自由、所有权自由。立法者将法律主体视为“平等”，将一切私事放任给当事人“自由”行为。“作为自己的立法者，法律主体是自由的。个人只要不违反有关公序良俗的法律，就可以通过契约建立自己的权利义务关系（《法国民法典》第六条）。这一公序良俗过去只是在极其狭窄的意义上予以考虑。”“不言而喻，这是与自由资本主义时代的自由放任主义的思想体制相适应的规定。”（星野英一，载梁慧星，1997a：166）

私法自治的出发点为个人利益，强调意思自主，即法律赋予最大可能的自由，以使当事人自行创造规定彼此权利义务关系的规范。劳动能力制度需要具有权利能力制度的特点，还须从个人利益的功能来论证。作为一个人能够取得权利和承担义务的前提与基础，从个人经济的行为动机与法律的权利能力之间的相互关系上来看，权利能力使行为动机得到法律承认，权利能力预设了自利的个体，其本质就是合理追求自身利益的资格。以权利能力的视角来观察，劳动能力制度常被称为一种特别的权利能力。虽然任何自然人都有能力参与财产性法律关系，但劳动法律关系，即便从财产关系的视角来观察，劳动能力的形成具有人身性。个人利益与契约关系的原则和价值相结合，才能使权利能力制度更加具体和完整。

(三) 社会利益的社会人格

社会法学派代表人物庞德将社会利益与个人利益、公共利益(相当于国家利益)相对应来理解，提出了著名的社会利益学说，把社会利益理解为“包含在文明社会生活中并基于这种生活的地位而提出的各种要求、需要或愿望”(庞德，1984:37)。社会利益就其产生根源而言是社会化大生产的出现，科技的进步带来了生产的社会化，社会责任也是这种社会化的一种形式。虽然社会法微观层次的劳动能力反映了法律主体的财产、个人属性，但作为社群的成员，个人在分享这些社会利益时，个人选择的自由在一定程度上受其所生存的社会共同体的制约。人们为利而往的权利行使，也在一定程度上反映着人与周围世界中对其发展有意义的各种事物和现象的积极关系，推动着社会历史的变革。

企业社会责任的内涵从产生之后发生了巨大的变化，这种变化的发生与对社会主体的“人”的本质的认识的变化有着直接的关系。企业作为法律上的拟制人，法律规制也受到这一理念的影响。从“经济人”假说到“社会人”假说，企业责任的内涵发生了迥然相反的变化。随着人们的认识逐渐从纯粹理论假设向社会现实的靠拢，对“人”的认识也逐渐完成了从“经济人”属性向“社会人”属性的转变。伴随着对“人”的认识的这种转变，对企业的社会责任的认识，也发生了巨大的转变。

二、微观层次的法律受益主体

“经济人”假设概念的本质属性包括“理性”和“自利”的结合，涉及行为动机、行为环境、行为能力三层含义。新古典经济人范式对理性行为的描述主要基于主体与行为之间的关系。

(一) 个人利益主体的自利环境

“经济人”强调一种市场经济的行为环境。从完整信息到信息不完备，构成了经济人假说对客体环境认识，人无法获得完备信息，所有的决策都是在不完备信息条件下做出的，这是决策主体所面临的客观环境的认识。在这种社会环境下，权利主体与利益主体依然具有高度一致的特点。劳动能力制度体现出来的财产主体属性，其背后有经济利益的依据；劳动能力制度体现出来的个别主体属性，其背后有私人利益的依据。个人的财产权利形成个人经济利益理性的理论。

新古典经济学的经典假设认为信息是完全的。从“经济人”假设的发展历程看，最初斯密等人提出经济人概念时也没有认为人的信息是完备的，“他通常既不打算促进公共的利益，也不知道他自己是在什么程度上促进那种利益。……由于他管理产业的方式目的在于使其生产物的价值能达到最大程度，他所盘算的也只是他自己的利益”（亚当·斯密，1974：25—27）。斯密认为，“利己心”在人们追求物质和财富的过程中，在“无形之手”的约束下，促进了社会利益，构成了“经济人”假设的核心支撑。完整信息的观点是后来一些经济学家为了数学建模的需要而强行加上去的，因为不完全信息会给数学模型的推导带来困难（马向荣，2017：163、167）。事实上，完备信息对普通人而言，是一件根本不可能的事情，信息不完备是必然的。因为在多数情况下，个人在作出选择时所获取的信息是不完整的，以致选择时所依赖的主观派生模型不可能收敛，理性呈现出了局限（沈懿，1999：118）。

“无形之手”说明“经济人”的行为环境是市场经济，经济研究中的人是在特定经济关系中不断进行“直观自我”的个人，是从他人和客观世界的交互运动中通过“直观自我”而不断发展的人。新制度经济学也强调不完全信息和机会主义。由于人不能掌握完全信息，导致信息不对称，人在交易中就可以采取机会主义手段来为自己谋取最大利益。威廉姆森指出：“机会主义指的是用欺骗的手段寻求自利——更为一般地说，机会主义与信息的不完全、信息披露的曲解有关。尤其是与误导、曲解、使人模糊或制造混乱等故意行为有关。”①新制度学派认为经济活动人会以狡黠的方式追求自身的利益，他会随机应变，投机取巧，他会有目的地、有策略地利用信息（包括有时说谎、隐瞒、欺骗等）（杨黛，2004：174）。

（二）个人利益主体的自利动机

古典和新古典经济人假设将人的行为动机描述为追求“经济利益最大化”，这种狭义“经济人”可被称为“物质型经济人”。“完全自利”强调人是自利的，即人的一切行为都是以实现自身经济利益最大化为动机。个人利益和个人权利，似乎“人是万物的尺度”，个人是一切价值的基础（刘保民，2004：396）。

古典和新古典经济人的经典假设认为经济人具有完全自利的假设，因而也是一种高度抽象的假设。斯密认为：“每个人都不断地努力为他自己所能支配的资本找到最有利的用途。”（亚当·斯密，1974：25—27）利己“经济人”的首要特征是只有利己动机、仅仅考虑自己的利益，却没有利他动机，不会考虑他人或社会的利益。传统经济学这一分析脉络的主线，将个人从事经济活动的动机确定为“利己”（马朝杰，2014：

---

① Williamson, O.E., *The Economic Institution of Capitalism: Firms, Markets, Relational Contracting*, New York: Free Press 1985, p.275（转自庞永红，2005：57）。

90—94)。动机是指由特定需要引起的，欲满足各种需要的特殊心理状态和意愿，是人的自利本性以及由这种本性决定的对效用最大化的追求。经济人的行为动机理论基础涉及古希腊的享乐主义、边沁的功利主义和孔迪亚克的感觉主义等。其主要内容包括以下观点：(1)“经济人”的目标就是追求最大快乐或者等价追求最小痛苦，其本质动机就是获取自身最大经济利益；(2)从本质动机出发，“经济人”的行为逻辑是试图寻求资源约束条件之下的最好结果。

(三) 个人利益主体的自利行为

人是否能做出利益最大化决策，受限于三个条件：(1)信息是否充分。人面临决策的时候，所掌握的信息往往是不充分的，人只能在有限的信息下进行决策，这注定他不可能有十足的把握选择到最优方案，最优方案其实因人而异，这符合契约主体的选择特点；(2)目标是否明确。由于人的需求非常多，有些人在面临选择的时候，往往不知道自己究竟追求的是什么，满足了A需求就可能损失B利益，无法做到十全十美，这加大了人的决策难度，可能会导致人在不同需要的压力下摇摆，最后根本无法知道何谓“利益最大化”，这种决策交给国家将更难进行；(3)大脑的计算能力差异。即使有了明确的目标和相应的信息，也存在多种实现目标的途径，不同方案带来的可能结果难以预测(马向荣，2017：167)。就财产关系而言，每个人根据自己的情形来进行决策，这是社会分工的重要依据，社会分工是产生契约关系的重要条件。可见，这种利益最大化决策的理解显然是符合契约关系设定的抽象主体要求的，契约社会与工具理性相结合，追求手段和程序的可计算性，也可以称为形式合理性的法律有机体。社会法的劳动能力认定虽然与民事行为能力有所不同，在面对契约关系时，也须保持某种抽象性。

赫伯特·西蒙(Herbert Simon，1916—2001)提出的“有限理性”理论，对“经济人”的人性假设提出了批评。新制度经济学在继承传统经济人假设的功利主义原则基础上，提出“新经济人假设”，契约人认为人能达到的认知能力是有限的，人的理性是有界的，人是一种有意图的但仅仅是有限程度上的理性人。①“经济人”只能在认识能力和计算能力的有限性、环境的不确定性、信息的不完全性的条件下，进行财产交易的自主行为。这种有限理性产生的风险构成契约风险的一部分，契约主体要承担相应的经济责任。我国社会法研究者常常忽视了以下这一点：在财产关系的调整中，不仅劳动者是“有限理性”，用人单位也是“有限理性”，两者也需要按照各自的决策承担相应的风险。

三、微观层次的社会受益主体

微观层次的社会受益主体很大程度体现了某种道德价值。对于这种伦理性价

① Simon H.A.，“A Behavior Model of Rational Choice，*Quarterly Journal of Economics*，Vol.69(1)，1961，pp.99—118(转自沈懿，1999：118)。

值，正如拉伦茨所说："《德国民法典》中使用的'人'，是一个形式上的概念……这个形式上的'人'的内涵，没有它的基础——伦理学上的'人'那样丰富。在伦理学上的'人'所具有的所有特征中，他只有唯一的一个：权利能力。"（拉伦茨，2003a：57）社会法强调了伦理人格对法律主体的补充意义。

（一）社会利益主体的利他环境

微观层次的社会利益主体具有某种道德人的特点。伦理社会引导人们关注利益关系的利他机制，"他我"的存在，强调社会信任的形成与身份认同。在微观层次的社会利益体现为道德义务，从劳动法律关系的外部，对私人利益主体发生评价与影响。随着企业社会责任概念的提出，社会伦理关系中社会利益主体与法律关系中的私人利益有着极强的关联性。当私权利转化为私权力时，权力的膨胀总是需要某种责任的限制，在微观层次上体现为社会责任。就传统的经济责任而言，依法获得利润，其实已经包含了守法经营的意思。企业的社会责任是相对经济责任提出的，而道德责任是相对法律责任提出的，两者对应的内容并不完全相同。

家庭、宗族、种族、地方体、阶级、身份团体、单位组织和国家，都可以是某种"成员体系"单位，它们的作用是组织化社会成员，使个体分属于一系列互相关联的组织中，他们依靠这些组织、获得组织支持来提升生活的安全性（张静，2015b：52）。洛克认为在自然状态下每个人都有保存自己的义务，但在同时也应尽量保存整个人类，不但要自利，而且也要利他。人类不能离群索居，需要在生产和生活实践中结成一定的社会，发生一定的交往关系，由此产生特定的信赖关系并建立起一种利他机制。信赖关系既是一种利益关系，也是一种道德关系。身份认同可以使人们找到"在家"的感觉，能够摆脱存在的孤独。而"在家"意味着对"家人"情感的可信赖性、行为的可依赖性与交往的可期待性，意味着"家"对"我"的承诺，意味着存在的不孤独（高兆明，2004：8—9）。信赖关系不仅可以来源于身份认同，也可产生于个体之间的协作。社群的文化传统、价值理想、物质利益凝聚起各种社会力量，构成了某种社会利益。

（二）社会利益主体的利他动机

利益主体的行为也会受到伦理道德、风俗习惯和意识形态等多种约束，只能在这种约束条件下实现自己的效用最大化。1924 年，谢尔顿（Oliver Sheldon）就把企业社会责任与经营者满足产业内外各种人类需要联系起来，认为企业社会责任含有道德因素（王文明，2012：59），企业社会责任的提出正是为了强调道德责任这一概念。世界可持续发展委员会邀请 60 个企业界及非企业界社会团体，在一次国际会议中给出了企业社会责任一个较为正式的定义，即企业社会责任是指企业承诺持续遵守道德规范，为经济发展作出贡献，并且改善员工及其家庭、当地整体社区、社会的生活品质（王鲜萍，2004：23）。这也是从道德责任的角度来强调企业的社会责任，并对由私权利转化而来的经济权力进行伦理限制。

有界理性强调的是一种既能动又不绝对的理性水平，它的"有界"主要体现在不完美、不极端，在交易中(非标准)就表现为"不可能出现准确描述与交易有关的所有未来可能性，以及每种状态下契约各方的权力与责任的绝对完备的契约"(张维迎，1996)；绝大部分的误解来自对有界理性与不理性、非理性的混淆，有界理性中的"有意图"并不否定人的经济主义(也称成本最小化)本性。只有在引入"契约人"以后，非市场的各种组织，包括市场这种组织本身，才有望得到广泛的解释，契约双方如何安排以最有效地利用它们的有限能力就成了问题的焦点(沈懿，1999:118)。美国一些企业过去认为，"在工商界，除了不可说谎、欺骗、盗窃等一般道德标准之外，伦理学并没有用武之地"。荣获诺贝尔奖的经济学家米尔顿·弗里德曼也认为，在自由社会中，企业负有且仅负一项社会责任，这就是在游戏规则许可的限度内，倾其所能，利用其所控制的资源，从事旨在增加利润的各种活动，或者说无欺诈地参与公开而自由的经济竞争。[①]但现在更多的人认为，企业应当用更高的道德标准来要求自己。"公司经营战略对社区提供的服务有利于增进社区利益，社区利益作为一项衡量尺度，远远高于公司的尺度。"[②]

(三) 社会利益主体的利他行为

企业社会责任在不同的国家、同一国家的不同历史时期有着不同的内容。总体上看，在早期，人们观念中的企业社会责任仅仅指企业进行慈善性活动和其他社会福利活动的道德义务。随着企业对社会影响力的增大，人们对安全、生态等社会问题的日益重视，企业社会责任亦涉及更广泛的利他行为。在企业社会责任关系中，劳动者是作为伦理关系的受益主体而存在。就一般而言，企业社会责任的外延可以分为两类。

其一，在社会法上，企业主要是对雇员的社会责任。发达资本主义国家传统企业法和公司法认为，雇员只是企业的劳动者，而非企业的成员。雇员的利益与企业的经营休戚相关，因此雇员是企业一种重要的利益相关者，当代各国无一例外地将企业对雇员的责任列为企业应负担的社会责任的一项内容。(1)为员工提供安全、健康的工作环境是企业的首要责任。为员工提供工作时，企业不应忽视员工的生命和健康。(2)企业要为员工提供平等的就业机会、升迁机会、接受教育机会。企业要为员工创造良好的条件，使员工的自我发展和完善成为可能。(3)企业为员工提供民主参与企业管理的渠道，为员工提供自我管理企业的机会。[③]

其二，在社会性法上，企业主要是对合作各方的社会责任。(1)企业对消费者的责任，集中体现为对消费者权益的维护。(2)企业对环境、资源保护与合理利用的责任，是对人类生态环境的适应与保护。(3)企业对社区发展的责任，表现为积极参与

---

① M. Firedman, "The Social Responsibility of Business Is to Increase Its profits," *New York Times Magazine*, 1970, (9).

② Oliver Sheldon, The Philosophy of Management, 1924, p.74(转自董保华,2006b:46)。

③ Lilian Miles & Rima Abouchedid, "The Company and Social Responsibility," *Business Law Review*, May 1997, pp.110—112.

并资助社区公益事业和公共工程项目。(4)企业对社会福利与社会公益事业的责任，是支持各类社会公益活动、福利事业、慈善事业。企业对特定利害关系方承担的责任均高于法律标准，其履行肯定以企业的自愿为前提，因而也是一种典型的道德义务。

可见，社会法微观层次强调法律人格与社会人格的双重人格，在法律人格中，作为自利主体，个人利益与权利主体高度一致；在社会人格中，作为利他主体，劳动者是社会利益的受益主体，并非权利主体。

第八章

社会法的契约权利

只有多元主义以及它所蕴含的“消极”自由标准，在我看来，比那些在纪律严明的威权式结构中寻求阶级、人民或整个人类的“积极”自我控制的人所追求的目标，显得更真实也更人道。

——以赛亚·伯林（Isaiah Berlin）

第一节　契约权利与消极权利

权利就其要素构成而言，是主体具有行为选择的自由，是被法律确定为“正当”的一种行为模式。在从身份到契约的历史发展中，自由权利与消极权利形成了，个体利益的发展决定了私权利的行为模式。

一、主观权利的含义

德文中的“法”(Recht)有双重意义：“为了保证法律概念的规范与严格，在使用‘Recht’时往往在前面加上‘客观的’或‘主观的’修饰，以明所指。”(张翔，2005c)很多译者在翻译“主观权利”与“客观法”时，常常译为“主观权利”与“客观权利”，或是“主观法”与“客观法”。对这一译法，我国学者颇有争议。有学者认为，这两种译法在理解上均会引起歧义，与“主观权利”对应的应当是“客观法”，换言之，所有的权利都是主观的，而所有的法规则都是客观的(赵宏，2011b：39)，这一理解并不符合历史。相对于主观法，存在着客观法；相对主观权利，存在着客观权利。事实上，在“主观权利”背后长期存在着一个主观意义上的法，即古典自然法，这是区别于传统自然法的一种自然法理论。

古典自然法理论最重要的倡导者，将自然权利说成古典“社会契约论”的附产品。如卢梭、洛克、霍布斯等人认为，人们未进入文明社会之前处于一种“自然”状态之中，在这种状态中人人享有一种自然的权利，即一种天然的自由，人人得为保护自己的自然权利如生命、财产与其他人发生战争。为了避免这种战争状态，通过缔结“社会契约”进入文明社会，互相承诺不侵犯对方的权利，并将保护自己权利的力量交由共同的权威机关来行使。社会契约论主张"天赋人权"，"每个人生而自由、平等"。人类进入文明社会仍保有自由，法律正是对这种自由赋予强制力的保障。因此，"人类由于社会契约而丧失的，乃是天然的自由以及对于他所企图的和所能得到的一切东西的那种无限的权利，而他所获得的，乃是社会的自由以及对于他所享有的一切的所有权"(卢梭，1962:9)。易言之，哲学家与法学家们基于相同的目的亦普遍采纳了"天赋权利"理论。正是在这个意义上，梅利曼将主观权利与自然法等量齐观，并且指出在私法中，主观权利是整个法律制度的核心，由它产生了私权和人权如财产权、契约权、人身权和家庭权等(梅利曼，2004:74)。

在法律历史的发展中，古典自然法曾经起过巨大的推动作用，这种自然法思想使人们将"权利"与"法"相区分，开始关注"个体权利"并形成了各种法学流派。自然法理论被用作反对君权与教权的天然合法地位、争取个人理性解放的手段时，它未能将道德权利与法律权利区分开来(朱庆育，2001:14)。洛克的古典社会契约理论就是以主观权利为基本假定①。在狄骥看来，不论个人主义学说之间有多大的分歧，人还是拥有某些权利，某些作为个人自然权利存在的主观权利。平等不仅是一项权利，它要求国家的尊重；否则国家就必然会损害某些人的权利(莱昂·狄骥，1999:8)。对于"权利"与"法"之间关系的探讨，使"主观权利"的概念被人们广为接受。"无论是理性主义学派还是更倾向于意志主义的学派，18世纪的主导哲学都将其注意力集中于人的本性。自然法的内容不再被看作是为具体法律问题提供答案的原则。人们探讨的不再是客观的规范，而是个体的权利。""世间永恒的价值乃是与人本身相关的价值，它们独立于人的物质、经济和社会环境。"(雅克·盖斯旦等，2004:13)

随着实证科学的发展，古典自然法所强调的主观权利学说开始受到质疑。黑格尔是自然法理论的反对者，"法的客观现实性"，就是针对自然法提出来的一个法律哲学命题。他认为法律同其他社会现象一样，有它自己产生和发展的过程。法律是"绝对观念"发展的一个阶段，是客观精神的体现。法律不能分为自然的和人定的。他反对自然法学派关于划分自然法和人定法的理论，根本不承认在人类自然状态下还存在什么固有的自然法，认为这种理论纯属一种虚构的假设。在黑格尔看来，作为法律的"法一般说来是实定的"。所谓"实定"有两层含义，一是就形式而言，任何法律在某个国家都必须通过有效的形式表现出来，二是从内容上说，它包含了一些"实定要素"，是"实际裁判所需要的各种最后规定"(黑格尔，2017:4—5)。实证科学无法证明实际存在着个人的天赋权利，也无法证明法律的规定性源自人之上的实体(于浩，2017:176)。法学研究中的实证主义取向逐渐取代此前的自然法理论，表现在对权利概念的阐述上就是突出权利的"法律强制性"因素。主观权利的获得首先以法规则中规定了他人作为或不作为的相关义务为标志。主观权利开始与主观法相脱离，而与客观法相联系并获得解说。

① 洛克提出人具有自由、平等、财产等天赋权利，也正是因为人人都是自由且平等的，所以在执行自然法时会遭遇诸多困境，为此人们运用理性，将个人执行自然法的能力让渡出来组建公共权力(洛克，1964:59—80)。

二、主观权利的内容

在微观层次，社会法主观权利的内容涉及自由权利与消极权利两方面，这是两个高度重合又有所区别的概念。

（一）社会法的自由权利

社会法的自由权利是指主观权利以客观规则为依据，并通过实践客观规则而产生的权利，可以通过自由说、意志说、法定说来认识其特点。

其一，自由说。自由是指人与他人之间的一种理想的关系状态，在此关系中，人可按照自己的意志判断、选择和行动，而不受他人强制。在一个正义的法律制度所必须予以充分考虑的人的需要中，自由占有一个显要的位置。追寻自由的欲望乃是人类根深蒂固的一种欲望（博登海默，1999：281）。可以毫不夸张地说，整个法律和正义的哲学就是以自由观念为核心构建起来的。关于自由的解说古已有之，在古希腊时期、中世纪时期，思想家对自由的解说颇多。个人自由是在近代社会形成的，社会法仍应强调这种自由观念。自由可以说是权利这一概念最集中的体现。权利不是为所欲为的自由，它的行使是有条件的。

其二，意志说。意志说是依据自由说产生的一种理论，强调“人是意志的载体”。自由说认为权利本质上是一种“自由”，但对于如何理解“自由”存在分歧，因而自由说又分为自然权利说[①]和意志说。个人、自由、平等、自然、理性等，将这些要素综合起来，便可由权利的形式予以表现，其中最为基本的理念即是自由。权利不仅表现为某种自由的意志，而且是意志的外化。意志的外化包含两层含义：(1)主观意志必须表现为一定的外在行为即意志行为；(2)该行为必须加诸外在物，并实现对外在物的控制（朱垭梁，2014：152）。通过这种外化，可以明确人的意志得到多大程度的尊重，或者说个人意志在何种情况下才应受到合理的抑制。“意志说”对于西方法学理论的发展与作为实定法典型法典的编纂起到了实际的推动与指导作用，并牢固地在人们心目中确立了人格平等、意思自治等法律观念，自有其不可抹杀的历史意义。

其三，法定说。权利是“私法的核心概念，亦是法律生活多样性的最终抽象”。权利作为私法的中心观念或立足点主要体现在防御权能与受益权能两个方面。

（二）社会法的消极权利

积极权利与消极权利分类方法，将自由分为“消极自由”和“积极自由”有着漫长的历史传统。在宪法学领域中，“消极权利，乃指个人要求国家权力做出相应不作为的权利，自由权即属于这一类型”（林来梵，2001：90）。这里涉及三个角度不同但含义

---

① 自然权利说与社会契约论相联系，为近代资产阶级的政治革命提供了理论上的支持，具有重大的政治意义。然而这种学说对于权利的界定却不够清晰，因此“自由说”的主要观点是“意志说”。

类似的表达，即消极自由、消极地位、消极权利，与之联系的有自由说、意志说、法定说。由于三种学说本身是相互包含的，三个消极概念间也是相互重叠的。

其一，消极自由。自由可以分为消极自由与积极自由。霍布斯、洛克、孟德斯鸠等人的自由观念带有明显的消极自由特点。伯林(Berlin，1909—1997)认为，"消极自由"(negative liberty)回答这样的问题："主体(一个人或人的群体)被允许或必须被允许不受别人干涉地做他有能力做的事、成为他愿意成为的人的那个领域是什么?"(伯林，2011：170)简单地说，"消极自由"就是免于他人干涉的自由。消极自由涉及私人领域划界问题，是指免受政治权力干扰的权利。消极自由是一种个体的自由，并与个体主义方法论相联系。

其二，消极地位。意志包括各类主体的意志，消极地位(negative status)关系按照耶里内克的界定，所指向的是个体的自由空间，即国家赋予国家成员的自己主宰的、没有国家介入和国家强制的空间，在这一个体的自由的空间中，个体通过其自由的行为来实现其个体的目的。①耶里内克采纳了当时欧洲流行的自然权利和社会契约的理论作为消极地位的理论依据，即国家产生于公民个体对自己部分权利的让渡，个体牺牲部分自由成立国家的目的在于确保个体的安全和确保个体能够享受到未让渡给国家的剩余的自然自由。因此，国家不能侵犯个体所保有的自由空间，国家对个体自由和空间的侵入必须正当化和合法化，②个体不应当服从国家违法的义务要求并居于国家认可的自由有权请求国家不干涉其自由空间，撤销越逾规范的强制命令。③

其三，消极权利。法定权利可分为消极权利与积极权利，消极权利观认为个人的权利是在没有他人强制，依市民社会中自由的法则获得的，个人不需要社会、国家或集体的帮助即可享有财产权、自由权等。英国思想家霍布斯认为，人的自由是指在其力量和智慧允许的范围内，人们可以不受阻碍地做自己愿意做的事。通过契约自由，维持这样一个"私法自治"的空间，被认为是保障个人自由的条件。

18 世纪末叶至 19 世纪初叶，市民社会与政治国家的分离不仅已为大多数政治思想家所承认，而且还成了近代政治哲学中的一个重要内容。个体主义主张通过个体及其互动来阐明(account for)社会现象，韦伯认为社会中的集体构造(如政府、社会、股份公司等)只不过是特殊行动的组织模式和结果，个体才是这些特殊行动的唯一载体。就社会学的目的来说，不存在诸如"起作用"的集体的"个体"这类事物(韦伯，1987：47)。实定法本身即源于人，实定法由人的世俗理性以自然法为基础而制定。从这一意义上看，主观权利一开始就与某种自发秩序相联系，相比较而言，实证法与建构秩序的联系似乎更紧密。

---

① Georg Jellinek, System der subjektiven öffentlichen Recht, Neudruck der 2. Auflage Tübingen 1919, Scientia Verlag Aalen 1964, p.87.

② Ibid., pp.94—95.

③ Ibid., p.103(转自徐以祥，2009：106、107)。

（三）自由权利与消极权利

社会法的权利主体，享有的自由权利。在微观层次上，自由可分为消极自由与积极自由，自由权利是消极权利的上位概念，有学者认为消极自由是古典自由，积极自由是现代自由。恩内策鲁斯（Enneccerus）首先提出所谓“取得的权能”，并试图进行研究；之后，奇特而曼（Zitelmann）铸造了法律上“能为之权利”，即“权能”的概念。对于古典自由而言，国家只能消极地“不作为”，只有当权利人与他人发生纠纷时才来居中裁决，进行干预。“而现代人的目标则是享受有保障的私人快乐；他们把对这些私人快乐的制度保障称作自由。”（贡斯当，1999：33）权能不同。

就古典自由而言，自由权利首先体现为消极权利，消极权的基本功能是防御功能，即个人作为权利主体应享有的一种要求其他人承担不得侵害其权利的不作为义务的能力，表现为权利主体必须具有的请求其他人履行不侵犯其权利所承载的自由和肯定性的利益能力之义务的能力。防御功能体现的是个体利益，“权利”是私人的，只要没有外界的干涉，权利人即可以实现其权利，政府存在的目的就是保护这种“天赋”权利不受侵犯。在德国法上，基本权首先是公民的主观权利，学者更申言它们是公民权利序列中最基本、最重要的权利。消极权利可以说是自由权作为主观权利一种最重要的权能。

就现代自由而言，我国有学者认为，作为权利的本体性权能之一，权利的受益权能是与其防御权能并列的一种权能，它是任何一种基本权利都应具有的权能（菅从进，2008a：114）。自由权利不仅涉及消极权利，也在一定条件下涉及积极权利，涉及受益权能。在社会法中为保护消极自由而产生出的积极自由范围极其广泛。19世纪以来，人类面临着严峻的冲突，人与自然、人与社会、人与人、人的心灵以及文明之间冲突不断，对受益权能的扩张提出了要求。法益保障带来的道德化、政治化本身是双刃剑。

在社会法中，两种自由也存在一定的联系。在权利救济中，自由权作为一种消极权利，往往需要某种积极权利的受益权能或受益功能来进行救济，因此，我国一些学者认为，自由权普遍具有防御权能与受益权能，前者体现为原权利，后者体现在救济权。

三、主观权利的形式

意思自治是指在理性自由的价值指导下，个体充分实现自己的意志，在《法国民法典》编纂中得到了充分的体现和反映。以民法典编纂为具体形式，通过形成一个高度自洽的法律有机体，使法律权利有了一种普遍的存在形式，社会法在微观层次仍可借鉴这种法制传统。

（一）法治的工具理性

法制要有立法的程序规则，强调先由国家依照公权力制定法律，法律具有透明性、稳定性、普适性、预期性和清晰性等要素;法治还要有执法的程序性规则,可依照法律之方法论,按照三段论法予以推论的法学方法,推论到具体案件。在这个推论之下,自发秩序与完备的法律相结合,就能规范社会上的各种行为。

韦伯认为近代欧洲各国民法典以及德国的"学理法",以工具理性为基础可以概括出其一般的特点:(1)体系化(Systematisierung),有一个完整的成文法体系。法律体系经由全体社会成员的一致同意而产生,或是由一个为社会成员所认可的权威机构发布的。任何法律都具有抽象的、一般化特征,并不指涉具体的个人或群体(王明文,2011:76)。(2)通则化(Generalisieren,或 Generalisierung),将所有法律命题和法律制度加以整合,以形成一个逻辑清晰、毫无矛盾和漏洞的完善规则体系。韦伯又将其称为"分析",这是指将决定个案判决的标准理由化约为法律命题,亦即明确的、具有可计算性和可预见性的法律规则。(3)专业化,专业化的法律工作者队伍,如律师、法官、法学家等。诉讼过程中的形式逻辑和严格的因果推理,也是形式合理性的具体表现(赖骏楠,2014:151—171)。在哈耶克看来,市场交易活动中知识的运用和信息的处理所形成的秩序化状态,是不可能由单个主体分立的知识和有限理性所能发明创造的。相反,这种秩序化状态是产生于诸多没有意识到其目的和作用的单个主体的行为(曾尔曼,2017:40)。这种体系化、通则化、专业化的法可以适应自发秩序良性发展。

法律体系作为有机体具有"绵密无缺"(Lückenlosigkeit)的特点,强调对一个完整的法律关系的法律建构的基本要素。民法典所确立的秩序具有保护自发秩序的特点,其抽象调整方式可以让自发秩序起到良好的作用。基于民法典是一个有机统一体的认识,法典编纂被认为是私法法系最重要的特征之一,是民法法系和普通法系的一项主要区别。有学者将这种"决疑式"民法大全归纳为五个特征:(1)法典为国家唯一的法源;(2)法律体系的完足性;(3)对法律的解释侧重于逻辑的解释;(4)否定司法活动的造法功能;(5)法学是一门纯粹的理论认识活动,法官无须作价值判断(杨仁寿,1999:68)。根据韦伯所说,19 世纪德国法学家所描述的这种法律制度,可以取得如下效果:(1)每一个具体案件的判决都是抽象的法律规则在具体事实中的"适用",是把一条抽象的法的原则"应用"到一个具体的"事实"上;(2)对于任何具体的事实,都必须采用法逻辑的手段,抽象的实在法规则可用于产生针对每一个具体事实的判决;(3)于是,客观的法是法的原则的一种"完美无缺的"体系,或者,这种法律在实践中被当做是"天衣无缝"的规则制度;(4)任何社会行为可以,而且必须被认为是对法律规则的服从,或违反,或适用(韦伯,1998:2)。韦伯认为,西方法律的理性化过程的最高成就是达致了现代西方欧陆的形式理性的法律制度,在法的形式主义情形下,法律是高度形式主义的,这是现代社会法治的最大特征。

市场经济是一种典型的自发秩序,当其被视为是一种良好的秩序时,每个人都会在"看不见的手"的引导下自发地实现个人利益的极大化。这与韦伯把形式化基本上视为与合理性相同的概念的观点是一致的。现代法律制度普遍实行的是一种目的契约。形式理性法是现代西方社会所特有的法律类型,也是法理型统治的基础(王明文，2011：76）。韦伯认为，法律在资本主义政治制度中至关重要。与资本主义经济的可计算性相对应的是现代法律制度的严格的形式主义特征，主要表现为普遍自由的契约制，法律以抽象的方式进行调整。自发秩序原理为个人的自由和有限的政府提供了系统的正当性依据。既然个人在自发的秩序中享有天然的自由，政府不能用人为设计的强制性秩序去取代天然发生的自由秩序，政府的行动的范围和方式，政府的规模就应受到严格的法律限制，政府的权力就应该加以分立并相互制衡。

历史的演变有其自己的规律，由于萨维尼及其历史法学派的反对，《德国民法典》尽管被推后了将近一个世纪问世，但欧洲民法后来是按蒂堡的主张发展的。事实证明，萨维尼当初的担心不无道理，蒂堡式的进路也必然经历曲折。从私法的演变来看，大体经历了民法典编纂、民法典解构、民法典重构的历史过程。

（二）民法典编纂

民法典编纂是通过对民事法律制度规范进行系统整合、编订纂修，形成一部统一精神和统一解释规则以法律科学层次进行排列的法典。在形式理性的指导下，大陆法系一般认为，必须先设计一套完整、确定的法典，然后将之用于具体问题，社会生活才能够被完美地调整（徐学鹿、梁鹏，2005：76）。

其一，民法典编纂的含义。从词源学的角度进行探讨，西方文献中的“法典”（英文和法文皆为“Code”，德文为“Kode”，意大利文为“Codice”，西班牙文为“Código”）一词是古法语的表达，其源于中世纪的拉丁语“Codex”，意为由“Codex”树干制成的箱型的固定书写板。[①]古拉丁语中有“法律大全”（Corpus iuris）的表达，它与现代法典化的概念最相近。在《民法大全》中，《法学阶梯》代表的教科书、《学说汇纂》中包含以科学方法整理，《优士丁尼法典》中强调继续进行的立法，在形式和功能上成为一个有机整体（奥科·贝伦茨，载张礼洪、高富平，2008：195）。

其二，民法典编纂的历史。从民法典编纂来看，公元5世纪，狄奥多西皇帝制定了一个完成一部完整、系统的皇帝宪令和法学家著作的官方汇编的庞大计划，然而，狄奥多西皇帝的计划只完成了第一部分，即皇帝宪令-狄奥多西法典（Codice teodosiano，公元438年）的编纂工作（王勇，2004：12）。《巴伐利亚法典》（1756）是在欧洲大陆上编纂的第一部法典。《普鲁士普通邦法》（1794）是一部包罗万象的立法文件，共19 187款，其主要特点是对于各种法律问题有极尽详细的规定。19世纪开始了一轮气势磅礴的民法典编纂活动。现在多数学者所言的“法典法”“法典编纂”一般专指发轫于19世纪大陆法系的一种独特的社会和历史现象（魏磊杰，2006：5）。《法国民法典》《德国民法典》最具代表意义，其编纂的法典无论在形式上还是在理念上都不同于罗马法、教会法等徒具法典之名的汇编类法律。

1804年公布的《法国民法典》（《拿破仑法典》）被认为是第一部现代民法典，其对

① Merriam Webster's Dictionary of Law, Merriam-Webster, Incorporated Springfield, Massachusets(1996), p.82；谢大任，1988：104（转自魏磊杰，2006：4）。

欧洲大陆及欧洲以外的很多国家产生巨大影响。《法国民法典》在初生的一个世纪中几乎没有改变。这就是所谓的"注释"时期。在这一时期,《民法典》被当作新生事物顶礼膜拜。1804 年《法国民法典》的起草人之一波塔利斯在一篇关于民法典的演说中指出科学是"一系列相互联结的真理和规律,它们乃是从许多第一原理推究而得",并且由这些真理和规律组成一个有机的系统(泰格、利维,1996:223),法律科学在这一关系中的贡献在于精神准备和此后的指导。以民法大全为特征的民法典编纂,当时被认为可以成为具有永恒价值的法律财富。海德堡大学教授蒂堡(A.F. Thibaut)提出要制定一部《德国民法典》。他认为制定民法典是为了满足市民社会和早期资本主义的需要,他希望通过运用民法典规范的统一性来结束诸如行业习惯、地方习惯等民事法律渊源混乱多样的状态。百年之后的《德国民法典》为德国历史法学派理论催生的产物并在立法过程中孕育出了潘德克顿学派。他们相信,法律秩序是一个以罗马法为基础而发展出的统一制度、概念和原则的完整体系。在他们看来,只要进行恰当的系统化整理,就能获得对所有法律案件的判决依据。

其三,民法典编纂的特征。德国格廷根大学奥科·贝伦茨(Okko Behrends)教授将现代法典化定义为"将法律部门变成用体系化调整的、具有统一精神烙印的并且处于统一解释规则之下但按照不同法律科学层次排列的制定法"。这种"统一精神"和"统一解释规则"使法律科学和立法共同起作用并构成了法典化的主要特征。

就"统一精神"而言,是将各部门的质料进行精神渗透,以使之能成为一个具有唯一性的体系化划分中的制定法,同时保持其精神关联。民法典也因此被视为有机体。法律在这里被认为有机体,是因为它在前古典传统中被理解为社会标准体系,民众在这种重视和实施中是根据社会标准体系来生活。从大陆法系私法发展史可以看出,私法发展的规律是从习惯法到成文法,再发展为法典法。从形式上看,似乎也是这种有机体的形成过程。奥科·贝伦茨深入地论证了古罗马中这种法律有机体的思想,以及其对当代法学的影响(奥科·贝伦茨,载张礼洪、高富平,2008:192—193)。

就"统一解释规则"而言,立法者在法典化形成方面的贡献在于,将所接触情形以及随之而来的其他内容具体地予以固定,尤其是在适用阶段有效阻止法典化中遗留未解决的分歧。现代法典所具有的质料集中、概览性、清晰性和无分歧性等效果,也使法律自身成为独立运行的有机的统一体。立法者所欲完成的是这样一部法典:他们力图把法律的调节之手伸进社会生活的每一角落,追求详尽具体、无微不至的规定,以使法官无论遇到多复杂的情况都能在庞大的法典中像查字典一样检索到现成的解决方案的"决疑式"法典(徐国栋,2004a:211)。

封建时代司法专横的惨痛记忆也必然使人民把司法权的滥用视为洪水猛兽而倍加警惕,由此体现到法典中"立法万能""绝对排斥司法裁量的介入""法官仅为说出法律的机器"等的立法导向也就成为必然的逻辑。

(三)民法典解构

表征法律变化的词汇中,有两个具有很强的关联性,就是法典的解构(de-codification)与重构(re-codification)。就解构而言,法国劳动法打破了《民法典》一成不变的幻想,社会化是作为一种民法典的解构力量出现的,古典民法典的一些内容已经过时,许多内容已被大量的单行法规所替代或“解构”,法国劳动社会(labor society)的出现得益于其劳动法及相关制度的形成。法典重构作为与法典解构相对应的概念,解构是把原结构解体肢解还原成每个局部的基本原始单位,重构就是把原结构解体肢解还原成每个局部的基本原始单位重新组合,构成一个全新的、不同于以前新物体结构。如同解构有狭义与广义的区分,我国学者认为重构也相应地分为狭义与广义两种形式。对应于狭义的解构,狭义的重构仅指通过对法典的修订,将分散于各单行法的规定有选择地纳入新法典进行整合的趋势;对应于广义的解构,是指对旧有法典的修订抑或对新法典的重造的方式,对传统法典理念进行完善和再造使其尽可能克服解构化所引发之弊端而更好地发挥其规范和裁判功能的一种趋势或过程。从后一个定义来理解,20 世纪中叶并延及晚近的各国或地区对于民法典行的修订或重订运动都可纳入这一概念范畴(魏磊杰,2006:20—21)。面对民法典的解构,是否有必要对其进行社会法典的重构?学术界出现了两种截然对立的观点。

主张“法典重构”的观点认为,民法法典化是保障民事法律的确定性的唯一手段。这是因为在大陆法系国家实行成文法传统,法官无通过判例造法的权力。因此,民法典在私法体系中的核心地位没有被动摇。[①]其法哲学根源在于“形式理性”。特鲁伯克把这个含义解释为:“法律思维的理性建立在超越具体问题的合理性之上,形式上达到那么一种程度,法律制度的内在因素是决定性尺度;其逻辑性也达到那么一种程度,法律具体规范和原则被有意识地建造在法学思维的特殊模式里,那种思维富于极高的逻辑系统性,因而只有从预先设定的法律规范或原则的特定逻辑演绎程序里,才能得出对具体问题的判断。”因此,单一的法律渊源衍生而出的,预先设定的法律规范,才是法院判决的依据。[②]如果不维护民法典的现有状况,任意让民法典走向分解,将导致私法的根本理念,如私人所有权不可侵犯和合同自由等消失,这是违反历史潮流的。[③]

不主张“法典重构”的观点认为,民法典有必要规定普遍性的私法规范,应当减少民法典条文的数量同时提高民法典规范的质量。从 19 世纪到 20 世纪,法典化浪潮开始退潮,人们更理性的对待法典体现出的形式意义。社会化对于法典解构之后,解构下来的单行法不必再形成劳动法典,渐成大陆法国家的共识。针对民法典受特别法冲击产生的矛盾,主张在严格意义上适用民事特别法中相应规范,只有无法在该民事特别法或者相关的民事特别规范系统中进行法律解释时,才可以以类推的方式援引民法典的规定(张礼洪、高富平,2008:510)。其法哲学根源在于“反形式理性”,认为要凭借人类的智力为未来设计一套规则在逻辑上是不成立的,只有历史和经验才靠得住。因此,预先制定出来的法典不会是完美的,即使勉强被制定出来,在面对具

---

① R. Sacco, Codificare: modo supremo di legiferare? In Riv. dir. Civ, 1983, I, 130ss.

② “Max Weber on Law and the Rise of Capitalism,” *Wisconsin Law Review*, 1972, p.730(转自沃森,2005:32)。

③ 关于这一观点的介绍,参见 N. Irti, L'eta' della decodificazione venti anni dopo, Milano, 1998, p.12(转自张礼洪,2006:53)。

体案例时，也必然要被修改或突破（徐学鹿、梁鹏，2005：76）。

20 世纪 80 年代，在著名法学家梅迪库斯等的帮助下，德国联邦司法部着手对债法进行大规模改革，重新起草民法典的相关部分。此项工程及改革委员会（the Reform Commission）提出的建议得到了众多法学者的支持。然而，此后一直到 20 世纪末，德国立法机关才着手考虑改革委员会的建议，德国立法机关表现得相当被动，多少说明对于重构民法典的建议持怀疑态度。恰恰是一项欧盟立法决定性地推动了《德国民法典》债编重新编纂，并在 2002 年初生效。诚如穆里洛（Murillo）教授所言，随着社会的发展，古老的法典在新的社会与法律秩序中已经得到了改变。历史上，诸法分离的过程中产生出具有形式法特征的实定法，在当时自然科学的一系列成就影响下，实证主义法学理论蓬勃发展。实证主义法学的这种努力无疑是对法律长期依附于伦理道德的一种反叛，对传统的、以道德哲学为统率的社会科学带来了巨大冲击。以这种调整思路来认识社会法整个法律秩序虽有偏颇，但用一种较为抽象且稳定的方式来阐述社会法微观层次，仅让劳动合同立法法典化，显然还是具有说服力的。

第二节　劳动择业权利

在劳动关系的产生过程中，劳动者的择业权与用人单位的招工权相对应，劳动者在择业上是权利主体也是利益主体。从消极自由来看，这种择业权利表现为劳动力支配权，具有契约性与期限性；从积极自由来看，国家应对择业歧视进行禁止。在劳动关系产生中，财产权应当具有独立的地位，劳动择业权利应当特别强调其支配权的特点。

一、劳动择业权的含义

从法律关系的视角来观察，作为市场人，劳动者的“择业权”，用人单位的“招工权”，两者都具有支配权的特点，通过市场来进行联结并以签订劳动合同形成劳动关系。择业权是相互对应的权利，应当理解为劳动者的择业权与用人单位的招工权的统称。我国虽没有承认财产神圣的宪法地位，但认可了绝对权的地位，劳动择业权也具有绝对权的特点。

（一）劳动者的择业权

择业权是指劳动者在未建立劳动法律关系时，有权按照自己的意愿选择用人单位；在已建立劳动法律关系的情况下，有权依照法律规定，解除劳动关系，重新选择用人单位。定义择业权概念，涉及对劳动权的理解。1982 年《宪法》第 42 条第 1 款规定：“中华人民共和国公民有劳动的权利和义务。”劳动权是指每个有劳动能力的公民应有机会凭其自由选择和接受工作谋生的权利(蔡定剑,2006)。劳动权作为一个学理概念,往往有不同的含义。《牛津法律大辞典》将其称为"工作权"(right to work)并在两种对立意义上进行解释。第一种是指工作的权利,即工作的自由,不受限制性规则的束缚,通常指不能因性别、民族出身、肤色或是否工会会员而对就业进行限制,这种权利也可称之为"工作自由权"(沃克,1988:775)。择业权就是这种工作自由权。劳动者作为劳动力的所有者,有权选择劳动力的让渡对象,通过对用人单位的选择来确定劳动法律关系;在劳动力使用权已经让渡的情况下,也有权通过解除劳动关系,依法收回。我国与其他一些国家相类似,对劳动者解除劳动法律关系从宽规定。当我国从国家本位向社会本位合理回归时,首先就是通过推行劳动合同制度,保障劳动者的择业权,在劳动关系调整中融进私法因素。

长期以来,我国城市和农村断裂成两个就业市场,政府通过户籍制度和农村人民公社制度把农村劳动力束缚在土地上,城市就业市场本身也处在分割状态,二元社会造成了几十年城乡劳动力的隔绝,经济发展水平和生活水平存在着巨大的差异。处在体制转轨和结构调整时期,城镇劳动力市场断裂为两块:一块主要涉及国有部门和存量劳动力,尽管就业体制在渐进改革中,就业基本上还是靠政府的行政调节;另一块主要涉及非公有制部门和增量劳动力,基本上完全靠市场来调节。两种就业体制的并存状态,一般被经济学家和社会学家们称为二元就业体制(刘国光、戴园晨等,1991;蔡坊,1998)。我国政府的特殊地位,使这种二元格局至今仍有维持,劳动者的择业权状态与二元劳动力市场发展密切联系。

从存量劳动力来看,我国国有企业的用工制度长久以来一直处于计划经济体制下,"大锅饭"政策滋养了很多冗员,使得企业负担沉重,生产效率低下,逐渐在市场化竞争中显现出劣势,改革以提高生产效率成为国有企业继续生存发展的必要前提。任何一种经济政策必须得到大众的理解和支持才能取得效果,劳动力市场的建立和完善也不例外。就业制度改革的阻力主要来自中年劳动力,在劳动力人口大龄化程度较高的地方,改革困难和阻力也会更大(彭希哲,2000:97)。1992 年上海以二纺机为首的 13 家企业进行了深化企业劳动人事制度综合配套改革的试点。在这一试点的基础上,1992 年 8 月 12 日,上海市劳动局发布了《本市全民所有制企业实行全员劳动合同制试行办法》,首创了中国式的无固定期限劳动合同。该办法明确:"无固定期限的劳动合同,不明确终止期,双方可按约定的终止条件终止劳动合同。"该规定还对各种解除形式进行了规定。该规定对企业解除劳动合同的条件与员工解除劳动合同的条件进行了不同规定。该规定以倾斜立法的方式给予员工用脚投票的权利;"职工提出辞职(服务期内除外),一个月前书面通知企业的","职工可以解除劳动合同"。

从增量劳动力来看,20 世纪 80 年代以前,农村劳动力向城市转移受到极其严格的限制,政府行政部门设立了以基本禁止为特点的严格审批制度。1957 年国务院通过《关于各单位从农村招用临时工的暂行规定》,要求"各单位一律不得私自从农村中招工和私自录用盲目流入城市的农民"。"招用临时工应当尽量在当地城市中招用,不足的时候,才可以从农村中招用。"改革开放初期,1980 年中共中央《关于进一步做好城镇劳动就业工作的意见》强调“要控制农村人口盲目流入大城市”，“要压缩、清退来自农村的计划外用工”。1981年中共中央、国务院《关于广开门路、搞活经济，解决城镇就业的若干决定》强调，“要严格控制使用农村劳动力，继续清退来自农村的计划外用工”。同年，国务院《关于严格控制农村劳动力进城做工和农村人口转为非农业人口的通知》要求，“要严格控制从农村招工”，“认真清理企业、事业单位使用的农村劳动力”，这一时期基本上是限制各单位从农村招用工人或临时工(蒋月等，2006：37—38)。随着企业用人自主权的加大，我国农村劳动者获得了自主权。

中国的城市人口与农民相比，在一定程度上是处在较优越的地位。我们普遍就业的目标始终只是对占总人口20%左右的城市人口而言的，占人口80%的农村人口处在一种自然就业的状态。这种优越主要表现在就业和社会保障等方面，并直接影响到当前解决就业问题的途径和措施(彭希哲，2000：94)。劳动者的择业权的完善与解决城镇劳动力市场断裂的问题密切相关。

(二) 用人单位的招工权

在我国，与劳动者的“择业权”相对应的权利是用人单位的“招工权”，经营自主权是指企业享有的权利。现代经济理论的研究成果证明，管理权和所有权密不可分，按照委托代理理论，管理权来自产权主体的授权。投资者对企业经营的控制权力源自依据公司章程就公司的生产经营进行表决的权力，所有权决定管理权，管理的价值主要体现为对资本利益(产权主体利益)的维护。在劳动者与用人单位相互选择的基础上，劳动合同当事人对劳动合同的具体内容进行平等协商后才会产生劳动关系。用人单位的招工权状态也与二元劳动力市场发展密切联系。

从存量劳动力来看，我国长期实行固定工制度。这种固定的由国家包下来的劳动制度，企业并无招工权，劳动力基本上是处于凝滞状态，大大影响了生产力的发展。用人单位的招工权依赖固定工的改革，这项改革首先在新工人中推行，在老工人中实行显然困难得多，长期实行的“铁饭碗”，使这部分员工缺乏风险意识和竞争能力。1987—1990年，全国对固定工进行优化劳动组合，择优上岗，实行劳动合同化管理。1992年劳动制度改革达到了一个高潮，优化劳动组合和全员劳动合同制在全国各企业普遍推行。以徐州市“破三铁”(即“铁交椅”“铁饭碗”“铁工资”)和北京市“砸三铁”为代表的改革引起了全国各地的关注(刘贯学，2004：130)。

从增量劳动力来看，1962年国务院《关于国营企业使用临时职工的暂行规定》第3条规定，“除招用工地点在农村的可以通过当地劳动部门批准就地招收临时工以外，由于其他特殊原因必须在农村招用临时工的，应当经省、自治区、直辖市人民委员会批准”。1979年《关于清理压缩计划外用工的办法》提出，清理的重点是全民所有制在劳动计划外使用的农村劳动力。1986年7月12日国务院发布的《国营企业招用工人暂行规定》第12条规定，企业招用工人，应当在城镇招收。需要从农村招收工人时，除国家的规定以外，必须报省、自治区、直辖市人民政府批准。1991年7月25日发布并开始实施的国务院《全民所有制企业招用农民合同制工人的规定》允许适量招用定期轮换工，用人单位以渐进方式获得了招工权。

（三）劳动择业的绝对权

温德夏特指出“绝对权是针对一切人产生效力”的权利。梅迪库斯指出：“一项权利可以相对于每一个人产生效力，即任何一个人都必须尊重此项权利。这种权利便是绝对权（absolutes Recht）。”（梅迪库斯，2001：58—60）绝对权往往是形成其他权利的基础。我国改革开放的历史进程给我们的启示是，包括劳动者的择业权与用人单位的招工权在内的劳动择业权应当被理解为绝对权。

按照一些德国学者的观点，绝对权包括人格权、对人的亲属权、对物的支配权（对物权）、对无体物的支配权（知识产权）。在19世纪的潘德克顿法学家看来，绝对权的范围是比较狭窄的。萨维尼所称的绝对权仅包括对物权与继承权，涉及的其实是物的所有。基尔克的社会法是一种“人格共同体”的新型人法，主张扩大绝对权的保护范围，这种看法不仅得到日耳曼学派的支持，也得到一部分罗马学派的支持。温德夏特则认为绝对权包括对物权、对自己人身的权利、部分亲属权、对精神产品的权利。贝克尔认为绝对权包括物权、部分亲属权、著作权以及其他无体物之上的物权。在当代民法学家的论述中，由于此前发现了许多新的权利类型，绝对权的范围呈逐渐扩大的趋势。如拉伦茨认为绝对权包括物权、人格权、人身亲属权、无体财产权、物权取得权、物权上的权利以及物权的期待权（拉伦茨，2003a：300）。我国社会法应当按“人格共同体”来理解，劳动者的“择业权”，用人单位“用人权”也是新型人法意义上的绝对权。

劳动关系人身依附关系是我国经济学理论和法学理论中长期否定劳动力为个人所有的现实基础。如果要在上述绝对权中寻找一种最为接近的表述，应当是人身亲属权，国家更像是一个家长，劳动者与用人单位都只能在其规定范围里活动。南北两种改革方案最终汇合在将支配权交给劳动关系双方主体。劳动力所有权理论也是在这样的背景下提出来的，推动了市场经济的发展。帕夫洛夫斯基认为绝对权（支配权）包括物上的权利（物权）、标的上的权利（知识产权）、企业权、指示权（包括父母对子女的抚育权、企业主对员工的命令权）、取得占有后所形成的基于债务关系的支配权（金可可，2008：135），我国学者大体沿用了这类表述。我国劳动者的择业权、用人单位招工权这种类型的绝对权，从改革的过程来看，更像是从一种另类的人身亲属权向财产支配权转化的过程。

在罗马法中，所有权只能是一种“物权”，民法中的物权法属财产归属之法，主要调整和保护私主体财产权利。以这种狭隘的眼界来观察，确实无法回答劳动力的所有权问题。劳动法的调整对象是以兼容性为特征的，财产关系与人身关系的高度融合已使劳动力的所有权突破了物权的范畴。针对潘德克吞法学绝对权的狭窄范围，从基尔克开始，社会法明确提出了人格权的财产性问题，即“物法”范围的扩大影响“人法”的调整规则。我国理论界曾经热议几十年的劳动力的所有权其实也是类似的探索。劳动力之所以仍需要借助于“所有权”这样的范畴，是由于劳动力对于劳动者来说确实与“所有权”有某些共同之处。我国学者认为，财产所有权具有四个特征。(1)财产所有权是一种最基本的民事法律关系。在各种民事法律关系中，所有权关系处于最重要的地位，它是社会再生产中财产的转让、商品交换关系产生的前提条件和最终目的。(2)财产所有权是完全的物权。所有权具有物权的一切法律特征。(3)财产所有权关系的权利主体的特定性与义务主体的不特定性与不作为，是所有权法律关系区别债权法律关系的一个显著特征。(4)财产所有权具有独占性、排他性。财产所有权的主体总是单一的，同一项财产不能同时存在两个所有权主体(李由义，1988：172—174)。这些特点在劳动力所有权上也是存在的，作为一种新型人法，劳动力所有权还具有人权的特点。

从形式法的视角来观察，市场经济作为当然的前提，西方法学理论发展未必需要借助劳动力所有权理论来推动，但仍需要法学意义上绝对权、支配权的归纳。包括劳动者的择业权与用人单位的招工权的择业权首先是一种绝对权，也被称为对世权。绝对权的权利主体集中反映出平等法律主体的特点，也可反映择业关系的特点。平等法律主体虽是签订劳动合同的依据，但劳动力的基本状态仍是作为财产关系发生与演变的依据。作为客体的劳动力是一种潜在形态的劳动力，亦即劳动能力，招工的程序实际上是考察这种潜在劳动力的程序，以潜在的劳动力为依据，还可将劳动力进一步分类。从体力方面常分为有劳动能力、部分丧失劳动能力和完全丧失劳动能力，从智力方面往往根据教育程度、任职资格等进行分类(董保华，1998b：37)。倘若偏离这一点，就会导致市场功能难以发挥或市场机制变形。个人所有权是人权保障的基础，是参与经济生活的最直接的工具。雇佣劳动产生条件可以概括为“双自由”。一方面是指相对于被土地所束缚的农民，雇佣劳动者获得自由处分其劳动力，并得将劳动力当作商品出卖，转让给使用其劳动力的企业主，雇佣劳动者可自由决定是否要出卖其劳动力并选择出卖对象；另一方面，雇佣劳动者由于不受所需要的生产资料的限制，故是自由的(黄程贯，2001：5—6)。从绝对权的角度看，法律应当保障劳动者对支配劳动力的自由，事实上我国在相当长的时期内是限制这种自由的。

二、择业的消极自由

财产关系与人身关系的高度融合已使劳动力的所有权既具有物权的特征，又突破了物权的范畴。择业上的消极自由是以显性契约与资本雇佣为前提的，劳动择业的支配权具有限定性与期限性的特点。

(一) 劳动择业的支配权

劳动择业的支配权强调了劳动者的主动地位。鲁道夫·索姆认为：“因为对物权直截了当地赋予权利人以自己行为的权利，所以隶属于绝对权的概念，也即是对抗一切人的权利。”萨维尼称其是“针对一切人”的权利。支配权是排除他人干涉、直接支配客体的权利。郑玉波认为，支配权（亦称管领权）者，权利人得直接支配其标的物，而具有排他性格之权利也。此种权利有两种作用，在积极方面，可以直接支配标的物，而不需他人行为之介入；在消极方面，可禁止他人妨碍其支配，同时并具有排他性（郑玉波，1979：47—48）。郑玉波根据权利的作用将权利分为支配权、请求权和变动权三种。

支配权的特点可以归纳为以下三点。（1）绝对性。支配权必定是绝对权，绝对权却不一定是支配权。绝对权是针对一切人产生效力的权利，但并不以对客体的支配为前提；支配权则由于其对客体的支配，而必然产生对一切人的效力，因此必然属于绝对权。劳动者作为劳动力的所有者，有权选择劳动力的让渡对象，通过对用人单位的选择来确定劳动法律关系。在劳动力使用权已经让渡的情况下，也有权通过解除劳动关系，依法收回。“劳动力个人所有”的观点对我国的思想解放起了巨大的推动作用。（2）直接性。在积极方面，可以直接支配标的物，而不需他人行为之介入。支配权的权利主体是特定的，劳动者对劳动力支配是一种自然现象、人身现象，对于劳动者独立人格的承认，使择业权的核心是财产权利与人身权利的一致，劳动者可以对用人单位保持独立的选择权。用人单位基于财产的支配权，选择合适的劳动者。（3）排他性。在消极方面，可禁止他人妨碍其支配，同时具有排他性。支配权是权利人行使法律所赋予之权力支配他人或财产，同一客体不得设立多个不相容的支配权，支配权应当有排除外力非法干预的功能。劳动者择业，用人单位招工，是符合支配权的理论内涵的。劳动者往往是根据招工简章中反映出来的劳动合同的内容来选择用人单位，在劳动择业过程中的劳动者具有对自己劳动力的支配权。

在国内有些人格权的著述中，支配性也被认为是人格权的重要属性。①但也有学者提出了异议，认为法律设置人格权的根本目的，不在于赋予自然人对其人格利益进行支配利用的权利，而在于保障决定“人之所以为人”的那些基本要素（生命、健康、名誉等）不受非法侵害（尹田，2004：18—19）；或认为人格权的特点在于其绝对性，人对于自己的身体、健康、生命、尊严等并无支配权（李永军，2006：247）。父母对子女的抚育权，具有针对一切人之效力，却并未被称为支配权（拉伦茨，2003a：283）。就绝对权而言，还有学者从事实支配与法律支配的区分角度对这一问题作了分析（李永军，2008：115）。这些论述多少脱离了中国改革开放所遇到的实际问题。

契约自由原则的确立，使择业中的支配权转化为用工中的请求权，绝对权转化为相对权，体现了意思自治原则对契约领域的深刻影响。以支配权的理论来理解劳动者择业、用人单位招工有助于我们从防御权的角度来理解劳动权的含义。在消极权利中，劳动者的权利涉及的是劳动力市场，围绕劳动力的所有权与支配权的分离来展开的，生产要素分离与组合，使劳动者的权利具有财产关系的特点。劳动力市场的建立本身具有对抗某种人身依附关系的特点，在我国另类的人身依附关系中，劳动者与

① 张俊浩，2000：137；梁慧星，2004：113；马俊驹，2009：105；姚辉，2011：50。

用人单位一度都是没有择业权的，也不是个人利益主体。我国在计划经济时代曾经试图以较低的劳动生产率的代价和低工资的劳动制度实现普遍就业的目标，农民依附于出生时的土地，工人依附于国家指定的生产资料，人身依附确立劳动关系的结果是建立了一个城乡分割的二元发展模式和以“大锅饭”“铁饭碗”为制度特征的劳动就业体系。只有将支配权还给用人单位与劳动者，社会主义市场经济才能真正得到发展。从根本上说，劳动力必须与生产资料相结合才会产生劳动法律关系，并转化为就业行为，择业的目的是就业。用人单位支配劳动者的劳动力，法律意义上的支配是需要通过对劳动者人身意义上的支配来进行转化的，转化成功的重要标志，是在劳动关系的范围内形成请求权。

(二) 劳动权利的限定性

劳动权利的限定性强调了劳动者的被动地位。择业权利体现为劳动者的择业权与用人单位的招工权，从绝对权转化为相对权是有条件的，劳动权出现限定性的特点。劳动权的限定性是与完全性相对应的概念，强调失业的客观存在。有学者特别强调自由主义劳动权理论。“总结古典自由主义和新自由主义关于劳动权的论述，二者基本理念是一致的。概括起来，对国家或者政府而言，不应该对劳动力市场有任何的干预，它们应采取的是一种完全放任的态度，从而实现劳动者的自由流动，进而带动资本的自由流动；对于劳动者而言，他们在劳动力市场上有选择劳动的自由，有排除强力干预的自由，这种自由是一种消极自由。”“我们对前人的自由主义劳动权理论进行必要的阐释和补充，试图使劳动权重新回归到自由权的范畴中去。”(杨春福、陈学超，2004：66)消极自由产生出限定性。

对于绝对权与相对权的定义，19 世纪的潘德克顿法学家做过深入研究，贝克尔认为，“按照其效力是针对一切人，还是仅针对特定人，权利可以分为绝对权与相对权”(金可可，2008：134)。劳动者在掌握对自己劳动力的支配权时，也要承受择业不能转化为就业的客观现实，相对劳动权的完全性而言，限定性强调了劳动者的择业权不能转化为就业权的社会现实。在社会主义市场经济条件下，劳动者行使择业权，用人单位行使招工权。“择优而用，择善而从”的双向选择是一种流动的过程，双方的权利义务主要通过劳动合同来确定。失业现象是绝对权无法转化为相对权而产生的一种现象，尽管劳动者是劳动力的所有者，然而劳动者只有将劳动力的支配权让渡出去，才能形成劳动法律关系。这种让渡并不顺利，因此劳动力与生产资料相结合、择业权与用人权的结合时，会产生劳动权利限定性的问题。

在社会主义市场经济条件下，一方面，对劳动力所有权保障的首要任务是明确劳动者的择业权与用人单位的用人权。另一方面，也不能停留在经济学意义上的“劳动力所有”的讨论上。随着以劳动合同为形式的劳动力使用权转让的普遍实行，劳动关系在融进平等因素和财产特征的同时，也使人身与隶属的关系出现了新特点。承认劳动权利的限定性，对劳动关系的认识并非停留在自由契约时代，通过失业保险等形式，为劳动者建立起适应社会主义市场经济发展的保障形式。

(三) 择业权利的期限性

如果说择业权利的支配权性质强调了劳动者的主动地位,择业权利的限定性强调了劳动者的被动性,择业权利这种绝对权与劳动关系建立后的相对权相结合的形式决定了劳动合同与信赖利益相联系的特点。这种特点对不定期合同与定期合同产生了不同影响。既然权利的支配者有权在一定条件下主动收回自己的劳动权利,也就存在被动收回劳动权而进入择业的情形,合同期限常常成为劳动关系双方关注的焦点。在国外,不定期合同最初在大部分国家被理解为双方当事人只要给对方一定的预告期就可以被终止的合同,这种体现信赖利益的合同在形式上一般没有特殊要求,可以是书面的,也可以是口头的(董保华,2005a:122)。从《法国民法典》到《德国民法典》的法律都强调了定期合同作为调整雇佣关系的重要作用。

在第一部资产阶级民法典《法国民法典》诞生之前,世界各国对于劳动关系的调整,还不强调期限的概念,而随着这一部民法典在 1804 年颁布实施,劳动关系由民法进行调整。民法以个人为本位,要求“意思自治”,追求“契约自由”,对于劳动关系,国家采取“自由放任”的政策,同时确认定期劳务合同。《法国民法典》第 1780 条规定,“人们仅得就一定的期限或一定的工作,负担对他人提供劳务的义务”。1900 年开始施行的《德国民法典》,在第 620 条也作了关于劳动合同期限的规定,同样是确认了定期劳动合同。合同期限成为劳动契约的重要内容,一时性合同与继续性合同的原理也是在对期限制度进行深入研究后创建的理论,也影响了契约期限的分类标准。

定期合同是与传统私法的个人本位契约观相联系的合同形式。合同或契约被理解为当事人地位平等、信息充分且对称,双方自愿接受约束,承受向他方为交付某物或其他行为或不行为的法律义务而达成的协议或约定,亦即当事人自愿接受“法锁”的一种行为或方式。在民法体系中,合同是民事法律关系的核心部分,个人意志则是合同的核心,一切债权债务关系只有依当事人的意志而成立时,才具有合理性,定期合同体现了这一理念。劳动合同期限是劳动合同中最为重要的内容。从一时性合同原理出发,定期合同是双方当事人对劳动关系存续期限做出的一种较为精确的安排。根据意思自治原则,当事人的意志不仅仅是权利义务的渊源,而且是其发生的根据。“契约是当事人间的法律。”(周枏,1994b:661)因此,合同期限是必须信守的,只有在主客观情况发生变化,致使合同的履行成为不可能或者不必要的情况下,才允许当事人解除合同。

我国劳动合同的推行开始于 20 世纪 80 年代,当时主要针对新招用的员工,实行的是定期合同;90 年代开始在已经参加工作的员工中推行劳动合同制,试点中采用了无固定期限的劳动合同。无固定期限的劳动合同实际上被视为一种不完全契约,须在实际履行中加以完备,通过实际履行来克服不完全契约的弊端。《日本民法典》第 627 条规定,当事人未定雇佣期间时,各当事人可以随时提出解约申告,于此情形,雇佣因解约申告后经过两周而消灭。《意大利民法典》第 2118 条规定,对于未确定期限的劳动合同,任何一方都享有按照行业规则、惯例或者公平原则规定的期限和方式履行了通知义务之后解除合同的权利。《法国劳动法典》第 122-4 条规定,不定期的雇佣合同，只要遵守规定，签订合同的双方的任何一方都可以予以终止。如果说传统的定期劳动合同保留了传统私法信守合同的特点，我国的固定期限合同中劳动者享有的预告辞职制度已经突破传统定期合同的限制，实际上已经以一些形成权的规范，融入了不定期的一些元素与特点。

三、择业的积极自由

从历史的角度看，择业是一个特定的概念。自由权利与消极权利相比，还在一定程度上包含受益权，劳动权作为工作的自由，不受限制性规则的束缚，在择业自由的保障上国家并非完全是无为的。当劳动权强调"应有机会凭其自由选择和接受工作"时，劳动择业权也具有积极自由的特点，国家应从公开、公正、公平的要求出发，排除妨碍择业自由的因素。

(一) 择业市场上的公开性

从择业的积极自由来看，保持劳动力市场的公开性是国家的重要职责。劳动合同作为一种特殊类型的合同，在订立程序上除具有合同的一般程序外，又有自己的特征。用人单位在正式提出"要约"之前，有一个被称为"招收录用"的程序。这样，劳动合同的订立可以分为两个阶段。第一阶段，确定"受约人"程序。企业是提出订约提议的一方，也被称为"要约人"。劳动合同的另一方当事人，即接受提议的一方，也称"受约人"。企业在招工之前，不存在特定的"受约人"。"受约人"从不特定的对象到特定的对象，须经过报名考核，择优确定。第二阶段，用人单位作为"要约人"向特定的"受约人"提出具体的订约提议，并通过协商签订劳动合同。这个确定"受约人"的程序，很大程度上是劳动者与用人单位双方行使各自支配权，从而使劳动力的支配权由劳动者转移为用人单位的过程。这一程序也是绝对权转向相对权，支配权转向请求权的关键环节。前后两个阶段的法律约束力应当衔接，有必要明确"招工简章"与"劳动合同文本"的各自特点及相互关系。

其一，招工简章。"招工简章"实际上也是一种特殊类型的广告。广告一般被视为"要约引诱"。招工简章作为广告来发布时，具有广告的一般特征，社会法更要强调招工简章与一般要约引诱不同之处。"招工简章"的内容一般包括：招收的工种或专业、招工名额、男女比例、招工对象及条件、招工的地区范围、报考时间及地点、企业的简况、试用期限、录用后的工资福利待遇及劳动条件等。《劳动合同法》第 8 条规定：用人单位招用劳动者时，应当如实告知劳动者工作内容、工作条件、工作地点、职业危害、安全生产状况、劳动报酬，以及劳动者要求了解的其他情况。概括起来主要有两方面的内容：一方面是关于录用条件的内容，另一方面是关于以后劳动合同草案的内容。法律对这两方面的内容应作不同的规定，以使其和劳动合同相联系。招工简章中关于劳动权利和劳动义务的具体规定，与劳动合同订立的第二阶段相适应，是和用人单位提出的劳动合同文本的内容相重合的，应当通过立法明确两者的内容必须一致，“招工简章”受到劳动合同内容的限制，不能以要约引诱的方式进行夸大宣传。

其二，劳动合同草案。从理论上说，进入上述第二个阶段后，用人单位提供的劳动合同草案本身不具有法律效力，仅供订立合同时参考，劳动者也有对应的权利，缔约时可以对条款增删修改，也可以弃之不用，另订条款。事实上，当存在着两个阶段时，这两个阶段是不可能截然分开的。在现实生活中，第二个阶段有时会被第一个阶段所吸收。在现代化大生产的条件下，劳动合同呈现出规格化、定型化的特点。处于弱势一方的劳动者对于已经规格化、定型化的标准合同文本，往往只能作出完全接受或者完全拒绝的选择，从而使其自由表达意思的能力受到极大限制。劳动者在这种情况下，是很难作出完全符合本意的表达的。更有甚者，劳动合同可分为主合同与合同附件两种形式。主合同是劳动合同当事人双方签字的合同文本，劳动合同当事人可以对劳动合同的内容进行协商；劳动合同的附件是劳动合同缔结时已经作为合同前置条件存在的劳动规则，用人单位简化前一部分的内容、细化后一部分的内容，这使劳动者在缔约时，往往是在不了解或不完全了解的情况下作出承诺（董保华，2000e：46）。这种内容由当事人一方确定，他方当事人只能表示完全同意或不同意，亦即只能加入或不加入的合同，可称之为附合合同（尹田，1995：120）。

我国的劳动合同制度是由原来的固定工制度发展而来，两者存在着明显的区别。原固定工劳动关系是国家劳动部门代表用人单位以“录取通知书”等文件向职工提出要约，要约包括三个方面：(1)要约的特定对象是被录取的职工；(2)要约的有效期限是录取通知书规定的报到期限；(3)要约的具体内容，主要由劳动法规和劳动政策确定。录取通知书一经送达，要约就生效，对要约方（用人单位）具有法律约束力。被录取职工通过办理报到手续来承诺，劳动关系在职工报到后即告成立。固定工劳动关系主要体现国家为调整这种劳动关系所设定的意志。固定工劳动法律关系的具体内容已通过劳动部门具体规定，劳动关系当事人无须协商。劳动关系的缔结只有前一个阶段，受约人一旦确定，劳动关系即告成立。相比较而言，现在的劳动合同制度既体现了国家意志，又在一定程度上体现了劳动合同当事人之间共同生产、相互合作的自由意志。

尽管原固定工制度也不存在第二个阶段，但在社会主义市场经济条件下，当劳动合同订立的第二个阶段为第一阶段所吸收时，会产生与原固定工制度截然不同的特点。原固定工制度不存在“确定劳动关系内容的协商阶段”，是由于劳动关系的内容完全由政府有关部门来确定，劳动关系依附于劳动行政关系，呈现出行政化的特点；而在社会主义市场经济条件下，不存在“劳动关系内容的协商阶段”则是该内容可能由用人单位单方面决定，从而使劳动合同成为标准合同、附合合同。劳动合同标准化、附合化的存在，有其内在合理性。社会化大生产要求众多劳动者协同劳动，这就要求劳动条件的标准化，劳动合同规格化、定型化适应了这一要求。劳动合同附合化也降低了交易费用，有利于订约和履约。但是，也应看到劳动合同附合化使劳动合同偏离了平等协商，成为一方说了算的合同，有违社会公平。劳动合同出现附合化的主要原因是由于劳动关系双方当事人经济地位不对等、信息不对称，以及我国劳动力市场客观上存在着供大于求的现状。这也正是劳动合同从民事合同中分离出来，并通过集体合同与劳动基准法等形式，使劳动关系的调整具有社会化的原因。

归纳起来，"招工简章"具有"要约引诱"的一般特征，但也具有不同于一般意义上"要约引诱"特征：(1)一般的要约引诱主要涉及合同内容，而"招工简章"主要是对合同主体的规定；(2)一般要约引诱往往是当事人一方邀请另一方向自己提出要约，要约邀请人常常是受约人；而在劳动合同订立程序中，要约邀请人同时是要约人，劳动法将招工单位"故意拖延不订立劳动合同"作为应当承担赔偿责任的一种情况，是将招工单位视为法定要约方；(3)当合同正式成立时，一般的要约引诱也就没有约束力了，而劳动合同成立后，在试用期内录用条件仍成为解除劳动合同的限制条件(董保华，2000e：46)。

(二) 反歧视体现的公正性

消除就业与职业歧视的规定属于四项核心劳工标准，而四项核心劳工标准又来源于国际劳工组织的一系列公约。这些公约中对消除就业与职业歧视的定义与范围有较为具体的规定。在就业与职业歧视方面，目前国际劳工组织(ILO)《就业和职业歧视公约》(第 111 号公约)是最为重要的国际公约，其对歧视的界定也成为众多学者在研究歧视问题时借鉴和参考的对象。按照该公约第一条第一款的规定："歧视"一语指：(1)基于种族、肤色、性别、宗教、政治见解、民族血统或社会出身的任何区别、排斥或特惠，其效果为取消或损害就业或职业方面的机会平等或待遇平等；(2)有关成员在同雇主代表组织和工人代表组织——如果这种组织存在——以及其他有关机构磋商后可能确定其效果为取消或损害就业或职业方面的机会平等或待遇平等的其他区别、排斥或特惠。同时，该条第二款又作出了例外性的规定，"基于特殊工作本身的要求的任何区别、排斥或特惠，不应视为歧视"(朱懂理，2004：6)。

歧视的界定可把握三个方面的内容：(1)歧视的性质界定，即在就业和职业中，针对某个体和群体的某一特征，由用人单位或政府部门所施加的不合理的条件或限制或者给予不同的待遇和机会的行为或制度；(2)歧视的范围界定，既包括就业过程中，也包括劳动过程中；(3)例外性规定。以美国为例，美国反歧视法律对歧视的界定是非常具体而全面的。综合美国法律的规定，一方面规定歧视是指因雇员或应聘者的种族、性别、宗教信仰、国籍、身体或精神上的残疾、年龄或性取向而给予其与其他做相同工作的员工以区别对待。同时，也规定了一些例外情况，允许雇主在某些极其特殊的情况下基于宗教信仰、性别或国籍(但绝对禁止种族)基础上的区别对待，这些例外情况是上述特征是该工作的本质需要(intrinsic to the job)。在法律上，这一例外被称为是一个真实职业资格例外(a bona fide occupational qualification exception，简称 BFOQ)。[①]例如在性别歧视方面，如果要招募一名扮演埃及艳后克莱奥帕特拉的演员，则可以限定应聘对象必须是女性，如果要招聘的是一间男性囚犯的监狱的看守

① http://www.lawsguide.com/mylawyer/guideview.asp?layer=2&article=52，2004 年 3 月 20 日访问。

者，则可以限定应聘者必须是男性。①

公约的建议书则规定了每个人应在下列各方面享有平等的机会和待遇：(1)获得职业指导和安置服务；(2)根据个人适合的情况获得自己选定的训练与职业；(3)按照个人品格、经验、能力和勤奋获得提升；(4)就业任期的保障；(5)同工同酬；(6)工作条件，包括工时、公休、工资照付的年假、职业安全和卫生措施以及与职业有关的社会保障、福利措施和津贴。由这些界定可以看出，所谓消除就业和职业中的歧视所要消除的是从录用、培训、晋升、工作报酬、工作条件等一系列的不平等，而平等又分为机会平等和待遇平等两方面。歧视可依据不同标准作出一定的区分，以便法律制度进行精细调整。按照美国最高法院的判例，歧视主要分为两种，即差别影响歧视和差别待遇歧视。前者是指雇主某些雇佣措施，虽然在表面上完全中立公平(facially neutral and fair)，但是实质上却会对少数族裔、妇女或其他某些受特别保护团体(protected group)之成员，产生不利影响。后者指雇主直接而故意歧视之情形。最典型的情形就是因为求职者或受雇者之种族、肤色、宗教信仰、性别或原始国籍等因素而给予差别待遇(曾恂，2003：74)。这种分类值得借鉴。

借鉴欧美发达国家的经验，一方面，国家应当设立平等就业机会委员会、反就业歧视局等机构，专门处理就业歧视问题，既可以接受申诉，展开调查调解，并且要求处理过程公开透明、有凭有据、依法处置，从而遏制企业主的歧视行为(杨文，2015)；同时，政府可以针对重体力劳动者等弱势群体提供就业培训，改变传统的直接经济救济方式，提升相关群体的再就业能力。另一方面，市场主体或企业主需要转变观念。随着我国老龄化的到来，积极发展并充分利用老年人力资本，开发更多适合老年人就业的产业或岗位，鼓励那些来自底层社会的老年群体积极参与到老年服务产业和志愿机构中，确保老年人在延迟退休后能找到工作机会；并且，对于那些掌握技术和专业知识的精英群体，可以适当采用养老金激励方式鼓励适龄群体延迟退休。此外，政府和企业还需要共同努力，规范劳动力市场秩序，尽可能地避免老年人参与非正规就业或者使非正规就业正规化(王洛忠、张艺君，2016：137)。

(三) 就业服务中的公平性

劳动就业强调劳动力与生产资料相结合的特点，国家应当为创造这样的就业条件提供帮助。战后初期西方国家在解决失业问题方面，主要从宏观方面采取膨胀性的财政政策和货币政策来刺激总需求，以实现充分就业，很少从微观方面采取具体方案来解决失业问题，进入20世纪70年代以后，各国经济高通货膨胀、高失业和低增长并存。面对相继陷入滞胀这种情况，在运用宏观经济政策的同时，各国政府也采用一些具体方案来解决失业问题。《1988年促进就业和失业保护公约》《1988年促进就业和失业保护建议书》，对促进生产性就业和失业人员的保护作出了较具体的规定。

① Lewin G. Joel III, *Every Employee's Guide to the Law*, printed in the U.S.A., 2001, Random House, Inc, p.150(转自朱懂理，2004：27—28)。

这一时期的就业保障体制以促进就业为核心。

收费职业介绍成为争论几十年的问题。国际劳工组织是根据《凡尔赛和约》于1919年设立的。该条约第13编第427条揭示了国际劳工组织的指导原则，即"禁止把劳动仅仅看成是商品或商业用物品"。1944年通过的国际劳工组织宪章的附件《费城宣言》也提出作为国际劳工组织基础的根本原则是"劳动不是商品"(Labour is not a commodity)。究竟"劳动不是商品"？还是"劳动不仅仅是商品"？其关键是"仅仅"二字。如果按照前一种理解劳动力是具有商品属性的，但不是仅有商品属性，劳动还涉及人格尊严；如果按后一种理解劳动力根本就不具有商品属性，也不具有财产交换的特性，自然也不能由以营利为目的的私营职业中介参与交易。这场讨论的核心是：在强调劳动关系的人身因素，需要保护劳动者人格尊严的同时，是否仍要承认劳动关系具有的财产交易特征。收费性职业介绍机构的发展直接受到这一讨论的影响。"劳务派遣"是诸多"非标准劳动关系"中比较特殊的一种，而且是最直接挑战国际劳工组织"劳动不是商品"基本原则的一种"非标准劳动关系"。

从历史来看，在劳务派遣的规范上就曾出现过两种选择：一种是美国的模式，允许各类劳务派遣的存在，派遣单位、用工单位共同承担雇主义务，通过法律规范的方式保护劳动者利益；另一种是欧洲大陆的模式，除国家举办的以外，以政府管制的方式禁止、限制劳务派遣的存在。普通法系的国家有着强烈的自由主义的传统，因此，在英国和美国，虽然对劳务派遣也存在政府一定程度管制措施，但这种管制不以禁止或限制为特点，而是为了维护劳动力市场的秩序。劳务派遣基本上是处于开放自由发展的态势。劳务派遣在欧洲范围内，总体呈现"禁止、管制到放开"的发展趋势。"禁止"阶段主要是国家立法上没有劳务派遣的空间，或者说劳务派遣被视为"非法"；"管制"阶段主要是国家在立法上承认劳务派遣合法，对其严加管制，主要是行政手段，包括行业的范围、派遣种类和期限以及劳务派遣机构的主体资格等；"放开"阶段主要是各国立法开始呈现积极鼓励劳务派遣发展的趋势，只是这种承认是和"法律规范"联系在一起的。经过时间的考验，那种禁止模式已经被各国基本废除，各国纷纷转向以法律规范的方式，保护劳动者的权益。历史也最终证明"放开、管制、变相禁止"是不恰当的。

第三节　劳动报酬权利

在劳动关系的存续过程中，劳动者的报酬权与用人单位的管理权相对应，劳动者在报酬上是权利主体也是利益主体。从消极自由来看，这种报酬的权利表现为请求权，具有有偿性与对价性；从积极自由来看，国家对强迫劳动进行禁止。资本控制劳动是我国的一种现实存在，劳动报酬权利应当特别强调其请求权的相对权特点。

一、劳动报酬权的含义

在劳务给付关系中，工资分配自主权作为用人单位经营管理自主权的重要组成部分，已得到立法和实践的肯定。劳动报酬权是指劳动者依劳动法律关系，履行劳动义务，由用人单位根据按劳分配原则支付的报酬。所谓双方法律行为是两个行为，劳务给付是行为之组合，报酬权应当是劳动者的报酬权与用人单位分配权的统称。

(一) 劳动者的报酬权

劳动报酬涉及劳务给付或劳动给付，是用人单位支付给劳动者的、作为劳动者提供劳动的对价的货币。劳动者的报酬权是劳动者让渡劳动力支配权而取得的权利，一般而言，劳动者一方只要在用人单位的指挥下按照约定完成一定的工作量，劳动者就有权要求按劳取酬。对于劳务给付关系，从财产关系、个人关系的角度来观察，劳动者是劳动债权的权利人，用人单位是义务人。它是劳动者让渡劳动力支配权而取得的权利，只要按照约定完成一定的工作量，劳动者就有权要求按劳取酬，劳动者的报酬权是给付请求权，具有财产权属性。从某种意义上讲，人类社会发展的过程是一个争取自由的过程，作为社会法微观层次内容的劳动债权，本是民事权利的重要内容。从请求权类型化角度进行观察，劳动报酬从劳动债权的角度来观察，是财产权中的请求权、原权型请求权。个人自主决定并为其行为负责，也要求国家不给予干涉。根据私法自治原理，劳动者的报酬权应当主要体现在消极自由上，在某些特定方面也需要积极自由的配合，后者的目的是排除对选择及交换的非正常干扰。劳动者的报酬权这种消极自由的特点常常被扭曲，通过分析以下两方面的不同意见，可以理解微观层次上，我国劳动者的报酬权难以成为相对固定的理论形态的原因。

首先，劳动报酬具有财产属性、个人属性，须界定微观与宏观的层次差异。劳动报酬是劳动者及其家属赖以生存的物质基础，也会成为社会法的宏观层次内容，个人利益在一定条件下转化为社会利益。针对笔者将劳动报酬权中财产属性界定为劳动给付行为的对价，即劳动者获得劳动报酬的前提必须是"履行劳动义务"或"付出了劳动"①，有学者批评："在劳动关系存续期间，在法定特殊情况下(如工伤、带薪休假、履行公民义务)，即使未付出劳动，劳动者也享有获得劳动报酬的权利(劳动报酬续付请求权)。"并据此将劳动报酬权定义为劳动者基于从属劳动关系而享有的获得劳动报酬的权利(胡玉浪，2009：18)。如果这样表述是为了说明劳动报酬权体现出的人身性质形成某种社会法益，具有某些非债权的特点，并没有什么错误，只是强调劳动报酬权的范围可能因反射利益而收窄，这是笔者在讨论宏观层次内容时需要关注的。批

① 董保华："劳动报酬权，是指劳动者依劳动法律关系，履行劳动义务，由用人单位根据按劳分配原则及劳动力价值支付的报酬。它是劳动者让渡劳动力支配权而取得的权利。"(关怀、林嘉，2006：90，该书第五章"劳动法律关系"由董保华教授执笔)。这是胡玉浪在《劳动报酬权研究》一书中的表述。

评者在强调“法定特殊情况下(如工伤、带薪休假、履行公民义务)”时,试图将这种以生存法益形成的反射法益,归为劳动报酬权的私权属性、财产权属性来进行分析,这就自相矛盾了,完全没有注意到这是社会利益的体现。批评者不理解劳动报酬权作为一种财产权利受人身法益的制约,后者形成的反射利益压缩了权利的空间,而并非改变了权利的性质。批评者作为《劳动报酬权研究》专著作者没有能够将财产关系、人身关系区别开来,并在理解两种关系的基础上形成契约权利与生存法益的区别,反映了我国理论研究中的普遍问题。行为是意志的表现,劳动报酬权的行为者是个人,是个人意志的表现,反射法益体现的是一种整体利益,消极自由要与宏观层次的社会利益相区别。

其次,劳动报酬具有财产属性、个人属性,须界定消极与积极的自由差异。由于我国并未以劳动债权的理论来归纳,致使积极自由常常做扩大的解释,我国劳动法学者只强调受益权能,几乎不讨论防御权能,消极自由受到了不恰当的压缩。这种状态集中反映在劳动报酬与工资两个范畴的认识上。

劳动者的报酬权与工资权的关系,学者有不同的理解。同义、从属、并列构成三种主要的观点。“同义”观点认为,工资与劳动报酬在广义上是同义的①;“并列”观点认为,劳动报酬一般是在雇佣契约中使用,而工资则在劳动合同中使用②;“从属”观点认为,“工资是劳动报酬的一个组成部分”③,“工资是劳动报酬的一部分,是基本的劳动报酬”④。在笔者看来,这三种观点都存在问题。“同义”观点完全忽视了工资与劳动报酬在广义上并不相同,而且越是广义越可以看出两者的差异。“并列”观点没有注意,两个概念的差异也不是体现为雇佣契约和劳动合同的差异,不仅劳动合同关系会使用劳动报酬的提法,雇佣契约也会采用工资的提法,例如,广为流传的“拖欠工资”的提法,包括因雇佣关系而形成拖欠的工资。“从属”观点只要换一个视角就不成立,工资并不是劳动报酬的下位概念,有时也可以是其上位概念,例如当我们使用停工工资、病假工资甚至历史上所称的退休工资时,都会强调这部分工资不具有劳动报酬的性质,换一个视角,工资也可能成为劳动报酬的上位概念。我国传统历史上,报酬与工资这两个概念虽然在民间高度混用,但这两个概念在进入立法草案时有自己的轨迹,沿着自己的历史轨迹,两个概念发生了冲撞和混同。

---

① 王全兴认为,“工资,又称薪金。其广义,即职工劳动报酬,是指劳动关系中,职工因履行劳动义务而获得的,由用人单位以法定方式支付的各种形式的物质补偿。其狭义,仅指职工劳动报酬中的基本工资(或称标准工资)”(王全兴,2004:231)。

② 郑尚元认为,“劳动报酬和工资的界别也体现了雇佣契约和劳动合同的差异”(郑尚元,2005:87)。

③ 林嘉认为,“工资是指用人单位依据国家有关规定或劳动合同的约定,以货币形式直接支付给本单位劳动者的劳动报酬,工资是劳动者劳动报酬的重要组成部分,是工薪劳动者的基本生活来源。劳动报酬是劳动者通过劳动而获得的报酬。除工资外,劳动报酬还包括劳务费、佣金、稿酬等”(关怀、林嘉,2006:212)。

④ 冯彦君认为,“工资,又称为薪金、薪水,是指劳动者因付出职业劳动所获得的,由用人单位按照一定的标准和形式所支付的劳动报酬。劳动报酬包括两个部分:基于民事合同所从事的各种服务性劳动所获得的报酬和基于职业劳动所获得的报酬。基于职业劳动所获得的报酬为工资。可见,工资是劳动报酬的一部分,是基本的劳动报酬”(冯彦君,1999a:163)。

我国报酬立法最初是一个私法性的概念，强调劳动与报酬的对立关系。清末民初律法中已普遍使用“报酬”这一概念。《大清民律草案》第 717 条、第 723 条至第 725 条在“雇佣契约”中就明确使用“报酬”一词。如该草案第 723 条规定：“受雇人非依约服劳务毕，不得请求报酬。”[①]《民国民律草案》在“雇佣契约”中继续沿用“报酬”这一概念。[②]劳动报酬这一概念进入民法典时，与西方各国大体是相同的。如《德国民法典》第 611 条第 2 款规定：“雇佣合同的标的，可以是任何种类的劳务。”同样，“依《法国民法典》及《日本民法典》，无论何种劳务，于雇佣契约均适用之”。

我国工资立法最初是一个公法性的概念，强调国家的干预。1929 年南京国民政府颁布的《工厂法》第 20 条规定：“工人最低工资率之规定，应以各厂所在地之工人状况为标准。”（胡玉浪，2009：13）可见，这时的工资立法已经是一个与生存法益相联系的公法概念。不仅国民政府是在保障生存法益意义上使用工资概念，当时的红色根据地也采用类似的概念，1931 年《中华苏维埃共和国劳动法》第 25 条规定：“任何工人之工资，不得少于由劳动部所规定的真实的最低工资额，各工业部门的最低工资额，至少每三个月由劳动部审定一次。”第 29 条规定：“女工青工与成年男工做同样的工作，领同样的工资。”这时的工资立法强调的是生存法益，具有公法性。1954 年《宪法》第 91 条规定：“中华人民共和国公民有劳动的权利。国家通过国民经济有计划的发展，逐步扩大劳动就业，改善劳动条件和工资待遇，以保证公民享受这种权利。”改善劳动条件和工资待遇，作为宪法权利，由国家负责实施，也是一项具有公法性的规范。

正如德国法学家克尔克加德（Kierkegaard）指出的那样：“任何概念都拥有自身的历史，它们不能抵抗时代的变化。”（魏德士，1995：114—115）随着我国走向公法的一元化，国家对社会的管控越来越深，工资概念得到了极大的扩展，开始对社会各种与劳动有关的概念进行辐射。从民间来看，劳动报酬与工资本就有混用的倾向，市贾是市肆中的商人，在中国民间用语中，作贾行商与平定物贾，是两个区别较大的概念，作贾与平贾也成为两种不同的支付方式，作贾就是雇价，汉代法律对受雇人月收入有明确的限制，也被称为“平贾”。有学者考查，我国很早就有“庸值”“作贾”“雇资”“平贾”“薪俸”“工银”“月俸”“紫薪银”“薪水”等概念。[③]这些概念中，有的体现行商中较为灵活的酬劳方式，有的是各级官员的薪俸，以较为稳定的方式支付。随着我国劳动关系趋于稳定，工资的这一稳定支付概念得到了广泛的运用。全民、集体作为城市与农村的两种主要经济形式，前者以工资，后者以工分作为劳动报酬的基本形式，前者体现了稳定，后者体现了灵活。笔者参与了 20 世纪 90 年代的《劳动法》的立法活动，

① 《大清民律草案　民国民律草案》，杨立新点校，吉林人民出版社 2002 年版，第 91—92 页（转自乌兰，2011：1）。

② 《民国民律草案》第 574—575、577—580 条（郭建，2005：274—280）。

③ 至少在战国时期，雇佣关系就已经相当普遍。关于雇佣劳动的收入，古代一般称之为“庸值”“雇价（或作贾）”“雇资”等。汉代法律对受雇人月收入有明确的限制，因此又称为“平贾”。雇工的报酬包括口粮均按白银支给，称为“工银”。对于各级官员的报酬，汉代称为“薪俸”。由于当时的“薪俸”并不是按月支给而是按年计算，因此叫做“年俸”。南朝宋代以后，有了按月发俸的形式，因此又称为“月俸”。明代中叶以后，商品经济有了一定的发展，货币形式日趋流行，才逐渐改为薪金，当时称之为“紫薪银”。现在有人称工资为“薪水”，就是从“紫薪银”这一名称演变而来的（郭建，2005：274—280；王彩莲、尉文明、张安顺，1995：114—115）。

如果说当时采用“用人单位”提法是争论的结果，那么在劳动关系中采用“工资”的提法几乎是顺理成章的事情，根本没有考虑有其他替代概念。

从我国的历史演变大体可以看出，劳动报酬这个概念更多的是随着市场经济发展而发展，在我国计划经济时期，市场机制虽然极大萎缩，但也没有完全消灭，这是劳动报酬这一具有私法性特点的概念仍得以保存的原因。改革开放使社会主义市场经济得到了充分发展，民法以及民法理念也因此形成，劳动报酬概念有了更广泛的发展空间。随着私法性的规范开始进入劳动法体系内，劳动报酬与工资的概念出现了碰撞与混合。国家赋予国有企业工资自主权，一些与市场相联系的机制开始以劳动报酬的形式出现，例如承包收入，很难归入原有的工资体系，一般称之为劳动报酬。由于我们赋予外商投资企业较大的自主权，使其率先引入了薪酬管理的概念，以区别于国家已经形成的一整套工资管理体系。劳动报酬与工资的演变历史，使这两个概念有了一个基本的分工：劳动报酬更多体现了消极自由，工资更多体现的是一种积极自由。由于我国劳动立法一开始就选择了工资的立法概念，国家宏观层次的反射利益往往与工资的概念挂钩，工资概念也会体现出人身关系的特点，例如最低工资、工资支付、工资扣除等。从这个意义上看，具有财产属性的工资债权的概念更适宜从劳动报酬的角度来定义。

（二）用人单位的分配权

对用人单位的分配权，有的学者表述为：“劳务给付内容的详细情节亦非自始确定，劳务给付之具体详细内容不是由劳务提供者决定，而系由劳务受领者决定之。”（黄越钦，2003：94）在这种关系中，我国《劳动法》第 47 条规定：“用人单位根据本单位的生产经营特点和经济效益，依法自主确定本单位的工资分配方式和工资水平。”用人单位行使劳动力支配权，劳动者依劳动法律关系，履行劳动义务，由用人单位根据按劳分配原则及劳动力价值支付报酬。根据我国《劳动法》第 47 条的规定，用人单位的工资分配自主权包括工资分配方式确定权和工资水平确定权两部分内容。据此，用人单位可根据自身生产经营特点和经济效益，自主确定本单位员工的工资标准、工资形式以及薪资增减条件、福利待遇等其他劳动报酬的发放标准和条件等。我国用人单位的分配过程中支配权与请求权相结合，具有以下三个特点。

其一，用人单位分配权主要体现财产性特点。企业收入分配关系主要表现为生产要素所有者或支配者就企业收入的分割而形成的财产权。财产权和所有权密不可分，按照委托代理理论，分配权来自产权主体的授权管理的价值。有学者指出：“在现行劳动法规中找不到经营权之字样，可以说，经营权只是习惯上的说辞，而非实定法上概念，这个习惯上之说辞底下统合了：用人单位基于企业设施、材料之所有权；无体财产权，乃至于基于劳动契约所生之对劳动者的指挥命令权等权能。正因为经营权不是实定法上的概念，所以对经营权概念广狭之认知，就因人而异了”（刘志鹏，2000a：110）。用人、奖惩权，是用人单位依照法律和合同的规定，使用劳动力的权利，并对劳动者实施奖励和惩罚的权力，这种财产权取决于各生产要素在企业收入创造中的地位、作用和相互之间的优化选择和有机结合的状态。

其二，用人单位请求权与管理权相联系。在现实生产活动中，投入的生产要素极为复杂，而且其数量和种类都处于变化和发展之中。分配权是建立在劳动力使用状况的评估上的，常常与请求权相联系。随着用工形式合同化的发展，用人单位的内部管理也应当规范化，企业应当将内部管理细化为内部劳动规则，并作为实施奖惩的依据。请求权的内容是请求相对人为或不为一定行为，我国用人单位的内部劳动规则，主要是指企事业单位制定的一系列规章制度，如岗位责任制、考勤制度、交接班制度、内部调动制度、劳动定额管理制度、质量管理制度、安全生产制度，等等，劳动者须按这些制度为或不为一定行为。请求权与管理权相结合，劳动规则使人们在生产过程中联系方式和行为方式规范化、固定化、法制化。

其三，用人单位分配权的有限性。具有财产性特点的分配权不可能与人身权分离，管理性、财产性与人身性相结合的特点，决定了该自主权的有限性。用人权、奖惩权是与劳动者的休息权、劳动安全卫生权相对应的权利。用人单位掌握劳动力支配权后，劳动者负有遵守劳动纪律，服从安排、指挥的义务；同时，企业在使用劳动力时，也负有不得损害其物质载体——劳动者身体——的义务。我国有学者认为，制约主要体现在两方面：(1)企业内部劳动规则应当是企业经营管理权和民主管理权结合的产物，全民所有制工业企业法规定厂长制定的“重要的规章制度”要“提请职工代表大会审查同意”；(2)企业内部劳动规则应成为劳动合同的附件(史探径，1990：239—240)。有限性可理解为用人单位“自主”并非是完全遵循契约的相对性。受到国家与工会两个方面的限制。从国家的限制来看，用人单位行使权限不能逾越法律、法规的强制性规定。如用人单位“自主”确定劳动者的工资时，受到国家反射利益的制约，不得违反国家最低工资标准的规定；从工会的限制来看，我国工会具有准行政机关的特点，民主管理常常被理解为一种变相的管理权，用人单位的工资决定权受到集体合同与民主管理制度的限制，用人单位在工会参与下行使自主权。

(三) 劳动报酬的相对权

劳动和资本是对立统一关系，劳动者的报酬权与用人单位的分配权构成了劳动报酬权的基本内容；劳动者与用人单位在劳动力交换过程形成报酬请求权。萨维尼认为相对权就是“对抗特定个体”的权利，包括家庭权(亲属权)与债[①]。在19世纪潘德克顿法学民法理论发展过程中，相对权总是被定义为针对特定人而产生效力的权利，因此也被称为对人权(史尚宽，2000：22)。相对权概念外延也保持相对稳定性，潘德克顿法学家所设想的相对权范围基本上局限于债权与部分亲属权，例如，温德夏特认为，相对权即对人权，包括债权与部分亲属权[②]。合同相对性在整个合同法理论乃

---

① Friedrich, Carl von Savigny, System des heutigen römischen Rechts, Erster Band, Berlin 1840, p.387.

② Bernhard Windscheid, Lehrbuch des Pandektenrechts, Erster Band, Literarische Anstalt, Frankfurt a.M., 1900, achte Auflage, pp.145—146, 149(转自金可可，2008：137)。

至私法理论上占据十分重要的地位，随着我国劳动合同制度的建立，尽管劳动者的报酬权与用人单位的分配权都具有有限性的特点，在基准法的限定范围内仍应当以相对权的理论来理解。在大陆法系，合同相对性原则包含合同主体的相对性、内容的相对性及责任的相对性，劳动报酬的相对权也可从这三方面理解。

主体的相对性。合同主体与相对方构成法律关系。劳动者作为劳务提供者，是劳动力的所有者；用人单位作为劳务受领者，是劳动力的使用者，两者具有合同法意义上的相对性。合同关系是特定当事人之间的法律关系，只有合同双方当事人之间才能形成法锁。从劳动者的报酬权看，劳动者是权利主体，用人单位是义务主体，劳动者作为劳动力的所有者向用人单位提供劳动力，并有权按照劳动的数量和质量取得劳动报酬；从用人单位的分配权看，劳动者是整个集体中的一个成员，是义务主体，用人单位是分配自主权的权利主体。强调主体相对性是强调主体平等性，须与只强调从属性劳动关系观点相区别。前述那种将劳动报酬权定义为劳动者基于从属劳动关系而享有的获得劳动报酬的权利（胡玉浪，2009：23），很大程度上脱离了这种相对性来理解劳动报酬权利。这种脱离平等性、相对性来理解从属性是我国社会法研究的一大弊病。

内容的相对性。合同权利义务构成“当事人之间之羁束状态”。从合同债务人角度而言，劳动者、用人单位都应当主动履行劳动合同以及相关有效合同约定的义务以及与此合同相关的法定义务。例如，《德国民法典》第 241 条规定的给付请求权，《中华人民共和国合同法》第四章规定的合同履行请求权，劳动报酬也是一种给付请求权。用人单位作为劳动力的支配者，有权请求劳动者按照企业的规章制度提供符合要求的劳动义务；劳动者一方只要在用人单位的指挥下按照约定完成一定的工作量，劳动者就有权要求按劳取酬。劳动报酬权与用人分配权是相互对应的权利，是劳动力市场与劳动过程相联系的一种财产权利，微观层次的消极权主要通过劳动合同及相应的劳动管理来实现，劳动债权本质上是一种真正的可期待的信用。

责任的相对性。合同中约定的权利义务只有当事人可以主张法律责任。(1)合同相对性原则的含义是指合同的效力仅在缔约的当事人之间发生，除公权力介入的情形外，合同当事人以外的第三人既不享有权利，也不履行义务。(2)除法律、集体合同限定外，合同只能对合同当事人产生拘束力，合同缔约人不得以合同约定涉及第三人利益的事项，合同中涉及第三人权利义务的约定对第三人无效。(3)除了社会利益诉讼（公益诉讼），合同的诉讼一般只有当事人可以参与，合同当事人因第三人的原因而违约时，当事人可以向合同相对方主张，不可以向有过错的第三人主张赔偿。(4)法律所明定履行辅助人与其债权人并无劳动合同关系，但可能与一方或双方债务人存在委托合同或雇佣合同关系，当履行辅助人因过错导致劳动合同报酬给付义务难以履行时，劳动关系当事人只能向合同对方请求承担违约责任。

二、报酬的消极自由

劳动报酬从消极自由来理解，我国应当建立较为完整的劳动债权理论，劳动报酬作为一种给付请求权应当以劳动债权的存在为根据，具有私权利的特点。

（一）劳动报酬的给付性

劳动报酬权应当是一种工资给付的请求权。请求权之效果意思的实现，有赖于相对人之给付。劳动报酬请求权是劳动者与用人单位基于劳动者的劳动而产生的用人单位依据约定或者法律规定支付金钱形式的劳动对价的权利，其从本质上说是劳动者在用人单位指挥下提供劳动，而产生的金钱形式的债权请求权，请求权作用方式为双方法律行为。由于债权与债权请求权具有同质性（梅迪库斯，2001：69），劳动报酬权、劳动报酬请求权以及劳动债权具有相同的性质。作为一种消极权利，请求权行使的效果意思是受领对方行为之后果。劳动报酬的权利应当具有合同权利三项权能：(1)请求权能，依此权能合同权利人得请求义务人履行债务；(2)受领权能，依此权能合同权利人得受领义务人对合同债务之履行；(3)债权保护请求权，依此权能合同权利人得于义务人不履行或不适当履行合同义务时，请求法律的保护（王家福，1991：131）。从广义上理解，我国社会法只有建立完整的劳动债权理论才可能使劳动报酬这种给付性请求权有坚实的理论基础。在债权关系中，享有权利的人为债权人，负有义务的人为债务人，我国目前的劳动债权仅理解为职工向企业的请求权，其内容也大多是法律规定，行使方式也是“社会请求权”，这些特点都不是从消极自由的角度来认识劳动债权。劳动报酬权理论也因此被扭曲。

“劳动债权”这一概念在我国的形成具有特殊性，一般用于指称劳动者基于劳动关系而对破产用人单位享有的各种请求权之总和（汤维建，2006：436），如时任中国人民银行行长周小川认为，劳动债权一般理解是企业拖欠职工工资，但广义的理解包括欠缴的基本社会保险、养老保险，甚至还包括职工安置费、再就业安置费等（张立栋，2004）。我国学者关于劳动债权的定义常与破产法相联系。例如，“劳动债权是指基于劳动关系而产生的向破产人请求给付财产的请求权。具体包括工资、劳动保险费用、劳动报酬、集资款等”（付翠英，2004：345）。“所谓劳动债权，是指因为企业拖欠职工工资、劳动保险费、因企业破产解除劳动合同而应支付给职工的补偿金等所发生的职工请求企业给付一定金钱的权利。”（王利明，2005：1）企业破产伴随着用人单位主体资格的消失，劳动法律关系也随之消灭，可以说是因企业死亡而形成的债权，我国的劳动债权，有学者表述为“职工债权”“职工请求权”“社会请求权”（周详，2004）。劳动债权理论只有从静态到动态、死体到活体的转化，才真正具有社会法的研究价值。劳动债权的研究可以从以下几方面进行修正。给付如果理解为动态过程，我国劳动债权理论应当进行以下三个方面的更新。

其一，劳动债权主体应当是双方。我国大部分学者对于劳动债权的理解限于单方债权人。“职工债权，又称劳动债权，是指劳动者个人享有的基于劳动关系产生、以工资为基本形态、用以维持其社会生活的债权。”（王欣新、杨涛，2013：23）劳动者的报酬权应与用人单位的分配权结合起来进行研究。劳动给付的请求权如果理解为动态的过程，用人单位的分配权中用人单位具有债权人的特点，劳动者的劳动报酬请求权中劳动者具有债权人的特点。债权是按照合同约定或者依照法律的规定,在当事人之间产生的特定的权利和义务关系,也称为债权关系或者债的关系。[①]从消极权利的角度来定义劳动债权,劳动报酬权利作为一种劳动债权,是劳动者与用人单位基于劳动合同关系发生的给付请求权,给付的基本依据应当是合同。笔者的这一理解与我国当下关于劳动债权的理解有很大的区别。

其二,劳动债权内容应当是双务。我国大部分学者对于劳动债权的理解限于单方债权。主要包括破产企业所欠职工的工资和医疗、伤残补助、抚恤费用,以及应当划入职工个人账户的基本养老保险、基本医疗保险费用和应当支付给职工的补偿金。劳动债权被理解为:劳动者基于劳动关系而对其雇主所享有的工资、社会保险费等经济权益的请求权,是维持劳动者本人及其家庭生活的重要甚至唯一的经济基础,可以理解为一种具有人身属性的"生存性债权"(陈晴,2007:100)。一些劳动法学者加入劳动债权的讨论,只是为劳动债权增加了更多的法定项目。劳动债权被定义为:是用人单位与劳动者建立劳动关系,劳动者付出劳动,由用人单位支付给劳动者的一切工资报酬和福利待遇以及其他的应该支付给劳动者的债权。如用人单位向劳动者收取任何名义的押金、保证金、培训费等(翟玉娟,2006:58)。劳动法学者的加入让这一理论讨论更加极端和片面。当劳动债权被理解为人身属性的"生存性债权"时已经完全背离了债权主要是一种财产性、契约性的社会关系的基本认识。

债权应当主要以劳动合同为依据,合同的存在并非只是为了宣示法律的存在。债权人在合同中拥有可期待的财产利益,合同履行请求权本质上就是债权人取得和实现自己在合同中的可期待的、本应获得的利益的一种手段和工具(范雪飞,2020:181)。因此从劳动合同目的的角度观察,劳动报酬权利作为一种相对权,劳动债权不能理解为单方债务,也不能理解为以国家法律规定为主要依据,而是双方在社会经济活动中通过动态合作实现自己的财产目的。从"企业与职工的分配关系"来说,管理权生产要素是一个伴随社会生产力的发展而不断发展变化的事物。在市场经济体制下,企业支付给劳动者的劳动报酬,不是社会福利,也不是社会保障,而是生产经营的投入,是企业生产经营成本的一部分。既然是投入,就要追求产出:既然是成本,就要千方百计降低成本,提高利润率。衡量企业成本高低的参照物应是社会平均成本,与此相适应,决定企业工资水平的应是社会平均工资水平。社会平均工资水平是与一个阶段的社会经济发展总体水平相适应的,通过市场平均劳务价格体现的。任何企业都必须服从于市场这只无形之手的调控和制约,在市场竞争中,职工收入水平高于社会平均水平,企业成本可能高于社会平均成本,不利于企业的市场竞争;职工收入水平低于社会平均水平,劳动者会利用行使择业权,出现大范围的流动,企业难以维持。劳动者的劳动收入是劳动力市场价格的反映。建立完整的劳动债权理论,应摒弃传统主人理论中建立在国家社会分配基础上,职工劳动收入是与企业分享收益的

① 《中华人民共和国民法通则》第84条:"债是按照合同的约定或者依照法律的规定,在当事人之间产生的特定的权利和义务关系。"

概念。

其三，劳动债权过程应当是双程。我国大部分学者对于劳动债权的理解限于破产的单一过程，例如，劳动债权是指职工对破产企业享有的，基于破产程序开始前的劳动关系而产生的，并在破产清算程序中优先受偿的特种债权，包括所欠职工工资和欠缴的基本社会保险费用，以及应支付给职工的补偿金等内容（董士忠，2006：15）。"劳动债权，是指因破产宣告前的劳动关系而发生的债权，包括破产企业所欠职工的工资和欠缴的社会保险费用，以及因企业破产解除劳动合同依法应支付给职工的补偿金等费用。"（王欣新，2004）破产过程中企业停止运营，劳动债权可以作为完全契约来对待。然而，劳动债权更要强调正常运营过程。哈特的不完全契约理论的根据是合同的不完全性，贯穿哈特不完全契约理论的基础是合同的不完全性以及由此引发的权力和控制的有效配置问题，主张在合同没有写明的情况下，对资产有控制权的一方行使权力，因此便引出了权力和控制权的配置问题，因为配置问题影响企业的效率（陆晓禾，2019：63—64）。

长期以来，人们对债权的理解往往仅限于私法上的债权关系，债或债权关系也往往被归属为民事法律关系的一种。然而，债权关系是否仅指私法上的债权关系，现代债的理论的发展表明，这是值得商榷的。在罗马法上，"债"被认为是"拘束我们根据国家的法律而为一定给付的法锁"（江平、米健，1987：198）。在这里，"国家的法律"就不仅仅是指私法。显然，它既包括体现私法关系的法律，也包括体现公法关系的法律；既包括实体法，也包括程序法。事实上，在私法之外，在某些公法上甚至社会法上也可能产生债的关系（左平良，2006：75）。在劳动债权的基础上，我国应当完善劳动报酬请求权的理论，这是一种合法的、请求他人"为或不为"的强制意志，属于原权利，因此，请求权可以成为组建其他类型化权利的构成因子并促成该权利在实体法上得以实现，正是在这个意义上，请求权可成为这些权利束的作用、效力或权能。请求权的背后存在大量丰富的权利，"它为这些权利的实现而服务"（克莱因海尔、施罗德，2005：453）。"任何权利欲发挥其功能，均须借助于请求权的行使"（王泽鉴，2001a：92）。劳动报酬请求权应当特别注意其管理性与对价性的特点。

（二）劳动报酬的管理性

用人单位劳动规章制度，在各企业中有 works rules、company rules、workshop rules、rules of employment 或 standing order 等种种称谓，国外也称雇佣规则、规章制度或从业规则（刘波，2011：16）。根据 1959 年国际劳工组织（ILO）特别委员会对用人单位规章制度下的定义为："供企业之全体从业人员或大部分从业人员适用，专对或主要对就业中之从业人员行动有关的各种规则。"（黄越钦，2003：136）劳动规章制度是用人单位为组织劳动过程、进行劳动管理，依法制定和实施的规则和制度的总和，一般适用于本单位的全体劳动者或大部分劳动者。劳动管理是有关劳动力的组织管理和合理配备使用等工作的总称，是企业管理工作中一项重要而复杂的工作。用严格而科学的劳动管理，把成千上万的劳动者的生产活动和各个生产环节的生产进度协调起来，才能保证庞大而复杂的生产过程像钟表一样，有条不紊地运转起来。考核是用人单位对劳动者工作业绩等所作出的单方面评定，用人单位对考核结果具有决定权。西方理论中对于雇佣规则的效力存有不同的观点。各国立法中对于用人单位的规章制度的立法差异较大，授权型立法与义务型立法构成两个极端，大部分国家处于中间状态，概括起来有以下一些类型。

权利型立法，立法将制定规章制度视为用人单位的权利。权利型立法从立法上肯定用人单位有制定规章制度的权限，但对规章制度的内容不作具体规定，由用人单位自主决定，只要不违反法律的强制性规定就可发生法律效力。如《美国公平劳动标准法》和《加拿大〈劳动者〉标准法》等英美法系国家的劳动法中均只规定用人单位制定雇佣规则的权限，而未对雇佣规则的内容做出具体规定。雇佣规则是否制定、雇佣规则的具体内容均由用人单位自主决定，只要不违反法律的强制性规定即可发生法律效力。这与英美法系根深蒂固的雇佣自由观念有关，雇佣规则的制定与否，雇佣规则的内容均由用人单位决定，法律不加以干预。这些国家主要通过劳资协调机制，通过集体谈判和集体合同制度对用人单位的内部劳动关系进行规范(伍奕，2003：127)。

义务型立法，以强制性纲要式作为立法模式。强制性纲要式的立法模式主要是历史上曾实行公有制的计划经济体制国家。在计划经济体制下，国家以立法形式对用人单位劳动规章制度的内容做出直接的强制性规定。如苏联关于“劳动纪律”的规定、匈牙利以前关于“纪律责任”的规定、罗马尼亚以前关于“社会主义劳动纪律，关于纪律和财产责任”的规定、波兰以前关于“对破坏劳动秩序和纪律的惩罚”的规定、保加利亚以前关于“劳动纪律”的规定等。在计划经济时期，我国是一种典型的强制性纲要式的立法。1954 年，政务院制定了《国营企业内部劳动规则纲要》。国务院于 1982 年发布了《企业职工奖惩条例》，1986 年发布了《国营企业辞退违纪职工暂行规定》，后两个规定确立了我国的劳动纪律制度(陈亚，2006：89)，国务院以行政法规的形式对惩处的内容和形式做出直接的强制性规定。传统劳动法学也是按照这些规定来建立起有关劳动纪律的理论。

权利义务结合型立法。在立法中不仅规定了用人单位有制定规章制度的权限和程序，而且规定符合一定条件的用人单位应当制定规章制度，使之成为用人单位的一项法定义务。如《法国劳动法典》规定，用人单位雇工达到 20 人以上者，应当依照法律的规定制定雇佣规则①；《日本劳动标准法》规定，用人单位雇工达 10 人以上者，应当制定雇佣规则。一般来说，在这些国家或地区，用人单位制定雇佣规则已形成一项制度，通过就业规则，将劳动者所适用的劳动条件具体化，一方面促使用人单位实现经营目标，另一方面也有利于劳动者利益的保护(伍奕，2003：127)。作为对用人单位自主权的限制，立法对雇佣规则的制定程序进行了严格的限定，如《日本劳动标准法》就规定，用人单位制定就业规则时，要听取劳动者的意见，要使就业规则内容反映出劳动者的意见，另外，还要将就业规则呈报给所属的劳动标准行政官厅长官，还必须

① 《法国劳动法典》，1996：58。

公告全体劳动者(王益英,2001:434、435—500)。从规定上看,我国《劳动法》对规章制度的规定与这些国家有些类似。

授权限制型立法。即授权用人单位有制定雇佣规则的权限,但是该立法例又从法律效力抵触的角度规定,当雇佣规则和劳动基准法或劳动契约以及团体契约就相同问题的规定发生冲突时,以一定的标准来限制雇佣规则的适用,以保护劳动者的利益。授权限制型立法与权利义务结合型立法颇为相似,该立法例的典型当属韩国。《韩国劳动基准法》99 条 1 款规定,“雇佣规则不得违反法令或作业场所的团体协约”。该条还规定,使用者一方可以变更雇佣规则,但不能变更劳动合同,并且使用者一方变更的雇佣规则的效力不涉及所有的劳动合同。如果使用者变更的雇佣规则对劳动者不利时,必须事先得到劳动集团的同意。并且法规进一步规定,使用者变更的雇佣规则不利于劳动者,并未得到劳动者同意的,变更事项对原劳动者不发生效力,但对变更后建立劳动关系的劳动者当然发生效力。如果使用者变更的雇佣规则中不存在侵害劳动者利益的条款,那么变更事项对原来的劳动者和新建立劳动关系的劳动者都发生效力(王益英,2001:495—500)。并且规定,用人单位制定的就业规则要提交到劳动部长官处,劳动部长官有权令其变更与劳动基准法或团体协约相抵触的就业规则(崔建远,2003:499—500)。

我国学者一般认为,劳动规则作为企业经营管理的重要手段,其效力是毋庸置疑的,但对它的生效条件应当加以规定。在市场发展过程中,企业这种集权体的特点,也引发了各种争论。用社会法的视角来审视企业的规章制度,我们把规章制度的效力确定为源于劳动契约,实际上也是强调了将规章制度定位于微观层次,具有可干预性。集体合意效力高于个别合意。我国往往认为,劳动管理具有民主性质,起着把众多的劳动者科学地组织起来、协调一致地进行生产劳动、保持正常生产活动的作用。社会主义的劳动管理,赋予工会民主管理权力,工会也必然督促劳动者自觉遵守管理制度。

(三)劳动报酬的对价性

理解劳动报酬契约关系有利于将社会法私法因素界定清楚。这些基本内核主要包括合意与对价。合意指的是互相同意,强调同意时的自由意志因素,随着契约思想和契约法的进化,这一简单的“相互同意”成了契约法中的重要思想。无论“合意”如何变形,其精神内核还是为社会法所接受,订立契约来分配财产的方式比在封建的家长制度中由个人在家族中的地位决定一切的方式来得进步(傅静坤,1997:64)。劳动报酬关系更需要讨论的是对价。

与大陆法系不同的是,英美法系不去探究当事人的真实意思而是基于事物的表面现象来确定合意的有无,以合意为基础形成了对价(consideration)理论。布莱克斯通指出:“在所有的合同中,不论它们是明示的,还是默示的,都必须要有一个交换的东西,或称为对等或互惠的东西……我们称之为对价。”①按《牛津法律大辞典》的

---

① Blackstone, *Commentaries on the laws of England*, Vol.2, p.444.

解释，对价是“对另一方的许诺或行为作出的承诺，如给付、劳务或放弃权利。在英国合同法中，许诺除非有契约规定，或是为有价值的对价而作的，否则不能被强制履行。”（沃克，1988：198）契约中的合意论“由形而上学自由意思转化为实事求是的自由行为”（傅静坤，1997：174）。对价的要义对于英美普通法是特殊的，其证明合同、保证合同不轻易履行，有减少效益可疑的交易方面的作用。社会习惯、乡规民约、社团规定只有在符合国家法要求时，才可能被国家保护。实证主义法学的这种研究方式日益使契约成为联系反映社会伦理的民间法的主要甚至是唯一的途径。英美法上由衡平法中创设的“允诺禁反言规则”（promissory estoppel rule）法理，也在一定程度上扩充了契约的范围，并产生出默示性契约理论。

合同的全部意义与终极目的在于履行。法律也希望私人之间的交易能够按照当事人之间确立的法律、合同来进行。保护商业秘密、尊重企业人才开发的传统手段主要是依据《反不正当竞争法》来追究员工的民事侵权责任。在劳动合同立法前，因员工恶意“跳槽”导致企业商业秘密以及苦心培养的人才流失现象在我国已成较为普遍的事实。如何平衡双方利益，在《劳动法》起草中，笔者就曾建议增加“用人单位出资培训涉及的服务期以及专业技术涉及的保密期，应当在合同或合同的附件中依法订明”这样的条款。[①]2001 年笔者参与了《上海市劳动合同条例》的起草工作，该《条例》首次在地方立法中采用了限制性违约金的制度安排。限制违约金作为一种法律制度是指对劳动者违约行为设定违约金的只限于违反服务期约定或违反商业秘密约定的制度（董保华，2008c：29）。引入英美法对价理论有助于区别双方的具体利益。《劳动合同法》在总结上海的经验，基于对价理论进行了规定。对违约金的设定范围限制涉及竞业限制与服务期两个方面的规范。

服务期和劳动合同期限是两个不同的概念，服务期是劳动合同当事人在劳动合同或其他协议中约定的劳动者应当为用人单位服务的期限。这里所称的服务不同于一般的提供劳动的行为。劳动合同期限的劳动是对所有员工都适用的普遍劳动义务，而服务期的劳动是劳动合同当事人根据约定享有特定权利义务的情况下，劳动者为特定用人单位提供的劳动。显然，限制性违约金并不是针对正常劳动关系的担保，它是在正常劳动合同之外，用人单位履行了一种特殊的福利安排义务后才允许设置的。违约金所对应的义务，不是劳动关系中的原有义务，而是基于用人单位履行了一个特殊投入的先行义务，从而使劳动者增加一个相应义务。其实，这是在正常劳动合同关系基础上形成的一种新的对价关系，只有这种对价关系被破坏，才允许以违约金这种方式进行救济。从法律的承继角度来看，限制违约金是沿着原有《劳动法》思路所进行的一种特殊调整。这一制度安排并不会对原有劳动关系结构造成冲击，不会导致实质上的不平等，具有合理性。《上海市劳动合同条例》相关规定，在进入劳动合同法时，受到所谓“单保护”原则的影响，某些具体规定还是有偏离对价理论的倾向。按上海的规定，劳动合同对劳动者的违约行为设定违约金的，限于两种情况，除违反保守

① 《中华人民共和国劳动法（模拟稿）》第 20 条（董保华，2015b：642；2021：330）。

商业秘密约定外，就是违反服务期约定。对于服务期违约金，只适用于由用人单位出资招用、培训或者提供其他特殊待遇三种情形的劳动者。限制违约金在违约金性质上仍坚持赔偿性与补偿性相结合的观点。该条例规定，在实际损失与违约金之间，权利人可以从高选择，如果用人单位选择了违约金，劳动者可以实际损失为依据，请求调整过高的违约金以使违约金也受到实际损失的制约（董保华，2008c：29—30）。上海违约金制度设计本来就已经范围偏小，劳动合同法的进一步限缩，产生了新的不公平。

注重其外在表达的对价理论是英美法系的特点，强调合意是大陆法系的特点，认为无合意则无责任。在现行契约中，因合意丧失而被吉尔莫叹息为"契约之死"。其实，正如麦克尼尔所言："与其说契约之死，不如说死亡的是侵权行为（它本是当事人事先交涉等设定以外的领域）。"麦克尼尔主张契约关系的规划及交涉。假如我们不把合意以及由其外化的对价理论绝对化，将其还原为契约形成的一个合理因素，那么合意或对价在社会法领域强调了选择及交换，这种选择和交换正是人们在市场中追求效率、增加福利的重要手段。"交换总是有限度的，这种限度就是一旦超出，参与人就不再认为所建议的交换是有利可图的。"（麦克尼尔，1994：20、41）社会法中的契约同样有着这样的情形，因而，合意与对价是我们无法抛弃的契约因素。即使以关系契约分析，合意是当事人间未来规划所不可缺少的意志因素，对价是未来交换的重要内容。

三、报酬的积极自由

市场经济要求尊重当事人的意思自治，尊重市场机制、承认市场风险。在为实现社会整体利益而进行国家干预时，维护市场活力应当成为政策目标。反强迫劳动与反就业歧视可以说是从积极自由的视角对劳动者、用人单位行使劳动力支配权进行保障与限制，也可以说是劳动力市场公开、公正、公平的国家责任在生产领域的延续。

（一）劳动报酬的工资性

从择业的积极自由来看，保持劳动力市场的公开性是国家的重要职责，这种职责延续到生产领域形成工资的相关规定。我国的历史发展与大部分市场经济国家并不相同，劳动报酬的工资性成为一种积极自由的内容。

在我国，工资性曾强调其某种公法性的特点，并非偶然。根据《英汉法律用语大辞典》的解释，现代英语中用来表示工资/劳动报酬概念的单词主要有四个，即 wage、salary、pay 和 remuneration。wage 和 salary 都是指定期支付给雇员的工钱。其中的差别是：wage 一般翻译成"工资""薪金"，一般是指在技工、体力劳动以及勤杂服务等岗位工作的工资，多以周、半月薪金为基础，再以日、小时等计算支付；salary 一般翻译成"工资""薪水"或"薪金"，通常指支付给白领阶层或管理层人士的工资，多以年薪为基础，再以周、半月或月进行支付。pay 可做动词和名词，做名词时，可翻译成"支付""工资""报酬""报偿""偿付"等；remuneration 一般翻译成"报酬""薪金""支付酬金”等。pay 和 remuneration 的适用范围没有特别限制，可以用来统称基于雇佣关系劳动者（含体力劳动者和脑力劳动者）所获得的全部收入（宋雷，2005：1296、1025、858、985）。在这些含义中，我们往往会选择与体制特征较为符合的概念来使用。

我国的工资性概念，往往与众多概念中的三个概念有联系：(1)强调技工、体力劳动，这是与马克思简单劳动与复杂劳动的概念相联系；(2)强调稳定支付，这是与我国按月支付的工资制度相适应；(3)强调排除雇佣劳动的概念，我国一度认为雇佣是一个与剥削相联系的概念。新中国成立以后，在传统的社会主义体制下，国家对企业实行统收统支的政策，对职工工资实行全国统一、企业财务分配完全是国家财政分配的组成部分，没有独立的意义，用人单位没有任何分配自主权可言，都由国家统一做出规定。因而企业之间、个人之间没有收入上的差别，企业采用工资形式、工资等级、工资标准及工资的定级、升级、降级等一些概念，反映高度集中统一的管理制度的特点。

随着社会主义市场经济的发展，社会主义分配理论将国民收入分为初次分配与再次分配，市场强调效率，分配的关键在于形成一个较为完备的市场。如果说劳动报酬是一个与市场有天然亲和力的概念，工资的概念也在社会主义市场经济的催化下发生着含义上的变化。初次分配是市场经济条件生产要素的相对报酬，只要有完备的市场环境，在价格机制作用下，供需双方就能形成双方接受的均衡价格，在生产要素定价方面，利润是资本创造的价值，工资是劳动的报酬，我国相当一部分学者据此将工资当作劳动报酬的下位概念。事实上，工资的概念虽然有了变化，但依然体现稳定性的基本特点。有学者概括了劳动报酬的三个特点：确定的公平性、支付的确实性、维持劳动者的基本生活需求（冯彦君，1999a；王全兴，2004；关怀、林嘉，2006）。其实这是工资的特点。

从稳定社会秩序的角度出发，我们往往希望以工资的这种稳定性的特点对于劳动报酬的支付形式进行影响。最为典型的就是对于拖欠工资行为的整治。2003 年时任国务院总理温家宝替重庆农妇熊德明讨薪，在中国现实政治生态中，具有很强的引导意义。总理为农民工讨欠薪，主要涉及建筑、矿山、砖窑等一些存在以年为支付报酬惯例的雇佣关系用工领域，有些个人雇佣行为是层层转包形成的。这种拖欠行为损害社会安定，引起执政者的关注，从更广泛的意义来观察，我们是要以工资的稳定性来改变一些支付陋习。对于一些体力劳动者而言，劳动报酬应当采取某些工资性的稳定支付形式，具有积极自由的特点，成为国家引导市场的形式。

这种积极自由的形式，在强调稳定性的同时，发展出集体福利的概念。工资与福利的关系成为我国工资政策中值得研究的问题，前者强调按劳分配，后者强调按需分配；前者比较接近消极自由，后者更强调积极自由与消极自由的区别。通过对集体福利给予的税收减免，体现了对按需分配因素、积极自由的支持。法学家埃瑟（Esser）也强调说：“没有一个法律概念，在教条上是完全不变的，并且在其功能上也因而一直可以公式化地应用于所有之法律事务。”①我国的工资概念是一个变化极大且有高度

① Esser, Vorversändnis und Methodenwahl in der Rechtsfindung, 1970. p.99（转自黄茂荣，2001：83）。

弹性的概念，在几十年的变化中累积了太多不同的含义，改革开放中，按劳分配与按需分配的配比发生了明显的变化，目前最能体现我国传统工资含义的是国有企业的工资制度。当我国将工资概念作为积极自由的概念来理解时，很可能出现国家的积极过度，当事人自由不足的情形。我国的工资制度本身需要根据市场经济的要求进行更新，劳动报酬要坚持消极自由为主、积极自由为辅的原则。工资只是用人单位根据国家法规和劳动合同预先规定的标准，按照劳动的数量和质量，以货币形式支付报酬。在社会主义市场经济条件下，工资制度的基本作用是通过有关工资形式和工资分配等方面的法律制度调整，实现了劳动与报酬的以动对动、变量对变量。随着集体合同制度的推行，集体谈判决定工资分配方案即将成为普遍的形式；劳动者作为义务主体，分配方案一旦实施，在劳动关系存续时期，劳动者个人也须受其约束。

（二）强迫劳动的违法性

在积极自由方面，如果说在劳动力市场上，政府的公正性体现为反歧视，这种公正性延续到生产领域体现为反对强迫劳动。

国际社会对强迫劳动的规定体现于一系列的公约、条约、议定书等中，其中以国际劳工组织通过的两个关于强迫劳动的公约最为重要，即1930年的《强迫劳动公约》（又称第29号公约）及1957年的《废除强迫劳动公约》（又称第105号公约），该两公约不仅拥有上百个批准国，而且得到大多数国际社会立法的认可，许多关于人权的国际公约在说明强迫劳动时都作出了与它们相同或相似的规定。《强迫劳动公约》第二条第1项规定，“为本公约的目的，强迫或强制劳动（forced or compulsory labour）一词指以惩罚相威胁（under the menace of any penalty）强使任何人从事其本人并非自愿从事的一切工作和服务（all work or service）”①。第29号公约第一次对强迫或强制劳动作出了明确的定义，该定义具有广泛的影响力，直至现在仍为国际劳工组织、国际社会及各国所引用，而且也“为大多数一般性的人权条约起了典范作用”②。该定义指出强迫劳动具有两个特征，“使用强迫的手段以及对自由的否定”。③其中强迫性体现在以惩罚相威胁，这是从强迫者的角度，从客观方面进行的判断；非自愿性则是从被强迫者的角度，从主观方面进行的判断。客观方面的“强迫”与主观方面的“非自愿”相结合，构成强迫劳动的完整概念。综合公约及文件，可以将国际社会强迫劳动的标准表述为：除有法律上或道义上的正当理由外，一切在惩罚威胁下进行的劳动都是强迫劳动。包含三层含义（关馨，2004：3—6、17—19）：

其一，主体广泛——从全人类的角度描述强迫劳动。就受强迫的主体而言，作为国际劳工组织宪章一部分的《费城宣言》指出，“全人类……都有权在自由和尊严、经

---

① 引自国际劳工组织网站，www.ilo.org。

② 《国际人权法教程》，中国政法大学出版社2002年版，第203页。

③ International Bureau of Labor：stopping forced labor-Global Report under the Folow-up to the ILO Declaration on Fundamental Principles at Work，report of the director-general on 89th session，2001. p.1.引自国际劳工组织网站，www.ilo.org/declaration。

济保障和机会均等的条件下谋求其物质福利和精神发展”。《世界人权宣言》指出，“任何人不得使为奴隶或奴役”，有“自由选择职业”的权利。在这里，平等、自由和反对强迫劳动，都是人之所以为人的基本权利之一，不论其年龄、性别、种族、宗教……也不论是否一国劳动法的管辖范围，只要构成强迫性的劳动，就在国际社会的反对之列。因此，强迫劳动的主体范围是十分广泛的。从实施强迫劳动的主体看，国际社会的标准亦未作任何排除，国际劳工组织指出，“消除强迫劳动的原则适用于无论是作为国家的代理人的官方作恶者，还是作为非官方的私营个体”①。因此，除任何私人企业、个人外，国家、政府，甚至国际组织都有可能成为强迫劳动的作恶者，实施强迫劳动的主体空前广泛。国际社会并未因劳动性质的不同而区分其适用范围，不论工业、农业还是家庭服务业等，各种劳动形式和领域，都是国际社会废除强迫劳动的工作范围。

其二，强迫形式广泛——主要指惩罚相威胁的行为。在描述强迫时，公约使用了“以惩罚(any penalty)相威胁(menace)”。威胁是对人或物造成严重损害的可能性(likely to cause serious harm to a person or thing)(辛克莱，1989：488)。从对公约用词的语义上解释，公约所描述的强迫，是一种受惩罚的可能性。公约在使用惩罚一词时，是以“任何”(any)作为修饰的，说明公约并不限定惩罚的内容及范围。国际劳工组织也特别指出，“惩罚”不必须是刑事的制裁，也可以是权利或特权的丧失②。而“权利或特权的丧失”则是广义的，涵盖了各种经济的、民事的及行政上的不利。虽然公约在字面上将强迫设立在一种惩罚的可能性上，但是国际劳工组织并未局限于此，从该组织对强迫劳动形式的描述中可以看出，许多强迫劳动行为不仅面临着惩罚，而且也正在遭受惩罚，如在某些强迫劳动行为下对人身自由的限制和暴力的使用。因此公约所述的“威胁”应从广义上来理解，既包括实施惩罚前的威胁，也包括通过实施惩罚进行进一步威胁。

1926年《禁奴公约》规定，应当采取一切必要措施去制止强制及强迫劳动产生与奴隶制相类似的状况，此后不久国际劳工组织便通过了《强迫劳动公约》。1956年《废止奴隶制、奴隶贩及类似奴隶制的制度与习俗补充公约》规定彻底废止债务质役及农奴制，一年后，《废除强迫劳动公约》获得通过。反对强迫劳动的公约总是紧跟着禁止奴隶行为的公约，这并非巧合，而是因为两者之间存在着密切的关系。禁奴公约规定，奴隶或奴役状态是可以对一个人实施与所有权有关的一切权利从而使该人所处的地位或状态。同时指出强迫或强制劳动可能发展为与奴隶制相类似的状况。国际劳工组织指出，“奴隶制一词在今天包含了各种各样的侵犯人权行为。除传统的奴隶制和奴隶买卖外，还包括贩卖儿童……债役、贩卖人口……以及殖民制度下的某些做法”。“不同的奴隶制形式之间没有明显的区分。同一类家庭和同一群体常常是几

①② International Bureau of Labor：stopping forced labor-Global Report under the Folow-up to the ILO Declaration on Fundamental Principles at Work，report of the director-general on 89th session，2001. p.13. 引自国际劳工组织网站，www.ilo.org/declaration。

种当代奴隶制做法——比如债役、强迫劳动、童工或儿童卖淫——的受害者。”①在国际社会，强迫劳动与奴隶制或类似奴隶制的状态，虽有区别，但界限并不分明。奴隶制下的奴隶从事的劳动无疑是强迫下的劳动，但当其人身依附因素逐渐减弱时，就渐渐脱离奴隶制或类似奴隶制的状态，而仅构成强迫劳动了，二者之间没有确定的分界点或界限，有些行为同时具有二者的性质。

其三，强迫劳动标准——随着时代的发展而演变。“虽然强迫劳动的内涵保持着一贯性，但是其外延却随着时代的发展不断发生着变化。”国际劳工组织两个公约的不同背景就突出体现了这一点。这说明国际社会强迫劳动标准，是随着强迫劳动形式的不断变化以及国际人权保护的发展而逐渐确立起来的。第 29 号公约第 2 条第 2 项列出了不属于强迫劳动的五项例外，同时为防止各国滥用这五项例外，公约在描述例外的同时也进行了严格的限制。这五项例外是：兵役例外、公民义务例外、服刑例外、紧急状况例外、社区服务例外。综观上述五项例外，除第四项外，其余四项例外的共同之处在于，它们都具有一国国内法上的正当性。第四项则是从全体国民的整体利益着眼，具有道义上的正当性，因此，这五种例外都可以归结为正当性例外。

随着时代的发展，强迫劳动的形式也在不断发生着变化，国际劳工局在国际劳工组织第 89 届大会上所做的《停止强迫劳动》报告详细列举了强迫或强制劳动在世界范围内出现的各种形式。根据《停止强迫劳动》报告，强迫劳动现有八种主要的形式，它们是：奴役和诱拐（slavery and abductions）；强制参与公共劳动项目（compulsory participation in public works）；农业及边远地区的强迫劳动（fored labor in agriculture and remote rural areas）；家庭佣工中的强迫劳动（domestic workers in forced labor situations）；债役（bonded labor）；与军事强制有关的劳动（forced labor exacted by the millitary）；贩卖人口过程中的强迫劳动（forced labor related to trafficking in persons）；与监禁有关的强迫劳动（prison-linked forced labor）（关馨，2004：11—12）。

（三）债权清偿的优位性

如果说在劳动力市场上，以积极自由的视角来观察，政府的公平体现为就业服务，这种公平性延续到破产领域体现为劳动债权清偿的优位性。我们可以从四个方面来理解劳动债权清偿的优位性：(1)优先权的适用阶段。发生在破产这一阶段。破产是指债务人不能清偿到期债务、资产不足以清偿全部债务的情况下，人民法院根据债权人或债务人的申请，宣告债务人破产，并以其全部财产在全体债权人之间进行公平分配的特定程序。(2)优先权的历史沿革。优先权制度经历了一个源于罗马法，确立于法国民法典，在日本法中得以后续发展的过程。(3)优先权涉及的内容。这时的劳动债权主要有三部分：工资支付请求权；社会保险费用请求权；法定补偿金。(4)优先权的法律定性。这是劳动权益的救济性权利，属于劳动者劳动报酬权受到侵犯时的主张的权利。

---

① 引自国际劳工组织网站，www.ilo.org/publilc/chinese/region/asro/beijing/inchina.htm。

各国劳动债权清偿的优位性大致有三种类型：(1)国家规定职工工资债权优先于担保物权，采取这种做法的国家有法国、英国等；(2)国家规定担保物权优先于职工工资债权，如德国、美国等；(3)国家没有直接规定职工工资债权与担保物权的先后顺序，而是根据担保物权是否公示来确定二者之间的先后顺序，这类国家有日本等国(孙宏涛、田强，2006：59—60)。三种类型优位主要取决于两种因素。(1)利益衡量。职工工资债权代表职工的生存利益，而银行担保物权代表的是银行债权人的利益，我国现行的破产法借鉴的是美国和德国的做法，这是由国家的双重地位决定的。国家既是社会利益的体现者，又是国有企业的投资者，即赋予担保物权超级优先权的地位，与大量银行本身是国有银行有关。(2)社会保障制度现状。我国的社会保障措施还不完善，职工工资债权优先于担保物权应该是更合理的考虑。

劳动债权优先权的存在，可以使工资债权得到优先清偿，如果没有劳动债权优先权的存在，工资债权只能与其他普通债权一起获得清偿，在资不抵债的情况下，劳动者的利益事实上是无法得到保障的。从原理上看，某些工资的优先权在劳动债权出现时就已依法产生，例如最低工资由于涉及生存权，用人单位有优先支付的义务，只不过优先权在破产程序中得到更为集中的体现。由于我国劳动债权只局限于破产程序，对于优先权的理解是不够充分的。优先权应当包含两层意思：从单个用人单位与劳动者的关系看，这是劳动者让渡劳动力支配权而取得的权利，劳动者履行劳动义务，就有权要求劳动报酬。从整个用人单位与劳动者的关系看，其他债权人往往也是经营者，都是以承担经营风险为前提的。各种债务性质存在比较，经营者所具有的共性是，雇主的指示权源自其作为企业家对风险的承担。[①]用人单位作为经营主体承担劳动无法实现预期成果之风险的一方，自然也应承担通过相应安排排除这种风险的义务，不论这一点在合同中是否有明确表示。一般劳动者一方只要在用人单位的指挥下按照约定完成一定的工作量，用人单位或经营者就要承担相应风险。目前，我国劳动债权清偿的优位顺序的设计并非完全合理。

第四节　解雇限制权利

在劳动关系的消灭过程中，劳动者的辞职权与用人单位的解雇权相对应，辞职的消极自由与解雇的积极自由构成了我国社会法的特点。

一、劳动合同关系的消灭

在劳动关系的消灭上，继续性合同理论是从形式法，而关系性契约理论是从实质

① Kaskel, Dersch, Arbeitsrecht, 5. Auflage, Springer, 1957, p.146(转自沈建峰，2021：43)。

法来进行讨论。两种理论都具有很强的批判性,继续性合同是针对一时性合同,这是一种以德国社会为背景的形式法讨论,而关系性契约针对个别性规范,这是一种以美国社会为背景的实质法讨论。两种理论相结合,从探究客观社会的实质主义到形式主义解说了劳动合同关系消灭制度的基础。

(一) 继续性合同视域下的通知终止

从继续性合同的视角来观察,作为劳动合同关系消灭的制度,德国法上“Rücktritt”和“Kündigung”在我国分别译为“解除”和“终止”,其一般理论可参见梅迪库斯《德国债法总论》的论述(梅迪库斯,2004:391—411;崔建远,2006:191)。德国民法典第323条以下规定,针对买卖、贷款、承揽等为一次性给付的合同关系,适用“Rücktritt”,此种意思表示导致溯及性的消灭合同债务关系的法律效力,所谓合同自始无效;与之相反,“Kündigung”适用于包括劳动合同在内的继续性合同关系(Dauervertrag, Dauerschuldverhältnis),此种意思表示导致非溯及性的、“向后”的消灭合同债务关系之法律效力(黄卉,2007:99)。从这一表述来看,劳动合同作为继续性合同应当主要采用终止的概念,我国目前劳动法常用解除、终止的概念,用词虽然不同,但其只具有“终止”(Kündigung)的含义还是清楚的。我国劳动合同解除并非对方违约而解除合同,其效力相当于德国法上终止的效力,使合同向未来消灭,并无溯及既往的法律效力。

基尔克已经涉及继续性债务关系,他认为,应从构成其债权债务内容之给付,是否须在某一时点、或于某一期限内履行,加以观察。如果所负之债务,是在特定时点为集中给付者,则我们面对的是一个一时性的债务关系;如果给付义务必须延续一段时间始能完成的,则此为继续性债务关系。他认为继续性债务的表现形式可以有以下三种:不作为义务、持续积极作为义务与反复给付义务。①1914年基尔克在《继续性债务关系》一文中首次明确提出继续性债务的概念。时间因素的参与区分了继续性合同与一时性合同,使继续性合同与一时性合同相比更注重社会现实,但仍是以形式主义方式来进行研究。所谓形式主义(formalism),即法律的适用要依据规范的规定而不需要考虑规范背后的理由或根据,即使这些规范的规定在特定的案件中不能实现这些背后的理由。②

从实然法的角度看,以上特点形成了继续性合同的“通知终止”制度。从“通知终止”名称可以看出,这种合同终止的方式需要享有终止权的权利人以“通知”的方式作出。终止是一种单方法律行为,它的效力是使合同向未来消灭,“通知终止”作为一种意思表示,可以产生合同关系终止的法律效果(杨松,2017:8)。在劳动合同中,作为合同终止方的雇主作出解雇决定或雇工作出辞职决定,只需单方面向对方作出“通知”的明确意思表示,一经到达(Zugang)就发生法律效力。到达的基本含义是意思

---

① Vgl. Gierke, Dauernde Schuldverh ltniess, in Jherings Jahrbuch Bd. 64, p.357ff(转自盛钰,1988:7)。

② Larry Alexander, “Law And Formalisn,” http://papers.ssrn.com/sol3/papers.cfm?abstract_id=829327, 2010年12月29日访问。

表示进入相对当事人的控制范围(Machtbereich)。合同终止随着意思表示之到达而生效,只意味着终止行为发生效力,并不意味着合同关系即刻消灭。如果根据法定或者约定,终止权的行使必须遵守一定期限,那么合同终止的生效只意味着该期限的起算,该期限的届满时刻,合同关系才归于消灭(黄卉,2007:101)。传统合同法效力消灭理论,适应一时性合同,强调自合意达成后便是合同的履行问题,更侧重的是法律行为,忽略了时间因素对履行过程的影响,往往难以反映出合同履行的动态变化过程。当时间的延展被理解为一个连续的履行过程时,双方当事人之间的信赖关系成为履行的关键因素,信赖关系的丧失,使"通知终止"成为提前消灭合同效力的一种正常的情况。劳动合同的期限制度强调了时间因素的参与,如无"通知终止"制度,劳动合同作为继续性合同是无法存在的。

(二) 关系性契约视域下的信赖关系

从关系性契约理论出发,强调社会对法的影响。正如有学者指出的那样,"法律形式主义的关键,在于义无反顾地忽视法律规则与作为其存在基础的理由之间的错位,'拒绝承认法律规则总是服务于其存在的理由'"(法伯,2001:49)。麦克尼尔举出这样的例子进行佐证:一个年轻的电焊工到一家工厂去工作,由于种种现存的因素,他和未来的雇主之间有一种相互依赖的平衡,双方可以接受的雇佣条件将反映这种静态的情况。但是,在20年以后,雇佣关系的种种变化将形成一个完全不同的相互依赖的景象。例如,年纪的增长可能使电焊工比年轻受雇时更加依赖于雇主(麦克尼尔,2004:31)。从关系性契约理论来看,关系契约需要将这种交易之外的复杂关系拉入契约持续期间,关系性契约可能涉及许多个人和集体角色的利益相关者以及友谊、名誉、相互依赖性、道德和利他主义,也可能会包括那些有赖于该关系而存在的双方当事人和第三人。

从应然法的角度看,以上特点强调了关系性契约的"信赖关系"的特点,信赖关系维系着合同的履行。关系契约强调社会与法的互动关系是由于当事人在缔约之时无法预知合同风险,社会交换关系的复杂性,人们之间的交换期间不能仅仅用某一时间点来衡量,在合同履行过程中任何时间点都可能出现一方当事人对另一方不信任的情形,信赖关系的结束应当允许结束劳动关系。

(三) 从两种视角来观察形成权

在1820年以前,传统德国民法理论将民事权利分为支配权、请求权和抗辩权。从实证法的角度来观察,继续性合同在合同解除(德国称之为合同终止)上往往与形成权制度相联系。1903年,德国学者泽克尔(Seckel)在其论文中,以新颖的文字,简明扼要地提出了"形成权——这一全新的概念"(汪渊智,2003:94)。形成权针对的情形是:当事人将自己单方变动法律关系的意思表示向法院提出申请,借由法院的判决变动法律关系。《民法中的形成权》(*Die Gestaltungsrecht des Bürgerlichen Rechts*)一文中首次使用了形成权(Gestaltungsrecht)一词(王泽鉴,1998d:13),从而使形成权作为一个独立的权利类型首次出现在权利分类体系中。多勒(Hans Dolle)在1958年的德国第42届法学家年会上,称形成权概念的提出为"法学上的发现"(翟寅生、姜志强,2010:71)。形成权是指依照权利人单方意思表示就能使权利或法律关系发生、变更或消灭的权利(韩忠谟,2002:181)。我们可以从继续性合同、关系性契约两者结合的视角来进行观察。

其一,形成权强调单方性。通知终止是单方意思表示的基本形式。从继续性合同理论出发,合同给付的时间因素具有重要意义;从关系性契约理论出发,强调社会对法的影响。继续合同理论从形式法的角度来看,这只是"时间因素(Zeitmoment)在债的履行上居于重要的地位,总给付之内容系于应为给付时间的长度"(王泽鉴,2001b:132)。继续性合同在交易中某些细节在缔约之处很难被具体确定,在缔约之处多为框架性条款,合同的内容随着时间的延展而逐渐填充完整。正如霍姆斯在《普通法》一书中指出的那样,法律对当事人内在意志的实际状况是无能为力的,就契约(其他也一样)来说,它必须能够表现出可以被审查的外在特征,因为法官判断当事人的意思只能根据他们的行为,而无法去揣测他们的心理(吉尔莫,2005:55)。单方意思表示是根据这一特点所作出的反应,具有可以被审查的外在特征。

其二,形成权强调变动性。形成权单方意思表示就能使权利或法律关系发生、变更或消灭的权利。从继续性合同理论出发,给付时间的延展是一个连续的履行过程,合意的达成处于不断的变动过程中;从关系性契约理论出发,关系性契约通常会强调在不断延展的时间中,各种社会因素会以各种方式加入其间。形成权强调交换的扩展和当事人的增加超越了个别性交换的时间界限,交换的存续期间也因而不断延展而发生变动。

其三,形成权强调信赖性。单方意思表示就能使权利或法律关系发生、变更或消灭的效果的依据是信赖关系的状态。从继续性合同理论出发,双方当事人之间的信赖关系是继续性合同得以履行的关键因素;继续性合同已不是一个简单的自成立的时候就能确定下来关于将来合同履行的情况,信赖基于内心主观评价,具有任意性。这种分析方式其实与关系性契约是类似的。

从形式法与实质法相统一的视角来观察形成权,在我国社会法的视域中,解雇、辞职、解除、终止,四个形式法概念背后存在着一个世界性的难题,我们可以称之为劳动力市场的悖论。一方面,从形式法的视角观察,继续性合同不确定性使总给付内容随着时间的延展不断变化,在这一过程中合同当事人间具有很强的信赖要求,丧失信赖基础的劳动关系就没有继续存在的理由,双方当事人都需要一定自由度,形成权成为各国的制度安排;另一方面,从实质法的社会问题视角观察,形成权是"废止一个法律关系而导致权利关系发生变动的权利",这种权利具有"通过其单方行为性质的形成宣告来实施"(拉伦茨、沃尔夫,2006:491)的特点,形成权相对人只能容忍或接纳这种效果,也即必须接受他人所做出的决定,作为"私法中的权力"与劳弱资强现实格局相联系,容易出现权利滥用的情形。在这种经济与社会的双重视角下,前者倾向于强调"灵活"的价值,后者倾向于强调"稳定"的价值,由此也构成了普通终止与特殊终止两种制度。劳动关系到底应当采用前者还是后者,各国有不同的制度安排。

二、辞职的无因解除

继续性合同中权利人以“通知”方式产生合同关系终止的法律效果。德国有普通终止的制度安排，我国赋予劳动者无因解除劳动合同的权利，相当于普通终止。

(一) 解除、终止中的形成权

形成权是某个特定人所有的权利，这个人可以通过单方的形成行为，通常为需要接受的意思表示，来实现他和另外一个人之间的法律关系，或者对法律关系的内容进行确定，或者改变这种法律关系，以致撤销这种法律关系(拉伦茨，2002：289)。从法学理论看，一般认为，合同解除与合同终止最重要的区别是溯及力，①劳动关系的人身性、继续性特点，使劳动合同应该主要适用终止。解雇与辞职是依用人单位或劳动者一方之意思表示直接消灭劳动法律关系的行为，作为一种形成权在大部分国家主要是作为终止的下位概念来使用的。《劳动法》《劳动合同法》则以提前解除、到期终止为辞职、解雇制度的基本架构，诚然，继续性合同的双方当事人也可以通过达成一致协议而解除继续性合同，但这种合同解除方式的实质是以一个新的协议使原来的合同效力消灭，这是双方当事人意思自治的体现。在我国实行固定期限合同的情况下，辞职制度涉及提前解除、到期终止、约定终止三种含义，与西方的规定既有联系也有区别。

其一，我国的“通知终止”在立法上是以解除名义来规定的，其实是终止的含义，须以“通知”的意思表示行为来行使。从通知终止的理论来看，《劳动法》起草前，我国已经开始推行固定期限的劳动合同，并已经有长达 10 年的努力，难能可贵的是，这种状况并没有影响《劳动法》采用形成权的法理。20 世纪 90 年代我国合同法中总体上并无这样的制度安排，《劳动法》第 31 条对于“通知解除”(德国称为通知终止)的探索，主要体现在辞职制度上，受到一些习惯于照搬民法制度的劳动法研究者的批评，他们对《劳动法》第 31 条价值做出完全否定的评价。②这种观点可以概括为“合同信

---

① 王家福在较早的著作中就强调合同解除的主要特点是“合同当事人应负恢复原状之义务”(王家福等，1986：190—195)。合同解除是指合同关系成立以后，根据解除行为而使合同关系有溯及地消灭，合同解除要发生恢复原状的效力；合同终止只是使合同关系消灭，当事人不发生恢复原状的义务。

② 王旭东的观点如下：“有固定期限合同只能基于正当的法定事由方可解除，而这在我国劳动立法中难觅踪迹，《劳动法》第 31 条并未配备这种过滤甄别装置，而是赋予劳动者以普适性的无条件预告解约特权，这不仅使无条件的预告解除权授予不平等所导致的利益失衡更趋严重，而且也同劳动合同的期限划分格格不入、南辕北辙，其直接表现就是使得有固定期限的劳动合同丧失了定期合同的形式特征，以完成一定工作为期限的劳动合同亦然。既然是定期合同，说明合同期限是相对稳定，不可随意提前解除合同或延长合同期限，否则便失去定期劳动合同‘定期’之本意，学者们所推崇的‘有固定期限的劳动合同既能保持劳动关系的相对稳定，又能促使劳动力合理流动’在现行体制映射下显得十分虚幻缥缈：一旦劳动者挥舞起手中的无条件解约权，期限的约束顿时化于无形，谈何劳动关系的稳定？而企业出于对劳动者‘跳槽’忧虑，势必在对劳动者的培训投入上动力不足，极大限制了劳动者素质的提高，这对企业的长远利益和社会整体利益均有弊无益，又谈何‘劳动力的合理流动’？”“劳动合同也必须生存于‘合同必须信守’原则的法力涵射之下。”(王旭东，2004：10、9)

守论”，严守书面合同期限逻辑。

其二，我国的“到期终止”是与上述“通知解除”相并列且含义完全不同的制度，《劳动合同法》出台后，“到期终止”的概念一定程度上被“法定终止”的概念吸收。“到期终止”与“通知解除”(德国称为通知终止)最大的不同是关于法律事实的理解。所谓事实行为，是指行为人主观上并不具有产生、变更或消灭法定民事法律关系的意思，只是客观上由于法律的规定而产生一定法律后果的行为。民事法律行为与事实行为相区别的根本标志在于是否存在意思表示，也即要看法律后果的产生是由当事人的主观意思表示，还是法律的客观规定(申卫星，1995：43)。我国终止制度具有法定的即行终止的含义，是指劳动合同关系自然失效，双方不再履行。固定期限合同到期终止，原有的劳动合同关系自行消灭，转化为事实劳动关系，我国当前事实劳动关系认定标准源于 1995 年公布《劳动法》以及 2005 年劳动和社会保障部的配套文件。[①]《劳动合同法》后强化了事实劳动关系的否定评价，对于事实劳动关系我们同时采用了通知解除的方式和推定事实的两种截然不同的方式来处理。在劳动者不愿订立合同的情况下，用人单位被要求以通知的方式来解除已经存在的事实劳动关系[②]；在用人单位不愿订立合同的情况下，则科以惩罚性赔偿，或以推定的方式转化为无固定期限合同。[③]仅从劳动者行使解除权的制度安排上看，依然是德国普通终止，不同的只是通知期限。

其三，我国的“约定终止”包括约定终止期限或条件，除到期终止外也会出现约定终止条件出现时的终止。《劳动法》第 17 条规定：“劳动合同依法订立即具有法律约束力，当事人必须履行劳动合同规定的义务。”出现劳动合同约定的终止条件时，劳动合同即行终止，如未终止，也会转化为事实劳动关系。约定条件终止与通知解除(德国称为通知终止)相比，前者是依约定终止，后者是依法定解除；前者是即行终止，后者是通知解除。我国学界曾经发生两者效力关系的讨论。有学者认为“约定终止”的

① 《劳动法》强调，“劳动合同是劳动者与用人单位确立劳动关系、明确双方权利和义务的协议。建立劳动关系应当订立劳动合同”。在双方没有签订劳动合同的情形下，只有在“用人单位招用劳动者”的情形下，在双方都具招用意向的基础上，才可能进入事实劳动关系的实际认定。从属性是补充标准，在主体合格又没有签订劳动合同的情况下，通过遵守规章制度、发放工资、纳入业务组成部分等从属性标准来认定劳动关系。严格执行这样的认定标准，用人单位与劳动者之间的劳动用工合意是建立劳动关系的主要依据。《劳动和社会保障部关于确立劳动关系有关事项的通知》(劳社部发〔2005〕12 号)。

② 《劳动合同法实施条例》第 5 条规定，自用工之日起一个月内，经用人单位书面通知后，劳动者不与用人单位订立书面劳动合同的，用人单位应当书面通知劳动者终止劳动关系；无需向劳动者支付经济补偿，但是应当依法向劳动者支付其实际工作时间的劳动报酬。《劳动合同法实施条例》第 6 条规定，用人单位自用工之日起超过一个月不满一年未与劳动者订立书面劳动合同的，应当依照劳动合同法第 82 条的规定向劳动者每月支付两倍的工资，并与劳动者补订书面劳动合同；劳动者不与用人单位订立书面劳动合同的，用人单位应当书面通知劳动者终止劳动关系，并依照劳动合同法第 47 条的规定支付经济补偿。

③ 《劳动合同法实施条例》第 7 条规定，用人单位自用工之日起满一年未与劳动者订立书面劳动合同的，自用工之日起满一个月的次日至满一年的前一日应当依照劳动合同法第 82 条的规定向劳动者每月支付两倍的工资，并视为自用工之日起满一年的当日已经与劳动者订立无固定期限劳动合同，应当立即与劳动者补订书面劳动合同。

效力可以高于“通知解除”的法定效力，可以约定改变法定。这种观点可以概括为“弃权有效论”。[①]实际上是将劳动法第 17 条视为义务性条款，而将劳动法第 31 条视为权利性条款。用人单位可以利用其强势地位，以合同约定的方式使劳动者放弃第 31 条。这种约定效力高于法定效力的理解，其实也是源于当时民法的理论，这一理解不符合社会法的原理。

形成权是指依照权利人单方意思表示就能使权利或法律关系发生、变更或消灭的权利（韩忠谟，2002：181）。形成权是德国法学家运用思辨和抽象思维创造出的理论产物。上述三种情况中，第一种情况最符合形成权理论，后两种情况，劳动合同转化为事实劳动关系后，也采用单方意思表示终止劳动关系的做法，只是在一定条件下加入法定的惩罚措施。

（二）无因解除权的理论逻辑

在德国法中，继续性合同无条件的终止被称为“普通终止”，在我国《劳动法》《劳动合同法》则规定为无条件解除权。以“普通终止”来分析我国劳动法，从主体上看，涉及劳动者与用人单位，从内容上看，涉及无固定期限与有固定期限，四个概念组合成魔方四角。受倾斜立法原则的影响，我国从《劳动法》开始，主要是以劳动者与用人单位为标准进行了区分，只有劳动者才享有无条件解除权（德国法上普通终止）。我国劳动法意义上的无条件解除权有四个特征。（1）无条件解除权以“通知”作为一种意思表示，在合同的履行过程中，我国劳动法规定提前 30 日通知相对方可消灭合同的效力。（2）无条件解除是无因解除，只要符合法律规定的提前通知期，权利人可以行使任意终止权。当事人通常不需要重大事由，连不重大事由都不需要。（3）该权利的行使是一种单方法律行为，一经权利人依法作出，单方面的通知相对人终止合同，就产生消灭合同效力的法律效果，无需合同相对人的配合。（4）劳动者在有期限合同与无期限合同中均可实行这种辞职权，与德国的普通终止相比，我国的范围更大。以德国“普通终止”的理论逻辑只可能解释前三个特点。如果与美国的制度相比，我国制度设计也不相同。

对于民法而言，各国通常只在无固定期限合同中适用这种“普通终止”制度，无固定期限合同作为继续性合同双方当事人本来均应享有无条件解除权。任意解除权制度的目标在于摆脱信赖关系破裂时的合同束缚。我国在履行期间不明的租赁合同、保管合同、仓储合同中实行双方享有无条件解除权的制度设计。无固定期限的合同在订立之初并不能确定总给付内容，这导致合同有太多的不确定因素，面对诸多未知数，在合同履行过程中，因合同成立的基础发生改变、动摇，未约定期限的继续性合同关系无止境地延续，存在侵害合同自由的可能性，需要赋予合同双方解约的自由以跳

① “弃权有效论”并不完全否定《劳动法》第 31 条的价值，相反，对第 31 条规定所体现的保护劳动者精神给予肯定评价。这些学者认为应当将该条款理解为授权性的条款，而不是义务性条款，也就是说，司法实践应确认放弃一般解除权即“弃权条款”的效力。劳动合同中如订有“在合同如无正当理由劳动者不得解除合同”的条款，其效力应予以确认（冯彦君，1999b：45）。

脱出合同长期约束的状态(张同超,2018:10—11)。

对于社会法而言,各国的焦点在于"普通终止"的制度适用范围。从英美法系来看,由于美国在殖民地时期,一直沿用英国制度,因此,私人性质雇佣关系也被认为是一种主仆关系,英国雇佣关系的一年一任和事先预告两个制度一直被沿用,普通终止广泛适用。这种情形一直到19世纪后半期才开始发生变化,一套独特的雇佣自由制度逐渐发展出来。美国在普通法上一直认为除非雇佣当事人事先特别约定一定的存续期间,否则该契约即属不定期契约。缔约双方都有随时终止契约的自由。根据雇佣自由原则,雇主享有极大的解雇权,可随时将雇员解雇,而无须说明任何理由,反之,受雇者也可随时离职而去,另谋高就(莱斯利,1997:201—205)。从大陆法系来看,无固定期限合同的无条件终止权为当事人预先设计一种退出机制,劳动关系双方当事人均可做出信赖关系破裂的判断,这种退出机制自然应当公平地赋予双方当事人,无固定期限合同最初在大部分国家都被理解为双方当事人只要给对方一定的预告期,就可以被终止的合同。《日本民法典》《意大利民法典》《法国劳动法典》都有类似的规定。①社会法的发展虽然使这一制度有所动摇,但并非彻底取消。

有固定期限与无固定期限难以区分时,往往会被理解为无固定期限合同。1985年,美国上诉法院在著名的Martin v. New Life Insurance Co.一案中,明确宣示雇佣自由原则。在该案中,马丁是纽约人寿保险公司不动产部门的高级主管,年薪1万美元,在被解雇后他向法院提起诉讼,认为他与该公司之间是定期雇佣关系,是一种一年一任契约,因为由他是领取年薪的事实,可以推定其雇佣期间是一年。纽约上诉法院对此案宣示了下列两项重要原则:(1)不定期雇佣关系,应被推定为一种依双方自由意志而产生的雇佣关系,因此雇主可基于任何理由,不论是否正当,甚至是毫无理由,而终止与受雇者的雇佣合同;(2)年薪制一事,并不能推定雇佣期间是一年。由于纽约州一直是美国的经济中心所在,因此,这项判决很快即为其他各州法院所普遍接受,某些法院甚至更进一步认为,某些具有永久性质的雇佣契约,是一种不定期雇佣契约,雇主可任意终止与受雇者的雇佣合同,无须负法律责任(刘海燕,2005:31)。我国劳动法制度设计从一开始就只将这种无条件解除权(相当于大陆法国家的终止权)赋予劳动者,与英美国家相距甚远,与德国有点相似。

(三)无因解除权的历史逻辑

有固定期限合同双方当事人本来均不应享有无条件解除权。就合同一般原理而言,合同一经订立必须严格遵守并得到切实履行,但继续性合同无条件解除权的存在显然是对上述规则的突破,因此法律必须严格限定这一权利行使的条件。上述"合同信守论"对提醒我们防止无因终止权的随意扩大是有积极意义的。以法国为例,对于

① 《日本民法典》第627条规定:当事人未定雇佣期间时,各当事人可以随时提出解约申告,于此情形,雇佣因解约申告后经过两周而消灭。《意大利民法典》第2118条规定:对于未确定期限的劳动合同,任何一方都享有按照行业规则、惯例或者公平原则规定的期限和方式版行了通知义务之后解除合间的权利。《法国劳动法典》第122-4条规定:不定期的雇佣合同,只要遵守规定,签订合同的双方的任何一方都可以予以终止。

定期劳动合同的终止，如果合同未到期，不论是雇主还是雇员都不得擅自终止合同，否则应承担违约责任（严瑕，2009：72）。学者一般认为，相比于继续性合同，一时性合同的总给付范围是确定的，当事人的权利义务也非常明确，契约必须严守，规则适用得也更为彻底，因此，一时性合同并不存在无条件解除权的问题。一时性合同的信赖关系并非是持续的，更加强调缔约过程中的信赖关系，在履行过程中即便信赖关系丧失，由于有抗辩权、违约责任等履行过程中和履行后的保障，缔约过程中的信任丧失并不影响之后合同的履行，也就没有任意解除权存在的必要（张同超，2018：9）。有固定期限合同由于保留着一时性合同的特点，合同的履行也不认为主要依靠信赖关系的维系，一般认为不应当赋予双方当事人无条件解除权这种任意性。

我国政府存在着国有企业投资者与公共利益代表者的双重身份，制度设计也体现了这种特点。劳动法制度设计从一开始就将德国法上的普通终止以解除权的措辞赋予劳动者；不仅将无条件解除权赋予无固定期限劳动合同劳动者，而且赋予了有固定期限劳动合同的劳动者。对于固定期限适用无条件解除权，其实在当初立法时已经存在较大的争议。在《劳动法》起草过程中，笔者也曾建议将劳动者的辞职权表述为："订立劳动合同时所依据的情况发生变化，劳动者可以解除劳动合同，但必须提前1个月以书面形式通知用人单位。"但在起草过程中，经过讨论，笔者也同意以后的表达。（董保华，2015b：644）事实上，劳动制度改革的难点是国有企业老员工的用工难题，面临着两种可以选择的方案。在国企改革中，北京市的"砸三铁"[①]与上海市的任意辞职，[②]南北两种改革方案曾引发激烈的争论。两个方案的重点不同，前者强调赋予企业用人权，后者强调赋予劳动者择业权。上海实行保护老员工利益的无固定期限合同改革方案并最终成为我国劳动制度改革的方向。任何一种制度设计不能离开中国的国情，以历史的眼光来看，原《劳动法》之前的用工制度存在的差异主要体现在两方面，也是我国进行制度选择的主要依据。

一是由不同的企业性质所决定。为使外商投资企业能够按照国际通行的一些规则运行，我国赋予其较大的用人自主权，国有企业则受国家的控制而自主权很小。20世纪80年代，在外商投资企业的相关规定中，我国"解雇"与"辞职"两个称谓曾一度作为立法概念来使用，也是在普通终止意义上使用的。外商投资企业还有较大的约定权限，国有企业基本上只能按国家规定执行。劳动制度改革虽然在努力缩小两者的差距，但由于原来的立法基础不同，差距依然明显。例如，在一些非过错性解雇限制规定中，外商投资企业可以经营需要作为解雇的理由，国有企业只有在依法完成国家规定的医疗期后才能解除。通过"破三铁"方式将国有企业员工推向市场，员工将难以适应市场环境，赋予劳动者更大的自主权，通过劳动者的主动流动，有利于当时的国企改革。

---

① 1992年劳动制度改革达到了一个高潮，以徐州市"破三铁"（即"铁交椅""铁饭碗""铁工资"）北京市"砸三铁"为代表的改革引起了全国各地的关注（刘贯学，2004：130）。

② 1992年8月12日上海市劳动局发布了《本市全民所有制企业实行全员劳动合同制试行办法》，首创了中国式的无固定期限劳动合同。

二是由新老员工的差异所决定。改革中，无论是外商投资企业还是国有企业，我国均为新工人建立了一种更符合流动要求的用工制度。国有企业主要是通过推行有固定期限合同来实现的，老员工则在保持原有的无固定期限合同的情形下，通过一些过渡措施，实施渐进的改革，主要强调稳定性。这一差异最典型地反映在我国劳动合同的解除与终止的制度设计上，老员工只能适用解除制度的从严规定；新员工除适用解除的规定外，还能同时适用较为灵活的到期终止制度。扩大劳动者的辞职权，虽然主要是推动国有企业老员工接受市场秩序，但这项措施很难不对承受更大市场风险的新员工开放。

三、解雇的有因解除

解雇自由与解雇限制是此消彼长的两个范畴。解雇限制很大程度上限制了“通知终止”的制度范围。德国有特殊终止的制度安排，我国赋予用人单位有因解除劳动合同的权利，相当于特殊终止。

（一）我国的解雇限制

解雇限制是指解雇的权利受到国家法律的制约，这种制约只适用于雇主，对雇员不适用。我国常称之为“解雇保护”制度①。随着解雇限制理念与禁止权利滥用原则相结合，解雇自由开始受到一定的限制。解雇限制体现出一种对弱者保护的人文关怀，以禁止权利滥用为中心并往消极、积极两个方向发展出两种制度，也形成两种学说。

从消极方面看，有些国家仍坚持自由雇佣说。英美法注重实用主义，对法概念或原则的抽象概括无所偏好（钱玉林，2002：55）。美国法上总体不存在权利滥用的系统法理，美国少数州的立法体现了这一法理。在美国劳动法领域中，霍勒斯·加伊·伍德（Horace Gay Wood）的一段话经常被引用：“对我们来说，以下规则是不可动摇的，即普通的或不确定的雇佣就应被初步认为是任意雇佣（hiring at will）……如果当事人没有共同将雇佣理解为只在某一固定和有限的期间内有效，那么它就是不确定期限的，并可依据任何一方当事人的意志而终止。”②美国法律尊重雇主和员工的意思自治，允许双方通过协商约定解雇限制条件。美国一向崇尚私法自治原则，尽量设法避免政府公权力过分介入私人契约关系。虽然雇佣自由原则备受各方攻击，但时至今日，它仍是规范美国雇佣关系的一项重要原则（胡立峰，2009：134），而多数州法院及部分学者也认为这项原则仍有继续存在的必要。有学者认为，英美法上由衡平法中创设的“允诺禁反言规则”（promissory estoppel rule）法理与禁止权利滥用的法理

---

① 通过限制用人单位的解雇权来实现劳动者的劳动权，更准确的称谓应当是“解雇限制”（王益英、黎建飞，2001：93）。

② Horace Gay Wood, *Master and Servant*, 272(1877)（转自 Daniel Foote，2001：92）。

和功能，有相通之处（王泽鉴，1998a：310）。

从积极方面看，有些国家形成正当事由说。在德国，解雇保护制度被称为“劳动合同法领域的神经中枢”。“权利滥用”概念与大陆法上的其他概念（如公序良俗、诚实信用）一样，是一个十分抽象的法律概念，正当事由说则是一个更具操作性的概念。正当事由说对解雇自由做了较大的限制，认为没有正当事由，不得解雇（黄越钦，2003：157）。解雇理由的制度安排成为解雇限制的一项最强烈的内容。《瑞士债法典》第337条规定：“如有正当理由，雇主与雇员随时可以立即解除合同；在对方提出要求以后，解除合同的一方应当解释其决定。根据诚信原则而不能要求一方继续维持合同关系的那些情形尤其被视为是‘正当理由’。在有正当解除理由的情况下，法官可以自由作出判断；但是在任何情形下，劳动者在没有过失的情形下被阻止继续工作不能被视为‘正当理由’。”（《瑞士债法典》，2002：96）

严格说来，当今世界没有一个国家实行完全的解雇自由或解雇禁止，如果将两者比作两个极端，那么各个国家的解雇限制制度其实只是在两者之间选取一个平衡点。

（二）有因解除权的理论逻辑

各国对权利滥用禁止原则的理解并不相同，德国民法典与苏俄民法典的理解有很大的差别，这种差异也一定程度上反映在我国的解雇限制制度上。与劳动者实行无因解除权不同，我国用人单位在劳动合同上不仅实行有因解除权，而且是一种法定的有因解除。禁止权利滥用原则的本质是权利人在不损害他人利益和社会利益的前提下，追求自己利益的最大化。这一原则一是尊重他人的权利，二是在利益面前保持必要的理智和克制，对自己的权利加以限制（龚炜、徐婷，2007：19）。西方的解雇限制制度也具有这样的特点。我国解雇限制制度在设计之初就与之不同，通过法定解除条件的方式来压缩用人单位的解除权范围。我国是从高度集中统一的管理制度发展而来的，在这种背景下，无主观过错员工予以解除合同的观念很难被接受，我国的非过错性解雇很大程度上是按情势变更原则建立起来的。这种差别说明两种制度是建立在两个不同的假设前提下的。西方市场经济国家是以解雇限制对解雇自由进行限制；我国是以劳动关系不可以非过失性的原因进行解雇，除非情形变更（董保华，2010：93）。

在大陆法国家，情势变更原则是指因不可归责于双方当事人的原因，使债的形成所依赖的客观情况发生了当事人不能预料的变化，致原债的关系显失公平时，双方应变更债的内容，重新协调双方利益，达到新的平衡（崔建远，2003：162）。情势变更原则作为诚实信用原则的下位阶原则，在债的履行中居重要地位。它使基于债发生时的客观情况所作的双方利益分配失去平衡时得以修正。我国学者一般认为，这一原则有五个要点：（1）应有情势变更的事实，也就是合同赖以存在的客观情况确实发生变化；（2）情势变更，须为当事人所不能预见；（3）情势变更必须不可归责于双方当事人，也就是由除不可抗力以外的其他意外事故所引起；[①]（4）情势变更的事实发生于

① 如果可归责于当事人，则应由其承担风险或违约责任，而不适用情势变更制度（崔建远，2003：93）。

合同成立之后，履行完毕之前；(5)情势发生变更后，如继续维持合同效力，则会对当事人显失公平或导致目的不达(程顺增，2012：106)。一种基本的认识是，劳动合同作为合同之债的一种，其履行亦应适用情势变更原则。依情势变更原则，当事人一方因情势的变更处于显失公平的地位时，可以向相对人作如下请求：(1)增加或减少给付，以期双方利益平衡；(2)延期或分期履行债务；(3)变更特定物给付义务；(4)拒绝先为给付；(5)解除合同，因情势变更致合同不能履行时，一方可解除合同(陈向聪，1999：41)。我国《劳动法》的制度设计与情势变更原则有相同之处，也有不同之处。

从相同之处看，《劳动法》参照了情势变更原则，第 26 条规定了非过错性解雇的三种情形：(1)劳动者患病或者非因工负伤，医疗期满后，不能从事原工作也不能从事由用人单位另行安排的工作的；(2)劳动者不能胜任工作，经过培训或者调整工作岗位，仍不能胜任工作的；(3)劳动合同订立时所依据的客观情况发生重大变化，致使原劳动合同无法履行，经当事人协商不能就变更劳动合同达成协议的。有人认为，只有第三种情形是依情势变更原则来设计的，其实尽管三种情形源于不同的规定，但在进入《劳动法》时三种情形都是按情势变更、解除法理进行类型化的制度整合。一个较为传统的看法是情势变更原则对合同先后两次发生效力，第一次效力在于能够使合同一方当事人单方变更合同，第二次效力则在于能够使其单方解除合同，第二次效力的产生以第一次效力的作用不能排除合同履行所引起的显失公平为前提(史尚宽，1954：438—442；杨振山，1990；彭诚信，1993；王江雨，1997)。无论当今民法学界的争论如何①，《劳动法》事实上是按照这样的理解来进行制度设计。这一制度设计也被《劳动合同法》所继承。

从不同之处看，情势变更原则强调的“情势变更”具有“须为当事人所不能预见”的特点，我国《劳动法》《劳动合同法》在将情势变更的情形法律化时，其实已经开始背离“诚实信用”这一道德法律化的法理，应当以基准法的反射利益的理论来进行解释，以劳动基准来构筑形成权条件时，已经超出微观层次的法理范围。情势变更原则的功能即在于使当事人在合同履行时的利益分配接近于合同成立、生效时的利益分配(张坦，1996：13)。劳动立法中参考情势变更的理论，其实更多的是要实现这样的目标。各国法律一般都允许当事人在合同中明确约定风险负担问题，当事人作为自利的理性人，比法律更清楚自己的效用函数，更有能力将资源配置到最有价值的用途上(刘廷华，2011：148)。我国的非过错解除则排除了这种约定，非过错解除发生时，通过要求用人单位支付经济补偿的方式，将风险分配给了用人单位。

继续性合同因为信赖利益丧失而通知终止。从这一法理来看，双方订立的合同都应当可以通知提前终止(我国称为解除)，我国赋予劳动者无因解除的权利；同时，通过引入情势变更原则形成的法定解除，意图在于将风险尽量分配给用人单位。我国的制度设计与西方市场经济国家有很大区别，如果合同的成立、生效与合同的履行时的情形没有变化，就不存在情势变更问题，即便信赖关系的丧失，用人单位也不能

① 我国有些学者不赞成这一解释(张淳，1999：54)。

行使解除权,大大限缩劳动合同解除的权利。风险及其损益是情势变更原则存在的社会经济基础,也是我国设计用人单位无过错合同法定解除的基本依据。情势变更原则是在诚实信用原则基础上发展起来的一项损益平衡原则,其具有促进契约公正的作用。然而,我国制度改造时却与诚实信用原则切断了联系。在我国,社会主义市场经济体制建立是风险机制的形成原因,法律应该尊重当事人的这种意思自治。如果过分强调情势变更原则,并将其内容与后果统统法定化,对脆弱的风险市场无异于致命一击,并将最终使整个经济缺乏活力(张坦,1996:15)。

(三)有因解除权的历史逻辑

在英美法国家,与情势变更原则相对应的为“合同受挫”原则。依此原则,合同包含着一个默示条款,此基础丧失,合同应予以变更、解除。但是,这一原则并非自始确立。“普通法院最初将所有的允诺都认为是绝对的,合同对所有可能免除当事人履行的情况都作了规定,假如没有这些规定,允诺就继续存在,或者对不履行行为支付损害赔偿。‘不可抗力’和‘无效对价’不能用作辩解的理由。”(达维,1980:135)从经济学角度而言,情势变更原则的价值在于通过平衡双方当事人因社会风险形成的损益分配以求得社会的公平。如果当事人之间既没有明确的条款对其予以说明,也没有隐含条款,那么,合同法就必须提供有效的风险分配规则来填补合同缺口,波斯纳则认为,在当事人缺乏对风险的明示和默示的分配时,应该由优势风险承担人承担风险损失(刘廷华,2011:148—149)。我国的制度设计是历史的产物,主人理论变化出来的隐性契约理论对我国传统用工制度具有一定的解释力。在非过错解除制度设计时,我国之所以要对情势变更原则进行参考并改造,也许可以用默示条款来解读。新老员工形成存量与增量劳动关系,有着不同的默示条款。

对于存量老员工而言,存在着一个扭曲的继续性合同,默示条款的内容是由当时的主人理论给定的。表面看来,劳动过程中的信赖关系多是相互的、双向的,然而这种关系被解雇限制制度覆盖时,我国是以严重倾斜的方式进行制度安排。对于辞职而言,不仅无固定期限合同,而且有固定期限合同也适用无因解除;对于解雇而言,以法定的有因解除为特征,单从解除制度本身来看,是严重倾斜的。这种制度失衡在当时主要是针对国有企业老员工,高度倾斜的目的是保留劳动关系的稳定性。原来的固定工制度其实存在着一种高度稳定的默示理解,也可视为是一种隐性契约,作为一种放权的过程,我国在承认雇主解除权的同时就明确划定了解除权的可行范围和禁行范围,限制雇主解除权的任意行使。劳动制度在改革与放松过程中始终将关注的重点放在老员工的身上,谨慎地从严规定。我国原有的默示条款是一个全方位的内容,长期实行企业保险、企业福利,也使我国社会保障体系难以适应老员工走向市场的实际情况,我国的劳动合同解除制度,显然无法充分适应市场机制。

增量新工人是适应市场经济发展而形成的员工队伍,在劳动制度改革中普遍实行有固定期限合同,保留了劳动关系可终止这样一种举措。用人单位的解除过度限制的问题之所以没有引起大的问题,是因为这种“劳动合同解除”过紧的制度安排被

“劳动合同终止”的较松安排所平衡。我国在新工人中推行固定期限合同制度,是以“到期终止”以及“续订有期限合同”方式,为新工人设置了一个相当市场化的机制。员工的任意解除制度与企业可以运用到期终止制度形成平衡,两者综合运用的结果是出现了劳动关系长期化、劳动合同短期化的趋势。“趋利避害”是任何理性人和经济人的本性,立法上的过紧的解除权限制使雇主选择避开“解除劳动合同”而选择“终止劳动合同”(董保华,2007f:59)。在我国的制度安排中,“终止劳动合同”是需要与“终止劳动关系”相区别的。在当时我国劳动力市场供大于求的情况下,雇主掌握着确定合同期限的主动权,与劳动者大量签订短期合同,通过合同到期终止避开解除劳动合同的一些制度安排,导致合同短期化。事实上,由于劳动用工的继续化特点,尽管劳动合同到期后,书面劳动合同即行终止,但绝大部分员工并不会真的发生“到期终止”劳动关系的情况。在当时的制度安排中,双方应当通过续订合同来继续劳动关系;一旦劳动合同不能续签转化为事实劳动关系,实行的是通知终止,类似西方的普通终止。其实我国《劳动法》的制度设计较为接近西方继续性合同中的终止制度设计。《劳动合同法》只承认法定解除,限制约定终止、到期终止的结果,使我国的制度安排与西方国家渐行渐远。

第九章

社会法的权利救济

在社会里，公民安全主要赖以为基础的东西，就是把整个个人随意谋求权利的事务转让给国家。但对于国家来说，从这种转让中产生了义务，因此，如果公民之间有争端，国家就有义务对权利进行裁决，并且在占有权利上要保护拥有权利的一方。

——威廉·冯·洪堡（Wilhelm von Humboldt）

第一节　自发秩序与权利救济

在自发秩序里，社会成员可以追求各自的目标，为实现各自的目标而自主选择手段。自发秩序有利于人类自由本性的实现，是人全面发展的保障，合理的自发秩序离不开权利救济。公力救济与私力救济，可以理解为社会法域与社会领域两种救济形式。公力救济与私力救济的关系，也是社会法与法社会的关系，既涉及两种手段的界定，也涉及两者的协调与渗透。

一、社会法权利救济的概念

秩序的重要特点是进程的连续性和事件的可预测性等。从派生权的“第二权利”看，可以得出“无权利即无救济”的结论。从“程序帮助权”看，则可以得出“无救济即无权利”的结论。

（一）权利救济的思维逻辑

自由权的实现要求司法机关提供司法救济，也就是当自由权受到侵害的时候，权利主体必须具有的请求其他人履行不侵犯其权利的义务，这是一种当事人自己可以直接通过诉权方式来救济的权利，司法机关应进行司法裁判以排除侵害。法律上“救济”的含义是：“救济就是纠正、矫正或改正已发生或业已造成的伤害、危害、损失或损害的不当行为。”权利救济是一种与原权利相对应的派生权范畴，救济中形成的权利被称为“权利救济权”。公民在其权利受到损害时，作为一种“权利救济权”，是请求国家为其提供帮助以弥补损害、实现权利的权利。原权利与救济权是第一权利、第二权利的提法来自《牛津法律大辞典》(沃克,2003:764),该书的表述让我们认识权利救济权的三重意义。

其一,逻辑关系中的"第二权利"。法律制度赋予特定关系中的当事人以两种权利和义务:第一权利和义务与第二权利和义务,强调原权与救济权是两种独立的权利。权利体系中的权利可以被看作是依着这样的逻辑而设置,即为保护某一特定的利益并不只设定一种静止的权利,而是设定一系列前后相连的权利。原权利就是这个权利链条的始端,救济权则是这个权利链条的末端。前者如取得所购买的货物和取得货物的价款,后者如强制对方交货,或强制对方就未交货一事给付赔偿;或者在另一方面,强制对方支付货物的价款或强制对方就拒收货物而给予赔偿。在第一权利即原权利的未有效行使受到损害后,原权利便转化为第二权利即救济权,在实现对损害的补偿上发挥作用(张维,2008:19—20)。原权利在转化为第二权利时,防御功能与受益功能也会转化为第二权利,可见第二权利也是完整的权利,而非权能。从"第二权利"看,可以得出"无权利即无救济"的结论。

其二,价值目的中的"权利的权利"。这种意义上的救济,如《世界人权宣言》第8条规定强调"有效的补救"。通常以某种原权利的存在且被侵害为前提,前面的权利随着特定的法律事实而转化为后面的权利,即权利救济权。有时也被称为"要求救济权""受救济权""权利维护权",这些提法其实不够严谨,权利救济意义上的"救济"一词,具有救助、恢复、补偿、修复、赔偿、矫正等含义。权利和救济这样的普通词组构成了对语:救济是一种纠正或减轻性质的权利,这种权利在可能的范围内会矫正由法律关系中他方当事人违反行为造成的后果,即在权利被侵害后对权利的恢复、修复、补偿,或对侵权的矫正及侵权结果的否定(菅从进,2008b:58)。一个国家通过承诺和兑现公民的救济权利,使"应有权利"、法定权利转化为"实有权利"。从一个权利的防御功能与受益功能来分析,受益功能的比重会有所加大,才使民事权利得到有效保障。"权利的权利"强调后一个权利是补救权,因此也被称为"恢复受损权利的权利"。

其三,法律手段中的"程序帮助权"。它是公民享有的在自身资源之外求助于国家司法权力救济的重要权利,《世界人权宣言》将"合格的国家法庭"建设作为人权的重要内容,旨在保障公民的实体权利,程序帮助权是人权不可或缺的内容,这种权利救济请求能力应赋予权利主体。司法救济权是人类文明进步的标志之一,为公民权利的保障提供司法上的救济途径,体现着现代国家对公共生活的理性参与。这种救济权一般应当与所谓"获得救济权"相区别,后者所对应的帮助和给付义务主体,不仅是国家,还包括社会,由它们提供物质帮助。这样区别使权利人可以获得权利主体应具有的法律地位。基于司法之"人权保障的最后一道屏障"的意义,司法救济权对于公民基本权利的实现尤具重要意义。如果没有权利救济权,无论人权的内容如何详备、权利实现方案如何完美,都无异于"没有牙齿的政治愿望",①只具象征意义而无

① Matthew Diller, Poverty Lawyering in the Golden Age, 93 Mich. L. Rev. 1401, 1428(1995).

实践可能。从“程序帮助权”看，则可以得出“无救济即无权利”的结论。

（二）权利救济的历史逻辑

权利通过司法的方式来救济是一种历史现象，德国近代著名的思想家威廉·冯·洪堡在其1792年所著的《论国家的作用》中强调，“国家最优先的义务之一就是调查和裁决公民权利的争端”，“在社会里，公民安全主要赖以为基础的东西，就是把整个个人随意谋求权利的事务转让给国家。但对于国家来说，从这种转让中产生了义务，……因此，如果公民之间有争端，国家就有义务对权利进行裁决，并且在占有权利上要保护拥有权利的一方”（威廉·冯·洪堡，1998：137）。救济主要是指公力救济，公力救济又主要指司法救济。权利救济权是国际人权法案或公约以及各国法认可的一项不可或缺的人权。如《世界人权宣言》第8条规定：“任何人当宪法或法律所赋予他的基本权利遭受侵害时，有权由合格的国家法庭对这种侵害行为作有效的补救。”这就明确了公民享有司法救济权。

马克思有过起诉权是“独立的私人理所当然的权利”的论断。司法救济这种历史现象演变为一种普遍现象，在个人意义上使用，成为先国家和前宪法的权利，国际人权法案是将这种权力介入视为一种应然权利、自然权利。实际上就是人们普遍认为依据人的本性而享有的，任何人固有的、与生俱来的权利。据此，即便一个国家的宪法和法律未明确规定“诉讼权”这样“理所当然”的权利，也不能剥夺或侵害公民的这一权利。当然，人类权利的发展史实际上是一个将应然权利一步一步地转变为宪法权利、法定权利和实有权利的过程（左卫民等，2003：4）。在现实生活中，法律非伦理化是通过自发秩序体现出来的。契约型社会源于古典政治经济学中“自由放任”的观点：个人在自由地追逐私利的过程中，产生了社会的繁荣。契约社会的形式法是以较为抽象的方式，形成了一种非伦理化的自发秩序，权利的司法救济是防御与受益的结合。

（三）权利救济的现实逻辑

权利救济体现的受益权会放大自由权利与消极权利的矛盾。消极权利只有防御权能，没有受益权能；自由权利是强防御权能，弱受益权能。表面看来，两者的差异并不大，但对于国家定位来说，这是一项权利中国家权力有与无的差异。国家意志一旦进入一项权利，所谓强弱其实是由国家来决定的，在权利救济的语境下这会放大为一种悖论。这种讨论首先涉及原权利与救济权的关系。

对于原权利和救济权的关系，我国学者大体有两种看法，一种认为救济权是一种权能，另一种认为救济权是一种独立的权利。有学者认为，“权能”这一概念能准确地表达权利涵盖的要求——义务关系及其能力。作为权利的三大基本权能之一，救济权能是保障和手段性权能，具体又包括获得侵权者救济权能和获得公力救助权能。“任何权利，或任何权利享有，要达到充分与真实的地步，都应包含充分的防御、受益和救济三大基本权能，尽管三大权能在具体权利中的地位和意义有所差异。其中权利的防御权能和受益权能是权利的本体性权能，救济权能是保障和手段性权能。"（菅从进，2008b：58）这种看法主要源于《布莱克法律辞典》，其将"救济"解释为"一种用来主张权利或对权利侵害行为加以阻止、矫正、责令赔偿的方法；一种赋予权利受到侵害的一方当事人诉诸法庭或其他方式的补救性权利，权利包含着救济"。[①]

对于权利救济权是一项权利包含的权能还是独立的权利，本书采取《牛津法律大辞典》的提法。在笔者看来，虽然只有在第一权利未被自愿或未被满足的情况下，第二权利或救济权利才能发生作用，但要求对方履行义务的权利，或要求对方就未履行义务或不适当履行义务给予救济的权利，都是独立的法定权利。两种权利在方法上有时是相反的：原权利强调自发性，救济权强调建构性；原权利强调防御性，救济权强调受益性；原权利强调自力协调，救济权强调他力介入；原权利强调私法性，救济权强调公法性；原权利强调个人主义，救济权强调整体主义。在法律伦理化的情形下，几乎在所有问题上都可能处于对立状态。尽管如此，权利救济权作为派生权，两者也紧密相联，派生权作为"恢复受损权利的权利"，内容上受限于原权利。

在社会法的微观层次上，社会法权利救济形式上可以分为公力救济、私力救济两种形式。权能与权利两种看法背后存在着一个截然对立的假设，即权利完美性的假设。三大基本权能的理解强调了权利闭环的完美自洽，派生权的理解强调了权利的不完美性使权利自身不能自足，社会法的发展是建立在后一种理解上的。原权利的结构性矛盾会在派生权中放大，在公力救济、私力救济中形成新的悖论。

二、权利的公力救济

从社会法的视角来观察，公力救济（public remedy）或司法救济（judicial remedy）是处理劳动关系中权利争议的主要手段，当权利人的权利受到侵害时，权利人行使申诉权、诉讼权，提请劳动仲裁委员会、人民法院依法处理并通过强制执行程序保护权利人。

（一）司法救济权的受益权能

在社会法域的视域中，公力救济与建构秩序总有一定的联系。公力救济是指权利人通过法定程序请求国家公共权力机关对其权利进行保护的一种方式（菅从进，2008b：59）。因此，公力救济被译为"public remedy"或"relief by public force"（余叔通、文嘉，1998：269），公权力对被侵害权利实施一种他力救济，包括司法救济和行政救济，公共裁判机构所实施的几乎所有的解决冲突的方法，均可称为公力救济。在社会法的微观层次，"公力救济"强调"司法救济"，公力救济体现的是法律秩序。在现代法治社会，公民在认为自己的合法权益受到侵犯或有纠纷需要解决时，享有寻求司法救济、得到公共裁判机构保护的权利。立法者在协调个人自由与社会自由的基础上

---

① *Black's Law Dictionary*, West Publishing Comporation, 1999. p.1163（转自李慧，2013：9）。

创设民事权利，这并不能完全避免权利与权利之间以及权利与尚未被类型化为权利的合法利益之间发生冲突，诉讼权作为一种救济权，也是一种请求权，公民诉讼表现为各种类型诉讼中的起诉权、应诉权、反诉权、上诉权、再审请求权等。它内含保障公民能够启动司法程序以及排除非司法方式解决纠纷的含义，这种请求权也是一种受益权，公民认为自己的合法权益受到侵犯时，享有提起诉讼要求国家司法机关予以保护和救济的权利，即司法保护请求权（左卫民、朱桐辉，2000：3）。社会法也发展出不同的司法救济形式。

其一，专门的劳动法院或法庭模式。德国劳动法院是专事审理劳资纠纷案件的劳动法院，是20世纪中期（1952年）从普通法院体系中分离出来而成为一个独立的司法机构体系。英国的劳工法庭是根据《1964年工业培训法》的规定而设立。劳动法院或法庭处理劳动争议的模式有以下共同特点：（1）该模式为国家建立，对公众开放，一般来说，所有权利争议，特别是个别争议都一体使用，具有“公共性”；（2）该模式的受理和裁决的生效为法规所规定，不以当事人意志为转移，具有“强制性”；（3）该模式吸纳劳资双方的代表，或者为陪审员或者为名誉法官甚至正式法官，同时一般由职业法官、官员等作为中立方主持或参与争议处理工作，体现“三方性”①，以确保判决容易为争议双方接受并增强了争议处理的“专业性”。（4）该类机构为特别法所规定，不同于普通法院处理机构，具体在案件处理中，劳动法院或法庭相对于普通法院来说更为灵活、快速，一般不受技术性问题困扰，追求纠纷的实质解决，可谓具有“替代性”。从这四个特征上来说，我国现行的劳动争议仲裁委员会和劳动法院或法庭较为类似。

其二，半官方机构模式。日本的劳动委员会是由劳动行政机关、劳资双方等三者组成的专门处理劳动争议的机构。英国则没有咨询、调解、仲裁委员会（the Advisory, Conciliation and Arbitration Service，简称ACAS）。半官方机构的处理模式与我国的劳动争议仲裁制度同样具有一些共同特征。（1）半官方的机构都是根据特别法律在公权力机关主导下建立的机构，具有“公共性”。（2）都体现“三方性”，典型代表是日本的劳动委员会的公益方、劳方、资方，而英国的ACAS依然是由雇主代表、工会和独立的劳资关系专家组成。（3）这些机构都不同程度上体现出“强制性”。如劳动委员会是依据工会法及劳资争议处理法所赋予之权限独立行使职权的，并在特殊情况下得以强制行使职权（邱骏彦，载董保华，2008a：128—132）。我国的劳动争议仲裁的定位和半官方的机构模式十分相近，只是现行的劳动争议仲裁制度还没有涉及对利益争议的处理而已。

恩格斯指出：“国家是承认，这个社会陷入了不可解决的自我矛盾，分裂为不可调和的对立面而又无力摆脱这些对立面。而为了使这些对立面，这些经济利益互相冲突的阶级，不致在无谓的斗争中把自己和社会消灭，就需要一种表面上凌驾于社会之上的力量，这种力量应当缓和冲突，把冲突保持在‘秩序’的范围以内；这种从社会中

① 西班牙的劳动法院是一个例外，其法官全部由职业法官组成。

产生但又自居于社会之上并且日益同社会相异化的力量，就是国家。”[①]由国家代表全社会，按照全社会认可的行为规则进行相关救济。“公权力源自民众对私力复仇的放弃，大家选择服从公权力以期获得安定有序的社会生活，由此，往往会选择公力救济作为第一救济方式。”（王耀海、盛丰，2013：170）救济在国家产生后的文明社会里主要是司法救济。司法救济权虽然本身体现的是权利中的受益权能，但是在强调防御功能与法律非伦理化的特点下进行。

（二）司法救济权的防御权能

司法救济权与第一代人权的联系，体现了权利所具有的防御权能。司法救济具有被动性，恪守“不告不理”原则，司法机关虽有解决的职责却无主动干预的职权，必须保持司法权的中立性，才会取得“自然正义”。从第一代人权的特点看，权利的不完美性使权利自身不能自足，尽管自然法学派的观点有着这样那样的区别，但都有从自然状态到自然权利再到人权的脉络。从权利救济的判断权看，权利主体对案件的是非曲直判断的权利被公共裁判机构所取代，权利主体只被保留形式上的判断权，即在权利受到侵犯后有感受自己权利被否定的“认为权”这在私法领域表现得尤其突出，不能自足的事物或者趋于消亡或者被迫变异，总之需依赖于他者的力量。当权利与权利救济的概念相联系时，对诉讼、调解、仲裁等社会纠纷解决机制给予结构上的整合，可以提升社会纠纷解决机制的法治品质（贺海仁，2004：36、33）。

防御权能是权利主要的基础性权能，对防御权能的确认，不仅指向一般的社会主体，而且指向国家，甚至可以说是重点指向国家。第一代人权存在内在矛盾：权利主体与救济主体的分离一开始就使权利成为弱性的力量，正因为这样，权利需要“他者”的保护，但他者的保护又有可能扩张国家的权力。两个方面共同作用的结果是：法律作为体系的安排以司法救济为中心，对权利救济研究首先是从功能主义的角度出发，司法救济权以一种“权利的权利”形式出现。不仅如此，权利救济在第一代人权的不断发展中也获得了重要的价值地位。从价值主义的角度出发，还要求强调权利救济体现防御权能的手段，对于社会主体的基本人身安全和自由权利、财产安全和自由权利、政治自由和民主参与的保护是采取权利救济措施的立法目的。在美国、英国和德国的宪法性文本中，都有防御权能的明确的表达，仅是为了实现基本权利的防御权能，才确认司法救济的相应法律地位。

（三）受益权能与防御权能的关系

在权利救济中，自由权作为一种消极权利，往往需要某种积极权利的受益权能或受益功能来进行救济，因此，我国一些学者认为，自由权普遍具有防御权能与受益权能，前者体现为原权利，后者体现在救济权。司法机关应自由权人的请求为特定的积极行为——裁判行为，国家对自由权履行的是积极义务（张翔，2005a：66）。原权利中

① 《马克思恩格斯选集》第4卷，人民出版社1995年版，第107页。

自由权与消极权已有矛盾，但在原权的形态上并不突出，派生权可能放大了原权利的冲突。(1)权利关系独立体现了消极权利中防御权能的要求，但没有司法权力救济这种受益权能的保护，过度的消极无法保护自由权的真正实现。(2)自由权具有个人主义与非伦理化的特点，权利关系的权力介入，体现了自由权中受益权能的要求，但与防御权能有可能产生冲突，脱离了消极权利的制约，在权力自带的伦理特点作用下，自由权利是否真能实现，有时是令人质疑的。权力以伦理化的方式介入与权利非伦理化的悖论，会形成相互冲突的外部特征。(3)由于用人单位承担着管理职能，通过救济权也会在一定范围内产生出特定法益，企业不合法或不合理的规章制度，被法院纠正后，没有提起诉讼的员工就会成为受益人。从这个意义上理解自由权，在社会法的微观层次上受益权能虽然通常不是最主要的权能，但仍是不可缺少的权能，无此权能，就无法成就社会法的权利。

基本权利高于具体法律规范的法理逻辑地位，一定程度上克服了立法对权利确认和保障不作为的消极后果。社会主体可以依据基本权，对新形势下应由法律确认但法律尚未确认的权利和自由价值的享有进行宪法诉讼救济。宪法诉讼救济机制事实上使自由、正义等较为抽象的权利价值获得了更切实的救济权能。这种救济权能，尽管不具有启动强令立法者积极作为并承担一定责任的能力，却可在一定程度上克服其不作为可能引发的消极后果(菅从进，2008b：61)。在社会法中，由于社会法宏观层次已经是诸法合体，微观层次能否坚持诸法分离具有重要意义。守住还是突破法律非伦理化的最后阵地，必然涉及权利关系的权力介入与法律关系的非伦理化的相互关系。

总之，权利救济权是诸法分离的产物，权利救济权从保护原权利出发，在不得不保护受益权能时，必然强调防御权能。防御权能首先针对国家的介入，在国家不介入或最低限度介入的情况下，也会形成法律有机体与道德有机体这样两个闭环。两个闭环均以自发秩序为特点，也会因自发秩序发生联系。

三、权利的私力救济

从法社会的视角来观察，广义权利救济概念中，在公力救济之外，也包括私力救济(private remedy)。私力救济体现的是伦理秩序。有学者认为，“私力救济”一词或许是在近代以公力救济为主导的社会中为与公力救济区别才出现的术语。①

(一) 私力救济的概念

私力救济作为权利救济是指权利主体在法律允许的范围内，依靠自身的实力，通过实施自卫行为或者自助行为来救济自己被侵害的权利。在国家及法院出现前，人类纠纷解决完全依靠私力救济。在公权力不发达的初民社会，私力救济属纠纷解决之常态，私力救济发达，公力救济疲软。私力救济一词，法语为“justice privée”，德语

① 这一推断源于徐国栋的启发，http://www.law-xmu.net/romanlaw/sub6-1-1.htm。

为"Selbsthilfe"(亦可译作自助行为),葡萄牙语为"autodefesa",英语最接近的词汇是"self-help",而多数情况下它被译作"自助"。有人把公力救济直译为"relief by public force"(余叔通、文嘉,1998:269),私力救济则对应为"relief by private force",但经检索词典、搜索网络皆未见如上术语,倒是搜索到许多"private/public remedy"的表达,但"private remedy"系"私人的救济"(remedy of private persons),指私人依法寻求的救济,如基于私法诉权提起的诉讼,显然不同于"私力救济"。概括之,私力救济译作"self-help(remedy)"较贴切(徐昕,2004a:587)。

在社会领域的视域中,私力救济与自发秩序有直接的联系。自发秩序的观念通过古典自然法学说的观念来体现,以英国的霍布斯和洛克、荷兰的格劳秀斯以及德国的普芬道夫等为主要代表人物。虽然这些思想家的理论有所分殊,但是它们共享了一个非常相似的理论逻辑结构:首先构建出一个自然状态(这个自然状态正如后来罗尔斯的"无知之幕"一样是一种理论假设),继而在此自然状态中的人通过社会契约克服自然状态从而进入社会状态。按照这种自然法理论,"社会性"是"自然人性"的展开,是从"自然人"向"自由人格"的生成。自近代以来,经济生活依据私法组织起来,契约型社会执行的是"私法自治",自由的市场在"看不见的手"的支配下会自动达到一种自然均衡的状态,市民社会得以自律。西方学者们常常把这种排斥国家和政府的干预完全让"看不见的手"支配的资本主义,称为"纯粹的资本主义",这种论述方式强调了市民社会自发秩序所具有的合理性。

私力救济可以说是自发秩序的组成部分。罗马法未出现私力救济的专门用词,在浩瀚磅礴的《学说汇纂》中未见拉丁语"remediuum privati",只有"remediuum praetoris"(裁判官的救济)这一大致相当于"公力救济"一词,其缘由或许可归于当时私力救济作为常态而无词汇产生之必要(徐昕,2004a:586—587)。正如哈耶克所言,"每个人都不可避免地会对决定市场秩序的大多数特定事实一无所知,而市场秩序的目标恰恰就是要应付这种情况。人们通过自己所不了解的过程,使自己的行为创造出了一种广泛的全面的秩序。人们对这种秩序并不理解,却是完全依赖于这种秩序"(甘布尔,2002:49—50)。在国家最低限度介入的情况下,也会形成法律有机体与道德有机体这样两个闭环。在两个闭环中,弱者理论首先是立足于道德闭环对法律闭环的评价,道德评价也会对某种私力救济的情形发生影响。

(二) 私力救济的界定

关于私力救济的性质,我国有学者概括为四种学说(许娟娟,2006:39)。(1)"制度说",即私力救济是"谓权利人本身之实力,以救济私权之制度"(史尚宽,2000:33)。(2)"行为说",即私力救济是"自力救助,在民事法律关系中,权利人不借助国家的公力,而以自己的力量来保护自己或他人权利的合法行为"。[①](3)"权利说",即私力救济是"指权利主体在法律许可的范围内,依靠自身的实力,通过实施自卫行为或自助

① 《中国大百科全书—法学》,中国大百科全书出版社1984年版,第33页。

行为来救济自己被侵害的民事权利”(江平,2000:829)。(4)“措施说”,即私力救济,“又称自力救济,是权利人在权利即将受到侵害的紧急情况下,不得已依靠自己的力量,采取各种合法手段强制他人,从而捍卫受侵害的合法权利的应急性保护措施”(彭庆伟,1994:22)。这些分类标准极不统一,学术争论集中在两个观点上:(1)私力救济,“是在公力救济之外,采取民间力量对受损权利进行的自我救济。”(王耀海、盛丰,2013:169)(2)“私力救济,指当事人认定权利遭受侵害,在没有第三者以中立名义介入纠纷解决的情形下,不通过国家机关和法定程序,而依靠自身或私人力量,实现权利,解决纠纷”(徐昕,2004b:94)。后者强调“认定权利”“实现权利”,含义较为限缩;前者只强调“自我救济”,内涵明显放大。按照前者的定义,私力救济不仅包括合法私力救济,也包括违法私力救济,救济依据主要是伦理,社会生活中有很多利益未必受到法律保护,却可能在某些伦理秩序中得到维护。作为权利救济,本书应采后一定义,救济依据主要是法律与伦理。

私力救济指不诉诸法律行动而寻求救济或实施权利,作为一种解纷伦理机制,具有目的、程序、方式、手段的灵活性,非正式是私力救济达到解决纠纷的途径。私力救济包括合法、违法及介于二者之间的三种形态。由于某些私力救济可能会通过违法手段,迫使一方接受解决方案或妥协,为了合理发挥私力救济的作用,最重要的仍是对合法与违法进行区分,可根据法律划定的边界来认定私力救济的合法性。作为权利救济的形态只能是合法救济,内容、程序的合法性及合理限度就成为判断私力救济的正当性的基本标准。私力救济只要不“妨碍社会安宁”(break the public peace)或违反法律规定,皆为合法。①

(三) 私力救济的分类

私力救济的表达多种多样,在日本,民法称“自力救济”,刑法称“自救行为”,国际法中又表述为“自助”,众多表述实质上是同义的(我妻荣编,1991:517)。其他类似表达至少有自力救济、自力救助、自力救护等,其他相关术语还有自助(行为)、自救(行为)、自卫(行为)、私了、自决、私刑等。在各类表述中私力救济与自力救济是用得最多的两种提法,两者间的关系也值得关注。自力救济的对应概念应是他力救济,私力救济对应概念应是是公力救济,自力救济、私力救济必然形成交叉,在实际使用时,自力救济主要强调合法,私力救济则范围更广。在社会法权利救济的范围内,私力救济可理解为是自力救济的上位概念,私力救济可分为他力救济与自力救济。

从他力救济的角度来看,纠纷解决结果效力虽非法律强制性,但并非不运用他力,尤其是一些社会力量。私力救济无疑必然依赖各种强制力,包括舆论、道德、宗教信仰、社群的压力、第三方的权威、民间社会规范的约束力,以及实力威胁等,但私力救济本身不具有任何法律意义上的强制力,其纠纷解决结果只能依靠当事人自愿履

① The Real Life Dicitionary of the Law, General Pulishing Group,载 http://dictionary.law.com/.(转自徐昕,2004a:590)

行。一旦诉诸国家公权力及司法程序，就必须依据法律规范和程序重新处理，社会力量应当归于无效（范愉，2007:87）。

从自力救济（self-help）的角度来看，权利受侵害应请求政府保护，但如情事紧迫，法律允许权利人自力救济。对于权利救济而言，英美法对“self-help”的解释较宽泛，大致相当于公力救济以外的救济方式。《牛津法律大辞典》解释为：“个人无需寻求法院的命令便可自己运用的某些合法的补救措施，包括自卫、灾难损害的解救、妨害的减少、罪犯的逮捕以及其他少数几种措施”（沃克，1988:817）。“人们通过自己行为而不通过法律程序、以矫正或防止不法行为的行动。美国《统一商法典》允许债权人在不损害社会秩序的前提下，运用私力救济取回担保物。”①

四、公力救济与私力救济

社会法微观层次是以自发秩序为基本特点的，两种救济以自发秩序为联系纽带，相互渗透。公力救济对私力救济的影响体现了法律非伦理化一般秩序的特点，私力救济对公力救济渗透体现为法律伦理化的特殊秩序。

（一）两种救济与自发秩序的联系

私力救济的合法性根本上源于自发秩序的客观需要。法律与伦理的两个闭环均以自发秩序为特点，契约面前人人平等，显然是法律闭环基本秩序；契约以外人无平等，是伦理闭环基本秩序。正是以法治为保障的经济社会在经济上能够自我操控才使市民社会具有经济含义。自发秩序也会使两者出现联系，涉及理、利、力三个因素，在这三个因素中，私力救济可与公力救济相比，具有某种相通性。

就理而言，两者有相通的道理。从法社会的视角来观察，私力救济之所以受到当事人的青睐，就在于其在适用规范上的灵活性，在关照法律规定的同时，特别注重民间社会规范的作用（范愉，2007:87）。从权利救济的角度看，主要强调合法的私力救济，法律通过国家机关和法定程序，是不言之理，内容上要符合法律要求，从这一意义上看，私力救济是当事人自觉守法的体现。正常情况下，伦理如果与法理相抵触时，是无法成为权利救济的手段，当代的私力救济虽然涉及伦理秩序的调整，但不可能完全超越于法律之外。从社会法的视角来观察，“权利之行使，有一定界限，逾此界限，则为权利之滥用。”（史尚宽，2000:713）②“权利之滥用”作为一种概括性条款，本身可能形成了特定的法益，与法官法的实践相联系。权利救济之外，还存在着法益保障，如果伦理符合法益保障的要求，也可以成为一种合法的救济手段。随着合同权利转向经济权力，大陆法国家往往以法官法的形式，通过概括条款介入了一些伦理内容，

---

① *Merriam-Webster's Dictionary of Law*, Merriam-Webster, Inc., 1996, http://dictionary.lp.findlaw.com/（转自徐昕，2004a:590—591）。

② 在特殊情况下，“公权力的救济可能缓不济急，法律乃在一定的要件之下例外地容许权利人的自力救济”（王泽鉴，2000:604）。

这种事后介入也会通过法教义学的解释而成为一种法理，例如解雇保护中的正当理由。

就利而言，两者有共同的利益。从法社会的视角来观察，社会不同集团、不同阶层具有不同的利益。利益差别是构成利益冲突的基本原因。利益冲突是指利益主体基于利益差别和利益矛盾而产生利益纠纷和利益争夺（赵震江，1998：250）。私力救济的存在和运行完全取决于当事人或社会共同体的需求和自主选择，纠纷解决具有自治性和自主性，利益作为个人与社会的一种关系体现日益得到广泛的应用。从社会法的视角来观察，正如马克思所说，法律正是在对利益的控制过程中，体现其自身价值。曾经对美国罗斯福"新政"产生巨大影响的庞德的社会法学理论更是将"利益理论"作为其理论核心，认为"法律的功能在于调节、调和与调解各种错杂和冲突的利益"。[①]

就力而言，两者均借助强力。我国学者认为，私力救济是权利人未借助国家公力，而以自己力量保护自己或他人权利的合法行为（佟柔，1996：618、894—895）。从法社会的视角来观察，私力救济不属于国家为社会公众提供的公共资源，也不依靠国家权力，但往往会借社会之力。日本学者多认为，"在民事法中，权利人不依国家的力量（司法程序）而靠私力侵犯他人的权利范围，实现自己的权利"（我妻荣编，1991：517；高桥一修，1982；明石三郎，1978）。私力救济指"权利遭受侵害时，权利人径以自己之腕力排除侵害，自行实现其权利"[②]。从社会之力来自助或自行"执法"，也包括双方的协商和解和"压服"（范愉，2007：87）。从社会法的视角来观察，公力救济必然与法律之力相联系。韦伯把法律解释为一种秩序，"有一批专门工作人员时刻准备以（肉体或心理上的）胁迫使之就范，如果违反此秩序，将遭报复。这种强制的可能性从外部保证了秩序得以维持"。[③]法律之力也可因加入相互协商因素而具有某些私力救济的特点。在我国推行的调解制度中，社会救济也可能通过第三方介入解决纠纷，在这种情况下，所谓第三方有时似乎是不具备官方职业资格的民间机构，作为一种国家推行的制度，直接或间接与诉讼接合而取得"压服"的效果。

（二）两种救济在实体法上的相互转化

法律非建构性通过法律秩序的"自发"来对应伦理秩序的"自发"，两者虽然处于分离状态，也会自发地形成联系，甚至于相互渗透。契约形成的法律秩序虽然以封闭的方式独立存在，但法律与伦理两个空间会"自发"地形成辐射，自发性是两种秩序得以渗透的依据。

从社会法的角度来观察，私力救济尽管是以公力救济为背景的，但两者并非遵循完全同一的规则，当国家不满足于公断人角色时，契约社会会形成一些灰色的规则，社会法的规则会转化为法社会的规则。例如，在德国劳动法的制度设计中，如果法院

---

① 《法律与法律哲学文选》第2卷，第27页。

② 梁慧星，1996：252；夏团，2000：371—372；柴发邦，1989：322—323；李伟民，1994：503、507；栗劲、李放，1988：677；徐建伟，2001：65—66。

③ Max Rheinstein, *Max Weber on Law in Economy and Society*（1954），p.5（转自弗里德曼，2004：8—9）。

判决解雇理由不成立，劳动关系则得以继续存在，这是社会法的规则。但从法社会的角度来观察，打赢官司的雇员多数无意再回原单位工作。德国立法者不得不顺应这一社会现实，规定被“无效解雇”的雇员可以申请法院判决劳动关系消灭，雇主给予数目适当的补偿金(Abfingdung)，补偿雇员被不公正解雇的损失。与之相应，雇主也有“出钱了断”的申请权，法官一旦认定继续劳动关系不可期待(unzumutbar)①，便会依据《解雇保护法》第9条第1款，同意该请求。《解雇保护法》第10条对补偿金数额作了一般规定：通常情况以12个月的收入为上限。②“德国赔偿金制度已演变成一种独特的和解程序，双方当事人都乐意采用，雇员为了避免‘竹篮打水一场空’，雇主害怕漫长的诉讼招致更大的损失。所以，司法实践中的大部分解雇诉讼最终都以雇主支付雇员补偿金的方式终结。”(黄卉，2007：112)这种情况在我国以更广泛的形式存在，并成为私力救济的主要形式。

从法社会的角度来观察，经济补偿金一旦成为用人单位解雇的必要支出时，企业会将其列入经营成本，间接起到压缩劳动者报酬的作用，法社会的实际会影响社会法的状态。我国的新旧业态竞争，很大程度上是劳动报酬分配方式的竞争，大量员工在报酬引导下，涌向不受劳动法保护的雇佣关系或其他民事关系，本身就是以“用脚投票”的方式对我国《劳动合同法》制度设计投下了反对票，高标准会导向窄覆盖。“利益”与“道德”的结合可以产生出自发的社会秩序。洛克声称自然状态“完备无缺”，人们“在自然法的范围内，按照他们认为合适的办法，决定他们的行动和处理他们的财产和人身，而毋需得到任何人的许可或听命于任何人的意志”(洛克，1964：5)。至少在微观层次上，“洛克—康德”范式确定了社会法意义上的独立人格，也在一定程度上通向微观层次自发的社会秩序。相对于法社会的伦理秩序，法律秩序作为一种社会外部秩序，总是具有建构的成分，但社会法微观层次以抽象方式进行有限建构，为契约社会的自发秩序留下了极大的空间，也使法律、伦理两种自发秩序具有相互转化的特点。

(三) 两种救济在程序法上的相互排斥

公力救济与私力救济的界定如果从合法性来定义，公力救济与私力救济的关系上，会涉及两种救济手段的良性贯通，两者的过分渗透也会冲击各自的秩序。行政调解是极具社会法特点的权力介入形式。我国以《国营企业劳动争议处理暂行规定》为标志，开始建立起一套处理劳动争议的法律程序。关于调解，尽管具体的界定可能有所不同，但大家都公认调解制度的性质就在于“第三方主持或协助下的私法自治”，也就是说“第三方介入”和“私法自治”是调解制度的两大基石(董保华、张宪

---

① “不可期待”(unzumutbar)的意思是“主仆之信任关系破坏殆尽”，比如行使终止权时很轻率，或者告知终止时涉及人身攻击等，或者能估计出雇员回到原单位会受到其他同事的歧视或不公正待遇。参见BAG v. 26.11.1981, NJW 1982, 2015。

② 如果雇员满50周岁、劳动关系已存续15年以上，补偿金最高额为15个月的收入；如果雇员满55周岁、劳动关系已至少存续20年，补偿金最高额为18个月的收入。

民、郭文龙、周开畅，2006:4)，大部分国家将这一手段用于集体纠纷、利益争议，从而让公力救济与私力救济发生合力。我国的调解尽管名目繁多，但由于主要适用于权利争议，当我们过度使用法社会的手段来解决社会法的问题时，就会带来三个突出的问题。

其一，“私法自治”方面的缺陷。调解本质上是一种主要体现伦理秩序的手段，不具有法律强制力的纠纷解决程序，无论是在启动还是在协议达成环节上，都应该以尊重当事人的自愿为基本原则。尽管在有第三方的协助下双方协商、谈判，但是整个过程中仍然是当事人自主、自愿协商，反映了双方当事人的意思自治。我国将调解作为司法或准司法的辅助手段，仲裁调解、法院调解以及各种联调、速调中心的调解基本上都是一种先调后裁、先调后审的程序，调解人员主要是向争议双方介绍可能的判决结果，双方达成调解协议很大程度上是建立在对裁审结果的某种评估和权衡上，作为一种裁审的延伸，并不能真正体现自治原则。有学者认为其作用没有完全发挥出来。如，“在企业、产业或地区等不同社会层面，劳动关系双方自主交涉处理争议的能力性和自主性尚显乏力”(李德齐，2003:13)。也有学者认为，劳动争议应当通过一种自下而上的、以协商为主的程序处理，由此劳动者应当借助工会，但是现实情况是，在此过程中，我国工会并未能发挥作用。①这种以判决结果为导向的调解本身具有制度扭曲的特点，并非多多益善。

其二，“第三方介入”方面的缺陷。调解与和解、谈判相比，最大的特点就在于中立第三方的介入，体现伦理秩序中的社会权威。当事人往往由于缺乏经验以及意见分歧等原因，难以通过直接协商达成协议，而通过第三人的介入则较容易在某些问题上达成妥协，实现和解，解决纠纷。调解程序本身就是一种人际间信赖关系的延伸，要取得当事人的信任(范愉，2002:311)，工会企业调解委员会调解的“日渐势微”正是由于缺少这种社会权威的地位。随着联调、速调中心的兴起，工会又成为这些调解模式中的第三方调解人，其中立、独立地位依然存疑，更不可能体现社会权威的要求，这样的社会调解机构不可能受到双方当事人的真正信赖。

其三，第三人不仅需要保持独立和公正，也应当有较高的专业化水平和公信力的保障。存在合格的第三人彰显这种形式的独立价值。当纠纷解决主体的民间性或非官方性时，私力救济可以由当事人单方自行实现，即国家对社会团体引导，有助于充分发挥民间性或非官方性机构的作用。然而，企业调解委员会的调解、多元化调解在专业化或公信力上存在着欠缺。2010 年以来，我国在一定程度上搁置了法律体系和正式司法救济渠道，而将越来越多的劳动争议转交给非司法机构处理，使专业化程度降低。

上述三大问题有可能制约权利争议调解制度的健康发展，从长远来看，调解的这三个缺陷还阻碍了这种组织形式向利益争议调解转化的可能性。事实上，在克服上述三个缺点方面，我国曾经有过很好的经验。随着外出务工人员的增加，“建立独立

① 石美遐，载《中国法律年鉴 1995》，1995:967。

的公共调解制度”的观点曾出现在上海的政府部门。工会的自身缺陷使其并不适合承担第三方调解的调解人，按“建立劳动行政调解”的观点，应由劳动行政部门来担任调解人，让“案外调解”成为“案内调解”的有益补充。

第二节　一般秩序：法律非伦理化

随着自然法与实证法相分离，实证法具有非伦理的特点。以自发秩序为基础，法与社会各自独立，形成两种相互联系的秩序。从社会法看，具有民法的法典化抽象调整特点；从法社会看，企业承担社会责任，受到伦理义务的约束。法律的非伦理化权利救济形式具有经济秩序的一般特点。

一、权利救济的一般秩序

作为一种法律秩序，权利救济具有非伦理性的特点。一般秩序在英美法上常反映为普通法的规定，大陆法系也会存在对于常态的表述，如大陆法系中的“普通终止”“正常解雇”。在私法自治的契约社会，在正常情况下，法律非伦理化为常态。私力救济是以公力救济为依托，也反映出权利救济一般特点。

在存在着法律有机体与伦理有机体时，救济权是一种法律权利，其中的权利救济权更是指利用法律来保护受损害权利的权利，主要在法律闭环中运行。源于启蒙运动和罗马法复兴运动的实证主义法学是一种追求与价值问题无涉的形式法学思想，从而为法律开辟出了一块自治的领地（梁兴国，2008：6），也可以说是一种客观法，其应当以非伦理性为特点。日本学者川岛武宜认为，近代市民社会的法律具有“非伦理性”，意即“法在原则上只限于规定冷静而有区别的形式性的命令、禁止和利害调整，人不被要求基于伦理性的情怀去行使权利，履行义务。债权者不管债务者贫穷与否而有决定行使或不行债权的自由”。在微观层次上，近代社会法与伦理也发生了这种分离。法的非伦理性对于发展市场经济是绝对必要的，诚如川岛所言，为邻居的和睦而放弃自己的债权，以人道的精神过分地减价出售财产等在伦理上是值得称赞的行为，但是这种做法又只能是搞乱商品等价关系的偶然未知数而已（川岛武宜，1994：24—25、27）。

法律非伦理化构成权利救济的一般秩序。“权利”可用个人自主性来定义，其含意为“个人的自主行为为正当”。只有将权利看成不等同于道德的正当性，才能彰显出现代社会的组织原则（金观涛、刘青峰，2009：104）。英美普通法是以判例为基础，并且一贯持保护个人自由的立场，不仅在劳动给付的内容上，对于社会权基本上是比较消极的态度，以私法自治为基本特点。在合同终止这一较具社会法特点的问题上，德国民法教义中，劳动关系仍被首先视为适用意思自治原则的“平等主体间”的合同关系，劳动合同是《德国民法典》第611—630条规定的雇佣合同（Dienstvertrag）[①]的一个下位概念。雇佣合同的基本内容为：一方当事人提供约定的劳务，另一方支付约定的报酬（《德国民法典》第611条第1款）。正常终止必须遵守一定期限（Kündigungsfrist），期限有法定和约定的分别。如果是一般的继续性合同，立法者通常赋予当事人正常终止权，且不要求给出终止理由，其背后的理念是削弱长期或者无限期的合同的法锁，使得行使终止权一方在新形势下有建立新的法律关系的机会。终止期限之必要，意在使处于被动地位的对方当事人有适应新的事实环境和法律环境的机会（黄卉，2007：100、102）。在微观层次的视野中，权利救济权是要求遵守实在而客观的规则，并依这些规则来行使"恢复受损权利的权利"。从我国的社会法理论体系来观察，主观权利理论与形式法相结合，相对宏观层次的"伦理性"，在微观层次应当产生出"非伦理"的特点。

法律非伦理化通过法律秩序的"权利"来区别伦理秩序的"义务"，两者各有边界，也强调各自的自洽性。在韦伯看来，法律拥有一种自己独有的、不依赖于道德的合理性，在权利救济权中，第一权利与第二权利遵循的是相同的逻辑。法律权利强调人生而自由，这就是说人有自由发展其物质行为、智力行为与道德行为的权利，同时又有获得这些行为所产生的结果的权利。微观层次作为一种法律秩序以个人权利为本位，法律非伦理化作为主体拥有某些权利的基础。每个人都有权要求全体尊重他的物质自由、智力自由，所有的人都有义务维护每一个人个人行为的自由发展，而这种义务正是"法"——社会规则的基础（雷兴虎、刘水林，2006：19—20）。"在法律的规制之下"（rechtliche Geordnetheit）抽象出来的内容，也只是所有的社会事象的一个基本范畴（韦伯，2011：30—31）。具体伦理秩序存在于抽象法律秩序之外，相应于法律体系的"绵密无缺"（Lückenlosigkeit），法律秩序之外也有着复杂的伦理体系，自然权利作为一种伦理秩序而存在。在韦伯眼里，如果取消法律和道德之间的分化，甚至将构成对于法律合理性的威胁，进而也是对法律型统治的合法性基础的威胁（哈贝马斯，2014：556）。

二、契约社会的法律责任

法律责任是指因损害法律上的义务关系所产生的对于相关主体所应当承担的法定强制的不利后果。只有实施某种违法行为的人（包括法人），才承担相应的法律责任。

（一）契约与国家法的关系

在司法审判上，法官只是公断人，利用法律手段，根据合同来帮助受损害一方的当事人，在其中一方当事人违反契约规定或不履行契约义务时，用法律手段帮助另一

① 郑冲、贾红梅将"Dienstvertrag"译作"劳务合同"（《德国民法典》，1999：143）。

方当事人。实证主义法学的主要理论旨趣为法律自治的产生提供了思想武器。实证主义的基本思想在于观察、解释、分析和廓清外在的“实际存在”(奥斯汀,2002:2)。法律的独立自治与这种法学思想的流行密切相关,在权利救济上,契约也因此被理解为具有建构与自发的双重特点。

契约权利具有某些建构的特点,需要公力救济,也产生依赖国家法的特点。政治国家要通过执法机关(包括行政机关和司法机关)来干预市民社会的事务,维护普遍的共同利益。要完成这些任务,只有建立起权力分立的体制才能达到目的。美浓部达吉强调实定法上的国家法,强调了这种建构的力量只能来自国家。国家是法律秩序的建构者与统辖者,在广义的国家法中,才有承认私法的存在之必要,即要有国家的承认和保护的法才算私法。“所以所谓私法,并不单指那个人相互间的法而言,是更含有经国家承认和保护的意义的。”(美浓部达吉,2003:2)公法与私法的这种分工,也使实证法学派开始流行。

契约权利具有自发的特点,通过私力救济,也产生抵御国家法的特点。私法通过设定民事权利来维持市民社会的秩序。按照法国学者卡尔波尼埃的解释,根据意思自治原则,当事人的意志不仅仅是权利义务的渊源,而且是其发生的根据。传统私法理论认为合同是意思自治理论最集中的体现,个人意志则是合同的核心,一切债权债务关系只有依当事人的意志而成立时,才具有合理性(尹田,1995:13)。“任何权利的设定都有双重的意义:其一,它划定了政治国家不得随意进入的空间。此点常为人忽视,因此需着力强调,因为正当国家是最有能力以各种名义进入市民的私人空间(私权)的;其二,它划定了其他市民不得随意进入的空间,……”(徐国栋,1994:8)私法的意义不仅在于划定“市民”之间的私域界限,而且在于维持市民社会那种与政治国家相对立的自治性。

契约权利对国家法具有依赖与抵御的两重特点,私力救济决定了抵御优先的基本逻辑。当国家成为一种外部力量时,自治型法是控制压制、约束权力的一套法律运行机制。尤其在经典的法理念中,如法律谚语所称,“契约是当事人间的法律”(周枏,1994b:661)。契约优先原则认为合同应优先于法律,法律不过是执行当事人协议的工具,法律规定只是在契约没有约定的情况下才适用。

(二)社会法的违约责任

违反劳动合同的责任是一种违约责任,它是指合同订立以后,劳动合同当事人因自己的过错造成劳动合同没有履行或没有完全履行,依照法律规定或当事人约定所承担的法律责任(王炳瑞,2007:41),可以说是从劳动权利关系中产生出的一项法律责任。违约责任作为合同当事人违反合同的约定不履行合同或不按合同约定履行所应承担的民事责任,世界各国对其有不同的称谓,有的国家叫“债的不履行”,有的国家叫“违约的补救”(孙学华,2001:109)。违约责任制度是合同法中一项极其重要的制度,它是合同当事人之间的合意具有法律约束力的保障,不仅可以促使合同当事人双方自觉全面地履行合同义务,起到避免和减少违约行为发生的预防性作用,而且在发生违约时，通过追究违约方的违约责任，使守约方的损失得到补偿，使违约方受到相应的制裁，从而保护合同当事人的合法权益，维护社会经济秩序(徐杰，1999:21)。

社会法理论中的违约责任具有民事责任的一般特点。(1)双方责任。这里仅是从可能性认识法律责任。劳动合同是双务合同，合同的双方当事人都有可能因未履行应尽的义务而承担法律责任；违约方可能是用人单位，也可能是劳动者。(2)过错责任。依据过错责任原则，只有同时具备四个要件，才能追究法律责任，即：行为人要有违反劳动法的作为或不作为、行为人的行为必须造成或足以造成一定的危害、违法行为和危害后果之间必须存在因果关系、行为人要有过错。前三个要件为客观要件，后一个为主观要件，是行为人决定其行为时的心理状态。(3)赔偿责任。这是承担违约责任的一种形式，是指责任主体须以财产赔偿对方损害为内容的责任。赔偿范围往往与损害大小相适应。各国劳动法一般均对赔偿责任作比较具体的规定。劳动法中的损害赔偿形式多样，除直接支付赔偿费用外，还包括补发工资、奖金等各种补偿形式。(4)连带责任。违反劳动合同，在一定条件下也可以追究连带责任。劳动法中追究的连带责任具有特殊性，从世界各国劳动法的规定看，往往是由劳动法律关系中的一方主体与第三人共同承担，例如劳务派遣关系中的用人单位与用工单位，承包关系中的发包方与承包方。

社会法理论中的违约责任也具有不同于民事责任的特点。作为一种继续性合同，强调默示性契约，这一理论可以解读英美法“允诺禁反言规则”(promissory estoppel rule)。雇主的人事政策、管理流程、口头承诺明示或隐含了续订雇用合同的解雇行为，诉讼中须受此限制。美国各州法院乃希望在当事人雇佣关系中，设法找出某些特别因素，来证明雇主愿受契约的拘束，只有在不满意受雇者的工作表现，或另有正当理由的情况下才能将受雇者解雇。根据学者统计，美国目前有 26 个州法院采取这种默示性契约理论。默示性契约涉及的主要内容：(1)受雇者的任职期极长，且受雇者在任职期间定期得到褒奖及晋升，而甚少被批评工作不力或有违纪事情发生，即可推定双方有默示性雇佣契约关系存在，若雇主仍执意将受雇者解雇，其行为即构成不当解雇；(2)因受雇者在应征职位时，或在受雇期间，曾由雇主多次口头明确保证将会被继续长久任用，而推定雇主应受允诺性原则的限制，因此，不得任意将其解雇；(3)由于雇主在员工手册，或其他有关人事政策的文件中，明确强调受雇者职位具相当的永久性或稳定性，因此推定雇主有受默示性契约拘束的意思表示；(4)由于雇主在员工手册上订有明确的惩戒及诉怨程序，因而推定雇主有受默示性契约拘束的意思，若未能遵循这些程序而任意解雇员工，其行为即属违约的不当解雇；(5)由雇主所从事行业一般性行规，或雇主在过去所一贯采纳的政策和做法中，判断出雇主有除正当理由外不任意解雇受雇者的证据(周艳群，2010:12)。

(三) 社会法的违纪责任

劳动纪律是劳动者在共同劳动中必须遵循的劳动秩序和劳动规则，可以说是从劳动权力关系中产生出的一项法律责任。社会化大生产是一种有节奏、有秩序的运动过程，通过劳动纪律对协调运行的秩序进行规定，并对劳动秩序的破坏者——违纪职工给予惩处，必要时清除一些严重违纪者，从而使社会化大生产得以顺利进行。关于违纪责任的理解涉及劳动纪律的性质，有“契约规范说”①“法律规范说”②“根据两分说”③“集体合意说”④等多种学说。由于这些观点均存在一些问题，我们有必要融合这些观点，取长补短并形成更具说服力的学说。在“允诺”的理论基础上笔者提出“劳动力支配权转移说”。规章制度的效力来源于劳动者对劳动力支配权让渡的承诺（允诺）。劳动力支配权的让渡是通过劳动契约来实现的。认识劳动力支配权让渡承诺的重要性，也就对规章制度有了基本定位，由于劳动力支配权让渡是通过签订劳动合同来实现的，因此规章制度效力源于劳动契约。劳动力支配权让渡的承诺形式具有不确定性。归纳起来，劳动力支配权让渡形式有两种形式，即具体性承诺与概括性承诺（董保华，2005a：172—174），具体性承诺是劳动者对于遵守具体的规章制度做出的明确允诺。概括性承诺是在劳动契约中以概括的方式允诺遵守用人单位未明确列出的规章制度，不仅允诺遵守已有的制度，而且允诺遵守用人单位将来可能制定的制度。两者在劳动争议处理中应有不同的地位。

第一，两种承诺形成的阶段和领域不同。就具体性承诺而言，在流通领域中，劳动关系处于协商阶段，用人单位作为生产资料的所有者或经营者，劳动者作为劳动力的所有者，两者还是平等的独立个体，用人单位与员工具有形式上的平等。规章制度往往内含于劳动合同或表现为附加于劳动合同的员工手册，需要劳动者在签订劳动合同的同时对员工手册也表示签字确认；理论上说，在劳动力市场上，劳动者与用人单位是平等的，这时的签字在一定程度上体现了选择与交换的因素。就概括性承诺而言，一旦离开了劳动力的交换过程，由于存在着组织因素，连形式上的平等也不复存在。劳动合同签订后，劳动关系从流通领域转向生产领域，为使社会化生产能够进行，“进门者就必须放弃一切自治”，工会代表劳动者加入规章制度的制定，强化了劳动者应当完全服从用人单位命令和指挥的逻辑。

第二，两种承诺表现形式不同。具体性承诺是传统合同形式的一种扩展，当事人仍通过对合同附件的签字认可的方式来达成一致。变更规章制度需要得到劳动者同

① 契约规范说认为，劳动制度首先由用人单位制定或变更，经过劳动者同意后才成为劳动者与用人单位之间的劳动合同内容之一部分，进而具有法律约束力。规章制度不过是劳动合同的雏形，其之所以具有约束力，是因为其经过劳动者的同意成为劳动合同（杨继春，2003：47—48）。

② 法律规范说认为，企业规章制度在事实上发挥着行为规范的作用，从法理角度观察，企业规章制度的强制力和约束力的基础是上述规范具有法律规范的性质。企业规章制度作为一种法规，具有对劳动合同实施规制的法律效力。

③ 根据两分说认为，企业规章制度是由基于劳动双方合意的契约发挥效力的部分和基于用人单位的指挥命令产生约束力的具有法律规范性质的部分构成的。

④ 集体合意说认为，企业规章制度是针对劳动者集体统一设定的规范，基于劳动者的集体合意才产生法律约束力。基本上，集体合意说是介于契约说及法规说中间之折衷说。此说之基本立场虽秉持劳动条件应由劳资双方合意之基本原则；认为鉴于规章制度统一规范劳动条件之现实，个别劳动者对规章制度制定、变更之承诺虽有必要，但可由劳动者集体意思予以同意，未有劳动者集体意见之同意，规章制度不发生法的效力。

意，劳动纪律的效力也是源于劳动合同，违纪同时构成违约，严重违约将导致解除劳动合同。概括性承诺是用人单位在工会组织参与下取得规章制度的制定权，其形式上更像是用人单位取得了某种在企业范围内制定法律的权力。麦克尼尔认为，“随着契约性关系的扩展，那种关系越来越具有小社会和小国家的特征”（麦克尼尔，1994：63）。“契约规范说”其实是注意了前一种承诺形式，“法律规范说”则是注意了后一种承诺形式。劳动合同与民主管理的形式相区别，强调了员工应当通过工会组织维护自己的利益，“法律规范说”回避我国工会常常难以真正承担责任的现实状态。

第三，两种承诺对员工的影响不同。麦克尼尔认为，“同意与计划的等式不可能是永远有效的，它的拟制性是巨大的。的确，如果我们考察一下复杂的、持续性的契约关系，就会发现同意充其量只能发挥一种触发性作用，而把同意与复杂的计划的全部等同起来绝对是愚蠢的。比如说，国际商用机器公司（IBM）的一个新雇员，从被雇佣的一刻起（如果不是在此之前），就受制于许许多多有关他生活方面的计划。他只知道其中一些较为明显的计划；对于这些他是同意的；除此以外他或者盲目相信，或者全然不知。依据同意实现之规范，我们只能说他受这些明显的计划的约束，并且他触发了一种涉及其他许多方面的关系。如果我们再往下说，他也受那些他自己并不知道事实上也不可能知道的计划的约束，那我们就必须从计划执行规范或其他地方去寻找理由，而决不可能在同意中找到这样的理由”（麦克尼尔，1994：45—46）。具体性承诺至少可以从其签字认可的同意中找到遵守规章制度的依据，即“知道其中一些较为明显的计划，对于这些他是同意的”，在处理劳动争议处理时还应当注意社会生活中实际履行的情形；概括性承诺则在很大程度上是将自己的利益委托给工会组织来行使，这是一种过分的承诺，“他或者盲目相信，或者全然不知”。

第四，两种承诺的效力应当不同。正是由于这两种承诺的性质不同，两种承诺应当有不同的法律效力。具体性承诺为劳动者对用人单位的具体性授权，概括性承诺为劳动者对用人单位的概括性授权，基于该种授权在实际生活中的差异性，为了最大限度保护劳动者的利益，当这两者发生冲突或抵触时，劳动者具体性授权的效力应高于概括性授权，应当以具体性承诺为准。由于效力不同，法律对于两种承诺的干预程度不应当相同，法院对规章制度的司法介入力度也不同。鉴于两种授权的效力层次不等，在法院对规章制度行使司法审查权时，对劳动者基于自己切身利益的具体性授权事项应仅予以合法性审查，对用人单位的概括性授权事项则应予以更高的合理性审查标准。

具体性承诺与概括性承诺也存在着一定的联系。在现代化大生产的条件下，劳动合同呈现出规格化、定型化的特点。这种承诺作为一种法律事实触发了劳动关系的多种变化，平等关系转化为隶属关系，财产关系兼容为人身关系，流通领域进入了生产领域。正是这种转化使劳动关系出现强势主体与弱势主体，劳动者是在法律地位不等、信息量不够的情况下与用人单位启动了劳动关系。处于弱势一方的劳动者对于已经规格化、定型化的标准合同文本，往往只能做出完全接受或者完全拒绝的选择，从而使其自由表达意思的能力受到极大限制。劳动者在这种情况下，是很难做出完全符合本意的表达的。劳动合同是作为债的合同异化物的合同。劳动合同本属地道的民事合同，因国家对劳资关系的干预而独立，劳动法亦因之成为一个专门法律部门。劳动合同的条款，多直接受制于国家规定劳动条件保障和工资保障的法律、法规，其缔约及效力又受到集体谈判和集体合同的约束，故使“劳动合同极具社会性品质”（史际春、邓峰，1997：46）。

三、契约社会的社会责任

法律权利的救济从公力救济延伸到私力救济，说明法律秩序对于独立于以伦理规则为特点之外的社会秩序也是有辐射的，是社会法对法社会的影响；反过来看，权力的对应概念是职责，社会责任可以视为经济权力对应关系，是法社会对社会法的制约。企业的社会责任，体现了以伦理、道德为特点的社会秩序以一种独立的形式来辐射法律秩序。

（一）企业社会责任的含义

“企业社会责任”作为表示企业及其管理者对企业非股东利益相关者即社会公众所负义务的一个简称。大多数企业社会责任理论的早期开创者认为，企业社会责任是对企业在利润最大化目标之外所负义务之概括或表达（郑孟状、潘霞蓉，2003：167—168）。约瑟夫·麦圭尔（Joseph McGuire）认为，企业社会责任的概念，便是使企业不仅负有经济的与法律的义务，而且更有对社会负有超越过这些义务的其他责任。①企业社会责任是20世纪初以来凸现于西方国家、尤其是英美等国诸多学科领域的一个重要概念，亦是建构企业与社会和谐关系的一种基本思想（卢代富，2001：137）。“责任”一词含义广泛，是一个经济学、法学、社会学共同使用的概念。詹姆斯·布瑞姆尔（Jame S Burmmer）认为可在“企业责任”这一属概念之下，建立起几个相关的种概念，通过对这些种概念的比较来把握企业社会责任的含义。②依此种思路探讨企业社会责任含义的学者认为，企业责任可划分为四种，即企业经济责任、企业法律责任、企业道德责任和企业社会责任（董保华，2006b：45—47）。企业社会责任（Corporate Social Responsibility，简称CSR），是指企业在创造利润、对股东和员工承担法律责任的同时，还要承担对消费者、社区和环境的责任，企业社会责任要求企业超越把利润作为唯一目标的传统理念，强调要在生产过程中对人的价值关注，强调对环境、消费者、对社会的贡献。道德责任往往是相对经济责任来说的，涉及经济人与道德人的假说。

社会责任是相对法律责任而言的，是社会与法的关系，前者强调“应该”，后者强调“应当”。有人以为，只要“在企业实施劳工标准”，“基本原则和精神都是一致的”，

---

① Joseph McGuire, *Business and Society*, New York: McGraw-Hill, 1963, p.144.

② James Brummer, *Coporate Responsibility and Legitimacy*, Greenwood Press, 1991, pp.19—30.

就是法律义务。[①]其实不然，国家法律所明定的企业义务，是依法必须作出和恪守的行为的确定形式，“应当”重点揭示的是企业负有应法律的要求而为牺牲其利润行为之义务。“应该”的道德责任则不同，“在我们的社会里，我们期待个人发挥道德的一般水准，己立而立人，将‘利他’的精神发挥至极致。同样，我们也应基于相同的道德标准，期待公司恪守其社会责任”（刘连煜，2001）。

社会责任没有法律义务的强制效力。“应当”强调的法律义务在法律中不仅有具体的内容和履行上的要求，而且对于其怠于或拒不履行的情况也有否定性的法律评价和相应的法律补救，因此它实际上是对义务人的“硬约束”。“应该”强调的道德责任不以国家强制力为其履行保障，因而它实际上是对义务人的“软约束”，是在法律义务之外对人们提出的更高的道德要求。

（二）企业社会责任的实践定位

从实践定位上看，企业社会责任可以说是一种民间法。在国家权威不能深入社会内部结构时，社会的内部秩序有时也依靠“社会权威”来维持。社会权威是指在国家权威及其权力结构之外的影响人们思想、行为的个人以及各类组织构成的权威，包括市场权威、信用权威、社会契约权威、社会组织权威、社会道德权威、社会信仰权威（包含宗教权威），还有中国传统社会中的宗族权威、乡约权威、长老权威、乡绅权威等。长老权威、乡绅治理揭示了中国历史上始终存在着一个区别于“国家”的民间社会。这种民间社会的经济基础是家庭农业、家庭手工业以及由私人经营的以手工劳动及其协作为基础的各种手工业和商业（杨建华，2016：91—92）。伦理秩序“常常是由那些只能根据抽象特性加以界定的要素之间的抽象关系构成的，而且也正因为如此，这种秩序是不可能为人们经由直觉而认知到的”（哈耶克，2000：58）。

民间法成为市民社会的内部规则，社会生活丰富多彩，民间法也是一种“活法”，是支配实际生活的社会内部法。民间的内部规范多种多样，社会习惯、乡规民约、社团规定、组织章程、交易惯例、临时约定等都是规则，具有非国家建构的特点。社会生活中形成商会、教会、工会等各类团体、组织的内在规范型构社会的伦理秩序。实证主义法学放弃了传统的从形而上的伦理道德入手来界定法律的进路，将法律定位于实际存在，从而将法律和伦理道德作了切割。在英美国家，实证主义法学的主要形态是分析法学，19世纪以来的分析法学家们认为真正的或“恰当的”法律只能是“实在法”，即出自国家权威的法律，而不是伦理的或道德的箴规，如英国法学家奥斯丁就将法律定义为主权者发布的命令，哈特将法律定义为一批来自国家的权威性规则。在欧洲大陆，尤其在德国，实证主义法学的主要代表则是由中世纪的注释法学演变而来的概念法学，它立足于罗

---

① 常凯认为，“首先需要认定的是，企业社会责任就其本质而言，是指企业的法律责任，或企业在劳动法律关系中的义务。之所以认定这一责任为公司的法律责任，是因为企业社会责任的基本内容是在企业实施劳工标准”，“企业社会责任所涉及的内容，也是我国劳动法所规定的劳工标准和劳工权利。在我国实施以‘工厂守则’为形式的社会责任运动，与在我国贯彻实施《劳动法》，其基本原则和精神都是一致的”（常凯，2004c：27—28）。

马法《学说汇纂》的概念术语和理论体系，注重对法律概念的分析和逻辑体系的建构（梁兴国，2008：6）。企业社会责任是在这种实证法之外发展出来的社会规则。

（三）企业社会责任的理论定位

社会责任也可以说是一种伦理规则。有“法社会学前驱”之誉的孟德斯鸠就把礼仪和风俗习惯也列为与法的精神密切相关的重要因素。像卢梭那样激进的思想家，对法与习惯的关系的论述却并不激进，相反还有几分保守。他明确指出，风俗习惯“这种法律既不是铭刻在大理石上，也不是铭刻在铜表上，而是铭刻在公民的内心里；它形成了国家的真正宪法”（卢梭，2003：70）。企业社会责任可以说是从这种古老的道德观发展起来的当代伦理规则，反映出某种整体观与动态观。

企业社会责任反映了一种整体观。德国古典哲学重要的代表人之一谢林深入思考康德、费希特哲学所留下的体系问题和实践哲学的关联，开始关注道德的内在矛盾并提出“自然作为主体”的思想。康德只把“目的王国”视为一个“应该”，而不管它是否真的能够实现，谢林理论并非要发展出一套习俗的道德规范或义务体系这样的伦理学，而是在“存在论”上将伦理问题与生存问题紧密相连。谢林的“伦理领域”强调在人与人构成的“世界”中实存，不是因为“伦理”需要一个“世界”，而是因为“伦理”本身就存在于一个“世界”中，谢林后期的哲学作品中还有如同海德格尔所言的人是“被抛入”“世界”中的说法，从而通过伦理学的思考，实现了思辨哲学的存在论突围。“在这里我们就从道德的领域跨入到伦理学的领域。道德一般确立的戒律只诉诸个体，且不外乎要求个体的绝对自我性（Selbstheit）；伦理学所确立的戒律以一个道德存在者的王国为前提，且通过要求所有个体贴近个体来保障一切个体的自我性。”①这一“演绎”最让人耳目一新的地方在于将伦理学与道德学区分开来，因此可以把这一点视为谢林自由伦理生存论突围的起点（邓安庆，2013：166）。企业社会责任不再是“理性”为个体“意志”立法（包括个体的“道德准则”都是作为立法的“质料”），而是在社会关系中，在个体意志相互之间、个体意志与普遍意志以及一般意志之间的相互冲突与碰撞中的社会规范。

企业社会责任反映了一种动态观。随着市场经济的发展，契约成为民间法中最重要的内容。“活法”这一术语最早由欧洲法社会学之父尤金·埃利希（Eugen Ehrlich）明确提出，至今已近百年。埃利希认为，“法律规定并不能涵盖所有的法”，“大量的法直接以社会关系自发秩序的形式产生于社会本身，例如婚姻、家庭、财产、合同、继承，以及大多类似的社会秩序，它们从没有包含在法律规定之内”。②埃利希强调国家制定法只是法律现象的一小部分，现实生活中支配着人际关系的其他种种社会规则并非由国家制定。“‘活法’与法院和其他裁判机构所运用的法相比有其特点。

---

① Schelling, Neue Deduction des Naturrechts, Schelling Werke 3, Historisch-Kritische Ausgabe, Frommann-Holzborg, Stuugart, 1982, p.148.

② Mauricio Garcia-Villegas, “Comparative Sociology of Law: Legal Fields, Legal Scholarships, and Social Sciences in Europe and the United States,” *Law and Social Inquiry*, Spring, 2006（转自王斐，2007：45）。

'活法'是支配生活本身的法,它并不曾被实定化为法律命题。我们对于活法的知识首先源于现代法律文件,其次来自对生活、对商业、对习惯与常例、对所有社会联合的直接观察,对法已经加以认可的,为法律所忽视和遗漏的,甚至还有不为法所认可的那些生活的直接观察。"(埃利希,2009b:493)"活法"强调法律发展的重心,既不在立法与科学,也不在司法,而在社会本身(邓少岭,2007:72)。

总之,社会应当营造一种较高的道德要求,要求企业来关心公益事业,但不能将这种要求完全转化为法律责任,法律责任是社会的底线要求,每个企业都必须遵守。"在社会责任的核心问题上,公司之社会责任的问题与个人之社会责任的问题,原则上,并无两样。这是因为在我们的社会里,个人有权追求幸福快乐,而公司则也是以追求利益为目标。然而,个人虽有权追求幸福快乐,但其行为仍必须符合社会行为规范的要求。同样,虽然公司以营利为目的,但公司之行为也必须不能逾越'社会性负责任的行为'(socially responsible conduct)的标准。"(刘连煜,2001:56)如果我们将道德责任全部转化为法律责任,以国家强制力去迫使企业承担社会责任,国家就可能以这种形式,将自己应当承担的责任转给企业,我们也可能重新走回我国历史上曾长期存在的"企业办社会"的老路(董保华,2006b:47)。

四、法律责任与社会责任

从自发秩序出发,在诸法分离的情况下,法律责任与社会责任差异集中反映的法律秩序与伦理秩序的差别,这是契约社会背后两个具有闭环特征的社会及秩序,两个闭环也可以自发形式形成某种统一的秩序。

(一) 法律责任与道义责任论

在法学研究中,对"法律责任"一词有着不同的理解和解释。(1)法律责任是指法律规定的行为主体应当实施的行为,法律责任亦即法律义务,两者是同一语;(2)法律责任是指法律规定的义务和违反义务的后果;(3)法律责任是违反法律的后果。应当承认,仅从"责任"的词义上分析,法律责任似乎应当包括多种含义,然而"法律责任"作为特定的法律术语,应当有自己的特定性。第一种观点,把法律责任与法律义务等同,抹去了两者的差异,也失去了法律上对责任理解的特点;第二种观点,在同一个概念中概括了两种不同的现象——履行义务和违反义务,也难以揭示出法律责任的具体特点。因此唯有第三种观点最为可取(郭明瑞、房绍坤、於向平等,1991:5—7)。只有在当为不为的情况下,才会产生法律责任。

社会法微观层次的法律责任以道义责任论为原则。道义责任论认为,责任的本质是道义的非难。在存在着"应当"的法律义务被违反的情况,并不直接导致法律责任的追究,还要看是否有道义的非难的"应该"状态。康德认为,人本来就具有一种内在的指挥力量,它决定着他自己的实际行为,并使之具有道德性质。"所谓道义的责任,乃行为者就其所为之违法行为基于道义的非难,所应负之责任也。道义的责任之本质，乃系自道义的立场而为之非难。此系‘行为者在主观上虽可依道义的规范之意识而行动或应行动，然竟为违反其义务之行为所加之非难’的意义之消极的价值判断。”（洪福增，1988：9—10）

道义非难的理论基础是以哲学上的非决定论为根据的自由意思论，认为个人的自由意思是道义非难的前提。只有具有自由意思的责任能力人，才能理解法律的禁止或命令而自为决定并进而违反道义性，故意或过失实施行为，也才能成为法律评价的对象。所谓自由意思，是指有选择的自由意思，即有实施现行行为或其他行为的可能性的意思。在道义责任论看来，凡达到一定年龄、具有责任能力的人，因其自由意思决定而实施一定的行为，并发生一定的违法或犯罪结果，即应就该行为及结果受道义的非难而负责任。并且，道义责任论以抽象的“理性人”为前提，认为人人都有平等的自由意志（王晨，1998：82—86）。这是与 18 世纪个人理性主义哲学相符合的一种学说。在传统公法和私法领域中，法律责任的承担更主要是基于行为在道德上的可非难性，从另一个角度说，道义责任论认为个人的自由意思是道义非难的前提，因此，法律责任的承担需要责任主体主观上的过错。社会法在微观层次上仍以道义责任论作为法律责任的归责基础。

（二）法律责任与社会责任的区别

法律责任涉及“当为不为”的情形，社会责任有时会涉及“该为不为”的情形。哈耶克指出自发的社会秩序是由个人和组织构成的，“家庭、农场、工厂、商行、公司和各种结社团体，以及包括政府在内的一切公共机构，都是组织，但是反过来它们又会被整合进一种更为宽泛的自生自发秩序之中”。[①]在任何文化区域建立社会秩序，必须让广大民众有基本的价值共识，这就意味着自发秩序之中可以包含不同类型的自发秩序，法律责任与社会责任涉及不同类型的秩序。两者存在着区别。

其一，法律责任与社会责任的区别涉及两个社会系统。从契约社会的视角来观察，微观层次法律秩序的核心是契约社会，社会秩序的核心是社会伦理，哈耶克在社会理论的研究对象的解释中认为，道德、宗教、法律、语言、书写、货币、市场所形成的整个社会秩序，都是自生自发的社会秩序（邓正来，2008：73）。哈耶克的秩序理论实际上是一种一般化社会理论，虽然权利救济具有非伦理性的特点，但每一个人事实上又生活在一定的伦理环境中，伦理环境也会以一种独立的姿态，从法律有机体的外部影响权利救济的实现程度。在现代知识体系中，法律与伦理被认为是两种不同的社会规范（梁兴国，2008：5）。

其二，法律责任与社会责任的区别涉及法律强制与道德自觉。市民社会的发展促使契约社会内外两套规则的形成。违约责任主要是法律责任，社会责任主要是伦理责任。法律义务设定或隐含在法律规范中、实现于法律关系中，法律义务不同于其他义务，法律义务的强制源于国家强制力，不履行义务将受国家制裁，法律责任是违

① F.A. Hayek, *Law, Legislation and Liberty*, Vol.1, The University of Chicago Press, 1973.

反法律实然标准的要承受的后果。社会责任通常是指组织承担的高于组织自己目标的社会义务，通过组织出于道德义务的自愿行为，社会责任的压力来源于人们的言行和道德评价。

其三，法律责任与社会责任的区别涉及国家权威与社会权威。契约责任成为国家权威与社会权威共同关注的对象时，社会责任只会涉及社会权威。马克斯·韦伯说，权威（亦称统治）"应该叫做在一个可能标明的人的群体里，让具体的（或者：一切的）命令得到服从的机会。"或者说，"应该称之为在可以标明的一些人当中，命令得到服从"（韦伯，1997a：238、81）。韦伯从社会关系上解释了权威就是命令得到服从（杨建华，2016：87），法律责任强调这种命令与服从源于国家权威。社会责任有时也会涉及某种服从，这种服从只是社会权威。契约社会的内外分离也强化了国家权威与社会权威的区别。

其四，法律责任与社会责任的区别涉及国家强制与社会强制。法律责任与社会责任的区别涉及国家法与民间法。法律主体以相对抑制的作为或不作为的方式保障权利主体获得利益的一种约束手段，国家法成为市民社会的外部强制。劳伦斯·M.弗里德曼将"法律"理解为机构和规则，并认为有三种现象构成：（1）影响法律的社会势力，（2）法律本身即机构和规则，（3）法律对其以外世界行为的影响（弗里德曼，2004：2）。社会责任是道德的要求，是作为利益相关者评价企业道德水平的一个重要衡量指标，具有民间法性质，主要通过舆论强制等非正式的强制力量来实现其要求。

（三）法律责任与社会责任的联系

从相互联系的方面来看，法律责任与社会责任都具有某种伦理基础。小野清一郎指出："依余所见，法即'伦理'，而伦理系人伦之事理，亦系在人之存在上所成立之道理、理念及规范。其内容系规定人之存在关系及人伦应有之状态，此乃包含人在生存上之行为与全体人之关系的秩序……无论构成要件或违法性以及道义的责任，皆系伦理的、道义的秩序之现象形态。而所谓'责任'，其根据即在于此伦理的及道义的秩序之深层；余所以欲将'责任'称为'道义的责任'者，即欲明示其本来之道义的意义之故也。"（洪福增，1988：9—10）

个体承担法律责任的前提是其在道义上的可非难性。这种可非难性的根据即在于行为人主观的过错，这种主观上的过错是通过其外在行为表现出来的。过错责任原则是与传统私法意思自治原则相适应的一种归责原则，"过错责任的历史发展表明，从结果责任向过错责任的演化过程，也是法律文明的演进过程。过错责任最终取代结果责任，是法律文明的标志"（王利明，1992：49）。过错责任原则揭示了法律责任的本质，即承担法律责任是行为具有道德上的可责难性，正如耶林所言，使人负法律责任的不是因为有损害，"而是因为有过失，其道理就如同化学上之原则，使蜡烛燃烧的，不是光，而是氧一般的浅显明白"（王泽鉴，1998b：150）。"如果判定一个人应对他不应受指责的事情负责……这就等于把一件他无力控制的事故的责任归咎于他。如果对法律的解释最终得出的是这样的结论，实际上无异于法律判定他违反了'这种

事不准发生'的命令,对此,他本来是根本无法遵守的。"(斯坦、香德,1990:154)

法律责任与社会责任的基本功能主要是分配社会利益和协调利益冲突,按哈耶克的分类,法律责任并未完全归入建构秩序。法律责任中的契约责任与社会责任都具有自发秩序的特点,两者在这一社会功能上是一致的。个人理性受制于特定的社会生活进程,社会的内部秩序总体上是一种伦理秩序,自发的社会秩序具有某种共同的价值。法律与伦理虽各自独立,不同秩序的自发性虽存在着严格的界限,但价值共识使各层次秩序之间也有相通,这是两种独立责任相互联系的基础。法律责任与社会责任也可能以共同的价值发挥相互补充的作用。

第三节　特殊秩序:法律伦理化

以自发秩序为基础,法与社会以各自独立的姿态,形成法律秩序与伦理秩序。两种本具有闭环特点的秩序在法律漏洞、病态社会的理论中发生了直接的联系。概括条款在不改变两种自发秩序基本走向的情况下,通过司法程序,实现了应然法与实然法、实质法与形式法的结合,这种法律伦理化的情形被加入了社会性因素,以调整法益作为权利的救济措施。在立法与司法高度分立的国家,也出现了伦理法律化的情形。

一、权利救济的特殊秩序

特殊秩序在英美法上通常反映为衡平法的规定,大陆法系也会存在对于非常态的表述,如大陆法系"特殊终止""非正常解雇"的概念。德国的劳动法很大程度上是一套法官法的规则。权利救济为什么需要这样的特殊秩序,应然法与实然法有不同的理论视角。利益衡量是一个司法的概念。庞德社会利益的衡量也主要是从这方面来强调的,并希望建立一套复杂的执法标准。庞德强调,"这一理想要素塑造了部分可靠的司法工具"(庞德,2003:第二版前言)。应然法的理想要素与实然法的司法工具相结合,出现了法官造法的特殊秩序。

(一) 从形式法的角度提出"法律漏洞"的概念

私法自治是一种强调法律闭环的理论,法律漏洞的概念对法律闭环提出了挑战。到了20世纪初,概念法学占据了支配地位,法律闭环也被抬高到无可置疑的地位。概念法学的主要特征可概括为:(1)在民法的法源问题上,独尊国家制定的成文法,特别是民法,以成文法为唯一法源,排斥习惯法和判例;(2)关于法律是否存在漏洞,强调法律体系具有逻辑自足性,即认为社会生活中无论发生什么案件,均可依逻辑方法从成文法中获得解决,不承认法律有漏洞;(3)关于法律解释,概念法学注重形式逻辑的操作,即强调文义解释和体系解释,排斥解释者对具体案件的利益衡量;(4)关于法官的作用，概念法学否认法官的能动作用，将法官视为适用法律的机械，只对立法者所制定的法律作三段论的逻辑操作，遇有疑义时强调应探求立法者的意思，并以立法者的意思为准，否定法官的司法活动有造法功能。概念法学使民法思想陷于僵化保守，丧失了创造性，无法适应新世纪的社会经济生活对法律的要求（梁慧星，1997b：23）。同样，日本民法学界占支配地位的学说也是概念法学，概念法学的思维方式渗透到理论界和实务界的各个方面（梁上上，2002：53）。

从实证法的角度来观察，法律具有抽象性、概括性，它是通过一般的普遍性规则来规范和调控社会关系的，"法律漏洞是指由于各种主客观原因使法律规定在内容上出现欠缺或不周密，从而造成法律适用的困难"（杨解君，1997：12）。法律总是通过概念来表达的，而法律概念或多或少都具有不确定性，即具有"模糊边缘"，德国学者魏德士在《法理学》一书中从法学方法论的角度指出，法律漏洞是以整个现行法律秩序为标准的"违背计划的非完整性"（魏德士，2005：352）。法律制定于过去，但适用于现在并预设于将来，实际生活中的个别情况可能与法律规定不相适应，以致出现适用上的困惑，从而产生令人不满的结果。对于法律漏洞而言，我们只能尽可能减少其存在范围，不可能彻底消除。一旦法律概念之"模糊边缘"无法明确地透过解释途径来包容新生事物，在法律不容轻言立法修改的前提下，即有承认法律漏洞之必要（黄建辉，1998：31、52—58）。

法律漏洞使法律评价、法律的有效适用程度降低，它对法治效果具有很大的影响。拉伦茨认为，在存在法律有漏洞时，审判的法官有义务去补充法律。对当事人的具体利益只有放置在利益的层次结构中进行衡量，才能保证利益衡量的公正和妥当，"利益协调"反映出法律对利益格局具有重整的功能。学者杨仁寿即如此定位"利益衡量"，其观点为："法官于用法之际，应自命为立法者之思想助手，不仅应尊重法条之文字，抑应兼顾立法者之意旨。对立法者疏未虑及之处，应运用其智慧，自动审察各种利益，加以衡量。"（杨仁寿，1999：175）在法律适用过程中，由于文字本身的复杂性，二者之间并不能总是保持一致，当不一致的情形存在时，就需要法官运用法律漏洞填补技术对法律进行扩张解释。概括条款的出现可以理解为是因为立法者的调整计划尚未形成最后的细节，概括条款在法律漏洞体系中有了明确的定位。

（二）从实质法的角度提出"病态社会"的概念

从实质法的角度来观察，美国社会学家R.C.富勒（R.C. Fuller）认为，社会问题有客观和主观两种因素。前者表现为威胁社会安全的一种或数种情况；后者表现为社会上多数人公认这种危害，并有组织起来加以解决的愿望（马波，2013：47）。按这种理解，影响社会成员的共同生活、破坏社会正常活动、妨碍社会协调发展达到一定程度便构成了病态社会，在一个私法自治的契约社会，社会法常常以此为理由来强调一些非常态的制度安排。病态社会的复杂性表现在其不仅是一种客观存在的状况，还是被人们感知、察觉到的主观构造的产物，也是社会实际状态与社会期望之间的差距。不同国家有着不同的经济、社会发展状况，社会法的表现形式不可能完全相同。

其实,我们更深入地观察后便会发现,病态社会往往是社会变革行动引发很多人的不安、不满、威胁、被剥夺等感觉并形成广泛响应。最初,这种不安、不满是针对个人法,其表现为形式法以过度膨胀的方式发展。

社会法强调改良政策,也是诸多治疗病态社会方案中的一种保守方式。当各种社会理论介入社会运动时,对于病态社会开出的药方各不相同,对于要不要以社会法这种改良方式介入,都存在不同的看法。针对形式平等而实质不等的社会关系的讨论演化为形式法与实质法的讨论,马克思、韦伯、基尔克都经历了社会法尤其是德国制度的形成过程。回顾他们在面对形式法、实质法冲突时的不同立场,有助于认识社会法与其规制对象的那种互动关系。法官造法的出现与历史上的自由法运动有密切的关系,自由法运动的倡导者众多,大批德国法学界的精英参与其中,比如埃利希、福克斯、斯坦普、伊赛、拉德布鲁赫等。自由法学认为国家制定的成文法并不是唯一的法源,法典之外实际生活中的"活法"才是真正的法源。被称为自由法学的学者中不乏社会法的理论研究者,他们认为法官具有造法的权力,肯定司法活动的造法功能(王祖书,2014:126)。

(三)形式与实质交汇于"权利滥用"的概念

德国法学家赫尔曼·康特洛维茨(Hermann Kantorowicz)将法律划分为了"正式法"和"自由法"两种类型,其中,"正式法"主要是指成文法,"自由法"主要包括法律解释、判例理由、法学家的权威论述以及习惯法等,他指出,法官在成文法有漏洞的情况下应当求助于自由法。实质法关注病态社会,实证法关注法律漏洞,应然与实然交汇于权利滥用禁止的概念。依据诚实信用(Treu und Glauben)原则所形成的"权利滥用"(Rechtsmissbrauch)概念,在罗马法中就已经初露端倪。早在罗马法上就有关于行使权利不许以损害他人为目的的规定,如果行使所有权有害于邻人,则被认为违法。从《法国民法典》相关规定及出现著名判例,到1900年实施的《德国民法典》正式将"禁止权利滥用"确定为一项原则,再到1907年的瑞士民法、1922年的苏俄民法、1947年修改后的日本民法等规范形式的规定,权利滥用禁止原则,在20世纪初之后普遍成为一项重要原则(高慧铭,2015:118)。无论是民法还是社会法都对这一原则高度重视,然而立论的基础并不完全相同。

从私法的视角来观察,权利滥用是指权利主体外表上虽属于行使权利,但在实际上是背离权利本质或超越权利界限的、损害社会公共利益和他人利益的行为。[①]禁止权利滥用原则强调人们在行使权利时不得超越权利的正当界限,不得有害于他人或社会。有学者归纳了权利滥用的特征:(1)行为人原本享有该权利;(2)权利滥用具有行使权利的表征或与行使权利有关,这是权利滥用的形式特征;(3)权利滥用是违背权利本质或超越权利正当界限的行为,这是权利滥用的实质特征;(4)权利滥用是一

① 关于权利滥用和禁止权利滥用原则的研究和论述较多(路易·若斯兰,2006;王伯琦,2005:388;史尚宽,2000:718f;梁慧星,1996:260f;等等)。

种损害社会公共利益和他人利益的行为，这是权利滥用的法律特征。法律对这种行为予以否认或限制其效力，即为禁止权利滥用原则(龚炜、徐婷，2007：17)。

从社会法的视角来观察，耶林的目的法学提出，权利行使的目的不仅应为个人的利益，同时也应为社会的利益。基尔克以日耳曼法的传统精神为立论基石，更加力倡社会的所有权思想。他在《德意志私法论》(第2卷)一书中说：所有权不是一种与外界对立的丝毫不受限制的绝对性权利，相反，所有人应"依法律程序"，并"顾及各个财产的性质与目的行使其权利"(温文丰，1984：17)。禁止权利滥用原则向人们宣示了一种价值观念：当个人权利同社会利益和他人利益发生冲突时，应当适当限制自己的权利，这本质上是法律对私权行使的限制，体现了法律追求"矫正正义"和"分配正义"的目标。

可见，权利滥用在外观上是行使权利，但实质上却是违反权利的内在界限，或是逾越权利本质或违反权利目的，因而被认定为非正当行使权利(林更盛，2000：72)。社会利益衡量的前提是存在多个利益间的冲突，诚信原则的限制性功能可导出权利滥用禁止之要求。权利滥用在社会法中被赋予更具体的含义，在私人领域，个人有着行为的选择权和决定权，这种行为不应该伤害他人和社会，否则，他人和社会就有权力干涉，这种干预首先体现为道德指责、与习惯干预；通过经济公序也可以概括条款的形式转化为法律强制。

二、概括条款的一般含义

概括性条款是指较为宏观、内涵扩展、外延开放的条文，具有抽象性、统一性、全面性的特点，德国的权威法学词典对概括条款的解释是："概括条款是一种法律规范，它仅设立了一个一般准则，其在个案中的具体含义则委托法官在学说的帮助下去确定(例如德国民法典第242条、第138条)。"①

(一) 不确定法律概念

概括条款属于不确定法律概念(unbestimmte Rechtsbegriffe)的范畴。海德曼称之为"立法者的公开漏洞"，瑞士学者将概括条款称为"法内漏洞(lücke intra legem)"(克莱默，2019：168)，有学者称之为"法律的违反计划的不圆满性(planwidrige Unvollständigkeit)"，②而需要具体化适用的概括条款是基于立法者故意和有计划的不完整性。不确定法律概念是相对确定法律概念而形成的一种理解，这种理解含义广泛，强调表达的多义性以及概念没有给出严格的界限。③通说认为，

① Tilch/Arloth, Deutsches Rechts-Lexikon, 3.Aufl., Bonn: Verl. des wissenschafl. Instituts der Steuerberater, 2001, p.1870(转自刘亚东，2019：79)。

② Claus-Wilhelm Canaris, Die Feststellung von Lücken im Gesetz, 2. Aufl. 1983, p.16ff.

③ Vgl. Looscheiders/Roth, Juristische Methodik im Prozeßder Rechtsanwendung, Berlin: Duncker & Humblot 1998, p.131ff.

不确定法律概念主要分为三种，即歧义、模糊与评价开放。①所谓歧义是指这个概念与多种不同的含义发生关联，需要结合不同的适用情况来确定这个概念的准确含义；所谓模糊就是概念的内涵不明确，外延过于宽泛，以至于某个对象是否能被涵摄于概念不确定；所谓评价开放是指这种类型的规范性不确定法律概念较模糊均需要一定的评价因素方能确定。概括条款属于评价开放，作为实然法上"立法者的公开漏洞"无论如何不能离开规范目的应然约束，即必须在规范目的之内，通过体系或者目的解释的方法来确定其精确含义。我国有学者不赞成"法律的违反计划的不圆满性"的提法："由于立法机关已经放弃了对于概括条款的教义学构造，不存在偏离立法者的意志，概括条款不能被定义为违反立法计划的不圆满性，在此意义上概括条款具体化不能在概念上被认定为漏洞。"可见，概括条款作为价值开放的不确定法律概念，具有某种应然法的特点，与其他不确定法律概念相比，最主要区别是能否受制于规范目的的约束（刘亚东，2019：86、80、81）。

（二）授权规范概念

赫克把概括条款称为"授权规范"（Delegationsnorm）。这种授权规范具有空白规范（Blankettnormen）的特点，强调在规范构造上具有内容空洞的特点。概括条款无法通过法律解释的手段予以适用，民法领域的概括条款体现为诚实信用与公序良俗。无论是诚实信用还是公序良俗均无法通过解释来确定，如果立法者使用概括条款，是有意识地避免制定更详细的规则。立法者并没有清晰地阐明概括条款的具体立法目的，"授权规范"作为一种特殊的规则，需要法官在个案中予以具体化。授权规范仍是从实然法的角度来进行讨论，强调公职人员有权做出某种行为的法律规范，概括条款的适用主体必然是法院及法官。

规范性不确定法律概念仅仅是一个构成要件，但"授权规范"仍是一个完整的法律规范。②从形式上看，形式法治以制定法为唯一渊源，从法条出发做三段论演绎，强调法律的普遍性、稳定性与确定性。空白规范作为一种规则可以直接适用三段论的推理，并成为法官的裁判实然依据。从内容上看，授权规范强调空白，是语言上不确定内容的规范，在判断的过程中，要想找到一个绝对权威、绝对精确的标准，使得法官据此即可做出正确的结论，实际上是不可能的。前者是"被动适用法律"，后者则是"司法能动"，是"现代司法的基本特征和运作规律"（江必新，2010：4）。法律赋予的权利，使法官有一定的裁量空间，可以做出某种选择，空白规范在论证中强调引入价值衡量，关照法律共同体的共识，追求实质合理性（何海波，2009：12—15）。概括条款所要权衡的价值判断从立法程序转移到了法律适用阶段。

---

① Vgl. Hans-Joachim Koch, Einleitung: über juristisch-dogmatisches Argumentieren im Staatsrecht, in der (Hrsg.), Seminar: Die juristische Methode im Staatsrecht, Frankfurt a.M.: Suhrkamp Verlag, 1977, p.44f.

② Vgl. Werner, Zum Verhältnis von gesetzlichen Generalklauseln und Richterrecht, 1966, Karlsruhe: Müller, p.6f.

（三）价值填充概念

需要价值填充的概念（ausfüllungsbedürftigen Begriffen）是强调概括条款的实质含义在形式构造上需要价值补充，彼德林斯基称之为"援引规范"。"价值填充"具有某种应然法的特点。在概括条款的具体适用时，由于其开放性，其并未提供具体的适用指示，也未包含相关的评估标准，因此必须通过价值应然补充才能实现其功能（Ausfüllungsbedürftigkeit oder Wertausfüllungsbedürftigkeit）（刘亚东，2019：82）。诚实信用与公序良俗均为价值开放且需要价值填补的不确定法律概念，涉及"特别关联领域"以及"陌生领域"。价值填充的概念强调了法律体系之外存在着某种伦理秩序，并在一定条件下可以由法官将其引入个案判决。伦理秩序指社会公共的道德规范、人们日常生活准则、社会风俗习惯、家庭关系以及公民个体品德等各方面综合而成的社会系统。人是有情感的生命，这种情感不仅能够及于自己，而且能够推及他人，这种伦理文化体系作用于社会，起到规范民众道德行为、营造善良风俗的作用。人又是群居的动物，个体、群体、集体和谐发展形成的文化或模式使人们能够更好地联合起来，进行生产、劳动和其他社会交往，也使社会达成良性运行（肖祥，2005：128）。简单地说，伦理秩序是以道德价值为核心的民间自发秩序综合的社会系统。法院在判断法律行为的内容是否违反公序良俗时，一般要经过两个步骤：首先，确认现实生活中存在着相应的公序良俗，即需要查明公序良俗的内容；其次，在确定公序良俗的内容之后，认定系争法律行为是否违反公序良俗，进而决定其效力如何（戴孟勇，2006：47）。

德国基本权第三人效力讨论涉及了"直接第三人效力说"与"间接第三人效力说"，这种划分本身也引发了很大的争议。从间接第三人效力说出发，迪里希（Duerig）认为基本权本身所具有的"价值秩序"（Wertordnung）应该在对民法的概括条款（Generalklauseln）——例如，诚实信用（德国民法典 242 条）、善良风俗（gute Sitten，德国民法典 826 条）——的解释中受到关注。只有通过概括条款的"中介"（Vermittlung oder Mediation），基本权才能对私法关系产生影响（张巍，2007：109）。托依布纳因此将概括条款描述为"多次无限地援引社会价值"，基于社会规范（接收功能）、基于价值观的转化（转换功能）以及将规范形成完全授权给法官（授权功能）来具体化概括条款。[①]形式法治在法律适用的过程中不考虑法律的实质合理性，认为合理性是立法者所追求或所应追求的，实质法治则关注法律的不确定性，在承认法律不确定性的前提下努力寻求法律的合法性。价值填充概念已经涉及实质法的概念，在此意义上，概括条款不但具有传统意义上接收和转介功能，而且也逐步发展成为授权法官自我评价和自我创造的功能。[②]

---

① Vgl. Günther Teubner, Standards und Direktiven in Generalklauseln, Frankfurt, 1971, p.65ff.

② Vgl. Franz Bydlinski, Möglichkeiten und Grenzen der Präzisierung aktueller Generalklauseln, Rechtsdogmatik und praktische Vernunft, Symposion zum 80. Geburtstag von Franz Wieacker. Hrsg, von Okko Behrends., Göttingen: Vandenhoeck u. Ruprecht, 1989, p.203ff（转自刘亚东，2019：82）。

(四) 规范性概念

规范性概念(normativen Rechtsbegriffe)强调规范与概念的结合。法官在概括条款适用中,只需要顾及一切情事作出妥当的个案判断,没有提出一般规则的义务。仍以公序良俗为例,最为重要也最为棘手的问题,就是如何查明公序良俗的内容。在一个多元化的社会中,人们对道德价值及其位阶的共同看法越少,查明公序良俗内容的任务也就越难(梅迪库斯,2000:511)。不过,虽然判断公序良俗内容的权力操持于法院之手,但法官并不能根据个人的好恶乃至一时的情绪来判断,而必须在除去法官个人因素的情况下,尽可能地使其判断结果真实地反映出社会大众的良好要求。形式推理是法教义学的基本方法,“实质推理”与“形式推理”或“实质法治”与“形式法治”是理论法学学者讨论法教义学与价值判断问题时常会用到的概念(侯健,2004)。本土案例经过一定积累,学说积极介入后可以形成案例类型,法教义学的类型化是辅助法官具体化作业的重要手段(于飞,2021:40)。在这方面,理论研究能够做到的是,尽量将影响法院判断公序良俗的相关因素揭示出来,以便法官在进行判断时能够有一个大致的参考标准,防止法官完全以个人的任性取代客观的判断(戴孟勇,2006:47)。

这些一般规定已为社会法提供了一个审判的基本依据,我国《劳动合同法》将诚实信用作为订立合同时的原则,无论是用人单位还是劳动者违反诚实信用原则,都将导致合同无效。这一规定的缺陷在于仅仅将诚信原则的适用限缩于订立阶段,而忽视大量违反诚信原则的行为发生在履行阶段。诚信原则应当贯穿于整个法律过程。

三、概括条款的社会法含义

社会法关注形式法脱离实质法而产生的问题,在概括条款的运用上会比私法走得更远,通过法官法的转化,成为一种亚立法形态,从法律伦理化转化为伦理法律化,通过法教义学的类型化、定型化,产生出社会性、不当性、正当性三个相互联系的概念。

(一) 社会性的概念

社会性是一个反映社会利益的整体主义概念,强调共同分担或分享,具有实质法或应然法的特点。法官本来是依法审判,强调实证法、实然法的特点。社会性与法官造法体制相结合,产生了很大的不确定性。在法国,关于善良风俗的判断标准,学说上有经验主义和唯心主义的对立。经验主义的观点认为,应当根据具体的时间和地点,考察某一行为是否正常和符合习惯。对善良风俗标准的确定,“不应根据宗教的或哲学的思想,而只能根据事实和公众舆论”。这一主张遭到了唯心主义观点的反对,后者认为经验主义的观点只能使善良风俗成为空洞的概念,因为法官不应当“服从”于公众舆论,而应当在必要时“抵制”这种舆论。因此,唯心主义的观点主张,应由法官根据社会生活中居主导地位的道德准则去判断行为是否违反道德;对行为是否合乎道德无须作具体考察，而只需作出判断即可(尹田，1995：169)。日本学者来栖三郎有一段评述："看来，法律家是何等霸道！常以客观性之名，主张自己所为之解释是唯一正确的客观解释。然而在他人看来，法律家却是何等的卑鄙！彼等竟然以为依据法律即可将人类生活规范无遗；又倘若不做如此想，便会感到心境不宁，从而，法律家是何等虚伪不负责！总是将主观设想隐藏在客观背后。"(来栖三郎，载吕荣海，1987：84)这种讨论强调了概括条款社会化、具体化的必要性时，也指出了可能带来的危害。

在社会利益所体现的伦理性转化为法律性时，其他法律和可能的法外评价将作用于概括条款的内容，[①]比如有学者就认为概括条款是将社会科学引入教义学的主要渠道。[②]在概括条款的私法调整的基础上，英国产生了不公平解雇的规范，德国发展出"社会正当性"的规范，法国提出了"实际严肃的理由"。概括条款的社会化也可以在民法体系中完成，以瑞士为例，1971 年瑞士债法的重大修正，即将雇佣契约的制度从债法中全部扬弃，而以劳动契约制度取代之，并把团体的制度引入民法体系之中，形成劳动法与民法重新结合最显著的例证。这些规定已非传统民法"私法自治"之立场，对于此种特例的出现，其原因在于，"由于民法本身的社会化仍在进行，因此有重新结合之趋势"(黄越钦，2003：6)。社会法并非单一价值的体现，随着社会的变迁，由民法所秉持的价值绝对的个人主义演变为个人主义与整体主义、合作主义的相互交错，即相互冲突的价值在相互的妥协中实现动态平衡(易军，2018)。关注社会利益，是将不同的价值冲突从理论层面落实到实践层面，概括条款将起到转介作用(苏永钦，2012：317—338)。因此，概括条款的教义学化并不能单纯依靠民法自身完成(方新军，2017)，其所凸显的价值并非"私法自治"所独自涵盖，即对其适用需要横跨不同的法域或价值(刘亚东，2019：82)。在社会法的微观层次上，社会利益以概括条款为形式发展出正当性与不当性两个概念，从而划定权利正常行使与权利滥用的界限，使社会利益成为实证法上更具操作性的概念。

(二) 不当性的概念

不当性是一个界定权利滥用的概念。"解雇权滥用说"虽然也完全肯定解雇自由权，但以滥用之禁止作为解雇自由权的一种抑制，实际上应称为"禁止解雇权滥用说"。权利滥用即权利人在行使权利时，超出权利本身的正当界限，损害社会利益和他人利益的行为(汪渊智，1995：17)。此种学说以生存权为根据，引入劳动权的概念，对契约自由的原则进行适度的修正。20 世纪 60 年代以前，英国法律对雇主终止劳动契约的规范只存在于普通法中，在普通法上贯彻的是雇佣自由原则。1964 年英国接受国际劳工组织的建议，同时也呼应了欧洲共同体的要求，做出了制度调整。(艾利森·邦、马纳·撒夫，2004：120)英国 1996 年《雇用权利法》规定，除某些特

① Vgl. Larenz/Canaris, Methodenlehre der Rechtswissenschaft, 3.Aufl., Berlin: Springer, 1995, p.109ff.

② Vgl. Rehbinder, Rechtssoziologie, 3. Aufl., Berlin; New York: de Gruyter, 1993, p.13.

别情况外，每一名雇员享有不得被不公平解雇的权利。不公平解雇立法旨在通过司法权限制雇主滥用解雇权（董保华，2017a：118）。普通法上的非法解雇和衡平法上的不公平解雇最大的区别在于前者主要审查解雇的程序，对其实质原因并不探究，后者关注的恰是解雇的实质原因。两类制度相互补充，使解雇保护程度上的规定相对严格。

自20世纪60年代起，英国以制定法为雇员提供就业保障，不公平解雇为英国制定法所规定，是指违反《雇用权利法》规定的解雇。成文法对不公平解雇的规定最早见诸1971年《劳资关系法》，此后在多次修订后，1996年《雇用权利法》规定，除某些特别情况外，每一名雇员享有不得被不公平解雇的权利。不公平解雇立法旨在通过公共权力介入劳资关系以限制雇主滥用解雇权，要符合正当解雇的要件，雇主必须首先证明解雇理由符合《雇用权利法》和《工会和劳工关系法》等法律规范。用人单位的不当解雇行为除了违反法定要件之外，发展出反社会性不当解雇，即用人单位出于歧视性、报复性等原因，例如，因为劳动者参加工会等组织、代表劳动者行使其合法权利的活动或者因为劳动者的性别、宗教信仰、年龄等，与劳动者的能力、行为或者其自身的经营状况无关而为的解雇行为。英国本身并无公法与私法的区分，仅从私法规范来观察，反社会性不当解雇内容才符合概括条款的特点。因此，不公平解雇之诉的提起并不是因为雇主的行为违反了合同约定，而是要根据社会利益判断解雇是否"公平"。作为就业保障的一项措施，"'不公平解雇'概念的引入已超出了契约的约定范围"（刘海燕，2005：10—11），也使债的相对性原理得到了修正。

日本也以"解雇权滥用说"作为解雇保护制度的立法依据。在日本，成文法上明示对解雇权限制的时间很晚，且《劳动基准法》和《劳动契约法》均只有同样内容的一个条文，对解雇权予以限制而言，真正发挥作用的是各级法院的判例及在此基础上形成的理论，即解雇权滥用法理和整理解雇法理。日本学界"主张解雇权滥用说之学者虽然居于多数，但是对于解雇权滥用之判断基准，其见解并不一致"。在日本实务中，"鉴于长期雇用制度之确立"，解雇之合理事由"在实务运用上，仅于该事由已经达到重大程度，且劳工方面几乎不存在值得宥恕之事由，日本法院才承认解雇之相当性"（王能君，载台湾劳动法学会，2004：57—59）。

（三）正当性的概念

社会正当事由是一个以社会利益来界定权利正常行使的概念。"正当事由说"认为，非出于正当事由不得解雇。正当事由作为对解雇权的约束，使契约自由受到较大的限制。而且，《解雇保护法》（Kündigungsschutzgesetz，简称 KschG）要求雇主的解雇行为必须符合"社会正当性"。德国《解雇保护法》的法律标题词义为"终止保护法"或者"退约保护法"，我国译者译为"解雇保护法"（黄卉，2007：102），并从中概括出德国的所谓解雇保护制度。从这一译法的字面含义来看，似乎是要对解雇进行保护，其实该法强调对解雇进行限制，这是一种不合文本内容的意译。在解雇限制中，"社会正当性”是这一制度中极为重要的概念。①

由于德国奉行“社会国家”的原则，为了保护雇员安身立命的工作岗位，以社会正当事由为基础，法律对雇主单方解除劳动合同的行为有着多方面的限制。针对正常解雇，雇主不仅要遵循法定或者约定的解除通知期限，还必须具备雇主经营方面的、雇员个人的或者其行为方面的解雇理由，在用尽了其他较温和的手段还是不能避免劳动关系受到干扰，综合个案情况衡量了双方利益之后仍有解除劳动合同的需要时，才能解雇；就非常解雇而言，法院首先得撇开其他因素判断解除理由本身是否能够构成重大事由，然后结合案件的具体情况衡量合同双方的利益，来判断是否可以期待雇主至少继续履行劳动关系到解除通知期届满；无论是哪种解雇，雇主在解雇之前听取企业职工委员会的意见都是解雇生效的前提条件（王倩，2014a：68）。从社会利益的角度观察，“正当事由说”是一种比“解雇权滥用说”对劳动者保护更为周到的理论，“解雇权滥用说”应该称为禁止解雇权滥用，主要强调禁止行为；“正当事由说”不仅包括禁止性规定，也包括不符合法定解雇理由的行为，可以说，“正当事由说”吸收了“解雇权滥用说”内容，所涉及的行为更为广泛。与美国明确提出社会利益不同，德国并未直接提出这一概念。“正当事由说”也衍生出到底是以公法意义的“比例原则”还是私法意义的“最后手段原则”来进行解释的讨论。

解雇比例原则是源于公法理论的原则。劳动关系的从属性使之不同于以抽象、平等人格者为对象的私法，与隶属性为特征的行政关系在一定程度上具有可比性，解雇限制之阻止权利产生之效果，一度以公法理论中的比例原则来进行解释。比例原则是指公权力实施行为所采取的措施与达成的目标之间，应当符合比例关系。行政机关在行使自由裁量权时，应在全面衡量公益与私益的基础上选择对相对人侵害最小的适当方式进行，不能超过必要限度。学界通说认为，比例原则包含适当性原则、必要性原则和狭义比例原则三个子原则，因而也被称为“最小侵害原则”“禁止过度原则”“平衡原则”等。事实上，解雇限制之阻止权利产生之效果，似乎也只能以比例原则来加以说明，这在当时强调第三法域的德国，是完全说得通的。在第二次世界大战前，德国帝国法院即以比例原则这一公法理论来解释何谓诚实信用原则或有无抵触善良风俗（林更盛，2000：59—60），这是将私法的概括性条款与公法理论相结合的观点。然而，从“最小侵害原则”来看，比例原则规范的本是行政机关行使自由裁量权，衡量公益与私益的平衡，应当限定公权力的随意扩张。当这一原则适用于两种私益

① 《解雇保护法》第1条规定：(1)如果在同一企业或者同一联合企业连续工作六个月以上的雇员在没有社会正当理由的情况下被解雇，则该解雇无效。(2)无社会正当理由之解雇，是指非缘于雇员本身或者雇员行为，也不缘于导致无法继续雇佣之企业紧急需要而作出的解雇。符合下列情况的解雇也属于无社会正当理由之解雇：(1)在私法企业中 a.解雇违反了《企业组织法》第95条规定的某项准则；b.雇员可在本企业，或者在联合企业的其他企业的另一岗位上被继续雇佣；并且，企业委员会或者根据《企业组织法》设立的其他负责代表雇员利益的组织，在《企业组织法》第102条第2款第1句规定的期限内，以上述任意一理由对解雇提出了书面异议……(3)如果雇主基于第2款意义上的企业紧急需要进行解雇，但在挑选被解雇人员时，对雇员在本企业的工作年限、年龄、抚养义务以及雇员残疾之严重程度没有或者没有给予足够的考虑，那么解雇仍然违反了社会正当性；雇员提出要求的话，雇主应告知其作出该社会选择的依据。

的权衡，并限制一方的权利时，其实显然脱离了私法自治的要求。德国学者认为，“对于个案的影响，并非依循着所谓的全有/全无原则——亦即只有适用或不适合两种可能的选择，而是依其位阶与个案具体情事接近之程度等因素，在考虑与其相竞合或抵触的其他法律原则下，尽可能地于个案求其实现”(林更盛，2002：265)。在笔者看来，以“禁止过度原则”来理解解雇限制，一个更大的尴尬是第二次世界大战后德国对社会法作为第三法域理论的放弃。在罗马法二分的基础上，德国法学界将劳动法归入民法特别法，再用战前的公法理论来解释社会正当事由，等于强调德国《解雇保护法》具有公法特点，《解雇保护法》一旦被划入公法特别法，德国劳动法理论将失去基本的自洽。

解雇最后手段性原则，强调解雇应当是雇主无法回避、不得已而为之的最终手段，第二次世界大战后德国理论界更多强调其与必要性原则的关系。正如有的学者所言，“其起源，多认此语系于17世纪铭刻于法国军队炮管上：战争乃解决政治纷争不得已的最后手段。故就其内容言，实不外为广义的比例原则(Verhältnismäßigkeitsprinzip i.w.S)或称为过度禁止原则(Übermaßverbot)底下的必要性(Erfordlichkeit)原则”(林更盛，2002：261)。过度禁止原则一般就是指比例原则，解雇最后手段性原则被置于比例原则的下位概念来比较理解。对于最后手段性原则与必要性原则之间的关系，也有学者引用德国研究，认为二者都是在手段间进行选择，就“是否尚有较不严重的手段可资利用”的审查而言，此两原则是相同的，但二者就手段之选择指示、选择标准、锁定目的达成有效性方面存在差别，必要性原则在审查的细腻度以及层次性上显得较为深刻(刘素吟，2007：689—690)。最后手段性原则似乎只是一个低配版的比例原则。如果解雇最后手段性原则与解雇比例原则是大同小异的，“正当事由说”只有被归为公法的理论才能得到解说。这种结论依然会置德国劳动法理论界于尴尬地位。

如果说第二次世界大战前，德国帝国法院即以公法的比例原则来解释解雇权的限制，理论上并无障碍。第二次世界大战后，随着劳动法作为民法特别法定位的出现，理论上便存在冲突。德国联邦最高法院除延续帝国法院的做法之外，还在民事判决中以之作为利益衡量上的一个标准；但是，它并未发展成为一个独立的法律原则，仅作为一个可供援引的思想或解释工具而存在(林更盛，2000：59—60)。“德国联邦劳动法院①于1978年5月30日的判决中，才开始明确表示：作为最后手段之终结性的劳动契约终止，不论其解雇事由为何，为通常或是非常终止，仅当另无其他(包括变更劳动条件)继续雇用劳工之可能时，方属正当”(林更盛，2000：68)。解雇限制开始以较为正式的方式纳入最后手段来进行解读。最后手段理论如何切断公法的脐带，进入概括性条款的范畴，进行民法解读？真正需要讨论的是，解雇最后手段性原则能不能归入禁止权利滥用私法原则。

权利滥用承认私权利的存在，与比例原则限缩权利的理论是有本质区别的。民事权利的本质被认为是一种“意思力”或“意思支配”(施启扬，2007：48)。德国著名法学家萨维尼所主张的学说的核心内容，是指民事权利以“意思自由”为权利的基础，亦

---

① BAG 30. 5. 197 & BAGE 30, 309.

即权利为个人意思能自由活动或任意支配的范围(董学立,2013:85)。禁止权利滥用是以承认这种意思力为前提的,与比例原则强调限制这种意思力是有根本区别的。解雇最后手段性原则与禁止权利滥用原则之相互关系在德国有不同的认识,争论也由此展开。德国民法上有少数学者①仍倾向于认为,最后手段性原则仍因归属于比例原则,而与归属于诚信原则的权利滥用原则不同。"私法上比例原则与诚实信用原则下的禁止权利滥用原则不同,后者只涉及对既已存在之权利加以滥用之问题,与私法上之比例原则之阻止权利产生之效果有别,因此并不属于向来所称的权利滥用的情形。""惟多数见解②则将不符合比例原则的权利行使形态,归类为德国民法第242条底下权利滥用类型。至于在以上多数见解中所称的比例原则,多③系指称广义比例原则底下的必要性/最后手段性原则。"多数见解实际上是指同时以比例原则/最后手段性原则两个原则来理解正当理由说,并将其纳入权利滥用的概念。"若雇主之解雇行为已明显重大地违背比例原则,符合向来所认定之权利滥用类型,则可径行认定为权利滥用。"④

在民法特别法的语境下,"在实际运作上,雇主解雇行为在有效性原则的审查下,其合法性多无疑问;因为例如不论是为杀鸡儆猴或是为精简人事成本,解雇似乎多能在最大程度/范围内达成该目的。实际上扮演最重要的角色乃是必要性/最后手段性原则"⑤。在德国,必要性/最后手段性原则最终仍须纳入民法概括式立法为模式。概括式条款是不确定法律概念,并以授权产生某种空白规范,每个个案需要独特的价值填充,在此基础上形成规范性概念。在德国民法特别法的体例下,所有解雇中裁判者均需运用解雇最后手段性原则对个案具体情事予以衡量,应然法与实然法只能在自发秩序中交汇。只有这样的理解才能限制社会正当事由演变为公法上的基准法义务,德国学者努力将最后手段性原则纳入禁止权利滥用的私法法理。

为了将最后手段原则归类于私法理论,德国学者更多地从根本违约的角度来对这一原则进行解读。从根本违约视域来看,解除是违约责任的一种承担形式,法律责任本身是在法律义务不履行的情况下才会产生,只有法律义务被严重破坏,达到最后手段的程度,才能行使解除权。德国有学者因此强调,"最后手段原则乃是所有类型之契约终止所共通之原则"(黄程贯,1997:486),如应全面适用于过错性解雇、非过错性解雇及裁员(熊晖,2010:82)。在笔者看来,这种解释其实是牵强的,只能适应一时

---

① Kunz, Das Allgemeine Übermaßverbot im bürgerlichen Recht und seine Auswirkungen auf das "überbetriebene Anlocken" im Wettbewerbsrecht, 1980, p.37.

② Jauemig/Vollkommer(7. Aufl.), § 242 BGB, III 2bcc; MunchKomm/Roth(3. Aufl.), § 242 BGB Rd-Nr409; Palandt/Heirichs(54. Aufl.), § 242 BGB RdNr 53f; Staudinger/J. Schmidt(12. Aufl.), § 242 BGB RdNr 683ff.

③⑤ Munch Komm/Roth(3.Aufl.), § 242 BGB RdNr 409; Soergel/Teichmann(12.Aufl), § 242 BGB RdNr 306; Palandt/Heinrichs(54.Aufl.), § 242 BGB RdNr 54; Jauemig/Vollkommer(7. Aufl.), § 242 BGB III 2bcc; Staudinger/J. Schmidt(12. Aufl.), § 242 BGB RdNr 683, 685.

④ Ahnlich, Preis, Prinzipien des Kündigungsrechts bei Arbeitsverhältnissen, p.295;惟氏认为于此并无另行援用广义比例原则之必要(原作者注)。

性契约。继续性契约更强调的是信赖关系，民法一般规则认为，终止持续性的债权债务关系，本来是不需要原因的。劳动关系构成了劳动者及其家庭经济上的生存基础，因此构成了这种一般规则的例外，解雇被要求具有某种社会合理性（董保华，2017a：117），这显然难以纳入民法一般规则来解读。

可见，社会正当事由其实很难在民法的法官法规则中作出合理的解释，德国理论界是在强调恢复个体正义时融入了社会利益的考量，这种制度设计总体上必须限制在"民法的概括条款"范畴内，其实已经走入私法的边缘。从权利的防御权能出发，德国的劳动法理论努力将其限制在私法的范围内。我国的解雇限制一开始就置于社会法的考量，私法手段与公法手段高度融合，理论上很容易自洽，我国的理论解释也很容易让解雇限制的措施脱离"民法的概括条款"的限制。当将所有的解雇统统法定化时，是以消灭个体正义来融入了社会利益的考量，我国以公法的反射利益来解释解雇限制，其实已经与最后手段理论无关，也与"民法的概括条款"背离，这种法定化极大限缩雇主的权利，既然没有给雇主以权利，自然也不存在滥用的问题，其实也不能以权利滥用理论来进行解读，中德的制度设计缺少可比性。

第三篇 倾斜论

法本质性的核心身置何处？基尔克之问：位于不可回避并配以强制力的命令之中？还是存于其现实的利益里？抑或位于内在的理性内涵之中？其概念中什么是首要的：秩序还是自由？——客观的法律？一切权利皆为其反射；还是主观的权利范围？法律知识仅仅对其进行限定和保障。

- 福利社会具有伦理与法律，公法与私法的双合体的特点，在诸法合体的基础上产生以生存法益为特点的第二代人权，强调国家管制的合法性。
- 从契约到身份形成具体人格，强调法律人格从属性，伦理内容法律化。
- 以整体利益形成的应当性为价值核心，强调法益与法益保障，建构秩序构成社会法宏观层次，实行法律面前人人平等。
- 弱者理论与倾斜理论相结合，针对形式不等，实质平等的自为性领域，对反射利益与积极权利进行理论界定。
- 社会法不仅关注契约关系中隶属性、人身性的特点，也强调公权力要受到公权利、私权利的双制约。

第十章

宏观层次的悖论与理论

新劳动法的任务是实现劳动者的人权（Menschenrecht），在新的层面上，在人格自由的层面上将劳动关系作为人身法律关系重构，劳动法是抵制劳动契约领域法律上形式性的契约自由危险的行动。

——古斯塔夫·拉德布鲁赫（Gustav Radbruch）

第一节　倾斜理论面对的悖论

法规范的形式不等与实质平等带来的冲突，可被称为福利社会的悖论。国家是第二性的，社会法面对福利国家，关注自为性领域。将劳动关系作为人身法律关系重构，致使自在性领域与自为性领域发生冲突，从而提出倾斜理论，用以明确我国福利社会的定位。

一、宏观层次：社会法的悖论

社会法宏观层次的悖论是政府失灵的一种反映，形式法与实质法的悖论首先体现在生存利益保障的相关制度设计上。虽然不同的学者对社会权内容的表述存在很大差异，但承认生存利益需要由社会法来进行调整是基本共识。社会法悖论也是对合法性的一种反思。

（一）社会法规范的形式不等

社会法宏观层次规范涉及的主要是关于生存利益的规范，这些规范具有形式不等的特点。生存利益形成社会保险、社会救助、劳工福利的权益保障，依据法规对社会经济弱者给予保障。国际劳工组织（ILO）第 102 号社会保障最低标准公约[①]反映了 20 世纪中期在社会保障领域所达到的成就，而这一水平随后也很快就经由一系列

---

① BGBl（Bundesgesetzblatt，联邦法律公报）1957 II，1321。另外，也可以参考欧洲委员会的 European Code of Social Security（欧洲社会安全规则），ETS No.48。

新发展而被显著超越了。[①]拉德布鲁赫认为，法是一种与价值相关的文化现象，旨在实现正义。平等原则的古典公式是“相同情况，相同对待；不同情况，不同对待”。正义被理解为平等者予以平等地对待，不平等者予以区别对待。平等原则是正义的形式要素，它本身并不包含任何实质性的价值判断（拉德布鲁赫，2005：132—133；考夫曼，2004：229）。

从形式法上看，社会法强调生存利益时，相当一部分法律规范呈现出不平等的特点，从西方国家福利制度或社会国演变来观察社会法，包含着三重含义，彼此相辅相成。（1）保证弱势主体的就业机会。国家必须建立一套法律制度，对弱者提供工作机会并给予亟须的帮助和扶持；公民暂时或永久失业时，享受社会提供的利益，增强其谋生能力，从而减少社会对立。（2）限制强势主体的行为方式。劳动基准法是有关劳动报酬和劳动条件最低标准的法律规范的总称，用人单位可以采用高于但不能低于基准法所规定的标准。对于用人单位违反劳动基准法的行为，国家通过行政执法的方式予以纠正，劳动监察的对象只限于用人单位。目标是使个人与家庭有能力去面对因社会事故，如疾病、老年、失业等所导致的个人与家庭的危机。对最低所得予以保障，减少不安全的范围。（3）进行转移支付，化解社会风险。福利国家是资本主义国家通过创办并资助社会公共事业，实行和完善一套社会福利政策和制度，对社会经济生活进行干预，保证社会秩序和经济生活正常运行的一种方法。社会福利作为一种再分配形式是指在初次分配基础上，为避免社会矛盾加大而产生的分配形式。三个方面均涉及形式法上的不平等。

在社会法领域中，我们看到的满眼都是劳动者、妇女、老人、未成年人、残疾人这样的弱势群体。黑格尔认为：“假如社会中纯然是不平等，那么这个社会就解体了。一个存在普遍贫困的民族，就处在它的解体概念中，因为普遍性的保持再次成为特殊性福利的基础。”[②]社会法规范是对传统形式法的极大突破。福利国家把政府防止和减少贫困最低生活水平的作用制度化了，这些制度设计均以保护弱者为目的，具有形式法上的不平等。社会法是以一种特殊的标准衡量当事人的地位及分配利益。这些特殊的标准源于社会弱者的“身份”认定，是以特殊身份来决定利益的分配，使这种分配结果有利于具有“弱势身份”的一方，表面看来，社会法似乎实行了一种“不平等”的“差别待遇”（董保华，2007e：71）。

（二）社会法规范的实质平等

从社会正义论出发，要以社会成员能够认可的“实质平等”为目标，实现生存利益

---

① Ulrich Becker/Frans Pennings/Tineke Dijkhoff(eds)., International Standard-Setting and Innovations in Social Security, Kluwer Law International, Alphen aan den Rijn, 2013. ILO“创造”“社会保护底线”(social protection floors)的反应就证明了这一点(Recommendation No. 202 von 2012)(2012 年第 202 号建议书)(转自乌尔里希·贝克尔，2019：8)。

② Hegel, *Vorlesungen über Rechtsphilosophie 1818—1831*, Edition und Kommentar in sechs Bänd von K.-H. Ilting, 1973—1974, Band 4, p.573(转自邓安庆，2018：29)。

上的相互承认和关怀(Fürsorge)。博登海默(Edgar Bodenheimer)认为,"平等乃是一个具有多种不同含义的多型概念","其范围涉及法律待遇的平等,机会的平等以及人类基本需要的平等"(博登海默,2004:281)。然而,实质平等可以承载完全不同的正义标准。边沁认为,依据个人对社会福利总和的贡献对待每一个人是最符合正义的(边沁,2000:16—19)。近代以来的社会是基于权利的设定建构起来的,民主政治是在从权利出发的社会建构逻辑中演变出来的结果。权利包含平等和自由的内涵,但是,无论在理论上还是在实践上,平等和自由都只是一种表面形式,难以真正实现(张康之,2016:5)。实质平等强调普遍福利,维护社会的一体性,国家的正当职能来源于整体性的价值理念。

在现代西方政治哲学关于实质平等的语境中,往往强调分配正义,各学者对此有不同的论述。沃尔泽提出与简单平等相对的包含许多小的不平等在内的复合平等(沃尔泽,2002:20)。罗尔斯主张自由的平等以及机会的平等(对权利和机会同样拥有意义上的平等)(罗尔斯,2009:47)。森提出拥有获得实质自由和工具自由的可行能力的平等(阿马蒂亚·森,2002:30—33、42)。德沃金提出以妒忌检验为标准的资源的平等(德沃金,2007:4、63)。科恩主张在物质前景方面包含一定差距但不包含实质不平等的大体平等。①

形式上的不平等本身是为了追求实质上的平等,如果没有社会成员能够基本忍受的平等,不仅正义无从可求,社会本身也无处存在。从实质法上看,社会国意味着国家致力于每个人尊严的生存保障,并依据正义原则分配经济资源,也就是说,国家对社会正义、公共福祉与社会安全,通过制定规范、法院判决、收取捐税和提供补助等方式,对人民的请求负有广泛的责任(许育典,2003)。生存利益所涉及的"实质平等"在不同的历史时期存在着不同的内涵。国家(即政府)要积极地、不断地干预,以控制不平等,从而使劳动者获得与该社会相适应的生活水平(米什拉,2003:22)。

(三)形式不等与实质平等的冲突

社会法规范的"不平等"设计,是针对社会关系本身存在的不平等。对于整体性的强化,生存利益涉及某种家长制的理解,伯林(Isaiah Berlin)借用康德(Immanuel Kant)的话指出,"家长制是'可以想象的最大的专制主义'",并如此评论,"……操纵人,把他们驱赶向只有你,即社会改革者能看到而他们自己看不到的目标,就是否定他们的人类本性,把他们当作没有自己意志的物品,因此就是贬低他们"(伯林,2011:185、186)。撇开意识形态的因素,统治者在积极权利的保障过程中,"通过资源的分配与保障对象的取舍,依然可以行使对人们的控制,甚至迫使人们就范"(胡玉鸿,2021:46)。拉德布鲁赫关于平等与不平等的区别对待,本身就会带来两个方面的冲突。

① G.A. Cohen. Rescuing Justice and Equality. Cambridge, Massachusetts: Harvard University Press, 2008, p.2(转自刘敬鲁,2017:38)。

一是实质平等在理论内涵上本身是个不确定的概念。从实质法上看，以社会正义作为自己的基本内容，然而何谓社会正义？自然法与实证法的理解各不相同，因而社会法理念的出现后，实质平等再次成为争论的话题。历史法学派、社会法学派、功利主义法学派、实证主义法学派纷纷兴起，试图以自己的理论来适应新时代的要求，相互间展开了激烈的争鸣。古典自然法认为平等只能在抽象中体现，当法律人回归自然人，法律人回归社会人，从抽象人回归具体人时，形式平等与实质平等发生了冲突，然而实质平等的尺度并不容易掌握。社会法因而具有极其不同的含义。

二是实质平等在立法技术上受到挑战。从形式法上看，法律总是建立在某种类型化基础上的，它只决定对待的关系而非具体的种类。然而，人是一个差异化的个体，从这一意义上说，事实上所有的人可以说都是不平等的。如何确定哪些人是平等的，哪些人是不平等的，本身是个不确定的概念，也就是说如何把握具体对待的尺度仍不得而知。也有学者因此认为社会保障具有不可诉的特点。围绕着社会法形式与实质的关系，各国在立法实践中产生了诸多冲突。

三是实质平等与形式平等也存在价值冲突。有学者认为社会保障是对自由的侵犯，市民社会本身是一个分化的"差异化"环境，每个人按照自己的自由主体性发展自己。形式合理性与实质合理性的冲突既是不同的价值取向之间的冲突，也是不同利益的社会群体之间的冲突，这些群体中的一方受益于社会活动中的形式合理性的高效性和可计算性，另一方则受益于社会生活中实质合理性对平等、博爱等社会观念的重视和肯定。在个人自由和权利按照市民法得以保障和实现时，追求实质平等，可能会影响市民社会的价值追求。

总之，社会法在一定程度上强调实质法，当平等并没有一个统一的标准时，实质法就成为一个充满分歧的概念。仅靠正义还不能充分地揭示法的理念。实际上，我们这个时代的很多政治冲突都是源于形式与实质的矛盾：一方面是希望抑制对经济生活中实质合理性的过分追求，以恢复那个形式合理性畅通无阻的自由时代；另一方面则是强调社会福利，要求增强对社会和经济生活的实质合理性的调控，以维持政权的合法性。政治哲学中的这个两难问题其实就是源于现代社会中形式合理性与实质合理性之间的冲突（刘莹珠，2014：136）。

二、福利社会：社会性法的悖论

生存法益常被称为生存权，其上位概念是"社会权"（social rights）。这是对经济和社会权利最经常使用的名称之一，欧洲规定经济和社会权利的公约就叫《欧洲社会宪章》。"社会权"经常被当成与"自由权"相对的一类权利，它强调这是一类基于社会的整体利益而拥有的权利。"经济社会权"（economic-social rights）①、"社会经济人

① 例如 Louis Henkin, "Economic-Social Rights as 'Rights': A United States Perspective", *Human Rights Law Journal*, Vol.2, 1981. pp.223—235。

权"(socioeconomic human rights)[①]或者"社会和经济权利"[②](social and economic rights)也是一些经常有人使用的名称。生存利益的形式法与实质法冲突,在社会权理解中更是放大到社会性立法中,使社会国与法治国之间相互冲突、彼此悖反。

(一)社会性法规范的形式不等

《联合国宣言》第22条规定:"每个人,作为社会的一员,有权享受社会保障,并有权享受他的个人尊严和人格的自由发展所必需的经济,社会和文化方面各种权利的实现。"宣言的第23条至第27条,又分别就工作权、休息权、健康权、教育权、文化生活和科研创造权等内容作了详细的规定。1966年通过的《经济、社会和文化权利国际公约》也对社会保障权作出了明确的规定。纵览全球,社会保障在各国已经成为一项重要的社会政策,也成为很多政权追求的基本目标。社会性法规范涉及的主要是关于生存利益以外的一些社会利益规范,我国大部分学者将其称为社会权规范,这些规范也具有形式不等的特点。社会法中的生存权利属于宪法中规定的"社会权利"。社会权概念的最早提出者是20世纪的社会学家马歇尔(T.H. Marshall)。在1949年的著名演讲《公民权与社会阶级》中,马歇尔对英国17世纪以来公民权的发展做了梳理,并将它归纳为三种类型的权利及其相应制度安排的发展。这三种权利分别是公民基本权利、政治权利与社会权利。

学界进一步界定社会权的内容,如有学者将马歇尔的社会权理解为"享受公共教育、保健、失业保险以及养老金的权利"(金里卡,2004:518)。还有学者拓展社会权的内容以适应社会不断发展的需要,认为社会权包含生存权、受教育权、劳动权、发展权等(李文祥、高锡林、吴德帅,2018:142)。这些权利包括:社会安全的权利、工作的权利、休息和闲暇的权利、受教育的权利、达到合理生活水准的权利、参与文化生活的权利,甚至包括诉诸一种保证这些权利的国际秩序的权利(弗里德里希,1997:94—95)。社会权主要表现为国家对教育、健康、养老、失业、住房等几大方面的支持,与此紧密联系的机构是教育系统和社会服务机构。社会权并不是一种单一的权利类型,而是集多种权利于一身的"权利束"。例如《经济、社会和文化公约》确认了十项社会权,包括:(1)人民自决权(第1条);(2)男女平等权(第3条);(3)工作权(第6条);(4)享受公正而良好的工作条件的权利(第7条);(5)社会保障权(第9条);(6)家庭、母亲、儿童与年轻人受保护的权利(第10条);(7)相当的生活水准权(第11条);(8)享有能达到的最高的体质和心理健康的标准的权利(第12条);(9)受教育权(第13条);(10)参加文化生活、享受科学进步及其应用所产生的利益、对其本人的任何科学、文学或艺术作品所产生的精神上和物质上的利益享受被保护之利的权利(第15条)。

---

① 例如 Richard L. Siegel, "Socioeconomic Human Rights: Past and Future", *Human Rights Quarterly*, Vol.7, 1985, p.85。

② Asbjorn Eide, "Realization of Social and Economic Rights and the Minimum Threshold Approach", *Human Rights Law Journal*, Vol.10, 1989, pp.1—2.

当然其中如人民自决权更多地属于政治层面的权利，男女平等只是一个法律原则，或严格说来就是法律面前人人平等原则的子项。至于文化权利，除义务教育的相关规定，其与保障人们最低限度生存的社会权意旨不符，因而也可不将其纳入社会权的范围。但即便如此，也可知社会权的涵盖范围极广，是一个保障人们体面生活、尊严生存的多种类型权利的集合体（胡玉鸿，2021：48）。

社会法规范通过形式不等来实现实质平等的制度设计，很大程度上也成为社会权保障的制度逻辑。社会法的规范也在一定程度上影响社会性法的规范。政治领域的社会化政策首先体现在宪法中，就宪法层面而言，最早体现社会国理念的宪法当属1919年的德国《魏玛宪法》。[①]社会国原则作为最高层次的法律原则即宪法基本原则之一，是需要法律制度进一步具体化的“一般法律思想”（拉伦茨，2003b：348）。哈里·格菲茨（Harry Girvetz）因此主张，福利国家是一个全社会为了其成员的基本需求福祉，而担负起合法、正式以及明确责任的制度表征。[②]如果不考虑不平等，实际上不可能考查福利国家的变化。在人权保护上，随着生存权到社会权的扩大，收入分配的不平等已经不是关注的焦点，诸如那些与职业健康和安全有关的控制措施，以及环境保护和人权等均被纳入视野。国家在社会权保障上不限于维持福利的最低标准，税收上的变化是更显著的变化，因为税收政策对平等和分配公正以及社会项目的维持具有更普遍的意义。

（二）社会性法规范的实质平等

当魏玛共和国陷入内外交困之际，实证主义法学也就成为新兴公法学家批判的对象。“任何人在20世纪20年代初前来波恩研究宪法，马上会发现此处弥漫着一股反对传统的宪法实证主义之气氛，这种新兴宪法学说是以三位教授为代表——西门教授（即斯门德）、考夫曼教授，以及卡尔·史密特（即施米特）教授……。尽管三人在见解方面稍有差异，但是这三位学术界的巨擘，的确把德国的宪法思想导入了人文与历史的因素，并且使波恩成为‘新宪法学’之中心。这个新的宪法理论用来反对宪法实证主义、规范主义及形式主义等三个传统宪法思想原则的口号，便是：宪法的现实性，以及宪法价值。”（陈新民，2001：150—151）后来兴起并与之相对的反实证主义法学则希望将“内容”——分析的剩余物，即历史的、政治的、形而上的、宗教的内容，或者社会实在、经验内容等——重新注入法律规范系统之内（李哲罕，2016：177）。

社会政策的目的是确定发展和建立社会关系的基本方向，保障和进一步完善社会的安定和稳定，其核心是解决市场经济条件下公民的社会风险。塔玛纳哈

---

① 魏玛宪法中的社会国理念主要集中在“经济生活”这一章。例如该章的第157条规定：“劳力，受国家特别保护。联邦应制定划一之带动法。”第161条规定：“为保持健康及工作能力，保护产妇及预防因老病衰弱之生活经济不生影响起见，联邦应制定概括之保险制度，且使被保险者与闻其事”（施米特，2005：435—437）。

② H. Girvetz, Welfare State, 载于D.L. Sills(ed.), 16 International Eacyclopedia of the Social Science, 1968, p.512（转自龙晟，2010：51—52）。

(Tamanaha)在论述“备选的法治构想”中提到最高层级的法治形态，即“在形式法治上能通过民众的合意来决定法律的内容，在实质法治层面上要体现社会福利，促进实质平等和共同体的存续”(塔玛纳哈，2010：117)。社会国是对高度形式化、存在价值空洞危险的法治国的有益补充，其自身也内化为德国法治国的品质(张志铭、李若兰，2015：32)。维兰斯基(Wilensky)认为，福利国家是政府保障每一个国民的最低所得、营养、健康、住宅、教育之水平，对国民来说，这是一种政治权利，而非慈善(林万亿，1994：7—8)。社会政策[①]统摄了十分开放地拟出的“为改善国民生活条件”的各种措施，[②]消费者、环境污染受害者与劳动者有某些类似的特点，社会法中形式法与实质法的冲突也会放大至具有社会性法的法群中，成为实质法与形式法的一般冲突。

(三) 形式不等与实质平等的冲突

整体中的个体之间以及个体与整体之间的关系是有机依存关系，但也存在着激烈的冲突，福利国家的提出本身也带来了社会法范围内形式法与实质法的悖论的向外扩散。英国学者诺曼·巴里(Norman Barry)指出：“其他人只要克制不干预，一个人的消极权利就受到尊重，而福利权则要求他人采取(济贫)行动；由于积极权利的满足要求资源再分配，所以合法的财产持有者的权利就会受到侵犯，故而将福利权视为普遍权利就不大合适；侵犯消极权利的责任归属简单明了，而满足积极权利要求的责任则无法分配给任何人。进一步说，由于积极权利的不确定性，所以在一个极端，它们可以被解释为一种进行大规模资源再分配的要求，而在另一个极端，则被解释为只不过是显示生存的权利。”(诺曼·巴里，2005：91)无论是英美法还是大陆法，都有学者从冲突的角度来强调形式法与实质法的关系。

一方面，贝弗里奇-凯恩斯式的福利国家，在20世纪70年代后成为英美两国的新保守主义意识形态攻击的目标。[③]战后凯恩斯主义福利国家所代表的均衡，即把接近充分就业的经济增长与低通货膨胀结合起来的均衡，在70年代中期宣告结束。在凯恩斯主义的经济管理框架内不仅解决不了滞胀问题，还导致了其他许多问题，如预算赤字、通货膨胀上升、劳资冲突，等等。新保守主义对源于国家建构而形成的许多制度提出了批评，他们虽也同情穷人，但主张用更有效的办法帮助穷人。

另一方面，新马克思主义继承和发展了马克思关于阶级斗争以及资本主义生产方式矛盾的理论阐释，成为研究和分析福利国家的重要理论路径(彭华民、张晶，

---

① 关于社会政策的概念及其产生，参见 Franz-Xaver Kaufmann, Der Begriff Sozialpolitik und seine wissenschaftliche Deutung, in: BMAS(Bundesministerium für Arbeit und Sozialordnung) und Bundesarchiv, Geschichte der Sozialpolitik in Deutschland seit 1945, Nomos, Baden-Baden, 2001, p.3 ff。

② Franz-Xaver Kaufmann, Sozialpolitisches Denken im Horizont der Differenz von Staat und Gesellschaft—Die deutsche Tradition, in: Peter Masuch/Wolfgang Spellbrink/Ulrich Becker/Stephan Leibfried, Grundlagen und Herausforderungen des Sozialstaats. Denkschrift 60 Jahre Bundessozialgericht, Band 1, E. Schmidt, Berlin, 2014, p.21(转自乌尔里希·贝克尔，2019：17)。

③ R. Mishra, *The Welfare State in Crisis: Social Thought and Social Change*, Sussex: Wheatsheaf Books, 1984, Chapters 1 and 2.

2009：4—11）。新马克思主义学派对福利国家的批判主要集中在三个方面：（1）福利国家政策是低效率的，它并未消除雇佣工人深处不幸的制度结构；（2）福利国家政策具有控制性特点，其实施需要依赖一套集权化的官僚行政机构，伴随福利国家政策实践出现了大量的官僚制机构；（3）福利国家具有政治意识形态控制功能，通过向工人灌输这种阶级合作的思想，控制了工人的意识形态。新马克思主义学派的批判，甚至比新保守主义更为激烈。克劳斯·奥菲（Claus Offe）作为新马克思主义学派的代表人物，将法兰克福学派的批判传统与系统功能理论进行有机结合并加以修正，论述了福利国家的结构性矛盾，从而得出“资本主义离不开福利国家，但是福利国家又不能与资本主义共存”的著名的“奥菲悖论”（黄君，2017：221、220）。

进入20世纪以后，思想家们开始从个人与政府的关系角度对权利的个体规定性进行论证。来自左右两个方面的声音都是对福利国家的构建秩序提出批评，但内容及改革的方向似乎截然不同。

罗伯特·诺内克（Robert Nozick）指出：“每一个人都拥有权利。有一些事情是任何他人或团体都不能对他们做的，否则就侵犯了他们的权利”[①]，进而他认为，权利是人们行为的道德边际限制，人们在任何行动中都不得侵犯个人权利，更不能为了社会整体或大多数人的利益而牺牲某个人或少数人的利益。很多大陆法学者认为，社会国与法治国存在无法弥合的内在矛盾。社会国概念的倡导者，德国著名公法学者福斯特霍夫（Ernst Forsthoff）就持这种见解。他在1953年关于国家法的一份报告中指出，社会国并非一个法律概念，因此，社会国与法治国在宪法上根本无法相互融合。[②]社会国与法治国的概念冲突也反映出实质法与形式法的冲突关系。政治领域出现社会化立法也会引导出一种政府失灵的现象，社会法形式法与实质法的悖论往往通过这种失灵表现出来。

奥菲则指出，福利国家矛盾的根源在于资本主义社会系统的危机。福利国家的结构性矛盾主要表现为行政性再商品化政策与福利国家的矛盾、民主内容与形式的矛盾以及合法性与效率之间的矛盾。奥菲认为，福利国家的未来形式是非国家主义形式，他期望通过社会运动来实现这一目标。但由于社会运动本身具有的局限性，只会陷于更大的不确定性，奥菲的结论并不足取（黄君，2017：224）。

来自左右两个方面的声音其实说明了一个简单的事实：福利国家的大部分问题在制度设计之初是难以预料的，正如哈耶克（Friedrich Hayek）所说，社会自生自发的秩序或内部秩序，有着我们人之心智所不能把握的复杂程度，“这种秩序会运用每个社会成员所具有的分立的知识，而这种知识绝不可能为个别心智所完全掌握，也不可能受制于一个心智所展开的那些刻意协调或调适的过程”（哈耶克，2000：61）。当我们以人为制度去冲击甚至替代一种自发的制度时，很容易出现一些难以预料的情形。

① Robert Nozick, *Anarchy, State and Utopia*, reprinted from the English Edition by Basic Books, Inc, 1974, preface, p.ix.

② Hartmut Maurer, Statsrech I Verlag C.H. Beck Muenchen, 2003, p.248（转自赵宏，2010：18）。

与我们能够对一种人造的秩序或外部秩序所施以的控制力相比较，我们对那种扩展的且较为复杂的秩序所能施以的控制力的程度要弱得多。

三、社会法倾斜理论在我国的提出

倾斜理论是笔者在 20 世纪 90 年代提出的社会法理论，作为弱者理论的延伸，两者共同形成了一种立法理论。倾斜理论不仅区别于曾经流行的主人理论，更区别于当时社会法正在流行的民事契约理论。倾斜理论强调了公法与私法相结合的宏观机制特点。

(一) 倾斜理论的形成过程

从社会悖论的视角来观察，为矫正表面平等而实质不等的社会现象，国家采取某种表面不等的社会措施来恢复实质平等的社会关系。笔者在 20 世纪 80 年代末将"保护劳动者"概括为劳动法的基本原则之一(宣冬玲、董保华，1989：46—47)①，以后进一步将这一原则提炼为"倾斜立法原则"(董保华、程惠瑛，1992：80)。1992 年笔者曾在《劳动制度改革的法学探索》一文中提出以合同化与基准化相结合的思路来保护社会主义市场经济条件下劳动者的利益。这一理论后来体现在《劳动法》中。②当实质法与形式法相结合时，两者也存在着内在的冲突，也是一种悖论的结构，在社会与法的关系上，社会法学作为法律学科必然关注法律的演变，法律作为国家政治生活的组成部分，有其自身发展的规律。如果说契约理论强调了权利型机制，倾斜理论则强调了权利—权力型界定机制。

1993 年 7 月正值《中华人民共和国劳动法》内部起草进入关键时刻，笔者在长春召开的会议上对劳动法的起草提出了一些想法，引起有关方面的重视，并希望我把这些想法写出来。回上海后，上海市总工会拨出资金成立了劳动法研究课题组，并由笔者主持完成。这一课题成果由一个总报告、九个分报告和一个模拟稿组成。③课题完成后，成果送劳动法起草机构，受到《劳动法》起草组的高度重视，笔者也受邀多次参与了劳动法的论证和起草工作。笔者希望将国家有限的管制建立在一个更为市场化的环境下，并以标准化与合同化相结合的方式进行规范。笔者当时的一些理论探索

① 该书共有十四章，笔者撰写了其中的十二章。

② 2005 年 6 月，"在全国部分城市劳动争议审判实务研讨会上，曾经参加劳动法起草的全国总工会法律工作部的副部长郭军提到了，在《中华人民共和国劳动法》起草过程中笔者曾提出了用基准化和合同化相结合的理论作为基本思路来指导我国当时的劳动法起草并取得了成效。说实话，在今天一些人说劳动法完全没有理论指导时，有人还记得 1993 年这段往事，令笔者十分感动"(董保华，2005a：441)。

③ 当时共有 12 个报告：(1)劳动法(模拟稿)的逻辑关系；(2)《中华人民共和国劳动法》(模拟稿)；(3)劳动法课题研究总报告；(4)分报告一：部分国家劳动法中对"主"和"雇工"的表述；(5)分报告二：中外劳动合同立法比较；(6)分报告三：外国集体合同制度概括；(7)分报告四：国外工时立法概览；(8)分报告五：国外最低工资保障制度；(9)分报告六：外国工伤制度介绍；(10)分报告七：外国劳动监察制度介绍；(11)分报告八：外国劳动法律责任制度介绍；(12)分报告九：上海外商投资企业劳动争议的成因及对策。

反映在后来公布的《劳动法》中。①

(二) 倾斜理论形成的历史背景

20世纪50年代我国就曾试图起草《劳动法》。1956年,中国曾起草《劳动法》,由于历史原因,中途夭折。党的十一届三中全会后,我国在总结了正、反两方面的经验和教训的基础上,对经济体制进行了改革,劳动立法工作进入了一个崭新的发展阶段。1978年邓小平在党的中央工作会议上提出必须加强社会主义法制建设,改革开放后第一批列入立法计划,十几部法律相继进入起草阶段。劳动法起草委员会也于1979年再次开始运转,这是第二次起草《劳动法》。1983年7月曾由国务院常务会议讨论通过草案,但因很多问题难以妥善解决,未提交全国人大审议(任宝宣、国庆,2009:5)。90年代初我国开始第三次起草《劳动法》。

到20世纪50年代中后期,传统的经济模式运用行政手段,能够把大量的人力、物力、财力集中使用到国家优先发展的部门和地区中去。在一定的历史条件下,采用这种体制,能够在相当长的时期内保持较高的积累率和经济增长率,从而使原来经济落后的国家迅速地实现工业化。实际上是运用国家高度集中统一的力量,完成了社会主义的原始积累。这种原始积累一经完成,必然要求向社会主义市场经济发展。伴随改革开放,国家缩小控制范围、改革控制方式、规范控制手段,逐步扩大了社会的自由活动的空间,尤其是以产权的多元化和经济运作市场化为基本内容的经济体制改革则直接促进了一个相对自主性的社会形成。社会学的研究成果表明,中国社会结构已经并继续发生重大变迁,这种变迁是积累性的,也是革命性的(陈爱蓓,2009:167)。

商品经济的充分发展必然要求与民主政治相携手。中国社会变革基本上是沿着经济体制改革和政治体制改革两条轨迹进行:经济体制改革,是逐步明确以完善社会主义市场经济为取向的渐进改革道路;政治体制改革,则主要围绕着政府职能转换、政企分开和建设社会主义民主与法制的道路前行,这种社会变革涉及的内容极为广泛。两者结合表现出国家与社会间的结构分化,即改革前重国家、轻社会的模式已经改变,一个相对独立的社会开始形成。我国改革开放二十多年是市民社会的一个艰难的发育过程,私法也在公法框架里顽强地生成,社会、个人、国家的多元关系的逐步形成,显示出了一种客观趋势(董保华、郑少华,1999:33)。我国的《劳动法》正是在这样的背景下产生的。

(三) 倾斜理论形成的现实难点

20世纪最后十年的中国和世界,从一开始就充满变数,国内一些人产生了对党和国家改革开放政策的动摇,甚至出现了姓"资"姓"社"的争论,极大影响了我国第三

---

① 《中华人民共和国劳动合同法》的起草进入了关键时刻,为了提供借鉴,笔者公开发表了《劳动法课题研究总报告》、《中华人民共和国劳动法》(模拟稿)、分报告二:《中外劳动合同立法比较》(董保华,2005a:415—440)。

次《劳动法》起草的方向。1992 年初，邓小平视察武昌、深圳、珠海、上海等地，发表了重要讲话。邓小平的南方谈话对中国 90 年代的经济改革与社会进步起到了关键的推动作用。南方谈话也要求我们以更加市场化的方式来进行《劳动法》的起草工作，使有关部门原来起草的稿子有了调整的必要。然而，当时我国劳动法学的研究总体上还受到苏联的影响，这使劳动法起草工作需要年青学者的加入，因此，笔者被邀请参加《劳动法》起草。

笔者提出的标准化与合同化相结合的理论是将国家有限的管制建立在一个更为市场化的环境下的观点。对于笔者受邀参加劳动法的起草的这段的经历，上海市总工会副主席杜玉英在笔者主编的著作“序”中介绍：“董保华同志应国务院法制局邀请参加了劳动法的起草工作，他长期从事劳动法教学和研究工作”（董保华，1994）。1994 年 7 月 5 日《劳动法》公布。一个月后，笔者主编的《劳动法教程》出版，成为《劳动法》公布后的第一本系统阐述这一立法的教材。这本书采用篇章结构，“总论篇”“合同篇”“基准篇”“保障篇”“执法篇”的体例正是当时劳动法课题报告的体例。之后笔者又在一部新的教材中增加了“主体篇”。[①]随着这一体例被某些统编教材采用后，笔者的一些观念也通过一些学者的应用得以传播，笔者后来转入劳动法基础理论的研究，出版了《劳动法原理》（1998 年）、《劳动法论》（1999 年）、《劳动关系调整的法律机制》（2000 年），这也是后来学者所说的中义社会法。后来笔者将保护弱者的逻辑延伸至社会性产生了广义社会法，并出版了《社会法原论》（2001 年）。

从某种意义上说，《劳动法》的公布以法律形式确定了“社会法”独立地位，也为 21 世纪初官方的正式宣布“社会法”与其他法并列铺平了道路。倾斜理论面对的现实悖论需要从历史、思维、现实三种逻辑来进行讨论。

第二节　历史视域：从契约到身份

从历史逻辑上看，社会法宏观层次的形成是契约到身份的运动，出现了伦理与法律的合体，公法与私法的合体，福利社会以这种双合体为特点，在诸法合体的基础上产生出以保护生存法益为特点的第二代人权。

一、西方契约到身份的演变

现代契约法中出现了这样一种倾向，即近代社会中的“从身份到契约”运动在现代社会中正转变为“从契约到身份”的运动（傅静坤，1997：60—62）。从历史视域来观察，社会法宏观层次是在从契约到身份运动中形成的。我们仍可以借鉴梅因（Henry

① 以后的教材设为：“总论篇”“主体篇”“合同篇”“基准篇”“保障篇”“执法篇”（董保华，1997a）。

James Sumner Maine)的分析方式，以契约、身份、社会进步三个概念分析“契约到身份”的命题。

（一）契约社会——诸法分离引发社会矛盾

伦理与法律，私法与公法，自然法与实证法，诸法分离，这是契约社会最显著的特征。“我们依照最优秀著者的用法，把‘身份’这个名词用来仅仅表示这一些人格状态，并避免把这个词适用于作为合意的直接或间接结果的那种状态”。（梅因，1995：97）梅因是在罗马法一般意义上定义身份的，是作为契约对立面来表述，这样的表达显然是与当时人法、物法的通行理解相契合的，我们可以从正反两个方面来界定身份的概念。弗里德曼(Lawence Friedman)认为，古典的抽象契约法是现实主义的。与当时的社会相适应，契约法没有具体细琐的规定，也不凭借社会政策来限制个人自治或市场自由。因此，它与自由的市场大致吻合。契约法配合了19世纪自由经济的发展。因为这种经济类型也是抽象而非琐细的。从两者的理论模式看——契约法和自由经济——都把其当事人当作个体经济单位看待，它们在理论上都享有完全的自主权和自由决定权。契约法为当时的市场经济行为提供了自由的保障。

当梅因作出“从身份到契约”的论断时，他指的是通过自由订立的契约来分配财产的方式，比在封建的家长制度中由个人在家族中的地位决定一切的方式来得进步。社会法的曲折发展历程说明，这一基本判断是恰当的。然而，随着格式合同的发展，消极自由、表面平等的流弊也很明显。有人认为：“在目前普通人所订立的合同总数中，定式合同的数量大约占99%。很少有人会记得他们最后一次签订非定式合同是什么时候。恐怕实际情况是，除了定式合同，他们所签订的合同中只有少数口头合同算是例外。”①契约自由“其流弊使经济上的强者利用契约为欺压弱者的工具，或以契约自由为掩护而产生影响社会公序良俗的情事”（管欧，载刁荣华，1977：122）。现代化大生产的条件下，合同呈现出规格化、定型化的特点，处于弱势一方的当事人对于已经规格化、定型化的标准合同文本，往往只能作出完全接受或者完全拒绝的选择，从而使其自由表达意思的能力受到极大限制。弱势一方在这种情况下，是很难作出完全符合本意的表达的，平等虽有其外壳而并无实际内容。社会法中的身份认定目的，是为了维护而非破坏契约关系（董保华，2000a：170）。

（二）身份社会——诸法合体形成宏观层次

梅因爵士所说的近代社会人们“从身份到契约”运动给人们带来的平等自由，渐渐在现代社会中演变成一种“新的身份”——强势主体与弱势主体并由此形成身份权利。身份“从最广泛的意义上，它包括一个人所有的法律关系，即他在法律上的一切权利、义务和责任”（詹姆斯，1990：87）。在今天的许多种契约关系中，当事人双方可

---

① A.G. Guest, *Anson's Law of Contract*, 26th ed., Clarendon Press Oxford, 1984, pp.94, 131(转自傅静坤，1997：118)。

能是由特殊人格群体组成的对比非常鲜明而相互地位又相对确定的一对，如消费者(合同)关系、雇佣合同关系(劳动关系)等。现代的一些契约理论主张根据当事人在契约关系中的不同地位来要求他们分别承担不同的义务。“社会政策把‘庶民’的福利，或劳动者，或者更为严格地说应该是生产者来捕捉，换言之，他不问产业的种类，不问雇佣关系所存在的不同场合，社会政策都将他们作为生产者来看待，这种情况下是将他们作为生产者的资格来提供救助。”(大河内一男，1981：117)社会法从社会政策法的角度来理解时会产生出一种新的身份，我们这里所说的“身份”不同于传统社会那种以“人身依附”“身份等级”为联系纽带的“身份”，而是确定为强势主体与弱势主体这样一种“新身份”(董保华、周开畅，2004：45)，以宏观层次来重组社会机制，以实现相对平衡。

随着俾斯麦(Otto von Bismarck)在德国引入社会保险，一个新的纪元开始了。社会安全成了一项范围越来越广的国家任务。①尽管在德国社会保险的产生史具有诸多特殊性，其还是迅速传播至世界各国。②对社会权的源起进行解构最为权威的思想家之一马歇尔(T.H. Marshall)就是从公民身份角度来介入对社会权的探讨。在马歇尔看来，“公民身份是一种地位，一种共同体的所有成员都享有的地位，所有拥有这种地位的人，在这一地位所赋予的权利和义务上都是平等的”(马歇尔，载郭忠华、刘训练，2007：15)。赋予人们公民身份，不是宣布某个人属于某国公民的法律宣示，而是要在平等的基础上，使他们拥有作为社会共同体成员的合法资格。梅因分析与“家父权”有密切联系的社会关系，他使用“身份”这一概念时强调“在‘人法’中所提到的一切形式的‘身份’都起源于古代属于‘家族’所有的权力与特权，并且在某种程度上，到现在仍旧带有这种色彩”(梅因，1984：97)。伦理与法律，自然法与实证法，诸法合体，这是新旧身份社会的共同特点。

身份性伦理社会的基本观念是正义，这是一种社团性的正义，产生的基础是血缘关系。恩格斯作了描述：“一个父亲所生的数代子孙和他们的妻子”组成团体，“公社处于一个家长的最高管理之下，家长对外代表公社”③。这种特点一开始就决定了这种社会关系对外的封闭性与对内的等级性。在《给维·伊·查苏利奇的复信草稿》中，马克思概括了较古类型的原始公社的特征：“公共房屋和集体住所是……公社的经济基础。”耕地是公共财产，生产是“共同进行的”，“共同的产品，除储存起来以备再生产的部分外，都根据消费的需要陆续分配”。④恩格斯在《家庭、私有制和国家的起

---

① 对此一发展，参见 Michael Stolleis, Geschichte des Sozialrechts in Deutschland, Lucius & Lucius, Stuttgart, 2003, p.36ff。另参见 Peter A. Köhler, Hans F. Zacher, Ein Jahrhundert Sozialversicherung in der Bundesrepublik Deutschland, Frankreich, Großbritannien, Österreich und der Schweiz, Duncker & Humblot, Berlin, 1981。

② Jens Alber, Vom Armenhaus zum Wohlfahrtsstaat—Analyse und Entwicklung der Sozialversicherung in Westeuropa, Campus, Frankfurt/Main, New York, 1987(转自乌尔里希·贝克尔，2019：18)。

③ 《马克思恩格斯全集》第21卷，人民出版社1965年版，第70—71页。

④ 《马克思恩格斯全集》第19卷，人民出版社1963年版，第449页。

源》中，概括了这种公社的其他特征，[①]这些特征也决定了封闭的等级社会内部具有友善性的特点。正义体现为封闭性、等级性、友善性，这也构成了身份社会的基本伦理。这种伦理在古希腊、古罗马得以延续。在前资本主义社会中，在一个放大了的氏族家庭中，"家父"是一种集政治、经济、社会含义于一体的重要权力。个人对家族集团所持的态度与今天个人对福利国家所持的态度有相似之处。事实上，当今社会公民身份也还是一种社会权的成员资格，它决定了谁可以获得福利与救助，而谁却无法获得同等的待遇。[②]

社会法中的宏观层次源于德国的三大保险制度。社会保险制度的确立是德意志帝国引以为豪的一大社会政策。该制度产生的直接诱因来自俾斯麦当局与德国社会民主党之间的对立。俾斯麦政权实施社会保险制度，是希望利用古老家父之国家照顾思想来扼制工人运动，"有了社会保险制度，工会就只能拉拉小提琴了"。在颁布《反对社会民主党企图危害治安法令》全力打压社会民主党的同时，为消除社会主义在工人中的影响，争夺群众的支持，俾斯麦决定采取包括建立社会保障制度在内的怀柔政策，这些政策取决于道德、忠诚或习俗，历史上曾是社会法的实质法、应然法。俾斯麦将这种实质法、应然法转化为形式法、实然法，以便"挖掉社会民主党的老根"。俾斯麦为应对社会运动而推出的社会政策，在客观上也是对确保公民社会良性运行的现代国家进行了尝试。在国家本位主义传统中，保守主义乐于赋予社会权，以改良政策来避免社会运动带来的革命后果，并成为资产阶级国家社会法发展的推动力。俾斯麦的构思是：将道德权力变成法律权利或法律权力，就可以从根本上消除两种权力的冲突。这种构思形成社会法应对机制的内核。按照施密特(Carl Schmitt)和哥诺特(R. Grote)的观点，合作主义的哲学理论基础是天主教的教义和民族主义，在第二次世界大战中曾被法西斯所利用，成为法西斯主义意识形态的组成部分(丁东红，2011：56)。

(三) 社会异化——以宏观机制来重塑社会

"契约到身份"是一种社会进化的结果，是对"身份到契约"被异化而产生的一种应对。身份一词从正面来理解，是"'人法'中所提到的一切形式的'身份'"，"'身份'这个名词用来仅仅表示这一些人格状态"，显然这是一个主体的概念；从反面来理解，只要"避免把这个词适用于作为合意的直接或间接结果的那种状态"，便符合梅因"身份"一词的本意，也强调了身份概念不涉及合同的内容。从日耳曼法来看，"身份(Stand)云者，全体社会内部之各集团相互间，法律上设有上下差别时之观念也。是故所谓身份者，原为组织法上之观念，但中世法制，则恒就身份赋与私法上之效果"

---

① "他们住在一起，共同耕种自己的土地，衣食都出自共同的储存，共同占有剩余产品。"公社内包括有一定数量的"非自由人"。参见《马克思恩格斯全集》第19卷，人民出版社1963年版，第69页。

② 社会权源于公民身份而获得，社会权因之也就具有明显的身份权属性。对于一个社会成员而言，它能否享有社会福利，能否获得社会救助，还取决于其是否为本国公民(胡玉鸿，2021：42)。

(李宜琛,2003:21)。随着组织法被视为私法的内容,身份的概念有了主体的意义。拉德布鲁赫(Gustav Radbruch)称为:“新的人的概念。”①新旧“身份”的最主要的差异在于社会法旨在令人在与他人的共同生活中仍保有自由。与只注重抽象规范的古典契约法相比,现代契约法更注重当事人在整个契约活动过程中的具体地位如何,单纯的个人意志面对错综复杂的具体社会关系,已不再保有对契约关系的绝对的支配力,契约中确定为强势主体与弱势主体,这样一种“新身份”似乎更能左右当事人之间的权利义务关系。在俾斯麦将这种实质法、应然法转化为形式法、实然法时就注定社会法宏观层次所具有的建构性。

在旧身份关系中,原始社会的单位是“家庭”,一个家庭首领具有宗法权,是基于血缘(或拟制血缘)而产生的家庭集团的观念中的一个必要的要素。这种特点影响了随后几千年,贯穿整个奴隶社会和封建社会中“人”的地位。在人类过去的历史上,基于血缘、亲缘的伦理社会往往是身份型社会,超经济强制关系成为占主导地位的社会关系,身份型社会的显著特点是财产权与政治宗主权结合在一起。在摆脱血缘关系后,中世纪在权利问题上采用了一种简单的思维方式,它把个人及其权利都归结为“身份等级”,等级决定一切,政治等级也是经济等级,权利成为极少数封建主的权利,作为一种特权而存在。中国古代法律中所规定的“八议”“刑不上大夫”等制度就是典型的例子。当以“身份”作为确定社会关系的方式时,强调的是当事人之间地位的不平等(董保华、周开畅,2004:45)。社会法的身份认定是在维持契约关系的前提下的一种认定与建构。

在新身份关系中,社会国强调生存照顾(Daseinvorsorge)②之给付,现代社会法应使人们可以在一种更加强调同理心的社会政策之转向中,“在自由中获致家的感受”③。在模仿家庭功能方面,除了养老,在欧洲十分普遍的国家健康服务以及疾病保险就都具有健康照顾的功能,广义社会法还通过教育促进以及职业教育,少年儿童扶助、学前儿童照料等情形来模拟家父的职能,与家庭功能类似社会法也同样涉及“生产、提供、分配物资的一般生活进程”④。“这是一种特殊的互利型财政安排,在某种程度上它以强者为代价而支持了弱者,它给予弱者的权利也不是根植于人之所以为人的本性之中,而是共同体自己所建立起来的,它取决于公民的身份地位。”(马歇

① 引用拉德布鲁赫的论述(桥本文雄,1929:122)。

② 福斯特霍夫(Forsthoff)意义下的生存照顾,见 Ernst Forsthoff, Die Verwaltung als Leistungsträger, Kohlhammer, Stuttgart, 1938, p.6;另见 ders., Rechtsfragen der leistenden Verwaltung, Kohlhammer Stuttgart, 1959, p.22 ff。关于该概念的背景,参见 Jens Kersten, Die Entwicklung des Konzepts der Daseinsvorsorge im Werk von Ernst Forsthoff, Der Staat 44.4(2005), p.543ff。

③ Wilfrid Schreiber, Sozialpolitik in der Sozialen Marktwirtschaft, in: ders.(Hrsg.), Sozialpolitische Perspektiven, Wirtschaftsverl. Bachem, Köln, 1972, pp.23, 34.

④ Hans F. Zacher, Annäherungen an eine Phänomenologie des Sozialrechts, in: Wolfgang Durner/Franz-Joseph Peine/Foroud Shirvani, Freiheit und Sicherheit in Deutschland und Europa: Festschrift für Hans-Jürgen Papier zum 70. Geburtstag, Duncker & Humblot, Berlin, 2013, pp.435, 450f(转自乌尔里希·贝克尔,2019:10)。

尔，载郭忠华、刘训练，2007：48—49）福利国家的核心理论是合作主义，社会法因此成为一项解决社会悖论而产生的社会措施。

社会法的宏观层次在否定微观层次的抽象性拟制时，其实也产生出具体性拟制。家庭作为血缘团体是具有某种生物特点的，非血缘团体的家庭功能则需要借助某种有机体理论（organische Theorie）来拟制。“我们也需要去确认和描述生命载体的特质。所以我们构造了生命载体的概念，并使用了描述生命体之特殊结构的名称‘有机体’。”（基尔克，2013：48—49）这一概念引入社会科学是强调事物构成的各个部分相互关联，像生命的个体一样具有统一性的物体。

“合作主义”译自英文单词 corporatism，常用的译名还有“社团主义”“法团主义”“组合主义”“统合主义”等。“公民身份内含一个正常属于某一独特实体——通常是某一国家——的个人所具有的法律权利和政治权利。”（雅克・布道，2006：110）从思想渊源来说，合作主义最早可以追溯到欧洲封建社会中“组织化国家统制”（organic statism）的意识形态，也就是社会上的诸阶级阶层各安其位、各事其功、互不侵扰，整个国家以一种组织化的统一实体状态运行（丁东红，2011：56）。当福利国家重新充当家长的角色时，表面上是再现个人被家族的光环湮没了的情形，实际上将这种福利关系建立在权利义务结构上，具有现代性。

二、我国旧身份到新身份的演变

公德与私德是公民道德的一体两面，二者是辩证统一的，但是理论上的辩证统一不能掩盖现实生活中公德与私德的紧张与冲突（于建东，2015：139）。在中国的历史发展中社会公德很大程度上具有建构秩序的特点。我国改革开放之前，社会主义市场经济并未得到充分的发展，宏观层次具有伦理的性质，其形成是旧身份直接转向新身份，在中国，这种身份转变与公德概念的演变有关。

（一）我国公德概念的起源

社会公德，简称公德，是指在日常公共生活中形成的人们所应遵循的最起码的道德规范的总和。根据一些学者的研究，公德观念起自明治时期（1868—1912 年）的日本，公德一词可能最早出现于福泽谕吉（1834—1901 年）的《文明论概略》（1875 年初版）。随后，“公德”逐渐成为代表明治前 20 年社会伦理意识的主要标志。到 19 世纪 20 世纪之交，日本出现了阐扬公德的热潮，在明治 34 年（1901 年）达于顶峰（陈弱水，2006：207）。“公德”被介绍入中国，始于梁启超 1902 年发表的《新民说》，当时正值日本讨论公德议题的高潮，社会公德问题由于梁氏的宣说而广受国人注目。他分析说：“道德之本体一也，但其发表于外，则公私之名立焉。人人独善其身者谓之私德，人人相善其群者谓之公德，二者皆人生所不可缺之具也。”（梁启超，1994：16）我国公德与私德的概念及其划分都源于梁启超。我国在引入过程中发生了价值判断上的变化，梁启超是作为一个有待建构的概念来阐述的。沟口雄三指出，中国文化里，“公”有两类含义:其一是和“私”相对立的一系列价值观念,其二指朝廷、官府、共同体祭祀场所等领域,没有价值色彩。日本文化下,“公”仅仅有第二种含义,中国文化下则是强调第一种含义(沟口雄三,1998:60)。我们可以从公私、中西、新旧、褒贬这些关键词中来理解这一概念形成的轨迹,正是在这一论述过程中公德日益成为维护某种建构秩序的伦理概念。

公私。“德”本是源自社会公众内心的情感和信念,是指社会个体的品行和道德。“德”可以分成公德和私德,这是日本学者最初的含义。私德是指每一个社会成员在私人生活中应遵循的道德规范与品质的总和。日本的公德观念大体包含三项要素:(1)不伤害不确定的他人以及公众的利益;(2)协助他人,并为公众创造利益;(3)为国家效力。前两项是公德的核心,梁启超《新民说》中的“人人独善其身者谓之私德”,“人人相善其群者谓之公德”也反映了这样的意思。后一项则为边缘,其集体主义的含义并不明显,“公德”基本上是个社会性的观念。汉普希尔(Stuart Hampshire)认为:“公德是与公共生活密切相关的道德规范,私德是与私人生活密切相关的道德规范。”①然而,梁启超所阐发的“公德”含有两个主要元素,用他的话来说,一是“爱国心”,一是“公共心”或“公益心”;前者是国家伦理,后者是社会伦理,而尤以前者为重(肖群忠,2007:33—34)。个人对公共秩序及社会其他成员所应有的责任和爱心,即社会伦理或公益心,被降低了地位。国家伦理也因此具有很强的建构性。

中西。梁启超在20世纪初开始谈论公德时,实际上是在中西对比的大视野下来讨论的。在传统中国,公私观是具有强烈价值好恶评价色彩的道德概念。梁启超的公德概念是从中西横向比较的角度提出的,并且也是由此来说明公德与私德的差别以及东西方不同的道德概况。从公私道德之不同标准的角度来说明东西方的道德状况,并指出:“吾中国道德之发达,不可谓不早,虽然,偏于私德,而公德殆阙如。”(梁启超,2001:554)中国文化似乎具有非常崇公贬私的观念,为什么这种价值观反倒没有塑造成国人的社会公德?公私相混本是造成社会公德缺乏的根本原因,然而在特定的中西比较中,以国家伦理为特点的公德被作为一个西方的优点介绍到中国。

古今。从传统的角度看,道德是无所谓公私的;只有引进了公德概念并且以之作为社会需要和发展的标准之后,传统的道德才被冠以私德的称谓。“今试以中国旧伦理,与泰西新伦理相比较。”“旧伦理之分类,曰君臣,曰父子,曰兄弟,曰夫妇,曰朋友;新伦理之分类,曰家族伦理,曰社会(即人群)伦理,曰国家伦理。”(梁启超,2001:554)中西比较进一步发展为新旧比较,推陈出新就成为题中应有之意。事实上,在中国古代,强烈的社会和国家责任感被认为是君子成功的一个重要标志。儒家所谓“修身、齐家、治国、平天下”,就是以强烈的国家责任作为私德的最高目标。然而,在梁启超看来,这样表述仍不够,中国文化中“风声雨声读书声,声声入耳;家事国事天下事,事事关心”,在一定程度上将家事与国事,私德与公德,放在并列的地位。推陈出新是进一步强调国事与公德。

---

① Stuart Hampshire, *Public and Private Morality*, Cambridge University Press, 1978(转自陈晓平,2000:21)。

褒贬。中西比较与新旧比较其实都是为了得出褒贬的结论。1902 年,梁启超首先从“我国民所最缺者”的角度提出了公德一说。在《论公德》一文中,他明确指出:“公德者何?人群之所以为群,国家之所以为国,赖此德焉以成立者也。”梁启超当时是从国家振兴与民族崛起之急需的角度提出公德概念的。“若中国之五伦,则惟于家族伦理稍微完整,至社会、国家伦理,不备滋多。此缺憾之必当补者也,皆由重私德轻公德所生之结果。”(梁启超,2001:553)梁启超的公德观念也是群学思潮的一部分,它的一个主要指涉就是国家观念与爱国心——一个人小我为大我努力奉献的意志与情感(肖群忠,2007:34)。梁氏宣扬公德的基本目的是在主张,中国若要成为有力量的民族国家,必须先有为其献身的人民;培养社会伦理的问题则是其次的。“(国民)皆由知此私德,不知有公德,故政治之不进,国华之日替,皆此之由……我国民中,无一视国事如己事者,皆公德之未有发明故也。”陈独秀、晏阳初、林语堂、鲁迅、潘光旦、费孝通等人也都对中国人自私、缺乏公德的行为特征进行了严厉批评(黄家亮、廉如鉴,2011:42)。正如王中江所说:“令我们头疼的问题是,我们一直强调‘公’,但现代许多思想家(如孙中山、梁启超、梁漱溟、费孝通)都断定,我们缺乏的恰恰是公共精神,团体精神,盛行的是‘个人主义’……这似乎是一个不可克服的悖论。”(王中江,1995:66)“缺乏公德”似乎成了一个公认的中国人行为缺陷(廉如鉴,2015:92)。

(二)我国公德概念的运用

晚清以来关于中国人缺乏公德的批评不绝于耳,然而中国传统伦理却一直提倡“崇公抑私”。19 世纪末,特别是甲午战争之后,中国受东西方列强的侵辱日深,甚至有国亡不复的危机。现代中国救亡图存和革命的特殊历史背景与时代需要,使我们长期以来把公德定位为一种国家道德,希望打破家庭、宗族、阶级等小单位的隔阂。新中国成立后,公德的观念在民众中得到了广泛传播。在集中统一的管理体制下,中国逐渐形成一种主流道德意识形态,这是一种以“集体至上”为核心,以“非功利性”为特征的道德价值观,在此基础上提炼出国家道德的概念并将其作为公权力的行为依据。

中国曾将“爱社会主义的公德”写入宪法,现行宪法也还有“公民有劳动的权利和义务”“劳动是一切有劳动能力的公民的光荣职责”“以国家主人翁的态度对待自己的劳动”等多项社会公德的表述。国家道德是由中国共产党领导中国人民夺取政权过程中,为国家和民族的大义而献身奋斗,以及社会主义改造时期解放和振兴全民的能量,通过意识形态转化而来的革命道德体系。国家道德追求一元化、绝对化的道德教育目标,压抑了个体的意志自由(于建东,2015:140)。随着市场经济发展,公德成为一个亟待重新构建的概念。国家观念作为国民道德与社会公德在主要内涵和实行方法上都有明显的区别。把公德理解为社会道德,或从社会理解公德,在社会生活中大约有以下几种表现形式:(1)把公德理解为社会生活的道德;(2)把公德理解为与公共利益有关的道德;(3)把公德理解为有利于他人的道德;(4)把公德理解为公共场所的道德(蒋德海,2014:96—97)。这些理解很容易强化身份的作用,并成为国家管制的依据。日本学者星野英一对劳动关系、格式合同关系和消费关系方面的立法变化进行研究后认为，法律开始承认社会上、经济上的强者和弱者的存在，并且以抑制强者、保护弱者为特征。这种制度安排与我国的国情相结合，社会法的制度安排很容易激起崇公抑私的情怀，社会利益也容易被混同于公共利益。

（三）我国公德概念的评析

在"自给自足的经济业已消失、人类的生产和消费活动已经分离的分工时代，在某个方面作为强者或处于强者立场者而自由受到限制的人，也会在其他方面作为弱者受到保护"（星野英一，载梁慧星，1997a：185—186）。如今的许多种契约关系中，当事人双方可能是由特殊人格群体组成的对比非常鲜明而相互地位又相对确定的一对，如消费者（合同）关系、雇佣合同关系（劳动关系）等。在这种情况下，如果任由契约双方当事人自己确定相互间的权利义务关系，势必会导致一些不公正的结果出现，所以，现代的一些契约理论主张根据当事人在契约关系中的不同伦理地位来要求他们分别承担不同的义务。这是社会法需要抽象出社会利益这一概念的社会条件。

正如熊彼特（Joseph A. Schampeter）雄辩地指出，资本主义秩序之所以能够发挥作用，是因为它受到早期存留下来的、保护性社会阶层的支配与组织。可以这么说，"前商品化"的社会政策是一个"支撑资本主义的拱架"（熊彼特，1970：139）。就社会利益而言，社会法生发于人的共同体依附性，亦生发于政治共同体对生活于其领土上的人的幸福所特有的法律责任。①新型身份社会可以说是一种福利社会，社会权利需要"通过国家努力和国际合作并依照各国的组织和资源情况"来实现，国家是实现社会权义务的主要承担者（王新生，2012：12）。公权力是人类共同体为生产、分配和供给公共物品及公共服务，促进、维护和实现社会公平正义，而对共同体成员进行组织、指挥、管理，对共同体事务进行决策、立法和执行的权力。"抑制强者，保护弱者"作为一种公德来对待时与公权力紧密联系。中国文化里的"公"有着强烈的价值色彩，私几乎总是处于被贬低的负面价值地位，公总是处于受推崇的正面道德地位（沟口雄三，1998），公德观念很容易推动公权力的过度发展。公与私应该是相反相成的一对矛盾，中国传统文化却对"私"采取绝对排斥的态度，于是"公"本身也难以实现。（刘泽华，载刘泽华、张荣明，2003：37—38）对"公"的维护应该建立在对"私"的认可与尊重上，"私"之不存，"公"亦难立。传统文化排斥了"私"，就不免落入"公私两无"的困境（刘中建，载刘泽华、张荣明，2003：365）。

三、第二代人权观念的形成

从契约到身份的运动促成了社会人权论的形成，社会人权论也称第二代人权论。

---

① 相关背景参见 Ulrich Becker，Sozialmodell und Menschenbild in der Hartz-IV-Gesetzgebung，in：Okko Behrends/Eva Schumann，Gesetzgebung，Menschenbild und Sozialmodell im Familien- und Sozialrecht，de Gruyter，Berlin，2008，pp.39，40ff（转自乌尔里希·贝克尔，2019：6）。

社会人权论是指19世纪以后开始形成的，以劳动权、生存权等社会权为核心的理论。第二次工业革命推动资本主义经济迅速发展，西方自由资本主义向垄断资本主义过渡，各种社会矛盾趋向激化，战争、经济危机等灾难频繁。第二代人权产生于19世纪末20世纪初的社会主义思潮和劳工运动。按照学界的通说，第二代人权是生存权的时代。在一个世纪之交的大转折时代，社会人权论反映的不仅是社会主义国家由理想变成了现实，还是在资本主义国家工人阶级得到了部分政治权利。在政治、社会改革中，合法斗争催生了福利国家的诞生。

第二代人权开启于1919年德国《魏玛宪法》和1918年苏俄社会主义联邦共和国宪法，这一时代的最大成就是促成了政治国家的功能转变。政治领域出现了以生存权为核心的社会政策，社会法只是将这种社会政策凝固为法律。随着“生存权为主体”的时代的来临，出现了《世界人权宣言》和1966年的《经济、社会和文化权利国际公约》。《魏玛宪法》不但在第151条中明确规定了国民的生存权问题，而且还设专章规定了国民经济生活方面的具体权利，其中大部分经济权利与生存权有直接的关联性。《世界人权宣言》第25条和《经济、社会和文化权利国际公约》第11条等，不仅明确规定了个人和家庭的适当生活水准权，而且规定了工作权、社会保障权、健康权和受教育权等实现生存权的工具性权利。更为重要的是：第二代人权不但凸显了生存权保障的优先地位，而且还丰富了生存权的基本内涵，即人不仅要活着，而且还应该有尊严地活着。

进入19世纪以后，在人权思想领域社会主义主张的影响越来越大。西方帝国主义与东方社会主义两大阵营，既猛烈抨击对方，又在一定程度上相互借鉴。基尔克对自己理论的概括是：“在我们的公法中务必要飘荡着自然法自由王国的空气，而我们的私法也必须浸透着社会主义的膏油！”（基尔克，2017：31）第二代人权成为两大阵营的共识。从积极权利出发，国家不能像自由资本主义时期一样，放任自由自治的私人权利在竞争的市场上互相冲撞，“第二代人权是经济、社会、文化权利，包括对国家和对国内及国际组织的集体‘债权’（信誉权），这些权利的实现是国家必须履行的义务。”（瓦萨克，2001：468）由于这种人权观要求国家采取积极干预措施以求权利的实现，故被称为“积极权利”，往往被认为是以生存权为重点。发端于对消极权利的反省，西方人权理论的中心问题是从“个人无条件地保有那些权利”转向“政府如何代理，保护与分配个人权利”。前者可以说是一种消极自由，后者可以说是一种积极自由。

第二代人权观念往往与社会权相联系促成了社会法的发达。如果说俾斯麦做出了社会保险方面的探索，受凯恩斯（John M. Keynes）和贝弗里奇（William Beveridge）思想影响的战后英国福利国家为20世纪提供了最大的制度模型。政府既应该又必须承担起为所有公民提供过得去的最低生活水准的责任，它包括对贫穷和依赖的三方面的责任。（1）它意味着以这样一种方式规范市场，以能够维持较高而稳定的就业水平。（2）它意味着由公共部门提供一系列普遍的社会服务，尤其是教育、收入保障、医疗和住房等各种社会服务，以满足在充满复杂变化的社会中公民的一个基本需求。

社会服务的普遍性是一个重要原则，它暗示国家服务是针对所有公民，而不仅仅针对低收入人口。(3)应有一个建立在收入或资产调查基础之上的援助设施的“安全网”，以满足特殊需要和减少贫困。充分就业、普遍社会服务和社会援助，这三个方面具体地表述了“维持”作为一种社会权利的最低生活水平的集体责任的观念。在典型理想的意义上，福利国家把政府防止和减少贫困以及为所有公民维持充足的最低生活水平的作用制度化了。这意味着国家(即政府)要积极地、不断地干预，以控制不平等(米什拉，2003：21—22)。

事实上，真正的贝弗里奇式的福利模式，即全民福利模式，在任何国家包括英国和北欧国家也没有完全实现。例如，在英国，“全民低保”从来就没有真正地实现过。当前已经很少有国家会通过扩张现有的福利政策，来实现贝弗里奇式的福利模式，尽管如此，由社会政策主导的福利社会至今仍是社会生活重要的组成部分。

第三节　思维视域：法律面前人人平等

从思维逻辑上看，法律面前人人平等，在建构秩序中整体利益具有应当性。生存法益以反射利益的形式出现，诸法合体出现了私法关系的公法化。随着伦理法律化的发展，福利社会实行国家管制，伦理、法律的双视角因伦理法律化而诸法合体，强调合法的价值。

一、应当性的管制机制

法律平等反映了市民社会与政治国家合体，社会的内外重整通过大量强制规范来实现，有了要求人们一体遵行的理由。

(一) 社会法中的管制机制

国家管制具有社会法域的形式法特点。英语中的“管制”(regulation)往往被理解为一种直接针对企业及其个人行为的国家干预方式。在经济学和法学研究文献中“regulation”的诸多翻译中，使用频率最高的主要有“管制”“监管”与“规制”等。从使用情况看，三种翻译方式不同程度地反映了学者对“regulation”的理解。例如有经济学者认为，“管制”更多地适用于政策性讨论，“监管”则表示市场经济体制下基于法律规则的管理(高世缉，载吴敬琏，2002：95)，而为大多数经济法学者使用的“规制”更侧重于管制法律表现形式。①

对于管制的含义，萨缪尔森(Paul A. Samuelson)有一个形象化的描绘：“为了控

① 如金泽良雄，1985，第四章对“规制”的使用；王全兴，2002，第十一章对“规制”概念的使用(徐晓松，2006：30)。

制或影响经济活动，政府可以用刺激或命令的办法。市场刺激，例如赋税或支出方案，可诱使人民或厂商按政府的意志行事。政府也可以简单地命令人们去从事某项活动或停止某项活动。后一种做法是管制的职能，即指挥或控制经济的活动。”维斯卡西(Viscusi)认为，政府管制是政府以制裁手段对个人或组织的自由决策的一种强制性限制，政府的主要资源是强制力，政府管制就是以限制经济主体的决策为目的而运用这种强制力。[①]史普博(Daniel F. Spulber)认为，政府管制是行政机构制定并执行的直接干预市场机制或间接改变企业和消费者供需决策的一般规则和特殊行为(史普博，1999:45)。植草益认为，政府管制是社会公共机构依照一定的规则对企业的活动进行限制的行为(植草益，1992:1—2)。管制包括政府为了改变或控制经济企业的经济活动而颁布的规章或法律(萨缪尔森、诺德豪斯，1992:864—865)。

(二) 社会法中的应当理论

福利国家强调再分配的强制手段，采“应当”的行为模式，使某种建构秩序具有合法性。国家保护转移支付，强调“削减贫困”，即通过社会资源再分配来努力实现目标。社会法以诸法合体为其基本调整方式时，公法与私法合体，国家有义务为“命运的弃儿”提供必要的帮助。当社会利益采取反射利益形式时，义务所内含的“应当”意指:(1)法律规定的作为或不作为，行为人按照要求去做或不做，这就是“正确”“正当”的;(2)法律规定的作为或不作为，是必须被履行的，如被违反，就须予以制裁。社会政策采取依法管制的方式，建构起社会法宏观层次的基本秩序。

应当模式是以整体主义价值作支撑并形成义务模式。整体主义思维是生物学的、有机主义思维，其基本的观点就是社会犹如生物体，是一个有机整体，因而是不同于其构成部分的、本体论意义上的独立存在(唯实论)。其各构成部分是功能分工与互补的相互依存关系，因而，合作、和谐是主流。潘恩(Thomas Paine)1792 年的《人权论》主张，劫富济贫，缩小贫富差距，建立福利社会。他的“赋税济贫论”思想后来被英国的社会福利学家所接受，成为社会保障制度的出发点(蒋银华，2010)。再分配包括资源从一个群体、地区、国家向另外的群体的转移，以及诸如初等教育、社会保障、一定形式的健康照护等政府要求市民消费的“有益品”(merit goods)[②]。“有益品”不是一般微观经济学定义的商品，而是属于公共经济学里公共品的一种。现代政治经济学理论区分了三种主要的对经济进行公共干预的类型:收入再分配、宏观经济稳定、市场规制(market regulation)(张旭，2016:16)。政治领域的社会化政策可以说是以收入再分配为目标，对经济领域出现的社会问题进行调整。政治国家对市民社会进行制约，“社会—国家”的二元对立格局得以重整。当国家承担起新的职责时，就

---

① Viscusi W.K., J.M. Vernon, J.E. Harrington, Jr., *Economic of Ragulation and Antitrust*, The MIT Press, 1995, p.295(转自王俊豪，2001:1—2)。

② 有益品理论最初是由理查德·阿贝尔·马斯格雷夫(Richard Abel Musgrave)在 1957 年的《预算决定的多重理论》(*A Multiple Theory of Budget Determination*)中提出来的，他将有益品定义为“通过制定干预个人偏好的政策而提高生产的物品”，有益品主要是由国家提供的。

已经不满足于仅仅在市民社会外部起作用。

(三) 社会法的应当与管制

社会法管制制度与应当模式相联系，形成了法律面前人人平等的调整手段。随着 20 世纪福利国家的出现和发展，法律形式与政治关系、伦理关系出现合体。法律平等是与契约平等呈现出反向运行的情形，如果说，契约平等反映了市民社会与政治国家分离，产生市民社会对政治国家制约的理念；法律平等则反映了市民社会与政治国家合体，出现政治国家对市民社会制约的理念。如果说契约面前人人平等体现了“私人财产的绝对权利”，法律面前人人平等则体现了“对所有权行使的限制”，从“契约自由”变成“对契约自由的限制”。

在新的有关人类共同体生命思想的推动下，整体主义体现在强制性规范上，让建构形式得以充分的发展。福利社会的构想源于自然法视域的异化理论，当一种应然的理论走向社会现实时，往往会出现制度设计者难以预料的情形。托克维尔在《旧制度与大革命》中称法国大革命要“从人们的头脑中荡涤所有一贯培育尊敬服从的思想”，然而极其矛盾的是，在“攻击一切现存权力，摧毁一切公认的势力，除去各种传统，更新风俗习惯”时，却产生了一个极其强大的国家。“撇开这些残渣碎片，你就会发现一个庞大的中央政权，它将从前分散在大量从属权力机构、等级、阶级、职业、家庭、个人，亦即散布于整个社会中的一切零散权力和影响，全部吸引过来，吞没在它的统一体中。自罗马帝国崩溃以来，世界上还没有过一个与此相似的政权。大革命创造了这一新权力，或者不如说，这一新权力是从大革命造成的废墟中自动产生的”(托克维尔，2017:49)。这段描述，如果用于说明福利国家产生的伦理型行政，也是极贴切的。

二、应然性的福利目标

社会法将其所规范的社会视为一个有机系统，以福利国家名义形成了伦理法律化，这是一种以伦理为基本的价值与行为范导的应然性立法模式。

(一) 社会法的福利目标

福利目标具有社会领域的实质法特点。个体要摆脱社会危机的困扰，仅有言论自由权、选举权等基本权利是远远不够的，贫者和弱者应当有获得全社会帮助的权利。有学者认为，这一发展的背景是社会变革、政治目标设定、国家哲学考量的特别混合。[①]然而，经社文权利作为“社会目标”也得到“努力争取”的评价。“社会目标”作为一种理想目标常以宪法或权利法案来规定。正如姜峰所言，“只能是‘纲领性’的，

① Gerhard A. Ritter, Der Sozialstaat. Entstehung und Entwicklung im internationalen Vergleich, Oldenbourg, München, 2010, p.61ff.

它是政府努力的目标，而不是需要即刻履行的强制义务。”（姜峰，2010：53）

日本宪法第25条规定一切国民都享有维持最低限度的健康和有文化的权利。德国基本法第1条规定人的尊严不可侵犯及尊重和保护人的尊严，成为尊严价值本位的生存权的显著标志。美国学者认为，在个人权利方面，普通法的权利范畴被认为没有包括个人安全的基本权利，所以应当加上关于社会和经济保障的内容。罗斯福总统在1944年著名的讲话中试图概括这一观点时说，在他所要求的第二权利法案中，包括良好教育权，挣足得到充足食品、衣服和娱乐的收入，得到充分医疗服务的权利，得到体面住房的权利，得到有用的和有利的工作，得到充分保护的权利，不必害怕对年老、疾病、事故和失业的恐惧。他要求国会使用各种手段来执行这种经济权利法案，因这是国会的责任。这种观点是个人权利新观念的一部分，是一种远离传统模式的观念。[①]他也是从“努力争取”的视角来描述这一目标。

（二）社会法的应然理论

福利社会作为一种理想，具有目标上的应然性特点。“福利社会”一词最早是由英国大主教威廉·坦普尔所提出。战后凯恩斯主义福利国家所代表的均衡，即把接近充分就业的经济增长与低通货膨胀结合起来的均衡，国家将目标设定在如何提升市民社会组织的自我运作、自我依靠、自我保障能力上。社会法以诸法合体为其社会目标时，自然法与实证法的合体，强调人权的一个重要特征在于其道德有效性或适用性。社会个体对福利社会的融入，只有符合社会伦理的具体条件才有可能实现。强调社会正义作为一种“内在力量”具有至高性或至上性，并据此判断出人的价值的“应然状态”。随着理想主义价值理念的回归，其强调实质法特征，从而使自然法学派东山再起。

就应然性价值而言，正义是自然法体现的价值，实在法律以实现这种价值为目的，随着自然法与实证法的分离，两者间的关系也成了当代法学的争论焦点。通过伦理法律化，要求诉诸优于实在法的更高的法律，社会法学者特别关注实证法脱离自然法的价值判断而带来的社会问题。莱布尼茨（Leibniz, 1646—1716）早在1671年写就的手稿《集体与经济》，从经济学的角度理解社会共同体的构成问题。在他看来，需要给予穷人以经济援助从而保证他们的最低收入，这就要求在经济领域中结束无休止的竞争，将爱和亲密作为共同体的原则（陈凡、高兆明，2017：144）。社会改革家和社会主义者抨击隐藏于法律形式主义背后的社会不平等，这是基尔克与马克思社会主义相联系的地方。正是由于自然人人身被当作财产体从而产生出劳动异化的问题，成为社会主义思想普遍关注的病态现象。随着社会主义运动的发展，从理论上看，不再使用“自然法”这样的古老概念，以欧文和傅立叶为代表的学者将社会主义视为“指向未来的运动概念”。这意味着，社会主义试图建立一个集体性的联合体，这个

① Breyer, Stewart, Sunstein, Spitzer, *Administrative Law and Regulation Policy*, Aspen law & Business, A division of Aspen Publisher, Inc. New York, Gaithersburg, p.21（转自于安，2007：48）。

联合体的主要目的是以一种社会的状态代替现存的市民社会,这是一个有待落实的长远目标。

(三) 社会法的福利与应然

福利目标与应然理论相结合,在美国学者与法官看来会产生出所谓政治问题原则。著名的马伯里诉麦迪逊案就曾确立了政治问题原则,将政治问题排除在了司法审查的范围之外。美国联邦最高法院首席大法官约翰·马歇尔曾说过:“性质上为政治的问题,或依据宪法或法律应由行政部门决定的问题,绝不能诉诸本院。”(刘孔中、李建良,1998:140)法官接触更多的是个案的判断与处理,他们是法律问题而非政策问题的专家。另外,如果法院的判决涉及财政项目的变动,项目间的资金转移支付,而这种判决结果与立法机关的政策导向不相吻合或和财政税收状况不相适应的话,判决也就难以发挥实效。所以,法院宁愿远离这样的案件。美国最高法院就认为:“公共扶助项目中的棘手的经济、社会甚或是哲学问题,不关我们法院的事。”①

从“政治问题”的角度来看待福利体系,“福利社会”与“社会政策”紧密联系,形成政策模式或发展战略。法学家开始遭遇新的问题,法律是仅用纯粹逻辑的方法把制定法和先例适用于各种案件或各种情况,还是需要从社会问题、社会政策、社会运动构成了社会领域的基本秩序来认识?市场经济带来的社会问题,需要社会政策作为应对措施,在价值断裂的前提下,通过功能互补来寻求重建秩序。基于这一认识,西方学者认为,国家给付是基于社会政策,它只能由代议机关来决定,而不能通过法院判决来决定。从学理上看,政治问题原则处理的是道德权利。

三、应当性与应然性的结合

在西方国家福利制度建立过程中,合法性机制中存在着目标与手段的冲突,应当性的法律手段与应然性的福利目标,构成了某种法律平等的现实悖论。一方面,从目标上的应然性讲,福利社会构成实质平等的长远目标,作为公民的道德权利,国家的义务具有应然性,是不确定的。另一方面,作为国家的法律权力,公民的义务具有应当性,是确定的。现代民主政治是以责任为基础的,作为行政职权的享有者的行政主体,福利国家运行中恰恰存在职责不清的弊病,福利社会的发展催生出一种新的异化现象。这种法律平等的现实悖论集中反映在社会权与积极权的理解上。

(一) 社会权:道德权利与法律权利

当今法律制度设计中一个较为关键的问题是对所谓“社会权”的定性问题,这是社会领域的概念还是社会法域的概念?我国有学者认为:“社会权是连接社会法各个组成部分的纽带,如通过生存权、受教育权、工作权和劳工基本权可以将社会保障法、

① Dandr idge v. williams, 379U.S. 471, 487(1970)(转自张维,2008:27)。

教育法、劳动法，并且通过对生存权的延伸解释还可以将环境法、反垄断法、中小企业保护法等法律统驭于社会法之中。”（竺效，2004b：65）不少学者据此主张将社会权作为社会法的核心范畴。①在笔者看来这并不恰当，这是将道德权利与法律权利，应然法与实然法混为一谈而得出的结论。

公民社会权应与国家义务相对应，才具有法律的形式属性。我国法理学者或宪法学者所说的基本权常是一个应有权利、道德权利，只是传统自然法上的概念。作为一种新型人权，我国一些学者试图论证社会权作为基本权与自然权利、政治权利不同的特殊属性。实际论证中是从身份、积极、受益来展开，②以积极来论证国家行为，以受益来论证相对人利益。与西方宪法学的研究不同的是，我国的宪法权利只宣传受益功能，完全不讲防御功能，甚至没有以职责来制约权力的内容，我国长期的社会实践是将其视为政治形式。英国政治学家莫里斯·克莱斯顿（Maurice Cranston）明确提出社会保障利益不是真正的权利，他认为生命、自由和财产这些公民权利才是“普遍的、最高的和绝对的道德权利”。在他看来，经济和社会权利涉及的仅仅是特定的人，而非全体人类，既没有普遍性和实践性，也没有最高的重要性，而是“属于不同的逻辑范畴”，也就是说，它们并不是真正的人权（唐纳利，2001：31）。在市民社会失去自治地位时，法律的自治其实也会相应丧失，在应当法律手段与应然福利目标构成的悖论面前，他们更为担心的是以实现第二代人权为借口损害第一代人权（胡欣诣，2011：71）。

笔者认为，在社会权的理解上，区分道德权利与法律权利意义重大。在英美的学术文献中，有关人权是一种特殊的道德权利的说法普遍存在；而在德语世界里，关于人权是法律权利还是道德权利的争论却构成了人权的哲学研究的一项重要内容（甘绍平，2009b：18—19）。与我国的宪法学者不同，社会法作为一个部门法须从形式法的实然概念来理解，法律平等的理念只能落实在应当模式上，只有符合请求权的基本要求才能定义为部门法意义上的社会权。部门法界定请求权有三种范式：(1)权利定义式，该种界定方式着重强调请求权产生的基础性权利；(2)关系定义式，此种方式着重揭示当事人之间的法律关系性质，强调正是基于某种法律关系，权利人才可以向义务主体主张为或不为一定行为；(3)义务定义式，该种定义强调权利是实体法规定的权利，因而在定义中凸显请求权的规范基础（肖新喜，2020：170）。以请求权为标准，可以将基本权中的道德权利与部门法中的法律权利区别开来。

（二）积极权：形式法与实质法

我国学术界对社会权的性质虽然有争论，但在将其概括为积极权利得到了相当

① 李蕊，载丛晓峰，2007：27—32；李炳安，2013；谢增毅，2006；冯彦君，2013。

② (1)社会权是一种身份权利，是以其属于某个国家、地区的居民资格以及弱者的特定身份而获致并享有这一权利；(2)社会权利是一种积极权利，需要国家施行积极作为，保障公民体面生活、尊严生存；(3)社会权是一种受益权利，即给予权利人以相关物质上的利益或行为上的帮助。因行为人是否参与的不同，存在由国家主导的社会权受益路径和由当事人参与的社会权受益路径（胡玉鸿，2021：41）。

程度的认可，这种“共识”值得质疑。我国学者在讨论社会权时，将所有的受益都归为积极权利：“从而最终增进每一个人的个人利益。如规定最低生活标准、提供福利保障、实行义务教育等等，这也就是我们所说的个人的积极权利。”（俞可平，载刘军宁等，1998：88）笔者认为，受益并非权利的全部内容，积极权利不能只讲国家积极，不讲公民权利。作为一种特殊的互利型财政安排，国家是无法完全纳入应当模式的，因此也不具有法律权利的属性。斯坦（Stein）和香德（Shand）认为：“由于经济权利的实现有赖于有关国家在某个特定时期可以利用的财富丰富程度，因此经济权利的具体内容就不能用一般性的术语事先加以规定。经济权利不可能在一切地方都得到相同程度的实现。因此，将这些权利与传统权利一样看作是人权，这是一个错误。”（斯坦、香德，1990：194）

对于社会问题的解决，西方是“私法公法化”路径，我国经济体制的改革是“公法私法化”路径，国家从直接控制转向间接控制，从直接管理转向反射利益的影响。不少社会利益作为应然法的内容，并未达到实然法的权利标准，也有些社会利益只是以法益的形式存在。生存利益意味着要求政府积极为个人提供食物、住房、工作、医疗、最低收入等各种物质利益，而所有这些物质利益都需要大量的资源作保证，我国学界所称的经济和社会权利在相当部分指的只是法益。关于生存利益的理解，国内外学者分歧较大，有广义、中义和狭义之分。广义是指包括生命在内的诸法益与权利的总称；中义是指解决丰衣足食问题，即解决贫困人口的温饱问题；狭义是指最低限度的核心义务，达到最低限度的基本水平。

英国学者马尼苏利·森永友的观点是：“更为极端的观点是认为，经社文权利根本就不是权利，而是发达国家的‘社会目标’或‘奢侈品’，把它们看成是人权会危害个人自由，为大规模的国家干预提供理由，从而扭曲自由市场的功能，并为降低公民和政治权利的重要性提供了借口。”①这种说法过于极端，但也确实反映出实质法意义上的道德权利与形式法意义上的法律权利不能混为一谈。笔者认为应当由窄到广区别生存权利、生存法益、生存利益三个概念，宪法学者常从实质法的角度将三个概念都称为积极权，往往忽视从形式法的角度认识生存权利。从部门法意义上的生存权利来观察，“这是昂贵的权利，需要国家资源积极安排的积极权利来观察，不能够立即实现”（郭曰君，2010：66、67），无法实现就不应归为权利。生存权利应当与生存法益、生存利益有所区别，一些过于宽泛的表述其实只具生存利益的特点，即便是出于宣传的考虑，硬要将法益称为“权利”也只是一种宪法上的道德权利，人权概念的宣示意义更大。从社会弱者的请求权来看，狭义的生存法益应当转化为生存权利，取得法律上的可诉性地位。利益、法益、权利、权力应当形成恰当排序。

① Manisuli Ssenyonjo, *Economic, Social and Cultural Rights in International Law*, Portland: Hart Publishing, 2009, p.16（转自胡欣诣，2013：129）。

第四节　现实视域:倾斜保护的原则

思维、历史相交织形成现实逻辑,“弱势认定,倾斜立法”可以简称为“倾斜保护原则”,社会法视域中的弱势认定,关注契约关系中隶属性、人身性的特点。福利社会以双合体为特点时,要防止走向传统的身份社会,历史逻辑与思维逻辑交汇,弱者理论与倾斜理论结合,公权力应受到公权利、私权利的双制约。

一、倾斜保护原则的理据

社会法宏观层次是以伦理法律化的方式形成,福利国家是以公法责任承担了传统的家庭责任,必然涉及与传统家庭的关系。倾斜保护可以说是一种谦抑性的原则,“在自生自发秩序的情形中,我们可以经由确定一些形成这些秩序的因素来确定它们的抽象特征,但是我们却不得不把具体细节留给我们并不知道的情势去决定”(哈耶克,2000:61),在一个强调建构的立法领域,倾斜保护原则希望为自生自发的秩序留下充分的余地。倾斜保护原则的理据可以从法社会与社会法两个方面来认识。

从法社会伦理体制来看,黑格尔强调了家庭在一个工业化社会中的现实困境:“一开始,家庭是一个基础性的总体,其职能包括对个体之特别侧面的预护(所指的是个体分享一般性财产的可能性),该侧面不仅考虑到个体的物资以及能力……也考虑到个体在无能为力时的实体存在以及对其的照顾”。可是,市民社会将“个人从这一团体中”撕开;家庭诚然仍“必须操心个人的面包”,却“不再有如此广泛的有效性”。[①]事实上,社会法与家庭关系处于一种交互性关系中,这一点在涉及生计保障时很明显。[②]福利国家的公法性与契约社会私法性存在着矛盾及冲突。我国的单位体制曾经排斥市场机制,试图以社会主义大家庭福利功能来取代传统的小家庭功能,事实证明这种大公无私并不可行。德国在坚持社会市场经济时也遇到类似问题,一方面社会法追求对家庭的促进,尤其是对孩子的促进;[③]另一方面也不可能真正取代家庭的伦理责任。德国社会国任务反映在ILO的基本条约[④]以及欧盟的协调法[⑤]中。在家

---

① Georg Wilhelm Friedrich Hegel, Grundlinien der Philosophie des Rechts, 1821, § 238.

② 对此的比较视角及对税法意义的提示,参见 Otto Kahn-Freund, *Comparative Law as an Academic Subject*, Clarendon Press, 1965, p.22。

③ Franz Ruland, Familiärer Unterhalt und Leistungen der sozialen Sicherheit, Duncker & Humblot, Berlin, 1973(转自乌尔里希·贝克尔,2019:20)。

④ 参见国际劳工组织1952年第102号关于社会保障最低标准的公约第39条,以及第40条对保障目的的描述:“所覆盖的意外事故应包括按规定抚养子女的责任”(The contingency covered shall be responsibility for the maintenance of children as prescribed),http://www.ilo.org/global/standards/lang--en/index.htm。

⑤ Art. 3 Abs. 1 lit. j und Art. 67—69 der VO 883/2004 zur Koordinierung der Systeme der sozialen Sicherheit (ABl. L 166/2004, 1).

庭的生计义务之彼侧，社会法一直以来也依靠家庭实现社会国的保障功能。[①]德国最初首先旨在为那些负有照顾孩子任务者减轻负担，如今则越来越致力于实现孩子自己的权利。[②]在促进福利国家的公形式时，也要关照个人家庭的私形式。

从社会法法律体制来看，学者推崇的社会权其实是国家的应然性与个人的应当性相结合的体制。20 世纪 70 年代，由于社会福利政策对经济社会以及人们的价值观产生了负面影响，人们开始反思福利国家采取的社会政策。[③]随着福利国家介入社会内部，个人与经济组织、个人与社会组织、个人与政治组织形成了三种不同性质的从属关系，其中既有自生自发的关系，也有外部强加的关系，由内而生的自发从属与由外而入的建构从属之间出现了极大的不协调。福利国家支撑和维护的是公民的社会权利与利益，无论从历史发展的角度看，还是从规范性的角度看，社会权利的关注在理论上已经预设了市民权利和政治权力的冲突。在行政权日益膨胀的时代，保障公民的自由权利变得日益艰难。一旦剥离了基本的自由权利、政治表达和政治参与的权利，社会权利作为公民权利的性质就会发生根本变化(战建华，2010：41)。

契约社会的诸法分离与福利国家的诸法合体的规则冲突，产生出平衡的需求。在社会与法的关系上，有一个私法与公法的联结点，即行政权力带来的反射利益，"倾斜保护原则"探索建构制度与自发制度的平衡点。社会法理论应当承认，在既可扩展也可以限制自发秩序的演变的范围时，总体上应当区别财产性与人身性的特点，限制建构制度的过度发展，为自生自发的有序化力量留下足够的空间。奥地利经济学家、哲学家哈耶克(Friedrich August von Hayek)政治思想的核心是通过对人类知识的整体性反思，对政治中的理性主义进行批判，强调尊重集体行为中所谓的"自发秩序"。自发秩序理论是哈耶克哲学思想的核心内容(唐士其，2008：388)。倾斜保护原则试图据此重组形式法与实质法的相互关系，从而理顺自发秩序与建构秩序的关系。

二、倾斜保护原则的内容

当国家涉入社会内部时，会出现多种性质不同的从属关系，自发秩序必然与建构

① 与护理的关联，参见 Ulrich Becker, Familienpolitik durch Sozialrecht—auch ein Beitrag zum Wandel des Sollens und des Seins, in Katharina Hilbig-Lugani/Dominique Jakob/Gerald Mäsch/P.M. Reuß/C. Schmid (Hrsg.), Zwischenbilanz, Festschrift für Dagmar Coester-Waltjen, Bielefeld, 2015, p.3, 8ff；比较法的作品参见 Ulrich Becker/Luise Lauerer, Zur Unterstützung von Pflegepersonen—Reformnotwendigkeiten und-optionen, in BMFSFJ, Zeit für Verantwortung im Lebensverlauf—Politische und rechtliche Handlungsstrategien, BMFSFJ, Berlin, 2011, p.121ff(转自乌尔里希·贝克尔，2019：20)。

② 对此以及对家庭政策与家庭法的比较观察，也包括其并非无争议的人口政策背景，参见 Ulrich Becker, Eva Maria Hohnerlein, Otto Kaufmann, Sebastian Weber, Die dritte Generation, Rechte und Förderung von Kindern in Deutschland, Frankreich, Italien und Schweden, Nomos, Baden-Baden, 2014。

③ 福利国家通过扩大对经济社会的干预，实施完善的社会保障政策和保险计划来达到"收入均等化"及"充分就业"的目的，并未取得应有的效果。凯恩斯式的福利资本主义，作为一个制度—功能的混合体已走入死胡同。

秩序形成一定的冲突，倾斜保护原则强调保护弱者与倾斜立法，以协调这种冲突。

（一）保护弱者

“保护弱者”本身是一系列建构制度的目的，“目的”与“非目的”存在着冲突。在伦理法律化的语境下，保护弱者是与家父权相联系的人法要求，体现了法律秩序对于伦理秩序能动作用，更多强调了建构力量的“有所作为”。这种“有所作为”并非“为所欲为”。可以从伦理性、法律性两个方面来认识。

从伦理角度来看，伦理处理的是人与人之间的关系问题，即有思想、有情感的人之间的身份性关系。在伦理关系中强弱主体的产生，作为社会自发形成的内部关系，有其客观的物质性基础，也有其主观精神条件。保护弱者是将部分家庭责任转移给国家的一项措施，在宏观层次，伦理秩序也在一定条件下转化为法律秩序。《妇女权益保障法》中的男女平等，《老年人权益保障法》敬老、养老、助老，《未成年人保护法》中保护未成年人的身心健康，《母婴保健法》保障母亲和婴儿健康等，对于弱者的识别及保护仍基于传统的伦理主体的认识。劳动关系作为一种忠诚与保护的关系更是集经济性与伦理性于一身。伦理秩序对于法律秩序存在着制约，在人身性保护以外，更多强调了建构力量的“有所不为”。由于自生自发秩序不是创造出来的，所以它不具有一个特定的目的，但它们有可能达致极其复杂的程度。法律是类型化、抽象化的产物，应确定与伦理秩序的分工，才能由国家或社会承担相应的责任。

从法律角度来看，“保护弱者”首先强调弱者的身份认定。传统的市民社会发生了变化，成为一个结构体系，身份利益是因为某一主体所具有的特定身份地位而在法律上所享有的权利。每个个体的权益和责任反映了他在社会中的位置，凡具有此身份者即拥有此权益；凡不具有此身份者即不享有此权益。这样的一个有关社会成员的“位置”体系，“取代自由主义的合约体系，倒转梅因‘从身份到契约’的命题……”①。当社会法是以一种特殊的标准衡量当事人的地位及分配利益。这些特殊的标准源于社会弱者生存利益，是以特殊身份来决定利益的分配，使这种分配结果有利于具有弱势身份的一方（董保华，2001b：22），这是对原有契约原理的突破。在实现分配正义的社会目标上，当家庭关系的主体被放大为社会主体时，权益关系中对实存家庭规范的有限性得到抽象与超越，弱势身份的认定是实现分配正义的前提。从分配正义的内容和种类来看，其包括最低工资、基本社会保障、最低限度的均等的义务教育、医疗条件等。在伦理关系法律化的过程中，不是权利构成身份，而是身份附着权利，须以法律的建构方式涉入社会的内部关系，要建立更为具体的弱者认定标准。

（二）倾斜立法

倾斜立法是对保护弱者的具体化，防止伦理内容的过度法律化。保护弱者总体

① P.J. Williamson, *Varieties of Corporatism A Conceptual Discussion*, Cambridge University Press 1992, p.20.

上应当通过伦理秩序独立发挥评价与制约作用，在伦理秩序进入法律秩序时，立法应当限制在最低标准上。“倾斜保护”与罗尔斯的差别原则①较为接近。但是，倾斜保护原则一方面使社会弱者的利益受到了保障，另一方面由于允许当事人有相对的意思自治空间，因此并未将优势者的获利以弱者的“得利”为一般的前提，两者还是存有区别的。倾斜立法是将倾斜保护限定在立法上。这里有三层含义（董保华，2007e：71—72）。

首先，倾斜立法从内容上应当具有基准法的特点。基准法在我国社会法学的研究中主要是指劳动基准法，是指为了保障劳动者最起码的劳动报酬、劳动条件而规定的最低限度的措施和要求。劳动基准法是有关劳动报酬和劳动条件最低标准的法律规范的总称。用人单位可以优于但不能劣于基准法所规定的标准。凡集体合同、劳动合同、劳动规则（厂纪厂规）所确定的标准未达到国家规定的劳动基准的，均无法律效力。笔者认为，这不仅是一个劳动法的规范，也应当是社会法乃至社会性法都应当适用原则。基准法是广义社会法中特有的法律现象，如劳动基准法、产品质量法、标准化法、义务教育法，等等。它是根据社会法中各个部门法的特点，从宏观上调控具有强弱特点的社会关系。社会基准法划定了规制对象如雇主与雇工，经营者与消费者，教育者与受教育者等在进行社会活动时必须遵循的最低限度的标准。这些标准是根据社会法规制对象的特点，即社会弱者的特点制定的，因而是社会弱势群体全体利益的保障底线。一些国家的社会法以全民的社会保障为主体，笔者认为，我国应当立足于基准法思维，这种基准法有时还须以一定程度的劳动为前提。这种思维也应当成为社会保障法的基本思维。

其次，立法上可以在法律维护的利益上有所倾斜，但在司法上却必须严守平等的原则；否则，如果将倾斜的重点放在司法上，由于法官“自由裁量”的尺度不同，就有可能形成新的利益分配不公。同时，赋予法官在司法上有“倾斜”的权力，也容易产生假借“公平正义”，作出恣意妄为的判决，就有可能危及正常的法治秩序。需要区别的是，有些司法制度的设计，本身是出于保护弱者的目的。以劳动监察制度为例，各国一般都将监察的范围限定于雇主，而不对雇工进行监察。这是否是一种倾斜司法呢？其实这种向劳动者倾斜的司法设计，本身就是立法倾斜，在司法中仍是“法律面前人人平等”。

最后，在立法利益的分配上，也只是限定在“倾斜”上，仍给伦理秩序以及当事人的协商留出充分的余地。社会法是伦理与法律、私法与公法相互融合产生出来的法现象。有些国家的劳动法可以是纯公法性的，只将基准法的内容放在劳动法规范，而

① 罗尔斯曾强调一种差别原则的安排：“把自然才能的分配看作一种共同的资产，一种共享的利益。那些先天有利的人，不论他们是谁，只能在改善那些不利者的状况的条件下从他们的幸运中得利。”“基本结构可以如此安排，用这些偶然因素来为最不幸者谋利。”这样的社会体系“使任何人都不会因为他在自然资质的分配中的偶然地位或者社会中的最初地位得益或受损，而不同时给出或收到某些补偿利益，我们就被引导到差别原则”。根据差别原则，一个有先天优势者如果要“得利”，就必须同时以提高“最不幸者”的利益为前提。这样，先天优势者提高其经济效率的积极性就受到了遏制。

将私法规范规定在民法的雇佣合同中。我国法律部门的划分是以社会领域为依据的，这一点是与国外的劳动法不同的，由此也决定了劳动法中应具有较强的私法因素和伦理因素。

可见，任何政策的实行都必须与一国的国情相适应。就"倾斜保护"原则而言，正如有些学者所言："劳方与资方可以被视为这里的两个主体，他们都追求各自具有目的的某一特定目标，各自目的都只能通过协作或至少是彼此协调才能实现。利益个体与利益共同体间以及作为社会利益共同体间的彼此依赖、合作的客观情势让我们知道，在进行制度、法律选择时，不应只见他们的对立性和差异性，还应照顾他们的合作、融合性，否则，'倾斜保护'不适当，矫枉过正，就会在为落实保护一方利益目的的同时又因损害另一方以及整体利益而最终伤及该方的利益，这是对'倾斜保护'予以控制的另一原因。"（黎建飞、李敏华，2009：101）

三、倾斜保护原则的界定

19世纪末20世纪初资本主义社会迈向大工业的社会化生产，社会生活日新月异，随之出现的劳工问题、环境问题、消费者保护问题等社会问题大量增加，社会矛盾愈演愈烈。私法是将这些社会关系的当事人均为平等主体而形成的法律体系，只能维护私法意义上的个人利益，而这种私法意义上的个人利益与社会安全、稳定的社会利益矛盾尖锐，西方民法引入了诚信原则，我国公法化体制则一度强调平均原则（董保华，2001b：22）。在与两个原则的区别中，可以认识倾斜保护原则的特点。

（一）倾斜保护与平均原则的界定

从政治意识形态特征来看，计划经济时期的中国社会福利制度深受苏联、东欧等社会主义国家意识形态的影响。早在新中国成立以前，在东北解放区的国营工业企业和铁路部门，苏联的企业管理和计划管理方法已经得到广泛的推广。新中国成立后，经过民主改革，所有国营企业也建立了与当时苏联体制相仿的管理体制。1953年开始执行第一个五年计划以后，我国的国民经济体制大体效仿苏联，形成了对国营工业、基本建设、物资供应等部门的管理体制。但那时市场因素被利用来进行社会主义改造和发展经济。国营经济也在市场环境中活动，有一定的自主权和灵活性。随着社会主义改造的基本完成，经济形式单一化，国营企业生产、基本建设、产品供销计划都以指令形式下达，逐渐形成了以中央集权、主要采用行政管理手段为特征的计划经济体制。可见平均主义并非一种自生自发的状态，而是国家以公德为依据，强制建构的结果。

我国改革开放的历程从某种意义上也是一个逐步放弃平均原则的历程。"倾斜原则"与"平均原则"都带有建构的特点，为了防止"倾斜保护"原则重蹈平均主义的覆辙，对于主要是通过"公法的私法化过程"形成社会法的我国来说，搞清两者的区别至关重要（董保华，2001b）。

首先，我国的平均原则是和“政治人”这样的观念与状况联系在一起的。单位作为横向闭合的细胞，依附在以主管部门为顶点的等级结构中，通过行政命令来运行。面对成千上万的单位，国家机关只可能采取平均的方式。这种体制从本质上说排斥社会主义市场经济的横向交往的效率法则。福利制度安排服从于意识形态需要。主要表现为社会福利制度是人民当家做主和社会主义优越性的具体体现（韩克庆，2010：47）。倾斜保护的原则是与“经济人”这样的社会主义市场经济观念与现状联系在一起的。在社会主义市场经济条件下，正是由于脱离了“政治”的庇护，才会出现社会弱者。倾斜保护原则是要消除市场机制内在的不稳定性，运用国家和社会的力量将市场机制挤压出的大量社会问题加以化解。

其次，我国的平均原则是和“道德人”的观念联系在一起的。作为“资本主义制度掘墓人”的无产阶级正是对资本主义制度造成人与人之间不平等的极端痛恨，在推翻资产阶级政权建立起无产阶级专政之后，为实现彻底的平等实行了集权式的计划经济。在这种体制下，消灭了私有制，代之以计划经济的公有制。在高度集中统一的管理体制下，我国逐渐形成一种以“集体至上”为核心、“非功利性”为特征的主流道德意识形态，平均主义必然成为这种道德价值观的组成部分。这种观念是以否定个体差异为特征的。倾斜保护的原则是以承认差别、承认强弱地位的对比为逻辑前提的。

再次，我国的平均原则是和“抽象人”的观念联系在一起。我国平均原则是同国家高度集中统一的管理模式相适应的。这种平均原则是完全取消了当事人之间以具体利益为依据的协商空间。倾斜保护原则在利益分配上，也只是限定于“倾斜”，仍给当事人的协商留出充分的余地。倾斜保护原则不以牺牲经济效率为代价。

最后，我国的平均原则是和“单位人”的观念联系在一起。在计划经济时代，整个国家的经济社会结构具有典型的城乡二元分割性，但是在板块分割的二元福利体系内部实行平均原则。采取极端平均主义的福利分配方式，个人因单位的永久性平均保障而丧失了主动扩展的能力，劳动者对自己行为负责的精神逐渐丧失。倾斜保护原则从根本上说仍承认效率法则，立足于改变弱者的不利地位，也就是说在社会调控和社会动力之间缔造一个良性的互动关系，既要保证整体秩序的稳定，又要使新的发展动力源源不断，从而使社会竞争进入良性循环。

倾斜保护原则与平均原则都是为消除不平等的社会现状而产生的解决方案，两者均具有国家建构的特点，因此也存在着相互转化的可能。当倾斜保护演变为单方保护，即只保护劳动者的原则时，就与传统政治人、道德人、抽象人、单位人的观念联系，理论上已经出现了质变。当国家实行高度集中统一的管理模式，强行推进这一无差别的原则，单位间依然可能成为横向闭合的细胞。从这一意义上看，倾斜保护原则与平均原则最大的区别恰恰在于前者为自生自发的秩序保留了空间。

（二）倾斜保护与诚信原则的界定

盛行于 19 世纪的理性主义哲学思潮导致了立法上的“严格规则主义”，即立法者通过大量的法典法力图使社会生活的方方面面处于法典的控制之下。法典法“试图对各种特殊而细微的实情开列出各种具体的,实际的解决办法,它的最终目的是想有效地为法官提供一个完整的办案依据以便使法官在审理任何案件时都能得心应手地引律据典,同时又禁止法官对法律作任何解释”(梅里曼,1983:42)。奉行严格规则主义的近代资本主义社会的市民法排除了法官的自由裁量权,使法官不能在具体案件中发挥能动性。然而,法官在非伦理性和严格规则主义的约束下,对于现实生活只能作出削足适履的处理,从而使法律与社会频频出现脱节。为了缓解这一问题,自1907年瑞士民法典开始,西方各国纷纷引入作为“道德法律技术化”的“诚实信用原则”(董保华,2001b:22)。在笔者看来,这是在契约制度面临危机时,以概括性条款引入“回归自然”的解决方式。倾斜保护则是以另一种建构方式解决建构制度的问题。

诚实信用原则作为概括性条款的积极意义体现在两方面。(1)它造成大陆法系国家立法权与司法权的重新配置,承认法官的主观能动性,使其借助具有语言的模糊性特征的私法基本原则,适时地处理社会生活中不能为法典法涵盖的新情况、新问题,从而使法律免于陷入僵化。正如王泽鉴所言:“诚信原则具有弹性,内容不确定,系有待于就特定案件予以具体化,……实体法赖之以与外界的社会变迁,价值判断及道德观念相联系,互相声息,庶几能与时俱进。”(王泽鉴,1998a:303)(2)诚实信用作为道德性规范被引入法律,既是道德的法律化,也是法律的道德化,使民法不再被认为是“不能理解人的崇高伦理之感情,只是堕落为单单作为冷冰冰的利害计算的技术……”(川岛武宜,1994:28)。有了这样的道德化的法律工具,法官就可以在个别案件的利益衡量中,排除当事人的意思自治,以衡平社会弱者的社会地位,并在一定程度上实现社会正义。因此,诚实信用原则被尊为私法的“帝王条款”(梁慧星,1995:303)。然而,诚实信用原则的局限性也是同样明显的。一方面,该原则承认了私法体系的不足,私法所追求的价值目标,有违社会公平;另一方面,私法又是以抽象平等、机会平等等私法自治作为其立法宗旨的。这种深刻的矛盾,企图通过在司法中融进道德因素,在事后对个人利益与社会利益进行衡平来加以解决,显然是不现实的。从某种意义上说,倾斜保护原则正是作为弥补诚实信用原则的不足应运而生的。诚实信用原则与倾斜保护原则存在以下几方面的区别(董保华,2001b:23)。

首先,两者所依据的前提不同。诚实信用原则适用的前提是将当事人视为平等、抽象的民事主体。如果平等的主体在进行民事活动时不违背自愿、公平、等价有偿要求,法官不会主动依诚实信用原则去改变当事人的权利义务关系,只有出现了相反的情况,诚实信用原则才会被运用。诚实信用原则立足于当事人的平等关系以及由此产生的意思自治,因此不可能去改变这种前提。诚实信用原则逾越这个前提,则整个民法将失去存在的基础。倾斜保护原则是以当事人地位的实质不平等作为前提,并以这种不平等关系作为规制对象,是以一种不平等的原则矫正不平等的现象,从而使失衡的关系得以恢复。这种区别也限制了倾斜保护的适用范围。正是从不同的前提出发来建构制度,两者对于社会问题严重程度会得出不同的结论。

其次,两者对社会问题的严重程度认识不同。两者虽都对社会问题有所觉察,但从不同的前提出发,对社会问题的严重程度显然是有不同的估量。诚实信用原则将社会问题视为一种个别现象,是一种法律与道德观念的个别冲突,可以通过在解决个案中实行个别正义来实现社会正义。倾斜保护原则则认为社会问题已经到了较为严重的地步,强势主体与弱势主体已经定格化为一类特定的社会关系,只有对利益进行一定程度的再分配才能得以解决。由于对于社会问题的严重程度存有不同的认识,在解决方式上也会有所不同。

再次,两者在解决社会问题的方式上有所不同。诚实信用原则是通过对立法权与司法权的重新配置,并以概括条款将道德评判融入司法来实现社会正义。[①]倾斜保护原则是将保护弱者的方式限定在倾斜立法上,在立法的层面上对法律保护的利益进行重整,将一部分个别利益提升为社会利益,并予以特别的关注。在司法上则适用平等的原则,以维护法制的统一性。由于解决社会问题的方式上不同,也会形成不同的效果。

最后,两者在解决社会问题的效果不同。诚信原则只是在具体案件中,当事人有违社会公平,并发生了强弱的明显变化,才由法官在事后进行利益衡平,这种衡平只是一种个别正义,而且这种个别正义的实现程度也完全取决于法官的自由裁量权。所以诚信原则虽然被民法学者称为“帝王条款”,寄予很高的期望,但由于该原则只是在私法范畴内寻求解决问题的方案,不可能突破私法自身的局限。倾斜保护原则是在事前对不平等的现象进行矫正,并由此形成私法与公法相融合新的法制秩序,并在此基础上对失衡的强弱对比关系进行重整。在倾斜保护原则的引导下,社会法突破了传统私法的限制,从而取得了强烈的矫正效果,但如果倾斜保护原则被不适当地扩大,也会带来新的社会问题。

倾斜保护原则与诚信原则都是因现代的社会问题而产生的,两者从功能和结果上都是为了维护社会正义,消除不平等。事物的特征是通过区别而显示的,从解决方案的形成过程来看,诚信原则是一个社会发展中自生自发的原则,因此可以成为司法的原则;但是倾斜保护原则却是在建构制度上形成的原则,是要强调建构制度的谦抑性,不能扩大到司法领域。两者在立足点及效果上存在众多差异,倾斜保护原则的含义不能为民法的诚信原则所涵盖,这也成为社会法独立的标志之一,体现了倾斜保护原则具有立法的意义和价值。因此社会法应当接纳诚信原则为司法原则,从这一意义上看,两者具有互补性。

---

① 我国一些学者在讨论劳动合同纠纷中认为:“从客观上看,在劳动合同中,尽管形式上劳动者与雇佣方处于平等的法律地位,但实际上,在社会、经济等方面,劳动者相对于雇佣者来说是弱者,需要法律予以特殊的保护。在劳动合同纠纷……一般应依据诚实信用原则和公平原则,作出对劳动者有利的认定。”希望通过司法中的倾斜来解决社会不公,这显然是不恰当的(于敏,1997:143)。

第十一章

社会法的从属人格

将劳动关系与其他指向与给付交换的债权关系相区分，更多是十多年来在德国占主流的观点，劳动者和雇主之间紧密的人格约束允许将劳动关系称为共同体关系（Gemeinschaftverhältnis）。

——恩斯特·尼基施（Ernst Nikisch）

第一节　从属性的法律人格

从法律人到自然人的历史发展中注重从属性的法律人格。社会法理论针对从属关系的特点，强调国家权力介入的必要性，致使权利主体与受益主体分离。形式不等是为了追求一种实质法上的平等，从属性法律人格往往更强调义务主体的特点。

一、从属性法律人格的含义

法律人格是指作为一个法律人的资格，是维持和行使法律权利，服从法律义务和责任的条件，生存利益的提出使从属性法律人格成为宏观层次的人格特征。从主体向度来说，契约、强制、情感是社会关系主体形成的三种方式，从属性法律人格具有某种身份主体的强制特点。法律思想史上有关主体资格标准的学说可大致归纳为理性说、德性说、感性说与神性说，从属性法律人格以德性说来建立主体制度。

（一）从属人格的概念

在一般的社会结构分析中，学者通常使用一个“成员体系”（membership）分析概念来说明从属连接的构成，其法律人格是一方主体的自我决定能力受到他方主体的限制，涉及一种人格吸收的情形。日耳曼法基本上按“人法”规范，把雇佣关系视为人格法。如果以传统的物法与人法概念来分类，社会法从属性法律人格涉及的是人法意义上的法律人格。按马克思主义的观点，从“以物的依赖性为基础的人的独立性”到“建立在个人全面发展和他们共同的社会生产能力成为他们的社会财富这一基础上的自由个性”①,是从群体主体到个体主体再到自由人的联合体的发展过程。在宏观层次上,伦理人格转化为从属性的法律人格是实质法对形式法的改造,使法律人格具有伦理性、自然性、内部性的特点。

马克斯·韦伯(Max Weber)曾经讨论了统治的基本形式,可以说揭示出从属人格的两种类型。一是,依仗利益状况进行的统治,通过不平等的交换而产生的服从关系;二是,强制性命令统治,这是一种“独立于”特定利益之外的权力。两种从属人格可依不同的理论进行组合。在关于生存利益应当性的论证上,具有“在某种程度上它以强者为代价而支持了弱者”的特点。马歇尔对其的论证是:“现在,最低生活保障是一项必须得到满足的义务,几乎所有社会都接受它,它旨在满足社会成员的基本需求。……在某种程度上它以强者为代价而支持了弱者,它给予弱者的权利也不是根植于人之所以为人的本性之中,而是共同体自己所建立起来的,它取决于公民的身份地位。”(马歇尔,载郭忠华、刘训练,2007:48—49)在文明、人道的国家政治从属须对经济从属进行干预,以保证每个人都能“过人一样的体面生活”。

20 世纪 90 年代中期,随着我国《劳动法》的公布,两种从属性在相互独立基础上的互动关系受到重视。依仗利益的统治在现代社会中主要是通过经济组织来实施,命令权力或国家权威的统治主要通过政治组织来实施,两者存在着互动关系。两种从属性的分离与互动,其实是一种个体主义与整体主义的结合形式,社会法中两种从属性的关系,可以从多个相互联系的方面来进行研究。

(二)德性说的价值分析

德性是指美好的、高尚的品德,内隐于“品质”外显于“德行”并渗透在人的各种生活领域。从人性的视角看,德性是人的一种获得性的品质,是在人类实践活动中形成的、以道德为核心内涵、反映真善美特性的、人的稳定的内在品质。虽然亚当·斯密最早提出人的“自利性”,但同时他又在《道德情操论》中提出人具有“同情心”的一面,在同情心的驱动下,人存在利他行为。德性的发展也是个体内在“道德自我”不断展现、自由人格不断得到改善和提高的过程,这种品质使人表现为一种优秀(excellence)的人性状态,为自身和他活动于其中的共同体及其成员生存得更好,而日渐生成的具有稳定特质的心理习惯、状态、人格特质和精神境界(寇东亮,2007:152—156)。古代中国和受儒家思想影响的其他区域以美德的有无及大小作为主体资格的决定因素。德性说中的德性不同于西方思想传统中亚里士多德的理智德性、康德意义上的实践或道德德性、阿奎那的与恶习相对的德性等,而特指道德德性,强调高尚的人格修养与出众的道德品质:“恭则不侮,宽则得众,信则人任焉,敏则有功,惠则足以使人”,“能行五者于天下为仁矣”。②

德性说中的德性标准与身份标准既有联系也有区别。德性说认为,人因有智愚

---

① 《马克思恩格斯全集》第 46 卷(上),人民出版社 1979 年版,第 104 页。

② 孔子的弟子及其再传弟子:《论语》,第 17 篇“阳货”,第 6 章。

贤不肖之分，而有劳心劳力、君子小人之别和法律地位的不同。有德者为君子，在法律中体现为士大夫、良民；少德或无德者为小人，在法律中体现为平民、庶民、贱民。身份标准一般是以主体拥有的阶级、等级、家族（家庭）等身份标志作为确定法律地位的依据。身份表现为自然身份和社会身份，主要以社会关系网络或社会交往活动为条件。中国古代，虽非所有身份都以德性为唯一条件，但德性可以作为获得法律身份及社会身份的充要条件，身份高低被视为德性大小的外在表现。法律确认与维护父母子女等自然身份，也以利于孝道这一核心道德为目的。历史上，获得官职进而享有法律权利与特权的途径曾以孝廉、贤良为重，后来演化为读圣贤书考取功名，并增加了循资、军功、捐纳等阶层提升途径，身份等级制似有固化趋向，使得作为主体资格标准的德性渐趋隐而不彰。事实上，以德性获得身份转换的科举入仕通道从未彻底关闭。科举考察的内容主要是儒家经典，取才用人以德为先。从规范意义上看，身份标准不能脱离德性标准而成为独立的主体资格标准（陈劲松，2019：87）。

（三）从属人与德性说

社会法强调的强弱标准，本是一种伦理性标准，在伦理法律化的宏观层次中，伦理人格转化为从属性的法律人格。德性应成为人的价值属性或价值追求。随着保护弱者作为社会立法依据，法律秩序对伦理领域的介入，为避免自发制度与建构制度的冲突，从属人格必然依据某种伦理要求，来建构法律上的人格制度。社会法引入德性说解读从属人主体资格有某些理论依据。

其一，异化理论。伦理定位是在社会异化视域下形成的，契约权利主体转化为经济权力主体是一种异化现象，经济权力需要社会责任的对应。伦理人格依据德性说强调伦理责任，在伦理法律化的过程中，这种伦理转化为法律义务，法律责任也由过错为主的道义责任升格为无过错为主的分配责任。伦理“依存”是关怀的契机，[①]日本学者认为，如何克服依存引起的自卑感及相应矛盾是依存伦理的核心（新里孝一，2015：5），伦理人格成为法律人格并与法律上的应当相联系时，不会再存在自卑感。

其二，权力理论。权力对应责任，经济权力对应社会责任，这本是伦理范围的平衡现象。社会责任不足以制约经济权力时，伦理人格转化为基准法人格或保障法人格时，弱势主体与强势主体虽都具有形式法上义务主体的特点，但两者的义务截然不同。用人单位是义务主体，劳动者既是义务又是受益主体，国家既是行政权力又是行政职责主体。社会法强调强弱主体应当有不同的法律义务，这种义务差异可从德性说得到解说。依德性说，身份高低被视为德性大小的外在表现，福利社会的主体按弱势主体、强势主体、超强主体来划分，国家也应当有最高的德性要求。

其三，成员理论。只有在团体中才有成员的概念，道德人的形成需要教化，德性说强调成员地位会日渐生成的具有稳定特质的心理习惯、状态、人格特质。国家的功

① “良性依存”是形成满意关怀的最基本条件，受当事者对依存的评价影响。依存分“从属性”“撒娇式”“依赖性”三种。

能之一是使人成为具体人，在伦理法律化过程中，既强调内外有别又强调上下有序，法律上的从属性也呈这种状态。社会法强调基准义务需要教化，德性说的应用有利于促进人格完善、良善生活与社会稳定。

从从属人格出发，社会法更多的是揭示法律规范和道德规范的亲缘性，而非其对立性。然而，道德规范价值判断的最后决定基础总是在行为中表现出来的观念，因此，它的方法是由内而外的（基尔克，2017：105—106）；法律则是一种依赖国家机器而由外向内的强制力量。道德法则作为一种内在权力，借助植根于道德意识中的内在权力，道德法则也发挥着心理强制的作用；通过良心强制（Gewissenszwang）的力量，即使面临最强大的外在权力，道德法则也能获得胜利。在伦理法律化的过程中，涉及法律人格与道德人格的区别，总体而言，这种道德人格与法律人格是根本不同的，因此道德也不宜过分地法律化。

二、从属性法律人格的特征

个人不可能脱离社会而孤立存在，其生存与发展必须依靠社会提供的资源与服务。强弱群体是以"身份"作为合法性的认定标准，从属性法律人格具有伦理性、自然性、内部性的特征。

（一）从属法律人格的伦理性

法律人格伦理性是宏观层次法律主体的基本特点，人格独立的对应概念本应是人格吸收，这种人格吸收往往发生在一定的伦理环境中。从微观层次上看，法律人格具有独立性，伦理人格则具有团体性，这本是两个独立的范畴。当成员成为一种法律人格时，家庭、宗族、种族、地方体、阶级、身份团体、单位组织和国家，都可以纳入某种"成员体系"，它们的作用是组织化社会成员，使个体分属于一系列互相关联的组织中，他们依靠这些组织、获得组织支持来提升生活的安全性（张静，2015b：52）。在宏观层次，从属性法律人格是将与生存权有关的伦理人格强化为法律人格，从而产生出从属这种人格吸收的法理解释，并与平等人的理论假设相对应。在宏观层次上，对经济组织从属性与政治组织从属性，以"习性理论"进行解读时，会产生出经济组织、政治组织两类具有从属性特点的主体，后者以前者的特点为存在依据。

经济伦理法律化是因经济组织成员而形成的人格特点。经济组织从属性是一个理解劳动法特点的重要范畴，强势主体、弱势主体也在宏观层次上由伦理概念提升为法律概念。在劳动关系的认识上，我国学界一般认为，英美法系国家区分强弱，主要采取"控制性标准"，大陆法系国家区分强弱，主要采取"从属性标准"。"控制性标准"强调雇主对雇员的控制，核心内涵是雇主对雇员的指挥命令，相关的标准有雇员工作内容与工作形式的控制、雇员的工作是否为商业组织的一部分、生产工具及设备由谁提供、雇员是否承担风险及分享盈利所得等。对于"从属性标准"的具体内容，学界存在不同的认识。德国法上的通说认为，界定劳动者的标准仅需要人格从属性。另一种观点认为，单纯靠人格从属性不足以准确判断劳动者身份，还需要辅之以经济从属性乃至组织从属性。

政治伦理法律化是因政治组织成员而形成的人格特点。经济组织从属性决定了具有政治组织从属性特点的国家介入劳动关系。公共和个体互为依赖，国家及相关组织通过标准制定、信息通达、分歧协调、诉求回应和资源分配，克服经济组织从属性的某些不足。公共组织对个体人格的吸纳关系，是围绕国家而发生的组织关系，涉及国家权力以及公共制度的质量和功能。个体和公共组织的关联决定了宏观层次的特点，也促使个体对公共体系的依靠归属和身份认同（张静，2015b：52）。

（二）从属法律人格的自然性

从微观层次上看，法律人格具有拟制性，伦理人格具有自然性。在宏观层次，从属性法律人格是将法律人格自然化，通过拟制性与自然性相结合而产生的一种新的法律人格。凯尔森（Hans Kelsen）从实证法的视角对法律上"自然人"资格观念进行了解构。在他看来，"作为义务与权利主体的自然人并不是其行为是这些义务的内容或这些权利的客体的那个人，自然人只不过是这些义务或权利的人格化。更确切地表达的话是：自然人是这批法律规范的人格化，这些法律规范由于构成了包含这同一个人行为的义务与权利而调整着这个人的行为"（约瑟夫·斯托里，2006：563）。从"自然人"到"法律人"，凯尔森强调了法律具有拟制性的特点，这是一个从具体到抽象的过程。辛茨海默（Hugo Sinzheimer）强调"社会法再次把人（Person）变成自然人（Menschen）"①。可以说这是一个逆操作的过程，从法律人到自然人的运动中，学者重新呼唤人们注重自然人本身并在实证法中重新融入自然法的观念。

哲学是从人类整体及有能动的社会存在来俯瞰人，生物学从物理或化学的观点来把握人，心理学和精神分析学从精神的角度来研究人，社会学则从所谓社会构成的层面来把握人。法律作为一种人类有意识的社会活动，自然人应当如何成为法律运行及保护的目的？法律对人的行为或社会关系的规范，离不开权利与义务。基尔克之所以要强调人法的特点，是基于对民法财产化倾向的担心："迄今我们只谈到了纯粹财产法领域的私法任务。若私法的任务仅存在于财产法中，则没有比这广泛传播的思想更危险的了。"（基尔克，2017：46）自然人人格多大程度上能够纳入法律人格的范围？基尔克强调通过人格权来保障自然人人格，其实是以国家规定人格权规范的方式将自然人格在一定范围内转化为法律人格予以保障，这是一种以权利义务内容来限定法律主体的思路。

人格权具有主体与客体不可分离的特点，是"内在于人"的权利，人所应拥有的"内在于人"的法律内容是涉及人本体，它包括肉体的、意志的因素，人格权利化的前提是人格的具体化与利益化。作为对人自身的一种保障，人格权"内在于人"强调根

---

① Hugo Sinzheimer，Das Weltbild des Bürgerlichen Rechts，in Hugo Sinzheimer，Abeitsrecht und Rechtssoziologie，Europäische Verlaganstalt，Band 2，p.322（转自沈建峰，2019a：42）。

据保障的内容，设置自然人的法律地位。依基尔克及日耳曼学派的观点，不仅在世界范围内形成了蔚为壮观的规范性立法文件，也形成了少数民法典的立法例。《埃塞俄比亚民法典》就把人格权与人格放在“自然人”题下统一规范，称为“内在于人格的权利”，这是一项十分有代表性的立法例（马俊驹，2005：48）。立足于第一代人权来观察，科勒（Kohler）认为，“权利是没有固定概念的”，也并不是不可置疑，他声称：“身体和生理就是属于法律所保护的利益范围”。（张红，2010a：26）在布农斯看来，人格上利益的存在已经成为现实，而且应该被权利化。这也是日耳曼学派极力主张人格权的意义。科勒将一般人格权称为“权利源泉”或者“母权”，将人格权称为“最高的和神圣的权利”①或“所有法律秩序的起点”。②潘德克顿体系的少数学者也有类似观点。劳伊尔（Neuner）不仅表达了存在一般人格权的想法，并且他首先将个别人格权与一般人格权并列处置。黑格尔斯博格（Regelsberger）则认为人格权是最高的民事权利，具有高位阶的价值诉求。两种从属性从分离到互动的过程，也是从财产主体到人身主体的演变。这种拟制与自然的结合，使法律从抽象走向具体，也对于法律拟制的精细化提出了很高的要求。

（三）从属法律人格的内部性

从属人格也是内部人格，基尔克强调法律不仅从为了共同体目的而存在的相互联合的角度来调整人的关系，而且为每个个体确保了一个自由领域（Freiheitsbereich），在其中，法律为个体赋予了自我封闭的、自持目的的人格（基尔克，2017：101—102）。基尔克是较早采用二分法来对现实社会法律现象进行研究的学者。“如果说团体法是对社会性生命体的规范，而在这个法律中，规范团体内在生命的部分，必须与规范主体外部关系的部分有根本性的区别。”（基尔克，2013：51）他既强调内外有别，又强调上下有序。从内外有别的视角观察，经济组织外部存在着以平等为特征的市场调节机制；从上下有序的视角观察，不仅是某个有机体内存在成员的概念，某种联合体也依然可以以“成员”的形式成为上一个层次有机体的组成部分，并受其制约。

从内外有别来看，内部人格体现在组织人格上，经济组织的从属性更多强调这一特点。一个社会团体在一个更大的范围内，也是成员人和机关人，其内在生命对集合性的有机体施加并也受到相应影响。法国学者米休（Michoud）、撒莱叶（Salleilles）和意大利学者费尔拉（Ferara）都曾强调过法人的组织体说（黄申，2010）。组织体说有时也与有机体说（organische Theorie）画等号。这种思想可追溯到古代，以及中世纪的社会理论，与自然法思想世界中克服原子、机械式推断结论的尝试相伴相随。这种观点将组织人格视为法人内部人格。基尔克是将这种组织人格扩大到社会法的一般理论来认识，法人之组织有其一定的社会功能，这种社会功能是其可以在更为宽广范围来认识的基础。英国鲍曼（Zygmunt Bauman）所称的共同体是指社会中存在的、

① Kohler，Das Eigenbild im Recht，1903，p.5.

② Ibid.，p.1.

基于主观或客观上的共同特征(这些共同特征包括种族、观念、地位、遭遇、任务、身份等)(或相似性)而组成的各种层次的团体、组织,既包括小规模的社区自发组织,也可指更高层次上的政治组织,而且还可指国家和民族这一最高层次的总体(鲍曼,2003:5)。这一概念与基尔克所讲的内部人格是高度一致的。

从上下有序来看,社会法是以上下关系(Einordnung, uher-und unterord-nung)为基础而来认识"主体的拘束"的特点,政治组织的从属性更多强调这一特点。"不同联合体中极其繁多且通常非常棘手的众多规范的目的在于,确定组织机构的数量和种类,为其中的每一个界定一个权能的限制性影响范围,确定各个组织机构间的关系,保障下位组织机构、上位组织机构直至整个组织机构和有机体间相互制约的效能,以及运行、规定有机体功能运作过程的形式,并使其功能的内容与其目的相协调。"以这种内部人格为依据,基尔克强调社会法规范的庞大系统致力于将下位的社会有机体纳入其上位的社会有机体中。"总体状态构成了世界历史主要内容的庞大的集体人(Gesammtperson)已经为任一个自然人创造和改造了生活制度,即在任一个具体的国家法或教会法中都存在一个特别法思想的体系。"(基尔克,2017:76、79)联合体由具有自己生命单元的独立的整体和包含于整体之中的分支或组织有层次的形成,一个丰富的社会法规范系统包含了低级社会性有机体融入更高的有机体中,乃至融入主权性共同体之中的全过程,并最终纳入拥有主权的集体(Gemeinwesen)内部系统中。

三、从属性法律人格的认定

人格从属是劳动关系的一项本质特征,也是劳动关系区别于其他民事关系(尤其涉及劳务与金钱对价给付的民事关系)的关键因素。换言之,劳动者在遵照劳动合同给付劳务的过程中,是依附于用人单位的从属人。通过认定经济组织的从属性,以克服其弊端的名义介入政治组织的从属性。

(一) 从属性法律人格的认定标准

在劳动关系的认识上,我国学界一般认为,大陆法系国家主要采取"从属性标准",主要有三类具体标准。

其一,劳动者的人格从属。"指雇主将劳工纳入其事业单位组织并指示、决定劳工劳务给付地、给付时、给付量与劳动强度、劳动过程,即等于是将劳工个人置于雇主之控制范围之内,并得支配劳工之人身、人格。""在劳工有妨碍企业生产秩序或企业运作之情形时,雇主更得以惩罚,以维护企业之正常生产与运作及资方经营管理之权威。"(黄程贯,2015:A3)"他人决定之劳动"是人格从属的核心。在劳动过程中,劳动者接受用人单位的管理,服从用人单位的指令,遵守用人单位的规章制度与经营秩序,若是违反,将招致于己不利的惩戒措施;加之劳动者一般不掌握生产资料,生产工具归用人单位所有(这是经济从属性的重要表现)。在劳动关系项下,用人单位具有集权体的特质，其与劳动者维系某种程度的统制关系。

其二，劳动者的经济从属。经济从属包括两层含义，一是用人单位支付的工资报酬，是劳动者维系基本生活的主要收入来源；二是劳动者完成劳动之过程，依赖于用人单位提供的生产资料与劳动条件。“德国法上对经济从属性的理解为，如果某人基本上只为另一人工作（时间上看）或者某人虽然为多人工作，但是从其中一人获得的收入超过总收入的一半以上（从收入上看），即该收入是某人的主要经济来源，没有这份收入某人将陷入经济上的困境。”“20世纪初，最普遍、最典型的雇员是工厂里的工人，他们基本都是贫困的无产阶级，完全靠出卖劳动力来养活自己和家人，工作是他们的唯一经济来源，所以帝国劳动法院曾经认为劳动关系的核心特质应该是‘经济从属性’。后来，人们逐渐认识到，经济从属性既不是认定劳动关系的必要条件，也不是充分条件。”（王倩，2017：41—42）有德国学者批评从属性理论，并提出“经营风险理论”，用以区别一般民法所调整的自雇者与劳动法所调整的雇员。“自雇者直接参与市场竞争，为实现自己的经营目的用筹集的资金和招录的员工建立经营场所与组织，一方面自行承担经营失败的风险，另一方面也能自主把握成功的机遇。相反，雇员将自己全部的劳动力都交由雇主支配，服务于雇主设定的经营目标，不管雇主亏损还是盈利，都不能影响雇员主张其劳动报酬。”（王倩、朱军，2015：13）这一观点整合了经济从属的双重内涵。

其三，劳动者的组织从属。组织从属“乃指在现代企业组织形态之下，劳动者与雇主订立劳雇契约成立劳雇关系时，其劳务之提供大多非独自提供就能达成任务。因此劳动者必须编入生产团队遵守生产秩序始能发挥其劳动力，即劳动者必须在有组织有规划之中，以企业组织之一分子为企业组织之目的从事劳动，同时与其他同为从业人员之劳动者共同成为有力的组织体”（陈继盛，2014：192）。组织从属性其实是人格从属性的一个面向，意在说明劳动者需纳入雇主的组织管理体系。“雇员需要服从上级、指挥下级，处于企业金字塔结构之中，完成工作需要团队合作，又或者完成工作任务需要使用雇主提供的工具、设备和场所，这些都是融入雇主组织的典型表现”。（王倩、朱军，2015：14）

（二）从属性法律人格的认定要件

关于经济组织内人格从属的认定，黄程贯以“德国劳动法界关于劳工从属性要件之认定”为题进行了介绍，在笔者看来从人格从属、经济从属与组织三个认定标准中可以抽象出以下一些认定要件，这种从属性可概括为“受雇”“拘束”“利他”“纳入”四个认定要件。这四个认定标准中受雇是前提，利他是目的、拘束是形式，纳入是实质。结合我国的认定，四个标准可以分为主客观两类。

其一，主观核心标准。受雇。德国学者最初的定义中就强调“基于私法合同”的雇佣，这是认定劳动关系的前提要件。没有“基于私法合同”产生雇佣行为这样的前提，后面的一些认定标准是无从谈起的。劳动关系基础是一个私法或民法契约，故所有其他非基于私法契约而提供劳务之人，即均非属劳工，自亦非属劳动法之规范范围，诸如：公务员、法官或士兵（一般均谓无须区分义务役或职业役）等均系依据公法上之行政行为而为劳务之提供，故均不属于劳工之定义范围；又如夫妻间或父母子女间本于亲属法上家务之分担所为之劳务提供，亦非基于劳动契约，故亦非属劳工（黄程贯，1997：56）。我国1995年开始实施《劳动法》及其配套规定。我国《劳动法》第16条规定："劳动合同是劳动者与用人单位确立劳动关系、明确双方权利和义务的协议。""建立劳动关系应当订立劳动合同。"与德国不同的是我国强调书面劳动合同。在未订立书面劳动合同的情形下"用人单位招用劳动者"这一规定显然也是在强调合意，并与德国"受雇"的表述高度一致。除了书面合同的特殊要求外，在强调合意这一要素上，我国与德国并无不同。

其二，客观辅助标准。作为我国《劳动法》的配套规定，原劳动和社会保障部2005年发布的《关于确立劳动关系有关事项的通知》（简称《通知》）开宗明义强调其针对"一些地方反映部分用人单位招用劳动者不签订劳动合同，发生劳动争议时因双方劳动关系难以确定"的情形，即在未订立书面劳动合同而"用人单位招用劳动者"这一情形下才需要客观辅助标准。

纳入，反映组织从属性的要求。我国《通知》对组织从属性有更为具体的描述，不仅强调"用人单位和劳动者符合法律、法规规定的主体资格"，更强调"劳动者提供的劳动是用人单位业务的组成部分"。从德国的规定看，"纳入他人（即雇主）之生产领域或劳动组织之内"这是认定劳动关系的实质要件。"此点亦系人格上从属性之重要表征之一。通常在雇主所指定之时间与场所提供劳务者，即得认定为被纳入雇主之劳动组织。"（黄程贯，1997：68）就纳入而言，"劳务给付内容的详细情节亦非自始确定，劳务给付之具体详细内容不是由劳务提供者决定，而系由劳务受领者决定之"（黄越钦，2003：94）。中德表述并无二致。

拘束，反映人格从属性的要求。我国《通知》规定："用人单位依法制定的各项劳动规章制度适用于劳动者，劳动者受用人单位的劳动管理。""通常在雇主所指定之时间与场所提供劳务者。"①"受雇主指示权之拘束"这是德国司法实践中最为强调的标准，可以视为认定劳动关系的形式要件。黄程贯对拘束进行了较完整的表述："所谓受雇主指示权之拘束乃是指劳工提供劳务之方式、种类、地点、每日工作时间以及契约存续期间等均系由雇主片面以指示权决定之，劳工基本上对之并无自由决定之权利。"（黄程贯，1997：67—68）黄越钦强调了惩戒权："人格上从属性除指示服从关系之外，尚扩及秩序上的惩戒权问题"，关于惩戒权性质、效力颇有争论之处，但一般说来雇主惩戒权之存在应无疑问。"由于此项惩戒权之存在，雇主对受雇人之意向等内心活动过程均能达成某种程度之干涉与强制，此点乃人格上从属性效果最强之处，也是最根本所在。"（黄越钦，2003：94）

利他，反映经济从属性的要求。经济从属性在学术上的不同的理解，可以视为人

① BAG, NZA 1992, 407, 409f; Berger-Delhey/Alfmeier, aaO., 258; Kunz/Kunz, aaO., 327; jeweils m.w.N.

格从属性与组织从属性的综合结果。我国《通知》对这一利他特征表述为:“从事用人单位安排的有报酬的劳动”。对于从事劳动,领取报酬,而不承担经营风险的表述,德国也是类似的。德国学者最初的定义中就提出“服务于他人、有义务为他人提供劳动”的标准,黄越钦的定义中也是在强调这种“利他”的特点,这也可以视为是认定劳动关系的目的要件。

从法律设定的目标出发,不同主体之间的人格是平等且独立的,人格上的从属性系劳动者自行决定之自由权的一种压抑,即负有劳务给付义务之一方基于明示、默示或依劳动之本质,在相当期间内,对自己之习作时间不能自行支配(黄越钦,2003:94)。经济人是一种应然状态,不同主体基于各种因素的差异性,以受雇、利他、拘束、纳入方式形成了人格吸收的极端状态,雇主对劳动者自我决定能力的限制程度已经以达到一方需根据他方之意志进行活动的地步。这样的理论描绘意在强调:在强弱对比悬殊的双方法律关系中,需要某种国家介入。在经济组织从属性所涉的范围内,需要某种政治组织以强制的方式介入,以实现某种社会平衡和伦理的目标。

四、从属性法律人格的类型

随着宏观层次以从属性法律人格作为基本假设,强弱主体的概念也从一个伦理概念转向法律概念。主体法律资格的认定在于身份的确认,只要具备了法律规范规定的身份要件,才能被认定为弱者而得到特殊的保护,也才可成为社会法中法律关系的主体。法人与自然人的区别是产生强弱主体的基本原因。强弱主体的区别是以法人实体理论为依据的,背后有着公法私法化的历史逻辑,由此也产生出三个法律主体。

(一)弱势主体

弱势主体在法理分析中常强调其某种成员的身份地位。尽管社会法中各部门法关于主体资格的共同之处都是对身份的认定,但各个法律部门对其调整范围内的各种法律关系主体资格的认定方式也还是各不相同的。社会法的研究方式上不同于民法,传统私法体系的基础就在于承认抽象平等、自由的人格,而社会法则在于将人还原于具体的人,从而找出需要特殊保护的弱势主体,因此不可能有划一的抽象标准,而只能对主体的特征作一个大致的描绘。以社会法与社会性法的区别,弱势主体中的劳动者与消费者最具典型意义。

社会法意义上弱势主体中劳动者最具典型意义。各国劳动法对劳动者有不同的称谓,我国在翻译时也用了不同的概念,例如受雇人、工人、雇员、雇工、职工等。按我国的情况,作为劳动关系的劳动者是按照法律和合同的规定,在用人单位管理下从事劳动并获取相应报酬的自然人。我们在不同的场合下有时也将劳动者称为“职工”“工人”“干部”“学徒”“帮手”等,既包括体力劳动者,也包括脑力劳动者。不同的学科对于劳动者这一概念具有不同的界定,而且在不同的社会制度和社会体制下,关于劳动者概念的理解也各不相同。劳动者是一个含义非常广泛的概念，凡是具有劳动能力，以从事劳动获取合法收入作为生活资料来源的公民都可称为劳动者(董保华，2002b:51)。劳动法讲的是劳务提供者，其实是劳工的含义。劳动合同所具有之"契约的不完备性"，劳动者与雇主之双方权利义务内容不可能在劳动合同中具体明定，雇主的指挥命令实际上发挥了将劳动关系之债务内容具体化的功能(荒木尚志，2013:17)。我国社会法学意义上的劳动者是与劳务受领者、劳动力使用者相对应的一方当事人。我国《劳动法》提出"保护劳动者"原则，①标志着弱势主体这一概念由伦理概念转变为法律概念。

社会性法意义上弱势主体中消费者最具典型意义。《消费者权益保护法》提出了"保护消费者的合法权益"的原则。经济学意义上的消费是指人们对物质产品和非物质性消费品(服务)的消耗和利用。我国《消费者权益保护法》将消费者界定为"为生活消费需要购买、使用商品或者接受服务"的人。对消费者加以保护是基于其与生产者和经营者相比时处于不利的地位，因此，对消费者身份的认定是与对弱者身份的认定分不开的。当消费主体是个人时，一般认为其与生产者、经营者的实际地位不平等。当消费主体是法人和其他团体时，则一般认为其经济力量与生产者、经营者之间的差距不大，应该可以视为平等的主体，因此不将其规定为法律意义上的"消费者"，不将其作为消费者权益保护法的调整对象，其与生产者、经营者之间的关系由传统的私法来调整。对消费主体的生产性消费不作调整也是基于类似的考虑，进行生产消费的一般是法人和其他团体，个人很少进行生产消费，所以，进行生产消费的主体一般也可以视为与生产者、经营者处于平等的地位。

无论是社会法还是社会性法，从属性关系产生出弱势主体的概念。在公法与私法之间，与弱势群体相对应，市场经济的发展使从属性分离成经济性从属与政治性从属两种，上述从属性法律人格的认定只局限于经济从属。由于这种统治一般是通过机构或"组织"实现统治，因而可以称之为"通过'组织'进行的统治"②。这种从属的区分本身是建立在经济组织与政治组织严格区别的市场经济基础上。社会法是要在诸法分离的基础上研究诸法互动。

(二) 强势主体

强势主体是基于经济从属产生的主体。韦伯所称的依仗利益状况进行的统治，其典型形式是在市场上通过不平等的交换。韦伯所说的是"市场上的垄断主义"而产生的服从关系，社会法以相对弱者理论建立时，这一概念有了极大的扩展。这种统治建立在对财产的占有上，以被统治者的利益需要为基础，③可归结为以报酬为基础、具有交易性特征的关系(布劳，1988:135—138)。无论是劳动法律关系还是消费者权

① 《劳动法》第一章总则第一条规定，为了保护劳动者的合法权益，调整劳动关系，建立和维护适应社会主义市场经济的劳动制度，根据宪法，制定本法。

②③ Max Weber, Wirtschaft und Gesellschaft, Tuebingen, 1980.

益保护法律关系，都是我国在走向社会主义市场经济的过程中出现的经营单位。

自然人与法人的关系需要社会法的调整，实际上是以基尔克主张的法人实在说为前提条件的，只有在法人成为实体的前提下，才可能讨论由于其依据合同，尤其是标准合同，实施某种经济行为时却带来强势地位的法律效果。按基尔克主张的法人实在说，法人之实体乃为具备团体意思之社会的有机体，对此社会的有机体，赋予法律的人格，使之为权利义务之主体，即所谓法人。基尔克承认："在法律领域中，意志是人格的灵魂。"[①]基尔克认为，在个人意思之外，有团体意思；在个人生活之外，有社会生活；在自然有机体之外，有社会有机体。"有机体理论认为国家和其他团体都是社会有机体。它主张存在着这样一个其组成部分是个人、但其本身却高于个人有机体的集体组织。"[②]法人是独立存在的实体，法人与自然人一样，具有自己的独立意思，可以独立享有权利和承担义务，在法律上是独立的权利主体。"一切其他的社会政策性立法将能够被更清晰地体现和更大范围地展现当代商事企业是一个人法上的社团形式这一思想。"(基尔克，2017：51)法人作为一种区别于其成员个体意志和利益的组织体，在法人实体的理论基础上，经过类型化的处理，才可能提出"人格上之共同关系"。

强势主体在法理分析中常强调其某种经济组织的身份地位，强势主体是与弱势主体相对应的另一方主体。有弱就有强，弱者身份是相对于强者的身份而言的。相当一部分社会法的法律关系是既包括特定的弱势主体，又包括特定的强势主体，如劳动法律关系、消费者法律关系。劳动法律关系属于我国社会法的研究范畴，用人单位是与劳动者相对应的另一方强势主体，也是我国劳动法的特定概念。各国劳动法对于这一方主体的称谓，往往注意与"劳动者"的称谓相对应。例如，与"受雇人""雇工""雇员"相对应，往往称为"雇主""业主"；与"职工"相对应，往往称为"企业""事业单位"；与"劳动者"相对应，往往称为"劳动组织"；与"劳务提供者"相对应，往往称为"劳务受领者"等。根据我国的情况，可以将用人单位定义为：依法招用和管理劳动者，形成劳动关系，支付劳动报酬的劳动组织。按我国劳动法规定，用人单位主要是指企业和个体经济组织。事业单位、国家机关、社会团体与劳动者建立劳动合同关系的，也可称为"用人单位"。消费者权益保护法律关系属于我国社会性法的研究范畴，生产者、经营者是与消费者相对应的另一方强势主体。这一类主体，是为消费者提供其生产、销售的商品或者提供服务的人，此处的人应即包括法人、团体，也包括自然人，具体地说就是产品的生产者、商品的销售者和服务的提供者。生产者、经营者能够成为消费者权益保护关系的一类主体，关键即在于其具有了生产者、经营者的身份，这种身份的标准其实就是法律规定的消费者权益保护关系中主体的法律资格的条件。

但在社会法的范围内，并非每一个具体的法律关系中都是由强、弱主体构成。现实生活中，也还存在着弱势主体是特定的，但强势主体则并不特定，如妇女权益保护

---

① Gierke, Das deutsche Genossenschaftsrecht (Bd.II), Berlin: Weidmann, 1873, p.475.

② Gierke, The Nature of Human Associations, trans. Lewis. John D. Lewis, The Genossenschaft-Theory of Otto Von Gierke: A Study in Political Thought, Madison: University of Wisconsin Press, 1935, p.145(转自仲崇玉，2013：58)。

法律关系、老人权益保护法律关系和未成年人保护法律关系中的妇女、老人和未成年人。可见，社会法领域内的法律关系中强势主体有时是一类特定主体，有时则并不是一类与弱势群体相对应的特定主体。由于强势主体是与弱势主体相比较而形成的一类主体，如果说弱势群体是以“身份”认定为特征，“行为标准”则是强势主体最主要的认定标准。虽然在事实上，生产者、经营者的财产条件、技术条件等各不相同，但他们作为消费者权益保护关系的强势主体，都具有一个共同的特征，即向消费者实施了销售行为或者实施了损害消费者利益的行为。同样，垄断者只有在实施了垄断行为时，才可能产生反垄断法律关系。各类用人单位在实施了用人行为才会产生劳动关系。

（三）超强主体

超强势主体是基于政治从属产生的主体。韦伯所称的强制性（命令）的统治，这是一种“独立于”特定利益之外的、要求被统治者服从的权力。它与权威的命令权力一致。[①]人们与这种权力的关系并非“自由”选择的，甚至是无法替代的和不以人们的利益需要多少为转移的，人们只有被动式地服从。超强主体在法理分析中常强调其某种政治组织的身份地位。国家具有定义和创造合法性的机制，也是积累资源、行使这种合法性的组织。国家拥有超强的权威，个人的权利只有通过与国家的关系来定义，因此我们可以称之为超强主体。有学者认为，国家在现有制度背景下、在社会转型中依然保持对单位组织强有力控制的基本统治手段，成功的运用武力、组织力和意识形态的霸权来对领土内的所有人行使权力（理查德·拉克曼，2013:1），也是影响或决定单位组织最重要的直接因素。

政治组织与传统氏族组织相比，生存的基本制度基础没有根本改变，因而政治组织不仅依靠国家统治工具还保持着很强的伦理特征。（1）国家控制的社会资源和财产，仍然在社会中，特别是在城镇社会中占有绝对优势。[②]（2）所有的单位组织仍然处于一种很强的行政隶属关系体系之中。隶属于国家的各种单位组织，其主要职能是以国家和政府的名义管理国家所有的资源。改革导致的主要是政治组织“代表”国家进行统治的权力的形式发生变化。（3）国家对一些重要的经济组织领导人具有直接或间接的任免权。这种任免权来自传统社会主义社会国家将两种统治权力合一的基本统治结构。（李汉林、李路路，1999:47）

第二节　福利关系的义务主体

社会法法律人格是权利义务主体。经济组织意义下的单位人是与市场人相对立

---

① Max Weber, Wirtschaft und Gesellschaft, Tuebingen, 1980.

② 全国基本单位普查办公室编：《中国第一次基本单位普查简明资料》，中国统计出版社1998年版。国家统计局编：《中国统计年鉴(1997)》，中国统计出版社1997年版。

的一种理论假设。只有结合客体理论，才可能认识社会法法律人格的特点。用人单位的经济从属性特征使其偏离平等性而产生强势主体的特征，更进一步，经济组织作为强势主体在宏观层次被论证为义务主体，并成为政治从属性介入的前提条件。

一、劳动关系的客体理论

劳动法律关系的客体是劳动权利和劳动义务指向的对象。随着经济体制改革，劳动力市场的发展，这种对象是劳动力。马克思说："我们把劳动力或劳动能力，理解为人的身体即活的人体中存在的、每当人生产某种使用价值时就运用的体力和智力的总和。"①

(一) 主体客体的"合"理论

劳动者作为劳动力所有权者有偿向用人单位提供劳动力，用人单位则通过支配、使用劳动力来创造社会财富，双方权利义务共同指向的对象就是那种蕴含在劳动者体内，只有在劳动过程中才会发挥出作用的劳动力(董保华，1998b：37)。宏观层次的合法性强调两种意义的诸法合体。

在康德看来，所有权是主体对外在物的抽象的支配权，由此，我们看到了"意思自治"基本原则与人身依附关系的冲突。作为劳动法律关系的客体，劳动力具有如下特征。(1)劳动力存在的人身性。劳动力存在于劳动者身体内，劳动力的消耗过程亦即劳动者生命的实现过程。这使劳动法律关系成为一种人身关系。(2)劳动力形成的长期性。劳动力生产和再生产的周期比较长，一般至少需要 16 年，有些能力的形成还需要更长的时间。形成体力和脑力的劳动能力需要大量的投资。在社会主义条件下，这部分投资主要是劳动者个人负担的。(3)劳动力存续的时间性。劳动能力一旦形成是无法储存的，而过了一定时间又会自然丧失。(4)劳动力使用的条件性。劳动力仅是生产过程的一个要素，只有与生产资料相结合才能发挥作用，劳务受领者一般控制着生产资料。劳动力的这些特征要求国家对劳动力的使用采取一些特殊的保障措施，既能使劳动能力得以发挥，又能使劳动者不受伤害，这是宏观层次实证法与自然法合体的原因。

劳动关系不仅是一种财产关系，而且是一种特殊的财产关系。劳动力与劳动者在经济上有一定程度的分离，形成劳务提供与受领，这是劳动力成为客体的依据；劳动力与劳动者在自然状态上是统一的、不可分离的，"支配劳动力即等于支配劳工之人身、人格"(黄程贯，2015：A3)，这是劳动者成为主体的依据。劳动法的产生是要解决商品经济发展过程中暴露出来的那种劳动者与劳动力、主体与客体在经济上分离(形成财产关系)，而在自然状态上劳动者是劳动力的物质载体，主体与客体又是统一的(形成人身关系)矛盾。通过恰当的分类、分层，有利于劳动法的制度建设。劳动法

① 《马克思恩格斯全集》第 23 卷，人民出版社 1972 年版，第 190 页。

律关系的各项权利义务都是紧紧围绕着劳动力展开的,大体可分为劳动力的让渡、劳动力的作用、劳动力的保护,这些关系在客体上有区别。如果说自然人的财产关系主要纳入微观层次进行私法调整;自然人的人身保护对于理解宏观层次的主体具有重要意义,从属性主要强调义务属性,很大程度上是将私法内容纳入公法性规范来进行调整。

(二)劳动关系客体的思维逻辑

公元前1世纪的西塞罗(Marcus Tullius Cicero)说:"为了理解词并为了写作,没有什么比把词划分为两个种更有用和更令人愉快的练习了:一个种是关于物的,另一个种是关于人的。"公元2世纪的法学家盖尤斯(Gaius)就把所有的实体法简单地划分为人法和物法,[①]这是主体与客体的分类。通过人法的筛选,使以物为客体的交易,只限于少数法律限定的对象。

从思维逻辑观察,在人格权的问题上,我国民法学界曾经流行观点是"人格权否认说"。但从现实逻辑来看,人格权保护已经成为社会生活中必须规范的内容,正如有学者所言,"人格权概念的提出还必须克服人们观念上的一个误区。这就是所谓的人格权否认说,即不承认有所谓的人格权"。然而,承认人格权,又会陷入既是权利的主体,又是权利的客体,还是权利内容的民法理论困境。"人文主义所确立的人是世界的中心、是主体的观点,人之外的其他事物是客体。而如果承认人格权概念,那么人既是权利的主体,又成为权利的客体,这样理论上就无法自圆其说。"(李新天,2009:122)不仅如此,以传统民法理论解读出现了一个难以回避的逻辑矛盾:客体是否可以"内在于人"的方式存在?马俊驹认为,在这里立法者遭遇到一个重要的难解的理论问题,因为在传统理论看来,权利的客体只能是"身外之物"(马俊驹,2007:4)。

法律关系客体是研究财产关系的重要理论范畴。[②]在财产法律关系中,人与人的法律关系是就某一财产而发生的,如所有权关系,人作为法律关系的主体,占有、使用、处分该财产以及相应的他人的抑制行为构成法律关系的内容。对于这样的关系,之所以能够提出而且也有必要提出客体问题是因为在现实的经济关系中,财产物本身的性质具有重要的作用。例如,对某项消费品拥有的所有权与对某项不动产拥有的所有权在自由处置上要受到完全不同的限制。前者限制很少,后者限制很多。可见物本身的性质在很大程度上要影响到权利义务的实质内容。只有与财产有关的权利义务关系才存在着客体问题(周沂林等,1995:239—245)。劳动关系的财产性质决定了劳动力的性质在很大程度上要影响到权利义务的实质。

① 我们所使用的一切法,或者涉及人,或者涉及物……(盖尤斯,1996:4)。

② 笔者认为,把"三要素"理论不加限制地引申到一切法律关系中,断言一切法律关系的构成都包含客体要素是不恰当的。其结果是法律关系客体外延全面且又广泛,而内涵却丧失了任何规定性。这种法学理论对于我国的立法并无指导意义。这种现象的发生是由于原本调整财产关系的法律制度,被不恰当地扩大到各个领域所带来的问题。

(三) 劳动关系客体的历史逻辑

从历史逻辑观察，劳动者在人身所有、人身依附、人力交换三种关系中的法律地位其实是不同的，可以视为这种思维冲突的一种历史表现，自然法向实证法转变，又从实证法向自然法靠拢，总体上是一个客体转向主体的认识。

其一，人身所有关系。奴隶社会存在人身所有关系，奴隶的人身本身是一种财产，受物法调整。不仅生产资料成为私有物，劳动力也被视为私有物。我国较为主流的观点是在罗马帝国，法律制度建立在二元体系之上，即市民法与万民法(含自然法)并存，只有罗马自由市民才能享有人格，而奴隶是没有人格的，故罗马法之人格理论最重要的特征就是人与人格的分离。“人也可以成为商品，如果把人变为奴隶，人力也是可以交换和消费的。”①劳动者成为侵略战争的掠夺对象，成为债务的抵押品，成为商品的一个品种。奴隶主占有了奴隶的人身，也就占有了其藏于躯体内的劳动力。这时成为奴隶主财产权客体的不是劳动力而是劳动者。奴隶不能充当权利主体，只能充当权利客体，他是奴隶主所有的财产，当然谈不上他的劳动力另外有什么性质。

其二，人身依附关系。封建社会存在人身依附关系，身份法作为一种人法，具有很强的公法性。从罗马法开始，大部分自然人并不是权利主体，直至中世纪，在权力问题上采用了一种简单的思维方式，它把个人的权力、义务都归结为“身份”，身份关系决定一切，从而使权力成为极少数封建主的特权。这时劳动者只是作为一种义务主体而存在，由于法律与伦理并未彻底分离，这种义务主体往往也具有伦理人格的特点。在支配与被支配的自然经济状态下，劳动力的所有与劳动力的使用完全统一，并不存在劳动者与劳动力的分离。

其三，人力租赁关系，在1804年公布的《法国民法典》把雇佣劳动力当作租赁关系，直到1900年《德国民法典》才专门规定了雇佣一节。不论《法国民法典》，还是《德国民法典》，虽把劳动者当作主体，却把劳动力当作权利客体，劳动力与其持有人分开。资本主义社会既不存在奴隶社会那种人身所有关系，也没有封建社会那种人身依附关系。资本主义制度给人类历史带来的后果是一方面使劳动者(工人)完全失去对生产资料的所有权，另一方面却也使劳动者在法律上获得了完全的人身自由。随着商品经济的发展，劳动力的所有与使用必然在经济意义上分离，这种分离是作为一种历史的进步而出现的。我国的经济曾向自然经济的方向演变，这正是回避劳动力有偿转让这一事实的历史条件。实际上，当劳动力完全由劳动者自行支配时，就不存在现代意义上以劳动者与用人单位分别为当事人的劳动关系，也不存在调整这种劳动关系的劳动法。

其四，人身保护关系。雇佣契约时代是受18、19世纪法国大革命影响而开始有显著进展的。当时人格至上的观点，导致自由主义者将劳动关系全面债权化，劳动力成为买卖关系中之商品，舍弃原有之借贷或租赁契约制度，各大民法典都开始规定雇佣契约。20世纪以来，劳动法成为独立的部门法以后，随着劳动法的调整机制的社

① 《马克思恩格斯选集》第4卷，人民出版社1972年版，第172页。

会化，作为调整结果劳动法律关系则不同于雇佣法律关系。由于劳动关系含有一般的债的关系中所没有的特殊的身份因素在内，自19世纪末20世纪初以来，遂进入具有社会色彩的劳动契约时代。劳动关系具有复合的特点，强调人身保护。

其五，人力资本关系。20世纪60年代初，舒尔茨的“人力资本”理论作为“经济史上的革命”①证明了人是推动经济增长和发展的真正动力，使劳动对资本的从属关系发生了变化：人力资本成为与物质资本平等的社会资本形态；而企业就是“一个人力资本与非人力资本的特别合约”（周其仁，1996）。人事革命是以“人力资本”作为理论，职工参与因此被注入了现代性。布莱尔的“利益相关者理论”基于企业契约学说和人力资本学说，认为不应把公司看作是属于股东的一束物质资产，而应该把它看作是支配“企业——特殊的财产”的所有利益相关者之间关系的制度上的安排（石旭雯，2007：131）。

随着商品经济的发展，劳动力的所有与使用必然在经济意义上分离，解决的方式是将保护劳动者作为一种社会权利加以规定，并形成倾斜立法体例，国家通过对最低工资、最高工时、劳动安全卫生的标准等基准立法，以法定内容对劳动关系当事人的约定内容进行限定。如果不将劳动力作为客体来认识，恐怕很难正视劳动关系在社会主义市场经济条件下呈现出来的特点（董保华，1998b：39）。也不可能以合体方式来对劳动者的人身进行保护，由此会决定法律人到自然人，伦理人到自然人的历史演变，也决定了宏观层次的义务结构。

（四）劳动关系客体的现实逻辑

劳动力与劳动者虽在经济上有一定程度的分离，但在自然状态上是统一的、不可分离的，这决定了自然人人身保护的必要性。劳动力的保护是对劳动者的保护，劳动力与它的物质载体——劳动者的身体密不可分（董保华，1998b：38）。劳动关系的合体保护可以从私法与公法两个方向进行研究，由此形成两种理论进路。

从私法的理论进路上看，承袭罗马法的旧观念。我们国家目前大规模民事立法的主要继受和参考的法典如《法国民法典》《德国民法典》《日本民法典》《俄罗斯民法典》等都没有采用“人格权”或者与之相类似的概念。《瑞士民法典》有“人格的保护”的规定，也没有直接规定“人格权”，但这种立法的现实似乎为将人格权理解为主体的观点提供了依据。人格权保护成为一种可以做却无法说的权利，归入主体的理解，至少可以回避源于罗马法理论体系的矛盾。以《德国民法典》为蓝本的《瑞士民法典》在其总则“自然人”一章，规定了“人格的保护”内容，其核心条款是：“人格受到不法侵害时，为了寻求保护，可以向法官起诉任何加害人”（第28条第1款）。《瑞士民法典》在形式上突破了《德国民法典》将人格之保护问题规定于侵权之债中的模式，从而将《法国民法典》与《德国民法典》关于人的伦理价值“内在性”的隐晦的价值逻辑判断，通过

① M.J. Bowmn：The Human Investment Revoloution in Economic Thought，Sociology of Education 39，1996，pp.111—137.

立法的形式直接表述了出来，规定于“自然人”一节的“人格的保护”，清晰地表明了法律对于人的伦理价值的保护乃是通过“人之本体的保护”模式来实现的（马俊驹、张翔，2004：50）。这一模式对社会法也有参考意义。

从公法的理论进路上看，劳动关系中财产性、平等性的内容可以纳入社会法微观层次的私法规范进行调整；正是民法人身保护的不足，才使劳动关系的人身性、从属性内容主要纳入社会法宏观层次的公法调整。“内在于人”的各种伦理价值要素不可能成为权利的客体，也就是说，一个人对“身外之物”、对他人都可能享有权利，但不能对自己享有什么权利，这是一种自罗马法以来形成的传统的权利观念（马俊驹，2007：4）。这种逻辑矛盾在进入公法保护后会被大大掩盖。我国行政立法上偏重于行政机关对公民的管理和支配，行政相对人本身是一个理论性质不够清晰的概念，从历史传统上看，我国常常把公民作为管理的客体来对待。从人身保护的角度出发，劳动者作为一种受益主体，用人单位承担公法上的保护义务。在社会法的范围内，雇主不仅更多地被作为义务主体来对待，更是作为公法意义上的义务主体来对待。

从传统私法理论、公法理论都存在着一定逻辑矛盾，然而，两种理论进路都不得不采取容忍逻辑混乱，而形成对雇主权利进行限制的共同立场。社会法的发展要求突破传统民法的理解，劳动法的产生是要解决商品经济发展过程中暴露出来的那种劳动者与劳动力、主体与客体在经济上分离（形成财产关系），而在自然状态上劳动者是劳动力的物质载体，主体与客体又是统一的（形成人身关系）矛盾。解决的方式并不是只承认人身性质而否定其财产性，因为这样就会回到自然经济状态（董保华，1998b：39），将劳动关系中财产性的内容纳入微观层次并以私法调整为主，将劳动关系中人身性的内容纳入宏观层次并以公法调整为主，是我国社会法的基本解决方式，由此会决定法律人到自然人，伦理人到自然人的历史演变，也决定了宏观层次的义务结构。

二、西方法律人到自然人

法律人到自然人，带来权利主体向义务主体的回归。从强调任意选择出发，权利主体必然是一种抽象主体，只有符合抽象条件才能扩大权利范围；从强调强制拘束出发，义务主体必然是一种具体主体，只有符合具体条件才能承受义务设置。如果说，义务主体到权利主体的演变，是通过身份到契约的抽象化过程完成的；法律人到自然人则是契约到身份的逆向运动，可以分为法律人向伦理人回归以及伦理人向自然人的回归两个过程。

（一）具体人格与义务主体

社会法的具体人格是根据社会的经济的身份地位以及职业的差异，区别强弱而形成的一种人格，这种人格与义务主体有着密切的联系。对于具体的人，星野英一有一段著名的论断：“可以说已经从将人作为自由行动的立法者、平等的法律人格即权利能力者抽象地加以把握的时代，转变为坦率地承认人在各方面的不平等及其结果所产生的某种人享有富者的自由而另一种人遭受穷人、弱者的不自由，根据社会的经济的地位以及职业的差异把握更加具体的人、对弱者加以保护的时代。”（星野英一，载梁慧星，1997a：185—186）从合法性来观察，具体人格与义务主体的关系可以从三个方面来认识。

其一，具体人格是基于具体地位而形成的身份人格。马歇尔强调具体人格是“共同体自己所建立起来的，它取决于公民的身份地位”。追根究底，社会法意义上的具体人格是一个古老的身份概念演变而来，“caput”和“persona”这两个词都可以译为人格。两者的共同特点是把法律上的人与生物学意义上的人（homo）分开，从后者优选一定的成员作为前者的成员，优选的标准是自由、市民、家族、名誉、宗教等身份之具有（徐国栋，2007：5）。对于“人格”概念的产生时间，我国学界存有争议，人格这一概念是否产生于罗马法？是主要争议焦点。罗马法上一个人必须同时具有自由人、家父与市民三种身份，才能拥有“caupt”，即在市民名册中拥有一章的资格，才能是罗马共同体的正式成员，否则就被视为奴隶或者从属者或者外邦人。据此徐国栋得出结论，身份人格本身是一种权利，但它又派生出更加具体的权利（徐国栋，2009：27）。从契约到身份的反向运动中，强者、弱者被视为新的身份，也会产生出新的基于身份的利益或义务。

其二，具体人格是与抽象人格相对应的社会人格。星野英一强调抽象人格是将“平等的法律人格即权利能力者抽象地加以把握”的人格，而具体人格是“根据社会的经济的地位以及职业的差异把握更加具体的人”。马歇尔强调了这种人格“与根植于人之所以为人的本性之中”的抽象人格的区别，具有“在某种程度上它以强者为代价而支持了弱者”的特点。里佩尔（Georges Ripert，1880—1958）在他的《职业民法》中写道，“法律不是为了一个国家内的全体人们，而是以各种职业集团为对象而制定的”，“我们必须给法律上的抽象人（例如甲、乙）穿上西服和工作服，看清他们所从事的职业究竟是什么”（里佩尔，载梁慧星，1997a：187）。拉德布鲁赫对“抽象的”的法律人格作出了更清楚的表述，它是将所有的人都视为被抽象掉了各种能力和财力的差别而存在的平等的个人。民法典是“不知晓农民、手工业者、制造业者、企业家、劳动者等之间的区别，而只知道完完全全的法律主体，只是‘人’”（拉德布鲁赫，1962b：109）。“人在这些民法上的资格中，被作为平等的主体对待，两者之间的经济实力、社会势力、情报收集能力的差异完全没有当成问题。”（拉德布鲁赫，1962a：12）具体人格将这些抽象内容进行还原时，法律人格中被抽象掉的伦理内容也随之还原，就会出现一个带有鲜明的社会学意义的“社会人”定义。法律上的抽象人穿上西服和工作服时已经从原子人走向了社会人，具有某种伦理人格的特点。

其三，具体人格是与具体义务相联系的义务人格。古老人格本身是一种权利，但它又派生出相应的义务。随着伦理义务转变为法律义务，新的人格认定则是从义务承受的角度来进行认定。具体人格由于强调“穷人、弱者的不自由”的特点，星野英一用“处于强者立场者而自由受到限制的人”表达了义务主体的含义（星野英一，载梁慧星，1997a：185—186）。马歇尔对强者成为义务主体的表达是“在某种程度上它以强者为代价而支持了弱者"。法律上的抽象人穿上西服和工作服时已经从原子人走向了社会人，权利主体受到义务人格的限制。这时也形成了一类具有社会法意义的义务主体："纳入雇主负有保护劳工免于生命及健康受到危害之义务的政策衡量，亦即一来，法律应限制、禁止个别的企业主纯粹为追求利润而毫无节制地剥削劳工，以确保总体经济之劳动力潜在能量，免得劳动力再生产之质与量的方面，如在短期内被破坏，则长时期亦无法回复，结果将对经济造成危害。"（黄程贯，1987：32）

具体人格是在社会法的发展中形成的新范畴。拉德布鲁赫认为："社会法是基于所有法律思想在结构上的转移和立足于新的人的概念所形成的法。"[①]具体人格虽然是从古老的身份概念发展而来，但在契约到身份的运动中已经有了新含义。星野英一在对劳动关系、格式合同关系和消费关系方面的立法变化进行研究后认为，法律开始承认社会上、经济上的强者和弱者的存在，并且以抑制强者，保护弱者为特征。新老身份的共同特点是都具有很强的自然性、伦理性。历史上，如果说权利能力是通过抽象形成平等法律人格，抽象人格还原于具体人格时，是一个逆向的发展过程，具体人格是通过法律人格回归自然人格、伦理人格来形成的。在当时的立法者眼中，"平等、抽象人格"加上财产权足以推动社会的发展，但是，在物质生活繁荣、发达的情形下，人格、尊严、人格利益也遭到法律的漠视，这种现象日益受批评。劳动异化理论也是在这样的背景下产生的。随着社会矛盾的发展，这种抽象的平等、自由的人格日益暴露出矛盾，也与当时的历史传统发生冲突。社会人概念其实是从具体人格的角度来对抽象人格进行批评。社会主义更是在新康德主义的影响下，发展出伦理社会主义，法律人向自然人、伦理人回归，在诸法合体中古代自然法也在新的历史条件下复兴。

（二）西方法律人向自然人回归

法律人向自然人回归强调人的生物属性。人是生物人，人格与人身的联系，使西方法律人向自然人回归，私法与公法的合体，出现自然人的人身保护。基尔克强调人格体优先保护，辛茨海默强调"社会法再次把人（Person）变成自然人（Menschen）"[②]。辛茨海默的表述，其实也含有从生物人的视角来理解法律人格的意思。"新的人的概念导致新的法律，该新的法律就是社会法，社会法不仅把自然人理解为人（Person），而且把他理解为社会生物"[③]，他以对人在法律中的形象反思为出发点来论证社会法产生的必要性。具体而言，"民法从通常只是物、奴隶的自然人（Mensche）中创造出了人（Person）；社会法再次把人（Person）变成自然人（Menschen）"[④]。"自然人"也是

---

① 引用拉德布鲁赫的论述（桥本文雄，1929：122）。

②④ Hugo Sinzheimer, Das Weltbild des Bürgerlichen Rechts, in Hugo Sinzheimer, Abeitsrecht und Rechtssoziologie, Europäische Verlaganstalt, Band 2, p.322.

③ Hugo Sinzheimer, Der Wandel im Weltbild des Juristen, in Hugo Sinzheimer, Abeitsrecht und Rechtssoziologie, Band 2, Europäische Verlaganstalt, p.43.

路德维希·费尔巴哈(Ludwig Andreas Feuerbach, 1804—1872)在揭示和批判了宗教的本质之后而形成的对人的本质的理解。

对国家和法律,要把人当作自然现象的一部分或者在大自然的延长线上来加以把握,费尔巴哈人本哲学,以唯物主义的观念做出了重要的论述。他认为,人是一种自然的存在,人与动物一样仅仅是自然界的产物,人与动物的区别只在于人是有意识的自然界的特殊产物,而意识也只是"自然人"的固有属性。在他看来,人首先是自然的存在物,人通过自身的生命活动将自然的本质转变为人的本质,自然是费尔巴哈的"现实的人"的出发点,人与自然应该达到和谐的状态。(费尔巴哈,1984:523)。古代自然存在的秩序的法,我国有学者认为"人格本是一个自然法上的概念"[①],自然法的内容在各个时期并不相同,夫与妻之间、父与子之间、主人与仆人之间的关系,就是属于"自然存在的秩序",就应该由自然法来调整(吕世伦,2008:27)。在家庭关系中,之所以通过自然人义务来进行调整,根源在于大量家庭成员作为一种生物人而非法律人存在。社会法福利关系很大程度上只是在更大范围内打造了家庭的机制,如果说劳动者是自然人,从属关系的另一方并不只是用人单位,以内部人格为依据,基尔克强调社会法规范的庞大系统致力于将下位的社会有机体纳入其上位的社会有机体中。这种法律人的形象的根本差异注定了他主张的社会法将不再仅仅属于传统私法的权利人范畴。

(三)西方法律人向伦理人回归

法律人向伦理人回归强调社会属性。自然人更多的是作为一种兼具习惯、道德、法律的伦理义务的主体而存在,人与人之间的关系主要是通过身份制度勾连起来的。伦理成为一个融合习惯、道德、法律甚至宗教的概念。血缘关系中的亲疏远近和社会关系中的尊卑贵贱决定了其各种义务的大小,人被深深嵌入在等差有别的人际关系网里,过着不平等的生活(沈寨,2011:1—8)。道德被视为伦理秩序应有的调节规范,伦理法律化语境中的合法性实际上是强调了某种施善与受善的不同地位。

其一,人格的价值理性。从价值上看,对于人的认识,始于对人性的看法。人的本性内核主要体现为某种价值理性,表明人是一个精神的存在。亚里士多德在《尼各马可伦理学》中对正义进行了比较完整的论述,历史上这种以伦理价值来概括的人性,往往与团体性相联系。亚里士多德的正义观源于柏拉图(Plato),柏拉图的伦理理论中含有团体主义和社会连带主义的元素。在人类早期历史发展过程中,在一个特定团体内,各个民族都形成了某些关于正义的思想,但是他们在具体内容和表述的方式上存在差别,往往从"正义""理性""神意"这些较为抽象的认识中归纳出对人性的看法。古代自然法是以自然主义的观点看待人性,古希腊的自然法与自然法则基

① "人格本是一个自然法上的概念,它体现的是人的伦理价值;人格权应是一个实在法上的概念,它体现了法律对人的伦理价值的保护方式。从这个意义上讲,人格与人格权之间既有联系又相区别,一个是根源性、原则性的理性信念,一个是结果性、制度性的法律规范"(马俊驹,2007:3)。

本相通。由于希腊国家(城邦)一般是从氏族组织中自然而然形成的事实,西方的古代人尤其希腊人大多是以朴素的、直观的视点和方法来考察社会的伦理现象(许春清,2002:23)。“正义”“理性”“神意”都是从团体的角度来认识的。人作为道德人,伦理人格的形成有其客观的物质性基础,也有其主观精神条件,福利社会在广泛的意义上给尊严、价值这类古典价值赋予现代的法律意义。

其二,人格的家父核心。从主体上看,人法意义上的人格是一种以“家父权”为核心的具体的人格,也以不平等为特征,社会活动的组织主要依赖人法进行。盖尤斯划分为人法和物法,人法主要包括如下内容:根据是否享有自由权对人进行的分类;根据是否享有家父权对人进行的分类;根据是否享有市民权对人进行的分类。人法可以说是按照自己的标准,寻找出强有力的管理者,并赋予管理者一定的自由,由他们承担着维护社会秩序的职能。在福利国家的体系中国家充当了家父的角色,即基尔克所说的“上下有序”。历史上的身份性契约也可以说是具体人格配以抽象契约内容,契约的履行主要依赖人法的具体规定;身份契约虽然形式上也是一种契约,可以改变身份地位,但不同身份所对应的义务却基本上是公法性的,我国社会保障中的有些契约也有类似的特点。

其三,人格的身份特点。从内容上看,人格与身份的联系,使西方法律人向伦理人回归,伦理与法律的合体,出现从属性的义务属性,即基尔克所说“内外有别”。身份表现为自然身份和社会身份,古代文明形态各异,但正如梅因所言,有一个近乎相同的起点:“人们不是被视为一个个人而是始终被视为一个特定团体的成员”(梅因,1984:105)。换句话说,社会的单位是“团体”而非“个人”。血缘之根本属性在于身份,以血缘关系为秩序组织工具的社会必然是伦理社会,形成以伦理道德为支点的人法类型,从“社会约束的世俗存在”出发,建立一种具体人格。团体人的一个突出的特点是将团体与成员的关系视为从属性的等级关系。事实上,团体内部成员之间主要不是法律义务,更多的是习惯义务与道德义务。

其四,人格的分拣功能。从方式上看,从社会人的演变来看,新旧身份虽然有很大差异,但某种“分拣机”功能非但没有弱化,而是得到了强化,这种功能往往与公法机制相联系。徐国栋将人格比喻为一个分拣机,它由主权者根据各种治理考虑操纵的,这等于是宣示人格制度的纵向性或公法性,因此,人格经常从否定的意义上即剥夺的意义上规定(徐国栋,2009:128)。徐国栋更进一步认为,“分拣机”功能造成这样社会秩序:阶级分明(奴隶与主人的划分)、长幼有序(家父和他权人的划分)、内外有别(外邦人与市民的划分)、幼(小孩)弱(女子)有所恃(家父的保护功能)、幼弱有所养(监护和保佐)(徐国栋,2002:47)。在这种政治意义上的市民社会中,身份表征着主体对于某一集团的从属以及他由此得到的权利义务分配结果,往往成为分配社会资源的工具。福利社会中强者、弱者作为一种新的身份制度,之所以保留公法性的分拣机功能,除了维护社会秩序外,是为了体现当代人权价值。

“法律人格”一语源于拉丁语“Persona”。“Persona”原意是指演员演出时扮演的各种角色(周枏,1994a:106),进而意味着扮演剧中演员的角色,因此该语源是象征性的。基尔克日耳曼学派提出了人格权理论，涉及自然人人格、法律人人格的联系与界定。以尼基施（Nikisch）为代表的一些学者认为，“将劳动关系与其他指向与给付交换的债权关系相区分，更多是十多年来在德国占主流的观点，劳动者和雇主之间紧密的人格约束允许将劳动关系称为共同体关系（Gemeinschaftverhältnis）”①。政治本是对社会公共事务的管理，从法律人到自然人的运动中，劳动关系这一概念从普通的债权关系中区别出来成为社会法的调整对象，社会公共事务也因此在政治性之外形成了社会性的特点。基尔克主张的社会法具有很强的公法性，也构成义务主体理解的理论基础。

三、我国伦理人到自然人

我国单位人作为义务主体，在伦理人到自然人的过程中，承担的义务有了很大的变化。作为一种自然经济，历史上我国具有行政性特点的单位组织是以排斥市场机制为前提的，政治系统汲取社会能量，增加行政张力，希望达到减少社会冲突的目标。单位的制度性特征所导致的“单位人”的特点，从资源获取方式等多维度来衡量，均表现出强烈的人伦性质（王宁，2018：48）。政治伦理人向经济伦理人的发展，我国社会法宏观层次的形成，是从一种身份到另一种身份的演变。这种发展进路构成我国宏观层次上伦理人向自然人回归的不同特点。

（一）单位人的政治伦理义务

我国特定历史时期存在的行政性单位可定义为再分配体制下中国社会调控体系中以实现社会整合和扩充社会资源总量为目的的制度化组织。改革开放前，在劳动用工方面否定市场机制，劳动关系只具有从属性、人身性，单位人具有政治权力的人格，这种人格源于国家政治权力的宏观安排。这是韦伯所说的那种“独立于”特定利益之外的权力，一种强制性命令统治，单位人基于政治责任产生出某种伦理义务。在私法的抽象人格外，基尔克关于“公法成为抽象的国家的生活制度”②的论述，说明也存在着一种公法性的抽象人格，行政性单位人其实就是这种抽象人格。

新中国成立后，公德的观念在民众中得到了广泛传播，并演变出对“私德”的讨伐，对公权的支持。在我国高度集中统一的管理体制下，我国逐渐形成一种主流道德意识形态，这是一种以“集体至上”为核心、以“非功利性”为特征的道德价值观，在此基础上提炼出国家道德的概念。在一段历史时期，各种“身份”所享有的差别性的权利和义务都是预先给定的，个人没有选择的权利，通过这种可称之为行政性单位人形成了两个依附性很强的伦理人结构。一方面，国家控制着绝大部分的资源和机会，所

---

① Nikisch, Arbeitsrecht, Band 1, J.C.B. Mohr, 1961, p.7（转自沈建峰，2019a：41）。

② “因为罗马法，私法与公法的彻底分立最终实现，私法成为自由的个人人格的势力范围，公法成为抽象的国家的生活制度”（基尔克，2017：28）。

以单位组织必须依附于国家而成为行政性的单位；另一方面，单位作为承担着包括政治控制、专业分工和生活保障等多种功能的组织而被重视，个人只能通过依附于单位来依附于国家，而成为单位人，这样就形成了一个“国家—单位—个人”之间强制性的行政依附关系结构(李路路，2013：13)。依据中国人的传统，一直以“家”为原型理解人伦，诠释社会秩序。这种体制的运行高度依赖正式的组织和国家权威的伦理观念，这两个依附中个人与单位并没有自己的独立利益。政府将所有的人编入一个庞大的科层体系，并固定他们各自的位置和角色。这样，便有了各种各样的“计划身份”。例如城里人与乡下人、干部与群众、国营与私营、单位与个人。不同的身份有不同的权利和义务。“公”身份享有特权，“私”身份却不被承认或受到歧视(陈国富、卿志琼，2000：21)。在这样的分布网中行政性单位组织的从属性具有特别重要的意义。

与行政性单位相联系的单位人，是集伦理人、政治人于一身的管理主体，伦理人格可以说是一种具体人格，政治人是一种抽象人格，以公德的名义混合为一种“政治—伦理”人格。单位权力是政治权力的一种延伸。当时国营企业采取的是公法调整方式，是一种权力结构。(1)从主体上看，正如有学者所描述的那样，我国当时是国家与劳动者是两个公法主体，企业一方被称为“企业行政”，只是执行国家政策的一个层级。(2)从内容上看，国家的政策是调整的依据，人员并不能根据市场的需要进行流动，我国长期实行的固定工制度，人员只进不出，职工不能辞职，单位也不能解雇。根据工作需要，只有国家有权对劳动者进行工作调动。(3)从形式上看，国家与个人之间不需要书面合同，而是以默示形式确立的一种终生合作关系，具有超稳定的信赖基础，很多劳动法的教科书将“劳动法律关系具有长期性”作为一大特点来概括。

行政性的单位以及单位人的研究肇始于20世纪五六十年代，由海外学界发起的“共产主义中国社会”研究。①美国新传统主义学者华尔德(Andrew G. Walder)出版于1986年的《共产党社会的新传统主义：中国工业中的工作环境和权力结构》一书，以单位作为分析中国社会的基本单元，开创了中国单位研究，也代表了中国研究某种范式的转移：分析焦点由重要历史人物与事件转变为实体社会的微观运行过程，从政党和意识形态研究转向有理性选择能力的个人(华尔德，1996：16—17)。制度目标是单位组织研究中首先涉及的内容。1950—1980年对“共产主义中国社会”进行研究形成了新传统主义话语。庇护依赖关系便是对这一研究的概括，这种研究在制度目标之外，注意到制度实施的现状。这一时期的研究成果在当时并没有明确地冠以“单位研究”名号，但实际上已全面触及现代中国社会的体制、制度、组织、动员等单位制研究的基本领域和问题。华尔德的研究与之前的一些研究的最大区别，并非仅仅看到单位制以其拥有控制权和分配资源为特征，而是透过组织中的个人行动，发展出了

① 广义的单位研究肇始于20世纪五六十年代海外学界发起的“共产主义中国社会”研究，其代表性著作主要包括W.E.格勒的《中国共产主义干部：政治控制的关键》(1952年)、傅高义的《共产主义下的广州》(1969年)、鲍大可的《共产主义中国的早期岁月(1949—1955)》(1964年)、F.T.C.余的《共产主义中国的大众信仰》(1964年)、M.赛尔登的《革命的中国：延安道路》(1965年)、F.舒曼的《共产主义中国的意识形态和组织》(1971年)等(田毅鹏，2021)。

一种独特的上下间的"庇护依赖关系"(patron clientrelations)的认识,并从这一视角来强调个人对单位尤其是单位领导的严重的政治经济依附(汪和建,2006:26—27)。"庇护依赖关系"存在说明尽管我们不承认利益机制,但经济利益仍以某种变形的方式存在于现实生活中。

(二)单位人的经济伦理义务

改革开放后,在市场经济发展之中我国政府开始逐步有针对性地放权,逐步下放"用工自主权",劳动用工制度逐步市场化,劳动关系开始具有平等性、财产性的特点,作为一种经济性的非伦理结构,劳动者与用人单位有了相互选择的权利。原来的行政性单位人由于减少了行政因素,单位人具有经济权力的人格,演变出经济性单位人;西方的经济权力的人格是从经济权利转化而来的。我国是通过扩大企业用人自主权,这是韦伯所说的那种依仗利益状况进行的统治,通过平等的交换产生出不平等的服从关系。经济性单位人基于经济责任产生出某种法律义务。

我国原来作为用工中间层次的企业单位,在两权分离原则的指导下,逐步成为独立的用工主体。我国政府出台了一系列针对不同投资主体的劳动法规。如《国营企业实行劳动合同制暂行规定》《中华人民共和国中外合资企业劳动管理规定》《关于外商投资企业用人自主权和职工工资、保险福利费用的规定》《私营企业劳动管理暂行规定》等。这些规定的实质并不是现在意义上的劳动法,而是"企业法"的一部分,是针对不同企业立法的配套规定,这些劳动规定的出台是与《全民所有制工业企业法》《城镇集体所有制企业条例》《中外合资企业法》《中外合作企业法》《私营企业法》等相配套产生的。劳动管理具有了法律性质,但其依附于各种不同类型的企业法。

我国当前经济性单位脱胎于当年行政性单位,随着《中华人民共和国劳动法》以"用人单位"的概念首次统一了原来不同所有制的用工主体,并与社会主义市场经济相联系,劳动关系双方具有经济人的特点。宏观层次具体的自然人成为与微观层次抽象的经济人相对的概念。对于我国当前的用人单位而言,过于浓烈的伦理人色彩虽然已经不再存在,以宏观层次的自然人为基础构造出来的道德规范充盈着我国传统文化特有的公德逻辑,仍保持着某种自然人与国家那种类似家父的观念。行政性的单位人政治色彩、伦理色彩也会随着国家与市场的定位变化而变化。

我国用人单位的义务具体可以描述为四个方面。(1)服从劳动行政管理的义务。具体包括遵守行政机关制定、发布的行政法规、行政规章和其他规范性文件的义务,执行行政命令、决定的义务。(2)协助劳动行政主体正常执行公务的义务。行政相对人对行政主体及其工作人员执行公务,有主动予以协助的义务。如对行政主体行使调查取证权具有配合、协助的义务。(3)接受劳动行政监督的义务。行政相对人在行政法律关系中,要接受行政主体依法实施的监督,包括审查、检查、检验、鉴定等。(4)遵守劳动行政法定程序的义务。行政相对人无论是请求劳动行政主体实施某种行政行为,还是应行政主体要求作出某种行为,均应遵守法律、法规、规章规定的程序。否则,可能导致自己提出的相应请求不能实现,甚至要为之承担相应的法律责任。

（三）两种单位组织的联系与区别

经济伦理结构与政治伦理结构最大区别是两种从属性中是否能够融入契约的制度安排。政治伦理结构由于抽取了劳动力市场，也抽取了经济从属性，政治从属性取得一竿子插到底的效果，企业也成为政治组织。经济伦理是在承认用人单位与劳动者的各自独立的经济利益的前提下伦理法律化。经济权力从政治权力分离出来后，两种从属性也因分离而互动。

从我国的历史发展来看，早在 20 世纪 90 年代，就有学者认识到“单位的‘长期动态学’是理解我国单位特征的一个不可或缺的方面。我们描述的单位特征也是只有放在单位的长期发展中，才容易理解”（李猛、周飞舟、李康，1996：163）。这一观点在 21 世纪形成了一定的共识：“单位”已成为理解现代中国社会最为关键的因素，任何试图对 1949 年后社会主义中国体制和制度作出研究和解释的著作，都无法回避和绕开“单位”（田毅鹏，2021），它决定了现代中国社会的总体结构和体制。“如果说当代中国的组织和制度极富‘特色’的话，‘单位’应该是一个表征这种特色的最重要特征之一。”（李路路，2002：23）在我国，经济从属性理论并非从西方简单的引入，可以说是单位与法人两种理论整合决定了从属性理论的实际走向，这也构成宏观层次以倾斜立法为基本原则的理据，这一理据也决定了宏观层次的主体特征，我们可据此对比两种单位的特点。

从政治组织的单位人来看，当年华尔德就曾发现，在单位人制度中，庇护依赖关系的独特性在于，它并非是简单的如西方现代组织中的“非正式结构”，而是一种在上下间（领导与积极分子之间）建立的既包含“个人因素”，又夹杂着“非个人化道德信念以及正式的制度角色”的互惠交易网络（华尔德，1996：197）。在华尔德看来，上下间互惠交易的动力源于领导与积极分子不同的地位及需求。计划经济赋予了厂领导在组织生产和资源分配上的特权。厂领导有责任去动员广大职工，并且他们也需要依赖一些积极分子来为其特别工作。普通工人也只能通过与这些领导建立和保持特殊的关系才能获益。这样，一种融合了正式与非正式的特殊的互惠交易纽带即“庇护依赖关系”，便在领导与积极分子之间建立起来了。华尔德认为，真实的单位组织是一个经过了组织中的个人行动和制度再建构的“新传统主义”的权力结构（汪和建，2005：190）。在我国目前的宏观关系中，这部分伦理色彩显然已经淡化，经济人的趋利本性得以承认，但宏观层次仍以抑制这种私利膨胀为目的。

从经济组织的单位人来看，“用人单位”这一概念的提出是我国劳动法的一大创造。我国劳动法的产生经历了劳动政策、企业立法直到社会立法的过程。而正是“用人单位”这一概念使我国劳动法踏入了社会立法。和任何历史进步一样，“用人单位”的概念也具有历史的局限性。概念本身具有的只是形式价值，它需要内涵和外延的支撑。为适应社会主义市场经济发展，笔者在参加《劳动法》起草时曾建议搞一个内涵清晰，外延模糊的“用人单位”概念，外延可以根据内涵的要求逐步放大。1993 年 11 月 10 日我们在提供给当时《劳动法》起草组的《劳动法课题研究总报告》中写道：“我们查阅了各国的劳动法，大部分国家都注重对一些基本概念的定义，其中‘用人单位'与'劳动者'(很多国家称为'雇主'与'雇工')的定义,很少遗漏。我们分三个方面对劳动法主体进行表述:(1)定义;(2)主体资格或主体范围;(3)权利或职责。力图描述'用人单位'与'劳动者'这两个主体的基本特征。""劳动法主体的规定与'附则'的规定相配套,可使劳动法适用范围的内涵清晰、明确,外延逐步扩大,体现了原则性与灵活性相结合。"当时我们列举了十六个国家关于雇主与雇工的定义,并为此做了一些尝试性的探索。可惜的是,由于缺乏必要的经验积累,内涵定义尚嫌粗糙,而且立法部门也没有感到有界定内涵的紧迫要求,因此,这一内涵定义没有被立法者采纳,立法者仅使用了从外延上列举的方式(董保华,2005a:416)。"制度人"假设工具性功能的主要目的就是稳定社会秩序,给出社会各活动主体最低成本的活动的较理性预期。(孙世强,2006:257)我国用人单位的概念并未与社会主义市场经济建立起稳定的联系。

以马克思主义观点分析,"整个所谓世界历史不外是人通过人的劳动而诞生的过程"①。人类通过组织来完成劳动和实践,通过自我组织和管理,形成区别于动物的生存活动方式。传统单位组织与当今经济组织可以视为两种组织形式,单位作为一种广义的生产甚至于生活组织,单位人演变研究涉及经济学、社会学和政治学等多种理论,从传统单位组织走向当今经济组织,背后有着公法私法化的历史逻辑。改革开放后出现的经济组织与我国的计划经济时期的传统单位组织的显著区别是社会主义市场经济的介入,由于我国行政性单位组织长期只与政治系统相联系,人格从属性、经济从属性、组织从属性以一种极端的方式来表现,单位组织的非经济性得到高度赞扬。在社会主义市场经济条件下,国家的介入是以社会主义市场经济的失灵为理由的,我国对当今经济单位组织趋利本性的评价是极负面的。尽管我国的经济性的单位是在行政性单位基础上通过改革开放而形成的,但仍保留着传统单位组织的某些痕迹,在劳动领域,国家评判标准具有继承性,仍以伦理性评价为基础。

四、社会劳动能力的具体标准

社会法宏观层次要将多元目标结合起来形成用人单位的义务系统,辩证处理劳动能力,自然能力与法律能力的相互关系,很大程度上决定着这个系统的运行效力。随着现代社会风险增多和国家规制领域的广泛,劳动力的人身性决定了劳动法律关系运行过程中须以国家干预为特征,公法手段介入,使个别劳动力成为社会劳动力,要求抽象认定标准向具体标准转化。从具体人格出发,劳动能力制度有了自然性、职业性、公共性、广泛性的特点。

自然性。这是社会法回归自然人而产生出来的一类认定标准。社会法所调整的社会关系具有人身性,生理因素往往是认定弱势主体的重要因素。这种能力评价制度,是直接将法律能力确定建立在自然能力的基础上,将生理能力的测评作为法律能力的评价依据,如劳动强度评估、劳动能力鉴定等。劳动强度(intensity of work 或

---

① 《马克思恩格斯全集》第3卷,人民出版社2002年版,第130页。

work intensity)是指劳动的繁重和紧张程度的总和。劳动强度鉴定制度是根据体力劳动强度分级标准来评估劳动消耗的体能强度。通过测量,以一定的计算公式将劳动强度量化分级,作为劳动保护的一项基础工作,可防止妇女、未成年人承担过重的体力劳动。劳动能力鉴定是针对劳动功能障碍程度和生活自理障碍程度的等级鉴定。其中,劳动功能障碍分为十个伤残等级,最重的为一级,最轻的为十级。生活自理障碍分为三个等级:生活完全不能自理、生活大部分不能自理和生活部分不能自理。职工发生工伤,经治疗伤情相对稳定后存在残疾、影响劳动能力的,应当及时进行劳动能力鉴定。劳动能力鉴定对伤病者医疗终结时的器官损伤、功能障碍及其对医疗与护理的依赖程度,适当考虑了由于伤残引起的社会心理因素影响,对伤残程度进行分级。在劳动关系存续期间,劳动者也会因工或因病,丧失或部分丧失劳动能力,从而导致劳动法律关系变更或解除。劳动强度评估、劳动能力鉴定都是根据国家鉴定标准,运用有关政策和医学科学技术的方法、手段确定劳动者能力状态与支出强度,从而对劳动关系进行过程中的人身保护提供科学依据。

职业性。这是社会法回归职业人而产生出来的一类认定标准。职业资格是对一部分专业劳动者建立某些劳动法律关系的特殊要求。职业资格包括从业资格和执业资格。从业资格是指从事某一专业(工种)学识、技术和能力的起点标准。执业资格是指政府对某些责任较大,社会通用性强,关系公共利益的专业(工种)实行准入控制,是依法独立开业或从事某一特定专业(工种)学识、技术和能力的必备标准。职业资格分别由国务院劳动、人事行政部门通过学历的认定、资格考试、专家评定、职业技能鉴定等方式进行评价,对合格者授国家职业资格证书。职业资格证书是国家对申请人专业(工种)学识、技术能力的认可,是求职、任职、独立开业和单位录用的主要依据。1994 年 2 月 22 日劳动部、人事部颁发了《职业资格证书规定》。按规定,职业资格证书制度遵循申请自愿,费用自理,客观公正的原则。凡中华人民共和国公民和获准在我国境内就业的其他国籍的人员都可按照国家有关政策和程序申请相应的职业资格。对职业资格证书实行政府指导下的管理体制,由国务院劳动、人事行政部门综合管理。

公共性。这是因回归伦理人而产生出公共管理的认定标准。在劳动法的管理体制中,对劳动法律关系的保护以及对某些社会成员的物质帮助,往往是通过劳动行政管理来实施的,劳动行政管理与劳动法律关系密切相关。在各部门法中生理因素的表现各不相同,在妇女权益保障关系中是性别标准,在未成年人、老年人权益保障关系中是年龄标准,在残疾人保护关系中是健康标准。随着社会保险制度的进一步改革,各级人民政府设立劳动鉴定机构与各种检测机构,是实施公共管理的基本依据。我国除了对正常退休、离休作了规定,还规定经劳动鉴定委员会确认,完全丧失劳动能力(工作能力)的可以提前退休或退职。经鉴定完全丧失劳动能力,可以依法提前退休、退职,终止劳动法律关系,享受社会保险待遇。我国还设立了各类登记机构,向登记的失业人员颁发失业证件,并建卡建档,专人保管,作为发放失业救济金的依据。失业登记,也是劳动部门对失业人员实施管理和进行帮助的重要制度。

广泛性。这是社会法回归社会人而产生出来的一类认定标准。当个别劳动力扩大到社会劳动力时，社会法的保护范围也会扩大到潜在的劳动能力，劳动能力的人身性特征还涉及一定的文化因素。在各个部门法中文化标准不同。在义务教育关系中只有未达到国家规定的义务教育标准的人，才成为义务教育法律关系的主体；而在劳动法律关系中则恰恰相反，符合义务教育条件的，只有完成国家规定的义务教育，才能成为劳动法律关系的主体。

以具体标准方式将劳动能力纳入社会化保障系统，以类似家庭的视角归纳起来有三种目的以及相应的形式。(1)劳动能力作为一种自然能力，在尚未形成时，任何发育正常的自然人，到了一定的年龄，经过必要的培训都会在自身肌体内形成一种从事劳动生产的能力。社会法既要促使劳动能力的形成，又在一定阶段防止自然人以不符合生理要求的方式进入劳动过程。须确定劳动者的法律资格，即国家要求劳动者参加劳动法律关系时所应当具备的条件。通过赋予劳动者以劳动力提供者的法律资格，以促进其实现就业。(2)劳动能力作为一种自然能力，在已经形成时又要促使并尽量保持其与生产资料相结合。法律是根据劳动能力的一般状况作规定，而一旦规定，又适用于每个劳动者，劳动法对劳动关系进行调整时，具有劳动能力的劳动者，建立劳动法律关系主要适用劳动基准法，劳动法以法律规范的形式对公民的劳动能力给予认可，就使这种劳动能力转化为一种具有法益意义的资格。(3)劳动能力作为一种自然能力，在受到伤害时帮助其退出生产过程，进入社会保障系统。一个人有劳动能力、有部分劳动能力或者没有劳动能力完全取决于该自然人的生理状况，有很大的个体差异，当这种差异达到一定程度时，要纳入社会保障系统。作为弱势主体的认定标准，有时并不只是一个标准，不同的部门法常常会综合使用各类标准。

第三节　福利关系的受益主体

在宏观层次上，权利主体与利益主体具有分离的特点，这种特点是由法律人格的人身、社会的属性决定的。社会与法以“伦理—政治”的社会形式高度结合，形成特定的受益主体。在宏观层次上，社会法所强调的社会利益具有利益的社会性与保障的公共性相结合的特点。

一、社会法受益主体的概念

社会法宏观层次是以一种法益的形式而得到法律保障，在社会法宏观层次中，尽管用人单位常常作为义务主体出现，但劳动者往往并非是对应的权利主体，有时是以受益主体的身份出现。法益是归属于某一主体并满足其需要的客观存在。为了保护弱势群体的生存利益，我国社会法应当创设“受益主体”的概念。在社会法受益主体的界定中,"利益的社会性"与"保障的公共性"是我们理解社会法受益主体的关键,这种不对称性是由社会性与公共性共同决定的。社会利益的这种主体特点须与个人利益与公共利益的主体相区别。

(一) 利益主体的社会性

世界上不存在没有主体归属的利益,社会利益也不能脱离一定的主体而存在。法益是归属于某一主体并满足其需要的客观存在。20 世纪以来,西方因放大家父及家族的功能角色而产生"法律的社会化"。受益主体这一概念反映出社会利益所具有的法益性、伦理性、整体性的特点。利益的社会性强调了社会利益与个人利益的联系与区别。

其一,法益性。利益就是某种需要和期望的满足,或者说就是主体对他所需要的任何一种对象的一种目的明确的态度(李祖军,2000:29)。德国民法法益(Rechtsgüter)概念的创设是为了实现人格利益保障的法律化。受益主体不同于权利主体,作为一种法益,多伊奇(Deutsch)、阿伦兹(Ahrens)认为:"我们将那些与人类生命息息相关的生存利益称为法益,它们尽管具有绝对性,也即可以对抗一切他人而受保护,但并未成为一项绝对权。之所以如此,是因为它们原则上不得转让。"①生命、健康作为法律保护的利益,德国民法法实现人格利益保障的法律化,这种法律化依然局限在私人利益的个别保护,私人利益与个别权利关系的亲和性使这种保护完全可能成为一种主观权利。最早主张在民法典中作出一般人格权的制度安排人是基尔克,他提出这种主张时已经有了强调私法社会功能的动机。尽管如此,在人身权的保护上,往往依然是从主观权利而非客观利益的角度来理解人格利益的保护,当前我国的民法典也接受了一般人格权的私法理念。在个人主义的视野中,权利与利益的概念并未分离,法益主体与权利主体的区别并不十分明显,在"不得转让"的语境下,受益主体与权利主体的区别才会显现。

其二,伦理性。就西方市场经济国家而言,不仅主体的生活需要,而且主体的生产需要,都是以个人利益的形式来满足,个人利益以利己的私人利益表现出来。自由资本主义时期,法律强调"私有财产神圣不可侵犯",体现出一种极端私利的法律观。基尔克就已经提出通过国家之手实现的对债的道德内容的法律化,并将其内容概括为:保障人格不致萎缩、弱者不被剥削、家庭不致解体,并设定和保护积极的社会救济的义务。(基尔克,2017:50)面对形式不等而实质平等的社会政策,倾斜理论在社会法的法律实体上强调了社会利益保护的目标。由此,必须平衡个人自由与社会正义关系,社会法益的受益主体所具有的第三人特点更多的是强调某种伦理价值,与传统的个人权利主体有了比较明显的区别。

其三,整体性。社会利益的受益主体与私权利背后的私人利益区别是整体与个

① Deutsch, Ahrens, Deliktsrecht, 5. Aufl., *Carl Heymanns Verlag*, Köln 2009, Rn. 231(转自于飞,2012b:143)。

体的区别。生存利益(Lebensgüter)作为第二代人权概念具有整体主义的含义,并形成了社会法意义上的受益主体。生存利益包括法律上的利益和反射性利益、物质利益和精神利益等,具有很强的整体性。随着市民社会与政治国家的相互渗透,某些私人利益受到普遍的伦理观念的影响而形成社会利益,社会利益可以说是经济利益与伦理利益整合出来的一种特殊而又独立的利益,理解社会法受益主体的概念,须理解社会利益的这一整体特点。围绕"生活"概念,基尔克认为,私法和公法的二分是基于人的个体生活和集体生活二分的事实。但是,"最终不可忘记目标的一致性,在以关注个人利益为首任的私法中同样必须追求公共福祉,在首先关注全局的公法中也必须使个人能够获得正义"(基尔克,2017:26)。基尔克说的公法是一个含义广泛的概念,随着伦理关系的介入,公法通过对信赖关系的确认来保护自然人的合法利益。基准法的规定使作为第三人的劳动者有理由相信用人单位会遵守法律规定向自己进行给付。从整个社会来看,私人利益以社会正义的名义进行保护时具有整体性,社会利益其实可以视为一种中观的利益。

当法益与伦理相结合而产生整体性时,社会利益也可以说是个人利益的提升而形成了区别于传统公共利益的利益形式。这种受益主体是社会法意义上的法益主体,是在伦理秩序走向法律秩序时产生的一个概念。劳动者利益就其本性来说是一种个人利益,其人身性质、从属性质使其有必要提升为社会层面来关注,社会法宏观层次是法律对社会深介入形成的法律层次,伦理、法律诸法合体,社会法受益主体体现了这种特点。

(二)保障主体的公共性

宏观层次在调整手段上采用了公法手段,政府对具于弱势地位的个人利益特别关注从而形成一种特殊利益。"工业社会,社会安全制度已鲜有依靠私法之财产权来达成,反而多靠'公法受益权'之分配"。[①]20 世纪以来,伴随着"法律的社会化"也出现了"私法公法化"。利益再分配是政府的主要功能,政府履行这种功能的主要形式就是确定某种社会标准,实行间接保护或直接给予行政给付。保障主体的公共性强调了社会利益与公共利益的联系与区别。

在传统的行政法中,对行政法律关系的分析往往是建立在"行政主体—行政相对人"的分析架构上的,在这种行政法律关系中,行政主体是国家方面的管理者,行政相对人则是被管理者,例如,在税收法律关系中,国家税务机关作为征税主体,是管理者;纳税人作为纳税主体是被管理者。在这种征纳关系中,涉及的利益人就是双方的当事人。征税机关代表国家利益,向纳税人征收税款,如果纳税人不缴纳税款,或税务机关不履行职责,损害的是公共利益;反之,税务机关非法向纳税人征税,则损害的是纳税人的个人利益。这种行政关系一般并不涉及第三人的利益。或许有人会争

① [德]彼德·巴杜拉:《自由法治国与社会法治国中的行政法》,陈新民译,1966 年 2 月 5 日在德国哥庭根大学发表的教授就职演讲(陈新民,2001:105)。

辩，税收法律关系中，国家征收后也是取之于民，用之于民，形成的财政收入总要通过各种支出用于基本建设或公共服务等事项上，从而形成其他受益人。其实，国家将税款用于基本建设、公共服务等是经济学中所说的“提供公共品”（public goods），显然，这是另一个法律关系（董保华，2004d：30）。社会利益的受益主体与公权力背后的公共利益既有联系也有区别。法国著名的公法学家奥里乌（Maurice Hauriou）说过：“公共服务被认为是与那些利用它们的公众有关的，它们构成了公民现有的生活状况。公众并不是享受公共服务的债权人；他们所能够做的就是从公共服务中获益。”①奥里乌是从公法来谈的。就传统公法来说，只有抽象的、广泛的受益人，而不存在具体的、直接的受益人。这与基尔克所说的“通过国家之手实现的对债的道德内容的法律化”并不相同。

社会法行政关系中存在着具体而明确的“利益归属主体”，而使得行政关系显现出独特的性质。在养老保险的行政关系中，利益归属主体的存在往往是养老保险关系产生的前提。只有存在已经建立劳动法律关系的劳动者，才会产生用人单位与养老保险机构的缴费关系，在养老保险关系确立以后，一旦某一个用人单位不向社会保险机构缴纳养老金，则涉及的不仅仅是国家管理秩序的问题，而且也直接关系到某个劳动者的切身利益。由于在我国流行的法学理论中，将权利与利益联系在一起，弱势主体作为受益人有时被误解为是权利主体。其实当着弱势主体不能以主张或放弃的方式行使权利时，这时他并不是权利主体，只是受益主体（董保华，2004d：31），在国家直接介入时，有着具体而明确的私人利益。随着国家直接介入私人间的合同关系，并强制一方当事人履行法律义务，受保护者成为第三人。理论上首先完成第三人利益合同有效性的论证是荷兰法学家格劳秀斯，他从契约论出发突破合同相对性原则，认为第三人接受利益是第三人利益生效的前提（谢小洁，2021：123）。社会法受益主体是某些弱者的个人利益通过国家和社会来保障，随着国家强制力介入私人间的契约，对国家的依赖成为第三人利益保障的基础。

总之，利益也是一个分层的结构。这也正是社会利益有时容易被视为是个人利益，而有时又容易被视为公共利益的原因。只有在区别个人利益、公共利益的基础上才能真正理解社会利益。社会法中的社会主体有时是社会利益主体，在宏观层次有时表现得类似于社会公共利益，这也是我国学者常常将这种研究混同于公共利益的原因。社会法的宏观层次是在法律人回归自然人过程中形成，受益主体回归自然的过程中，以社会行政法方式形塑了类似家父及家族的功能角色，受益主体也在这种回归中出现。换言之，弱势主体是与强势主体相对应的概念，在政治从属性系统介入后，成为受益主体。当着受益主体理论没有被广泛接受时，在社会生活中往往将其作为法律上的第三人来认识，也可以视为社会法受益主体的一种存在形式。

① Maurice Hauriou, Principes de Droit Public, Paris, 1910, p.94（转自莱昂·狄骥，2013：67）。

二、社会法受益主体的形式

在社会法宏观层次，利益的社会性与保障的公共性相结合，产生出社会法受益主体的第三人地位。倾斜理论是对这种关系的修正，以三方关系作为常态，在行政主体与行政相对人之外，形成了社会法受益主体这样的第三方主体，并形成新的社会结构。第三人作为民事诉讼、行政诉讼法律术语是与案件有利害关系的人，重视“第三方效果”是现代法治，尤其是程序法治的重要任务，更成为社会法宏观层次法律主体的突出特点。

（一）基本权第三人效力

基本权第三人效力涉及基本权利和私法的一般关系，以及基本权利和私法自治的特殊关系，也是我国理论上长久以来的争论问题。基本权第三人效力理论的原产地在德国，针对的是基本法生效后公法、私法界定分明的德国所提出的问题。依照传统的公法与私法的区隔，基本权问题产生在公民与国家之间，其功能在于保护个人的自由领域不受公权力侵犯。私法制度处理公民与公民之间的法律关系，充分地体现了对个人自由的尊重，所以长时间以来，基本权利与私法关系并未有任何瓜葛。1950年尼佩代（H.C. Nipperdey）在其名篇《妇女的同工同酬（问题）》[①]中第一次提出：基本权应该具有直接第三人效力（unmittelbare Drittwirkung），以司法保护解决立法不足。以后出现了一个相应的案子：一个希望接受培训成为护士的女孩在与她所工作的一家私立医院签订了劳务与培训合同，合同中有一条——一旦女孩结婚，院方可以辞退她。后来她结婚了，医院依合同辞退了她。她以解雇行为违反基本法，侵犯了她婚姻家庭自由为由提起诉讼。联邦劳动法院于1957年5月5日，认定该合同因侵犯原告上述基本权无效。随后，陆续确认了观念自由（Meinungsfreiheit）、平等权（Gleichheitssatz）对私法关系的直接拘束力。然而，联邦宪法法院的法官们却在第一时间对与尼佩代针锋相对的京特·迪里希（Guenter Duerig）的“间接第三人效力说”（mittelbare Drittwirkung）[②]作出积极的反应。[③]基本权第三人效力问题成为德国理论界的争论问题。德国学界为这个问题前所未有地投入了巨大的精力与热情。相对而言，司法界表现得比较理性，1984年起联邦劳动法院不再承认直接第三人效力；[④]至2002年2月为止，[⑤]在联邦宪法法院的100多卷本的裁判中，涉及第三人的有220

---

① Nipperdey, Gleicher Lohn der Frau fuer gleiche Leistung, RdA 1950, p.121 ff.

② Duerig, Grundrechte und Zivilrechtsprechung, FS H. Naw iaky, 19S6, p.157.

③ BVerfGE 7, 198 ff., 205(Lueth-Urteil)。赞成间接第三人效力的判决：BVerfGE 10, 173, 178; 12, 113, 124; 27, 278, 282 ff.; 34, 269, 280; 37, 132, 141; 49, 89, 142; 73, 261, 269。明确否认直接第三人效力说：BVerfGE 42, 143(DGB-Beschluss)。

④ BAGE 47, 363(374—376).

⑤ 此处引用的是 Koch, Der Grundrechtsschutz des Drittbetroffenen, 2000 所作的统计。

个，直接提到 Drittwirkung（第三人效力）的只有两次（张巍，2007：107—108）。

保护义务（Schutzpflicht）与第三人效力具有内在相关性，[①]处理的都是私主体间利益冲突（Interessenkonflikt privater）的问题。[②]当受到他人侵犯的个人可以从基本权直接得到保护的说法受到否定时，人们普遍赞成另外一种保护途径，国家应该制定颁行一般法（einfachrechtliche）层面上的保护规范（Schutznormen），使行政和司法部门能够依照该规范防止和保护个人不受他人侵犯（Uebergriff）。[③]国家有义务不仅仅对形式自由（formale Freiheit）而且对实现实质自由[④]（reale Freiheit）所需的各种必要条件进行保障。主流说法已将第三人效力作为国家保护义务的分支功能来看待（张巍，2007：109—110）。

（二）行政权第三人效力

生存法益以反射利益的形式保障弱势主体的最低标准，落实的过程中仰赖于国家立法的具体建构，表现为公法性的制度保障。行政第三人概念的提出，是与行政相对人、义务人相伴随而来，又被称为间接相对人，这种立法上的建构义务常被限定在"客观法"范畴，产生出行政权第三人效力。第三人作为事实上的具有关联性的利益主体，属于法律不确定概念，影响着行政法律关系中的利益分配格局，在一定程度上也影响着行政程序的正当性。在德国，行政强制第三方关系人是指除执行权利人、执行义务人之外的以其他方式与执行措施有关并且可能影响执行措施合法性的人。在该概念中有两个核心要素，缺一不可：(1)与执行措施有关，这是一个事实判断；(2)可能影响执行措施合法性，这是一个价值判断。行政机关在行使职权时应当对第三人权益有足够的注意义务，如果没有考虑或不当地忽略，会影响到最终行政行为的合法性判断（李大勇，2018：63）。

社会法行政关系中存在着具体而明确的"利益归属主体"，而使得行政关系显现出独特的性质，第三人的内涵应当是社会法制度设计与操作的核心和关键。在劳动基准法中，反射利益的形成会指向具体的劳动关系。第三人（third party）作为行政诉讼法律术语也被很多国家与地区所接受。从执法行为所指向的对象来理解，即执法主体是执法行为的作出主体，行政相对人是执法行为的承受主体，执法行为所指向或所针对的人就是行政相对人（吴晓蓉，2012）。这种行政执法关系受原权利义务的影响，在实际生活中存在双效行政行为，即第三人和相对人都是受益人和对方行为的负担人时的情形。复效行政行为（reinforcing administrative act）一般是指对一人受

---

① Badura，FS Molitor(1988)，p.1 ff.(9)；Canaris，AcP(1984)，p.201(205 ff.)；Herdegen，in Heckmanln-Messer-schmidt(Hnig.)，Gegenwartsfragen des oeffentlichen Rechts，p.161(176)；Klein，NJW 1989，p.1633(1639)。反对意见见 Isensee，das Grundrecht auf Sicherheit，p.35；Rauschning，VVDStRL 38 (1980)，p.182 ff.；Hesse，Verfassungsrecht，Rdnr.353。

② Preu，JZ 1991，p.265(267)；Canaris，Ju S 1989，p.161(163)；Hermes，NJW 1990，p.1764(1765).

③ Luebbe-Wolff，Die Grundrechte als Eingriffsabwehrrechte，pp.169，174.

④ Boeckerfoerde，Staal，Geselschaft，Freiheit，pp.336，337.

益另一个人负担的行政行为，相对人和第三人处于利益冲突时需要进行利益的衡量。如果第三人的利益大于相对人的利益，那么对相对人作出的行政行为就不受信赖利益的保护，可以对该行为予以撤销；相反，如果第三人的利益小于相对人的利益那么就要限制使用撤销权。随着给付行政的发展，复效行政行为也变得日益复杂。

按照反射利益的观点，由于行政法所保护的是公共利益，行政行为所指涉的对象是行政相对人，第三人权益无论是增加还是减损都并非行政行为所追寻的，故法律对此不予保护(李大勇，2018：63)。在社会法上，任何社会法中的行政给付都具有复效性，因为受益人获得给付的同时也存在一个与给付相关联的法律义务。在我国社会法的调整中，社会法形成了一种特殊类型的复效行政行为，受益人和负担人基本固定。行政相对人常常是用人单位，是负担主体；第三人作为受益主体，是劳动者。行政关系的形成本身是为了保护劳动者的利益，后者往往是前者的目的，第三人法律地位的确认和强调使得任何行政行为，不论是授益行为还是损益或者负担行为，都具有两面性。“任何负担处分，从另一角度看，其实也都具有授益处分效果；同样，任何授益处分，在另一方面也都同时具有负担处分效果。”(翁岳生，2002：670)以劳动监察为例，监察机构是劳动行政机关，监察对象是用人单位，是行政相对人。监察关系的设立本身就是为了保护作为第三人的劳动者的利益。劳动行政时要平衡受益与负担关系，对第三人的权益保障成为社会法行政给付领域的重要法律问题，目前亟须完善的是第三人参与程序和第三人诉权保障制度(柳砚涛，2005)。

(三) 社会权第三人效力

社会权是伴随积极权利的理念发展起来的一个概念，这是一个公法与私法相互融合的概念。国家对社会权保护义务的履行，由于内容涵摄和实现方式过于抽象和宽泛，在行政权第三人效力的基础上，社会权加入了传统私法的合同第三人的因素，受益主体的形态也开始丰富多彩。

其一，行政关系采取保险关系的形式，劳动者作为被保险人是投保关系的第三人。保险合同是风险分散和转移的合同，社会保险融入了私法元素。按《法国民法典》第 1121 条的规定：“当为第三人订立合同是自己订立合同或赠与的条件时，法律予以保护；第三人表示接受合同利益时，合同当事人不得撤销。”该条款表明，当时的立法对第三人利益合同仍设置了诸多限制。随着人寿保险的发展，最高法院不得不对该条款以扩大解释的方式扩大了第三人利益合同的类型，规定在保险合同中的“赠与”，可以支付保险费或由受约人给予立约人任何其他经济利益的形式得到实现(吴文嫔，2009：83)。随着商业保险转向社会保险，劳动者在社会保险关系中也具有类似人寿保险的特点，社会保险保留了保险人、投保人、被保险人、受益人的基本定位。保险人与投保人的关系是行政主体与行政相对人的关系，被保险人是社会法意义上的受益主体。用人单位作为行政相对人只是投保人，在一些险种，如养老保险、医疗保险、失业保险中，劳动者既是投保人也是被保险人，具有行政相对人与第三人的双重新身份。在大部分情况下，社会法的受益主体也是被保险人，受益人并未从被保险人的概念中分离出来，只有在被保险人死亡的情况下受益人才成为独立于被保险人的概念。在社会保险关系中，劳动者及其家属的主要身份是社会法的受益主体。

其二，行政关系采取行政协议的形式，劳动者作为受益人是行政合同的第三人。行政协议，又称行政合同，指行政机关为实现公共利益或者行政管理目标，在法定职责范围内，与公民、法人或者其他组织协商订立的具有行政法上权利义务内容的协议。行政协议的第三人不同于行政协议相对人，相对人是协议的一方当事人，而第三人是协议双方当事人以外的公民、法人或者组织；相对人一般与行政协议具有直接的利害关系，而第三人与行政协议的关系往往是间接的。医疗保险合同是保险人与医疗服务机构就医疗保险受益人的疾病治疗待遇签订的协议。1932 年德国首创了医疗保险合同制度，医生同业公会成立，医疗保险公司就受益人医疗费用的支付开始与医生同业公会签订合同。当时的做法是医疗保险公司每季度按一定额度向医生同业公会支付一笔资金，作为受益人的医疗费用。医生同业公会再按受益人门诊治疗和住院治疗的平均费用标准同医院和门诊进行结算。如今医疗保险合同已经成为各国医疗保险立法的主要形式，但受益人的医疗状态才应是这类合同最重要内容。

其三，行政关系采取行政信托协议的形式，劳动者作为受益人是信托协议的第三人。信托是指委托人将财产转移给受托人，指示受托人为了受益人的利益，管理和处分财产。根据信托原理，一个人在没有能力或者不愿意亲自管理财产的情况下，可以将财产转移给自己信任并有能力管理财产的人（即受托人），并指示受托人将信托财产及其收益用于受益人的利益（司伟，2003）。作为一种转移和管理财产的制度，19 世纪以来，随着资本主义经济的发展，信托制度逐渐在欧美各国兴起，并为大陆法系的一些国家所继受。根据 2001 年 12 月 13 日财政部与劳动和社会保障部联合颁布的《全国社会保障基金投资管理暂行办法》规定，全国社会保障基金是指全国社会保障基金理事会负责管理的由国有股减持划入资金及股权资产、中央财政拨入资金、经国务院批准以其他方式筹集的资金及其投资收益形成的由中央政府集中的社会保障基金，是基本养老基金的补充资金。社保基金资产是独立于社保基金理事会、社保基金投资管理人、社保基金托管人的资产（赵小剑、楼夷，2003：39—40）。社保基金理事会采用公开招标的方式选择符合条件的基金管理公司作为管理人进行投资运作，选择符合要求的商业银行作为基金托管人。信托合同是为第三人利益管理和处分信托财产的合同。保险受益权不同于信托受益权，保险合同与信托合同中虽然都存在受益者的概念，保险合同是风险分散和转移的合同，信托合同则是为第三人利益管理和处分信托财产的合同。社会保障中的契约关系也可以信托关系的方式建立，社会保险有三个关键的当事人即受益主体、行政主体、服务主体，这三个主体之间应当找到一种适当的契约关系，而信托关系中的受益人、信托人、受托人正好对应了三个主体（董保华，2004d：33）。

三、社会法受益主体的界定

社会法受益主体与权利主体、义务主体的关系是需要特别关注的内容，涉及社会法受益主体的界定。国家给付和服务义务产生国家对社会权保护义务的履行，由于内容涵摄和实现方式过于抽象和宽泛，社会法受益主体的制度建设往往依赖于其他部门法，缺乏统一的制度设计，需要进一步界定。

(一) 受益主体表现为义务主体

在生存法益中受益主体强调义务主体的特点。对于义务主体我国有各种不同的理解，涉及义务的定义。“义务标示的行为却是义务主体不可选择的行为。按照义务准则，主体对某种行为不做、或者对某种行为必做，这是被规定、被要求的。在这里，主体不能在做、不做、放弃之间进行选择。社会所确定的义务准则，在义务准则所涉及的范围内，已经给每个主体作了行为方式的选择与规定。”(张恒山、黄金华，1995：10)为了保障劳动者整体性的生存利益，在反射利益关系中，社会法受益主体往往表现为义务主体。

社会法受益主体表现为义务主体是由伦理法律化的特点来决定的。从伦理义务的角度来看，在中国传统的农业社会中，家庭曾经是“社会的细胞”并决定身份认同机制。一些学者将这种家族本位观或宗族本位观与西方的“个人本位”相对比，而称其为“大共同体本位的‘伪个人主义’社会”。古代中国的社会基础是一种以父子关系为标识的亲缘关系和拟亲缘关系，中国传统家庭的正型是主干家庭，即由父母与儿、媳及孙辈组成的家庭。这种依特殊关系结构而建立的“差序格局”和特殊主义的关系结构，使“父慈子孝”观念与“君正臣贤”一道，形成一整套社会的伦常观念，在伦常观念中弱势的家庭成员是受益主体，但也是义务主体，主要体现为伦理义务。中国在30年的经济和社会的建设中，创造了“单位保障”这一独特的城市保障形式，它曾经在城市中消灭了赤贫、乞丐、失业和沦落的恐惧，保证了城市中基本生活的正常和社会秩序的稳定(谭深，1991)。过去，中国在公有制大家庭的语境下，保持了传统的伦理义务，劳动者是受益主体，但在单位保障中也是义务主体。社会主义市场经济发展中，为了克服市场带来社会的冲突，通过反射利益的方式使个人利益提升为社会利益，反射利益的依据，其实还是一种变形的“父慈子孝”“君正臣贤”。随着伦理法律化，受益主体义务法律化的特点也形成了。

当社会权威被国家权威所替代时，强势主体、弱势主体的传统伦理地位因法律介入而发生了颠覆性的变化，随着超强主体介入，弱势主体是受益主体也是义务主体，对于利益的放弃，在法律上是无效的。这是一种“伦理秩序法律化”的结构，伦理义务变成法律义务，家父的伦理义务成为公法上的义务。在社会法的视野中，社会利益可以分配在义务上，义务的强制，可能使受益主体失去对某种利益自主选择的可能。这种义务设定往往不是对主体人的不利、负担。相反，可能恰恰是这种义务限定，才更坚实地保护义务承担者的利益。义务教育法使儿童承担受教育的义务，儿童家长不能主张受教育是自我的权利而放弃它，这种义务限定并非使儿童不利，相反，倒是确保儿童获得享有知识的利益。受益主体与义务主体的结合，使传统的权利理论发生了变化，在社会法的范围内，不能一般地说权利与义务的区分在于权利赋予主体人以利益，而义务使主体人承受负担或不利。权利与义务的区别只是、也只能是：主体人对于某种利益、某种要求、某种行为是否有自主选择的可能。是，则为权利；否，则为义务（北岳，1994：2）。在我国社会法的秩序中，最低工资、最高工时规定并非只限定用人单位，对于劳动者也应当是具有强制效力的。

（二）受益主体表现为权利主体

在生存权利中受益主体强调权利主体的特点。对于权利主体我国有各种不同的理解，涉及权利的定义。“法律权利是法律主体为追求或维护某种利益而进行行为选择，并因社会承认为正当而受国家承认并保护的行为自由。”（张恒山，1999：97）社会法受益主体表现为权利主体是由法律的非伦理化的个人利益特点来决定的。从生存法益到生存权利，在行政权第三人效力的基础上，社会权加入了传统私法的合同第三人的因素，其实也是加入了各种权利因素。无论是在人权还是权利的谱系当中，社会权都是一种新型的权利，在我国的法律分类中既包括社会法也包括社会性法所确立的权利。积极权利（positive rights）是指弱势主体通过国家的积极行为来实现其利益的一种权利。随着保险关系、行政协议、信托协议因素的加入，在积极权利的背后，我们不仅看见“国家在行动”，更看到国家行为中加入了个人选择和制约，公权力中加入个人选择形成了主观公权利的特点。

对社会权的源起进行解构的最为权威的思想家之一马歇尔就是从公民身份角度来介入对社会权的探讨的，请求权是社会权的主要权能。在日本，受益权（rights of beneficial interest）又称国务请求权，是国民为了自己的利益，请求国家采取一定的行动，要求利用国家设备，以及要求国家给付的权利。换言之，就是以从行政主体那里得到积极的利益为内容的权利（杨建顺，1998：192）。社会权请求权主要包括制度构建请求权、实施请求权、给付请求权以及救济请求权。在马歇尔看来，“公民身份是一种地位，一种共同体的所有成员都享有的地位，所有拥有这种地位的人，在这一地位所赋予的权利和义务上都是平等的。”（马歇尔，载郭忠华、刘训练，2007：15）公共和个体互为依赖的互动关系，促进二者之间的信息通达、分歧协调、诉求回应和资源分配，从而增强个体对公共体系的依靠归属和身份认同。社会成员之间的关系受到公共制度的约束及保护，社会成员和公共机构的连接畅通，有利于其在被伤害的情况下，顺利获得公共制度的救助和是非裁定。我国目前对社会权请求权采取间接确认模式，使政府为公民提供公共服务时居于积极主动地位且自由裁量过大，不利于公民社会权实现（肖新喜，2020：169）。

（三）受益主体表现为双重属性

在生存法益中受益主体强调义务主体的特点，在生存权利中受益主体强调权利主体的特点。如果说前者强调的是公权力的介入，后者强调的是公权利的行使，事实上还存在着公权力与私权利的结合形式，也是受益人与权利人的一种结合形式。“权益”包含了“权利”，体现了“权利”一词中所反映的当事人选择，还包含了以义务形式体现的社会利益。

从劳动关系权利义务关系的角度来理解，双方本质上是一种契约关系。“无契约即无责任”（noliability without contract）是自罗马法以来一直被两大法系国家法律认可的一项基本原则（张民安，1997）。传统的契约社会是由双方构成，债权人与债务构成精典的相对关系。行政强制介入民事法律关系中，具有一定的形成功能，使得一个民事法律关系发生变化。在劳动关系权利义务关系中，存在着债权债务以及可期待利益，这种债权债务关系中有一部分内容是法定的。在社会法领域中，传统私法的观点在社会法中得以改变。权利人与受益人相结合，社会法的法律关系内容一般可以分为两部分：一部分法律关系的要素可以直接通过社会法的基准法，权利义务法定方式规定，并直接根据法律规范所要求的法律事实转变为义务；另一部分法律关系的要素在客观法中没有确切的映像，法律以任意性规范的形式规定，非经当事意思表示不能确定其主观权利义务的内容，这部分内容就需要通过各种合同形式来明确（董保华，2000e：46）。利益不仅被确认为义务，还被确认为权利。

用人单位与劳动者、消费者与生产经营者、教育者与受教育者除按照法律最低标准的规定去执行。双方都有权在国家规定的劳动基准以上进行约定，这时劳动者的受益往往通过契约权利来实现。依据各类社会基准法的强制性规范而产生的是社会义务，劳动者只是受益人。社会法通过规定最低工资、最高工时、最基本的劳动安全卫生条件、产品质量标准、义务教育等，使弱势群体得到保护，劳动者既是义务人也是受益人。这类义务不是基于形成法律关系的双方当事人之间所订立的合同而产生的，但这类公法义务确实由私法的债权、债务关系来启动的。劳动者、消费者、受教育者虽然是受益人，但并不是权利人，不能随意改变或放弃自己的利益，用人单位所承担的义务是对国家的义务，即所谓公法上的义务。生存法益的受益主体相对权力主体与义务主体来说，具有第三人（third party）的特点。

第十二章

社会法的生存法益

它确认存在一条规则约束社会中的个人，个人的主观权利产生于其社会义务；它肯定人是社会中的人，由此人应服从于社会规则，社会规则要求个人对其他人负有义务，个人的权利只是其义务的产物，只是其必须自由和充分地履行社会义务的权力。

——莱昂·狄骥（Léon Duguit）

第一节 生存法益与积极权利

义务标示的行为是义务主体不可选择的行为，是被法律确定为“应当”的一种行为模式，应当模式建立在客观利益的基础上，从契约到身份的历史发展中形成生存利益与积极权利的社会法概念。生存利益可以体现为法益，也可以在一定条件下形成公权利，形成劳动关系宏观层次的内容。

一、客观利益的概念

“客观性”的概念最早在哲学领域内提出，“客观性”的主张者认为事物是独立于人的意识而存在的，法学领域内的“客观性”概念与此相类似，认为法的概念、含义、答案以及评判标准独立于法创立者或者司法者的主观意识而存在。这种客观性必然与整体主义哲学观念相联系，也决定了社会法领域内法益的特点。整体利益的发展，应当促进个体利益的增长，反射利益与主观公权利的互动，客观利益与利益保障的依存，决定了客观利益与主观权利具有既相互独立，又紧密联系的特点。

（一）客观权利概念引发的争议

在一个权利概念泛化的学术环境中，生存法益常被我国学者称为“生存权”（subsistence rights; the right to subsistence),也经常被视为经济和社会权利的别称①,这个名称突出强调了经济和社会权利是以保障基本的生存条件为核心的权利。在使用不同名称的时候,虽然其所指的具体权利类型可能有些差异,但在将它们视为与公民和政治权利相对的一类权利这一点上,我国学者的认识似乎是一致的。这种权利究竟是道德权利还是法律权利?存在分歧。在笔者看来,一些被称为道德权利的内容在法律上应当只具有生存法益的特点。

在权利概念的诸多理解上,与"主观说"的"意思说"相对应,我国学者将"利益说"称为"客观说"。有学者认为:"在我国私法研究中,由'利益说'与'法力说'共同构成的客观权利理论。"(朱庆育,2001:10)事实上,"法力说"也是可以与主观说联系在一起来归类的。在德国学者中"客观法"与"主观权利"的关系是"权利"相对于"法"的定位,法律从何而来?主观权利是全部法律体系的基础与目的,经过法律得到加强,它们被限定在一定领域后,受到了国家的承认,就成为法。如果主张法律的生成机制源自个人固有的某些资格,强调"人性所固有的"的权利的基础、本源,就是主观权利的立场;反之,如果主张法律的生成机制源自某种具备组织特性的行动事实,"个人只能在客观法划定的范围内享有主观权利"②,则为客观法的立场。归根结底,"主观权利"就是以应然的、超验的个人和人性作为法律的规定性,而"客观法"则是完全基于社会事实而形成的整体规范体系(于浩,2017)。

事实上,主观权利背后会出现主观法,客观权利背后也会出现客观法,这是我国学者在权利研究中常常忽视的内容,客观权利理论只有与"利益说"的理论相联系,客观权利这种为我国学术界广为接受的理论,才会显现与主观权利不同的逻辑。客观权利理论是在对主观权利理论进行批评的基础上形成的。强烈反对古典自然法理论的边沁(Jeremy Bentham)建立了以快乐与痛苦作为衡量道德与立法标准的功利主义学说,在其《立法理论》中权利对应快乐,义务则意味着痛苦,而快乐的大小又以主体所享有客观利益的多少为标志。功利主义是要让法律权利与道德权利相分离,否则,法律及其理论的独立地位也就难以得到确立,这种剥离是以摆脱"意思"支配下的权利概念为前提。

从主观权利观点走出来的德国法学家耶林(Rodulf von Jhering)对主观权利进行了更激烈的批评:"权利就是受到法律保护的一种利益,当然,不是所有的利益都是权利,只有法律所承认和保障的利益才是权利。"(张文显,1996:492)在社会进化论的影响下,耶林首先将原本被认为适用于客观世界的"因果律"导入主观意志领域并根据"充足理由律"(principle of sufficient reason)对主观权利进行批评:"因果律在意

---

① 例如大须贺明,2001。该书有时把"生存权"作为社会权的别称,有时候又把生存权作为社会权的一个部分。1991年中国发表的《中国的人权状况》白皮书中提出"生存权是中国人民长期争取的首要人权",这份文件把生存权理解为生命的保障权以及"吃饱穿暖"的生活保障权,并且它把生存权与"政治权利"和"经济、社会和文化权利"放在同一个层面上相提并论(国务院新闻办公室,1991:16)。

② 狄骥强调,"社会法学说是指立足点从社会到个人、从客观法到主观权利、从社会规则到个人权利的所有学说;它确认存在一条规则约束社会中的个人,个人的主观权利产生于其社会义务"(莱昂·狄骥,1999:7)。

志领域同样有效。欠缺充足原因的意志活动与缺乏充足原因的物质运动都是不可想象的。而如果说在没有外在推动原因的情况下意志能够自我产生，那么所谓意志自由，将无异于一个人能够抓住自己的头发将自己从泥沼中提出来的哲学神话(Munchhausen of philosophy)。"[①]耶林进而指出，对于一个人而言，他有意识地实施某项行为，不是因为"无它，唯想去实施耳"，而是因为他想在得到某种东西。易言之，目的乃引发行为之根源所在，是所谓"无目的即无行为"。对于法律来说，更重要的不在于"意思(意志)"本身，而在于借以产生该意思的目的。那么，该"目的"指向什么？耶林将之归结为"利益"。他认为，在人的自主行为中，"利益是每一行为不可或缺的条件，一无利益的行为正如无目的的行为一样荒唐，它在心理上是不可能的"(耶林，1924：1—2、40)。耶林所谓的"利益"由法律保护所限定，它对权利概念的解释同样由"利益"与"法律之力"两种客观要素构成。如果说"利益说"构成了权利内容，"法力说"构成了权利形式，那么两者结合形成了客观权利理论。与黑格尔强调客观精神体现为"绝对观念"发展的一个阶段不同，"利益说"为"法力说"注入了新的灵魂。

(二) 社会连带与客观利益

狄骥基于社会连带因素，主张整个法律体系都是人为建构起来的客观实存。为了方便论述法律体系，人们才把主观权利作为其中的预设条件，而它们是可有可无的。将法律体系的基础从主观权利置换为客观事实，在理论上不仅可行，而且是客观需要。法律体系因而获得更为坚固的实证基础(莱昂·狄骥，1959：25—28)。

客观权利论最重要的理论基础是功利主义，必然从"客观说"发展为"社会利益说"。由边沁所创立的功利主义是通过批判古典自然法理论建立起来的，它强烈反对"社会契约论"以及与之密切相关的"自然权利"思想。然而，身处社会的个人不可能孤立独处，不与他人发生关系。因此，以个人主义为立足点的功利主义(个人功利主义)在追求其最大幸福的目标时所面临的问题是：交往中一旦有助于实现"个人利益最大幸福"的权利与他人或者共同体的"最大幸福"相冲突时的处理方式。耶林显然意识到了功利主义与个人的自由主义之间的矛盾，提出"社会力学"(social mechanics)理论取代自由主义理论，倡导一种被称为"社会功利主义"(social utilitarianism)的理论。"没有任何东西是纯粹属于你自己的，社会或作为其利益代表的法律与你如影随形。""法律是在个人与社会之间确立的伙伴关系。"耶林通过修正个人主义的理念来界定法律目的的"利益"之含义，实际上提出了社会利益的概念。法律这一"社会无形的、无处不在的代表"(soekd's invisible, omnipresent representative)(耶林，1924：397)。所体现的"利益"不是别的，而是"社会利益"。在个人与社会的关系中，当"客观说"被理解为社会利益时，利益主体已经不是个人，也与原有从人性出发的权利根本不同，耶林选择了突出社会，即与个人利益相较。其"法律目的"更强调

---

① 此一荒诞神话出自18世纪德国一名为明希豪森的男爵(Freiherr von Münchhausen，1720—1797年)，故得名。

的是"社会利益"。以法律目的决定的社会利益,对于受益的个人来说,其实是一种"法益"。

从"客观说"发展为"社会连带说"。狄骥受孔德(Auguste Comte)、斯宾塞(Herbert Spencer)和涂尔干(Émile Durkheim)不同程度影响,比耶林走得更远,将社会学方法引入法学视野,将社会连带作为"事实"注入客观法,从而实现定分止争、维持国家权力正当性的功能。①"社会连带"指人们生活在社会中为了满足自己的需要和发展自己的个性,且只能以社会作为生活形态这一事实。此事实引发一种相互依存的状态,而此状态构成了所有法律的客观基础:"社会连带是一个永久事实,是所有社会团体所不能忽略的因素。"②狄骥主张的客观法是一种社会准则,将客观法确立为国家行为正当化之外部基准。基于社会连带因素,狄骥指出客观法是完全基于社会事实而形成的规范体系,法律的强制力源自社会感和正义感所具有的社会压力,狄骥把这种源自社会的法律强制力称为"社会规范的客体性作用"。它包括引导和禁止两种效果,其中,引导效果强调法律引导个人尽其所能、通力合作、积极组建社会秩序;禁止效果突出法律对破坏社会秩序行为的预防和惩罚作用。狄骥从客观说出发,也必然重新迎回道德概念,狄骥将社会规范自上而下分为经济规范、道德规范和法律规范等三个层次。③法律作为社会规范的本质:法律的功能在于调适单个个体与复数的个人之间的关系,法律是一种目的型法。狄骥在法社会学方法变迁中重新定义"国家":从"有机主义的神经中枢"走向"社会连带的具体事物"(王蔚,2021:152)。相对于整体主义社会学而言,狄骥采用社会决定论对个体主体性是进一步否定的。在社会连带关系中,人们更多的其实是义务关系。在社会连带说中,主观说与客观说形成了根本对立的立场,如果说主观说会导向权利的概念,客观说则必然导向法益的概念。

(三)客观价值秩序

客观法秩序维护模式的理论基础是法国社会连带主义学术观点,客观利益需要客观价值秩序的维护。德国联邦宪法法院用来表达与基本权利客观价值秩序含义相近的词语"常用的大概就有十几个",包括价值秩序、价值体系、宪法的基本决定、基本权作为客观规范、方针、推动、价值决定的基本规范、客观法的价值决定、结构原则、基本原则、主导规范、准则规范、设定等(张嘉尹,2001:9—10),由此也归纳出国家保护义务理论。规范意义上的国家保护义务理论诞生于德国(齐佩利乌斯,2011:400)。德国学界对于基本权利的客观秩序包括哪些内容并无统一意见,但在学说上比较没有争议的有三项内容:基本权利的国家保护义务、基本权利的第三人效力和基本权利作为组织与程序保障(魏迪,2007:105)。基本法所确立"价值秩序"(Wertordnung),构成立法机关建构国家各种制度的原则,也构成行政权和司法权在执行和解释法律时

---

① 余盛峰,载胡水君,2015;Olivier Jouanjan,"Duguit et les Allemands",in Fabrice MELLERAY(dir.),*Autour de Léon Duguit*,Bruylant,2011,p.200。

② Traité de droit constitutionnel,Vol.I.,3e éd.,Paris 1927,p.86(转自迪特格林、王蔚,2018:158)。

③ Léon Duguit,"Objective Lawl II",*Columbia Law Review*,Vol.21,No.1,1921,p.17.

的上位指导原则(张翔,2005b:25)。在基本权利的主观权利和客观法双重面向中,价值秩序主要与客观法面向的理解有关,可从两个方面来认识。

一方面,“作为基本权的客观面向,客观价值决定在主观权利之外,为我们认识基本权提供了另一维度。”(赵宏,2011b:38)在理论定位上,现代公法中的功能主义以客观价值秩序表征客观法,并造成基本权利客观法内涵秩序。这种理论直接源于霍布斯、洛克和狄骥的成就,将权力作为法律基础的公法理论重在建构功能主义范式的完备性和统一性。根据宪法学一般原理,“国家对各种基本权负有保障义务,国家建制、作为及程序都应该以保障基本权为准则,以补个人主观上权利的不足”(吴庚,2004:132)。“为达成此项义务,国家自应就各个权利之性质,依照社会生活之现实及国家整体发展之状况,提供适当之制度的保障(Institutionelle Garantie)。”(程明修,载廖福特,2009:351)从强调公法的功能主义出发,基本权利客观价值秩序理论认为,基本权利不再只是公民防御国家的主观权利,“此外,它适合于所有法领域,可作为宪法基本决定的客观价值秩序或价值体系”约束立法、行政与司法等国家机关(阿列克西,1999:83)。我国制度性保障多被认为是以强化基本权利保障为宗旨,它要求国家有义务通过立法形成基本权利的核心内涵。

另一方面,立法者对多重利益的权衡又可被理解为宪法对于立法者的基本权委托,正如阿斯曼所言,“一般法中包含了多重的经过编码化的基本权利”[①],如何从中读取出个人权利,就需借助保护规范(赵宏,2020:25)。根据德国学者史塔克(Christian Starck)之见解,以“基本权利”作为保护义务之形容词,目的是在保护义务与基本权利之间建立起一定的关联(Christian Starck, 2006:411—412)。保护规范理论将解读多重编码化的权利转化为法解释工作,保护规范的关键在于,“将客观化的规范目的,规范构造及其相关规范结构,依据各方利益之衡量,呈现为各种利益之间的相互关系,由此确定个人利益的位置和差异”[②]。在现代,个人利益对整体利益的渗透,发展出主观公权利的概念,明确其“如何保障”等议题。

二、客观利益的内容

宏观层次的客观利益可以体现在生存法益上,也可以体现在积极权利上。在我国,社会法的生存利益常常是一种法益,在一定条件下可以转化为主观公权利。

(一) 社会法的生存法益

保障公民的生存法益是社会法的基本目标,社会法生存法益的具体内容由各国根据其实际情况来决定。德国基本权利也被认为是基本法所确立的“客观价值秩

① E. Schmidt-Assmann, in Maunz, Duerig u. a., Grundgesetz, Kommentar, Lieferung: 1985, Rndr. 128 ff. zu Art. 19 Abs. 4GG.

② E. Schmidt-Assmann, Die Beitrag der Gerichte zur verwaltungsrechtlichen Systembildung, VBLBW 1988, p.383(转自赵宏,2020:25)。

序”，公权力必须自觉遵守这一价值秩序，尽一切可能去创造和维持有利于基本权利实现的条件，在这种意义上，基本权利又是直接约束公权力的“客观规范”或者“客观法”(阿列克西，1999)。我国社会法的生存法益特别需要关注反射法益。宏观层次从内容上定位，涉及法益与权力两个方面，反射法益是由权力介入产生的，表现为客观利益，防御功能几乎可以说是不存在的，至少是极其薄弱的。

在资本主义类型宪法中，包括生存法益在内的所谓“公民社会权”正式获得“基本权利”地位的是1919年德国魏玛宪法。在德国，由于在第一次世界大战中战败，社会动荡不安，受到俄国十月革命成功的影响，魏玛宪法在第二篇第二章(共同生活)及第五章(经济生活)中，罗列了不少承认人民有社会基本权利的条文。[①]我国学者一般认为，魏玛宪法众多条款，规定人民应获得教育权、生存权、工作权等基本权利。其目的是通过国家的积极作为，促使这些社会权利的实现，从而使人民获得合乎人类尊严的生活(即魏玛宪法第151条所规定的目的)(潘荣伟，2003:27)。国家有必要为公民提供一系列的基本生活保障，对没有生活来源者，贫困者，遭遇不幸者和一切工薪劳动者在失去劳动能力或工作岗位后给予物质帮助，从而确保社会可持续发展和社会稳定。这里的所谓“基本权利”相当程度上只是一种生存法益。

伴随着大工业的发展和社会经济的快速增长，劳动关系的内在不平衡使用人单位处在强势地位，而劳动者处在弱势地位，劳动关系具有从属性，劳动合同也成为附合合同。这种状况决定了国家的干预，由此，也决定了某些劳动权利、劳动义务须受生存法益的限制。所谓魏玛宪法的“公民社会权”条款，成为许多西方国家宪法仿效的蓝本，例如意大利、日本、墨西哥等(潘荣伟，2003:27)，由此出现了社会宪法的概念。世界各国都把社会保障作为生存法益保障的重要法律制度。在现代社会环境中，公民面临着诸如失业、伤残、疾病、老龄等多方面的风险，这些风险导致丧失工作能力，失去作为生活来源的收入保障。这种职业风险须纳入生存法益来进行保障。

有学者认为：“生存权利、人身权利是人权的逻辑起点或最低限度的首要权利政治权利和自由是人权的核心；经济、社会和文化权利是基础权利。”(张文显，1993:112—113)这里的“权利”是一种道德权利，采用应当性的论证时，其实是在强调“法益”。在关于生存利益应当性的论证上，马歇尔认为，最低生活保障是一项必须得到满足的义务，“这是一个由特定社会的公民所设计的财政安排，其目的在于调节这一社会的收入分配，以便促进所有人的福利。这是一种特殊的互利型财政安排”。从“特定社会的公民所设计的财政安排”的表述，也能说明“社会权利”并非实证法上的法律权利。“它最好被看作一种装置，通过这一装置，工人的收入一直延伸到了他不再能够从事工作的阶段。这会提高他一生所能享受到的福利总额，而且为了维持其工资收入水平，取得这种福利的社会权利也会转化成为法律权利。”(马歇尔，载郭忠

① 例如：国家应特别保障婚姻、家庭及母性(第119条)，国校学费的全免(第145条)，国家应资助中下收入者能就读中等以上之学校(第146条)，国家经济制度应保障每个人皆能获得合乎人类尊严的生活(第151条)，国家应特别保障劳动之权利(第157条、第159条)，国民有获得工作及失业救济之权(第163条)，等等。

华、刘训练，2007：48—49）从“福利的社会权利也会转化成为法律权利”的表述来看，这里所说的“社会权利”常被定义为一种道德权利，可以说是一种实质法意义上的权利，在没有转化为法律权利之前其实往往表现为生存法益。

理解生存法益涉及“最低限度核心义务”的概念。根据《经济、社会和文化权利国际公约》，缔约国承担“最低限度的核心义务”，确保每项经济、社会、文化权利的享受达到基本的水平，最低限度核心义务概念的提出，主要是针对那些资源情况要求高的义务而言的。“如果在一缔约国内仍有较大数目的个人被剥夺了粮食、基本初级保健、基本住房或最基本的教育形式，该缔约国表面上就等于没有履行《公约》下的义务。”生存法益的本源性权域指的就是最低生活水准权，具体包括生命体的维护、有尊严的生活和安全的生活（汪进元，2010：16）。如果缔约国无视这种最低限度的核心义务，公约大体上失去了存在的理由，所以联合国人权委员会敦促缔约国考虑确定一些具体的水准基点，据以实施最低限度的核心义务，确保每一项经济、社会、文化权利的实现达到最低限度的基本水平（王新生，2012）。最低限度的核心义务的提出与强调，说明生存法益不应以普遍的、高水平的福利性保障为目标，这样的要求并非要降低一般性国家实现义务的要求，而是要求各国应该优先保障最低层次的生存利益，主要是针对那些生存有可能受到威胁的特殊人群（黄金荣，2009：222）。

（二）社会法的积极权利

社会法的积极权利是从形式上对于宏观层次的权利来定位的，依据 BVerwGE 1，159，161：“基于《基本法》的主导思想，应对救济权（Fürsorgerecht）作如下解释，即救济法律义务承担者对需求者负有义务，与之相应，需求者有法律请求权。”[①]随着法律发展，德国联邦宪法法院更是从《基本法》第 1 条第 1 款确立的保护人性尊严的义务中提取出了个人对于提供最低生存保障的主观请求权，并确认这种最低保障不仅是物质意义上，也是社会—文化（sozio-kulturell）意义上的。[②]关于该主观请求权对所有在德国生活的人的适用，[③]耶林对公民主观公权利的体系化归纳，深刻影响了后世学者对这一问题的思考，人民获得请求国家采取积极手段为某些行为，社会法的积极权是由其采取的手段来决定其形式。

其一，积极权利的含义。社会法积极权概念，从理论演变上看，常常涉及积极功能、积极地位、积极权利、积极福利四个不同的表述。

积极功能，将权力视为法律的基础和来源是功能主义的立足点。作为现代政治科学的创立者，针对宗教的软弱和残忍，马基雅维里揭示了权力的政治科学（曼斯菲尔德，2005：141）。马克思认为：“从近代马基雅维里……以及近代的其他许多思想家谈起，权力都是作为法的基础的，由此，政治的理论观念摆脱了道德，所剩的是独立地

---

① 对此的法律发展，参见 Volker Neumann，Menschenwürde und Existenzminimum，NVwZ 1995，p.426 ff（转自乌尔里希·贝克尔，2019：7）。

② 依据 BVerfGE 125，175。

③ 参见 BVerfGE 132，134（Asylbewerberleistungsgesetz）（转自乌尔里希·贝克尔，2019：8）。

研究政治的主张。”[①]马基雅维里的君主是一个积极的君主，他不仅有卓越的智慧、洞悉人性的品质，还有非凡的政治动员力量，他能将公民动员到建国的事业中去。他选择了目的合理性进路，霍布斯选择价值合理性进路。目的合理性与价值合理性都是在肯定的维度强调理性化过程。在公法领域中否定性具有重要的意义，抛弃了亚里士多德以来人类追寻美德的进路，它表明排除一些目的和价值[②]，而将政治学建立在对政治实践考察的基础上，形成了一种实质理性主义的政治学新范式（程关松，2010）。目的论的追求、社会学的视野和实证分析的方法是功能主义的基本要素。

积极地位，公民层面的积极权首先强调耶利内克（Georg Jellinek）所说的积极地位。积极地位指国家承认并给予人民法律上的资格，可以为其个人利益，请求通过国家有关制度，借国家权力来达成其愿望之地位。德国公法学家耶利内克提出了公民与国家关系的“地位理论”，根据人民所处地位将其公法权利分为被动、消极、积极、主动四种（陈新民，1992：106—107）。被动地位是指服从国家地位，产生人民的义务；消极地位是指人民在被动地位产生的义务范围外，拥有公权力不干预的自由范围，即自由权；积极地位是指人民获得请求国家积极为某些行为的权利；主动地位是指人民有资格参与国家意见的形成，即参政权（龚向和，2007）。福利国家的积极地位是与市民社会的消极地位的比较来体现的。福利国家彻底摒弃了早期社会福利慈善式的济贫观念，把福利当作权利赋予每一名社会成员，在社会权利层面，个人是消费者而不是行动者。

积极权利，强调人权概念的建构是以权利概念的建构为前提。依据美国政治与社会哲学家范伯格的观点，“权利是一个人针对其他人就某种事物的特殊质量的要求”[③]。公民社会权利首先是一种“享有权利的权利”，马歇尔在耶利内克观点的基础上，进一步强调保障公民的社会权利，以制度化、普遍性的福利供给来抗拒自由放任的市场经济带来的社会和人的商品化。国家必须提供某些特定的行为，即必要的社会救济、津贴与福利等。在国际人权法体系中，公民和政治权利是一种消极权利，经社文权利是一种积极权利，区分消极与积极的主要标准在于考虑政府与个人之间的关系。对于消极权利，政府只要不去干涉个人的自由，个人即可享有；对于积极权利，则需政府提供积极的作为方能实现（胡欣诣，2013）。冷战格局中各国对政治合法性的需求，以及战后经济恢复发展的稳定合作环境的需求，使社会权被理解为公民对国家的单方面的福利要求。在这种权利观念支配下，人们把权利仅仅看作满足自己需要的媒介，而没有将它同相应的义务相联系，结果在公民权的不断扩张中，“对实现这些权利所需要的义务和责任却保持沉默”（雅诺斯基，2000：2），使社会权利在道义上极度贬值。

---

①② 《马克思恩格斯全集》第3卷，人民出版社1956年版，第368页。

③ Vgl. Georg Lohmann, Menschenrechte zwischen Moral und Recht, Stefan Gosepath und Georg Lohmann (Hg.): Philosoph ie der Menschenrechte, Frankfurt am Main 1998, p.65（转自甘绍平，2009a：2—3）。

积极福利,20 世纪 90 年代以后,以吉登斯(Anthony Giddens)为代表的新社会民主主义根据形势发展构建了“超越左与右”的第三条道路,从消极福利到积极福利。传统福利国家实行的消极福利政策是一种个体层面“无责任的权利”,倾向于把权利作为不附带任何条件的要求。而第三条道路倡导的积极福利则强调“无责任即无权利”。主张福利既是个人的权利也是个人的义务和责任,在福利不断增加的同时,个人的责任和义务也应当不断地延伸(战建华,2010:43)。当代著名的福利经济说和经济权利说对自然权利说和法律权利说进行了扬弃,并把人的政治权利与社会经济权利密切结合起来,使社会经济权利也成为人权的基本内容,从而把人权从“消极的受益关系”发展成为“积极的受益关系”(俞可平,1989:32)。

其二,积极权利的特征。耶利内克将国家与个人重新置于法律关系下理解,因此其所持的公权观是一种同时包含了个体公权与国家主观公权的“整体公权观”。[①]国家、政府、公民层面呈现出不同的积极权。

国家层面的积极权。社会权利选择更多强调的是权利义务在公民总体水平上的平衡,而不是公民个体水平上的直接平衡。因此,两者之间的平衡主要关乎立法和制度的设置,涉及社会福利财政收入和支出的均衡,国家层面的积极权是将社会权利设置为基本权而通过国家的宪法来进行规定。在资本主义类型宪法中,使公民社会权正式获得基本权利地位的是 1919 年德国魏玛宪法。魏玛宪法中的生存权其实只是一种生存法益,二战后的基本权以及一系列配套规定,才出现了让少部分生存利益转化为生存权利的观点。由于社会法中的积极权利源于宪法中规定的“社会权利”,“‘权利宪法化’成为较为普遍的诉求。也有学者认为主张将社会权写入宪法,不但无益,反而有害,它会抑制日常政治过程的审议范围,并凸显政府的强制性义务。这一诉求在本质上有助于强化政府——尤其是中央政府——的再分配权力。社会权入宪增加了需要全国性政府来提供的再分配事项”(姜峰,2010:54)。

政府层面的积极权。狄骥认为 19 世纪后半期以后,随着经济、科学技术、政治和法律文化的发展,国家主权的观念开始被“公务观念”代替。国家不再是一个发号施令的主权权力,它不过是一批人运用所掌握的权力来为公众需要服务。由于“消极权利”不受国家财力及资源条件所限,因此可以获得立即实现,当“消极权利”受到侵害时,可以通过法院诉讼获得救济,具有可诉性;“积极”首先是要求政府积极的作为,然而,由于受制于国家财力及资源、条件限制,因此福利的提高只能是渐进地实现,不完全具有可诉性,事实上只有具有这种请求权基础的权利救济才有可能被称为积极权利。

公民层面的积极权。从耶利内克所提出的积极地位到吉登斯所强调的积极福利,这是一个认识上逐步深化的过程。就积极权利而言,公民社会权利作为“享有权利的权利”,社会弱者有权请求行政机关的帮助,也有权放弃这种请求权,体现的是一种行动上的自由与选择。就积极权利需要纳入行政关系来实现而言,积极权利的主体本身也须承担一定的义务(如劳动者依法也须缴纳社会保险费),积极权利的实现

---

① Hartmut Bauer, Subjektive oeffentliche Recht des Staates, DVBL. 1986, p.209(转自赵宏,2019:652)。

方式只能由国家详细规定，在客观法上，保障制度存在着任意性规范和禁止性规范，但主要是以强制性规范中的命令性规范为特征。法律规定的是必须履行的义务，是劳动行政关系当事人通过"作为"来履行的义务。对于劳动者与用人单位来说，往往无权在保障程度上作选择。只有社会权所代表的那些利益诉求通过非政府组织部分地予以满足，才是积极权发展的真正途径。正如有学者指出的："公益慈善社团是社会保障体系中的重要力量。"（王利锐，2006）弱势主体在作为受益人的同时，也承担了诸多的义务，其行为方式受到了极大的限定。社会法中的行政以社会利益为本位，是为了社会弱者的利益，其作为利益归属主体，制约着行政方式，也制约着生存法益转化为积极权利的程度。

从马基雅维里所提出的积极功能到耶利内克所提出的积极地位到吉登斯所强调的积极福利，这是一个认识上逐步深化的过程。归纳积极地位、积极权利、积极福利的不同理解，社会法中的积极权利（positive rights）主要是指弱势主体通过国家的积极行为来实现其利益的一种权利，"是一种靠国家的积极干预来实现人'像人那样生存'的权利"（大须贺明，2001：3）。从积极功能、积极地位、积极权利、积极福利四个不同的表述可以看到，积极仍是一个含义混杂的概念。从公法权利的角度理解积极权利，混沌的含义可以厘清。

（三）生存法益与积极权利的界定

生存法益与积极权利的关系，涉及客观保护规范与主观公权利两个相伴相随的概念。保护规范理论从现实主义视角强调反射利益是法律上需要扩大的利益；积极权利理论从理想主义视角则将主观公权利视为行政法的发展趋势，公权力与公权利可以说正在发生现实与理想的制度碰撞，这种碰撞折射出个人与国家地位变迁的宏大命题。从权利概念出发，必然要承认自由、自利、自治的要求，范伯格四含义、格维尔茨（Gewirth）五要素观点有助于我们理解权利的特点。生存法益与积极权利的关系可以这些要素来界定。

生存法益是为了使这些公民能够生存下去，国家有必要为公民提供基本生活保障，从而确保社会稳定和可持续发展。对于生存法益而言，无论这些法益是否被当作"权利"，其实现很大程度上会受到国家资源的限制，取决于资源情况，对于那些暂时不具备这些资源的国家就只能逐渐实现，具备条件的，法益向权利的转化。以劳动报酬为例，劳动领域中最低工资应当归为生存法益，其他劳动报酬都只能纳入个人利益的范畴，同理，劳动合同法也不应归入生存法益范畴。我国劳动合同法讨论中强调生存权时，对其含义显然作出了扩张的理解。

积极权利作为形式法意义上的法律权利，必然符合四含义或五要素权利的要求。范伯格称"权利是一个人针对其他人就某种事物的特殊质量的要求"①，这项定义蕴

① Vgl. Georg Lohmann, Menschenrechte zwischen Moral und Recht, in Stefan Gosepath und Georg Lohmann (Hg.), Philosophie der Menschenrechte, Frankfurt am Main 1998, p.65（转自甘绍平，2009a：2—3）。

涵着四含义。(1)"一个人"或"某个人"是权利载体。他对自己的权利提出主张。(2)被"针对的其他人"是权利的应答者、责任者或履行义务者,比如国家。权利的应答者或责任者要针对该权利履行相应的义务。(3)"就某种事物"指的是权利的具体内容或权利的对象,比如"生命、自由、财产不受侵害"或"应享有最低限度的社会保障"等。(4)"特殊质量的要求"指的是权利意味着一种要求或愿望,这种要求或愿望有别于一般的、随意的要求或愿望之处,在于权利载体在要求得不到满足的情况下可以追索权利的应答者或责任者相应的义务,必要时甚至可以通过实施制裁使权利得以履行(甘绍平,2009b:18—19)。根据格维尔茨对人权的结构的解析,一种人权必然包含了五个要素:(1)权利的主体,即有权利的人或多数人;(2)权利的性质;(3)权利的客体,即权利指向什么;(4)权利的回答人,即具有关联义务的人或多数人;(5)权利的论证基础或根据(叶敏、袁旭阳,1999)。权利的"四含义""五要素"说基本上合理地反映了权利概念的内在构成。

根据"四含义""五要素"理论,社会权至少须具备对国家的请求权,才有可能赋予法律的含义,也才可能符合积极权利的标准。如果主观公权利与反射利益的本质区别在于根据法律规范个人能否和行政机关形成法律关系,能否对行政机关行使请求权即个人是否享有要求行政机关为或不为权能,前者可以而后者不可以。被我国学者称为社会权的内容,往往并未达到这样的标准。社会法上的实质法是一种应然法,作为一种社会目标出现,不能直接等同部门法意义上的积极权利,它的实现需要国家提供资源或者说需要国家给付。改革开放前我国的社会权概念是通过排斥形式法的影响,而以实质法的方式直接适用的。随着社会主义市场经济的发展,社会主义的一些理念开始通过人权保障的概念得以流行,我国提出的一些社会目标,本质上是以实质法对形式法制约。

三、客观利益的形式

社会政策是一个被广泛运用但又缺乏公认定义的概念。有学者从"经"和"纬"两条线来分别梳理社会政策概念的发展脉络、基本内涵及主要争议。从经向看,社会政策概念经历了缘起、社会行政和社会政策三个阶段;从纬向看,社会政策的概念可分别从学术研究和社会行动两个层面来探讨(黄晨熹,2008:163—179)。如果从中西对比的角度来观察,西方的社会政策法律化与我国的社会法律政策化是两种值得关注的形态。

(一)西方的社会政策法律化

自20世纪中期以来,西方社会政策(Sozialpolitik)更多是指社会共同体的"社会政策"(Gesellschaftspolitik)①,也就是说,其全面地涉及所有社会成员以及共同体之

---

① Hans Achinger, Sozialpolitik als Gesellschaftspolitik, Deutscher Verein für Öffentl. u. Private Fürsorge, Frankfurt am Main, 1971(转自乌尔里希·贝克尔,2019:17)。

总体的运转。在法的表现形式上，有一个私法公法化的发展过程，与“法典化”相对应，存在着“社会化”的认识，并对传统的民法典形成了冲击。西方的社会政策法律化可以说是围绕着民法典的解构与重构展开，出现了一种“敌对性继受”的情况。

首先，社会化的认识促成了民法典的解构。大陆法系19世纪制定的古典民法典的一些内容已经过时，许多内容已被大量的民事单行法规所替代或“肢解”（徐学鹿、梁鹏，载张礼洪，高富平，2008：578）。与民法典解构相联系，存在着社会立法的概念，从某种意义上说，民法典正是被社会立法掏空，而出现民法典解构的现象。今天实际看到民法典是一个对旧条文重新阐释，加满了新条文的“补丁连补丁”的集合体。20世纪末，德国民法已从一个法典法体系发展成为多部法典、单行法与判例法的混合体。2004年是《法国民法典》诞辰200年，在这200年中，该法典已经过百余次的修改。据学者统计，至1999年，已全部或者部分修改的条文达855条，占全部条文的37.5%；已全部或部分废除的条文为184条，占全部条文的8.06%；新增的条文为456条，占全部条文的20%（王云霞，2004：61）。这些单行法脱离民商法典的涵摄范围而形成一个个独立的“微系统”（microsystems）的法律区域，不仅在外在形式及内在理念上对民商法典进行肢解和分割，而且在司法运行中也和民法典进行竞争：案件主要以特别立法为裁判依据。只有在特别立法没有相关规定的时候，才转向传统法典以寻觅判案的依据（梅利曼，2004：159）。

其次，社会化的认识促成了民法典的重构。1912《瑞士民法典》的制定表现出民法典重构化趋势，“补丁连补丁”的社会现实促成了民法典的重构。二战后（甚至从1942年《意大利民法典》制定开始），这种趋势日渐呈风起云涌之样态，1992年的新《荷兰民法典》、1994年的《俄罗斯民法典》《蒙古民法典》《魁北克民法典》、1996年的《越南民法典》《哈萨克斯坦民法典》、1998年的《土库曼斯坦民法典》、1999年的《塔吉克斯坦民法典》《阿塞拜疆民法典》《乌兹别克斯坦民法典》、2000年的《乌克兰民法典》、2002年的《德国债法现代化法》、2003年的《巴西民法典》等，可以说是掀起世界民法典编纂和修订的“第三次浪潮”（魏磊杰、王明锁，载张礼洪，高富平，2008：501）。

再次，社会化的认识促成了社会法典的产生。伊尔蒂（Natalino Irti）认为：“在民法典的周围，涌现出一些我称为‘民事微观制度’，它们都采用独特的术语和独特的原则。这些‘民事微观制度’不断被披上‘部门单行法典’的外衣，不断制定只涉及特定经济和技术领域的法典。”除去多如牛毛的针对个别条文的民事条例和规范不谈，法国现今就存在《劳动法典》《消费法典》《环境法典》和《交通法典》等条款多达上百条的各类单行法典。“在法国，这样的法典有50个左右，意大利有大约10个。”（那蒂达林若·伊尔蒂，载张礼洪，高富平，2008：517）1981年，《德国民法典》问世尚不足百年，德国开始了对其《民法典》债编的修正进程，在调查过程中，联邦法务部发现大约有2 700个民法条文散见于250部单行法中（苏永钦，载王利明，2004）。

法典解构与重构的过程中，会遇到民法典与社会法典的关系。社会法典的存在构成了民法典重构难以逾越的障碍。民法学者强调民法典改变社会、重构社会秩序的深层价值。尽管这种看法不无道理，但社会现实的发展正好相反，重构过程中恰恰是其他领域法律规定中体现的社会价值深刻地改变着原有的民法典。民法典重构是建立在民法典解构的基础上的，在重构的民法典中出现了一种可称之为“敌对性继受”的概念。奥科·贝伦茨(Okko Behrends)称：“现在有这样一种征兆，我们生活在一种对私法法典化的敌对性继受的时代。”“立法者现在似乎正在解消独立的、原则上个人自己负责这种社会模式，取而代之的是一种消灭个体的社会的职能，这种社会的职能中任何个人均应视其发生的具体情况而应被保护或者受控制。”(奥科·贝伦茨，载张礼洪、高富平，2008:194)笔者以为，这种敌对性继受使立法者放弃法典化本身是一种完整统一体的观念，努力通过改变传统法典化的逻辑以适应社会化的发展逻辑，社会法典的存在大大限制了重构的方向及范围。

(二) 我国的社会法律政策化

我国的社会法发展总体上是一个公法私法化的过程，并没有采用这种“敌对性继受”的方式，而是一个社会法律政策化的过程。政治是以责任为基础的，作为行政职权的享有者的行政主体，必须按照法律规定在行使行政职权的过程中承担一定的义务，以对赋予其权力的人民和国家负责。目前，国内行政法学界所称的规范性文件，基本上是指除行政法规、规章和具体行政行为以外的，由行政主体制作的，针对不特定相对人的所有书面文件(罗豪才，1996:159；姜明安，1999:171)。我国的社会法实际上是以社会法律政策化的方式存在的。我国有学者将规范性文件的种类概括为四类(叶必丰、刘道筠，2002:44)，我们可沿着这四类文件来理解我国的社会法的现状。

其一，行政创制性文件，在社会法的体系中起着自下而上的作用。某些规范性文件独立地设定了不特定相对人的权利义务，这常常构成了社会法发展过程中的最初形态。现行的政策来源有两方面：一种是根据新出现的情况，首次制定出来的政策；另一种是从旧有的政策变迁而来。政策试验是中国政策制定过程中所特有的一种创新机制，既可针对前一种情形，也可针对后一种情形，常常是一种自下而上的方式。有时上一级政府或行政首长也会根据工作需要安排一些政策测试，从而让地方政府组成部门承担着法定外的职责。根据试验的时空性特征及其具体内容、目标侧重点的不同，将政策试验划分为具有时间维度的立法试验、具有空间维度的试验区以及拥有时间和空间双向维度的试点三种类型(周望，2011:85—86)。政策实验选择则取决于体制对各种制度性要素进行鉴别和选择的认知能力、分析能力以及重新加工和组合的能力。例如，1992 年 8 月 12 日上海市劳动局发布了《本市全民所有制企业实行全员劳动合同制试行办法》，首创了中国式的无固定期限劳动合同。[①]将体制因素作为政策实验选择的重要的影响因素，彰显了中国的政策试验对于自身体制的适应性，

① 1992 年上海以二纺机为首的十三家企业进行了深化企业劳动人事制度综合配套改革的试点。在这一试点的基础上，1992 年 8 月 12 日上海市劳动局发布了该文件。该办法明确：“无固定期限的劳动合同，不明确终止期，双方可按约定的终止条件终止劳动合同。”该规定还对各种解除形式以及企业解除劳动合同的条件与员工解除劳动合同的条件进行了规定。

是具有中国特色的实践成果。同时,也是对脱离西方体制视角的重要尝试,对于构建和补充中国政策知识体系具有重要价值(李瑞昌,2021)。

其二,行政解释性文件,在社会法的体系中起着自下而上向自上而下的转环作用。行政解释性文件是指行政主体为了实施法律、法规和规章,统一各行政主体对法律、法规和规章的理解及执行活动,对法律、法规和规章进行解释而形成的文件。社会法进入这一阶段时,社会法自下而上的发展,通常已经走过了行政创制性文件的阶段,而至正式法律规范。我国《宪法》规定国务院根据宪法和法律,规定行政措施,制定行政法规,发布决定和命令;各地方人民代表大会及其常务委员会也会以决议公布相应的地方性法规。《立法法》的出台第一次在制度构造层面正式确立了我国法律规范的形式,行政法规、规章为法律规范,规范性文件被排除在法律规范之外(林庆伟、沈少阳,2004)。某些规范性文件创制的制度,采取宪法或立法法规定的形式,取得了较为正式的立法形式。这些较为正式的规范形式,往往会引发社会公众的关注,但是我国的法律通常缺乏细节的描述。这时规范性文件并不是想当然的就没有法律效力,而是转化为某种行政解释性文件。例如,1995 年《劳动法》开始实施,随后针对实践中出现的疑问,劳动部以〔1995〕309 号文的形式颁发了《劳动部关于贯彻执行〈中华人民共和国劳动法〉若干问题的意见》对《劳动法》所涉及的适用范围、劳动合同和集体合同、工资、工作时间和休假、社会保险、劳动争议、法律责任、适用法律等相关问题进行了逐条解释。行政解释性文件又有两种,即法定解释而形成的行政解释性文件和自行解释而形成的行政解释性文件(叶必丰、刘道筠,2002)。309 号文属于自行解释,国家以立法形式确立的法律规范,往往采取自上而下的方式,以行政部门实际解释的样态,落实在现实生活中。

其三,行政指导性或告知性文件,维持着自上而下的秩序。行政指导一般是行政主体依法引导相对人自愿作为或不作为,以实现行政目的的非强制性行为(姜明安,1999:171、247)。行政告知行为一般是指通知行为,是"对于特定人、多数不定之人或一般公众,使其得知某事之行为也"。这种行为通常是一种准行政行为,即"谓不以效果意思为其构成要素,而由于观念表示及其他精神作用之表现,而成立之行政行为"(林纪东,1988:353、351)。我国社会法行政体制强调一种自上而下的秩序,由地方各级政府在国家权力体系中的位置可以发现,不同层级不同部门有着不同责任要求,责任分担结构特征明显。社会法行政指导性或告知性文件被改造为一种上下沟通的形式,成为一种介于抽象行政行为与具体行政行为的行为方式。地方劳动仲裁机构或劳动监察机构在处理个案时经常会向上级部门请示个案的处理口径,这种往来信函会成为行政行为的一种标准格式,以填补法律空白。

创制性文件、解释性文件、指导性文件、告知性文件,四种类型的文件有时边缘不清,有的规范性文件可能同时属于两种或两种以上不同性质的规范性文件,或者各类行为之间存在着密切的联系。在社会法领域,我国还采用一种被称为《会议纪要》的形式来作为规范性文件。随着公德观念介入法律规范,法律规范有时会出现歧义,《会议纪要》本是司法系统对于法条含义集思广益的一种内部指导性文件。随着行政部门加入这类文件的制定过程，这类文件开始丧失讨论的含义，有了抽象行政行为的特点。事实上，怎么运用这四种类型的文件，行政机关往往根据自己确定的目标来灵活运用，有很大的自主权。

（三）法律化与政策化的中西比较

社会政策法律化与社会法律政策化具有共同的特点。社会政策是国家运用立法、行政手段制定的基本方针或行动准则。两者的主要区别是最终落实在法律还是政策。社会政策法律化尽管强调了社会政策的灵活多变，但最终仍要纳入法律的稳定框架。社会法律政策化尽管强调了法律的权威性，但最终还是要适应执政者的具体要求。对于政策超出法律会有不同的处理，前者是让政策适应法律，后者是让法律适应政策。两者对于政策与法律设立了不同的处理机制。

其一，从西方制度逻辑上看，社会政策法律化强调社会政策实施应当受到法律形式的制约，大陆法系、英美法系均有不同的制约形式。

从大陆法系来看，在德国，设有宪法法院和行政法院，负责对法律、法规或行政命令进行司法审查。德国《基本法》第 93 条第 1 款第 4a 项规定，任何人认为公权力机关侵犯个人基本权利或基本法规定的其他权利时，均可向联邦宪法法院提起宪法诉讼。该法还赋予普通法院以“法律规范审查”的职能，规定“法院认为裁判案件所依据的法律违反宪法时，应中止审理程序，如该法律违反州宪法，则应征求有关主管宪法争议的州法院作出的裁判意见，如该法律违反本基本法，则应征求联邦宪法法院作出的裁判意见”。《行政法院法》第 47 条则规定，任何人认为法规、命令侵害其权利或者在可预测的时间内侵害其权利时，可以申请高级行政法院进行规范审查，以确认法规、命令无效。在法国，设有宪法委员会和行政法院负责司法审查，前者负责对议会制定的法律是否危险的审查，后者负责对行政机关的法规是否符合宪法和法律的审查。法国宪法第 61 条规定，法律在公布前，可以由共和国总统、总理或者议会两院中任何一院的议长，或“六十名国民议会或者参议院议员”提交宪法委员会进行审查。利害关系人认为行政机关的条例违法或侵害了其自身利益，可在条例颁布后 2 个月内向行政法院提起越权之诉，请求撤销不合法的条例。

从英美法系来看，在美国，没有德、法式的宪法法院（宪法委员会）和行政法院设置，任何法院均可行使司法审查权，即可对立法机关制定的法律进行审查，也可以对行政机关的行政行为进行司法审查。《联邦行政程序法》第 702 条（复审权）规定，因行政机关行为致使其法定权利受到侵害的人，或受到在有关法律规定内的机关行为的不利影响或损害的人，均有权向法院提起司法复审。而且，依据该法第 704 条规定，不仅法律规定的可审查的行政行为，而且没有其他充分救济的行政机关的最终行为，都在司法审查范围内（柳经纬，2014：188—189）。

国家的司法审查制度对于权利遭受立法机关制定的法律和行政机关作出的抽象行政行为侵害的受害人或可能遭受侵害的利害关系人提供了一条较为有效的法律救济途径。

其二，从我国制度逻辑上看，社会法律政策化强调社会政策对法律形式的补充。我国的社会法律政策化虽然形式上也强调法制，但实际上是以行政机关为中心的调整体制。法律调整的形式差异，是中西方法论或思维方式的差异。西方社会政策法律化遵循的是“伦理—法律—政治”的路径来推进社会政策的落实，伦理进入法律的同时，法律也在限制政治行为。西方是一种个体和谐主义，其制度特征虽然被称为“敌对性继受”，但仍是围绕着民法典展开的。民法典中的人是掌握自己的命运，忠实自己的约定，认识自己的责任的人，因此可以说是“强有力的智者”。这样的理解涉及独立与人格两个概念，更涉及两者整合出来的权利主体的特点，两者都强烈要求依法行政，保持自发秩序的运作空间。我国社会法律政策化是一种整体和谐主义，本无制定民法典的历史传统，国家与伦理的结合可以产生高度建构的政治秩序，法律则具有很强的工具性。中国宪法和立法法授予部分地方政府及其组成部门的行政规章制定权，赋予所有地方各级政府及其组成部门“红头文件”（也称政策）制定权。在以国家力量建构的宏观层次中，伦理法律化构成社会法宏观层次的特点，国家行政机关作为一种政治定位，在一种自上而下的社会秩序中扮演了日益重要的角色。在伦理型行政中，伦理目的性与法律工具性相结合，法律是达致社会政策预定目标的手段。

其三，中西两种制度逻辑上的差异，只有从历史逻辑才能得到解说。我国曾经实行以政策代替法律的体制，这种体制至今仍强烈地影响着宏观层次的基本秩序。抽象行政行为是指行政机关针对不特定的对象，制定、发布能反复适用的行政规范性文件的行为。抽象行政行为可以从动态和静态两方面进行考察分析。从动态方面看，抽象行政行为是指国家行政机关针对不特定的人和不特定的事制定具有普遍约束力的行为规则的行为。从静态方面看，抽象行政行为是指国家行政机关针对不特定的人和不特定的事制定的具有普遍约束力的行为规则，包括行政法规、行政规章和其他具有普遍约束力的决定、命令等（转自王倩，2014b：59）。这种行为之所以会在社会法的贯彻实施中，发挥着特别重要的实际作用，一方面是由于这种行政行为具有某些立法性质，立法性质的行为可享受不可诉的待遇；另一方面立法本身有严格的程序限制，一些抽象行政行为不仅是“在制定程序上，没有遵循必要的程序规则”，实际生活中也没有严格的程序规则。长期以来，正如有学者对行政法律规范的批评：“有的部门、机关往往凭某位领导的一个指示甚至一句话或一次大会发言，便匆匆起草一个规范性文件，其间并没有经过认真周密的调查、考虑，更没有在一定范围内经过相关人员的必要的讨论和磋商，听取意见，便草率发文或公布，缺乏应有的程序规则予以制约。”（应松年，1993：314）

第二节　劳动就业法益

在劳动关系的产生过程中，劳动者在就业上有时仅是受益主体，而非权利主体。

就业法益通过反射利益对双方支配权进行限制;在失业保险的范围内,就业法益可以形成某种积极权利。

一、劳动就业法益的含义

“劳动就业权”在世界各国的法律中有不同的含义,作为一项宪法权利,是一项公民对国家主张的权利,涉及一国的权力结构。我国宪法体制的特点决定了劳动就业作为一项宪法意义上的基本权有道德权利的特点,在部门法上应当被理解为一项法益,在一些特定领域转化为积极权利。

(一) 劳动就业的概念

从学理上看,劳动就业权也称为工作权,是指具有劳动能力的公民支配自身劳动力,并要求国家或社会为其提供劳动机会的权利。劳动就业权作为一个学理概念,往往有不同的含义。《牛津法律大辞典》将其称为“工作权”(right to work),并在两种对立意义上进行解释,其中一种是指为请求提供工作或使其可以得到工作的权利,也可称之为“职业保障权”或“就业权”(沃克,1988:775)。对于劳动就业的概念,从不同的角度有不同的理解。从与生产资料结合的角度理解,劳动就业是劳动力与生产资料结合,并以个人的劳动参与社会生产和分配的过程;从社会价值角度理解,是劳动者谋生的手段和尽社会义务。西方所谓“职业保障权”是针对国家来行使的,《宪法》的生命在于适用,而最可以体现适用的就是通过法律进行救济以维护《宪法》权利。

我国1954年的《宪法》在总纲部分就对劳动基本权进行了规定:“劳动是中华人民共和国一切有劳动能力的公民的光荣的事情。国家鼓励公民在劳动中的积极性和创造性。”第91条还规定:“中华人民共和国公民有劳动的权利。国家通过国民经济有计划的发展,逐步扩大劳动就业,改善劳动条件和工资待遇,以保证公民享受这种权利。”对于劳动就业采取“保证公民享受这种权利”的承诺,以否定失业为特征来理解劳动权,使劳动权被直接解释为现实权利,与1982年后的宪法有很大的不同。这种理解在我国计划经济时期维持“低工资高就业”的超稳定劳动关系的条件下,尚且可以说得通;随着我国逐步走上社会主义市场经济的道路,失业现象逐步出现,理论上渐显困境,最后只能引入“待业”概念来掩盖失业现象(董保华,2004a:22)。

我国现行的1982年《宪法》第二章“公民的基本权利与义务”中第42条第2款规定,“国家通过各种途径,创造劳动就业条件,加强劳动保护,改善劳动条件,并在发展生产的基础上,提高劳动报酬和福利待遇”。此款位于第二章“公民的基本权利与义务”,且此款之前的第1款规定,“中华人民共和国公民有劳动的权利和义务”;第4款规定,“国家对就业前的公民进行必要的劳动就业训练”。我们可以从劳动就业权的角度对这些规定进行概括。当前的劳动就业权是按1982年《宪法》进行表述的。按我国宪法的规定,具有劳动能力的公民既是劳动权的权利主体,也是劳动权的义务主体。如何理解这种双重身份?毋庸讳言,我国现行宪法制定时,计划经济体制尚未进行根本改革，因此留有旧体制的痕迹。但是，如果与当时的苏联劳动法相比，便可发现我国 1982 年宪法还是比较恰当地处理了这一敏感问题。1970 年公布的《苏维埃社会主义共和国联盟和加盟共和国劳动法原则》明确规定："劳动乃是每个有劳动能力的公民按照'不劳动者不得食'的原则所应尽的责任和道德义务。"并规定"禁止无根据地拒绝招工"。我国 1982 年的《宪法》虽然提出劳动光荣的公德标准，但面对当时因大量知青返城而出现的就业压力，毕竟没有提出"不劳动者不得食"的道德义务，从而给劳动法学留下了解释的余地。

对比两部宪法，对于劳动就业的保障，从"保证公民享受这种权利"的表述到"国家通过各种途径，创造劳动就业条件"的表述，发生了质的变化。如果 1954 年《宪法》称其为就业权，现行《宪法》的表述则是一种法益的含义，宪法就业基本权的规定属于《宪法》中的社会政策，是就业政策条款。劳动法学对主观权利与客观法益须注意区别。对于公民享有的劳动就业法益，我国学者常常在研究中将其混淆为权利。事实上，我国劳动就业长期以来是将其作为一种隐性契约来关注其人身性的特点，国家在劳动就业中承担的政策制定义务并形成反射利益，来影响择业权中的支配权，劳动者是受益主体，但相对国家而言，并不真正具有权利主体的特点。随着我国"合同化"与"基准化"相结合的立法体例的形成，我国对劳动就业权的保障应该是全面的保障，既保障择业权，又保障就业法益。

（二）完全劳权的宏观目标

完全劳动权这一概念源于日本和中国台湾学者的表述："所谓完全劳动权，指一国之内，凡其人民具有劳动意思及能力，得对国家主张劳动机会，并获取适当报酬之权。此种主张，系站在共产主义之立场而出发，其权利之内容为工作以及报酬，其权利人为人民，主张之对象为国家。"（黄越钦，2003：57）法国空想社会主义者傅里叶（Fournier，1772—1873 年）就在《关于普遍统一的理论》一书中说："我们在关于人权的无谓争议上花费了整整几个世纪的光阴，却完全没有考虑承认像劳动权这样一些最重要的权利，如果没有劳动权的话，所有其他的权利都会化为乌有。""失业"历来是各国十分关注的社会问题。随着商品经济的发展，各国的就业保障体制也在逐步完善。从政府关注的宏观目标来看，总是希望实现完全就业。

对于劳动就业权，中国传统劳动法学可以说是从"国家本位"的视角进行理解的，在中国，完全劳动权是与改革开放前的社会体制相联系的。这种观点是中国 20 世纪 50 年代从苏联"进口"的，被称为完全劳动权。苏联宪法第 118 条规定："苏联公民有劳动权，即有权取得有保障之工作以及按其劳动数量，质量发给之报酬，劳动权之保证为：国民经济之社会主义组织，苏维埃社会生产力之不断增长，经济危机可能性之铲除，失业现象已消灭。"苏联根据马克思关于劳动权的表述，在 1970 年《苏维埃社会主义共和国劳动法原则》中开宗明义："伟大的十月革命消灭了剥削制度和压迫制度。劳动人民在经过几百年被迫为剥削者劳动以后，第一次获得了为自己、为自己的社会劳动的可能性。"为了实现完全就业国家甚至可以以牺牲效率为代价，可以说是一种

“国家本位”的观念(董保华,2004a:22)。

尽管中国1982年《宪法》已经在提法上有所调整和保留,但在当时的劳动法学中完全没有得到反映。1982年《宪法》公布之后的劳动法学依然是按苏联传统的方式来进行表达。“公民有劳动的义务,意味着劳动是一切有劳动能力公民的光荣职责,这最明确地揭示了我国劳动的性质以及国家对待劳动的态度。”劳动权不仅是权利也是义务,不劳动者不得食。按这种理解,劳动权利与劳动义务是以“杜绝失业现象”来实现的。“只有社会主义制度下劳动权才能真正得到切实的保证,生产资料公有制和国民经济有计划的发展,杜绝了失业现象的发生,使劳动权成为每个有劳动能力的公民可以实现的权利。”(关怀,1983:140、139)我国国家体制就业观念的重大调整,在劳动法学中往往滞后反映。20世纪80年代表述是:“劳动权则是一切民主权利的基础,它是有劳动能力的公民获得参加社会劳动和切实保证按劳动取得报酬的权利。”①这种观点要求国家将劳动者尊为主人翁,并实现完全的就业。这种社会主义性质被理解为与市场机制相悖,须通过消灭市场经济,实现计划经济,从而使劳动者成为国家的主人、企业的主人。

学者黄越钦定义完全劳权,本身是为了进行批评:“虽有完全劳动权之提出,却以社会主义组织等为条件,其条件之妥当性姑且不予论究,从其实际上来观察,人民劳动之种类,选择之自由等限制极多,故完全劳动权之实现极无可能。此种立法方式理论上虽然已经超越‘劳动商品性’之弊,使劳动人民与国家间之关系转变成一种具有社会性的关系,但由事实证明,此种理论之价值已遭否定。”(黄越钦,2003:57)经历了战争年代的磨难,人民需要安居乐业。凯恩斯关于“充分就业”的理论受到重视,几乎所有国家的经济政策都致力于解决失业问题,寻求充分就业的途径。完全劳权也是在这样的背景下提出的理论概念。实践的结果,正如一些学者指出的那样:“完全劳动权之实现极无可能。”从我国现行体制来看,完全劳动权本是作为一个批评性概念提出来的,虽然已经从实际体制上进行放弃,但从理论观念上看,依然有时成为我国宏观层次追求的目标。当前,学者中很少有人赞成以国家本位来理解劳动权。劳动合同法的起草也让学者有了将“理想”变为现实的机会。

(三)劳动就业与完全劳权

劳动就业一旦与完全劳权相联系,更多强调劳动义务,会涉及劳动用工的一系列制度安排。完全劳动权的制度特征为:劳动力实行计划配置,用工形式是国家用工,劳动管理是公共管理,调整方式是行政调节。在传统体制下,劳动关系被当作一种依附于行政关系的社会关系来看待,在理论和实践上对劳动关系和劳动行政关系往往不加区别,许多劳动法规对两种关系的调整也往往是融合在一起。我国现行宪法虽然保留“劳动光荣”的提法,“国家主人翁的态度”也只与公有制经济相联系,都只是从社会道德的角度来进行强调。21世纪初,在劳动合同法起草中这些概念却重新与完

① 《劳动法词典》,辽宁人民出版社1987年版。

全劳动权的目标联系。

劳动合同法起草过程中，在强化职业稳定的旗帜下，我们曾看到某种旧体制的痕迹。“在劳动合同立法讨论中，我们看到了某种重回‘三铁’的思路。就铁饭碗而言，人员的‘只进不出’的机制重新取代‘能进能出’的机制，主张强制推行无固定期限合同，规定劳动合同续签两次后必须签订无固定期限合同，一旦实施则企业现有员工中的绝大多数将成为福利性很强的无固定期限合同员工；合同没有终止，没有法定理由也不得解除；就是符合法定理由，企业也不得裁减‘老弱病残’的人员，甚至员工家属中有‘老弱病残’的人员，也不得裁减。就铁交椅而言，职位的‘只上不下’机制重新取代‘能上能下’机制，员工只有义务从事初次合同约定的岗位，任何调岗必须协商一致，其结果必然是干好干坏一个样。就铁工资而言，工资上的国家定价重新取代双方自主协商。无效合同的适用范围被扩大，少个证明，缺个手续都可能导致合同无效，一旦合同无效，企业与员工的劳动合同无论是否履行，统统推倒重来，工资转由国家指导价来确定。国家一手掌握着无效合同的认定权，一手掌握着工资指导价，政府变指导工资为指挥工资。”（董保华，2007d：28）在社会各界的批评下，“三铁”目标并未完全实现。

笔者当时的批评是：“这一思路付诸实施，我国的社会将重新为国家所吸收，权利真空固然是不存在了，社会空间也不复存在了。对于我国这样一个经济体制改革取得巨大成功的国家来说，社会法最基本的要求是通过完善对各类社会主体的保护，从而让弱势群体分享改革的成果。当前弱势群体对改革存在的某些不满，是要求分享改革利益而不是否定改革方向。对于‘劳动关系国家化’这种主张回归旧体制的思路，即使底层的劳动者也是不会接受的。”（董保华，2007d：29）稳定、和谐的劳动关系不应当依赖回归旧体制，正如梁治平所言，“建立稳定、和谐的劳动关系，依靠的不是法律的强制性，而是法律之外的东西。法律的强制性介入，可以限定在劳动者利益最低限度的保障这一点上，而确定这一限度的标准，同样不能脱离实情。否则，法律的目标没有实现，新的冲突却可能随之产生。”（梁治平，2008：8）

二、劳动就业的生存法益

许多学者所称的公民在就业上的权利目前实际是作为一种生存法益存在的。劳动法律体现劳动关系的人身性的特点，然而当其以一种具有道德含义的隐性契约形式存在时，实际含义是由主管部门来定义的。作为反射利益的形成主体，国家有关部门有着扩张这种利益的动机，然而，就业法益的实现本身受现实条件的限制。就业法益的提出与落实，理想与现实存在冲突。

（一）就业法益的政策性

劳动就业政策旨在提高就业率、生产效率和竞争力，维护与促进社会公平。有学者认为，就业政策条款主要有以下四方面的功能。（1）具有保障实现宪法权利的功能。劳动权的实现，不仅需要权利主体通过自身积极的行为，而且需要就业政策的介入，创造实现权利的条件，使得权利的实现得到充分的保障。(2)就业政策具有解决社会问题、满足社会需要的功能。通过就业政策的调整，国家、社会可以尽可能地创造就业机会，在一定程度上缓解就业压力。(3)就业政策是管理社会的工具。(4)就业政策是执政党施政的基本手段之一。作为一个执政党，必须提出自己的行动纲领，而就业政策正是这种行动纲领在工作劳动领域的具体反映(汪强、于鹏飞，2012：190)。

从维护生存法益的视角来强调，在劳动力市场有关的一系列政策规定与制度设计上，国家有义务实行积极的促进就业发展的各种政策。20世纪90年代后期，中国城市劳动力市场经受的就业冲击，催生了中国积极就业政策的基本框架(都阳，2019)。历史上，我国积极劳动政策是与社会保障政策相对应的一种劳动力市场政策。就业法益作为一种宏观层次的生存法益主要体现在国家促进就业的相关措施上。当我国从国家本位向社会本位合理回归时，首先就是通过推行劳动合同制度，保障劳动者的择业权，给劳动关系的调整融进具有财产关系特点的私法因素。伴随着改革开放，劳动力资源配置的市场化改革使得失业现象逐渐显化，通过对那些在竞争性劳动力市场中的弱者提供必要的扶持与帮助，使其重新回到劳动者队伍中来，以促进就业、减少失业和缓解社会保障体系的压力。

促进就业成为一项国家义务，与社会主义国家体制的建立密切相关。第一次世界大战后，西方各国的工人阶级受到苏联十月革命胜利的鼓舞，要求政府改善工作条件，妥善解决工人的失业问题。各国政府为了发展经济，平息工人斗争，普遍采取了一些比较开明的社会政策。就业政策的内容主要是解决劳动力，尤其是剩余劳动力的安排，主要有：实施劳动法、改善劳动条件、政府出面干预失业问题。国际劳工大会针对失业问题通过了《1919年失业公约》《1919年失业建议书》。国际劳工组织也制定了一系列国际公约和建议书，主要有：《1933年收费职业介绍机构公约》《1933年职业介绍建议书》《1934年未成年人中的失业建议书》《1934年对非自愿失业者保证给予津贴和补助公约》，这一时期各国的保障措施主要是解决失业救济问题。国际劳工大会通过了《1948年职业介绍所公约》，1949年国际劳工大会修订《收费职业介绍机构公约》，之后又通过了《1964年就业政策公约》《1964年就业政策建议书》。

从世界范围看，劳动就业的政策义务作为一项国家的义务，本身是与市场经济发展相关联的。《1964年就业政策公约》的宗旨是“为了促进经济增长和发展，提高生活水平，满足对人力的需求，并解决失业和不充分就业的问题，各会员国作为一项主要目标，应宣布并实行一项积极的政策，其目的在于促进充分的、自由选择的生产性就业”。为了实现这一宗旨，公约要求各会员国保证三项措施：(1)“向一切有能力工作并寻找工作的人提供工作”；(2)提供的工作“应尽可能是生产性的”；(3)要求寻找工作的人“不论其种族、肤色、性别、宗教信仰、政治见解、民族血统或社会出身如何，都有选择职业的自由，并有获得必要技能和使用其技能与天赋的最大可能的机会，取得一项对其很合适的工作”。考虑到各国的经济发展的阶段和水平，以及各国就业目标同其他经济和社会目标之间的相互关系。该公约又规定，各会员国在采取具体实施办法时,“应合乎各国的条件和实践”①。《1964 年就业政策建议书》还对就业政策的一般原则,人口政策、技术政策、区域发展政策,公共投资和特别公共工程计划、国际经济合作,青年和处境不利的群体和人员的就业,非正规部门、小企业的就业等一系列问题提出了广泛的建议。这一时期就业保障是以充分就业为目标而展开的。几十年来就业格局发生了很大的变化,但失业问题始终是困扰各国政府的重大社会问题。以促进就业为目的,各国往往建立一种多层次、全方位的就业保障管理体系。

从国家管理、中介服务、就业企业等一系列发展措施来看,我国都是提倡灵活就业的。然而,在劳动关系产生的初始环节,在现实体制中有关部门只在劳动就业中承担政策制定义务,这种义务也极大地拓展了有关部门的想象空间。计划经济体制在劳动关系中最综合的反映就是我国长期实行的固定工制度。劳动关系实际上也就成了人身依附关系。这也是我国经济学理论和法学理论中长期否定劳动力所有权为个人所有的现实基础。在这种体制下劳动者没有择业权,用人单位没有择人权,国家有关部门的权力却极大化,有关部门常常在职业稳定的旗帜下,提出一些回归旧体制的政策。就业法益的条件性与就业法益的长期性成为一种矛盾的现实,有关部门的现实利益决定了就业条件落实弱力度,企业长期用工推动上的强力度。

(二) 就业法益的单面性

劳动基准法本是一种劳动关系履行中的制度设计,我国固定工制度逻辑的延续,使这一制度延伸至合同订立,产生了以试用期、无固定为代表的两类制度。前者完全沿用了劳动基准法的制度设计,后者变形为一种单方续约制度。

中国无固定期限合同制度的最大特点是建立了一种劳动者单方意志便可使合同成立的制度,这一“单方续约”制度是对企业管理空间的压缩,也是对合同原理的修改。从要约到承诺,是合同签订的一般过程。要约是当事人一方向对方发出的希望与对方订立合同的意思表示,承诺是指对要约接受的一种意思表示,双方当事人经协商一致达成合约意向。无固定期限合同改造了这一订立程序。在符合签订无固定期限合同的条件下,劳动者作为要约人主动提出订立无固定期限劳动合同的,用人单位“应当订立无固定期限劳动合同”,用人单位作为受要约人,无论意愿如何都必须签订无固定期限合同,此时用人单位并不是协商主体,只是履行法定的签约义务;用人单位作为要约人主动提出订立无固定期限劳动合同的,“劳动者同意用人单位续订请求,订立无固定期限劳动合同”。劳动者作为受要约人,承诺使合同成立,受要约人不作承诺合同不成立,仍采用要约—承诺的一般理解。通过对用人单位与劳动者权限的不同设置,劳动者可以获得一种要求用人单位签订无固定期限合同的单方权力。我们可以从两个方面来界定这一制度。

其一,新旧无固定合同的制度差异。《劳动合同法》关于无固定期限合同的规定

① 《就业政策公约》,载《中华人民共和国全国人民代表大会常务委员会公报》1997 年第 3 期。

是从原《劳动法》第 20 条"劳动者在同一用人单位连续工作满 10 年,当事人双方同意续延劳动合同的,如果劳动者提出订立无固定期限的劳动合同,应当订立无固定期限的劳动合同"的规定演变而来的。然而,目前两者已经有了完全不同的内涵。(1)按原《劳动法》的规定,法律要求签订无固定期限的劳动合同的情况仅限于"劳动者在同一用人单位连续工作满 10 年"这一种情况,《劳动合同法》将无固定期限的劳动合同签订范围扩大到了两次续签、事实劳动关系达一年以上等多种情况。(2)原《劳动法》对续订无固定期限合同要求双方行为,"当事人双方同意续延劳动合同";《劳动合同法》只要求劳动者的单方行为便可产生无固定期限的劳动合同。(3)在续订无固定期限合同上,原《劳动法》劳动者作为要约人时须以明示的方式提出,"劳动者提出订立无固定期限的劳动合同",明确提出订立无固定期限的劳动合同的动议;《劳动合同法》只要求劳动者没有提出订立固定期限劳动合同,劳动者无论以明示或默示的方式,只要不以明示的方式要求签订固定期限合同,均可以视为要求签订无固定期限合同。

其二,无固定与试用期的制度对比。我国试用期规定可以说是将劳动基准法从履行延展到订立的一次尝试,对比试用期与无固定的规定可以看到两类制度的区别。当试用期以劳动基准法的方式来规范时,生存法益通过基准法影响私法性合同的效力,契约法律关系也因此受到反射利益的影响。劳动者在这类关系中是受益主体,而非权利主体;双方当事人都有遵守基准法的义务。例如,以试用期"不得低于本单位相同岗位最低档工资或者劳动合同约定工资的百分之八十,并不得低于用人单位所在地的最低工资标准"的规定为例,如果双方当事人做出低于基准的约定,不仅这一约定是无效的,而且相关的基准会代替双方的约定。无固定合同单方续约制度不同,在无固定期限合同中形成"除外"条款。《劳动合同法实施条例》第 11 条规定:"除劳动者与用人单位协商一致的情形外,劳动者依照劳动合同法第 14 条第 2 款的规定,提出订立无固定期限劳动合同的,用人单位应当与其订立无固定期限劳动合同。"符合无固定期限劳动合同的订立条件的情形下,法律将签订固定期限还是无固定期限合同的选择权交给了劳动者,劳动者的单方意思表示既可产生无固定期限合同,也可以"除外"条款放弃无固定期限合同。

三、劳动就业的生存权利

在就业的视域中,除了生存法益外,生存利益转化为生存权利是法治国家普遍追求的目标。在我国,反射利益纳入社会保险,是法益转化为权利的重要途径。就业权利与补偿义务,失业保险与积极权利,两者的关系值得关注。

(一)失业保险与积极权利

失业保险作为积极权利属于生存权利、社会权利。1993 年 4 月 12 日国务院发布了《国有企业职工待业保险规定》,失业保险基金来源于单位缴纳的失业保险费、失业保险基金的利息收入、失业保险基金的增值收入、滞纳金、失业保险基金不敷使用时的地方财政补贴等，用人单位每月按上一年度本单位月平均工资总额的一定比例缴纳失业保险费。将劳动权的多种权利加以分类，便会发现这些权利有着不同的属性。如果说完全劳动权通过国家安排就业来实现原权利，非完全劳动权承认失业不可避免，保障失业救济的权利。“受社会生产力发展水平和劳动力供求状况等因素的制约，有就业愿望的公民不能就业，暂时无法实现劳动权时，公民不能就此以国家为被告通过诉讼方式直接主张该权利，而只能就自己依法享有的社会保障权(例如领取失业保险金的权利和获得社会救济的权利等)请求法律保护。”(沈同仙，1997：34)

从我国目前的有关规定和社会主义市场经济发展趋势来看，享受失业保险须具备以下条件。(1)失业者原是职工，且达到一定工作年限。许多市场经济国家曾明确规定，凡领取失业救济金者须曾工作过一定年限。但近年来，出现了一个新趋势——将不能很快找到工作的中学、大学毕业生纳入救济范围。(2)失业者处于非自愿失业状态。建立失业保险的宗旨就是为求职者提供一个劳动力流动的基本保障。因此，强调享受失业保险者应是非自愿失业者。失业人员应依法进行失业登记，申领失业救济金。(3)失业者在失业前曾履行一定缴费义务。这是许多市场经济国家的普遍做法，从发展趋势看，要求失业者曾履行过一定缴费义务，可以促使被保险人自愿缴费。(4)失业者具有劳动能力。失业保险存在的目的之一就是使失业者再就业，因此，要求享受失业保险者须具备劳动能力，而对无劳动能力的失业者，一般国家都另行其他社会救济手段。(5)在失业保险期限之内。为了促进失业者再就业，大多数国家都规定了领取失业保险金期限。(6)失业者必须履行法定程序。符合失业救济条件的失业人员，在办理失业登记手续后的次月起，到劳动服务所领取失业救济金。失业人员逾期不办理失业登记手续或办理失业登记手续后不按期领取失业救济金的，作自动放弃处理。

积极权利是指弱势主体通过国家的积极行为来实现其利益的一种权利。积极权利在实质上也是一种“积极的自由”。“这些权利不是保护个人以对抗政府或其他当权者的，而是提请公共权力机构注意要让诸如个人自己拥有的那种自由权通过另一些自由而得以实现，……。”(弗里德里希，1997：94—95)从积极权利出发，国家不能像自由资本主义时期一样，放任自由自治的私人权利在竞争的市场上互相冲撞，而应该从实现个人利益与社会利益的协调的角度有所作为，为社会弱者提供实现权利的必要条件。因此，积极权利首先是社会弱者针对国家提出的请求帮助权(董保华，2004a：23)。由于目前我国制度设计不合理，失业保险制度在应对危机上常常失灵。在经济危机中，员工失去工作岗位的情况通常比较严重，但事实上失业保险并未发挥其救济失业的作用。与我国不同，美国没有经济补偿制度，只采用了失业保险这一种制度安排。美国失业保险制度在应对危机及解决失业问题上发挥了重要作用。①而

① 2008年和2009年，美国失业保险金首次申领人数分别上升了34.22%和30%，危机后的2010年则同比下降了36.54%。失业保险金申领人数在2009年约260万人，在其余无危机的年份则约150万人，危机期间的申领人数比无危机期间多100多万人。

我国失业保险救济失业的功能正在逐步下降。失业保险金领取人数与经济危机呈反向发展趋势，失业保险基金巨额结余说明失业保险这种制度资源浪费严重。失业保险本是一种救济制度，如果在一个经济危机面前都不能发挥作用，说明我国制度设计出了问题(董保华、孔令明，2017：19)。

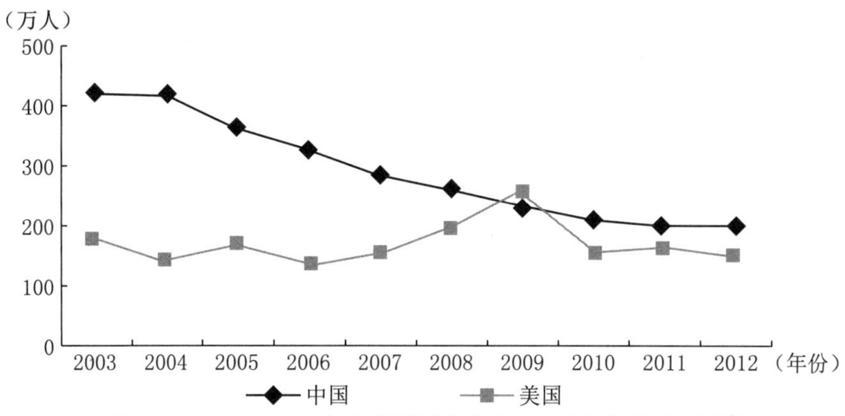

图 12.1 2003—2012 年中美两国失业保险金申领人数对比图①

(二) 经济补偿与反射利益

劳动者的生存利益可以以反射利益的形式存在，也可以以主观公权利的方式存在。解除劳动合同的经济补偿是用人单位根据法律规定，在劳动合同解除或终止的某些情形下向劳动者支付的经济待遇。失业保险是用人单位及劳动者共同缴纳失业保险费，由失业保险基金向失业劳动者支付失业保险待遇的一种社会保险制度。前者是按照生存法益，以反射利益形式进行制度安排；后者是社会权利，按照积极权利的方式来进行安排。两套制度遵循不同的逻辑运行 20 多年后，实际情况如何？当经济处于下行周期或者爆发经济危机时，社会矛盾通常会集中爆发，失去工作的问题也会比较突出，需要有一定的制度安排和权利救济手段来解决。当我们使用两种制度安排，来解决同一问题时，客观上存在“哪一种制度安排”承担主要功能，以及这种功能承担是否合理的问题。统计数据反映，失业保险制度在应对危机上基本失灵，经济补偿金替代失业保险制度在应对危机上发挥主要作用。

我国失业保险基本失灵的原因，是整个制度运行过度依赖经济补偿这种企业保障形式的结果，《劳动合同法》大大膨胀了经济补偿的逻辑，经济补偿替代失业保险的功能。由于经济补偿的支付系企业行为，国家没有专项统计，我们只能寻找一个相关

---

① 从统计上看，失业保险金领取人数与经济周期完全没有关联。2003—2014 年，全国失业保险金领取人数从 415 万人下降到 207 万人，下降了近一半。尤其是在 2008 年和 2009 年的金融危机期间，失业保险金领取人数还分别减少了 25 万人和 26 万人，同比下降了 8.7%和 10%。与此同时，全国失业保险基金结余从 304 亿元增长到 4 451 亿元，增长了 13.6 倍。中国数据来自人力资源社会保障部和国家统计局发布的 2003 年至 2012 年《人力资源和社会保障事业发展统计公报》，数据为年末领取失业保险金人数，不包括领取农民工一次性生活补助的人数；美国数据来自美国劳工部网站(http://www.bls.gov)，数据为美国私营非农业部门中大量解雇的首次申领失业保险金的人数。

数据来进行分析。经济补偿作为一种企业帮助的法定义务，发生在解除、终止时，除了违纪解除外，解除、终止均需要支付补偿。企业支付经济补偿的数量与解除(终止)劳动合同引起的案件数是正相关的，仲裁机构受理的解除或终止劳动合同的案件数量，大体上能反映出用人单位支付经济补偿数量的多少。从图12.2可以看出，如果经济处于下行期，那么，解除劳动合同类案件就处于上升期，经济补偿争议与经济周期是负相关的(董保华、孔令明，2017：190—120)。①由图12.1、图12.2可以看出，失业保险制度的功能正被经济补偿制度的功能替代，也就是说经济补偿金并非以并列方式而是近乎完全的方式承担着应对危机的作用。

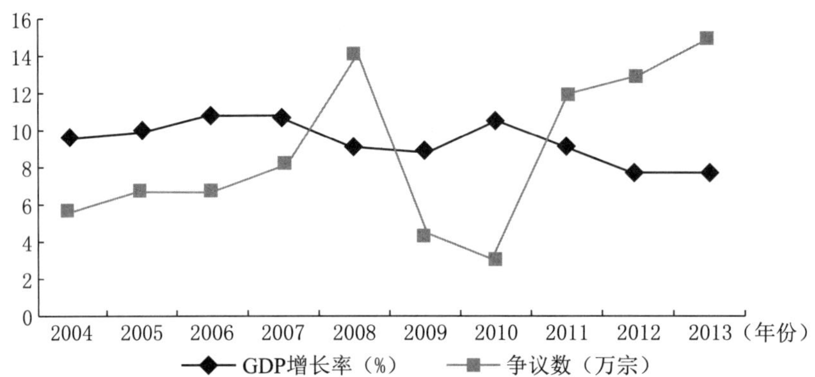

图12.2 我国GDP增长率及全国解除(终止)劳动合同的仲裁案件数

尽管经济补偿和失业保险均是对劳动者失去工作时的帮助，作为一种救济方式，都可发挥应对经济危机的功能，但其机理并不相同。经济补偿主要是一种企业义务，劳动者是受益人，法律以反射利益的方式为其设定了帮助义务，法律制定者在设定这种义务时是无须考虑企业成本以及制定者所需要承担的成本。在不考虑该企业的经济状况和承受力的情况下，这种义务就存在着无限扩大的可能。经济补偿表现为用人单位帮助义务的个别性与强制性。失业保险是一种社会保险，强调社会共同连带责任。失业保险利用大数法则，在经济周期上升期和企业正常经营期，组织社会上为数众多的企业通过缴纳保险费来建立失业保险基金；在经济周期下行期和企业经营困难期，由失业保险基金向因企业裁员或倒闭而失业的人员支付失业保险金，保障失业者的基本生活。失业保险表现为“用人单位帮助义务的连带性与社会性”。尽管这

① 比如，2007年和2008年，我国的GDP增长率分别为10.6%和9%，2008年比2007年大幅下降了1.6%；全国劳动仲裁机构受理解除劳动合同类案件分别为80 261宗和139 702宗，2008年比2007年大幅增加了74%。再如，2010年至2013年，我国的GDP增长率分别为10.4%、9.2%、7.8%和7.7%，呈逐年下降趋势，而我国解除劳动合同类案件逐年上升，到2013年高达147 977宗，比2008年全球金融危机爆发时还多。可见，经济补偿的支出基本反映了经济周期的特点。我国的GDP数据来自历年政府工作报告，全国劳动仲裁机构受理的解除(终止)劳动合同的案件数来自国家人力资源和社会保障部网站公布的统计数据。

一机制明显更为合理，但也更多地增加了管理部门的责任，作为一种主观公权利，是可以与某种救济机制相联系的，一旦这一机制受到失业者的真正关注，国家的行政权力扩张多少会受到一定的制约。

20世纪30年代的经济大萧条，西方资本主义世界的失业人数超过3 000万人，加上半失业者共达4 500万人。许多国家都制订了由政府向失业者发放救济金的计划，一些没有建立失业保险机构的国家也纷纷建立起失业保险机构，并由这些机构发放失业救济金。失业保险的机制因其弥补市场机制的缺陷而得到各国重视，并有了极大的发展。英国率先建立强制失业保险制度。因对失业工人发放失业救济金而使失业保险在世界范围内广泛推行。到1930年已有德国、澳大利亚、比利时、保加利亚、丹麦、西班牙、法国、爱尔兰、日本、荷兰等17个国家颁布了失业保险法规。在这些国家中大部分没有相当于我国的经济补偿制度，即便是存在这一制度的国家，补偿制度也只是以一种次要、补充的形式存在。

当我们将两种制度的设计权限交给同一个管理部门去实现时，制定部门很有可能更多是依据自己的部门利益来设计。无论失业保险还是经济补偿，都是发生在劳动者失去工作的时候，该时期正是用人单位和劳动者互信程度最低的时期，也是劳动者特别依赖国家、社会保障的时期。但这时我们恰恰让经济补偿制度发挥主要作用，制度设计者其实在逃避自己的责任。1986年以来，我国形成了失业保险和经济补偿两种制度安排并列的局面，两套制度同时起步，具有很强的象征意义。在经济危机期间，当我们主要依靠企业支付经济补偿的方式来解决劳动者的生活保障问题时，这种制度安排本身是需要质疑的，然而更需要质疑的是制定部门、执行部门、监督部门都是同一部门的体制安排。

（三）补偿法益与保险权利的现状

劳动者面临失业风险时，我们让经济补偿发挥主要作用，而让社会保险失灵，我国现行这种重补偿、轻保险的制度安排，事实上不合理，存在着以下的一些弊病。

其一，我国过于依赖经济补偿，容易制造摩擦，诱发劳动争议和群体性事件，影响社会稳定。失业保险从主体上看，是由相对独立的第三人社会保险基金来进行操作的；从内容上看，具有领取条件、待遇标准明确的特点。用人单位与劳动者之间不易发生争议。经济补偿在这两方面均存在着欠缺。从内容上看，我国实行解雇条件的法定主义，同时还引入了《消费者权益保护法》中惩罚性赔偿制度，当解除、终止理由不符合国家规定的法定理由时，经济补偿便要双倍支付，客观上存在着法定解释的模糊空间；从主体上看，劳动权作为生存权是安居乐业的首要条件，当用人单位无法以提供正常工作的方式来保障劳动权时，劳动者对用人单位往往心存不满，主观上存在着利用法定解释模糊引发争端的利益动机。这种主客观的诱发因素，很容易在劳动者丢失工作这样一种不稳定时期形成共振，进而爆发冲突。当前因经济补偿问题引发的争议呈现大幅度增长的趋势，因经济补偿引起的劳动争议仲裁案件长期位列前三，严重影响了社会秩序。

其二，我国现行的“并列模式”以一种极不合理的方式增加了用工成本。用工成本的增加可以分为显性成本与隐性成本。显性成本主要是经营成本，我国“并列模式”为劳动者提供双重保障的代价是用人单位需承担双重成本，在维持劳动关系情况下，用人单位要缴纳失业保险费；在结束劳动关系情况下，用人单位还要支付经济补偿。就维持的成本而言，当全国失业保险基金结余从 304 亿元增长到 4 451 亿元，增长了 13.6 倍时，也意味着我国企业用工成本的相应增加且没有起到抗风险的作用；就结束的成本而言，如果企业与劳动者终止固定期限劳动合同，对劳动者的每一年工龄，企业需补偿 1 个月工资，那么，增加的补偿成本就占到劳动者年工资的 8%（1÷12≈8%）。当失业保险失灵，而应对危机的重任落在经济补偿上时，其制度悖论特别明显。经济补偿常常发生在企业最困难的时期，一方面企业在经营较为正常时，已经通过购买失业保险的方式，试图转嫁风险；另一方面，当企业真的发生风险，本身已经难以为继时，仍需支付大量的费用，自己来承担风险。双倍赔偿的主要功能是激励、报偿，目的在于“对原告付出的代价给以充分的报偿，激励个人充分利用其所掌握的信息提起诉讼”（李友根，2015：120）。当经济补偿有可能转化为双倍赔偿时，极大地刺激了劳动者获取双倍利益的积极性。

其三，我国现行的“并列模式”过度抑制了劳动力市场的灵活性。解雇理由、解雇程序与经济补偿作为解雇保护的三项措施，其目的是抑制劳动力自由流动。解雇理由和解雇程序是直接限制解雇条件，经济补偿是通过抬高成本的方式，诱导用人单位放弃解雇。我国目前主要通过提前解除和到期终止两种方式来结束劳动关系，原《劳动法》将劳动合同到期终止作为双方签订合同时，预期目标实现，而正常结束劳动关系，不要求用人单位支付经济补偿。《劳动合同法》将经济补偿的适用范围由《劳动法》的 3 种情形扩大到 7 种情形，使用工成本极大增加，也使用人单位的解雇权被进一步限制。

（四）补偿法益与保险权利的重塑

我国的经济补偿制度与失业保险制度需要双向改造。补偿法益到保险权利的重构可以参考世界各国的立法体例（董保华、孔令明，2017：24—27）。

其一，单轨模式：有失业保险，无经济补偿，失业保险是一种社会保障。美国和日本都没有经济补偿制度，他们的失业保险制度都比较发达，失业保险替代了经济补偿的制度功能。美国联邦法律和 50 个州立法加上哥伦比亚区和波多黎各的立法规定了“失业补偿金”。“联邦和州的双法体系均规定了此类补偿金，以便通过鼓励雇主稳定雇用关系提供失业期间的紧急收入来提高对劳动者的经济保障。这些目标的实现由联邦和州的合作税收制度予以保障。”①在美国，失业保险的覆盖面很广，达到了全美劳动力的 90%（陈银娥，1999：15—18）。与我国的“并列模式”相比，美、日“单轨模

① Albert A. Blum, *International Handbook of Industrial Relations Contemporary Developments and Research*, Aldwych Press, London 1981, pp.266—267.

式"具有明显的优点。对劳动者而言，只要劳动者符合法定条件，就可以领取到标准较高的失业保险金，不受企业经营状况和破产倒闭的影响；对企业而言，雇主只需在正常生产时定期缴纳失业保险费，并可以将其纳入成本核算，企业在正常经营的情况下，负担比较轻；同时，经济补偿不是作为限制解雇的一种手段，劳动关系比较灵活，在面临经济危机、财务较困难时，比较容易以裁员的方式让企业获得重整。

其二，补充模式：失业保险之外有过错补偿，经济补偿其实是一种法定违约金。英国、澳大利亚和德国大体上可归入"补充模式"。该模式的特点是，在建立发达的失业保险制度的基础上，也建立了起补充作用的经济补偿制度，但补偿范围仅限于因雇主违约或过错（如经济性裁员、不公平解雇）而解雇的情形，补偿范围比较小，经济补偿主要起抑制违约的作用。与我国"并列模式"相比，英国、澳大利亚和德国"补充模式"的优点在于：不仅能为全体劳动者提供比较高的失业保险待遇，而且能为因企业过错而被解雇的劳动者提供额外的企业保障，对雇主的经济性裁员和过错解雇行为有经济制约，而且不会大幅增加用工成本。"补充模式"的缺点在于，雇主和雇员对于解雇行为的合法性容易发生争议，仍然存在争议源。

其三，并行模式：失业保险之外低标准之经济补偿，经济补偿其实是一种用人单位的法定帮助义务。法国是并行模式的代表，该模式的特点是，发达的失业保险制度与经济补偿制度并存，经济补偿的适用范围广，但标准很低。我国的补偿范围与法国类似，两者的区别是：(1)我国的经济补偿标准比法国高得多；①(2)我国失业保险制度覆盖范围较窄，待遇标准低。②

尽管两大法系主要国家有三种模式的制度安排，但三种模式大体上有一个共性，即以失业保险为主，经济补偿为辅：失业保险覆盖广、标准高，经济补偿范围窄、标准低。其内在逻辑是：既然企业已经缴纳了失业保险费，那么，当企业无过错解雇时就不能再以企业作为实施帮助的主要对象。我国的立法修正应当回到这一基点上来，失业者的生活通过制度化的失业保险来保障更可靠，经济补偿只应在制约企业违约解雇上起主要作用。我国可以由近及远来对现状制度安排进行调整。从近期调整上看，原来的《劳动法》与法国模式较为接近，如果我们能够回到《劳动法》的立法基点上，才能对现行的失业保险和经济补偿进行双向调整。从中期调整上看，英国、澳大利亚和德国"补充模式"应当作为目标，随着社会保险筹资规模的扩大，在原《劳动法》的基础上，通过缩小经济补偿的适用范围便可实行这一制度。从远期调整上看，美、

① 对10年以下工龄的劳动者而言，我国的补偿标准是法国的5倍；对工龄长于10年的劳动者而言，就10年以上工龄部分，我国的补偿标准是法国的3倍。以工龄为20年的劳动者为例，在工资不超过社平工资三倍的情况下，我国的补偿总额是补偿20个月工资，法国的补偿总额是补偿5个月工资(10×1/5+10×1/3=5)，我国的补偿总额是法国的4倍。

② 法国失业保险适用于所有雇员，我国的2亿多农民工却不能参加失业保险和领取失业保险金，仅能领取一次性失业补助。法国失业津贴标准根据本人工资的57.4%—75%来计算，我国的失业保险金则完全与本人工资无关，一般按最低工资标准的60%—80%确定。"全国失业保险金月平均标准由2002年的252.3元提高到2013年的722.3元，相对当年社会平均工资水平的替代率分别由24.4%下降到2011年的20.4%，总体保障水平在降低。"(杨翠迎、冯广刚，2014：156)

日"单轨模式"能作为目标,如果我国目前完全放弃经济补偿制度,则意味着失业保险的筹资规模将大大增加,这在当前社会保险筹资压力较大的情况下,难以实行。

第三节　劳动保护法益

在劳动关系的存续过程中,劳动者在保护关系中是利益主体而非权利主体。国家在劳动保护上的承担基准义务,具有底线性和附随性的特点,保护法益通过反射利益对双方支配权进行限制。在健康保险的范围内,保护法益可以形成某种积极权利。

一、劳动保护法益的含义

劳动力与它的物质载体——劳动者的身体密不可分,劳动保护法益主要是从人身关系的角度强调了对劳动者的保护。在休息权和劳动安全卫生权关系中,是以劳动力的物质载体为保护对象的;最低工资的规定也涉及体面劳动、人格尊严。劳动保护法益是劳动控制的一种手段,因为劳动关系中的人身因素而被纳入反射利益。

(一)劳动保护的概念

劳动保护法规一般是指国家为保护劳动者在生产过程中的安全和健康而制定的各种法规。一般包括安全技术规程、劳动卫生规程、对女工和未成年工特殊保护以及各种劳动保护管理制度等。生产过程中涉及人身法益内容都可视为劳动保护的概念,大部分国家劳动保护法益与劳动基准法的范围相适应,我国对劳动基准法做出了扩大的解释。劳动控制资本是通过国家管控来实现的,这是我国长期存在的历史理念。我国的劳动报酬制度、工时制度、休假制度、劳动安全卫生制度是为保障劳动者在劳动过程中得到安全和健康而建立起来的法律制度。根据我国的实际情况,我们称之为劳动保护的法益。在特定情况下,通过工伤保险、生育保险、医疗保险等形式,也可形成规范意义的社会权利。

其一,工时、休息法益。休息权是新中国成立时就确立的一项宪法上的基本法益。1954年《宪法》第92条规定:"中华人民共和国劳动者有休息的权利。国家规定工人和职员的工作时间和休假制度,逐步扩充劳动者休息和休养的物质条件,以保证劳动者享受这种权利。"1982年《宪法》第43条规定:"中华人民共和国劳动者有休息的权利。国家发展劳动者休息和休养的设施,规定职工的工作时间和休假制度。"两者变化似乎不大。从"逐步扩充"到"国家发展"的表述来看,我国宪法权利只具有道德权利的含义,宪法意义上的休息权主要通过工时制度和休假制度来进行实施和保障,目前主要体现为生存法益。休息法益是为了从劳动过程的外延方面对劳动者进行保护,西方法学理论往往称其为"时间保护",是对劳动者进入劳动过程的时间和条件进行限制。对于工作时间的规定，世界各国一般将最高工时立法与最低工资立法并立，作为保护劳动者利益的两种重要手段；对于休息时间的规定，主要是最低休息时间的规定，即规定休息时间的下限。以此为基础，用人单位可以自行增加休假时间，但被限制延长工时。通过立法，从时间、程序、报酬等方面，对加班加点进行控制，从而限制工作时间在休息时间中的延伸。

其二，劳动报酬法益。1954 年《宪法》第 91 条规定："国家通过国民经济有计划的发展，逐步扩大劳动就业，改善劳动条件和工资待遇，以保证公民享受这种权利。"1982 年《宪法》第 43 条规定："国家通过各种途径，创造劳动就业条件，加强劳动保护，改善劳动条件，并在发展生产的基础上，提高劳动报酬和福利待遇"，两者虽然均是道德权利的表述，但也有明显的区别。前者强调"国家通过国民经济有计划的发展，逐步扩大劳动就业"的基础上，"改善劳动条件和工资待遇"，由于劳动就业与劳动报酬都是国家的责任，强调就业优先。后者强调"在发展生产的基础上，提高劳动报酬和福利待遇"，决定劳动报酬的是"发展生产"；对于劳动就业"国家通过各种途径，创造劳动就业条件"。在立法上，针对正常情况，制定最低工资的规定；针对特殊情况，制定特殊情况的工资确定的规定；并制定工资支付的规定，等等。为劳动关系当事人的平等协商，设定一条最低线。

其三，劳动安全卫生法益。劳动安全卫生法益，是劳动者在劳动过程中获得适宜的劳动条件和必要的保护措施的法益。从 1954 年《宪法》第 91 条强调"改善劳动条件"到 1982 年《宪法》第 43 条强调"加强劳动保护，改善劳动条件"表述上并无明显的区别。过去，我国对于生产安全和劳动卫生的要求，有些是通过立法来规定的，也有大量的内容是通过行政指令来贯彻。有些内容虽已立法，但不够规范。以前的规定主要由两部分组成：(1)劳动安全卫生的规程；(2)安全生产的管理制度。在前一部分内容中存在的问题主要是技术规范、管理规范和法律规范相混淆，对于违反法律规定的责任规定得不够明确。在后一部分内容中存在着有些规定过于原则化的问题。近年来，在劳动安全卫生的立法上，规范化程度上有了很大的提高。这种提高表现在三个方面：(1)国家制定了大量劳动安全卫生的技术标准，使劳动安全卫生的保护措施与生产过程紧密结合，进一步数量化；(2)对违反劳动安全卫生规定所应承担的法律责任作出了比较具体的规定，也保证了技术规范的强制效力；(3)建立并逐步加强劳动安全卫生的监察工作，强化了劳动执法，使法律规范和技术规范既有区别，又紧密配合。

在社会主义市场经济条件下，按我国宪法基本权的规定，劳动权与休息权是并列的关系，它们相互制约，又相辅相成。最高工时与最低工资立法，也被称为并列的关系。这些规定都涉及劳动关系中的人格利益，即便是最低工资的规定也因其涉及体面劳动、人格尊严而被纳入反射利益，而成为公法的内容。劳动保护是使已经建立劳动关系的劳动者的人身利益受到保护，从而达到保护劳动者的目的。如果说，劳动就业的相关利益对应的是流通领域，劳动保护对应的是生产领域。进入生产过程，反射利益有了明确的对象，开始具有强烈的社会法特点，形成了一类可称之为劳动基准法的特殊立法。国家根据劳动关系具有隶属关系和人身关系的特点,制定适用于全部用人单位和全体劳动者的劳动基准法,劳动基准法规定的法定权利、义务是对劳动合同当事人之间约定权利、义务的限制。作为一类公法规范,其目的是为了对劳动合同这类私权利形成影响,反射利益与法律义务相结合,劳动者不能放弃法定义务,用人单位可以优于但不能劣于基准法所规定的标准。这既能使劳动者得到最基本的保护,也为劳动关系当事人的平等协商、用人单位行使自主权留下充分余地(董保华,2000b:36)。基准法不是国家为实现自身利益而设定的,它保护的不是诸如国家安全等国家利益,也不是保护纯粹的私人利益。基准法保护的是全体社会弱者的社会利益。基准法保障的社会利益是通过间接的方式"反射"到社会弱者所缔结的法律关系中(董保华等,2001:201)。这个层次的调整在劳动法调整机制中具有最高的法律效力,无论是集体合同或劳动合同,都不能违反劳动基准法的强制性规范。在这类规范面前,劳动者是受益主体,并非权利主体。

从世界范围看,工资的决定机制主要有两类:一类是市场经济国家的分配模式,工资由劳资双方谈判决定;另一类是产品经济国家,工资由国家统一制定。工资决定机制的差异也决定了立法模式的不同。市场经济工资立法是在基准法基础上以分权制衡为主要特征,是一种权利型的分配机制;产品经济国家是以集权、统一为特征,是一种权力型的分配机制(董保华,2000a:131—132)。从典型意义上看,劳动基准法主要是有关劳动报酬和劳动条件最低标准的法律规范的总称,一些亚洲国家有限度地将其扩大到解雇时的劳动权利和劳动义务的法定内容,我国更是延伸至对劳动关系产生时的规定。这种现象的出现是由于我国的劳动基准法是从劳动标准法改造而来。"劳动控制资本"与"资本雇佣劳动"的博弈产生了我国劳动基准法扩大化的现象。

(二)社会分配与劳动标准法

历史上,作为社会法的实质法,"劳动控制资本"是我国长期追求的目标。这种目标的实现条件是:国有企业的资产所有权、经营权、分配权都高度集中在各级政府及其有关职能部门手中,并由国家与各级政府代表劳动者进行分配,整个社会只有社会分配没有企业分配。权力分配机制以劳动标准法为基本形式,具有以下特点。

其一,从社会分配的实质来看,是以社会为单位进行的按劳分配模式,可以概括为"六项扣除"和"两个关系"。

"六项扣除"是新中国成立以后社会分配的基本思路。"六项扣除"指的是在职工收入分配之前,必须扣除:(1)补偿消耗的生产资料部分;(2)扩大再生产的追加部分;(3)预防自然灾害及不幸事故的后备基金或保险基金;(4)同生产没有直接关系的一般管理费用;(5)满足共同需要的部分;(6)为丧失劳动能力者设立的基金。社会总产品作了上述扣除后,按劳分配给劳动者。"六项扣除分配模式"是马克思在批判空想社会主义者的分配理论的基础上提出来的,它是对资本主义制度下生产资料私人占有制所决定的分配制度的否定,完全排除了资本参与分配,因而也消除了因占有资产的多少而带来的社会贫富不均。在中国，这种分配模式在特定的历史阶段中，其进步意义是显而易见的。改革开放后，“六项扣除分配模式”与我国正在建立的社会主义市场经济体制完全不适应。分配制度决定于经济体制，我国原来所实行的计划经济体制和产品经济体制已发生了根本变化；社会主义市场经济体制的确立、必然要求对原有的分配制度进行根本的改革(包秦，1993：26—27)。

“两个关系”是我国改革初期提出的调整思路。“两个关系”和“大、中、小头”标准指的是，在企业收益分配中要正确处理国家与企业的分配关系，企业与职工的分配关系。这种关系处理的正确与否，其标准是要保证“国家得大头、企业得中头、职工个人得小头”。“两个关系”和“大、中、小头”标准源于“六项扣除”理论，是“扣除”的操作方式和标准。具体做法体现在通行的“切蛋糕”方式上，即把企业生产经营的全部收益视为一块“蛋糕”，按国家、企业、职工三部分进行板块式切割，国家所得与企业所得属于“扣除”部分，职工所得为个人消费品分配部分(包秦，1993：26)。以职工收入为例，在 20 世纪 60 年代至 70 年代中期，作为职工个人收入基本来源的工资数额大致上被固定化了，很少出现增长的情形；而且国民经济各部门全民所有制单位里的正式职工的平均工资也比较接近，差距很小。

其二，从社会分配的形式来看，我国的传统劳动制度中没有基准法，只有劳动标准法。新中国成立以后，我国长期实行的劳动管理制度，主要是第一个五年计划时期建立的，基本上照搬苏联的模式，以国家的全面管理为特点(董保华，2000a：130)。在高度集中统一的管理体制下，国家对劳动关系的各个方面已经作了具体而全面的规定，在“六项扣除”“两个关系”中体现国家的一次性分配原则。在这种体制下，一些本应属于财产关系的内容，不恰当地被纳入了人身从属性来认识。苏联的劳动法学中没有劳动基准法的概念，我国的传统劳动法学只有八级工资制度这种标准法，这种体制也同样不可能存在劳动基准法。

从工资规定上看，我国在高度集中统一的管理体制下，工时、休假的规定与工资规定相类似，由国家有关部门对工作时间、休息时间作出统一规定。我国长期实行的企业工资制度，是高度集中统一的管理制度，工资分配完全由国家决策。这些决策直接管到用人单位以及职工个人的调资升级。在劳动立法和劳动政策上，主要是以法律和行政命令的形式建立起一套以工资等级制度为核心的分配制度。由国家统一规定工资标准、工资形式、工资水平、工资总额以及奖励办法、津贴办法等。在这种模式下，企业只是执行国家调资任务的一个机构，没有决策权(董保华，2000a：132)。社会分配在我国相当长的时期内是以排斥市场分配为前提的，工资作为一个收入公正、机会公正、规则公正的概念与我国主人理论有密切的联系。我国的主人理论是在传统的计划经济体制下产生的，国家作为社会财富的最大和最终拥有者。

从工时规定上看，在 1960 年，中共中央曾发出通知：“全国各城市的一切单位，一切部门，在一般情况下，无例外地必须严格实行 8 小时工作制，不得任意加班加点，不得任意侵占干部和群众的业余休息时间。”这一规定在当时实际上起着类似工时法的作用。以后逐步形成用人单位未经有关主管部门同意，既不能延长工作时间，也不能缩短工作时间的局面。在工时、休假管理上，我国实行的是行政化的刚性管理(董保华，2000a：130)。作为一种标准法，实际工时、休假只是政策规定的机械实施。

在高度集中统一的管理体制下，国家对劳动关系的各个方面已经作了具体而全面的规定，在计划经济体制下，国家以广大劳动人民根本利益代表的身份处于整个社会生产和分配的中心地位，在“六项扣除”和“两个关系”中，是社会分配权的唯一行使者。当时社会经济发展的水平比较低，可用于分配的社会经济资源极为有限，在这样的条件下，刻意制造“相似的获得、平均的分配”的公正社会，标准法实现的只能是一个貌似“平等”的平均主义社会。实际上，这也是贡献较小者、能力较弱者对贡献较大者、能力较强者在机会占有方面、在劳动成果分配方面的剥夺(吴忠民，2002：54)。

(三) 劳动保护与劳动基准法

现实中，作为社会法的形式法，“资本雇佣劳动”是我国现行制度。20世纪90年代，随着经济体制的改革，我国社会主义市场经济体制的逐步建立，企业有了包括分配自主权在内的经营自主权。有学者从法学角度，将初次分配界定平等主体之间的分配，是在主体自愿的基础上的一种权利交易的结果；再分配界定不平等主体之间的分配，是利益的强制性转移，追求的是分配结果的实质公平(孟庆瑜，2004：60—61)。在初次分配中，涉及双方当事人在劳动合同中体现出来的私权利；再次分配中，涉及社会保障中体现出来的公权力。以这样的分类，反射利益也应当归类在再分配中，正是与社会主义市场经济相联系的初次分配被分离出来，才形成初次分配与再次分配两个层次。再分配性质决定了劳动基准法的特点，我国对工时制度和休假制度进一步完善。根据世界各国的立法经验，从时间上保护劳动者的立法已经改变立法方式，变全面规定的劳动标准法为最低标准的限制规定。

从企业初分配的角度看，随着产权关系的明晰，各类企业内部正在形成自我完善、自我约束的机制，集中化决策向分散发展，企业间只能按价值规律的要求，通过市场联系起来。劳动关系的内容也将发生变化，劳动者以工资最大化为目标；经营者代表的资产，以利润最大化为目标进行协商。工资立法的内容已经发生，并且必将进一步发生变化。工资的分权机制正在纳入法制轨道。权力型的分配机制和立法模式将变为权利型的分配机制和立法模式(董保华，2000a：132)。《中华人民共和国劳动法》不仅规定以劳动合同来确立双方的条件，还在第33条将工作时间、休息休假作为集体合同的内容，允许通过集体协商，在劳动法的基础上确定。初次分配既能保护劳动者的权益，又为劳动关系双方当事人的平等协商留下余地。

从社会再分配的角度看，《中华人民共和国劳动法》第36条、第38条等条款对工时和休假作出了基准性规定。我国的工时制度和休假制度应当包括三方面的内容。(1)工作时间的规定。主要是最高工作时间的立法，即规定工作时间的上限，限制工作时间的长度，允许用人单位在最高工时法的限定内自行缩短工作时间。世界各国一般将最高工时立法与最低工资立法并立，作为保护劳动者利益的两种重要手段。(2)休息时间的规定。主要是最低休息时间的规定，即规定休息时间的下限。以此为基础，用人单位可以自行增加休假时间。(3)限制延长工时的规定。通过立法，从时间、程序、报酬等方面，对加班加点进行控制，从而限制工作时间在休息时间中的延伸。在社会主义市场经济条件下，按劳动基准法的要求，国家应以工资的保障为核心形成管理权。在立法上，针对正常情况，制定最低工资的规定；针对特殊情况，制定特殊情况的工资确定的规定；并制定工资支付的规定等等。为劳动关系当事人的平等协商，设定一条最低线(董保华，2000a：132)。

从初次分配与再次分配的关系看，政府的“分蛋糕”主要是二次分配，如果权力膨胀，客观上也可能变二次分配为一次分配。在社会主义市场经济条件下，“做蛋糕”(“做增量”)与“分蛋糕”(“分存量”)有严格的界限，处理好两者的辩证关系是处理好市场与政府关系的关键。在21世纪初的前一阶段，“提低”“扩中”更多着眼于劳动关系。与居民收入相关的立法，其调整对象更多聚焦以劳动关系为就业方式的城镇职工，诸如《最低工资规定》《集体合同规定》《劳动合同法》《职工带薪年休假条例》的适用范围均以劳动关系为限，使反射利益出现了新的特点。《社会保险法》的制定也使我国出现了具有主观公权利性质的社会权利。《社会保险法》虽以保障全体公民参保、领保的合法权益为宗旨，但其大多数规则以城镇职工社会保险为语境，围绕用人单位与劳动者建构相应的权利义务及法律责任，须处理公权利与私权利的关系。

二、劳动保护的生存法益

生存利益在宏观层次上采取法益形式，以劳动基准法为基础，劳动者与用人单位的个体利益的整合为社会利益。生存法益具有底线性、强制性、反射性，通过限定劳动报酬的私权利来发挥作用，基准法这样的形式区别于主观公权利。

(一) 保护法益的底线性

劳动基准是指为了保障劳动者最起码的劳动报酬、劳动条件而规定的最低限度的措施和要求，是从宏观上调控具有强弱特定的社会关系。社会法在西方的发展是一个私法公法化的历程，在我国的产生是公法私法化的结果，这种不同的背景在基准法这个层次上，也折射出路径上的差异。基准法在西方国家是对传统私法自治流弊救治产生的，它在传统私法自治的空间里划定了一条最起码、最基本的，能够保障社会弱者生存法益的基准线。这条基准线贯穿在广义社会法的各个子法域，如劳工、消费者、环境保护、妇女、老年人、未成年人、残疾人等各个方面，从而缩小了意思自治的空间(董保华，2001b：21)。

基准法在我国则是国家从标准法完全的包揽的状态出发，逐渐降为底线约束，还权于民，从而形成一定的社会空间。然而，无论路径差异多大，正是这条基准线，使得社会团体有了腾挪空间，也使社会法获得与私法、公法完全不同的、独立的地位，并因此确立了社会法作为第三法域的存在形式(董保华，2001b：21)。国家规定最低工资是禁止在最低工资以下支付工资；国家规定最高工时，是禁止在最高工时以上随意延长工时;国家规定劳动安全卫生条件,是禁止在这些条件以下约定劳动条件,劳动基准法划定了规制对象在进行社会活动时必须遵循的最低限度的标准。至于在最低工资之上的工资确定、在最高工时以下的工时确定、优于劳动安全卫生条件的劳动条件,属合同制度规范,双方可以充分协商,国家不仅不反对,而且予以提倡。因此在立法中往往采用“至少”“不超过”“不得”等字样,为集体合同留下空间。这些基准是根据社会法规制对象的特点,即社会弱者的特点制定的,因而是社会弱势群体全体利益的保障线。

国外并无我国历史上的那种标准法的经历,因此常常将基准法称为标准法。《日本劳动标准法》就明确规定:“鉴于本法所规定的劳动条件为最低标准,劳动关系中的当事人不仅不应以此标准为借口降低劳动条件,而且必须力求高于本标准。”这种法律规范成为社会基准法的一种普遍的形式。在工时立法中,《日本劳动标准法》规定:“雇主不得使工人在一日内的工作时间超过八小时或一周内工作时间超过四十八小时。”《加拿大劳工(标准)法》规定:“每个职工一天之内的工作小时数不得超过八小时,一周之内不得安排或容许职工一天工作超过八小时,一周工作超过四十小时。”我国《国务院关于职工工作时间的规定》则规定:“职工每日工作 8 小时、每周工作 40 小时。”我国与其他国家的规定相比,缺少“不得”“超过”的字样。在工资立法中,《日本劳动标准法》规定:“每月至少要在一定日期发放工资一次以上。”《中华人民共和国劳动法》规定:“工资应当以货币形式按月支付给劳动者本人。”我国与其他国家的规定相比,缺少“每月至少”的字样(董保华,2000a:138)。

基准法是社会法中特有的法律现象,在社会性法中也存在基准法的概念。产品质量法、标准化法、义务教育法等其实都具有基准法的特点。它是根据社会性法中各个部门法的特点,从宏观上调控具有强弱特点的社会关系。社会基准法划定了规制对象如雇主与雇工、经营者与消费者、教育者与受教育者等在进行社会活动时必须遵循的最低限度的标准。这些基准是根据社会法规制对象的特点,即社会弱者的特点制定的,因而是社会弱势群体全体利益的保障线。

(二)劳动基准的强制性

基准法律制度,不仅以强制性规范为特征,而且以强制性规范中的禁止性规范为特征。这是一种不作为义务。劳动基准法的底线性特点决定了劳动保护的强制性是以相对强制性规范体现。基准法与司法权的事后介入不同,其事先提出一套明确、细致的执法标准,是围绕着公权力提出的一种法理,在使用“劳动基准法”名称的国家(地区)中,基准法内容在范围上也并不相同。

在传统的法学理论中,强行性法律规范只有两种类型,即禁止性规范和命令性规范。禁止性规范即法律规范要求人们承担不作出一定行为的义务,体现的是一种禁为性义务;命令性规范即法律要求人们应当作出或必须作出一定行为,体现的是一种必为性义务。“法律义务规则是对人们支配、选择某些行为的否定。禁为性义务规则是对人们做某些行为的否定,要求人们不做这些行为。必为性义务规则是对人们不做某些行为的否定，要求人们做这些行为。两种义务规则所赋予人们的两种义务行为形式在被人们履行的情况下，构成一个社会法律秩序的基本状态。”（张恒山，1999：80—81）从法律规范的逻辑结构上看，禁止性的规范以“不作为”为行为模式，保证手段中的假定行为则是“作为”，也就是说，当法律要求不作为时，义务主体的作为会导致法律制裁；反之亦然，命令性的规范以“作为”为行为模式，保证手段中的假定行为则是“不作为”，也就是说，当法律要求作为时，义务主体的不作为会导致法律制裁。然而这种逻辑结构在社会基准法中被突破。

社会法中出现了一种特殊类型的强制性规范，被称为“相对强制性规范”。相对强制性规范表面上看似乎是一个命令性法律规范，实际上是禁止性法律规范。这是体现“倾斜保护原则”的典型形式。以最高工时的规定为例，我国《国务院关于职工工作时间的规定》规定：“每日工作 8 小时，每周工作 40 小时。”这一规定的实际意思是说工作时间可以短但不能长。从法律规范的逻辑结构上分析，在行为模式上是“作为”的规定，但保证手段上则比较复杂，如果出现了“不作为”，就需要从有利于弱势群体的角度进行分析。如果企业实行的工时制度短于国家规定，国家非但不制裁，还给予鼓励；如果企业实行的工时制度长于国家规定，才承担制裁性后果（董保华，2001b：24）。

（三）劳动保护的反射性

基准法保障的社会利益是通过间接的方式“反射”到社会弱者所缔结的法律关系中，因此，社会基准法在社会法中居于宏观的地位。随着社会法中基准立法的出现，个别纠纷上升为抽象纠纷（abstract conflicts），这类抽象纠纷的特点是寻求一种“立法上的公平”[①]。基准法通过强制法，反射性地影响了双方的民事契约。社会法在西方的发展是一个私法公法化的历程，在我国的产生是公法私法化的结果，基准法这一宏观调整层次会对社会的其他调整层次发生辐射。黄越钦将劳动基准法与其他层次的关系概括为补充关系、基础关系、指导关系、渗透关系、冲突关系（黄越钦，1993：13—14）。笔者认为，这一分析也适合社会性法，结合我们的体会分析如下。

其一，补充关系。对于某些合同内容，契约中并无内容规定，于是基准法一方面作为其最低基准限制，同时又得以成为契约的补充规范，使契约内容更为完整。基准法对于当事人的约束在于它自动地、直接地构成当事人法律行为的内容。例如，在消费合同中，即使经营者与消费者在买卖过程中并未就有关产品质量标准问题达成协议，而国家规定的产品质量标准自动地适用于该项交易，该契约执行国家的产品质量标准。

其二，基础关系。基准法具有最低标准的作用，但并不排除高于基准法的条件，因此具有公法性质的基准法就成为个别契约或团体契约的基础。例如，当国家规定了最低工资法时，就为劳动合同与集体合同确定了一个基础性标准。劳动合同、集体合同所确定的报酬标准不能低于国家规定的最低工资。

---

① TH. Boutgoige, *Unfair Terms in Consumer Contracts*, CABAY, Libraire-Conseil, 1983, pp.43—44.

其三，指导关系。基准法是依据保护弱者的原则确定的。由于基准法在形式上非常具体，通过对基准法的揣摩能够比较好地体会各个国家关于保护弱者原则掌握的实际尺度。当合同与法律都出现某些空白，或出现了一些新情况时，可以根据基准法体现出来的精神来理解现实的社会关系，因此，社会法中的基准法对于规制对象也具有指导意义。

其四，渗透关系。基准法中强制性规范与"自治性规范之间有时并无明确界限"，例如劳工安全卫生法令体系虽系国家法，但关系劳工安全卫生最重要的安全守则，则常常由机器制造厂商所制定，但为国家法所接受(黄越钦，1993：12—14)。

其五，冲突关系。"自治性规范与法规范有时会发生冲突，一般而言，国家公法属强行法、自治性规范属任意法，强行法之违反不当然无效，由于现代劳动法制对劳动者之保护特别强调，因此在强行法违反时，仍需视其结果是否对劳工有利而定其效果，如果对劳工不利时，当然无效，对劳工有利者则为有效。"(黄越钦，1993：12—13)由于这种有利与否的考虑，遂使社会法制产生另一项素来在法律制度中所不曾存在的原则，即在强行法与任意法之分类外，尚对强行法再加以区分为"绝对强行法"与"相对强行法"，前者违反时为绝对无效，后者违反时，则需衡量其是否对弱势主体有利，才决定其为有效或无效。

一般说来，基准作为保障劳动者最起码人格尊严的手段，其合理性是毋庸置疑的。但劳动基准法这种与行政管理高度捆绑的形式本身具有国家权力扩张的可能性，过度扩张却也会带来一定的问题。当前西方市场经济国家的劳动基准法主要是有关劳动报酬和劳动条件最低标准的法律规范的总称。在社会主义市场经济条件下，劳动报酬涉及财产关系，社会法是从维护生存利益的角度来规定的最低限度的措施和要求，这是在人身关系与财产关系联结处进行规范。随着社会主义市场经济的发展，我国将全面管理变为一种倾斜立法，以法定内容限定约定内容。通过历史比较可以看出，我国已经大量出现了带有劳动基准法特点的立法。

三、劳动保护的生存权利

劳动保护的利益在宏观层次上也可通过公权利转化为生存权利，区别于反射利益，劳动保护这种生存利益在工伤保险、疾病保险中才比较完整地具有法律意义上的社会权含义，随着社会给付概念的出现，出现了公权关系的给付请求权。社会法的公权利是在私权利基础上发展起来的，必然涉及私权关系的给付请求权与公权关系的给付请求权，两者存在相互联系，也有冲突与平衡。

(一) 工伤保险与侵权赔偿

工伤保险与财产赔偿涉及公权利与私权利的关系，工伤救济制度的演变，可以说是私权利到公权利，须协调两种权利关系。

其一，侵权赔偿到工伤保险的演变。保险被看成是多数人互助合作的事实，强调保险损失的合理分担，德国学者华格纳（Wagner）认为：从经济意义上说，保险是把个别人由于未来特定的、偶然的、不可预测的事故造成的财产上的不利结果，由处于同一危险之中但未遭遇事故的多数人予以分担以排除或减轻灾害的一种经济补偿制度（李光宇、王守臣、徐伟，2005）。社会保险正是利用保险中的风险集中与分摊的原理，将全体劳动者纳入保障的范围，从而在最大的范围内集中和分担了单个劳动者身上的风险。管理学家彼得·德鲁克（Peter Drucker）曾经这样分析劳动者的社会风险问题，即如果将单一劳动者一年的工作量视为他对社会的贡献的话，那么他应该获得的不仅仅是他现实的工资和奖金，还有一部分是间接的和隐形的，那就是由社会应该为他所承担的风险（杨慧，2013：138）。“综观200年来之劳动灾害救济制度[①]的发展，约可分为两个阶段。第一个阶段是从18世纪工业革命到19世纪80年代。在此时期，盛行个人自由主义，关于劳动灾害，完全让由以过失责任为基础之侵权行为法处理之。第二个阶段是由19世纪80年代迄至今日。在此时期，社会责任思想发达，工会主义抬头，为加强保护劳工利益，因而创设各种模式之劳工补偿制度。”（王泽鉴，1998c：276）通过研究工伤救济的历史，我们可以发现工伤救济制度的演变的背景就是二元法律结构到三元法律结构的过程。自工业化以来，工伤事故频频发生。工伤保险经历了从私权利向反射利益转化，最后发展为一种公权利制度。

首先，劳动者自己责任原则。这是最初的一种私权利制度。工伤事故最早出现于西欧工业化初期，劳动者在劳动中受到伤害，一切后果均由其本人承担，即所谓“劳动者自己责任原则”。这种理论的依据是危险自任说。18世纪，英国经济学家亚当·斯密认为，雇主在给工人规定的工资标准中，包含了对工作岗位危险性的补偿。那时由于受害工人负担不了法律诉讼费用或因起诉雇主会带来被解雇的后果，工人往往得不到合理的补偿。因此这种救济方式并不能阻止大量发生的工伤事故，渐渐被绝大部分国家所废弃。

其次，雇主过失责任原则。这仍是一种私权利制度。随着工业的发展，工伤事故日益增多，工人不堪其苦，奋起抗争。欧洲各国改行雇主过失赔偿责任。1871年《德国赔偿法》的诞生，标志着雇主责任时期的来临；1880年又出台了《英国雇主责任法》，这种责任是以雇主过错责任为理论基础的。工人因工负伤，只有出自雇主一方过错时，才给予赔偿；雇主的过错有多大，对受伤工人的赔偿就多大；如果伤害是工人本人或同伴造成的，雇主则不承担赔偿责任。19世纪使用雇主过失责任处理工业事故，但那个时代仍被称为“机器和事故的年代”。因为劳动者必须在法庭上有足够的证据证明雇主有过失才能获赔。对于受伤的劳工或者其家属，完成举证是很困难的。即使工人能够举证，雇主也可提出各种抗辩证明自己无过失，或者证明劳工也有过

① 即我国的工伤救济制度。在国外工伤事故被限定在“职业灾害”范围内，即因执行职务或者因工作原因而受到人身伤害才认定工伤。但是，在我国，鉴于对于见义勇为等公益活动的人身伤害救济不足，国家也将这部分伤害纳入工伤救济的范围。具体见《工伤保险条例》的视同工伤的规定（国务院颁布，2004年1月1日实行）。这实际上已经脱离了“劳动灾害”的性质。比如职工去救落水儿童而受伤的情况，我国也将其视为工伤，但这里就没有侵权人的存在。因此，本文讨论范围不涉及视同工伤之情形。

失，从而不负赔偿责任。由于作为弱者的雇工往往举证不力，经常败诉。因此，雇主责任法的实行并没有给工人带来多少利益。

再次，补偿不究过失原则。为克服过错责任制在特殊侵权领域内的缺陷，“无过错责任制”渐渐被引入，具有反射利益的一般形态。而针对工伤事故的救济，渐渐形成了“补偿不究过失原则”。通过国家来确定补偿范围与标准，使这种补偿具有基准法的特点，通过反射利益来影响双方的私权利。这种变化源于“职业危险说”，其根据在于：“(1)危险来源说，即因为企业、物品或装置的所有人或持有人制造了危险来源，因而应承担责任；(2)危险控制说，即企业者在某种程度能控制这些危险，因此应负责任；(3)享受利益应负担危险说，即企业、物品或装置的所有人或持有人从其企业、装置或物品中获得了利益，故理所当然应当负担危险。”(董保华等，2001：390)1884 年，德国通过《劳工伤害保险法》，规定劳工受到工业伤害而负伤、致残、死亡，不管过失出自何人，雇主均有义务赔偿劳工的经济损失。法国、英国等欧洲国家先后确认了“职业危险”概念，进而确立了补偿不究过失的法律理念。如 1897 年的《英国劳工赔偿法》、1908 年美国的《雇员赔偿法》均采此立法原则。迄今，该原则已成为工伤法律制度公认的原则。补偿不究过失，是为弥补雇主过失责任的不足而产生和发展起来的，是对雇主过失责任的补充和完善。该原则充分肯定了原有雇主责任法所确立的雇主方的工伤赔偿责任，从归责原理上否定了过错责任原则，而采取无过错责任原则和雇主单方责任(黎建飞，2004：116)。

最后，工伤保险制度。由于国家承担了保险人的责任，实际上是建立了一种公权利制度。(1)工伤保险基金筹集。现代市场经济国家工伤保险基金实行社会统筹，其全部源于雇主缴纳，劳动者作为被保险人不承担缴费义务。有些国家规定也可由政府给予适当补助；各雇主缴纳工伤保险费的标准同其职业伤害危险率挂钩。我国工伤保险基金吸收其他国家的做法，即工伤保险基金全部由用人单位负担，用人单位缴费标准与职业伤害危险率挂钩。(2)工伤的认定标准。广义的工伤包括职业病，是指职工为了生产或工作之故而造成负伤、残废、患职业病或死亡。工伤的认定可分为工伤性质的认定和工伤程度的认定。(3)工伤保险的待遇。工伤保险改革使待遇范围扩大，包括工伤医疗待遇①、工伤津贴②、致残待遇③、工亡待遇④、养老待遇⑤。

---

① 被保险人因工负伤后，在规定的医疗期内，可以享受的医疗待遇包括：规定范围内的药品费用、规定的检查费用、规定的治疗费用、规定标准的住院费用、人造器官及安装费用、住院治疗期间的伙食补助费、转院交通费及食宿补助费。

② 被保险人因工负伤、停止工作进行治疗期间，停发工资，由用人单位支付工伤津贴，并享受本单位各项福利待遇。

③ 被保险人因工负伤，依法鉴定，确认致残后，享受待遇：按其伤残程度的一次性伤残补助金，按其伤残程度规定的定期伤残抚恤金，按护理依赖程度规定的护理费。

④ 被保险人因工死亡后，或者因工致残全部丧失劳动能力的，其遗属可领取丧葬补助金和一次性工亡补助金，其供养亲属可以领取定期抚恤金。

⑤ 因工伤残完全丧失劳动能力的被保险人，达到规定的养老条件后，继续领取定期伤残抚恤金，其低于按规定计发的养老金标准的部分，应由工伤保险基金补足。

其二，工伤保险与侵权赔偿的比较。工伤保险制度具有法定性，具有公权利的特点，表现在工伤性质判断的确定性，获取保险待遇补偿的现实性和工伤保险待遇标准的统一性。因此，当事人就很容易对工伤保险救济途径作出合理而理性的预期，换句话说就是工伤保险补偿是相对确定的、现实的。随着工伤保险从侵权赔偿中分离出来，也使两者有了可比性。

工伤保险具有公权利特点。工伤待遇可以分为物质性的待遇和人身性的待遇。物质性的待遇是指发生工伤事故后，工伤者可以根据自己的伤残等级分别享受工伤物质待遇，大体上包括治疗期间的物质待遇、伤残待遇和死亡待遇三种。①随着国家的直接介入，其中一部分由工伤基金来支付，工伤者也可通过诉讼来保障自己的权利。人身性的待遇包括在工伤医疗期的待遇，主要是指患职业病或者因工负伤并被确认部分丧失或者大部分丧失劳动能力的，不得解除、终止劳动合同关系。由于这种义务主要约束用人单位仍具有反射利益的特点，以国家确定的标准限制私权利的行使。②可以看出，工伤保险待遇项目对工伤者的损害补偿基本上面面俱到，按照法律要求来实现。由于工伤保险补偿待遇的受领不考虑当事人有无过错，所以工伤保险待遇一般不包括精神损害赔偿这一项目。另外，工伤保险待遇给付程序相对简单，只要判定伤害事故属于工伤性质，那么其所得的补偿就相对确定，甚至个人就可以计算出来，并且寻求补偿的成本相对低廉。

民事赔偿待遇。民事赔偿具有私权利的特点，“任何人都不得损害他人权益”，一旦违反此规则，就将受侵权法的追究。这是现代侵权行为法的原则。(1)民事赔偿实行的是主观归责，这是一个相对复杂的体系，主要依赖当事人的举证；(2)民事赔偿是追求实际损失，这是一个较为理想的追求，但很难精确地计算出来；(3)民事赔偿结果是不确定的，会受到多种因素的影响，如侵权人的承担责任能力，法官的个人偏好，社会环境和舆论的影响等。因此，同样的案件，可能获得不同样的结果。但是，无论怎样，民事赔偿的目标就是按照工伤者的实际损失完全填补损害，因此，理论上来讲，民事赔偿应该包括工伤者所受到的物质损失和精神损害。可以认为，民事赔偿可以获得较大的利益(只是一个假设，属于可能状态，结果会受到多种因素制约，比如当事人举证能力，法官的偏好和职业能力，社会环境等)，但按照民事司法程序必须支付相当成本(大多数国家都是这样规定的)，特别是随着司法程序的进行，成本也随之增加。

比较一下作为民事赔偿的私权利与工伤保险的公权利，民事赔偿的侵权责任的构成通常要求具备四个基本的要素，即存在侵权行为、存在损害、损害与行为之间存在因果关系、侵权人存在主观上的可非难性。这四个构成要素，在处理工伤事故中暴

① 具体项目有治疗工伤所需费用、住院伙食补助费、交通食宿费用、辅助器具费用、原工资福利待遇、护理费、一次性伤残补助金、伤残津贴、工伤医疗补助金和伤残就业补助金、一次性工亡补助金、丧葬补助金、供养亲属抚恤金等。

② 一般不得解除劳动合同；职工因工致残被鉴定为五级、六级伤残的，经工伤职工本人提出，该职工可以与用人单位解除或者终止劳动关系；职工因工致残被鉴定为七级至十级伤残的，劳动合同期满才可以终止，或者职工本人提出解除劳动合同。

露出极大的缺陷。对于雇工来说，发生工伤事故后，作为弱者，雇工在就赔偿不能与雇主达成协议的情况下，就必须通过诉讼或仲裁来获得救济。按照侵权法体系，雇工必须证明侵权责任的四个构成要件。由于"信息不对称"，资源占有的严重失衡，雇工的劣势地位十分明显，败诉非常常见。即使胜诉后，雇工往往也不能获得及时、足额的赔偿。对于雇主来说，同样如此。在工伤事故发生率较高的行业，雇主不得不三天两头地应付因工伤事故而提起的诉讼或就工伤事故的解决与雇工进行谈判。除了谈判成本和诉讼成本以外，对于事故发生率较高的行业来说，雇主还必须随时准备一笔款项，用于对工伤受害者的赔偿，由此便发生一定的赔偿款项的筹集和管理成本。在许多情况下，如果完全让雇主依法赔偿，其不能承担而很可能最终导致破产。那时，双方的利益都会受到损害（周开畅，2004：18）。工伤保险的制度优势，使其得以推广。

我们可以得出这样的结论：（1）相对于工伤保险待遇的社会化的法定机制，民事赔偿是个性化的赔偿机制；（2）民事赔偿数额是个未知数，工伤保险待遇则相对确定，因此，民事赔偿可能高于工伤保险，也可能低于工伤保险；（3）民事赔偿的获得需要较大的成本并具有一定的风险，而工伤保险则只需要相对较小的成本并有比较稳定的现实保障。

其三，工伤保险与强制赔偿的关系。工伤保险制度实质上是责任保险。但是，责任保险自其产生之日也存在非议。保险这一形式的特点使得受害人的损失实际上是通过责任人这一渠道分散给了一定范围的潜在加害人群体，从而使责任人应承担的损失得到了一定程度的分化。正是基于这种意义上的认识使人们认为责任保险对侵权法的侵害行为抑制功能造成了极大的冲击。如有学者所言："论者认为，基于不法行为所生之损害，得借保险方予以转嫁，一则违反道德规范，二则足以导致行为人注意之疏懈，助长反社会行为，危害公益，实不宜容许其存在。"（王泽鉴，1997：163）在工伤制度发展过程中，民事赔偿和工伤保险是对工伤事故损害进行救济的两个主要制度。但是具体工伤事故救济中，如何运用工伤保险制度和（或者）民事赔偿制度来实现"工伤损害填补"却始终困扰着理论和实践部门。尤其是在责任竞合情况下如何适用两种或两种以上法律责任问题是理论和实践一直所关注的，并且众说纷纭。

世界上主要存在四种立法模式：（1）选择模式（election），"系指被害人仅得于侵权行为损害赔偿与劳灾补偿之间，选择其一"。此种模式蕴含了两个要点：在两种赔偿来源之间，工伤者有选择的权利；两种赔偿方式的适用相互排除，即一旦选择其中一种方式，就排除另一种方式的适用，不存在两种方式同时适用的可能。（2）补充模式（supplementation），"谓被害人对侵权行为损害赔偿及劳灾补偿均得主张之，但其取得者，不得超过其实际所受之损害"。一般而言，按这种模式，接受赔偿按以下程序进行：工伤事故发生后，受害者可以首先受领工伤保险给付，然后依侵权行为法规定主张侵权行为损害赔偿，但应当扣除其已领得的工伤保险补偿。换言之，受害雇员接受工伤保险给付之后，有权就侵权行为法上的救济与工伤保险赔偿的差额部分，提起侵权行为之诉。（3）相加模式（cumulation），系指允许受害雇员接受侵权行为法上的赔偿救济，同时接受工伤保险给付，即获得"双份利益"。采此制度之国家甚少，如英国，但亦有限制（王泽鉴，1998c：295）。（4）免除模式（relieving the tortfeasor），系指遭受意外伤害之劳工，仅能请求劳灾补偿，而不能以侵权行为之规定，向加害人请求损害赔偿，即完全免除侵权行为人的责任，由工伤保险取而代之。采用这一模式的国家主要有德国、法国、瑞士、挪威等国，其中以德国最为典型。根据《德国国家保险条例》第636条规定：因劳动灾害而受损害者，仅得请领伤害保险给付，不得向雇主依侵权行为法的规定请求损害赔偿（周开畅，2004：4）。

究竟选择哪种调整模式历来存在纷争，各国主要有以下一些考虑。

从形成工伤赔偿合理的机制考虑，首先应当是既避免双份利益，相加模式的缺点主要表现在两点。（1）违背了工伤保险创设的目的，加重了雇主的负担。工伤保险的建立，在某种意义上是为了减轻雇主的责任并使其责任社会化。在相加模式下，雇主不仅要承担工伤保险费的缴纳义务，而且还可能因侵权行为支付损害赔偿。雇主的工伤责任不仅没有因工伤保险制度的建立而减弱，反而比工伤保险制度建立前进一步加重，这与创设工伤保险制度的目的严重背离。（2）违背了"不应获得意外收益"的基本原则。在相加模式下，受害雇员获得的工伤保险给付和侵权损害赔偿的总和可能会超过其所受的实际损害，即获得超额赔偿或补偿，受害雇员因此而增加额外收益，与"受害人不应因遭受侵害获得意外收益"这一公认的基本准则相违背。尽管使受害雇员获得意外收益要比使雇主逃避侵权法责任好，但它与国际惯例和传统观念相抵触，因而，该模式仅在极少数国家推行，大多数国家的立法和司法实践原则上不允许受害雇员获得以上双重利益（吕琳，2003：56）。此种模式对用人单位较为苛刻，行政法性质极强，甚至不惜违反法理，片面保护弱者，制约经济的发展。

对于选择模式，王泽鉴评价道："此项制度表面上似属妥当，实则对于劳工甚为不利。盖侵权行为损害赔偿数额虽较多，但须经过漫长之诉讼；劳灾补偿数额虽较少，但确实可靠。劳工遭受伤害，急需救助以渡过难关，故常被迫舍弃前者，而择后者也。其次，选择权行使之期间、撤回等问题在实务上亦滋困难。由此可知，选择主义诚非良制。英国及其他英联邦国家，曾一度采用此制度，今则业已废止，良有以也。"（王泽鉴，1998c：295）

补充模式也不符合我国的法制水平。表面看，其赋予当事人很大的选择权，即两种救济途径都可以选择，只要最终获得赔偿的数额"不得超过其实际所受之损害"即可。但是此种模式最大的缺陷就是无形中增大了司法成本。工伤损害是人身损害，至于"不得超过其实际所受之损害"中的"实际所受之损害"之界定实非易事。因为损害数额的确定并没有同一的公式可以套用，一千个案件会得到不同的结果，一千个法官判断同一个案件甚至也会得到不一样的结果。所以，当事人只有等待两种途径都走完之后才能鉴别出是否超过"实际所受之损害"。因此，在这样的模式下，如果国家不对其进行适当的限制，那么任何一个工伤案件都可能引发两个甚至两个以上的诉讼。这种模式理论上是公平的，但是实践上司法成本太大始终是其受到诟病的原因之一。典型表现就是工伤者的任意选择救济方式及司法成本的失去控制。

免除模式应当成为我国的基本模式。以德国为典型，贯彻"以保险保护取代侵权责任”理念，雇员参加工伤保险的全部费用由雇主承担，对于受害者或其未亡人根据契约或侵权行为的一般原则而可能提出的任何事故索赔主张，法律都相应地免除了雇主及其雇员的责任（霍恩等，1996：357）。免除模式之所以广泛采用，在于其自身的优越性。(1)该模式免除了雇主侵权法上的赔偿责任，使雇主的责任法定化。符合现代社会实现损失承担社会化的理想。(2)可以减少诉讼，避免劳资争议，符合促进劳资关系协调发展的目的。(3)该模式能节约社会资源，提高工伤救济的效率。工伤事故发生以后，受害雇员直接向有关机构申领工伤保险待遇，无需经过繁杂漫长的诉讼程序；处理工伤保险事务的机构具有很高的专业性，工作效率高。工伤事故因第三人侵害造成，此时发生第三人侵权损害赔偿与工伤保险请求权竞合，如何处理？典型情况如，雇员执行业务途中遇交通事故，因交通肇事的第三人的过错而遭受损害。基于工伤社会保险制度的优先性，受害人应当首先请求工伤保险救济，再由保险机构向加害的第三人代位求偿，即工伤保险赔偿在涉及第三人责任时将发生代位求偿关系（林嘉、马特，2008：124）。

（二）医疗保险与健康保险

医疗保险是为分担疾病风险带来的经济损失而建立的保障制度。医疗保险源于西欧，是一种社会给付，解决社会风险引发之生活短缺现象，由公权力主体所提供之公共给付（郭明政，1997：376）。

其一，社会保险与商业保险。社会医疗保险与商业健康保险可以相互替代、相互补充。从世界各国发展历史来看，医疗保险存在社会医疗保险、国家医疗保险、储蓄医疗保险、商业医疗保险四种模式，四种模式也存在内在冲突。

社会医疗保险模式以德国为代表。德国是最早建立医疗保险制度的国家，1883年德国《疾病保险法》的颁布标志着世界上第一个强制医疗保险制度的诞生。社会医疗保险也称强制性医疗保险，它是国家通过立法形式强制实施的一种医疗保障制度。社会医疗保险的特点是，医疗保险基金筹集方式大多是通过法律法规，强制要求在一定收入水平范围内的雇主和雇员，按照规定的数额或比例缴纳保险费（也有纳税方式），政府酌情给予补助，互助共济，现收现付。日本、韩国实施这种模式，这种模式在相当程度上已成为现代社会发展的趋势。

国家医疗保险模式以英国为代表。国家医疗保险或称政府医疗保险，是指政府直接举办医疗保险事业，通过税收形式筹集医疗保险基金，采取预算拨款兴办国立医疗机构或以合同方购买民办医疗机构，向本国公民提供免费（或低收费）的医疗服务。国家医疗保险的特点是，医疗保险基金来源较为单一，医疗保险服务具有较高的福利性，覆盖到了本国的全体公民。政府卫生部门直接参与医疗保险服务的计划、管理、分配与供给，医疗服务活动具有国家垄断性。但由于国家医疗保险实行高度计划性的医疗服务，不利于发挥市场机制的调节功能，人们的医疗需求往往会受到医疗服务供给相对不足的影响。

储蓄医疗保险以新加坡为代表。储蓄医疗保险是指国家通过制定有关法律，强制性地规定每一个有工作的人,包括个体业主,都要参加保健储蓄,以此作为医疗保险基金,用于缴付其个人及家属的医疗费用。保健储蓄一般每月按工资的一定比例缴纳保险费,并随着年龄的增长逐步提高费率。当保健储蓄账户存款不足以支付医疗费用时,则需自费补差。这种医疗保险基金的筹资方式提高个人的健康责任感,以个人及家庭保健储蓄建立的账户医疗费用,不能发挥社会互助共济的作用。

商业医疗保险模式以美国为代表。商业医疗保险又称自愿保险,它按照市场规律自由经营,医疗保险作为一种商品在市场上自愿买卖。保险方是民间团体或私人保险公司;投保方可以是企业、社会团体,也可以是政府或个人。商业医疗保险的特点是,投保人自愿入保,共同分担疾病造成的经济损失,保险品种的多样化,能够在一定程度上满足入保人群中对不同层次医疗服务的要求。但由于商业医疗保险的营利性带来的消极作用,医疗费用容易失控。同时,居民在选购医疗保险时,还常会受到自身支付能力的制约,因而不能体现医疗的社会公平性。

我国医疗保障体系主要由"三险一助"构成。"三险",即城镇职工基本医疗保险制度、城镇居民基本医疗保险制度和新型农村合作医疗制度;"一助",即城乡医疗救助制度。这些制度在形成过程中借鉴了上述的多种模式。1998 年国务院颁布《关于建立城镇职工基本医疗保险制度的决定》,建立起社会统筹与个人账户相结合的模式。中外学者一般将社会保障筹资模式概括为三种:现收现付制、完全积累制和部分积累制(周昀、黄骏,2003)。对比上述四种模式,我国更像是德国模式与新加坡模式的结合体,社会统筹是按照德国模式建立的,目的是建立互助共济的社会团结机制;个人账户是按照新加坡模式建立的,目的是解决个人小额医疗费用负担。政策对职工个人账户权利的表述始终是清晰的,即"个人账户的本金和利息归个人所有,可以结转使用和继承",表明职工对个人账户享有的权利是所有权,但与强制储蓄相结合。现收现付与强制储蓄本是两种对立的机制,强行结合在一起时,本是为了各取所长,但实际上也可能用其所短。由于我国个人账户的使用范畴太过狭窄,成为资金强制沉淀的一种形式,并未取得预期的成效。2003 年国务院启动了新型农村合作医疗制度。新农合采取个人、集体和政府多方筹资机制,将医疗保障筹资风险分担在不同的筹资主体上,体现了风险分担这一社会保障的基本原则,是一种以政府资助为主,各主体合作共济的社会保障制度模式(陈健生,2005)。合作医疗基金主要用于大病统筹,现已基本覆盖所有农村居民。城镇居民基本医疗保险制度,直到 2007 年才开始启动,覆盖对象是城镇非从业人口。城镇居民基本医疗保险制度实行以家庭缴费为主,政府适当补贴的筹资机制。城镇居民基本医疗保险基金,全部用于社会统筹,不建立个人账户,社会统筹基金主要解决居民的大病住院费用,减轻居民大病风险的压力。后两种形式都放弃了个人账户的形式,而且将关注重点集中在大病风险,以解决我国因病返贫的问题。

其二,强制保险与行政合同。根据德国学界通说,在《社会法典》第五编的框架下,被保险人与保险人之间是公法关系,保险人与特约医院之间也是公法关系,但被保险人与特约医院之间是私法关系,其中公法关系的法律效力在于"使被保险人免除医疗给付之缴费义务，而使得健康保险保险人负担该费用的缴纳”(艾亨霍夫，2019：272)。我国医疗保险法律关系的建构原型是商业保险法律关系，但保险对象、投保人、保险人和医疗服务机构之间的保险法律关系也是一种行政关系，医疗保险关系因此也是一种复合的社会关系，我国的社会法的研究主要在台湾学者的一篇介绍性文章的基础上展开(李文静，2016：171—188)。笔者认为，医疗保险涉及五类关系，强制性与保险性相结合，行政性与合同性相结合，体现出鲜明的社会法公法与私法相互融合的特点。不仅五类关系很难用一种学说予以解读，在同一类关系中，有时也不能用一种理论来解读。公法因素与私法因素存在此消彼长的情形，关键在于厘清医疗给付请求权的基础，从公法因素的由强变弱列出五种关系，来明确公权利还是私权利的请求权。

第一种关系，保险人与投保人的关系，具有私形式公实质的特点。形式上采用了保险这种传统商法的筹资形式，实质上是公法性的国家筹资。(1)我国的医疗保险的保险人，常被理解为是从事医疗保险事务日常管理和业务办理的机构，①这一理解并不准确，后者作为提供医疗保险服务的工作机构②具体承办医疗保险业务，即依法负责受理参保申请、办理医疗保险登记。我国《社会保险法》之所以不使用“保险人”的概念，是保险人概念涵盖的职能过于广泛，经办机构只能基于政府行政管理职权的分配而承担特定的行政管理权能，保险人最重要的筹资功能并不是完全由这些经办机构来完成。(2)医疗保险的投保人，是按照社会保险法规定负有支付保险费义务的人。城镇职工社会保险费主要从用人单位、劳动者两个方面来筹集，具有强制性。(3)法律授权保险人强制投保人为保险对象交纳，因此在保险人和投保人间形成一种行政征缴关系，无论采用哪种筹资模式，都需要确定一种社会保障筹资具体方式以作为社会保障基金的稳定来源。保险人与投保人的关系符合“行政处分说”的理解：“所为之行政处分所发动，而非法定自动发生”，据此社会保险法规定的被保险人强制参保义务“类似纳税人报税之协力义务，至于缴纳保险费或纳税之公法上金钱义务，则有待于保险人确认核定被保险人之投保资格、投保身份、投保金额等具体内容以后才发生”(蔡茂寅，2008：11)。

到1990年为止，已有80多个国家开征了社会保障税，普及面大于增值税，征收的税款在德国、法国、瑞士等国成为第一税种。我国近年来社会保障事业的发展，也为社会保障费改税提供了良好的现实基础。经过近年来的不断改革，我国已基本实现对城镇、企业职工养老保险和失业保险基金的社会统筹，部分地区医疗保险和其他保险也实行了社会统筹。从1998年开始，一些地区改变了养老保险费征缴体制，全

① 各地设立的经办机构具体名称不统一，较为常见的有“医疗保险管理中心”“医疗保险基金管理中心”“医疗保险服务中心”“医疗保险事务管理中心”“医疗保障局”“医疗保险管理局”等。

② 2001年原劳动与社会保障部发布《社会保险行政争议处理办法》，明确将社会保险经办机构定义为“法律、法规授权的劳动保障行政部门所属的专门办理养老保险、医疗保险、失业保险、工伤保险、生育保险等社会保险事务的工作机构”。2010年颁布之《社会保险法》则进一步将社会保险经办机构定位为“提供社会保险服务”的机构。

国大部分地区税务机关开始征收社会保障费用，这些都为我国实施社会保障费改税奠定了基础（王琳，2003）。城镇职工社会保险法律关系的成立非因契约，否定了合意要素，属于法律强制投保人为被保险人缴纳的具有保险性质的基金，由保险人作为基金投资人占有、使用并保值增值。城镇居民基本医疗保险制度、新型农村合作医疗制度采取了政府适当补贴的筹资机制，也具有公法的筹资方式，并非完全依据行政处分行为之发生事实，成立方式上则具有某些合意的特点，可以用"行政契约说"来解读。职工社会保险的投保关系是公法因素最强的关系，具有公权利请求权的特点。

第二种关系，保险人与被保险人的关系，具有私内容公主体的特点。内容上是商业保险这种传统商法的内容，主体上有一方是行政主体。(1)医疗保险的被保险人是指根据法律规定，参加医疗保险法律关系，在具备条件时有权取得医疗保险待遇的自然人，我国目前城镇职工社会保险与劳动关系实行一定程度的捆绑。劳动者缴纳的保险费与保险待遇存在着一定的联系，用人单位缴纳保险费的目的是希望劳动者获得法益，具有利他契约的特点，这种近似双务契约的特点，使私法原理有适用的空间，其私法性表现在保险原理的运用。(2)医疗保险的保险人取得保险费要承担相对应给付义务，权利义务也存在某些对等性安排。不过，我国医疗保险基金的来源并不限于投保人的缴费，政府承担了保底或补贴的责任，我国保险人不在国家机关编制序列之中，但仍具有行政主体的某些特点，不能简单照搬商业保险模式加以解构，更多体现行政关系的特点。(3)保险人与被保险人的联系，法定之债关系说认为是以法定构成要件实现时开始，当法定事实发生、构成要件成就时，法定保险关系即告成立并生效，相关的权利义务就开始发生，保险人的风险承担义务与被保险人及投保人的投保、缴费等法定义务亦同时发生（蔡维音，2002）。按"公法上债之关系说"的理解，"在保险关系的成立上，当法定要件符合之际保险关系则自动发生，单纯取决于法定事实之存在与否，不但不需要以合意作为要素，连当事人是否认识到法定事实的发生也不在所问，即使投保单位或加保义务人本人疏于或怠于申报，也不影响被保险人身份及其保险权利之取得"（蔡维音，2014：106）。"无论依循私法契约或公法契约之原理，在此已几乎没有运用的余地，而纯粹是一种法定的债之关系。"（蔡维音，2001：172）这种理解可以用来解释我国保险人与被保险人的关系。

我国《社会保险法》立法者希望保险人与被保险人之间建立社会保险关系、缴纳社会保险费用及享受社会保险待遇，成为公法关系（李晓鸿，2013）。单纯公法关系并不需要一个债的媒介，但在社会保险法的相关待遇变动时，我国通常会实行某种"老人老办法"，或者允许被保险人在新老办法中进行选择，其实是承认了某种法定之债的存在，变相承认国家作为保险人时具有某些债务人的特点。随着私法因素的增长，保险人与被保险人关系公法因素弱于保险人与投保人的关系，但依然属于公权利请求权的范畴。

第三种关系，保险人与医疗服务人的关系，具有私内容公主体的特点。私内容是强调签订合同所具有的平等性；公主体强调合同的一方是行政主体，订立合同的目的是为实现国家和社会的公共利益。(1)医保经办机构与医疗服务机构在具体承办医疗保险业务时才是保险人的角色，需要通过与定点医疗机构相互作用，实现医疗服务。[①]医疗保险合同是指保险人与医疗服务机构就医疗保险受益人的疾病治疗待遇签订的协议。目前国内理论界普遍认为，行政合同（又称“行政契约”“行政协议”），是指行政主体为了行使行政职能，实现特定的行政管理目标，与公民、法人或其他组织，经相互协商，在意思表示一致的基础上所达成的协议（张敏，2018：127）。医疗保险合同具有行政合同的特点。（2）医疗保险合同的主体是医疗保险人和医疗服务机构，标的是医疗服务。有学者认为，保险人与特约医事服务机构建立关系的方式包括“指定”与“特约”，基于主管机关的“指定”所发生的法律关系，原则上可将之解释为系由行政机关所作成之具有形成力的单独行为；而“特约”则由于医事服务机构可以自行决定是否申请、签订特约，被认为已具备当事人合意的核心要素，性质归为行政契约，发生争议提起行政诉讼中的给付诉讼（蔡维音，1999）。

我国保险业务经办机构委托定点医疗机构等提供专业服务、给付医疗保险待遇以及管理医疗保险基金等事务时，订立的医疗保险合同，成为双方发生争议时，有关部门的处理依据。行政合同在西方国家的应用非常广泛，政府对经济社会事务进行管理时，尽量不采取行政命令方式，而是通过签订合同，由企业或其他机构承担计划中的某些任务（张敏，2018）。然而定点医疗机构就该协议发生的争议仍应通过行政复议与行政诉讼的方式获得救济。可见，医保经办机构提供社会保险服务仍采用了“行政主体权力—相对人义务”的实现结构，亦即，医保经办机构仍以具体行政行为为媒介履行社会保险服务职能（李文静，2013）。随着一纸合同的加入，相比前述两种关系，保险人与医疗服务人关系中的公法因素有所减弱，但面对行政机关履行行政职能，仍属于公权利请求权的范畴。

第四种关系，被保险人与医疗服务人的关系，具有私内容公干预的特点。在医疗保险法律关系中，被保险人是自然人，以特定身份进入医疗关系时，成为服务对象，享受医疗给付请求权。保险人与医疗服务人签订的医疗服务合同既保护双方当事人的利益，也保护第三人——参保患者的利益。参保患者是医疗保险合同双方当事人合同义务的承受者，也是该合同的直接受益人（杨丽君，2007）。该医疗服务合同是以反射利益的形式作用于被保险人，被保险人作为该合同的第三人，虽是本合同的利益主体，成为合同标的的承受人，通过明确医疗服务项目和质量、服务费用的支付方式和标准，可以受益，但并不享有公权利。相比前述的三种关系，被保险人与医疗服务人的医疗合同关系中公法因素更弱，但面对受反射利益影响的医疗合同，属于私权利请求权的范畴。

第五种关系，投保人与医疗服务人本无直接的法律关系，然而，除遵循合同的一般原则外，医疗保险合同更加强调尊重社会公德的原则，也使两者发生一定的联系。

---

① 根据《社会保险法》第8条及其他相关法律法规的规定，我国医保经办机构的职能主要包括以下几个方面：医疗保险登记，保费的核定征收，定点协议管理，医疗费用审查支付，医保基金预决算草案的编制，医保相关信息的收集与提供。

医疗保险合同与民事合同、经济合同不同，后两种合同是直接保护双方当事人的权益，任何第三者均是间接利益人，医疗保险合同的双方当事人必须对该合同特定的第三人——参保患者的利益负责。从保护参保患者的利益出发，有关部门会作出定点医院不得随意限制的规定，间接影响服务机构的利益。不仅如此，参保患者既是投保人也是被保险人，具有投保人的身份的还有用人单位，两个投保人之间存在着管理关系，医疗服务机构本身也会与投保人发生直接或间接的联系。医疗服务机构出具的病情证明，表面是开具给参保患者，其实是出具了患者向用人单位请假的依据。用人单位也有权利对于这一依据进行合理的审查。在正常情况下，医疗服务是一个涉及自然人隐私的服务，并无义务向第三人披露。投保人与医疗服务人的特殊联系，使病情隐私权保护成为一个特殊的法律问题。投保人与医疗服务人的关系只是一种有专属性的服务关系，相比前述的四种关系，投保人与医疗服务人关系中的公法因素更弱，这种公法因素的减弱是一种历史现象，历史上病假管理曾也是公法因素很强的内容。

随着人口老龄化和人口负增长趋势发展，年轻人和健康者的社会负担也将会日益加重，被保险人以缴纳保险费为代价分散了原本自己承担的风险，换取了某种经济保障，具备条件可获得相应的保险待遇。作为一种复合关系，同一个人处在不同的关系中，例如劳动者，既是投保人，又是被保险人，还是医疗服务的对象，须适用不同的理论来解说。五种关系也处于相互制约的状态，由于医疗保险基金现收现付，很少积累，如不实行有效的医疗费用控制机制，有可能刺激医疗消费，导致医疗卫生资源的过度利用（铁凡，2000）。随着契约机制的创设、我国当前正在进行的社会医疗保险改革，医疗保险被保险人的范围经历了逐渐扩展并向全民覆盖发展的历程，当前我国已经实现了制度全覆盖，正在向人员全覆盖迈进。高标准向广覆盖的转变，强化了被保险人个人的医疗责任，减轻了政府医疗负担，对于商业健康保险的发展具有积极影响，也给商业健康保险带来了广阔的发展空间和有利的发展契机（田建湘，2004）。

（三）劳动保险到社会保险

保护性法益向保护性权利的转变，从内容上看，劳动保险到社会保险涉及利益调整；从形式上看，强制与保险存在内在冲突。陈云中认为，保险之旨趣，乃根据危险分散之法则，亦即相互性之原理，将集中于少数人之危险，由多数人分担其损失，寓有“我为人人，人人为我”之至意，可谓人类社会以协同协力为基础之各种社会经济制度中，最为普遍而有效的一种制度（陈云中，1985：16）。我国的社会保险制度可被视为一种由国家与地方政府经营的强制保险制度，国家与地方政府扮演着双重角色，既是维护社会保险秩序的行政主体，彰显了社会保险的强制性；也是经办社会保险收支的保险人，体现了社会保险的保险性。然而，社会保险的强制性与保险性存在着内在的冲突，我们可从社会保险的收缴与支出两方面对其进行法理分析（董保华、李干，2015b：13—14）。

就强制性而言，政府是社会保险法律关系中的行政主体，享有依法收缴社会保险费与支付社会保险待遇的权力，这是一种公法意义上的权力，以强制性为特点。从社会保险的收缴看，政府可以运用行政权力强制缴费主体（用人单位与劳动者）缴纳社会保险费。当缴费主体不履行缴费义务时，无论处在何种阶段，均应当责令改正并以滞纳金的方式予以惩罚。从社会保险的支出看，行政权力同时代表了一种行政职责，如果社会保险制度在缴费上具有很高的强制性，国家也应当承担相应的支付义务，当老、弱、病、残等保险事由发生时，无论国家的征缴情况如何均应当先行履行支付义务。从强制性的特点出发，缴费主体不缴费也可以视为政府征缴不力，应当承担相应的责任。

就保险性而言，保险的基本运作是投保人根据合同约定，向保险人支付保费，保险人则因发生合同约定的事由向投保人或受益人给付保金。在社会保险关系中，政府扮演着类似于保险人的角色，用人单位与劳动者则是投保人，劳动者是被保险人，在特殊情况下劳动者的亲属还可能成为受益人。一旦政府责令缴费主体补缴保费，也等于将相应的保险赔付责任转移到自己身上。从社会保险的收缴来看，社会保险本是一种利用大数法则分散风险的方式，在签订保险合同、确立保险关系时，保险给付事由或保险事故并未发生，也不必然发生；从社会保险的支出来看，支出的前提是社会保险关系已经确立。对于一个未投保的人，当保险给付事由发生后，再通过补缴保险费的方式，将赔付责任转移给保险人，不符合保险的特点。

中国社会保险体系的发展与完善，可以视为由《劳动保险条例》转向《社会保险法》的渐进过程，由全部为用人单位支付转向由政府筹集资金，以社会保险支付为主。《社会保险法》旨在结束社会保险的过渡状态，通过提高统筹层次、调整利益格局、加大执法力度，强化社会保障的公法性。延续历史上传统社会分配模式，以"扩大社会保险的受益主体"，排除私法的司法手段。《劳动法》处于承前启后的阶段，兼有两者的特点。[①]社会保险虽有强制性，但《劳动法》并未提出强制补缴的概念，如果劳动者因用人单位未参加社会保险或未足额缴费而无法正常享受法定的社会保险待遇，劳动者享有向用人单位提出损害赔偿的权利。在"保险"与"强制"的冲突中，更多体现保险的特点。当政府较多照顾保险属性时，作为社会保险制度，便显得强制性不够，由此形成了社会保险执法力度不强的思维定势。在社会保险之外，我国长期存在一套保障系统，即用人单位支付制度。当社会保险制度未能建立时，用人单位支付制度会自动发挥补充作用。这种补充制度的存在，是由我国社会保险制度建立时所具有的过渡性特点决定的。这种补充制度客观上缓解了强制与保险的矛盾。随着这一补充制度日渐式微，社会保险与行政强制的内在悖论也以日益强烈的方式显现。地方社会保险行政部门长期疏于执行强制补缴的规定，背后的一个深层次问题是：社会保险究竟能不能补缴？有学者强调补缴的重要性（林嘉，2012：175—181），更有学者认为社会保险权利的最佳救济手段是由用人单位补缴社会保险，通过法院与社会保险机构的配合实现补缴也没有任何理论或者实践上的困难（周长征，2012：

---

① 《中华人民共和国劳动保险条例》于1951年公布，1953年施行；《中华人民共和国劳动法》于1994年公布，1995年施行；《中华人民共和国社会保险法》于2010年公布，2011年施行。

94—96)。实践中的问题并不会因为学者疏于研究而消失,法律关系在运行中会显示自己的逻辑。

从理论上而言,补缴应当只适用于保险性质较弱,带有积累性和储蓄性的社会保险形式,如养老保险,而从行政利益的角度看,这是其不愿意让员工补缴的内容,《社会保险法》已经规定的补缴义务也不被执行。日本的保险学家村上隆吉认为,在聚集面临危险的多数人时,不是全部人经常会遭遇事故,但是其中究竟何人可能遭遇事故全然不知,所以多数人必须自行提供小额的分担金,集中起来以解决少数人因灾害事故所造成的损失的经济补偿。在这种情况下,少数人在经济上得到了恢复,大多数人则总是处在未遭受事故的状态。从保险理论看,在工伤、医疗、生育等保险中,一旦社会保险费补缴成功,就意味着社保基金需要具有追溯力地承担自补缴之日起的待遇给付义务。如果将补缴制度适用于工伤、医疗、生育社会保险,社会保险将很可能沦落为用人单位与劳动者基于利益衡量之后的被选择对象。如果保险给付的事由不发生,用人单位与劳动者可以选择不缴或少缴社会保险费;一旦保险给付的事由发生,基于转移风险或及时获取赔付的考量,用人单位与劳动者将非常乐意通过补缴社会保险费的方式享受社会保险待遇。社会保险费相较于社保待遇而言,一般为以小博大,而且社会保险待遇的给付也相对快捷。如此一来,事后补缴制度将使得社会保险成为集中风险的池塘,这有违"大数法则"、分散风险等构建社会保险的基本原理。

第四节　退休养老法益

在劳动关系的终结过程中,国家在退休养老上承担的给付义务,具有强制性和复杂的特点,退休养老法益通过反射利益对双方形成权进行限制。在养老保险的范围内,保护法益可以形成某种积极权利。

一、退休与物质帮助

退休是一种公法意义上的法益,养老是物质帮助的重要形式,将这种物质帮助纳入养老保险则是大部分国家的做法,也可以从主观公权利的角度来理解。退休养老,物质帮助是两个密切联系的概念。

(一) 退休养老的概念

理解退休养老,须分别理解养老、退休的概念,退休养老两个概念的联用,会产生出第三个概念,三者存在区别。

就养老而言,为了保障老年人的合法权益,发展老年事业,弘扬中华民族敬老、养老的美德,养老往往与老年社会福利项目有关。老年人福利是以老年人为特殊对象的社会福利项目，“老有所养、老有所医、老有所为、老有所乐”，突出了“老”的人身特点，“老”是“养”的前提。老年人的福利法是老年人权益保护和福利增进的相关法，也是在保障老年人基本物质生活需要，解决好“养”的基础上，进一步满足老年人精神文化生活需要的基本规范。养老原为一种古代的礼制，择取年老而贤能的人，按时供给酒食，并加以礼敬。延伸的意思是年老在家休养，现在的养老政策多是这个意思。《中华人民共和国宪法》第45条规定：“中华人民共和国公民在年老、疾病或者丧失劳动能力的情况下，有从国家和社会获得物质帮助的权利。”第8届全国人民代表大会常务委员会第21次会议通过了《中华人民共和国老年人权益保障法》，自1996年10月1日起施行，使老年人的权益保护和福利增进有了法律规定。2020年12月31日，国务院办公厅印发《关于促进养老托育服务健康发展的意见》，就促进养老托育服务健康发展提出四个方面23项举措。《意见》明确，健全老有所养、幼有所育的政策体系；统筹推进城乡养老托育发展，强化政府保基本兜底线职能；积极支持普惠性服务发展，强化用地保障和存量资源利用，推动财税支持政策落地，提高人才要素供给能力。一些国家老年人福利津贴是一种普遍养老金计划，这些计划为所有超过规定年龄的社会成员提供养老金，而不管他们的收入、就业状况或者经济来源如何。

就退休而言，是指根据国家有关规定，劳动者因年老或因工、因病致残，完全丧失劳动能力(或部分丧失劳动能力)而退出工作岗位。退休在《辞海》中的解释是职工、干部达到规定年龄或因公致残而退出工伤岗位休养(夏征农，陈至立，2010：1911)。我国历史上，国营企业采取的是公法调整方式，是一种权力结构，退休是我国传统隐性契约正常终止概念，具有公法的性质。退休进入养老从而得到社会的正常帮助是实现“劳动光荣”的正常秩序，因而有着特别的意义。我国宪法规定，国家依照法律规定实行企业事业组织的职工和国家机关工作人员的退休制度。退休人员的生活受到国家和社会的保障。退休制度是指企业事业组织的职工和国家机关工作人员达到一定年限，按规定终止劳动关系，享受一定待遇以终养余年的制度。包括退休原则、条件、待遇、审批手续、安置管理等规定。

就退休养老而言，我国退休制度与养老制度存在着紧密的联系，我国的职工养老保险作为一种老年保险，是指国家立法强制征集社会保险费(税)，并形成养老基金，当劳动者退休后支付退休金，以保证其基本生活需要的社会保障制度，它是社会保障制度的最重要内容之一。我国的职工基本养老保险制度是按国家法令实施，为保障退休人员养老基本生活需要的一种社会保险制度。实行基本养老保险制度是对我国退休制度的劳动保险部分进行了根本性的重大改革，但退休条件仍要按退休制度的规定执行。缴费年限累计达到或超过15年，是退休职工领取养老金的重要条件，除此之外，如果参保职工不符合其他退休条件，即使缴费年限达到要求，也不能享受职工养老保险待遇；同样，仅退休符合条件，但没有达到缴费年限，也不能享受职工养老保险待遇。

职工社会保险符合保险的基本原理，保险的本质是通过集中危险和分散危险而实现经济补偿。“保险为分散危险，消化损失之制度，即将不幸而集中于一人之意外危险及由是而生之意外损失，透过保险而分散于社会大众，使之消化于无形。”（桂裕，1981：1）也就是说，职工保险集合了众多劳动者可能发生损失的危险，保险人向参加保险的单位或个人收取法定的保险费，建立保险基金，对遭受灾害的被保险人予以补偿或给付，也就是把实际发生的损失向全体参加保险者进行合理的分摊，实现分散风险、分摊损失、履行经济补偿的职能。我国现行的部分积累制就是为职工设立一个个人账户，实行个人和企业共同缴费。企业缴费部分归社会保障统筹，个人缴费部分记入个人账户。只有社会保障统筹部分符合保险原理，个人账户属于强制储蓄。

（二）物质帮助的概念

在我国，物质帮助权是指公民在完全或部分丧失劳动能力的情况下，有从国家和社会获得物质帮助的权利。我国1954年《宪法》第93条规定：“中华人民共和国劳动者在年老、疾病或者丧失劳动能力的时候，有获得物质帮助的权利。国家举办社会保险、社会救济和群众卫生事业，并且逐步扩大这些设施，以保证劳动者享受这种权利。”1982年《宪法》第45条规定了公民有获得物质帮助的权利，获得社会保险、社会救济和医疗卫生的权利，以及特殊人群所享有的社会保障权利等。我国《宪法》规定：“中华人民共和国公民在年老、疾病或者丧失劳动能力的情况下，有从国家和社会获得物质帮助的权利。”虽然我国将物质帮助规定为权利，物质帮助与“逐步扩大”相联系时，作为一种宪法上的基本权，是一种道德意义上的权利，在现实生活中往往只是一种生存法益。

物质帮助强调给付行政，使政府行政的目的发生了改变，在现代行政法中，物质帮助给付行政可以说是伦理性与行政性相结合的产物。基于环境与资源为人类共同财富的观念，现代国家纷纷加大生产开发者的义务，强化国家在财富二次分配中的作用与义务（单希岩、刘小生，2002）。“支付（disbursment）钱物是近三十年来获得戏剧性增长的一项行政责任。然而，我们只有在改革开放后才开始实行面向老弱病残、失业和贫穷者提供补偿与帮助的社会保障项目。尽管这些支付通常以现金形式进行，它们也可以采取别种方式，如食物认购券（food stamps）给予商业企业的政府资助，无论是直接给付现金（给予航空公司或商船），还是间接地通过税法中‘税款支出’（tax expenditure）的规定，是另一种重要的支付形式。”①有些国家退休往往是领取老年人福利津贴的条件，这种发放方式使获得养老金成为公民的一种平等权利。

给付行政一般是指行政主体依照有关法律、法规，向符合条件的申请人提供物质利益或者赋予其与物质利益有关的权益的具体行政行为。退休养老与给付行政相结合体现了国家对于社会老年群体的关心和帮助。给付行政是一种行政行为，行政依据散见于法律、法规、规章、政策之中。给付行政也须按照一定的条件和程序进行，一般具有三个特点：(1)从给付行政主体上看，一方是行政主体或有权实施一定给付行

① S.G. Breyer and R. B. Stewart, *Administrative Law and Regulatory Policy*, *2nd ed.*, Boston and Toronto: Little, Brown and Company, 1985, pp.2—3（转自沈岿，1999：151—152）。

为的机构，往往是为老年提供服务的机构；给付行政的对象是行政相对人，即处于某种特殊状态之下的老年人。(2)从给付行政的内容上看，赋予行政相对人以一定的物质帮助权益，主要有包括抚恤金、津贴、社会救济福利金、自然灾害救济金及救济物资。(3)从给付行政的方式上看，给付行政以行政相对人的申请为条件。即使是在自然灾难等特殊条件之下的给付行政行为，老年人作为行政相对人必须事先向有权实施一定给付行为的行政机关提出申请。在领取救济物资时办理一定的手续，这些手续可被视为一种补办的给付行政申请。

(三)退休养老与物质帮助

退休养老与物质帮助可以概括为以下几方面的区别。

第一，物质帮助基本权的主体是公民，退休养老的主体是曾经的劳动者，如《辞海》所解释的职工、干部。宪法中的物质帮助权是针对中华人民共和国的全体公民来规定的，构成给付行政的内容。国家应当建立起一套包括社会救助、社会保险、社会福利在内的全方位的保障措施，形成整个社会的安全网。退休养老的主体范围就小得多，不仅比物质帮助的范围小，也比社会保险的范围小，养老保险制度包括职工保险与居民保险，强制保险涉及的只是我国参加城镇职工养老保险的人员，这是较为正规的用工主体。退休养老强调了从劳动者向公民的转化，包括农村保险、居民保险在内的一般的物质帮助则并无这样的强调。

第二，物质帮助是公民在劳动能力遭到损失情况下产生的一项法益，退休养老只是被法律视为劳动能力减损，而并非生理上劳动能力的损失。物质帮助按照原因可分为生(育)、老、病、死，其原因可以区分为劳动能力的生理损失与法定衰老。生理上的劳动能力的损失通常是指因伤病造成劳动能力的丧失和因造成劳动能力的减退，致使不能从事原来工作或其他工作。劳动能力损失按照程度可分为完全丧失劳动能力和部分丧失劳动能力。有些国家的退休养老是老年人参加一种普遍养老金计划，这些计划为所有超过规定年龄的社会成员提供养老金，是因衰老而领取福利津贴，我国退休养老仅指参加职工保险而领取养老金的情形。随着我国社会经济的不断发展，未来老年人福利津贴可能作为一种全民性的制度建立起来，但目前并不具备条件。

第三，物质帮助基本权是从国家或社会获得物质帮助，退休养老是从专门的职工养老机构领取物质帮助。物质帮助基本权的义务主体是国家，只有在国家授权的情况下社会团体才成为义务主体。公民患病或者丧失劳动能力或生活困难的情况下，可获得抚恤费、补助费、医疗费等等。物质帮助除具有帮助的性质外，有时也会兼有补偿性质。退休养老是因年老领取一定数量的生活费等物质帮助。这种物质帮助采取养老保险时也含有对职工过去劳动的相应补偿的意义。

第四，物质帮助在我国通常是一个反射利益形成的法益，有些国家将退休养老作为一项普遍养老金计划时，完全以权利形式来规定，成为一项积极权利。对于物质帮助权所体现的利益，公民(或劳动者)作为积极权利人是可以放弃的，但如果不愿放弃这部分利益,往往要纳入到国家行政系统中予以保障。法律对于履行义务的时间、数额、方式等有比较具体的规定。我国职工养老保险中的待遇标准和领取程序等都是法定的,以强制性规范中的命令性规范为特征,国家对于履行义务的时间、数额、方式等有比较具体的规定,公民处在行政关系的相对人的地位,也应当有公权利主体的地位。因此,有些书将社会保障的权利仅视为纯公法的权力(覃有土、樊启荣,1997:74),容易忽视其所具有的社会法特点。

退休养老也是落实物质帮助基本权的一种具体形式,两者存在着紧密的联系。从相互联系方面,可以职工养老保险当作主观公权利来认识。物质帮助权的保障过程中,行政与保险两种并不完全相同的责任在一定条件下可以相互组合。在行政关系中政府是行政主体,社会保险体系最直观的表现形式就是由国家与地方政府向劳动者承担"物质帮助"的义务,在社会保险制度中可以将政府视为保险人。在行政关系中用人单位、劳动者是行政的相对人,在职工养老保险制度中用人单位、劳动者为投保人,劳动者为被保险人,在一定条件下(如劳动者死亡)劳动者家属作为受益人可以继承个人账户结余部分。当用人单位无故不参加养老保险或未及时足额缴纳养老保险费,劳动者可以投诉或举报的方式,促使政府有关部门介入。政府部门作为养老保险管理者居于主导地位,对于职工养老保险管理部门的行政行为,用人单位与劳动者应当允许作为行政相对人申请行政复议或提起行政诉讼,整个制度安排基本上属公法性质。行政与保险两种制度虽然高度重合,但从历史、现实两个方面却也会产生冲突。以国家和地方政府为主导的行政管理系统,适用行政法的相关规定,也适用某些保险原理。退休与养老在养老保险中也可以义务一权利形式来进行组合。新中国成立以来,达到退休年龄是实行强制退休的重要条件,劳动合同立法后,退休年龄成为劳动合同终止的条件。对于劳动者而言,退休法益有时与义务形式相联系;养老金的领取则是一项权利。这种情况的出现,正是行政与保险组合产生的特点。

二、退休的生存法益

退休是我国隐性合同的终止制度,历史上一直与某种行政管理措施紧密相联,具有公法性。随着物质帮助与社会保险相挂钩,生存法益转化为积极权利,职工养老保险与主观公权利相联系,退休与养老成为两种制度。围绕着退休生存法益的保障,我国设计了三组含义不同的强制制度。解除强制制度与无固定期限合同制度相结合,意在将正常劳动关系维持至退休年龄;终止的强制制度是对符合退休条件的劳动者终止其劳动合同;退休成为享受职工养老保险待遇的前提条件,退休的强制制度是终止私权利转向养老保险公权利的重要环节,需要区别退休、终止、解除三个概念。

(一)退休的强制制度

从正常的劳动关系来看,劳动者被强制结束劳动关系的因素主要是年龄因素,退休体现了这种制度安排的基本特点。退休主要强调劳动关系的人身性,我国最早的关于退休年龄的规定，可以追溯到1978年《国务院关于工人退休、退职的暂行办法》（国发〔1978〕104号）。以后我国的退休年龄被规定为四种情况：(1)正常退休年龄为男性满60周岁，女性干部满55周岁，女性工人满50周岁；(2)职工特殊工种退休年龄为男性55岁，女性45岁；(3)男性年满50周岁，女性年满45周岁，连续工龄满10年，由医院证明，并经劳动鉴定委员会确认，完全丧失劳动能力的，可以退休；(4)从事井下、高空、高温、特别繁重体力劳动或者其他有害身体健康的工作，男性年满55周岁，女性年满45周岁，连续工龄满10年的，可以退休。我国在制度安排时，遵从隐性契约的要求，以人身关系设定法益，并作为行政行为的依据。

退休制度是我国建国以来长期实行的制度。历史上，国营企业采取的是公法调整方式，是一种权力结构。(1)从主体上看，正如有学者所描述的那样，我国当时是国家与劳动者两个公法主体，企业一方被称为"企业行政"，只是执行国家政策的一个层级。在退休关系中，国家是行政主体，劳动者是行政相对人，在办理退休手续时尽管需要用人单位来完成，只能理解为是当时存在的隐性契约的执行人。(2)从内容上看，传统用工模式中人员并不能根据市场的需要进行流动，中国长期实行的固定工制度，人员只进不出，职工不能辞职，单位也不能解雇。根据工作需要，只有国家有权对劳动者进行工作调动。退休制度在我国是一项强制性制度，对于劳动关系而言，具有义务性，劳动者达到法定退休年龄应当退休。改革开放后，我国将养老纳入社会保险，退休成为享受养老保险待遇的前提条件，退休是一种法益，劳动者只是受益者，国家可以强制方式实行。对于养老保险关系建立而言，具有权利性。(3)从形式上看，传统用工模式国家与个人之间不需要书面合同，而是以默示形式确立的一种终生合作关系，具有超稳定的信赖基础。通过办理退休手续实现退出生产过程，进入养老过程是最能体现这种制度逻辑的正常行为。

（二）终止的强制制度

劳动合同的终止，是指劳动合同关系自然失效，双方不再履行。劳动合同的主体是劳动者与用人单位，国家规定的退休条件是一种反射利益，致使劳动者主体资格丧失，以一种强制性的方式来影响劳动合同的效力。对于主体资格丧失而言，用人单位作为劳动关系的财产性主体与劳动者作为劳动关系的人身性主体，两者有着不同的规定，可以通过对比来加以认识。

劳动者主体资格丧失。劳动法律关系是劳动力与生产资料相结合而产生的法律关系。退休制度与养老制度并不相同。我国的职工养老保险制度要求劳动者达到法定退休年龄后，累计缴费满15年才可以享受养老保险待遇。在现实生活中，很多年龄偏大的劳动者由于没有缴费或缴费年限不够，无法享受基本养老待遇，但可以享受居民保险或农村保险。我国有学者认为，《劳动合同法实施条例》与《劳动合同法》的规定相悖，这是误解。在终止的条件上，《劳动合同法》第44条第2项规定"劳动者开始依法享受基本养老保险待遇的"与第6项"法律、行政法规规定的其他情形"的规定并不矛盾，国务院以行政法规规定明确退休作为合同终止的条件，是依职权作出的表述。事实上，这类规定在《劳动合同法》之前也是存在的。我国一些劳动者达到退休年龄不符合缴费年限（当时称为工龄条件）只能享受退职待遇。退休强调劳动的人身特点（退休年龄）并作为正常终止的一个条件。

用人单位主体资格丧失。主体资格丧失主要是指用人单位因资不抵债而宣告破产，因违法行为而导致有关方面被吊销营业执照、责令关闭、撤销，或者因用人单位决定提前解散等导致主体资格丧失的情形。劳动法对劳动关系进行调整时，赋予用人单位以劳动力使用者的资格，即用人单位的资格。劳动法律关系是劳动力与生产资料相结合而产生的法律关系。一个经济单位首先是作为生产资料的经营单位或使用单位而和劳动者发生联系的。一般说，用人单位只有取得了支配一定财产的法律资格，才能进一步取得支配劳动力的资格，成为劳动法律关系的主体。法人是国家赋予经济组织在经营活动中的主体资格，也是对其经营、管理生产资料资格的认可。这种经营资格与用人单位的资格存在着一定的联系与区别，财产的折损可能导致用人单位主体资格丧失。

两种主体资格丧失的对比。劳动者的人身性强调人格和身份，具有特定性。用人单位本身是财产主体，其所谓“人身性”并不是真实意义的。劳动合同的承继是发生在企业分立、合并等企业主体变化的情况下，原企业与职工签订的劳动合同不解除，由新企业替代原企业继续履行，其实质上是一种劳动合同的主体变更，这种主体变更只限于用人单位。劳动合同承继是法律的一项要求，要求主体变化，但履行不变。《民法通则》对企业法人分立、合并的权利义务的处理进行了规定。[①]在劳动关系双方主体发生变化时，用人单位的主体可以劳动合同承继的方式来实现平稳转轨。[②]劳动合同承继的基本特点是“新主体执行旧合同”。一变一不变：其变化的方面是生产资料的主体，实现了新旧主体的更替；其不变化的方面是劳动力的主体，原劳动合同继续有效，仍执行旧劳动合同。可见，只有退休这一劳动者主体资格丧失的情形，才真的有可能进入劳动关系消灭的状态。劳动合同主体变化而内容不变的形式，有利于保持劳动关系的稳定，实现劳动者正常退休。这样的规定符合《劳动合同法》稳定劳动关系的立法宗旨，使用人单位主体资格丧失时，劳动者依然保持劳动关系，间接保护了退休法益。

（三）解除的强制制度

中国的劳动合同法解除也实行的是一种“法定理由”制度，这是从传统用工形式

---

① 《民法通则》第44条第2款规定：“企业法人分立、合并，它的权利和义务由变更后的法人享有和承担。”劳动合同的承继是根据民法通则演变出来的一种劳动合同主体变化而内容不变的形式，由新主体执行旧合同。《最高人民法院关于审理劳动争议案件适用法律若干问题的解释》引入承继的方式来处理分立、合并的劳动争议案件中的程序性问题。该规定第十条规定：“用人单位与其他单位合并的，合并前发生的劳动争议，由合并后的单位为当事人；用人单位分立为若干单位的，其分立前发生的劳动争议，由分立后的实际用人单位为当事人。用人单位分立为若干单位后，对承受劳动权利义务的单位不明确的，分立后的单位均为当事人。”

② 《劳动合同法》第34条规定：“用人单位发生合并或者分立等情况，原劳动合同继续有效，劳动合同由承继其权利和义务的用人单位继续履行。”

发展而来的一种形式。劳动合同法解除的强制与无固定期限合同的强制订立制度相配合，意在将正常劳动关系维持至退休终止，两者共同形成退休法益的保障制度。

解除制度的“法定理由”可以分为正向的可以解除理由与反向的不得解除理由，用人单位须举证证明同时符合两种理由的要求，才允许解除合同。黄越钦认为：“法定事由与正当事由仍应予以区别，法定事由系指在劳动基准法或其他法律中明文规定之解雇事由，其要件由法律定之。”（黄越钦，2012：212）法定事由在传统的私法理论中介入了劳动基准法的公法法理，权利结构也由此转向权力结构。欧美市场经济国家的基准法一般并不包括解雇的内容，①我国的法定解除规则以一种公法的方式，事先明确标准，直接介入解雇理由中，倾斜保护以一种非常强烈的公法方式得以体现，基本上没有给双方当事人留下协商空间。一些对劳动关系管制程度较高的亚洲国家（地区）“劳动基准法”中虽然也可能含有解雇的内容，但强度完全不同。在这些亚洲国家（地区）的做法中，又可以分为以下两种情况，对比这两种情形可以观察我国解雇制度中公法因素介入的程度（董保华，2017a：118—119）。

第一种情况是将“劳动基准法理”与“解雇权滥用说”相结合，日本可以说是这种做法的典型代表。日本虽将解雇纳入基准法进行规范，但也只有不得解雇的禁止性规定。日本劳动基准法对于解雇的规范主要是职业灾害医疗期间、产假期间及该期间结束后30日内不得解雇与预告期间之规定，我国《劳动合同法》第42条“不得解除”的禁止性规定，便与之相当。这些规定如同最低工资，只是一些底线性的规定。在司法实践中，日本最高法院依《日本民法》第1条第3项的权利滥用禁止原则发展出“解雇权滥用法理”以保障雇佣。依“解雇权滥用法理”，雇主行使解雇权的要件有两个：(1)在客观上有合理之理由，(2)在社会通行观念上认为相当。日本最高法院强调：“解雇，若客观上欠缺合理之理由，在社会通念上无法认为相当时，乃滥用其权利而无效。”（王能君，2004）在解雇理由上，以社会通念作为判定其是否合理之标准仍属于一种私法上的概括性规定，与我国体现公法特质的直接规定法定理由的方式不同。

第二种情况是基于“劳动基准法理”与“正当事由说”相结合而产生的法定事由规则，有学者指出：“以保护劳工为目的之雇主公法上义务透过民法之概括条款而导出雇主的照顾义务，即构成一对劳动关系内容产生影响之桥梁。透过劳工保护法之规定而课雇主以公法上义务，对雇主与劳工间之劳动契约亦有极大之影响，亦即应自然地构成雇主依诚信原则而生之照顾保护义务的当然内容。”（黄程贯，2014：23）从这一表述中可以看到，“公法”因素与“私法”因素存在着一定的冲突。“民法的概括条款”导出雇主的照顾义务，是建立在劳动合同当事人之间对应关系基础上的合同附随义务，雇主在承担义务的同时也是享有权利的；但是一旦这种合同附随义务转化为“公法”上的义务，“课雇主以公法上义务”，雇主就变成是对“国家”承担义务。事实上，将雇主实施解雇行为中应对劳动者履行的照顾义务予以公法化的处理，使这种原本属于私法范畴的合同附随义务具有了公法的特质。

---

① 《加拿大劳工（标准）法》只规定了工时、最低工资、年休假、通例假日等内容，美国的立法与之类似。

按我国《劳动合同法》的规定，劳动者不能胜任工作的，用人单位必须完成三次举证：(1)证明劳动者不能胜任，(2)证明已经培训或调整生产岗位，(3)证明培训或调整生产岗位以后仍然不能胜任，之后方可实行预告解除。这一规定是从情势变更原则发展而来，私法强调的“情势变更”具有“须为当事人所不能预见”的特点，我国《劳动法》《劳动合同法》在将情势变更的情形明晰且法定化时，其实已经开始背离这一法理，各国法律一般都允许当事人在合同中明确约定风险负担问题。我国的非过错解除则排除了这种约定，非过错解除发生时，通过要求用人单位支付经济补偿的方式，极其确定地将风险分配给了用人单位，并辅之以劳动监察、惩罚性赔偿。雇主的解雇保护合同义务转化为向行政机关或司法机构证明解雇行为正当性的法定义务，且存在着国家根据公共政策的需要对该法定义务内涵进行调节的可能性，国家作为行政主体，用人单位成为行政相对人，劳动者在这时居于受益主体的地位。我国雇主所负的解雇的证明责任相当重，不能胜任工作的三次举证将私法空间彻底填补，在制度设计时，这种义务更多体现出的是公法义务的特质。

三、养老的生存权利

从风险转移的角度来看退休法益与养老权利，其实社会保险也是一种风险的转嫁机制，个人或者团体可借此支付一定的社会保险费为代价，将特定的风险转嫁给保险人(莫静、刘宇，2012)。一般情况下，危险的转移总是发生在保险期限内参加保险的人之间，但是职工养老保险却可能使风险实现代际转移。当风险实现代际转移时，让隐性的反射利益转变为显性主观公权利或主观私权利就显得尤为必要。

(一)养老保险的制度沿革

我国的职工社会保险体制可分为三个阶段。(1)1951 年至 1990 年是以“单位办保险”为特点的“劳动保险”阶段。(2)1991 年至 2010 年是以“地方政府办保险”为特点的“改革过渡”阶段。1994 年 7 月 5 日公布的《劳动法》，系统地提出了逐步建立社会保险的概念。作为一种渐进的制度，公法手段与私法手段相结合，后者成为补充手段。(3)2011 年以后我国开始了全国统一立法的“逐步统一”阶段。在建立社会保险制度的同时仍保留原有的用人单位支付制度，是由我国社会保险制度以渐进方式推进所决定的(董保华、李干，2015b：14)。

1992 年民政部出台的《县级农村社会养老保险基本方案(试行)》即为“农村社会保险”开了没有代际转移的保险的先河。该方案提出了个人、集体、国家三方共同付费，由社会统筹解决农村养老问题的新思路。该方案于 1994 年在一些农村经济发达和比较发达地区开始试点。其主要做法是，以县为单位，根据农民自愿原则，在政府组织引导下，从农村和农民的实际出发，建立养老保险基金。保险基金以农民个人缴纳为主，集体补助为辅，国家予以政策扶持，实行储备积累的模式，并根据积累的资金总额和预期的平均领取年限领取养老金(喻丽、何金旗，2003)。之后我国又推出城镇居民社会保险。城镇居民社会养老保险是覆盖城镇户籍非从业人员的养老保险制度，这项制度和城镇职工养老保险体系、新型农村社会养老保险制度共同构成我国社会养老保险体系。2014 年 2 月 24 日，人社部、财政部印发《城乡养老保险制度衔接暂行办法》，于 2014 年 7 月 1 日起实施。该办法首次明确城乡居民养老保险和城镇职工养老保险之间可以转移衔接，但要在参保人达到法定退休年龄后进行。

我国社会养老保险实际给付水平差异巨大，有效保障水平较低。在一个相当长的时期内，我国实际上存在着四类不同的养老体制：(1)仍然未纳入社会养老体系的公务员和事业单位职工，其退休工资以本人退休前工资为基准，按实际工作年限确定，由各级财政负担，职工所在单位和职工本人实际上不缴费，其退休前后的工资差异不是很大，约为 85%左右；(2)城镇职工养老体系，主要是企业职工和部分事业单位职工，其中以工人和企业管理人员为主体，政策设计的养老金目标替代率约为 60%，目前平均养老金实际替代率不到 50%；(3)城镇居民养老保险体系，主要参保对象为未纳入城镇职工养老体系的城镇居民，养老金替代率低于城镇职工养老金替代率水平；(4)农村居民养老体系，主要参保对象为农村居民，目前的支付水平为固定数字(屈满学，2013)。第一、二类已经开始并轨。从职工养老保险来看，目前的部分积累制有其进步之处：由社会统筹实现共济和公平，由个人账户去追求社会保障的效率，将个人纳入社会保障的责任主体，调动他们的参与积极性，分担社会责任，开始了隐性契约显性化的进程。然而，这一过程中仍存在诸多问题。显性契约的前提是要有清晰的权属关系，但这恰恰是社会保障体制长期未能解决的问题。养老法益转化为养老权利就显得尤为重要。

(二) 养老保险与公权利

我国养老保障最集中体现了隐性契约的特点，隐性契约尤其是影响社会统筹的定性。财政部制定的《企业职工养老保险基金财务制度》第 26 条曾明确规定："基本养老保险形成的各类资产归国家所有，应按国有资产有关规定严格管理。"这种性质应当只适用于社会统筹。我国职工养老保险社会统筹与现收现付制中的代际转移存在冲突。社会统筹要解决的是代内的转移支付，体现的是社会共济，它实际上是收入的再分配。以社会契约的观点分析之，它是同代人之间为了应付将来的经济风险而自愿牺牲当前福利的一项社会契约：由于社会统筹是同代人间的共济，福利在同代人之间进行再分配。严格说来，在福利转移过程中国家并不是社会契约的一方主体，不应发生基金所有权向国家的让渡，因而特别有必要将养老法益转变为主观公权利，以使隐性契约在一定程度上显性化。职工养老保险作为主观公权利的重要意义可以体现在以下两个方面。

其一，历史地看，我国相当长一段时间中执行的基本上是现收现付的制度，也是一种代际保障制度。这是用同一时期的正在工作的一代人的缴费来支付已经退休的一代人的养老金的制度安排。在这样的制度下，当代人的养老金支付是以下一代人的福利减少作补偿的。那么，福利减少的这代人为什么愿意牺牲自己的福利而由政府主导进行当期的养老金支出呢？当代人在支付上代人养老金的同时获得了国家的一种承诺：在他们老年时，由国家支付他们的养老金。这样，国家和缴费人之间实际上有一种隐性契约关系，公民领取未来养老金的前提是他们要履行当前的缴费义务。在这一隐性契约关系中，公民在年老退休前是契约的缴费义务人，国家社会契约的隐性债权人；而在公民年老时，他们成了被保障人，国家对他们负有契约上的债务，即支付被保障人的养老金，此时被保障人成为隐性契约债权人。在这种契约关系中，由于公民养老金收入与其缴费金额没有对应关系，而是采取以支定收的办法，因而国家对被保障人缴纳的费用不是保管关系，而是所有关系，即公民的缴费形成了国有资产，而国家在支付当期养老金时又发生了资金所有权的第二次转移。现收现付下的社会保障就这样通过个人和国家间的契约关系一代代延续下去。从表面上看这种代际转移支付似乎是两代人之间的契约关系，实际上以关系契约来分析，这种代际间的是不存在直接、显性的契约关系，因为不同代人之间没有对价关系，没有对规划交换的选择、合意行为。实际上在代际间的福利转移过程中，国家是不可或缺的隐性契约主体。由于这种隐性契约关系没有显性化，国家作为行政主体又是处于超强地位，因此，这种隐性的债权、债务关系极易被随意改变。这一点在我国隐性养老金债务上体现得最明显。我国的社会统筹事实上不可能完全摆脱现收现付制度的影响，代际间的福利转移与代内人际间的转移支付事实上同时影响我国的社会保险制度。

其二，现实地看，隐性契约必然会带来隐性债务的问题，从代际间的福利转移到代内的转移也涉及隐性养老金债务问题。隐性养老金债务是指一种养老金制度终止实施时应承担的现时退休者的养老金和根据在职职工过去工作年限所承诺的未来养老金的支付责任（王宗见，1998：33）。已经退休或临近退休的老年职工在现收现付制下没有个人缴费积累，所以他们的养老金支付会出现没有账户或账户资金不足。谁来承担这一责任呢？基于前述的分析，我们知道实际上退休老年职工已用他们工作时的福利牺牲缴了费，国家已具有对他们的契约债务，因此转制成本本应由国家来负担。各国一般都认为隐性养老金债务是国家的应承担的责任。各国一般采用诸如国家财政补贴、国有资产补偿、政府发行国债后征税兑付国债等方式予以弥补隐性养老金债务。然而，由于隐性契约关系只是一种理论上的存在，只要政府不承认，这种契约关系也可以不被认可。这种隐性契约因为没有形式化，所以它的订立和解除常常是非理性的。我国相当长时期的做法是：挪用统筹账户甚至个人账户资金。如《关于企业职工养老保险制度改革的决定》（国发〔1991〕33 号）第 6 条第 2 款规定："国家根据城镇居民生活费用价格指数增长情况，参照在职职工工资增长情况对基本养老金进行适当的调整，所需费用从基本养老金中开支。"又如《关于建立统一的企业职工基本养老保险制度的决定》（国发〔1997〕26 号）第 5 条第 3 款规定："对于决定实施前参加工作，实施后退休，缴费满 15 年的职工，按新老办法平稳衔接，待遇水平基本平衡的原则，在发给基础性养老金和个人养老金的基础上再确定过渡性养老金。过渡性养老金从养老保险基金中解决。"这两条类似的规定都将本应由国家财政负担的部分资金从基本养老保险基金中支付。国家将理应承担的职工养老保险改革的成本予以转嫁。这种转嫁本身说明隐性债务应当有更为规范的处理方式，公权利与诉讼的联系有利于隐性债务处理的规范化。

其三，理性地看，基金的产权来自个人财产所有权的让渡和集合，社保基金也不例外。个人一旦将其财产放入基金就丧失了个人所有权，基金只为其当初所设立的目的服务，而不能被个人所操纵和挪用，也不能被第三方操纵和挪用。所以基金这种“专款专用”的特点保障了基金能够始终用于它设立的目的(莫静、刘宇，2012)。从最初的“基尔特”收取会费的制度，到俾斯麦建立了社会保险缴费制度，两者在形式、范围上已经发生了很大的变化，但是依然延续着共同的法理基础。社会保险费的法理基础——社会保障制度与保险制度、基金制度的嫁接德国的“基尔特”已经反映了基金化的雏形。基金化具有互助性的特点。基金的互助性实际上包含着目的与功能的辩证统一。正如“基尔特”最初设立的目的是为了帮助生活无着的手工业者，基金的互助性最初是来自基金设立的目的。而同时由于基金运用了保险的原理，使基金发挥了互助的功能(赵志伟，2009)。如果抛开目的而仅仅从功能的角度谈论基金的互助性，将会远离基金的本性。社会保险的基金不同于平常提及的“商业性基金”，它不是作为投资工具而存在的，而具有一定的社会性。基金的互助性需要权利制度的保障。

(三) 养老保险与私权利

个人账户的设立本是显性契约的一种典型形式。个人账户资金应归户主所有，这本是不言自明的。然而，中国隐性契约所具有的权属不清的特点，也影响了对个人账户的恰当定位。“基本养老保险形成的各类资产”既包括因企业缴费所形成的进入社会统筹，也包括因个人缴费所形成的进入个人账户的部分。个人账户应当具有私权利的属性，并具有以下特点。

其一，明确个人账户私权属性。《企业职工养老保险基金财务制度》“基本养老保险形成的各类资产归国家所有”的规定显然是不妥当的。当然文件的本意可能是强调应按国有资产有关规定严格管理，但同时反映出权属不清的特点。这种权属不清事实上是可能影响个人账户权利人的利益。个人的缴费形成了一个相对独立的财产，该财产由全体缴费人员共同共有，在目前没有独立的财产人格行使这笔财产所有权的情况下，统筹账户基金所有权性质应是集体所有权，那么这种集体所有财产的管理由谁来进行呢？一个顺理成章的想法当然是由这种社会契约所形成的独立人格来完成这一使命。然而从个人账户的设立来看，并不是缴费成员的自愿让渡，是以国家强制性方式设立的。在目前的状况下行政强制虽然必不可少，在社会权利主体缺位的情况下，由国家管理统筹账户比由个人管理安全性更高些，但从长远看，仍应当明晰权属。

其二，明确个人账户基本用途。个人账户基金体现的既不是代际转移支付，也不是人际间的转移支付，同时个人和国家间也不具随意让渡的契约关系，它只是企业为其员工或缴费人个人提供的一种投资性质的自我保障措施，所有权从没有脱离所有权人，国家对个人账户的必要干预是因为个人在这里是一种社会保障主体的身份，其个人利益上升为社会利益，因而个人账户的处置权被干预，使其以有利于维护社会利益的方式行使，比如为抵御社保的道德风险，账户资金不能提前支取等。国家的这种干预地位来自社会契约中个人权利的让渡而形成的保障法。

其三，明确个人账户运行原则。个人账户的养老金按制度结构应当属于养老保险的第二根支柱，该账户的设置所要体现的主要是效率原则，这种制度设计所隐含的另一层含义是：个人账户基金的增值额的高低也直接影响劳动者退休后的养老金水平。然而，现行的做法是，基础养老金能与个人账户养老金结合在一个制度体系内，由政府一并运行和监管，同时国家规定了过于严格的投资方向，排除了契约行为对效率追求的可能。这种做法是政府出于对市场风险和道德风险的回避，然而这种因噎废食的做法并不可取。参考国外的经验，个人应该对账户的运行有一定的决策权。

第十三章

社会法的法益保障

实体法上所规定的权利义务如果不经过具体的判决就只不过是一种主张或“权利义务的假象”，只是在一定程序过程产生出来的确定性判决中，权利义务才得以实现真正意义上的实体化或实定化。

——谷口安平（Yasuhei Taniguchi）

第一节　建构秩序与法益保障

在建构秩序里，法益保障反映的是社会成员的整体利益，在反射利益基础上形成。在社会法中法益保障与权利救济相对应，但仅指公力保障。法益保障的发展与权利关系的行政权力化密切相关，反射利益在社会法宏观层次普遍存在，涉及韦伯所说的“强制性命令统治”。分析国家运行的合法性机制，出现企业义务中心论与国家义务中心论两种认识。

一、法益保障的思维逻辑

法益保障形成了权利关系的行政权力化的调整现状，也是我国个人利益整体化并以用人单位义务中心化为运作模式的法理基础，即国家作为公权力的形成行政执法主体，以反射利益的方式对用人单位集中课以义务，劳动者作为受益人而非权利人存在。这种整体化体制与我国长期存在的主人理论与单位人假设有关。

（一）法益保障的概念

法益保障可以说是“法益”与“保障”的合成词。社会法意义上受到法律保护的社会利益，主要是指“生存法益”，既包括已有法律明文规定确认并进行保护的生存利益，也包括各种正当利益，其内容包括了各种福利利益、信赖利益、反射利益等一系列社会利益。广义的法益保障其实是强调生存法益的保障，是当公民因年老而无劳动能力且无生活来源，或者因疾病、伤残等原因暂时或永久失去劳动能力，或者因失业而不能实现其劳动力价值而不能获得必要的物质生活资料，或者因家庭中主要劳动力死亡而丧失收入或收入微薄不能满足个人及家庭最低生活需要，以及因自然灾害等其他不可预见、不可抗拒的社会风险发生时，可以从国家和社会获得物质帮助和社会服务。狭义法益保障是针对“权利救济”提出来的一个相对应的概念，是在反射利益基础上形成的行政执法手段。基于当前的理论现状，笔者认为需要概括具有整体化特点的“法益保障”概念，并着重强调其与具有个体化特点的“权利救济”概念的区别，可从权利救济权、补偿救济权、程序救济权三方面来对比。

其一，法益保障与权利救济权的界定。广义法益保障强调通过立法等多种手段来将利益上升为法益。从价值目的上看，权利救济强调个体化“权利的权利”，法益保障强调整体化的法益。二者概念不同。“法益就是合法的利益……而是社会本身的产物。但是，法律的保护将生活利益上升为法益。”（李斯特，2000：4）其具有两层含义。(1)就法益而言，李斯特在继承和发展耶林目的论的基础上认为，应该在前实定法的基础上探究法益的概念。德国民法法益概念的创设是为了实现人格利益保障的法律化。生命、健康等是法律保护的生存利益（Lebensgüter），也被称为法益（Rechtsgüter）。(2)就保障而言，利益、法益、权利、权力是四个相互区别的概念，强调利益“上升”法益。法益保障是在伦理秩序走向法律秩序时产生的一个概念。狭义法益保障主要是指通过行政机构对违法现象的制裁来保障已经有的法益。法益已非原本的利益，而是由法律所承认和保护的人格利益，其中生存利益常以反射利益的整体化形态存在，法益虽然也受到法律保护，但常常没有达到权利的司法保护标准。我国对于生存利益的保护往往由行政机关来进行，在相当范围内并未达到权利救济的程度，权利救济应当成为法益保护的一个发展方向。

其二，法益保障与补偿救济权的界定。有学者试图扩大权利救济的概念，从而加入所谓“获得救济权”的内容（张维，2008：19—28），但没有回答获得救济权的法律性质。从逻辑关系上看，权利救济强调“第二权利”，必然是补偿性的。“救济就是纠正、矫正或改正已发生或业已发生已造成的伤害、危害、损失或损害的不当行为。”（沃克，2003：764）这种补偿性是针对业已发生的不当行为而采取的措施。一些学者也注意到他们提出“获得救济权”与传统的权利救济权不同：“不以其他权利为其存在前提，它是一种相对独立的权利。”（张维，2008：26）学者所称的“获得救济权”其实只是一种广义法益保障，不具有类似“第二权利”的独立权利特点，区分狭义、广义的法益保障须搞清补偿与补助的区别。法律意义上的“救济”一词，具有救助、恢复、修复、赔偿、矫正等补偿性涵义，就“第一权利”和“第二权利”的关系来看，原权利是这个权利链条的始端，救济权则是这个权利链条的末端。前端权利受到侵害，通过后端权利来进行补偿。作为一项给付行政的法益保障，社会法有时会强调一种物质补助，具有与法律意义补偿不同的特点，政府对老、弱、病、残等社会弱势群体确定救助性标准，并不是由于前端权利受到侵害，而是基于弱势主体的身份认定，因此这是一种独立的法益。如果说补偿具有第二权利的特点，补助具有独立法益的特点。狭义法益保障是在原法益被侵犯而带来的矫正与补偿，广义法益保障强调某种立法带来的法益。

其三，法益保障与程序救济权的区别。从法律手段上看，权利救济主要强调体现公力救济的诉讼权，广义的法益保障更强调其他一些人权保障的立法手段。就权利救济而言，公民享有求助于国家司法权力救济的权利，主要是一种为实现实体权利而设定的程序性权利，这种程序救济权范围比较狭窄，程序比较清楚。我国生存利益要求政府积极的作为，由于受制于国家财力及资源、条件限制，法益只是并未稳定为权利的利益，常常不具有可诉性，往往不能向司法部门行使诉讼权。狭义的法益保障由于涉及政府部门，转化为具有请求权内容的公权利，远比私权利救济来得复杂，请求内容比私权利权利救济所涉范围更为广泛。当请求权在公权利意义上使用时，一般认为，请愿权、诉愿权和诉讼权等都属于请求权的内容，在实证法上，具体化为各种制度，如请愿权制度、行政诉愿（行政复议）制度、国家赔偿制度和诉讼制度等（许志雄等，2000：211）。除涉及损害的救济以外，还包括公务员罢免，法律、命令或规则的制定、废止或修改等其他事项，它的功能并不仅限于人权救济，主要还在于赋予公民向国家陈述愿望的权利，以影响国家公权力的行使（阿部照哉、池田政典等，2001：322—325）。在这些内容的完善上，广义法益保障只能渐进地实现。我国的制度尚不完善，大量法益作为反射利益而存在，缺少有效的法律救济，这也是我国并不能轻易谈部门法意义上积极权利的原因。

（二）法益保障的理据

在权利理论史上，最早把“个体利益”与“他人义务”相关联，以此来界定权利的代表人物，是19世纪的英国思想家边沁。他认为，“由事物之本性所决定，法律不可能在使某人受益的同时，不让他人承受负担。或者换句话说，除非为另一个人创设相关的某种义务，法律不可能为某人创设权利”①。法益保障并不具备权利义务的这种对称性，如果说反射利益在社会法宏观层次普遍存在是让弱势主体受益，那么权利的行政权力化便是手段，法益保障与权利关系的权力化密切相关。我国历史上劳动关系本就是高度行政权力化的，这与我国长期存在的“单位人”假设有关，在我国社会主义市场经济发展中，与其说是权利关系的行政权力化，还不如说是行政权力的权利化。我国以用人单位义务中心化为运作模式及法学理念，对于现行制度的形成而言，历史逻辑的影响远大于思维逻辑，法益保障的理论很大程度上是理论“新瓶”装历史“旧酒”的结果。

从理论“新瓶”的思维逻辑上看，反射利益的概念是由德国学者提出来的，布赫格斯（Briggs）从福利国家发展来进行论述，福利国家是一个国家透过政治与行政力量有计划地运用组织各种力量，努力修正市场机制的结果（龙晟，2010：51）。生存利益的实现往往取决于国家可供支配的财政资源，国家财力的有限性是转为给付请求权的必然障碍。政党政治支配或者支持下的民主和法治样态以及行政权的扩大对规范主义公法所形成的巨大压力在各国的政治实践中显示出很大差异。给付请求权与国

---

① Jeremy Bentham, *Theory of Legislation*, translated by R. Hildreth, Wertheimer, Lea and Co., Printers, 1931, p.93（转自于柏华，2018）。

家财政之间，也就不可避免地处于一种紧张关系，近、现代公法中借助功能主义范式帮助解释。“消极权利”不受国家财力及资源条件所限，因此可以获得立即实现，当“消极权利”受到侵害时，作为一种积极自由，可以通过法院诉讼获得救济，具有可诉性；生存利益要求政府积极的作为，由于受制于国家财力及资源、条件限制，因此只能是渐进地实现，不具有可诉性（汪进元，2010：16—19），反射利益有了巨大的生存空间，这是法益保障需要从广义来认识的原因。

从制度“旧酒”的历史逻辑上看，在我国功能主义的公法解释体系具有合法性和有效性。我国由地方各级政府在国家权力体系中的位置可以发现，国家权力向上集中，最后集中到中央。在这种体制下，越往上权力越集中；越往下，地方政府承担的落实上级任务、政策和法律责任越重，直至乡镇，政策兑现到目标群体头上。我国宪法和立法法授予部分地方政府及其组成部门的行政规章制定权，赋予所有地方各级政府及其组成部门红头文件（也称政策）制定权，于是，制定和执行政策成了地方政府的主要工作。公权力通过这种反射利益影响到群众的日常生活，当国家成为高度捆绑的整体时，有时并无具有个人主义特色主观公权利的存在空间。只有社会保险的基金制度，有限度的从这种整体性中分割出相对独立的内容，成为发展主观公权利的基础。这是法益保障在现实中往往从狭义来认识的原因。

狭义法益保障关注反射利益，广义法益关注客观价值的学说。反射利益存在只是“法益保障”的概念存在的前提，“法益保障”可以说是以德国客观价值的学说作为依据，对政府有制约作用。(1)德国学者京特·迪里希(Guenter Duerig)发展出客观价值的学说，认为基本权对于整体的法秩序均有约束力，而且在法律的制定、解释和适用过程中，都应尊重客观价值决定(objektive Wertentscheidungen)。[①]这种认识之下的基本权是宪法价值决定的表现，也是国家整体制度的价值基础，其作用力辐射至所有的国家权力领域和整体的法律秩序，基本权因此不再只是宪法规则，而获得法的普遍适用。[②]这一观点之后获得德国联邦宪法法院的肯定，并在基本权理论中得到推广，将权力作为法律基础的公法理论重在建构功能主义范式。(2)德国学者认为，承认基本权具有客观价值的法律属性，事实也是对基本权作用的极大扩张，这种认识也使宪法秩序与其他法秩序间的区别被相对化，德国学者称这样的法律效果为基本权的扩散起了作用(Ausstrahling-swirkung)（许育典，2008：113）。我国目前制度逻辑只体现后者的价值。

二、法益保障的历史逻辑

我国的立法实践是：宪法权利作为母法具有至尊的地位，然而并无上述第一方面的制约；行政部门参与立法则是社会的现实存在。当宪法不是被理解为对国家的制

① Hartmut Maurer, Staatsrech I, Verlag C.H. Beck Muenchen, 2003, p.269.

② Sachs, Grundgesetz Kommentar, Verlag C.H. Beck, 1999, p.88（转自赵宏，2011a：59）。

约，而只是一种法律制定的原则时，第二方面的作用则是明显的。福利国家以建构的方式形成了一整套体现整体主义的法律制度，不仅象征着资本与劳动之间，也象征着国家与其公民之间关于一系列保证与权利的一个新身份性安排。在社会与法的互动关系中，反射利益这一历史上曾经被极力限制的负面概念，通过干预行政的发展，在社会法域取得正面而积极地位并得到快速发展。

表面看，随着伦理开始法律化，"几乎所有的现代国家都从事收入再分配、宏观经济管理和市场规制的活动"（张旭，2016：17），区别似乎只在于限制措施的力度在不同的国家和不同的历史时期会有差异，可以视为国家权威对社会权威进行替代程度不同。新中国成立初期，国家权威代替社会权威，建构秩序代替自发秩序，内外关系的换位带来制定法对民间法过度限制。法益保障总体上是与建构制度对自发秩序进行改造的立法进程相适应的。一个社会的经济社会利益的分配状况，不仅取决于社会所创造的经济社会利益的数量，而且取决于历史上人们之间的经济社会关系的性质和发展水平，以及与之相应的观念。注重公共利益对社会利益的替代，在我国长期被视为理所当然。

基尔克在市场经济的语境下区分内外关系：平等的契约关系被归为外部关系；从属的组织关系被归为内部关系，社会法也是在此基础上建立起自己的分析框架，德国是在市场经济过度发展的情形下，以社会国的方式形成伦理关系法律化的建构秩序。我国面临的问题与基尔克时期并不相同，甚至可以说是相反的。在我国传统的政治—伦理结构中，福利国家的法益保障的理念是新中国成立初期就确定的基本理念。如果说西方是将因内部关系外部化而产生的契约关系作为一种问题来对待；伴随着我国改革开放的深入，我国社会法在国家权力需要限制的背景下提出来的，在引入合同机制时，是将外部关系的内部化作为一种有待解决的问题提出来的。

从劳动标准法到劳动基准法，生存法益主要通过反射利益来实现，这是由我国的历史发展决定的，反射利益正是这种内外规则交织的体现。从西方历史上看，习惯法时代过渡到成文法时代，标志着法律制度从演进史向建构史的初步转折，这种转变不仅从抽象人的原则出发理解财产所有权的交换和人的平等契约关系，而且还由此出发进一步定义了公法意义上的国家权威关系。在不同的国家中，建构制度对自发秩序改造的效果也并不相同。

三、法益保障的现实逻辑

在现实中，狭义、广义的法益保障涉及不同的行政方式。在日本，有关行政分类的主流观点有三种：(1)从目的和内容的角度将行政分为秩序、整备（保护）和给付三种类型；(2)将现代行政作用分为规制侵害行政和给付助长行政；(3)将行政分为积极行政与消极行政，给付行政属于积极行政的组成部分（姚树洁、戴颖杰，2009：38）。作为一种行政管理，不同分类总是具有国家为本位的特点，但其服务的对象不同，核心路径是通过行政程序的针对性产生不同的特点。作为一种与社会法相联系的管理体系，劳动行政管理最突出的特征是区分义务人与受益人，这种区分对于我们正确界定劳动行政管理系统至关重要。劳动行政管理的分类涉及分类的标准，从主体上涉及行政主体与行政相对人，从行政行为上涉及干涉行政与给付行政，笔者认为应当将这两个标准结合起来分类。

从主体上看，在我国的社会行政法中，行政主体是指依法享有行政权力，能以自己的名义行使行政权，作出影响行政相对人权利义务的行政行为，并能独立承担由此产生的相应法律责任的社会组织，这是狭义法益保障的基本力量。有学者认为，行政主体是具有权利能力(Rechtsfähigkeit)与法律人格(Rechtspereson)的组织体。法律规范对社会秩序的调整，是通过设定权利义务来实现的，但法律设定权利义务的前提是确定权利义务的归属者和承担者(Träger)，而这就需要在法律上明确权利能力的概念(李洪雷，2000:76)。行政相对人是指行政管理法律关系中与行政主体相对应的另一方当事人，即行政主体的行政行为影响其权益的个人或组织。从行政关系的角度看，行政相对人与执法主体在执法活动中所形成的行政法律关系是互有权利义务、互为主体的关系。然而，行政相对人的主体地位是有限的主体地位，因而在执法活动中行政相对人既与执法主体有自愿的合作也有非自愿合作(吴晓蓉，2012:193)。在劳动关系的内部结构中，从社会法干预行政的特定目的来看，社会法经济从属性特征是引入政治从属性的依据，经济从属性的内在不平衡决定了宏观层次一般将用人单位设定为主要的义务人。用人单位的经济从属与政治从属的双重地位，使我国立法突出了其义务人的特点，由此形成企业义务中心论。

从行为上看，国家在两种行为中具有不同的作为，可以分为干预行政和给付行政。从世界各国来看，在三元法律结构下，社会领域在公法规范与私法规范相互融合的过程中，出现了一种新的行政方式即给付行政，这是广义法益保障研究的出发点。给付行政的种类大致可分为供给行政、社会保障行政和资助行政。依笔者看来，扩大干预行政还是给付行政，加强政府对社会的管制还是保障，是我们走向一元法律结构还是三元法律结构的分水岭。相对于干预行政，给付行政具有自己的特点，行政主体服务于日常生活所不可欠缺的生活物资或者生活服务的活动；干预行政是指行政主体作为秩序保障者来行使公权力，干预国民自有财产权的活动。如果说干预行政将国家定位于管理者，强调的是管理别人，更强调国家权力；给付行政强化国家在财富二次分配中的作用，是将国家定位于服务者，国家应当提供某种服务，公民还有权对这种服务进行制约，更强调国家义务(董保华，2011a:185)。由此形成国家义务中心论。

在劳动领域，为实现某些社会目标，干预行政与给付行政作为手段可相互转换。例如，在解除劳动关系时，我国强化用人单位的经济补偿，国家以公权力进行监督，属干预行政；也有些国家将用人单位的这项义务也纳入失业保险，由国家来进行征缴与发放，属给付行政方式。我国一些鼓励生育的做法，规定为用人单位应承担支付义务，由国家干预其强制履行；绝大部分国家将鼓励生育政策作为国家应当履行的福利义务，纳入给付行政范畴。我国经常将社会福利分配给用人单位来履行，实际上是以行政干预来实现其他国家行政给付的目标。在我国，法益保障是与干预行政相适应的，在国家的强制干预面前，出现反射利益，受益者并非权利人，这是我国的实然状态。区别干预行政与给付行政，具有现实意义，我国在给付行政上往往缺少相应的配套规定，给付行政应当成为我国制度演变的应然目标。

总之，我国从推进劳动合同制度来进行劳动制度改革具有深远的历史意义，标准法也因此变为基准法。劳动基准法的制定、劳动监察的实施，也决定了干预行政的范围，形成“用人单位义务中心主义”。在权利权力化的过程中，产生出挤压私法性规范的空间的倾向，我国常将这种权力介入描述为宪法权利落实的结果。对于我国的现实政治而言，基本权利的客观价值秩序理论，在权力权利化的论证过程中，给付行政预示着某种程度上的“国家义务中心主义”。我国理论研究中应当特别强调广义的法益保障概念，并为权利救济留下必要的余地。

第二节　契约的行政干预

企业义务中心论，是狭义法益保障的基本逻辑。“私法公法化”，是指公法对私人活动控制的增强，从而限制了私法原则的效力，这是我国通过反射法益影响契约关系的主要形式。

一、行政干预的保障

中国传统的行政法理论体系以干预行政为核心，从目的论的角度出发，强调客观利益，认为法律的目的是通过法律控制来保全社会，故认为探求法律责任的本质，应从人类社会中寻求其根据，而不能从个人意志自由入手，行政干预事实上成为基本手段。

（一）行政干预的概念

我国经济法学者认为可以“把国家意志对经济关系的深入约定俗成‘干预’”“‘干预’包括了介入、调节、协调、调控和管理等全部内容”（李昌麒，1994：51）。国家对经济发展的干预在资本主义发展初期便存在，国家的公共管理职能和国家间竞争压力的存在决定了国家行政干预的特点。新中国成立后的历史进程表明，这样一种类似于给付行政的活动超出了国家所能承受的负担，不但经济未能发展，反而因体制的僵化造成社会缺少活力。中国体制改革中，政府和企业、政府和事业单位、政府和社会团体的分离，意味着更多行政干预的出现，中国所走的是一条与西方完全相反的道路。在社会法的发展中，我国的行政法是以干预行政为中心建立起来的，行政法律制度在运行过程中，强调的是行政法的管理功能，关注的是国家强制力的直接运用，相对于公民而言，代表国家的行政机关总是处于优势地位，行政以政府为中心，以“便于管理”为原则，以“命令”与“服从”为手段，从时间和空间两个维度严格限定一切社会组织和公民个人的行为方向与活动空间，剥夺了社会、企业和公民自由选择的权利与机会（姚望，2009：17）。

中国的干预行政借鉴于苏联。苏联行政法学者瓦西林科夫认为：“行政法调整方法是以当事人不平等为前提，一方当事人以自己的意志加于另一方当事人，使另一方的意志服从自己的意志。在国家管理机关和管理对象（企业、事业单位和组织）之间，国家管理机关和管理对象之间的相互关系均属这种情况。在行政法律关系中，一方当事人常常被赋予国家政权权限：它可以作出管理决定，可以对另一方的行动实行国家监督，在法律规定的场合，可以对另一方适用强制措施。”（瓦西林科夫，1985：3）就中国而言，由于受苏联法学理论的影响，在法律的调整手段上亦多采用强制性权力方式，事实上是一种干预行政。干预行政又称侵害行政，是指行政机关行使公权力，干预公民权利，限制公民自由与财产，或科以公民义务或负担的活动（杨建顺，1998：327）。德国学者曾评论：“中国行政法的特征是下令成风，而不重视合作是行政活动的手段。”（平特纳，1999：207）两个政治单位也构成上下级关系，劳动者有义务服从单位，单位有义务服从国家。改革开放带来结构调整引导和制度内的经济调节，使中国的行政干预逐渐走向成熟。

中国政策关系至少可有两种作用方式：一是两个或多个相互关联的政策之间的关系，可称之为“整体范式”；另一种是两个或多个政策之间相互作用的状态，可称之为“行动范式”。前者偏重于结果，后者偏向于过程。政策关系体系下的行政权力是庞大、统一和多样的体系产物，是复杂、多元和多支的政策系统的相互作用的产物。反射利益与“用人单位义务中心化”体制相结合，从对受侵犯的社会各种利益之补救和保护这一法律责任的目的和功能出发，社会责任论认为自然法学派基于主观权利理论产生的道义责任是个人主义时代的形而上学的产物。中国公共政策在持续批判西方政策分析理论与方法基础之上，重新发掘中国历史情景对今日政策的影响，以个别行为之社会危害性或反社会整体性作为追究法律责任的依据。在实践中这种单方、强制性的行政活动方式往往会使国家和人民处于对抗状态，不利于纠纷化解和社会的稳定。

（二）行政干预的机构

劳动行政法律关系，作为一种行政关系也涉及行政机关与行政相对人，这一行政相对人虽然有时也会是劳动者，但主要是用人单位。政府为保障行政任务的有效实现，使得行政行为的效力和作用范围都呈现出相对性的特点。在行政关系中，用人单位主要是作为义务主体而存在的，相应的行政主体制度、行政救济制度也都是围绕此中心建立起来的。所谓权利能力，严格说来，仅指实体法上的外部权利能力，而不包括内部权利能力与程序权利能力。行政干预的机构其实是具有整体性的，有学者将权利能力区分为内、外部权利能力,[①]这种分类对于理解行政干预是必要的。

从法律人格外部权利能力来看,在实体法上的特征在于可以作为权利义务的最终归属主体(执掌者)。在公法领域,社会保障的行政主体是针对社会弱势群体如劳动者、失业者、妇女、老人、未成年人、残疾人等而设立的,这是构建新时期"家父权"重要内容。有学者认为权利能力与法律人格并非完全等同,因法律人格是权利义务的主体,权利能力是指能够作为权利义务主体资格的可能性。我国的行政法律制度是建立在干预行政基础之上的,行政主体与相对人之间是管理者与被管理者之间的法律关系,这种关系首先体现在我国现行的总体立法观念上,在法律条文的设计中,立法者时常会把行政主体表述为"主管机关",行政机关工作人员表述为"主管人员",从字面意义上就凸显了行政主体的管理地位。在传统的行政法理念中,行政意味着公权力的行使,体现为国家为了保障公共秩序而对个人自由所加的限制。在这种理念下所建立的行政法制有一个鲜明的特点那就是行政权不仅强大,而且几乎完全是强制性的,行政行为方式的机械单调,命令—服从模式占据着主导的地位(罗豪才,2003:7)。

从法律人格内部权利能力来看,国家内部存在法的观点亦已被广泛接受。所谓内部权利能力,是指能够成为内部法律规范的调整对象,承担内部权利义务的资格(李洪雷,2000:77)。在传统的秩序维护阶段,为确保组织之间的相互协调与控制,行政机关的设置往往以科层制为中心(布劳、梅耶,2001:149)。劳动与社会保障管理机构是向全体公民提供一系列基本生活保障,使其免受或摆脱人生的各种灾害的一整套系统。劳动行政机关是具体负责劳动各社会保障的行政管理的机关,其职责主要是指导各类经办机构的工作以加强执法。在国家已经制定出相关的法律法规后,政府致力于劳动与社会保障关系的运作、管理及监督等事项的信息网络化建设。为了应对今后可能出现的社会保障制度危机——很大程度上是财务危机——中国政府还应当建立社会保障预警系统并使之正常运行。国家内部的机关、单位、职位,具有在一定范围内代表国家进行事务管理的能力(权限),法律所赋予的权限只有在特定的情况下才会发生转移。

行政机构是作为一个系统而存在的,法律人格或外部权利能力是不可能脱离内部权利能力而存在的,两者相互联系形成多重制衡关系。这种制度一旦确立,便总是运用权力维护其地位,而不是促进变迁和革新。在这种体制下,除非来自更高行政体的干预,否则这种行政体本身将趋向于膨胀和强化。

(三)行政干预的生态

中国的劳动行政机构事实上主要是以行政处罚、行政征收、行政许可、行政强制等干预方式来进行行政行为的。行政相对人无论是请求劳动行政主体实施某种行政行为,还是应行政主体要求作出某种行为,均应遵守法律、法规、规章规定的程序。否

① [德]毛勒:《德国一般行政法》,高家伟译,中国政法大学教学参考资料,第219页(转自李洪雷,2000:78)。

则，可能导致自己提出的相应请求不能实现，甚至要为之承担相应的法律责任。个人面对庞大的整体，少有自由的空间。中国通过政策关系体系来强化或弱化反射利益，通过层级制使整体利益具有更强的法律效果。通过利益法定这种化零为整的反射利益保障形式，劳动基准法制度作为宏观社会规范具有一种超越个人的意义。

从社会法的建构秩序的生态环境来看，生存法益作为社会利益，不仅仅是其构成元素个体利益的总和，通过法律建构，劳动关系被视为一个整体获得了比个别劳动关系的总和更多的内容。现行中国宪法规定，中国是单一制国家，中国共产党是中国特色社会主义事业的领导核心，最高权力机关是全国人民代表大会，最高行政机关是国务院。地方各级人民代表大会是地方国家权力机关。地方各级人民政府是地方各级国家权力机关的执行机关，是地方各级国家行政机关。地方各级人民政府实行省长、市长、县长、区长、乡长、镇长负责制。根据地方组织法规定，地方各级人民政府是地方国家行政机关，对本级人民代表大会和它的常务委员会以及上一级国家行政机关负责并报告工作，受国务院统一领导，负责组织和管理本行政区域的各项行政事务。同时，地方各级人民政府也是地方各级国家权力机关的执行机关，地方国家权力机关所通过的决议人民政府必须贯彻执行。这种整体化的管理体制，既有利于反射利益的发展，也使这种利益可以得到层级制的制约。我国劳动领域整体机制反映为权利义务法定且具有某种自上而下的特点，社会不但不能还原为个体，相反，这种社会结构成为决定和制约个体行为的原因性力量。①社会的整体与部分（个体）之间的区别并不是量的不同，而是质的差异。

二、基准的行政监察

对于劳动基准法进行行政监察，起源于雇佣关系自由较高的英美法系。在我国，这一理念与法益保障的理念相结合，获得了长足的发展。

强制性规范是与行政管理相结合的，中国执行监督检查任务的主要是劳动行政部门及准行政部门的工会组织。《中华人民共和国劳动法》第 85 条规定："县级以上各级人民政府劳动行政部门依法对用人单位遵守劳动法律、法规的情况进行监督检查，对违反劳动法律、法规的行为有权制止，并责令改正。"《中华人民共和国劳动法》第 88 条规定："各级工会依法维护劳动者的合法权益，对用人单位遵守劳动法律、法规的情况进行监督。"除了劳动行政部门和工会组织以外，任何组织和个人对于违反劳动法律、法规的行为有权检举和控告。《中华人民共和国劳动合同法》沿用了类似的规范。我国现行的劳动监察制度可以说集中反映了我国特有体制所具有的中国特点。宏观层次上，客观利益保障制度是要保障一种整体性内容得到贯彻。这种针对行政相对人的整体性保障体现在以下一些方面。

其一，主体的整体性。劳动监察机构的设立，主要强调行政性，它是国家机关依

---

① Louis Althusser, *For Marx*, Harmondsworth: Penguin, 1969(转自王宁,2002:128)。

法行政的活动。劳动监察只涉及行政机关与作为行政相对人的用人单位或中介机构。在用人单位与劳动者这双方当事人中,用人单位具有管理的职责,这种管理行为具有整体性,因此也成为义务人以及监察对象。我国劳动监察只针对劳动关系的一方当事人,即用人单位;不针对劳动关系的另一方当事人,即劳动者。在劳动监察关系中劳动者虽然是受益主体,但在这一行政关系中是作为第三人而存在。社会利益是个人利益提升而产生的一种特殊利益,这种提升也使原来的个别利益在一定范围内有了整体性。在这种整体性的利益保障关系中,劳动者是受益主体,这种受益是由行政关系产生的反射关系所形成的,劳动者不存在利益上的选择,并非权利主体。主体的整体性是劳动监察与劳动仲裁的显著区别,后者是主观权利的权利救济,是个体性权利。个人权利与个人利益高度结合,权利主体也是受益主体,在违法行为发生时,劳动关系当事人以自己的名义,通过权利救济来维护自己的利益。个别性的劳动争议通常涉及三个方面的主体,即用人单位、劳动者和仲裁机构,劳动者通过自己的仲裁、诉讼请求来维护自己的利益,这与劳动监察只有两方主体是明显不同的。

其二,内容的整体性。劳动监察机构主要依据国家的强制性规范来实施监察行为。强制性规范是指必须依照法律适用、不能以个人意志予以变更和排除适用的规范,在我国社会法范围内,限于实施劳动基准法以及社会保险法产生的规范。这样的规定也与利益保障的整体性内容有关。(1)从劳动监察的目的上看,劳动法通过倾斜立法的方式保障劳动者的利益,用人单位可以优于但不能劣于基准法所规定的标准;劳动者与用人单位均需要按照国家规定参加强制性保险,两者均涉及劳动权利和劳动义务的法定内容,这部分法定权利、义务是对约定权利、义务的限制。劳动监察机构设置的目的是保证这部分法定的、整体性内容得到落实。(2)从劳动监察的方式上看,对于用人单位的违法行为,劳动监察可以主动介入,这是由于违法行为侵犯的是社会利益而非个人利益;劳动者虽可以通过投诉或者举报,促成这种监察关系的发生,但涉及的依然不是私人利益而是社会利益。个别人的投诉或者举报,引发的是整体性的处置,监察机构的处置范围并不受投诉或者举报范围的限制。(3)从劳动监察内容上看,劳动监察作为行政关系,涉及的主要是管理性强制规范。劳动监察往往采取责令改正、行政罚款、赔偿损失的方式处理。

其三,处置的整体性。凡法律责任都具有强制性,然而各种法律责任的强制性程度不同。客观利益的保护涉及整体性内容,劳动监察追究的主要是公法责任,这种责任的强制程度较强,具有制裁的现实性。这表现在三点。(1)劳动监察中体现强制原则,是监察机关依法行政过程。用人单位的违法行为必须由特定的国家机关强制追究,劳动监察机关可以对其职权范围内的事项主动依法进行监察。(2)在用人单位违法的情况下,当事人之间不得和解,不允许通过劳动者放弃权利,免予追究法律责任。(3)作出追究责任的裁决一经生效,必须执行。主观权利的救济涉及个体性内容,哪怕是劳动者以共同理由形成的纠纷可以自愿为原则提起仲裁。

从权利关系权力化的目标出发,公权力对私权利形成制约,与个体主义相对立,整体主义者提出了一种不同的社会整体观,社会政策立法转化为社会立法中的政策,通过建构秩序，将个人利益提升为社会利益。

三、契约的法定责任

社会法上的生存法益体现出自然法与实证法的合体、私法与公法的合体，最终也会更新法律救济的制度的理念。企业义务中心论使社会责任论成为一种新的理论常态。

（一）社会责任论

法益保障在追究法律责任时强调社会责任论。法律责任是调整各种利益关系的措施，以及保护各种利益之行为规范，法律责任同违法行为紧密相连，只有实施某种违法行为的人（包括法人），才承担相应的法律责任，有时称法律责任为第二义务。从法律义务上看，伦理法律化、政策法律化、企业职能社会化；在追究法律责任上，产生出社会责任论的理论。根据狄骥的观点，法律的社会功能乃是实现社会连带。“社会连带的事实是无可争议的，事实上也是不可有争议的；它是一个不可成为争论对象的可观察的事实……连带乃是一个永恒的事实，其原因永远在于其本身，亦即任何社会群体都不可化约的构成性要素。”（博登海默，1999：183）而个人在社会中都有一定的任务要执行，即强调一种社会义务，违法者对违法行为所应承担的具有强制性的法律责任也应建立在这种社会义务上。

社会法中的归责原则不仅仅是某一种归责原则，而是一个归责原则的体系，包括了几种较传统的过错责任原则更为严格的归责原则，社会法中的严格责任原则反映了社会连带的指导思想，追究法律责任不需要过错这一要件。这里的严格责任原则是一个广义的概念，包括了无过失（错）责任原则、狭义的严格责任原则和危险责任原则。所谓危险责任原则只是一种习惯的说法，在实质上，它与严格责任原则并没有太多的不同，因此，严格说来，我们所说的社会法中的严格归责原则只包括两种归责原则，即无过失（错）责任原则和狭义的严格责任原则，有些学者认为两者只是大陆法系与英美法系的不同提法，仔细对比两者还是有些区别（董保华等，2001：383—389）。而有些学者认为的公平责任原则，我们认为并不是与过错责任原则以及严格责任原则、无过失（错）责任原则相并列的一种归责原则。义务与伦理的合成发展出了无过错责任制度，义务与责任的互动强化了惩罚责任。

（二）无过错责任

无过错责任的发展是义务与伦理的合成的必然结果。在社会法宏观层次中，最先考虑的应该是对弱者加以保护，虽然说经济的发展和人类的进步很重要，但如果这种发展和进步是在牺牲广大社会弱者利益的基础上获得的，是得不偿失的，第二性义务发展出无过错责任。

无过错责任在各国的发展。无过错责任是指当损害发生以后，既不考虑加害人的过失，也不考虑受害人的过失的一种法定责任形式，其目的在于补偿受害人所受的损失（王利明，1993：121）。无过错责任是与过错责任相对立的另一责任承担方式。《牛津法律大辞典》在no-fault liability条中认为："无过错责任是这样一种规则，即主张受到伤害或损害的人无需举证证明他人对其所受伤害具有过错，便有权要求加害人或某基金委员会——常常是国家经管的基金会予以损害赔偿。"（沃克，1988：553）无过错责任基本宗旨在于"对不幸损害之合理分配，亦即Gsser教授特别强调之'分配正义'"（王泽鉴，1979：168）。在社会保障中，这种"不幸损害"主要是由强势群体承担的，这是由社会保障法以维护弱势群体的利益为宗旨决定的。工伤制度中规定工伤保险费用完全由雇主承担就说明这一点。无过错责任在传统民事关系中的适用，使其在一定程度上取代了过错原则，社会法责任也因此具有了新的特点。自19世纪以来，随着工业事故、交通事故、医疗事故以及航空器和核能使用引起的损害赔偿事故的大量涌现，严守过错责任原则对受害人明显保护不力。因而采用更加严格的归责原则，补偿受害人的损害，实现利益和责任（不利益）的合理分配，是法律责任利益价值的必然要求。行为人对其因过错造成的损害负责已成为一条自然法的准则，给予其道义上的谴责和财产上的不利益是不言而喻的。然而在有些情况下行为人虽无过错，但受害人也同样无过错。这样，"法律经常须在两个同样无可指责的人中决定由哪一个来承担总得有人担负的损失"（庞德，1984：119）。

无过错责任在我国的发展。我国早在《民法通则》第106条第3款就曾予以规定：没有过错，但法律规定应承担民事责任的，应当承担民事责任。可以说，这是我国以法律形式对无过错承担责任的一种界定。基于此定义，法律界对此看法不一，但多数学者认为它的实质内涵为不考虑行为人的有无过错，或者说行为人的有无过错对民事责任的构成和承担不产生影响，这里他们则是从责任的归咎上对受损行为须承担责任作了总体上的确认。我国从《劳动法》到《劳动合同法》，实行了倾斜保护向单方保护的转变，也反映在无过错责任原则的运用上，进行了扩大化的制度安排。

《劳动法》保留过错责任，增加无过错责任。《劳动法》仍以过错作为承担赔偿责任的前提，"由于用人单位的原因订立的无效合同""用人单位招用尚未解除劳动合同的劳动者""用人单位制定的劳动规章制度违反法律、法规规定的""劳动者违反本法规定的条件解除劳动合同"，等等。劳动合同确立劳动纪律的效力。《劳动法》中的过错，有时体现为劳动纪律，有时还和一定的职务行为相联系。但《劳动法》实际上对用人单位也增加了一部分无过错责任。当法律要求无过错的当事人承担责任时，实际上是一种法律义务，我国的经济补偿金其实就是在这种无过错条件下，要求用人单位承担的义务。

《劳动合同法》进一步限制劳动者过错责任。从保留过错责任到限制劳动者过错责任，强化用人单位无过错责任。《劳动合同法》中针对劳动者的违法责任主要是第90条，即"违反本法规定解除劳动合同"的，这是从《劳动法》中保留的一个条款。《劳动合同法》中对于劳动者解除劳动合同的唯一限制是提前通知期（试用期3天，一般合同期30天），劳动者违反这一规定，用人单位只有在证明了实际损失的情况下，才能获得赔偿，证明成本往往高于实际收益。这一条款之所以被保留，很大程度上正是由于其实践性很差。《劳动法》原来将违纪责任作为违约的一种，构成劳动者承担过错的主要类型，《劳动合同法》将其删除。从增加无过错责任到强化用人单位无过错责任。除经济补偿金范围扩大外，《劳动合同法》通过追究连带责任和垫付责任的方式扩大了无过错责任。《劳动法》中的连带责任主要是用于用人单位的非法招用，这是基于过错而追究的责任。《劳动合同法》在原制度的基础上，又增加了个人承包关系中的连带责任与劳务派遣中的连带责任。在这些法律关系中，发包方、派遣方、用工方有时没有过错，但要承担赔偿责任。各地司法实践中，垫付责任也有扩大的趋势。这种扩大是以无过错责任为原则的。

（三）惩罚性责任

对于劳动基准，国家一般采取强制性规范来规定，使劳动基准法具有鲜明的公法特征，违反基准法，要承担行政责任，体现出惩罚的特点。行政责任是指市场主体违反经济法律法规依法应承担的行政法律后果，包括行政处罚和行政处分。劳动行政部门依据法律规定对用人单位遵守劳动法律法规的情况进行监督检查，对用人单位的违法行为可以采取相应的处理措施乃至予以行政处罚。违反劳动基准法的责任与违反劳动合同的责任相比，是一种加重的责任。从继续性合同的特点出发，笔者在劳动法起草中曾建议一般采取取缔性规定，尽量不要导致劳动合同无效或不成立。中国《劳动合同法》将惩罚性责任做了大大的扩展，通过强化行政机关的责令改正、警告、罚款，增加了劳动行政部门的监管范围并加大了处罚力度，然而，也采取了以取缔性规范为主的责任形式。

其一，警告。行政警告处罚是行政制裁的一种形式，行政警告处罚是指行政主体依照法定职权和程序对违反行政法规范，尚未构成犯罪的相对人给予行政制裁的具体行政行为。例如，《劳动合同法》第 80 条规定，用人单位直接涉及劳动者切身利益的规章制度违反法律、法规规定的，由劳动行政部门责令改正，给予警告。其主要形式为劳动部门向用人单位指出其行为的违法性，告诫其应遵守法律有关规定。

其二，责令改正。所谓责令改正或者限期改正违法行为是指劳动行政部门对用人单位的违法行为可以要求用人单位自行予以纠正，以维持法定的秩序或者状态，具有事后救济性。按照《劳动合同法》的规定，对用人单位的违法行为，劳动行政部门可以责令用人单位改正：(1)用人单位制定的劳动规章制度不符合法律规定，由劳动行政部门给予警告，责令改正；①(2)用人单位应当与劳动者签订劳动合同，用人单位提供的劳动合同文本未载明劳动合同必备条款②的，用人单位应当按劳动行政部门要

---

① 《劳动合同法》第 80 条规定，违反法律、法规规定的劳动规章制度无效，由劳动行政部门给予警告，责令改正。用人单位应当按照劳动行政部门要求，对规章制度予以修改，使之符合法律规定。

② 用人单位的名称、住所和法定代表人；劳动者的姓名、住址和居民身份证号码；劳动合同期限；工作内容和工作地点；工作时间和休息休假；劳动报酬；社会保险；劳动保护和劳动条件；法律、行政法规规定应当纳入劳动合同的其他事项。

求补齐必备条款;[①](3)用人单位与劳动者可以在劳动合同中约定试用期,如果用人单位与劳动者约定的试用期违反《劳动合同法》规定的,[②]则违法约定无效,用人单位应当依法与劳动者重新约定;[③](4)用人单位招用劳动者,对于用人单位违法[④]要求劳动者提供担保、向劳动者收取财物等行为,劳动行政部门可以责令用人单位在一定期限内办理档案转移手续,将扣押物品退还劳动者;[⑤](5)工资支付是劳动监察的重点,用人单位未依照劳动合同的约定或者未依照法律规定支付劳动者劳动报酬的,由劳动行政部门责令用人单位限期支付劳动报酬、限期支付加班费、支付低于当地最低工资标准的差额部分;[⑥](6)用人单位未依法支付经济补偿金[⑦]的,劳动行政部门有权责令限期支付;(7)用人单位需要办理失业登记的劳动者出具解除或者终止劳动合同的证明,劳动行政部门要求补开证明;[⑧](8)劳动行政部门发现劳务派遣单位有违法行为的,可以责令限期改正。[⑨]《劳动合同法》将大量本属于违约责任的内容,通过责令改正转变为行政干预的理由。

其三,罚款。罚款是指劳动行政部门对用人单位的违法行为可以予以一定的经济处罚。罚款是行政处罚的一种,罚款的情形和罚款的标准必须按国家规定执行。《劳动合同法》规定了劳动行政部门在劳动合同制度实施中的罚款权利。按照《劳动

---

① 《劳动合同法》第 81 条规定,由劳动行政部门责令改正。用人单位应当按劳动行政部门要求在劳动合同上增加补齐必备条款。

② 《劳动合同法》第 19 条规定,劳动合同期限不足 1 年的,试用期不得超过 1 个月;劳动合同期限 1 年以上 3 年以下的,试用期不得超过 2 个月;3 年以上固定期限和无固定期限的劳动合同试用期不得超过 6 个月。同一用人单位与同一劳动者只能约定一次试用期。

③ 《劳动合同法》第 83 条规定,劳动行政部门发现试用期约定违法的,可以责令用人单位改正,用人单位应当依法与劳动者重新约定。

④ 不得要求劳动者提供担保或者以担保名义向劳动者收取财物,不得扣押劳动者的居民身份证或者其他证件。劳动合同解除终止的,用人单位应当自解除或者终止劳动合同之日起 7 日内,为劳动者办理档案和社会保险转移手续。

⑤ 《劳动合同法》第 84 条规定,劳动行政部门可以责令用人单位在一定期限内予以退还劳动者;用人单位在劳动者依法解除劳动合同时扣押劳动者档案或者其他物品的,劳动行政部门可以责令用人单位在一定期限内办理档案转移手续,将扣押物品退还劳动者。

⑥ 《劳动合同法》第 85 条规定,用人单位未依照劳动合同的约定或者未依照法律规定支付劳动者劳动报酬的,由劳动行政部门责令用人单位限期支付劳动报酬;用人单位安排加班不支付加班费的,由劳动行政部门责令用人单位限期支付。劳动者提供了正常劳动但劳动报酬低于当地最低工资标准的,劳动行政部门责令用人单位支付差额部分。

⑦ 按照《劳动合同法》的规定,用人单位在以劳动者医疗期满、不能胜任、客观情况变化等为由解除劳动合同的需要支付经济补偿金;劳动者以用人单位有违法行为为由解除劳动合同的,用人单位也应当支付经济补偿金。在固定期限劳动合同到期终止时,除非劳动者拒绝续签的,用人单位终止劳动合同也需要支付经济补偿金。

⑧ 按照《劳动合同法》规定,用人单位应当自解除或者终止劳动合同之日起 30 日内,为需要办理失业登记的劳动者出具解除或者终止劳动合同的证明。用人单位未依照规定向劳动者出具解除终止劳动合同书面证明的,《劳动合同法》第 89 条规定,劳动行政部门有权责令改正;用人单位应当按照劳动行政部门要求补开证明。

⑨ 《劳动合同法》对劳务派遣单位在合同期限、工资支付等方面作了大量的规定,劳务派遣单位应当严格遵守。《劳动合同法》第 92 条规定,劳动行政部门发现劳务派遣单位有违法行为的,可以责令限期改正。

保障监察条例》的规定，罚款主要针对两类违法行为：(1)为用人单位违反劳动基准、损害劳动者基本权益行为，如违反女职工和未成年工保护的规定、超时加班的；(2)为用人单位违反行政部门监管的行为，如在社保缴费和社保待遇问题上弄虚作假的、抗拒劳动保障监察的。对于劳动合同的订立、履行、解除终止等环节，主要涉及当事人的约定权利义务，本不使用罚款手段。《劳动合同法》则新增了诸多罚款项目，对劳动合同订立履行解除等环节都可以予以罚款：(1)用人单位违法要求劳动者提供担保、向劳动者收取财物的、扣押劳动者档案或者其他物品，可以处以罚款；①(2)对劳务派遣单位违法情节严重的，处以罚款；②(3)用人单位乘人之危或者以欺诈胁迫、免除自己的法定责任、排除劳动者权利、违反法律法规等方式订立劳动合同导致合同无效的，处以罚款；③(4)《劳动合同法》规定劳动行政部门对用人单位的违法行为有权责令改正，对用人单位拒不改正的行为，《劳动合同法》未规定如何处理，按照国务院《劳动保障监察条例》④的规定，处以罚款。⑤《劳动合同法》对大量违约行为处以行政罚款，民事责任转变为行政责任。

通过权利关系的国家干预、执法关系中行政执法、赔偿责任中惩罚责任，行政干预成为我国对企业劳动力实施国家管理的基本形式。以整体主义的行政干预，介入个人权利关系，我国有清晰的制度逻辑。当我国依赖行政干预来限制当事人意志时，也使这种形式容易出现过度发展的情形。

第三节　福利的行政给付

国家义务中心论，是广义法益保障的基本逻辑。"公法私法化"是指由于政府职责的扩大，尤其是在社会与公共服务事业方面的扩大，使公共机构按私法要求执行公共职能，以行政给付方式对社会劳动力实施管理，也是中国公法权利的基本形式。

---

① 《劳动合同法》第 85 条规定，由劳动行政部门责令限期退还劳动者本人，并可以同时按每一名劳动者 500 元以上 2 000 元以下的标准处以罚款。

② 《劳动合同法》第 92 条规定，劳动行政部门可以按每一名劳动者 1 000 元以上 5 000 元以下的标准处以罚款。

③ 《劳动合同法》第 87 条规定，由劳动行政部门处以 2 000 元以上 2 万元以下罚款。

④ 国务院《劳动保障监察条例》第 30 条规定，有下列行为之一的，由劳动保障行政部门责令改正；对有第(一)项、第(二)项或者第(三)项规定的行为的，处 2 000 元以上 2 万元以下的罚款：(一)无理抗拒、阻挠劳动保障行政部门依照本条例的规定实施劳动保障监察的；(二)不按照劳动保障行政部门的要求报送书面材料，隐瞒事实真相，出具伪证或者隐匿、毁灭证据的；(三)经劳动保障行政部门责令改正拒不改正，或者拒不履行劳动保障行政部门的行政处理决定的；(四)打击报复举报人、投诉人的。违反前款规定，构成违反治安管理行为的，由公安机关依法给予治安管理处罚；构成犯罪的，依法追究刑事责任。

⑤ 劳动保障行政部门有权处 2 000 元以上 2 万元以下的罚款。

一、行政给付的保障

给付行政的宗旨使政府行政的目的发生了改变，从而使行政法的本质有了变化（何峥嵘，2007：166）。行政上的给付与行政义务几乎是同一概念，而当行政主体以行政给付为行政行为时，它便通过一个新的义务行为形成了新的行政法关系，新旧行政法关系的逻辑转换对制度安排的变革具有重大的法理价值。

（一）行政给付的概念

德国公法学者福尔斯托霍夫（Emst Forsthoff）提出的"生存照顾"理论，给付行政被界定为服务于生活考虑的活动，并将行政二分为干预行政与给付行政。福尔斯托霍夫的理论被介绍到日本，在日本产生了重大影响，许多行政法学者对其开展了深入的研究。现在给付行政已成为日本行政法学上一个极其重要的概念和学术研究领域。按照日本学界通说，行政给付是指通过公共设施、公共企业等进行的社会、经济、文化性服务的提供，通过社会保障、公共扶助等进行的生活保护保障，以及资金的交付、助成等，即通过授益性活动，积极地提高、增进国民福利的公共行政活动（杨建顺，1998：324—331）。

对于行政给付的含义与范围我国主要有三种观点。(1)认为"行政给付，是指行政主体为实现特定的公共目的，为一定的个人或组织提供支持或补助（社会救济金、助学金、扶贫款、补贴）、或建设公共设施、或为公众提供其他服务或利益，从而保障和改善公民生活条件的行政活动"（杨解君，2002：382）。(2)"行政给付是行政主体向因学、伤、病、残、死、退、老、灾等原因而生活困难的特定相对人提供物质帮助的授益行政决定。"（叶必丰，2003：233）(3)"行政给付是指行政主体基于公民的物质帮助请求权依法给予其以物质权益或与物质有关的权益的法律制度。"（林莉红、孔繁华，2002：48）上述三种观点在行政给付的目的、方式、标的等方面均存有差异。其中，第一种观点外延最宽，接近或等同于国外给付行政的范围；后两种观点实际上将行政给付等同于行政救助和行政物质帮助。

行政给付是一种行政行为，在外部形式上表现为一系列的行政活动，这些行政活动由行政行为、准行政行为和事实行为组成。行政给付往往以行政相对人的申请为条件，一般也需要行政相对人在领取救济物资时办理一定的手续，可以视为行政给付申请。申请行为是区别权利人与单纯受益人的显著标志，作为权利人，行政相对人要获得相关的物质帮助，即使是在自然灾难等特殊条件之下的行政给付行为，必须事先向有权实施一定给付行为的行政机关提出申请。行政给付主要涉及国家与政府义务，因而，行政给付称谓与范围的确定直接影响着国家与政府给付义务的范围。通过社会法行政给付分配利益主要采两种途径：(1)将公共利益和公共财产普遍地分配给不特定的社会个体，如公益设施的建设、维护和提供；(2)将公共财产倾斜性地分配给符合法定条件的社会个体，如行政救助等（柳砚涛、刘宏渭，2006：75）。社会法行政给付有一部分属于后者，这部分内容可以权利形式分配给行政相对人；社会法行政给付有一部分内容属于前者，往往只能形成第三人，如何保护第三人的权利是一个需要制度创新的内容。涉及基本权准则以及主观性公权利的内容。

我国劳动制度、社会保障制度的改革使国家机关将其直接管理的重点移向劳动关系的两端，以劳动关系建立前和终止后产生的社会关系为主要范围，即以社会劳动力为管理对象。我国的形式法有自己的特点，国家授权一些劳动服务机构从事社会劳动力的服务性或事务性的管理。随着中国社会劳动力的管理任务逐步加重，劳动行政机关授权劳动就业服务机构、职业技能鉴定机构、社会保险管理机构等从事一部分社会劳动力的管理服务任务。这类管理机构既不能以国家本位的观念，也不能以个人本位的观念来理解。然而，中国的社会保障“非政府”组织不仅数量不足，而且由于它们通常是作为行政机关的附属机构而发展起来的，在很多时候，更易被人们当作政府部门的延伸和扩展，甚至是“二政府”。一些非政府组织有着管理无效率、权力行使无边界、责任主体严重缺位等弊病；内部管理水平很低，拒绝来自社会的任何形式的监督，享受社会给予的优待，而不承担应尽的义务。行政改革的重要目标之一就是强化行政服务功能，创建服务型政府，因而，极富服务精神的行政给付开始在现代政府职能中扮演越来越重要的角色。

（二）行政给付的机构

行政给付的主体一般是行政机关，但是也包括法律、法规授权的社会组织，在其他国家和地区行政给付的方式逐步趋向多样化。在许多领域内，行政给付并不是由行政机关直接实施，而是由行政机关拨出专门的款项，支持某些社会福利组织或社会公益事业单位来实施，只要这种给付行为有特定的法律依据，它就仍然属于一种行政行为。当前，中国社会法服务主体主要有劳动就业服务机构、职业技能鉴定机构、劳动安全卫生检测机构、社会保险经办机构等。劳动行政机关授权这些机构从事一部分社会劳动力的管理服务任务，这是劳动法律关系保护社会化的显著特点。

劳动就业服务机构。为落实宪法中劳动就业权，中国设立了多种形式的劳动就业服务机构，这是中国管理失业人员、指导劳动就业和组织社会劳动力的社会组织。德国的职业咨询与介绍统一由各地的劳动服务机构实施。中国的劳动就业服务机构隶属于国家各级劳动行政机关或专业管理机关，通过多种方式促进劳动者同生产资料相结合。劳动就业服务机构的职能可以概括为对社会劳动力的组织、管理、培训和调节。就业服务机构服务于劳动者，世界各国对于劳动领域的中介服务机构一般都有一些不同于普通中介机构的规定。以失业管理为例，国际劳工组织在《1978 年劳动行政管理建议书》中指出：“劳动行政管理系统应包括一个免费的、公共的职业介绍所并使之有效开办。”很多国家对这类公共的职业介绍所有特殊规定。劳动者是就业服务机构的受益者也是权利者，可以自愿接受服务。

劳动保护服务机构。为落实宪法中劳动保护权，根据国家法律、法规，依靠技术进步和科学管理，中国设立了多种形式的劳动保护服务机构，这是中国管理企业劳动力的社会组织。劳动保护服务机构服务于劳动者，这些部门的资格须由劳动部门确认，其业务范围也由劳动法规规定，并受劳动部门和有关部门的管理和监督，一般是非营利性单位。劳动者是劳动保护服务机构的受益者也是权利者，可以根据自己遭遇的实际困难，针对劳动安全、劳动卫生、女工保护、未成年工保护、工作时间与休假制度等不同内容，采取组织措施和技术措施，消除危及人身安全健康的不良条件和行为，防止事故和职业病，从而保护劳动者在劳动过程中的安全与健康。①我国设立的机构主要有两类：(1)职业技能鉴定机构是以国家有关部门颁布的《国家职业技能标准》《工人技术等级标准》《技师任职条件》等法规或规范性的技能标准为依据，对劳动者进行技能资格考核和技师、高级技师任职资格考评的机构；(2)劳动安全卫生的检测机构是指在劳动部门授权或委托的范围内为实现劳动安全卫生提供专业意见的机构。②它包括锅炉压力容器检验机构、劳动安全检测机构、职业病防治机构、劳动防护用品质量检验机构等。

社会保障服务机构。为落实宪法中物质帮助权，我国设立了多种形式的社会保障服务机构。社会保险的经办机构是负责企业职工社会保险基金的筹集、管理、支付和职工社会保险档案的记载、管理工作的非盈利的事业组织。社会保障服务机构服务于劳动者，保障社会成员因年老、疾病、伤残、失业、生育、死亡、灾害等原因而丧失劳动能力或生活遇到障碍时，有从国家、社会获得基本生活需求的保障。国家以各种方式来建立社会保障服务机构，以国家和社会为主体，以保证有困难的劳动者和其他社会成员以及特殊社会群体成员的基本生活。

劳动就业服务机构、劳动保护服务机构、社会保障服务机构的设立，是我国从干预行政转向给付行政的重要标志，受益主体也从义务者转向权利者。在20世纪五六十年代中国社会结构高度组织化的过程中，形成了具有鲜明特色的"单位体制"，在此体制下形成的保障即"单位保障"。单位保障包含着双重内容：一是对职工承担了生活方面的无限义务，二是对国家承担着职工的政治保险责任。在此基础上，形成与此相应的"国家—集体—个人"的义务体系，取代了与传统家庭亲属保障相应的"家—国"观念(谭深，1991：82)。进入20世纪90年代后，我国进行了养老、医疗、失业保险的改革及最低保障等社会政策，适应社会主义市场经济的现代社会保障制度框架初步建立。这一改革的过程很明显地表现出社会保障体制中企业义务体制的相对退缩和社会化权利体制向前推进，这种变化不但体现在财政组织上的社会化方面，还更大程度上表现为社会保障管理和服务组织的社会化。随着从契约到新身份的发展，当国家已经不直接充当社会保障具体事务管理者时，受益主体也在一定范围内开始了由义务主体向权利主体的转变。

---

① 《安全知识》，载《安全生产与监督》2006年第4期，第64页。

② 这些具有检测检验职能的各种机构，是劳动安全卫生监察系统中的一个辅助性的组成部分。它们的检测检验行为既具有服务性，又具有监督性，不仅对被检测检验单位具有法律约束力，而且其检测检验结论也是劳动安全卫生监察机构作出处罚决定的法定依据。

行政给付的对象是处于某种特殊状态之下的行政相对人。究竟何种特殊状态之下的行政相对人可以成为给付行政行为的对象，必须由规范性法律文件作出明确的规定。一般而言，行政给付的对象是因为某种原因而生活陷入困境的公民与对国家、社会曾经作出过特殊贡献的公民，如灾民、残疾人、鳏寡孤独的老人与儿童、革命军人及其家属、革命烈士家属等。政府为保证社会利益的实现，还会有意识地使得行政强制的效力扩展到第三人。从社会法的特点看，行政给付的主体涉及受益主体，尽管行政强制所针对的对象并非第三人，但由于第三人与行政相对人之间存在着某种连接关系，在劳动关系权利义务关系中，存在着债权债务以及可期待利益，第三人权益与义务人权益存在着排斥关系时，义务人权益受损则会间接增加第三人权益（李大勇，2018:60）。受益主体是与权利主体相区别的概念，受益主体有时也可以第三人的身份成为权利主体，例如在职业介绍关系、养老金领取关系中，求职者、养老金领取者是受益主体，也是权利主体。劳动者作为受益的第三方主体也应当具有权利主体的特点。

（三）行政给付的生态

有学者认为："社会权通常被认为是一种积极权利。社会权的实现需要国家积极地作为，承担尊重、保护和促进实现三个方面的义务。国家实现义务的路径主要包括立法、行政和国际合作三个方面。"（王新生，2012:12）作为基本权，从应然的角度来论证国家在社会权中的地位，这是一个实质法的表达；法律权利是形式法的含义。生存权利的法律保障需要建构一个适应积极权利发展的社会环境。

一方面，行政给付主要内容是赋予行政相对人以一定的物质帮助利益，需要立法上的依据。社会权作为立法的前提时，基本权也构成了行政给付的保障。我国行政法学界通说认为，行政给付的内容是行政机关给予行政相对人一定的物质利益，这种物质利益表现为一定的金钱、物品等实物。作为给付行政的应有之意，公共服务是行政给付适用的主要领域。"公共服务可以分为非物质性的服务和物质性的服务。非物质性的服务主要包括：维护公共秩序，确保人身和财产安全，保证公共卫生和公共安宁等。物质性服务主要包括：建设和维护道路，设立邮政和通讯服务，兴办教育，提供救济等。"（石佑启，2003:24）德国行政法学界普遍认为，行政给付的概念具有两种含义：实体上是指作为行政目的的给付，手段上是指作为行政方式的给付（李国兴，2009:828）。社会法建立和健全社会保障体系，以保障弱势阶层的基本生存需要；为整治贫富差距加大的弊端，实施义务教育，免费培训下岗职工、免费接种疫苗、向育龄妇女提供计生服务、提供生育津贴，安置转业军人、抚恤烈士家属、开展救灾扶贫等。从中国现阶段的国家基本任务来看，实际上已经有了给付行政的立法需求，立法机制的研究涉及对生存权基本准则的理解。

另一方面，行政给付与社会权形式的发展有密切的关系，尽管我国的社会法已经在转型过程中，但是传统行政法的影响不可能挥之即去。(1)一些非权力性的行政方式虽然在实践中发挥了一定的作用，但是它们"始终在行政法学研究的边缘徘徊，而没有步入行政法学研究的中心地带。因为，按传统的行政法理论结构关于行政法律关系和行政行为性质的界定，对行政指导、行政合同等行为难以解释”（石佑启，载罗豪才，2001:115）。随着给付行政的发展，这些非权力性的行政方式逐渐成为行政法调整方式的主要样态，行政合同、行政指导、行政奖励等新型的行政方式的广泛采用，给传统的单一而机械的强制行政带来了强烈的冲击。(2)一些权力性行政方式如何加入权力制约更是缺乏配套的制度，权利不能离开个人意志，在我们高度整体化的制度逻辑中，权利救济的制度还有待完善。从行政给付来看社会权现实发展，涉及立法、司法保障。

二、生存权的基本准则

契约行政干预向福利行政给付的转变，并非只涉及行政法的规范，从宪法规范上看，社会法基本权首先涉及社会权是抽象原则转变为具体准则的理解。

（一）基本权准则的含义

有学者提出：“将人权明确写入宪法，明确规定基本人权原则，更有利于保障人权……因此要使人权从‘应有的人权’到‘法有的人权’再到‘实有的人权’。”（秦前红、陈俊敏，2004）一些社会法的研究者也“依样画葫芦”，在他们看来，社会法就是顺应社会权保障的要求，不断将“应然权利”转换为“法定权利”，将“宪法权利”转化为“法律权利”，并围绕着社会权体系构建起来的法律部门（谢增毅，2006；李炳安，2013），这种观点可以归纳为“清单论”。当社会权无法通过清单进入宪法时，便会归为“法律不健全”以及宪法文本的技术性缺陷。正如有学者指出的那样，“自由”的特征恰恰在于无法一一列举。因此，“清单”论不但难以厘清宪法权利的含义，反而背离了这一目的，它无可避免地使宪法权利陷入更加含混的境地。对此，彼得·奥德舒克（Peter Ordeshok）指出：为了避免实施中的模棱两可，宪法想做的太多，简直成了判断政府侵犯人们生活方面的文件。

这种看法涉及宪法规范是指导原则、概括条款还是具体规范的问题。虽然从理论上说，只要是法律规范就应该可以由法院进行直接适用或强制实施，但在现实生活之所以并不必然如此的原因是很多国家的法律是将宪法理解为指导原则，如印度宪法中那些属于“国家政策的指导性原则”条款就是如此，还有些国家明文规定或者根据惯例不允许法院对某些法律规范进行直接适用或强制实施。即便我国法律或惯例允许法院对某些法律规范进行适用，仍存在法院在多大程度上可以强制实施基本权利规范的内容限制。换言之，宪法规范既存在一个在法律体制上是否允许由法院予以适用的问题，也存在一个在法律规范的实质内容上是否适合以及在多大程度上适合由法院予以强制实施的问题。我国宪法中多有劳动光荣、主人翁态度等一些具有强烈公德含义的规定，本不适合作为法律规范来理解。在很多情况下，法律体制不允许法院对某些法律规范予以适用是由于人们认为这些规范自身的性质决定了其不适于由法院予以适用，因此，宪法规范的可诉性问题首先会转化为如何看待宪法规范自身的性质问题。

(二) 德国基本权的含义

我国学者的"清单论"认识主要源于德国。德国 1919 年的《魏玛宪法》第一次规定了基本权利清单,但当时的宪法学者普遍认为,基本权利不是真实的权利,而是一种方针规定,因而也就不致力于将其具体化。[①]《魏玛宪法》上的基本权利条款几乎没有任何法律上的实效性,基本权利既不是个人得主张的权利,也不能够有效约束公权力的宪法规范。德国有着强大的立法绝对主义和法律实证主义传统,这种传统决定了在《魏玛宪法》的时代,基本权利仅仅被看作对立法机关的"指示"或者"纲领",而不是可以诉请法院保护的权利。当时有一种"转换理论",认为宪法上的基本权利只有经过立法机关制定为法律才能成为真正的权利。也就是说,宪法上的权利并不构成形式法意义上的权利,即使立法机关侵害宪法上的权利,个人也不能直接请求司法保护(庄国荣,1990)。基本权利"仅仅是对立法机关的指示,而不是法院可以马上适用的规则"[②]。

二战后,基于对纳粹残暴统治的深刻反思,德国逐步摆脱传统立法绝对主义和法律实证主义的束缚,开始从自然法的理念中寻求宪政改革之路。战后德国法哲学经历了一场自然法的复兴,从 1946 年开始,德国的知识阶层展开了对自然法精神的深刻思考,而参加战后制宪会议的代表们更普遍接受了权利是一种更高的客观准则的观念。在起草基本法的讨论中,有代表声称:"我们认为权利是自然法的一部分,权利比国家更古老,也比国家更重要,它一次次地通过对抗国家而有力地维护自身。尽管愚蠢的人类曾经否定过它,但作为一种高级法,它是有效的。"[③]自然法理论对于德国基本法的制定有着极其深刻的影响,有学者甚至认为,秉持自然权利观念的法国宗教哲学家雅克·马利丹(Jacques Maritain)的思想是德国 1949 年基本法的决定性因素。[④]自然法的观念也催生了德国法学对基本权利性质和地位的重新思考。尽管如此,正如有学者指出的那样:"'第二次世界大战'之后的德国基本法是把魏玛宪法当作一个教训来对待的,它一方面重申基本人权的价值,把大量表达自由和人格权写入宪法;另一方面又坚定地把社会权拒之门外,交给日常的政治过程处理。"(姜峰,2010:53)

尽管《魏玛宪法》规定的基本权利前所未有地广泛,但由于无法容纳对立法的实质性司法审查,个人并不能直接依据宪法上的基本权利条款而要求排除国家的侵害,所以基本权利并不是"个人得主张"意义上的主观权利(张翔,2005b:23—24)。随着时代的发展变迁,那些主张只有自由权才是基本人权的理论已经遭到越来越多的质

① Anschiitz, Die Verfassung des Deutschen Reiches, 3 Aufl. 1929, p.452ff.

② Heirich Rommen, Natural Law in Decisions of the Federal Superme Court and of the Consttutional courts in Germany, 4 Nut. L.F., 1959, p.2(转自张翔,2005b:23)。

③ Ibid., p.6.

④ Edward M. Andries, Jacques Maritain and the 1949 Basic Law, 13 Emory Int'l L. Rev.3, 1999.

疑和批判。但是社会权依然并非是基本权利的典型形态，它的内容更为复杂，情况又参差不齐，如今社会权作为人权体系的重要内容，已经获得众多国际人权文件的承认(王惠玲，2010：88)。宪法一方面包括了一些诸如“国家应当保护环境、促进就业”等通常被看作“政策宣言”或“宪法委托”的内容(钟秉正，载汤德宗，2006)，另一方面又包括了一些像“最低生存保障”“基本教育”“基本健康医疗”等被公认为宪法权利的内容(钟秉正，2004)。德国传统宪法学说中，国家保护义务的理论是以自由权为核心，在德国联邦宪法法院历来的裁判中，德国学界和实务界所承认的基本权利保护义务范围多有限定，主要集中在对生命、身体自由、人格权以及财产权等古典自由权的保障(魏迪，2007；陈征，2008；龚向和、刘耀辉，2009；袁立，2011；董宏伟，2012；等等)。社会权地位不明确的更为深层次的原因在于，社会权与传统的自由权、自由的市场经济体制以及民主法治国理念之间有着内在的冲突(陈新民，1999：124—127)。

(三) 我国基本权的发展方向

关涉宪法基本权的法律制定而言，有学者根据德国基本权分析：“人性尊严乃宪法的最高价值，在此基础下，可以推知人性尊严乃是基本权利的上位基础。如果基本权利编章的规定可以构成一种客观的价值秩序，那么此一秩序的重心唯有人性尊严是赖。”(刘孔中、李建良，1999：332)如果法律、法规等规范性文件的内容违背宪法的规定或者精神，必然会损害宪法规定的公民基本权利和自由(郎志恒，2006)。社会权是否具有基本准则权利性质，在西方国家是一个有着广泛争议的学术问题，至今美国和德国的司法界及学术界的主流仍不承认社会权的基本准则权利地位。虽然我国宪法学界的多数观点倾向于肯定社会权的基本准则权利性质，但对于社会权作为基本准则权利的理由，尤其是实证的规范上的理由却缺乏仔细的推敲和论证(王蕾，2009)。

我国相当一部分社会法学者跟随宪法学者，主张功能转换，却没有研究如何实现这种功能转变，完全忽视了由于各种原因，我国宪法内容并不能作为基本规范直接适用。姜峰观点较为清醒：“成文宪法的生命立基于一个教条——宪法先于并高于立法机关，因此凡属宪法权利范围的事项，立法机关的政治审议范围需要保持克制。换言之，宪法权利的功能在于防止立法机关凭借少数服从多数规则侵害个人权利。但是同时立法机关保持着对非宪法权利和利益的审议权力。因此，不能把所有利益诉求都纳入宪法规范，否则立法机关的审议范围会受到过度限制。”事实上，社会法上的受益权在任何情况下，均是对传统自由权的限制，两者需要具体的平衡。故而，“将本质上积极能动的社会权排除在宪法权利法案之外并非贬低其重要性，而是认为它们应该通过政治审议过程加以实现或部分地交给非政府组织去消化处理。与此同时，他们相信公民政治权利并非与社会权不同的利益诉求，而是社会权的根本实现方式”(姜峰，2010：54)。

三、生存权的立法机制

社会权利强调通过立法来提供公民以基本的生存和发展的条件。不同时期、不同国家的社会权的外延和内涵各有不同，社会权所应包含的具体内容也随之动态发展，但从社会权的特质上看有一点是确定不变的，即社会权的福利指向性（李文祥、高锡林、吴德帅，2018）。生存权与立法权的关系涉及公法、私法性质。

（一）生存权与立法权的关系

社会法中的积极权利源于宪法中规定的"社会权利"。社会权利包括：社会安全的权利、工作的权利、休息和闲暇的权利、受教育的权利、达到合理生活水准的权利、参与文化生活的权利，甚至包括诉诸一种保证这些权利的国际秩序的权利。……这些权利不是保护个人以对抗政府或其他当权者的，而是提请公共权力机构注意要让诸如个人自己拥有的那种自由权通过另一些自由而得以实现，……（弗里德里希，1997：94—95）。在权利规范模糊不清的情况下，法院是难以适用这些规范，必然会产生司法审查的可能性问题。从立法的角度看，生存法益转化为生存权利应当至少处理好以下三方面的关系。

其一，社会权与受益权的关系。社会权利强调社会和国家应提供公民以基本的生存和发展的条件。"社会权，其实就是国家应该提供给公民的社会福利权。"（欧阳景根，2007）当代著名的福利经济说和经济权利说对自然权利说和法律权利说进行了扬弃，并把人的政治权利与社会经济权利密切结合起来，使社会经济权利也成为人权的基本内容，从而把人权从"消极的受益关系"发展为"积极的受益关系"，社会保障权作为对人类最低要求生活标准的一种保障手段，充盈着对人的生命和尊严的终极关怀。社会权利是指"从少量的经济福利与保障权利到分享社会发展成果，以及拥有按照当时社会普遍生活标准的文明生活的权利"①。

其二，社会权与国家法人化的关系。从社会权现实的角度来观察，国家法人化是必不可少的条件。多重保险机制的提出，突破了由政府履行保障职能的单一方式的局限性，有助于理顺社会福利权与行政权的关系。现代意义上的公法权利概念，是指个人对于国家享有一定的权利，所以应以国家具有法律上的人格为前提。美国的社安制度包括三个方面内容，即老年退休及遗属保险、医疗补助、残障保险。整个制度的经费来源社安福利税。政府从劳工的薪资中扣除固定的税额，然后把这些税额分别放在老年退休及遗亲保险信托基金会、残障保险信托基金会和医疗保险信托基金会三个基金会中。美国的社安制度实质上是个保险制度，也就是说，只有买保险的人才能享受保险。同时，还必须是付够足额社安税的人才能享受社安福利（程凤朝，1995）。没有国家法人化的条件不可能保障社会权的实现。

其三，社会权与非政府组织的关系。50 多年来，美国的社安制度已经像气球一样吹起来了，立法者为了讨好选民，不断地修改社安法案。美国是一个对行政权膨胀高度警惕的国家，但仍难以抑制行政权的扩张。在福利服务领域，较之政府机构，非

① T.H. Marshall, "Citizenship and Social Class", in *Sociology at the Crossroads and Other Essays*, London: Heinemann Educational Books Ltd., 1963, p.74（转自徐丽红，2011：44）。

政府组织有其优势所在，综合而言，这些优势集中于：直接面对服务对象，对受益人需求反应灵敏，服务质量和水平优于政府机构，更加专业和人性化，等等。这些优势使它在福利的服务供给领域具有十分广阔的发展前景。对于这种世界范围内的非政府组织热潮，管理学大师德鲁克(Peter F. Drucker)形容道：40 年前人们认为，“政府应该而且能够履行所有社会职责。如果说非营利机构还有作用的话，那就是拾遗补缺，为政府的工作增姿添彩”。现在人们终于明白了，“政府履行社会职责的能力是极为有限的，而非营利部门可以发挥巨大的作用”(周志忍、陈庆云，1999：42)。

(二) 生存权保障的政府性质

在我国社会权对应的并不仅仅是社会法，还包括社会性法，两者机制虽相通，但并非完全一致。从《中国人权状况(白皮书)》中关于生存权的具体内容来看，生存权的范围包括了衣、食、住的适当生活水准权、健康权和社会保障权，这些实际上主要是社会法意义上的社会权。《中国人权状况(白皮书)》却将生存权从“经济、文化和社会权利”中分离出来，我国很多学者认为这种分类似乎与国际人权法的体系相冲突，也影响到对生存权性质和内涵的理解，不利于生存权的实现。更有学者认为，我们在界定生存权时应考虑人权体系的完整性与合理性以及生存权与其他权利的协调(龚向和，2011)。在笔者看来，我国在生存权与社会权的分类方式上有自己的考虑。社会权派生出来的受益权，从内容来看，则有两种不同的受益渠道，在法律制度上，即表现为社会保险制度与社会安全制度的差异。

社会保险机制，这是福利社会的机制，是我国社会法积极权利的主要机制。“以劳动者为保障对象，以劳动者的年老、疾病、伤残、失业、死亡等特殊事件为保障内容的一种生活保障政策，它强调受保障者权利与义务相结合，采取的是受益者与雇用单位等共同供款和强制实施的方式，目的是解除劳动者的后顾之忧，维护社会的安定。”实际上，社会权正是诞生于社会保险制度的形成过程中。在德国俾斯麦推行的社会福利立法中，其主体部分是社会保险。社会保险基金的建立，从国家一般职能中，分离出法人化的管理机制，这是形成法律关系的重要条件。

社会安全机制，这是福利国家的机制，也是我国社会性法的主要机制，由国家作为义务人，使全体社会成员从中受益。国际劳工组织的报告强调，不需缴费的年金给付是基于每个人都有老年、残疾或单独抚养幼儿的可能风险。亦即每个作为社会的成员，都是潜在的受益者。因此，国家应以征税方式来支付这种“公共”支出。在这种福利理念和财务结构的转变下，受益权利不再与保险付费的义务相关联。这是不与国家法人化相挂钩的制度设计。

张世雄指出：“国家的进一步扩张，是在由社会保险转型到社会安全制度的几个步骤完成。”根据张世雄的观点，福利社会与福利国家两种机制有三点区别。(1)缴费与不缴费的制度差异。在社会保险制度下，交纳相关费用是享受利益的前提；在社会安全制度下，当事人无需付费即可受益；“社会保险的保费计算，虽然自始就逐渐与风险高低的计算脱离直接关系；社会安全的发展则使缴费与受益权脱离直接关系”。

(2)普适与不普适的范畴差异。在社会保险制度下，社会是主要的义务主体，既包括单位、企业，也包括保险管理机构。由于与缴费相联系，这种制度以不普适为特点；在社会安全制度下，“在这种福利理念和财务结构的转变下，受益权利不再与保险付费的义务相关联”。国家是唯一的法律主体，负有向全体社会成员提供普遍福利以及向弱者提供特别救助的义务，具有普适的特点。(3)能力与身份的机制差异。在社会保险制度下，当事人是以被雇用者和投保人的“缴费能力”而享有利益；在社会安全制度下，受益由社会成员的“身份”决定。“社会安全制度下的受益权成为一种‘社会权’，是由社会成员的‘身份’构成的，而不是由缴费‘能力’来决定”。(张世雄，1996：53、123)对于这种差异，可以归纳为社会利益与公共利益的不同，并从两个方面来认识。

其一，我国社会法机制的形成主要来源于历史逻辑的总结，从福利国家的机制向福利社会机制转变，奠定了我国社会法机制。“劳动法与社会保障法相互交叉”的观点，是伴随我国社会保障的制度发展而逐步形成的一种理论观点。这种观点最直接的立法依据是《中华人民共和国劳动法》中将“社会保险和福利”作为一个章节来规定。随着《中华人民共和国社会保险法》的公布，我国在劳动法学的理论研究上，不再认为保险关系属于劳动关系的组成部分。笔者以为，在正常情况下，劳动关系与劳动过程相联系，适用的是基准法与合同法相结合的调整模式；对于老年、妇幼、疾病、残疾、失业等社会风险的发生，劳动就业的正常条件丧失，国家需要以社会保险的方式来进行保障。通过向社会筹集资金并依据资源的增加而提高保障水平，并逐渐落到实处，这是一个将法益转化为权利的过程。

其二，我国对于社会性法的机制的描述往往来源于思维逻辑，一些宪法研究者一般认为从福利社会向福利国家的机制转变是一个必然的趋势。这种观点主要来源于国际劳工组织：“那些缺乏社会保护的人员往往属于社会中的经济上脆弱的部分。长期目标应是将他们纳入包括全部人口(或根据情况，全部劳动力)的国家制度，从而使他们可以从风险共享和支援中受益。”(国际劳工局，2004：62)社会保险机制向社会安全机制转化也被认为是我国社会权保障的必然趋势(胡玉鸿，2021)。福利国家的社会权机制是一种强烈依赖政府税收汲取和再分配能力的“积极”法益，若要满足它，政府需要积极扩张权力，它是政府努力的目标，而不是需要即刻履行的强制义务，一般具有不可诉讼性。如果此类权利既宣告于宪法，又无法通过诉讼渠道获得保障，它势必挑战“有限政府”传统，挑战政府的正当性(姜峰，2010：53)。

国家应为权利义务的主体，这是承认人民具有公法权利的必要条件。在中古封建时期，国家仅为君主所支配的客体，并不具备独立人格，所以也无法建立人民公权的法治国家。公权是人民基于公法关系，对国家请求作为或不作为的权利，除在性质上以国家法人化即以国家作为权利义务主体而与人民同受法律拘束外，更要以法治国家的建立为必要条件。在法治国家建立之后，国家与人民的关系转变为权利义务的平等关系而同受法律的拘束，这时，公权利才有产生的可能。在我国社会法的范围中较为符合这一条件的是社会保险关系，社会保险基金的建立使国家出现法人化的特点。

(三) 生存权保障的民间性质

当我们将社会保障权理解为生存权或社会权时，就涉及这一权利与自由权的关系。日本学者大须贺明在其著作《生存权论》中将生存权与自由权相对立并作了对比分析。这样的分析不甚恰当。正如英国学者格林所说："在生存权与自由权之间不可能作出任何区分，因为，不可能有任何纯粹的权利，也不可能有任何代表着一种无权按自己意志而生活的生命的生存权。"（黄坍森、沈宗灵，1994）一切权利都有其自由因素包含在内，这种意志自由是主体实现其自身所拥有权利的基础，缺乏这种自由的基础，不受主体自身控制，权利不成其权利，最终只是取决于他人意志的"恩惠或施舍"。社会保障权和所有的权利一样，无疑也体现自由，关键是对于自由的理解。

联合国的经济、社会和文化权利委员会的报告还指出："国家人权机构也应当促使非国家行为者遵守经济、社会、文化权利。非国家行为者，比如小企业主和商人、国家和跨国公司以及国际金融机构，都会对享有经济、社会、文化权利产生极大影响。就这些权利而言，一些非国家行为者的作用比国家政府还重要。"（联合国人权事务高级专员办事处，2004：100—101）社会权总体上涉及公民的物质生活、社会生活与文化生活，而这些事务与家庭、社区、社会组织、企事业单位、跨国公司甚至国际组织密不可分，社会权的实现离不开非国家行为体的参与和配合。如老年人、未成年人、妇女儿童、残疾人等弱势群体的权益保障，就涉及传统意义上的家庭责任以及公益团体，即使国家提供了相关物质支持，大部分情况下也只能通过家庭成员为老人、儿童、妇女或残疾人等社会组织提供帮助（王新生，2013：51）。我们可举美国的例子来说明自由权与行政权的关系。

20 世纪 60 年代，美国开始强调政府以合同的形式向非营利组织购买社会服务以解决居民的需求，结果带来了社会服务领域公共组织与私人组织之间关系的戏剧性变化。于是从 80 年代开始，政府治理模式经历了从福利国家向福利社会的战略转移。随着政府"卸载""退却"和公共服务市场化、社会化等改革，非政府机构在社会保障服务中的作用日益重要，扶持非营利组织的发展成为政府的重大战略决策。90 年代，许多福利国家做了进一步的调整，希望在不继续扩张政府规模或最好能减少政府预算的前提下，寻求问题的解决办法，于是提出了许多新的策略和方案。这些主张都强调应当结合民间的资源与力量来实施各项社会福利方案，政府不应该是福利的唯一提供者；福利的责任应该由公共部门、营利部门、非营利部门和家庭社区等四个部门共同负担；主张政府与民间合作，共同提供社会福利的各项服务。福利多元主义是福利国家整体危机而引发的福利私有化的呼声，同时，各国政府逐渐转变自身在社会福利中唯一提供者的角色，出现了福利市场化、志愿化、地方分权化及福利社区化的趋势。

20 世纪 90 年代以来，为防止老年危机，避免社会保障制度破产，世界银行社会保障研究小组曾提出了"三大支柱"式的未来社会保险发展模型，即由一般税收支持的较小的公共年金制度、强制缴费的较大的私人管理基金制度和为增加退休收入的自主性缴费补充保险制度。美国学者埃斯特尔·詹姆斯(Ektelle James)结合美国社会保障制度的实际情况在“三大支柱”保障模型的基础上，设计出融三种保障机制为一体的老年收入保障制度。该制度的突出特点是：由储蓄、再分配和保险三种保障方式构成社会保障体系，由私营保险为主、政府保险为辅、个人自愿性保险为补充组成多重保障机制，以及建立以政府管理与私人管理相结合的强制性、竞争性综合管理体制。美国最终也还是改变了一些理想化的制度设计，走向依托市场来发展社会保险，这是包括美国在内的经济发达国家和广大发展中国家最理想的社会保障模式（邓大松，1997：57）。

四、生存权的司法保障

公法权利要付诸实践，尽管并非建立在我国传统司法救济制度基础上，却与司法救济制度的现状有着极密切的关系。在君主专制时代，国家与人民的关系是权力、服从关系，是统治者与被统治者之间的关系，两者并非处于平等的地位。国家或君主是最高的、独立的、唯一的、不受限制的主权者，因此不可能产生公权利的救济概念。从公权力观念转入公权利概念，依赖于司法救济制度对其的保护程度，这是具有维护个人利益特点的公权利能否落实的关键。

（一）法益保障的权利救济

由于社会权属于人权的一个组成部分，它会随着人权的发展而发展，我们必须区分自然法意义上的应然的社会权体系和实证法意义上的为一国宪法所确认的作为公民基本权利的社会权的体系。最基本的人权莫过于人格尊严和人的发展。社会保障权不仅保障人的生存，而且维护人的人格尊严，给社会成员提供基本生活的安全感，如果法益保障不成为一种社会权利和社会政策，而只是一种可有可无、可多可少的施舍和恩惠，那么人的人格尊严和安全感将荡然无存（宁立成，2003：53）。其作为请求权的理论基础是：政治上的人民主权原则须体现在法律权利上，法律关系理论决定了人是权利的主体，权利保护需要以行政机构作为请求权的对象。因此司法救济制度的设立，是公法权利存在的前提条件（焦洪昌、贾志刚，2003）。对于社会权的理解，涉及社会法上的权利与法社会的权利。

从社会法的视角看权利救济，基本权赋予了每个公民在面对国家公权利侵犯时，要求其停止侵害、排除妨害、保持克制的公法请求权，公权利具有“个人可向国家主张”的主观面向（赵宏，2011a：58）。干涉行政也可以通过行政诉讼的方式转化为公权利。我国行政行为作为请求权存在的条件有三：(1)行政机关有作为的职责义务；(2)请求权人有个人的权益；(3)行政机关的作为职责义务涉及相对人的权益。

从法社会的视角看权利救济，反射利益往往有错综复杂的执法依据。将生存法益发展为主观公权利，涉及行政方式。我国的干涉行政大量采用责令改正的方式，实际上较难形成公权利。例如，《劳动合同法》第 80 条规定，劳动规章制度违反法律、法规规定的，由劳动行政部门给予警告，责令改正，在这一行政执法关系中，劳动者是作为法律的受益主体而存在的。事实上,修改前后的规章制度会对不同的劳动者产生不同的利害影响,用人单位是规章制度的制定主体,修改行为也是用人单位做出的,劳动者难以对国家机关提起行政诉讼;对于规章制度侵权,法院一般将其作为劳动争议来进行审理,用人单位是依据行政行为作出修改,在劳动争议中有充分的依据。这种情形在劳动基准法的执行中更是以一种普遍现象存在,劳动基准干预了劳动合同的相对性,受益人是法律上的推定概念,劳动者在实际生活中可能感受到的是不利影响,如最低工资过快上涨,有可能使劳动者失去工作,但劳动者只能以相对人作为私权利诉讼对象。

法益保障强调受益主体,权利救济强调权利主体。哈贝马斯主张人权是法律权利,而否认人权是道德权利的说法:"现代法律化的权利,它有一种对系统的论证以及有约束力的解释和贯彻的需求。"人权"就其结构而言"属于"一种实证的和强制的法律秩序,它使可诉讼的主观权利的需求得到论证"①。值得注意的是,哈贝马斯本身是以一种应然的态度来论证人权的法律属性,与我国大部分学者的论证方式有很大的区别,从应然到实然是一个系统工程。社会法上的书面权利需要转化为司法实践中的实际权利。谷口安平认为:"实体法上所规定的权利义务如果不经过具体的判决就只不过是一种主张或'权利义务的假象',只是在一定程序过程产生出来的确定性判决中,权利义务才得以实现真正意义上的实体化或实定化。"(谷口安平,1996:6—7)受益主体转向权利主体,需要法律机制的完善。在法益保障的整体性制度设计面前,建立具有个人属性的有效监督和权利救济制度具有相当的难度。从实然的角度看,当整体利益无法分解为个人利益时,其很难真正成为法社会意义的权利。从这一意义上看,只有给付行政将整体利益分配到个人,其才真正可能与社会法上的积极权利相联系。

(二)积极权利的制度建构

法院和法官只是"法律的奴仆",独立司法原则在社会保障领域得到应用,人们的社会权利才能得到保障。

社会保障法的发展在西方国家已经具有相当长时间的历史,当前西方国家社会保障的司法原则、组织和程序,不仅继承了传统的欧洲理论和实践经验,而且根据实际需要进行了反复的改革,各国均有别具一格的处理社会保险争议的特殊原则和程序。他们不仅拥有完善的立法和执法体系,而且拥有同样完善的司法体系;他们的司法体系不仅机构健全,而且拥有素质很高的专业法官和兼职法官队伍。根据不同类型的争议必须用不同的原则和程序解决的原则,在过去的一百多年里,很多西方国家根据《法院法》,建立专门法庭处理社会保险争议,或者授权普通法院通过特殊程序处

① Vgl. Thom as Pogge, Menschenrechte als moralische Anspprueche an globale Institutionen, Stefan Gosepath und Georg Lohmann(hg.), Philosophie der Menschenrechte, Frankfurt am Main 1998, p.382(转自甘绍平,2009b:18—19)。

理社会保险争议。处理社会保险争议的方式包括司法的和非司法的两种方式。社会法院与劳动法院是两种主要形式。对于因社会保障权利义务发生的争议的解决机制,这些国家也形成了一套非常完备的体系。

设立社会法院应当作为我国司法制度改革的长远目标。德国等国家的经验给我们带来十分有益的启示。从节约制度成本考虑,可以将劳动法庭和社会保障法庭甚至一些小额法庭、少年法庭、环保法庭、医疗法庭等均作为社会法院的组成部分。当然,也可在人民法院设立社会法庭,专门从事审理社会保障争议案件,能使当事人在其社会保障权益受不法侵害时获得有力的司法保护。与其他法庭相比,社会保障法庭无论在法庭的组成还是在诉讼程序上都应有所不同。(1)社会保障法庭主管范围为所有与社会保障有关的争议案件,并以不服从社会保险复议机构的决定为主。劳动法庭主要处理与劳动相关的案件,我国实行先裁后审。(2)社会保障法庭程序上更接近行政法庭。(3)社会法法庭可以由职业法官和陪审法官组成。陪审法官可以来自雇主组织、工会,甚至个体就业者协会,他们必须是劳动和社会保障专业领域的专家。(4)在坚持便捷、经济原则基础上,社会法法庭采用的诉讼程序比其他法庭要简单、非正式。社会保障法具有给付的赡养性质。为了方便向法官投诉,人们应当建立一种简便、迅速和不太昂贵的程序。(5)社会保障诉讼十分复杂,涉及的社会福利与社会政策带有很强的专业性,例如诊断病情、测定工伤程度等。很多国家社会法法庭往往要聘用长期医疗顾问。法国采用社会保障特别保障诉讼程序。它主要包括技术性诉讼和技术监督诉讼。技术性诉讼包括医疗专家的鉴定、无劳动能力的诉讼,以及确定劳动事故方面的分摊金的技术性诉讼。

PHILOSOPHY OF SOCIAL LAW

社会法哲学

（下）

董保华 著

上海人民出版社

第四篇 分层论

基尔克之问：法以何种方式得以实现：只是通过统治者的暴力争得？这被作为高价值的工具来使用，并强迫不情愿的群众接受。还是其自身即具有理想的力量，以说服的方式使得生灵臣服。其本体为何物：是驯服特殊意志的强大的整体意志？还是为意欲设定特别限制的理性认知？

◆ 团体社会具有契约与身份的双重特点，诸法分离与诸法合体交织，产生出社会法的调整法益，第三代人权出现集体人权的特点，强调团体行动的合适性。

◆ 法律人格对外平等与对内从属；既与微观层次财产关系相界定，也与宏观层次人身关系相界定，中观层次成为承上启下的弹性空间。

◆ 以社会利益形成的相当性为价值核心，社会权力既区别也受制于经济权力与政治权力，并与之形成互动，实行真理面前人人平等。

◆ 弱者理论与分层理论相结合，区别权利争议与利益争议，在一定条件下实行责任豁免，强调权力衡量。

◆ 我国《工会法》双保护与《劳动合同法》单保护是工会国家化的产物，这种制度安排，也使中观层次形同虚设。

第十四章

中观层次的悖论与理论

没有任何事情比法国大革命史更能提醒哲学家、政治家们要谦虚谨慎；因为从来没有比它更伟大、更源远流长、更酝酿成熟但更无法预料的历史事件了。

——阿历克西·德·托克维尔（Alexis-Charles-Henri Clérel de Tocqueville）

第一节　分层理论面对的悖论

社会法中观层次的悖论是社会虚化的一种反映，分层理论面对的现实悖论具有强烈的中国特色，《工会法》的双保护与《劳动合同法》单保护，形成劳动关系中的协商与压力，工会关系中入会与游离的悖论。分层理论是在解决这一矛盾中形成的理论。

一、中观层次：社会法的悖论

我国《工会法》的双保护与《劳动合同法》单保护，形成劳动关系的悖论。利益争议存在着"有协商无压力"与"有压力无协商"的悖论，这也使社会救济流于形式。自上而下的集体协商与自下而上的群体争议，构成了"组织与行动""协商与压力""自律与代表"等多方面的冲突，如何形成一种更为合适的利益争议解决机制成为焦点问题。

（一）自上而下——有协商无压力

社会法的集体协商体现的是一种"自上而下"的组织性团结。这种制度安排可以概括为：有工会组织无集体行动，有集体协商无社会压力，有对内自律无对外代表。1994 年劳动部颁布了《关于印发〈集体合同规定〉的通知》，并于 1995 年 1 月 1 日开始实施《集体合同规定》。此规定将《劳动法》关于集体合同制度的原则规定进一步具体化了，对集体合同的签订、集体合同的审查以及集体合同争议处理问题都作了较为详细的规定。为进一步统一认识、加强指导，逐步建立起集体协商和集体合同制度，1996 年劳动部、全国总工会、国家经济贸易委员会和中国企业家协会颁布并实施了《关于逐步实行集体协商和集体合同制度的通知》。2000 年劳动部和社会保障部又颁布并实施了《工资集体协商试行办法》，对集体合同中重要的工资专项合同的相关问题进行了明确的规定。

"有协商无压力"，在我国"自上而下"集体协商中实行的是不依赖社会压力的集体协商。全国总工会联合中国企业联合会、中华全国工商业联合会与中国企业家协会在 2010 年与 2014 年先后发动了旨在推进实施集体合同制度的彩虹计划与攻坚计划，攻坚计划明确提出要"确保 2015 年末集体合同签订率达到 80%"（转自邱婕，2018：89—90）。我国的集体协商与西方传统国家的集体协商一个很大的不同是，不采用一般国家都使用的社会压力机制，而是采用"自上而下"的政治推动力。[①]以这种政治推动力为基础，全国总工会开始在集体协商中融入一系列自上而下的行政元素，随着时间推演，这些工会的维权举措开始由浅入深，我们可以将之概括为"上帮下"[②]"上促下"[③]"上管下"[④]"上代下"[⑤]（董保华，2017b：45—46）。这种行为方式总体上不采用社会压力的方式进行利益协调却有很高的签订率。

（二）自下而上——有压力无协商

法社会中自下而上压力与"自上而下"依赖政治推动力来缔结集体协商的做法相反，我国出现了一种没有协商形式却有着施压形式的群体争议。这种社会现实可以概括为：有压力无协商，有行动无组织，有代表无自律。当前的群体性事件已由自发松散型向一种可被称为实用性团结的组织方向发展，这在劳动领域体现得尤为明显，事件的聚散进退直接受指挥者和骨干分子的控制和影响。尤其是一些参与人数多、持续时间长、规模较大的群体性事件往往事先经过周密策划，目的明确、行动统一，组织程度明显提高，甚至出现跨地区、跨行业的串联活动（贾彬，2010：26）。互联网、微信等各种现行通信手段的普及极大地提高了这种组织行为的效力。这种群体争议的特点不经集体协商而直接采取自发罢工或者怠工等形式，并辅之以各种社会抗议形

---

① 以构成劳资关系问题核心的工资收入分配问题为例，2008 年推动企业建立工资集体协商制度首次被写入中央政府工作报告。2011 年《国民经济和社会发展第十二个五年规划纲要》提出要根据市场机制调节、企业自主分配、平等协商确定、政府监督指导的原则形成企业工资决定机制和增长机制，并明确提出要积极稳妥扩大工资集体协商覆盖范围。在此基础上，国家人力资源和社会保障部制定的《人力资源和社会保障事业发展"十二五"规划纲要》明确提出了"集体协商和集体合同制度普遍建立，企业集体合同签订率达到 80%"的目标。

② 建立集体协商指导员队伍成为工会首先采取的措施。

③ 集体协商中的上促下。集体协商要约本是集体协商中的一个普通程序，为了形成"集中力量，上下联动，突破难点"的效果，全国总工会在 2008 年 6 月将其作为一项重要的统一行动，布置开展，并称为"集体协商要约行动"。

④ 集体协商中的上管下。随着我国经济出现波动，全国总工会要求各级工会围绕"稳员增效"推进"共同约定行动"，从而发展出一种可称之为上管下的"共同约定行动"。到 2009 年 3 月已有 27 个省级总工会采取多种方式开展了"共同约定行动"，其他 4 省份正在筹划此项工作。

⑤ 集体协商中的上代下。值得关注的是北京、武汉做法。北京模式是由上级工会通过地方税务机关代尚未成立工会的企业收缴工会经费，并代已经成立工会的下级组织确定集体合同的内容。武汉模式则进一步由上级工会签订集体合同，形成产业效力，直接覆盖相关的 45 万人群。

式施加压力，从而达到施压者的经济目标（董保华，2017b：46）。以施压的对象、方式可以分为内外两种，分析2011—2015年的统计材料，"自发罢工""抗议游行"是群体性劳动争议最主要的表现形式，分别体现了内外两种形式的特点。

从企业内部关系上看，自发罢工涉及的是劳动者的外部压力，劳动者只要停工便会给用人单位带来财产损失，为了增加压力，我国的自发罢工往往具有一定的突发性，有时甚至是随意性。我国对于自发罢工的高容忍态度，使自发罢工发动成本极为低廉。在本田自发罢工中，只是两个员工打辞职报告后，需要依法等待30天，便发动了震惊全国的罢工案，造成用人单位近10亿元的损失，自发罢工中员工与用人单位的损失是高度不对称的。自发罢工的目的是迫使企业在巨大的财产损失面前做出让步。长期以来，群体争议的发动者，首先让对方进入"财产主动给我，还是白白损失"的选择题（董保华，2017b：46）。在常德自发罢工案中罢工组织者主动公布企业1 000万元的损失。东航返航案发生后，飞行员跳槽案中代理律师公开威胁"如果双方关系持续紧张，以后难保还会发生类似事件"①。另一名飞行员的代理律师则说得更直截了当："创纪录的索赔，必然引发创纪录的返航。"这是两个近乎威胁的警告。分析2011—2013年的统计材料，员工清楚地知道，自发罢工只要不涉及政府利益，通常不会受到特别明显的制裁，这是由于这类自发性罢工本身是建立在一个缺工的环境下，劳动者有着较强的议价能力。

从企业外部关系上看，自发罢工还涉及劳动关系以外的当事人，劳动者除聘请律师，寻求媒体支持外，最重要的是通过上访等具有社会压力的方式寻求政府支持。伴随上访，罢工者往往将罢工与各种示威、抗议形式相结合，从而使内部问题社会化（董保华，2017b：46）。静坐、抗议游行的方式是较为温和的方式，堵铁路、堵国道、堵桥梁等是比较激烈的方式，两者的目的其实是一样的，都是以产生损失的方式，从社会影响上达到向政府施加压力的目的。在向政府施加压力的同时，有时也挑战政府的权威，群体劳动争议只有在这时才可能受到公权力的制裁。分析2011—2014年的统计材料，堵路、堵桥的激烈方式是下降的，静坐、游行的温和方式是上升的。虽然目前我国的《集会游行示威法》中对于游行的审批流程有着极为严格的规定，但这并没有阻止类似集体"散步"事件的发生。与"抗议游行"一同增加的还有"静坐"这种形式。随着80后、90后劳动者成为劳动力市场中的主力，相较于上一代劳动者来说，由于受教育水平较高，他们在群体性争议中往往会表现得更加具有策略性（李盛楠，2016：54）。

（三）集体协商与社会压力的悖论

我国集体协商争议是一种利益争议，劳动领域中的群体争议既有权利争议，也有

① 《3·31返航事件背后：创纪录的索赔，必然引发创纪录的返航　飞行员与航空公司积怨调查》，《法制日报》2008年4月13日。转自搜狐网：http://news.sohu.com/20080413/n256258792.shtml，2022年12月2日访问。

一部分是利益争议。自上而下、自下而上，下是指员工，上是指政府，两者的目标都指向政府，通过政府行为对企业施加压力。两者的区别在于前者是政府的主动行为，后者是政府的被动行为，由此也产生了协商与压力之间的悖论。

从社会法意义上的"有协商无压力"看，我国"自上而下"的集体协商流于形式，产生了一种特殊类型的"先协商后压力"的形式。在大部分国家中，集体协议一经达成，工会就不会再发动罢工，我国劳动者自发罢工完全不受集体合同的制约。《人力资源与社会保障事业发展统计公报》的数据显示，截至 2012 年，我国集体劳动合同数量已从 2009 年的 70.3 万份增加至 131.1 万份，集体劳动合同覆盖人数也从 2009 年的 9 400 万上升至 1.45 亿人。①但与此数据形成鲜明对比的是，以罢工为主要形式的集体行动争议在这些年份中却在逐年增加(董保华，2017b：46—47)。如果我们以加薪这一典型的利益争议事由来观察，工资专项集体协议自 2010 年至 2013 年，也呈现连年递增的态势，2011 年实现跳跃式的增长，环比增长幅度达到了 70%。②然而，从 2011 年到 2015 年作为劳动领域体制外的群体争议是持续上升的，并没有因为工会系统大力推行集体协商制度而有所放缓。"自上而下"的"前协商"中已经包含了政府的主动作为，"自下而上"的"后压力"一定要突破"前协商"，通过政府的被动作为向企业施加压力。

从法社会意义上的"有压力无协商"看，在我国"自下而上"群体争议中通行的是不经协商便使用自发罢工的压力手段。为了将这种无序的压力形式导入国家规定的集体协商中，我国做出了"先压力后协商"的规定，我国工会法第 27 条有具体规定："企业、事业单位发生停工、怠工事件，工会应当代表职工同企业、事业单位或者有关方面协商，反映职工的意见和要求并提出解决意见。"这一规定是希望将法社会意义群体争议那种"有压力而无协商"的形式，纳入社会法意义工会集体协商的轨道(董保

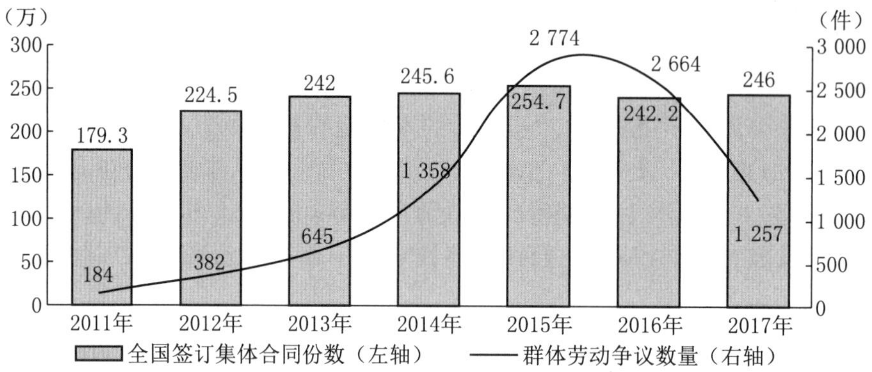

图 14.1　2011—2017 年全国签订集体合同份数与群体劳动争议数量③

① 2010 年度与 2014 年度《人力资源和社会保障事业发展统计公报》。

② 对 2010 年至 2015 年《中国工会统计年鉴》的相关数据整理。中华全国总工会政策研究室编：《中国工会统计年鉴 2010》至《中国工会统计年鉴 2015》均为第三部分，中国统计出版社出版。

③ 资料来源：《中国劳动统计年鉴 2018》，中国统计出版社 2019 年版，笔者整理。

华,2017b:46)。这种规定是建立在群体争议中分散的、需要有人代表的状态下,这与当前的群体性事件已由自发松散型向组织型方向发展的现状完全不符合。在部分罢工事件中工会试图介入劳动者自发罢工,会遭到罢工员工强烈抵制,以致发生劳动者与工会的冲突的情形,这种"有压力而无协商"的形式基本上是无法嫁接到那种"有协商而无压力"形式上去的。

通过 2011—2017 年全国签订集体合同份数与全国群体性劳动争议数量的对比观察,可以发现两者基本上没有相关性,以"有协商无压力"方式签订的集体协议对于那种"有压力无协商"群体争议没有约束力,不会产生和平义务。这种情况在世界各国极其少见。我国自上而下逻辑是由我国工会高入会的组织性团结特点决定的,由此产生了有协商无压力的情形,对于组织压力下产生的协议员工并没有真心认同,员工"可有可无"的态度往往被夸大宣传为"可有",甚至于"渴望拥有";自下而上逻辑是由员工对工会组织的高游离特点决定的,这种游离行为产生了有压力无协商实用性团结,当员工对原来协议态度转化为"可无"时,官方很难以这样的协议来约束员工的行为。可见,只有认识我国工会"高入会""高游离"的特点,才可能理解我国利益争议悖论。

二、团体社会:社会性法的悖论

《工会法》的双保护与《劳动合同法》单保护格局,形成工会关系的悖论,发展成社会性法"高入会"与法社会"高游离"的相伴关系。"劳动者归属感缺失群体争议增加,但工会组织扩容群体争议并不减少"这一现象是这一悖论的表现形式。我国工会国家化的定位,使其具有政治组织的特点,其职责超出劳动关系,工会关系的悖论具有社会性法的特点。

(一) 高入会视域中的集体协商

社会性法高入会的组织特点与自上而下的运作方式相结合,使我国的集体协商有不同于西方的制度安排。中国工会已经有 80 多年发展历史,形成合作、稳定等基本价值,基本职责是维护职工合法权益。我国的"入会"有团结的象征意义,员工因此而具有政治组织的归属感,我们可以称之为"组织性团结"。尽管中国工会会员人数不断攀升,但是有些会员实际上是"被组织"乃至"被统计"进去的。在现实当中,有相当数量的"会员"并不了解工会,甚至部分会员连自己是不是工会会员都不知道(常凯,2005)。有工会组织无集体行动、有集体协商无社会压力、有对内自律无对外代表,利益争议权利争议化构成了组织性团结的基本特点。

在团结权的认识上,中国工会是中国共产党领导的职工自愿结合的工人阶级群众组织,"阶级性"与"群众性"构成了会员的广泛性,我们可以称之为组织性团结。中华全国总工会不仅是世界上规模最大的工会组织,也是当今国际上最大的群众组织,入会率高、规模大是我国工会的典型特征。改革开放以来,中国工会有了长足的进步，进入21世纪以来，我国工会会员人数一直呈现上升趋势，近年来，中国工会会员的绝对人数每年以超过千万的速度增长。2003年工会会员为1.23亿，到2008年已经发展2.09亿人，170多万个基层工会，而截至2017年已发展至3.1亿人，280多万个基层工会。2009年底，全国工会会员总数达到2.26亿人，全国基层工会组织有184.5万个，涵盖法人单位395.9万个。2010年9月底，总共签订的集体合同为140.8万份，覆盖企业和职工数分别为243.9万个和1.85亿人。截至2011年年底，全国基层工会达到了232万个，比2003年时增长了360万个，全国工会基层组织覆盖单位将近530万家。当前的企业建会率为96.44%。有关资料显示，会员人数还在以较大的速度增长。高入会也决定了组织性团结必然以高稳定作为价值基础来协助执政党稳定社会。

（二）高游离现实中的群体争议

法社会的群体争议是一种自下而上的争议形式，实用主义团结以高游离为基本特点，有更强的流动性，其行为更少受到因“稳定”而形成的自我约束影响（蔡禾，2010：39）。如果说“入会”是寻找归属，“游离”是寻找自由，两者在几乎所有的方面都有相反的特质。正是在这种游离中，利益争议出现了权利争议化，往往会被包装成权利受侵害的形式来呈现。有集体行动无工会组织，有社会压力无集体协商，有对外代表无对内自律，从这三个现象出发可以来解读群体争议带来的影响。

在团结权的认识上，“入会”与“游离”作为两个相对应的概念，我国在群体争议出现了有集体行动无工会组织的情形，一些社会学者将这种无工会组织的团结称为“实用主义团结”。组织性团结强调的是“有组织”，实用性团结实行的是“无组织”。由80后、90后构成的新生代农民工日益成为农民工的主体，随着时间的推移，这代农民工也成为高游离的主要力量。有学者基于珠三角新工人集体行动案例的分析，得出“实用主义团结”的概念。工人的团结行动未必形成于生产之中，具体的制度安排、生产之外的实践和身份认同，都有可能塑造工人的抗争政治。“实用主义团结”所指的主体相对于“国企老工人”而言，是在改革开放之后从农村进入城市务工，从未经历过改革之前的阶级话语和工厂集体生活的农民工（汪建华，2013：206、207）。这些农民工并没有“集体团结”的概念。

这一代农民工的最大特征是他们不再只是把打工作为提高农村生活质量的手段，而是希望通过打工来改变自身的命运，实现人生的“梦想”（蔡禾，2010：39）。与组织性团结犹如泰山般的庞大体量相比，实用性团结更像一叶轻舟。在争议权的认识上，对于一个能够将社会群体动员起来投入罢工中的集体行动来说，如何形成一个有利于进行社会动员的“共同理由”是关键。从理论上说，只有利益争议特别是加薪的要求才会导向签订集体合同；在现实生活中，一个权利被侵犯的理由虽然不能导向签约，但有时比签订集体合同更能引起社会同情。对于“新生代农民工”而言，法律仅仅是一种工具，可以被工人用来号召、鼓动其他工友的反抗行动（汪建华，2013）。行为方式上，前者的稳定迂腐与后者的灵活实用恰成对比。组织性团结强调归属的价值，实用性团结则更强调自由的价值，这种自由也体现在他们的行为方式上。

(三) 高入会与高游离背后的悖论

在社会法中，我国对团结权的保留说明我国对于自上而下的工会组织有着自己独特的理解。全国总工会曾经在其章程中将自己定义为“政治团体”，在大部分国家只有政党才称“政治团体”，如英国的工党。在社会各界的质疑下，这种看法虽然最终未完全被现行的《工会法》采纳，但留有较重的痕迹，2022 年 1 月 1 日开始实施的《工会法》强调“保持和增强政治性、先进性、群众性”。在中国，工会是作为执政党联系群众的纽带而存在的，可以说是一种准“政治团体”，也可以说是一种政治学意义的人格，不受结社权的限制。这种超越结社权的特殊政治地位使其不同于世界上大部分国家的工会，必然形成某种以双面代理为特点的双保护结构。

在法社会中，实用主义团结体现了劳动者自下而上的要求，这种要求是希望代理能以单面方式来进行，这也是法理的基本要求。《劳动法》《工会法》的不同视角，说明劳动者对于工会组织自下而上的要求也是符合社会上大部分人对于工会的理解。《劳动法》第 7 条更多的是从法律人的视角来进行规定：“工会代表和维护劳动者的合法权益，依法独立自主地开展活动。”《劳动法》的表述与《工会法》有很大的不同。工会法认为工会应当有四项职能，其中维护职能只是四项职能之一，而《劳动法》则将维护职能作为唯一职能；工会法在维护职能中也体现了双维护，既维护全国人民总体利益，又维护职工的合法权益。全国总工会参与了《劳动法》《工会法》的制定工作，但从参与程度上来看，《工会法》深入得多，几乎是主要起草者。这两种表述多少可以看出社会各界对工会的定位与工会自身要求定位之间的差异。全国总工会领导与全国人大常委领导的兼职安排，决定了需要修改的恰恰是《劳动法》的制度逻辑，而非《工会法》的制度逻辑。

三、社会法分层理论在我国的提出

《劳动合同法》立法过程的争论被官方概括为单方保护与双保护的争论，事实上在我国原《劳动法》中并不存在双保护的观点，有的只是倾斜保护理论。工会应当保护劳动者利益，单保护本是一种工会常态，我国的特殊的立法体制使工会法出现双保护的思维，作为一种弥补，全国总工会推动劳动合同关系实行单保护原则。面对这样的悖论，笔者提出了社会法分层理论，试图缓和社会法与法社会冲突而产生的制度扭曲的程度。

(一) 分层理论的形成过程

分层保护是弱者理论、倾斜理论的一种理论延伸，三者形成一个整体。分层保护坚持原《劳动法》的基本逻辑，必然与《劳动合同法》体现的单方保护逻辑发生一定的碰撞。笔者不赞成劳动合同法按“锦上添花”的思路制定，而主张以“雪中送炭”的思路制定(董保华，2006a)。分层理论是倾斜保护的一种逻辑延伸，必然与劳资冲突理论相悖,这种理论冲突其实是社会权利型保护机制与政治权力型保护机制的冲突。

从 21 世纪开始,工会系统内部开始形成了一种不同于 20 世纪末的认识。对单个企业进行交涉难以解决的诸多案件,采取政治解决的方式被视为更为有效,工会要求从根本上提高会员的经济地位,进而要求强化政治功能。全国总工会和地方工会被整合进了同级党政及立法机构当中,它的力量源于它在党政或立法系统中的制度性地位。①随着工会组织的领导兼任全国人大常委会副委员长②的体制确立,工会组织加强了参政议政以及立法活动。2005 年 12 月,中华全国总工会出台《关于加强协调劳动关系,切实维护职工合法权益,推动构建社会主义和谐社会的决定》,确定了工会维权的基本思路。在工会组织的推动下,劳动合同立法作为继《劳动法》之后又一次高级别立法而引起了各方的关注。2006 年 3 月 20 日,我国劳动合同立法进入了关键时期,全国人大常委会办公厅发布《关于公布〈中华人民共和国劳动合同法(草案)〉征求意见的通知》(以下简称《通知》)。《通知》希望全社会各界及媒体等参与对《中华人民共和国劳动合同法(草案)》的讨论,可以采用各种方式讨论并向全国人大常委会提交意见。

笔者认为,工会法与劳动法的制度安排出现了错位,依据《通知》,笔者在第一时间向全国人大提交了一份长达 15 000 字的修改意见,2006 年 3 月 22 日《第一财经日报》将这一意见称为"万言书"③。早在 2005 年笔者已经出版了《劳动合同研究》一书,从学术研究的角度对我国劳动合同立法进行了完整、系统的制度研究,并对我国正在内部起草的劳动合同法提出了较为具体的建议,公开发表了一系列文章。④当时我国工会尚未提出"政治性、先进性、群众性"的排序,但《劳动合同法(草案)》已经有类似的倾向。笔者将其评价为"贵族法""观赏法"(董保华,2011a:40—42)。笔者认为,《劳动合同法(草案)》由于对劳动者缺乏分层的思想,过分地向中上层劳动者进行倾斜,实现锦上添花,忽视了对底层劳动者的雪中送炭,而其代价是有可能使企业丧失灵活用工的机制,《劳动合同法(草案)》可以说是对中国劳动问题开错了药方。笔者提出了低标准、广覆盖、严执法的思路。

劳动法的适用范围应当从狭窄到宽广。当今社会阶层结构呈现出向多元化现代化发展的趋势,已经不再是原来的"两个阶级一个阶层"的结构,而出现了十个阶层。⑤我们对经理、专业技术人员、产业工人,以及最底层的无业、失业、半失业人员这

---

① 根据中华全国总工会的统计,2009 年在全国县及县级以上地方工会有正副主席 9 972 人,其中担任同级党委常委的 683 人、同级党委委员的 1 119 人;担任同级人大副主任的 860 人、同级人大常委的 1 743 人;担任同级政协副主席的 173 人、同级政协常委的 1 018 人;担任同级其他党政副职的 364 人(许晓军、吴清军,2011)。

② 王兆国,中华全国总工会主席,第十一届全国人大常委会副委员长、党组副书记。

③ 《劳动合同法草案立法组成员准备递交万言书》,《第一财经日报》2006 年 3 月 22 日。

④ 主要有:《锦上添花? 雪中送炭? 我们应该要一部什么样的〈劳动合同法〉》,《第一财经日报》2006 年 3 月 31 日;《劳动合同立法平衡点的选择》,《中国新闻周刊》2006 年 4 月 18 日;《企业的冬天是不是劳动者的春天》,《第一财经日报》2006 年 5 月 26 日;董保华,2006a;董保华、杨杰,2006。

⑤ 其中,"两个阶级一个阶层"是指工人阶级、农民阶级和知识分子。十个阶层是指:国家与社会管理阶层,经理阶层,私营企业主阶层,专业技术人员阶层,办事人员阶层,个体工商户阶层,商业服务人员阶层,产业工人阶层,农业劳动者阶层,城乡无业、失业和半失业人员阶层(陆学艺,2006)。

四个阶层进行分析。他们形成了一个金字塔形的结构。有人将其戏称为:"金领"①"白领"②"蓝领"③"无领"④。这四个群体利益各异,制度设计时也会发生冲撞。对中上层劳动者具有保护作用,有时对底层劳动者则会带来一定的冲击,制度设计时显然需要取舍。

劳动法的调整方式应当从单一到综合。社会领域作为私域与公域之间的互动领域。国家的有形之手,有时会越过传统的公域界限,个人的利益有时会提升出传统的私域界限。现行劳动法对我国劳动关系实行了一种三个层次的调整模式。宏观上,国家通过规定最低工资、最高工时等一系列倾斜立法,实现底线控制,以保护劳动者最基本的生存利益,让出了劳动关系当事人的协商空间;中观上,通过集体合同调整集体劳动关系,由用人单位和劳动者进行集体协商,劳动者可以通过"用手投票"的形式调整自身在劳动关系中的权利义务;微观上,通过劳动合同调整个别劳动关系,法律承认企业人力资源管理的自主权,当劳动者对用人单位的管理无法接受时可以"用脚投票"(董保华,2006c:63)。在这三个层次中,基准法是公法性的,劳动合同是私法性的,集体合同是最具社会法特征的内容。

适用范围与调整方式的结合应当采取分层适用的模式。具体到劳动合同法公开讨论的草案来看,依锦上添花的思路,十个阶层中地位越高的获益越大,层次越低获益越少,最底层的城乡无业、失业和半失业人员即"无领"阶层在锦上添花的思路当中是不被保护的,草案是从产业工人以上开始保护的。从产业工人"蓝领"阶层往上看,越是上层保护越多,专业技术人员"白领"阶层保护得比产业工人多,例如竞业限制、违约金和服务期等,而最上层的经理的"金领"阶层在这个稿子中被保护得最充分。如总经理经营不善,造成企业亏损,董事会可以根据公司法免除这个总经理的职务,但不能免除他劳动合同法意义上的总经理,按照当时公布的草案,不能对其进行绩效考核、不能调岗、不能调薪,这种保护可谓世界罕见(董保华、邱婕,2006:23)。

"锦上添花"和"雪中送炭"两种思路的区别就在于:锦上添花是"去尾",保护重心上移;雪中送炭是"掐头",保护重心下移。在这场大讨论开始时,一位记者这样评价:"《劳动合同法(草案)》倾向劳动者的立场获得了非常多的赞誉,而反对的声音几乎没

① 以经理、高管为代表的"金领"阶层由于其与用人单位的议价能力较强,总体上不应适用以倾斜立法为特征的劳动法调整体制,否则就会有保护过度的可能。

② 以专业技术人员为代表的"白领"阶层,是中国目前流动率较高的一个群体,这一群体更在乎企业为其提供的发展空间,这一群体具有较强的用脚投票的能力,是劳动者主动跳槽较为频繁的一个群体,这也是劳动法中保留私法调整手段的主要原因。

③ 在产业工人为代表的"蓝领"工人中,农民工已经成为其主体,这一群体的主要矛盾是工时、工资问题,在加班时间、加班工资、最低工资保障方面争议较大,显然一定的公权力介入只要突破口选择正确,是有助于化解矛盾的。从长远来看,这一群体也集中体现了社会化大生产的特点,也是今后集体谈判的主要群体。集体谈判建立的是用手投票的机制。对于这一群体而言,加强最低工资、最高工时等劳动基准的执法,显然是最为必要的。

④ "无领"阶层往往是一些临时用工、非正规就业以及大学毕业生的见习。解决这一群体问题的根本措施是扩大就业。在扩大就业的同时对欠薪保障、安全生产等最紧迫的问题能够加强治理。对于这一群体而言,种种非正规就业的保障与规范显得尤为重要。

有。”然而，“今年3月20日，全国人大办公厅公布《劳动合同法(草案)》。两天后，董保华教授在媒体发表文章，旗帜鲜明地表达了他的反对意见。”(吴飞，2006)在劳动合同法公布后，似乎劳动合同法大讨论应当结束时，又有一份杂志称，“华东政法学院劳动法教授董保华是最早发起并不断坚持这种声音的，他认为中国的劳动关系确实生病了，但这不代表为它开出的药方都是能治病的”(刘涛、王琦，2008:60)。笔者提出“劳动者分层保护说”，从而使弱者理论、倾斜理论进一步发展为分层理论。

(二) 分层理论的历史背景

列宁曾经说:“工会建立得不好或工作犯错误，那我们的社会主义建设就必然遭到大灾难。”[①]20世纪50年代以来，东欧的一些社会主义国家不断发生动乱。1953年夏，民主德国几万名工人上街，并与政府发生了暴力冲突；1956年夏，波兰波兹南地区发生了大规模的工人骚乱，工人群众同军队发生了冲突，造成严重的流血事件；1956年秋，匈牙利爆发了震动所有社会主义国家的“匈牙利事件”(王伟光，2005)；1980年波兰“团结工会”旗子一举，拥有1 300多万会员的原工会迅速垮台，近千万会员纷纷加入“团结工会”；直至最后苏联解体，以及东欧出现的一些政治、经济体制的根本变化，这一系列的演变尽管有非常复杂的原因，但是苏联与东欧的一些国家对工会一直按双保护[②]理论来建设，在维护工人合法利益上注意不够，“工会官办色彩太浓”至少是致命的原因之一。

我国《劳动合同法》起草前，底层劳动者为讨薪而采取各种极端行动的报道时有出现在各类媒体，反映出劳动者的利益缺乏合理的关注，成为社会矛盾较为尖锐的根本原因。全国总工会并未反思自己的定位，更多的是通过强行政管制的立法，希望威权体制来解决这些社会问题。2005年劳动关系暴露出来的问题促使全国人大常委会正式启动立法工作。劳动合同法是一次破纪录的立法，从《劳动合同法》影响范围的广度来看，其不仅在国内引发激烈讨论，更是在国际上掀起了轩然大波；从其影响的深度来说，不仅在劳动法学界引发了激烈争论，更是波及社会的各阶层；从其影响持续时间来看，从草案征求意见开始一直延续到《劳动合同法》公布实施，从来没有停止过(刘涛、王琦，2008)。所谓“单保护与双保护”的提法背后是一场围绕着标准劳动关系调整方式展开的讨论，全国总工会在我国特殊的地位[③]，在整个立法过程中起到的巨大的推动作用，我们可以从程序、内容、事件三个方面来进行回顾。

从立法程序上看，对于立法最具影响力的无疑是公开征求意见。从立法机构收到的意见数量上来看，从2006年3月20日开始，到2006年4月20日截止，在短短的一个月内，全国人大共收到各地的人民群众意见191 849件，这一数字在新中国立

---

① 《列宁选集》第4卷，人民出版社1972年版，第589页。

② 列宁提出的“双保护”的理论:“利用这些工人组织来保护工人免受自己国家的侵犯，同时也利用它们来组织工人保护我们的国家。”(同上书，第408页)按照这一理论，工会并非社会组织而是政治组织。

③ 由全国人大常委会副委员长、党组副书记兼任中华全国总工会主席。

法史上仅次于第一部宪法——1954 年版《宪法》。[①]一些媒体[②]和学者[③]都强调了这次征求意见的重要性:“是劳资双方博弈下立法走向公平正义的过程。”[④]这种征求意见确实在很大程度上是一次“预投票”,决定着立法走向,全国人大与全国总工会的特殊关系[⑤],决定了这次“预投票”的特点。在劳动合同法起草的问题上,早在 2005 年,全国总工会就成立了由各相关部门负责同志参加的“参与劳动合同立法协调领导小组”[⑥]。在两年多的内部起草过程中,全国总工会参与劳动和社会保障部、国务院法制办、全国人大常委会法工委、全国人大法律委等机关、部门组织的有关劳动合同法起草、研讨、论证、修改等各类会议 30 余次,提出修改意见建议上百条,绝大多数得到了立法机关的认可和采纳,并在法律条文中给予体现。[⑦]笔者虽在公开讨论的第一时间提交了唯一的不同意见,[⑧]但法律已经基本定型,笔者当时就已经知道不可能被采纳。[⑨]

从立法内容上看,《劳动合同法》是社会氛围的产物,总理为农民工讨薪拉开了劳动合同立法的帷幕。然而,全国总工会作为可以发布官方数据的机构,其当时公布的资料却显示,2004 年以前全国进城务工的新生产业大军(农民工)被拖欠的工资在 1 000 亿元左右,全国农民工的数量有 1 亿人左右,即每名农民工平均被拖欠 1 000 元左右,即近 70%的农民工有过被拖欠工资的经历(郭爱萍,2006)。全国总工会得出了农民工被普遍欠薪的结论,意在强调劳动法承认市场经济的灵活用工,事实上已经被用人单位滥用,由此得出整个劳动关系已经沦为侵权关系的结论,这一观点可以说对整个劳动合同立法产生了最直接的影响。这种“平均”本身是不科学的,主要在

---

① 在当时创造了一个单行法规征求意见的最高纪录。在一个法制并不发达的国家一部单行法的公开征求意见达 191 849 件其实并非一件正常的事情,远远超过在此之前的另一个争议极大的法案《物权法》,物权法草案征求意见时,收到群众意见 11 543 件。

② “《劳动合同法》收到 19 万条意见,从来没有哪部法律中的利益博弈表现得如此明显。”(汪伟,2006)

③ “各方力量参与博弈,在劳动合同法的制定过程中表现得尤其明显。”“而各方意见都能得到充分表达,并经过争论,制定的法律才能更完善。”(常凯,2007b)

④ 《专家谈劳动合同法劳资博弈下的公平立法》,载 http://roadfar.blog.sohu.com/54031035.html, 2010 年 5 月 11 日访问。

⑤ 由全国人大常委会副委员长、党组副书记兼任中华全国总工会主席。

⑥ 《全总部署工会参与全国人大劳动合同法(草案)公开征求意见工作的提纲》也称:“全总高度重视,全程参与了这部法律的起草和有关调研论证工作,并代表工会和广大职工提出了一系列意见建议。”在劳动合同法起草的问题上,早在 2005 年,全总就成立了由各相关部门负责同志参加的“参与劳动合同立法协调领导小组”,并责成全总法律工作部具体承担参与劳动合同立法的任务。

⑦ 《全国总工会通报劳动合同法立法过程(实录)》,来源:人民网 2007 年 7 月 2 日,载 http://news.enorth.com.cn/system/2007/07/02/001749269.shtml, 2010 年 5 月 11 日访问。

⑧ 2006 年 3 月 20 日,全国人大常委会办公厅发布《关于公布〈中华人民共和国劳动合同法(草案)〉征求意见的通知》(以下简称《通知》)。《通知》希望全社会各界及媒体等参与对《中华人民共和国劳动合同法(草案)》的讨论,可以采用各种方式讨论并向全国人大常委会提交意见。2006 年 3 月 22 日《第一财经日报》报道称收到笔者正准备向全国人大提交的一份长达 15 000 字的“万言书”。这一报道使社会开始了解,在对劳动合同法的一片赞誉声中存在着一种批评意见。

⑨ “今天,反对《劳动合同法》立法,我依然是孤独的!”“董保华说:我只不过是知其不可为而为之。”(吴飞,2006)事后笔者更被指为代表资方立场而受到批评。(董保华,2011a:90—96)

雇佣关系中产生的拖欠问题，被平均入劳动关系，从而推动针对劳动关系的立法。

从立法结果上看，当时的中央电视台有一篇报道《劳动合同法诞生记：黑砖窑案助其全票通过》①，说明了《劳动合同法》的全票通过与突发事件有很大的关系。黑砖窑发生在山西并由劳动保障部、公安部、全国总工会联合工作组处理的事件。②2007年6月22日根据劳动保障部、公安部、全国总工会联合工作组的联合调查，黑砖窑主承担了刑事责任。③两天之后，全国人大常委会组成人员在2007年6月24日下午在分组审议劳动合同法草案时，工会代表强烈抨击山西"黑砖窑"事件，并提出要尽快通过劳动合同法，通过这部法律和其他相关法律的实施，切实保护劳动者的合法权益，严防类似刑事犯罪的发生。在一片"黑砖窑的一些违法用工情况，劳动合同法都可以管住""这一法律规定好似针对'黑砖窑'事件设计的一样，具有很强的前瞻性""让这个法尽快实施，发挥应有的作用"的议论声中，于是，之前备受争议的劳动合同法获得"146名出席者，145票赞成，1人未按表决器"的高票。一起突发事件为我们留下了一部重要的法律(董保华，2009a)。

由全国总工会主导的程序、内容、事件最终形成了一种合力。2007年7月《劳动合同法》公布后，全国人大法工委将"立法宗旨"概括为单保护与双保护的争论，并明确"应当旗帜鲜明地保护劳动者的合法权益"④。一些学者据此宣布了"单保护"理论的胜利。"最终该法没有采纳所谓'双保护'的提议，而只是在第一条规定'保护劳动者的合法权益'。"(周长征，2010：142)在全国总工会的力推之下，《工会法》的双保护与《劳动合同法》单保护格局最终形成。

(三) 分层理论面临的挑战

20世纪80年代开始，完善社会权利型保护机制提上议事日程，工会改革的呼声渐高。在《工会法》修改过程中，维护职工合法权益作为工会的基本职责，2001年修改后的《工会法》较1992年《工会法》第2条增加了"中华全国总工会及其各工会组织代表职工的利益，依法维护职工的合法权益"；第6条增加了"维护职工合法权益是工

---

① 《劳动合同法诞生记：黑砖窑案助其全票通过》，央视《经济半小时》2007年12月27日。

② 2007年6月5日，大河论坛出现一个题为——《罪恶的"黑人"之路！孩子被卖山西黑砖窑　400位父亲泣血呼救》的帖子，帖子以400位河南籍父亲的口吻陈述：他们的孩子被人贩子拐骗，以500元一人的价格卖到山西的黑砖窑做苦工。帖子里描述了黑砖窑苦工受到的惨无人道的待遇和窑主令人发指的行径。但由于这些黑砖窑都在大山深处，再加上窑主们"消息灵通"，当地公安机关和政府又管理失位，致使解救起来难上加难。

③ "黑砖窑"事件中被拐骗的174人，被强迫劳动的185人，还有智障人员65名；现确认童工12人，另外9人年龄正在核实中。到22日为止，山西"黑砖窑"事件共立刑事案件15起，涉案55人，刑事拘留犯罪嫌疑人35人，其中10人被批捕，另有20人在逃，警方正对其全力追捕。另外，全省还行政拘留24人，其他治安处罚38人。

④ "劳动合同法的立法宗旨是保护劳动者的合法权益，还是保护劳动者和用人单位的合法权益？也就是说，是'单保护'还是'双保护'，是劳动合同立法中一个'焦点'的问题。在公开审议中，一种观点认为，劳动合同法应当体现'双保护'，既要保护合法权益，也要保护用人单位的合法权益。""但是多数意见认为，应当旗帜鲜明地保护劳动者的合法权益。"(信春鹰，2007：3)这是全国人大法工委在第一时间编写的释义丛书。

会的基本职责”，“通过平等协商和集体合同制度，协调劳动关系，维护企业职工劳动权益”。笔者在2000年前后，也对我国集体劳动法的状态提出了批评，并提出了一些自己的看法：《集体合同立法模式的比较》(1999)《试析集体合同的主体与法律责任》(2000)《论我国工会的职业化、社会化和行业化》(2002)①。笔者认为，我国的工会立法，不仅要解决工会干部的保护问题，更要从机制上解决我国普遍存在的工会干部不为工人讲话、办事的问题(董保华，2001c：8)。工会改革在坚持党的领导的前提下，可从职业化、社会化、行业化和民主化四个方面入手，进行制度调整。

2000年后，中国工会的组织力量得到了巨大增强，工会在立法、协调劳动关系以及在整个行政管理体系的制度性地位方面，都得到了前所未有的发展。②工会强化了准行政机构的特点，现实生活中工会组织的设立方式、经费来源或是工会干部任免，与底层劳动者之间缺乏必要的联系纽带，而与企业管理者的关系极为紧密。无论工会如何宣传，工会体制改革的停滞，对于劳动者来说，必然使“雪中送炭”的思路事实上转向“锦上添花”制度安排。两种思路背后是社会权利型保护机制与政治权力型保护机制的冲突。

从政治权力型保护机制来看，与国家管制相联系。总理为农民工讨欠薪在中国的现实政治生态中，具有很强的暗示意义。事后看来，两种解读构成了劳动合同法争鸣的主旋律。一种认为，总理为农民工讨欠薪体现的是一种对社会底层劳动者的关注，劳动合同立法应当体现分层保护的思想。另一种认为，这一行为标志着我国劳动关系已经全面紧张，总理代表的是一种行政权，应当得出公权力全面介入，以限制资本的结论。这两种观点也反映在劳动合同立法的指导思想上。前者会强调维持原劳动法倾斜立法的权利型模式；后者要改变劳动法原有的指导思想，强调一种单方保护的权力型模式。对于劳动行政部门的行政权以及工会组织的准行政权而言，在前一种理论的理解中，两者都应当予以下沉，工会组织还应当转变职能。在后一种理论的理解中，两个机构都可以在保持现有职能的情况下，得到组织膨胀。两种观点对两个部门利益有不同的影响，当这两个部门对于立法有主导权时，立法的结果可想而知。

从社会权利型保护机制来看，与社会自治相联系。倾斜保护代表的是一种权利型的保护机制。庞德曾经强调：“我们主要是通过把我们所称的法律权利赋予主张各种利益的人来保障这些利益的。”(庞德，2010：47)在劳动合同法之前，我国管治与自治以倾斜保护方式相结合，由于国家只是守住底线，“劳动关系协调的合同化”调整方式使双方争议具有合同争议的基本特点。当时的劳动争议案件是当事人在信赖基础上产生自下而上纠纷，只有在分享的信赖基础破坏时才会发生争议，权利型模式争议解决机制是以恢复合同共识为目的，因此可以称之为分享争议。劳动争议的发生与经济周期保持了同一方向，我们可以称之为顺周期模式，尤其是1998—2004年两者

① 笔者后续增加了“工会的民主化”(董保华，2003b：7)。

② Jude A. Howell, “All—China Federation of Trades Unions beyond Reform? The Slow March of Direct Elections,” *The China Quarterly*, 196, 2008(转自许晓军、吴清军，2011)。

不仅保持了同一方向，而且两者保持了同步增长。从社会问题的角度来看，除了劳动执法有待加强外，工会组织脱离底层劳动者是主要问题。我国集体协商争议是相对集体合同争议而提出的概念，作为当时推行集体合同的一种配套措施，现实生活中，这类争议极少发生本身说明制度安排已经失效，这与我国集体协商采取“自上而下”的方式有关。在制度安排之外我国却出现了一类“自下而上”的压力形式，未经协商便采取了抗争形式（董保华，2017b：45）。对于已经出现的社会矛盾，在强化执法时，更应当强调改变工会职能。

单保护强调权力型的保护机制，基本理据是全国总工会强调的70%的农民工有过被拖欠工资的经历。其实，全国进城务工的新生产业大军（农民工）平均被拖欠1 000元左右的计算方式并不科学。中国的用工关系可分为受劳动法调整的劳动关系，以及基本上没有法律规范的雇佣关系。就劳动关系而言，2004年广东开始出现民工荒，深圳民工缺口约40余万人，东莞缺口约27万人①，农民工的议价能力开始加强。另据中国劳动力市场信息网检测中心的一份《江苏、浙江、福建、广东等地劳动力市场呈现出缺工现象》显示：江苏、浙江、福建、广东等省的12个城市在2004年第二季度的用工需求为108.7万人，同期劳动力市场求职人数仅70.4万人，缺口达38.3万人（徐友龙、潘海平，2004）。我国劳动者具有单方辞职权，在一个民工荒的环境下，是不可能发生大规模欠薪的。欠薪行为主要发生在建筑领域，是以年为支付报酬惯例的雇佣关系中发生的情况。如果真如全国总工会所说70%的农民工有过被拖欠工资的经历（郭爱萍，2006），只能说明雇佣关系的比重太高，应该得出低标准、广覆盖的结论，这正是分层理论的结论。可惜，不仅数据的发布，数据的解释在我国都是以自上而下的方式来进行的，当问题与答案出现倒置时，分层理论试图改变这种情形。

第二节　历史视域：契约与身份的融合

从历史逻辑上看，梅因爵士所谓近代社会人们“从身份到契约”运动，与之相伴随也出现了从原子社会到团体社会的过程。劳工运动与其他社会运动的发展，在“从身份到契约”与“从契约到身份”的一般路径之外，契约与身份出现了渗透与互动的第三条路径。

一、西方集体争议定位的演变

马歇尔曾结合“公民身份”这一概念将西方资本主义的历史发展划分为19世纪

---

① 劳动和社会保障部课题组：《关于民工短缺的调查报》，来源：劳动和社会保障部宣传中心2004年9月20日，载 http://rsj.luzhou.gov.cn/gzdt/gndt/content_299786，2018年8月17日访问。

末之前、19 世纪末至 20 世纪以及 20 世纪之后三个阶段(马歇尔、吉登斯等,2008)。结合当代政治经济学、劳动关系学、管理学以及法学理论的发展,大致可将西方对集体劳动争议的理解与研究划分为古典自由主义视角下的集体劳动争议、国家福利主义视角下的集体劳动争议,以及劳资合作主义视角下的集体劳动争议三种类型。

(一) 古典自由主义视角下的集体劳动争议

从历史上来看,集体谈判是劳资间自发形成、自主发展而来的集体确定劳动条件的方法。随着集体谈判的进一步发展,自发形成的集体谈判通过国家的立法或行政的推进等,逐步成为一项"制度"(李立新,2009:197—198)。自 18 世纪末至 20 世纪 30 年代,古典自由主义基本上一直都是西方资本主义国家主流的政治经济学思想。

近代西方资本主义国家对于劳资关系基本上是秉持着"不干涉"的态度。因为在政府看来,雇主与雇员、工会之间的纠纷主要是"利益纠纷",而"利益纠纷"是不能通过法院审判来解决的。只有当雇主与雇员、工会之间的纠纷涉及公共领域,或是卷入一些无关的第三方时,即引发了"权利纠纷"的时候,法律才会发挥作用(吕楠,2008)。加之在这一时期劳工的力量较为薄弱,工人集体行动的破坏力与威慑力有限,资本在劳资谈判中占绝对优势,因而政府对集体谈判并不过分担心。这一时期的西方资本主义国家将经济总量的增长与市场经济的安全稳定作为首要目标,更多地视劳工的集体行动为一种破坏与威胁。例如,在 1908 年洛厄诉劳勒(Lower v. Lawlor)一案中,美国最高法院援引《谢尔曼法》禁止罢工行为,理由是罢工行为给商业的自由来往造成障碍。由此可见,这一时期的西方资本主义国家对劳工的集体行动是基本持打压的态度,虽然随着时间的推移有所松绑,但工会并未完全取得合法地位。以英国为例,在 19 世纪前半期,就如罗斯玛丽·阿里斯所言,废除《反结社法》之后工人恢复了订约结社的权利,但"对工会会员的起诉仍在继续着,虽然是通过利用其他法律,以至于与除工资及工时之外的问题有关的结社和罢工在普通法中仍属犯罪性的共谋"①,刑事与民事均不免责。

(二) 国家福利主义视角下的集体劳动争议

现代意义上的集体合同是 19 世纪 50 年代后期逐步发展起来的。19 世纪 70 年代,英国陆续颁布了《工会法》《同谋和财产保护法》《雇主与雇工法》等一系列法案,规定了工会活动只要限制在它的职业范围内都不应被视为非法,也不得认定其成员犯有同谋罪。集体谈判也不再受刑法限制,集体争议中工人违反契约不应再受到刑事处罚,应交由民事法庭处理。

20 世纪初期开始的各个资本主义国家集体合同的立法,就是工人阶级斗争的胜利成果之一。新西兰是世界上最早的集体合同立法国家。在工会实力的不断壮大以

① Rosemary Aris, Trade Unions and the Management of Industrial Conflict, p.24(转自邓方媛,2015)。

及在获得合法地位的基础上积极进行集体谈判与集体行动。美国1914年的《克莱顿法》对于《谢尔曼法》做了修正，第20条特别规定，法院以及法官对一个雇员与雇主之间，或几个雇主和雇员之间，或雇员与雇员之间，或被雇用的人和正在寻找工作的人之间因雇佣条款或者条件而产生的争议，不能发出限制令或禁令。国家也不再一味偏袒雇主打压工会运动，而是开始通过调解与仲裁解决劳资冲突，扮演起劳资冲突的调解者和仲裁者的角色（柴彬，2012）。罢工在1932年的《诺里斯-拉瓜迪亚法案》中获得明示的合法地位，而1935年的《瓦格纳法》，即《劳工关系法》确定了合法罢工的基本原则，即不得影响、加重或妨害贸易的自由流通。

自20世纪30年代以来，基于凯恩斯主义以及社会民主主义的兴起，西方资本主义国家逐渐承认劳工提出的旨在变更社会财富分配方式的利益诉求的合理性。在诸多国家更是发展出源自工会力量的社会民主主义政党，并通过选举成为执政党，如英国的工党，西方资本主义国家甚至开始迎合劳工旨在提高劳动条件与福利待遇的利益诉求。西方资本主义国家在这一阶段主要以国家福利主义的方式满足劳工的利益诉求，以1942年"贝弗里奇报告"和英国开展的福利国家改革最为典型。马歇尔认为，进入20世纪，面对劳工等一些社会问题，应当通过公民权利的重构予以解决。马歇尔认为，公民权利包括了政治权利、经济权利与社会权利三方面的内容，他还提出了工业公民权（industrial citizenship, industrial rights）的概念。马歇尔主张国家应当通过制度改良使社会差异与社会地位不相关，从而进行社会整合（social integration）（马歇尔、吉登斯等，2008）。除迈向福利国家的改革之外，许多西方资本主义国家在这一时期都允许劳资之间通过集体协商来保障雇佣条件，并设立了类似于计划委员会的机构，以履行对整个经济发展的计划和管理职能，关于工人的工资水平、工作条件、福利保障等各种安排也很容易通过集体谈判的方式来解决。

（三）劳资合作主义视角下的集体劳动争议

20世纪70年代，西方资本主义国家陷入"滞胀"危机，凯恩斯主义宣告失败，撒切尔夫人与里根总统在英国与美国推行的一系列改革正是践行了劳资合作这一理论。撒切尔夫人领导的保守党执政后，以保护劳动力市场秩序及保护市场机制为理由，颁布了新的《工会法》等，对工会的活动范围和职能，包括劳资集体协商、罢工等作了严格限制（刘玉安、武彬，2010:65）。新自由主义还认为过分慷慨的社会福利制度以及人们对社会福利的过分依赖，失业者不愿重返竞争激烈的劳动力市场是导致高失业率的重要原因（孔德威、王伟，2005）。20世纪80年代英国、美国、法国都在进行某种方向选择，这一时期英国、美国都被称为"改革的时代"。

1981年1月里根出任总统后，执政时期的经济政策被称为"里根经济学"，其主要措施包括支持市场自由竞争、降低税收和公共开支、降低政府对企业经营的控制等。2011年，基于美国集体劳动法的现状，由30位美国学者撰写的《劳动法的死亡与可能的变形》（*The Death and Transfiguration of Labor Law*）一书问世，此书共25章，充满对美国劳动法的各种见解、争论和焦虑，种种观点与思辨最终汇成了"劳动法死亡”理论。劳动法的死亡并非集体劳动法失去法律效力，而是适用范围的缩减。美国学者的“劳动法死亡理论”认为美国的集体劳动法的现状表明工会影响力正在不断减弱，集体谈判的基础已经被动摇，而个别劳动关系则在新的经济形势下得到大量的发展。西方学者提出，劳动法应当在新的时代背景下进行可能的变形，更好地调整新型劳动关系，保护劳工的权利和利益（董保华等，2021：460—465）。

80 年代以前，是一个“英国病”的年代。20 世纪 70 年代中期，工党治下的英国饱受竞争力下降的打击。从 1951 年到 1979 年，英国国内生产总值的年均增长率仅为 2.6%，低于其他发达国家，经济增长乏力，相继被法国与日本等国超过。[①]1979 年保守党大选获胜，一个新的时代开启。1979 年撒切尔夫人担任首相时所接手的英国，是一个被民主社会主义沉疴缠身、奄奄一息的英国。大英帝国往日风光已经不再，在国际事务中的影响力也持续下降。人们把英国当时所处的这种状态称作“英国病”。“英国病”的严重症状包括：民众不愿意工作、财政负担过重、国企低效，以及由此带来的经济滞胀并发症。由于社会福利太好，导致民众没有工作意愿；过重的税负，使企业家丧失发展活力。大额的福利支出，以及给国企较多的亏损补贴，加重政府财政负担。国企低效是因为国企只服从权力而不是服从市场，因而没有追求利润的动力，另一个原因是工会强大，无休止地提出各种福利要求。“英国病”把昔日的日不落帝国变为“欧洲的病夫”（sick man of Europe）。由此，二战后的 50 年代到 70 年代末，英国经济增长停滞，通货膨胀居高不下，民众与精英中弥漫着悲观、无助、绝望的情绪，民气萎靡、民心涣散。撒切尔夫人赋予了自己去根治这一“疾病”的使命（刘军宁，2014：322）。

面对新时期的挑战，西方资本主义国家中传统的左翼政党也作出调整，提出了“第三条道路”的思想。“第三条道路”超越了“左”与“右”的界分，借用安东尼·吉登斯的话，“第三条道路”要实现管制与解除管制、社会生活的经济方面与非经济方面之间的平衡，重建国家和政府的关系（吉登斯，2000），实现社会团体民主互动与国家治理的结合。美国总统克林顿（1993—2001）、英国首相布莱尔（1997—2007）、德国总理施罗德（1998—2005）以及西班牙首相萨帕特罗（2004—2011）在任期间均主张采取这一“中间道路”。

二、我国集体争议定位的演变

改革开放 40 多年来，我国集体劳动争议处理制度、群体劳动争议处理制度大致形成了四种不同的样态。将劳动者与用人单位的矛盾置于企业内部解决还是企业外部解决，置于法制轨道解决还是行政处置，构成了四个阶段的基本特色。

（一）80 年代自发性罢工的禁止

以安定团结为目的，1982 年《宪法》删去了 1975 年《宪法》中对“罢工自由”的规

① Ian Gilmour, *Dancing with Dogma: Britain Under Thatcherism*, Simon and Schuster, 1992, p.79.

定，可以说构成了集体劳动争议处理的一个典型样态，其影响极其深远。这一时期我国在劳动关系处理上受苏联体制影响较大，集体合同被理解为“双保合同”“共保合同”“互保合同”等(陈文渊，1989)。在这一样态中，劳动关系完全被视为利益共同，因此也根本不需要任何压力手段。

1975年宪法规定，公民有言论、通信、出版、集会、结社、游行、示威、罢工的自由。1978年在此基础上，宪法规定了公民有运用大鸣、大放、大辩论、大字报的权利。这种政治性罢工与国际上通行的经济性罢工并不相符。1982年宪法删除了罢工的相关规定。

以1982年宪法为代表的80年代的样态通过禁止罢工，由外部性转向内部性；“共保合同”“互保合同”反映出将企业治理方式由政治运动转向关注经济的强烈愿望。“互保合同”的核心是将企业完成或超额完成生产计划指标、经济效益指标与改善职工的物质、文化生活条件挂钩。这种挂钩在工资由国家统一规定、企业和职工的任务由国家计划的情况下，还是可以执行的，而且曾对我国的发展起到一定的促进作用。当我国以“承包”这种过渡形式，转向市场经济时，企业各项指标的完成已带有市场风险因素，“互保合同”就不能与我国当时的立法精神和实际情况相适应。按1988年2月27日发布《全民所有制工业企业承包经营责任制暂行条例》的规定，有关计划指标和生产任务都是由经营者和所有者之间签订的承包合同确定。工业企业法规定，职代会对承包和租赁经营责任制的方案只行使审议建议权。在实行厂长负责制的情况下，由承包合同所产生的经营风险应当由经营者承担，而不能通过集体合同的形式，转由职工承担，职工只承担遵守劳动纪律的义务，在厂长指挥下，使承包合同得以完成。随着我国公司法的公布，现代企业制度的推进，产权关系的日益明晰，投资者和劳动者等各种经济主体都将通过市场组合联结，各自承担相应的责任，“互保合同”的不适应性更见明显。我国学者开始撰文批评(董保华，1992a)，在一定程度上促成了以后《劳动法》的重新规范。

(二) 90年代集体劳动争议的规范

从强调合适性的价值意义出发，1992年公布的《中华人民共和国工会法》和1994年公布的《中华人民共和国劳动法》规范工会与劳动者、工会与企业的相互关系，奠定了我国集体劳动法的基本形态。《劳动法》对于集体合同、集体劳动争议的处理方式进行了重新定位，可以说构成了集体劳动争议处理的又一个典型样态。社会自治指作为一个社会共同体内部成员所享有的自治权利，这是相对个人自治而提出的概念。在这一时期的立法中有着基于社会自治而进行的探索。这些探索是以承认用人单位与劳动者的利益差别为前提来进行规范的，这也是一个较为国际化的规范方式。

从主体上看，1988年10月颁布的《中国工会章程》规定：中国工会是“重要的社会政治团体”。这一提法没有被1992年4月公布的《中华人民共和国工会法》采纳，中国工会被定义为职工自愿结合的工人阶级的群众组织。基层工会组织具备民法通则规定的法人条件的，依法取得社会团体法人资格。《劳动法》规定，集体合同由工会代表职工与企业签订；没有建立工会的企业，由职工推举的代表与企业签订。这是一个与美国协同行动有些类似的规定。

从内容上看，《劳动法》规定，企业职工一方与企业可以就劳动报酬、工作时间、休息休假、劳动安全卫生、保险福利等事项，签订集体合同。集体合同草案应当提交职工代表大会或者全体职工讨论通过。集体合同由过去“互保合同”的“管理手段”转向“利益协调”。以“利益共同”“利益平衡”为前提，“互保合同”是作为吸引职工参与企业生产管理的一种形式而存在的。随着“利益差别”被认识，集体合同成为“利益协调”的一种形式，集体合同中不再保留保证完成生产任务等内容。随着集体合同的性质转变，集体合同机制与当时的“职代会”机制也被设计为两种有区别的机制。职代会作为民主管理的形式，职权范围主要涉及企业管理的各个方面，而集体合同调整的范围只涉及劳动关系的有关内容，是一种维护劳动者权益的形式。

从争议处理上看，区分权利争议与利益争议，即“因签订集体合同发生争议”与“因履行集体合同发生争议”。早在1988年就有学者认为：“资本主义国家一般把劳动争议分为两类：一类是因解释和执行劳动合同、集体合同和劳动法规而发生的争议，其争议的目的是为了维护已经确认的权利，故称之为权利争议；另一类是因要求确定或变更双方权利义务关系而生的争议，其目的是使争议者的某种利益得到确认，形成新的权利义务关系，故称利益争议。”但同时认为，“社会主义国家立法一般不对劳动争议作这样的区分，因为这些国家的劳动争议不具有对抗的性质，也不需要采用对抗的手段来解决问题”（徐颂陶，1988：307—308）。几年之后，我国就引入了这类划分标准，可见，《劳动法》正以极快的速度融入国际秩序。

随着中国迈向市场经济的步伐加快，1997年10月27日，时任中国常驻联合国代表秦华孙大使在纽约联合国总部代表中国政府正式签署了含有罢工条款的《经济、社会和文化权利国际公约》（International Covenant on Economic Social and Cultural Rights，下文简称为《经社文公约》）。当时中国是希望以一种更国际化的方式来接纳市场化的发展。《经社文公约》是我国近年批准的最为重要的国际人权公约之一，其作为联合国通过的有关人权问题最重要的国际公约之一，对公民的自由结社权给予了充分肯定，尤其是从保护劳动权角度出发，对公民自由组织工会和参与自己选择的工会的权利作了规定。

（三）00年代群体劳动争议的膨胀

2001年2月28日，第九届全国人民代表大会常务委员会第20次会议正式批准了《经社文公约》。然而，在批准这一公约的同时，政府对公约第8条第1款（甲）项，即自由结社权提出了保留。《经社文公约》第8条规定：“本公约缔约各国承担保证：（甲）人人有权组织工会和参加他所选择的工会，以促进和保护他的经济和社会利益；这个权利只受有关工会的规章的限制。对这一权利的行使，不得加以除法律所规定及在民主社会中为了国家安全或公共秩序的利益或为保护他人的权利和自由所需要的限制以外的任何限制。”[①]声明提出，中华人民共和国政府对《经社文公约》第 8 条第 1 款(甲)项，将依据《中华人民共和国宪法》《中华人民共和国工会法》和《中华人民共和国劳动法》等法律的有关规定办理。[②]

随着农民工成为我国产业工人的主力军，群体劳动争议兼具效果的破坏性、诉求的合理性以及存在的客观性，使这类争议的处理极为复杂。如何处理这类既有合理的诉求、又采取了违法手段的群体争议成为我国亟待解决的难题。我国工会领导人提出“中国特色社会主义工会发展道路”“中国特色社会主义工会维权观”“中国特色社会主义工会”(徐小洪，2010)。进入 21 世纪，针对工会组织的双保护的改革被终止，工会组织将自己的组织定位于一种推动立法的准行政力量时，劳动关系中管制力量的加强需要一种新的解说。劳动合同调整中的所谓单保护理论也应运而生。《工会法》的双保护与《劳动合同法》的单保护悖论，按我国特有的发展轨迹形成，对于特定事件关注与特定立场的解读成为基本方法。

21 世纪初，总理为农民工讨欠薪意义重大，标志着“以经济建设为中心”向“解决两极分化”等社会问题的转变。对弱势群体诸多民生问题倾注更多的关注时，中央政府的注意力也更多地从内地的国企改革转向改革开放前沿的各类企业，从国企职工转向农民工，《劳动合同法》正是在这样的背景下应运而生。21 世纪第一个十年在集体合同签订、履行以及集体劳动争议处理上基本上沿用了 90 年代的制度。然而，总理为农民工讨欠薪也具有一定的象征意义，在实际操作过程中由于广泛引入社会因素。在合法性与合理性的博弈中，重心逐步转向后者，争议开始从企业内部走向企业外部，群体劳动争议有了极大的发展。我国采取的一系列措施，事实上提高了群体劳动争议的地位，对于一些采取违法手段的群体争议，给予了容忍。

总理讨薪标志着我国行政权的加强，执政理念发生的变化[③]，《工会法》的双保护与《劳动合同法》的单保护悖论也日益膨胀。当我们以这种方式关注底层劳动者的生存状态时，尽管带来诸如集体合同、劳动合同签订率提高的表面文章，但这种单纯依靠管制的解决方案，使解决农民工拖欠工资这种最低限度的目标也未达成。根据

---

① 规定的原文为：International Covenant on Economic Social and Cultural Rights, Article 8: 1. The States Parties to the present Covenant undertake to ensure: (a) The right of everyone to form trade unions and join the trade union of his choice, subject only to the rules of the organization concerned, for the promotion and protection of his economic and social interests. No restrictions may be placed on the exercise of this right other than those prescribed by law and which are necessary in a democratic society in the interests of national security or public order or for the protection of the rights and freedoms of others。

② 《全国人大常委会关于批准〈经济、社会及文化权利国际公约〉的决定》，《人民日报》2001 年 3 月 1 日。

③ 2004 年时任国务院总理温家宝曾在政府工作报告中提出：“国务院决定，用三年时间基本解决建设领域拖欠工程款和农民工工资问题。”2007 年也就是三年期满时，时任国务院总理温家宝在政府工作报告中表示：“2004 年我们提出用三年时间基本解决建设领域历史上拖欠工程款和农民工工资的问题，这项工作基本完成，各地已偿还拖欠工程款 1 834 亿元，占历史拖欠的 98.6%，其中清付农民工工资 330 亿元。”《温家宝：拖欠工程款和农民工工资问题基本解决》，《人民网》2007 年 3 月 5 日，载人民网：http://finance.people.com.cn/nc/GB/61154/5439887.html，2019 年 3 月 5 日访问。

2007 年劳动和社会保障事业发展统计公报补发工资待遇等 62 亿元的统计，“拖欠农民工工资等损害职工利益的现象”也是在 2007 年之后开始日益膨胀“突出”起来。[①]仅劳动监察追缴的数量就比清欠风暴的年份翻了一番。[②]即便《劳动合同法》在“对劳动者劳动报酬支付的保护”方面，对原《劳动法》有所突破（新华社，2007），《刑法修正案（八）》更是将“欠薪入刑”，这些立法尝试均未转换成现实的守法动力。这些状况都说明我们采取的措施其实并不恰当。

（四）10 年代群体劳动争议的管控

中共中央、国务院《关于构建和谐劳动关系的意见》（简称《意见》）将我国“劳动争议案件居高不下，有的地方拖欠农民工工资等损害职工利益的现象仍较突出，集体停工和群体性事件时有发生”[③]作为需要改进的问题提出来，开始关注《工会法》的双保护与《劳动合同法》的单保护悖论带来的三个社会现象。

其一，劳动案件高发性。《意见》所称的“劳动争议案件居高不下”始于 2008 年公布《劳动合同法》，劳动争议案件的数量就出现了井喷，这一年是个明显的分水岭。[④]最高人民法院对这一现象做了这样的概括：“高度重视审理涉及民生的案件。认真执行《劳动合同法》，审结劳动争议案件 286 221 件，同比上升 93.93%。”（王胜俊，2009）“2008 年，《劳动合同法》及实施条例、《劳动争议调解仲裁法》相继出台，调整劳动关系的法律体系发生较大变革和调整，从而引发了又一轮的劳动争议案件的大幅增长。2008 年相比 2006 年，劳动争议案件增长了近 1.5 倍。”[⑤]以后更逐年走高，2015 年后在全国人大代表的呼吁下，国务院提出修改劳动合同法，试图触及《劳动合同法》的单保护的问题，尽管这只涉及悖论的部分浅层次内容，国务院的建议还是遭到全国总工会的强烈反对，而致使修法失败。表面看来，准行政机构似乎对于放弃一些行政管制有着比行政机构更强烈的立场，事实上《工会法》的双保护与《劳动合同法》的单保护悖论涉及我国体制的深层次内容，劳动制度的调整仍

---

① 根据《2007 年劳动和社会保障事业发展统计公报》，2007 年“通过劳动保障监察执法，责令用人单位为 1 626 万名劳动者补签了劳动合同，责令用人单位为 791 万名劳动者补发工资待遇等 62 亿元”，载 http://www.mohrss.gov.cn/SYrlzyhshbzb/zwgk/szrs/tjgb/201710/t20171031_280387.html，2019 年 4 月 10 日访问。

② 2004 年至 2007 年借助行政权力的“清欠风暴”虽然一时压制了这种违法现象，但并未将其杜绝。如果说 2007 年之前平均每年 100 亿元左右，2012 年至 2014 年劳动监察机构每年为农民工追讨工资的总额均在 200 亿元以上，参见 2012 年度、2013 年度与 2014 年度《人力资源和社会保障事业发展统计公报》，载 http://www.mohrss.gov.cn/SYrlzyhshbzb/zwgk/szrs/ndtjsj/index.html，2019 年 4 月 10 日访问。

③ 《中共中央　国务院关于构建和谐劳动关系的意见》2015 年 3 月 21 日。

④ 2000—2007 年我国劳动仲裁机构每年受理的劳动争议数量从 13.5 万件增长至 35 万件，年平均增长率约为 14.77%。2008 年这一数据激增至 69.3 万件，比 2007 年增长了近一倍。自 2008 年之后，这一数据持续徘徊在高位，除 2011 年下降至 58.9 万件，其他年份均在 60 万件以上，2014 年更达到了 71.5 万件。以后很快突破 80 万件。

⑤ 《劳动争议案件增长原因分析》，载 http://www.ehr800.com/Article/view.asp?cid=12&sid=0&vid=7711，2009 年 6 月 14 日访问。

有很长的道路。

其二，争议行为群体性。《意见》所称的“集体停工和群体性事件时有发生”也始于2008年。劳动争议的现实演变使“合法性”问题凸显出来，数据显示劳动者自发罢工的行为方式多样，且具有一定程度的暴力与破坏性。《意见》开始直面群体劳动争议产生的问题根源，既关注其内容具有某些合理成分，又对其表现形式做出负面的评价，从而强调对其进行管控。为了将政府从不作为中摆脱出来，《意见》还将这种管控列为政府的考核目标，由此也构成了一种新的规范模式。《意见》强调健全劳动保障法律法规，增强企业依法用工意识，提高职工依法维权能力，加强劳动保障执法监督和劳动纠纷调处，依法处理劳动关系矛盾，把劳动关系的建立、运行、监督、调处的全过程纳入法治化轨道（新华社，2015）。《意见》提出了多元的价值目标，调整主要是在“合法性”与“合理性”中的重心转变，更强调合法性。经过整治，群体劳动争议的数量有了大幅度的下降（董保华等，2021：165）。

其三，违法拖欠触底性。从总理为农民工讨欠薪开始，欠薪问题始终是群体争议高发的核心问题，因“欠薪”引发的争议始终在群体劳动争议中占有较大比重。用人单位拖欠工资的行为同时触犯了劳动合同与劳动基准法的底线。《劳动合同法》对劳动合同关系的运行设置了诸多强制性规定。农民工作为底层劳动者，如果其无法获取劳动报酬，我们很难想象他们可以享受劳动法上的其他权利，例如未签书面劳动合同的二倍工资、违法解除劳动合同的赔偿金等；至于那些“锦上添花”的权利就更不具备实现的可能性，诸如带薪年休假、对无固定期限劳动合同的主张、裁员时要求被优先留用等。尽管2004年政府工作报告中曾提出三年解决欠薪问题，到2015年时，《意见》①仍将这一问题作为最突出的问题来治理。2016年国务院办公厅提出，到2020年“使拖欠农民工工资问题得到根本遏制，努力实现基本无拖欠”。近三年来，尽管群体劳动争议的数量有所下降，但欠薪问题仍未根治。2021年国务院发布《关于开展根治欠薪冬季专项行动的通知》。2022年12月29日，国务院根治拖欠农民工工资工作领导小组全体会议在京召开，国务院总理李克强作出重要批示，强调确保农民工及时足额拿到工资。国务院副总理、国务院根治拖欠农民工工资工作领导小组组长胡春华指出，今年以来受多种因素影响，欠薪问题出现较大反弹，根治拖欠农民工工资工作面临更加复杂的局同。2024年1月25日最高人民法院、人力资源社会保障部、中华全国总工会联合发布涉欠薪纠纷典型案例，通过案例明晰欠薪纠纷多元化解决途径，强调多措并举，建立根治欠薪“快车道”，有效维护劳动者合法权益和社会和谐稳定。

《意见》已经提出了“坚持共建共享”“坚持以人为本”“坚持依法构建”“坚持改革创新”四个坚持原则及相应的制度设计，我国的制度也将循着这一目标更进一步探索前行。

---

① 《国务院办公厅关于全面治理拖欠农民工工资问题的意见》，2016年1月17日（国办发〔2016〕1号）。

三、第三代人权观念的形成

第三代人权是指联合国成立以来出现的新权利，主要是由发展中国家提出的，其人权观表现了特定文明的人权理想，比如民族自决权、发展权、和平权、环境权等，它们既是个人权利，也是集体权利。联合国人权委员会于1976年的决议指出："任何人，皆有在国际和平及安全的条件下生存之权利。"发展权的观点体现在联合国大会通过的1979年《关于发展权的决议》和1986年《发展权利宣言》"发展权利是一项不可剥夺的人权"中，第三代人权是对西方自由主义的矫正和对国际政治经济旧秩序的批判。对三代人权分别作出结构性的比较分析，我们不难看出，相对于前两代人权而言，第三代人权在内在结构上的任一方面的要素都发生了显著的变化(叶敏、袁旭阳，1999)。

其一，权利的价值观。前两代人权几乎是根据一种理论如自由主义或社会主义而对人权的合理性作出解释和论证，都具有一种统一的价值标准。而第三代人权是依附于世界经济中心的边缘地带的发展中国家与不发达国家提出的。这种充实业已得到国际社会的认可，但是以不损害第一、二代人权的实现为前提。对于群体权利的认可是以对个体权利的尊重为前提的，所谓个体的权利在这里是指，既可以参加某群体也可以不必加入该群体，加入后还可以退出或转入其他群体这样一种选择权利。换言之，"人权应当保障自由进出的可能性"(甘绍平，2007：14)。第三世界的价值观和在西方世界出于对自由主义的矫正而出现的社群主义以及各种发展理论在这里得到了一定程度的交汇。一来使人权理念更为丰富，二来更重要的是满足东方文化重集体的价值需求。①

其二，权利的主体。第三代人权既是个人权利，也是集体权利。第三代人权"其主体将不仅是个人，且是人类团体(地方团体、国民团体、种族团体、语言团体等)"(瓦萨克，2001：469—470)。第三代人权的权利主体与性质均表现出浓厚的集体主义或群体主义的倾向，这也是第三代人权又被称为"连带关系权利"的因由所在。前两代人权突出的是个人对社会、国家的权利和自由，第三代人权则倾向于集体的福利，即家庭、民族或国家的福利，强调的是权利与义务的平衡，要求权利主体在关注自身权利和利益的同时，还要关注超出自身的其他主体的权利和利益。克服仅强调个体权利的人权理念的单薄性，用所谓第三代人权——"集体人权"——来充实"目前尚欠厚实"的人权范畴。相对于"第一代人权"传统的个人主义的价值取向，"第二代人权"已对传统人权作了些集体主义式的修正，它所要求的经济权、社会权与文化权都统属于社会的权利，个人作为社会的成员享有这些权利。然而，第二代人权所做的集体主义修正毕竟是对一个国家领域内的社会与个人的关系的修正。例如挪威著名的和平事业活动家高尔通(Johan Galtung)就指出："人的存在不仅包含个体层面，而且也包含

① Johan Galtung, *Die Zukunft der Menschenrechte*, Frankfurt/Main 2000, p.94.

与集体相涉的层面;两种'存在形式'与强烈的情感相关涉,因而相应地得到了捍卫。这就意味着群体权利要提上日程。"①

其三,权利的内容。第三代人权是对以往人权单一化格局的逆反,并使人权呈现出多元主义的格局。第一、二代人权分别体现了资本主义文明的权利要求和"福利主义"的主张,在内容上可以简单地被划为单一的政治权和单一的经济权,并且两者都是可以分立存在的。第三代人权理想则是体现发展中国家从其自身的经济、社会和文化不发达的发展特点所要求的内容,如发展权、民族自决权等。发展中国家的价值观和在西方世界出于对自由主义的矫正而出现的社群主义以及各种发展理论,强调人类生存条件的集体"连带关系权利",共同促成了第三代人权,如民族自决权、发展权、和平权、环境权等。

第三节　思维视域:真理面前人人平等

从思维逻辑上看,团体社会强调自然权利,"真理面前人人平等"的观念也在一定程度上补充了"契约面前人人平等"与"法律面前人人平等"的观念。如果以更为科学态度来观察,在团体社会发展背后有着经济、社会规律这一不以人们意志为转移的客观规律在起作用。团体社会的认识过程可以说经历了神学观念、文化观念、社会学观念,最终走向法学观念的演变过程,法律规范强调合适的价值。

一、相当性的管治机制

以团体协约形成劳动条件,乃是一个在劳动市场上建立价格的过程。相当性与管治性都是针对社会问题而提出命题。社会问题的复杂性带来解决方案的多样性。

(一) 社会法的管治性机制

在"自治"与"管制"的概念之间,还有一个"管治"的概念。英语中的"管治"(governance)可以追溯到古典拉丁语和古希腊语中的"操舵"一词,原意主要指控制、指导或操纵。长期以来,"管治"一词专用于与"国家公务"相关的宪法或法律的执行问题,或指管理利害关系不同的多种特定机构和行业。②社会自我管治在一些场合被称为"管治",是社会自治的重要组成部分。在这种语境下,"管治"与"管制"两词含义有了区分。管治和管制的区别主要体现在主体与行为上。

---

① Johan Galtung, *Die Zukunft der Menschenrechte*, Frankfurt/Main 2000, p.89.

② B. Jessop, "Towards a Schumpeterian Workfare State? Preliminary Remarks on Post-Fordist Political Economy," *Studies in Political Economy*, 1993(40), p.11(转自吴骏莲、崔功豪,2001:123)。

首先，从管理主体上看，两者都需要权威，但管制是政府行为，管治并不一定是政府行为；管制主体是社会的公共机构，管治主体既可以是公共机构，也可以是私人机构，还可以是政治国家与市民社会、政府与非政府、公共机构与私人机构、强制的与自愿的合作（吴骏莲、崔功豪，2001：123—124）。管治被理解为比管制含义更广泛的概念。

其次，从行为方式上看，管理过程中两者都具有行使权力的特征，政府管制通过制定和实施政策，对社会公共事务实行单向管理，以政治威权，自上而下运行；管治可以通过合作、协商、建立伙伴关系、确立共同目标等方式实施对公共事务的管理，它的管理机制可以源于合作网络的权威，可在多元互动中行使权力（陈亦信，1999），管治主体强调社会权威。

可见，“自治”与“管制”的含义相互融合，出现了社会自我管治的概念。社会自我管治的定位于社会自治机制，它不同于传统的管制权威，社会自我管治是法律治理与社会政策相结合的一种社会治理模式（郑少华，2008）。传统用法或辞书上的解释，都以“管治”（governance）为“统治”（government）的同义词，与“管制”的含义也比较接近。但现在在越来越多有关“管治”的著作中，它的用法和内涵都发生了变化：“统治的含义有了变化，意味着一种新的统治过程，意味着统治的条件已经不同于前，或是以新的方法来统治社会。”①

（二）社会法的相当性理论

团体社会与压力手段相结合，采取“相当”的行为模式，自发秩序与建构秩序相结合时，以合适为原则。德国学者及联邦劳动法院院长尼佩代（Nipperdey）在 1953 年 1 月针对 1952 年 5 月报业罢工发表的法律意见书中提出社会相当性的概念：“所谓社会相当之罢工，是指针对雇主，为争取劳动条件改善而为之‘劳动法上的’罢工。”在联邦劳动法院 1955 年 1 月 28 日大审判庭的判决中，尼佩代对源于刑法的社会相当性概念，从社会层面出发有如此表述：“人类行为的意涵，主要来自这个行为在人类整体共同生活中的功能；所以说，一个行为的不法意涵，只能来自这个行为与整体共同生活秩序的关系，仅能依其而定。在普遍的社会秩序中，被认为是社会相当的行为，就不应该是违法的；那些在历史过程中，于社会道德秩序与共同生活中渐次形成之行为，便是如此之行为。”（林佳和，2014：486、493）

病态社会的复杂性表现在不仅是一种客观存在的状况，还是被人们感知、察觉到的主观构造的产物，也是社会实际状态与社会期望之间的差距。不同国家有着不同的经济、社会发展状况，社会法的表现形式不可能完全相同。其实我们只要更深入地观察便会发现，病态社会往往是由于社会变革行动而引发很多人感到不安、不满、威胁、被剥夺等感觉并形成广泛响应。这种不安、不满是针对个人法表现为形式法并以

① R. Rhodes, “The New Governance: Governing without Government,” *Political Studies*, 1996(44), p.652（转自吴骏莲、崔功豪，2001：123）。

过度膨胀的方式发展。工人运动表现为社会主义运动，要以实质法取代形式法，这类社会运动有相应的理论、宣言、信条和口号等，会造成广泛的社会影响。历史的经验使社会自治被要求具有相当性的特点。

尼佩代对劳工集体不提供劳务的行为采取阻却违法说有完整的论述。他认为："劳工之集体的不提供劳务，不问其是否基于个别法上之终止劳动契约而有效地排除劳动义务，原则上是一侵害营业权之行为，除非此集体行动在特定条件下被评价为合法的：亦即当其具有社会相当性(sozialadäquat)时，始能排除德民第 823 条第 1 项之违法性(Rechtswidrigkeit)。"(转自杨通轩，2012：272)相当性所强调的合适，与制定法上的合法并不相同。可以说，正当性使某一行为成为制定法上权利，"社会相当性"是比正当性更具体的表述，涉及的是调整法益。由于罢工的形态、目的、行为方式差异甚大，故为探求千差万别的罢工行为的"社会相当性"判断基准，"无疑为劳工法学上最困难之问题"(杨通轩，1998：186)。随着经济罢工成为研究对象，"社会相当性"也成为法学研究的一个重要范畴。

(三) 社会法的相当性与管治性

相当性与管治性都是针对社会问题而提出命题。社会问题的复杂性带来解决方案的多样性。"这些形式是多种多样的，即在其之中，内部的衰败(inneres verderben)有时候表现为慢性病、有时候表现为急性病而威胁成熟民众的生命；这种衰败让社会有机体缓慢地僵化、解体或让其神经麻木；在这些形式中，革命的震荡也会侵损社会有机体的生存。几乎没有哪个民族是自然死亡的，因为久病衰弱的民族总会在此之前遭受更强大的邻居仁慈的致命一击。但反抗外在危险威胁的力量取决于民族群体内部的健康。"(基尔克，2017：95)有些方案不仅不能解决问题，还可能加大难度，并给民族国家的生存带来危机。

托克维尔在《旧制度与大革命》中开宗明义：没有任何事情比法国大革命史更能提醒哲学家、政治家们要谦虚谨慎；因为从来没有比它更伟大、更源远流长、更酝酿成熟但更无法预料的历史事件了(托克维尔，2017：41)。当个人自治的"负外部性"演变成劳工运动这种激烈冲突行为时，建立起一种法律对雇主的干预系统就成为法律目标，社会法调整模式也应运而生。随着商品交换与信息交换的发展，现代国家机器出现了一个以"公共权威"(public authority)为旗号对私人领域进行全面干预和渗透的公共权力领域(李干，2013)。这是自上而下、由外到里地改变国家管制形式；与之相对应，以社会自治限制私法自治的路径来化解社会矛盾的社会方式，作为一种改良措施，是一种自下而上、由里向外的社会运动，可以说是反向运动。社会领域具有批判性的同时也具有交往性。借助社会领域对于私人领域的批判，也有助于这种干预和渗透的达成。两种形式本身也会发生联系。

社会相当性与管治性相联系，使社会相当性成为具体的而非抽象的概念。罢工理论的核心是找准"侵权合法化""违约合法化"的免责点。罢工权应当作为团结权与协商权所延伸出来的权利，越过这一点就失去了"社会相当性"。管控好这一点就成为治理罢工问题的关键，也只有在合适范围里才有相当性。尼佩代将社会相当性作为一个综括的概念，德国学者汉斯·布罗克斯(Hans Brox)和贝恩德·吕特尔斯(Bernd Rüthers)在其早期所著的劳资争议法中，也采取与尼佩代相同的看法。关于社会相当性的特征，布罗克斯和吕特尔斯认为应根据法律允许争议行为追求的目的而定。以团体协约形成劳动条件，乃是一个在劳动市场上建立价格的过程：劳资争议是一个价格的争议。就制度而言，劳资争议法必须将其视为团体协约法之一部分，只在团体协约当事人无法达成一致时，作为解决团体协商之争议之用。争议行为目的之规定，又表示了劳资争议法的合法界限(转自杨通轩，2012：274)。

二、必然性的社会现实

相当性与正当、应当不同，既是一个真理视角，也是一个相对视角。相当性首先是一个合适的概念，真理和谬误之间存在着对立统一关系往往需要通过现实博弈来辩明。两个视角相互联系，多少说明相对与合适的关系，只有通过相互对应才能达到适宜。从这一意义上看，相当性需要从必然性中得到解说。

(一) 社会运动的相当性

人们对客观事物的认识，总是在一定历史条件下进行的，必然要受当时的社会历史条件、物质生产和科技发展等社会实践水平限制。随着我国进入利益高度分化的时代，利益矛盾、利益冲突引发的社会运动值得关注。相当性指在存在两个方面时，两方差不多，配得上或能够相抵，这是一个相对性视角。从不同的利益出发必然产生不同的认识，利益博弈成为正常的社会现象(吴清军、徐晓军，2010)。社会运动的相当性认识也涉及真理的追求，真理是人们对客观事物及其规律的正确反映，体现必然的价值。人的认识是一个极为复杂的活动，它能产生正确和错误两种不同的结果，前者即为真理，后者就是谬误(于洁，2018)。

对1982年宪法删除罢工规定，一些学者从反对改革开放的视角提出了批评。常凯从劳资冲突理论出发，认为当年的做法是不妥当的："简单地将宪法写上罢工自由认定为是极'左'思想的产物，是不妥当的。这种论述割断了历史，尽管1975年是'左'的年代，但中国共产党关于罢工立法是有思想基础和理论基础的。"(常凯，2012：112)与1982年的宪法被评价为劳动者缺乏基本权利保障相对应，有着罢工权的1975年宪法、1978年宪法①则被高度评价，如"有思想基础和理论基础"，"显示了立法者的政治胸怀和气度"。②他们对20世纪50年代针对官僚主义的罢工制度推崇备至，认为其"充满了社会主义民主与法制精神"(常凯，2004a：286)。对于一场社会运

① 1975年第二部《宪法》第45条规定："公民有言论、通信、出版、集会、结社、旅行、示威、罢工的自由，有运用'大鸣、大放、大辩论、大字报'的权利。"1978年第三部宪法继承了1975年宪法第45条的内容。

② 常凯：《论中国的罢工权立法》，中国社会法网，载http://www.cslnet.cn/show_tit.aspxid=576&r=4945666，2010年3月15日访问。

动的推崇是与正常秩序的批评联系在一起的。

一方面，在反对1982年的修宪背后是相当一部分劳动法学者主张恢复以阶级斗争理论为指导思想的社会运动。笔者看来，这种与“大鸣、大放、大辩论、大字报”相联系的政治罢工成为一种制造动乱破坏社会秩序的手段，与“公民自由权”“社会政治权利”“社会民主政治的发展”法治逻辑毫不相干。十年动乱，哪来“立法者的政治胸怀和气度”。中国的社会实践已经证明：罢工一旦具有政治性，不可能成为改进执法的手段，而只可能冲击甚至取代法治秩序（董保华、李干，2015a：50）。1982年《宪法》删去了1975年《宪法》中对“罢工自由”的规定。“文化大革命”的惨痛教训，使这一删除得到了近乎一致的支持。当年的一些共识，是我们以十年动乱的代价换取的。时过境迁，贫富差距的拉大、贪污问题的暴露，是改革开放发展中出现的问题，也只能用正和博弈而非零和博弈甚至负和博弈的思维去解决，重新祭起政治罢工这一制造动乱的利器，是极其危险的。

另一方面，对于阶级斗争理论的推崇，也必然反对改革开放以来社会主义建设的正常社会秩序，对改革开放的贬低是主张形形色色集体转型理论的共同特点。这些学者对改革开放的描绘是：“改革开放以来，企业劳动关系不仅要逐渐按照国际惯例运作，更重要的是要适应国际市场中领袖企业的模式，通过模仿和创新适应国际市场的竞争。”“集体劳动关系的缺失吸引了外资的流入，外商直接投资成为中国经济国际化的首要方式，国家的产业政策及劳动关系政策也基于维持这种状态而弱化了转型的动力。”（张立富，2010：71）在斗争哲学中，既然国际资本获得了发展，我国的劳动者必然是“绝对弱势”，这依然是零和博弈的逻辑。

两方面的结合反对相当性的逻辑。对于改革开放的贬低也决定了他们对于接受市场经济的规则的厌恶，“现在全球都搞市场化，谁是工人的国家？谁高举工人的旗帜？在国际上找不到工人的后方，我们都一样了，资本已经成了整个社会和经济全球范围内的主宰者，中国也没有跳出实际经济规律。”“以WTO作为全世界资本的政府，有一个共同的规则，在全球推行，推行自由贸易，自由贸易是什么东西，《资本论》讲得很清楚，资本主义贸易。我们加入WTO，你就要接受这种规则。”（常凯，2007c）跳出实际经济规律、摆脱自由贸易成为这些学者“重建集体劳动关系”的重要内容，《劳动合同法》得到赞赏也只是其中体现出来的斗争哲学。正是受这种逻辑的支配，才要不断提高阶级斗争烈度，哪怕祭出最无序的自发罢工。正如托克维尔对某些“革命手段”的评价：一旦遇到什么障碍，他们往往借用法国革命的各种手段及准则。在必要时，他们甚至动员穷人反对富人，平民反对贵族，农民反对领主。法国革命既是他们的灾难，又是他们的教师（托克维尔，2017：50）。从阶级斗争理论出发，一些学者其实陷入了某种狂热，正如托克维尔的评价，这是带着政治革命的外表的宗教狂热。

法国革命按自己的进程发展，大革命在摧毁了政治机构以后，又废除了民事机构，在变革法律以后，又改变风尚、习俗，直至语言；摧毁了政府结构之后，又动摇了社会基础，似乎最终要清算上帝本身。这场大革命很快便跨越了国界，带着前所未闻的各种手段、新的战术、致命的准则，即皮特①所谓武装的舆论，这个出奇强国冲决诸帝国的阻碍，打碎一顶顶王冠，蹂躏一个个民族，而且竟有这样怪事：把这些民族争取到自己这边来！随着这一切的爆发，人们的观点发生了变化。然而，随着大革命所攻击的一切旧政治制度更彻底被摧毁，大革命所憎恶的各种权力、影响、阶级被彻底制服，一去不复返，它们所激起的仇恨，作为失败的最后标志，也日渐减退；最后，当教士从一切和他们同时垮台的东西中日益分离出来时，人们便看到，教会的力量在人们的精神中逐步恢复，并且更加巩固（托克维尔，1992：42—43、47）。且不论托克维尔对于法国革命的评价是否恰当，他强调社会运动一旦政治化或宗教化，就会失去相当性，在带来社会破坏时，并不能真正推动社会进步，这一观点值得重视。

（二）团体社会的必然性

社会团体在不同的国家和地区，甚至在同一国家内，有着不同的称谓，如“非营利组织”“非政府公共部门”“慈善组织”“志愿者组织”“第三部门”“独立部门”“市民社会”“草根组织”等。学者对这些概念也给出了不同的解释和定义。笔者认为，从“团体社会”的视角来理解“社会团体”，“非营利组织”“非政府部门”“第三部门”这几个概念最为重要。在“非政府组织”“非营利组织”的称谓中，目前国际上比较通用的是非政府组织这一称谓，而美国则通常采用非营利组织的叫法，其所指大同小异。日本川口清史认为：“非营利组织（NPOs）一般是指不以获取利润为目的，而从事商品生产、流通、提供服务的民间组织。”（川口清史，1994）而彼得·德鲁克认为：非营利组织是既非企业又非政府的机关，其目的是人与社会的变革，是向社会提供服务的部门，农业合作社、消费合作社等组织不是非营利组织（Peter F. Drucker，1997）。由于彼得·德鲁克将进行商品生产、加工流通以及提供劳务的合作社不列为社会团体，所以较为狭义。“第三部门”（third sector）这一概念如果按它的提出者 T. 列维特（Levitt）等人的理解，即非公非私的，既不是国家机构也不是私营企业的第三类组织（董保华，2004c：4）。

当我们说社会团体时，还可能只是一种个别现象，而团体社会作为一种普遍的社会现象并成为整个社会的一种分类，显然层次更高，范围更广。对于社会团体应从非政府和非营利这两方面来理解，即不以营利为目的，为社会利益服务的自治机构。更深一步可以看到，“非政府”是与公法的区别；“非营利”在很大程度上是与私法的区别；“第三部门”更是明确地强调了其作为第三法域位于政府（代表公共领域）和市场（代表私人领域）之间的那块领域（社会领域）。如果说私法对应的是市民社会：公法对应的是政治社会：那么社会法对应的是团体社会。正当性通过“选择说”，让我们注意到享有权利意味着能够提出要求的可能性，相当性则更关注提出要求的现实性。应当性通过反射利益，法律常常将弱者利益规定为不可放弃的义务，使权力具有绝对性；通过社会团体为弱势群体作出选择和安排，使权力体现受益人的具体意志具有相

① 小威廉·皮特（William Pitt，1759—1806），英国政治家，任首相期间曾组织反法联盟，并与拿破仑作战。

对性。基尔克将团体性作为日耳曼法最基础、最根本的特征而非具体制度，充满激情地投入对日耳曼合作团体的历史发展的研究中来。《德国合作团体法》并不仅仅是为了剪掉法人拟制说这一罗马法学派枝桠，而是企图通过对日耳曼法历史素材的系统构建以及日耳曼法视角下对希腊、罗马法材料的重新诠释，实现对整个罗马法学派的迂回式学术大包抄，进而拔出罗马法学派这棵大树（仲崇玉，2013：57）。

（三）社会运动与团体社会

社会法及法律社会化理念的提出使“实质法”的概念受到理论家的重视，在社会法的领域中，社会运动应当摆脱政治目标，罢工因此也只能是经济罢工，这种罢工与社会团体的健康发展密切相关。从这一意义上看，社会运动要纳入相当性的范畴，社会团体的发展具有某种必然性的特点，当今社会只有通过两个团体相互对应才能达到适宜。从基尔克个人法与社会法的双重视角可以看到：在个人生活之外，有社会生活；在个人意思之外，有团体意思；在自然有机体之外，有社会有机体。

其一，在个人生活之外，有社会生活。社团单位（Verbandseinheiten）大量出现，是一种社会现实。萨维尼仍停留在个体生活的观察，社团单位被视为拟制，只是从外部关系进行规范。基尔克从社会法的视角出发，得出不同的结论。在他看来，与个人不同的是，法律秩序并非仅仅止步于对这些团体的外部关系进行规范。法律秩序要同时掌控和渗透到其内部。因此，对法学而言，团体本质的问题已不再是预设问题，而是核心问题。“当代大量的合伙法和共同体法（Gesellschafts- und Gemeinschaftsrecht）越过个人主义形态的罗马社会团体和宗教团体演化为人法上的社团和集体，任一层次的个人人格在其中与其他所有事物相融合，并基于此形成的人格对内对外作为整体去行为。”对于这样的社会现实，基尔克以热情洋溢的口气给予了肯定：“同样确定的是，在我们为了我们的文化继续存在而作出且必须作出的斗争中，只有当我们以膨胀的集体精神（Gemeinschaftsgeist）来武装自己，并懂得如何从中构建出为社会服务的国家、法、道德和经济时，胜利的曙光才会向我们挥手。”（基尔克，2017：51、29—30）

其二，在个人意思之外，有团体意思。团体与个人一样“是具有意志并可以按照意志付诸行动的生命体”（基尔克，2013：45）。“法律将人格赋予了联合体。因此，其必定与个人一样，是一个有生命、有灵魂的生命体，其能够思考，并将所思所想付诸行动。”（基尔克，2017：65）他认为团体不仅具有先验意志，还有先于法律的伦理人格，他说：“我们德国的团体不是拟制，不是符号，不是国家机器上的一个零件，也不是个人的集体名称，而是一个有生命的组织和真实的人，具有机关和成员，并有自己的意志。它自身具有意志，它自己就可行为，它通过作为其机关的人就如人能通过大脑、嘴和手而产生意志和行为一样具有意志并能行为，它不是拟制的人，而是一个团体人，它的意志就是团体意志。”①

---

① Gierke, *Political Theories of the Middle Age*, trans. by F.M. Maitland, New York: Cambridge University Press, 1900（转自仲崇玉，2013：58）。

其三，在自然有机体之外，有社会有机体。在基尔克看来，社会有机体其实也是一种生命现象，“我们发现，生命得以对其组成部分进行吸纳和排除，并通过各个部分之间合目的性共同作用形成有序的整体”，如同细胞、器官组成生命，“有机体说将国家和其他组织视为社会性的有机体。它认为，由人类组合而成的总和有机体是高于个体有机体存在的”。基尔克进一步提出：“要研究的是各种形态迥异的构造，我们将它们置于社会团体（der gesellschaftliche Körper）这一种类概念之下，并以此描述它们的共同特征，即崇高的国家和教会与最小的社区（Gemeinde）和极松散的合作社（Genossenschaft）共同具有的特征。”（基尔克，2013：48、46、42）

市场经济集中反映出个人生活及个人意思表示的特点，当个人生活之外，有社会生活时，也会发生个人与社会的冲突；个人意思之外，有团体意思，也会发生个人与团体的冲突；自然有机体之外，有社会有机体时，也会发生自然有机体与社会有机体的冲突。这些冲突可以集中概括为产生了一种形式平等而实质不等的社会关系，使市场无法有效率地分配商品和劳务。经济领域出现的社会问题是一种市场失灵的问题，说明市场力量无法满足公共利益的要求。正是市场失灵引发的冲突产生了社会法规制对象以及社会性法对象的悖论。

三、相当性与必然性的结合

相当性与必然性结合会产生出某种的博弈机制。美国 20 世纪六七十年代之后，人们对劳动关系学的理解发生了变化。传统的产业关系的内涵和外延正在不断萎缩，基于劳资双赢的合作主义理念，劳动关系领域与人力资源管理领域均在微观层面发展出一些新的制度。社会自治要求以博弈论的方式，来实现劳资双赢，建立动态的平衡。博弈论（Theory of Game）是在 20 世纪 40 年代产生于美国经济学界的一种行为科学理论，它研究的重点是各个理性个体在其行为发生直接相互作用时的决策与后果问题。该理论是以斗争与合作、冲突与妥协的对策选择及其互动规律为研究对象的，被誉为“社会科学的数学”。博弈论与阶级论的看法正好相反，只有通过双方合作、妥协、自我完善的相互作用过程，才是实现平衡的基本道路，那种一方消灭或者抑制另一方的做法，被视为负和的或零和的博弈，正和博弈是实现整合性平衡的必由之路（程汉大，2005：21）。阶级论必然抑制科学意义上的博弈论，使正常博弈无法充分展开。

美国劳动关系中的两种机制。美国以企业为单位的工会组建模式形成并列体系为这种比较提供了条件。寇肯等人认为：“在美国存在两个劳动关系系统，一个是基于《瓦格纳法》的新政劳动关系系统，也叫新政集体谈判模式；另一个是 20 世纪 60 年代以后出现的非工会的劳动关系系统，也叫非工会的人力资源管理模式。这两个系统相互作用并相互竞争。”①尽管美国雇员均享有不团结的权利，但是仍然有必要重

① T.A. Kochan，H.C. Katz and R. B. McKer-sie，*The Transformation of American Industrial Relations*，New York：Basic Books，1986（转自游正林，2014：166）。

申雇员有联合的自由、有自行组织工会的自由、有自主选举代表代表其就劳动条件等进行集体谈判的自由。美国的1935年《劳工关系法》第7条规定:"雇员有权自我组织,形成、加入或协助劳工组织,有权通过其自身选择的代表进行集体谈判,有权为了集体谈判或其他互助或相互保护的目的而参加其他协同行动,还有权不从事部分或全部此类活动。"①既保障有产者组建公司或者其他的组织,也保障劳动者组建工会;既保障劳动者自行组织工会的自由,也保障其不参加工会的自由。正是这种态度也发展出了非工会的劳动管理系统,也就是说一部分企业有工会的活动,而另一部分企业根本没有工会的活动,可称之为并列模式(董保华等,2021:457—459)。

其一,从博弈论出发,至少要有两个系统来比较,才能判断哪个是零和博弈甚至负和博弈,哪个是正和博弈。美国以企业为单位的工会组建模式形成并列体系为这种比较提供了条件。一般认为,非工会的劳动关系系统,不是雇主利用自己的强势地位形成。对于未受集体谈判合同覆盖的企业雇员而言,可以通过组建工会,加入另一个系统。若美国企业与他们签订放弃集体行动的强制性个人仲裁条款,该条款的效力还未最终确定。对此问题,美国国家劳动关系委员会认为,作为雇佣条件签署的在任何及所有场合放弃集体行动的条款,违反了国家劳动关系法,国家劳动关系委员会还重申了单个雇员不能提前放弃国家劳动关系法第7节规定的权利的原则。②美国第七和第九巡回法庭在其不同的判决中支持了国家劳动关系委员会的观点,但美国第五和第八巡回法庭则在其不同的判决中反对国家劳动关系委员会的立场。截至2017年,美国最高法院还没有对此问题做出判决。③工会组建比例下降主要是工人自己选择的结果。工会的零和博弈思维开始不敌非工会的人力资源管理模式正和博弈思维。后者坚持的正和博弈思维逐步取代了前者的零和博弈思维。如果要说转型,美国正在发生的是集体劳动关系向个别劳动关系的转型。

其二,博弈论要求公平竞争,不当劳动行为的法律规定,最初出现于1935年美国的《劳工关系法》即《瓦格纳法》中,指雇主凭借其经济上的优势地位,以违反劳动法律原则的手段来干涉、限制或强制员工行使结社权和保护自身权益的行为,这些规则大部分都是应工会要求制定的。从《瓦格纳法》到《劳资关系法》(塔夫脱-哈特利法)的主要变动是将制约资方的规定对工会同等实行,当双方都被规定为不能采取不当劳动行为时,工会开始走上萎缩的道路,说明工会在强制嵌入很多规则时,没有做好自己遵守同样规则的准备。例如,在美国,雇员只能就强制性谈判事项——"工资、工时

---

① Bernd Waas, *The Right to Strik*: *A Comparative View*, Kluwer Law International BV, The Netherlands, 2014, p.568.

② Christina Neylon O'Brien, "Will the Supreme Court Agree with the NLRB That Pre-Dispute Employment Arbitrtion Provisions Containing Class and Collective Action Waivers in Both Judicial and Arbitral Forums Violate the National Labor Relations Act—Whether There is an Opt-out or Not," 19 U. Pa. J.Bus.L.515 (2017), p.537.

③ Ibid., p.550.

和其他雇佣条款和条件”而罢工。虽然劳资双方可以就其他主题——许可性谈判事项而合法谈判，但任何一方都不能被迫去谈判。劳资双方都不能坚持就这些许可性谈判主题进行谈判或罢工。如果工会就这些非强制性事项而罢工，工会就违反《劳动关系法》8(b)(3)节，属于恶意谈判而有过错。此外，罢工的雇员可能从事了不受保护的行为，可能会被开除。如果工会要求就不合法事项进行谈判或罢工，可能出现同样的后果。①

从工会的劳动关系系统来看，是以斗争为特征的，通过罢工形成社会压力；非工会的人力资源管理模式是以合作为特征的系统，通过人才争夺，形成市场压力。前者需要以集体的力量来在一定程度上封闭劳动力市场，只有形成封闭，社会压力才能起作用；后者需要劳动力的充分流动，只有充分流动才能形成市场压力。前者通常要采取一些反市场的不当行为，后者无须采取不当行为，当两者被同样的规则约束时，美国劳动关系的灵活性，使工会较难采取封闭措施，斗争模式难敌合作模式。

第四节　现实视域：分层保护的机制

思维、历史相交织形成现实逻辑，分层保护的原则强调了对象与方式合成分层适用的机制。社会法的分层保护的机制可以通过三个层次来认识，涉及三种权力与三种权利的关系。

一、宏观层次与生存法益保障

社会法的宏观层次是以生存利益保障为目标，涉及劳动基准法以及社会保障法产生的关系。宏观层次涉及社会普遍意志，在社会法与社会性法中，宏观的层次涉及劳动基准与社会基准，“社会基准”是指最低标准的社会立法。在立法上以强制性规范为主要特点，这是客观法中“基准制度”的实施。例如，在消费者权益保障中的产品质量法，教育法中的义务教育法。这种社会基准是为了保障人类社会最基本尊严和最低物质生活而设定的，涉及政治权力与公权利。

从调整方法上看，宏观层次的目标实现依赖政治压力，涉及政治权力。社会法宏观层次的调整模式是私主体公内容或公主体私内容并通过某种具有政治色彩的公共压力来实现法律目标。政治权力作为一种公权力是维护国家秩序的基本工具，在社会运动冲击下，道德的社会强制力与法律强制力出现大规模的冲突，使这类争议具有强烈的政治色彩。有学者对社会保障的定义是：“旨在确保社会性安全的国家政治制

---

① Bernd Waas, *The Right to Strik*: *A Comparative View*, Kluwer Law International BV, The Netherlands, 2014, pp.570—571.

度，亦即国家为推行福国利民的社会政策，立法制定制度，谋求国民生活普遍获得安全保障，免于生活资源之匮乏而濒临于危险。”（米尔丝，2003：2）社会保障是社会政策之一，国家根据劳动关系具有隶属关系和人身关系的特点，制定适用于全部用人单位和全体劳动者的劳动基准法，政治压力需要最高的透明度。基准法在立法上以强制性规范为主要特点。

从调整对象上看，宏观层次对应的是劳动者分层中的最底层次。宏观层次是社会法的最基础的层次，雇佣关系本是一种与市场相联系的经济关系，当这种经济关系一定程度上转化为某种政治关系时，就特别需要控制这种转化的强度，在调整对象的范围上应该有严格的限制。它基本上可以解释为社会通过一系列的公共措施向其成员提供的用以抵御因疾病、生育、工伤、失业、伤残、年老和死亡而丧失收入或收入锐减引起的经济和社会灾难的保护，医疗保险的提供，以及有子女家庭补贴的提供（劳动部课题组，1994：164）。在北欧国家，社会保障则常常被强调为国家给予居民的必要补偿和救济，适用于居民疾病、养育子女、工伤、失业、残疾、老年、社会医疗和死亡等情形。在日本则认为社会保障是对因疾病、伤残、失业、死亡、生育、多子女及其他原因生活陷入困境者，通过保险的途径和国家援助办法保障其最低限度的生活，同时致力于提高公共卫生与社会福利，使全体国民能过上真正有文化的生活（李长勇、吴继刚，2001）。避免过于抽象地理解调整对象，为使劳动者的利益得到更充分的保障，公权力应当尽量转化为公权利。

社会法宏观层次调整方法与调整对象的结合，公权力与公权利相结合。无论是社会保障法还是劳动基准法都是关于社会法权利和义务的法定内容，这部分法定权利、义务是对约定权利、义务的限制。社会法通过倾斜立法的方式保障劳动者的法益，用人单位可以优于但不能劣于基准法所规定的标准。我国将过去对劳动关系的全面规定，改变为一种最低标准的立法，既能使劳动者得到最基本的保护，也为劳动关系当事人的平等协商、用人单位行使自主权留下充分余地。无论是公主体私内容还是私主体公内容，在三个层次中，具有最高的法律效力，对违反社会保障法、劳动基准法的行为，应建立起一套以劳动监察为核心的强制程度很高的行政执法体系（董保华，2000b：36）。

二、中观层次与团体权力保障

社会法的中观层次涉及集体合同等立法产生的社会关系。劳动关系有财产关系和平等关系的属性，决定了这种关系的双方当事人，即劳动者和用人单位须以物质、利益为动因，进行协商。劳动法中的任意性规范，给劳动关系当事人的协商提供了依据。然而，劳动关系具有隶属关系的属性，劳动者处于相对弱者的地位，又使这种协商难以完全作为一种个别劳动关系来平等进行。劳动关系具有人身关系的特点更使这种失衡导致极其严重的后果。劳动者个人意志通过劳动者团体表现出来，由劳动者团体代表劳动者与劳动力使用者交涉劳动过程中的事宜。团体契约对外有代表个体成员的利益的作用，对内也具有自律的性质。团体契约的效力通常高于个人契约，涉及社会权力与社会权利。

从调整方法上看，中观层次的目标实现依赖社会压力，体现为社会权力。随着社会运动及社会团体的发展，集体谈判与集体合同对劳动关系的调整作用日益增强，这是一种用手投票的机制。在集体合同订立与履行过程中，也会产生两类争议，即集体协商争议与集体合同争议。事实上，社会法调整机制作为一种改良措施，在取得革命胜利的社会主义国家依然是有现实需求的。道德权力与法律权利的冲突不应完全政治化，这种冲突需要转化为社会压力以区别于政治权力。在维护社会利益的过程中公主体与私主体整合出社会团体这一特殊类型，并形成经济性罢工这样一种特殊的社会压力机制。社会压力需要一定的社会透明度，从集体谈判转化为集体行动往往是一个外部压力逐步介入的过程，社会透明度也会随之增加。国外学者认为，国家法律可能对产业行动采取两种举措：抑制与容忍。经济罢工是要在这两种举措中寻找一个合适的平衡点。在具体形式上英国法律采用民事和刑事免责这种具有英美法特点的制度安排，法国、希腊、意大利和葡萄牙宪法则将罢工权规定为基本权。如果我们将罢工的豁免解释得比较宽泛，那么，这两种规范方式在法律后果上没有实质差别。①但后一种方式由于过于抽象、空泛，在一定的政治气候下，容易导向政治罢工，这是我们需要警惕的。法学视角应当是在放任与管制之间寻找平衡点。我国的集体合同作为一种企业内部的合同形式，一开始就排斥具有外部特征的那种社会斗争。这是一个有待进一步完善的机制。

从调整对象上看，中观层次对应的是劳动者分层中的相对于宏观层次更为普遍的社会群体。团体关系的出现有助于克服个别劳动关系的内在不平衡。劳动者组织成为工会与用人单位签订集体合同。集体合同是在劳动基准法的基础上，对该用人单位全体劳动者的整体内容进行约定(董保华，2000b：36)。在社会性法中，中观的层次涉及团体契约。这是当事人按照客观法中“团体制度”缔结团体契约。例如调整消费关系、环保关系的章程、公约、宣言等，往往是针对国家行使社会权力的一种形式。团体契约所涉及的主要是关于这个群体成员以及相应的主体的权利义务。对于劳动领域，区分权利争议与利益争议，凡能够纳入国家现有的法治轨道进行处理的，不能再采取罢工这种极具破坏力的形式。社会权力与经济权力的冲突其实依然会存在，职工参与管理是经济权力向道德责任转化的一种特殊形式，有助于缩小压力机制的适用范围。

集体谈判与职工参与的竞争与平衡具有重要意义，社会法中观层次调整方法与调整对象的结合，使中观层次在三个层次中具有承上启下的作用。社会利益是由个人利益提升而成的，弱势群体的社会利益在中观层面由相应的弱势群体的社会团体及他们引发的社会运动来代表。在劳工结社权推动经济问题社会化的过程中，由于

① Tonia Novitz, *International and European Protection of the Right to Strike*, Oxford University Press, 2003, pp.12—13.

法律争议可以进入司法审判，私人领域的“负外部性”进入社会领域来讨论时，劳工运动难免诉诸道德层面，社会强制力与法律强制力开始正面冲突。在大多数国家的劳动法领域，这个层面的调整通常都是由工会代表劳动者与劳动力使用者(或劳动力使用者团体)通过集体谈判、签订集体合同或集体协议来完成的，由此也会产生出两种效力，即法律效力和债权效力。法律效力是相对于微观层次来讨论的，个别合同与集体合同抵触，在我国会被视为无效。这种关系的出现是为了克服个别劳动关系的内在不平衡(董保华，2000a：128)。集体合同是在劳动基准法的基础上，对该用人单位全体劳动者的整体内容进行约定。集体合同的法律效力低于劳动基准法高于劳动合同。债权效力是相对于宏观层次来讨论的，工会和平义务是最主要的义务。我国中观层次的悖论反映出我国集体合同在债权效力上的欠缺。

三、微观层次与契约权利保障

社会法的微观层次涉及个别劳动合同产生的关系。劳动者个人与用人单位签订劳动合同：劳动合同是在劳动基准法和集体合同的基础上，对劳动者个人的劳动关系进行约定。劳动合同的效力低于集体合同。在现代化大生产的条件下，劳动关系的当事人在劳动基准法和集体合同限定的范围内，有权处置自己的权益，从而使劳动力有相对的稳定性和合理的流动性。在第三法域，与劳动合同相类似的合同普遍存在，其特点往往表现为一种附和合同或定式合同，涉及私人权利与经济权力。

从调整方法上看，微观层次的目标实现依赖经济压力，是一种经济权力。随着劳动力市场机制的逐步完善，劳动者与用人单位的双向选择会日益增强，这是一种用脚投票的机制，依赖于市场压力。经济领域本是私人领域，强调私法自治的特点，具有封闭性、排他性和隐蔽性，“自治”理论是民法所秉持的“民法私法观”的产物。私人空间是一个法律、道德、习惯三重的自律空间，私法自治即为核心。劳伦斯·M.弗里德曼指出，法律行动只有通过具体有关情况，包括文化情况，才能理解。具体情况包括分析引起多种行为主张的各种要素。有一般的行为规律，也有法律、经济、宗教等各种因素(弗里德曼，2004：18)。德国学者海因·科茨等认为：“私法最重要的特点莫过于个人自治或其自我发展的权利。契约自由为一般行为自由的组成部分……是一种灵活的工具，它不断地自我调节，以适用新的目标。它也是自由经济不可或缺的一个特征。它使私人企业成为可能，并鼓励人们负责任地建立经济关系。因此，契约自由在整个私法领域具有重要的核心地位。”(霍恩等，1996：90)

从调整对象上看，微观层次对应的是劳动者分层中的最为普遍的社会群体。社会法调整对象从最本原的角度看，应当是一种经济关系。完整的个别劳动关系不是由一个合意而是由一系列的合意所构成。在个别劳动关系的履行过程中，最初的合意无法涵盖长期的发展变化，如果不产生新的合意则劳动关系无法适应发展，最终导致劳动关系无法继续履行；劳动者与用人单位不断地达成新的合意，共同推动劳动关系向前发展。这些新的合意，不仅是对最初合意不足的补充，还是对最初合意错误的修正。所以，从整个个别劳动关系来看，其中存在着许许多多的合意，既有最初的合意，也有过程中的合意，还有最终的合意，这一系列合意的整体才是个别劳动关系的完整面目，是真正的个别劳动契约(董保华，2012f：28)。这种契约关系显然不仅适用一切劳动者，社会性法主体也有同样的情形。

社会法在微观层次上，劳动合同调整个别劳动关系。劳动关系当事人之间的契约调整，主要是劳动合同对劳动关系的调整。社会关系中平等主体之间的交换关系需要意思自治，由此需要契约关系来体现。而劳动关系毕竟本质上还是一种劳动与报酬的交换关系，其在流通领域的交换性决定了其平等性及财产性，因此，劳动关系的建立是靠当事人的意思自治选择，由劳动合同启动并体现。劳动合同是在劳动基准法和集体合同的基础上，对劳动者个人的劳动关系进行约定。通过劳动合同的签订、履行、终止以及变更、解除，调节劳动力的供求关系，既能使劳动者有一定的择业和流动自由，又能制约劳动者在合同期内履行劳动义务和完成应尽职责(董保华，1992c：43)。社会领域从文化公共领域那里吸收了公共性。随着团结权的发展，私人领域封闭性与社会领域的开放性存在着内在的冲突。劳动合同的效力低于集体合同，劳动关系的当事人在劳动基准法和集体合同限定的范围内，有权处置自己的权益(董保华，2000b：36)。

第十五章

社会法的社团人格

法律赋予团体以人格。因此，团体与个人一样，是灵魂与肉体的统一体，是具有意志并可以按照意志付诸行动的生命体。但是，法同时还调整并渗透到团体的内部结构和内在生命之中。在此，团体必须是不同于个人的生命形式，在这个生命中，人类意志得以凭借外部规范介入作为整体之统一体与作为组成部分之多元的关系中去。

——奥托·冯·基尔克（Otto Friedrich von Gierke）

第一节　社会团体的法律人格

团结权形成一种社会团体人格。自然人与社会人，基尔克以自然有机体与社会有机体的概念来论证，在自然人与社会人的互动的基础上，基尔克提出了团体人格说。作为平等、从属的复合体，从异化带来的冲突到互动带来的协调，基尔克以一个法学家的身份完整地提出了法律人格的改良主义主张。

一、社会团体的现实逻辑

从主体向度来说，契约、强制、情感是社会关系主体形成的三种方式，社团性法律人格具有某种法人的特点，又是一种特殊类型的法人，具有情感的特点。法律思想史上有关主体资格标准的学说可大致归纳为理性说、德性说、感性说与神性说，社团性法律人格的形成虽然离不开理性说、德性说的理论解说，但主要还是以感性说来建立主体制度。

（一）社会团体的含义

社团（Verband），自然人或法人为了共同的目的而缔结成的共同体，绝大多数具有基于章程设定的内部确定的组织结构，其存在于社会各处。基尔克讲的社团是一个广义的概念，包括经济社团也包括社会社团，甚至于一些政治社团。“在所有日耳曼特有的形态中出现了国家与个人促成的社团（Verband）这一支自然法理论的最毒之箭。”（基尔克，2017：21）从这一古老的“最毒之箭”入手，基尔克在一个团体的微观环境中，对社会法的人格理论进行了开创性的研究。

社会法关注的社会团体常与“第三部门”概念相联系。学者给出了不同的解释。塞拉蒙指出非营利组织具有六个基本特征：(1)正规性。社会法中的社会团体必须具有正式注册的合法身份，同时还要有法人资格，即民事责任能力。(2)民间性。社会法中的社会团体应从组织机构上与政府分离。它不是政府机构的组成部分，其决策层也不是由官员控制的董事会领导。(3) 非营利性。社会法中的社会团体不为其拥有者谋取利润。它在一定时期内积累的盈余，不得在组织缔造者之间分配，必须投入组织宗旨所规定的活动中。(4)自治性。社会法中的社会团体要能控制自己的活动，有不受外部控制的内部管理程序。(5) 志愿性。社会法中的社会团体的活动和管理均有显著的志愿参与成分。(6)公益性。社会法中的社会团体服务于某些公共目的或为公众奉献(塞拉蒙，载李亚平、于海，1998:33—35)。

从法律人格的角度来看社会团体，大部分国家也将工会组织视为一个社团法人并从结社权利的角度来定义。1949 年后德国基本法第 9 条的规定是：“结社自由(1)所有德国人均享有结社的权利。(2)社团的宗旨和活动违反刑法、宪法秩序或违反民族谅解原则的，予以禁止。(3)保障所有人和所有职业为保护和改善劳动、经济条件而结社的权利。限制或妨碍此项权利的协议均属无效，为此采取的措施均属违法。对于第 1 句所指社团为保护和改善劳动、经济条件而进行的劳资斗争，不得采取第 12a 条、第 35 条第 2 款和第 3 款、第 87a 条第 4 款和第 91 条所指措施。”(周培，2011)这是较有代表性的一个立法例。从这一规定上看，为了有效地进行经济斗争，工会从个人本位的结社权走向社会本位团结权，并从中产生社会人格。日本学者的看法是：劳动者为实现维持和改善劳动条件之基本目的，而结成暂时的或永久的团体，并使其运作的权利，即劳动者组织工会并参加其活动的权利，成为市场经济条件下劳动者最基本的权利。(竹内昭夫等，1989:950)。从经济目标出发，在一定程度上强调了集体谈判意义上的斗争性。

(二) 情感说的价值分析

马克思认为，感性活动就是创造人的感性存在的活动，人在自然界的本质性的存在方式是感性存在，感性是对外在事物的直观感觉和印象。涂尔干、滕尼斯对人们基于情感动机而产生本质意志的相互关系进行分析，温情脉脉的背后却也反映出人的相似性、同质性，才使人更容易形成共同意志。感性活动所创造的人与人之间关系的最初形式是家庭，“家庭起初是唯一的社会关系”。感性存在是在人与人的关系改变中自然而然形成的人的存在，它具有历史性。在这种家庭关系中，存在着以萌芽的形式隐藏着对抗性的生产关系，马克思在《德意志意识形态》中明确指出：“所有制，它的萌芽和最初形式在家庭中已经出现，在那里妻子和儿女是丈夫的奴隶。家庭中这种诚然还非常原始和隐蔽的奴隶制，是最初的所有制。”[①]生产关系是突破家庭伦理关

---

① 《马克思恩格斯文集》第 1 卷，人民出版社 2009 年版，第 532、536 页。

系的范围而发展起来的并走向了家庭伦理的反面，即走向了社会对抗（刘建涛、杨静，2019）。

社会法在理解社会团体这个概念时常常是与非营利组织相联系，社团人格与情感说因此有了某种联系，也因此成为社会中不可取代的力量。在对社团的研究中，我们从日本等地引入团结权这个充满情感色彩的概念。狄骥对团结的评论是："家族既然逐渐解体，公社既然不再成为一种团结人类的社会团体，人类在20世纪便只能在各种行业的工团中获致这种更为高级的社会生活。"（莱昂·狄骥，1959：474）团结权概念产生之初包含了劳动者的团结权与雇主的团结权，如我国学者史尚宽曾对团结权做过如此定义："团结权，一般为雇用人或受雇人各为拥护或扩张其劳动关系上之利益，而组织团体之社会法上之权利。"（史尚宽，1978：153）史尚宽对于团结权的定义提出于1934年，当时中华民国大量移植西方法律制度，民国法学家的学术理论亦多受到西方法律思想的影响，这是从一般结社权来理解"团结"，雇用人或受雇人都受到结社权的保障。团结权在当时被认为并非劳动者专有，根据1948年7月通过的国际劳工组织第87号公约第2条规定，劳动者与雇主在建立各自的组织方面的权利并无差别，也不需要任何事先之批准。[①]根据该公约内容，团结权也并未区分雇主与劳动者（柯宇航，2018）。团结权与情感说的联系，使其渐渐仅指劳动者的团结权。

团结权从结社权发展而来，立法上须强调"合适"的价值。自由具有道德先在性，结社自由是一种道德权利，而结社权则是一种法律权利，结社自由权也应属于法律权利。现代各国的宪法文本和国际人权公约中的"自由"就天然地具有其自然法的先在性，既包括道德权利，当然也包含法律权利。从团结权出发，社会团体不仅涉及利益整合，也涉及情感说的价值分析，非理性与理性的关系是西方哲学发展独特性的表现。感性是最重要的一种非理性，被浪漫主义者用来审视理性说带来的机械论与目的论，论证人道主义之隐含思想基础是感性标准。感性说把判断存在者是否具有主体资格的标准确定为通过感官获得快乐或痛苦的能力，立法强调只有合适的需要才能被满足。生产关系从被创造出来的第一天起就具有了社会对抗的性质，它以社会对抗的方式保存社会财富，这种对抗性质的生产关系被马克思称为社会权力（social power）。马克思在谈论家庭时，不是从人类学意义上的而是存在论意义上的讨论，家庭，即夫妻之间、父母子女之间的关系所指向的并不是生物学上的自然联系，而是指向人与人最初的社会关系，在这种感性伦理中流淌的是生命情感、爱、责任。社会权力指向在人与人的感性交往中形成的人的关系，社会权力是从感性活动中生长并异化出来的，整个社会就是围绕社会权力来构建与展开的。注重人的主观感受与情感体验，法律旨在促成主体在适当范围内集体目标的实现。

总之，理性之所以被一再强调，也从反面表明了本能的难以抑制与无法消除。使法律符合最低限度的情感之基本要求。强调人及某些生物的一种本能，也是另一种

① ILO, Freedom of Association and Protection of the Right to Organise Convention, 1948(No.87).

与价值无涉的本质性规定。

(三) 结社权与团结权的异同

社群主义[①]针对现代自由主义者提出比较系统的批评，正是在这种批评的基础上，形成了"集体权利"的概念，集体权利因此也成为社会法中观层次特别关注的社会权力。对于社会法所坚持的合适价值而言，区分结社权与团结权具有重要意义。

结社权强调结社自由，指不受国家干预，参加组织以达各自目的之自由。[②]组织成立自由构成第一层含义：(1)政府、其他组织和个人不得非法干涉、阻挠和剥夺公民成立一定的组织的自由。(2)公民所成立的组织的性质、任务和章程，只要不违反法律，不受任何组织或个人的干涉。(3)公民以什么形式，包括组织形式、仪式等成立自己的组织，不受任何组织的干涉。组织加入自由构成第二层含义：(1)公民有权选择加入某一个组织而不加入另一个组织，其他组织和个人不得干涉和歧视。(2)公民有权不加入任何组织，其他组织和个人不得干涉和歧视。(3)公民有权退出任何其曾经加入的组织，该组织不得阻拦。(谢鹏程，1999：246)

团结权这一概念来源于日本以及我国台湾地区，德国有时称之为同盟自由，其实是一种劳工结社的权利的表述，研究团结权，日本、台湾学者常常要追溯到德国的有关规定。有学者分析了 1949 年后德国基本法第 9 条第 3 项[③]以及日本战后宪法第 27 条第 1 项以及第 28 条规定(黄越钦，2003：46、47)，认为应当从劳工结社权而非自由结社权的角度来理解劳动者的团结权。前者属于生存权，后者属于自由权，两者有所不同。"工作之结果须足以维持其生存，故法律应规定工资之最低限度，同时并应准许劳动阶级组织工会，使藉团体之力量，以维护应得之利益。"(谢瀛洲，载林纪东，1970：214)

"自由结社权"与"劳工结社权"究竟有哪些具体不同，各位学者的看法不尽一致。有学者认为，(1)劳工结社权有对抗第三人的效力，与一般自由结社权仅系对抗公权力有别。(2)一般结社权仅保障本国人，但劳工结社权也保障外国人。(3)劳工结社权仅适用于劳动者。(4)劳工结社权，不以组织永久性工会为限，且是为了达到改善劳动条件为目的而组织的团体，就受劳动结社权的保障(徐颖，2004：17)。(5)劳工结社强调有"独立性"。(6)劳工结社强调"自愿性"而非强制(姚立明，

---

① 社群主义(communitarianism)又译公共社会主义，其代表人物是美国学者麦金太尔和加拿大学者泰勒。

② Certainly the right of freedoms of association, that is to join, without interference by the state, in associations to attain various ends. Application 6094/73 Association X v. Sweden Dec.6. July 1977. D.R.9.5, at 7 in the context of the European Convention on Human Rights.

③ 1949 年后德国基本法第 9 条的规定是：结社自由(1)所有德国人均享有结社的权利。(2)社团的宗旨和活动违反刑法、宪法秩序或违反民族谅解原则的，予以禁止。(3)保障所有人和所有职业为保护和改善劳动、经济条件而结社的权利。限制或妨碍此项权利的协议均属无效，为此采取的措施均属违法。对于第 1 句所指社团为保护和改善劳动、经济条件而进行的劳资斗争，不得采取第 12a 条、第 35 条第 2 款和第 3 款、第 87a 条第 4 款和第 91 条所指措施。

1988:1f)。有学者认为,可以从团结权之目的、团结权之存在价值、团结权之行使、团结权之效力这四个方面来认识其与自由结社权的区别(黄越钦,2003:48—49)。也有学者认为二者之权利主体、权利内容、规范目的、结社任务均有差异(黄程贯,1997:153—158)。

归纳这些学者的观点,大致有以下一些区别:(1)权利的适用范围不同。一般自由结社权系规定于"公共生活",往往与集会自由一并保障;劳工结社权规定于"经济生活"。(2)行使权利的目的不同。一般自由结社权仅系对抗公权力,劳工结社权有对抗第三人的效力。"一般结社自由依其历史发展系源于传统自由主义之基本思想,性质上系保障国民不受国家干涉之自由权、防御权。"劳工结社权"将'社会自治'制度与劳资双方团体相互结合,并赋予其以宪法上之基础。""并非只是在于消极地防御国家公权力之侵害而已,更具有积极落实宪法明文所特别托付的劳动生活社会自治的任务。"(3)行使权利的主体不同。一般结社权只有透过法人之机关来表达自己的意志,劳工结社权中劳工有权通过罢工之类的集体行动,来行使其争议权。"一般结社权社员之意志只有透过法人之机关表达,社员本人直接对外表示意思对法人不生效力。但工会会员之意志不但有权集体对外表达以行使其争议权,此项行为甚至为其义务。"(黄程贯,1997:154、6、49)(4)权利效力不同。一般结社权行使的结果仅限于结社的法人,因劳工结社权而产生的团体协约有时可以直接影响到劳动契约中对受雇人不利之内容。劳动契约与团体协约相抵触的内容,往往要以团体协约为准。

二、社会团体的思维逻辑

在社会法团体人格的范围内,社群主义与个人主义的争论涉及集体合同的当事人。在雇主方面,一般认为雇主个人或雇主组织均可以作为集体合同的当事人。争议的焦点在于究竟何者为集体合同劳动者一方的当事人。我国传统劳动法学界主要有"代理说""团体说""并和说"三种观点(史尚宽,1934、1978:104)。在近代法人理论发展历史上曾出现过法人否认说、法人拟制说和法人实在说三种学说,哈特称其为法人理论的三重态(哈特,2005:27)。团体人格说的理论基本上可以在历史争鸣中找到自己的影子,在我国工会国家化的语境下,历史上法人理论的三重态也有了中国式的变种,形成劳动者主体说、工会主体说、混合说主体说三种观点。

(一)劳动者主体说

我国的"劳动者主体说"是在传统"代理说"基础上形成的。传统"代理说"认为劳动者是集体合同的当事人,工会不过是以其会员的名义,为其代理而与用人单位签订的合同(史尚宽,1934、1978:104)。我国参与"劳动者主体说"论证的学者大部分在组织上与全国总工会存在某种隶属关系,这种理论基本上代表了全国总工会的官方观点。"劳动者主体说"从理论渊源上看,曾经将法人视为"虚构的人"。

这种“虚构的人”想法在鲁道夫·冯·耶林(Rudolph von Jhering)[①]那里得到充分的表达,从而形成“法人否认说”。从自然人意志与团体人意志相互独立的角度看,萨维尼、耶林认为只有自然人才拥有人格是自由意志之存在,团体无法产生意志,也不能行为。他们的理由是:社会团体无论怎样都无法拥有灵魂与肉体的统一体,而正是这一要素使人成为天然的法律主体。基尔克对这种观点进行了批评,若认为人能够用眼睛看到人格,则为一个严重的错误,也是难以自圆其说的。如果自然人可见的身体改变了,那么其人格仍然未变;其肉体被肢解了,但是其人格绝不被拆解或损害。可见,“人格是依附于一个不可视的且仅从其功效中展示出的单位体之上的表征”。“我们所感知的仅为该实体的运动!我们将其解释为该生命体的效力,这样我们从可知的内容中推断出不可知的内容”。(基尔克,2017:70)从可知的内容中推断出不可知的内容,基尔克强调人格是一个抽象的概念。

我国的劳动者主体说是从法律规定出发强调工会组织“虚构人”的特点。前期学说虽然也提及工会是法定代表人,但重点是依据《劳动法》第33条至35条的规定,论证职工是集体合同的当事人,可称之为“职工主体说”(张喜亮,1997a)。他们强调按《劳动法》第33条至第35条的规定,工会完全不可能成为签约主体。张喜亮认为:“就劳动法而言,‘企业职工一方与企业’签订集体合同,显然,集体合同的主体是‘企业职工一方’和‘企业’,即集体合同的当事人。‘集体合同由工会代表职工签订’,显然,工会仅仅是职工的‘代表’,工会在集体合同中只是‘代表’的角色。劳动法规定‘没有建立工会的企业,由职工推举代表与企业签订’,这就更进一步说明:集体合同的主体是‘职工一方’而不是‘工会’。劳动法规定‘集体合同草案应当提交职工代表大会或者全体职工讨论通过’,‘依法签订的集体合同对企业全体职工具有约束力’,由此可以断言:中国企业‘工会’并非集体合同的主体,集体合同的主体只能是‘企业职工一方’。”(张喜亮,1997b:52)

(二) 工会主体说

我国的“工会主体说”是在传统“团体说”基础上形成的。史尚宽认为“团体协约以工人团体与雇用人个人或雇用人团体之合意为成立要件”(史尚宽,1934、1978:101)。工会是以自己的名义与雇主谈判订约,工会本身为集体合同的当事人。集体合同代表劳动者一方当事人是工会法人。

19世纪初,谢林构想出作为一个整体的“有机体”概念,它消除了自然与精神之间的分裂。基尔克也以有机体理论为依据,遵循康德的理路,认为构成法律上人格,意志是必备条件,但他与萨维尼、耶林只承认自然人意志的不同之处在于强调存在着两个意志领域。基尔克主张的法人实在说认为,法人之实体乃为具备团体意思之社

---

① 耶林以其不朽成就,得以与萨维尼、祁克并列,成为19世纪西欧最伟大的法学家,也是新功利主义(目的)法学派的创始人,其思想不仅对西欧,而且对全世界都产生了巨大的影响。耶林的《为权利而斗争》是他在世界范围内引起轰动的著作。

会的有机体，对此社会的有机体，赋予法律的人格，使之为权利义务之主体，即所谓法人。对于“虚构的人”的想法，基尔克的回答是：团体人（Verbandsperson）“绝不是游荡的幽灵，而是活生生的存在”，在日耳曼法学者看来，人不仅仅是个人生命共同体，而且是更高级生命统一体的组成共同体。更高级的生命共同体自身当然无法从我们自己的意识中被找到。我们可以间接地从共同体的作用中得知，社会整体是一个灵魂与肉体的自然之物。因此，法律将有组织的共同体视为人，肯定不会与现实相矛盾，“在我看来，每个与个人主义社会观决裂的人，每个将人的共同生活，即个人融入其中的共同生活视为更高秩序的人，都必须如是回答”（基尔克，2013：44—45）。从法律人格创制的观点来看，据学者论述，“普芬道夫引进了简单法人和复合法人的概念，从而将集合群体或实体（我们的‘法人’）与自然个体归于同一法学范畴”（路易·迪蒙，2003：71）。人类社会发展中，法人与自然人都是作为民事主体被法律抽象确认，这是自然人不同于法律人的一般特点。在个体的人之所以拥有人格，是因为人是自由意志之存在，团体人格说强调了在自然人意志之外存在着团体意志。从抽象的法律人格来看，法人和自然人都是由法律规定的，他们之间不存在谁拟制谁的问题。

我国学者提出“工会主体说”是希望强化《劳动法》第 84 条的债权逻辑，区分当事人与关系人的概念，并为当时认为很快可以到来的开放罢工进行理论准备。由笔者撰写 84 条（董保华，2005a：432）被《劳动法》采纳后，在《劳动法》公布后的第一本教材《劳动法》教程中，笔者对当时设想的表述是：“集体合同当事人双方都是团体，一方是工会，另一方是雇主组织”，“集体合同一经签订双方都应严格遵守”，“劳动合同和集体合同都是双务合同，合同的双方当事人都有可能未履行应尽的义务，而应承担法律责任”（董保华，1994：113、312、315）。在当时有可能使罢工合法化的语境下，进一步强调了集体合同的债权效力与和平义务：“集体合同有效期内不使用罢工、闭厂等争议手段。”（董保华，1999a：309）笔者的观点在劳动法起草时能获支持并非偶然，时任全国总工会法律工作部部长刘继臣也有相同看法：“当我们称其为集体合同时多少是强调了其具有债的性质。”（刘继臣，1990：244—245）以后，随着全国总工会态度日益明朗，工会系统内部已经没有人再赞成这一支持集体合同应有债权效力的理论观点。

（三）混合说主体说

我国的“混合说主体说”是在传统“并和说”基础上形成的。传统“并和说”主张团体协约以团体本身之名义，同时以所属团员各人之名义，订立协约（史尚宽，1934、1978：104）。这一学说在演变中出现了根本性的转变，可以说早期强调“并合”，晚期强调“并立”。这一理论最初提出时，是立足于全国总工会立场来调和劳动者主体说与工会主体说的冲突，提出“劳动者与工会为集体合同共同主体”这一并合观点，职工与工会被说成是“一个不可分割的主体，其中劳动者是意志主体，工会是形式主体”，因而这一理论也被称为“劳动者与工会共同当事人说”（常凯，2004a：255）。

萨维尼认为，民事主体享有权利，必然要有意思能力，因此民事权利主体应以自然人为限。在萨维尼提出了他的著名公式:“所有的法律都为保障道德的、内在于每个人的自由而存在。因此,关于法律上的人或权利主体的原初概念,必须与生物人的概念一致,并且可以将这二种概念的原初同一性以下列公式表述:每个个体的生物人,并且只有个体的生物人,才具有权利能力。”①拟制说从个人法的视角来观察社会组织的现象,法人是由法律为了某种目的而创设出来的拟制,是一个虚构出来的单位,是一个从虚无中产生的创造物。在基尔克看来,“法人拟制说”将社团视为自然人制造出来的虚构的人:“一个虚构出来的单位! 是一个从虚无中产生的创造物!”这是将社团贬为一种法律上不成熟的主体,甚至于是一种病态的主体。“在这个别扭的构成中,拟制理论将新的法律主体解释为一种人造的个体,它存在于彼此联系的自然人之外,如同处于完全隔离状态的任意第三人,然而,它作为一个单纯的概念,却会导致充满阴影的存在;在无意思能力和无行动能力(Handlungsunfähigkeit)方面,就像孩子甚至就像不能治愈的精神病人一样,只有通过自然人的监护代理才能获得行动能力(Aktionsfähigkeit)。”(基尔克,2013:43)

我国的“混合说主体说”理论是将工会、劳动者视为同一主体,从属于早期的“同一说”。由于意志主体、形式主体的描述离法律主体的概念太远,这种理论为“工会法人说”这种新的“同一说”所继承与改革,后者其实是以法律语言对前者的观点进行了新包装,将所谓形式主体打造成工会法人,但依然强调这是一个不可分割的“同一主体”。“工会法人说”认为工会是社团法人,工会机关对外代表工会法人签订集体合同,职工是工会法人的成员,两者形成同一主体。“工会法人说”认为其他学说(其实主要是工会主体说)的主要缺陷是将工会与职工视为两个法律主体,而这种学说在理论上实现了将两者合二为一的目的,因此也被称为“同一说”(孙德强、沈建峰,2009)。随着提出早期的“同一说”这一观点的学者离开工会系统,早期的“同一说”也在所谓集体转型理论中由“并合”转入“并立”的内涵。

三、社会团体的历史逻辑

从以上三种学说的历史发展来看,出于构建法律科学体系的需要,萨维尼必须要将法人与自然人统合起来,非自然人之所以能够成为权利主体,须以自然人为准,并用法律的力量把非自然人拟制为自然人,从而形成符合个体法要求的统一的法律主体概念(仲崇玉,2011)。法人实在说承认有组织的共同体,并将这些有组织的共同体看作具有人格的统一实体。与西方的历史发展不同,我国集体谈判主体的理论观点在三种学说的基础上融入了中国的体制因素。

---

① Friedrich Karl von Savigny, *Jural Relations: Or, The Roman Law of Persons As Subjects of Jural Relations: Being a Translation of the Second Book of Savigny's System of Modem Roman Law*, translated by William Henry Rattigan, London: Wildy & Sons, 1884, pp.1—2(转自仲崇玉,2011:74)。

(一) 西方社会团体理论的演变

罗马法在法的价值取向上体现了个人本位的理念,而日耳曼法在法的价值取向上体现了团体本位的理念。"在古代哲学中,后者占据上风。中世纪的基督徒的社会理论就曾深受其影响。而自然法的社会理论则认为,所有的团体性存在都来自相互结合的个人。"(基尔克,2013:45)以罗马法为基础的个人法与以日耳曼法为基础的社会法给出了不同的解读。基尔克以法人实在说对体现个人法思想的法人拟制说进行了批评。在私法中,即使是一贯的个人主义学说,也不能简单地抹去法人的概念,因为法人的概念已经为法律所确认,但传统学说仅保留了"法人"作为技术性辅助工具、集合名称和简短惯用词的价值。

随着封建庄园的没落,德国合作团体在经过漫长的沉睡之后,再次醒来,并在自由结社的基础上再次走向繁荣。①各种社团纷纷兴起,经济性团体如公司、合作社,社会性团体如各种行业协会、工会,一些政治性社团也开始起到了越来越大的作用。它们与许多古老的法人团体如城镇、乡村、公社一样,通过制定、实施各种规章制度有效地规范了内部秩序。"自从自然法理论取得胜利以来,团体实在论虽没有消失,却遭到了强烈的压制。如今,它带着返老还童般的力量迎来复兴,这是自 18 世纪国家与法的思想经历转折以来的又一次新生。"(基尔克,2013:45)随着社团的兴起,团体本位的理念再次受到重视,所谓团体则是指家庭、氏族和公社组织。所有的日耳曼单独的个人行使权利和承担义务都得以团体的权利义务为前提,受团体的约束,个人不只是为自己而存在,更是为了团体为了他人而存在的,这也是日耳曼原始民主所要求的价值取向。②因此,"法制的确不仅包括个人生活的外部关系,而且其同样调整国家的生活、教会的生活、乡镇的生活和合作社(Genossenschaft)的生活"(基尔克,2017:60)。

随着社团的兴起,团体本位的理念再次受到重视。在自然人格与社团人格的关系上,面对观念冲突,立足于不同的政治立场,个人法提出的是法人拟制说,社会法提出的是法人实在说,两种理论展开了激烈的交锋。法人拟制说主要为萨维尼所创立、阐发。基尔克的导师贝塞勒出版了其名著《德国普通私法的体系》论证了"德意志法的团体性"思想,初步阐述了法人实在说。基尔克继承了贝塞勒这一研究进路和学术任务,几乎持续一生的四卷本鸿篇巨制《德国合作团体法》将团体性作为日耳曼法最基础、最根本的特征而非具体制度来研究(仲崇玉,2013:57)。基尔克长期关注德意志合作社研究,他认为德意志合作社是指建立在任何自由联合基础上的德意志法上的团体,合作社在德意志法律生活中具有核心意义,涵盖了从家庭到国家等现象。③但传统罗马私法以个体为法律的基点,认为社会只是生活在其中的个体的累加,否认

---

①② Gierke, *Community in Historical Perspective*: *A Translation of Selections from Das deutsche Genossenschaftsrecht*, ed. by Antony Black, trans. by Mary Fischer, Cambridge: Cambridge University Press, 1990, p.12.

③ Kleinheyer Schröder Hrsg, Deutsche Juristen aus fünf Jahrhunderten, C.F. Müller, 1976, p.97.

人的社会存在本身可以具有一定的实在性，主张法律人的拟制说，不承认团体的主体地位（沈建峰，2019a：39）。

全能国家的发展，也使得这种社会团体“自生自发秩序”越来越受到挤压，政治国家与市民社会中团体的冲突也越来越激烈（维亚克尔，2006：434）。“法人拟制说”为什么要将“法人”这一经济组织理解为不成熟的主体，甚至于是一种病态的主体而只能成为辅助工具呢？萨维尼其实在一定程度上做出了回答，他将法人这种原始的观念或自然法上的观念视为一个有待修正的状态。无论是在罗马时代，还是在当时，这一法律主体概念都要受到实在法的双重修正，一是限制，二是扩张。他举例说：“首先，实在法可以全部或部分地否定某些个体生物人的权利能力；其次，实在法可以将权利能力转而授予个人之外的某些主体，从而可以通过这种方式人为地创造法人……”[①]在这种情况下，法人有了成为民事主体的可能性，因此，在《现代罗马法体系》第2卷中，萨维尼在讨论完自然人的权利能力及其诸种限制之后，接着讨论了法人的权利能力问题，从而阐发了其法人拟制说（仲崇玉，2011：74）。

拟制说的核心是“团体的人格只有通过法学上的构造才会产生”。既然是一种可以隐藏或者淡化的主体，法人只是一个人为的创造，“团体作为那种现实中并非如此的团体适用法律”也就随时存在可以被毁灭或限制的可能。基尔克对此的批评是：“拟制说被剥离了‘何蒙库鲁兹’（Homunkulus）[②]的诗意色彩。拟制的意思应该仅仅是，某种非人格体被像自然人一样对待，或者它仅仅想说明，法律上的多个主体应被视为一个统一体。如同一直以来仍然存在，而拟制说却想隐藏或者淡化它，团体的人格只有通过法学上的构造才会产生；凭借这种法学上的技艺，团体作为那种现实中并非如此的团体适用法律。”（基尔克，2013：43）

（二）我国社会团体的理论演变

在社会学和政治学领域中，有学者认为某种“古典二元论”（classic dualism）是研究中国工会问题最为重要的一个分析框架。早在20世纪80年代中期，一些学者就开始用这个分析框架来描述社会主义国家的工会。他们认为在共产主义制度下，工会被赋予了双重职能，即按照列宁主义描绘的“传输带”（transmission belt）图景，工会发挥着连接党和政府与工人之间的管道作用。[③]中国工会“既维护职工利益又维护全国总体利益”“既代表职工又代表党和政府”的双重角色定位，与西方市场经济国家工会“仅代表劳动者、仅维护劳动者利益”明显不同。深入探讨中国工会双重角色定

---

① Friedrich Karl von Savigny, *Jural Relations: Or, The Roman Law of Persons As Subjects of Jural Relations: Being a Translation of the Second Book of Savigny's System of Modem Roman Law*, translated by William Henry Rattigan, London: Wildy & Sons, 1884, p.2.

② Homunkulus，意指欧洲的炼金术师创造出的人工生命，多出现于中世纪、文艺复兴乃至近代的文学作品和民间传奇之中。

③ Alex Pravda and Blair Ruble, "Communist Trade Unions: Varieties of Dualism," in Alex Pravda and Blair Ruble, eds., *Trade Unions in Communist States*, Boston: Allen & Unwin, 1986, p.1（转自许晓军、吴清军，2011）。

位的形成渊源与探索发展，对于厘清资本主义国家工会以劳动维权为主与社会主义国家工会以社会服务为主的不同，对于促进中国劳动关系和谐发展、坚定中国特色社会主义工会发展道路具有重要意义（谭泓，2015）。工会改革面临的最大顽症是工会的“行政化”倾向。理解我国的工会理论以及当前的工会体制必须首先认识列宁关于工会的一些论述，尤其是工会国家化的理论，改革开放过程中，我国在社会各个方面有了很大的变化，工会改革作为一种例外，其体制改革经历了曲折的过程。

工会“国家化”这一概念是俄国十月革命胜利后，在俄国工会共产党党团决议案中提出来的，意即把工会组织与国家政权机关合并，使工会成为主持国家经济的国家组织。它的实质是使国家经济管理职能转到全体工人手中。列宁说：“工会必然要国家化，工会必然要和国家政权机关合并起来，建设大生产的事业必然要完全转到工会的手里。”列宁提出了工会的两大任务：作为政治机关，作为生产组织者。这两大任务归结起来就是广大群众独立担负起管理国家的任务。“在整个国家管理方面、整个国家建设方面、整个新生活的领导方面，从上到下完全由新阶级来代替资产阶级、资本主义奴隶主、资产阶级知识分子和一切有产者。”请注意列宁使用了三个“必然”和三个“整个”，以强调工会的“国家化”。在这里我们看到，在当时列宁的思想中，把无产阶级整个阶级的概念与无产阶级的组织——工会这一概念等同起来；把无产阶级的任务与工会的任务也完全等同起来。这种“等同”，在现实生活中遇到了麻烦，于是列宁重新思考这个问题：“假如工会现在就想自作主张地担负起国家政权的职能，那就只会弄得一团糟。”“应该说，我们不能一下子立即把工会和国家政权机关合并起来。这样做会犯错误。任务也不是这样提的。”①可见列宁的思想逻辑是：工会国家化是必然的，而且所涉及的范围是“整个的”。但是现在还不能实现也不应该实现。现在摆在工会面前的任务就是成为教育者，也就是后来所说的共产主义大学校。

1957 年 12 月，刘少奇在中国工会第八次代表大会的祝词中强调：“工会工作者面临着复杂的任务，他们需要善于正确地处理国家、集体和个人的关系，善于正确地处理生产和福利、长远利益和目前利益的关系，善于正确地处理行政和群众的关系，善于处理这一部分工人和那一部分工人的关系。”②李立三在主持全总工作过程中对工会思想进行了艰辛探索。关于工会指导方针和主要任务方面，他提出遵循党的“发展生产、繁荣经济、公私兼顾、劳资两利”总方针，促使工会较长时间执行的“以生产为中心，生产、生活、教育”三位一体方针形成雏形。同时，李立三对工会的双重角色尤其是工会保持相对独立地位等问题进行了探讨。赖若愚接任李立三主持全总工作后，对工会双重角色极为重视，认为“工会必须成为党联系群众的纽带，必须把广大群众团结在党的周围”。同时“工会组织必须保护职工群众的物质利益和民主权利”。③20 世纪 90 年代，我国经历了短暂的改革过程，这一改革以强化维护职工合法权益，

---

① 《列宁全集》第 28 卷，人民出版社 1963 年版，第 396—405 页。

② 《建国以来中共中央关于工人运动文件选编》上册，中国工人出版社 1989 年版，第 635 页。

③ 中国工运学院编：《李立三赖若愚论工会》，档案出版社 1987 年版，第 17、229、393 页。

探索适应市场经济的工会机制为内容。21 世纪以来，随着行政权的加强，中国工会双重角色的体制重新得到恢复和强化。2003 年 9 月，王兆国在中国工会十四大报告中指出，“始终把党的领导作为工会工作的根本保证”，“始终把围绕中心服务大局作为对工会工作的必然要求”，“始终把保持与职工群众的密切联系作为工会工作的生命线”，“始终把维护职工合法权益作为工会必须履行的基本职责”。[①]中国工会十五大后，不再试图改变现行体制，而是将其作为中国特色而予以坚持，工会进入政治化时代。王兆国提出了中国特色社会主义工会发展道路、中国特色社会主义工会维权观、中国特色社会主义工会(徐小洪，2010：157)。“中国特色社会主义工会”其实是对历史上“双保护”工会体制的固定与强化。

在工会改革的问题上，正确理解列宁“双保护”理论至关重要。列宁在察觉国家存在着官僚主义弊病时，提出了“双保护”理论：“全体组织起来的无产阶级应当保护自己，而我们则应当利用这些工人组织来保护工人免受自己国家的侵犯，同时也利用它们来组织工人保护我们的国家。”在“新经济政策”条件下，列宁又进一步将“维护职能”作为社会化大生产企业中工会活动普遍要求：“在社会化的企业中，工会就一定要负责维护劳动者的利益。”“工会的主要任务是维护劳动群众最直接最切身的利益。”列宁还重申了工会的自愿入会制，提出了工会调节人民内部矛盾的思想。[②]由此可见，列宁关于社会主义的思想理论，是随着实践而发展的，作为列宁思想的一个组成部分的工会理论也是发展的。列宁在当时尚未准备发展市场经济的条件下，已经认识到工会坚持“双保护”的必要性，在实现“新经济政策”的条件下，已经敏锐地看到了“工会的主要任务是维护劳动群众最直接最切身的利益”，应当说是难能可贵的。其实，列宁的工会理论中最有价值的思想是：工会体制应当随着社会经济体制的变化而不断地改革，而这一点恰恰被我国工会改革忽视了。随着市场经济的发展，客观上要求工会应从坚持“双重职能”转向“维护工人”利益的单向职能，苏联与东欧共产党都未自觉地及时调整。我国 20 世纪 90 年代《劳动法》曾以法律形式要求工会肩负起代表职工利益、维护职工的合法权益的重任。进入 21 世纪后随着我国工会系统重新强调双重角色的观点，工会加强了参与立法的工作，推动劳动合同从倾斜保护向单保护的转变，从而形成我国社会法中观层次的悖论。

(三) 两种社团理论的比较与反思

我国对于社会主义道路的探索，使中西方社会团体的理论从一开始就完全不同，如果说西方是从个人本位走向社会本位，我国的主要问题从来都是国家本位的问题，当工会组织积极参与立法后，工会国家化的问题更有了长足的发展。“双保护”的理论与拟制说尽管产生的背景完全不同，但两种理论却存在着某些共同特点。

首先，两种理论都认为，我们需要一个统一的、为共同利益而建构的权利义务总

---

① 《学习工会十四大报告讲话》，中国工人出版社 2003 年版，第 151—153 页。

② 《列宁选集》第 4 卷，人民出版社 1972 年版，第 408、583—592 页。

和的负载者，一个从个人权力领域脱离出来的共同体领域的关键连接点，在一定范围内行使自己的“主权”，利用一直存在的拟制工具。关键是谁来掌握促进和限制社会团体发展的钥匙？对于自然人而言，由于其先天就具有内在的自由意志，当然可以成为法律主体。而在团体问题上，萨维尼认为，团体不具有独立意志，所以只能依靠国家拟制而从外部借来一个法律人格，强调个人与国家的关系；双保护理论强调的也是个人与国家的关系。法人人格在国家法上应当怎样“出生”？这就涉及萨维尼拟制说与法人实在说的一个根本性的区别所在，前者认为法人人格产生的基础就在于国家拟制，在制度层面上无非就是特许制或行政审批制，是否授予法人以法律人格完全是国家的自由裁量权，这种观点与基尔克的看法有很大不同。基尔克认为：“集体和个人一样，它的意志和行动的能力从法律获得一种法律行为能力的性质，但决不是由法律创造出来的。法律所发现的这种能力在事先就存在的，它不过是承认这种能力并限定这种能力的作用而已罢了。”①法人的法律人格并不是国家的恩赐，而是国家对于事实上的法人人格的承认，“国家对待法人团体的职责是承认而非创设”，“我们要求国家承认是因为我们要求法律承认”②。国家不能创造超越意志条件之上的意志，法律也只能从外部规制人的行为，法律不能创造事实而仅是宣布事实。③团体实际上就是自由地创立的，新法承认社团不是根据国家的许可获得法人人格或法律主体地位，而是本身就拥有一个事实上的人格，对于这一人格国家只能宣布其为事实。按照基尔克的理解，只有这样的法才具有合法性。④

其次，两种理论都认为对于社会团体需要进行甄别。理解萨维尼法人拟制说，我国学界一般认为应当联系这一理论提出的背景。受法国大革命影响，德国社会各阶层分化开始显现，德国出现了一大批新兴的市民组织，如文学社、报纸期刊社、音乐社以及各种教育协会等。新兴社会力量如资产阶级团体、无产阶级团体开始涌现，这些社会团体的发展与当时致力于加强中央集权的政府产生了激烈的矛盾。当时德国已经进入一个新的自由结社时期，萨维尼对于新兴社团极不信任，如何强化国家对各类法人组织的控制，成为萨维尼法人学说的重要主题。在《当代罗马法体系》第二卷中，萨维尼将社团组织分为三种类型：第一种是“自然法人”，第二类是手工业行会(artisan guilds)及其他组织，第三类即各种广义的社团与财团。前两类是历史上久已存在的旧式团体，第三类即各种广义的社团与财团，它们的产生和存在取决于一人或多人的任意决定，往往是新兴团体，萨维尼称之为“人为且意定的”法人，而这一类法人则需要国家的特许。维护旧社团体系的特权与抑制新兴社团发展这两种考虑决定了他对法人进行区别对待的理念，通过严格筛选与甄别，维护旧式团体的特权地位，也利用国家的力量对新兴团体进行限制，政治考量构成了萨维尼法人学说的基调(仲崇玉，2011：71—72)。“双保护”理论强调工会必然要国家化，工会组织作为政治

① Gierke, Die Genossenschaftstheorie und die deutsche Rechtsprechung, Berlin: Weidmann, 1887, p.608.

② Ibid., p.18.

③ Ibid., p.23.

④ Ibid., p.114(转自仲崇玉，2013：62)。

团体与其他团体的地位完全不同，事实上，“双保护”理论强调社会团体要进行更严格的筛选与甄别。

最后，两种理论客观上都存在着个人原子化的理解。萨维尼产生上述看法的最直接的原因是政治上的保守态度，他公开宣称自己是法国大革命的反对者，且他也反对自由主义。①笔者以为，除了政治上的原因外，作为一个学者涉及理论自洽，法人拟制说与人格权保护上的犹豫，都与罗马法以物法作为私法基础的个人主义思想观念有关，这种观念总体上是反对抽象法律人格回归自然、回归社会的倾向。“双保护”理论强调工会必然要国家化的观点，强调抽象政治人格，正好立足于相反的观点，但都有抽取中观层次的特点。团体人格说（Theorie derrealen Verbandsperson）的流行体现了19世纪晚期的德国人重视共同体的存在价值，基尔克在对拟制说进行批评的基础上，界定自然人格与社会人格的相互关系。团体人格强调法人的主体性是本体的，这一观点是基尔克共同体理论中非常重要的内容。对于Verbandsperson这一概念，学者有时从社团、有时从社会的角度来加以把握，在我国亦有不同的翻译。②事实上，基尔克分别进行了两个层次的论证：强调了自然人格与团体人格；强调个别人格与社会人格。加入中观层次的认识，在三个层次互动的基础上才能建立起完整的理论范式。

第二节 社团关系的权力主体

社团关系是社会团体与经济组织之间的社会关系，面对经济权利演变为经济权力的现实，西方社会法也将一部分社会团体界定为权力主体，以使双方保持平衡。我国则通过社会团体政治化的方式形成政治权力主体。社会权力主体与政治权力主体各有自己的发展轨迹。

一、社会权力主体

19世纪以来，法人拟制说随着经济的发展，逐渐被法人实体说所代替，工会作为社会团体，往往被视为社会权力主体。西方社会团体具有团体人格、契约人格、对等人格。

（一）团体人格

在西方，现代性的结社自由和独立社团是以市民社会为依托的，结社与自由本属

① Leuze, Die Entwicklung des Personlichkeitsrecht im 19. Jahrhundert, 1962, p.51（转自张红，2010：23）。

② “社团人”“联合体人”“团体法人”（基尔克，2017：52、64、102）；“联合人”（博伊庭，载梁慧星，1999：537—538）。

两个不同层面的概念。结社是一种社会组织形式，自由则是一种价值理念，法人实体说将结社与自由联系起来并成为现代社会组织重要形式，也是近现代社会随着人们社会联系经历了由身份向契约的转变之后出现的社会现象（王建芹，2006：141）。团体人格强调法人实体说，团体人格一般包括权利能力、行为能力、责任能力的法人的民事能力。社会团体中最重要的当属工会组织，工会组织脱胎于社会运动，进入合法渠道后仍在相当程度上保留权力主体的特点。随着经济组织从合同主体这样的权利主体演变为权力主体，工会组织成为劳动关系重要的平衡力量。权力能力同权利能力有某些类似，也是主体在法律上的资格。从权利主体来看，主要是强调法人资格；从权力主体来看，强调集体行动的能力。按照西方国家关于工会的立法，对工会法律地位一般有以下几方面的规定。

其一，工会只能是雇工的团体。工会是受雇人组织之团体。在美国，根据1935年《劳工关系法》的规定，可作为劳动者一方的当事人为劳工组织，通常是工会组织，其定义为：职工参加的任何种类的任何组织或任何代理机构或职工代表委员会或计划，其存在的全部或部分目的是为了就各种申诉、劳资争议、工资待遇、工时、工作条件等问题同雇主进行交涉。日本《工会法》中工会的概念，“是指以职工为主体，以维护和改善劳动条件，提高其经济地位为主要目的而自主地组织起来的团体”。工会应为纯粹受雇人之团体。由受雇人及雇用或代表雇用人利益之第三人混合组成之团体不得为工会，西方国家在这一点上几乎是没有例外的。(1)受雇人团体的概念强调了职业团体的概念，不仅是受雇人，雇用人的团体也为职业团体。因而在立法上对两种职业团体作出共通的规定。例如新加坡的职工法令规定：“职工会是任何工人或雇主的临时或永久组织。”大部分市场经济国家在宪法里规定了结社权。(2)受雇人团体的概念还强调了对受雇人团体的特别重视。许多国家为了保障工会的法律地位，除宪法里作出专门的规定外，另在《劳动法》或《工会法》里作进一步的规定。德国基本法第9条第3项往往从这一视角来进行解读；德国、日本也都有相应的社团立法。(3)为职业团体确立了增进劳工条件的目标。德国1919年制定的《魏玛宪法》第124条规定了结社权，第159条又规定保障“为保护及增进劳工条件及经济条件之结社自由”；1949年后基本法也规定“保障所有人和所有职业为保护和改善劳动、经济条件而结社的权利”。日本《工会法》第2条强调“劳动条件的保护、改善和经济地位的提高”。

其二，工会一般没有政治目的，有的国家甚至还禁止工会有经营的目的，如法国在法律上明文禁止工会从事经营活动。工会是为所属会员谋求保护、改善劳动条件、提高经济地位为主要目的而设立的团体或联合体，大陆法系的国家多将工会职能局限于维护劳动关系中劳动者一方主体的经济利益。工会超出“以劳动条件之维持改善为目的之团体”这一限度的提高劳动者地位，就可能涉及政治问题。史尚宽认为工会的有些职能虽不限于“劳动条件之维持改善”，如会员之互助、参加政治运动社会改造运动等，但是，“劳动条件之维持改善”是工会的基本目的，制约着工会的行为方式，也是其区别于消费合作社、生产合同社、劳动政党等的主要特点。日本有学者认为，工会同其他社团(例如商法上的各种公司和同学会等无权利能力社团)相比,更容易引起成员间致命的、互不相容的对立状态,导致团体作为统一体的机能完全受阻害,随之出现团体分解现象。工会的历史在某种意义上可以说是离合集散的历史,即:分裂与合并的历史。为什么工会的分裂与合并如此反复,因为工会运动具有对政治运动易起化学变化的特点,不同政治路线集团之间没有相互讨论和说服的机会,也就是说,成员间的同质性丧失,多数决定原则也不会起作用了(相马达雄,1996:68)。这也是西方国家要求工会不得有政治目的的原因,会员间即使有不同意见,也决不能使团体机能失灵而陷入僵持状态。

其三,工会具有法人资格。法人与自然人一样,具有自己的独立意思,可以独立享有权利和承担义务,在法律上是独立的权利主体。法人的民事权利能力,是指法人作为民事主体,享受民事权利并承担民事义务的资格;法人的民事行为能力,是指法人作为民事主体,以自己的行为享受民事权利并承担民事义务的资格;法定代表人因执行职务造成他人损害由法人承担民事责任。社会法更强调非营利法人的概念,非营利法人的设立原则不一。社会团体法人的设立,有采特许设立主义,需要按照法律和行政命令的规定来设立;也有采许可设立主义的,即法人的设立需要经过业务主管部门审查同意,然后向登记机关申请登记才可成立。法国规定工会当然具有法人资格;而德国则规定工会需经有关部门登记才可取得法人资格。大部分国家的工会组织属于前者,工会为永续的结合团体。工会为当然法人,永久团体。

其四,工会可以成为组织罢工、同雇主或其团体谈判并签订集体合同的主体。团结权的人格要求通过罢工之类的集体行动,来行使其争议权。社会法中的社会团体是聚合其成员利益的"众意",介于个人与国家之间的一种意愿、要求的传达机制;也是矛盾的化解、疏导机制。它实际上保护了市民社会的独立,"众意社会是允许私意多元并存的聚合社会"(朱学勤,1994:78),史尚宽将西方工会概括为公法人之性质。史尚宽所谓公法人当然不能按我国流行的观点来理解①,其主要是强调与私法人的区别。日本《工会法》强调工会是自主、民主的组织(《工会法》第1、2、5条)。并且,组织的运营本着多数决定原则,人们期待着这一原则能很好地发挥作用。社会团体表达团体利益要求,往往也会影响到国家的立法,近代以来的工会法、消费者保护法、环境保护法、妇女权益保障法、未成年人权益保障法、老年人权益保障法与社会团体以及社会运动的发展密不可分(董保华,2004c:5),工会组织在关注社会利益时,也在一定程度上推动了公共利益的发展。

可见,社会团体在市民社会中具有对内整合个体与对外代表个体的双重作用。"对内整合个体"是指社会团体整合个体利益,集结个体力量的作用;"对外代表个体"是传达其成员的要求,对外进行交涉的作用。通过这种双重作用来协调国家与

① 我国一般将公法人定义为以社会公共利益为目的,由国家"依公法"所设立的行使或者分担国家权力或政府职能的法人。私法人定义为依私法设立的法人为私法人。公法人和私法人的区别就在于设立法人的主体不同,前者的主体是国家,后者的主体是私人。

个人的利益，“既克服市场意思自治的失灵，又防止政府强行干预的失灵”（郑少华，2005）。

（二）契约人格

社会团体是一种有机的社会组织，它有独立于他人的意志，可以承担义务，而它可以对其成员进行自治的管理、分配成员的权利义务，因此必须承认社会团体有一种“集体权利”。这种集体权利通过契约人格来实现。集体合同是两个团体间的合同，不同于团体与个人的劳动合同。集体合同关系的主体，也是合同当事人，包括债权人和债务人，具有团体的特点。债权人有权请求债务人依据法律和合同的规定履行义务；而债务人则依据法律和合同负有实施一定的行为的义务。利益主体的利益非常重要，不加以固定化、明确化，就会缺乏他人或社会尊重，契约制度反映的是利益的动态关系，利益是缔结契约的一般动机。契约人格是享有权利、承担义务的资格和能力。在契约自由下，个别性的劳资关系实质上并不平等，雇主强大的经济力量、个别劳动者沦为从属地位，使得劳资间合意的形成存在障碍；劳动者只有团结起来，借集体的力量，才能在劳资关系谈判中取得与雇主势均力敌的态势。“当事人的目的，亦即其经济上的真正意图。基此角度观之，契约充其量不过当事人实现其目的的法律手段而已。”（邱聪智，2002：41）用人单位作为经济团体，工会作为社会团体，集体合同是一种团体协议。对于世界上大部分国家来说，集体谈判的主体是工会或者类似的组织。

契约关系的主体，往往也被称为债权人与债务人，两者具有相对应的平等关系，集体合同也具有这样的特点。工会作为工人的代表组织成为集体合同的缔约人这样的法律主体，在国际上一般不存在问题。国际劳工组织第 91 号建议书《1951 年集体协议建议书》对“集体协议”做出定义：“由一个或几个雇主或其组织为一方与一个或几个工人的代表组织（不存在这种组织的，应由通过按照国家法律或法规由工人正常选举产生并认可的工人代表）为另一方所达成的，涉及工作条件和就业条件的任何书面协议。”从这一建议书来看，工会作为集体合同的当事人一方是以自己的名义来签订集体合同的。工会组织是劳动者利益的代表，在现代各种社会组织中，工会是由劳动者组成的特殊的社会组织。集体合同也是一种双务合同。用人单位是提高劳动者的经济利益的义务人，也构成了集体合同中的主要义务；在用人单位承担相应义务时，工会组织则是和平义务的义务人。

和平义务的法理基础可以从私法上契约的角度出发讨论。和平义务（peace obligation），又可称为和谐义务、和平公约，不同的国家名称有所区别，英美国家通常称之为“不罢工条款”（no-strike clause），其所包含的禁止罢工的含义大致相同。依据契约自由，意思自治的原则，和平义务属双方合意，其有权利自行约定，具有债法的性质——相对性，并需要承担违反协议时的违约责任。德国《团体协议法》第 1 条第 1 款规定：“集体合同规范集体合同当事人的权利和义务，它还包含法规性效力内容，即对于劳动关系的建立、内容和终止及企业规章或企业组织法上的规范具有规范性效力。”条款包含两方面的效力，前半部分的规定是债权性效力，规定了双方的权利和义务。[①]债权性效力中最重要的便是和平义务与影响义务。我国台湾地区的《团体协约法》关于团体协约之履行，除本法有特别规定外，适用民法之规定。目的在于约束并规范双方当事人在面对争议时所采取的手段，避免过激的举动，保证生产秩序的顺利进行，且不能使第三人对此协议负担义务。

（三）对等人格

当工会承担获得采取集体行动以及保障和平义务时，事实上已经从权利主体转变为权力主体。工会成为权力主体，其法律人格是建立在“对内整合，对外代表”这一团结权基础之上。劳资双方为了将利益凝结成权利，也会涉及集体争议行为。日本《工会法》第 1 条就明确了使劳动者能站在与雇主同等的立场上，就种种问题进行交涉，以期提高劳动者地位而存在的工会的法律地位（相马达雄，1996：68）。以一定的社会压力为基础的劳资对等的集体谈判，才有可能谋求合意地达成并获得公平的劳动条件。正如吉登斯所说：“对于西方工会运动来说，今天利益争议斗争的，明天可能就成了基础的权利。”[②]在同雇主的关系上，工会是站在与雇主对等的立场上，团体人格与契约人格的特点决定了各国对于对等人格的塑造。各国理解的对等人格并不完全相同，可以分为当事人的代表权与社会实力两种类型。

美国的企业工会强调集体谈判当事人的代表权。美国以企业为基础的集体谈判模式是分散性的，主要限于厂场层级。以企业工会为核心的美国工会模式，已有 200 年的历史。企业工会在组织形式上发生了很大的变化，经历了一个从某一企业工会组织到全国工会联合会工会组织的发展过程。适应这种社会现实，美国《劳资关系法》第 9(a)条规定：“为集体谈判的目的，由适当谈判单位中多数受雇者所指定或选任的代表，为该单位中所有受雇人关于工资、工时或其他劳动条件为集体谈判的专属代表。”作为工会取得专属谈判代表权的资格，在工会多元化的情况下，美国法上明显采用多数主义原则。基于保障受雇者选择谈判代表工会的充分自由权，参酌政党政治选举的理论，工会只要赢得谈判单位内受雇者的多数选票，即可在数个“竞争工会”参与竞选的活动中脱颖而出，通常由国家劳动关系局法定确认为谈判代理人，该工会将取得专属谈判代表权，代表谈判单位内的全体受雇者与雇主进行谈判。依专属谈判代表原则，雇主应积极地与多数受雇者支持的代表工会，就有关工资、工时及其他劳动条件等进行谈判。如果雇主迂回规避工会，与其他个别或集体受雇者谈判，将构成不公平劳动行为。当然，由适当谈判单位所选出的谈判代表工会，对于受雇者不得

① 《团体协约法》第 19 条：“团体协约所约定劳动条件，当然为该团体协约所属雇主及劳工间劳动契约之内容。劳动契约异于该团体协约所约定之劳动条件者，其相异部分无效；无效之部分以团体协约之约定代之。但异于团体协约之约定，为该团体协约所容许或为劳工之利益变更劳动条件，而该团体协约并未禁止者，仍为有效。”

② Anthony Giddens, “Class Division, Class Conflict and the Citizenship Right,” in *Profiles and Critiques in Social Theory*, 1982.

有歧视或不公平的待遇，不论其他受雇者是否投票支持或是否为工会会员，皆应竭尽所能为其争取权益，这是一种授权，也是法律义务，因为工会是劳动者的全权代表（吴育仁，2002）。

德国的工会强调集体谈判当事人的社会实力。德国《集体合同法》第2条的规定，集体协议可以由工会代表的雇员方和单个雇主或者雇主协议代表的雇主方签署而成。换言之，只有具有团体协约能力的当事人才能以自己的名义进行集体谈判。德国联邦劳动法院认为“工会”和“劳动者同盟”这两个名词的概念并不相同，作为工会的要件要比劳动者同盟的要件还多。关于劳动者同盟，通常至少需要符合两个要件：(1)首先，这种协会必须长期建立，一个专门的协会是不够的，至少应当与已订立的集体协议的效力期间相同，否则没有组织来负责这些集体协议的实施，如果结合是为了一次性行动，它就不是劳动结社，该结合不能合理地利用基本法保障的团体协约自治（瓦尔特曼，2014：365）；(2)一个雇员协会也不可能局限在一家企业，而应当是企业之间的协会。将团结的基础建立在外部联系的连贯性上，并超越了一家企业的范围被认为是独立性的最佳保障方式。另外，《基本法》第9条第3款规定的协会必须独立于它的社会对手（魏斯、施米特，2012：189—190），并非任何劳动者同盟都有权成为集体合同的当事人。除了符合劳动者同盟的标准，要成为集体谈判的劳方主体，还必须进一步满足特定要件：①(1)要有足够的实力向雇主方施加压力②；(2)还需要具备相应的组织结构。③德国工会虽不具有法人资格，但在事实上被当作法人来对待。劳动者团体只有符合代表权或社会实力条件，才可以对外代表劳动者，成为集体谈判的适格主体，保障其与雇主的实力对等，将正当利益凝结成法律权利。

二、政治权力主体

我国工会的特殊地位产生了“政治人与法律人”的选择，作为硬币的另一面是企业“法律体与道德体”认识上的冲突。当企业被理解为缺乏道德责任时，工会希望以政治人的定位来为其注入道德责任。这种特征可以概括为一种以“国家本位”为视角

---

① 德国宪法法院认为，如果任何劳动者团体都可以参加集体谈判，那么集体谈判可能会失去它的功能，将成为一个永久的威胁，其在1954年11月18日判决中指出：“《基本法》第9条第3款的目的不在于让每一个雇员协会或者雇主协议都可以参加集体谈判。任何进一步考虑的出发点应当是：集体谈判的目的是产生一个合理的工作待遇结构……集体谈判制度这一目的要求参与集体谈判的能力必须建立在特定前提条件的基础上。”

② 这是基于这样一个假设，即如果力量弱小的协议也可以参加集体谈判，那么集体谈判自治制度的合理功能将被削弱。比如，一个小的组织只有300名会员，无法对雇主方施加足够的压力，不具备订约能力，因此不具备工会的资格（沃尔夫冈·多伊普勒，2016：27）。

③ 根据最近但已被联邦劳动法院确立的判例法，一个工会必须有能力履行其职责。订立集体合同需要作准备，为此，一个公会必须观察和预测经济发展和其他框架情况，以便提出需要谈判的要求。此外，一个集体协议的实际执行必须加强控制和保障。集体谈判的结果，通常是达成一个妥协，应当在协会内谈判和完成。为了被认同为一个有资格订立集体合同的工会，该工会因而必须保证这些任务的适当履行（魏斯、施米特，2012：205—207）。

的工会组织，这是一种强调政治合作的视角，由此也必然产生了双面代理的问题。从团结权看，“有工会组织无集体行动”与“有集体行动无工会组织”形成组织与行动的冲突背后，是团体人格塑造面临的难题。

（一）政治人格

工会“国家化”的概念构成了我国工会理论的基本定位。我国工会组织利用自己独特的立法权，希望将政治与团体相结合，同时取得两方面的利益，也使工会立法超出中义社会法的范畴，而应当理解为社会性法。

其一，工人阶级群众组织的定性。1950 年 6 月 29 日，中央人民政府颁布施行《中华人民共和国工会法》，对工会的性质、权利与责任、基层组织、经费等作出规定，明确“工会是工人阶级自愿结合的群众组织”。我国现行《工会法》规定，“工会是中国共产党领导的职工自愿结合的工人阶级群众组织”，更强调工会“工人阶级群众组织”的定性。阶级性体现了政治的特点，群众性体现了社团的特点。2022 年 1 月 1 日起施行的《工会法》以“保持和增强政治性、先进性、群众性”，明确了排序。

就阶级性而言，“工人阶级”属于政治概念的范畴，很难解读成一个劳动法概念。工人阶级作为社会主义国家的领导阶级，这是一种政治体制的宣示而不是劳动关系。劳动法和劳动关系中的“劳动者”身份与政治上的“劳动者”和“工人阶级成员”身份之间差异巨大，中国工会强调的是政治体制中的劳动者。中国共产党作为一个“工人阶级”的政党，为了巩固政权，总是要努力扩大自己的执政基础，改革开放以来，工人阶级的外延不断扩大。1999 年宪法修正案中已将私营经济确认为社会主义市场经济的重要组成部分，将私营企业主也划分为以自己的体力劳动和脑力劳动获得收入的劳动者；实践中，有的私营企业主被评为劳动模范，成为共产党员。

就群众性而言，只要符合“以工资收入为主要生活来源”的条件，都可视为工会法意义上的劳动者，均可成为工会会员。《工会法》第 3 条规定：“在中国境内的企业、事业单位、机关中以工资收入为主要生活来源的体力劳动者和脑力劳动者，不分民族、种族、性别、职业、宗教、信仰、教育程度，都有依法参加和组织工会的权利。”“以工资收入为主要生活来源”作为界定工会会员资格的唯一标志，使得我国的工会具有广泛性的特点，不仅包括普通工人，不同层次的管理人员只要“以工资收入为主要生活来源”，管理层也被囊括在内。从阶级性与群众性特点来看，群众性最终是服从阶级性的，团体的特点服从政治的特点。因此，作为劳动者的私营企业主理所当然地成为工会会员。出于政治合作的目标，只要是工人阶级的成员，当然可以成为工会会员。

其二，国家主人翁的地位。我国现行《工会法》强调“发挥国家主人翁的作用”“保障产业工人主人翁地位”。主人翁地位体现在：“参与管理国家事务、管理经济和文化事业、管理社会事务；协助人民政府开展工作。”我国将工会抽象为政权支柱，其在政治、经济和社会生活中发挥巩固政权的作用。我国 1992 年、2001 年《工会法》都强化了政治人逻辑：“为保障工会在国家政治、经济和社会生活中的地位，确定工会的权利与义务，发挥工会在社会主义现代化建设事业中的作用。”[①]工会这种超越结社权的特殊政治地位使其不同于世界上大部分国家的工会。法律制定是自上而下，与工会组织结构的特点相吻合，我国的工会更依赖对法律的影响力。这种运行模式使工会组织国家化。

事实上，工会政治人格也是由人权、财权的现实制度来体现的。从对人的管理上看具有公务员的特点。根据 2014 年的官方数据，全国工会系统的专职工会干部约 115.5 万，分布在从中央到各省市到各区县市。这些专职工会干部完全是按照国家公务员来进行管理的。从对财的管理上看具有税务管理的特点。2010 年全国总工会提出两个普遍之后，各级地方工会向“有关单位”征收工会筹备金的工作达到了一个高峰。在这个阶段，许多地方征收工会筹备金甚至连筹备建立工会这一前提都不需要了。不少地方直接通过当地税务机关对企业进行强制征缴，即在企业纳税的时候由税务机关替工会代征筹备金。没有缴纳工会筹备金的企业就不给开完税证明。有些地方的工会则通过当地工商部门在给企业办理年检的时候，要求企业建会或缴纳工会筹备金，否则不给通过工商年检。以此迫使企业去建立工会或缴纳工会筹备金。由此可见，从那以后，全国总工会提出的建立基层工会的目标就和地方工会征缴工会经费的目标捆绑在一起了（马建军，载董保华、唐大杰，2021：265）。这种人权、财权的现实制度决定了工会的准行政机关的特点。

其三，双保护的职责。双保护理论作为我国工会定位的基本理论，源于列宁的论述[②]，“组织工人保护我们的国家”体现为工会的国家化，“保护工人免受自己国家的侵犯”是指在国家已经是工人管理的情况下，主要是防范官僚主义，方法上是在已经公有制的企业，工人参加企业管理。集体合同在苏联被概括为“管理协议说”，与这种特殊类型的管理人格有关。[③]这类集体合同所反映的是企业内部职工及其代表者工会与企业行政之间在根本利益一致基础上的互助合作关系，也被称为双保合同、共保合同或互保合同。我国长期沿用了这种源于苏联的理论表述。

新中国成立以来，我国的劳动法学理论也是全盘“苏”化的。直至 80 年代集体合同仍被概括为：“在社会主义制度下是企业行政和工会双方为保证完成生产任务和改善工人、职员的物质生活条件而签订的协议。”（关怀，1987：350）这种概括是与当时的体制相适应的。1986 年 9 月 15 日颁布的《全民所有制工业企业职工代表大会条例》

---

① 第五条　工会组织和教育职工依照宪法和法律的规定行使民主权利，发挥国家主人翁的作用，通过各种途径和形式，参与管理国家事务、管理经济和文化事业、管理社会事务；协助人民政府开展工作，维护工人阶级领导的、以工农联盟为基础的人民民主专政的社会主义国家政权。

② 列宁：“全体组织起来的无产阶级应当保护自己，而我们则应当利用这些工人组织来保护工人免受自己国家的侵犯，同时也利用它们来组织工人保护我们的国家。”《列宁选集》第 4 卷，人民出版社 1972 年版，第 408 页。

③ 按照这一理论，在社会主义制度下，国家的社会主义财产是全民财产。国家是社会主义财产所有权的统一与唯一的主体。国家为实现经济组织的职能，把社会主义财产分别交给国家的各个经纪机构，进行直接的实际管理。企业的管理是由厂长（经理）为代表的企业行政实现的；社会主义企业的职工是企业的主人，企业职工及其代表者工会与企业行政同样关心生产的发展，在此基础上改善职工的物质和文化生活水平。

第9条规定:"在职工代表大会上,可以由厂长代表行政、工会主席代表职工签订集体合同或共同协议,为企业发展的共同目标、互相承担义务,保证贯彻执行。"这一时期的集体合同基本上照搬了苏联和东欧的一些规定而建立,从"利益共同"的角度认识集体合同。集体合同成为一种管理合同。80年代我国劳动法学者所称地位的恢复,与西方的产业民主理论并无关联。当时劳动法学教材均将集体合同的内容概括为三方面:(1)全体职工保证完成或超额完成生产计划指标、工作任务指标和经济效益指标;(2)企业行政组织生产、改善职工物质文化生活条件的各项保证措施;(3)工会组织职工群众完成和超额完成生产计划、工作任务的各项保证措施(龚建礼等,1989:138—139)。目前虽不再使用"双保合同"的提法,但工会法仍保留"主人翁地位"的表述。

(二)管理人格

我国工会承担管理职责,并形成某种中国式的企业管理人格。我国工会理论研究者常常借用西方的产业民主概念,来定义自己的管理人格,并称为民主管理,其实并不妥当。西方的产业民主是以工会谈判与职工参与为基本特点,我国实行的是一种极其特殊的工会参与的管理人格。现行工会法规定:"工会动员和组织职工积极参加经济建设,努力完成生产任务和工作任务。教育职工不断提高思想道德、技术业务和科学文化素质,建设有理想、有道德、有文化、有纪律的职工队伍。"这是工会与企业分享管理权的主体资格,中西方的理论渊源并不相同。80年代改革开放时期,恢复的只是工会管理人格,50年代前工会作为交涉主体的定位,事实上并未真正恢复。

市场经济条件下,用人单位是企业的资本所有权人,因为事业经营的要求,用人单位经营统治企业范围内一切人、物的关系,基于经营统治的权力,单方制定规章制度本身具有法规范性(胡立峰,2008)。用人单位的人事事项涵括对劳动者的招聘、惩戒、调职、晋升、解雇的标准等事项,这些事项,"在我国社会传统观念上,多认为由用人单位自己判断、自己的责任来做决定,劳动者无置喙之余地,故乃以'经营权'称呼之"(刘志鹏,2000a:109)。我国的工会理论形成于以消灭市场经济为目标的特定语境下,改革开放后,在一个短暂的时期内,曾经认为需要吸收各国的工会立法经验,也批准了一些相应的国际人权公约。21世纪以来,在工会获得立法的话语权后,选择性忽视改革开放的进程,构成了我国工会理论的主基调。目前,我国工会理论沿用的仍然是列宁的基本理论,至少从现行工会法律文本上看,"保障产业工人主人翁地位,造就一支有理想守信念、懂技术会创新、敢担当讲奉献的宏大产业工人队伍"。这是一种传统的"劳动控制资本"的所谓"主人人格",工会仍通过制定法律,保有与企业分享管理权的企业管理人格。

《劳动合同法》公布时我国已经具有较为充分的市场环境,"劳动控制资本"仍是我国工会的基本理论,以立法的方式收割企业的用工自主权成为基本思维。规章制度是企业管理的基本手段,《劳动法》是在对市场秩序承认的基础上维护劳动者的权利。《劳动合同法》是在对市场秩序进行批评基础上制定的，工会作为职代会的工作机构，《劳动合同法》在原《劳动法》的基础上，塑造出特有管理人格。其基本思路是以原来的双保合同为基础，抽取工会的义务，加大工会的权利。这种将义务尽量分配给用人单位的规定，使其成为管理中的义务主体；将权利分配给工会，使之成为管理中的权利主体。这种极端的双向强化，是以反逻辑的方式进行的，现实生活中也会形成工会预料之外的新逻辑。《劳动合同法》第 4 条及相关条款对于规章制度尤其是直接涉及劳动者切身利益的规章制度进行了规定，这些规定的内容存在着三个不容忽视的矛盾，这三个矛盾会使工会最终站到劳动者的对立面。

其一，规章制度的制定。《劳动合同法》将规章制度分成两类。一类是不“直接涉及劳动者切身利益”的，这部分的规章制度依然维持原《劳动法》的认定，用人单位是个别劳动关系中的管理义务主体，劳动者是个别劳动关系中享有劳动权利、履行劳动义务的主体，并无工会的涉入。[①]另一类是“直接涉及劳动者切身利益”，实行用人单位“与工会或者职工代表平等协商确定”。凡“直接涉及劳动者切身利益”“应当经职工代表大会或者全体职工讨论，提出方案和意见，与工会或者职工代表平等协商确定”。“直接涉及劳动者切身利益”的标准，内容主要包括：劳动报酬、工作时间、休息休假、劳动安全卫生、保险福利、职工培训、劳动纪律，以及劳动定额管理等规章制度或者其他重大事项，这部分内容工会才须涉及。[②]工会在规章制度相关关系中是作为管理主体而出现的，这部分内容同时也被定义为集体合同的内容。由此可见矛盾之一：我国管理主体与交涉主体是两类主体还是一类主体？在西方工业民主的认识中，集体谈判是交涉主体，与管理主体有本质区别，两者有完全不同的运行逻辑。在我国工会主体定位中却是要让这两类主体合二为一，管理主体事实上会吸收交涉主体的人格。规章制度通过“平等协商确定”，其实已经有了集体合同的效力，然而，规章制度的草案通常是用人单位提出的，企业管理主体进一步吸收了民主管理的人格。

其二，规章制度的告知。与《劳动法》相比，劳动合同的必备条款与可备条款中均不再有劳动纪律的内容，而将劳动纪律规定为规章制度的内容。工会代表劳动者参加规章制度的制定，在制定过程中本应向授予其权利的劳动者履行告知义务。《劳动合同法》第 4 条第 4 款则极不合逻辑地规定：“用人单位应当将直接涉及劳动者切身利益的规章制度和重大事项决定公示，或者告知劳动者。”在平等协商确定后，仍由用人单位而非工会履行告知义务。由此可见矛盾之二：用人单位在履行告知义务时，代表一个主体还是两个主体？这时两个管理主体事实上已经成为共同

① 《劳动合同法》第 4 条第 1 款规定：“用人单位应当依法建立和完善劳动规章制度，保障劳动者享有劳动权利、履行劳动义务。”

② 《劳动合同法》第 4 条第 2 款规定：“用人单位在制定、修改或者决定有关劳动报酬、工作时间、休息休假、劳动安全卫生、保险福利、职工培训、劳动纪律以及劳动定额管理等直接涉及劳动者切身利益的规章制度或者重大事项时，应当经职工代表大会或者全体职工讨论，提出方案和意见，与工会或者职工代表平等协商确定。”

管理者，共同管理者相对应的是劳动者。工会通过工作机构参与管理，类似企业的咨询机构，用人单位在履行告知义务的同时也获得了解释权。工会在只享有权利不履行义务的同时，其实也从文本上切断了工会与授权主体的那一点本就微弱的联系。

其三，规章制度的执行。在规章制度实施阶段，(1)如果发现规章制度出现问题，劳动者和工会有多项权利。规章制度不适当的，工会有权要求修改[①]；(2)规章制度违法的，劳动者有权解除劳动合同[②]；(3)用人单位违法解除合同，工会有权要求纠正[③]。在这三个权利中，本身就存在着冲突。由此可见矛盾之三：在劳动者行使这些权利中，工会作为共同管理者实际上是站在劳动者这一方还是用人单位这一方？事实上只可能站在管理者这一方。第一项权利中工会作为规章制度的共同制定者虽可单方提出修改的请求，但应当有充足的理由，制度制定的高成本，往往使工会动力不足；第二项权利中劳动者主张规章制度违法而要求解除劳动合同，必然与工会作为管理者的身份发生正面冲突，因为工会也是这一制度的制定者；第三项权利中，在规章制度违法的情况下，用人单位要承担行政、民事责任[④]，工会作为共同制定者，本应承担连带责任，工会虽可利用法律制定中的话语权，免除自己的法律责任，但作为共同制定者，至少有强烈的道义责任，这种道义责任完全排除了立足于劳动者一方，并提供法律帮助的可能性。

（三）协调人格

政治团体人格与企业管理人格的冲突注定产生出争议协调人格。工会以协调人的身份参与劳动争议调解。通常认为调解是在第三方协助下进行的、由双方当事人自主协商解决纠纷活动（范愉，2002：310）。“调解是指第三者依据一定的社会规范（包括习惯、道德、法律规范等），在纠纷主体之间沟通信息，摆事实明道理，促成纠纷主体相互谅解和妥协，达成纠纷解决的合意。”（范跃如，2002：202）劳动争议调解是指劳动争议双方当事人自愿申请，在各类调解组织按照调解程序加以协调，促使双方达成协议，解决纠纷。工会的协调人格可以从两方面解读：

其一，协调人格的法律定位，这是社会性法塑造的应有人格。1995 年 8 月 17

① 《劳动合同法》第 4 条第 3 款规定：“在规章制度和重大事项决定实施过程中，工会或者职工认为不适当的，有权向用人单位提出，通过协商予以修改完善。”

② 《劳动合同法》第 38 条规定，用人单位的规章制度违反法律、法规的规定，损害劳动者权益的，劳动者有权立即解除劳动合同，同时用人单位应当向劳动者支付经济补偿金。规章制度违法对劳动者造成损害的，用人单位应当承担赔偿责任。

③ 《劳动合同法》第 39 条，将《劳动法》第 25 条中严重违反劳动纪律或用人单位规章制度的两个理由，合并成“严重违反用人单位的规章制度的”这一个理由。对于这一理由，《劳动合同法》第 43 条规定：“用人单位单方解除劳动合同，应当事先将理由通知工会。用人单位违反法律、行政法规规定或者劳动合同约定的，工会有权要求用人单位纠正。用人单位应当研究工会的意见，并将处理结果书面通知工会。”

④ 《劳动合同法》第 80 条规定：“用人单位直接涉及劳动者切身利益的规章制度违反法律、法规规定的，由劳动行政部门责令改正，给予警告；给劳动者造成损害的，应当承担赔偿责任。”

日，全国总工会颁发《工会参与劳动争议处理试行办法》规定："发生争议后，工会可以接受职工及用人单位请求参与协商，促进争议的解决。"依照《劳动争议调解仲裁法》第10条第2款的规定："企业劳动争议调解委员会由职工代表和企业代表组成。职工代表由工会成员担任或者由全体职工推举产生，企业代表由企业负责人指定。企业劳动争议调解委员会主任由工会成员或者双方推举的人员担任。"实际生活中由于调解委员会主任一般由工会成员担任，仍然是一种工会为主的调解形式。

调解机制的特质在于"第三方主持或协助下的私法自治"，这一定义有两层含义。(1)就"第三方主持"而言，协商不涉及第三方，"第三方介入"是调解区别于协商的重要特征。"第三方介入"对当事人之间纠纷的解决具有重要作用，双方当事人由于缺乏经验以及意见分歧等，一般难以通过直接协商达成协议，"第三方介入"的优势在于能够促使当事人在某些问题上达成妥协，进而解决纠纷。调解是人际间信赖关系的延伸，因此要取得当事人的信任，第三方就必须是中立的、不偏私的，必须保持独立和公正，始终保持中立的地位，不偏不倚，既不代表也不偏向任何一方当事人。(2)就"私法自治"而言，调解能够发挥效用的基础是"私法自治"。调解是不具有强制力的纠纷解决程序，尽管在当事人协商、谈判过程中有第三方的主持或协助。《劳动争议调解仲裁法》突出了工会在劳动争议协商解决中的角色，强调了协调人格。数据显示，工会在2008年之后亦积极强化自身协调劳动争议的功能。根据全国总工会的统计，截至2015年，全国范围内共有1 046 972个基层工会建立劳动争议调解委员会，较2005年增长了近5倍；此外，还有25 686个区域性、行业性工会设立了劳动争议调解委员会。

其二，协调人格的经济定位，这是法社会塑造的现实人格。我国工会的协调人格其实也源于工会经费。按《中华人民共和国工会法》第三十六条规定，工会经费的来源有五个方面：(1)工会会员缴纳的会费；(2)建立工会组织的企业、事业单位、机关按每月全部职工工资总额的2%向工会拨缴的经费；(3)工会所属的企业、事业单位上缴的收入；(4)人民政府的补助；(5)其他收入。根据这一规定，企业要将职工工资总额的2%上缴给工会。其中60%留在基层工会。剩下的35%上缴给地区工会，另外5%通过地区工会缴给全国总工会。"经查，企业必须向工会缴纳2%工会经费这个规定，是1950年定下来的。""由于1956年以后企业几乎都是全民或集体性质，缴纳工会经费无非是国家将钱从左口袋掏到右口袋，因此这一计划经济下的产物就一直保留了下来，变成了极具中国特色的法律规定。"随着我国走向市场经济，不同主体有自己的利益，对于工会发展来说，由企业提供的工会经费的数量远大于工会会员缴纳的会费。工会经费的来源也间接决定了工会组织的实际立场。国际劳工组织在《组织权利和集体谈判权利公约》，即1949年第98号公约第二条中写道："特别是，若在雇主或雇主的下属组织的支配下促进劳工组织的建立，或其以经济支持或者其他方式支持劳工组织，以意图将该组织置于雇主或雇主下属组织的控制之下，则该种行为应被视为构成了该条所指的干扰行为。”①“用国际劳工组织的上述标准来看中国基层工会，其性质只能算是‘雇主工会’。可以毫不夸张地说，中国百分之九十九以上的基层工会都是这种所谓的‘雇主工会’”（马建军，载董保华、唐大杰，2021：265）。

三、社会权力主体与政治权力主体

在我国工会领导人主张“中国特色社会主义工会发展道路”“中国特色社会主义工会维权观”“中国特色社会主义工会”（徐小洪，2010：157）概念时，涉及社会权力主体与政治权力主体的关系。

（一）社会团体与政治团体

从团结权看，社会团体是建立在利益分歧的基础上，用人单位与劳动者作为团体关系的双方，社会团体只能是单方保护。西方的工会组织一般不能有政治目的，是一种社会组织，行动上一般也被要求针对雇主的经济作为或不作为，无论名义上还是实际上都只是单方代理，用我国劳动法学者的话应当称为“单保护”。集体行动通常总是发生在利益产生严重的分化时，在雇主与雇员利益冲突面前，工会所代表的广泛的工会成员往往有不同的立场。日本工会在结社权的范围内，从法律人的经济斗争要求出发，工会功能被要求限定于“单保护”的规定，有利于集体行动的开展。

政治团体是建立在利益共同的基础上，我国的工会成员具有广泛性，从雇主到雇员，都是工会会员，当双方都是其成员时，工会作为一种双面代理的“双保护”团体，不具有集体行动的功能。我国工会性质决定了其成员与职能的广泛性，然而这种广泛性与劳动关系的特点并不相符。我国对组织工会权利的保留说明我国对于工会组织有着自己独特的理解，这种政治团体的性质构成了中国工会不同于其他国家工会的特征。在双面代理中，从《工会法》文本上看，“维护职工合法权益是工会的基本职责”；从实际上看，企业向工会拨缴按相当于全部职工工资总额的2%作为经费。这种状况也决定了我国的某些企业工会常常更多地维护企业利益。用我国劳动法学者的话应当称为“双保护”。

从政治的合作要求出发，企业内在没有发生明显的利益冲突时，中国工会发展福利职能，这是企业内各种成员都比较能接受的一种共同利益。一旦发生利益分歧，我国工会组织维护企业利益的特点，就会将自己置于非常尴尬的境地。社会团体具有对内整合，对外代表的特点，我国工会组织成为政治团体时恰恰在内外两方面都出现了问题。在我国，一元化的工会形成了上强下弱的格局，即工会有庞大的组织，在中

① Article 2. In particular, acts which are designed to promote the establishment of workers' organisations under the domination of employers or employers' organisations, or to support workers' organisations by financial or other means, with the object of placing such organisations under the control of employers or employers' organisations, shall be deemed to constitute acts of interference within them eaning of this Article.

央层面有很高的运行效力，但基层工会却很弱，常常流于形式。这种格局正好与用人单位的下强上弱形成反差，即用人单位在基层显示了资本的强大控制力，但在中央缺乏有效的代表。这种上强下弱的格局使基层工会的团体意志常常不是源于员工个体意志的整合，而是上级工会的布置。对内缺乏有效的整合，对外也难以进行真正的代表。

社会团体的空缺塑造了实用性团结的品格。刘少奇在工会双重角色探讨中就指出："普通工人……是为了保护自己的利益和一般劳动者的利益而团结起来、组织起来的。如果工会不能实现他们这个目的，如果工会脱离了保护工人利益这个基本任务，那么，他们就会脱离工会，甚至还会另找办法来保护他们的利益，工会就会脱离工人群众。"[①]刘少奇在20世纪50年代的认识至今仍有指导意义。实用性团结并不追求结社，以"有集体行动无工会组织"的不规范的方式去填补"有工会组织无集体行动"法律人格缺失留下的空缺。通常说来，成员越是限定越容易因利益相同而团结，越广泛越不容易团结。实用性团结往往充分利用这一点，通过网络建群将这种利益限定发挥到极致，只有具有共同利益的人才能加入这一临时的群体。在集体行动中，形成与分化这种共同利益往往构成劳资双方的策略要点。例如，在一个因不满企业发放的经济补偿而引发的群体争议中，员工会相互约定，一旦与企业达成补偿协议，便自动退群。这种成员严格限定保持着利益的高度一致，与双面代理相区别，单面代表更发展成一种极其精确代表，并构成实用性团结的一大特点。

（二）契约主体与管理主体

从谈判权看，工会具有缔约主体的特点，不同于管理主体。契约主体是平等主体、外部主体；管理主体是隶属主体、内部主体。从西方两套制度安排来看，在工会谈判中，工会是契约主体，以团体的名义与企业谈判与交涉；在职工参与中，企业是管理主体，员工是以个人的名义参与企业管理，实行民主管理。我国实行以工会为主导的自上而下集体参与模式，这是以工会力量作为一种准管理力量加入企业管理过程的合作模式。从我国的两套制度来看，制度安排与西方正好相反，在职工谈判制度中，员工是以个人的名义与企业谈判与交涉，没有工会也可进行这种谈判，有工会的情况下，工会是法定代表者；在工会参与制度中，企业与工会都是管理主体，员工是被管理主体，接受两方面的共同管理，由于工会进行的是民主管理，理论上员工应当有更大的话语权。中西不同的制度安排涉及对内整合与对外代表的差异。

从"对内整合"权利义务的形成机制来看，社会团体是以契约人的主体定位，只有对内整合才能与企业形成对等地位。对内整合是由被代表者通过选举产生的信任主体，代表他们参与法律关系，从个体意志到集体意志是通过自下而上的选举机制实现的，代表权的形成是对内整合的结果，也是团结权的形成过程。我国工会组织是通过自上而下机制形成的，不需要也不可能对内整合。当工会组织以双面代表的方式产

---

① 《刘少奇选集》下卷，人民出版社1985年版，第97—98页。

生时，其实已经将代表权转化为代理权，代理权是两个契约主体之间的关系，只要不构成利益冲突，一个代理者是可以同时接受多个被代理者的委托，反之亦然。我国体制内的组织性团结是建立在利益共同基础上的，双面代理不被视为利益冲突，反被视为合法、合理。在员工看来工会实质代表的是用人单位，在用人单位看来工会在名义上代表员工，工会双面代理对于双方都构成实际的利益冲突，实际上会丧失代表权。组织性团结的出局，为实用性团结的形成创造了条件，一些非政府组织往往乘虚而入，通过强调单保护，对内整合以代理名义行代表之实。

从"对外代表"权利的行使上来看，这是契约主体作为交涉主体的主要特点。日本《工会法》只是从团结权出发强化了法律人的代表逻辑："支持职工在同资方谈判中坚持对等立场，以提高职工地位；支持职工为谈判劳动条件而选出自己的代表，为采取其他集体行为而自主地成立工会，团结起来；组织集体谈判，以签订旨在规定资方和职工间关系的劳动协约，并协助完成谈判的程度。"（车文奎，1998：20）契约关系的主体，往往也被称为债权人与债务人，两者的地位是相对的，作为一个主体的对外行为，这也是缔约权的形成过程。当我国工会以职代会通过集体合同草案的技术性安排让自己免责时，也塑造了员工主体与工会主体的二元主体。当统一的一元主体分拆成两元主体并以员工为当事人时，工会代表权转化为法定代理。工会在违背法理动员各种立法资源为自己创造免责的法律结构时，也为自己打造了一个没有道德基础的法律地位。法定代理的宗旨在于保证无行为能力和限制行为能力人能够通过代理行为顺利地参加民事活动。约定代理只需要证明劳动者是完全行为能力人，实用性团结并不试图推翻法定代理，却另行形成了更具道德内涵的约定代理。在一个争议环境下，约定代理往往理直气壮的强调员工的自主与独立；法定代理的先天不道德性，使工会很难主张自己的逻辑。在这种道义争夺中，文本上的法定代表为实际生活中本不合法的约定代理创造了条件。

（三）交涉主体与协调主体

从争议权的角度来观察，我国的工会有着双重身份，工会在集体协商程序中是集体协商的一方主体，我国《工会法》规定工会的基本职责包括维护职工合法权益，在协商中，工会是劳动者一方的法定代表，是与用人单位相对立的第二方（董保华，2008b：150）。在调解中，法律将工会定义为协调人，是独立于劳动者与用人单位的第三方。从争议权看，"有对内自律无对外代表"与"有对外代表无对内自律"这种"自律与代表"的冲突背后是两种身份的扭曲。我国《劳动争议调解仲裁法》第4条规定："发生劳动争议，劳动者可以与用人单位协商，也可以请工会或者第三方共同与用人单位协商，达成和解协议。"依据这条规定，在同一个案件中，工会也存在着角色的选择。如果劳动者与用人单位协商，工会本应充当名义上代表的角色介入协商。如果劳动者选择调解，工会充当协调者的角色。工会以协调人的身份参与劳动争议调解。通常认为调解是在第三方协助下进行的、由双方当事人自主协商解决纠纷活动（范愉，2002：310）。

首先,这是工会从自身利益出发作出的选择。这种既是"第二方",又是"第三方"的地位,使工会组织可以基于自己的利益选择行事。我国工会系统在立法中有很大的话语权,工会也一直利用这种话语权来维持这种双重地位。我国工会的理论逻辑确立于列宁时代,工会国家化建立在企业与员工利益高度一致的假设上,当劳资利益冲突没有充分呈现时,工会愿意选择且只能选择第二方,成为员工利益的代表者。当利益分化显性为争议形式时,工会便会选择第三方。在争议处理中,如果作为"第二方"去履行代表、维护职工权益的义务,基层工会建立在企业内,工会负责人与成员领取雇主发给的工资,这一悖论使其作为"第二方"面临诸多尴尬。一个由企业组建且资助的工会是难以胜任这样的义务,去显现这种悖论不符合工会的组织利益。作为名义上的"第三方",在出现劳动纠纷时进行调解,多少可以让社会各界看到工会在平息纠纷、恢复生产方面的作用,这是其组织利益最大化的表现。双重属性使其外观上增加了工作量,也有了要求雇主向其支付 2%工资总额的依据(董保华,2008b:150)。工会双面代理的特点决定了工会更愿意充当"第三方主持或协助下的私法自治"的角色。

其次,这是工会基于历史传统作出的选择。中国基层工会作为劳动关系协调者的最典型的制度设计是企业劳动争议调解委员会的三方组成制度。《劳动法》第 80 条[①]规定,企业劳动争议调解委员会制度是将工会定位为三方中的第三方,居中调解。《劳动争议调解仲裁法》中企业劳动争议调解委员会不再由三方组成,而是二方组成,然而,法律并未真正改变社会现实,社会现实是由工会的体制性特征所决定的。

最后,巨大的诉讼压力使司法系统希望工会作出"第三方"的选择。至少从表面上看,工会选择"第三方",作为协调者是以加强自律、平息纠纷的立场出现的;工会选择"第二方",以代表者的身份出现,由于劳动者的力量得到加强,而使劳动争议愈演愈烈。法院受理的劳动争议数量在 2008 年出现井喷之后也基本维持在高位。以广州市各级法院为例,2008 年广州市各级法院受理一审劳动争议 10 534 件,较 2007 年增长 102.3%,2009 年之后增速放缓,但仍维持历史高位,尤其 2010 年劳动争议案件数量已经超过传统的婚姻家庭、继承纠纷案件,跃居民事案件的第一位。2014 年出现较大幅度增加,虽然 2015 年、2016 年出现一定回落,但从案件总量来看,2014—2016 年受理的案件量(53 732 件)仍高于 2011—2013 年受理的案件量(48 254 件),更高于 2008—2010 年受理的案件量(46 344 件)。[②]法院也希望工会组织充当这样的角色。2015 年、2016 年出现的回落也被视为工会发挥调解作用的例证。

---

① 《劳动法》第 80 条规定:"在用人单位内,可以设立劳动争议调解委员会。劳动争议调解委员会由职工代表、用人单位代表和工会代表组成。劳动争议调解委员会主任由工会代表担任。"

② 参见《广州劳动争议诉讼情况白皮书》(2008—2010)、《广州劳动争议诉讼情况白皮书》(2011—2013)、《广州劳动争议诉讼情况白皮书》(2014—2016)。

第三节 社团关系的受益主体

在团体人格说的理论争鸣中形成工会主体说、劳动者主体说、混合主体说三种观点。三种理论在社团关系的受益主体的理解上各不相同，在我国工会国家化的语境下，历史上法人理论的三重态也有了中国式的变种。

一、调整法益的受益主体

调整法益的互益性是以相当性为特点的法益。工会主体说强调工会是以自己的名义与雇主谈判订约，工会本身为集体合同的当事人（史尚宽，1934、1978：101），工会所代表的劳动者成为受益主体。当事人与受益人以团结权的方式形成互动关系，适应法益的调整。

（一）工会成员与协约关系人

西方工会组织涉及调整法益，劳动者既是被代表人又是关系人，具有双重身份。在契约自由下，雇主强大的经济力量，使个别劳动者因从属地位而劳资间合意难以达成，劳动者只有借集体的力量，才能转变为比较势均力敌的态势。为了将利益凝结成权利，通过劳资双方的对等谈判，获得公平的劳动条件。大部分市场经济国家认为工会是受雇人的团体、雇主的团体。许多国家不仅在宪法里规定了结社权，而且还规定了职业结社权。建立在互益性组织的代表权基础上，这种团结权一旦与集体行动权相结合，会对社会秩序产生巨大的影响，世界各国对其都有相应规范。劳动者有相互联系的四种身份。

其一，由工会所代表的劳动者总体而言是一种受益主体。受益主体形成于基尔克强调的内外关系。内部关系是组织关系，外部关系是契约关系。在团结权的内部关系中，工会组织作为法人而工会会员作为其成员本是两个主体；在集体合同的外部关系中，工会组织作为代表人成为当事人，工会会员作为被代表人成为关系人。劳动者之所以需要团结权主要是依赖工会去集体交涉，集体合同是集体交涉产生的结果，劳动者只是受益人，却也受成员身份的限制。两种身份密切不可分，只有当被代表人能够制约代表人时，代表人才有可能代表其利益，代表人同时也是签订集体合同的当事人；工会与雇主作为当事人双方签订集体合同后，被代表人也会转化为关系人，组织成员受到集体合同的保护的同时也受工会组织的约束。可见，受益主体的特定地位可以细分为以下一种三分的身份。

其二，在团结权中，劳动者具有工会组织的成员身份，劳动者个人作为社会团体的受益人。根据成员的身份，须强调互益性与团结性两种特点。（1）就互益性而言，按照社会团体服务对象的不同，从性质上可以把社会团体分为互益性社会团体和公益性社会团体。互益型社会团体，通常以追求会员群体的内部利益为它的主要目标，这类组织的主要功能侧重于代表成员的利益、协调成员与外界的关系，重视内部成员利益和共同目的，看重对成员的吸引力；公益型社会团体所追求的目标，或者提供的公共物品并非仅由成员内部来享受，而是更广义的社会利益，这类组织所从事的有可能是一般的公益活动，受益者是广大社会群众。在大部分西方国家工会仍具有互益的特点。(2)按照社会团体设立目标的不同，从性质上可以把社会团体分为结社权与团结权。团结权本是一种特殊类型的结社权，史尚宽因此将工会定义为"以劳动条件之维持改善为目的之同一产业或同一职业之工人组合"。从法人与成员的关系看，"以劳动条件之维持改善为目的之永续的结合团体"(史尚宽，1973：150—151)，有更牢固的连接。工会组织具有团结权的特点，受益主体不同于普通结社权主体。

其三，在缔约权中，劳动者作为关系人，具有集体合同的受益者的身份。在集体合同中，关系人是一个相对当事人而提出的第三人概念。就当事人而言，集体合同的主体是工会与雇主，工会组织可以自己的名义签订集体合同。史尚宽在《劳动法原论》指出："团体协约当事人与团体协约关系人之区别。前者为订立团体协约之当事人，而后者为团体协约规范的效力所支配之人。"(史尚宽，1934、1978：101)当事人即以自己名义进行集体交涉、缔结集体合同的主体，也是权力主体；关系人则是集体交涉所涉及的主体，也是规范的效力所支配的受益主体。当事人与关系人都须受到集体合同的约束(董保华，1999c)，但约束效力的性质是不同的，当事人受债权效力的约束，关系人受法规效力的约束。

其四，上述内外两种身份都是基于被代表人的身份，工会组织关系中的被代表人是一个相对代表人而提出的概念。这种关系产生的基础是结社权，只有在结社自由的前提下，劳动者才可能真正成为被代表人，由工会代表劳动者去签订集体合同，才应当对其有约束力，使其成为关系人。1944 年，国际劳工组织通过了著名的《费城宣言》，其中特别强调了结社自由的原则。其后在 1948 年 6 月通过了《自由结社和保障权利公约》(第 87 号公约)。1949 年又通过了《组织权和集体谈判权公约》(第 98 号公约)。作为核心劳动标准的核心内容，自由结社权尤其受重视，国际劳工组织专门设立了结社自由委员会处理相关投诉。自由结社权在许多国家的宪法中得以确认，并且在国际公约和宣言中也被肯定下来。《经济、社会和文化权利国际公约》是我国近年批准的最为重要的国际人权公约之一，其作为联合国通过的有关人权问题最重要的国际公约之一，对公民的自由结社权给予了充分肯定。作为基本人权，源于第一代人权的自由权。在结社自由关系中，工会才可能成为代表人、当事人，劳动者也才可能成为被代表人、关系人。自由权作为第一代人权的核心组成部分，是指个人要求他人不干预自己行为的权利。代表与被代表互动关系也具有这样的特点。

(二) 被代表人对代表人的制约

社会团体中的代表人与被代表人会形成基尔克所强调的内外关系，在西方产生的民主中，团结权要强调在这种内外关系中，代表人要受被代表人的制约。当事人与关系人这种双层结构，决定了工会与劳动者的紧密联系。当事人与关系人之间也存在着代表与被代表的法益关系，被代表人对代表人的制约。

关于集体交涉代表的产生，各国有不同做法，在实践中，一般只有劳工组织的领导者或成员才能成为交涉代表。关于资方当事人及代表，美国规定为雇主或雇主团体。在日本，一般认为，劳动者方的当事人是劳动者自主组成的团体，通常也是指工会，但为了解决个别、具体的纠纷而组成的争议团，也是具有集体交涉权的团体。由于集体交涉主要发生在企业层次，就日本工会组织而言，一般是行业联合工会下的企业工会支部或分会。但有的企业工会支部或分会并没有实体组织，必须经行业联合工会委托后，才能成为独立的交涉当事人。另外，同一企业如有两个以上的工会存在，各工会具有平等的集体交涉权。雇主作为劳动力使用者不能以特定的工会为唯一的交涉团体，而拒绝与其他工会交涉。为了使工会确实能成为集体交涉的主体，各国一般将工会组织规定为法人，以法人的资格来进行集体交涉。

市场经济条件下，被代表人可以制约代表人：(1)罢工投票制度。工会一旦号召罢工开始，全体劳动者丧失工资请求权利，如此重大的决定为以示慎重，需要获得多数会员的认同，也可消解工会机关的滥权。工会内部章程对罢工发动通常定有投票规定，一般需要工会会员总人数的三分之二或者二分之一以上赞成(黄程贯，2015：B193)。工会通过投票完成了内部整合，走向更加自律。(2)罢工津贴制度。基于双务契约的基本原则，劳动者行使罢工权时将丧失其工资请求权，而国家基于中立义务也不会向雇员支付失业金或者短时工作补贴，但如果是工会会员可以获得罢工津贴，其金额在德国一般是雇员税后工资的三分之二至90%不等(沃尔夫冈·多伊普勒，2016：154)。罢工的成本是工会需要考量的重要因素，只有经济实力强的工会在发动罢工时才会比较有底气。(3)连带责任制度。工会有义务在其成员违反义务时，行使其团体力量或其他法律方法敦促其履行义务，此项敦促义务对集体合同实践有重大意义。工会可以通过章程约束会员行为，雇主因劳动者“个别罢工过度行为”所受的损害，由所参与的劳动者负民法的侵权行为损害赔偿责任，而工会亦负连带责任(林佳和，2014)。可见，工会垄断劳方力量，可以发挥约束劳动者的作用，防范个别劳动者的过激行为(阎天，2016：172)。团体必要时应行使其制裁力，制裁的方式包括警告、催促、惩戒、罚款、停止团体的支持、停止其团体成员的资格、抵制，甚至开除等(黄越钦，1989)。工会违反敦促义务，应负损害赔偿责任(章惠琴，2017a：170)。

(三) 当事人对关系人的影响

集体合同的主体可以分为当事人与关系人，在劳动法中当事人与关系人之间存在着紧密的联系。当事人对关系人的影响体现为集体合同产生出的关系人特点。德国《团体协议法》第1条第1款规定：“集体合同规范集体合同当事人的权利和义务，它还包含法规性效力内容，即对于劳动关系的建立、内容和终止及企业规章或企业组织法上的规范具有规范性效力。”这种对关系人的约束力也常常被称为规范效力，甚至于法规效力，这是相对债权效力而提出的概念。

所谓强制性，是指集体合同当然地直接约束劳工与雇主所订劳动契约的内容。在集体合同已经成立的情况下，一些非工会成员的劳动者、对集体合同持反对意见的劳动者、集体合同签订以后加入企业的劳动者都要受该集体合同的约束。国际劳工组织第 91 号建议书《集体协议建议书》规定：“集体协议的条文，除协议中另有规定的之外，应适用于协议所覆盖的企业雇佣的各种层次的工人。”从工会法人所具有的公法性来看，一般的民事合同遵循债的相对性原理，合同所规定的义务只限于合同双方当事人承担，不经第三人同意不得设立以第三人承担义务为目的的合同；然而，当集体合同生效后，它对于工会所代表的全体职工中的每一个劳动者以及用人单位团体所代表的全体雇主中的每一个用人单位都具有约束力。劳动者或雇主不论是否为团体成员，也不论在订立集体合同时其是否投了反对票，在该集体合同效力所及范围内的劳动者或用人单位都受到该集体合同的约束。

所谓不可贬低性，系指集体合同约束力高于劳动合同。劳动契约所确立的劳动条件，优于团体协约者，固为有效，但个别劳动契约所订之劳动条件劣于团体协约者，则为无效，仍应适用团体协议。按照债的一般原则，只有合同当事人才承担合同规定的义务。凡不经第三人同意而以第三人承担义务为目的订立的合同，第三人不承担义务。而集体合同则有不同于一般债权的特点，不管集体合同关系人是否同意，集体合同一经签订，就对其发生约束力。由于集体合同的效力高于劳动合同，在该集体合同覆盖的范围内，劳动合同的当事人也要受其约束（董保华，1999c：7）。

二、反射法益的受益主体

社会性法反射法益的公益性集中体现为公法机构或公益性团体与受益人的公益关系。我国在解读这种社会性法立法、执法现象时，从工会内部形成两种学说。“代理说”认为个别劳动者是集体合同的当事人，“混合说”是将工会、劳动者视为同一主体。两种来自工会系统的理论，分别用于解说我国工会不同侧面，前者是法律文本解释，后者是工会工作的解释。两种解释一旦以逻辑自洽的方式在法社会呈现，都会通向我国官方不希望看到的结果。

（一）代表关系的行政性

“混合说”目前主要为新“同一说”，“工会法人说”强调工会与劳动者是一个不可分割“同一主体”（孙德强、沈建峰，2009）。这一理论提出的背景是：配合《劳动合同法》的公布，我国的工会组织开始探索一种工会系统的自上而下的内部管理模式，我们可以概括为上帮下、上促下、上管下、上代下（董保华，2017b：45—46）。在这种探索的基础上，我国现行工会法规范规定可以被称为“上管下”：“工会各级组织按照民主集中制原则建立，”“上级工会组织领导下级工会组织。”这种自上而下的组织压力与源于社会的压力截然不同，均是依赖来自所谓“上”的准行政压力。从“上帮下”发展到“上管下”的“创新”实践需要理论解读，作为基层工会组织受到“上管下”的制约，自然不可能再受到被代表人的制约。从形式上说，代表人是被代表人选举产生的，为什么代表人可以脱离被代表人的制约呢？一种解读“上帮下”发展到“上管下”的理论应运而生。

“混合说”有新旧学说之分。在旧“同一说”，最初提出“劳动者与工会共同当事人说”时，强调职工与工会的关系是“一个不可分割的主体，其中劳动者是意志主体，工会是形式主体”，因而这一理论也被称为“劳动者与工会共同当事人说”（常凯，2004a：255）。由于意志主体、形式主体的描述离法律主体的概念太远，这种理论为“工会法人说”这种新的“同一说”所继承与改革，后者其实是以法律语言对前者的观点进行了新包装，将所谓形式主体改造成工会法人，但依然强调法人与成员是一个不可分割的“同一主体”。基层劳动者的意志几乎完全被排除在工会“创新”实践之外，以“劳动者与工会共同当事人说”或“同一主体说”来解读，无论工会系统如何运作，劳动者意志都是当然存在。试想，如果以工会系统的另一项官方理论“劳动者主体说”来解读，劳动者是集体合同的当事人，工会相当于一个法定的代理人，代理人怎么可以脱离当事人进行这种“上管下”“上代下”的闭环运行？工会的理论创新如同实践创新一样常常经不起推敲。“解释创新”总是发生在“制度创新”之后，从工会所进行的改革来看，新老“同一说”理论都没有解释法人主体意志何以当然地吸收个人主体的独立意志，就能以“混和”的方式形成“同一”；法人的本质是法人能够与自然人同样具有民事权利能力，成为享有权利、负担义务的民事主体，工会法人之间也应当是平等主体，“上帮下”尚且可以从道义责任来解释，两个工会法人之间怎么可能形成所谓“上管下”？工会的新发展，使新旧“同一说”的解释力都丧失了。

事实上，根本无法用法人理论对我国工会组织的实际运行进行解读，只能以行政逻辑来说明。从政治合作的目标出发，必然强调自上而下的稳定性。我国劳动法理论中经常将企业描绘为“集权体”，这种描绘的目的是希望形成一种更大的集权体，来平衡甚至于吸收企业这种“集权体”。《中华人民共和国工会法》规定：“全国建立统一的中华全国总工会，”“上级工会组织领导下级工会组织，”“基层工会、地方各级总工会、全国或地方产业工会组织的建立，必须报上一级工会批准。”全国人大主编的《工会法释义》对此的解释是：这样规定，体现了工会的领导体制，保证了我国工会组织的统一性和唯一性。工会组织的建立要经上一级工会批准，对于防止出现非法的工会团体，有着重要作用（张春生，2002）。工会组织经过自上而下的行政性整合，取得准行政机关的“集权体”地位，上帮下、上促下、上管下、上代下的整合过程中，完全看不到劳动者的意志表达，只是形成了一种准行政机关的运行机制。这种整合的结果，使工会组织更像是一个庞大公益型社会团体，它追求的目标或者提供的公共物品并非仅由成员内部来享受，而是更广义的公共利益，这种公共利益是以反射利益的形式让劳动者获得法益。上代下关系可以说是一种政治性代理关系，工会作为一个准行政机关，劳动者并非什么意志主体，只是反射利益的受益主体。

(二) 代表关系的法定性

我国的"职工主体说"是在传统"代理说"基础上形成的。[①]依据《劳动法》第33条至35条的规定,论证职工是集体合同的当事人。参与"职工主体说"论证的学者大部分在组织上与我国全国总工会存在某种隶属关系,这种理论基本上代表了全国总工会的官方对劳动合同法相关条款的文本解读。作为文本解读是以《劳动法》《劳动合同法》文本为依据,可以分为"法定"与"代表"两方面来观察。

就法定而言,具有某种拟制法人的特点,只是表达上更为强烈。《中华人民共和国工会法》规定:"中华全国总工会及其各工会组织代表职工的利益,依法维护职工的合法权益。"与《经济、社会和文化权利国际公约》规定的"人人有权组织工会和参加他所选择的工会"有一定差距。由于国内法在自由结社权上有着不同于国际劳工公约的规定,因此,我国不仅对国际人权公约即《经济、社会和文化权利国际公约》的相关条款做出保留,而且国际劳工组织制定的有关自由结社权方面的国际劳工公约也未得到批准。

就代表而言,我国名义上是代表,实际上是代理,具有某种法人人格否定的特点,只是表达上更为强烈。从《劳动合同法》的具体规定来看,职工主体说确实比较符合我国现行的法律文本。集体合同从内容上看,只涉及职工的利益;从签订程序上看,草案需职代会通过;从效力上看,只约束用人单位和职工。劳动法只将工会规定为指定的法定代表者;从在集体合同的签订和履行上看,工会除了享有对全体职工的代表权外,没有其他的义务;从法律责任的规定上看,也未对工会违反集体合同做出规定。例如国外工会作为集体合同当事人的主要义务是在集体合同有效期内不使用罢工等争议手段。但由于我国未赋予工会罢工的权利,因此工会自然也就没有必要承担"不发动罢工"的义务。工会实际运行的现状也为将其排除在当事人之外提供了现实性(董保华,2000a:162)。但分析职工主体说工会角色的定位,就能发现许多的悖论。

法定与代理相联,一方面强调职工是集体合同的主体,另一方面又强调工会在推举代表方面的独特地位。通常情况下,自由与自由权在很多语境下是作为相同概念使用的,代理关系在法学研究的领域中是自由权的重要内容,代理自由通常是被纳入消极权利的话语中进行讨论。我国的工会代表其实是一个法定代理的概念,工会官方的两种解说,以法定抽去了代理的自由含义,我们可以从主体、代表,以及工会三个方面来进行观察。《劳动合同法》在对《劳动法》进行逻辑转向时,事实上也使自己陷入逻辑混乱。

其一,从主体视角来看,劳动者具有形式上的最强地位,我国集体合同主体规定为员工。《劳动法》第33条被解释为对集体合同主体规定,企业职工一方与企业一方,双方各推举代表签订,集体合同草案是由职代会通过,而不是工会会员大会或者会员代表大会通过。《集体合同规定》和《工资集体协商试行办法》对合同主体的界定

---

① 传统"代理说"认为劳动者是集体合同的当事人,工会不过是以其会员的名义,为其代理而与用人单位签订的合同(史尚宽,1934、1978:104)。

则分别为用人单位与本单位职工和职工与企业，也均允许推举代表签订。《工会法》第 20 条第 2 款还强调了工会代表职工与企业进行平等协商以及签订集体合同的职责。2012 年修订的《中华人民共和国劳动合同法》第 51、52 和 53 条分别就集体合同、专项集体合同和行业性、区域性集体合同进行规制。在合同主体的措辞上，工会代表企业职工一方与用人单位，专项集体合同采取企业职工一方与用人单位，并且允许尚未建立工会的，在上级工会指导下由劳动者推举的代表签订。统观全国对集体合同主体的表述，可以归纳得出企业层级的集体合同双方主体为职工与用人单位，职工在这里并非受益人而是缔约的权利人；行业区域层级的主体则为工会与企业代表，职工是受益人而工会是权利人；同时允许在未建立工会的情况下劳动者推举代表的签订资格，劳动者也是缔约的权利人。

在集体合同主体问题上，"职工主体说"强调工会与劳动者是两个主体，而且只有劳动者是签约主体，上述法律文本赋予劳动者"最强地位"。我国广大员工并非仅限于受益人地位，更是可以直接缔约的权利人。既然集体合同与劳动合同均以职工为主体，从合同相对性的原理来看，两种合同之间是不应当产生法规效力的。在两份合同抵触的情况下，可以从四个方面比较：(1)从主体上看，劳动合同是当事人签订，集体合同是法定代理人签订，当事人签订的效力应当更高；(2)从时间上看，集体合同往往在劳动合同之前，作为后合同的劳动合同效力更高；(3)集体合同签订后入职的员工似乎没有任何法理可以要求员工适用集体合同；(4)没有参加工会的会员似乎更没有理由受集体合同约束。可以看到，一旦将集体合同双方主体理解为职工与用人单位。强制性及不可贬低性两种效力都会失去法理支持，没有了法规效力，我国的集体合同将失去灵魂，国家层面立法上的混乱，为工人代表制理论出台提供了机会。

其二，从代表视角来看，集体协商代表具有文本上"次强地位"，我国工会可以产生集体协商代表。《集体合同规定》第 19—31 条构建集体协商代表制度，该制度主要包含五个方面的内容，(1)代表的人数，人数对等，每方至少三人，并确定一名首席代表。(2)代表的产生方式，区分劳动者代表和用人单位代表。劳方多为工会选派，未建立工会的则由职工民主推荐，资方多为法定代表人指派。就首席代表的产生方式进行单独规定，劳方多为工会主席，资方多为法定代表人。同时还提及双方代表均可委托本单位以外的专业人员作为本方代表，并且还对代表更换、空缺等情况进行了规定。(3)代表的履职期限，由被代表方确定。(4)代表应尽的职责，法条采取列举式的方式罗列了六项应当履行的职责。(5)对协商代表的保护，从参加协商视为提供了正常活动、不得无理由调整其工作岗位、不得无理由解除劳动合同等方面对代表的合法权益进行保护。我国《工会法》第 51、52 条对参加工会活动的职工被无正当理由调动工作岗位、被打击报复或者被解除劳动合同的情况，劳动行政部门要责令用人单位改正，恢复职工的原工作，给职工造成损失的，应当给予赔偿。

我国的集体协商本与工人关联不大，没有不当劳动行为的立法需求。我国对集体协商代表更多是一种由工会确定的身份标志，主要依赖工会系统在个别劳动关系中对解雇保护法律制度间接影响力；然而，对于解雇有直接影响力的显然是用人单位，这两种影响力共同决定了集体协商代表在集体谈判中的立场。这种基于工会为其确定的身份而产生的法定保护，是严重脱离被代表者的利益，甚至有可能与被代表者的利益直接对立。职工作为集体合同的主体必然产生出要求真正代表其利益的代表者的实际需求，我国集体协商代表的规定是描述性的，并非排他性的，表面上看工人代表制理论也顺应了这种需求，提出了在法定代表之外，以民事代理关系的方式派出自己的代表。

其三，从工会视角来看，代理关系的法定性决定了我国实际生活中真正主导集体协商的是工会。通过对立法的影响，让员工的签约权与工会代表权成为两种完全游离权利，反映出我国工会相对用人单位的矛盾立场：作为法定代表人主导着协商，应当是第二者；作为代理人，应当是当事人以外的第三人。在职工、用人单位、工会、国家的四角关系中，我国这种集体协商的主体是员工，而工会又可以产生集体协商代表的运作方式，给出了社会生活多种可能。社会生活中工会到底是代理人这样的第三人？还是当事人这样的第二者？我们可以从各级规定中寻找文本解释。我国工会系统不仅对国家立法，对于地方立法也有极大的话语权，主体与代表的关系极为复杂，地方立法中的表述也许更能理解工会系统在这种协商关系中的实际地位。根据对地方立法详细的统计，除了与国家立法完全一致的表达外，另有三种常见的表达，反映出各地立法对于集体合同的理解。(1)用人单位应当每年至少向职工报告一次集体合同的履行情况；(2)县级以上人民政府劳动行政部门或者人力资源与社会保障部门应当依法对集体合同的履行情况进行监督检查；(3)工会应当对集体合同的履行情况进行监督。①

当用人单位应当向全体职工报告集体合同的履行情况时②，两者已经形成了代表与被代表的关系。如果用工会学者喜欢用的“同一”理论来解释的话，“代表与被代表的关系”会成为同一关系，无论以“意志主体、形式主体”来概括，还是以“工会法人”来分析，从各地实际执行的法规看，企业才是职工的法定代表人，也才与职工构成所谓“同一主体”。就政府与工会法人而言，只是作为政府、准政府来起作用。后两个关系中强调了国家行政部门、工会监督检查，两者都是以第三人的立场来进行监督、检查。劳动行政部门依法对企业集体合同的履行情况进行监督检查。③上级工会也是

---

① 其中对三项均有规定的是安徽、广东、吉林、辽宁、贵州、海南、河北、河南、江苏、江西、内蒙古、山西、陕西、四川、新疆、云南、浙江、重庆、福建、甘肃、广西、湖北、黑龙江和宁夏。仅对最后两项有规定的是湖南、青海以及天津。北京规定了前两项。

② 《江苏省集体合同条例》第 25 条规定：“用人单位应当将集体合同的履行情况每年至少向职工代表大会(职工大会)报告一次。工资专项集体合同、集体合同中的工资条款或者附件的履行情况应当每半年公布一次。”《贵州省企业集体合同条例》第 25 条规定：“企业法定代表人应当定期向职工代表大会或者全体职工报告集体合同的履行情况。”《重庆市集体合同条例》第 26 条规定：“用人单位应当将集体合同的履行情况每年至少向职工(代表)大会报告一次。集体合同中工资事项的履行情况应当每半年公布一次。”

③ 《山西省企业集体合同条例》第 30 条规定：“劳动行政部门依法对企业集体合同的履行情况进行监督检查。”

类似的职责。[①]如用人单位或职工违反规定，本单位工会不仅主要向这两个上级报告。劳动者的自发罢工往往还涉及职工违反治安管理规定的情况，本单位工会报请相关部门依法追究刑事责任，[②]立场也完全是站在职工对立面。集体谈判所要求的对等地位、对等力量、对外代表、对内整合，对我国的自上而下的工会组织并不需要。

（三）代表关系的唯一性

我国的“劳动者主体说”是在传统“代理说”基础上形成，传统“代理说”有其自身理论逻辑。在鲁道夫·冯·耶林那里可以说得到更充分的表达，从而形成“法人否认说”。他认为，任何社会组织只是各个个人的集合，从来没有什么法人之说。一切社会组织的事务都应被看作全体个人的事务，而执行这项事务的人，应被看作全体个人的代表，而非法人。在耶林看来，根本不存在独立于成员或受益人的法人利益，所谓法人的利益从根本上都是成员或受益人的利益，法人组织只是其成员实现特定目的的工具，本身没有独立价值，成员才是真正的权利主体。尽管现实生活中将法人的法律关系还原为成员个人的法律关系有些困难，但逻辑上并非不可能，因此，法人没有独立本体，更不是实体（仲崇玉，2016）。在否定团体人格上，“法人否认说”是比“法人拟制说”更强烈的学说。以工会法人来论证同一说，只要坚持逻辑自洽，也会陷于耶林的逻辑。

劳动者主体说是基于我国社会法法律文本的一种解说，但这种解说也会带来工会系统意想不到的法社会逻辑。我国允许劳工非政府组织以代理的方式为员工提供法律服务，一旦劳工非政府组织发展成代表就实现了质的转变，值得注意的是这种转变得到众多学者近乎一致的支持。我国不同学科的众多学者通过对珠三角地区的案例进行考察从而论证了工人代表制的合法性。这在名义上是代表，实际上是代理，具有某种法人人格否定的特点，只是表达上更为强烈。我国学者也多主张在法定代理之外，以民事代理方式发展工人代表制。让全国总工会没有预料到的是，作为其对法律文本官方解读的“劳动者主体说”会带来所谓工人代表制大发展。工人代表制中最为精典的案例是利得鞋厂的罢工案件。[③]这一案件被谢玉华称为“市场化集体谈判成

---

① 《陕西省企业集体合同条例》第 23 条规定：“劳动行政主管部门依法对企业集体合同的履行情况进行监督检查，上级工会对企业集体合同的履行情况进行监督。”

② 《海南省集体合同条例》第 50 条规定：“用人单位或职工违反本条例第二十七条规定的，本单位工会应当及时向上级工会报告，并报请劳动行政部门会同同级工会组织协调处理；对违反治安管理规定的，由公安机关依照《中华人民共和国治安管理处罚法》的规定处罚；构成犯罪的，依法追究刑事责任。”

③ 因为不满广州市番禺区利得鞋业有限公司（以下简称“利得公司”）强迫工人不合理地变更双方之间的劳动合同、未按时缴纳社会保险费及住房公积金的行为，2 500 名工人于 2014 年 12 月 6 日发动“集体停工”。为解决这次争议，工厂一方代表与工人一方代表在“集体停工”当日进行了第一次谈判，此次谈判定下了以谈判解决争议的基调。之后工人按照一人 50 元的标准共同成立工人团结基金，并确定了包括首席及第二、第三谈判代表在内的 13 名谈判代表，并概括出工人的统一诉求 13 项。13 名工人代表根据当时的法律规定制作了一系列的谈判方案。在 12 月 7 日上午举行的双方第二次会议上，13 名工人代表将 13 项工人统一诉求一一提出。工人代表提出的诉求中包括了工厂不得对相关工人、工人代表进行打击报复，（转下页）

功案例”，学者对于这一案件进行了较为完整的介绍（谢玉华，2015），并从法学角度对工人代表制的合法性进行了论证。“法律依据和法律关系方面：依据民法、民事诉讼法推举工人代表，而不依据《劳动法》有关条款。”①

混合说理论最初提出时，是立足于全国总工会立场来调和劳动者主体说与工会主体说的冲突，提出“劳动者与工会为集体合同共同主体”这一并合观点，在意志主体与形式主体解说中，意志更像是一个灵魂。随着提出这一观点的学者的身份变化，②这一理论在所谓集体转型理论中由“并合”转入“并立”的内涵。在该学者的集体转型理论中，所谓“形式主体”与“意志主体”开始发生了所谓必然的分离，形式主体转化为包括集体协商在内的原劳动关系，并改称为“个别劳动关系”；作为集体转型目标模式要另形成一个“集体劳动关系”，劳动者的意志主体开始进入群体争议的形式中。按这些学者的观点，“形式”与“意志”的对立，开始分裂在个别劳动关系与集体劳动关系的对立形式中，而且前者要转型为后者（常凯，2013）。另一些学者开始论证所谓“意志”进入新的形式：“在诸多案例中，因工人代表持有职工们依据民法书面委托授权文书，资、政双方都无法否认工人代表的合法性，而迫于无奈地认可了工人代表的合法地位，谈判时只能找工人代表。这说明行为模式的合法性和有效性，在资、政双方看来也是没问题的。借助此模式，珠三角地区诸多大规模的‘群体（集体）劳动争议’得以解决。”“其本质是回避劳动法，回归民法，用类自然法的民事逻辑。”（陈步雷，2016：76）

我国工会组织系统强烈支持的“职工主体说”与“混合说”两种理论，开始在工人代表制这样的制度安排上找到了共识。这些学者对工人代表制最终要达到的目的进行了明确的表达。“工人的群体具有了稳定的组织形态。组织的形态当然以工会之类的社团为主，但在集体劳动关系的生成阶段，不可能有现成的社团可以供工人利用。这不但有市场经济国家的史实可以证明，也可根据中国现有的社会现实得出这

（接上页）支付工人加班费、高温补贴，补缴工人社保及住房公积金，补回工人的带薪年假、产假等待遇。在13名工人代表在会场内与资方进行谈判时，另有48名代表在场外静坐，2 500多名工人在会场内外声援，密切关注着谈判进展。之后，资方决定满足工人的全部诉求并发布公告，工人代表随即召开第二次工人代表会议，发布公告，建议工人复工。12月13日，资方针对工人的部分诉求再次发布公告，61名工人代表就该不利于劳方的公告召开紧急会议，决定与资方交涉此事。到15日上午，面对资方拒绝第三轮集体谈判、工人代表交涉无果的情况，针车部门、手缝部门的工人抗议资方拒绝谈判、不讲诚信的行为，发动“集体停工”。17日下午，在地方政府部门、总工会的监督和见证下，劳资双方举行了第三次集体谈判，双方就加班费、带薪年休假工资、高温补贴补偿和复工时间达成一致。下午4点，在工人代表的号令下，全体员工按时复工。20日前，资方支付了加班费、带薪年假、高温津贴等补偿。至此，劳资双方都依约履行了义务，争议得到了解决（余敏，2019）。

① 《劳动法》在第33条第2款中规定：“集体合同由工会代表职工与企业签订；没有建立工会的企业，由职工推举的代表与企业签订。”《民事诉讼法》第53条规定：“当事人一方人数众多的共同诉讼，可以由当事人推选代表人进行诉讼。代表人的诉讼行为对其所代表的当事人发生效力，但代表人变更、放弃诉讼请求或者承认对方当事人的诉讼请求，进行和解，必须经被代表的当事人同意。”《合同法》第21章是“委托合同”，其中第397条规定：“委托人可以特别委托受托人处理一项或者数项事务，也可以概括委托受托人处理一切事务。”

② 该学者不再与全国总工会有隶属关系，也不再受全总官方观点制约。

一结论。”（段毅、李琪，2014：95—96）推进“工人代表制”的目的其实是要用这种组织形式来取代现行的工会制度。这是让我国工会理论极其尴尬的现实，我国组织系统强烈支持的“职工主体说”与“混合说”两种理论，竟然相互交织，导出了对现行工会体制根本否定的理论观点，其实这是工会系统长期进行表面化的理论图解的必然结果。

随着利得鞋厂罢工案组织者的入狱，利得鞋厂罢工案的更多细节开始披露，工人代表制的运作过程中，被告人如何聚众扰乱社会秩序，也以更完整的面目得以呈现。①利得鞋厂罢工案组织者受到公开审判②，也等于否定了工人代表制理论。我国工会组织强调法定代表，事实上也在一定程度上引申出代表的唯一性，这也成为否定工人代表制唯一依据。但这一立场并不牢固。从我国的制度安排来看，员工是以个人的名义与企业进行谈判与交涉，没有工会也可进行这种谈判，有工会的情况下，工会才成为法定代表者。实行工人代表制的罢工事件，不承认企业工会是自己选举的产物，只要否定工会的合法性，也就否定了法定代理。可见，当代理被解释为代表并取得唯一性，从而排除其他代理的效力，这种论证本身是缺乏法理解释力的。真正值得深思的是：劳动者主体说、混合说必然会引申出工人代表制的逻辑，肯定前者而否定后者，理论逻辑是无法自洽的，只有在团结权界定中才能理解调整法益与反射法益的关系。

三、团结权界定中的两种受益主体

调整法益受益主体与反射法益受益主体的重要区别是对团结权的界定，涉及团结权与结社权、法定代表权、约定代理权的关系。

（一）我国工会代表规范的演变

我国《劳动法》第 84 条中出现签订、履行集体合同“当事人协商解决不成”的表述，笔者在起草这一条款时以法人实体说为依据，曾希望以一种较为国际化的方式将“当事人”解读为工会，按这样的理解，集体合同的主体可以分为当事人与关系人。当事人即以自己名义进行集体交涉、缔结集体合同的主体，作为社会团体，集体合同对其发生债的约束力。就劳动者这一方来看，个别劳动者只是关系人，而且是法定的关

① 新华社广州 2016 年 9 月 26 日电，根据广州市番禺区人民检察院指控，在 2014 年 12 月至 2015 年 4 月间，被告人曾飞洋伙同服务部员工朱小梅、汤欢兴以及同案人孟晗（另案处理）三次组织利得鞋厂的工人举行非法罢工。罢工期间，不仅围堵公司大门、通宵静坐、拦截进出车辆，还在办公室、生产车间内聚集闹事，干扰其他员工正常工作，严重扰乱公司正常生产秩序。广州市番禺区人民法院 26 日一审公开开庭审理曾飞洋、汤欢兴、朱小梅聚众扰乱社会秩序案并当庭宣判，认定曾飞洋犯聚众扰乱社会秩序罪。《起底“工运之星”曾飞洋：长期接受境外组织资助》，《新华社》2016 年 9 月 27 日，载中国网：http://news.china.com.cn/2016-09/27/content_39377315.htm，2019 年 6 月 10 日访问。

② 最终，法院判决三人犯聚众扰乱社会秩序罪，因有悔罪和法定从轻情节：判决曾飞洋有期徒刑三年，缓刑四年；汤欢兴有期徒刑一年六个月，缓刑二年；朱小梅有期徒刑一年六个月，缓刑二年。3 名被告人均当庭表示认罪悔罪，服从法庭判决，不上诉（同上文）。

系人，这是集体合同所涉及的主体，集体合同产生的法规效力对其有约束力。当事人与关系人之间形成代表与被代表的关系，都须受到集体合同的约束。签订集体合同产生出来的和平义务，属于债的效力，这是一种有可能导向团结权的理解。然而，全国总工会并不希望这种有可能加重其义务的解读。从《劳动法》转向《劳动合同法》后，我国关于集体合同主体的表述渐趋一致，在笔者看来则是一种倒退。当劳动者被理解为集体合同主体时，是否可以在工会代表以外另行民事委托代理？成为我国学者争论的焦点。

劳工结社权的基础是结社权。1919 年德国《魏玛宪法》是最早规定公民结社权的宪法，该法第 124 条规定："德国人民，其目的若不违背刑法，有组织社团或法团之权。此项权利不得以预防方法限制之。"近代特别是 21 世纪以来，结社逐渐演化为公民的一项基本宪法权利。结社自由在许多重要的国际人权宣言中也作为基本自由权得到了规定（杜承铭，2002：8）。例如《世界人权宣言》[①]《公民权利和政治权利国际公约》[②]《美洲人权公约》[③]《欧洲人权公约》[④]等。结社自由首先是成立组织的自由。德国《基本法》第 9 条第一款规定："所有德国人均有结社之权利。"日本宪法第 21 条规定："保障集会、结社、言论、出版及其他一切表现的自由。"美国宪法虽未明文规定结社自由，但其作为判例法国家，结社自由最初是联邦最高法院在"全美有色人种协进会诉亚拉巴马州"（NAACP v. Alabama）一案中，从宪法第一修正案和第十四修正案的"言论自由"推出"结社自由"，并通过判例加以确认下来的（胡西瑞，2014：8）。

从法的文本上看，我国结社权的规定与各国无异。我国宪法第 35 条规定："中华人民共和国公民有言论、出版、集会、结社、游行、示威的自由。"结社自由属于公民的基本权利，对比前后条文，属于自由权的范畴。结社自由的理论源于自由权，也是公民最基本的权利，公民权利和政治权利要求国家不得干预个人自由，是公民最基本的

---

① 1948 年的《世界人权宣言》第 20 条规定："人人有和平集会结社自由之权；任何人不容强使隶属于某一团体。"

② 《公民权利和政治权利国际公约》第 22 条规定："一、人人有权享受与他人结社的自由，包括组织和参加工会以保护他的利益的权利。二、对此项权利的行使不得加以限制。除去法律所规定的限制以及在民主社会中为维护国家安全或公共安全、公共秩序、保护公共卫生或道德，或其他人的权利和自由所必需的限制。本条不应禁止对军队或警察成员行使此项权利家以合法的限制。三、本条并不授权参加 1948 年关于结社自由及保护组织权国际劳工组织公约的缔约国采取足以损害该公约中所规定的保证的立法措施，或在应用法律时损害这种保证。"

③ 1969 年《美洲人权公约》规定：为了思想的、宗教的、政治的、经济的、劳动的、社会的、体育的或其他目的，人人都有自由结社的权利。行使这种权利，只能受到依照法律规定的，在一个民主社会为了国家安全、公共安全或公共秩序的利益，或者为保护公共卫生或道德，或者为保护他人的权利或自由所必须的限制。本条规定不排斥对武装部队成员和警察加以合法的限制，包括甚至剥夺行使集会自由的权利。

④ 《欧洲人权公约》规定：一、人人有和平集会和结社的自由权利，包括为保护本身的利益而组织和参加工会的权利。二、除了法律所规定的限制以及在民主社会中为了国家安全或公共安全的利益，为了防止混乱或犯罪，为了保护健康或道德，或保护他人的权利自由所必须的限制以外，不得对上述权利的行使加以任何限制，本条并不阻止国家武装部队、警察或行政机关的成员对上述权利的行使加以合法的限制。

权利，需要宪法和法律予以保障实现。我们可以观察结社权与法定代表、约定代理的关系。一方面我们没有落实国际公约中的相关规定，另一方面我们又容忍了无序的社会秩序。

（二）一般结社权与法定代表

法定代表建立的基础是：劳工结社权与自由结社权具有共性。法定代表涉及入选的门槛，各国一般强调劳工结社权具有自由结社的基本内核，这是形成法定代表的最低要求。启蒙运动时期的自由主义思想家洛克认为，社团是先于国家存在的，结社是人的本性，自由结社所形成的私域与公权力所形成的公域都是个人自主活动和权利实现的基本战场。在他的学说中，市民社会和政治国家的概念是人们通过社会契约形成的市民社会，政府是作为一种手段来保护个人自由和权利，包括结社自由在内的个人自由和权利都是与生俱来的。关于结社自由，我国学术界虽有多种表述，但理解基本一致。刘培峰认为："结社自由是指公民个人不经政府和其他公共组织的许可，为了满足自己的需要建立一定形式的社会组织的权利。"（刘培峰，2007：44）也有学者认为："是指一定数量的个人为了特定的目的而持续性地结合的自由。"（徐显明，2008：191）周少青则分别对结社自由、结社权和结社自由权的概念加以区分，其认为，结社自由"是一个历史性的概念，结社与自由相联系是近代民主国家建立以后的事情"。而结社权"是结社自由的制度化和社会化，是在法律的框架内对结社自由的进一步确认"（周少青，2008：85—86）。

法定代表以结社自由权作为正当性的基础，是强调"公民有结社自由和权利，这种自由和权利不受专横的干预。结社自由权是从自由和权利两个向度上来表达结社这一主体性活动的"（周少青，2008：85—86）。对于自由结社权的目的，韩大元认为："公民为了达到某一共同目的而依照法律规定的手续结成某种社会团体的自由。"（韩大元，2006：215）法定代表正是社会团体所要达到最重要的目的，我国工会享有法定代表权。工会使用立法中的话语权，以两种相互矛盾的理论来定义法定代表权。（1）劳动者主体说作为集体谈判法律文本解读的基本理论时，名为法定代表，其实是一种法定代理，推卸了对劳动者的基本责任；（2）用同一说解读上管下、上代下，又使法定代理可依据"上"的意志无限膨胀。两者的综合运用，解读了我国工会准行政机关法律社会现实，在这种关系中劳动者只是反射利益的受益主体。形式主体与意志主体的混合到同一，抽取了调整利益所需要的团结权的权利性内容，呈现的结果正是《魏玛宪法》"所要防范此项权利不得以预防方法限制之"。

我国在理解法定代表权时，不应该忽视自由结社权的正当基础，即具有劳动者权利性的特点。"依德国通说之见（包括德国联邦宪法法院在内），结社自由与同盟自由二者之间有其结构上之共通性（例如，均为人的组合；其权利内容包括之组织及行动的保障，亦即均具有团体权之保障内容）；基于此一结构上之共通性而将二者合并规范，似亦合于'合目的性原则'之要求。"（黄程贯，1997：154）结社自由无疑应当成为劳工结社的理论内核，这也正是被我国一些法定代表理论抽取的权利性内容。

（三）劳工结社权与约定代理

约定代理排除的理据是：劳工结社权与一般结社权的区别。劳工结社权可以说是在肯定一般结社权基础上进一步的发展，如果说自由结社权强调了结社的一般特征，劳工结社权强调了劳工相对弱势的特点，而在立法上应当给予必要的倾斜。倾斜有严格的适用范围，并不适宜扩大至民事代理权，这是一种具有相当性特点的制度安排。我国工会作为一个庞大的组织体，对外代表、对内自律是基本要求，可以将两个阶段联系起来统一发挥作用。争议行为的主体必须与集体谈判的主体相一致，这是罢工主体正当性的基本要求。我国工会对内有高度自律；然而在集体劳动争议中却很难做到对外代表。这种悖论很大程度上会割断谈判权与争议权联系。争议权本是团结权、谈判权的一种延伸的权利，在笔者看来，这是我国工会应当承担的职责。争议权不应脱离团结权、谈判权，某些学者那种以民事代理来发动集体行动的建议是一个会破坏“合适性”社会秩序的有害建议。

“民法出场、劳动法‘退场’，是‘行动中的法律’现象，且具有明显的代表性、普遍意义。”（陈步雷，2016：77）“民法出场”是指：“依据民法书面委托授权文书，资、政双方都无法否认工人代表的合法性”；“劳动法退场”是用“行动中的法律”替换“集体行动的法律”，陈步雷在这里采用一系列偷换概念的表述。行动中的法指的是法的实际运行，我国学者所说的集体行动的法，在西方制度设计上常常定义为“争议行为”，两者完全是不同的概念。不仅如此，还涉及西方“非法谈判事项”。[①]还是段毅、李琪说得比较坦率：“在集体劳动关系的生成阶段，工人们在现有‘结社权’被限制的情况下，创建并选择了‘工人代表制’的组织形态，相对于有固定组织形态的工会，‘工人代表制’一开始仅为工人的某次集体行动所设，甚至是为某次劳资谈判所设，但事实证明，作为一种形态，它具有很强的稳定性，这种稳定性的表现是，在越来越多的个案中，它已经成为工人聚合的凝聚剂，并持续在整个案件的始终。更具有价值的是，这种‘工人代表制’的作用除了在个案的过程中承担了工会的职能之外，已有迹象显示，它将成为工会之类社团的雏形。”（段毅、李琪，2014：95—96）这是希望以民事委托的工人代表制的方式来替换现行的工会体制，不仅涉及结社权更涉及劳工结社权。

陈步雷强调“类自然法的民事逻辑”（陈步雷，2016：77）混淆了结社与结社权，一般结社权与劳工结社权这两类概念，有学者将其归为“自由的基本权”与“社会的基本权”的区别。有学者从三个方面概括了两者的区别：（1）自由的基本权基于自然法，而社会的基本权则不是；（2）自由的基本权为消极的权利，而社会的基本权则为积极的权利，以要求国家积极的行为及实策，为其内容；（3）自由的基本权原则上不具限界，不附条件，社会的基本权则附有限界限及条件（黄越钦，2003：55）。一般结社权源于“自由的基本权”作为一种天赋之权亦为消极权利，从宪法规定上看，各国差异较小；劳工结社权源于“社会的基本权”不可能以“类自然法的民事逻辑”来定性。作为一种

---

① 谈判当事人不得就“非法事项”进行谈判，如果双方合意达成约定，则该约定无效，不具强行力。

积极权利，是人民要求国家行为之权利，以国家制度为前提，各国的实现程度会因国家制度不同，而有较大的差异。有德国学者强调二者具有截然不同之本质与目的，不应将两者视为隶属关系（黄程贯，1997：155），两种权利归属于不同的权利并有以下两方面区别。

一方面，从团结权的角度来看，集体谈判需要一个主体，既可代表劳动者，又具备与雇主谈判的实力，这样的组织从世界各国实践来看，通常称为工会，对外代表与对内自律，也只有工会能担当此任。从形成对等地位的要求出发，形成了对等力量与对外代表这样两个侧重点的强调，德国强调社会实力要求，属于前者；美国强调当事人代表权属于后者。在美国对于集体谈判的劳方主体不要求社会实力，取而代之的是集体谈判当事人的代表权。当然，美国的工会通常也已经联合为产业工会、职业工会的形式存在，本身的社会实力不容小觑，只不过美国的集体谈判限于厂场层级，而非如欧洲是全国或地区层级。

另一方面，从争议权的角度来看，罢工是一种危险的武器，这种武器应该交给工会这种可以以负责任的方式使用它的机构来掌握。德国的理论也是从实践经验中总结出来的。德国在19世纪后期劳动者结社禁止规定废止后，工会更得以自由、合法地成立，不久之后也就出现大量集体谈判。在刚开始的阶段，大多数的集体合同多是由暂时选出的罢工行动领导班子所签署，而集体合同的存续期间亦多不长，且多欠缺和平义务的规定（黄程贯，2006：121）。罢工对国民经济可能造成的损害，仍是社会所不乐见的，因此为社会利益的平衡，应仅于特定的范围内方得行使。按照德国法界主流意见，争议行为能力即团体协约能力，争议行为被当成达成集体合同规范的一种工具，争议行为需要有协约对象积极缔结集体协议的能力，因此在每个案例中采取争议行为的同盟需要具备协约能力。因此，德国认为未组织工会的劳动团体即所谓事实团体，基于法律安定性的考量，无协约能力（黄越钦，1989）。

将以上两个方面联系来看，从团结权与争议权的角度来认识主体，前者也可以被视为让团结权发挥正面效应，后者可以被视为克服团结权负面效应。从制度设计的角度来讲，一开始就是将团结权、争议权两个阶段统一起来对集体谈判的主体做出要求，如果一定要分出侧重点，从社会安定的角度来考虑，立法更加重视争议权的规制。各国立法对于主体往往会进行两个方面的考虑：(1)工会首先是一个私法意义上的主体，工会应当是一个契约主体，具有协约能力，可以自己的名义签订协议并承担相应的责任。(2)工会也是社会法意义上的公法人，工会要垄断罢工权的目的是为了使争议权作为完善缔约权的一种压力手段，并为缔约权服务。根据美国劳资关系法，某工会为某雇主所属受雇人的适当协商单位的代表后，该工会即有与雇主进行集体协商的专属权，其他受雇人无权与雇主为个别协商，否则即侵害代表工会的集体协商专属权，也就是通常所说"无工会，不谈判"（章惠琴，2017a）。自律与代表的悖论使我国出现制度扭曲，以民事代理取代法定代理，只会使原有的制度更扭曲。

总之，民事代理是自由权的概念，集体行动是社会权的概念，自由权与社会权相对，且各有自己的边界。自由权作为第一代人权的重要组成部分，是一个包容多项自由的集合概念，从基本权利来观察，自由权是自由价值的宪法体现，而社会权是平等价值的宪法体现；前者是一种消极的权利，后者是一种积极的权利。一些学者提出在不触动法定代理的基础上，以民事代理作为一种群体争议的替代方案，事实上并不可行，工会改革是绕不过去的话题。

第十六章

社会法的调整法益

在美国存在两个劳动关系系统，一个是基于《瓦格纳法》的新政劳动关系系统，也叫新政集体谈判模式；另一个是20世纪60年代以后出现的非工会的劳动关系系统，也叫非工会的人力资源管理模式。这两个系统相互作用并相互竞争。

——托马斯·寇肯（Thomas A.Kochan）

第一节　社会权力与社会责任

社会法中的交涉权，往往是集体谈判权，指雇员通过工会等代表，集体和雇主交涉的权利。作为一个相当性的概念，社会权力与社会责任各有自己的行为模式，在互动中形成了以调整法益为特点的集体法益。

一、调整法益与集体法益

调整法益这一概念源于我国台湾地区的学者关于调整事项的称谓，这是一个与权利事项相对应的概念，常常与集体法益相联系，并以自力为救济方式。

(一) 调整法益的含义

有一部分法益未上升为权利，以法益的性质存在，具有相对稳定性，但从整体上来说，法益的稳定性较之权利来说要弱。作为民事主体享有民事权利的一个基本前提是具有民事权利能力。作为法益来说，其不能如同权利一样给人带来安全感和稳定的预期。所以在法律当中调整法益所占的比例应尽可能地少，否则就会让人们对法律失去信心。

其一，从内容上看，这类法益往往强调调整事项，与权利事项相区别。权利具有稳定性，在一项利益被赋予权利的保护方式之后，会在立法上占据一定的地位，从而在一段时期内保持强稳定性，获得公众的普遍知晓和信赖，经过主体的行为反复实现权利之中的利益。“利益争议”因此也被称为“经济争议”，往往是因为确定或变更原有条件而发生的争议。而作为调整法益来说,因为不具有法定的表现方式,所以在稳定性上较弱,如某些利益在上升为权利之前往往存在一个法益的表现阶段,通过调整法益的形式获得法律保护,而其一旦获得法律的明确承认,上升为法律上的明确的权利,则调整法益的表现形式就会消失(李岩,2008:24)。

其二,从主体上看,这类法益往往强调整体,与个人的主体性相区别。劳动争议可以从主体上分为个别争议与集体争议。前者是单个雇主与单个劳动者之间所发生的劳动争议,后者是以劳动者团体即工会为主体的、在集体谈判过程中发生的争议。集体争议概念的出现,使调整法益进一步转化为集体法益。这里的集体争议具有团体争议的含义,工会与用人单位因集体合同发生的争议,其标的是全体职工的利益,工会在劳动争议处理中充当当事人参加谈判。工会与雇主之间达成的协议对两个团体而言,具有债权的效力;对于全体员工具有类似法律的效力。这种双重结构是调整法益得以落实的重要保障。理论上说,劳动者个人与雇主也会因利益调整而发生争议,例如劳动者要求加薪,而雇主拒绝,这通常是利益范畴,而非法益范畴,这种协商过程无法得到法律认可与保护。然而,工会代表劳动者提出的加薪要求,由于在一定条件下允许使用压力手段,从而取得了法益的效果。

其三,从性质上看,法益不同于权利。调整法益应当与同时履行抗辩权相区别。同时履行抗辩权是指在未约定先后履行次序的双务合同中,当事人一方在对方未为给付之前,有权拒绝履行合同义务的权利。同时履行抗辩权是由双务合同的关联性所决定的。在双务合同中,一方的权利与另一方的义务之间存在着相互依存、互为因果的关系。我国《合同法》第 66 条规定:“当事人互负债务,没有先后履行顺序的,应当同时履行。一方在对方履行之前有权拒绝其履行要求。一方在对方履行债务不符合约定时,有权拒绝其相应的履行要求。”这种“一方在对方履行债务不符合约定时,有权拒绝其相应的履行要求”就是一种同时履行抗辩权(孔祥俊,1999:300)。“雇主一直未为一定之给付,则此时劳方即得行使同时履行抗辩权而拒绝提供劳务、拒绝工作,若雇主未为给付之对象并非个别劳工,而是多数劳工或全体劳工,则此时劳方自得集体共同行使同时履行抗辩权,而集体拒绝工作,其效果形同罢工,此一论点亦是外国劳动法所共同承认者。”(黄程贯,1997:264)从这一区别中可以看出前提不同,同时履行抗辩权往往是契约权利已经形成,对方存在违约或违法行为破坏了正当性的基础。调整法益引发罢工发生的情形往往是用人单位处于合法、守约的状态上,但从罢工的结果上看,却是与用人单位违约相同(董保华,2012c:117),故须以相当性来衡量。

(二) 调整法益的提出

因相当性而取得法益的合法地位,与因正当性而在制定法上得到权利的合法性,两者理论基础并不相同,但可将相当性的法益视为一个尚未达到正当性权利的阶段。谢林社会伦理共同体其实是将社会习惯与法益相结合,开辟出一个道德秩序与法律秩序相互交错的中间地带,调整法益可以说是生成于这一中间地带。正如黄程贯所言,“罢工也就是一个专以损害争议他方当事人为目的的基本权,罢工行为本身就是侵权行为,且是合法的侵权行为”(黄程贯,1997:255)。一个侵权行为被当作合法行为来对待,是由于社会利益取得了法益的合适性地位。相当性须研究伦理与法律互动关系。如果说权利是一种个体的自由,调整法益之所以被承认,是基于一个“普遍自由”的概念。在历史过程中,于社会伦理秩序与共同生活中渐次形成之行为,如果在普遍的社会秩序中,被认为是社会相当的行为,法律就不应该将其视为违法。随着经济罢工成为研究对象,“社会相当性”突破了传统制定法的藩篱,合适性成为法学研究的一个重要范畴。

谢林提出的“伦理领域”是作为在人与人的相互关系中结成的以社会组织或国家制度的伦理秩序作保障的社会伦理共同体。这种社会伦理共同体会产生出一种习惯规则与法律制度的混合结构。从道德领域突入伦理领域之所以能成为一种“创新”,其实是强调了在新的历史条件下的某种重新发现。在社会法学派之前,对习惯和习惯法最为重视的是历史法学派,该派极力主张,法律是被发现的,而不是被创造的(邓少岭,2007:73)。卡尔·曼海姆在其著名的《保守主义》一书中,明确地将谢林视为历史法学派的鼻祖(曼海姆,2002:204—205)。梅因认为,法律的发展是从习惯到习惯法再到立法的过程。谢林将道德与历史相结合,将个体与整体相结合,他的自由观拥有了一个相互承认的社会结构并成为某种历史结构。人的存在使命,就是要从我们被抛入其中的这个“世界”开辟出一个伦理世界来,否则人就是“无家可归的”。从个体的道德自由出发之所以不能实现自由的伦理世界,是因为从个体的内在意志自由根本无法保证能形成一个普遍的自由世界,所以谢林尝试采取相反的方法,不以个体的自由来实现普遍的自由,而以普遍的自由来保障个体的自由,因为在他看来,“全部伦理学问题因此就是,通过普遍的自由而获得个体的自由,通过普遍意志而保持个体意志”①。

(三)调整法益的机制

社会权力及谈判模式可以概括为“习惯—法益”模式。法律“相当”价值促成了社会权力的发展,社会权力主要是一种社会团体的权力,结社权利与社会压力相结合,形成社会性强制力。调整法益的机制可以通过与合同权利机制的对比来认识。

从调整法益与集体权利的区别来看,后者在社会运行中是以国家强制力为后盾的法律规则为行为前提,前者并无这样的前提。(1)调整法益虽然有可能转化为法律秩序,但主要还是一种伦理秩序,得到法律一定程度的认可,获得某种社会强制力;法律权利是由于国家的介入形成了以制定法为依托的国家强制力的保证。(2)在一个合适的范围内,“习惯—法益”形成社会法意义上的相当性概念;合理的范围则更为重要,“权利—权力”模式形成社会法意义上的正当性概念。(3)调整法益是以团体压力

---

① Schelling, Neue Deduction des Naturrechts//Schelling Werke 3. Historisch-Kritische Ausgabe, Frommann-Holzborg, Stuugart, 1982, p.46(转自邓安庆,2013:168)。

来追求劳动条件与劳动报酬的变动，集体权利强调稳定的形态，并可转化为个体正当行为。集体合同一旦达成，有了司法保障，劳动者个人也可要求权利的履行。这些内容正是谢林所说的“通过普遍意志而保持个体意志”的当代含义。

从调整法益与集体权利的联系来看，利益争议解决的根本途径在于使劳方的正当利益可以通过契约凝结成权利，从而使“习惯—法益”模式转化为“权利—权力”模式。谈判机制中的调整法益与合同机制中的合同权利，两者紧密联系，法益具有上升为权利的可能，法益一旦上升为权利形成债权的约束力，也就在合同覆盖范围内消灭了调整法益。在社会法的范围内集体谈判是以签订集体合同为目标，法律制度的设计应当有利于这一目标的实现。

谢林阐述了社会元素结合与强化的必然性，从利益、法益、权利发展链条来看，以“习惯—法益”为模式的社会权力及谈判机制事实上也会促进以“利益—道德”为模式的企业社会责任及行为方式的发展，并形成两者的竞争关系。当今，谢林所说的自由条件的相互承认不仅是一种应然要求，已经获得了多元的直观形式。社会权力及谈判模式形成的“习惯—法益”模式与社会责任形成的“利益—道德”模式存在诸多区别。两者最主要的区别是：调整法益在历史中凝聚起了某种道德外化而形成的共同规则，劳动者团体力争将其转化为集体合同的法律形式。企业社会责任作为道德责任，依靠自觉履行，往往并不需要转化为“权利—权力”的法律模式。

二、社会权力及谈判模式

私权利转化为私权力，出现了经济权力。从相当的角度来观察，经济权力是依托市场机制形成的；社会权力是依托社会机制形成，以制衡经济权力。社会权力的设置与经济权力具有相对应的特点。随着大部分国家开始采用规范效力立法例，对于规范效力的理解因不同习惯的演变而出现差异。历史地观察，集体合同的立法模式因此有不同的学说。

（一）英国的“君子协定说”

集体合同是经由集体谈判（collective bargaining）所达成的合意，在英国被称为团体协议（collective agreement）。历史上，英国法曾一度对集体合同没有特别的规定，因此，集体谈判适用的是合同法上的一般原则。按照英国权威劳工法学者奥托·卡恩-弗罗因德（Otto Kahn-Freund）的见解，工会与雇主（或雇主团体）所缔结的集体合同，不属于合同，也不具有法律上的约束力，不得强制履行。卡恩-弗罗因德强调：英国判例从未明确地表示集体合同是合同的一种，不具有合同所具备的法律上的约束力；英国集体合同之所以不构成合同，其主要原因是由于当事人——工会与雇主（或雇主组织）缺乏创设法律关系的意思（intention to create legal relation）。现实中，自从集体合同谈判制度建立以来，从未有过工会或是雇主诉至法院，请求法院命令违约一方当事人停止其违约行为，或是违约方承担违约责任并给予损害赔偿。卡恩-弗罗因德认为，集体合同在双方当事人之间，确确实实产生了一定的权利义务关系，但是这些权利义务关系并不具有法律上的性质，而只具有“君子协定”的性质。英国集体合同的履行，不是依赖法律的制裁(legal sanction)，而是依赖于社会的制裁(social sanction)(王泽鉴，2005：319—320)。

“君子协定说”理论的主要依据是，当事人缺乏创设法律关系，并受集体合同约束的意思表示。为何当事人缺乏这一意思表示？其主要的原因，还是工会对法律缺乏信心，尽量避免法院可能的干预。集体合同在缔约当事人之间，原则上不具有合同效力。然而在个别劳动者与雇主间如何发挥效力，并规定劳动条件，使集体合同成为个别劳动合同的内容？这一问题在英国法上有三种方式可供采用：(1)通过代理理论。假如工会是以工会会员的名义，与特定雇主订立集体合同时，则基于代理的理论，其效力及于个别劳动者(工会会员)与雇主。(2)通过明示纳入(express incorporation)。个别劳动合同可以设置明示条款，表示当事人愿意受特定集体合同的约束。这是实务中通常使用的方法。(3)通过默示纳入(implied incorporation)。英国法院自19世纪中叶以来，经常斟酌各种情况，认为当事人具有将特定集体合同纳入个别劳动合同的默示表示。通过上述三种方式，集体合同是基于双方当事人的合意，成为个别劳动合同的内容，因而雇主可以与劳动者约定，变更集体合同的内容。一般来讲，集体合同内容的变更，多有利于劳动者。但就理论而言，当个别劳动合同所规定的劳动条件，低于集体合同规定的劳动条件时，依然是有效的。在这点上可以说，英国“君子协定说”的集体合同不具有不可贬低性，这也是英国劳工法的一项特色(王泽鉴，2005：322)。1971年英国的劳资关系法的基本思想是将劳动关系纳入法律体系，虽经反复，“君子协定说”理论被逐步放弃。

(二) 美国的“劳工法学说”

美国的大多数学者认为集体合同是一种法理。哈佛大学教授斯利克特(S. Slichter)指出：在国家组织下，人们建立实体法的制度及执行此种法律的行政程序并以司法解释补充法律程序。与此相同，工人经过工会形成各种政策，使其成为工厂规章或习惯，有时与雇主订立契约，有时则以较不正式的方式，取得管理者的认可与同意。工厂会议处理纠纷的程序，以及其他方法，亦逐渐演化为规律与政策，权利与义务得到承认。当劳方与管理方依据这种方式分析系统的处理劳动关系的制度，可以称之为“劳工法学”。劳工法学将团体协约视为劳资根本法，其他的补充与附属规章则为劳工的一般法，凡非依据成文规章所定仲裁的裁决及调解的笔录，则为习惯法，而劳资间问题的处理，可以不必严格地依照协约的条文，可以衡量当时的特殊情况，以习惯、经验及道德予以解释。协约有了此种容许改变的伸缩性质在内，故不被认为是契约的一种，而被认为是一种法理(陈国钧，1982：284—285)。

美国联邦政府1935年制定、颁布的《瓦格纳法》(《劳工关系法》)支持了这一学说。这一法案支持工会组织参与集体谈判，有权代表雇员与雇主或雇主团体签订集体合同，并承认集体合同具有法律效力。雇主或雇主组织与工会团体达成集体合同后，双方当事人应按合同规定的权利、义务认真执行。如雇主在集体合同中已承认诸项条款时，法院有权强制其只准雇用工会会员；如雇主或工会不按集体合同规定进行仲裁而擅自关厂或罢工时，法院有权认为其违反集体合同而予以处罚。在雇主不履行集体合同所设定的义务时，劳动者最后可以通过罢工来维权（王益英，2001：342—343）。

（三）德国的“劳资自治法规说”

德国劳动法之父辛茨海默（Sinzheimer）根据社会自治思想，指出要解决当时德国所遭遇的社会问题，最好的方法就是由社会直接立法实现社会自治，而劳资团体签订的集体合同就是最好的例证。为了解决这些社会问题，辛茨海默引用了基尔克的自治理论，将自治的概念发展为“社团的自治法规”（autonomischen Rechtssetzung）。①他认为，当时德国法律即使没有明确集体合同的特殊地位，仍应通过社会组织自治的方式，赋予社会组织力量，即赋予集体合同双方构建的法律关系与国家法同样的效力；集体合同的发展实质上已经是社会自治的思想在法律领域的大范围实践，只不过因落后于社会的法律而不肯被承认罢了，因此应当承认团体签订的合同具有法律的性质。在其社会自治思想的指引下，辛茨海默坚持团体理论并在此基础上发展了“劳动规范合同”（Arbeitsnormenvertrag）理论。该理论将集体合同的效力划分为两个层面：一个层面是集体合同的“债权性效力”。集体合同的债权性效力建立在团体理论学说基础上，也就是说，集体合同的当事人应为工会与雇主或雇主组织而非劳动者个人，集体合同当事人对合同具有履行义务与和平义务，因此合同的主体以及承担违约责任的主体是团体而非个人。另一层面是集体合同的“规范性效力”。这一时期集体合同的“法规性效力”由于尚未得到宪法的授权，因此尚不能称之为“法规性效力”，而仅仅具有自动进入个体劳动合同的规范性效力。②在规范性效力层面，受到约束的对象为集体合同签订团体的成员。1918 年在德国威廉皇帝退位后，德国《集体合同规定》（Tarifvertragesverordnung，简称 TVVO）的法案在获得政权的人民代表委员会上通过了。TVVO 在很大程度上以辛茨海默提交的草案为依据，第一次在立法中确定了规范劳动关系双方劳动条件的集体合同具有规范性效力，奠定了集体合同效力理论的法律基础（吴文芳，2010：139—140）。

后人在辛茨海默的社会自治思想的基础上，对这一学说做了进一步的发展。德国联邦宪法法院的解释，确立了《德国基本法》第 9 条第 3 款作为“劳资自治”的宪法来源。③按照该解释，“劳资自治”（Taifautonomie）是宪法委托给工会与雇主或雇主组织的，在自由结社的范围内的，以保护和改善劳动、经济条件为目的，在劳动生活的范

---

① Vgl. Hugo Sinzheimer, Ein Arbeitstarifvertrag—Die Idee der sozialen Selbstbestimmung im Recht München und Leipzig, 1916, S.181.

② Ibid., S.187.

③ Manfred Weiss, Marlene Schmidt, Labour Law and Industrial Relations in Germany Aspen Publ, 2008, p.136.

围内享有的管辖权。集体合同双方当事人可以就劳动条件各方面内容进行集体协商，由此达成的集体合同，国家不加以干涉。①这即是说，国家在劳动领域中放弃了国家法律调整的手段，转而由团体实力相当的劳资双方通过集体协商，最终以集体合同的方式约定工资与劳动条件。②按照当今德国法上的通说，规范性效力之所以上升为“法规性效力”，其权力来源是宪法委托，即“国家立法权的授予”。由此，德国集体合同兼具合同的债权性效力与被赋予的法规性效力（吴文芳，2010：140）。

（四）法国的“契约与规范结合说”

20世纪初，法国学术界对集体合同存在着两种观念的讨论：集体合同一方面是为双方当事人设定合同义务的合同，另一方面又是适用于劳动者的一般劳动规范。后来这方面的理论和实践的发展表明，法国劳动法为集体合同确定了一种特别的法律技术，即超越传统的法律（loi）和合同（contrat）之间的区分，把集体合同界定为既是合同又是一种规范：既有合同的方面（合同义务）（contractuell），又有规范的方面（确立规则）（reglementaire）（石美遐，2010：205）。集体合同的签订过程，被视为合同方面的表现。集体合同要求双方的意愿不得有瑕疵；内容不得违法；双方主体要履行义务只有司法机关有权决定它的有效性，行政机关无权。基于这一点，它不得对个人劳动合同具有强制作用，只是关于集体合同的法律规定对个人劳动合同所起的作用。集体合同的履行过程，被认为是其规范方面的体现。在本行业、地区或企业范围内，集体合同的实施如同一项法律规范；集体合同的最终解释只能由法官来做；法官在审理某些案件过程中，把集体合同视为一项法律规则来适用（王益英，2001：221—222）。

（五）瑞士的“契约说”

在瑞士，集体合同被理解为契约行为与团体规章制订行为的结合，属于私法自治的范畴（黄越钦，2003：300）。1911年，瑞士在《债法》中加入两条有关集体合同的规定（陈国钧，1982：291）。1971年，瑞士修订《债法》时也把集体合同规定在“劳动合同”一章中加以调整。在瑞士，集体合同被定义为“雇主或者雇主协会与劳动者联合组织共同订立的有关雇主与雇员个人之间劳务关系的成立、内容和终止的劳动合同”（第356条）。从这一定义可以看出，集体合同被视为一种有着特殊主体的劳动合同，其所涉及的内容与劳动合同是一致的。集体合同是合同之债的发生依据，因而具有债权性效力。根据“契约必须严守”原则，集体合同的双方当事人都负有履行合同约定的义务以及和平义务（第357条[A]），当事人一方违约时，相对方可以追究其违约责任，包括要求对方赔偿损失。值得注意的是，瑞士的集体合同并不仅仅具有债权性效力，还同时具有规范效力（第357条）和组织法效力（第357条[A]）。集体合同之所以对劳动合同产生规范效力是由于单个雇主或雇员的自愿加入（第356条[B]），

① Vgl. BVerfGE44 322 340.

② Vgl. BVerfGE34 307 316.

而强制雇主或者雇员加入集体合同的条款或约定是无效的(第356条[A])。工会应当对其成员为保证集体合同的遵守而施加影响,并在必要时采用法律或者法规规定的措施,其中可以看出集体合同所具有的组织法效力。①

三、社会责任及行为模式

社会责任及行为模式可以概括为"利益—道德"模式。法律"正当"与道德"应该"之间存在着某种联系与悖反的关系。自由意志是法律正当与道德应该的前提,然而,道德"应该"的本性又蕴含着对"正当"自由意志的限制和克服。道德"应该"以自由意志为前提同时又需要克服自由意志(樊小贤,2009:159—160)。

(一) 企业社会责任的演变

在社会法的微观层次上,当私权利转化为私权力时,客观上需要某种职责的限制。18世纪末期以后,企业家把追求利润最大化作为唯一目标。随着自由资本主义的发展,针对经济权力,英国的阿克顿勋爵那句"权力导致腐败,绝对权力导致绝对腐败"的名言依然是适用的。任何权力主体都对权力带有一种扩张行使的欲望,这既是人性使然,人总是喜欢做指挥者而不愿意做被指挥者;也是利益使然,权力可以带来利益(段凡,2012:47)。当法律上没有设置职责的限制时,伦理秩序中会产生出某种社会责任,以期从法律外部对经济权力进行限制。这是一种"利益—道德"模式。谢林关于"伦理戒律"区别于"道德戒律"的论述至今仍有启发意义。在康德和费希特笔下,相互承认是自我意识的条件,但不是强制性的,道德只是人心中的"善良意志",是否最终相互承认还取决于个体的选择(黄涛,2018:101)。

作为"利益—道德"模式的社会责任产生之初曾被认为与法律秩序存在冲突,这种观念与企业法理论中的以企业利润最大化,进而使股东利润最大化为企业的唯一目标相冲突。进入19世纪以后,已经有一些企业初具规模,进而可以在一定程度上影响当地的经济、政治和文化生活了。然而,在整个19世纪,这些参与社区建设、向穷人捐款、兴办教育的慈善活动都是个人行为,而不是企业行为。亚当·斯密的自由放任思想深刻地影响了人们对企业职能的界定,按照《布莱克法律辞典》对企业所下的定义是"企业按照经济规律办事,也就是说,试图以最小的投入谋求最大的产出",主张各种企业制度的建构应紧紧围绕这一目标而展开。企业主完全可以支配他个人的财富来"行善事",但企业是不能承担什么社会责任项目的。当时的法律在企业管理者如何使用公司的资金上也有明确的规定,认为企业没有权力去做其业务范围之外的事,否则,就是"过度活跃"(ultra vires),这一法律短语的意思是企业的活动超出了它的权力(陈宏辉、贾生华,2003:86—87)。

这些以亚当·斯密式的视角将企业责任与企业最大化利润目标等同的观点,伴

① 瑞士集体合同的相关条款,见《瑞士债法典》,2002:109—111。

随着自由思想的传播和流行曾经在理论界获得了广泛的市场。荣获诺贝尔奖的经济学家米尔顿·弗里德曼是持此观点的一位代表。他一方面对具有道德意义企业社会责任大加挞伐，将其斥为“一种极具颠覆性的学说”；另一方面又从法律意义定义社会责任，他指出，在自由社会中，企业负有一项且仅负一项社会责任，这就是在游戏规则许可的限度内，倾其所能，利用其所控制的资源，从事旨在增加利润的各种活动，或者说无欺诈地参与公开而自由的经济竞争。[①]赫伯特·斯宾塞(Herbert Spencer，1820—1903)是带头倡导“社会达尔文主义”的人，他在1850年出版的一本书中写道：“这看起来很残酷，一个劳动者生了病，就丧失了与其他强壮竞争对手进行竞争的能力，就必须遭受穷困，那些寡妇和孤儿必须自己为生或死而挣扎。虽然如此，如果不是孤立地看，而是与整个人类的利益联系起来看，这些无情的命运就充满了最高的仁慈，正是这种仁慈使得那些父母患病的孩子早早入土为安，也正是这种仁慈使得意志消沉者、酗酒者以及那些受流行疾病折磨的虚弱者早早告别人间。”企业被认为其与利益相关者之间是一种赤裸裸的市场竞争关系。

进入20世纪以后，工业的大力发展产生了许多负面的社会影响，社会问题和公害日益严重，资本主义国家不得不关注劳动、福利、教育、经济等方面的问题。批评家们开始指责“社会达尔文主义”的残酷和冷漠，并意识到企业必须对那些与其有关联的群体负起责任。当时兴起的社会法学派，促使“国家—社会—私人”三元法律结构的形成，社会利益观念初步形成。20世纪以来，西方企业普遍已经不再对其社会责任抱着冷漠的态度，它们开始主动捐款，资助社区活动和红十字会事业，帮助当地政府完善义务教育和公共健康制度。当然，企业经营活动中最大的转变是开始真正地重视与其有密切关系的各种利益相关者的利益要求，许多企业都建立起专门的组织机构来处理供应商、分销商、贷款人、特殊团体、社区的意见和建议。同时，许多大公司还设立了慈善基金，并取得了相应的免税特权，企业积极从事社会责任活动已经不再是个别现象，反而成了企业拥有远大抱负的象征。1953年，新泽西州的最高法院认为，“过度活跃”条款是不合理的限制，并拒绝执行它，从而使该条款寿终正寝(陈宏辉、贾生华，2003：87—88)。

在对企业社会责任的不同理解上，产生了西方的职工参与模式与我国的工会参与模式。“只有当我的意志是自由的，我才应该是道德的。”[②]谢林以具有自律的道德自由存在者为前提，基本上直接在康德的意义上使用了“自律”和“他律”概念。职工的参与模式立足于一个“道德存在者的王国”，强调企业的主动行为。我国工会的参与模式是工会以强制方式进入企业管理，从而使企业建立起某种伦理责任。谢林将道德与历史结合，使伦理戒律与一般的道德戒律不同。按谢林的理解，它不是内在的意志立法，而是该王国所面对的“立法”问题，不是道德存在者自身的内在意志立法，

① M. Friedman, “The Social Responsibility of Business Is to Increase Its profits,” *New York Times Magazine*, 1970, (9)(转自董保华，2006b：46)。

② Schelling, Neue Deduction des Naturrechts//Schelling Werke 3. Historisch-Kritische Ausgabe, Frommann-Holzborg, Stuugart, 1982, p.35.

而是每一个具有意志自由的道德存在者们相互之间的自由意志的冲突和对立而形成共同遵守的规则。

(二) 西方的职工参与模式

职工参与指劳动者直接或间接地行使企业经营的职权(陈继盛,1994:327),是一种体现劳资合作的机制。劳资合作(labor-management cooperation),区别于劳资斗争,它是建立在劳资双方共同追求更大效益的目标上,经过协商,实现双方共享。职工参与的协商并非平等协商,而是建立在企业主导的沟通基础上的。劳动者参与制度的实施,可以去除旧式自资方或管理人员专断的管理方式,代之以让劳动者有机会表达意见或建议的机构,使劳动者的权益必须得到资方或管理人员的尊重。这种通过沟通来体现协商成为职工参与的基本特点。

德国企业组织法第2条规定:“雇主与员工代表会应彼此信赖,为劳动者与企业的利益而共同合作”,这是拘束双方履行企业组织法上权利与义务的核心原则,此原则清楚表明须为“劳动者与企业的利益”,雇主不单以企业利益作为唯一考虑,同时员工代表会亦不完全站在维护劳动者利益的立场,双方应努力两相兼顾(黄程贯等,2010)。参与机制所强调的是劳动者参与企业的经营和管理,即决策制定的过程。劳动者加入企业政策的制定过程,参与原本属于企业的专属权利,基于的是合作性的思考;企业通过转变经营理念,改善治理结构,以多种方式进行劳资沟通协商,参与机制影响了企业目标和达成目标方法。

劳资沟通协商主要包括所有制层面的沟通协商、经营层面沟通协商、信息层面沟通协商。(1)所有制层面沟通的典型形式是员工持股计划,指职工通过拥有公司的股份成为股东,并以行使股东权利的方式来参与公司经营、管理的一种形式;(2)经营层面沟通的典型制度是职工董事与职工监事,该制度突破了企业是资本联合的单一思维定式,着眼于劳动与资本的结合,建立职工诉求表达渠道,促进企业科学决策、民主监督,实现促进企业发展和维护职工权益的互利双赢;(3)职工民主管理层面的典型制度是职工代表大会,例如德国的企业职工委员会制度、英国的工厂委员会制度、挪威的公司大会制度、美国的劳资委员会制度;(4)信息层面沟通的典型制度是劳资协议机构,通过该制度员工参与公司管理,了解公司的经营状况,并向公司决策机关提出建议和意见。例如职工自治小组制度以及日本的劳资协商制度。

劳资会议、劳资协议会、员工代表会是劳动者参与机制的典型形式,其组成可以区分为仅由劳动者选举代表所组成的机构,如德国的员工代表会;劳方和资方代表合作共同组成的机构,如日本的劳资协议会,美国的劳资委员会等。劳动者参与制的设置,有由国家以法律加以规范者,如德国;有由劳资双方以集体合同或者企业自主加以确立者,如日本、美国。参与机制虽然形式各异,但通常基于这样一个假设,即共同解决问题的手段有助于劳资双方的合作和利益整合,因而能够缓解劳资冲突(张子源、赵曙明,2008:36)。而它们的共同特征是协议的对象事项以及程序均遵循该合意。

（三）我国的工会参与模式

在劳动关系的调整体制上，强化政府，建立国家的高度管制的体制？还是强化社会，使劳动关系当事人借助各种社会的多元力量，自主争取权利，实现综合平衡？我国在 20 世纪末曾经探索后一条道路，进入 21 世纪我国工会日益坚定地选择了前一条道路，建立了中国式的工会参与模式。

其一，工会的参与模式定型于新中国成立初期。我国集体合同制度的发展由此进入了一个新的时期，也开始探索工会参与管理的模式。我国对集体协商制度的尝试可以追溯到 1949 年施行的《中华全国总工会关于劳资关系暂行处理办法》和《中华全国总工会关于私营工商企业劳资双方订立集体合同的暂行办法》。在 1950 年 6 月 28 日通过的《工会法》首次确认集体合同制度，对于不同所有制主体分别做出了管理主体①与交涉主体②的不同定位。企业行政或资方在雇佣或解雇工人时，如违反集体合同的规定，工会基层委员会有抗议权。如果企业行政或资方不同意工会基层委员会的抗议而相互发生争议时，应按解决劳动争议的程序处理（王昌硕，1980：65）。这一时期，我国对集体合同作了两方面的理解，一方面对于国营及合作社营的企业是从“利益共同”的角度认识集体合同，工会具有分享管理权的管理主体；另一方面对于私营企业是从“利益对立”的角度去认识集体合同的，工会不具有分享管理权的条件，而是代表职工进行交涉的主体。社会主义改造基本完成，标志着社会主义公有制形成在国民经济中占据主导地位。③1956 年，我国完成社会主义改造后，集体合同制度逐渐被取消。与私营企业相联系的交涉主体失去了存在的经济基础，在公有制背景下，我国工会组织只具有管理主体的人格，与企业行政分享管理权，而不再具有交涉主体的人格。

随着改革开放，我国开始从社会自治的角度对集体合同进行探索。1979 年，全国总工会发出了在全民所有制企业中恢复签订集体合同的倡议。1983 年修订的《中国工会章程》和颁布的《中外合资经营企业实施条例》、1986 年颁布的《全民所有制工业企业职工代表大会条例》、1988 年颁布的《私营企业暂行条例》，以及 1992 年修改颁布的《工会法》中，都相继对集体合同做出了规定。1992 年的《工会法》和 1994 年的《劳动法》是我国第一次以法律形式对劳动关系的调整作出综合性的规定，其中也规定了集体合同制度。在当时的法律法规中，我国还没有关于集体合同制度的专门立法，关于集体合同主体的相关规定散见于《劳动法》《工会法》以及劳动和社会保障部颁布的《工资集体协商试行办法》和《集体合同规定》。这些规定对于劳动关系当事

---

① “在国营及合作社营的企业中，工会有代表受雇工人、职员群众参加生产管理及与行政方面缔结集体合同之权”。

② “在私营企业中，工会有代表受雇工人、职员群众与资方进行交涉、谈判，参加劳资协商会议并与资方缔结集体合同之权。”

③ 中国的社会主义改造，即社会主义三大改造，是指中华人民共和国建立初期，中国共产党在全国范围内组织的对于农业、手工业和资本主义工商业进行的社会主义改造，中国的社会主义改造实现了把生产资料私有制转变为社会主义公有制的任务。随着中国的社会主义改造的完成，社会主义制度在我国基本建立起来，我国开始进入社会主义初级阶段。这是 20 世纪中国的一次历史性巨变。

人的定位进行了探索。进入 21 世纪后,《劳动合同法》以及新的《工会法》的公布,随着行政管制的加强,停止了社会自治的探索,制度设计趋向于改革开放前,形成了一种我国特有的工会参与模式。

其二,工会的参与实际是一种管理模式。在我国劳动基准、集体合同、劳动合同三个层次的立法中,集体协商立法从调整模式上看,本应属于中观层次的立法,这一层次具有承上启下的重要作用,我国希望以国家立法的形式建立起将劳动关系的矛盾解决在企业内部从而实现社会稳定的制度,形成工会的参与模式,可以说发展出“利益—道德”模式的新形式。从工会的参与模式来观察,与大部分西方国家集体谈判不同的是,我国的集体协商并不依赖外部的社会压力。单从数据来看,我国工会是世界上第一大工会组织,但从“强法定与弱约定”的理论预设看,庞大的组织并没有形成强大的社会压力而是依赖政治压力。组织性团结的外部资源,即自上而下的行政机关形成了政治压力,我国劳动行政部门每年公布的工资指导线,是集体协商最重要的依据。然而这种粗线条的依据,很难真的成为集体协商的具体依据,主要依靠工会的参与管理来实现。

以关怀为代表的我国的传统劳动法理论认为,1957 年以后,在“左”思潮的干扰下,我国工会的地位、作用逐渐下降,集体合同制度也随之受到不应有的忽视(关怀,1996:28)。从 60 年代初鞍钢宪法总结过程,可以看到这一概括并不符合历史事实,这一时期,工会组织参与管理的主体资格是得到强化的。20 世纪 50 年代,苏联专家将“马钢宪法”管理模式引入我国企业,这一模式源于苏联最大的冶金联合企业——马格尼托哥尔斯克钢铁公司,旨在推行“一长制”,强调行政命令,依靠少数专家制定标准化规章制度,在技术上也只认同专业精英(张喜亮、刘青山,2021:28)。与之相对应,我国提出了鞍钢宪法,核心内容是“干部参加劳动,工人参加管理;改革不合理的规章制度;管理者和工人在生产实践和技术革命中相结合”①。从企业管理基本经验中可以看到,企业管理权的加大,会导致认为工会的分享管理权也相应扩大。“文化大革命”中企业、工会的管理者地位伴随着整个企业管理地位动摇而受到冲击。1978 年党的十一届三中全会后,已经消失了 20 多年的集体合同才得到了恢复。80 年代我国开始重建两项重要的制度。1983 年 10 月,在中国工会第 10 次全国代表大会上通过的《中国工会章程》第 26 条明确规定,工会基层委员会有权“代表本单位职工同行政签订集体合同或专项决议”。依据 1986 年 9 月《全民所有制企业职工代表大会条例》和 1988 年《中华人民共和国全民所有制工业企业法》的规定,职代会是职工行使民主管理的机构。职工具有双重身份,既是承担企业活动的企业成员,又是对企业有权利要求与企业平等的社会经济主体,以立法的方式,让企业管理权与工会管理权

① 鞍钢宪法是我国鞍山钢铁公司于 60 年代初总结出来的一套企业管理基本经验。1960 年 3 月 11 日,中共鞍山市委向党中央作了《关于工业战线上的技术革新和技术革命运动开展情况的报告》,毛泽东在 3 月 22 日对该报告的批示中,高度评价了鞍钢的经验,提出了管理社会主义企业的原则,即开展技术革命,大搞群众运动,实行两参一改三结合,坚持政治挂帅,实行党委领导下的厂长负责制,并把这些原则称为“鞍钢宪法”,在全国范围内推广。

同步强化。随着社会自治探索的停滞，很容易重新回到长期坚持的认识。我国新的工会法基本上是按照工会参与管理的逻辑来起草的。

其三，工会的参与体现的是一种政治逻辑。20世纪80年代我国禁止了政治性罢工。90年代《劳动法》试图形成的三个层次的关系中，劳动基准关系中体现的是国家干预的政治逻辑，集体合同关系中体现的是企业与工会作为两个社会团体之间的社会逻辑，劳动合同关系中体现的是企业与劳动者个别主体之间的经济逻辑。进入21世纪后，工会改革的滞后使中间的层次虚化，实际上依然是政治逻辑。交涉主体的地位很大程度上被协调主体的定位所取代。“有对内自律无对外代表”的特点决定，工会往往喜欢以“第三者”自居，即作为调解者的身份出现。工会选择劳动关系的协调者身份，除工会自身原因外，还由多种外部因素促成。集体合同形式背后是国家、工会、企业、个人的纵向排列。尽管这是以劳动者的名义签订的合同，但与处于纵向排列底层劳动者对集体合同并不关心；对于企业而言，只要这样的政治安排没有根本触动其经济利益，也接受这种形式化安排。

政治逻辑是二主体，单层次。国家与个人二主体，也只需要单层次，必然虚化中间层次。中国工业民主的核心组织——工会的非独立性制约着我国劳动关系调整机制的完善。在推进集体协商的道路上希望以政治压力来替代社会压力，事实证明这种努力并不成功，只是加剧了形式主义的发展。在高度管制的社会中，社会资源是通过国家来进行纵向分配的(董保华，2011b：35)，只有国家与个人两个完整法律主体。改革开放前企业与工会两个均为准行政主体，越是靠近国家这一分配主体的人，越是取得某种优势地位。这种政治、经济的优势地位总是伴随着对某些社会成员歧视而存在的，农民受到社会歧视就成为管制社会无法避免的制度内涵。改革开放并未完全打乱这样的政治秩序，除国有企业外，用人单位总体上已经不再是政治组织，但工会并未改变政治组织的定位。用人单位与劳动者以契约为形式，形成了某种较为平等的经济秩序，这种秩序与国家、工会、劳动者政治秩序相并列。过分的管制本身就有抑制自治的作用。“如果政府长期强介入干预劳资关系，全力帮助劳动者，最终的结果是劳动者完全丧失自主性，成为等待政府给予利益，而不是自己争取权利，进而去追求利益的自主独立的群体。”(徐小洪，2009：48)

四、西方工业民主对我国的影响

社会权力的“习惯—法益”模式与社会责任“利益—道德”模式，两者不仅存在着互补关系，更存在着竞争关系。从相当性价值观念出发，社会权力是对应经济权力而发展起来的，社会责任虽是正当性发展的产物，也具有限制经济权力的意义，于是社会权力与社会责任出现了替代关系。这种“习惯—法益”模式与“利益—道德”模式竞争可以说是斗争机制与合作机制的竞争，也可用相当性的原理来解释。和谐的劳资关系是劳资双方所希望的，也是整个社会所追求的，问题在于如何实现这种合作，中西出现的两种合作模式。

(一) 西方的工业民主模式

权力是社会关系中的特定影响力,是一方社会主体所拥有的对其他社会主体的强制性支配能力,这种能力主要体现为使得后者服从前者的意志。"权力的支配性源于权力以资源为基础这一事实。这些资源被划分为'实际的资源与潜在的资源''强制资源、诱导资源和说服资源''个人资源和集体资源'。这些资源不仅构成了权力的基础,而且成为权力的目的。"(俞可平,2010:32)也就是说,权力的占有多寡与权力主体对这些资源的拥有多寡成正比(段凡,2012:47)。劳动关系领域中的正统多元理论认为,管理者和工会是两个主要的子群,管理者的角色应更多地倾向于劝说和协调,而非强制和控制。集体劳资冲突未必是坏事,如果能够对冲突进行有效的管理,就可以把劳资冲突引导成为一种积极的力量,从而促进组织的变革和组织制度趋向合理(唐鑛,2011:102)。该学派关注效率与公平之间的平衡,工会与集体谈判是其重点研究领域,韦伯夫妇(1889)的"产业民主"思想是其重要的理论渊源(韦伯,载萧伯纳等,1958)。

从工业民主理论的起源及早期发展历程来看,工业民主实质上是对以资本利益为导向的管理价值的一种纠正(陈微波,2012:58)。工业民主概念从抽象到具体却有着一个演变的过程,从西方工业民主运动的历程来看,大致经历了如下三个阶段。(1)在20世纪初期泰勒的科学管理理论。泰勒相信企业内的一切活动都可以被科学化。他反对工会运动和单纯的个人权利,而强调以企业为共同体的整体利益。这一时期的工业民主又被称为"家长主义"。(2)20世纪20年代以后,工业民主的观念开始深入人心。这一时期的工业民主运动多采取工会与资方谈判的方式,体现为两大集团的相互博弈过程,但总的趋势是资方的让步。因此,这一时期的工业民主运动又被称为"恩抚主义"。(3)20世纪60年代以来,工业民主化运动进入成熟时期,资方逐渐放弃了控制、操纵员工的观念,接受了劳方平等合作的地位,采取劳资协商、对话的方式,追求共赢、互利的局面(李萍,2006:11)。工业民主的发展促使合作理念代替了斗争理念。

(二) 中西模式的差异与反思

从世界范围来看,劳资合作的关系对于企业的经营运作已经是个不可忽视的趋势。第二次世界大战后,美国工会有过30年的黄金发展时期,工会作为劳动者的团结体,在法律保障其集体谈判和集体争议的情况下,以经济罢工为基本手段得以壮大和发展。这一时期美国也正好进入体制调整,与我国以立法方式推行合作模式不同的是,合作模式在美国可以说是悄悄兴起,并开始发挥抑制经济罢工的作用。

市场经济发展的问题经常被理解为政治民主与经济专制之间的冲突,自工业革命以来,如何使人类摆脱经济枷锁,获得真正的自由和平等,就成为许多西方仁人志士的奋斗目标(刘军,2007:2)。在由雇员、雇主、政府三方组成的经济管理体系中,三方都有权对与劳动关系有关的公共问题施加影响,进行平等决策(程延园,2003:60)。

个别劳动者在劳动力市场上大多处于相对弱势的地位，而工会和集体谈判制度有助于弥补这种事实上的不平等，并形成“产业民主”的氛围。美国政府吸取了欧陆国家的经验和教训。经验在于：工人通过结成工会，可以增强谈判力，达到与企业一方力量基本相当的程度，劳资双方由此可以通过集体谈判来化解冲突。而教训在于：如果不限制冲突的范围，任由劳资矛盾演化为全国甚至跨国阶级斗争，并指向国家政制，就会造成持续的社会动荡(阎天，2016：171)。

国家、个人、企业、工会四主体需要三层次，实化中间层次。在一个提倡自治的社会，人们之间更多的是横向交往，这种横向交往本身就在冲击着各种歧视性规定。升级版的农民工最大的特点是不甘歧视，与初级版社会正形成激烈的冲撞。富士康的“死亡”事件与本田的“爆发”事件只是这种冲突的一个缩影(董保华，2011b：36)。面对这类事件的发生，我国管制措施显得束手无措。以本田事件为例，罢工本身也应当有一定的规范，而这一案件中暴露出来的是我国对群体矛盾缺乏有针对性的社会规范。富士康和本田事件中也都出现了工会的身影，但其作用是不能令人满意的，甚至是负面的。①一个良性的社会，应当是三元的法律结构。独立于“私域”和“公域”之外的“社会领域”应当成为社会法的研究对象。在社会法的三个层次中，微观的层次体现了“经济领域”的特征，宏观的层次体现了“政治领域”的特征。制度经济学的创始者、“劳资关系”之父康芒斯通过对实施科学管理的工厂进行观察之后，作出了如下的评论：科学管理忽略了“劳工的团结”，通过时间研究和动作研究的方法将工作知识交给雇主而不是工人来处理，使其具有“独裁统治的各种缺陷”(雷恩，2009：231)。在早期制度经济学家的视野里，工业民主的缺乏可以引发诸如雇员的劳动热情低下、工作不努力、离职、罢工和其他类型的劳资冲突。当然，产业民主也不能仅理解为工会民主，因为近20多年来西方工会的规模和影响都大幅度下降，西方对产业民主的研究已超出了工会的范围(刘军，2007：2)。

“社会领域”本应介于私域、公域之间。国家的有形之手，有时会越过公域的界限，个人的利益有时提升出私域的界限。正是这种市场与国家之间的互动关系，导致中观层次的形成。我国工会的准国家特点，企业也因欠缺经济民主而不完整，集体合同的形式化既是这两个主体扭曲的反映。徐小洪对当前“强国家、弱社会”状况有很深入的分析：“‘强劳动’‘强介入’的思路在中国这种‘官本位’社会中非常有市场、有吸引力，也非常容易为精英和大众所接受，在某些方面，短期也能取得立竿见影的效果。政府强介入的结果也并不一定会帮助劳动者，原因有三。(1)政府公共决策的过

① 一名南海本田变速箱组装科的工人告诉财新记者，平时，早班的工人应该在7点到工厂上班，但31日，厂车直到8点多才将工人载到工厂。到场后，厂方要求工人到饭堂开会，按科分组，分别沟通。在每个科，都有挂着狮山镇总工会牌子的人在场，他们戴着黄色帽子，身着便服。在变速箱组装科，由于这些人用摄录设备摄像遭到员工反对，要求其删掉，双方发生肢体冲突。狮山镇总工会的人员用拳头打伤了七八个工人，均属轻伤，并无大碍。午饭后，铸物科恢复了开工，但随后听说了工人被打事件，于是再次停工，停留在科室休息室。而在变速箱组装科，设在厂区的手机信号接收器被关闭，以阻断工人与外界联系。记者在现场看到，目前在厂区内，身着白色工服的工人与头戴黄色帽子的狮山镇总工会人员形成了两个主要的人群，一个在工厂操场，一个在正门附近(魏乐，2010)。

程是各阶层权利博弈的过程，政府要能形成协调、平衡各阶层利益的公共决策，其前提是各阶层的利益诉求能到达政府决策过程，才能在政府决策中得到体现，但中国现实中，劳动者群体没有强大的组织，没有畅通的表达渠道，他的利益诉求很难全面、真实地进入政府决策过程。(2)政府并不是中性的，其自身也是利益群体，他们也要追求政治利益和经济利益，在中国现实中，最可能出现的就是官商勾结。(3)政府'强介入'的效果并不一定会理想。政府'强介入'是对市场运行的直接干预，而直接干预的效果往往是'适得其反'。"(徐小洪，2009:48)

第二节　西方谈判与参与的机制差异

西方工业民主包括工会民主和劳资民主两个维度，分别通过集体谈判与职工参与来实现。集体谈判主要是一种工会组织与雇主就雇佣关系问题进行交涉的形式。职工参与机制是职工依法直接或间接参与管理所在单位内部事务。作为一种劳资合作的模式，后者区别于前者的劳资斗争，用人单位意志对职工意志的吸收是建立在劳资双方共同追求更大效益的基础上。

一、谈判与参与的性质

西方集体谈判是利益争议通过斗争手段实现合意的过程。职工参与指劳动者直接或间接地行使企业经营的职权，是一种体现劳资合作的机制。

(一) 集体谈判的斗争性质

在契约自由下，雇主强大的经济力量，使个别劳动者因从属地位而劳资间合意难以达成，劳动者只有借集体的力量，才能转变为比较势均力敌的态势。为了将利益凝结成权利，通过劳资双方的对等谈判，获得公平的劳动条件。利益争议解决的根本途径在于，使劳方的正当利益可以通过契约凝结成权利。劳动者对雇主采取抗争手段，是借着有形、无形的压力来补充交涉的筹码，对雇主进行有目的的施压，使雇主与工会进行集体谈判或对工会所提的改善劳动条件的主张让步(王松柏，2006)。个别劳动者与雇主常无法达成真实合意获得公平的劳动条件，有违契约自由的实质正义，劳动者结成团体增强了劳动者的谈判力量，从这个角度来看，争议行为应被定位在促使劳资双方进行集体谈判的手段性位置上，斗争机制是作为劳资双方合意地达成一种压力机制而存在的。斗争机制有两个相互联系的内容组成。

其一，谈判机制。根据社会学理论，多元化的社会沟通可以有效降低冲突的发生概率。还有学者将冲突描述成"不断进行中的议价过程"，冲突本身就是社会情绪、意见进行释放与沟通的过程，劳方争议行为中最重要的是罢工，雇主的争议行为包括锁厂、停工。[①]谈判并非只意味着单纯的对立斗争，而是包含着对立、争论、协调、交换意见、沟通、对话、建立关系和调整关系等一系列环节(赵常兴，2012：98)。

其二，合同机制。谈判机制的目的是要转化为合同约束机制。作为集体谈判的结果，通常劳资之间的合意事项会以缔结集体合同的形式加以固定，然后双方在合同有效期内共同遵行。对于这一合同的效力各国有不同的规定，也形成不同的立法模式。历史上曾经出现过君子协定和规范效力两种模式。社会主义国家还出现过管理协议的主张，这一主张从机理上看，并非斗争机制而是合作机制的产物。

(二) 职工参与的合作机理

劳资之间的合作构成了职工参与机制的核心价值，也是构成其区别于集体谈判斗争机制的主要内容，合作机制在一定程度上是针对斗争机制的弊病发展起来的，和平机制、协商机制、非诉机制完整体现出合作的特点。参与机制本身系雇主发起或主动的，雇主亦提供了场地承担了活动的所有费用，从性质上看亦不存在斗争的可能，而是和平的。

在美国，参与制大多是劳资为了回避发生纷争所设置的一种制度，不发动罢工斗争，不以争议行为为手段，在程序上也朝着回避纷争的和平方向来运作。劳动关系成立后，劳动者必须在雇主的指挥监督之下劳动，服从雇主指令的管理，有时员工对管理方式的不满不断累积之后，一个小小的意外就可能引发一场重大的劳资冲突。参与决策的过程，使劳资有和平沟通的机制。洛克菲勒被历史学家描述为“福利资本家”，1914 年他的企业发生了一次大规模的暴力罢工，导致两名妇女和几名儿童死亡。他指责联合矿工工会是“外部煽动者”，应对所有问题负责，并在 1915 年开创实施一个员工代表计划，让工人在工作中发出声音，而不必与有组织的劳工团体打交道。该计划渗透进公司生活的每一个方面，包括社会和娱乐问题。有组织的劳工团体抱怨说，这不是工业民主，而是“家长式主义”和“公司工会主义”，但是，许多雇主赞扬洛克菲勒在劳资关系中树立了先进的先例。这项富有争议的计划在第一次世界大战后有更大的影响，当雇主与员工代表会之间出现意见分歧时，亦不得采取有违企业利益与安宁的行为。

在德国，员工代表会从与雇主协调合作的宗旨出发，与存在于企业外的工会完全相异，本质上可归为劳资合作机构，其所有的业务由雇主加以负担。合作机制不采取对决方式，而采用参与决策达成共识的方式，没有迫使对方让步，却尽量以协商方式达成合意；如果无法达成合意，亦不得为罢工等争议行为。集体谈判形式也要求斗争中保持和平，但两种和平有本质区别。集体谈判以争议行为的压力机制为后盾，只是要求在斗争中不能越过某些必要的界限，例如在双方已经签订集体合同的情况下，不能再发动罢工；职工参与的和平是不与压力机制相联系，如果在协商时无法达成合

① 即劳资发生争议后，雇主采暂停工作的手段，使全体或多数劳动者暂时退出工作，而停工只是厂场短时间停止营运，雇主并无解雇劳动者之意，此与锁厂并不相同(詹火生，1995)。

意，亦不为罢工等争议行为。德国企业组织法第74条明确规定，“雇主与员工代表会间的争议行为违法”，劳资双方负有禁止为争议行为的和平义务。禁止为争议行为的当事人，仅限于作为企业组织法主体的雇主与员工代表会。禁止的争议行为，包括所有集体性的影响劳动关系的施压行为，与争议行为的目标或合法与否无关。另外，此原则属于强行禁止规定，因此违反行为应属无效，他方即得对之主张不作为请求权，或当持续一定时间者的排除妨害请求权（黄程贯等，2010）。

在日本，“劳资协议制”本质上是以劳动条件以外的事项，亦即以经营生产事项为对象，不属于宪法第28条所保障的范围之内。因此，雇主如果拒绝进行有关（与劳动条件无关）经营生产事项的“劳资协议”，也不构成劳动组合法所规定的“无正当理由拒绝集体谈判”的不当劳动行为。同时，关于经营生产事项的“劳资协议”陷入僵局无法达成合意时，工会也不能进行罢工等争议行为，即使进行争议行为，也无法被评价为其具有正当性（石井照久，1972：219）。劳资协议会就协议结果签订协议时，与劳动条件相关的事项具有集体合同的规范性效力，至于纯粹的经营、生产事项则具有债法性效力，双方必须尊重履行之。日本法院或劳动委员会的见解则倾向于不能以辞害意，认为尽管是劳资协议，然而自劳资协议的内容、程序判断后如仍属集体谈判时，此际雇主如仅以该当事项是协议事项为由而拒绝工会集体谈判的请求时，犹构成不当劳动行为（光冈正博，1988：107），可见是采取实质认定标准。

二、谈判与参与的形式

集体谈判的形式将团结的基础建立在外部联系的连贯性上，并超越了一家企业的范围。职工参与形式，作为一种沟通合作的形式，总是强调内部性。

（一）集体谈判的外部形式

利益争议只能通过劳工团结才有可能合意解决，集体谈判是以劳工团结为前提。将团结的基础建立在外部社会联系的连贯性上，并超越了一家企业的范围被认为是独立性的最佳保障方式。集体合同从空间效力上看，可分为地域效力和产业效力。从各国的情况看，集体合同依据其适用地域的广狭，可分为企业集体合同、地方集体合同和全国集体合同。它们分别在用人单位内、地方范围内、全国范围内发生效力。

集体合同的空间效力体现出的是集体谈判形式所具有的外部性特征，在集体谈判中，通过与外部的联合，劳动者以求提高工资，雇主以求降低劳动工资。对于当时联合，亚当·斯密有过经典的评论：“劳动者倾向于联合起来以求提高工资，雇主倾向于联合起来以求降低劳动工资。不过，在通常的情况下，要预见双方中的哪一方能在这种争辩中占优势并迫使对方屈从他们的条件并不困难。雇主人数较少，他们联合起来要容易得多；再者，法律允许他们，至少不禁止他们联合。反之，法律却禁止工人们联合。我们议会没有法令反对联合起来降低劳动价格，但却有许多法令反对联合起来要求提高劳动价格。而且，在这种争辩中雇主总是能坚持得很久。虽然我们常常听说关于工人们的联合，但我们却很少听说关于雇主们的联合。不过，如果谁就根据这一点而以为雇主们很少联合，那就是对这个世界以及这个问题太无知了。雇主们经常而且是到处保持着一种缄默的心照不宣的联合，使劳动工资不高于其实际工资率。违背这种联合在各地都是极不受欢迎的行为，都要受到邻居和同业者的谴责。我们确实很少听说这种联合，因为它是一种很普通的事情，而且我们可以说这是不被人提及的自然现象。雇主们有时参加一些特殊的联合把劳动工资降低到那个实际工资率以下。这种联合他们总是进行的极其秘密，直到执行时还不声不响，当工人们让步时(他们有时是这样做到，没有抵抗)，虽然他们沉痛地感受到了，而外人却仍然从来没有听说过。”(亚当・斯密，2003：54—55)

工会的合法化也使工会组织通过相互联合而增加团结的力量，从而使这种外部性大大加强。《国际劳工公约》关于结社自由的定义是：“工人和雇主应毫无区别地有权不经事先批准建立和参加他们自己选择的组织，其唯一条件是遵守有关组织的规章。”国际劳工组织的一些规定也推动了劳动者联合的发展。

(二) 职工参与的内部形式

参与机制是基于合作的考量，由雇主让渡了部分经营管理权，参与过程往往是资方主导，受雇者皆为当然主体。世界各国存在多种职工参与的形式，在国外有关劳资会议的名称相当多，而其制度上也有些许的差异存在，但大略为一个相似的概念，其名称包括了员工代表大会(workers councils、works councils)、联合代表委员会(joint representation committees)、劳资会议(labor-management conference、labor-management committees)，以及工厂会议(factory councils)等(李筱丰，2006：20)。与集体谈判为了加强自身的力量而诉诸外部力量不同，作为一种内部制度，世界各国采用了不同的形式，可以概括为以下几大类。

其一，劳资共决制。劳资共决制主要是德国采取的方法。共同决定模式的理论前提是，承认企业产权是由资本和劳动力共同构成的，所以企业的事务要由劳资双方分享或共同承担。德国是发达国家中劳资冲突最少的，因劳资冲突损失的工时也最少，但劳动生产率却很高(刘军，2007：5)，共同决定模式起了很大的作用。德国的劳资共决制可以说对于劳动者利益的维护发挥了很重大的作用，当然同时势必会给参与市场竞争的企业造成一定的负担，因此，80 年代以来政府也开始进行一定的调整，降低企业的协商负担。

根据德国《企业组织法》的规定，企业委员会的设立门槛极低，只要拥有 5 名以上的有选举权的雇员即可设立。但企业委员会并非企业内的必设组织，遵循自主设立的原则，是否设立由企业内部全体雇员确定。企业委员会为雇员代表组织，由来自各个方面的雇员组成，坚持劳雇合作。特别是职业白领和蓝领都可以进入企业委员会，并保持相当的比例。从经费的承担来看，企业委员会对雇主具有一定的依附性。企业委员会开展工作的经费源于企业而不是雇员，一般情况下委员多为兼职。委员开展必要活动而耽误的劳动时间，视为出勤，企业不得减少其劳动报酬。在规模较大的企业，如雇员超过300人，可以配备专职委员，其报酬由企业负担，经费对企业的依附性并没有根本影响企业委员会的独立性和代表性。一方面，企业委员会采用雇员匿名直接选举产生，对于不履行义务的委员，雇员有罢免的权利，甚至可以请求劳动法院解散企业委员会重新选举；另一方面，为保障雇员利益的代表性，企业领导人不得被选为委员，也不得参加企业委员会的选举（洪芳，2015：144）。企业成立由工人代表参加的监事会，且监事会中工人代表的名额要与资方代表对等，监事会对有关争议问题的决议必须以三分之二通过方为有效；在监事会外，还有工人代表参加的管理协商会议，可对有关争议问题进行协商，形成强有力的决议和结论。通过这两种组织，工人可以就与资方争议的问题充分发表自己的意见；对有关争议问题的解决，与资方形成共同决定或决议。正是通过这种"伙伴式"的对话关系，劳资双方可以解决彼此之间的利益对立，协调彼此之间的权利和义务。劳资共决制在其他西方发达国家也很有影响。企业委员会可以与雇主订立企业协议。凡是与雇员利益密切相关的事项如企业内部规章制度、劳动报酬的计算和支付办法、劳动定额等均可以制定企业协议。企业方面不得单方做出规定。

其二，劳资对话制。劳资对话制主要是日本企业所使用的方法。主要操作规程是：企业成立协议会，由董事长、管理部门的代表和工人代表组成；协议会主要站在协调者的角度和立场上就劳动过程中发生的各种争议或问题展开劳资双方的对话，以求得问题的解决（刘金祥，2008：35）。受石油危机影响，20世纪70年代中期以后具有经营协议会性格的劳资协议会再度复活。1978年3月日本生产性本部发布"企业营运劳资协议会设置基准案"。此基准案的目的在于提高生产力，并配合企业社会责任、社会公正实现的公司治理要求，而寻求建立一个更积极劳动者参与的劳资合作体制。该基准是以企业经营问题的协议为主，所以改名为"企业营运协议会"，并认为企业对于影响员工雇用和劳动条件的经营措施，在作最后决定前，应充分在协议会中进行协议；具此目的，公司须就社会状况提供协议会充分的信息，如果被要求提供信息时，应以诚意来响应（吴家凌，2008）。"劳资协议制"的设置比例，约为没有工会的企业中设置"劳使协议制"的比例的两倍。日本劳资协议制度历经前述历史发展，在70年代中期后逐渐成为日本企业劳资自治的主流模式之一（章惠琴，2017b：119）。

其三，工人代表制。工人代表制在美国部分企业中较为流行。工人代表可以在企业定期举行的会议上把有关争议的问题带给企业最高管理者，并可发表工人自己的意见和看法，使管理者在处理企业劳动争议时能充分听取工人们的意见（刘金祥，2008：35）。美国部分企业中劳资委员会包括管理和工会人员，主要聚焦于一般性问题，例如团体协商的关系、工作条件及安全和工作环境、员工培训等方面的事务讨论设定，进行研究、提出建议甚至做出决定，其与一般集体谈判的不同之处在于更频繁地与经营管理人员作非正式的协商。①虽然劳资会议初期关注较少争议的问题，例如

① Gianni Arrigo & Giuseppe Casale, "A Comparative Overview of Terms and Notions on Employee Participation," ILO Working Document Number 8, 195(2010).

工作安全等，但随着时间的变动他们在劳资之间可能提升所建立的信任层级，允许劳资会议团队处理更复杂的问题，管理阶层与劳动者也使用劳资会议来避免于双方协议谈判不必要的问题，最终简化劳资谈判的过程。①英国也有类似的制度。从 20 世纪 80 年代中期起，集体谈判随着工会成员的下降而逐步衰落。自 1994 年的欧盟法令以来，跨国企业在英国逐渐增多，欧洲的工厂委员会也逐步被引入英国的跨国企业。虽然工厂委员会的重要性在逐步增强，但它在英国的企业里仍只是少数现象。根据 WERS1998 年的调查显示，只有 19％的私营领域的跨国企业建立了欧洲的工作委员会。然而，同集体谈判下降的趋势相比，英国跨国企业设置工厂委员会有不断上升的趋势。另外，英国在参与决策和员工持股以及利益分享方面的直接参与有逐步上升的趋势。②

三、谈判与参与的内容

集体谈判的目标限定常常涉及已约定事项与未约定事项，谈判事项与经营权事项这两对关系；参与机制的目标则较为多元。

(一) 集体谈判的限定内容

集体谈判作为一种斗争机制，从各国实践来看，并非所有的利益争议都可成为集体谈判目标，集体谈判的目标限定常常涉及已约定事项与未约定事项，集体谈判事项与经营权事项这两对关系。涉及企业经营权事项由于不涉及对等地位，企业可以保留在自主决策的范围内，已约定事项不再行谈判，从而使集体谈判的事项具有限定的特点。

其一，集体谈判事项与经营权事项。集体谈判作为一种斗争机制，从各国实践来看，并非所有的利益争议都可成为集体谈判目标，涉及企业经营权事项由于不涉及对等地位，企业可以保留在自主决策的范围内，不成为集体谈判的目标。各国通过对集体谈判的事项的确定以及对经营权事项的保留来确定集体谈判的目标，两者具有相反的含义，此消彼长，从而使集体谈判的事项具有限定的特点。

美国于制定法中仅规定劳资双方有义务就“工资、工时及其他劳动条件”诚信地进行谈判，美国赋予了国家劳动关系局对该法定事项的解释权以及法院的审查权。1958 年美国联邦最高法院归纳学说和下级法院的判决要旨等将集体谈判的范围分类为：强制谈判事项、任意谈判事项以及非法谈判事项。谈判范围分类后，将产生是否受谈判义务的拘束及争议行为是否合法的效果。(1)强制谈判事项，包括工资、工时、安全卫生与作业环境、休假或奖金、企业年金、健康保险、解雇、暂时解雇、企业内申诉制度或仲裁程序等。工会提出谈判请求，雇主有义务就该事项进行诚信交涉，且

---

① Nicole Blumner, “The Role of Cooperative Structures in Workplace,” Cornell University, 1998, p.1.

② Michael Poole, Russell Lansbury, Nich Wailes, “A Comparative Analysis of Development in Industrial Democracy,” *Industrial Relations*. Vol.40, 2001, pp.510—514(转自陆海燕，2014：114)。

有义务提供相关必要数据，工会于谈判僵局产生时可采取争议行为向雇主施压，而不致构成违反诚信谈判义务。(2)任意谈判事项，双方可自由地选择谈判或不谈判。由于集体谈判强制谈判事项多限于工作条件与部分劳资关系政策，因此对于企业层级的经营事项与企业基层工作事项，同意或不同意，集体谈判影响不大。[①]同时，不提供谈判相关数据的义务，也不得于谈判僵局产生时合法行使罢工或锁厂权。(3)非法谈判事项，集体谈判当事人所作的约定违反法律规定或公共政策。如：封闭式工厂条款或热货条款，谈判当事人不得就"非法事项"进行谈判，如果双方合意达成约定，则该约定无效，不具强行力。经营权事项属于企业保留决策权的范围，集体谈判不应涉及。"管理权理论"依据的理念，主要是如果管理者想要使其企业运作更加有效率，以及完成所赋予的任务，则其管理上的特权，就不能因为谈判义务而受到侵害。为了符合达成效率的观点，因此管理者基于法律的授权，有营运不受侵犯的特别权利。[②]

德日关于经营权事项的保留。在德国，集体谈判被认为"保障和促进了工作条件和经济条件"。广泛地说，雇主的任何决定均将对于劳动者的劳动条件造成或多或少的影响，德国主流观点认为，"工作条件和经济条件"这一措辞是作为剩余范畴使用的，这一对概念涉及劳动力市场，而不是其他市场。它指的是劳动者提供依附性劳动和雇主雇用劳动者的条件，却不延伸至企业主的目标设定和私的企业主活动。企业主的生产和投资决定处于集体合同自治之外(瓦尔特曼，2014：454)。对于日本经营生产事项是否可以作为强制谈判事项，虽然学理上一般并不承认经营权这样的概括性权利的存在，但实际与美国类似，日本多主张这些决定的本身并非集体谈判的事项，但如果该决定的结果对劳动者的雇佣、人事配置或劳动条件等有所影响，在相关范围内可以作为集体谈判的对象(张义德，2016)。

其二，已约定事项与未约定事项。集体谈判是就讨论事项，劳资之间互相让步以达合意的过程，集体谈判的本质是保证劳资双方的对等地位，并将合意结果缔结成协约，协约有法的规范效力，实现法律规定的权利争议不能进入范围，双方已约定事项在合同有效期内雇主可以不负谈判义务。集体合同已规定的事项，基于和平义务，劳资双方一般不再行谈判。当然，如果双方同意再行谈判不在此限，只不过雇主此时一般不负谈判义务，劳方不得使用罢工等斗争手段迫使雇主为集体谈判。《欧洲社会宪章》第 6 条第 4 款将罢工权等集体行动的权利的行使限制在"利益冲突"(conflicts of interest)的情况下，产业行动仅在不违反先前达成的协议的情况下才被允许。[③]

在德国，根据联邦劳动法院的意见，签订集体合同意味着在其有效期内双方不得就集体合同已经约定的事项进行罢工等争议行为。对于集体合同没有约定的事项，双方仍然可以开展谈判甚至开展劳资斗争(沃尔夫冈·多伊普勒，2016：61)。在日

---

① 29 U.S.C. § 9(b).

② City of Boston v. Boston Police Patrolmen's Ass'n, Inc., 8 Mass. App.Ct.220, 226, 392N.E.2d1202, 1206 (1979).

③ Tonia Novitz, *International and European Protection of the Right to Strike*, Oxford University Press, 2003, p.140.

本，对于在集体合同中已规定的事项，雇主原则上不负集体谈判回应义务。此乃作为集体合同的和平义务效果理所当然。实务见解亦认为至少在集体合同有效期间中，负有遵守对应集体合同所设定具体基准的范围的义务，即使工会在集体合同的有效期间要求否定其效力的集体谈判，雇主并无回应的必要。不过，即使集体合同规定了确定的内容，但其后因急速的经济变动等情事变动时，则另当别论(张义德，2016)。

当然，集体谈判制度的目的在于维持集体劳资关系的安定与维护劳资关系的和谐。劳资双方谈判当事人有无必要于集体合同有效期间内，就协约所未包括事项，有再行谈判的义务，一直是学说争执的焦点。主要有两种学说，一是剩余权说，主张集体合同所未载入或未涵盖的事项，属雇主保留的特权，当然具有排他且片面地支配处分权。二是托管权说，认为集体合同中的工会承认条款已表示或暗示，合同未明确订定的事项，属托管领域，雇主必须就其变更事项的内容与工会谈判。前说为否定说，后说为通说，持肯定见解，换言之，在合同有效期间内对谈判所未包括的事项，除非合同清楚无误地订有抛弃谈判条款，亦即所谓"拉链条款"，否则雇主仍有集体谈判义务及提供资料的义务(吴育仁，1994)。

(二) 职工参与的广泛事项

在集体谈判中，工会能参与协商的范围通常限定在工资、工时和其他劳动条件等；而职工参与机制的目标则较多元，包括但不限于劳动条件，通常就非为集体谈判事项而雇主无谈判义务或不适合作为集体谈判事项表达员工的立场与想法者，为了维持劳资和平及促进生产的效能而愿意与员工对话。可以分为法定参与模式和综合参与模式。

法定的劳动者参与机制以德国最为典型，早在1952年企业组织法对员工代表会的成立以及参与权限作出法律规范。德国目前的共同决定制度(Mitbestimmung)分为两个层次在不同的领域实行：企业委员会共同决定和公司共同决定(Unternehmensmitbestimmung)。企业委员会共同决定是通过企业委员会在企业中实现的职工参与。参与的工作范围主要涉及与劳动者个人切身利益有关的劳动时间、劳动保护、劳动安全等劳动法上的问题(范健、张萱，1996:53)。其法律基础是1972年的《企业委员会法》、《联邦人事代表法》、各州的人事代表法，以及《发言人委员会法》。公司共同决定制度是指职工代表加入资合公司的机构(董事会、监事会)，在公司机构中同股东代表一起完成公司法规定的任务。强化员工代表会的功能在欧洲已经是一个明显的趋势，员工代表会从单纯扮演咨商的角色发展到获得参与决策的权力，德国的某些员工代表会事实上已经担负起与资方就某些地方性议题进行协商的任务，这些议题是在全产业协商中无法谈判的(卫民，2005:306)。公司共同决定制度是职工参与企业民主管理的最高层次。通过让职工代表进入公司机构参与公司的管理，以此来平衡股东和职工的不同利益，这既是立法思想上的一个突破，也是德国法的特色之一(莱塞尔等，2005:134)。

根据德国《企业组织法》的规定，劳动者参与的事项，大体可分为三类。(1)社会事项，指有关劳动者福利及劳动条件等问题。《企业组织法》第87条规定，员工代表会可以在工厂秩序和劳动者在工厂中的行为问题、工时、劳动报酬支付、休假、工伤防治、工厂工资的形态问题等13个事项上与雇主共同决定。列举事项之外的其他社会事务,员工代表会没有共同决定的法定权利。虽然如此,员工代表会和雇员还是有订立企业协议的完全自由。(2)人事事项,指人事问题的决定。对于人事事务,只在很少的事项上存在共同决定权,例如录用和解雇雇员时的人员挑选准则的确定、招聘时笔试内容的确定,以及企业该测试结果评价的一般标准。雇员人数超过20人的企业员工代表会在雇员录用时有同意和拒绝同意权,换岗需要经过员工代表会的同意。在解雇时,员工代表会有权获得检查解雇合法性的所有必要的信息,如果雇主宣布解雇前没有与员工代表会进行协商,解雇无效。在人事计划方面,员工代表会只享有《企业组织法》第92条规定的知情权和咨询权。(3)经济事项,指有关企业生产、财务及销售等的问题。每一企业经营事宜参与程度可有层次的不同,但凡对于关于企业经营的社会事项,均赋予较高程度的参与,而人事事项即次之,关于经济事项则又次之。与社会事项和人事事项相比,劳动者在厂场层面上对经济事项的微弱参与主要适用两条规定,一是雇用超过100人的企业必须设立经济委员会,但是经济委员会的职能仅限于知情权和咨询权。二是赋予员工代表会在厂场变更时的参与决定权(陈继盛,1990:127—128)。

西方学者戴维·詹金斯(David Jenkins)在20世纪70年代提出了"综合参与"的概念,他认为,最满意的工业民主体制既应该包括在车间实行的民主,也应该包括在公司最高权力机构所实行的民主。因此,评价工业民主中理想的参与管理的标准应该是,既包括工人在车间中的参与,又包括在公司高层战略方面的参与,这就需要将以往的直接参与模式和间接参与模式作有机的结合。①其具体思路为:通过直接参与模式锻炼工人参与管理的自信与能力,使他们具有参与高层次决策(间接参与)的可能性;同时,间接的代表系统如果能够以员工参与小团体的草根网络作为基础的话,即通过加强员工与他授权的代表之间的交流与反馈,来进一步实现直接参与同间接参与的结合,这样,有可能最大限度地实现工业民主的目标(陈微波,2012:63)。如果说集体谈判主要是为了使劳动者地位在劳动力交换过程中获得平衡,因此讨论的事项主要是劳动条件的保护以及和劳动条件相关的经营生产事项,那么劳动者参与制度是基于劳务履行过程中劳资间利害一致的共同体,因此,凡与企业营运相关的事项都可以讨论(赖美贞,1992)。

第三节 我国谈判与参与的机制合并

我国是在谈判机制与参与机制直接进行了合并的基础上形成集体协商制度。从

① David Jenkins, *Job Power*, London: Heinemann, 1974, pp.65—67.

效果上看，基本上是以参与制度吸收了谈判制度，实践中必然带来一些错位。我国希望通过国家立法将斗争融入合作的理念，于是有了"集体协商"的称谓。社会法意义的合作模式与法社会意义的斗争模式合成了我国的法秩序。

一、合作吸收斗争的性质

西方的集体谈判与职工参与，在我国变为集体参与与职工谈判。社会法自上而下的集体参与体现了我国合作理念；法社会自下而上的职工谈判体现了我国斗争现实。集体参与的管理模式吸收了协商模式，然而却也使职工谈判陷入无序，我国群体争议发展折射出这种现实困境。我国希望以合作模式吸收斗争模式，事实上并未达到预设目标。

（一）集体参与的管理模式

我国社会法上的集体协商很大程度上是一种劳资合作的集体参与形式，西方实行的是职工个人参与，我国将其改造为以工会的组织形式来参与管理。客观上对斗争机制的需求，又使员工采取无序的对抗形式，法社会意义上的群体争议缺乏必要的规范。

新中国成立后，企业民主管理同企业民主改造一起进行，在国营、公营企业，建立工厂管理委员会和工厂职工代表会议；在公私合营企业，建立民主管理委员会。中国工会作为党联系群众的桥梁，具有强大的政治影响力，在工会的主导下，我国建立了以职代会为主要形式的集体参与形式。1953 年，苏联"一长制"工业管理模式的引进，削弱了职工代表会议和工厂委员会的角色。1956 年，我国就开始在国营企业中实行党委领导下的厂长（经理）负责制和党委领导下的职工代表大会制。1961 年《工业 70 条》和 1978 年《工业 30 条》等，综合概括了企业职工代表大会的运行经验。1978 年，工业企业恢复党委领导下的分工负责制和职工代表大会制，同时建立工人参与管理、干部参加劳动和领导干部、工人、技术人员三结合制度。1981 年 7 月，中共中央、国务院转发了《国营企业职工代表大会暂行条例》，推行职工代表大会制（谢玉华、何包钢，2008：86）。1986 年《全国所有制工业企业职工代表大会条例》，1988 年《全民所有制工业企业法》的颁布实施，以职工代表大会为基本形式的企业民主管理制度，成为我国基层企事业单位采用最多、最具有代表性的职工民主管理制度，工会作为职工代表大会的工作机构，主导了职工参与工作。我国《劳动法》第 8 条规定，劳动者依照法律规定，通过职工大会、职工代表大会或者其他形式，参与民主管理或者就保护劳动者合法权益与用人单位进行平等协商。

（二）集体参与的协商模式

就集体参与而言，协商模式只是管理模式的另一种形式。历史上我国自上而下的协商模式引自苏联的"管理协议说"，集体合同所反映的是企业内部职工及其代表者工会与企业行政之间在根本利益一致基础上的互助合作关系。由此,集体合同也被称为双保合同、共保合同或互保合同。改革开放后,我国的集体合同应当属于有限的规范效力合同。对于用人单位来说集体合同具有规范效力;对于劳动者个人来说,有部分规范的效力,其中的具体标准有约束力;对于工会来说基本上没有大陆法国家通常强调的债权效力。集体参与的协商模式与管理模式没有本质区别,管理协议很大程度上只是职代会制度的一种文本形式。

随着中国迈向市场经济的步伐加快,20 世纪末我国确立了以《劳动法》为核心的社会法调整模式,一方面,我国集体劳动争议及处理制度强调劳动关系双方尽量通过内部机制实现的合作共享。另一方面,我国《劳动法》第 84 条强调了当事人与关系人的区别,并对履行集体合同的利益争议做出了程序性的规定。1997 年 10 月 27 日,中国政府正式签署了含有罢工条款的《经济、社会和文化权利国际公约》。这些规定本来预示着我国可能以承认社会力量的方式来设计集体劳动法。在这样的制度设计中,含有集体谈判性质的集体协商与传统的具有企业管理性质的集体协商必然有所不同。如果沿着既定改革方向的发展,我国也可能会形成集体谈判与职工参与的格局。

21 世纪以来,随着我国工会提出“新定位”,集体合同制度实际上加快回归历史上管理协议的步伐。目前集体协商是我国的特有制度,集体合同只有在职代会上通过时才能生效,事实上也只是集体参与的一种法律形式,可以说是以参与制度吸收谈判制度而形成的一种集体参与机制。我国的集体协商是形式上的助成型集体协商,这是法定主义与形式主义相结合的一种形态。助成型的集体协商方式出现一般是工会较弱,美国劳动法学大师 Cox 将美国劳动法采助成型的原因解读为:劳动者是弱势团体,如果不赋予相对人有集体谈判的义务及诚信协商的义务,工会将因雇主拖延、敷衍、表面功夫或其他足以毁灭的手段,让工会谈至死地(talk to death)(吴育仁,1994)。我国原因不同,工会具有上强下弱的特点,全国总工会能深度参与立法,以法定主义来强化工会地位;由于缺乏必要的压力手段,基层工会走上形式主义的道路。我国出现了形式助成型的特殊类型,一方面,不仅鼓励集体协商,更课以协商义务,并在实体上和程序上提供完整的规范;另一方面工会代表权、合法罢工规范的缺失,又使一些看似详细的规定常常流于形式。

(三) 职工谈判的斗争模式

自上而下的集体参与虽然吸收了自上而下的集体协商制度,但这种制度事实上并没有按照社会法的制度目标吸收自下而上的谈判要求。当法律无法给予斗争机制一定的地位时,法社会中的谈判要求转化为群体争议。我国群体劳动争议发生在正常的劳动争议处理程序之外,这种争议以自下而上的发展为基本特点,“下”是强调了这种争议的具有群众性的特点,“上”是强调了这种争议最终需要通过政府出面来解决。“自下而上”的特点说明这类争议完全偏离了“企业问题尽量解决于企业”的初衷,是企业内的问题扩大到社会并以斗争机制来解决的方式,群体争议的概念在十多年间有很大的演变。群体劳动争议是劳动领域的群体性事件。群体性事件是指由某些社会矛盾引发,特定群体或不特定多数人聚合临时形成的偶合群体,以人民内部矛盾的形式,通过没有合法依据的规模性聚集、对社会造成负面影响的群体活动、发生多数人语言行为或肢体行为上的冲突等群体行为的方式,或表达诉求和主张,或直接争取和维护自身利益,或发泄不满、制造影响,因而对社会秩序和社会稳定造成重大负面影响的各种事件。[①]2009 年 9 月,中国共产党《党的建设辞典》时隔 20 年后再出版,在整部辞典的 1 015 个词条中,三分之一是新词,群体性事件等被收入其中(叶笃初等,2009)。

法社会中的群体劳动争议的概念最初出现在《工会法》的相关规定中。2001 年 10 月 27 日,第九届全国人大常委会第 24 次会议审议通过的《关于修改〈中华人民共和国工会法〉的决定》规定做出了被动应对:“企业、事业单位发生停工、怠工事件,工会应当代表职工同企业、事业单位或者有关方面协商,反映职工的意见和要求并提出解决意见。对于职工的合理要求,企业、事业单位应当予以解决。工会协助企业、事业单位做好工作,尽快恢复生产、工作秩序。”相对于 1950 年《工会法》这一条款是新增的内容,反映了当时的社会矛盾。“停工、怠工事件”就是我国对于法社会中群体劳动争议的最初描绘。根据罢工行为方式是单纯不作为的方式还是在不作为罢工之外复合了其他具有作为性质的行为方式,当时的《工会法》是将群体劳动争议认识为单纯不作为罢工行为,这也确实反映了 20 世纪 90 年代的实际情况。群体劳动争议是突发性事件的一种形态。我国对于这一法社会中的争议并无太准确的定义,比较有中国特色的是由于企业转制引发的群体性争议,主要发生在老工业基地,也被一些社会学家称为“生锈地带”的争议。这类劳动争议的显著特点是某些正当的利益没有得到法律应有的承认,争议的主要形式是停工、怠工,有时也会有上访行为,通过自下而上的方式来解决争议。总体而言,这一时期,我国与大部分国家关于争议行为的描述是比较一致的。我国的群体争议行为主要是罢工(停工)、怠工,有时也会复合纠察、抵制。

2015 年《意见》将法社会的群体争议表述为“集体停工和群体性事件”强调了这类争议具有复合性。2000 年以来,15 年间群体劳动争议从老工业基地转向一些改革开放的前沿阵地,农民工成为争议主体,一些社会学家称之为“阳光地带”的争议,争议行为日益激烈且具有复合的特点。罢工的特征是劳动者集体以不提供劳务的单纯不作为,在这种方式中没有采取其他积极的作为的行为方式。复合行为群体争议的特征是,劳动者不仅以集体不作为的方式罢工,而且在罢工过程中还采取了诸如信访、堵路、纠察、扬言跳楼、损坏财物、集会静坐等积极的作为的行为方式。复合行为的描述更符合我国当前群体劳动争议实际情况。劳动者通过复合行为来引起政府的重视,从我国有关部门关于群体争议概念演变,反映出单一争议行为走向复合争议行为的发展趋势。

---

① 《群体性事件处置方法研究》,《警察技术》2009 年第 4 期,第 3 页。

二、内部取代外部的形式

社会法意义的集体参与以职代会制度为核心，集体参与的内部制度在吸收集体协商外部制度，也使我国的民主管理纳入我国自上而下的工会组织系统。

（一）集体参与的内外形式

我国工会是自上而下的组织系统，正努力形成一种上下有序的内部制度。中华全国总工会体系下的一元工会制度既是我国历史的选择，也是现实的选择。我国是以劳动者整体利益上的一致性，作为工会的一元化的理论依据。在我国，党对工会的领导是工会坚持政治方向的基础。中国现代工人运动与工会组织，是在中国共产党的直接组织和领导下产生和发展起来的（房敏，2005：41）。一元工会制度在形成特殊形式的内部取代外部机制时，我们应该注意到，就党和工会的关系而言，工会毕竟与党的任务和职能有很大的区别，其价值和利益出发点有所不同。尽管党的领导是工会产生和发展的关键，其根本利益是一致的，但工会作为职工自愿结合的工人阶级的群众组织，有自己独立的利益和职能。党更关注整体的宏观的利益，与工会维护劳动者的具体利益的职能毕竟视角不同。因此，党对工会的领导是体现在宏观的政治领导方面，而不应该是劳动关系中具体的经济利益的方面。可以说，工会受党的政治领导是其工人阶级的群众组织属性决定的，然而认为党的领导就是让工会承担某些党和政府的职能和任务，则是不恰当的，这种倾向会导致工会代表权的丧失。在经济全球化的大背景下，全面正确理解工会组织与党的关系，理顺工会与党和国家的关系，工会才能发展。

在一元工会制度实际运行中，我国职代会和工会承担的职能是高度重合的，我国工会组织作为党联系群众的桥梁具有一种特殊的内部性。工会同党和政府关系密切，客观来说，这在世界政治舞台上也常见。作为政治组织，工会如想获得影响力，同政党和政府发生联系是符合社团利益的。我国的问题在于工会同政党和政府关系过于密切，很难将工会脱离出来作为一个自治的社会组织来看待。工会干部的职业生涯同党和政府是相互联系的，工会干部在党和政府部门流动是没有障碍的。从财政上，工会在经费上也依赖政府拨款。人事和经费上的依赖性，致使工会在定位上更像政府的一个部门而非工人自治组织。同其他的大型组织一样，全总具有一个大型官僚组织的特点：职权高度集中，缺乏灵活性、问责制和绩效。企业层面工会干部实际上是任命的；企业工会以上层面的工会干部是上级任命的。真正的选举往往发生在劳资争议时，当企业层面的工人选举了一个工会负责人时，上级工会一般不愿意接受。这些特点都使中国的职代会制度与各国制度有很大的差别。

（二）集体协商的内外形式

我国的集体协商作为集体参与的特殊形式，从“参与”的角度看，总体上局限在企业内部，这种体制似乎与日本比较接近。日本集体谈判的层次集中在企业。与欧美国家相反，日本通过劳资谈判签订集体合同主要在企业内部进行。企业工会在与本企业主进行劳资谈判时，一般只由本企业工会干部和会员代表参加，而不要求上级工会组织派干部参加，只有一些中小企业，由于工会干部受谈判能力限制，才临时要求组织委派干部参加。我国工会在党的领导下独立自主地开展工作，是工会生存发展的基础，2008年后，我国工会进行了一系列改革，这些改革都是强化"集体"的内部含义，加强自上而下的组织系统。这种自上而下的组织压力与源于社会的外部压力截然不同，均是依赖来自所谓"上"的准行政压力。从"上帮下"发展到"上代下"的"创新"实践需要理论解读，一种图解工会工作的实践性理论应运而生（董保华，2012b：27—28）。

其一，集体协商中的上帮下。中华全国总工会以总工发〔2008〕33号文件发布了《关于建立集体协商指导员队伍的意见》。建立集体协商指导员队伍[①]成为工会首先采取的措施，希望这一措施对于尚未组建工会的企业能发挥积极作用。

其二，集体协商中的上促下。2008年6月10日中华全国总工会办公厅以总工发〔2008〕34号文印发了《关于开展集体协商要约行动的意见》。集体协商要约是集体协商主体的任何一方依法就签订集体合同或专项集体合同、协调劳动关系其他相关事宜，以书面形式向对方提出进行集体协商要求的行为。集体协商要约本是集体协商中的一个普通程序，为了形成"集中力量，上下联动，突破难点"的效果，全国总工会在2008年6月将其作为一项重要的统一行动，布置开展，并称之为"集体协商要约行动"。[②]

其三，集体协商中的上管下。在经济困难的情况下，通过集体合同实现减薪来保护员工的岗位，又成为全总以及各地政府应对危机的新举措，全总要求各级工会围绕"稳员增效"推进"共同约定行动"。从而发展出一种可称之为上管下的"共同约定行动"。到2009年3月已有27个省级总工会采取多种方式开展了"共同约定行动"，其他4省份正在筹划此项工作。[③]各地规定大体可以区别为两类：(1)山东、河北的规定，减薪方案只要事先征求工会意见，修改完善后，提交职工代表大会通过便可执行；(2)上海的规定，减薪须完成三步：一是完成政府关于"困难企业"的认定，二是通过与工会或职工代表集体协商实行岗位共享，三是工资报酬可通过协商重新确定。

其四，集体协商中的上代下。随着全国总工会关于上代下的一系列文件的出炉，各地工会系统在贯彻实施中创造了一些更具实质意义的经验。值得关注的是北京、

① 全国总工会将集体协商指导员定义为：由工会组织领导、聘用和管理，负责指导、帮助和参与基层工会代表职工与企业方或企业代表组织进行集体协商、签订集体合同或工资等专项集体合同的人员。

② 《意见》称"要把开展集体协商要约行动作为表达职工利益诉求的法律手段，依法主动向企业方提出协商要约，通过平等协商和集体合同制度，协调劳动关系，维护企业职工合法权益，有效激发企业劳动关系双方自主协商的内在动力，促进了企业集体协商机制的建立完善"。

③ 《"增量"与"提质"并举求实效——全总领导就开展"共同约定行动"答本报记者问》，《工人日报》2009年3月23日。

武汉上代下的做法。北京模式是由上级工会通过地方税务机关代尚未成立工会的企业收缴工会经费①,并代已经成立工会的下级组织确定集体合同的内容。②武汉模式③则进一步由上级工会签订集体合同,形成产业效力,直接覆盖相关的人群。

(三)职工谈判的内外形式

群体劳动争议是在正常的劳动争议处理程序之外发生的争议,除了具有群体性的特点,更具有非秩序的外部特点,主要采用私力救济手段。(1)从制度设计上来看,我国希望以自上而下的集体参与、集体协商方式来吸收自下而上的群体争议。事实上,我国群体劳动争议强调劳动者摆脱束缚,以社会机制实现斗争的外部博弈,这类争议往往并不为集体参与为基本内容的内部机制所吸收;在我国工会日益强化的自上而下的政治特点面前,甚至可以说是以外部争议行为打乱体制内部管理秩序。我国工会不同于西方的内部特点,也使我国的群体争议行为,面临着缺乏规范的局面。与西方的集体争议行为的概念截然不同。(2)从外部机制上看,西方主要是经济性罢工,我国群体争议则具有政治罢工、示威罢工的特点。在有罢工权的国家,这种类型的罢工也往往会被认定违法。我国劳动领域群体争议具有存在的客观性、效果的破坏性、诉求的合理性这些矛盾的元素,给社会治理带来较大难度。劳动领域的群体争议成为一个合法性与合理性博弈的高度矛盾的概念。这是一个"企业问题采取社会解决"的外部方式,与集体劳动争议形成鲜明的对比,一旦发生群体争议,职工是以外部性的方式来运行的,具有很强的不可控性。群体劳动争议的行为方式摆脱原有党政的内部控制,以外部压力促使政府行为方式的变化。根据我国 21 世纪初确立的管制体制,法律评价上的高否定、现实生活中的高容忍,构成了我国有关部门的矛盾态度。从 2001 年到 2015 年,仅从类型上来看,这 15 年来我国群体劳动争议走出一个逐步脱离世界各国的一般规律的走势。我国自下而上的争议行为希望通过自上而下的外部解决机制发挥作用。

---

① 《北京市工会经费(筹备金)税务代收试点工作管理办法》规定:"地方税务机关按照单位职工工资总额 2% 的标准,对除中央直属单位和财政划拨工会经费单位以外的企业、事业单位和其他组织(以下简称'缴费单位'),代收工会经费(筹备金)。"按照这一规定,通过北京市地方税务局按季度收缴公司全体员工工资总额 2% 的工会经费,该经费的 60% 将在收缴后返还给企业工会。该文件称:"代收的工会经费(筹备金)缴入北京市总工会工会经费专户。"该文件还规定:"缴费单位无正当理由拖延或者拒不缴纳工会经费,基层工会或者上级工会可以向缴费单位所在地基层人民法院申请支付令;拒不执行支付令的,工会可以依法申请人民法院强制执行。"

② 北京市总工会规定,北京市外企员工的最低工资将不低于 1 740 元(赖臻,2011)。

③ 全国第一例餐饮行业工资专项集体合同——《武汉市餐饮行业工资专项集体合同》在武汉诞生。这份合同将惠及武汉市 45 万餐饮行业从业者,这是我国目前覆盖从业人员最多的一份工资专项集体合同,也是我国餐饮行业首次签订工资集体合同。这份新合同规定,武汉餐饮业最低工资标准为武汉市最低工资标准的 130%。工作地点在 10 个中心城区的职工,最低工资标准为每月 1 170 元;工作地点在 7 个新城区的职工,为每月 975 元。合同还对厨师长、餐厅服务员、餐具清洗员等 10 类岗位的最低工资给出标准(凌雨,2011)。

三、广泛取代限定的内容

我国的集体协商其实是集体参与制度的组成部分。西方的集体谈判与职工参与的两项制度进行了中国式的整合，实际上是集体参与吸收了集体协商。作为工会的两项工作，是我国工会主导下的集体参与具有多元目标，内容广泛参与管理制度取代内容限定的具体谈判。

（一）集体参与的多元目标

我国集体参与的机理在于工会以政府的行政力量为依托，介入企业管理，这种模式注定我国工会主导模式下的集体参与具有多元参与的广泛目标。

其一，审议企业重大事务。根据《全民所有制工业企业职工代表大会条例》职工代表大会行使的权力有：审议企业重大决策、评议监督企业管理者、对企业负责人的选出提出意见或民主选举厂长。在一个委派制的环境下，国有企业的这种审议作用难免流于形式。国有企业运用职代会让职工知晓公司决策大事。有的企业还在职代会开会前先开预备会，"预备会解决问题，正式会议行使权利或走走形式"。国有企业的行政管理职能强大，职工市场意义的独立组织身份没产生，所以只能在行政体制内寻找参与的空间（冯同庆，2003）。相比公有制企业职代会的"决定、监督、参与、选举"四权来说，非公有制企业职代会或会员大会的主要职责是监督。合资企业会员代表列席企业董事会、总经理办公会，对企业重大决策有建议权，对职工利益事宜有建议和否决权；外商独资企业会员大会着重于员工利益事宜（张爱党，2002：62）。

其二，协调劳资关系。企业工会协调劳资关系，主要限于在企业协调劳动者个人与企业的个别劳动争议和签订集体劳动合同。非公有制企业产生于改革开放后，企业以利润为中心；其劳资关系市场化；工会参与工资和工作条件决定的作用较小；市场竞争规律在工资决定中起主要作用。民营企业建立职代会、工会主要为了化解企业内的矛盾。

其三，承担职工福利及组织职工业余文化生活。国有企业民主管理系统是企业"道德经济"的实施者，是职工福利的实施者和文化生活的组织者，这是国企工会职代会的最主要职能。中国国有企业有"企业办社会"的传统。对大多数国有企业而言，工会和职代会的主要活动是组织文化娱乐和劳动竞赛、举办职工福利和访贫问苦送温暖（青海省总工会研究室等，2006：37）。非公有制企业工会的"俱乐部"色彩更强。根据学者调查，组织文化、体育、旅游等活动成了非公有制工会的主要服务形式之一，为84%的工会所具备；而有效担负起组织职工代表大会、向企业管理层反映职工意见及建议职能的仅占32%（焦晶，2006：29）。

其四，职工民主评议企业各级管理者是公有企业的一项重要民主制度。这一制度实际运行并不理想。许多欧美跨国公司每年对员工进行"满意度调查""草根调查"等，收集员工意见并提交给企业董事会作决策之用。为保证调查的客观公正，有的公司委托第三方的咨询公司或调查公司进行(谢玉华、何包钢,2008:90)。

(二)集体协商的广泛内容

在集体协商的名义上,我国经历了从改革开放前的管理协议,到劳动法时期的集体谈判构想,再到形式上的集体协商,实质上的管理协议。我国集体参与与集体协商作为工会参与管理的两种形式都具有广泛性的内容。

西方集体谈判的事项的确定以及对经营权事项的保留形成了劳动者"工作权"与雇主"经营权"两个相对独立的范围,两者具有此消彼长的特点。工作权涉及的是集体谈判,是置于一个契约框架中,一经达成,便形成债务,如不履行便会构成违约。经营权是属私有财产权的延伸,其性质也不属于劳动条件的范围,一般不开放谈判,在德国有限度地开放参与共决。以管理观点而生的理论认为,片面决策的制定权,是一项不可转让的特别权利(邱周刚,1999)。我国《劳动法》第33条归纳了五个可以进入双方协商的内容:"企业职工一方与企业可以就劳动报酬、工作时间、休息休假、劳动安全卫生、保险福利等事项,签订集体合同。"按《集体合同规定》的理解,这里的保险应当为补充保险。例如,为要求改善食宿条件而发生的争议,因食宿条件为福利条件之一,要求改善食宿条件可视为要求缔结新约,且不能通过仲裁和诉讼途径解决,故该争议为利益争议,范围上有所限定。这五个方面基本上属于劳动者"工作权"范围,与雇主"经营权"有所区别,《劳动合同法》也基本沿用这样的规定。

我国全国总工会与各级具有立法权限机构的特殊联系,往往以立法或变相立法的形式强行推进集体参与的范围扩大,从而使自上而下的集体逻辑得以强化。当我国以集体协商为制度表象,以集体参与为制度实质时,会强调这种协商的合作本质。我国以立法的形式促使劳动者"工作权"强制地进入"经营权"的范围。在谈判事项与经营事项上,我国的立法只有集体协商事项的规定而没有经营事项的反向限定。《劳动法》《劳动合同法》的五项规定已经是很国际化的规定,本没有扩大的余地。《集体合同规定》对上述五个方面进行了进一步的增加,同时,还对集体合同的内容范围进行了扩大,将职业技能培训、劳动合同管理、奖惩、裁员等内容也纳入集体合同协商范围。这些内容有些明显属于经营事项,裁员的规定在我国甚至应当属于权利争议事项。《集体合同规定》在十五个大项规定的基础上,又加以平均四到五项小项的规定,进行了更为细致的规范,不仅如此,各地还以后者为依据,进行了大量的地方立法进一步扩大范围。《工资集体协商试行办法》主要列举了八项内容,工资标准、年度平均工资以及调整幅度、分配方式、支付形式、协议期限、协议的变更解除以及终止和违约责任,还有最后的兜底条款,关于其他情况的规定。各地在协商的具体协商事项的规定上主要参照《集体合同规定》《工资集体协商试行办法》的规定。

为什么下位法对上位法持续而广泛的冲撞,没有引起任何机构或个人对有关部门的这种行为进行批评呢?原因在于整个社会已经根本不是在用集体谈判,而是职工参与的思维来理解我国的集体协商。这种思维是假设我国的集体协商是一种合作形式,扩大协商范围也只是扩大合作参与范围。理论上说,这种合作形式是以管理权为依据，本非谈判议价内容，况且我国本就没有压力机制。我国工会的特殊机制，致使无论在谈判事项上，还是各国传统被认为经营权事项，都不进入争议范围，无论是否达成协议均不会转化成为对抗行为。换言之，只要不与争议行为相联系，即便范围扩大，企业也是可以忍受的。然而，群体争议的发生就会打破这种平衡。

（三）职工谈判的广泛内容

在争议阶段，我国是职工谈判模式，呈现出“有社会压力无集体协商”的情形，法社会意义上的群体争议以共同理由来将人们组合起来，形成实用性团结。我国对于罢工的高容忍，使违法行为往往得不到制裁，并能获得实际利益。一方面，群体劳动争议的发生往往需要一个或多个将职工团结起来的争议理由，职工作为集体合同的主体，以及官方以社会法来确定的协商范围就顺理成章地成为最有力的依据，社会法协商范围扩大间接地扩大了法社会争议范围。另一方面，罢工行动本身即系施加雇主以财产损害的压力的行动，其本质上即系债务不履行及侵权行为，故罢工行动应有民事免责规定，我国因为并未对民事免责做过规定，罢工本是一种违法行为。两方面结合，我国的群体劳动争议往往成为非法争议手段与合法协商范围相结合的产物。近年来，一些劳工非政府组织，为员工设计的罢工策略往往是先罢工再提出所谓谈判要求，签订集体合同成为罢工行动的借口。工会确定的集体协商范围转化为群体劳动争议诉求的范围。面对企业从财产权引申出来的经营权，员工更多地从生存权角度强调优先权。

在已约定事项与未约定事项上，我国现有法律并未对两者进行区别。在德国，签订集体合同意味着在其有效期内双方不得就集体合同已经约定的事项进行罢工等争议行为；在日本，对于在集体合同中已规定的事项，雇主原则上不负集体谈判回应义务。由于我国目前的自发性罢工都不是工会发动的，员工在发动罢工时完全不会考虑对于争议行为是否已经存在相应的约定，事实上工会也没有能力对员工违反集体合同的行为进行约束。在工会已经签订集体合同的情形下，自发性罢工发生后，我国高容忍的现实，也使企业根本不可能不去回应。理论上集体合同具有债权效力，本应针对违约行为进行裁决，然而，社会现实是：员工发动罢工后，集体合同就会成为一张空文。

按德国的规定，哪怕是强参与事项也不能采取罢工这样的压力手段。而在我国的自发罢工中，有些内容甚至属于经济弱参与事项也进入了自发性罢工的范围。例如企业搬迁、企业更名、调动岗位、招用及合同签订、住宿问题。我国的群体争议的具体理由有 26 项之多①，远超美国、德国这些发达国家中可以作为谈判事项的范围。员工作为谈判施压的理由，通常就是我国工会可以签订集体合同的范围。这些内容

① 26 项具体理由是：“欠薪逃匿、欠薪未逃、加班费争议、未达最低工资、解除合同补偿、企业搬迁、劳动者辞职、企业破产结业、企业停产放假、更名合并分立、调动岗位、劳动合同履行、加班补休问题、招用及合同签订、二倍工资、社保公积金、工伤工亡待遇、其他权利争议、要求加薪、工资计算方式工资结构调整、奖金补贴福利、交社保使工资少、工资低工时长、食宿问题、工时问题、其他利益争议。”（孔令明，2018：42）

往往是由于有关部门将其列为集体协商项目，才成为将劳动者团结起来采取争议行动的共同理由。以集体参与的形式设计的项目是建立在我国工会与企业合作关系上，以不可能采取集体行动为前提；群体劳动争议中员工以此作为签订集体合同的依据并发动自发性罢工，将不可能转化为可能。

按日本的规定，雇主如果拒绝进行有关(与劳动条件无关)经营生产事项的“劳资协议”，也不构成劳动组合法所规定的“无正当理由拒绝集体谈判”的不当劳动行为。同时，关于经营生产事项的“劳资协议”陷入僵局无法达成合意时，工会也不能进行罢工等争议行为，即使进行争议行为，也无法被评价为其具有正当性(石井照久，1972：219)。但是，当我国的有关立法已经将一些明显属于经营生产事项，或权利争议的事项扩大进了集体协商的范围，职工以签订集体合同的名义，发动自发性罢工时，企业事实上很难做到不进行回应。在高容忍的制度环境中，集体协商范围的随便扩大，是极其有害的。

第四节　谈判与参与的机制界分与互动

工业民主包括工会民主和劳资民主两个维度，分别通过谈判与参与来实现。在我国只有先对两种机制界分，才能来讨论两者的互动，界分与互动，涉及“界”“分”“互”“动”四个方面。我们依“历史分离”“进入两界”“相互关系”“动态配合”的逻辑来进行讨论。

一、集体谈判与职工参与的分离

当我国采取集体参与的形式时，以法定方式加大了参与范围。我国工会不是代表工人利益，与管理方对抗的组织，它的作用是从管理视角出发来协调工人和管理方利益。我国《工会法》将工会维护职能规定为三个方面：(1)工会通过平等协商和集体合同制度，协调劳动关系，维护企业职工劳动权益。(2)工会依照法律规定通过职工代表大会或者其他形式，组织职工参与本单位的民主决策、民主管理和民主监督。(3)工会必须密切联系职工，听取和反映职工的意见和要求，关心职工的生活，帮助职工解决困难，全心全意为职工服务。工会在行使这些职能时很大程度上都是以协调人的身份介入企业的管理活动中，这三方面工作都具有利益协调的特点。集体谈判与职工参与的分离才应该成为我国工会定位的基本方向。

两种机制的历史不同。集体谈判与职工参与的分道扬镳是历史现象，可称之为“历史分离”。从博弈论出发，至少要有两个系统来比较，才能判断哪个是零和博弈甚至负和博弈，哪个是正和博弈。工业革命后，在工业化进程中，劳资问题成为当时突出的社会问题，引起了社会各界的普遍关注和担忧。在美国，大约在20

世纪20年代，讨论工作、雇用，以及雇主与受雇者关系的各种名称逐渐归于“工业关系”这个名词之下，“工业关系”被认为包含两个主要的次领域，一个是讨论个别雇佣关系中劳动者的管理与劳动力治理的方法，另一个是讨论集体谈判。研究前者的学者好使用“人事管理”，从雇主的观点研究工作与雇用；研究后者的学者普遍使用“劳资关系”这个名词，从受雇者的观点来研究工作和雇用相关主题（卫民、许继峰，2006）。

两种机制的焦点不同。“劳资关系”的焦点在于工会与雇主之间的互动过程，尤其注重集体谈判。在传统工会主义的理念中，劳动关系“集体化”的必要性通常基于这样的假定，即企业基于逐利的经济人本性，对劳动者的利益关照是被动的；加之单个劳动者的弱势，因此需要“集体化”的施压与斗争（李干，2016：101）。随着企业社会责任理念进入劳动关系，“人事管理”焦点在雇主的目标，以及雇主用来诱出、维持、激励与开发工人劳动力的种种作为，职工参与成为这种管理的重要内容。进入后工业化社会以后，曾被作为组织生产资料的劳动力开始成为组织的一种资源。1965年“人力资源”的概念引起了资深学者和管理人员的注意。70年代，“人事管理”与“人力资源管理”两个名词通常交互使用。在1972年，美国管理协会出版的书中提出了“在组织中，人是最重要的资源”的观点。①

“20世纪80年代早期发生的一些事件，如让步谈判、工作场所革新、非工会的人力资源管理系统重要性的上升，意味着劳动关系系统正在发生根本性的变化，即从传统的新政集体谈判模式向非工会的人力资源管理模式转型。”②80年代，人力资源研究途径开始受到青睐，其切断了与劳资关系之间的脐带，从劳资关系中脱离。目前，它被认为是一个单独的领域，与劳资关系时而竞争、时而互补（卫民，2005：21）。我国劳动合同法讨论中的概念使用，显然脱离了这样的历史背景。③

二、集体谈判与职工参与的界定

两种机制的“界”：两种机制的分离也是逻辑现象，依据不同的理论，两者形成完全不同的机制，可称之为“进入两界”。两个学派都因为对劳动问题的关注而产生，因此，劳资关系与人力资源管理分别都察觉到，在满足人类公平、自我实现等规范性价值与满足经济或组织的最大效能（或效率）之间，存在着紧张关系。两个领域都试图找出解决劳动者问题的双赢方法，也就是找到一种既能达成经济效率和组织效能，也能使受雇者人性需求与渴望更为满足的方法。④对于问题的解决途径，两者却有着明

---

① R.L. Desatnick, *Innovative Human Resource Management*, New York: AMACOM, 1972.

② T.A. Kochan, H.C. Katz and R. B. McKer-sie, *The Transformation of American Industrial Relations*, New York: Basic Books, 1986(转自游正林，2014：166)。

③ 见本书第二十二章，第885—887页。

④ Bruce E. Kaufman, "Human Resources and Industrial Relations Commonalities and Differences," *Human Resource Management Review*, 11(2001).

显不同的主张。两种主张也在实践中出现以下的冲突。

其一,两者的理论不同。“资本雇佣劳动”的规则有不同的看法。早期的“企业契约说”坚持认为在资本和劳动的关系中,资本不仅天然具有承担风险的功能,而且资本的代理成本要比劳动的代理成本高,因此公司的剩余索取权和剩余控制权应该配置给股东,而职工则是消极的工资债权人。然而20世纪60年代初,“人力资本”理论强调企业就是“一个人力资本与非人力资本的特别合约”。集体谈判与职工参与相比,集体谈判是在“资本雇佣劳动”的语境下产生的一种劳动关系调整方式;随着人事管理开始向人力资源管理转变,“传统的人事管理正在成为过去,一场新的以人力资源开发为主调的人事革命正在到来”(李佑颐、赵曙明、刘洪,2001:130)。人事革命是以“人力资本”作为理论,职工参与因此被注入了现代性。美国那些被我国学界称为“员工介入”的新的参与方式,恰恰体现了这种现代性。两种看法都肯定“资本雇佣劳动”的社会现实。劳动合同法讨论中我国一些学者借鉴的是美国20世纪60年代的理论(董保华等,2021:363—371),美国劳资关系理论虽然有更新,但基本内核依然强调两个阶级的对立,这种对“资本雇佣劳动”强烈否定的理论与当代社会现实的脱节是使集体劳动法走向“死亡”的根本原因。

其二,两者的价值不同。在集体与个人上有不同的价值取向。劳资关系强化的是集体价值。“资本雇佣劳动”的规则下,“集体化”的初衷是为了让劳动者形成集体的力量,以矫正个别劳动者与雇主谈判时的弱势地位。工会作为劳动关系“集体化”的重要力量,注重劳动者的同质性,其主要功能是代表会员与雇主就整体性条件进行集体议价。人力资源管理从人力资本理论出发,强调个体价值,强调劳动力的差异性,将每个劳动者都看作独特的个体,进行职业生涯的规划,将组织体视为个体成长的环境,指导管理人员如何充分满足员工的经济需求,通过沟通,使员工确信组织对他的重要性(李佑颐、赵曙明、刘洪,2001:131)。

其三,两者的压力不同。两者依赖或者感受的压力是来自不同的方向。从劳资关系的观点而言,雇主与受雇者利益是冲突的,而雇主通常是比较有权力的一方,能够掌控雇佣关系,单方面主导改变雇用条件与环境,所以雇主的管理权需要制衡,只有在强大的工会与政府立法的补充下,劳资关系才可能平衡,他们倾向从外部寻找制衡力量。人力资源管理则认为出于人才争夺的需要,雇主本身就会在市场压力下形成良好的雇佣关系。这种市场压力会形成内在动力,人力资源管理倾向于从内部看问题,认为工会与政府接触偶尔必要,但通常会带来困扰。

其四,两者的目标不同。劳资关系目标是受雇者福祉兼顾组织效能(或效率);人力资源管理的主要目标是在组织效能或效率的基础上强调受雇者福祉。人力资源管理学者认为,组织效能(或效率)发挥到最大才能满足各方的利益,因此,满足员工利益是透过好的雇主,以间接方式(或工具式地)达到既成功又符合人性的雇佣关系状态。劳资关系学者在研究与实务或政策建议中,认为企业经营有效能(或效率)与员工利益的保障都是最终目标,不过后者是独立于对企业组织有利的事项之外,必须要靠集体谈判来争取。劳资关系立场反映的观点是,除非有一个由集体谈判与政府规范形成的基础垫在雇主作为的脚下，否则会导致公司采取无效率不正义的雇用措施。①

其五，两者的方法不同。两者都关注雇佣关系中权力的角色，但以不同的方式对待这种角色。“经由谈判劳动条件及订定契约（主要是团体协约）的方式，达到提高会员的收入、改善其生活的目的。”②劳资关系强调对抗的方式，以对抗挑战企业的管理权以及生产秩序。人力资源管理则强调以合作方式来解决，把管理权看成是增进组织效能（或效率）所必备。他们认为，雇主运用并建构管理权力是为了促进组织效能极大化，只有符合这个目标，雇主才会被引导赋予第一线员工权力，让他们参与决策与日常运作。

三、集体谈判与职工参与的互动

两种机制的“互”：两种机制在相互竞争中出现了替代、互补、前置等情形，形成不同的“相互关系”。工会民主和劳资民主作为工业民主的两个方面，分别通过职工参与和集体谈判来实现。谈判与参与在界分的基础上也存在着互动关系。在两种机制竞争的情况下，集体谈判与职工参与也出现以美、德、日三国为代表的三种互动模式。

其一，美国的替代型。美国的制度安排重点针对团结权，强调职工参与的主体区别，形成工会主导的集体谈判与非工会的职工参与。美国在制度设计之初就已经有企业内部多元平衡的观念。“协同活动”（concerted activity），作为一个词组出现在美国联邦立法中，美国在员工入会问题上，一开始就选择非强制性制度，因而形成加入工会与不加入工会两种并列的群体（李立新，2009：321—322）。在美国存在两个劳动关系系统，一个是基于《瓦格纳法》的新政劳动关系系统，也叫新政集体谈判模式，强调斗争机制；另一个是20世纪60年代以后出现的非工会的劳动关系系统，也叫非工会的人力资源管理模式，强调合作机制。这两个系统相互作用并相互竞争。③对于西方国家，完善员工参与机制的关键是明确工会斗争与员工参与的竞争关系。职工代表制和以工会为主体的集体谈判制度是两种不同的法律机制，各自有不同的法律职能，两者相互补充、相互完善而不是相互排斥。劳资委员会由于主要解决一些集体合同不涉及而劳资双方共同关心的问题，在有工会的企业，劳方代表通常由工会委派，多少体现了两个系统的交叉。

美国经历了其历史上最为汹涌的罢工浪潮，人力资源管理模式也因此而发展，虽然一些劳资管理合作的模式得以继续下来，但大多数的员工代表制度都被冷落了。

---

① Bruce E. Kaufman, “Human Resources and Industrial Relations Commonalities and Differences,” *Human Resource Management Review*, 11(2001).

② 工会的功能虽然多元，包括经济性功能、社会性功能与政治性功能，但经济功能是最主要的功能（杨通轩，2012：96—99）。

③ T.A. Kochan, H.C. Katz and R.B. McKer-sie, *The Transformation of American Industrial Relations*, New York: Basic Books, 1986（转自游正林，2014：166）。

劳资委员会以外的其他类型的参与计划,工会涉足有限。在许多企业中,工会在参与管理的合作计划时,他们会被管理阶层定位为担任顾问的职责;而在没有工会的企业中,劳动者参与计划多为直接参与机制,因此其主体是厂场或企业中的员工。企业通过人力资源管理手段,结合自身发展需要以及在同业市场中的定位,对组织内的劳动关系进行动态化的调整。两种机制的竞争体现为外与内的关系,在斗争机制的外部压力面前,合作机制极大地提升了组织内劳动者的满意度,工会的经济性功能也失去了发挥空间(李干,2016:101)。现代人力资源管理也呈现出对工会的替代效应。①

美国的机制替代,对我国的主体调整富有启发。对比美国相关规定,可以看到我国当前劳动关系的内部性具有特殊形式。借鉴美国的经验,我国在谈判主体与参与主体上应当按"有序"标准进行调整,工会应当主要负担谈判的任务,而参与则是企业的职责。我们应当注意内外机制平衡,通过集体谈判的由上转下,劳动标准的由高到低的调整,才可能使职工参与发挥主导作用,内外两种机制才有竞争的可能性。我国用法律强推合作机制只会产生适得其反的效果,让合作机制与斗争机制适度竞争,在动态中建立起企业内部的劳资双方的共享机制。

其二,德国的互补型。德国的制度安排重点针对谈判权,参与权强调的是内容的区别,工会介入了两种制度,德国在制度设计之初就已经有内容上互补的思维。根据德国联邦宪法法院的观点,透过同盟自由所保障的团体协约自治并不是促进劳动及经济条件的唯一形式,德国基本法第 9 条第 3 项并未排除其他形式,经营组织及企业内的共同决定也是促进劳动及经济条件的一种形式。工会对两种制度均有介入,但程度却完全不同。德国为促进劳动条件与经济条件也分别创设了两种模式:第一种以团体协约体系及劳动争议的冲突解决为主的对抗性的社会模式,第二种则是共同决定秩序的经营组织和企业内的共同决定为主的合作性的企业模式。两种机制存在互补关系。德国的工会形态为企业外横断性社会机制,全国性产业工会或职业工会透过集体谈判来议定各企业共通的劳动条件,至于各个企业内部的特殊劳动条件及相关的经营、生产事项则非工会、集体谈判所得过问,而是委由员工代表制来处理。法理上,集体谈判是工会与雇主团体在企业外部立于对立、对抗关系来议定各企业共通劳动条件,员工代表制则是企业内劳动者代表与该企业雇主间以协调关系来议定该企业内属于集体谈判以外的特殊劳动条件(主要为安全卫生、解雇、职务调动、生产等)的企业机制,两者在概念及运作上截然可分(刘志鹏,2000b:398)。也就是说在工会组织无法直接与雇主谈判的组织范围和事项上,劳资双方仍需要有沟通的管道,这就是劳动者参与制度的价值。德国的互补型在制度设计与实际执行中出现了以下两方面情况。

从社会法的视角来观察,制度设计保障了两种机制之间的分工协作。这种分工协作主要通过两个原则落实。(1)谈判保留与优位。为避免员工代表会所缔结的经

---

① Jack Fiorito, "Human Resource Management Practices and Worker Desires for Union Representation," *Journal of Labor Research*, Volume XXII, Number 2 Spring, 2001, pp.335—354.

营协议与集体合同相冲突，依企业组织法的规定，工资和其他劳动条件依惯例是由集体合同确定，一般不得以经营协议规定；员工代表会仅补充集体合同无法包括的厂场劳资关系，两个制度之间相互配合、补充（赖美贞，1992）。（2）开放条款。根据企业组织法的规定，集体合同明文准许以经营协议补充者，不受集体合同优先的限制。在集体合同保留与优位原则下，集体合同仍可决定赋予下位阶的经营协议为不同规定的空间与余地，这在德国工会"贴近企业的协约政策"脉络下尤其重要（黄程贯等，2010）。

从法社会的视角来观察，德国在制度实际执行中出现了社会机制与企业机制冲突与融合的态势。事实上，存在着两种机制，就有可能出现相互间的冲突。自 20 世纪 70 年代以来，员工代表会所主导的厂场间协议相对地比工会所主导的集体合同显得更为重要，两种形式存在着相互侵占领地的情形，企业组织和集体谈判自主权之间的界限被重新探寻。运转至今的利益代表的双轨制在朝着一个三级的体系变异：（1）一个行业层面的集体谈判舞台，其法律框架是由集体谈判自主权规定的；（2）一个企业层面的集体谈判舞台，它同样是由集体谈判自主权规制的；（3）一个企业内的舞台，它是由企业组织法的规定调整的（莱茵哈特·巴恩米勒，载鲁道夫·特劳普-梅茨、张俊华，2010：54）。

德国的机制互补，对我国的内容调整具有启发意义，集体谈判与职工参与可以设计为互补的机制，通过工会对两种机制不同程度的涉入，既可使两种机制保持差异，也保证了两种机制的差异不致过大，两种机制在相对平和的环境下开展竞争。借鉴德国的经验，我们提出集体谈判的范围应按"有限"的要求进行调整，进行由面到点的改造；职工参与中工会从主导地位向主动地位转变，工会对于两种机制的差异性参与，既可形成两种机制的适当竞争，也不至于走向非黑即白的境地。

其三，日本的前置型。日本的制度安排区别主要针对争议权。日本的劳资协议会没有特别的法律依据，理论上可就企业经营的全部问题相互协议，实践中也有广泛的发展，似乎与我国的集体参与形式十分相似，其实并不相同。由于日本的工会以企业层次为组织范围，集体谈判又与劳资协议交错地并存，主体与内容上的区别都不甚分明，然而，集体谈判涉及争议行为，劳资协议具有职工参与的性质，不涉及争议行为。实践中两者主要有以下三种结合类型（张义德，2016）：（1）预备型。劳资协议以在集体谈判开始前的资讯公开、意向试探、整理谈判规则或谈判事项为目的而作为集体谈判的前阶段或预备折冲。如果在此阶段无法达成合意，再考虑是否进行正式的集体谈判。（2）代替型。不区分对象事项所进行的劳资协议，在劳资协议完全取代集体谈判时，本来的集体谈判事项就以劳资协议处理，其结果如果达成合意，则将该合意签订集体合同。（3）分离型。将对象事项明确地分离，在劳资协议机制中仅处理集体谈判不处理的事项，例如经营事项等。此时，相对于集体谈判事项系以劳资利害对立的劳动条件等问题作为对象，劳资协议的事项毋宁是以劳资利害一致的问题作为对象，因此在分离型的劳资协议制之中，原来就不预定进行争议行为。日本的前置型的排列组合，是利用属于职工参与的劳资协议没有明显的法律约束，而集体谈判则存在着诸如不当劳动行为的法律硬约束的机理来运行。如果过快地提出集体谈判，劳资双方关系可能陷入破裂，通过软硬结合，使日本集体谈判的成功率很高，很少真的发生争议行为。

日本的参与机制前置，是通过两种机制的排列组合来实现机制互补，这是两种机制冲突最小的一种做法，因而形式上与我国机制合并的现状最为接近。日本是通过谈判机制的法律硬约束与职工参与的法律软约束，来实现两种机制的配合。借鉴日本的经验，我们提出集体谈判按"有力"的方向，进行由软到硬的调整，职工参与从注重形式到注重实效，进行由硬到软的调整。通过两种形式的调整，劳动者才可能真正成为职工参与的主体，集体谈判也才可能实现一种由软到硬的运作过程。

四、集体谈判与职工参与的配合

两种机制的"动"：规划我国的目标，可称之为"动态配合"。集体谈判制度和职工参与制度虽然有很密切的关系，但是只有在基本构造上有差异，才能对和谐劳资关系产生相互补充的作用。从各国的情况来看，从强调集体谈判劳资对立逐渐蜕变为强调职工参与的劳资合作，各国往往是通过产业结构趋向高科技产业及服务业发展，工会力量日趋薄弱，管理方式日趋民主来实现的。在这一过程中，还是应当强调企业的经营为劳资双方的责任，谈判和参与都是有助于企业沟通的管道，其运作必须配合各国劳资关系，方能发挥最大效果(赖美贞，1992)。我国采取让两种机制合并的简单方式是一种欲速则不达的做法。体制外群体争议的大量存在正是对这种制度安排的报复。让集体谈判与职工参与实现配合，目标应当是能够使无序的群体劳动争议纳入有序的制度安排来解决。

冲突与和谐的决定因素不在于双方所追求的目的，而在于当事人为达到目的所使用的手段，谈判机制与参与机制良性互动与竞争才是恰当的途径。人力资源管理制度的效果集中体现在劳动者"用脚投票"的市场机制上；工会发动的谈判、罢工的效果则集中体现在"用手投票"的社会机制上。现实生活中，"用脚投票"与"用手投票"可以互动，也存在竞争与替代，在体现企业社会责任的人力资源管理较为发达的国家和地区，往往工会组建率较低。企业存在着趋利本性，我们无法将利益的合理分配完全寄希望于企业的自觉行为，当企业趋利本性过于膨胀，不顾工人利益及社会责任时，劳动者保持着"用手投票"的权利。两种制度的配合，对于劳动关系的和谐才是最有裨益的。如果没有工会力量的发展，雇主没有对罢工的忌惮，不愿意主动调整，人力资本的理论并不能完全转化为企业的自觉行动(董保华，2017b：55)。

任何一种自治形式都不是万能的，只有各种手段协同，才可能形成合力。两种最主要的自治运动之间的配合，是劳动关系自治机制中的重要内容。就我国来说，体现企业社会责任的人力资源管理制度的不发达与缺乏劳动者"用手投票"这种纠偏机制有着密切的关系。劳动者应该进一步完善自身利益维权的动力机制，通过工会力量的增强并赋予其罢工的权利来与人力资源管理形成良性竞争(董保华，2017b：55)。

协调“用脚投票”与“用手投票”的相互关系，形成各种权利救济形式之间的平衡，才能使我国的劳动关系走向和谐。从我国的实际发展道路来看，尽管日本模式存在着太多折中的机制，但也许这正是崇尚中庸文化的我国管理层更容易接受的一种调整。由于日本的工会以企业层次为组织范围，因此集体谈判与劳资协议交错地并存。我国如果引入集体谈判机制也可采类似日本的制度。集体谈判与职工参与的关系可以预备型、代替型、分离型三种方式来处理。两种机制之间的相互关系，随着集体谈判与职工参与的界定，会出现相互制约与协调。

中观层次实化须引入西方经济民主的理念，其关键是对集体谈判与职工参与两种机制进行界定，并在相互界定的基础上让两者互动。工业民主包括工会民主和劳资民主两个维度，分别通过员工参与和集体谈判来实现。工会内的集权倾向压倒了民主权利，对社会生产率的片面追求动摇了集体谈判，导致了美国集体劳动关系法的衰落(阎天，2016：169)。因此，为了提高组织整体的运营绩效，管理者把劳资合作作为一种管理策略的选择，当前发达国家工业民主的趋势是集体谈判等逐步衰落，劳资双方致力于把本企业的“蛋糕”做大，经济参与如员工持股等扮演着越来越重要的作用，注重对人力资源管理的引进与重视。

劳资双方的冲突是客观存在的，双方采取理性与有效的方法，加上妥协和相互让步的态度，和谐或双赢的劳资关系才可能实现。当然，从雇主角度看，“利润最大化”仍然是其根本目标。通过职工代表制参与公司治理，同经营者一方展开民主性的协商，从而使企业形成共享机制，是企业良性发展的根本之道；如果脱离这一轨道，劳动者有权通过工会组织让其回到正确轨道。如果我们不从部门利益看问题，当前美国工会的萎缩恰恰是劳动关系走向良性运行的一个标志。完善我国中观层次的立法，工业民主的两种形式的界定与互动是走出形式主义的关键。无论是西方集体劳动法中工会谈判制度还是个别劳动法中的员工参与制度，作为工业民主两种形式，相互配合才能发挥应有的作用。我国应该通过集体谈判制度和职工参与制度的界分来凸显两种制度的合理因素，通过两种机制的互动，最终从斗争走向合作。

第十七章

社会法的权力衡量

劳工之集体的不提供劳务，不问其是否基于个别法上之终止劳动契约而有效地排除劳动义务，原则上是一侵害营业权之行为，除非此集体行动在特定条件下被评价为合法的：亦即当其具有社会相当性（sozialadäquat）时，始能排除德民第823条第1项之违法性(Rechtswidrigkeit)。

——汉斯·卡尔·尼佩代（Hans Carl Nipperdey）

第一节　团体社会的争议行为

调整法益强调自力救济(self-help)。权利受侵害应请求政府保护,但如情事紧迫,法律允许权利人自力救济。自力请求、自助行为和自卫行为作为一种合法行为,常被表述为自力救济。从自力救济的一般形式出发,社会法发展出争议行为的中观层次特有的救济规范,不应超出合适的限度。

一、集体劳动争议行为

作为集体谈判的一种自力救济,劳动者对雇主采取抗争手段,是借着有形、无形的压力来补充交涉的筹码,对雇主进行有目的的施压,使雇主与工会进行集体谈判或对工会所提的改善劳动条件的主张让步(王松柏,2006);雇主方面也可采取锁厂和停工等相应的争议行为。

(一) 劳动争议行为的概念

我国学者所说的集体行动,在西方制度设计上常常定义为“争议行为”。争议行为是指劳动关系当事人为达成其主张,采取罢工或其他阻碍事业正常运作的行为以及相应的对抗行为。利益争议在劳动法中是集体谈判失败,即当双方为缔结、延期、修改或扩大集体协议陷入僵局时产生的争议(董保华,2012c:119)。韩国劳资争议调解法对争议行为的定义是当事人为达成其主张,所为之罢工或其他阻碍事业正常运作及与之对抗之行为。我国台湾地区《劳资争议处理法》对争议行为的定义与韩国类似，是指当事人为达成其主张，所为之罢工或其他阻碍事业正常运作及与之对抗之行为。[①]劳资双方在争议过程中所采取的各种集体行动统称为争议行为，可以从主客观两方面来进行概括。主观要件是指劳资关系当事人为了贯彻其主张的目的所采取的行为及对抗行为。其中"采取行为"指先发制之一方的行为，"对抗行为"指劳资争议当事者另一方行为。例如：争议行为先由劳方发动，则"采取行为"指劳动者争议行为，反之"对抗行为"指雇方之争议行为。客观要件指妨碍业务正常运行的行为，其行为之程度与种类则在所不问，换言之，凡在客观上能贯彻劳资争议当事人之主张为目的者均属之（刘士豪，2016：7）。

从各国劳动关系调整法对争议行为的界定可以看出，这一概念与劳动争议是不同的概念。日本《劳动关系调整法》是先定义劳动争议（第 6 条），再定义争议行为（第 7 条）强调了某种因果关系。劳动争议的定义是："本法所称劳动争议，系指劳动关系当事人间就有关劳动关系之主张不一致，而发生争议行为之状态或是有发生争议行为之虞之状态。"劳资争议乃是争议行为发生之原因；争议行为的定义为："本法所称的争议行为，指对于罢工、怠工、关厂及其他有关行为的当事人，所主张为贯彻其目的之行为及对抗行为，而阻碍业务之正常营运者。"（菅野和夫，1989：482—483）争议行为是为达到争议目的，所采取的一种手段。劳动争议与争议行为具有某种因果联系。有劳动争议未必有争议行为，但有争议行为一般存在劳动争议。

（二）劳方的争议行为

以劳工之争议行为而言，多数学者主张"凡阻碍雇主之正常业务之营运的一切行为"，均为争议行为之定义。罢工有时成为劳动者争议行为的统称，但是争议行为并不仅限于罢工（王能君，2005：513）。争议权是以罢工（集体不提供劳务）权为中心的法律保障下之权利，而争议行为的概念是以其行为之类型来说，谓"劳动者的集体主张及示威，为贯彻其目的，所为之劳务完全或不完全停止。必要时，为达到维持劳务停工之效果，并以纠察行为（纠察罢工）以防止雇主采取破坏行动者"（金井正元，1989：4）。

罢工（strike，Streik），为最典型之劳工集体争议行为（郑津津，2006：82）。有时"罢工"也作为争议行为的统称（日本称为同盟罢工）。在美国，所谓"罢工"指受雇人集体暂时地退出职场，以迫使雇主接受受雇人要求的行为。通常是一群受雇者为表示其情绪上或工资、工时等劳动条件的不满，而中止或停止劳务。在英国罢工也仅指"集体的停止工作"，亦即只具有消极的内涵（焦兴铠，1997：9）。我国台湾地区多数学者认为罢工只是具有消极内涵（拒绝工作），而不具积极妨碍雇主继续经营的行动（王松柏，1999：8）。我国台湾地区《劳资争议处理法》规定："罢工指劳工所为暂时拒绝提供劳务之行为。"罢工又可分为经济性罢工（economic strikes）与非经济性罢工（none-

① 我国台湾地区《劳资争议处理法》第 5 条（黄程贯，2015：136）。

conomic strikes)。美国的经济性罢工泛指其他为改善工作条件所引发之罢工(焦兴铠,1997:16)。罢工的合法性与非法的界定极为复杂,但也有一些共识:(1)罢工为单纯劳动之休止、生产秩序之中断而非劳动契约之终止;(2)罢工为多数劳工所共同为之,个别之罢工为观念所不许;(3)罢工为基于劳方劳动条件之维持,改善或其他经济利益之获得的,并以缔结或修订团体协约为目标之行为;(4)罢工为和平方式之抗争手段(吴全成、马翠华,2011:243)。

黄程贯针对我国台湾地区的规定指出,罢工的定义不应只限于"单纯的消极不作为"而应包含某些"积极的抗争行动"(黄程贯,1997:250—261)。刘士豪进一步阐述了黄程贯的看法:"从各国罢工的法律与实务,罢工绝非单纯劳工所为暂时拒绝提供劳务之行为,劳工与工会必然会展现迫使雇主协商的实力行为,例如在工作场所内或外之示威,设置纠察线、杯葛等。但'行政院'于 2009 年劳资争议处理法修正说明中,对于该规定仅认为:'罢工系以暂时停止提供劳务方式,给予雇主社会及经济压力,以促使雇主接受其主张。'大幅限缩了罢工的意涵,甚至于罢工时常见的设置纠察线,也将其作程序上之限制。"(刘士豪,2016:7)这种观点其实是强调合法性的认定,从罢工合法性认定出发,才有必要讨论纠察线、杯葛(即抵制)等行为。除罢工外劳动者的争议行为主要还有以下三种:

纠察(picketing, aufstellen von Streikposten),有学者将其定义为:"工会为了迫使雇主承认其为代表工会,或为了鼓励受雇人支持工会,而由工会会员、罢工领导人与工会支持者,持标语在雇主之入口处游行(patrol)。"(郑津津,2006:84)一般而言,纠察是与罢工行为紧密相关的,人们聚集在罢工场所外面,说服没有参加罢工的人不要进入工厂上班,有时候,纠察的人还会拉起纠察线以警示。工会在进行上述活动时,有时只有巡行但未持标语、有时只持标语但未巡行,如此的行动是否亦是纠察即会有争议,在认定纠察时其重点在于"传送与接收之信息"(the message being sent and received),是否持标语则无关紧要。通说"和平说服说"是纠察的理论基础,即纠察中一般通过言语进行。在罢工行动中,常会出现罢工者、罢工行动的领导者以及罢工支持者在"被罢工雇主"(the struck employer)营业处所外游行,向大众宣导该项劳资争议、劝说社会大众不要至该雇主营业处所消费、劝阻工人穿越纠察线(the picket line)并增强罢工者的团结。纠察可细分为集结式纠察(mass picketing)、承认性或组织性纠察(recognition or organizational picketing)、间接纠察(secondary picketing)、告知纠察(informational picketing)及消费者纠察(consumer picketing)等(郑津津,2006:84—85)。我国台湾地区劳动部门有关设置纠察线之定义及应注意事项:(1)罢工纠察线,指工会为传达罢工之诉求,于雇主之营业处所之紧临区域设置罢工纠察线,劝谕支持罢工。故纠察线之设置为罢工之附随行为,非单独之争议行为;(2)工会设置罢工纠察线,得以言语、标示、静坐或其他协同行为等方式进行;(3)工会设置罢工纠察线时,应指派足以辨识身份之纠察员维持现场秩序;(4)工会设置罢工纠察线时,应注意人身安全、公共秩序、交通安全及环境卫生之维护,并遵守相关法律规定。①

抵制(boycotts, Boykotte),是指集体地拒绝与某一事业单位进行交易或买卖以明确表达对该事业单位相关措施的不满。②抵制在劳工的争议行为也常见,通常以不参与、不买卖、不工作、不援助、不接触,以使雇主屈服。比如劝说雇主的客户勿下定单,到销售雇主货品处劝说消费者抵制购买。林佳和认为阻挠雇主与第三人进行法律行为的接触,间接透过第三人所形成之损害以施压雇主(林佳和,2014:406)。抵制的合法性与否主要决定于工会或受雇人抵制的对象,若抵制的对象主要是雇主,则抵制原则上系合法的争议行为(郑津津,2006:94)。

怠工(slowdown, Bummelstreik),劳动者集体的共同的导致作业效率降低的争议行为被称为怠工。在美国,怠工不属于罢工,也不属于一致行动,因此不受法律保护。因为员工的怠工行为属于不服从雇主的命令,从而违反了合同(柯振兴,2014:47)。怠工是劳工仍继续上班,却消极地、不以正常的方式提供劳务,造成雇主的损失,在德国有些教科书或判决称之为"散步罢工"(Bummelstreik)或"只照章行事"(Dienst nach Vorschrift)。此种怠工在德国被认定为在特定情况下为合法。在日本,怠工是对雇主劳动指挥权的部分侵害行为,原则是正当的,但怠工行为必须是消极的(田思路、贾秀芬,2013:260)。日本法院的判例认为,如果怠工目的在于减少产量,而不是在降低产品质量或破坏机器原料,则该怠工仅属消极行为,为正当的争议行为(刘金祥、高建东,2014)。有学者根据各国立法经验强调了怠工限制措施:(1)事先预告;(2)不得造成生产品质之下降,进而导致公司产品滞销,破坏企业形象;(3)不可因怠工而造成生产场所、机器、原料之危害情形,此种情形属积极性怠工;(4)不得暴露或宣传资方之营业秘密,此属揭发性怠工(吴全成、马翠华,2011:287)。

也有西方学者认为,协调一致的行动可以采取禁止超时、怠工、取消合作、静坐示威和示威抗议等形式(巴纳德,2005:614),这些都属于争议行为。

(三)资方的争议行为

雇主方面最常见的争议行为有锁厂(lockouts, Aussperung)和停工(shut down, Schlieben)两类。锁厂为雇主的主要争议行为,是指雇主封锁厂场,拒绝劳务的提供。依日本行政解释(昭32.2.14)对锁厂之定义为雇主于劳动争议拒绝受领多数劳动者劳务之行为。停工指当发生劳资争议时,雇主所采行暂停工作的争议手段,而使全体或多数受雇劳工暂时退出工作,以促使劳工反省之对抗行为。因停工只是暂时性地停止企业之营运,并无解雇劳工之意思,故与锁厂仍有不同(吴全成、马翠华,2011:249)。锁厂在国外的司法实践中又可分为攻击性锁厂及防御性锁厂,前者是雇主为了防止劳动者进行罢工而先将工作场所关闭,后者则是在劳动者罢工后雇主才将工作场所关闭。

---

① "行政院"劳工委员会101年劳资三字第1010126744号。

② Black's Law Dictionary 181(B. Barner 7th ed. 1999)(转自郑津津,2006:86)。

攻击性的锁厂指雇主之关厂行动先于劳工之争议行为。由于雇主之行动非在劳工采取罢工等手段之后,雇主遭受损失后的行为,各国学者有不同的学术观点。从德国联邦法院判决中可看出,该法院并不认为一定要将罢工与锁厂平等对待。其认定:"雇主在依协约区域内发动劳资争议,而且是要追求一特别的集体契约上之调整目的时,则应允许雇主采取攻击性锁厂以为争议手段。"美国最高法院与劳动部观点不同,也认为基于劳资双方对等之原则,应认定雇主也可采行攻击性之锁厂,与德国相同。①

防御性的锁厂指雇主对已发生的劳工争议行为所采取的争议手段。日本不少学者与判例通常从劳资平等原则出发,基本上认为雇主社会性权利之行使,应和劳工的罢工受到同等保护,采取平衡的观点是其原理。在民法上,相对于劳工罢工权,雇主锁厂是受领劳务迟延,本也应负民事责任,但基于平等原则,排除其行为责任,并免除工资支付之义务。这一学说与英美等国的理论极为接近。因此近来各种学说均倾向于必要性因素,只有在防止使雇主产生过度之损害,以及为保护企业之生存所必须或不得已时,才可为之。德国联邦劳工法院亦对于防御性锁厂,提出"竞争理论"。该理论认为:有限的部分罢工,应在雇主竞争基础上,合理地使市场关系发生变化,而有效地侵害雇主之一致性,雇主的防御性锁厂为合法评价;若雇主缺乏有限之竞争,而使自己力量减弱的情形,无须为必要均衡时,亦即罢工及竞争的扭曲之间无因果关系时,雇主则无锁厂之权利(林振贤,1990:69)。

也有学者认为除了最常见的两类外,还有四种争议手段:(1)临时雇工,指当劳工罢工时,雇主另找一批人来代替工作,以维持企业营运,使罢工丧失其原有效果,解除雇主之压力的争议行为;(2)黑名单,指雇主将工会积极抗争之分子或不受欢迎之劳工列册,而与其他相关雇主相互通知及交换名册,共同采取不予雇用之联合手段;(3)工业侦探,指雇主为了秘密收集工会活动消息,雇用侦探渗入工会,以取得有关工会罢工之计划,以及劳工对雇主之不利言论与行动者;(4)排工,指雇主排斥雇用加入工会之劳工,并以不加入工会作为雇用之条件,或对已加入工会者予以解雇之行为。一些国家将第 2 项、第 3 项及第 4 项归类为雇主之不当劳动行为,而予以禁止,例如,美、日等国之劳资关系法令,已将第 2 项、第 3 项及第 4 项归类为雇主之不当劳动,由法令明令禁止(吴全成、马翠华,2011:290)。

二、我国自发罢工的违法说

微观的私法关系中侵权、违约的制止,合法化有助于维护基本的劳动秩序,中观层次侵权、违约一定条件下豁免法律责任,社会相当性的理念要求某些利益转化为法益。这种相当性是具体的而非抽象的,这正是罢工权需要以立法方式而非自发方式来实现的根本原因。

① 参见 BAG, DB 1980, 1266 ff;吴全成、马翠华,2011:291;林佳和,1990:124。

(一) 群体劳动争议行为

我国群体劳动争议行为与西方法治国家的劳动争议行为的概念有很大的区别。我国有些学者认为可以通过两个最主要的特点来对西方劳动争议行为定性。(1)集体劳动争议行为是劳动者团体的自助行为,劳动争议行为一般是指团体劳动争议行为。(2)集体劳动争议行为是劳动团体的正当业务行为(刘金祥、高建东,2014:81)。这两个主要特点,在我国群体劳动争议行为中均不存在,我国的群体劳动争议不仅与我国集体劳动争议的概念完全不同,与国外流行的劳动争议行为也具有完全不同的内涵。

其一,从争议定性上看,涉及"正当业务行为"的概念。西方集体劳动争议行为是劳动团体的正当业务行为,我国的群体劳动争议是通过没有合法依据的规模性聚集、对社会造成负面影响的群体活动。正当业务行为,本是刑法学上的概念,是指虽然没有法律、法令、法规的直接规定,但在社会生活上被认为是正当的业务上的行为。日本刑法第35条规定:"依照法令或正当业务所实施的行为,不予处罚。"这一规定的精神,不仅是把合乎法令的行为或正当业务行为作为违法性阻却事由,而且是根据法秩序的整体精神,广泛地把正当行为作为阻却违法性的一般原则,也可以称之为有关阻却违法性的一般规定(福田平、大塚仁,1986:99)。以罢工为核心的争议行为本是一种侵权或违约行为,只有业务本身是正当的,而且没有超出业务的范围时,才可能被依法阻却。我国目前并未对这一业务范围进行界定,群体争议不可能达到阻却违法的效果。

其二,从争议主体上看,涉及"团体行动"的概念。工会系为促进劳工团结,提升劳工地位及改善劳工生活的组织,其所发动的争议行为之主要目的在于缔结团体协约,亦即改善劳动者之劳动条件,因此属于业务上之正当行为(刘士豪,2016)。日本学者菅野和夫及金井正元将"团体行动"分为"争议行动"与"工会活动"两个方面,而谓"争议行动"为劳工集体之行动,在团体行动上所受法律保障者之行为,而"工会活动"则为利用团体协商以外之抗议行为(吴全成、马翠华,2011:240)。我国的群体劳动争议是由社会矛盾引发,由特定和不特定的某些具有共同利益的偶合群体,以一定的目的为基础,带有明显的利益诉求性质的体制外活动(宋宝安、于天琪,2010:6),并不是团体行动,也不可能被解释为业务上的正当行为。即便是今后我国罢工被赋予合法形式,这种个体的集结,仍不可能被作为合法行为来对待。

其三,从争议行为上看,涉及"自助行为"的概念。集体劳动争议行为是劳动者团体的自助行为。自助行为本是民法学上的概念,"指为保护自己的权利,而对于他人的自由或财产施与拘束或损毁之行为。自助行为,依法不负赔偿责任"(梁慧星,2007:269)。我国有学者认为,当劳动者权益受到侵害时,劳动者可以通过制度救济或者职工权益自救来主张自己的权益。自发性的群体性权益自救也即"职工权益自救",是指当劳方权益诉求得不到主张时,由具有相同利益诉求的群体自发形成的救济方式(任小平、许晓军,2008:58)。自助行为是一种保护自己的权利的行为,我国学者在讲"职工权益自救"时,忽视了权益本身是一个合法的概念,如果是处于侵权或违约状态，是无从谈自救的。从法制国家来看，在工会所为是合法争议行为时，系工会保障会员正当权益之自助行为，故发动争议行为之工会与参与争议行动之工会会员并无契约上债务不履行责任（刘士豪，2016）。我国群体劳动争议这种通过向政府施压来解决群体劳动争议的形式并不符合这种自助行为的特点。

其四，从争议范围上看，涉及“冲突性增强”的概念。对于集体劳动争议行为而言，“一般所谓之‘罢工’，乃为争议行为之统称（日本称为同盟罢工）”。这种权利在一定程度上，只是对雇主正常事业的运行造成一定的负面影响。我国群体劳动争议并不是以罢工为核心的一种争议类型，群体劳动争议的特点是：“冲突性增强。劳动者以罢工、停工、怠工、游行、示威、静坐等方式给企业和政府施压。”（程延园、王甫希，2012：16）冲突性增强的概念，涉及对“政治罢工”“示威罢工”的理解。政治罢工是以拒绝向雇主提供劳务之方式，作为向国家机关为某种诉求之手段（吴全成、马翠华，2011：243、244）。如何对经济罢工与政治罢工进行区分，学理上存在着“罢工行动之针对对象”“罢工行动之诉求目的”“罢工行动之社会效果”等诸多学说。示威罢工所诉求者，并非针对团体协约所规范之劳动条件，而以其情绪或意见可透过其他传播媒体，造成对雇主之压力（黄程贯，1989：243）。我国的群体劳动争议是劳动者以罢工、游行、示威、静坐等方式给企业和政府施压，除具有冲突性的特征外，还具有政治罢工、示威罢工的特点。在有罢工权的国家这种类型的罢工也往往会被认定违法。

（二）群体劳动争议行为的争鸣

立足于今日之制度安排，东方航空公司飞行员集体自行返航、南海本田劳动者自发罢工[①]的行为受到了广泛的关注。保护劳动者而设置的规则成了劳动者希望突破的桎梏，面对权利争议的悖论（董保华等，2021：197），周永坤提出《“集体返航”呼唤罢工法》（2008：4）；针对“有协商无压力与有压力无协商”的利益争论悖论，何力的《一次得到褒奖的集体违法行为——本田罢工事件略评》文章对于案件的法律定性，提出了不同的见解（何力，2010）。对于我国现实中存在的劳动者自发罢工的情形，可以分为“合法说”“违法说”“非法说”三种针锋相对的意见。许多学者加入了讨论。

其一，“合法说”是我国较为主流的一种学说，陈志武、常凯、周永坤是主要代表。持“合法说”的学者认为，我国宪法没有禁止罢工行为，不仅如此，他们还认为自发罢工有两个合法的依据：一是《经社文公约》，二是《工会法》。

其二，面对我国媒体对本田工人行动的一片赞扬声，何力、侯玲玲对“违法说”的

---

① 4月29日一早，谭志清走进了总务楼，递交离职报告，一个月后他将获准离职。不过，谭志清要领导一次罢工，要求资方提高工资待遇。当时小肖正好也打算离职，二人一拍即合。在谭志清和小肖的游说下，筹备罢工的队伍扩大到20余人，大部分都是在组装科干了一年以上的老员工，湖南老乡居多。5月17日早晨，谭志清没有像往常一样开动机器，而是按下了流水线上的紧急按钮，随即蜂鸣的报警声响起，组装车间的两条流水线尚未启动，就已经被锁定停机，大部分工人被动地卷入停工。就在罢工渐入高潮时，5月22日谭志清和小肖得到公司的一份辞退书面通知，谭志清和小肖拿着5月份的工资，离开了南海本田厂。两名罢工领导者的被解职，带来的是更大规模的罢工（周政华、刘子倩，2010）。

观点进行了阐述。侯玲玲认为:“劳动者集体争议行动旨在通过侵害用人单位的财产权以实现集体谈判之目的,这与我国宪法所保障的权利和自由特点不相符合。在宪法没有明确规定劳动者享有集体争议行动权,并通过法律对该种侵权性特权予以保障的情况下,该权利仅是作为一种抽象性人权而无实现之可能。”(侯玲玲,2013:110—111)他们认为,这一罢工事件不仅是个人违法,而且是一次集体违法、违约行为。一是违反了《集会游行示威法》;二是违反了劳动合同和《劳动合同法》,既是违约行为,也是违法行为;这些学者还认为这种违法的低成本使其容易蔓延。

其三,持“非法说”观点的学者以史探径、葛少英、王全兴、倪雄飞为代表。这种观点认为,我国现阶段的罢工既不合法,也不违法,而是非法罢工。非法说是我国相当长时期的主流观点。例如史探径认为:“我国法律对罢工虽未规定保护,也未规定禁止,自然不能简单地把罢工视为违法。”(史探径,1994:62)葛少英认为,罢工是一种客观存在的社会现象,不应当将其视为违法。在我国,罢工虽然不违法,但国家法律对罢工基本上不提倡或不保护。我国立法没有把罢工作为企业职工和工会的权利,其实际意义表现在两个方面:一方面是国家不提倡或不鼓励罢工,用一种消极的方法来避免和防止发生罢工;另一方面,罢工行为不被法律所保护,即国家不负有保护罢工的义务(葛少英,1996:36)。王全兴、倪雄飞对于“非法”的主张提出四点理由:(1)法律未禁止罢工,根据法无禁止即自由的公民权利原则,罢工不违法;(2)我国没有授予罢工权的国内法,不能直接根据《经社文公约》认为罢工合法,而我国已作出国际承诺,则也不能认为罢工违法;(3)《工会法》第27条虽然规定了停工、怠工事件中的工会和企事业单位义务,但并未明确规定停工、怠工事件合法,不宜根据该条而认定罢工合法;(4)罢工中的危害公共秩序或打砸的违法行为,属于个人违法行为,不能据此认为罢工本身违法(王全兴、倪雄飞,2012:188)。

(三)群体劳动争议行为的解读

关于劳动者自发罢工的合法性之所以会出现“合法说”与“违法说”,很大程度上取决于合法的判别标准(董保华,2012c:117)。笔者认为劳动者自发罢工的“违法说”似乎更有说服力并指出“合法说”在论证过程中至少违反了同一律。

“违法说”认为劳动者自发罢工违反了《集会游行示威法》《劳动合同法》。“合法说”是以“从严适用”为衡量尺度来进行反驳的,并举出三个理由来说明适用不当或者根本不应该适用这些法律。如果说“合法说”针对《集会游行示威法》的理由尚有一定道理,不适用《劳动合同法》的理由就极其牵强。当“合法说”罗列经济风险、职业风险、政治风险甚至刑事风险时,其实已经循入“违法说”的逻辑,这种风险正是由其违法的性质所形成的,合法行使权利何来政治风险甚至刑事风险?

“合法说”是以《经社文公约》作为立论依据之一得出的结论。针对国际公约要求国家立法的规定,认为哪怕没有相应的立法,劳动者也能获得罢工权,这样的表述显得牵强。从《经社文公约》并不能得出我国法律已赋予劳动者罢工权的结论。《经社文公约》第2条第1款规定,每一个缔约国家承担尽最大能力,采取步骤,以便用一切适当方法,尤其包括用立法方法,逐渐达到本公约中所承认的权利的充分实现。按照该条规定和世界上已批准《经社文公约》的142个国家的实践,《经社文公约》并不要求缔约国立即、全面实现其所有规定的内容,只要求缔约国在立法、行政和司法等方面采取积极措施,逐步实现《经社文公约》所规定的各项权利。除非具体条款的用语表明立即履行的义务时,这些权利的充分实现就等于立即实现,除此以外,"逐步实现"的方式是公约确立的国家义务的一般机制(梁晓晖,2007:24)。联合国经济、社会及文化权利委员会在审议中国履约状况时,提出了《经社文公约》是否可以在国内直接适用的问题,中国政府代表团在两次①审议中都阐述了我国国内法不能直接适用《经社文公约》的原则立场。在第二次审议中,明确指出"按照国际条约在中国适用的惯例,国际条约不直接作为中国法院审理案件的法律依据,国际人权条约也不例外,而是通过立法程序转化为国内法律后予以适用"(黄金荣,2015:76)。这也意味着只能得出我国对劳动者"有权罢工"的国际法律原则予以认可,而不能当然得出我国劳动者有罢工权的结论(章惠琴,2016:67)。

"合法说"针对《工会法》"停工、怠工事件"的客观表述,以隐含的方式推断合法性。"合法说"没有回答,一个成文法国家的法律为什么可以"隐含"的方式来规定?尤其是赋予罢工权这么重大的社会权利。"合法说"的基本逻辑是以"严适用"来否定《劳动合同法》对于劳动者自发罢工的约束,并以"宽适用"来肯定《工会法》对于劳动者自发罢工的保障。

正如1942年罗斯科·庞德所说,劳工法中一些最困难的问题,就是围绕着对工人组织在诱使工人破坏雇用契约方面的主张给予承认而产生,而这种承认应该被认为是法律给予劳动者集体的一种妨害劳动契约的特权。罢工作为权利来规定,在法律的天平上绝不是平等的,而是严重倾斜的,劳动者获得了一种"妨害劳动契约的特权"(庞德,2008:36),用人单位虽是守法、合约的一方,却要承受相应的财产损失。正是罢工对正常法律秩序所具有的破坏性,使各国一般取谨慎态度,对立法也提出很高的要求,并不适用"法无禁止即自由"的逻辑。罢工立法的逻辑正好应当是相反的,在宪法无明文规定的情况下,应当遵从部门法或劳动契约的约束,只有在法律做出清楚明确规定的情况下,劳动者才可能取得"妨害劳动契约的特权",法律也才可能保护"这种合法的侵权行为"。正是罢工所具有的这种特殊地位,对于一个法制国家而言,须由宪法来进行规定,罢工往往被理解为一种宪法性权利。如果不是遵从这样的逻辑,侵权、违约可以大行其道,社会秩序必然大乱。"合法说"在法律适用上的宽、严逻辑正好用错了方向(董保华,2012c:118)。

市场经济的发展、大民法地位的确立,使我国的主流法学开始将法律理解为公法与私法的二元结构,民法思想既强调当事人自由意志,也强调对协商结果的信守。在

① 中国政府于2003年6月27日向经济、社会及文化权利委员会提交了首份履约报告,委员会于2005年4月27—29日对中国首份报告进行审议并于2005年5月13日通过了有关中国履约情况的"结论性意见"。中国的第二份履约报告于2010年6月30日提交,委员会于2014年5月8日对中国第二份报告进行审议并于2014年5月23日通过了相关"结论性意见"。

这种理论构架中，罢工只是一种违约或侵权行为，根本无法赋予其合法地位。我国对于罢工权的保障与规范的缺位，正是这种立法思想的体现。以这样的立法标准来衡量，南海本田的自发罢工显然是没有法律依据的。当我们得出上述结论时，并不意味着同意现行的制度安排，正相反，这样的结论意味着我们应当对现行制度安排进行改进。持“违法说”的学者基本上也是这样的一种观点。如果说何力提出了问题：“我相信我的分析是完全合法的，我也相信我的分析会让很多人不满。但也请相信，这个分析同样让我很不满。那么，到底是本田的工人错了，还是法律错了呢？”（何力，2010）侯玲玲则直接给出了答案“我国通过立法对集体行动予以规制不仅可能，也为必要”（侯玲玲，2010）。可见，无论“合法说”还是“违法说”，对于当今的制度安排并不满意，透过罢工合法性上出现的争论可以看到，在强化罢工立法、保障劳动者罢工权上两者是存在共识的。其实真正的分歧是立足于昨天还是明天，以什么样的理论来改造我国现行的制度安排。当我们对于罢工缺乏基本的认知时，是无法进行制度建设的。

三、违法理由的阻却说

对于当前无序的群体争议，在“合法说”基础上形成“加强保障说”，在“违法说”基础上形成“阻却违法说”，这是我国群体争议处理制度可能演变的两个方向。前者走向斗争，后者走向合作，当前案件的定性决定了未来立法的定位。不同的方向也会决定各自的进路，对当今案件判断违法，让无序回到有序的司法轨道，通过分类处理，才能实现未来的阻却违法；对当今案件判断的合法，鼓励有序走向无序，强调混合处理，必然得出对无序罢工加强保障的结论。

相当性以违法阻却的形式呈现为合法罢工，司法实务中未被违法阻却的罢工仍不具有正当性，会被认定为违法罢工。“阻却违法说”由德国学者提出。德国学者及联邦劳动法院院长尼佩代（Nipperdey）对劳工集体不提供劳务的行为采取阻却违法说有完整的论述。阻却违法说是建立在权利争议与利益争议严格划分的基础上，只有调整法益才受到保护。罢工是指多数劳动者为争取劳动条件改善或其他利益获得为目的，协同地为劳动之中止。罢工权不同于一般的自由权，它被认为是法律给予劳动者集体的一种妨害劳动契约的特权（庞德，2008：36）。黄程贯认为：“罢工也就是一个专以损害争议他方当事人为目的的基本权，罢工行为本身就是侵权行为，且是合法的侵权行为。”（黄程贯，1997：255）因此，一旦罢工作为一种权利来规定，法律必然对原来属于违法、违约的行为，作出相应的民事免责的规定。由美国、日本的立法例中可以看出，通过对不当劳动行为的规范，对民事免责有较为具体的规定。一些国家的法律也会在一定范围内有刑事免责的规定（董保华，2012c：117—118）。

在德国，权利争议和利益争议首先见于魏玛共和国时期，其因设立主管利益争议的调解局而引入此种概念。德国当时的劳动法学者雅各比（Jacobi）就认为，权利争议是可依据法规加以审判的争议，而利益争议则是只能由双方谈判解决，而不能加以审判的争议（郭明政，1984）。目前，德国在集体劳动法上的争议中最重要的区分是权利争议和利益争议，权利争议通过司法途径解决；利益争议的解决“不属于劳动法院管辖，涉及工厂组织法事务的，特别是劳资共决事务，通过和解处解决，涉及达成集体合同的争议，通过调解处来解决”（沈建峰，2013：69）。前一类争议如果使用罢工手段一般会被认定违法，后一类争议在一定条件下可以得到免责，而获得合法的效果。

日本也存在权利争议和利益争议的分类。权利争议是因解雇或调职等原因所发生的劳动契约上的权利义务纷争，利益争议则是因要求加薪或缩短工时等，有关设定新的劳动条件所引发的纷争（李仁淼，2007：658）。此种分类亦见于奥地利、以色列，以及许多拉丁美洲国家（郭明政，1984）。我国台湾地区《劳资争议处理法》1988年修正时，将“权利事项”与“利益事项”的争议予以分别规定，该法将权利争议和利益争议分别称为权利事项之劳资争议和调整事项之劳资争议。我国台湾地区《法院办理劳资争议事件应行注意事项》第5项明确规定：“利益事项之劳资争议事件，法院无审判权限。”规定权利事项之劳资争议指劳资双方当事人基于法令、团体协约、劳动契约之规定所为权利义务之争议，调整事项之劳资争议指劳资双方当事人对于劳动条件主张继续维持或变更之争议。前者循司法途径解决，后者依行政途径处理（简良机，1991：27）。当事人就该等事件经向法院起诉时，由法院依民事诉讼法的规定裁定驳回（黄程贯，1997：302—303）。

美国虽然在法律概念上没有权利争议与利益争议的分类，但这种分类事实上却被美国所采取。（1）因团体协约的适用和解释而引起的权利争议，一般由团体协约规定，经几个阶段的申诉程序（grievance procedure）后，再由仲裁处理。仲裁员的仲裁书因团体协约协议而赋予其拘束力，但对仲裁结果不服的一方也可向法院起诉。不过，法院对仲裁结果很少有不同意见。（2）非起因于团体协约，而属劳动契约的权利争议则由普通法院管辖。（3）因国家劳动关系法（NLRA）规定的不当劳动行为所引起的争议，则由国家劳动关系委员会（NLRB）的行政机构处理。（4）因订立团体协约发生的利益争议，由工会与雇主交涉，若未能达成协议，可通过联邦调解及调停服务处（FMCS）的调解，事实调查及利益仲裁等方式解决争议（成之约，2007：117）。

在国际社会上此种分类也渐被接受。国际劳工大会（International Labor Conference）在1951年第92号任意调解与仲裁建议书（The Voluntary Conciliation and Arbitration Recommendation）中并未对工业争议的种类加以区分，而仅为一般的建议。①然而在1967年第130号纠纷调查建议书（The Examination of Grievance Recommendation）中第3条规定纠纷的原因为：影响或将影响一个或多个劳动者雇用条件的行为或状况，而此等行为或状况是违反团体协约的规定或个别劳动契约、工作规则、法律规则或职业的习惯；并于第4条规定：该建议书不适用于就劳动条件或期限加以修改的团体主张。②根据国际劳工组织现行分类，劳动争议可分为权利争议和利益争议。前者是指就法律、集体合同、劳动合同中已经存在的权利发生的劳动争议，

---

① ILO, Official Bullet, Vol.34(1951).

② ILO, Official Bullet, Vol.50, No.3, Supplement1(1967)(转自郭明政，1984)。

权利争议可以是个别劳动争议，也可以是集体劳动争议。后者是指就新的劳动权利义务分配发生的劳动争议，大多数利益争议都是因为双方谈判破裂，没有就将来的劳动待遇和劳动条件达成一致，无法签订集体协议造成的。利益争议从本质上看一定是集体劳动争议。①

以调整法益为标准，权利争议属于"履约"争议，法律与契约（包括集体契约与个别契约）已经为劳资双方当事人之间的权利义务做出了安排，利益争议属于"缔约"争议，是劳资双方对尚未形成权利义务的利益进行分配所产生的争议，劳资之间尚不存在可以作为司法裁判依据的权利义务安排，所以权利争议与利益争议的处理方式存在巨大差异，只有后者在一定条件下可采用罢工作为压力手段（董保华、李干，2015a：47）。这种分类的目的在于与司法挂钩：权利争议可经司法审判而处理，利益争议则不可，只有利益争议才需要在一定的条件下阻却违法。这种以"可加以审判""不可加以审判"为分类的方式可回溯至1899年丹麦的"九月妥协"，其据此而区分了两种争议，并规定劳动法院管辖团体协约适用与解释争议。"团体协商可以说是不透过公的机关，而由劳资双方自主解决争议之处理方式。"（邱骏彦，载董保华，2008a：142）罢工权只是与这种团体协商相联系的集体行动权。权利争议由于可以进入司法系统解决，使用罢工手段不具有社会正当性，可被认定违法；只有利益争议在一定条件下才具有社会正当性，产生"阻却违法"的效果。只有以分类说为进路，我国未来的制度安排才可能较为国际化。

第二节 利益争议与社会救济

在社会法的争议解决程序中，我国《劳动法》第84条在集体合同争议处理的规定中对调整法益作出了规定，因签订集体合同发生争议，当事人协商解决不成的，当地人民政府劳动行政部门可以组织有关各方协调处理。调整法益作为利益争议，具有作为机制与不作为的机制，作为调整法益不可能通过诉讼来解决争议，但可通过调解、仲裁来解决双方的争议。

一、利益争议中的权力机制

社会权力须依法行使。合法的罢工，德国法上通说认为须具备五大要件，即罢工须由工会为之，罢工行动之诉求须系一团体协约可得规范之事项，须遵守团体协约之

① International Labor Organization, "Labor Dispute Systems: Guide Lines for Improved Performance," http://www.ilo.org/ifpdial/information-resources/publications/WCMS_211468/lang--en/index.htm, Jul. 26, 2015（转自章惠琴，2016：62—63）。

和平义务，须遵守一般的制定法规定，应符合相当性原则之要求；日本学界也有三大合法要件的概括，即暴力使用禁止原则、基本权调和原则、劳资对等原则（杨通轩，1998：186—192）。尽管学理归纳不同，但从具体制度上看，两者是高度一致的。在总结德日理论基础上，我国台湾地区有些学者认为可从主体正当性、目的正当性、程序正当性、手段正当性四个方面来对罢工的合法性进行归纳（黄程贯，2004：107）。“正当”意指“对的”“正确”“可以”，表述的是权利性概念。四个正当性给出的是罢工权行使的具体条件。

（一）目的正当性

目的是指行为主体根据自身的需要，借助意识、观念的中介作用，预先设想的行为目标和结果（李翔，2010：114）。罢工只有在作为签订集体协议的一种压力手段时，才具有目的的正当性，这是法律和平功能在目的上的体现。在德国，通说认为罢工行动的诉求须系一集体谈判可得规范的事项，在日本，通说强调劳资对等原则的体现，两者都强调罢工须系以缔结集体合同为目的。在日本，争议行为必须具备目的正当性。尽管日本学者的观点有一些分歧，但法院通常采纳的观点是：“既然保障争议行为的目的是想通过集体交涉强化产业自治，那么争议行为的目的一定要为支持集体谈判而定。”①集体交涉的主要目的在于劳动条件的集体形成，完成经济生活中劳资关系的自治。这类罢工也被称为经济性罢工或利益争议罢工，目的正当性可以产生违法阻却的效果，使罢工被认定为合法。如果争议的目的无关上述情形，并非经济秩序中雇主所能处理的对象，则应否认其争议行为的正当性（黄程贯，2004）。与之相对应，权利争议罢工、政治罢工不具有正当性，往往被视为违法罢工。

权利争议罢工，目的不正当。我国台湾地区《劳资争议处理法》第53条第1项明确规定：“权利事项之劳资争议，不得罢工。”罢工只能针对利益争议，该法称之为调整事项。调整事项的劳资争议为劳资双方当事人对于劳动条件主张继续维持或变更之争议，只有在集体协商破裂时，始得采之。由法律和平功能必然导出“司法程序优先”的概念，然而，利益争议无法透过司法诉讼方式得到解决（黄程贯，2015：193），故仅能仰赖资方于调解时之善意，如同“集体行乞”，因此，必须有争议权行使为后盾，方能使劳资双方基于平等而进行协商与谈判，这也构成了阻却违法的理由。罢工作为解决劳资争议之手段，若能循司法途径，通过向法院提起诉讼获得解决的，不得进行罢工行动，在正常情况下，法律和平功能应该通过国家的司法系统来保障，权利争议罢工通常属于这种情况，罢工也因此没有合法性。唯一特殊的罢工目的在于日本、美国关于不当劳动行为罢工（unfair labor practice strikes）的规定。比如，美国劳资关系法明文规定，资方必须与专属协商代表进行协商的义务。为了使集体协商义务能被充分遵守并具体实践，美国国会又在劳资关系法第8(a)(5)条中规定，雇主拒绝与受雇

① Bernd Waas, *The Right to Strike, A Comparative View*, Wolters Kluwer, The Netherlands, 2014, p.353.

者代表集体协商，将构成不公平劳动行为。美国工会因雇主的不当劳动行为而发动的罢工，属合法的罢工行为(吴育仁，1994)。这样的制度设计与日本、美国采取集体谈判中的助成型模式有关，从某种意义上说，也是为了推动集体谈判的正常进行。

政治罢工(political strikes)、同情罢工(sympathy strikes)，目的不正当。这些罢工都与签订集体合同没有直接的关系，且抵触了法律的和平功能。在日本，针对政府机关系行政或立法等行为，或为贯彻一定的政治目标发动的罢工被称为政治罢工。原则上，日本最高法院都持一贯否定政治罢工正当性的见解，日本最高法院认为："政治罢工，由于不能由集体谈判的当事人来解决问题，缺乏正当性，不受法律保护。""与针对雇主要求经济地位向上并无直接关系的政治上目的所为的争议行为，应与宪法第28条的保障没有关系。"同情罢工，非针对自己的劳动关系发动的罢工，而是对其他劳工对抗所属雇主的一种声援行为，系为支援其他工会的争议行为所发动的罢工。雇主对于同情罢工的诉求与目的，无法经由集体交涉解决，故应为违法的判断(黄程贯，2004)。同情罢工也被认为不具有正当的目的(荒木尚志，2010：140)。

我国的自发性罢工，大部分不符合目的正当性。我国《劳动法》第84条将争议分为两类，因履行集体合同发生的争议，当事人协商不成的，可以向劳动争议仲裁委员会申请仲裁；对仲裁裁决不服的，可以自收到仲裁裁决书之日起15日内向人民法院提起诉讼。履行集体合同发生的争议作为一种权利争议，已经有了司法救济途径，就应当不再允许使用罢工的压力手段。因签订集体合同发生争议，当事人协商解决不成的，由当地人民政府劳动行政部门组织有关各方协调处理，只有这类争议将来有可能适用罢工。以这样的标准来衡量，本田罢工从内容上看，是一种利益争议，仅从目的上看，有可能纳入罢工范围；东航飞行员返航涉及的是劳动者的辞职权，作为一种权利争议，司法机关已经介入处理，劳动者哪怕是以不作为的罢工形式来出现，也没有目的正当性(董保华，2012c：121)。

(二) 主体正当性

主体只有在服从法律规范，并在法律的限度内活动(福田平、大塚仁，1986：99)，才可能取得正当性。争议行为是为了保障集体谈判实质对等关系的确立，因此争议行为的主体必须与集体谈判的主体相一致，一般含义是指罢工等争议行为须由工会为之。原则上只有集体交涉的主体，才具备罢工的主体正当性。在德国，通说认为罢工须由工会为之，罢工行动之诉求须系一团体协约可得规范之事项；在日本，通说强调基本权调和原则。这种主体正当性也被学者称为"工会的'罢工独占权'"一时性(ad-hoc)的劳工组合(如劳工自救会)，或是依工会法以外之法律(如人民团体组织法)成立的劳工组织，或是任何由个别劳动者与其他劳动者结合，乃属主体不正当(刘士豪，2016)。各国之所以要让工会垄断罢工权，是因为罢工是一种危险的武器，这种武器应该交给工会，以负责任的方式使用；交由机构掌握，方得确保劳动者仅于有理由的相当情形，且同时遵守相关争议规则的前提下，才采取罢工的行动。其他非属工会的劳动者个人、全体或非工会的其他团体，于整体法秩序评价中，都无从担任如此的重要角色(林佳和,2014)。这是法律和平功能在主体上的体现。美国上诉法院[1]的判决曾指出,未经工会许可的罢工不仅是十分有害的行为,而且也是工业斗争中最不道德的一种,是一种动乱行为,只会增加商事活动的负担,并且妨碍商事活动(周剑云,2009:158)。

野猫式罢工,主体不正当。根据罢工有无组织领导,即是否由工会组织所组织,分为正式罢工(official strike)和野猫式罢工(wildcat strike)。那些没有工会领导的、劳动者自发的、无组织的罢工,被称作"野猫罢工"。这种罢工不论在德国、美国或是日本都是违法的,然而其法理基础不一样。德国集体谈判主体强调社会实力,也从团体协约能力来解释"野猫罢工"的违法性。按照德国法学界主流意见,争议行为能力即是团体协约能力,争议行为作为达成集体合同规范的一种工具,需要有协约对象缔结集体协议的能力,因此在每个案例中采取争议行为的同盟需要具备协约能力。因此,德国认为未组织工会的劳动团体即所谓事实团体,基于法律安定性的考量,无协约能力(黄越钦,1989)。美国对集体谈判主体强调代表权,根据美国劳资关系法,某工会为某雇主所属受雇人的适当协商单位的代表后,该工会即有与雇主进行集体协商的专属权(章惠琴,2016),野猫罢工被认为侵害了工会的专属代表权。两种理论都认为"野猫罢工"是一种侵害团结权的行为,实际上损害了其他劳动者的权利,因而不符合合法罢工的要件,不受法律保护(沼田稻次郎等,1979:966)。

我国的自发性罢工,主体不正当。大部分国家只有工会才能成为集体交涉的主体,我国将集体合同的签约主体规定为员工,表面上看,似乎不仅工会,员工也有可能成为罢工主体,其实不然。《劳动法》第33条规定:"集体合同由工会代表职工与企业签订;没有建立工会的企业,由职工推举的代表与企业签订。"《劳动合同法》第51条规定:"集体合同由工会代表企业职工一方与用人单位订立;尚未建立工会的用人单位,由上级工会指导劳动者推举的代表与用人单位订立。""上级工会指导劳动者推举的代表"其实与组建工会仅有一步之遥。我国的现行规定可以理解为存在着"先组建工会再签订集体合同"与"通过签订集体合同实现组建工会"两种形式。本田罢工、东航飞行员返航事件,两个单位都存在着工会组织,如果一部分工会会员不基于工会的意思决定而进行罢工,因不具备集体谈判的主体资格,其行为不具有正当性。日本司法实务认为,部分工会会员未经过工会决议,自行发起的罢工行为由于会侵害集体协商的秩序,并且对于工会纪律的违反易造成他人团结权的侵害,所以此种罢工是违法的争议类型(黄程贯,2004)。集体协议和罢工之间相互关系的一个非常重要的含义是:只有有资格缔结集体协议的当事方才能合法地采取罢工措施。只有在工会已失去功能等情形下,参与野猫式罢工而事后进而成立工会之情形,或在特定要件下,亦容许会员以其他形式组织发动罢工。本田工人在集体协商的过程中实现了工会的改组,可以勉强视为后一种形式,本田的情况具有很强烈的中国特色。在大部分情况下,参与野猫式罢工的并非工会会员,工会要接纳野猫罢工参与人员为会员,并承认

---

① NLRB v. Draper (4th Cir. 1944).

其先前所为的野猫罢工为工会的集体行动，并非易事。原先的自发性罢工只有在符合相当严格的条件下，才可理解为由工会来行使。东航飞行员返航则完全没有主体的正当性（董保华，2012c：121）。

（三）程序正当性

争议程序之正当性系指实行争议行为时遵守法律之规定程序，若未遵守规定，即在程序上有瑕疵，不具正当性（吴美然，2011：24）。罢工的发动必须经由雇主对于劳工具体要求的拒绝的过程，才符合程序正当性。在德国，通说认为须遵守一般的制定法规定。由法律和平功能亦可导出罢工等自力救济手段必须是在穷尽一切国家所提供之法律就济途径后，始得动用之解决方式，此即系所谓"最后手段原则（比例原则）"的结论。罢工行为依之必须是已毫无其他解决途径时，始得采取之最后的、不得已的例外、特殊解决方式（刘士豪，2016：155）。程序的正当性包括工会内部程序以及外部程序。罢工通常应经过工会内部一定的决议程序后发动，因此工会内部章程都会存在一种机制确保成员能够影响工会的活动，工人进行投票表决后方能采取罢工，在他们的集体性政策决定中遵循民主决策原则。外部程序包括通知雇主，劳资双方的集体协商陷入僵局，在罢工之前，通常可以申请协调、调解与仲裁，涉及第三者还应对外作出公示。有些程序中既有内部程序，也有外部程序，两种程序相互交织、环环相扣。

交涉程序。未经集体交涉的争议行为违反程序正当性要求。争议权是为保障集体交涉制度而设，原则上争议权的发动必须经由雇主对于劳动具体要求，有拒绝交涉或拒绝回答的情事。在美国，根据 1947 年的《塔夫脱-哈特利法》，如果劳资之间已存在集体合同，工会因终止或更新集体合同与雇主发生争议，工会如要进行罢工即须受到相关程序规定的限制。工会必须在集体合同期限届满前 60 天给予雇主书面通知，告知雇主其欲终止或修改集体合同，之后工会应针对签订新约或修改现有集体合同的目的，提出与雇主进行集体协商的要求（郑津津，2006）。如果对于劳动者加薪等请求，雇主还没回答之前，工会就发动罢工，应认为不具有正当性。同样，未进入集体谈判之前，工会基于实力展示或下马威等目的发动的争议行为，原则上都不具合法性。

调解程序。罢工等争议行为须符合最后手段原则，劳资双方的集体协商陷入僵局，在罢工之前，通常可以申请协调、调解与仲裁。有些国家规定调解程序为必经程序。在美国，如果劳资之间无法就争议事项达成协议，工会必须将该劳资争议告知联邦与州调解机构。在德国，除非是警告罢工，劳资双方大多数都会签订谈判陷入僵局时的调解程序。双方协商失败，可以启动自愿争议调解程序。各个州必须成立争议解决委员会，在不存在自愿程序或者自愿协商解决失败的情况下，提供额外帮助作为补充要素以使双方达成一致。但是，委员会只有依双方申请才能介入。委员会的决议只有经双方事先约定才有约束力，否则仍然由当事人自愿决定是否采纳委员会的建议（魏斯、施米特，2012：216）。在日本，发生利益争议时，劳动委员依当事人双方或一方的申请，或根据职权，可进行协调、调停；有关当事人也可向劳动委员会申请仲裁，仲裁不是强制仲裁，除了集体协商一方当事人提出仲裁申请被认可的情况之外，还有基于双方当事人的申请而进行的仲裁。而对于事关国计民生的争议事件，内阁总理大臣可以决定紧急调整。①

投票程序。争议行为的发动等事关重大的决定，通常在工会章程中予以规范，但也有国家以法律形式作出规定。比如，日本《工会法》第5条第2项第8款规定，"罢工必须经由会员或会员以无记名投票选出的代表，以无记名投票表决过半数决定之"，通说认为这是正当性的要件。未经此程序的罢工行为，应属违法(黄程贯，2004)。我国台湾地区《劳资争议处理法》明确规定："工会非经会员以直接、无记名投票且经全体过半数同意，不得宣告罢工及设置纠察线。"这虽是一个内部程序，却是集体交涉转向合法罢工的必经程序。

预告程序。争议行为是否需经过预告，由于工会体制不同，各国有不同的理解。在日本，除了公益事业外，基于工会的争议手段选择自由，应无预告义务。日本将预告作为一种劳资间的约定的程序来对待。如果集体合同中已经约定工会发动争议时的预告义务，工会发动突袭性罢工，虽然不影响罢工正当性判断，但工会应负违约责任(黄程贯，2004)。在美国预告程序是法定程序，如果劳资之间无法就争议事项达成协议，须将该劳资争议告知联邦与州调解机构(郑津津，2006)。

期间限制。在美国，如果劳资之间无法就争议事项达成协议，工会必须在给予雇主书面通知后的30天内，将该劳资争议告知联邦与州调解机构，工会在给予雇主书面通知后的60天内不得进行罢工(郑津津，2006)。罢工内部启动受到期限的限制。调整事项的劳资争议在未经调解前不得罢工，在调解以及仲裁期间亦不得罢工，而调解如成立自须依调解结论履行，如调解不成立，而进入仲裁程序，经仲裁后，劳资双方应依仲裁之裁决办理，亦不得罢工。所以得有罢工之空间者，是在调整事项的劳资争议经调解无效后，劳资双方又无意申请仲裁尚未进入仲裁程序时；然而，此时主管机关却握有认为该争议情节重大时得依职权交付仲裁之法定权力(强制仲裁)，此时罢工的空间上实则更严格的限缩(曹行健，2001：37)。

我国的自发性罢工，均不符合程序正当性。由于我国目前根本没有相关程序的规定，群体劳动争议必然得出程序违法的结论。如果以各国的程序规定来衡量我国的自发性罢工，需要研究的是违反这些程序性规定的法律责任。各类程序违反的法律责任并不完全一样，同一类程序在各国也有不同规定。以预告为例，在日本这是一项双方约定的义务，集体合同中约定工会发动争议时的预告义务，而工会发动突袭性罢工，应负违约责任(曹行健，2001：37)。违约责任是否导致否定正当性的结果？日本学界通说与司法实务有观点认为，不经预告而罢工，虽有可能会造成雇主的损害，但无法仅以此为理由而否定罢工行为的正当性(陈庆才，2009)。在美国，工会在告知联邦与州调解机构的同时，给予雇主书面通知；预告期内不得进行罢工是一项法定义务。如果工会未遵守预告程序，参与此种罢工的受雇人会受到严厉的处罚，且会因此

① 紧急调整的决定公布时，有关当事人自公布之日起50天之内不能采取对抗行为。实际上，紧急调整的决定仅在1952年煤矿大罢工时实行过一次。

失去“受雇人”的身份，而无法受到《劳工关系法》的保障，也因此可能会被雇主解雇。从实际案例看，预告期对于不同的罢工理由也有不同的影响。如工会进行罢工系为了抗议雇主的不当劳动行为，即使工会未遵守《劳工关系法》的书面通知规定，亦不会构成违法的罢工。在马斯特罗塑料公司诉国家劳动关系委员会（Mastro Plastics Corp. v. NLRB）一案中，美国联邦最高法院认为虽然《劳工关系法》明文规定受雇人在 60 日等待期内参与罢工，会失去受雇人的身份，雇主可将其解雇，但此项规定仅适用于“为终止或修改集体合同而进行的罢工”，不适用于“抗议不当劳动行为”的罢工（郑津津，2006）。我国的东航飞行员集体返航、本田工人罢工均不涉及不当劳动行为的罢工，仅从没有预告这一点来看，在美国可能导致解除合同，在日本可能发生违约赔偿。如果以我国《劳动法》规定或是其他规定来衡量，东航飞行员集体返航、本田工人罢工均不符合程序正当性，属于违纪行为（董保华，2012c：121）。

（四）手段正当性

手段一般是指为了达成一定的目标或者任务，所采取的一定措施和方法。就概念本身而言，“手段”的价值是中立的，但如果附之以一定的价值判断，那么不同的主体就会因不同的价值观念对“手段”做出不同的区分（刘金祥、高建东，2014）。罢工行动系施加雇主以财产损害的压力行动，本质上即系债务不履行及侵权行为，这一行动应有民事免责。各国宪法之所以要保障罢工的权益，是作为提升劳工条件，平衡劳动关系的手段，这样的立法目的决定了罢工应当确立非暴力的和平原则，劳动者作为享有“妨害劳动契约的特权”的一方要承担和谐义务，这也是各国罢工理论中达成的共识（董保华，2012c）。在德国，通说认为须遵守团体协约之和平义务，应符合相当性原则之要求（杨通轩，1998：186—192）；在日本，通说强调暴力使用禁止原则，罢工原则上指劳动者消极地不提供劳务。纠察，是为维持罢工对雇主营运阻害的目的，日本劳动组合法及相关解释对手段的正当性的规定，其关键是如何理解“暴力”二字。例如以组人墙等方式阻止雇主的货物进出、阻挡替代性劳力的进入等。对于纠察行为的正当性判断，除了因应个案具体判断外，一般而言，也应从法秩序全体的立场关照，不能仅从民、刑法上构成要件来立论（黄程贯，2004）。如果工会会员采取的手段明显超过合理范畴，则不符合手段的正当性。

有学者认为，依法理劳工实施争议行为应有三原则：(1)妥协原则，工会行使争议权时，应是非到最后关头不能轻言罢工（亦即为最后手段原则）；即使行使争议权，也应尽力提前结束，随时接受雇主之条件，停止罢工。(2)预告原则，争议权之行使，乃在展现实力，以为谈判的筹码，故警告性质大于实质意义，则预告对方即有其必要。一般法令虽无法对预告期间加以规定，然对时间上迫近之罢工，应为禁止者，乃为雇主“继续营业自由”之保护措施。(3)和平原则，为顾及雇主及第三人之生命财产之自由，实施争议行为时，工会应能维持工厂最低之运转，或安排“保安人员”维持秩序，乃属必要之措施（吴全成、马翠华，2011：246）。这三条原则既涉及程序正当性，更涉及手段正当性。在具有合法罢工权的国家，对警告罢工、波浪罢工、重点罢工是否合法，分歧较大。从手段正当性出发，一些国家将其定义为违法。

警告罢工在主观上，其行动未必足以妨害公司营运之正常罢工；在客观上，劳工为达其主张之目的，采取集体行动之行为，造成对方之压力。在警告罢工时，劳工仍然上班且提供劳务，但以穿背心、挂罢工徽章、绑黄丝带，展现随时能罢工的实力，有论者又称之为“精神罢工”。争议行为应可广泛将罢工、怠工、纠察、抵制等之实际行动，称为“有形罢工”，而对以具服饰抗争、贴标语抗争、散发传单及集会演讲等活动，称为“精神罢工”。在日本的案例中，由于其服饰抗争的绑头巾、带肩章等乃于工作时间内从事工会活动，在判例中仍为违法。但在德国则有不同的理解，工会常于团体协约谈判期间行使的短时间罢工，以作威吓之用，按德国法院认为真正的罢工为最后手段原则，因此在团体协商期间警告罢工有合法性。[①]有学者则认为，此类行为亦为争议行为之另一种形式，而为争议权所涵盖之范围，仍应受法律之保障（吴全成、马翠华，2011：288、243）。

“波状罢工”“重点罢工”是相对“全面罢工”而言的两种形式。“全面罢工”即特定产业全部工会组织之全面性罢工。“波状罢工”，又称连串罢工、间隔罢工、间接性罢工，是指工会不以全面性罢工，而采取一波一波地罢工，如通过分部门方式，一个部门罢工完再换另一个部门罢工。有论者认为依据“非经团体协商不得为争议行为”与“争议行为只为唤起对方法意而进行团体协商”之原则，劳方应给资方再一次判断的时间与可重新判断之经济力而进行交涉。因此，波浪罢工，有置资方于死地之意味而无谈判之诚意者，乃属非法之行为（吴全成、马翠华，2011：288）。重点罢工是指工会不发动全面罢工，只针对关键的单位进行罢工，但足以让所有营运或主要营运瘫痪的罢工手段。日本宪法第28条的主要目的是为劳资自治提供一个主要基础，并保障争议权作为一种使集体谈判过程发挥功能的方式。因此，争议权必须为了达成集体谈判的目标。仅为伤害雇主或第三人的争议行为是不正当的。为了达成集体合同而罢工才是正当的。[②]

就雇主的争议行为手段的正当性而言，最常讨论的是雇用替代工。与德国等大多数工业化国家不允许雇用长期罢工替代者相反，美国允许在劳动者发动经济罢工时雇主雇用长期替代者。美国联邦最高法院于1938年确立了“麦凯原则”，经济罢工中雇主既可以雇用长期罢工替代者，也可以雇用临时性的罢工替代者。一旦雇主使用罢工替代者，罢工结束后，罢工劳动者并不能自然复职，常常是无限期等待有任何职位空缺出现，而即使在复职后，其就业安全及升迁远景也并没有获得充分的保障（焦兴铠，1995）。被解雇与被永久性替代之间的区别，在实际意义上是不存在的；任何一种情况下，劳动者都可能失去了工作。无工会劳动者的协同行动恰恰属于经济罢工，被长期替代的风险是劳动者自发罢工不得不考虑的成本（章惠琴，2017a：168）。

① 参见BAG，DB 1988，1952（转自刘士豪，2016：145）。

② Bernd Waas, *The Right to Strike, A Comparative View*, Wolters Kluwer, The Netherlands, 2014, p.353.

以上述原理来观察我国的自发性罢工，相当一部分案件都不符合手段正当性。"暴力"是一种作为，罢工作为多数劳动者协同地为劳动之中止行为是一种劳务提供的不作为，单从定义上看，两者是可以共存的，这也是和平罢工原则得以确立的基本依据。也有学者认为，以这样的罢工定义来衡量，太过消极。①无论是从较为消极还是较为积极的定义看，均将劳动者个人的积极行为，排除在合法罢工的范围外（董保华，2012c）。东航飞行员集体返航、本田工人谭志清按下了流水线上的紧急按钮，两个案件都是一种积极行为，不符合"一群受雇者为表示不满，而中止或停止劳务"的特点；两个案件都涉及关键岗位罢工，具有"重点罢工"的特点，致使很大一部分工人"被迫"参与。因此具有违法性。对于企业是不是可以解除这些员工的劳动合同，在美国与欧洲也存在不同的看法。

二、利益争议中的职责限制

工会组织作为社会团体，行使权力时，受其职责限制。各国利益争议进入某种社会化解决机制之初有一个基本的是非判断就是罢工是否违反了和平义务，英美法系国家大多称之为"不得罢工条款"。我国群体劳动争议的概念最初出现在《工会法》的相关规定中，这一规定也有从和平义务的角度对工会承担的责任进行规范的特点，这是相当性的义务限制。劳动关系的内部矛盾转化为社会化处理机制的重要联接点，四个正当性均与法律和平义务的应当性有密切的关系（寇艳芳，2016：1、3、5、8—16、32—33）。

（一）西方和平义务的含义

和平义务（peace obligation），又可称为和谐义务、和平公约，不同的国家名称有所区别，英美国家通常称之为"不罢工条款"（no-strike clause），其所包含的禁止罢工的含义大致相同。和平义务是指在集体合同有效期限内禁止集体合同双方的劳资斗争行为，不允许因集体合同所规定的问题而举行罢工或闭厂等产业行动（杜茨，2005：194）。该义务存在的目的在于对集体协议双方的约束作用，防止劳资冲突无序发生。和平义务主要在时间上（集体合同有效期内）、范围上（集体合同规定的问题），对适用作出限定：(1)在集体合同有效期内，工会方对非合同中已规定的问题采取罢工的行为，由于罢工权在多数国家是由宪法予以保障的重要权利，限制罢工往往被认为是违宪的，因此该罢工才是合法罢工。(2)通过集体谈判未能达成新的集体合同，或者原集体合同已到期，效力已终止，此时合同双方当事人也无须再遵守和平义务，才享有罢工或闭厂的权利。(3)如果当集体协议双方约定了在协议存续期间禁止任何争议手段，则在此期间，不管是不是因协议中已规定的问题引发矛盾，双方当事人都不得

① 罢工也应当包括某些积极的抗争行动。这些学者主张应以消极行为作为罢工概念的核心部分并增加确保工会"进行具有压力效果之罢工行动的能力"（黄程贯，1997：253）。

采取罢工或闭厂等争议手段。

其一，和平义务的表达形式。根据和平义务在集体协议中的表现形式可分为：成文法型的和平义务与习惯法型的和平义务。在欧洲，一些国家以制定法的形式对和平义务做出明确规定。如在芬兰，集体协议法令第八部分规定了有关和平义务的内容。在波兰，和平义务又被称作“社会和平义务”，在《集体劳动争议解决法》(Collective Labour Dispute Resolution Act, CLDRA)这一成文法的第4条款中也做出具体规定：“如果争议涉及集体协议的内容，或涉及其他的工会组织是其中一方当事人的协议的内容时，且争议的目的是为了修改该协议，则在协议有效期终止前，类似的争议行为是不得开始或者实施的。”考虑到罢工是针对集体协议或工会组织作为一方当事人的协议的内容，因此这个规定就构成了成文的不得罢工义务。在瑞典，其法律也有明确规定，《共同决定法》第41项就对和平义务做了规定①，条文中体现和平义务以及当事人的实施义务。另有其他条款对该义务的规定也有体现，涉及的内容也较详细，对产业行动的手段、程序等作为与不作为做有规定。《瑞典宪法》(《政府文告》第2章第17条)对产业行动权的规定较为宽泛：“任何工会、雇主或雇主协会都有权罢工或停工或采取任何类似措施，除非法律另有规定或协议中另有约定。”和平义务又被称为“和平公约”，出自法律的明确规定，其形式不同于德国需通过集体合同做出规定。1928年《集体协议法》是劳动法领域第一部综合性立法，规定了在集体协议有效期内的和平义务原则。根据该法，雇主或雇员不得为了变更集体协议或支持关于集体协议解释或适用的观点而进行集体性的产业行动，后1976年颁布的《共同规制法》吸收了这些规则，该法是有关集体协议的重要立法(叶静漪、伊克鲁德，2008：343)。

以习惯法的形式确定和平义务，典型的国家如德国。在历史上，德国曾有过对和平义务的立法尝试，但最终并没有以成文法的形式对和平义务做出规定。不论是1918年的团体协约条例或是今日的团体协议法，均未有关于和平义务的明文规定。在最终成型的团体协约制定法中也未对其做出明确规定，最终由学术界与司法界作为通说建立起来。德国在1921年的劳动团体协约法草案第18条曾以当时的通说为本，而明文肯定相对和平义务，对妨碍团体协约的整体以及个别规定的争议手段都不得采取。之后和平义务便以习惯法的形式长期存在于集体协议中，成为协议中的隐含条款、应有之义，具有强行法的性质，即使协议中没有具体的条款规定，对协议的双方当事人都有约束力，双方也不能通过协议排除其适用。即使集体协议当事方在合同中明确将这些义务排除在外，它们仍将被适用，任何免除义务的规定都是无效的

① 雇主组织或雇员组织不得组织或以任何其他方式诱导非法的产业行动。该组织也不能通过支持等方式参与非法的产业行动。当面临大规模的非法产业行动即将发生或者某一成员正在进行非法产业行动时，该组织有义务阻止其成员的非法产业行动。如瑞典《公共雇佣法》第23条第1款规定：“在构成行使公务或为保障公务而行使的其他必要权利工作中只能采取闭厂、罢工、拒绝超时工作或封锁雇用新员工等形式进行产业行动。”第25条规定：“雇员只有在其所属的、发动产业行动的组织同意后，方可参加该产业行动。”第26条规定：“对所禁止的产业行动，雇员组织不得发动或以任何方式引发。对于法律不允许的产业行动，已有雇员计划发动或已经实施的，其所隶属的工会有义务努力阻止其行为，确保其终止。”

（魏斯、施米特，2012：208）。相对而言，和平义务无需双方合意，只要有团体协约的存在，则可推出和平义务的存在。

其二，和平义务的约束主体。在德国，该合同义务也是只对合同双方有约束力，劳动者对此不受约束。在日本，由于和平义务缺少规范的影响，因此该义务仅约束集体协议的双方当事人。在土耳其也是如此，只有集体协议的签订者才受协议的约束。在芬兰则是该义务不仅约束作为集体协议的当事人，即工会联合会与雇主协会，同时也对隶属于它们的协会以及单个雇主具有约束作用，但个体雇员不受此限制。在西班牙，雇员与工会联合会受和平义务的约束，各用人单位也可援引该义务所产生的权利。瑞典《共同规制法》则规定，雇主组织与工会组织达成的集体协议，同样适用于各组织的内部成员，即雇主组织、雇主、工会组织、雇员，各成员皆需承担和平义务的约束。甚至瑞典最高院于1974年曾有判决认为为维持正常的工作秩序，非工会会员同样要遵守集体协议不得罢工，其虽未受和平义务的约束，但为了维护企业的生产秩序，也会发生违约的情形，非工会会员基于个体雇用合同也有保持和平秩序的义务。丹麦的情况是工会的中央组织和雇主的中央组织签订的集体合同包括和平义务条款（石美遐，1997）。

其三，和平义务的约束范围。根据集体协议中和平义务对双方劳资斗争约束的范围，可分为相对和平义务与绝对和平义务。相对和平义务是禁止为变更现有条款中已做规定的事项而采取劳资斗争行为，不同于绝对和平义务，则是禁止集体协议有效期内的任何劳资斗争行为，也包括了禁止旨在加入集体合同未做规定条款的劳资斗争行为。集体合同上的和平义务在时间上（特别是通过时间届满或者合同解除）和标的上（例如在工资或者休假集体合同情况下）被限制，此即被称为相对和平义务，如果集体合同当事人不依赖于集体合同的规范对象约定了集体合同有效期间禁止全部斗争行为，就产生了绝对的和平义务（杜茨，2005：194）。绝对和平义务是指在集体协议有效期内，双方当事人对任何问题皆不得采取争议行为，其必须由双方合意达成一致，方可适用。由于罢工权不可能被根本放弃，所以在多数国家排除绝对和平义务的适用，因而，即使双方达成绝对和平义务，其也是仅在有限的期限内才被允许。

（二）我国和平义务的特点

我国目前对和平义务理论所做的系统性研究较少，现有的期刊、著作对此问题也只是一笔带过，停留在初步层面，未有深入透彻的分析。石美遐指出和平义务存在于多数国家，是对产业行为，如罢工，进行限定的原则，并对其存在形式、受约束主体予以概述（石美遐，1997）。聂海军指出集体合同中的该义务确保了有效期内需维持安定的秩序（聂海军，1997）。侯玲玲指出和平义务是瑞典处理利益争议的一项重要原则，提出在我国解决利益争议时，确立在集体谈判时的和平义务，在谈判时要确保工业和平（侯玲玲，2006）。稍有不同的是，吴文芳在介绍德国制度时，指出我国集体合同并不具备债权性效力，由此得出集体合同中并没有和平义务存在的错误结论（吴文芳，2010）。这些讨论基本上没有从国内的制度设计来认识我国和平义务的概念。我国现行和平义务可以概括为以下四个特点。

其一,我国承担和平义务的主体是职工而非工会。我国职工才是集体契约主体,也是和平义务的承担主体。2011 年的《辽宁省企业工资集体协商规定》中第 15 条规定在工资集体协商期间或者工资专项集体合同有效期内,企业和职工双方应当维护企业的正常生产和工作秩序,不得采取不正当手段或者有过激和歧视性行为,此条文可以说是和平义务的标准规范,对时间要求采取了明确的工资专项集体合同有效期内的表述,并且还扩张解释了时间要求将协商期间也纳入其中。2014 年的《广东省企业集体合同条例》第 22 至 24 条以及第 37 条和 2015 年的《上海市集体合同条例》第 21 条则对禁止的争议行为进行了列举式的规定,上海从职工不得和企业不得两个角度,广东从职工和企业不得、企业不得、职工不得和公共利益四个角度罗列了四至五项较为具体的争议行为。在这些地方规定中也是将和平义务的主体确定为员工。

在德国,集体合同主体是雇主或雇主团体与工会,而非个人。吴文芳看到,和平义务作为一项合同义务只对合同双方当事人有约束力,工会作为维护雇员利益的集体协议的一方当事人,应承担特定的义务,如果对其义务不作为或疏忽履行,则应由其承担违约责任。劳动者对此不受约束,如果一个雇员参加了一个违反集体合同的劳工斗争,他不是违反了集体合同上的和平义务。吴文芳没有看到,该雇员违反了另两项义务:一是违反了单个劳动合同上的劳动给付义务,二是在有工会会员资格时违反社团法上的义务(杜茨,2005:194)。我国做出相反规定,是由于我国《集体合同规定》《工会法》中的规定,集体合同是由用人单位与本单位职工就相关事宜协商签订,并对用人单位和本单位全体职工具有法律约束力。工会代表职工与企业以及实行企业化管理的事业单位进行平等协商,签订集体合同,工会仅仅是作为职工代表签订集体合同,并非集体合同主体,和平义务自然也由职工这一集体主体来承担。

其二,我国承担和平义务的形式是遵守规章制度是而非集体合同。我国的"不得罢工条款"一般是写在规章制度而非集体合同中,规章制度通过履行民主程序并在企业范围内公示而生效。规章制度的效力来源在我国学理上存在合同效力与法规效力的争论,但这里所说的合同效力是指劳动合同而非集体合同。我国有学者认为,由于我国集体合同的签约主体也是职工,因此这种合同只是劳动合同集合,而非真正意义上的集体合同(吴文芳,2010:138),这种看法也不无道理。在工会发挥作用的谈判与参与这两种机制中,我国的规章制度属于参与形式而非谈判形式,在已经履行民主程序的情况下,是以某种参与形式达成了和平义务。这样"不得罢工条款"似也可以理解为规范效力;如果认为规章制度是劳动合同性质,和平义务也具有契约效力的特点,只是契约主体是职工而非工会。

其三,我国根本没有允许罢工,罢工的违法性未得豁免,可以说是一种绝对和平义务。绝对和平义务是指在集体协议有效期内,双方当事人对任何问题皆不得采取争议行为。由于罢工权在大部分国家是受到法律保障的,所以在多数国家排除绝对和平义务的适用,因而,即使双方达成绝对和平义务,其也是仅在有限的期限内才被允许。也有国家如瑞士,强调协议期间的绝对的和平义务,排除一切争议手段,从根本上避免违反和平义务的发生。《瑞士债法典》第357条之一有规定:"协议的双方都有维护和谐产业关系的义务,特别是对于集体协议中已做出规定的问题。禁止任何有敌意的行动,但这种义务只有在协议中明确达成一致时,其适用才没有任何限制。"

其四,我国工会对于其成员违反和平义务缺乏约束的能力。德国法律规定只有工会有罢工权,并不承认工会会员的罢工权,工会团体对其成员的违反行为有制止的义务,可采取制裁甚至剥夺会员资格的处理。工会在所有情况下都应该尽力阻止成员参加"野猫罢工",管教这类罢工的发起者、剥夺这类罢工者的会员资格。我国2001年10月27日第9届全国人大常委会第24次会议审议通过的《关于修改〈中华人民共和国工会法〉的决定》规定:"企业、事业单位发生停工、怠工事件,工会应当代表职工同企业、事业单位或者有关方面协商,反映职工的意见和要求并提出解决意见。对于职工的合理要求,企业、事业单位应当予以解决。工会协助企业、事业单位做好工作,尽快恢复生产、工作秩序。"从"尽快恢复生产、工作秩序"这一规定来看,我国也是存在和平义务,只是这一义务并非工会的义务。工会的义务只是"反映职工的意见和要求并提出解决意见"。我国工会对会员并无约束力。

我国多地集体合同条例或工资集体协商规定中有涉及和平义务条款的相关内容,例如辽宁、广东①,但执行效果并不尽如人意,广东群体劳动争议的数量远远超过全国其他各省,据2011年至2015年的数据统计为1 170件,全国各地每年发生的劳资争议行动数量不断增加,只2015年一年暴发了2 773起集体劳动争议行动,比2014年增加一倍以上,涉及社会各行各业,且大多呈现暴力、无序化,集体合同中要求维持和平秩序的条款没有起到制止作用。在面对各种罢工、抗议等事件,缺少有力的制止手段,工会不能出面有利地控制局面,常常出现警察出动维持秩序的情形。由此,不得不从理论上反思:我国大规模地推进集体合同,为什么没能对罢工起到应有的控制作用?

(三) 和平义务的法理基础

各国和平义务的法理基础并不相同,德国论者关于和平义务的法理基础也未达成统一的认识,大致有以下几种:(1)本质说,和平义务是由诚信原则以及团体协约的本质得来的;(2)秩序功能说,和平义务是由团体协约中所包含的秩序功能得出的;(3)习惯法说,和平义务是由习惯法而来;(4)给付与对待给付说,和平义务是在斟酌了当事人的各方利益后,由团体协约缔约当事人所做出的意思表示而得出的义务,它是由双务契约中的给付与对待给付关系而得来的。以上种种论述各有不同,但都认

① 《辽宁省企业工资集体协商规定》第15条规定:"在工资集体协商期间或者工资专项集体合同有效期内,企业和职工双方应当维护企业的正常生产、工作秩序,不得采取威胁、收买、欺骗对方协商代表等不正当手段或者有过激、歧视性行为。"《广东省企业集体合同条例》第22条至第24条规定,在集体协商期间,职工方和企业应当采用平和、理性的方式,维护企业正常的生产经营秩序,双方不得为、企业方不得为、职工方不得从事某些行为等内容。

为和平义务是团体协约缔结时所必然伴随的当然内容，它不依赖于当事人的特别约定。[①]辛茨海默（Hugo Sinzheimer）早在1916年时即已认为对和平义务的违反就是违反团体协约的违约行为，对于一些心怀恶意，动机不纯，意在对团体协约的秩序进行破坏的所有行为，均属于违反和平义务规定的行为。这种违约责任可以从以下两个方面理解。

首先，和平义务的法理基础可以从私法上契约的角度出发讨论。依据契约自由、意思自治的原则，和平义务属双方合意，其有权利自行约定，具有债法的性质——相对性，并需要承担违反协议时的违约责任。对做出约束双方行为的规定，双方都必须遵守，共同维持协议有效期内的和平秩序。对受和平义务约束的事项，原则上由当事人自行约定，双方在谈判协商过程中可为自己设定权利与义务，只要该内容不违背法律法规等强制性规定及公序良俗。根据民法中契约自由，“法无禁止皆自由”，当事人之外的第三人不得干预双方订立有关和平义务的规定，但该规定亦不得违反法律法规的强制性规定，否则为无效。在集体劳动争议中，劳方与资方是平等的主体，在协商、谈判中处于平等地位，各自由自身权益的代表人维护其权益，这也是民法契约中主体地位平等性的体现。

其次，对认可和平义务的国家来说，和平义务属于团体协议中或明确或隐含的规定，应为团体协议本身所固有的，协议即是该义务存在的根基。德国规定[②]包含两方面的效力，前半部分的规定是债权性效力，规定了双方的权利和义务；后半部分是法规性效力，对集体合同中劳动关系的成立、解除、终止，工作报酬、工作时间、休息休假等，以及规章制度等做出规范。在我国台湾地区的团体协约中也有类似的规定，对其当事人也具有的法规性效力之约束，即《团体协约法》19条。[③]债权性效力中最重要的便是和平义务与影响义务。我国台湾地区《团体协约法》关于团体协约之履行，除本法有特别规定外，适用民法之规定。目的在于约束并规范双方当事人在面对争议时所采取的手段，避免过激的举动，保证生产秩序的顺利进行，且不能使第三人对此协议负担义务。

（四）我国和平义务的探索

我国目前的集体合同在内容上重法规性效力，无债权性效力。因此有学者得出的结论是：“我国现行有关集体合同的内容等规定，缺少和平义务适用的基础。”（吴文芳，2010）虽然强调集体合同“债权性效力”值得重视，这一观点遵循我国道德转型的

---

① 上述有关和平义务的法律基础的各种学说，源自德国学者之观点（黄程贯，2006）。

② 德国《团体协议法》第1条第1款规定：“集体合同规范集体合同当事人的权利和义务，它还包含法规性效力内容，即对于劳动关系的建立、内容和终止及企业规章或企业组织法上的规范具有规范性效力。”

③ 《团体协约法》第19条规定：“团体协约所约定劳动条件，当然为该团体协约所属雇主及劳工间劳动契约之内容。劳动契约异于该团体协约所约定之劳动条件者，其相异部分无效；无效之部分以团体协约之约定代之。但异于团体协约之约定，为该团体协约所容许或为劳工之利益变更劳动条件，而该团体协约并未禁止者，仍为有效。”

特有逻辑，“社会法从传统形式主义法学中发展出来，其背后是一部阶级奋斗史，这已经为工业国家社会法发展史所证明。”(吴文芳、刘洁，2021：106)大大夸大阶级斗争理论对当今社会发展的影响力。一个法律规定只要他们认为不道德便可以公然主张不遵守，并以群体争议的斗争手段去冲击(董保华等，2021：654—655)。德国学者雷蒙德对和平义务所持的态度为允许对其扩张解释，而不允许对其排除限制(瓦尔特曼，2014：425)。对此观点，曼弗雷德·魏斯、马琳·施米特、杜茨等多数学者持赞成的观点(魏斯、施米特，2012：208；杜茨，2005：194)。立足于这样的观点，我国也应当以改良主义的立场研究集体合同中“债权性效力”。

其一，我国的和平义务主要是法规义务，欠缺债权性效力会使其失之简单，但不能得出缺少和平义务适用基础的结论。我国劳动法学者一般比较反对“聚众扰乱社会秩序罪”，却非常欢迎“欠薪入刑”，更主张搞一部劳动刑法。殊不知，两者的逻辑其实是完全一样的，都是和平义务或债务的刑法化。一个良性的社会，刑法应当具有“谦抑性”。在经济危机中，我国发生如此大规模的欠薪逃匿，与集体合同中欠缺债权效力也有一定的关系。当关、停、并、转通通交给法律规范时，这些内容在我国就成为工商立法权限，只是从财产状况来考虑，很难从和平义务的相对性角度来思考。

其二，债权性效力涉及法律上两个相对的主体，其前提是工会应有独立地位。国外大多数国家在解决劳动争议问题中，工会的作用不可小觑，法律对工会予以支持、监督、保护等多种作用，使其作为一个独立的组织得以存在。工会的经费来源主要为工会成员缴纳的会费，工会为罢工储备经费发放罢工津贴，工会独立于企业与政府，在代表工人协商谈判未能达成一致时可组织工人罢工。这是债权性效力得以发挥作用的基础。我国应当有条件地赋予工会相应的权利，特别是利益争议谈判陷入僵局时，可以在有限范围内施加罢工压力的权利。

其三，我国工会不是签约主体，而只是法定代理。法定代理与团结权并无内在联系，代理从原理上说不应该垄断。现实生活中劳动者并不否定法定代理，只是在此之外又行委托代理，工人代表制就是如此产生的。我国工会应当转变职能，真正承担起代表者而非代理者的职责。工会以自己的名义与企业签订合同享有权利，对外代表与对内自律相结合，也应该承担相应的义务。受和平义务约束的主体既享有权利，也要履行不得违反协议罢工或闭厂等义务(不作为义务)，还应对其团体成员起到敦促、管束的义务(作为义务)。

其四，违反团体协议中的义务(包括和平义务)，多数国家规定了违约方的赔偿责任。无论任何一方出现违约的情形，信赖方都有权要求对方履行或承担予以损害赔偿等违约责任，其对团体协议的双方当事人一视同仁，工会与雇主处于平等的地位。如瑞士的协和协约中设定违约保证金制度，瑞典《集体协议法》以及《共同规制法》曾规定雇员违反义务采取争议行动造成损失时，以 200 瑞典克朗的违约赔偿金向雇主赔偿，日本同样有权要求工会赔偿由于违反和平义务带来的损失，美国罗伯特·A.高尔曼提到对违反“不得罢工”规定时的损害赔偿、罚款、颁发禁止令的处罚措施(高尔曼，2003)。我国的工会立法基本上都是由工会主导的，必然采取免除自己债务的做法，从债的相对性来说，我国在免除工会责任时实际上也免除了雇主的责任。

三、利益争议的社会救济

利益争议虽然是一种自力救济的手段，本身也是团体社会的争议行为。作为争议行为往往以社会救济作为处理机制。“社会救济，实际上是从公力救济中分割出来的部分权力和私力救济的制度化。”作为公、私两种救济制度的结合，也可以认为“社会性纠纷解决（救济）机制是私力救济的制度化和司法社会化相结合的产物”（范愉，2007：86）。当集体协商与团体压力相结合时，社会救济本是社会法最有效的解决机制，以调解与仲裁为基本形式。

（一）利益争议的非讼性

调整法益与权利之间的一个重要区别，是前者一般不具有通过司法途径向法院提起诉讼而获得解决的条件。黄程贯提出的法律之和平功能，系指“法律秩序存在的目的即是在于以和平的方式解决社会上之各种争议，而其和平方式乃是由国家基于‘法律制定者’之地位，订定一定之争议解决程序与制度，并基于‘法律维护者’之地位，以其公权力作为争议当事人透过国家所制定之程序与制度和平解决争议之确保。因此，若当事人间之争议得透过国家所订定之程序、制度解决之，则当事人即不得自行动用本身之实力，例如，罢工，作为解决争议之手段。故劳资双方间之争议，若能循司法途径，向法院提起诉讼，而获得解决，则自不得进行罢工行动，否则即属违法。此即是由法律和平功能所推导而出之‘司法程序优先’原则的结果”。同时，黄程贯还认为，法律之和平功能还可推导出罢工等自力救济必须是在穷尽一切国家所提供的法律救济途径后，方能采取的解决方式，此即“最后手段原则”。权利争议，因其有提起司法诉讼的可能性，因而根据法律和平功能、司法程序优先原则和罢工系最后手段原则等，故不得因之而进行罢工（黄程贯，1997：262—263）。

除正面论证之外，黄程贯还从反面分析了若权利争议可以罢工，则罢工与诉讼间的关系存在诸多疑点：(1)若劳方因权利争议而罢工，资方可否就该权利争议向法院起诉？若不能起诉，则剥夺资方诉权的理由是什么？若可以起诉，则已进行的罢工是否受影响？若罢工与诉讼可同时进行，则罢工是否有向法院施加压力之嫌？(2)调解不成后，若资方向法院起诉，劳方能否就该权利争议而罢工？(3)上述两种情况下，若劳方起诉，则情形有何不同？鉴于上述疑点，黄程贯很早即提出，在修改我国台湾地区的《劳资争议处理法》时应增加权利争议不得罢工之规定（黄程贯，1989：193—194）。

（二）利益争议的调解

调整法益虽然不能通过诉讼得以解决，但可通过调解的方式来处理双方的争议。调解是在第三方协助下进行的、当事人自主协商性的纠纷解决活动（范愉，2002：310）。劳动法针对签订集体合同争议只规定由劳动行政部门予以协调。协调或者称斡旋与调解都是指劳资双方在集体协商发生僵局，由第三方出面协助双方达成协议的方式。斡旋是第三方将当事人拉在一起，鼓励他们来讨论双方歧见，并且协助他们找出各自的解决方法，而调解则是第三者更积极地协助当事人找到一个可以被双方接收的解决方案，甚至还可以提供自己的解决方案给双方参考，以求争议能得以解决。在利益争议调整的制度设计上有两种重要的立法原则，即强制主义与任意主义。各国劳资争议处理法制究竟采取何种主义，取决于该国对于处理程序的定位。在历史的发展进程中，调解事实上存在过不同的形式及模式，不但呼应着各个不同时代的思维与政治目的，也反映出"国家与劳资社会势力"间的关系折冲与演变。

目前国际上通行的调解模式主要有以下几种：(1)国家提供调解机制＋当事人自由的启动与进行。这种模式则是国家提供调解的程序机制，由劳资当事人一方或双方请求，自由启动的、非强制性的一套调解机制。行政机关所提供的程序中，常有对调解委员会的组成、程序、当事人的和平义务、调解成立或不成立的条件等作有规定，但是其"当事人自由启动"的性质依然未变。(2)国家提供调解机制＋当事人非完全自由的启动与进行。这种模式则是由国家规定劳资争议的调解机制，同时强制当事人再发生劳资争议时，必须要进入这一套调处的程序，然而，调解的本身依然是"私法自治、劳资双方当事人自主形成"。(3)国家提供调解机制＋提出不具拘束力的调解建议。这种模式则是更进一步的，国家除了单纯地提供调解机制与程序之外，又得依职权抑或当事人间的合意，得由国家在当事人间无法透过调解达成共识时，提出具体的调解建议，但是其建议并不具拘束力(林佳和，载董保华，2008a：241)。换言之，仍容忍当事人自主决定是否接受，并无法律上强制的可能。

不难看出以上三种模式的共通点就是，由国家来提供调解机构。通过对这些国家的政府调解制度的介绍，可以发现政府调解确实是一种行之有效的调解制度，由国家来提供这种公共资源，可以保障这种调解机构最广范围的覆盖，避免出现当事人寻求解决却走投无路的困境，另外，完全自由的启动方式又可以保障当事人在最大限度范围内的意思自治。这对我国目前正要构建的调解制度有着重要的借鉴意义和价值。

(三) 利益争议的仲裁

调整法益虽然不能通过诉讼得以解决，但可通过仲裁的方式来处理双方的争议。仲裁是利益争议发生以后，争议双方无法自行获得和解，而由法定或者约定的机构就劳资争议的情况调查后，作出解决的决定，而要求争议当事人接受。在集体谈判过程中一旦出现僵局，意味着劳资之间发生了争议，利益争议(interest dispute)是由集体合同的签订、变更引起的争议，如果劳资双方不能通过谈判达成一致，他们就可能会通过其他程序来解决僵局，利益仲裁就是一种选择。

其一，合意仲裁以及强制仲裁。美国在利益争议中，发展出了合意仲裁以及强制仲裁两套制度，前者适用于私人部门，后者适用于公部门。由于公部门雇员虽然享有团结权以及协商权，但基于公益考量，未赋予争议权，因此当双方协商陷入僵局，通过强制仲裁，强制促成双方达成合意。仲裁依其开始是否需双方的合意，而分为任意仲裁和强制仲裁。任意仲裁就仲裁的结果是否另需合意才受拘束而有区别。如果双方当事人对于交付仲裁与否需双方合意，那么服从仲裁与否仍需双方的合意。双方当事人合意交付仲裁，同时即合意服从仲裁的决定，此时仲裁者所为的决定对于当事人即有拘束力。同样地，强制仲裁也可就是否得强制双方当事人受仲裁决定的拘束而有别，如果国家得依职权交付或仅依争议当事人一方的申请即可交付仲裁者，但当事人得自由选择是否服从仲裁决定，此即为交付强制的仲裁。如果不但交付强制，对于仲裁的决定，争议当事人也有服从的义务，即交付与决定皆为强制的仲裁。

其二，常规仲裁与最终报价仲裁。常规仲裁是由一个仲裁员或三方组成的仲裁委员会，根据法律的规定及双方的意见和相似行业中其他雇员的劳动标准，对争议做出最终裁决。常规仲裁常被认为折中了双方当事人的主张。因为在常规仲裁中，最终结果要以冲突双方的辩论和主张为依据，仲裁员通常会选择介于最终主张范围内的折中协议。虽然折中的主张比较公平，但仲裁员折中方案会被认为是善意谈判的阻碍，会引起寒蝉效应(chilling effect)。[①]因为双方相信仲裁员会折中，他们不愿让步，更想采取极端的主张，这样仲裁做出的折中裁决也部分支持了他们的主张。常规仲裁中的仲裁员是否折中其实不太影响双方当事人各自的出价。最重要的一点是期待折中的劳资双方倾向于提出极端的主张，结果是他们并不能在仲裁前的讨论阶段取得一个中间值，这会导致更多的谈判僵局以及引发更多最终不得不诉诸仲裁的谈判，因为各方都不愿为了达成协议而做出让步，以免让仲裁削弱或损害了自己的主张(麦冰冰，2016)。最终报价仲裁是利益仲裁的另一种形式，仲裁员不能再折中双方的主张做出裁决，只能选择其中一方当事人的出价做出仲裁裁决。它克服了常规仲裁存在的问题，因为劳资双方不会再依赖仲裁员作出一个中间裁决。仲裁员在最终报价仲裁中没有裁量权，他必须在工会的最终报价和雇主的最终报价之间做出选择。

最终报价仲裁有两种形式：(1)一揽子仲裁(entire package)、最后条件选择(the final offer selection system)，即仲裁员选择一方涉及争议的全部谈判要求(包括工资、健康保险和假期等)作为裁决内容；(2)分项式仲裁(issue by issue)，每项议题中之最后条件做选择制度(the last-offer-by-issue system)。即仲裁员根据争议事项，分别选择工会方或者雇主方的谈判要求作为裁决内容。最终报价仲裁的深层逻辑是，由于仲裁员不会像常规仲裁中做出折中主张，如果谈判者提供极端的报价会有更大的风险，因为这会增加仲裁员选择对方最终报价的可能。从理论上说，最终报价仲裁有利于克服常规仲裁下双方的“寒蝉效应”，避免了双方过于依赖仲裁，并鼓励双方在仲裁之前尽可能通过谈判做出适当让步，使问题得到解决。对仲裁结果的研究表明，最终报价仲裁方式下谈判双方能够自行达成协议的比例要高于常规仲裁方式。

---

① Peter Feuille, “Final Offer Arbitration and the Chilling Effect,” *Industrial Relations-IND RELAT*, Vol.14, 1975, p.304.

这表明，在最终报价仲裁方式下，谈判双方会以更加积极、主动的态度促成协议的达成。①

第三节 权利争议与公力救济

在社会法的争议解决程序中，与调整事项相对应的是权利事项。我国更重视的是权利事项，《劳动法》第84条原来规定，履行集体合同发生争议时“当事人协商解决不成的”可以提起仲裁、诉讼。《劳动合同法》第56条则将这一规定改为“工会可以依法申请仲裁、提起诉讼”。劳动法学界忽视了这一修改对权利争议其实也产生出实践意义。

一、工会诉权的概念

我国《劳动法》第84条原来规定，履行集体合同发生争议时“当事人协商解决不成的”可以提起仲裁、诉讼。这里的“当事人”本不是职工的意思，随着近年来这一当事人被理解为职工，我国劳动和社会保障部制定的《集体合同规定》也强调集体合同的当事人是“本单位职工”。《集体合同规定》第55条也规范了相同的内容，同时在第49至54条中就集体协商过程中发生的所有争议均可以寻求劳动保障行政部门的救济，并且就行政救济的处理期限以及程序作了详细的规范。由此可见，国家层面的救济制度的设计是大范围的行政救济小范围的司法救济，以及行政救济先行（徐扬，2016）。各部门在合力为工会开脱责任时，其实也发生一处转变。《劳动合同法》第56条规定：“因履行集体合同发生争议，经协商解决不成的，工会可以依法申请仲裁、提起诉讼。”《工会法》第20条第4款强调了工会享有的仲裁和诉讼的权利。理解这样的规定，需要理解社会利益诉讼的相关理论。

公共诉讼（public law litigation），是美国的称谓，这种诉讼在其他国家被称为民众诉讼、社会利益诉讼、现代型诉讼或公益诉讼。这类诉讼共有三种主要形式：(1)由个人提起的；(2)由社会团体提起的；(3)由司法官、检察官提起的。日本对三个概念都有所使用。我国已经对第三种方式予以确认，《民事诉讼法》第14条规定的“人民检察院有权对民事审判活动实行法律监督”和《行政诉讼法》第10条规定的“人民检察院有权对行政诉讼实行法律监督”。监督的方式只有一种，就是抗诉。这一规定被理解为是一种公益诉讼。《劳动合同法》的规定是向第二种方式推进。从各国的情况看，集体劳动争议处理体制中主体的变化主要是社会团体的加入，社会团体为争取社会利益而进行诉讼，我们可称之为社会利益诉讼（董保华，2012g）。因此我国在建立

① John Godard, *Industrial Relations, the Economy, and Society*, *2nd Ed*, Captus Press, 2000, p.362.

具有中国特色的社会利益诉讼法律制度时,可以以英美法系的模式为蓝本。某些社会团体之所以能够以自己的名义提起争议得益于社会利益诉讼理念的引入。其实社会利益诉讼归根到底并不是独立于民事诉讼、行政诉讼之外的一种单独的诉讼类型,而只是这两者的改良,其最大的变化就在于原告范围的扩大化。由于原告的多样性使得社会利益诉讼可以是民告官,也可以是民告民,还可以是官告民、官告官,最理想形式是发挥社会团体的作用,并加重国家的责任。

公共诉讼的概念源于罗马法。在罗马程式诉讼中,有特定人提起的、保护个人所有权利的私意诉讼(actiones private)和市民均可提起(法律另有规定的除外)的、保护公共利益的公益诉讼(actiones publicae populares)两种诉讼。后者又可以被称为罚金诉讼(quitam)、民众诉讼(actions populares)(张学京,2005)。罗马法实行利益二分,因此这类诉讼往往被称为公益诉讼。之所以出现公益诉讼,原因在于罗马政权机构的固有缺陷,其制度的设计不够完善,仅依靠官吏的力量难以完全维护公共利益。而市民代表可以提起公益诉讼的模式,很好地补足了政权机构的这一缺漏。意大利罗马法学家彼德罗·彭梵得指出:“人们称那些为维护公共利益而设置的罚金诉讼为民众诉讼,任何市民均有权提起它。受到非法行为损害(即使只是私人利益受损)的人或被公认较为适宜起诉的人具有优先权。”(彼德罗·彭梵得,1992:92)由此可见,古罗马时期就已经存在公益诉讼,不过直到20世纪才引起人们的广泛关注。

相比之下,在解决劳动争议的问题上,英美法更倾向于发挥社会团体的作用。在现实生活中,美国的社会团体往往是社会利益诉讼最主要的发起人。美国的大多数社会利益诉讼是通过社会团体进行的,很少由公民单独以自己的名义参与诉讼。即使没有现成的团体,他们也会临时成立团体或者协会来代表社会利益提起诉讼。应当看到,美国的社团组织是相当发达的。正如著名政治学家托克维尔曾描述:“所有的美国人,不论年龄大小、境况的好坏、意向的异同,都经常不断地结成社团。他们不仅拥有人人都参加的商业和制造业公司,而且拥有成千上万形形色色的社团组织,如宗教的、道德的、严肃的、无聊的、一般的或有限的、规模庞大的或范围狭小的……你将会发现,无论在哪个地方,一些新兴事业的倡导者在法国是政府,在英国是贵族,而在美国必定是一个社团组织。”(托克维尔,1988b:636)正是这种高度发达的社团组织,极大地推动了美国社会利益诉讼制度的发展。

随着当今社会的发展,在私人利益与公共利益之外,已经发展出某种社会利益,弱者利益应当被作为一种社会利益来对待,社会利益与公共利益其实是有区别的。随着资本主义由自由资本主义走向垄断资本主义,社会主义兴起,以及高科技的高速发展和人们的生产、生活日益社会化,一系列公害问题逐渐凸显(颜运秋,2008:243)。为了保护某些处于弱势地位者利益,社会利益诉讼应运而生。“基于孤立的个人无力对抗外界侵害的考虑,因而个人即组织形成一定的团体以此作为保护自己的屏障,独立的个人之所以集结起来组成社会团体是由于他们具有共同利益或共同目标的驱动。社会团体能够更好地将其成员的利益整合形成系统的愿望、要求,并进而达到利益代表机制。”(董保华等,2001:271)其行为基础是一种替代性选择,与一般的公益诉讼的运作机理其实是不同的。事实证明，为了实现受益主体个体利益的最大化，往往需要借助集体的力量。而个体成员受社会团体严格约束的集体权利，往往能发挥最大的功效。在一项具体权利的行使上，享有权利的是社会团体，其本身并不是受益者；受益者往往又成为义务者，不能随意放弃自己的利益。例如，如果工会就企业的最低工资与雇主达成一项协议，雇工就不再能在该工资以下接受雇主的报酬。这时候享有选择权的只是工会，工会可以审时度势，与雇主重开谈判（董保华，2004c：5—6）。《劳动合同法》中集体合同的主体尽管是职工，工会以自己的名义申请仲裁、提起诉讼，其实就是这种社会利益诉讼。当我国将集体合同的主体规定为职工时，这是一种在解决集体争议中能够发挥作用的形式。

二、西方的社会利益诉讼

大陆法系的社会利益诉讼。即便在公法、私法二分的国家，集体合同也很难简单地以私法或公法理论来解说。德国一般认为集体合同具有债权效力与法规效力，工会债权与诉权相联系是传统法学理论就存在的，关键是集体合同法规效力的部分是不是可以与诉权相联系。这是大陆法系实行二分法的理论难题。作为大陆法系代表的法国和德国，他们会通过制定法或判例法使一定的团体具备原告资格，以便能适用传统的程序法。这种方法弥补了个人不能提起诉讼以保护社会利益的不足。德国的一些法律也赋予了团体以团体名称起诉的权利，最典型的法律是维护劳动者的团体诉讼，几乎每一个行业都有自己的行业组织团体，他们的目的就是保护各个领域的劳动者的权益。德国团体诉讼原告，一般无权行使损害赔偿请求权，团体诉讼原告一般只能提起确认之诉或变更之诉，主要是不作为请求之诉。并且此种救济请求，只得由该团体向法院提起（肖建华，2002：372）。“在条例中明确提出保护劳动者利益这一目的的团体和被认为的确具有这一性质的团体，对直接或间接损害劳动者整体利益的行为，可以向所有法院附带提起团体诉讼。”①大多数法律为确定一个团体的宗旨目标和一定的实际行动能力，都要对这些团体进行筛选（颜运秋，2008：248、249）。总体上这类诉讼限制较多。

英美法系的社会利益诉讼。美国是现代民事社会利益诉讼制度最为完善的国家之一，美国的有关立法确定了公民诉讼和司法官、检察官提起诉讼两种形式。关于公民诉讼，美国立法对其有一个详细的规定。美国的公民诉讼权被视为一种“禁止权”或强制措施权；公民则可以被视为对应政府职能的“私人检察官”致力于保护公共权益（颜运秋，2008：251）。《美国区法院民事诉讼法规》第 17 条规定：“在法定情况下，保护别人利益的案件也可以用美利坚合众国的名义提起。”（普钦斯基，1983：36）美国的反欺骗政府法、反垄断法和环境保护法中都有该精神的具体体现，而且产生了相应的规范程序（陈文曲，2002）。由于美国在现代社会利益诉讼的研究中走在前列，相关

① 28 Statute No.73-1193，［1973］J.O.14139.

的社会利益诉讼制度也较为完善，加之其适用社会利益诉讼审理的案件范围广泛，使得美国人将许多问题提交法院。如此一来，伴随着社会的进步和复杂化，技术也越来越先进，法院不断遇到新的棘手的问题。①法院是否应当制定政策以及法院是否具有解决社会问题的能力，这在美国有较多争论。

同样作为英美法系国家，英国只有法务长官(attorney general)能够代表公众提起诉讼以倡导公众权利，防止公共性不正当权利(张式军，2004)。英国这一制度的逻辑，是以司法长官提起诉讼为主。一般而言，私人没有提起诉讼的权利，如果出现不正当行为已直接使自己的利益受损或很有可能受损的情况，私人则要征求司法长官的意见，请示司法长官让他自己去督促诉讼(前提是该问题能够引起司法长官的注意而他又拒绝行使其职权)。如果司法长官允许，就可以由他提起诉讼，但目的不是为其自身，而是为一般公众的利益。这类诉讼被称为“检举诉讼”(relator action)。理论上，司法长官是该诉讼名义上的原告，实际上“检举者”还是被全面委以督促诉讼的责任，如果“检举诉讼”败诉，其费用就会由该个人负担。在英国，现在频繁运用这套程序。②

三、我国的社会利益诉讼

英美法系和大陆法系国家都建立了对应的解决公共利益、社会利益的诉讼机制。其中大陆法系国家规定了公诉制度，而英美法系国家除了公诉制度，还规定了私诉制度。之所以如此，是因为大陆法系国家的私诉严格奉行民事诉讼的补偿原则，在设计惩罚性赔偿制度时，有理念上的障碍(颜运秋，2008：247)。我国工会强大的立法能力，使其突破了民事诉讼法的限制，采取了英美法系的立法形式。社会利益诉讼与社会法理论存在着紧密的联系，社会法理论的研究滞后影响了社会利益诉讼认识，致使我国社会利益诉讼在发展过程中存在着诸多难点，概括起来主要有以下两个方面。

(一) 社会利益诉讼带来的理念调整

我国社会利益诉讼存在着观念上的障碍。我国诉讼法领域长期以来存在的一种误区：认为只有自己合法权益受到侵害的人才具有原告资格。司法程序的介入是不作为一种事前监督的手段而存在的，而是归入事后监督的范畴，即诉权的产生和存在离不开“权益受到侵害”这一前提条件，相应的审判权的行使是为了排除正在发生的侵害或者弥补已存在行为造成的损害。正如丹宁勋爵所说：“当然法院不愿意倾听多管闲事人的意见。但他愿意听取任何一个被侵权者的诉说。”③传统的诉讼程序中对

---

① Henry R. Glick, “Judicial Policymaking,” in *Courts, Politics, and Justice, 2nd*, McGraw-Hill Companies, 1990.

② Mauro Cappelletti, “Governmental and Private Advocates for the Public Interest in Civil Litigation: A Comparative Study,” *Michigan Law Review*, Vol.73, pp.828—831(颜运秋，2008：252)。

③ R.v. Paddington Valuation Officer at 401(Lord Denning MR)(颜运秋，2002：139—140)。

主体资格的限定，堵塞了无直接利害关系人为维护社会利益而“见义勇诉”的渠道。这种理念的弊端在于将社会利益排除在了合理的权利救济制度之外，存在理论与实践的冲突。

从诉讼理论上看，集体合同的当事人是职工，按传统的民事诉讼理论，只有职工可以成为申诉主体和诉讼主体。民事诉讼中的诉权是指当事人基于民事纠纷的发生，请求法院行使审判权解决民事纠纷或保护民事权益的权利。它是法律赋予当事人的一项基本权利，是当事人进行诉讼活动的前提和基础。世界各国一般认为，集体合同具有债权效力与法规效力，我国工会组织由于不是当事人，因此，我国集体合同基本上没有德国法意义上的债权效力。我国集体合同是以一种法规效力的形式来制约劳动合同的，对于劳动合同低于集体合同确定的标准，劳动者作为劳动合同当事人来提起仲裁、诉讼，从诉权的角度看依据的还是劳动合同确立的债权。《劳动合同法》将这一规定改为“工会可以依法申请仲裁、提起诉讼”。似乎带来诉讼理论上的困惑。诉权是赋予当事人进行诉讼的基本权利，《劳动合同法》是将《劳动法》赋予当事人的权利收回来并转交给一个代表人。

从社会实践上看，在劳动领域，社会团体提起社会利益诉讼具有优势：(1)有助于改变个人的弱势地位。劳动者在劳动关系中一般处于弱势地位，如果单独让其提起集体合同履行诉讼，在经济实力，信息资源和法律资源等各个方面，他都无法完整把握。此时社会团体的介入，可以有效解决这些问题，帮助劳动者对抗强势主体，有利于改善社会保障受益主体不能或不敢提起争议的情况。(2)有助于解决集体争议。在一般民事争议中，代表人诉讼制度的一个主要问题就是“搭便车问题”。如果采取社会团体进行社会利益诉讼的话，由于社会团体提起争议是为了社会利益，不存在维护自身利益一说，也就阻绝了社会团体搭便车的动机，可以完全避免这一问题。(3)有助于与其他制度相协调。用人单位存在劳动安全隐患，不履行法定义务的情形时，美国允许工人采取协同行动，我国法律只赋予了工会与用人单位交涉，并有权要求用人单位采取措施予以改正的权利。企业、事业单位发生停工、怠工事件，也只能由工会代表停工劳动者向用人单位表达诉求。只有社会利益诉讼可以与这些制度相配套。

（二）社会利益诉讼带来的制度调整

社会利益诉讼存在着技术上的复杂。社会利益诉讼是在围绕社会利益产生的纠纷基础上形成的诉讼。就其概念而言，社会利益诉讼是指个人、社会团体或国家机关依据法律的规定，对违反法律而给社会利益造成了事实上损害或潜在损害的行为，向法院起诉，由法院追究违法者的法律责任的诉讼活动。社会利益诉讼不同于传统的私益诉讼，具有以下特征：(1)社会利益诉讼的目的不是为了维护国家利益或公共利益，而是为了维护社会利益；(2)在社会利益诉讼中，违法行为侵犯的对象是社会利益，由于社会利益是个人利益提升而形成的，往往也会存在着个人利益受损，这时可能会出现两个有请求权的当事人，通常说来，社会利益诉讼并不排斥个人利益诉讼；

(3)社会利益诉讼的发起者不一定与本案有直接利害关系;(4)社会利益诉讼成立的前提既可以是违法行为已造成了现实的损害,也可以是尚未造成现实损害,但存在损害发生的可能。社会利益诉讼与原来的私益诉讼很可能会形成两个平行而又有相互影响的案件。

事实上,目前具有同一请求的劳动争议都是作为单个劳动争议处理的;即使在劳动争议的仲裁、诉讼阶段已经有代表人制度,部分劳动者推举代表进行诉讼,并在诉讼阶段取得了胜诉的结果。但有相同情况的劳动者却无法得到相同的结果。从现行的体制来讲,还有两大无法避免的障碍:(1)劳动争议的仲裁前置程序,因为即使代表人胜诉,其他有共同诉因的劳动者也不能够通过登记而获得权利,因为他们的请求在没有实现经过仲裁的情况下是不能被法院所直接受理的;(2)诉讼时效问题,相同情况的劳动者重新起诉,也会因时效丧失,而失去胜诉权。这种相同情况的劳动者因部分人起诉而得不同的待遇,会形成新的社会不安定因素。采用社会利益诉讼则为避免这种情况创造了条件。社会利益诉讼有助于克服这两方面的问题。

第五篇 平衡论

基尔克之问：何谓法的终极目的：其纯粹为美德的仆人？还是应该首先维护社会和个人的利益？还是其必须以同样独立的方式来展现正义的特殊理念，并在此范围内维系自己的目的，就如艺术展现“美”的理念，知识展现“真”的理念那样。

◆ 契约社会、福利社会、团体社会的三者平衡可以说是三代人权的平衡，是正当、应当、相当的价值平衡，并以社会合作为目标。

◆ 契约平等、法律平等、真理平等，最终聚焦为历史面前人人平等。

◆ 从复合人格来看，诸法分离产生抽象人格与诸法合体产生具体人格，权利主体与受益主体的平衡应以广覆盖为原则。

◆ 从综合权利来看，契约非伦理化、伦理法律化、法律伦理化，主观权利与客观法益应以低标准为原则。

◆ 从和谐秩序来看，权利救济、法益保障、权力衡量，社会法与法社会的平衡系统应以严执法为原则。

第十八章

多层协调的悖论与理论

在形式法治上能通过民众的合意来决定法律的内容，在实质法治层面上要体现社会福利，促进实质平等和共同体的存续。

——布莱恩·塔玛纳哈（Brian Tamanaha）

第一节 平衡理论面对的悖论

平衡理论面对的现实悖论是多层社会产生的互补与碰撞。当当事人共同意志向社会普遍意志转化，由个别契约向集体契约转化时，这两方面本身也需要找到共存的形式。社会关系调整将纳入以基准法、团体合同、个别合同为主要层次的多层结构（董保华，2000b：36）。社会与法的互动中形成的三个层次之间的冲突与协调，集中反映为两对悖论，社会合作应当成为目标。

一、社会法视域中的基本悖论

善法与恶法涉及权利型法与权力型法的选择，这个问题在第二次世界大战后，曾经引发了自然法学派与分析法学派的世纪大讨论。基尔克之问中强调“个人可以主张反抗的权利”①，个人的自由不可被国家法制随意剥夺，当实证法脱离自然法的自由价值理性时，必然出现对“恶法亦法”的批评。

（一）善法与恶法的社会争论

主体理论被认为奠定了当代法律制度的基础。创立这一理论的沃尔夫作为自然法学者，仍强调伦理人具有行善避恶的本性，因此，那些自身为善或自身为恶（in sich guten oder bösen）的行为本身就是自在自为地值得做或值得拒斥的。他在论证过程中发展了伦理人概念，明确把伦理人视为权利义务的主体。伦理人的自由行为若有

① “除了形式上的法外，是否还存在实质上的法，以至于人们可以跟立法者对论不法，并在人格最内在的圣地被其所侵犯的个人可以主张反抗的权利，还是这里仅仅涉及法与道德的冲突？”（基尔克，2017：2）

助于人的完善，就是善的，若导致人趋于不完善，就是恶的。伦理人按其本性，应当为善行，不为恶行（杨代雄，2008：78）。我国《劳动合同法》公布后，对该法的评价，出现了善意的恶法、善意的善法、恶法亦法三种观点。

其一，善意的恶法。恶法是指在法律体系中缺少合法性和正义性的那些法律典则和法律规范，一个国家的立法过程隐含了构造恶法这一行为方式并进而形成了恶法的典则和规范的可能性（关保英，2017：89）。《劳动合同法》的批评者认为劳动合同法是善意的恶法。针对劳动合同法为了加入国家意志，让双方当事人约定无效，并加以惩罚的做法，汪丁丁认为，在现实世界里，如果法律将多数公民置于"不合法"状态，从而执法者有充足理由随意挑选惩戒对象，我们就说这法律是"恶法"，并且还有"恶法非法"之说。如果立法的初衷是要增进多数公民的长远利益，而立法的结果却损害了多数公民的长远利益，这样的法，可称为"善意的恶法"①。

中国政法大学的何兵对立法随意否定双方当事人合意的"单保护"式的思维进行批评："劳动合同法保护劳工的立法精神和许多制度值得赞赏。但不要忘记，劳动者中也有背信弃义的无赖，也有懒散成性的刁民。""立法者不能假定，企业都是黑心的，劳动者都是善良的。""一边倒"式的立法将使社会关系失衡。轻则严重损害我国企业的国际竞争力，重则诱发社会动荡。他还对企业的解雇权与员工的辞职权进行了对比，"劳动合同法的立法者们无视国情，以普通企业为假想敌，制定了法理上讲不通，实际上难实行的法律。""这些条文的实质是纵容邪恶，而不是培育诚信。""劳动合同法应当保护社会良知，引导社会向善。如果诚实善良的人得不偿失，如果背信弃义的人逍遥法外，这无疑会将社会推向深渊。劳动合同法保护劳工，但决不能鼓励人们用邪恶的手段来纠偏。"（何兵，2007；2008）张五常认为用国家意志代替当事人意志，真正处于弱势的劳动者并不会因为劳动合同法得益，"新劳动法的推出，我可以看到某些人会获得掌声，可以看到某些人会获得甜头，但看不到此法会帮助那些真正需要帮助的老百姓"②。

其二，善意的善法。恶法通常并不会被贴上恶的标签，恶法的概念界定本身就是仁者见仁、智者见智的问题。《劳动合同法》的赞扬者认为劳动合同法是善意的善法。沈水生作为人社部的官员，深度参与了《劳动合同法》起草过程，他的评价是："劳动合同法的立法过程是慎重的，立法技术是成熟的，法律本身是严谨的。""劳动合同法是一部维护社会公平正义的法律，决不是善良的恶法。劳动合同法的颁布实施，有利于逐步实现社会公平正义，有利于和谐社会建设"（沈水生，2008）。这样的评论多少让人感到赞美过多，实际意义不足。稍微有些说理的评价是："不仅最大限度地平衡了劳资双方的利益，也在相当程度上考虑了中国现在的经济发展状况和企业需求，在相当程度上顾及了企业的权利，绝对不是所谓的'善良的恶法'。"（阮占江，2008）"立法

① 汪丁丁：《善意的恶法》，载 http://xuanzezhoukan.blog.sohu.com/85710855.html，2009 年 4 月 15 日访问。

② 张五常：《新劳动法的困扰》，载 http://blog.sina.com.cn/s/blog_47841af701007ti9.html，2008 年 10 月 5 日访问。

过程是慎重的""考虑了中国现在的经济发展",是官方关于善意的善法的基本评价。沈水生的"慎重"论证逻辑是:如果不"顾及了企业的权利"确实是"善良的恶法",然而劳动合同法是善法的依据是"最大限度地平衡了劳资双方的利益"。这种说法有很强的针对性,主要是针对社会已经出现了对于劳动合同法"单保护"立法思维的指责。然而,在新法刚刚公布"保护神""福音"的宣传时,"一边倒"恰恰是相关官员一个最正式的提法。在法律并无只字修改的情况下,官方为什么会改口"相当程度上顾及了企业的权利",并无只言片语的论证。

从"价值理性"的视角对"善意的恶法"进行了反驳,"指向未来"是劳动法学者最主要的观点,也是"保护神""福音"观点中最重要的内容。彭光华表述得最有深度:"当法律面对现实的利益博弈时,法律工具理性的效用常常淹没了价值理性的光辉。这正是《劳动合同法》的尴尬——工具理性被百般征讨,价值关怀乏人问津。特别是当法制环境不健全时。"按这一分析,"善法"本身是从"价值理性"来判断的,"恶法"是从工具理性来探讨的,人们似乎太过关注从工具理性得出的"恶法"结论,而忽视了从"价值理性"得出的"善法"结论。彭光华还认为:"法律是工具理性和价值理性的统一。工具理性关注现实,价值理性指向未来。"在这些学者看来,之所以出现当时的争论,是因为"博弈者间的力量明显不对称"(彭光华,2008:1)。当学者强调"法律是工具理性和价值理性的统一"时,似乎也未从根本上否定"善良的恶法"。问题在于我们是否应该强调"善"而忽视"恶",强调"未来"而忍耐"当下"。

其三,恶法亦法。从"恶法亦法"的视角对"善意的恶法"进行了反驳是劳动法学者另一重要观点。冯彦君认为:"虽然《劳动合同法》存在着一些缺陷和不足,但既然已经公布实施,全社会就应该努力捍卫其权威性和实效性。诚然在立法的过程中以及在学术的意义上应更多地坚持'理想主义法律观',但在法律实施的过程中以及在实践的意义上更要恪守'现实主义法律观'。"理想主义法律观主要追求"良法之治",追求法律制度建构过程中的法律价值与理想的充分体现。现实主义法律观恪守"恶法亦法",追求法律制度在运行过程中得到一体遵行和全面实施(冯彦君,2008:122)。这样的评价似乎已经承认了《劳动合同法》是"恶法",至少我们在法律公布之后,就不必再问善恶。从"现实主义法律观"出发,恪守"恶法亦法",来维持法律制度运行。以追究善恶为本分的学者,发出这样的声音多少有些无奈。"恶法亦法"与"恶法非法"是一对针锋相对且争论已久的理论范畴。

(二) 善法与恶法的目标设定

善法与恶法争论背后有着是否坚持社会合作的立法目标的争论。2016 年,美国经济学家奥利弗·哈特因其不完全契约(incomplete contracts)理论而获得诺贝尔经济学奖。2006 年,哈特在《企业、合同与财务结构》(*Firms, Contracts and Financial Struture*)一书的中译本序中谈到,他的不完全契约和剩余控制权是决定企业边界和财务结构的两个关键观念,它们在中国与在西方同样重要,试图把剩余控制权和剩余收入权放到同一方手里,使掌握控制权的一方明晰化(哈特,2006:作者中译本序)。

我国一些学者尤其是劳动法学者往往更希望国家控制更大的权力。在以下三个方面的重新定位过程中涉及社会法与法社会的目标冲突。

从择业权利与就业法益的关系上看，涉及财产神圣与劳动光荣的关系。在社会法的视域，"劳动是一切有劳动能力的公民的光荣职责"是我国写入宪法的概念，也是一个实质法概念。与西方国家不同的是，"财产神圣"则是一个形式法上的概念，财产神圣强调的所有权是完全的物权，具有物权的一切法律特征，在我国并没有写入宪法。两者结合可能异化为"劳善资恶"理念。《劳动合同法修正案》将劳动合同法作用提高到政治高度，在立法的起草说明中多次强调"维护工人阶级的主体地位，巩固党的执政基础"①。实际上是以传统主人理论将《劳动合同法》作为政治立法来对待的。在法社会的视域，伦理概念法律化，只有劳动光荣，没有财产神圣，财产就会退出这场游戏，在只有国有企业的游戏场中，劳动光荣也将大打折扣。

从报酬权利与保护法益的关系上看，涉及资本雇佣与劳动控制的关系。《劳动合同法》通过伦理法律化，涉及了不完全契约的控制权。在社会法的视域，"资本雇佣劳动"还是"劳动控制资本"的理念之争在我国是长期存在的，《劳动合同法修正案》试图以立法的形式来终结这一争论。在法社会的视域，一个"资本雇佣劳动"的现实条件下，实现"劳动控制资本"目标，这本身就是一个制度悖论，资本必然争夺这种控制权。与政治视角相反，企业控制是基于经济规律。根据科斯定理，如果说在交易费用足够低的情况下，哪怕初始权益是更多地配置给了劳动者，用人单位也还是可以通过某些私下交易，增加成本并以非正常契约的方式，使资源达到更有效的配置。

从解雇权利与养老法益的关系上看，涉及显性契约与隐性契约的关系。《劳动合同法》与政治行为相联系时强调隐性契约，企业只是经济视角，强调显性契约，从经济服从政治的角度论证了隐性契约的逻辑。在社会法的视域，《劳动合同法》是通过加强国家的影响限制企业的解除权，来实现社会稳定，是符合我国历史上隐性契约逻辑的；通过提高解雇保护标准并使企业依法执行的方式来实现社会稳定的目标，国家作为监管人，本身没有经济上的支付压力，是符合国家利益的。在法社会的视域，改革开放前的制度安排，通过某种隐性的社会契约，将控制权转交给国家，这种制度安排是以国家成为劳动关系内部人即一方当事人为特点的。国家与劳动者之间存在着隐性社会契约必然产生出针对国家的"权利意识"②，一旦国家难以兑现其经济利益，便会使国家陷入被动。现在的制度安排，通过法律把离职方面的权利更多地配置给劳动者，义务配置给用人单位，这是违背劳资合作的规律的。市场经济事实上会以自己的方式起作用，隐性契约只会转换一种方向，以隐蔽雇佣来体现市场逻辑。

---

① 《〈劳动合同法〉修正案（草案）说明》的表述："如不尽快解决问题，必然给和谐劳动关系和社会稳定带来负面影响，全国人大常委会领导要求从维护工人阶级主体地位、巩固党的执政基础的高度来认识这个问题。"

② Feng Chen and Mengxiao Tang, Labor Conflicts in China Typologies and Their Implication, Vol.53, No.3, Asian Survery(May/June 2013).

(三) 社会争论与立法目标

法律一经公布,我国社会法学者会习惯性地开启赞扬模式,尽管众说纷纭,归纳起来无非是从“恶法”与“善法”两个视角来为劳动合同法进行辩护,这种辩护本身涉及社会法与法社会的关系。

从“恶法”视角来看,赞扬者选择了“恶法亦法”的立场,这种辩护其实默认社会法可能严重脱离法社会的现实,但为了维护所谓法制理想可以不顾社会合作现实,我们可以将其称为一种“恶平衡”理论。以边沁和奥斯丁为首的分析法学的基本命题是“恶法亦法”。奥斯丁并不否认法律的发展深受道德的影响,但坚持认为法律与道德之间不存在必然联系。至今为止的主流法治理论,从根本上都可以归结为“恶法亦法”。一个法律尽管在道义上十分邪恶,只要是合格的主体以适当的方式颁布的就是有效的(胡余旺,2008:97)。新自然法学继承了古典自然法良法论的基本观点,他们认为,“恶法亦法”片面强调维护法律的权威,主张“讲法不讲理”,必然导致法律与人民的对立。恶法会对法治理念实现、对法文化形成、对法信仰形成和对法律意识形成等产生阻滞。“恶法亦法”理论的前提是不科学的,实质上主张法是少数人意志的体现,实践中必然结出“权力大于法律”的恶果。因此,社会法不能脱离法社会,只有坚持以社会普遍认同的常识、常理、常情为基础,以宪法为核心,系统全面地理解每一个法律规范,法律才可能真正成为反映人性要求,保护体现人民意志,保护公民自由,得到社会普遍遵循的行为规范(陈忠林,2009:7)。

从“善法”视角来看,赞扬者选择了“价值理性”的立场,这种辩护其实默认社会法的理想不能脱离法社会的现实,承认“恶法非法”的观点,但他们认为在劳动合同法立法中并未出现两者脱节的现象,我们可以将其称为一种“善平衡”理论。我国的《劳动合同法》是在伦理法律化的背景下产生的,他们认为:“劳动合同法是一部维护社会公平正义的法律”(沈水生,2008),依据德性理论来展开的立法活动。德性是人的一种获得性的品质,是在人类实践活动中形成的、以道德为核心内涵、反映真善美特性的、人的稳定的内在品质。关键在于判断良法的标准。关于良法,吴经熊①、李步云都强调了真、善、美。“真”是指法的内容的合规律性;“善”是指法的价值的合目的性;“美”是指法的形式的合科学性。②

为什么在社会法立法目标问题上会出现分歧呢?其实大部分劳动法学者都明白某些革命目标未必真能落实,于是“劳资不成熟,公权需介入”(常凯,2006a)成为一个替代性的选择,常凯以家父权理论来进行回答,“最好”地概括了我国相当长一段时期以稳定为特征的基本思维。从改良主义出发,社会法的立法目标体现了社会合作的政策,这种社会政策总是针对社会问题而制定的。人至少是活在两个世界里,即私人世界和公共世界,需要强调不同世界的平衡,从社会问题与社会对策的冲突出发,可

---

① 吴经熊指出:“‘公道’是以‘真’为基础;以‘美’为理想;而以‘善’为方法,具备了真,善,美,法律才能夸耀他的结晶! ——‘公道’。”(吴经熊,载孙莉,2015:421)

② 李步云也认为,广义的良法是指对社会发展起积极或推进作用的法,从一定意义上说,也就是具有真、善、美之品格的法(李步云、赵迅,2005:125)。

以对社会合作的目标进行更为深入具体的分析。

二、法社会视域中的具体悖论

更具体的看，我国立法中出现善法与恶法分歧背后是问题与答案的悖论，在一些人看来是问题，而在另一些人看来是答案。历史上诸法合体本身是作为问题存在的，诸法分离是答案；当诸法合体成为答案时，也会带来现实冲突。诸法分离与诸法合体的冲突，集中表现为社会问题与社会政策的悖论，社会变动与社会稳定的具体悖论。

（一）社会问题与社会政策的悖论

社会政策本身是为了解决社会合作中的问题而产生的，然而社会生活的复杂性在于问题与对策两个范畴一经形成，本身也会因一些冲突而形成新的悖论。问题与对策的悖论其实反映的是契约与身份两个古老元素之间的冲突。社会法中的契约社会与身份社会有着不同，甚至于相反的价值追求与调整方式，同时发生着自下而上与自上而下的认识上的互动关系。

从法对社会的影响看，法律是以规范形式存在的自为性领域，从主体和客体的辩证关系来理解社会法，社会法学应当在社会法域的范围里建立起社会合作的理论范畴。法作为政治国家的组成部分，是以社会关系的调整者面目来到人世间的，具有自上而下的特点。在国家的视域中，社会法的目标在于"解决某个'社会性'问题(soziales problem)"①，社会法与规制对象的这种关系其实也符合哲学上的主体与客体的特征。当国家意志成为一种主导性力量时，可以在择业权利与就业法益的关系上强调劳动光荣，在报酬权利与保护法益的关系上强调劳动控制资本，在解雇权利与养老法益的关系上强调隐性契约。从政府的角度来观察，社会政策是由政府决策并实施的对市民福利有直接效果的政策，完全以自上而下的方式对社会问题进行应对的社会行动，政府确定的法目标可以改变社会现状。

从社会对法的影响看，社会是个关注事实的自在性领域，从主体和客体的辩证关系来理解社会法，法社会学常常在社会观察的视域里建立起自己的理论范畴，在社会与法的关系中社会被视为主体，具有自下而上的特点，财产独立、资本控制、显性契约是我国市场经济发展的必然结果。在马克思看来，"市民社会包括各个人在生产力发展的一定阶段上的一切物质交往。它包括该阶段上的整个商业生活和工业生活"，"在过去一切历史阶段上受生产力制约同时又制约生产力的交往形式，就是市民社会"②。在自下而上的视域中，当社会政策是借助于行政关系才得以在社会生活中实现，本身就可能构成问题，即国家意志成为一种主导性力量时，如果背离社会合作的

---

① Hans F. Zacher, Sozialstaat, in: Leitgedanken des Rechts, Paul Kirchhof zum 70. Geburtstag, C. F. Müller, Heidelberg, 2013, p.285, 293(转自乌尔里希·贝克尔,2019:7)。

② 《马克思恩格斯选集》第1卷，人民出版社1995年版，第130、87—88页。

规律，在解决社会问题时自身可能变成新的问题。

当权利滥用成为社会问题并构成社会政策产生的原因时，契约到身份的运动强调契约关系需要权力干预；当行政干预过度发展带来权力滥用的问题时，身份到契约的运动强调社会关系需要物质利益的协调。马克思主义哲学把主体和客体的相互作用建立在社会实践的基础上，科学地阐明了主体、客体及其相互关系。社会问题与社会对策辩证关系的焦点是经济权力与政治权力，社会权力与经济、政治权力的关系。

(二) 经济权力与政治权力的悖论

社会政策作为一种国家意志，这种合法性国家意志与合理性的当事人意志如何协调？构成了经济权力与政治权力的悖论。以社会合作为目标，问题与对策的关系并非一成不变，在不同国家间，一国之问题，另一国成对策；在同一个国家，一时之问题，另一时成对策。

从西方市场经济国家来看，从第一代人权发展到第二代人权，西方社会法是将经济权力作为社会问题来认识的。契约社会具有实然性与合理性，各种学说只是发现而非创造契约社会并赋予权利以正当性。当契约权利产生出经济权力关系，社会责任不足以制约时，出现违背当事人意志的反常情形，是市场失灵的一种状态。西方社会法是将政治权力作为社会对策来认识，社会法以形式不等的规范来实现实质平等的目标。基尔克提出私法中应加入“基于统治权力而来的共同体”类别，亦即在营业主、勤务主与其雇佣雇员等之间应有所谓“人格法上拘束关系”，当事人间的相互义务，均可回溯至作为基本义务的“忠诚义务”之上(林佳和，2014a:213)，这便是德国劳动法学界一般所言人格法上共同体关系的起源。应当性的模式成为答案，私法自治产生的问题，通过形成宏观层次，以伦理法律化的国家管制作为对策，实现法律面前人人平等。

从我国的市场经济发展来看，在第二代人权的基础上出现第一代人权理念。福利社会具有应然性与合法性，各种学说都在论证如何创造福利社会并赋予社会成员以义务的应当性，福利国家产生出政治权力过度控制社会资源的问题。福利国家是根据理论设想建构起来的社会形态，对于保护劳动者而言，只有应然的价值。社会成员义务的应当性与国家义务的应然性存在冲突。新中国成立后国家管制的历史进程表明，我国劳动领域追求实质平等，完全排斥了法律上的形式平等，当给付超出了国家所能承受的负担时，不但经济未能发展，反而因体制的僵化造成社会缺少活力，通过对干预行政的改革，完成某些西方福利社会行政给付的任务。通过扩大企业的用工自主权，我国将引入经济权力作为社会对策来认识，推行劳动合同制度来实现用工制度改革，在实质平等的合法基础上加入了形式平等的权利内容。我国因此形成了社会法的微观层次。商品交换关系的基础是分工，契约反映的是市民社会的特点，因而也产生了形式法法制的合理要求。国家管制产生的问题，以私法自治作为对策，实现契约面前人人平等。

从历史逻辑上来观察，德国学者辛茨海默强调了社会法与市民法的发展相比可以说是一个逆向发展，前者是从自然人到法律人，后者则是从法律人到自然人。辛茨海默是在市民法已经过度发展的语境下说的。基尔克对当时抽象人格产生后的情形做出了描绘："因为罗马法，私法与公法的彻底分立最终实现，私法成为自由的个人人格的势力范围，公法成为抽象的国家的生活制度。"（基尔克，2017：28）基尔克强调的是社会法的具体人格，与之相对应的是两种抽象的人格，一种是抽象私法人格，另一种是抽象公法人格。基尔克、辛茨海默面临的都是抽象私法人格过度发展，从法律人到自然人，强调了具体人格。值得注意的是，基尔克的论述中也强调了抽象公法人格过度发展的可能性，这种可能性在我国曾是现实存在。社会领域的过度公法化会阻碍市民法的发展，社会进化从另一个角度看也是一种社会异化的过程。在剩余控制权的争夺上，我国社会法合法性与法社会合理性的冲突，其实是抽象的公法人格与社会法具体人格的冲突。

就西方的制度而言，宏观层次的合法性制度设计本是针对微观层次合理性存在的问题而产生的，微观层次的实质不等使宏观层次产生出实质平等的制度设计，由此也产生了以形式不等的方式来制约形式平等的问题。就我国的制度设计而言，通过推行劳动合同再造合理性的微观层次，本是针对制度设计中只有合法性国家管理的弊病，宏观层次的形式不等，需要微观层次的形式平等来补充。中西方尽管问题与对策截然相反，但都围绕着经济权力与政治权力的关系展开。经济权力与政治权力可以理解为社会的两个子系统，形式平等、实质不等的经济权力，形式不等、实质平等的政治权力，构成问题与对策的基本结构。问题与对策本身就是以悖论的形式存在的，两者合成也可能导致新规范和新制度的建立。

（三）社会权力与经济、政治权力的悖论

以社会政策解决社会问题，在经济权力与政治权力的博弈过程中，也会产生第三个子系统，即社会权力的系统。"自治"与"管制"含义的相互融合，出现了社会自我管制的中间领域，也可视为建立一种合适性的缓冲领域。《工会法》的双保护，破坏了这一子系统的存在空间，也会使另外两个子系统的冲突变得激烈。不仅如此，工会改革的滞后，使我国社会权力极不发达，也显示出经济权力的相对超前；通过加入政治权力并推动政治权力来回收经济权力，有了来自工会方面的推动力，劳动合同法的单保护体现了这种需求。客观来说，名义上的社会团体实际上的准行政机关的尴尬定位，比行政机关更需要以某种"恶平衡"来回收经济权力。

团体社会的发展，在一定程度上会突破契约效力的限制，"真理面前人人平等"与"契约面前人人平等"冲突是社会权力与经济权力的冲突。不断激化的劳资关系促使国家关注工人的状况，从保护劳工的目标出发，以合适为价值，涉及某种程度的违约责任的豁免，法律不仅应保障经济自由，也在一定程度上保障社会自治。劳动者在"用脚投票"经济机制之外需要"用手投票"的社会机制。我国在《劳动合同法》上实行的"单保护"限制了经济自由和社会自治。如何形成一种更为合适的利益争议解决机制是需要关注的问题。"用脚投票"的经济机制与"用手投票"的社会机制之间应当是

对立统一关系。

团体社会的发展，在一定程度上也对传统的身份制度提出挑战，“真理面前人人平等”与“法律面前人人平等”的冲突是社会权力与政治权力的冲突。劳工运动是对集体合同这种特殊类型契约的强调，可以说是从社会领域的自治要求出发来对法律制度提出挑战。“用手投票”机制的发展，在国家“看得见的手”之外，发展出了一种社会意义上的“看得见的手”。我国在工会法上实行的“双保护”，工会组织的准行政机关地位，不仅过度强化了经济管制，更强化了社会管制。如何形成一种更为合适的利益争议解决机制也是当下讨论的热点问题。同为“看得见的手”，政治机制与社会机制之间也应当是对立统一关系。

可见，诸法合体的体制本身是为了克服契约社会实行诸法分离带来的社会问题，诸法合体的体制发生问题时，也需要引入诸法分离的体制。随着中间缓冲地带的彻底拆除，市场与国家，契约与身份，经济权力与政治权力的冲突本身都会加大。劳动合同法讨论中“激发布道热忱的政治革命”（托克维尔，2017：52）正是这种冲突的反映。合法、合理、合适统一于合作的目标，当法社会的要求不能通过社会法来表现时，我国的矛盾变形为伦理法律化与法律伦理化冲突，善法、恶法的争论须置于这样的社会现实来观察。

三、社会法平衡理论在我国的提出

我国平衡理论是在劳动关系重整中提出的理论。以《劳动法》与《劳动合同法》为两个原点，市场自下而上的自发力量与国家自上而下的管制力量进行博弈，我国在2008年、2013年、2018年进行了三次立法或修法活动，以五年为一个周期，两种力量进行了三轮较量。表面看来，我国的立法者有很大自主性，事实上，当我们将问题与答案错配时，市场经济总是会以自己的方式显示自己的答案，三轮较量的结果：我国出现单雇主、双雇主、无雇主的社会现实。观察问题与答案的不断转换，可以认识马克思强调必然法、应然法、实然法对立统一的重要意义。在社会法与法社会的博弈中，平衡理论围绕着立法与执法的争论过程逐步形成。

（一）伦理法律化过程中立法争论

从社会法的角度来看，自治被当作问题时，管制就会成为立法者的答案。《劳动合同法》的起草开始了伦理法律化过程，关于自主与他律、自在与自为、自治与管制的争论从来没有平息过。社会法诸法合体的特点是其争论的核心，从形式法上看是私法与公法的关系，从实质法上看是道德与法律的关系。在社会法新的制度形成过程中，因立法而引发的争论，涉及社会法在主体、内容、调整方式上的深刻变动，由合法性制度重整触发了与制度目标相反的单雇主、双雇主、无雇主的合理性反向运动，涉及诸法关系平衡理论的全方位探索。

2003—2008年，围绕“单雇主”的理论争论，《劳动合同法》立法形成了第一次理论冲突。2006年《中华人民共和国劳动合同法(草案)》公开讨论,笔者写了《"锦上添花"抑或"雪中送炭"——析〈中华人民共和国劳动合同法(草案)〉的基本定位》一文,集中讨论了标准劳动关系的平衡问题。在锦上添花式和雪中送炭式的两种立法思路中,笔者主张雪中送炭,只有"低标准"才可能有"广覆盖"。然而劳动标准又是易上难下的一种标准,如何在维持现有劳动法保障水平和基本机制的基础上,对我国不甚恰当的标准作出调整应当是我们面临的重要课题。这种调整首先涉及立法理念的更新。要使劳动法对现实中各种形式的劳动关系加大覆盖面,使劳动者中最普通的劳动者得到保护,必须摆脱对凝固化、标准化、形式化和行政化的刚性管理体制的依赖,建立一种柔性化的管理体系。这一体制应当是既注意劳动关系的稳定性,更要防止劳动关系的凝固化;既注意标准化的劳动关系,更关注非标准化的劳动关系;既保持劳动关系的书面形式,更强调实际履行,防止形式化;既需要通过行政手段来保护劳动关系,更要防止行政机关的过分介入形成的劳动关系行政化(董保华,2006a:50—51)。这一理论被某些劳动法学者以"保护神"的名义戴上资方的帽子,媒体也将其称为"福音"之外的"杂音"。

2008—2013年,围绕用人单位与劳动者的"双雇主"法律义务,《劳动合同法》修法形成了第二次理论冲突,"双雇主"是非标准劳动关系的基本形态。早在2008年《劳动合同法》公布,大部分劳动法学者以为尘埃落定时,笔者发表《论非标准劳动关系》一文,强调:"劳动合同自身价值的重新认识,人身依附性内涵的发展变化都需要我们对我国的非标准劳动关系进一步分析和界定。廓清非标准劳动关系的概念、特征及其发展原因,这对于相关政策和立法的制定起着基础性作用。"(董保华,2008d:50)随着问题与答案错配,标准劳动关系会向非标准劳动关系发展,单雇主会向多雇主发展,市场机制会以自己的方式显示客观规律的存在。然而,面对市场经济的发展,自治也再次被立法者认为是问题时,加强管制就会再次成为答案。笔者在《隐蔽雇佣关系研究》(2011)、《劳务派遣的题中应有之义——论劳务派遣超常发展的"堵"与"疏"》(2012)、《论劳务派遣立法中的思维定势》(2013)对这种情形进行了探讨。"如果我们没有勇气去促动'正规用工'这一体制内的用工刚性化问题,而是简单地将'灵活用工'这一体制外的用工形式引入体制范围内,那么只会使社会矛盾变得更加尖锐"(董保华,2011c:116)。

2013—2018年,围绕"无雇主"的理论争论。2016年,笔者在《〈劳动合同法〉的十大失衡与修法建议》对平衡理论进行探讨。《劳动合同法》对劳动力市场灵活性的不当干预与过度限制是系统性的,劳动力市场灵活性的缺失主要表现在三个方面:(1)流动灵活性的缺失;(2)管理灵活性的缺失;(3)用工形式灵活性的缺失。三种灵活性的缺失又体现为十个失衡:(1)严格限制用人单位解雇权利与过度放任劳动者辞职自由的失衡;(2)全面静态书面化的法律要求与用人单位动态调整的失衡;(3)标准劳动关系与非标准劳动关系的失衡;(4)劳动力成本市场调节与政府调控的失衡;(5)劳动关系调整中经营成本与摩擦成本的失衡;(6)用人单位与劳动者争议解决成本的失衡;(7)用人单位照顾义务与劳动者忠诚义务的失衡;(8)劳动者奖勤与惩懒的失衡；(9)法律保护一刀切与分层分类适用的失衡；(10)刚性调整与弹性引导的失衡(董保华，2016a：10—17)。这种系统性的失衡必然推动“无雇主”的发展(董保华，2021：44—54)。

(二) 伦理法律化与法律非伦理化争论

伦理法律化与法律非伦理化的争论是社会与法的冲突。《劳动合同法》是一次破纪录的立法[①]，《劳动合同法》中用国家意志代替当事人意志的想法，正如一份杂志所称：“无疑是一部善意的、为沉默的大多数人而立的法律，但从 2007 年 6 月 29 日颁布至今，社会各界对它的立法程序的科学性、法律实施的可操作性不断发出质疑。”(刘涛、王琦，2008：60)《劳动合同法》在国内外引发了激烈讨论；从其影响的深度来说，不仅在劳动法学界引发了激烈争论，更是波及社会的各阶层；从其影响持续时间来看，自草案征求意见开始一直延续到《劳动合同法》公布实施，关于它的争论从来没有停止过。针对善法、恶法的讨论，出现法律应区别于伦理的声音，这是市场机制的一种反弹，涉及的是自治逻辑。笔者也发表《劳动立法中道德介入的思辨》[②]对伦理法律化中的一些误区进行探讨。管制被当作问题时，自治就会成社会各界给出的答案。这种对立关系的出现是社会调整机制缺失带来的失衡现象，背后不仅有思维逻辑的影响，更有历史逻辑的影响，平衡理论应当关注社会与法的正常关系。

社会问题与社会对策的悖论，引发了争论，从官方误读误导的回应来看，围绕《劳动合同法》是否是善意的恶法的争论折射出善法标准的不确定。任何制定法都具有内容、价值和形式三个方面的要素，平衡强调三个要素的有机结合，从而在社会生活中得到有效贯彻。我国学者曾希望概括出善法的标准，他们认为，善法的标准应全面地体现对合规律性原则、符合正义和公众利益原则、形式科学性原则这三个方面的要求(标准)(李桂林，2000：13)。从社会法的善法要求出发，劳动者人格应当从抽象到具体，劳动法的适用范围应当从狭窄到宽广，劳动法的调整方式应当从单一到综合。然而，《劳动合同法》的伦理法律化可能正在朝着相反的方向行走。

(三) 伦理法律化与法律伦理化的争论

伦理法律化与法律伦理化的争论，是法律有机体中立法与执法的争论。面对伦理法律化导致的“垂死博弈”，[③]2009 年、2015 年最高人民法院提出用人单位生存法益的概念，并强调“保障劳动者合法权益与维护用人单位生存发展”双并重的原则，提出了法律需要以符合伦理的方式来执行。从工会等相关方面的回应看，从“专家误导

---

① 从立法机构收到的意见数量上来看，从 2006 年 3 月 20 日开始，到 2006 年 4 月 20 日截止，在短短的一个月内，全国人大共收到各地人民群众意见 191 849 件，远远超过在此之前的另一个争议极大的法案《物权法》，物权法草案征求意见时，收到群众意见 11 543 件，并在当时创造了一个单行法规征求意见的最高纪录。

② 董保华，2011d，转载人大复印资料《经济法学、劳动法学》2011 年第 12 期。

③ 《应警惕新〈劳动合同法〉实施前异动》，载 http://www.hangzhou.com.cn/20070806/ca1355339.htm，2007 年 8 月 14 日访问。

论”“企业误读论”“员工误读论”发展到了“法院误读论”。十多年的历史发展已经印证，某些官方批评的现象正是伦理过度法律化的必然反应(董保华，2011a:302—330、593—609)。

社会力量的高度管控，司法实践成为我国法社会晴雨表。针对“法院误读论”，笔者在2009年年会上，围绕着上海当时以集体智慧制定的法院的审判口径，当着劳动合同法起草人员的面，做出了一番较为尖锐的批评。①尽管笔者希望那些起草人员或自称为起草人员的人进行大会或小组回应，在面对他们自己发起“法院误读论”的争论时，他们所有的人都选择了沉默。十多年风波给我们的启示是:法律伦理化其实是一个执法中应当遵循常识的呼唤，立法上的伦理法律化与司法上的法律伦理化存在着相互成就的平衡关系，当法律规定在现实生活中无法通过法律伦理化的方式得以实行时，也许原因在于伦理过度法律化或者一种貌似伦理而并不具有伦理价值的内容进入了法律规定，司法机关依据诸如“诚信原则”等概括条款进行调适是有积极意义的。

司法上的法律伦理化与立法上的伦理法律化本不应成为对立关系。劳动制度改革的复杂性，不仅在于它要确立新的用工关系，而且是要在旧的劳动关系的基础上形成一种新型关系，实际上是要对原已存在的劳动关系进行再构造。这种再构造所形成的新的利益机制，难免和原来的利益机制相矛盾(董保华，1997b:42)。我国的每一次立法，不仅会影响着当前劳动关系的调整，也会对我国劳动关系的长远格局发生影响，需要形成思维逻辑与历史逻辑的新分析方式。以社会合作为目标，弱者理论、契约理论、倾斜理论、分层理论有必要进一步发展为平衡理论。

第二节　国际视角:三代人权的平衡

个人自由权与公法受益权，在美国被描述为第一人权法案与第二人权法案的关系。20世纪70年代，法国学者、联合国教科文组织前法律顾问瓦萨克(Karel Vasak)提出了三代人权的理论，阐明了人权发展的代际间的变化，这是从国际视角来讨论三代人权的平衡问题，社会法的视域既涉及历史逻辑，更体现思维逻辑。

---

① 部分发言:“立法活动中有两批人——写字的与举手的，起草法律的是写字的，而表决通过的是举手的。法律效力来源于举手的。这是民主政治的基本要求。法律是公共物品，谁也没版权，写字的更没有。写字的干完之后，一般是‘写手’变‘看客’。‘看客’有时也会去著书立说。劳动合同法的解说泛滥，矛盾重重，错误不少。立法与执法各有其职责范围，也都有其各自的规律，社会生活是复杂多样的，不可能全部由立法解决，执法有自己的规律。立法者并不天然的比执法者高明，应当相互尊重。法律颁布后就是执行的问题，法官执法只能以举手者通过的法律以及有效力的解释为依据，不能以写字者的书或讲的话为依据。这是法治与人治的区别，是大是大非的问题。在‘法院误读论’背后，实际存在着忽视程序，越权随意表态的情况，这种行为本身是不符合现代法律秩序基本要求的。”董保华:《〈劳动合同法〉实施中的若干关系》，中国法学会社会法2009年年会发言(董保华，2009c)。

一、三代人权的内容演变

人权概念的建构是以权利概念的建构为前提的。依据美国政治与社会哲学家范伯格的观点,“权利是一个人针对其他人就某种事物的特殊质量的要求”①,人权的代际变化中体现出价值的差异与冲突。②

第一代人权强调自由权与正当性。自由人权论是在欧洲思想启蒙运动之中形成并于美国和法国革命时期达到高潮,其内容主要包括近代宪法中的“三大自由”,即人身自由、精神自由和经济自由。第一代人权事实上是强调了权利的正当性。第一代人权的概念与古典自然法的产生密切相关,随着欧洲封建社会的解体以及各种新的社会力量出现,自然法一跃成为政治革命的理论武器。古典自然法往往是通过必然法来论证应然法并对当时的实然法进行批评,并促使实然法向有利于古典自然法理论的方向发展。那些权利基本上就是国际人权法案所规定的公民权利和政治权利。这些权利要求国家权力受到限制,因此被说成是“消极的权利”。经 1776 年的美国《独立宣言》和 1787 年的美国宪法及其修正案,以及 1789 年的法国《人权宣言》等的确认,生命、自由和财产等道德性人权转化为制度性人权。

第二代人权强调生存权与应当性。社会人权论是从 19 世纪以后开始形成的,以人的劳动权、生存权等社会权为核心的理论主张。由于这种人权观要求国家积极采取干预措施以求权利的实现,故被称为“积极权利”,第二代人权事实上是强调了义务的应当性。第二代人权随着社会主义运动的影响而产生,是对资本主义自由竞争的批判和对自由主义及个人主义的反思,认为要实践人权,就要提供与其相适应的经济、社会和文化的条件,主要提倡的是社会权。对于社会权的内容,学者们并没有形成统一的认识。虽然不同的学者对社会权内容的表述存在很大差异,但是有一点是共同的,即都承认生存权是社会权的一部分。关于生存权在人权体系中的地位也有不同的观点。如有学者认为:“生存权利、人身权利是人权的逻辑起点或最低限度的首要权利;政治权利和自由是人权的核心;经济、社会和文化权利是基础权利。”(张文显,1993:112—113)这种理解与中国政府发布的《中国的人权状况(白皮书)》中的人权体系是一致的。其中提到:“中国主张的人权,不只是生存权和公民政治权利,而且包括经济、文化和社会等方面的权利。”将生存权视为与“经济、文化和社会方面的权利”相并列的权利。

第三代人权强调发展权与相当性。集体人权论是随着第三世界的兴起而出现的,是对全球相互依存这一现象的一种回应,关涉人类共同生存面临的各种重大问题,需要通过国际合作来加以解决,因此被称为“连带的权利”。第三代人权事实上强

---

① Vgl. Georg Lohmann: Menschenrechte zwischen Moralund Recht, Stefan Gosepath und Georg Lohmann (Hg.): Philosophie der Menschenrechte, Frankfurt am Main 1998, p.65(转自甘绍平,2009a:2—3)。

② Vgl. Christoph Menke/Arnd Pollmann: Philosophie der Menschenrechte zur Einführung, Hamburg 2007, p.115(转自甘绍平,2009a:12)。

调了权力的相当性。两代人权观念的冲突与协调产生了第三代人权观念。如果说第一代人权在促成经济领域独立的同时也带来了社会问题，那么第二代人权则促成了政治领域的变化并带来了社会政策的法律化。经济领域与政治领域的互动也产生了独立的社会领域。集体人权是所谓安全价值本位的生存权，强调人身安全、人格安全、财产安全和环境安全等对生存权之维护的关联性甚至决定性意义。在经济领域与政治领域的互动中，社会领域有了极大的扩展。

二、三类人权的价值冲突

三代人权在内在结构上有显著的差异，现代权利理论因张扬和尊重人的自然需求和欲望，因此特别能够激发民众的认同，正如柏克所说："关于人权的小小的教义问答很快就能教人学会；推论全都在激情之中。"现代权利论的巨大力量，也体现在耶林"为权利而斗争"的口号所产生的巨大影响之中，但现代权利理论在释放自己革命性能量的同时，也在不断侵蚀自己的基础（薛军，2009：188）。人权的存在和保障似乎不证自明，事实上人们的理解常常是相互矛盾和冲突的。反对遗产税的人打出财产权的旗号，主张遗产税的人提出生存权和平等权。"人权似乎就是一切，又似乎一切都不'是'。"（沈宗灵、黄摘森，1994：312）从本质上看，"第二代人权"具有社会主义的性质，它与具有个人主义性质的"第一代人权"之间存在着某种价值上的断裂。同样的，"第三代人权"的提出，也与对前两代人权的价值反思和价值解构有着直接的关联，它与前两代人权之间也存在着某种价值上的断裂和不连续性（叶敏、袁旭阳，1999：78—79）。

将三代人权视为三类人权便会发现由于三者价值上的相悖，必然存在着一定的冲突。根据"三代人权"的观念，作为第一代人权的公民和政治权利一般被看成资产阶级革命和自由主义思潮的产物，而作为第二代人权的经济、社会和文化权利往往更多地被看成无产阶级运动和社会主义思潮的产物。当资本主义与社会主义成为两种对立的意识形态时，第一代人权与第二代人权的关系也就演变为两类社会制度的冲突。美国著名人权学者路易斯·亨金教授称之为"自由主义的权利观和社会主义的权利观"的对立（路易斯·亨金，1997：208、217）。正如瓦萨克所言："在这场争论中，意识形态没有退场，不仅未退场，而且远非如此。资本主义国家，也就是市场经济国家，比起提供不受任何限制的市场基础，更注重政治和公民权利。'社会主义'国家——它们就只是将经济、社会、文化权利放在首位——在他们看来，只有如此，才能为将来在所有的社会主义阵营内建立一种全球自由和自由人摆脱枷锁的制度诞生做准备。在这种划分中，第二世界艰难地寻找自身的位置，它们总在进行这种或那种人权优先的尝试，而不总是努力首先建立起自身的制度。"（瓦萨克，2001：463）

如果说第一代人权与第二代人权的冲突被对立的意识形态上升为两种社会制度的冲突，第三代人权更是放大了这种意识形态争论，其焦点就在于集体人权是不是人权？支持集体人权是人权这一观点的主要是一些社会主义国家和发展中国家的政府及其学者。其论证的主要依据，从较为学理的角度讲，就是人不是孤立的个人，总是属于一定集体的人，如莫斯科维奇所说："个人就是处于自己民族、文化、精神环境中的人，联合国寻求宣布并保护这个人的人权和基本自由。人一旦抛开他的环境、民族、文化方面的特征，精神上脱离他的历史，脱离他的传统的倚赖物，人也就失去了他最主要的人性。"①而更直接的观点就是认为集体的利益高于个人利益。譬如在社会主义国家苏联。安德罗波夫就曾说："这里我们必须坦率地说，全社会的利益、全体劳动人民，享有优先权。我们相信这是一条公正的原则"，"苏联共产党将人民的利益、整个社会的利益放在最高的地位"②。而伊斯兰国家认为集体利益高于个人利益则是从宗教的观点出发的，认为政府的主要作用不在于捍卫个人自由，而是创造一种满足人们社会宗教需要的环境。这就导致伊斯兰国家，如赛义德所说，其"人权关注的焦点是国家的作用和生活的实质"③。

反对把集体人权看成人权的则主要是西方发达国家及其学者。其比较普遍的一个观点是认为对于集体人权的强调会产生抹杀个人人权的不利后果。而更具理论性的论述则是从人权的概念、特征角度对集体人权的否定。其中唐纳利的观点颇具代表性。(1)共同性的观念是第三代人权的关键特征，它依据某个特定共同体成员资格而赋予利益。而人权则恰恰是不能产生于共同性的。因为人权所依据的观点是把个人看作是与社会，尤其是与国家相分离的，相对于社会，尤其是国家来说，个人拥有不可剥夺的权利。在这些权利所确定的范围之内，个人拥有超乎社会目标和社会利益之上的合理的优先性。(2)如果说国家作为一个集体具有人权，那么就会出现概念上的混乱，因为人权的义务承担者本来就是国家，而如果义务承担者所享有的权利也叫做人权的话，那么人权这个概念就变得模糊不清。(3)集体人权的义务承担者也是含糊不清的。传统人权的义务承担者都是国家，而第三代人权却没有明确的针对对象。唐纳利认为，这样就使压迫性政权可以便利地把因为失误而遭到的责难转嫁到别人头上(唐纳利，2001：170—172)。

人权价值的冲突也影响了不同国家对于这一命题的态度。"里根主义总是否认经济、社会、文化权利中的人权的自然属性，而只限于每年联邦政府对国会的有关世界人权状况作出的年度报告中的简单'原则'。撒切尔夫人从自己的角度从未掩饰她对经济、社会、文化权利宣称的'人权'毫不重视的态度。在她看来，经济、社会、文化权利不过是简单的要求，没有任何法律基础。"(瓦萨克，2001：463—464)

① [澳]G.特里格思：《人民的权利和个人的权利：冲突还是和谐?》，汪晓丹，中国人权网，载 http://www.humanrights-china.org/china/rqll/L2200484150902.htm，2011 年 3 月 3 日访问。

② [英]霍勒曼：《西方人权运动中的个人主义》，汪晓丹，中国人权网，载 http://www.humanrights-china.org/china/rqll/L2200484154451.htm，2011 年 3 月 3 日访问。

③ 同上文(转自胡欣诣，2011：71—73)。

三、三类人权的价值协调

瓦萨克认为,“有一点出于便利的考虑——如果说不是出于煽动民众主义的话——人们总以‘不可分性’为挡箭牌”,事实上“不可分性”得到《德黑兰宣言》的承认,其中将所有的人权视为在价值上和在重要性上均相互平等。“然而,人们十分清楚,在‘现实世界’,人权的不可分性只在理论上才站得住脚。而且相比日常事实的验证而言,它更类似一种,‘预期理由’”(瓦萨克,2001:463)。改良主义强调社会合作,如何协调三种人权价值的冲突成为重要的课题。西方各种理论受到广泛关注,可以归纳为分类、分层、分域三种思路。笔者认为这些方案思路应当结合起来考虑。

(一)人权价值分类协调

德国法哲学家阿雷克西提出了绝对人权与相对人权的分类。“绝对人权是所有的人针对所有的人、集体和国家所拥有的权利。生命权即是一个例子。”①生命权、身体完整性的权利等消极性自由权是为世界上所有的人毫无差异分享的人权,对于绝对人权,他人、国家、集体的义务只表现为不干预。“相对人权是所有的人针对至少是一个人、一个集体或一个国家所拥有的权利。”②对于相对人权,国家的义务是积极的作为和相应的社会资源的提供与保障。一个国家不可能针对全世界的人,而只能是针对自己的国民来履行这种义务,这正是相对人权存在的原因。一般而言,政治参与权和社会分享权均属于相对人权。相对人权尽管也属于人权,但其适用范围是有限的,即限定在某个国家或地区公民的范围之内,因此一般而言相对人权也被称为国民权。1966年《公民权利和政治权利国际公约》第25条也认可政治参与权仅限于国民的范围之内。相对人权作为一种国民权的存在却反映了当今世界人权状况上的一种价值矛盾,即相对人权的相对性是与人权的普世性要求相冲突的。

人权价值分类理论还体现在罗尔斯以及德国著名伦理学家奥特弗里德·赫费(Otfried Hoeffe)的理论上。他们坚持主张一种对人权的最低程度的理解,在人权中分出基本人权。基于“可实现性”和“可权重性”的理据,“最低程度的人权”的主张者坚持以“基本”而非以“完整”作为判定人权内容的标准,从而使人权真正从理想变成现实(甘绍平,2009a:17—18)。从“人权的可实现性理据”出发,罗尔斯曾把人权限定在生命、自由、财产及形式上的平等的权利;赫费则称其为“先验的利益”,相当于古典自由主义所主张的消极性的自由权,之所以这些权利得到了强调,是因为它们是最基

① Robert Alexy: Die Institutionalisierung der Menschenrechte im demok ratischen Verfassungsta at, in: Stefan Gosepath und Georg Lohmann(Hg.): Philosophic der Menschenrechte, Frankfurt am Main 1998, p.248.

② Ibid.,(转自甘绍平,2009a:19—20)。

本的、最具无可争议性，因而才能在全球多元文化的环境中拥有生存的希望。“人权必须在全球、因而是跨文化地得到认可，因此不可以包含太多的东西。”①从“不同权利间的可权重性”来观察，《世界人权宣言》给人的印象似乎是所有的人权均同等重要。但是从1948年的《世界人权宣言》到1966年的两个国际公约，人们耗费了近20年的时间才将一个没有约束力的意愿宣示变成了有约束力的人权协定，这段历史充分展现了人们在对不同权利的权重上的巨大分歧，也最终纠正了大家对人权的同等重要性的印象。“可实现性”和“可权重性”的重要理据是，《公民权利和政治权利国际公约》规定了个体的诉讼程序，即作为个体的世界公民拥有法律上的机会将其有关人权的问题上诉到联合国相应的委员会。而在《经济、社会及文化权利国际公约》里却没有类似的规定。“这种差别性的对待是关于一种普遍性的、毋宁说是基本性的怀疑的表征，即社会人权至多是一种法律上最终无约束力的‘国家目标’，而不能作为司法上有效的主观权利。”②

（二）人权价值分层协调

进入21世纪，德国神学家迈克尔·哈斯佩尔（Michael Haspel）在《人权的历史与现实》的文章中提出的三分法具有分层协调的特点。哈斯佩尔依据《世界人权宣言》的内容对人权做了三个层面的分类：第一层面是政治与公民权利，该项权利保障每个人的安全与自由免受异在力量特别是国家暴力的侵害。政治与公民权利又被分为两类：(1)基本自由权（《世界人权宣言》第3—18条）：指的是生命权、自由权、人身安全权以及财产权、法律面前的平等权、思想及良心和宗教自由权、政治避难权、缔结婚姻和组建家庭自由权。国家的相应义务是：不干预。(2)政治表达与参与权（《世界人权宣言》第19—21条）：指的是平等地参与政治意志的建构的权利。国家的相应义务是：保护。第二层面是社会、经济与文化权利（《世界人权宣言》第22—28条），包括社会保障权（保障所有社会成员最低程度的生存条件）、劳动权、健康和福利权、受教育权、参与文化生活权。国家相应的义务是：支援。第三层面是发展权利与环境权利。主张者认为世界上有三分之二的国家的第一、二层面的人权的实现取决于国际经济秩序的改善，因而国际共同体应对创造有利于实现发展权利和环境权利的国际条件负有责任。③

美国著名伦理学家亨利·舒（Henry Shue）提出的“基本权利”可以说结合了分层与分类的特点。他赞同人权的三个不同层面的分类法，并且认定人权的三个不同层面并非处于一个等级体系之中，而是呈示着一种相互充实的关系。然而，在每一个层面中，不同的权利在重要性上的确存在着差异。亨利·舒认为，在人权的系统中，

---

① Christoph Menke/Arnd Pollmann: Philosophie der Menschenrechte zur Einführung, Hamburg 2007, p.37.

② Ibid., p.122（转自甘绍平，2009a：17—18）。

③ Siegfried French und Michael Haspel(Hg.): Menschenrechte, Schwallhach/Ts. 2005, p.29（转自甘绍平，2009a：12—16）。

有一组权利特别重要,它们的存在构成所有其他权利得以落实的前提条件。从人权的三个层面中提炼出来并跨越了三个层面界限,被称为"基本权利"(basic rights)。"基本权利"有三个维度:第一是生存权:它体现为最基本的经济保障。第二是安全权:它维护的是人的身体与心灵的完整性。第三是自由权:它包括参与权与迁徙权。通过对"基本权利"的划分,亨利·舒便展示了权利所具有的某种内在秩序,这就从一定意义上为解决权利间的冲突问题创造了前提。哈斯佩尔评价道:"借助于基本权利这一理念,亨利·舒便系统地、令人信服地、成功地克服了政治—公民权利与社会—经济—文化权利以及第三层面的权利之间没有结果的分离。"①

(三) 人权价值分域协调

19 世纪市民社会开始与政治国家相分离,在《〈政治经济学批判〉序言》中,马克思明确将人类社会生活划分为三种类型,即物质生活、政治生活、精神生活。随着 20 世纪福利国家的出现和发展,社会开始具有独立于经济、政治的社会含义,由此形成了"政治、经济和社会"的多元社会。如果说第一代人权的消极权利赋予经济领域以独立的地位,第二代人权的积极权利使得政治领域有了新的内容,第三代集体人权极大地拓展了独立的社会领域的范围。随各要素日益获得独立存在和发展的意义。只有在区分具体的社会领域的情形下,人权保障的分类与分层才有现实意义。

丹尼尔·贝尔(Daniel Bell, 1919—2011)作为后马克思主义者,在《资本主义文化矛盾》一书中,概括了存在于当代资本主义社会中的矛盾现象,即政治、经济、文化三大社会领域彼此之间的断裂问题。当人们的逐利动机完全合法化,压倒了社会控制时,社会就会因丛林化而解体;当社会控制无视人的利益需求,完全压倒人欲时,生产力的增长就会受到遏制,文明就会倒退(黄力之,2012:29)。人权价值的冲突其实反映出各个领域间的价值断裂的问题,价值断裂的问题启发我们以"悖论"作为社会法研究的起点。这种价值断裂的问题不可能通过简单的分类或分层予以协调。贝尔所定义的后工业社会的概念是描述和说明社会的社会结构中轴变化的一种尝试,并对资本主义社会进行了分领域研究。如果说黑格尔的"内在精神"(geist),马克思的"决定所有社会关系的生产方式",基尔克的"民族精神"都建立在社会有机体理论统一运行的基础上,贝尔对资本主义社会研究的立足点是碎片化的社会观。

国家是自为性领域,社会是自在性领域,在现有生产力的条件下,由于国家与社会均存在各种不同的甚至对立的利益集团,文化领域也以自己的方式进行独立的社会活动。更为有益的办法是将社会看成三个截然不同的领域,"每个领域都服从于不同的轴心原则"(贝尔,1989:56)。各个领域间的断裂关系如何弥补成为可以分别解决的问题(黄力之,2012:28)。从这一基本矛盾的发展来看,一方面,贝尔所谓资本主

---

① Michael Haspel: Menschenrechte in Geschichle und Gegenwart, Siegfried Frenchund Michael Haspel (Hg.): Menschenrechte, Schwallbach/Ts. 2005, p.35(转自甘绍平,2009a:19—20)。

义文化矛盾反映了社会控制在人欲面前的无力与失语;另一方面,马克思曾经预言,在阶级社会中,随着阶级利益分化为公共利益和私人利益而产生了政治国家和市民社会,随着阶级社会的消失,政治国家和市民社会也将一道消失(肖富群、李广义,2002:237)。当今的阶级冲突已经极大地淡化,这种情形似乎并未发生。在不同的社会领域中可以建立起不同价值体系,贝尔所称的经济社会主义、政治自由主义、文化保守主义,本身就强调了不同的领域可以有不同的价值体系。贝尔将“断裂”的社会共存现象凝练成一个社会学术语——异质合成(syncretism)。

正如美国艾奥瓦大学法学教授亚历山大·佐麦克(Alexander Somek)所指出的:“人权蕴含着哪些利益,这不仅取决于这些利益的质量,而且也取决于对这些利益的法律贯彻的可能性与后果的问题。”①解决当今社会面临的价值断裂问题,社会法也只有在区分经济、政治、社会三个领域来进行独立的研究时,“作为一种自身矛盾的东西展开,并且在自身求得自己的统一”中才能理解当代社会的合法性结构,从而发现三个领域中的“异质现象”。只有在分域的情形下,人权价值的分类与分层才有现实意义,这些理论可以让我们认识不同社会领域中人权价值的不同重点。“异质合成”的概念也要求将社会法的悖论置于分领域研究的现实中。

第三节 国内视角:历史面前人人平等

在我国,书本法与行动法的脱节是一个不容忽视的问题。在社会法的视域中,自治被当作问题时,管制就会成为我国书本法上的答案。从法社会的角度来观察,政府与市场不应一直处在对立甚至对抗的立场,书本法与行动法脱节,会引发政治与经济的激烈冲突而形成社会震荡(董保华,2013d:31),行动法也会以自己的方式进行平衡。

一、伦理法律化的立法发展

善恶本是法社会的评价方式,也会对社会法产生巨大的影响。我国在劳动合同法讨论中出现了“善意的恶法”的矛盾概念。人们不怀疑立法者的善意,但对法律的实际效果表示怀疑,以致被称为“恶法”。这场法制理想与社会现实争论涉及平衡理论两种上帝视角。

《劳动合同法》的起草过程中,可以说充斥着一种被马克思称为“立法者自己的臆

---

① Vgl. Andreas Wildt: Menschenrechte und moralische Rechte, in: Stefan Gosepath und Georg Lohmann (Hg.): Philosophie der Menschenrechte, Frankfurt am Main 1998, p.143(转自甘绍平,2009a:17)。

想”[①]的所谓理想。本是一部合同法的立法，该法的起草者特别强调他们是基于“保证劳动者利益最大化”的“法治理想”来进行立法。[②]在众多宣传中，“劳动者的福音”[③]、“劳动者保护神”[④]是《劳动合同法》公布后官方使用最多的描述，可以说是以社会法意义来对《劳动合同法》进行解读，“铁饭碗”[⑤]、“一边倒”[⑥]、“护身宝剑”[⑦]、“大靠山”[⑧]、“即时威慑”[⑨]、“紧箍咒”[⑩]、“保驾护航”[⑪]，等等，这些内容正是对“保护神”“福音”的具体解读。记者以问答的形式写下了《新劳动合同法：别忽视“福音”中的一丝杂音》（杨波，2007），在该文中，笔者对《劳动合同法》提出了较为委婉的批评，可见，即便是呼吁官方重视批评意见，也不得不进入这种福音与杂音的语境。据星野英一考证，personality 和 personlichlit 作为“人格”之含义源于中世纪基督教和神学。基督神学上，persona 是为显示人具有理性的独立实体意义上使用的，作为圣父、圣子、圣灵三位一体（位格）使用。这样，persona 既用于天使也用于人，这种观念通用于中世纪（星野英一，载梁慧星，1997a：162）。在一部分劳动法学者看来，对于这样的“福音”需要“深层次的叩问与求索”，在上帝福音面前，笔者这种人间的杂音，被他们称为“盲目的躁动与忙乱”（彭光华，2008：1）。

“保护神”“福音”概念的出现可以让人联想法国大革命中关于法制理想宣传：“法国革命正是依照宗教革命的方式展开的，但是法国革命涉及现世，宗教革命则为来世。宗教把人看作一般的、不以国家和时代为转移的人，法国革命与此相同，也抽象地看待公民，超脱一切具体的社会。它不仅仅研究什么是法国公民的特殊权利，而且研究什么是人类在政治上的一般义务与权利。”（托克维尔，2017：58）这种布道式的宣传，与为劳动合同法辩护的观点非常相似，法制理想与社会现实的悖论常常出现在“激发布道热忱的政治革命”的特殊历史时期。托克维尔在评价法国革命时，讲到带着宗教革命的外表进行政治革命的情形。它不仅像宗教革命一样传播甚远，而且像

① 《马克思恩格斯全集》第 40 卷，人民出版社 1982 年版，第 183 页。

② 《劳动合同法》的起草负责人张世诚的说法是：“在立法单位工作，有个基本的素质要求，就是要坚持最基本的法律原则，要有法治理想，否则就很没意思了。就我二十多年来参与的行政法、社会法立法工作来说，一个基本的原则是，要保证劳动者、公民利益最大化。”（汤耀国，2010）

③ “广大劳动者千呼万唤的《劳动合同法》终于获得人大通过，这是劳动者的福音，是为劳动者撑起的保护伞。”（春阳，2007）

④ “劳动者权益新添‘保护神’”（张薇嫣，2007）。

⑤ “由于《劳动合同法》对签订无固定期限的劳动合同作出了详细规定，此举将帮助劳动者重拾‘铁饭碗’。”（单芸，2007）

⑥ “《劳动合同法》向劳动者一边倒，一纸合同十分保障”。《一纸合同十分保障》，《中山日报》2007 年 7 月 6 日 A2 版。

⑦ 孙冲、朱杲：《打工求职，你有了新护身宝剑》，来源：《合肥晚报》2007 年 7 月 30 日，载 http://www.hf365.com/html/01/05/20070730/31284.htm，2009 年 7 月 20 日访问。

⑧ “劳动者从此有了‘大靠山’”（江泽丰、陈慧，2007）。

⑨ “对资方构成了不容忽视的‘即时威慑’”。《〈劳动合同法〉用法律强制性来保障劳动关系》，来源：中华网 2007 年 7 月 6 日，载 http://news.zj.com/china/detail/2007-07-06/826836.html，2009 年 7 月 20 日访问。

⑩ “维护劳动者权益，给劳动执法部门套上了‘紧箍咒’。”（石飞，2007）

⑪ “谁为《劳动合同法》保驾护航”（张魁兴，2007）。

宗教革命一样也是通过叩问和布道深入人心。“激发布道热忱的政治革命。”(托克维尔,2017:52)在我国激起了一场关于劳动合同法善法与恶法的大讨论。从彭光华对善法具体的辩护观点来看,这是一部为明天准备的法,“《劳动合同法》对我国劳动关系未来发展趋势的影响远远大于其现实意义;《劳动合同法》的‘当下关注’的价值远逊于其未来指向”。一部被学者称颂为“对我国劳动关系未来发展趋势的影响远远大于其现实意义”(彭光华,2008:1)的法律还是现实法律吗?

马克思认为,“权利永远不能超出社会的经济结构以及由经济结构所制约的社会的文化发展”①。马克思对于立法者的表述是:“他不是在制造法律,不是在发明法律,而仅仅是在表述法律,他把精神关系的内在规律表现在有意识的现行法律之中。如果立法者用自己的臆想来代替事物的本质,那么我们就应该责备他极端任性。”②根据马克思的实践主义存在论,客观存在是实践的内在要素,是事物运动过程中固有的本质的、必然的、稳定的联系。

二、法律非伦理化的现实平衡

伦理法律化以保护劳动者权利、构建和谐劳动关系为目标,被理解为主要依赖公权力介入时,法律非伦理化是市场经济的要求,两者形成了冲突。近20年来,劳动领域的现状可以说是问题越多越管,越管越多,从而陷入某种死循环(董保华,2013d:31),伦理法律化与法律非伦理化的两种视角,每五年会发生一次重大的碰撞,我们可以分三个阶段来认识。

(一)“单雇主”的理论争论

2003—2008年围绕用人单位与劳动者的“单雇主”法律义务,《劳动合同法》立法形成了第一次理论冲突。我国第三种力量发展的不平衡,工会改革的停滞,双保护的立法模式,需要通过劳动合同的单保护来回收权力,在我国书面法的逻辑中,当劳动关系市场化成为问题,强化政府管制的对策,构成伦理法律化的基本逻辑。“单雇主”是标准劳动关系的基本形态。如果说在立法宗旨上,《劳动法》突出以市场经济为导向的灵活性,《劳动合同法》则通过强调稳定来加强国家对劳动关系的管制。③当立法答案被认为是问题时,市场经济也以自己的方式给出答案:双雇主。以劳务派遣为主的各种非标准劳动关系不同于“单雇主”形式,法律非伦理化的应对中,“双雇主”成应对标准劳动的重要形态。

就强化伦理法律化的社会法观念而言,2008年我国开始实施的《劳动合同法》显示了管制的力量。面对2007年6月29日公布的新法,2007年7月全国人大常

---

① 《马克思恩格斯选集》第3卷,人民出版社1972年版,第11—12页。

② 《马克思恩格斯全集》第40卷,人民出版社1982年版,第183页。

③ 相比1995年施行的《劳动法》,《劳动合同法》不再强调劳动关系与社会主义市场经济相适应,确立了以“稳定”求“和谐”的目标,管制是实现“稳定”的重要手段。

委会法工委将“立法宗旨”表述为单保护与双保护的争论,并明确“应当旗帜鲜明地保护劳动者的合法权益”①。双方签订的合同,重点保护一方当事人的利益,一些学者据此宣布了“单保护”理论的胜利②,“单保护”以我国个别劳动关系需要高度管制为理由。随后劳动领域又推出了《促进就业法》《劳动争议调整仲裁法》,这一系列立法使2007年成为劳动法的立法年,伦理法律化理念挟政府之力得到长足发展。

事实上,法律非伦理化也会以自己的方式来显示市场的力量,2007—2009年两会代表强烈要求修改无固定期合同制度。《中华人民共和国劳动合同法(草案)》公布前两年时,笔者就知道立法趋势不会变化③,也对这一法律实施后双雇主会有较大数量增长的法社会情形进行了预测。有人以为,扩大适用范围只是简单地加加减减,其实不然。对于一个远程就业或非全日制就业的员工要求以全套的劳动纪律、工作时间、社会保险规定来要求企业是否现实?如果进一步在这些形式中,对企业实行“宽进严出”、对员工实行“宽进宽出”更是难以想象。“高标准”带来的“窄覆盖”“宽执法”,劳动者并不能从中受益。面对劳动关系已经形成刚性化的用工体制,在起草《劳动合同法》的过程中,几乎所有劳动法业内人士尤其是劳动合同立法的起草人员都预言在《劳动合同法》环境下,双雇主的劳务派遣将面临灭顶之灾。④笔者曾认为我国可能出现某种用人双轨制大发展的局面,并形成制度性歧视,引发社会矛盾(董保华,2006a:51)。依据平衡理论笔者才可能对以后双雇主的发展进行大体准确的预测。

(二)“双雇主”的理论争论

2008—2013年围绕用人单位与劳动者的“双雇主”法律义务,《劳动合同法》修法形成了第二次理论冲突。随着问题与答案错配,标准劳动关系会向非标准劳动关系发展,单雇主会向多雇主发展,市场机制以自己的方式显示客观规律的存在。面对市场经济的发展,自治再次被立法者认为是问题时,加强管制,强化伦理法律化的力度就会成答案。当立法答案被认为是问题时,市场经济以后也以自己的方式给出答案:无雇主。以法律非伦理化为观念,新业态为主的各种民事关系成为重要的用工形态。

---

① “《劳动合同法》的立法宗旨是保护劳动者的合法权益,还是保护劳动者和用人单位的合法权益?也就是说,是‘单保护’还是‘双保护’,是劳动合同立法中一个‘焦点’的问题。在公开审议中,一种观点认为,《劳动合同法》应当体现‘双保护’,既要保护劳动者合法权益,也要保护用人单位的合法权益。”“但是多数意见认为,应当旗帜鲜明地保护劳动者的合法权益。”(信春鹰,2007:3)这是全国人大法工委在第一时间编写了释义丛书。

② “最终该法没有采纳所谓‘双保护’的提议,而只是在第一条规定‘保护劳动者的合法权益’。”(周长征,2010:142)

③ 2006年4月《劳动合同法》大讨论开始时,记者记录下与笔者的对话:“记者一再追问,他的意见是否会获得重视,并导致对劳动合同法立法价值的重估,董保华说:‘不可能的!’为什么还要发表不同意见?董保华说:‘我只不过是知其不可为而为之。’”(吴飞,2006)

④ “《劳动合同法》立法者乐观的估计,现行的劳务派遣规模将至少减少一半。”(张世诚,2008a:90)“在立法过程中,不少人跟我说,要按照现在法律这么严苛的规定,劳务派遣公司不死二分之一也要死三分之一。于是我们想,规范的力度够了。”(曹海东,2007)

就强化伦理法律化的社会法观念而言,《劳动合同法》公布伊始,标准劳动关系就开始向非标准劳动关系演变,单雇主向多雇主方向演变,《劳动合同法》公布三年之际,2011 年 2 月,全国总工会以《国内劳务派遣调研报告》的方式重新点燃了争论。[①]无论我们是否愿意,从制度选择上看,我国已经进入"双轨制"的制度安排,制度性歧视也成为一种难以避免的现象。2012 年初,全国人大常委会在执法检查的基础上,认为"劳务派遣被滥用等问题还很突出,建议抓紧修改完善法律法规"[②]。1994 年公布的《劳动法》正式施行已逾 18 年,至今尚无修改计划;2007 年公布的《劳动合同法》在实施 3 年的时间便由原来制定的机关提出修订。《劳动合同法》对劳务派遣采取的基本态度是"严格规范"(张世诚,2008a:89)。起草者在有些场合更使用了"严苛规定"的提法(曹海东,2007)。[③]我们面临一个无法回避的事实:改革开放 30 多年,在党和政府大力提倡[④]的情况下,劳务派遣的规模尚未达到 2 000 万,而在《劳动合同法》公布三年多的时间内,在国家以各种手段进行压缩的情况下,派遣用工的人数竟然增长至三倍多(董保华,2013b:51)。《劳动合同法》显然是劳务派遣超常发展的幕后推手。

2012 年全国人大常委会修法基本秉持了自劳动合同立法以来强调劳动关系稳定、限制灵活性的一贯立场,立法者希望压缩劳务派遣,扩大标准劳动关系。正是基于管制思维修改《劳动合同法》有关劳务派遣的规则,对设立劳务派遣单位增设行政许可,明确"劳务派遣用工是补充形式,只能在临时性、辅助性或者替代性的工作岗位上实施",且对何谓临时性、辅助性或者替代性进行界定,并授权人社部划定劳务派遣用工的最高比例(10%)。为了使这一充满争议的草案得以通过,全国总工会再次借助征求意见进行了一次预投票,在未获得预期效果的情况下,在提供审议的起草说明中罕见地将这一修法上升至"维护工人阶级主体地位、巩固党的执政基础"[⑤]的高度。当我们不得不以这样的方式来通过草案时,本身说明全国人大常委会内部出现了比《劳动合同法》起草时更大的分歧。

当修法答案是问题时,市场经济第二次以自己的方式给出法律非伦理化的答案:双雇主发展为外包并在此基础上形成了后来的新业态的众包形式。在立法结果公布之际,笔者对于法社会的发展现实做出了预测:"劳务派遣开始变形,以其他的形式出

---

① 按该报告的说法,全国劳务派遣人员总数已经达到 6 000 多万,这比此前人保部公布的 2 700 万多出逾一倍(降蕴彰,2011)。

② 《2012 全国人民代表大会常务委员会工作报告(全文)》,来源:中华网,载 http://www.china.com.cn/policy/txt/2012-03/18/content_24925316_2.htm,2012 年 3 月 20 日访问。

③ 《劳务派遣的非正常繁荣》,《南方周末》2007 年 12 月 13 日。

④ "要积极发展劳务派遣和其他类型的就业服务组织,把分散、单个的下岗失业人员组织起来,为他们实现再就业提供组织依托和帮助。"《胡锦涛在全国再就业工作座谈会上的讲话》(2003 年 8 月),载 http://www2.ahldt.gov.cn/dat_img/05127114415zjybfxxcl.doc,2007 年 1 月 9 日访问。"加强有组织的劳务输出,引导农民工有序流动。组织返乡农民工参与农村公共设施建设",《温家宝 2009 年政府工作报告》,载 http://www.chinacourt.org/html/article/200903/14/348506.shtml,2009 年 3 月 16 日访问。

⑤ 《关于〈中华人民共和国劳动合同法修正案(草案)〉的说明》,来源:中国人大网,载 http://www.npc.gov.cn/npc/xinwen/lfgz/flca/2012-07/06/content_1729107.htm,2015 年 8 月 28 日访问。

现。从目前的实际情况来看,劳务派遣最有可能转型为业务承包、业务承揽。对于国有企业的派遣员工来说,其劳动关系虽在派遣单位,但其用工单位至少是国有企业,可以部分享受国有企业的垄断利益。随着业务承包、业务承揽的发展,原来的派遣员工将失去这部分利益。"(董保华,2012e:41—42)修法后,在标准劳动关系刚性化未做任何松动的前提下,"一刀切"强行降低劳务派遣比例,市场反馈却是只有少数"派遣工"转为"正式工",[①]大量挤出人员转入业务外包、人力资源服务外包。倘若在劳务派遣中,用工单位尚需依法承担一半的"雇主义务",派遣工尚且可以基于"同工同酬"享受用工单位一定的薪资福利待遇;转为业务外包、人力资源服务外包之后,劳动者虽然可能在实际接受劳务的单位处工作,但其与实际接受劳务的单位并不存在任何劳动法上的关系,其用人单位是承包单位,这是一种更为灵活的用工方式。

(三)"无雇主"的理论争论

2013—2018 年围绕《劳动合同法》修法形成了第三次理论冲突。2015 年 3 月 21 日,中共中央、国务院发布了《关于构建和谐劳动关系的意见》,为劳动法制的发展提出新思路。2016 年伴随供给侧结构性改革的深入推进,中共中央政治局会议更是明确指出:"降成本的重点是增加劳动力市场灵活性。"在 2015—2017 年间,多位人大代表再向立法机关提出修改《劳动合同法》的议案。面对社会上再次兴起修改《劳动合同法》的声浪,工会系统及相当一部分劳动法学者坚持强化伦理法律化的立场,反对"《劳动合同法》的有关规定导致企业用工不灵活"的观点。与之前不同的是:"无雇主"不是立法、修法的产物,而是修法不成的产物。法律非伦理化通过劳动者的自行选择来达成。

就法律非伦理化的法社会逻辑而言,当问题与答案的位置发生互换时,修法重新提上议事日程。回顾这一修法议题,2008 年全球金融危机后,全国人大常委会法工委(全国人大常委会下的一个工作机构)与部分人大代表、政协委员就修法问题展开了争论。人大代表、政协委员提出提案,希望修改劳动合同法中无固定期限合同的规定,解决劳动关系过于刚性化的问题。这些提案将无固定期限合同的争论推向高潮。全国人大常委会法工委则强调各地劳动合同签订率、补签劳动合同数量、无固定期限劳动合同签订率、集体合同签订率都有所提升,以此说明《劳动合同法》达成了预期的目标。随着我国新的执政理念的确立,国务院各部委态度有了转变,全国人大内部的各委员也有分化。在各主管部长表态后,针对修改《劳动合同法》这一议题,全国人大财经委曾在 2016 年 11 月指出,修改《劳动合同法》确有立法必要,建议有关部门加强调研起草工作,待草案成熟时,争取列入全国人大常委会今后立法规划或年度立法工作计划。[②]2017 年 11 月,全国人大财经委再次提出,修改《劳动合同法》争取列入下届

---

① 根据上海市人力资源和社会保障局的调研结果,参与抽样调查的 508 家企业 2013 年由劳务派遣"转正"的人数占派遣总人数的比例仅为 10.4%。

② 《全国人民代表大会财政经济委员会关于第十二届全国人民代表大会第四次会议主席团交付审议的代表提出的议案审议结果的报告》,来源:中国人大网 2016 年 11 月 9 日,载 http://www.npc.gov.cn/zgrdw/pc/12_5/2016-11/09/content_2006768.htm,2024 年 6 月 24 日访问。

全国人大常委会立法计划。[①]修法工作看似箭在弦上。

就强化伦理法律化的社会法观念而言，在中国特有的政治生态中，问题的清晰并不等于答案得到认可。2018 年 2 月全国人大常委会法工委社会法室主任郭林茂在接受媒体采访时表示，“修改时机还不成熟”，因为围绕《劳动合同法》与企业负担过重、企业用工不灵活的关系，尚未形成共识。一方面“企业负担过重不仅仅是用工问题造成的，它是多方面原因造成的”，“仅把企业的负担过重归因于劳动用工是不全面的”。另一方面，“一些部门和单位认为《劳动合同法》的有关规定导致企业用工不灵活”，“有关部门跟工会之间相互看法不一致，目前法工委与国务院有关部门和单位正在研究这一问题”。[②]这一表态意味着修法之事在短期之内难以提上议事日程。表面看来，只是全国总工会不赞成，导致修法不成，背后的原因当然复杂得多。

当修法答案是问题时，市场经济第三次以自己的方式给出答案：无雇主。2015—2018 年，修法经历了从看似“风起云涌”到暂且“偃旗息鼓”。同一时期，我国就业领域正在经历一场大变革，从业人员在进入共享经济之时，往往在就业方式上面临选择：劳动关系抑或非劳动关系。前者受劳动法规制，后者由民法调整；前者强调法律伦理化，后者强调法律非伦理化。当相关职能部门允许从业者与平台企业在事前进行自主选择时[③]，由外包演变而来的众包得到了快速发展。劳动者选择拒绝立法者强加的劳动关系，共享经济迅猛发展并吸收了大量就业，大量劳动者从原劳动关系束缚中挣脱出来加入非劳动关系的行列，成为共享经济就业的重要特点。[④]伦理法律化是国家以劳动者的名义来推进的，对于这样的立法，如果说善法与恶法仍是学术争论，员工以用脚投票的方式给出了自己的答案。

三、法律伦理化的司法平衡

在伦理法律化与法律非伦理化的争论过程中，出现法律伦理化的司法视角，体现出行动法的特点。法律伦理化最一般的意义是指法律以符合伦理的方式自觉执行。宏观层次的公法介入，是以社会伦理以及公德的要求为依据，一旦越过必要界限，法

① 《全国人民代表大会财政经济委员会关于第十二届全国人民代表大会第五次会议主席团交付审议的代表提出的议案审议结果的报告》，来源：中国人大网 2017 年 11 月 4 日，载 http://www.npc.gov.cn/zgrdw/pc/13_1/2017-11/04/content_2036891.htm，2024 年 6 月 24 日访问。

② 《修改劳动合同法有两个问题未解决，法工委：修改时机还不成熟》，来源：澎湃新闻网，载 https://www.thepaper.cn/newsDetail_forward_2009374，2018 年 1 月 25 日访问。

③ 例如，《网络预约出租汽车经营服务管理暂行办法》（2016 年 7 月 27 日）第 18 条：“网约车平台公司应当保证提供服务的驾驶员具有合法从业资格，按照有关法律法规规定，根据工作时长、服务频次等特点，与驾驶员签订多种形式的劳动合同或者协议，明确双方的权利和义务。”

④ 根据国家信息中心的估算，2017 年这一群体已达 7 000 万人，2025 年更有望超过 1 亿人。国家信息中心分享经济研究中心课题组：《共享经济：从起步期向成长期加速转型——中国共享经济发展年度报告（2018）》，《光明日报》2018 年 3 月 29 日，第 15 版。

律的执行会丧失伦理依据和道德依据。缺乏社会支持的法律因与伦理价值相冲突，也会遭到人们的反对，从而丧失其存在的合理性，最终会不被执行或不被完整执行，这是法社会对社会法的制约，也会引发立法与司法的冲突。这是我国法律伦理化的一种特有形式。

(一)“双并重”原则的首次提出

法社会关注社会与法律协调运行，强调社会对于法的影响，法律理性是不能脱离社会常识客观存在的社会现实。随着社会法创设了过多非理性的规则，工会作为准行政机关也成为这些规则的重要推手时，“双并重”原则体现了法律伦理化的要求。这里的法律伦理化其实是一个法律要符合社会普遍认同的常识、常理、常情的概念，行动法与书面法的冲突，反映出法社会逻辑。

用人单位生存利益的提法最早见于我国最高人民法院的司法解释，是特定时期经济、社会危机在司法实践中的一种反映。只有企业生存才可能有劳动者的利益保障，这是一个简单的社会常识，“双并重”原则更多体现的是法律伦理化的要求。随着伦理法律化以单保护为立法原则，会与常理发生冲突。2009 年最高人民法院印发《关于当前形势下做好劳动争议纠纷案件审判工作的指导意见》，强调了用人单位的生存利益：“努力做到保障劳动者合法权益与维护用人单位的生存发展并重。”双并重司法逻辑可视为单保护立法逻辑的一种补充，是对法律中存在的那些涉及双方权利义务规范内容的再发现，在个人与国家的结构中，通过放置企业生存利益，重新引入了劳动者与用人单位相对性的合同原理以及相应的权利救济的常情。这种立场很大程度上是在向倾斜保护原则回归，“倾斜保护”仅指“倾斜立法”，司法仍应严守人人平等的原则(董保华等，2001：145)。

在企业主张弹性化与工会要求刚性化的用工博弈中，司法部门没有立法部门的超脱地位，无法完全回避中小企业的生存状况。面对中小企业的生存困境，司法部门提出了用人单位生存法益的概念。2007 年佛山玩具商张树鸿自杀事件，用一种剧烈的方式，展现了我国以玩具出口企业为代表的制造业生态。《劳动合同法》的出台使企业的生存条件更加严酷。社会开始关注广东官方统计数据中出现的异常情况：(1)2008 年广东省中小企业局局长刘焕泉披露说，根据广东省各地中小企业行政主管部门上报的企业关闭情况，该省 2008 年 1 月至 9 月企业关闭总数为 7 148 家。[①](2)据统计公布，2008 年 1 月至 9 月，广东省各类市场主体共注吊销企业 62 361 家(陈冀，2008)。(3)《人民日报》称，人力资源和社会保障部组织多个专题调研组，深入到长三角、珠三角、重庆等地区进行调研。在结束了广东省的调研以后，人力资源和社会保障部部长尹蔚民介绍，2008 年前三季度同期全省注吊销企业 57 608 户。[②](4)2009 年

---

① 《危机袭来：珠三角中小企业是倒闭潮还是加速洗牌》，来源：《国际金融时报》2009 年 2 月 18 日，转引自中国五金制品协会，载 http://www.chinahardware.org.cn/guanlizixun/2009-02-18/2237.html，2009 年 6 月 14 日访问。

② 《城镇新增就业 936 万人》，《人民日报》2008 年 11 月 10 日，第 5 版。

全国两会期间，时任广东省省长黄华华在接受记者采访时表示，2008 年广东关闭、破产和搬迁的企业共有 4 900 多家。[①]7 148，62 361，57 608，4 900，无论真实数字为何，2008 年广东省的劳动争议案件大幅度攀升不容置疑。企业生存法益是特定时期经济、社会危机在司法实践中的一种反映，一般说来，只有在社会已经形成某种普遍担忧时，才可能提出企业生存法益问题。

《劳动合同法》公布之初，媒体将劳资博弈称为“垂死博弈”[②]，对于企业保护只是限于防止企业倒闭。与劳动者的生存法益不同，企业生存法益从无完整的理论概括，也并无学者进行系统的研究，推动这种司法逻辑发展的是劳动争议案件高发的审判实践。[③]“2008 年，《劳动合同法》及《实施条例》《劳动争议调解仲裁法》相继出台，调整劳动关系的法律体系发生较大变革和调整，从而引发了又一轮的劳动争议案件的大幅增长。2008 年相比 2006 年，劳动争议案件增长了近 1.5 倍。”[④]为缓和《劳动合同法》及其配套规定出台带来的劳动争议案件暴增趋势，最高人民法院强调双并重合作性目标：“我国社会主义条件下的劳动关系矛盾本质上是非对抗性的，矛盾双方是对立统一体和利益共同体，具有根本利益的高度一致性和具体利益的相对差异性。”[⑤]最高人民法院提出双并重司法原则后，有效降低了案件高发的趋势，使 2010 年、2011 年案件数量出现了一定幅度下降。2009 年劳动仲裁诉讼受理数为 68.44 万，2010 年为 60.09 万，2011 年为 59.92 万，劳动仲裁受理数开始回到 60 万以内。

最高人民法院“利益共同体”的表态与当时劳动合同法起草者和主流媒体的观点有很大的区别。主流媒体的观点是：“无论是年前的裁员潮，最近的珠三角工厂倒闭潮，还是台商的撤资，要么是无知者愚蠢的误读，要么就是无良厂商恶意的中伤。”[⑥]全国人大常委会法工委副主任信春鹰主编的《中华人民共和国劳动合同法释义》，对此的解释是：“多数意见认为，应当旗帜鲜明地保护劳动者的合法权益。”（信春鹰，2007：3）企业倒闭当属正常。双并重司法原则虽达预期目标，却带来与单保护立法原则的紧张关系。在劳务派遣等一系列问题上，双并重司法原则对合同效力的尊重，客观上立足于弹性化用工要求，更与工会立场相左。《工人日报》极其罕见地将各地高级人民法院执法立场评价为：“不仅损害了法律的权威，鼓励了企业钻法律空子，更是

---

① 《尹蔚民：中国没有发生大规模裁员和农民工返乡潮》，来源：中国新闻网 2008 年 11 月 20 日，载 https://news.ifeng.com/c/7fYNu6sJ7W2，2024 年 5 月 28 日访问。

② 《应警惕新〈劳动合同法〉实施前异动》，载 http://www.hangzhou.com.cn/20070806/ca1355339.htm，2007 年 8 月 14 日访问。

③ 最高人民法院对劳动争议案件井喷做了这样的概括：“高度重视审理涉及民生的案件。认真执行《劳动合同法》，审结劳动争议案件 286 221 件，同比上升 93.93%。”（王胜俊，2009）

④ 《劳动争议案件增长原因分析》，载 http://www.ehr800.com/Article/view.asp?cid=12&sid=0&vid=7711，2009 年 6 月 14 日访问。

⑤ 最高人民法院关于当前形势下做好劳动者争议纠纷案件审判工作的指导意见（法发〔2009〕41 号）。

⑥ 《专家集体智慧结晶：〈劳动合同法〉绝非舶来品》，中国网 2008 年 2 月 26 日，载新浪网，http://finance.sina.com.cn/review/20080226/18324549872.shtml，2024 年 5 月 28 日访问。

对劳动者维权意识的打压。”[①]这种严厉的批评也导致工会希望以立法的形式，不仅回击用人单位的弹性化要求，也纠正法院的执法立场。

尽管司法机关在案件的压力下做出的双并重的表态只限于企业不要倒闭的生存法益，本意只在于缓和单保护原则的极端思维。但双并重原则在实际运用中要求在审理劳动争议纠纷案件时，尽量维护劳动合同的效力，慎重简单使用解除劳动合同的方法来解决劳动争议纠纷案件。既要鼓励、规范企业自觉履行义务、承担社会责任，又要倡导职工理解企业确因经济困难所采取的合理应对行为。要积极引导职工与企业协商通过缩短工时、轮岗培训、暂时放假、协商薪酬等多种措施，有效稳定劳动关系。[②]在单保护立法的劳动维权的框架中，双并重的执法逻辑加入了权利型模式的某些因素，通过强调合同效力，重新强调双方当事人的信赖基础，克服共享机制缺失的问题。司法机关这些以社会普遍认同的常识、常理、常情为依据的做法，被全国总工会与全国人大常委会法工委认为偏离了立法的初衷，也成为导致 2012 年底进一步立法以压缩司法空间的导火索。

（二）“双并重”原则的再次强调

2015 年最高人民法院发布《最高人民法院关于当前民事审判工作中的若干具体问题》再次强调了用人单位的生存法益：“依法保障劳动者合法权益与企业生存发展并重理念。”[③]这一年根据人力资源和社会保障部的统计，劳动争议案件已经跃过了 80 万大关。党中央将“劳动争议案件居高不下”列为需要治理的问题。[④]鉴于双并重原则曾经受到全国总工会、全国人大常委会法工委的批评，最高人民法院明确其依据为：“要按照中央、国务院今年(2015 年)3 月发布的《关于构建和谐劳动关系的意见》要求，坚持促进企业发展、维护职工权益。”为此，再次讨论单保护与双并重的关系：“劳动者和企业是一个利益共同体，不能将劳动者权益保护与企业生存发展对立起来。”一年后，最高人民法院 2016 年重申“双并重”原则：“应当坚持依法保护劳动者合法权益和维护用人单位生存发展并重的原则。”[⑤]在《劳动合同法》修法受阻的背景

---

① “《劳动合同法》和《劳动合同法实施条例》对劳动合同订立、变更、解除、终止等作出了明确规定，但是自 2008 年以来，一些地方司法机构在出台指导意见时，往往根据不同的倾向性意见作出不同的规定或解释，有些甚至歪曲了原有法律的意思。《劳动合同法》实施两年来，走过的是一段不寻常之路。而一些地方司法机关由于种种原因，出台的指导意见中出现类似上述有违《劳动合同法》规定的现象并不少见，这大大增加了这部法律贯彻实施的艰难。”“对此，有关人士不无忧虑地表示，法律虽然规定了有利于劳动者的条款，但如果地方法院出台的指导意见与法律意旨不同甚至相反，不仅损害了法律的权威，鼓励了企业钻法律空子，更是对劳动者维权意识的打压。”(王娇萍，2010)

② 最高人民法院关于当前形势下做好劳动者争议纠纷案件审判工作的指导意见(法发〔2009〕41 号)。

③ 《最高人民法院关于当前民事审判工作中的若干具体问题》：“劳动者和企业是一个利益共同体，不能将劳动者权益保护与企业生存发展对立起来。要努力寻求两者之间的最佳平衡点和结合点，把保护劳动者眼前利益、现实利益同保护劳动者长远利益、根本利益结合起来，最大限度化解双方具体利益上的相对差异。”

④ 2015 年 4 月，中共中央、国务院发布了《关于构建和谐劳动关系的意见》。

⑤ 最高人民法院《第八次全国法院民事商事审判工作会议(民事部分)纪要》(2016 年 11 月 30 日)。

下，搞活用工的任务似乎就由双并重的司法逻辑来实现。这一时期，各部门对于修正单保护立法原则虽有巨大分歧，退而支持双并重司法原则，致使双并重的共识提高。这种矛盾现象的出现，多少说明各种部门利益的考虑有时会压倒公共利益的考虑。现实生活中"双并重"原则的重申，也会促使我国的劳动争议案例数量的变化。

就存量的劳动关系而言，最高人民法院虽然提出避免"杀鸡取卵"，优化劳动力、资本、技术、管理等要素配置，促进新技术、新产业的发展的重要意义。但《劳动合同法》对劳动关系全过程进行"全面书面化"的改造，收紧劳动关系存续期间的自主空间规范，使治下的劳动关系依然存在高度管制、规则僵化的弊病。实现中央关于"增加劳动力市场灵活性"改革目标，只能由司法机关在有限的空间内，使用技术性的法律解释方法，各地通过调整劳动争议裁审口径的方式，释放劳动关系的灵活性。各地劳动仲裁机构与法院通过"放""柔""松""引"四个方面谨慎微调劳动争议的裁审口径(李干、董保华，2019：45—47)。

就增量的用工关系而言，主要是严格劳动关系适用范围。在搞活劳动关系受阻，存量劳动关系难以撼动的情况下，就不得不采取赋予增量用工关系灵活性的方式予以弥补。强调激发创新创业活力，推动大众创业、万众创新，最高人民法院 2015 年、2016 年两次提到"要严格依法合理区分劳动关系和劳务关系，切忌泛化劳动关系"。国务院也在《关于做好当前和今后一段时期就业创业工作的意见》中明确："支持劳动者通过新兴业态实现多元化就业。"当修法暂缓无法根本释放劳动关系的灵活性时，新业态的当事人以合意选择、排除劳动关系的方式摆脱《劳动合同法》的束缚。

四、法律非伦理化、伦理法律化、法律伦理化

书本法与行动法脱节的问题最早是由庞德提出的，庞德所关注的不是书本上的法，而是行动中的法，他提出"如果我们认真观察，书本上的法和行动中的法之间的差别，目的在于调整人与人之间关系的规则和那些实际上调整着他们的规则之间，很明显，在今天这种差距在法律理论和司法行政之间不仅经常真实地存在而且还相当深刻"①。书本法和行动法之间的差距一直以来都是存在的。社会生活在不断改变和发展，立法却不能像生活一样变化和发展，如果法不能满足社会发展的要求，也就失去了它的主要功能，这样的法就变成了一些僵死的教条，即使其作为法的形式可能保持下来，但实际上已经不能对社会生活起到良好的调节作用(王斐，2007：46)。在我国《劳动合同法》的立法、司法过程中，也存在书本法与行动法脱节。

法律非伦理化、伦理法律化、法律伦理化，在我国一定时期体现为市场逻辑、立法逻辑、司法逻辑，合理、合法、合适三种逻辑的相互转换中有着属于必然法的合作平衡机制。2009 年、2015 年最高人民法院强调用人单位的生存法益促成某种双并重的理解，体现的是市场机制的一种反弹，涉及的是自治逻辑。《劳动合同法》这类通过立法

---

① Pound, Law in Books and Law in Action, *American Law Review*, 1910, p.44.

形成的管制措施在司法运行两年后就会遭遇某种经济、社会危机交织的情形。双并重原则可以说是某些问题严重到一定程度引起社会关注的产物，在立法无法调整的情形下，案件高发的压力会迫使司法解释以强化自治的方式进行某种微调（董保华，2020：121）。单保护的立法原则与双并重的司法原则之间的差异，尤其是一种声音的刻意放大，与另一种声音的有意回避，会形成某种社会冲突，导致周期性的循环。如果将 2007—2009 年视为第一个出现修法呼声的周期，2013—2015 年视为第二个出现修法呼声的周期，两个修法周期之间存在着单保护到双并重的反复与交替，两种逻辑的相互转换中透露出平衡逻辑背后的基本规律。

2007 年单保护立法原则的确立，在单雇主模式中挤出了标准劳动关系的合同空间。2007—2009 年出现过修改无固定期限合同所导致的第一次来自市场要求的修法呼声，立法部门以“企业误解”进行了简单的回应。《劳动合同法》对劳务派遣做出了一系列严苛的规定（张世诚，2008a：89），然而在“劳务派遣一般在临时性、辅助性或者替代性的工作岗位上实施”的限制性表述中，“一般”的措辞却也给司法裁量留下些许空间，2009 年双并重司法原则的有些调整正是在这种立法空间中运行的。尽管法院的动力主要源于减轻过重的诉讼压力的考虑，但法院遵循的是权利救济的逻辑，在各方合意的基础上，双雇主的劳务派遣作为一种灵活用工形式，是刚性化管理必然促成的市场行为，从保护企业生存法益出发，当事人合意这种市场行为在一定程度上受到尊重。双并重司法原则的适用，使 2010 年、2011 年案件数量出现下降，然而这并非立法者需要的结果。2012 年的立法修订，彻底堵住“一般”的合同空间，促使司法重回“单保护”立法的极端逻辑。

2012 年阶级地位的提法[①]，挤出了非标准劳动关系的合同空间。2015 年出现了第二次来自市场要求的修法呼声。2018 年的人大表态已经说明，管制力量与道德绑架已经形成了某种难以突破的壁垒，这种壁垒在经济下行的压力下依然显示出强大生命力。这种道德绑架的管制力量曾一步步地挤出劳动关系的灵活空间。如果说《劳动合同法》的立法形成了与《劳动法》的第一次冲突，立法的目的是挤出单雇主标准劳动关系的协商空间，却也间接地促成了双雇主劳务派遣这种体现市场力量的非标准劳动关系的大发展；《劳动合同法》在 2012 年底的修法，通过限制劳务派遣的发展，实际上是挤出非标准劳动关系的灵活空间。2018 年随着《劳动合同法》增加灵活性的修法失败，劳动关系已经缺乏必要的协调空间，用工关系的灵活性只能通过非劳动关系来重新寻找回来，通过新业态发展，扭转泛化劳动关系的趋势，在增量用工关系中，以无雇主方式释放市场空间，共享经济的发展正是这一趋势的产物。

值得注意的是立法与司法的冲突与平衡事实上是通过案件数量变化来实现的。2007 年单保护立法原则的提出，带来劳动争议数量井喷式的发展，也挑战了司法机

---

① “维护工人阶级主体地位、巩固党的执政基础”，《关于〈中华人民共和国劳动合同法修正案（草案）〉的说明》，来源：中国人大网，载 http://www.npc.gov.cn/npc/xinwen/lfgz/flca/2012-07/06/content_1729107.htm，2015 年 8 月 28 日访问。

关的承受极限。最高人民法院提出的双并重司法原则后，有效降低了案件高发的趋势。双并重司法原则虽达预期目标，却带来与单保护立法原则的紧张关系。在劳务派遣等一系列问题上，双并重司法原则对合同效力的尊重，客观上立足于弹性化用工要求，更与工会立场相左。工会严厉的批评也导致工会希望以立法的形式，不仅回击用人单位的弹性化要求，也纠正法院的执法立场。2012 年的立法修订，彻底堵住“一般”的空间，双并重重回单保护。随着劳动争议案件再次走高，挑战司法机关的承受力，开启了新的循环（董保华，2020：122）。在争议案件突破 80 万的 2015 年，这场因常识、常理、常情引发的争议终于引发中央的警示而落下帷幕，最高人民法院又重提企业生存法益。

可见，在政府、准政府的部门利益指引下，社会法中伦理法律化注定会被过度运用，法社会中法律伦理化的调整就会被动出现，我国理论研究的薄弱使我们很容易走极端，进入死循环。单保护的立法原则与双并重的司法原则之间存在着微妙的关系，尤其是一种声音的刻意放大，与另一种声音的有意回避，会形成某种社会冲突，导致周期性的循环。当法律以单保护的极端方式来体现伦理法律化的要求时，市场经济也以自己的方式对立法提出了法律非伦理化要求，2007—2009 年是第一个呼声周期，2013—2015 年是第二个呼声周期。随着体现市场要求的立法呼声被拒绝，这种声音转而体现在双并重的司法逻辑中，形成法律伦理化的现象。法律伦理化的司法调节，在与伦理法律化极端立法思维的博弈中，其实也在以补充的方式，修正了伦理法律化立法逻辑。围绕双并重的争论最终以中央表态落下帷幕，从社会最终达成的共识看，司法中法律伦理化与立法中伦理法律化存在着某种平衡关系，开始为人们所认识。事实上我国政府的强势地位以及学者的弱势地位决定了立法的思维逻辑只能在历史逻辑中得以修正，这是法社会对社会法的制约。

第四节　平衡保护的立法目标与现实演变

弱者保护与倾斜保护体现为分层保护的法律机制，这一机制强调了对象与方式合成的分层模式。平衡理论须研究社会法三个层次之间协调范式。以个人为特征的私人领域强调私人自治，以国家为特征的政治领域强调国家管制，以社会团体为特征的社会领域（狭义）强调社会自治。社会法的内容、主体、方式之间存在着辩证关系，我国劳动基准法应当实行“低标准、广覆盖、严执法”，这三者既是独立的公共政策目标，相互之间也存在着一定的关联。

一、平衡保护的思维逻辑

善法与恶法称为良法与劣法才更准确，两者存在本质上的对立，它们不是一个事物的两个方面，而是两个具有对立价值的事物，以黑格尔正反合的逻辑定律可以理解我国的法律现象。在黑格尔看来，辩证法是由正题、反题与合题组成的，正题内在地衍生出反题，最后正题与反题都被扬弃而达致合题。[①]增加新的观察视角和分析工具，有助于深化理论认识的重要进路，与其他事物一样，良法与劣法也要经历“正—反—合”的辩证发展过程，伦理法律化、法律伦理化是“合”的过程。按黑格尔正反合逻辑定律，良法有真善美三个维度，进而析出真法、善法和美法。相应地，良法对立物的劣法就有假法、恶法和丑法。良法不是固定不变的，它必须随社会物质生活条件的变化而不断发展完善。而且，人们追求良法善治的努力是无止境的，对良法的期待值也越来越高(刘风景，2018：99)。

(一) 真法与假法

从正题上看，“真”是指法内容的合规律性，符合客观规律的是真法。从反题上看，主观任性的是假法。假法因此也称错法，是与经济社会发展相脱节，不符合实践需要，以致无法同整个社会系统相适应的法律文件(刘风景，2018：96)。从合题上看，去伪存真是必然结果，也是平衡理论追求的目标。事物的本质决定着法律的本质与目标，也把特定的结果给予立法者，“假法”是无法以符合伦理的方式自觉执行的法，社会生活伦理秩序会削弱法律规范效力。“真法”与“假法”以去伪存真的方式来达成一定的平衡。

2007年公布的《劳动合同法》，以伦理法律化的方式，大大提高了原《劳动法》的管制标准。事实上，工会组织以及立法部门用以支持制定《劳动合同法》依据的一些不良现象其实与《劳动合同法》并无关联，如拖欠工资、“黑砖窑”事件；有些因果联系做了相反的判断，如劳务派遣。真法应契合事物的本质，人们经常从“事物本质”推导出正确规则。“在我们对事物进行整理安排之前，我们必须深入它们之中，谛听它们的声音。”(科殷，2002：152)《劳动合同法》从起草开始，立法者在劳动法学者的烘托下对于事物真相采取了选择性忽视的做法，能听到的基本上是来自加强管制的声音。尽管管制与自治的争论从来没有平息过，公法手段事实上是有其自己的执法逻辑。从对立的两端出发，2012年的闪电式修法是从管制不足角度提出的质问，2016年马拉松式的修法呼声，是管制过度的疑问。前者修法成功，后者修法无果，两者合成了一个最为深刻的修法之问：在社会主义市场经济的条件下，我们要一部什么样的劳动合同法？近20年来，这个问题一直在拷问着我们。由于劳动基准是通过国家的行政执法来保证的，抽象平等与抽象不等的悖论，也会反映在标准与执法的平衡上，公法的立法必然会强化公法的执法手段。

高标准带来的高管制是符合行政机关的部门利益的，但并不符合社会合作的目标。由于我国行政执法机关与立法机关实际上的重合，以保护劳动者的名义来推高

---

① 笔者参考刘风景的研究方法，以正反合定律来研究研究良法与恶法现象，来阐述社会法中伦理法律化的现象。

标准，成为长期的趋势。然而，在一个"资本雇佣劳动"的现实条件下，追求"劳动控制资本"目标，这本身就是一个制度悖论，资本必然争夺这种控制权。根据科斯定理，如果说交易费用在足够低的情况下，哪怕初始权益是更多地配置给了劳动者，用人单位也还是可以通过某些私下交易，以增加成本的方式，使资源达到更有效的配置。"真法"与"假法"合成了弱执法社会现实。

(二) 美法与丑法

从正题上看，"美"是指法的形式的合科学性，具有科学形式的是美法。从反题上看，形式粗陋的是丑法。有些法律对调整的问题规定的不明确、有缺项；法律、行政法规、地方性法规、规章之间相互冲突，上下左右关系不够协调(刘风景，2018:97)。从合题上看，弃丑逐美是完善立法、执法的要求，也是融合式平衡追求的目标。

基尔克认为，法律秩序体现出来的柔韧性程度应当取决于法律政治的衡量，而后者具有非常复杂的性质，其在每一个具体问题中都受到对具体事实评价的影响(基尔克，2017:119)。在美法的形成过程中，立法机关担负着最为重要的职责。"研究既存社会现象并据此决定应当用何种方式达成正义法目的是立法机构的事情。"(施塔姆勒，2016:147)黄文艺主张将法治的概念仅限于程序的领域，从形式法治概念出发，认为法治主要包括三个基本要素，即法律可预期原则、法律普遍适用原则和法律纠纷的有效解决原则(黄文艺，2009:22—23)。"丑法"往往不具备这三个基本要素。法律规定模糊、抽象、矛盾，会给法律执行者滥用权力、徇私枉法、不负责任提供空间。

《劳动合同法》公布后，官方就在"专家误导论""企业误读论"之外又形成了"职工误读论""法官误读论"，大面积的"误导""误读"本身也成为学术争鸣的话题。正如梁治平针对各种各样的"误读"论所说的那样："法律针对行为而发，改变规则旨在影响行为。因此，颁布一部新法而引发行为人不同反应，自属常理。然而，行为人对法律的反应是基于对法律的误解，尤其是对法律基本条款的误读，这种情况并不多见。"(梁治平，2008:4)受这部法影响的专家、企业、职工、法官均陷入了"误读"境地，官方以"并不多见"情况来为自己辩护时，至少说明法律存在着词不达意的"丑法"情形。事实上，彭光华在强调"工具理性关注现实"，"工具理性被百般征讨，价值关怀乏人问津"时，也是用所谓明天的价值关怀来为今天工具理性辩解。冯彦君在主张"恶法亦法"时，也承认："《劳动合同法》存在着一些缺陷和不足。"对于《劳动合同法》具有"丑法"的特点，从有关讨论中可以看到，无论是赞赏者还是批评者，实际上具有高度的共识。

(三) 善法与恶法

从正题上看，"善"是指法价值的合目的性，契合政治伦理的是善法。从反题上看，德行缺失的是恶法。恶法是一种偏离法律应然道德基准的法现象，它与正义相对立，缺失正当价值构成和优良道德基础，与"正义原则"的整体相悖(刘风景，2018:

96）。从合题上看，避恶求善是社会正义的要求，也是法律平衡追求的目标。

良法善治的基本要求包括两个方面：生产良法和落实良法，劳动合同法作为合同法肯定应当强调当事人的合作，而不能以斗争观念作为立法理念。中国有自己的具体国情，"重农抑商"是中国历代封建王朝最基本的经济指导思想，"以农为本"限制工商业的发展。我国现代法治建设起步较晚、传统非法治思想影响较深，"劳善资恶"观念很大程度上是传统"重农抑商"观念的延续，在生产良法和落实良法方面有着自身的不足。《劳动合同法》将"劳善资恶"与阶级意识相结合，并与保护劳动者的原则相联系，很容易导向阶级冲突。在我国黑砖窑事件后，私法公法化是伴随着"劳善资恶"的道德介入发展起来的，并由这种道德标准来决定管制的程度。

在基尔克之问中有两个重要的问题：在道德、法律的共同统治领域内二者相互区分的地方，面对道德法则，法律秩序该如何行为？如果法律秩序想要尽可能圆满地完成自己的任务，那么它该追求什么样的形态？基尔克的结论是要严格界定两者的关系。[①]基尔克认为，法律秩序如果不想让自己的权威受损，要克制那种挑起强烈道德谴责的情形。阶级意识中的道德确信会引向敌对矛盾，这种敌对性的矛盾，与维持人民生活的健康要求是有明显区别的，这些敌对性的矛盾要尽可能地被避免，而当它们出现时，则通过法律和道德的妥协来调解（基尔克，2017：119）。基尔克处在一个阶级斗争风起云涌的时代，在阶级冲突中，永久和平的理想似乎是不可实现的，但社会法仍应以社会改良来确定法律秩序。基尔克仍认为，改良主义的法律秩序和阶级冲突的道德法则都不能放弃自己的自主。如果法律秩序和道德法则为了避免一切冲突而懦弱地放弃了它们最为本质的要求，那么它们就是背叛了自身。基尔克同时认为，两者向着和平目的的靠近是可能的，它会在这样的程度上成功，即两种力量都意识到自身需要弥补的地方并设置聪明的自我限制。

在我国放弃以阶级斗争为纲，且实行劳动合同制度时，更应当强调基尔克当时的界定：法律对一切人适用，因此法律不能仅仅考虑站在道德制高点上的人的道德观，也不能仅仅考虑多数人的道德观，相反它必须尊重广泛的群众的道德意识，并给予少数人的道德信仰以恰当的照顾（基尔克，2017：119）。以"劳善资恶"作为私法公法化的道德介入理由，并将"单保护"作为立法的基本原则，恰恰是违背了基尔克反复强调的宗旨，也会使社会法从根本上偏离改良、合作的基本性质。在劳动合同立法中，正题的"善"体现为合作，反题的"恶"体现为斗争，避恶求善是合题。在市场经济的环境下，劳动合同关系客观上总是要寻求双方的合作，"劳善资恶"的宣传只会增加合作的成本。

二、平衡保护的历史逻辑

在《劳动合同法》公布不久，法律制定者公开承认一部法律公布后，只要官方不去

① 基尔克所说的道德法则是在薪资斗争中工人服从于植根于其阶级意识中的道德确信；法律秩序与之不同。人们也不能将对与工人道德确信相矛盾的法律禁令——如禁止设立罢工纠察岗或者禁止驱逐破坏罢工者——的违反评价为道德过错（基尔克，2017：119）。

组织宣传和培训，本意就会被曲解①，等于间接地承认了法律规定模糊、抽象、矛盾，可以从各自的角度去解读，这种形式上的粗陋正是“丑法”的典型特征。然而，社会各界并不仅仅认为这部法律的问题是形式的不符合科学性；而是偏离法律应然道德准则的法现象，缺失正当价值构成则是恶法。善法与恶法还是丑法与恶法，其实是“恶法”与“丑法”的争论，历史逻辑通过立法与司法两个方面来显示自己的存在。

立法争论背后有着权利型还是权力型立法的历史逻辑。合同法的特点决定了权利型立法的特点，“丑法”与“恶法”争论的关键是该法是否采取了一边倒的做法？这本是没有争议的话题，曾是立法部门努力向公众宣传的一个观点。②如果一部合同法明确表示只保护一方当事人的利益，等于将另一方合同当事人置于“不合法”状态，执法者有充足理由随意挑选惩戒对象，一边倒背后体现出的是权力型的立法模式。一个权力型法背后往往有“君权神授”的依据，这正是平衡理论首先要关注的内容。对于权力型的恶法，基尔克所说的“个人可以主张反抗的权利”，历史上涉及的正是权利型法被权力型法代替的情形。伯林告诫人们，“消极自由”是以法律、制度等形式确立和保障的人的权利，因而具有不可替代的重要性，而“积极自由”虽然在日常生活中更吸引人，更追求于人的发展，但与“消极自由”相比，更容易被歪曲和滥用，甚至走向自由的反面(张夺，2014:59)。权力的膨胀，过度压缩了自由空间，就会出现恶法。梁治平作为我国著名的法学家，在《劳动合同法》讨论中，其观点代表了社会各界对于“主权者的命令”的担忧：“建立稳定、和谐的劳动关系，依靠的不是法律的强制性，而是法律之外的东西。法律的强制性介入，可以限定在劳动者利益最低限度的保障这一点上，而确定这一限度的标准，同样不能脱离实情。否则，法律的目标没有实现，新的冲突却可能随之产生。”(梁治平，2008:8)当这种担忧转化为大量企业用脚投票的现象时，促使立法者态度的变化，“丑法”的表态是不得不做出的某种退让，以“误读”来否定“君权神授”的恶法历史评价。

执法争论背后是伦理法律化与法律伦理化的历史逻辑。法律伦理化最一般的意义是指法律以符合伦理的方式自觉执行。洛克将法律分为神法、民法和道德法，但他认为：“所有的法律都是判断善恶的标准和根据，法律的规定都具有道德的意义，只不过各种法的任务有所侧重，大部分法律规范的目的是保证和加强对道德命令的遵守，道德命令对社会福利来说是很要紧的。”(罗国杰等，1988:94)社会法必须具备一定的伦理基础和道德目的，否则就会丧失其存在的意义，“善意的恶法”是由于脱离了伦理基础，从而丧失其存在的合理性，在社会生活中也必然会被抵制。宏观层次的公法介

---

① 全国人大常委会副委员长、秘书长盛华仁在劳动合同法、就业促进法、劳动争议调解仲裁法贯彻实施座谈会上表示：“我们已经注意到，有些法律颁布以后，由于相关的学习、宣传和培训工作没有紧紧跟上，社会上不同的利益群体，以及有的专家学者，往往从各自的角度去解读法律，其中有些解读甚至曲解了法律的本意，因而对法律的理解形成误导，对法律的实施造成负面影响。”雷阳、字秀春：《劳动合同法保护企业用工自主权》，转引自人民网，载 http://npc.people.com.cn/GB/18814.html，2009 年 4 月 19 日访问。

② 《劳动合同法》刚公布时，有关部门将“保证劳动者利益最大化”作为“法治理想”，在单保护与双保护的争论，并明确“应当旗帜鲜明地保护劳动者的合法权益”。见本书第 716、718 页。

入，是以社会伦理以及公德的要求为依据，一旦越过必要界限，法律的执行会丧失伦理依据和道德依据。如果制定法违反正义的程度非常明显，已达到令人不堪忍受的程度时，该法就是一个绝对不正义的法，即为恶法，这样的法律人民自不应予遵守(许育典，2002:79—81)。然而，一个矛盾的现象是，法应获得人们的遵守与服从，如果允许人民以主观的意见去判断形式上的法律是否为恶法，人民将拥有选择性地服从自由，国家的法秩序将无法维持。从历史逻辑的角度来观察，事实上会产生司法对于立法的反作用，我国出现的立法"单保护"与司法"双并重"的争论与博弈正是这种历史逻辑的体现，缺乏道德支持的法律就与社会价值相冲突，最终会不被执行或不被完整执行。依法治国，应是依良法治国，善法与恶法的争论也会转化为是良法与善治的关系。

15 年虽然只是历史的一瞬间，但对于总结一部具体的法律来说，已经体现出历史的逻辑。"恶法"的评价成为一种标志性评价时，官方曾力图纠正这种评价，面对企业的关闭、裁员、搬迁，宁可选择造成重大误解的"丑法"评价，也决不能接受缺失正当价值的"恶法"评价。几年之后，时过境迁，在"两会"上财政部部长楼继伟①与人社部部长尹蔚民②双双承认《劳动合同法》的现实问题，而且还有不小的问题，我们终于走出了正视社会现实的可贵一步。如果我们将"丑法"与"恶法"定位为评价上的两个极端，"错法"是与经济社会发展相脱节，不符合实践需要，以致无法同整个社会系统相适应的法律文件。真法与假法的争论也许是更为温和的提法。

三、平衡保护的现实逻辑

思维逻辑与历史逻辑最终应当体现在现实逻辑上。平衡保护涉及内容、主体、程序定位，应当强调合适、合理、合法，并实行低标准、广覆盖、严执法。

(一) 社会法的内容定位

从社会法的内容来观察，平衡理论强调合作的价值。法律标准是国家以强制性规范形式确定的法律规范，属于宏观的范畴。雇佣关系一度完全作为私法关系，以私法自治的方式来调整，劳动法针对强势主体和弱势主体产生的社会问题，起用了两大利器：一是用基准法，二是允许劳动者组织工会，采取争议行为。前者是针对企业具有的"小国家"特点，以国家公法的力量来限制契约自由，限制雇主的权力，给雇佣双方的协商划定底线；后者是针对企业具有的"小社会"特点，以社会的力量来限制契约

① 时任财政部部长楼继伟先后在清华大学经济管理学院演讲(2015 年 4 月 24 日)、中国经济 50 人论坛 2016 年年会演讲(2016 年 2 月 19 日)和 2016 年"两会"答记者问(2016 年 3 月 7 日)三次批评《劳动合同法》。

② "《劳动合同法》实施以来，在规范用人单位用工行为、维护劳动者和用人单位的合法权益、构建和谐劳动关系方面发挥了积极作用，但也反映出一些问题，主要集中在两个方面：第一，劳动力市场的灵活性不够。第二，企业用工成本比较高。"《人社部：将就新的就业形式等对劳动合同法提出意见》，中国新闻网，载 http://www.chinanews.com/cj/2016/02-29/7777190.shtml，2018 年 4 月 11 日访问。

自由，让劳动者也结成社会团体，以社团抗衡财团。应当说劳动法的两大利器也是极其有效的。当社会法的调整模式分为三个层次时，强调低标准，其实是强调在立法内容上，宏观层次要为其他两个层次留下足够的空间。

长期以来，我国的立法机关与各级政府主导各种劳动与社会保障强制性标准的制定，公权机关是唯一的供给主体和管理主体。在劳动领域，这类法律标准主要是指劳动基准。劳动基准一词是从英文“labor standard”一词翻译而来，最早见于1938年美国的Fair Labor Standards Act，一般译为“公平劳动基准法”或“公平劳动标准法”。我国台湾地区学者认为中文的“劳动基准”应始于1947年的《日本劳动标准法》（林振贤，2003：36）。劳动基准法主要有两种体例：一种是单独制定劳动基准法，如《美国公平劳动基准法》《日本劳动标准法》等；另一种是将劳动基准的法律规范包括在综合立法中，如《法国劳动法典》。我国《劳动法》基本上属于后一种立法模式，在劳动法中存在着一些劳动基准法的规范（董保华，2007c：52）。在社会保障领域，这类法律标准也可以泛指国家以强制性规范形式确定的社会保障标准。有些社会保障责任是由政府直接承担，而有一些则可以由企业来履行。从法律规范的性质和效力来看，法律规范可以划分为强制性规范与任意性规范，社会法的法律标准只涉及前者。

我国劳动基准法的高、低之争，并不仅仅是一些具体标准的分歧，很大程度上是一种劳动关系调整体制的选择之争，低标准对于平衡保护有意义。如果说法律是支撑社会法体系运行中最基础的“硬制度”，包括集体合同、劳动合同在内的各种“契约”就可以称为是降低市场经济中的摩擦的一种“软制度”。当事人签订的协议与国家制定的法律标准之间既有互补作用，又有互替作用。法律内容上，微观层次是具有自发性内容的自在性领域，宏观层次是具有制定性内容的自为性领域，两者也可能会发生冲突。平衡保护中的低标准强调限缩自为性内容，扩大自发性内容。从社会法的学术观点上来看，基尔克从人格法的角度强调了一种“有机体理论”，在他看来，“集体和个人一样，它的意志和行动的能力从法律获得一种法律行为能力的性质，但决不是由法律创造出来的。法律所发现的这种能力在事先就存在的，它不过是承认这种能力并限定这种能力的作用而已罢了。”①

（二）社会法的主体定位

从社会法的主体来观察，是一定法律部门所调整的同类社会关系的当事人，即在法律关系中享受权利和承担义务的个人、组织和国家机关。社会法的广覆盖强调扩大社会法的适用范围。我国《劳动法》制定时的劳动者主要是指国有企业、外资企业和少量民营企业的劳动者，这时的企业是较为正规的企业，员工也是较为正式的员工。我国沿着“锦上添花”的思路进行劳动立法，往往是越上层的员工得到劳动法越充分的保护。而矿难、工伤频发，大面积欠薪的现实说明对劳动者分层中处在较底层

---

① Gierke, Die Genossenschaftstheorie und die deutsche Rechtsprechung, Berlin Weidmann, 1887, p.608.

的工人的保护极差，若认为非法用工主体就可以排除出劳动法的保护范围，反而使这部分社会关系流于失范(董保华，2007c：57)。

从《劳动法》到《劳动合同法》，我国的用工情况已经发生了很大的变化。随着农民进城务工、国有企业员工下岗，劳动者出现了分层，当时《劳动法》所保护的对象已经成为这种分层中的较高层次，如果不对这种状况加以调整，而一味升高劳动标准，劳动法就会出现某些"贵族化"倾向。劳动者分层中处在较为底层的劳动者是那些技能较低、年龄较长、流动性较大、替代性较强、竞争力较弱的普通劳动者。《劳动合同法》制定时，由于劳动法的覆盖性较差，一些底层劳动者往往未列入劳动法保护范围。这本身就是一种制度性歧视，也是当前社会不安定的根源之一。笔者当时认为，我国的劳动基准立法应当坚持一种"雪中送炭"式的思维方式，也就是在中下层劳动者中实现"广覆盖"，将重点放在调整劳动基准法的适用范围。反之，当我们选择"高标准"时，实际上只是在被劳动法覆盖的范围内提高劳动标准，这种"锦上添花"式的思维会拉大"被劳动法覆盖对象"与"未被劳动法覆盖对象"之间的差异，从而使制度性歧视更加放大(董保华，2007c：57—58)。

(三)社会法的方式定位

从社会法的方式来观察，在进入诉讼以前，我国《劳动法》规定的劳动仲裁、劳动监察两套执法体系都体现了一种公权力的介入，从程序上看有间接和直接两种形式。劳动争议适用调解、仲裁是由劳动法所具有的私法因素决定的，它的主要功能应当是解决因劳动合同而产生的争议；劳动监察的产生则是由劳动法所具有的公法因素决定的，它的主要功能应当是保证劳动基准法的实施(董保华，2007c：58)。

由于我国的法治建设脱胎于政治社会，受政治思维的影响，一些法律中自觉不自觉地残留着某种"政治人"的影像(李拥军，2011：3)。和谐社会是指一个社会系统内部，政权的合法运作与社会界之间的社会摩擦较小，政权能够从社会中汲取生存和发展的资源，从而政权与社会能够在政治互动中，表现出稳定与非冲突的社会状态(王华华，2017：35)。对于转型时代的中国来说，消解和防范抽象"政治人"的立法思维和模式是至关重要的。我国事实上依赖的是政治控制和行政约束，以及对社会的政治整合，从法律有机体与政治有机体相互制约的目标出发，有必要强调法律有机体的独立地位。

可见，识别假法、恶法、丑法，对善法理论的构建具有不可替代的方法论价值。良法转化为善治的过程中，伦理法律化与法律伦理化的冲突，说明立法、执法、守法中的各个主体都有自己的立场与利益。如果说微观层次强调正当，契约面前人人平等；宏观层次强调应当，法律面前人人平等；中观层次强调相当，真理面前人人平等。正当、应当、相当的平衡，需要历史面前人人平等。平衡理论的上帝视角，不是"君权神授"，而是客观规律，强调必然法与实践的内在联系，这种规则独立于人们的意识之外，是不以人的意志为转移的客观存在。

第十九章

社会法的复合人格

人一面以个体而生存，同时，在他面又居于为组织全部之一员的地位。关于个体的人们之相互关系的法是个人法，所以个人法是以规律独立的单一体的个人为主要目的的。至于社会法，规律为社会人的那些人们的意思关系，即将人视为较高的全部，即社会的团体之一部而加以规律，又把团体本身视为更高的团体的结合之一部而加以规律。社会法是以上下关系为基础而从“主体的拘束”出发的。

——奥托·冯·基尔克（Otto Friedrich von Gierke）

第一节　平等人与从属人的平衡

平等人与从属人的平衡涉及两种法律人格以及两种人格的交织，社会法的复合人格是这种交织的结果。平衡保护中的广覆盖与窄覆盖背后有主体理论与主人理论的选择。只有低标准才可能广覆盖。

一、平等人与从属人的聚焦点

在社会法的理论研究中，平等性法律主体应当是指契约人格，具有抽象的特点；从属性法律人格应当是指组织人格，具有具体的特点，两者合成了复合人格。

（一）复合人格的社会法含义

社会法上的社会人具有复合人格特点。狄骥是在对个人主义学说的批评中阐述了“社会人”理念。自然的、孤立的、生而自由并独立于其他人享有一些由这种自由和独立而生的权利的人是一种脱离实际的概念，“事实上，人是作为集体成员出生；人永远并只有在社会中生存”（莱昂·狄骥，1999：6）。庞德也持有非常明确的社会人观念。庞德指出：“在我们所了解的人类最早时期，人们就已经处在各种社会关系、团体和社群中了。法学家们只不过从抽象的‘人’那里推导出他们早已预设好的结论罢了。抽象的人并非一个确定的实体。”（庞德，2007a：20）社会人贯穿我们当代立法的社会性特征已经在众多地方赋予了私法不可磨灭的印记。如果说抽象人格的认识上，星野英一强调“将人作为自由行动的立法者”是一个权利主体的概念，星野英一用“处于强者立场者而自由受到限制的人”表达了义务主体的含义（星野英一，载梁慧星，1997a:185—186）。基尔克强调平等人格与从属人格在社会范围的交织而形成的复杂关系，成员的概念并不限于自然人。在社团中企业以员工为成员，但在社会范围内，企业也是一个个体的成员。社会人一面以个体而生存，同时，在他面又居于为组织全部之一员的地位，两者共同形成了社会发展的有机整体。人格平等是抽象人格，人格从属是具体人格，这是两个密不可分的概念。社会法由抽象人格与具体人格组合成一种复合人格，这种复合人格是以“劳动者分层保护说”的理论建立的，具有分层的特点。

社会法的微观层次适应交换领域，强调理性说。私法的抽象人是权利人格的基础，在劳动关系的主体视域中强调平等，劳动者与用人单位都是权利主体，实行私法自治，契约主体与约定内容，体现合理的价值。社会法研究中明确劳动者与劳动力的区别，形成财产关系中所有权与支配权，具有私法性权利主体的特点。法国著名的自由主义思想家本雅明·贡斯当(Benjamin Constant)在《古代人的自由与现代人的自由之比较》一文中提出了古代人的自由与现代人的自由的区别。在古典时代如希腊雅典“古代人的目标是在有相同祖国的公民中间分享社会权力:这就是他们所称的自由”。“古代人没有个人自由的概念。”（贡斯当，载刘军宁、王焱，1998:309、314）这是因为在“古代人那里没有一个明确界定的私人领域，没有任何个人权利”（李强，1998:176）。这种私法的抽象人与权利人的特点，也构成我国雇佣主体的基本特点，可称之为市场人，由契约来调整，具有广覆盖的特点。

社会法的宏观层次适应生产领域，强调德性说。社会法中的具体人是义务人格的基础，在劳动关系的客体视域中强调从属，国家实行管制，法律主体与法定内容，更多体现合法的价值。社会法研究中明确劳动者与劳动力的结合，形成人身关系中具有公法性的义务主体，劳动者也成为反射利益的受益主体。劳动力与其物质载体——劳动者——在自然状态上的不可分，劳动法律关系在运行过程中须强调整体利益，并以国家干预为特征。这种具体人与义务人的特点是我国改革开放后才出现的特点。历史上我国存在着公法性的抽象人格，完全排除当事人之间的合同联接，由于完全不受市场影响，可称之为单位人，由国家政策调整，具有窄覆盖的特点。

社会法的中观层次适应分配领域，强调感性说。法国著名思想家托克维尔在其著作《论美国的民主》中曾指出:人们把自己的力量同自己的同志的力量联合起来共同活动的自由，是仅次于自己活动自由的最自然的自由（托克维尔，1988a:218）。社会团体与集体内容，更多体现合适的价值。团体人格强调法人实体说，一般包括权利能力、行为能力、责任能力的法人的民事能力。其对内强调组织人格，也是一种具体人格，表达了义务主体的含义;对外强调契约人格，是一种抽象人格，表达了权利主体的含义。我国《工会法》的双保护与《劳动合同法》的单保护逻辑，很大程度上已经使工会这一主体不再具备团体人格的特点，作为一种准行政机关，基本上可以归为行政主体来认识，总体上并无独立分析的价值。

（二）复合人格形成的基本依据

劳动关系主体与客体间存在现实冲突。劳动者是主体，而劳动力是客体的特点，构成了平等人与从属人，抽象人与具体人的复合人格。

劳动者是主体，强调财产关系的特点。从交换领域来看，明确劳动法律关系的主体是劳动者，劳动力与劳动者在经济状态上有一定程度的分离，劳动者与用人单位是平等主体。作为权利主体，劳动法律关系是因劳动者有偿让渡劳动力使用权而产生的法律关系。在市场经济中，牟利是经济活动的直接目的，这是经济行为发生、发展的内在动力。它所表现出来的对物的占有、对货币和财富的追求，是经济活动的基本特征。社会主义市场经济的建立亦不能否定经济人的自利性要求，这是我国建立劳动合同制度的依据。

劳动力是客体，强调人身关系的特点。从生产领域来看，明确劳动法律关系的客体是劳动力，在自然状态上是统一的、不可分离的。有学者认为，经济从属"乃指劳动者基本上为无资力而为无产阶级，必需受雇于人从事工作始能生活之经济弱者。由于劳动者所提供之劳动力乃具有随时间消失而无法储存的本质，在劳动条件的谈判过程常处于不利地位，只能附和雇主所提供的劳动条件。"（王倩、朱军，2015：17）国家通过对最低工资、最高工时、劳动安全卫生的标准等基准立法，以法定内容对劳动关系当事人的约定内容进行限定。如果不将劳动力作为客体来认识，恐怕很难正视劳动关系在市场经济条件下呈现出来的特点（董保华，1998b：39）。

劳动关系主体定位于抽象人格，劳动力与其所有人在经济意义上分离决定了劳动法律关系是具有私法因素的契约关系；从劳动关系客体出发，关注具体人格，强调劳动力与其物质载体——劳动者在自然状态上的不可分，即劳动力的人身性，又决定了劳动法律关系在运行过程中须以国家干预为特征，具有公法因素（董保华，1998b：37）。强调劳动关系不仅是一种财产关系，而且是一种特殊的财产关系，将对劳动法学体系的建立产生积极的影响，也揭示了劳动关系的内在矛盾，解决方式并不是只承认人身性质而否定其财产性，因为这样就会回到自然经济状态。社会法是将保护劳动者作为一种社会人权加以规定，并形成倾斜立法体例，微观层次财产关系，要受宏观层次义务限制，权利主体与受益主体相互联系，法律才有从权利的角度理解抽象人的必要性。

（三）复合人格引发的立法争鸣

"劳资冲突说"强调阶级性的政治人格，也是一种抽象的公法人格。在具体人格中，挤出私法性的平等人格，形成抽象政治人格，回到旧的身份认定。我国劳动合同立法在起草过程中的争论，实际上是政治人格与复合人格的争论。去除一些神性化的表述，在劳动关系出现了问题，以及劳动者需要加强保护上存在共识。

“劳资冲突说”[①]“劳动者分层保护说”[②]在情感、契约、强制三个向度方面存有分歧，是对复合人格的认知分歧。

第一，平等人格独立性与从属人格伦理性的关系。从情感向度看，对于劳动者这一主体，两种学说是建立在不同假设上。“劳资冲突说”引导出来传统的“主人理论”是一种伦理人假说，从共同情感的公德出发，将整个劳动者阶级完全视为利益共同体。中国的整个劳动者的保护都出现了问题，常凯的表述是：“劳资矛盾越来越激化……劳资冲突已经成为社会最突出的问题。”（郭晋晖，2006）财产神圣与劳动光荣的冲突是不可调和的阶级冲突，需要以主人理论来替代弱者理论。“劳动者分层保护说”是一种利益的“复合性”假说，在劳动合同立法中，不仅将劳动者视为利益共同体，更视为利益差异体，认为中国的劳动者已经出现了不同的层次。如果我们不从阶级伦理出发，只会涉及如何处理不同层次劳动者的具体利益。强化阶级情感，对于认清这种具体利益未必有益。

第二，平等人格契约性与从属人格组织性的关系。从契约向度看，涉及我国历史上的隐性合同与显性合同。在劳动者与用人单位的关系上，“劳资冲突说”是以此消彼长的阶级思维方式来观察劳动者与用人单位的关系，因此认为，我国正处在有产者“权利和地位不断飙升”、“劳动者的权利和地位不断下降的趋势中”（常凯，2004b：26），这也是劳动者需要重新回到“劳动控制资本”的传统的主人地位的证据。“劳动者分层保护说”认为劳动关系有相互对立的一面，但也存在着相互依存、相互促进的一面，不应将劳动关系底层的问题夸大为整个劳动领域的问题，劳动关系的调整要努力寻找恰当的平衡点，实现双赢（董保华，2007d：24）。从理性说出发，契约向度是社会应当在多大程度上为协商留下空间的问题，过度挤压契约空间，对于协调劳动者个人利益未必有利。

第三，平等人格外部性与从属人格内部性的关系。从强制向度看，在解决我国劳动关系问题的方案选择上，“劳资冲突说”强调公权介入，“劳动者分层保护说”主张对不同层次的劳动者应当采用不同的保护方式，当前劳动领域的问题出现在底层，“公权介入”这种强制性只适用于底层劳动者，不应该以德性说推翻显性合同的基本结构。前者引入劳资力量的对比分析并认为，在目前工人阶级自身及相关组织未能形成有效力量来与资本抗衡的情况下，必须更多地加强行政管制，这一观点被概括为“劳资不成熟，公权需介入”（汪伟，2006b）。而后者认为，这种论证本身就不合逻辑，既然我们的问题出在集体谈判上，为什么学者不提倡加强工会力量，尤其是改善工会维权的动力机制，而要以行政力量作为替代机制呢？事实上国家力量的过分介入，也使工会力量难以真正发挥作用；在主人理论中工会也只是个准国家机关，将国家意志贯彻进抽象政治人格中对保护劳动者的整体利益未必有效。

---

① 劳资冲突理论的形成过程、基本内容、学术假想、争议焦点，可见本书第887—894页。

② 社会分层理论的形成过程、基本内容，见本书第543—550页。

二、权利人与受益人的思维逻辑

复合人格涉及平等性的抽象人格与从属性的具体人格。自主与利他形成了社会法的不同层次。权利主体具有抽象人格与外部人格的特点，强调正当的价值；受益主体具有具体人格与内部人格的特点，强调应当的价值。平等人与从属人关系的核心其实是权利主体与受益主体的平衡。

（一）抽象与具体的平衡

劳动关系主体与客体的现实冲突，决定了抽象人与具体人的不同定位。平等只存在于抽象中，具体化后总是不平等的。抽象人格与财产关系的特点相适应，赋予双方权利主体的地位；具体人格与人身关系的特点相适应，赋予劳动者受益主体的地位。权利主体以平等人假设为前提，受益主体以从属人假设为前提。

聚焦权利与受益的平衡，涉及人格平等与人格从属的理念冲突与协调。从属性这一概念对于劳动法来说，可以说意义重大。不仅德国学者强调劳动法是"从属地位劳动者的特别法"；"有关依附性劳动的法律"；"规范从属性劳动的法律"。我国学者也给予高度重视。陈继盛称："雇佣契约以具有从属性为其特征。"黄越钦更是强调："'从属性'实为劳动契约之最大特色，一切有别于传统民法概念的劳动法概念，即是承此概念而展开，深值重视。劳动研究必须以从属关系为前提，始能正确掌握方向。"(黄越钦，2003：96)从属性的第一个含义乃为"人格从属性"。从属性概念成为聚焦点，是由于这个概念背后有着权利主体与受益主体的合体与分离。诸法分离与诸法合体悖论表现为权利主体与受益主体的观念悖论。

"社会法的特质进一步决定，它能够形成统一的整体及其部分之间的法律关系。"基尔克理解的社会团体与我们今天理解的截然不同，是一个极具伸缩的概念。"要研究的是各种形态迥异的构造，我们将它们置于社会团体(der gesellschaftliche Körper)这一种类概念之下，并以此描述它们的共同特征，即崇高的国家和教会与最小的社区(Gemeinde)和极松散的合作社(Genossenschaft)共同具有的特征。"(基尔克，2013：52、42)这两个要素是以对立统一形式存在的。可见国家并非一个居高临下的主体。这种思维在德国主观公权利的理解中，将国家定位为法人是高度一致的。每个法律主体都存在着抽象与具体的平衡，在抽象的外部关系上，权利主体反映某种个体利益；在具体的内部关系上，组织与成员之间具有从属性。以成员理论引入国家的定位，义务主体反映某种整体的利益格局。

社会法抽象人与具体人的平衡会形成复合人格，以适应合同化与基准化相结合的法治体制。私法自治中的抽象人隐含了这样的逻辑前提：在财产关系的视野中，私法中的"人"或市民社会中的"市民"作为法律上的权利主体是平等的、自由的、理智的。民法中要保护的人，"不是小人物、手工业者，更非领薪阶层的理想形象，而是有产者的市民阶级的理想形象；他们有识别力、明智、敢于负责，同时也精通本行和熟悉法律”(茨威格特、克茨,1992:173)。在人身关系的视野中,正是这种形式平等的逻辑,使雇主利用其优势地位强制劳动者、大企业利用有利地位控制消费者。具体人涉及强弱主体的区分,并在伦理法律化过程转化为受益主体。里佩尔强调:“我们必须给法律上的抽象人(例如甲、乙)穿上西服和工作服,看清他们所从事的职业究竟是什么”(里佩尔,载梁慧星,1997a:187),注意到了原则上的平等与事实上的平等之间的差距。星野英一先生称里佩尔的观点是最具前途的思想。社会法的研究正是从认识并克服“消极自由”和“表面平等”出发,进而寻求“积极自由”和“实质平等”。消极自由与积极自由,一个根本的区别是国家的介入,个人面对国家时,不仅是受益主体,很大程度上也是义务主体。抽象人格的广覆盖与具体人格的窄覆盖,共同决定复合人格的适用范围。

(二)外部与内部的平衡

抽象人格是一种外部人格,具体人格是一种内部人格。抽象人格与具体人格的平衡,也是一种内外部平衡。“存在联合体人(Verbandsperson)对其分支机构人(Gliedsperson)或组织机构人(Organperson)的权利,且在作为世上最高权利的国家权力中达至顶峰,并丰富多样地分列于一切联合体和私的协会的权力中。”(基尔克,2017:78)当“个人与社团”的关系演变为“个体与社会”的关系时,个体与社会是局部与整体的相互依存关系。基尔克所说的“新的法律概念世界”应当从内外人格的相互渗透来理解。至少包含以下三层含义。

其一,从社团结构上看,内部人格与外部人格存在着相互交汇。就一个团体或自然人而言,是具有生命统一体的独立的个体,主要以契约人格处理相互之间的外部关系;自然人作为一个成员,主要以组织人格处理内部关系。一方面,契约自由仍是个人解放的基本手段;另一方面,契约自由也受到了法律的限制。该契约并不仅仅产生一个具体的债的关系,而是将人格自身融入商事企业这样的经济体中。经济团体对内或对外作为一个君主体制式的有机整体出现,即企业主作为其唯一的所有权人。

其二,从社会结构上看,在一个共同体的分层结构中,自然人与经济组织都可能成为一个更大的共同体的成员。企业作为经济组织也是社会成员,会受到政治组织的制约。不同团体或自然人可以是更大整体的一个成员并以组织人格处理上下之间的内部关系。通过国家之手,保障人格不致萎缩、弱者不被剥削、家庭不致解体,并设定和保护积极的社会救济的义务。各类社会保障也被视为更高层次共同体的组织措施,来保障工人阶级免于因疾病、工伤、年龄和残疾而导致的贫困。从一个放大的内部关系来看,国家作为一种政治组织,对内可制约经济组织。当个人未纳入或未被拘束在某种经济组织体时,依然可以在一定条件下成为社会保障共同体的成员。

其三,从调整方式上看,内部人格与外部人格也存在着相互转化。一方面,法律规则具有由外向内发生惩戒作用的特点,法律人格一般也是作为一种外部人格;但法律意识则是一种内部人格,自愿遵守(die freiwillige Befolgung)法律规范,法律就会被遵守,且对法律规范的自愿遵守总是一种常态。另一方面,人的内在生活直接且首要地构成了道德规范的规定对象，它要求道德的行为，而禁止不道德的行为，为人的行为树立起善和恶的标准。不遵守法律也是一种不道德的行为。

总之，无论是自然人，还是经济团体、社会团体、政治团体无不处于这种内外交织的人格中。这种交织也使契约人格与组织人格相互影响，法律人格与伦理人格相互渗透。从微观到宏观的思考中，个人到个体，社团到社会，两个主体都从封闭到开放，并通过类型化的方式得以放大。

(三) 正当与应当的平衡

抽象人格强调正当，具体人格强调应当，内外交织也会产生正当与应当的价值平衡。从思维逻辑上看，权利主体成为问题时，分离出受益主体就成为答案，反之，受益主体成为问题时，重新强调权利主体。这种问题与答案的结构也构成了正当与应当的逻辑联系。

权利主体与利益主体合体是私法自治的基本条件，以正当为话语特征，法律尊重自发秩序这种“自在状态”，并会在一定条件下形成某种自发性辐射。庞德指出：作为一个名词，“right”被用于六种意义：(1)利益；(2)法律上得到承认和被划定界限的利益；(3)一种通过政治组织社会的强力，来强制另一个人或所有其他人去从事某一行为或不从事某一行为的能力；(4)一种设立、改变或剥夺各种狭义法律权利从而设立或改变各种义务的能力；(5)法律上不过问的情况；(6)纯伦理的意义上指什么是正义的(庞德，1984：42—43)。西方对“right”概念的本质主义解释至少有利益说、资格说、自由说、要求说和意志说等诸多并立竞争的理论形态(王涌，载夏勇，1999：385—386)。权利主体与利益主体合体可以说几乎满足了所有定义的要求。权利主体与利益主体合体使权利概念具有自我完善的特点，其基本权能为防御权能。私法以个人权利作为价值原点，坚持个人主义的价值体系，将一切民法上的设置甚至是基于社会公共利益的限制都解释为是为了更好地保障个人权利的实现。

权利主体与利益主体分离是国家干预的结果，只有分离出利益主体，才可以应当为话语特征，形成国家主导的建构秩序，并会在一定条件下形成某种建构性辐射，成就社会法一定范围内的诸法合体。权利主体与利益主体分离，使利益主体受制于国家公权力，公法以整体利益作为价值原点，形成反射利益，权利主体与利益主体分离形成了权力主体与受益主体的新形态。当利益主体依赖反射利益而成为受益主体时，必然以道德与公权的介入为前提。受益主体与权利主体的分离会出现道德与法律合体，私法与公法合体的结果。在法律具有伦理性、公法性特点时，受益功能放大，也会对防御权能进行抑制。

可见，以正当为话语特征，会形成市场人、经济人的权利性话语系统；以应当为话语特征，会形成单位人、伦理人的义务性话语系统；社会利益分解出受益功能并进入义务性话语系统并转化为独立受益主体。正当与应当两个话语系统常常是冲突的，权利主体与受益主体的冲突，其实是历史悖论的反映。历史上，法律曾只是伦理道德的下位概念，在这种诸法合体的结构中，强调的是应当。随着法律从伦理中分离出来，权利意识成为社会的基本意识，应当的介入是以正当已经形成稳定的秩序为前提的，"诸法合体"的观点在诸法分离的历史条件下提出才有进步意义。

三、权利人与受益人的历史逻辑

从身份到契约的发展产生了主体理论，从契约到身份的发展产生弱者理论；我国弱者理论是针对传统主人理论发展起来的，两种理论对具体人格有不同的理解。基尔克曾批评过两个极端："私法成为自由的个人人格的势力范围，公法成为抽象的国家的生活制度。"（基尔克，2017：28）不同历史时期，具体人格的含义不同，只有将具体人格与两种极端抽象人格相联系，才能理解我国的历史逻辑。

（一）主体理论与主人理论

主体体现为原权利。从身份到契约的市民法演变，权利主体成为契约主体，曾是对身份社会修正而形成的答案；受益主体具有身份主体的特点，恰是历史上的问题。从契约到身份的社会法演变，义务主体成为受益主体。社会法与市民法的发展相比可以说是一个逆向发展，"身份到契约"与"契约到身份"也是某种悖论的结构，前者是从自然人到法律人，后者则是从法律人到自然人。这种逆向发展，会使市民社会与政治国家的关系得以重新界定。我国并未经历市民社会的充分发展，从历史视角来观察，界定主体理论与主人理论的两种抽象人格可理解我国的历史逻辑。

主人理论主要与德性说相联系，我国当前的宪法规定中，"国家主人翁"是对公有制企业员工提出的一种道德要求，并不能作为人格理论。然而2022年1月1日起施行的《工会法》中"发挥国家主人翁作用""保障产业工人主人翁地位"，强调人格地位。在特定的历史时期我国曾将"主人"视为一种高度抽象的政治人格，以神性说来进行解读。罗马法虚拟人物时，是基于立法者巩固统治的需要，沿袭社会传统和习惯而产生出具体人格，分为自然人和法律人、自由人和奴隶、家父和家子、市民和异邦人等。这些不同角色的人要在法律上获得主体地位，必须同时具备自由人、家父和市民三个身份，才能适用罗马市民法，成为权利义务的法律享有者和承担者。这种以家父权为核心的人法规则产生的具体人格是为抽象政治人格服务，其实遵循的是主人理论的逻辑。在有些政教合一的国家，历史上也有以"神性说"来解读法律制度中的具体人格，从而形成某种特殊类型的抽象政治人格。神性说认为，存在者有无主体资格、享有多少权利取决于其神性的有无和多少。上帝选民禀赋的神性，具有主体资格，享有完备的权利。异教徒与异端是上帝的弃民，不具有主体资格，仅有部分权利，权利的多少因神性之多少而异。选民与弃民之分主要体现于先定论中，多看是否受洗或入教（陈劲松，2019：88）。

主人理论代替主体理论曾构成了新中国成立以来劳动关系的特点，宣传中的政治抽象人格也成为现实制度安排中的人格。有学者对这种以主人理论构建的政治人格进行概括：(1)既然是法律的主人，法律必反映其意志，代表其根本利益；(2)法律的主人必参与或委派代表从事法律的制定、修改、废止，即立法工作；(3)一些具体的法律关系灭失了，作为法律的主人的政治地位仍然存在且并不改变，直至按自己的利益与意志废止该法；(4)法律主人进入具体法律关系时，具备法律的主体资格，仍然可能因为违法犯罪而受惩处，但其时他已违背法律的主人的整体意志、整体利益，因而自动丧失了法律的主人的政治属性了(倪正茂，2002：46)。我国长期实行的固定工制度基本上按照这一理念来设立，只要不触犯国家规定的惩戒措施，可以实现终身雇佣。我国社会主义实质法的抽象政治人格与历史上的神性说并无理论上的渊源，但视角却有些类似。除了工人阶级作为领导阶级外，一些被定义为阶级敌人的群体在相当程度上不具有主体资格，或仅有部分权利能力，受到人民群众的监督。人民群众是一个高度抽象的概念，在我国一些革命领袖的论述中，有时被比喻为上帝，人民群众由国家行政机关来代为执法。如果说法律思想史上有关主体资格标准的学说可大致归纳为理性说、感性说、德性说与神性说，以“劳资冲突说”来论证的“主人理论”只能归为抽象的“神性说”。

基尔克在论述诸法合体的具体人格时，是以社会生活已经发生了根本性的转变，普遍存在契约意义的抽象人格为前提的：“法律领域从民族生活的其他领域分化出来，也正是这一发展过程的一部分。曾经是紧密交织在一起的法律和宗教已经相互分开。法律与经济之间最初直接的相互依赖关系已经消失。法律与权力不再被感受为是必然一致的。通过确定的界线，曾经相互交织的法律和风俗习惯被分开了。由此，法律和道德获得了各自特有的统治领域。在所有的这些方向上，法律秩序都追求其本身的特性所带来的独立性的实现。”(基尔克，2017：93)基尔克强调法律与宗教的分离，法律与经济的分离，法律与习惯的分离，法律与道德的分离的社会现实，旧时代具体人格被分离出去，契约主体成为高度抽象概念，这种条件在我国改革开放前的社会并不存在。在我国改革开放中，契约主体从身份主体中分离出来，形成私法的抽象人格，具有社会进步的含义。当反射利益催生受益主体时，具体人格的重新加入，我国的复合主体必然再强调新的身份。“诸法合体”客观上促进了干预行政的发达，具体人格过分膨胀，可能带来消灭“诸法分离”的抽象平等人格的社会现实。

(二) 主体理论与广覆盖

理性说支撑了主体理论的发展，决定了劳动关系广覆盖。主体资格是国家要求当事人参加法律关系时必须具备的条件，只要当事人具备主体资格，就能承受法律规定的权利和义务，这是以平等性为基础的抽象法律人格。理性说认为，具有主体资格的存在者须具备一般的辨识是非、合理预见和控制行为的能力。理性说重在抽象的认识能力及在此基础上的自我控制能力，表现出自主、自觉、自为、自律的特征(陈劲松，2019：85)。西方是在自主主体基础上产生雇佣关系，由此决定了广覆盖的法律目标。

在契约抽象人格的语境下，法律主体是指法律关系平等的参加者，享有权利、负有义务和承担责任的人。社会法所称的复合性法律人格其实是一种平衡性法律人格。法律产生的先决条件是它必须将生活在群体中的人作为其规范对象，现实中的每一个人都可以说拥有两重身份：(1)社会生活中的自然人；(2)法律角色上的法律人。从前者到后者，往往遵循一定的主体资格标准，西方近代时期主体则主要以“思维”“精神”“自我意识”的样式存在于现实社会。法律关系参加者的自主意识及自为行为，是权利主体最重要的内容。劳动关系与民法所称的雇佣关系在本质上都是劳动和报酬的交换关系，都是产生于流通领域而实现于生产领域的社会关系。市场经济条件下，雇佣关系的抽象人格，是由契约人格、经济人格赋予其“抽象”的含义，抽象平等也使法律覆盖宽广。

复合人格是在市民社会自主主体抽象人格外加入了他律主体的具体人格因素，虽然具体人格本身是一种相对狭义的人格，但社会化被理解为是一个不断发展的过程，私法性抽象人格的广覆盖为社会化的渐进扩大奠定了基础，社会化具体人格对广覆盖是跟进的过程。大部分国家是通过制定相关的劳动法来实现社会化的目标，西欧国家民法中的雇佣合同主要通过劳动法规定加以完善，劳动法就在这个基础上形成了民法特别法的法律部门。西欧也有国家是在民法中完成社会化过程，如 1971 年《瑞士债法》的重大修正，即将雇佣契约的制度从债法中全部扬弃，而以劳动契约制度取代，并把团体的制度引入民法体系之中(黄越钦，2003：6)。虽然仍然处在民法体系中，但这两者的替换实质上是由劳动法的调整替代了民法的调整。[①]抽象人格加入具体化人格而成为复合人格，可以视为是由交换领域到生产领域，由广到深的过程。从雇佣法律关系到劳动法律关系，总体上是一个广覆盖带动社会化的过程。

(三) 主人理论与窄覆盖

从德性说到神性说，决定了劳动关系窄覆盖。“保持和增强政治性、先进性、群众性”是对该机制的当代表达。道德人表现为某种抽象政治人的特点，这是改革开放前的主人理论论证基本轨迹，也决定了政治人格的范围狭窄，这与我国原固定工制度仅占全社会劳动者极少数的状况大体吻合。出身、户籍、经历、受教育程度等，成为一种筛选出利益共同体成员的具体人格标准，这种利益共同也起了限缩抽象政治人范围的作用。历史上，我国工人阶级作为领导阶级而存在，具有崇高的抽象地位；雇佣关系中的雇工只是受剥削的对象。雇佣法律关系与传统劳动法律关系在介入立法者的政治态度后有了完全不同的定性。私法性的抽象人格与公法性的抽象人格可以说处于宽、窄的两个极端，社会法意义上的具体人格加入后，劳动法意义上的复合人格覆盖面在两种抽象人格之间。我国市场经济条件下的受益主体，是与契约人格相联系的，随着政治人格的逐渐弱化而形成社会法意义上的复合人格，覆盖范围也随之有所

① 仅从团体劳动契约制度(集体劳动合同制度)的规定就可以明显看出，这是劳动法的调整机制。当然这只是一个方面，还有例如最低工资保障等，都可以作为佐证(钱斐，2005：21)。

放宽，然而，这种渐进过程决定了覆盖范围仍显狭窄。

改革开放中，我国虽然不再以传统的主人理论来确定用工范围，但在维护国家高度管制的基础上，通过扩大用人单位自主权的方式，加入了自主主体的成分，一开始就保留了某些窄覆盖机制的痕迹。主体合格是我国劳动关系认定的基本条件①，劳动法采取了一种用人单位、劳动者“双适格”才能纳入调整范围的限定性规定。就用人单位而言，我国劳动法以内涵上不规定，仅对外延进行列举的方式来进行限制，凡法律没有列举的便不适用劳动法，范围较为狭窄。就劳动者而言，受到年龄、文化、健康、行为自由等一些标准的限制，实际适格范围也较为狭窄。与劳动法那种较为封闭的调整对象不同，我国民法调整的雇佣关系采取开放的调整范围(董保华，2016b：15)，雇佣双方均强调自主主体特点，因劳动给付支付报酬。凡不能纳入劳动法的范围均可作为民事关系受到民法规范。这种并列关系的布局，对我国改革开放的逐步推进具有重大的现实意义。

我国《劳动合同法》立法重新提阶级理念时，主人理论的抽象政治人格也必然重新步入人们的视线。传统主人理论必然以劳动关系高标准、窄覆盖、长期限为基本特点。《劳动合同法》公布伊始，在劳动部劳动科学研究所举办的一次《劳动合同法》贯彻实施高峰论坛上，劳动合同法起草负责人张世诚面对媒体及几百名听众公开表示，《劳动合同法》中无固定期限合同具有重大意义。“《劳动合同法》扩大了订立无固定期限劳动合同的范围，并强调无固定期限劳动合同仍要以书面形式订立，这将直接导致员工更多的与企业形成长期、稳定的劳动关系。”“由于《劳动合同法》对签订无固定期限的劳动合同作出了详细规定，此举将帮助劳动者重拾‘铁饭碗’。”(单芸，2007)据笔者的检索，这也是《劳动合同法》公布后，第一个将无固定期限合同称为“铁饭碗”的表态。这样的政治表态出自起草负责人之口，至少说明起草时，是按照这一目标来进行的，在一个半官方场合，由起草负责人隆重推出，并获得热烈反响。

随着西罗马帝国的灭亡，西方社会开始步入宗教统治的千年世纪。这时的“主体”是以一种更具有人格形式的绝对化身——“上帝”的形象，来实施着两极化的认定，上帝耶和华忠实奴仆被赋予的神圣使命，成为大写的“主体”。(徐俊，2013：114)“国家主人翁”是我国现行宪法对公有制企业员工劳动态度的一种规定，当立法起草者宣布给劳动者以“铁饭碗”时，立法者为主人翁注入新的含义。从计划经济的固定工制度到《劳动合同法》的无固定期限，再到我国《工会法》的新表述，具有一脉相承终身用工的特点。法律贴近于人，与人性相契合，才能真正实现对人权的规定和保障，以当年主人理论来再现辉煌，只具有象征意义。社会运动从神到人，从对神的顶礼膜拜到维护存在于社会中的活生生的个人权利，当今社会只有通过法律主体相互对应才能达到适宜。市场经济的存在，使一个脱离我国改革开放大方向的目标未必真的能够完全兑现。

---

① 《劳动和社会保障部关于确立劳动关系有关事项的通知》(劳社部发〔2005〕12号)。

四、社会法适用中的广覆盖

社会法适用中的现实逻辑是由思维逻辑与历史逻辑交织而成。基尔克强调："在法学上制约或解放个人的仍为自由的契约。"(基尔克，2017：50)法律主体上，微观层次的决策与受益均为契约主体，宏观层次决策主体很大程度上是国家，弱势主体成为受益主体。社会法应当将广覆盖设置为立法目标，在社会法适用中，只有低标准，才可能广覆盖，人格平等与人格从属的理念协调决定了社会法适用广覆盖原则。

(一) 广覆盖与低标准

扩大适用范围既涉及利益调整也涉及规范方式。从法社会的角度来观察，如果我国北京的最低工资定为 10 万，则只有 500 强企业的高管才取得签订劳动合同的资格，从主人理论来解读，只有这些高管是主人；最低工资如果定为 2 万元，签订劳动合同的资格可以扩大到优秀企业中的中层人员，从主人理论来解读，只有高管、中层人员是主人；如果定为 3 000 元，那么大部分底层劳动者都能通过签订劳动合同的方式来实现就业。[①]显然高标准与广覆盖存在着一定的矛盾，这是一个公共政策目标的选择问题。作为发展中国家，又是人口大国，我们能够选择的只能是低标准与广覆盖。由于处于社会底层的劳动者不可能适用很高的劳动标准，只有"低标准"才可能有"广覆盖"，然而劳动基准又是易上难下的一种标准，如何在维持现有劳动法保障水平和基本机制的基础上，对不恰当的基准作出调整应当是重要课题。这种调整首先涉及立法理念的更新。要使劳动法对现实中各种形式的劳动关系(或者称为雇佣关系)加大覆盖面，使劳动者中最普通的劳动者得到保护，必须摆脱对"高标准"的追求(董保华，2007c：56、58)。

具体人格强调针对性，大部分国家的立法模式基本是首先对"雇员"的概念作出符合契约主体特征的抽象定义后，再明确将其中的非弱势群体的"雇员"排除，即"去强势化"，这是广覆盖与低标准一般结合形式，正是这种结合方式使社会法有具体人格的定性。只有低标准才可能有广覆盖，新法律标准出台或者旧法律标准提高，往往是伴随着对强势劳工的部分排除。"白领"可以说是劳动者中的"强势劳工"，较之一般的劳动者有更大的权利。根据美国劳工部的解释，所谓白领阶层之界定，须从两个标准着眼。(1)"职务标准"：在职务标准下，所谓高阶管理之受雇人，乃其每周工作报酬超过一定数量以上，且其主要职务在于经营一个企业或其部门，此包括惯常地和规则地指示 2 个或以上的受雇人工作，其具有雇佣或解雇其他受雇人的权限，或

---

① 当然，关于最低工资计算的合理标准还有一些国际上通行的看法，例如最低工资应当占社会平均工资的 40%—60%，我国曾一度传出所有的省市均未达到这一标准。笔者已经在回答记者问题时作了澄清(张立伟，2006)。

其有建议雇佣或解雇其他受雇人员，建议调升或其他受雇人职位改变之权限，其有惯常的和规则的为裁量之权利(魏千峰，1999：338)。(2)“薪酬标准”：《美国公平劳动标准法》第13条的适用例外包括：以真正行政、管理或专业人员资格受雇的任何雇员或外销员。而根据布什政府2004年8月23日通过的《公平劳动标准法》修正案，年薪超过10万美元的雇员不能享受加班补贴。即被排除在了劳动基准法之工时保护的范围之外。

(二) 广覆盖与自主主体

劳动法是以“强资本、弱劳工”作为基本状态来进行研究的，这是最基本的常识，但如果我们仅仅停留在这样的一种常识，甚至进一步将这一命题演变为劳资对立的抽象人格，对劳动者缺乏更精细的分层研究，则会流于表面(董保华，2007c：56)，具体人格会演变为抽象的政治人格。广覆盖体现出自由资源分配的应有状态，劳动者作为自主主体应当成为劳动关系的一般特点，这是社会法将劳动关系作为权利关系来构建的基本要求。社会法三层次中，合同的适用范围有时也起到排除法律适用的作用，如公务员法的情况，但在更多的情况下，微观层次抽象主体起着某种普遍适用作用，宏观层次具体主体起着限缩适用范围的作用，客观上会将不符合弱势主体的人群排除出适用范围。后者常以“除外”为表述方式，契约主体则以较抽象的方式发挥广覆盖的作用。

其一，宏观层次强调从属主体，微观层次强调平等主体，中观层次是从属与平等的结合，社会团体是内部从属与外部平等的法律主体。作为自主主体体现出来的平等主体的特征区别于只强调从属主体行政机关的工作人员，也形成了社会法适用范围对政府机构工作人员的排除。政府雇员，即我国称为“公务员”者，因其不是建立于私法契约的基础之上，不存在私法领域的那种强弱对比，应属于行政法的调整范围，故各国普遍将政府雇员排除在劳动法之外。①

其二，宏观层次强调具体主体，微观层次强调抽象主体，中观层次是具体与抽象的结合。社会法作为自主主体体现出来的抽象主体的特征区别于亲属法的具体人格，也产生了对家庭劳动者的排除。家庭成员间的亲属关系因其主体间具体的身份关系非基于抽象私法契约建立。家庭劳动者虽然可能也具有人格从属性，但不是社会法所要矫正的强势主体与弱势主体的失衡关系，不能纳入劳动法调整范围。各国的家庭劳动者一般均不属于劳动法的调整对象。②

---

① 如：《美国公平劳动标准法》中主要排除的就是政府雇员。“雇员”不包括美国政府雇佣的任何人、军事部门的文职官员、行政机构的雇员、在竞争性服务方面有地位的政府立法或司法部门所属单位的雇员、在武装部队的管辖下属于禁止挪拨基金机构的雇员、国会图书馆的管理人员、美国国家邮政总局或邮资管理委员会的雇员、受雇于一个州、州政治分支机构或州际政府机构的个人。又如《西班牙劳动者宪章》不适用于公务员，国家雇员，其服务关系由公务员法来规范(张红彦，2005：21—22)。

② 如《德意志联邦共和国企业委员会法》所称职工不包括和雇主在一个家庭中生活的配偶、血亲、姻亲等人。《美国公平劳动标准法》“雇员”不包括在农业部门受雇的下列人员：此人是雇员的父亲、配偶、孩子和其他家庭成员(周懿，2013：20)。

其三，宏观层次强调法律主体，微观层次强调契约主体，中观层次是法律与契约的结合。一个社会是偏重于利用法律制度手段还是偏重于利用契约手段取决于该社会占优势的价值观念和文化背景等。比如从美国和日本这两个具有明显对照性的国家来看，美国侧重于利用后者，而日本则侧重于利用前者（翟林瑜，1999：77），经济利益需要以契约的主体身份参与与协调。我国的市场经济发展可以说是从单纯的法律主体转向契约主体，劳动法中对非以获得工资为目的者的排除体现了这种契约主体的特点。另有部分劳动者虽从事劳动、接受管理，但非以获得报酬为目的，因此同样作为被排除对象。[①]

（三）广覆盖的研究路径

中国向市场经济的转型，在一定程度上为组织和个人的社会独立性提供了可能性和现实性，但原有的统治形式和统治结构仍然在很大程度上保持着影响力。（李汉林、李路路，1999：47）目前我国雇佣关系的抽象人格与劳动关系的复合人格并列，这种并列存在着现实悖论。原生态上雇佣劳动在进入两种法律体制调整后，依据不同的立法假设，产生了完全不同的效果，也被视为两种不同的法律关系。这种“一分为二”的双轨制存在着制度摩擦。例如，同一个劳动者走进两个不同的用工主体，一个被视为劳动法上的用人单位，另一个被视为民事雇主。前者是不平等主体，适用劳动法；后者是平等主体，适用民法，劳动者的管制水平完全不同。同样，同一个用人单位走来两个不同的打工者，一个被视为劳动者，适用劳动法；一个被视为雇工，适用民法，大学生打工作为雇佣关系不能适用劳动法，曾引发了社会热议。这种制度摩擦产生的社会矛盾已经引起各方关注。（董保华，2016b：16）不仅如此，这种双轨制的制度安排还会产生隐蔽劳动关系的情形[②]。这种现实矛盾在特定的条件下，更会因“人性”与“神性”描绘，放大为主体理论与主人理论的冲突。

高标准相伴窄覆盖，这是对契约主体的抑制，也被传统主人理论视为应然的状态，我国现行宪法至今保留着“劳动光荣”与“国家主人翁”两种公德标准，公有制员工具有高于一般员工公德要求，工会法更是将其明确为一般用工的标准，领导者总是与被领导者相对而存在的。在中国传统的“再分配社会”中，依仗利益状况，以强制性命令进行的统治，必然强调高标准的义务结构，等级社会建立在应当的话语系统上。国家权力形成反射利益，受益人往往也是义务人，从这一意义上看，具体人格也是义务人格。以政治人格的视角来观察，签订有可能转变为终身雇佣的劳动合同并放弃再选择，是“国家主人翁”的基本标志，这是用隐性契约代替显性契约，抽取了契约双方

---

① 如：(1)友好工作者，主要是指从事慈善工作或宗教工作者。《德意志联邦共和国企业委员会法》所称职工不包括其就业主要不是为了生计而首先是出于慈善或宗教动机的个人；《西班牙劳动者宪章》不适用于友好工作，慈善事业。(2)学徒，以学习为目的的工作者而非以获得工资为目的的工作者，各国普遍属于适用例外。《德意志联邦共和国企业委员会法》所称职工不包括其就业主要不是为了生计而首先是因治疗、重新适应环境、教养或教育的原因而被任用的个人（申珂，2009：20）。

② “隐蔽雇佣关系”是国际劳工组织近年经常使用的一个概念，在我国应当称为隐蔽劳动关系。

当事人的相对性与自主性，一个“政治性、先进性”的条件就已经限制了这类劳动关系的拓展空间。扩大适用范围既涉及利益调整也涉及规范方式，尤其涉及反射利益的制度安排。

低标准相伴广覆盖，这是对契约主体的促进，也被主体理论视为应然状态。抽象人格强调权利主体与显性契约，它把利益、自由、平等要素引进权利论，把权利统一理解为主体的双向对象化，即每一方主体既是权利主体，又是义务主体；一方权利的实现是另一方义务的履行。人既然是有理性的契约主体，那么便是可归责的主体，其行为的不良状态可被归责并由其承担法律责任。中国的特殊国情决定了我国的劳动合同空间是由国家反射利益的谦抑形成的，在权利与基准的关系上，只有低标准才会出现权利空间，社会才能建立起正当的协调机制。劳动基准是一种易上难下的标准，如何在维持现有劳动法保障水平和基本机制的基础上，对我国不甚恰当的标准作出调整是重要课题。要使劳动法对现实中各种形式的雇佣关系，加大覆盖面，使最普通的劳动者纳入社会法保护范围，必须摆脱对“高标准”的追求。只有国家管制水平降低，人的意志才可能依其自身的法则去创设自己的权利义务，当事人的意志不仅是权利义务的渊源，而且是其发生根据(尹田，1999：251)。

总之，从我国的现实逻辑上看，契约主体作为抽象人格，是一种权利性人格，具有广覆盖的特点；基准法主体作为具体人格，是一种义务性人格具有窄覆盖的特点。法律所保障的只是自由人的自由经济活动，在契约安排下，法律规定只是在有限的范围内适用。在司法审判上，法官只是公断人，在其中一方当事人违反契约规定或不履行契约义务时，用法律手段帮助另一方当事人。主人理论走向主体理论，是义务结构让位于权利结构的制度安排，权利行使的正当性，是市场经济发展的必要条件。立法者通常只是先选择义务性标准的高低，然后才能确定覆盖窄广。主人理论向主体理论转化必须实行立法观念的更新。

第二节　权利人与义务人的平衡

平等人与从属人的交织，反映为市场人与单位人的特点，市场人与单位人的平衡是具体人格研究中的题中应有之意。市场单位人与行政单位人存在着根本性的区别，从前者走向后者，或从后者走向前者，在我国充满曲折。抽象平等与具体不等的界定是我国经济体制改革的重要内容。只有置于改革的历史背景才能真正理解劳动关系的标准化与非标准化的演变。

一、权利人与义务人的聚焦点

权利主体与受益主体的平衡，如果更加细分的话，可以分为权利主体与义务主体的关系以及自利主体与受益主体的关系。前者涉及市场人与单位人的平衡。

（一）权利人与市场人

在我国现行法律制度中存在着雇佣主体、劳动主体，雇佣主体是私法上的权利主体，也是市场人；劳动主体是市场人与单位人的复合主体，权利主体原有的含义上复合了义务人格特有的含义。从原生状态上看，雇佣关系与劳动关系同质。“雇佣，谓当事人约定一方于一定或不定期间内，为他方服劳务，他方给付报酬之契约。”（史尚宽，2000：291）通过最表面的观察便会发现，雇佣和劳动讲的都是马克思所说的“雇佣劳动”，源于一种劳动与报酬的交换关系，两者只是从不同的视角进行观察。雇佣劳动的成立，首先依赖于双方当事人在劳动力市场上的自由意志选择，即它发端于流通领域；雇佣劳动的实现则要依靠劳动的付出，即它实现在生产领域。雇佣关系强调流通领域的外部特点，劳动关系则强调生产领域的内部特点（董保华，2016b：15—16）。当劳动关系强调内部性时，通过法律的定位，使雇佣主体、劳动主体有了很大的差异。

其一，法律对两种关系采用不同的调整深度。借助社会化的调整方式，劳动关系的调整深度与雇佣关系出现了明显的差别，劳动法的调整机制成为分层调整模式。劳动关系通过三个层次的层层推进，由外及内，法律不仅规范流通领域，而且将关注目光深入生产过程。“雇佣关系是人类社会发展到资本主义阶段，劳动成为商品的一种劳动交易形态。”（薛少峰，2004：145）如果将雇佣关系与劳动关系进行比较便会发现，雇佣关系显然只有微观层次的外部调整方式，只将关注的目光及于劳动力支配权与劳动报酬交易的流通领域。

其二，法律对调整对象有不同的假设。法律在进行制度安排时往往基于调整对象在社会生活中的实际地位抽象出不同的假设，作为制度设计的前提。当立法者的目光局限在交换领域时，劳动力交易中平等特点受关注；当立法者的目光深入到生产领域内部时，劳动者对于用人单位指挥管理的服从性导致劳动关系具有不平等的特点会被发现。生产过程衍生出了劳动关系的其他品性，即除了平等性与财产性外，还有隶属性与人身性。

其三，社会法与民商法是并列的法律门类。民法以平等主体作为自己的调整对象并实现意思自治，平等只有在抽象中才存在，民事立法具有抽象的特点，往往采用合并式立法技术，合同双方的权利义务规定在同一规范中平等设置，双方均为契约主体。劳动法以形式平等、实质不平等的社会关系作为规范对象，往往采取用人单位、劳动者分列式的倾斜立法模式，对强势主体课以更重的义务，形成契约基准主体。雇佣主体与劳动主体的共性往往存在于思维逻辑上，从历史逻辑上看，我国实际上更多强调的是两者的区别，甚至于对立。如果说在社会生活中雇佣主体强调权利性，劳动主体更多强调义务性。劳动主体并非铁板一块，复合主体本身存在着量的变化，比较而言，标准劳动关系更强调单位人的特点，非标准劳动关系更强调市场人的特点。从这个意义上说，非标准劳动关系更多强调权利主体的特点与雇佣关系更为接近。

(二) 义务人与单位人

在我国现行法律制度中存在着行政主体、劳动主体。行政主体是公法上的义务主体,人事关系具有行政单位人的特点;劳动主体是复合主体,是市场人与单位人的复合,权利主体复合了义务人格。从原生状态上看,纯公法的义务人特点在当前成为国家行政主体的基本定位,属于行政法调整范围;社会法兼具市场人、单位人的权利义务主体特点。经济单位与政治单位并无共同之处,政府是国家政权机构的具体形式,它的主要任务是治理国家,发挥国家机器的管理职能,通过一定的方式制约和影响整个社会的经济活动;企业是经济组织,主要任务是组织经济活动,是自主经营、自负盈亏、自我发展、自我约束的法人实体和市场竞争主体。当劳动关系忽视契约关系的外部性特点时,通过法律的定位,会使行政主体、劳动主体极为类似。

从法律调整上看,单位人本身可以区分为传统的行政单位人与改革开放后的市场单位人,前者只具有单位义务人特点,经济组织特征也会影响社会人格。改革开放前传统经济体制的特点不仅在于政府统一组织社会生产和直接管理企业,行使了"超级企业"的职能;更重要的是,传统经济体制是社会政治组织和经济组织的合一,或者说在传统经济体制下的企业也在行使着政府的职能,本身就不是本来意义上的经济组织,其特征甚至主要不表现为市场单位人,而是政治组织,是基本的社会生产劳动单位和政治管理单位。在中国,政治单位人所具有的再分配性质使其不存在外部行政环境,行政管理进入组织内部,组织成员对其依赖程度更高,其领导者的晋升、收入等个人利益完全取决于等级体制中上级的决定。国有企业政企分开在改革之初就已经提出来了,但至今仍没有完全达到设想目标。这是劳动主体有时会被作为行政主体来对待的主要原因。

(三) 市场人与单位人

从劳动主体的角度来观察,市场人作为外部人格与单位人作为内部人格,从应然的角度看,一个标准化的劳动关系具有以下特点:

其一,双方存在契约关系为外部人格,这是我国合同化调整的基本依据,也是劳动关系与雇佣关系的联系。市场单位人平等性中强调的雇佣,是以存在外部的市场机制为前提,体现为雇佣机制以及退出机制。市场经济表现出来的对物的占有、对货币和财富的追求,表明牟利是经济活动的正当目的,劳动关系也因此具有财产性。历史上,我国以国家主人来定位,传统行政单位人曾将经济组织转变为政治组织,彻底消灭了市场雇佣这一条件,排除事实上存在的雇佣意识。当牟利不是经济活动的直接目的与内在动力时,单位组织成员在制度设计之外必然发生庇护依赖关系①。

其二,劳动者纳入用人单位组织体为内部人格,这是我国基准化调整的基本依据。市场单位的从属性,包括"生产组织体系属于雇主所有""生产工具或器械属于雇

① 基于改革开放前的实证研究,在庇护依赖关系中,基于共同体的某些独立意识,有可能削弱个人对集体的服从。

主所有”“原料由雇主供应”“责任与危险负担问题”四个方面(陈继盛,2014:192)。法律设置义务,是要对市场单位从属性产生的弊病进行修正,而非彻底改变市场单位的从属性。劳动者所承担之义务,只限于在被雇用之岗位上为企业经营、生产组织之目的而服务,绝非完全涵盖劳动者的整个人格。劳动者作为独立的契约主体,即便在劳动过程纳入雇主的支配领域,那也只涉及其人格内容的一部分,且雇主对劳动者的支配程度与方式均应具有正当性。历史上,我国传统的行政单位人是将经济组织转变为政治组织,单位组织只有上下有序,并无内外有别,劳动关系双方当事人的纳入与退出,均以某种行政联系为依据。

其三,用人单位作为义务主体须以劳动者受用人单位拘束程度为限度,内外人格是确定我国合同化与标准化配比的基本依据。市场单位人从属性中强调的拘束,当国家以基准化方式介入双方的合同关系时,目的只是防止拘束的扩大化。劳动者人格从属性虽具有社会现实性,但其不应颠覆人格平等且独立的社会目标。基准化要求将当事人设置为义务主体,契约化与基准化配比确定本身具有复杂性。以劳动基准的适用程度为依据,可以区分出标准化与非标准化两种形式,比较而言,前者更侧重单位人假设并强调基准化,后者更侧重市场人假设并强调契约化。我国传统的政治单位人是将经济组织转变为政治组织,市场单位人的自治空间被消解,旧体制在当今的影响主要仍是压缩合同空间,打压非标准劳动关系仍是一个应当警惕的趋势。

事实上,在我国传统的行政单位人的体制内,以上三个方面都是扭曲的,这是我国劳动主体与雇佣主体相距甚远,与行政主体相对亲和的根本原因。从我国的历史发展来看,整合抽象人与具体人的关系,很大程度上是通过引入市场机制,让劳动关系更接近原生态。正确处理市场人与单位人的关系,社会法也才可能适用广覆盖的原则,社会法复合人格也才可能成为市场单位人。然而,在我国社会法历史沿革中,既有市场人观念对单位人整合,也有单位人观念对市场人观念整合,前者表现为覆盖范围由窄变广,后者表现为覆盖范围由广变窄。只有回顾我国历史上的两次整合,才能理解抽象人与具体人、市场人与单位人的整合逻辑。

二、市场人观念对单位人的整合

我国的经济体制改革,可以说是行政单位人发展到市场单位人的过程,20 世纪最后 20 年集中反映了这种变化。从单雇主到双雇主,市场人观念以广覆盖为原则,对行政单位人体制进行了整合,标准化与非标准化主体演变体现了改革开放市场逻辑,这是一个隐性契约显性化,政治抽象人格具体化的过程。

(一)隐性契约的显性化

我国行政性的单位人制度可以说是一种隐性契约制度。国家通过这种管理体制直接管到作为自然人的劳动者,整个社会更像一个大工厂,由国家代表劳动者对整个社会的劳动者和生产资料进行直接的调度和安排,劳动者具有利益主体与义务主体高度结合的特点。正如陈峰所言,在计划经济时代,国家与工人之间存在着心照不宣的隐性契约。[①]这种隐性契约主要存在于国有且国营的企业,以城市为存在空间,农村劳动力严禁流动,在城乡对立的窄覆盖管理体制中,行政单位间等级森严,事无巨细统统纳入国家高度集中统一的管理。行政单位人只与隐性契约相结合,形成我国以高度管制为特点的政治人格。20 世纪最后 20 年,我国通过推行劳动合同制度,探索适应社会主义市场经济的劳动制度,这是隐性契约显性化的过程,也是义务模式向权利模式转变的过程,更是一个从政治抽象人格窄覆盖走向社会具体人格相对广覆盖的过程。

在经济体制转轨过程中,传统的行政单位人的用工模式出现了问题,我国开始在行政单位人中建立劳动合同制度,对传统政治人格进行了体制性的反思。这种反思既有对新中国成立以来长期实行用工制度的批评,也有建立市场机制的探索。随着权利意识的觉醒,我国开始承认平等主体之间自发秩序的正当性。市场人与单位人相结合形成市场单位人的复合人格,用人单位、劳动者作为利益主体开始在一定范围内与权利主体相融合。面对已经高度行政化的标准劳动关系,非标准模式更多体现市场取向。市场人观念的形成是一个公法私法化,政治抽象人格具体化,义务主体权利化的过程。在标准劳动关系扭曲的情况下,我国以市场人观念对单位人进行整合时,主要采取非标准劳动关系的形式,这是我国劳动规范相对广覆盖的发展过程。

(二) 劳动关系非标准化

在标准化劳动关系走向市场经济的过程中,我国确立起劳动关系双方的契约权利,体现私法抽象主体部分特点的非标准化的发展,成为新旧标准劳动关系的缓冲带。我国在产业政策发生重大调整时,全球都进入了改革的时代,中国特色的隐性契约的显性化与世界上劳动关系非标准化浪潮相遇,我国融入了“再造新文明”的历史潮流。一些就业形式中的劳动关系由于适应了市场需求的灵活性而发生了“自我的异化”,通过契约的方式,内外人格得以重整,原来“标准”的形态走向“非标准”的形态。标准劳动关系与工作场所、持续性工作以及雇佣与使用捆绑都是高度关联的。与“三联”形成区别的是,非标准劳动关系的形态可概括为“三分”,劳动关系与工作场所分离、劳动关系与持续性工作分离、劳动关系中雇佣与使用分离(董保华,2008d:53)。这种三分在适应市场发展的同时,弱化了劳动关系的内部人格,内部人格总体上是一种伦理人格,三分使这种从属性的管理人格得以弱化。

空间上,劳动关系与工作场所分离,是内部的从属性人格削弱的第一种表现。高科技的发展尤其是网络技术的发展促成了劳动关系与工作场所的分离。第三产业的兴起瓦解了适应第二产业生产规模的集体化的劳作模式,劳动从集体劳动向松散式

① Feng Chen and Mengxiao Tang, Labor Conflicts in China Typologies and Their Implication, *Asian Survery*, Vol.53, No.3(May/June 2013).

劳动发展。企业管理者发现，生产场所的灵活性更能提高生产效率，激发员工的潜能，而工作场所的相对随意性也正符合了灵活就业者的心理需求，劳动关系与工作场所发生分离的代表形式是远程就业、家庭就业。诚如阿尔文·托夫勒、海蒂·托夫勒在《再造新文明》一书中所做的精彩论述："工厂是工业社会的中心象征符号，它事实是第二次浪潮多数组织的模式。然而我们所熟知的工厂，正逐渐成为历史陈迹。标准化、中央控制、最大化、集中化及官僚化等原则，都是以工厂为代表。第三次浪潮的生产是依据新原则产生的后工厂式生产，其生产设施场所越来越不像一间工厂，事实上有越来越多人是在家中、办公室、汽车、飞机上从事生产活动。"（阿尔文·托夫勒、海蒂·托夫勒，2006：93—94）内部的从属性人格削弱，体现在劳动关系双方空间自由度的增加。

时间上，劳动关系与持续性工作分离，是内部的从属性人格削弱的第二种表现。有人认为，劳动关系的本质正在发生变化。仅有少数人能够在传统或标准合同下得到雇佣，职工越来越多的是在一种不断变化的环境中工作。雇佣的稳定性降低了，雇员越来越习惯于变换雇主和经历周期性的失业（李维斯等，2005：47）。劳动关系与持续性分离的代表形式是短期就业和季节就业。面对发展迅猛的灵活就业状况，国外有学者认为："根据'工作完结'（end-of-jobs）理论，只有一个雇主的长期工作是过去的事情了，工作稳定性（job stability）已一去不复返了。尽管我们不能叫'临时工作爆炸'，但临时工作在总就业量中的比例不断增加这个事实，显然说明了标准劳动关系已成为历史。"（奥尔、凯斯，2005：32）内部的从属性人格削弱，体现在劳动关系延续的时间选择有所强化。

时空结合上，劳动关系中雇佣与使用分离，是内部的从属性人格削弱的第三种表现。现代社会衍生出了一种三角雇佣关系——劳务派遣，实现了劳动关系中雇佣与使用的分离。在劳务派遣中，劳动者与两个承担着不同功能的雇主分别发生了"不完整"的劳动关系，其中派遣机构与劳动者签订劳动合同，并发放工资和缴纳社会保险费，而用工单位则负责对劳动者的工作进行具体的指挥监督，并提供合格的劳动安全卫生条件。可见，原本一重的标准劳动关系中双方的权利义务在劳务派遣中被"划分"开了，无论对派遣单位还是用工单位而言，对劳动者在组织上的控制都被弱化了（董保华，2008d：53）。

（三）单位人格的市场化

劳动关系从"三联"到"三分"，标准化与非标准化出现了区别。劳动关系的"三分"为劳动关系的变异提供了前提，并自然而然地衍生出劳动关系的"三合"。"三合"是指劳动关系与经营关系重合、劳动关系与服务关系重合、劳动关系与劳动关系重合（董保华，2008d：53—54）。三合也极大地推动了市场机制的发展。这种三合强化了劳动关系的外部人格，外部人格总体上是一种法律人格，三合使这种平等性的契约人格得以强化。

其一，空间上，劳动关系与经营关系重合，是外部的平等性人格加强的第一种表现。标准劳动关系与工作场所联系，产生了劳动关系与经营关系相分离的特点；非标准劳动关系与工作场所分离，也会进一步产生出劳动关系与经营关系重合的特点。非标准劳动关系工作可能越来越像一种自营就业，个人根据需要可随时变换工作内容。例如，一些地方的计程车服务就有这种情况，之所以人们习惯上称之为“出租车”，多少说明司机与公司的关系更像租赁关系。一些保险公司的保险代理人、演播单位的节目组承包等都存在着这种情况。

其二，时间上，劳动关系与服务关系重合，是外部的平等性人格加强的第二种表现。劳动关系与服务关系重合的代表是独立就业。部分独立就业在法律上表现为自雇就业这种形式，不属于劳动关系的范畴。根据1997年的统计，美国从事各类自雇就业的有410多万人（李盾，2003:51）。我国由于不存在自雇就业这种形式，自雇就业往往会转化成一种雇佣形式，在现实生活中被称为“挂靠”，这种“挂靠”其实只是为了解决纳税以及开具发票的需要。

其三，时空结合上，劳动关系与劳动关系重合，是外部的平等性人格加强的第三种表现。标准劳动关系中雇佣与使用的联系，劳动关系具有单一雇主的特点；非标准劳动关系中雇佣与使用的分离，会进一步产生出多雇主的特点。劳动关系与劳动关系重合最为典型的两种形式是非全日制就业和兼职就业。一个劳动者同时面对多个雇主，接受多个雇主的指令和监督。如非全日制就业和兼职就业中，劳动者将自己的劳动力进行分配使用，从而与多个用人单位发生了劳动关系，导致劳动者与每一个用人单位的劳动关系形态在内容上（主要是工时）发生了“量”的分割，从属性被弱化了。

面对非标准劳动关系发生的现实，有学者做了形象的描述：“传统就业形式被改变，单一的全职全日制走向衰亡，取而代之的是灵活多样的就业形式，人民得以将工作与生活进一步协调起来；而统一的工作时间、工作现场和工作纪律却渐渐逊色。”（杨燕绥，2004:22）“一个劳动者只能形成一种劳动关系”这种观点在计划经济时代无疑是恰当的，那个时候，我国通过劳动立法及有关的劳动政策，逐步形成在劳动、工资、保险、福利几方面相互配套、高度集中统一的管理体制。在那时，一个劳动者如果出现了多重劳动关系，国家将很难进行统一的管理（董保华，2001a:45）。立足于权利主体的理论看，在市场经济条件下，尤其是在非标准劳动关系被日益认识的条件下，双重劳动关系应当成为常态。

（四）标准与非标准的转换

《劳动法》将保护劳动者的合法权益置于适应社会主义市场经济的劳动制度前提下来规范的，[①]清楚地表达了单位人义务主体模式向复合人“权利—义务”模式转变

① 1994年7月5日公布的《中华人民共和国劳动法》对于立法宗旨的规定是：“为了保护劳动者的合法权益，调整劳动关系，建立和维护适应社会主义市场经济的劳动制度，促进经济发展和社会进步，根据宪法，制定本法。”

的立法目标。在社会法的理想视域中，市场人与单位人是对立统一关系，劳动关系应当从全面管理到底线管理。我国面临的现实情况是已经标准化的劳动关系具有很强的行政单位人特点，从计划经济转向市场经济的过程中，我国实现的路径是：促使那些与计划经济相联系的标准劳动关系转变为一种非标准劳动关系，从而走向市场经济。20 世纪末，针对国有企业改制而产生的非标准劳动关系，通过下岗“虚化”原有的标准劳动关系，以外部社会力量来改造企业的内部机制。下岗这种非标准劳动关系成为两种标准劳动关系（行政单位人到市场单位人）间的桥梁。

在特定的历史时期，“虚化”的非标准劳动关系可以被称为两个“隐性”。“隐性失业”，劳动者与用人单位有劳动关系，而无劳动内容；“隐性就业”，劳动者与用人单位有劳动内容，而无劳动关系（董保华，1997b：42）。我国将社会因素引入传统的企业调整模式，本身是体现了历史的进步：(1)从体制上实现渐进式的转轨。国家用工转化为企业用工，通过行政手段安置劳动力转化为通过劳动力市场配置劳动力，依据传统隐性契约发生道义经济争议是一种必然的现象。(2)从机制上实现渐进式的转轨。劳动者从行政性的劳动关系中摆脱出来，劳动力流动加快，劳动者与用人单位双向选择的机制、工资分配的协商谈判机制等一系列适应市场经济发展的机制正在逐步形成。(3)从观念上实现渐进式的转轨。从一而终的观念有了根本的转变，自主择业、自谋职业、竞争上岗等适应市场经济的观念正在形成（董保华，1999b：16）。

下岗这种非标准劳动关系是以某种新标准劳动关系作为参照标准。从冲击、改造的视角来观察，我国曾长期实行集中统一的管理体制，劳动关系只体现国家意志，极少体现当事人意志。这种由国家用工所缔结的劳动关系实际上是一种行政劳动关系。这种“冲击改造”与“参照比较”并存的现状本身说明新标准劳动关系居于社会的中心地位。随着我国法制建设的完善，市场经济观念的形成，这种劳动关系的虚化既能实现释放冗员的目的，又避免了社会的激烈震荡。（董保华，1999b：16）长久以来，传统的劳动法教科书上均称“一个劳动者只能形成一种劳动关系”，而且这一观念可以说是根深蒂固且被主人理论所神化。当我国将正常当做反常时，主体视角与主人视角必然会展开持续不断的博弈。

三、单位人观念对市场人的整合

社会法的具体人格通过挤出平等性，可以向抽象政治人格转化，表现为劳动关系由经济从属中的不等转向政治从属中的不等。在市场人与单位人的平衡中，通过重新强化单位人的特点，部分回归传统的行政单位人，21 世纪初的《劳动合同法》立法集中反映了这种演变。从双雇主重回单雇主，标准化与非标准化主体变化建立在强化管制的逻辑上。

（一）劳动关系的标准化

经济组织意义下的单位人是与市场人相联系的一种理论假设，这种市场单位人理论假设产生出的具体人格与基准化的法律体系相适应。基准化是根据劳动关系所具有的隶属性和人身性的特征，加强对劳动者保护的一系列立法，是通过法定内容对约定内容的限制。复合人格的任务是双重的，一方面，劳动关系具有隶属关系的特点，要求法律充分保障用人单位对劳动力的支配、使用权；另一方面，劳动关系又具有人身关系的特征，劳动力和其物质载体——劳动者的人身密不可分（董保华，1992b：82）。劳动关系的标准化必然挤出合同空间，当基准化趋向标准化后，就可以重新引入政治人格的概念。维持原《劳动法》倾斜立法的指导思想；还是改变《劳动法》原有的指导思想，发展出一种单方保护的立法宗旨，让“公法成为抽象的国家的生活制度”。[①]两部立法的差异也由此呈现。基准化与标准化可从三方面界定。

其一，在目标设定上，通过稳定实现和谐。当稳定成为实现和谐的基本方法时，[②]必然将“维稳”与“维权”理解为替代关系，对用人单位的用工方式进行直接干预。最典型的就是立法者希望通过增加应当签订无固定期限劳动合同的情形、赋予劳动者单方强制缔约权以及收紧终止、解除等多种方式，推动劳动合同的长期化改造。[③]在立法推动上，政治化成为《劳动合同法》得以通过的主要推动力量。[④]这种现象持续至 2012 年的法律修改，在对草案的说明中，以“维护工人阶级主体地位、巩固党的执政基础”来说明限制企业自主用工的必要性。[⑤]

其二，在规范方式上，依赖强制规范。有学者对 2007 年公布的《劳动合同法》进行了统计。“在这部只有 98 条的法律中，竟然使用强制性用语‘应当’达 70 次，使用强制性用语‘不得’达 28 次，共涉及 64 个条款。”（王建勋，2008）其实，这只是以最简单的方式进行统计的。这种统计本身并未注意法律表达中使用同义词、近义词或省略词的技术，而这种技术在《劳动合同法》中大量使用。如果将隐性的表达与显性的表达相加，“不得”达 31 处，“应当”达 106 处。我们对于《劳动合同法》的用语进行更加精确的统计，会发现《劳动合同法》的强制程度比我们想象的更高（董保华，2011a：783—786）。面对原《劳动合同法》实施中出现的问题，2008 年公布的《劳动合同法实施条例》，使强制性用语总数达 187 处。[⑥]

其三，在执法手段上，充分发挥行政管制的作用。政府是为政治存在的，而政府

---

① 基尔克：“因为罗马法，私法与公法的彻底分立最终实现，私法成为自由的个人人格的势力范围，公法成为抽象的国家的生活制度。”（基尔克，2017：28）

② 作为直接参加《劳动合同法》起草的人员，时任全国人大法工委行政法室副主任张世诚在法律公布不久，曾作出这样的解释：“劳动关系是社会关系中最基本的一个，劳动关系稳定了，才能谈到社会关系的和谐问题。”（张世诚，2008b）

③ “鼓励签订无固定期限劳动合同”曾被立法者视为《劳动合同法》一大亮点，“引导企业和劳动者去建立无固定期限合同，本意是要鼓励劳动关系双方建立长期、稳定的劳动关系”（王岩，2007）。

④ “‘黑砖窑’事件发生之后，很大地刺激了立法机关，包括众多委员的感到不可理解，感到必须要加以严惩，所以说这就推动了这部法律的通过。”《〈劳动合同法〉诞生记：“黑砖窑”案助其全票通过》，来源：网易，载 http://news.163.com/07/1228/01/40OVI2QT0001124J_2.html，2015 年 8 月 28 日访问。

⑤ 《关于〈中华人民共和国劳动合同法修正案（草案）〉的说明》，来源：中国人大网，载 http://www.npc.gov.cn/npc/xinwen/lfgz/flca/2012-07/06/content_1729107.htm，2015 年 8 月 28 日访问。

⑥ 具体统计方法和数据见董保华，2011a：783—786。

行为就是政治，政府活动领域就是政治领域(康晓光，1999：29)。这一时期我国劳动立法很大程度被理解为是一种政治立法，大量的强制性规定往往以劳动部门的行政执法作为保障手段。本来“最低工资是一种价格的下限管制”(周其仁，2008)，然而，在一定时期却被理解为，是最有效、最具有强制性的提高低收入者收入水平的方法。①

(二) 契约主体的侵权化

在《劳动合同法》公布的新闻发布会上，全国人大常委会在阐述《劳动合同法》宗旨时，将立法目标表述为矫正“劳动者的权益被侵犯”的问题②，学者将这一表态概括为契约主体的侵权化。合同法律本是关于市场交易规则的法律，是指各市场主体在市场上进行交易活动所必须遵守的行为准则与规范。社会法实行三个层次的调整模式，而微观层次的合同制度是契约主体的主要活动空间，劳动合同法本也应当是研究劳动力市场交易规则的法律，但我国《劳动合同法》却是将契约主体的侵权化作为自己的立法目标。学者的表述是：“从立法假设的角度来看，劳动法是将雇主设定为侵害劳动者权利、引发劳资冲突的最直接主体而来构建法律体制的。因而，劳动法对于雇主而言更多的是限制而不是保护。”(常凯，2006b：33)改革开放后的契约单位人与改革开放前的行政单位人的主要区别在于契约人制度对于单位人制度的介入，契约主体的侵权化意在抽取契约主体的现实存在，让市场单位人重回行政单位人的结构。官方在解释这一抽取的必要性时，主要采用了零和博弈、公法化、阶级斗争三个主要理据。这一定位涉及契约主体与侵权主体，私法主体与公法主体，经济主体与政治主体三者的关系。

其一，零和博弈理论涉及契约主体与侵权主体的定位。契约主体追求双方合意，必然以正和博弈作为基本理论。正和博弈作为合作博弈，以双方的利益都有所增加为目标，至少是一方的利益增加，而另一方的利益不受损害，否则合意是无法达成的。按照我国一些学者的看法，劳动合同立法的目的就是“单保护”只保护劳动者的利益③，一方所赢正是另一方所输，而游戏的总成绩永远为零。按照人大法工委副主任信春鹰表示，劳资双方具有先天不平衡性，新法的出台是各方博弈的结果，已充分考虑了公平。侵权主体是用人单位，被侵权主体是劳动者，劳动合同法本身就是要达到零和博弈的效果。中国之所以需要一场零和博弈，是建立在对中国经济前30年的高速增长持某种否定性评价的基础之上。作为一种零和博弈，支出的一方不满意是很正常的，与

---

① 《专家称2020年工资总额涨4倍，高薪对中国更有利》，《第一财经日报》2008年1月7日。

② 全国人大常委会在阐述立法宗旨时说道：“制定劳动合同法的一个很重要的背景，就是近些年来中国劳动领域出现了很多的问题，其中最突出的问题之一就是劳动者的权益被侵犯，而且没有救济渠道。作为社会法，劳动合同法的一个宗旨就是要矫正这个问题。”(王岩，2007)

③ 劳动法从有的那天起，就是保护劳动者的，没说通过《劳动法》来保护雇主，这是一个常识性的问题，在市场经济国家，老板问为什么《劳动法》不保护我，这如果说出去的话，是被人笑话的。《常凯：劳动者和企业都保护是很荒唐的问题》，载 http://vip.bokee.com/20071119424952.html，2008年6月10日访问。

一些学者的阶级斗争理论也是一致的。因此，一些媒体将这种劳资博弈称为“垂死博弈”也是恰当的。[①]

其二，公法化理论涉及私法主体与公法主体的定位。行政单位人与市场单位人的主要区别是：前者在单位内部经济从属与单位外部政治从属只有纵向的直接连接；后者在单位内部经济从属与单位外部政治从属之间存在着横向的契约结构。我国改革开放引入契约制度是强调妥协能够增进劳动关系双方利益以及整个社会利益，因为合作博弈能够产生一种合作剩余。劳动合同的立法是以合作剩余并不存在或不足以称道为前提的，赢家（用人单位）的利润来自输家的亏损（劳动者）。当这种横向的契约结构被评价为只可能造成一输一赢的侵权结果时，劳动合同法起草的负责人强调“劳动者、公民利益最大化”[②]，取消或极大地压缩契约结构的作用，就会成为立法目标。公民利益最大化尽管可以成为行政法的立法宗旨，但劳动者利益最大化则不应该成为像劳动合同法这类具有契约法性质立法的宗旨。契约双方中一方利益最大化，不可能实行合同形式，将这种彻底消灭了合同形式的观点解读为一种法治理想，[③]很大程度上是要排除契约法体现的私法性质。正是基于这一认识，劳动合同法起草的负责人才得出了：“劳动合同法实施后，劳动争议案件出现井喷，恰恰说明劳动者可以依法维权了”的结论（汤耀国，2010）。

其三，阶级斗争理论涉及经济主体与政治主体的定位。在一些学者看来，资方“过度地剥削工人”[④]，“阶级问题是无法回避的”，“说阶级问题主要是社会结构意义上讲，叫阶级也好，阶层也好，学术也有争论，但是作为一个特定的，具有特定经济利益，经济壁垒和特定的社会意识社会群体来说这批人已经存在了。这是一个更宏观层面的问题”（常凯，2009：182）。从阶级理论出发，契约结构被认为是偏袒和纵容资产所有者的放任主义政策：“在私有制企业中，劳动关系即劳资关系，具有明显的阶级关系的性质。而劳资关系法制化的实质，即是通过法律来维护、保障和实现劳动者的权利。无视劳资矛盾的客观存在或对于这一矛盾采用放任主义政策，其实质只能是偏袒和纵容资产所有者，其结果只能是激化劳资矛盾，并造成劳动者的自发反抗。”（常凯，2004a：27）在这些学者看来，正是为了避免放任主义政策弊端，我们才要以侵权理论来起草劳动合同法。在《劳动合同法》的起草中，官方公开强调的主要是零和博弈理论与公法化理论，阶级斗争理论作为一种更为激烈的观点主要存在于学者的表述中。然而，从零和博弈理论、公法化理论到阶级斗争理论的路途并不遥远。

① “任何制度或法律在调整社会利益关系的时候，都难免遭遇激烈的‘垂死博弈’。不能说新的《劳动合同法》是倾向于劳动者的，只能说，它在秩序层面应然地矫正了劳资双方失衡的地位。”（邓海建，2007）

② 全国人大法工委中劳动合同法起草的负责人张世诚的说法是：“就我二十多年来参与的行政法、社会法立法工作来说，一个基本的原则是，要保证劳动者、公民利益最大化。”（汤耀国，2010）

③ 人大法工委中劳动合同法起草的负责人张世诚认为：“在立法单位工作，有个基本的素质要求，就是要坚持最基本的法律原则，要有法治理想，否则就很没意思了。”（汤耀国，2010）

④ 常凯观点，参见郭晋晖，2006。

（三）市场制度的单位化

“劳动控制资本”曾是我国长期实行的体制，高度集中统一的管理体制把劳动者联合体共同占有生产资料视为全社会一个主体一个层次的劳动，并通过单位人来实现。行政单位人的调节方式是行政调节，作为一种自上而下的社会秩序，《劳动合同法》立法的目标大体可以概括为四个方面：(1)对员工实行“宽进宽出”；(2)对企业实行“宽进严出”；(3)在劳动管理中融入“员工主导”；(4)对劳动关系实行行政干预。《劳动合同法(草案)》(简称《草案》)更能体现立法者最初的设计理念(董保华，2011a：74—77)。我国行政单位人曾通过劳动立法及有关的劳动政策，逐步形成在劳动、工资、保险、福利几方面相互配套，高度集中统一的管理体制。国家通过这种管理体制直接管到每一个作为自然人的劳动者。《草案》很大程度上是以这种行政调节为目标的。基于契约主体侵权化的认识，《草案》将大量较为隐性的劳动基准予以提高，其方式是将这些劳动基准与劳动关系凝固化、标准化、形式化和行政化的刚性管理相结合，使劳动基准不仅成为一种底线控制甚至也成为高线控制。

《草案》提出了“劳动控制资本”的一种新模式。《草案》的“高线控制”以两种立法方式实现：一是限制用人单位在经营管理中的主动行为，二是“管理瑕疵，控制权转移”。前者是限制企业的经营自主权，也使其容易触碰红线；后者是在企业触碰红线条件下，将企业的经营管理权转移给员工行使。这样的规定只是体现了全国总工会的意图，通过这一模式加大工会的管理权限。《全总部署工会参与全国人大劳动合同法(草案)公开征求意见工作的提纲》也称：“全总高度重视，全程参与了这部法律的起草和有关调研论证工作，并代表工会和广大职工提出了一系列意见建议。”全总参与劳动和社会保障部、国务院法制办、全国人大常委会法工委、全国人大法律委等机关、部门组织的有关劳动合同法起草、研讨、论证、修改等各类会议 30 余次，提出修改意见建议上百条，绝大多数得到了立法机关的认可和采纳，并在法律条文中给予体现。①这种“劳动控制资本”的做法，其实是一种本末倒置的做法，不可能达到保护劳动者利益的目的。劳动者作为一个打工者，并不希望成为经营者或管理者，从而破坏企业大生产的有效运行，而是希望通过让渡劳动者的支配权，以获取公平的劳动报酬，劳动者与工会的目标其实并不相同。

从官方的一些宣传来看，《劳动合同法》删除《劳动法》中“建立和维护适应社会主义市场经济的劳动制度”的表述，是要将所谓过度“市场化”的内容从市场单位人中抽离出来。这一删除背后有着两种观念的冲撞：劳动者应当作为政治抽象人格还是复合人格来认识；在保护劳动者利益时，是否应当兼顾企业的承受能力以及市场机制的培育；我国是简单地扩大无固定期限合同，还是要在对无固定期限合同按市场经济的要求重新定义的基础上来谈扩大？(董保华，2007f：56)《草案》的一些内容由于社会各界的强烈反对并未转化为实际立法，但从这些内容可以更完整地理解起草者试

① 《全国总工会通报劳动合同法立法过程(实录)》，来源：人民网，载 http://news.enorth.com.cn/system/2007/07/02/001749269.shtml，2024 年 5 月 28 日访问。

图达到“劳动控制资本”的立法目标。这种抽取“市场化”的方式如果得以完全实施，市场单位人重新回到行政单位人，将可能彻底改变现有的劳动关系调整模式。这种以间接方式实现的“劳动控制资本”的方式以后在劳务派遣的规定中有较完整的体现。

四、市场人与单位人的现实平衡

全国总工会与人大法工委联手会对社会法产生巨大的影响力，但在我国市场经济已被广泛接受的情况下，以单位人假设完全吞并市场人空间的做法并不现实。在劳动合同法已经成为思维定势时，笔者就有预言：“随着劳动关系管理的进一步刚性化，我国这样一个劳动力极其丰富的国家将会出现一个庞大的就业困难群体。”[①]立足于法社会的现实，笔者认为可能会产生两条进路，十年后，随着执政理念的调整，这两条进路在我国也真实的出现了，这两条进路均有其难以克服的问题，当一条进路受阻时，另一条进路的意义必然会强化。我们不妨沿着当年预言的思路，回顾一下我国新业态就业关系发展的过程及其遭遇的问题，(董保华，2021：51)这两条进路可以形容为明修栈道与暗度陈仓。

(一) 用工关系调整的第一条进路：基准调整

面对劳动关系已经形成刚性化的用工体制，笔者当时就预测过第一条进路可能的结果：“一是通过改革，重新形成能进能出的局面，但劳动标准易上难下，劳动关系易刚难柔的特征，将会使这种调整面临巨大的社会震荡。”(董保华，2006a：51)从某种意义上说，这种社会震荡是由于我们对具有从属性人格的过分强调带来的，可以从当时预测涉及的三层含义来理解这条进路形成及不得不放弃的历史原因。这也可以算是一种明修栈道的方案。

首先，劳动关系易刚难柔的特征。笔者当时将“刚”界定为凝固化、形式化、标准化、行政化四个特点。国家法是体现国家权威的重要形式，社会法强调的“从属”与“强制”具有天然的亲和性，在对劳动关系进行调整时，抽象政治人格在宏观层次进行了“伦理法律化”“私法公法化”的立法扩张。就“伦理法律化”而言，我国曾长期实行高度伦理化的“固定工制度”[②]，一定程度上形成了某种思维惯性，社会伦理公德化所要求的稳定与法律强制形式相结合形成一种“宽进严出”的用工制度，并以书面合同

---

① 2006年3月20日，全国人大常委会办公厅发布《关于公布〈中华人民共和国劳动合同法(草案)〉征求意见的通知》。2006年3月22日，《第一财经日报》报道称收到笔者正准备向全国人大提交的一份长达15 000字的“万言书”。该文稍加修改后，以《锦上添花抑或雪中送炭——析〈中华人民共和国劳动合同法(草案)〉的基本定位》为名发表于《法商研究》第3期。

② 这种制度的基本特点是“固定”，即人员只进不出，职工的工作期限没有规定，就业后长期在一个单位内从事生产和工作，职工一般不能离职，单位也不能解雇，工资待遇和劳保福利根据国家的统一规定给付，劳动力基本上处于凝滞状态。

尤其是无固定期限合同为基本形式。就“私法公法化”而言，标准化与行政化相结合，形成了私主体公内容的劳动基准法。凝固化、形式化、标准化、行政化四个方面一旦作为劳动标准的内容，并形成标准劳动关系。这种公德化借助公法化扩张是很难抑制的。

其次，劳动基准易上难下的特点。在一个强调劳资冲突的环境中，这种“伦理法律化”“私法公法化”的公德调整模式必然通过单雇主中心化义务设计来实现。例如“宽进严出”只对用人单位实行，而对劳动者实行的是“宽进宽出”。中国正在经历着一个特殊的时期，面对一些社会乱象，直接的社会反应往往是泛道德化的批判①并以提高劳动标准为基本要求（董保华，2011d：124）。这种虚高的劳动基准尽管并不能让劳动者实际受益，却因为转化为某种公德化社会理想而难以被撼动。

再次，调整面临巨大的社会震荡。标准劳动关系也会形成完整的建构秩序。弗里德曼将“法律”理解为机构和规则，并认为有三种现象：(1)影响法律的社会势力；(2)法律本身即机构和规则；(3)法律对其以外世界行为的影响（弗里德曼，2004：2）。法律相对社会而言是一种外部力量，以人为建构为基本特点，在对原有制度上的再构造，不能脱离历史制约。由国家做出的制度安排，尽管并非当事人的选择，但具有比较定型的、反复适用的特点，义务群体的确定，总会绑定明显或潜在的受益群体；这种制度选择还会绑定行政执法的利益，在我国更为特殊的是，还会绑定工会这类准行政执法机关的利益。事后看来，工会对管制的呼声超过行政部门，致使行政机关试图通过修法来降低管制的努力无法实现。

历史的发展，与笔者早年的预测大体类似。随着我国执政理念的调整，通过改革，重新形成能进能出局面的要求随之提出，新业态的就业关系，只有在修改《劳动合同法》的前提下，才可能在增强灵活化的前提下扩大进《劳动合同法》实施范围。在2015年至2017年间，多位人大代表向立法机关提出修改《劳动合同法》的议案。②2016年11月2日，全国人大财经委又收到修改劳动合同法议案10件，全国人大财经委认为：“立法项目确有立法必要，建议有关部门加强调研起草工作，待草案成熟时，争取列入全国人大常委会今后立法规划或年度立法计划。”根据2015年、2016年全国人大代表的议案，国务院牵头进行相关的工作。2017年11月4日，全国人大财经委报告显示，劳动合同法修改争取列入十三届全国人大常委会立法计划。③当劳动标准要由上向下，劳动关系要由刚转柔时，果然引发激烈的社会争论，最终因

① 在一些学者看来，“劳”的勤劳善良，“资”的为富不仁，使“劳”在“劳资冲突”中具有道德优势。“而来自不同方面、具有不同指向的主张、吁求互相作用，转而催生和强化了一种以贫富对立为核心的道德话语：贫者弱，富者强；贫者可悯，富者不仁；贫者当助，富者当抑。”（梁治平，2008：6）

② 《全国人民代表大会财政经济委员会关于第十二届全国人民代表大会第四次会议主席团交付审议的代表提出的议案审议结果的报告》（2016年11月7日第十二届全国人民代表大会常务委员会第二十四次会议通过），来源：中国人大网，载 http://www.npc.gov.cn/wxzl/gongbao/2017-02/21/content_2007650.htm，2018年3月15日访问。

③ 《事关每一位西安职工！〈劳动合同法〉暂不修改，因为这两个原因》，《西安晚报》2018年3月4日。

"各方的利益没有协调好"而搁置①,"各方利益"主要是指工会的反对。"有关部门跟工会之间相互看法不一致,目前法工委与国务院有关部门和单位正在研究这一问题。"②全国人大相关机构对《议案审议结果的报告》审议意见为:"待条件成熟时,提出修改完善建议"。③一些灵活化顶层设计方案需要高级别立法才能实现,当各方意见不一,事实难以实现这样的制度创新(董保华,2021:52)。我国当前的制度设计是在劳动合同法受到各种主客观条件限制而不能有所改变的情况下提出来的。

(二) 从业关系调整的第二条进路:范围调整

就第二条进路而言:"二是在已经凝固化的劳动关系之外,通过促进就业的方式,形成一套更为灵活的用工机制。"(董保华,2006a:51)第二条进路其实是围绕着某种平等性"市场人"假设展开的,笔者当时也有三点预测,我们也可以结合历史的发展进行总结。这可以算是暗度陈仓的方式。

首先,凝固化的劳动关系之外的灵活就业机制。笔者当时将"柔"界定为非凝固化、非形式化、非标准化、非行政化四个特点,在我国标准劳动关系之外形成某种合力模式。从"伦理与法律"各自独立的市场目标出发,市场机制唤醒了人的个性,为个人的自我发展搭建了广阔舞台,并促成了个体的社会化进程,会形成非凝固化、非形式化的法律现象。从"私法与公法"各自独立出发,受市场经济所蕴含的契约原则、功利原则、独立自主原则、公平竞争原则等基本原则的影响,形成非标准化、非行政化的法律现象。契约作为自发与建构交织的产物,权利主体本身就会形成一种非中心化机制,具有抵御国家管制的作用(董保华,2021:52)。

其次,通过促进就业的方式来加以认识。从市场行为来看,在劳动合同立法后,在标准劳动关系之外,一直存在着形成一套更为灵活的用工机制的努力,这种努力只有归入促进就业这种增量劳动力的理念,才可能纳入"抽象人"逻辑并得到肯定的评价。④促进就业的一些灵活形式,虽然不与企业稳定直接关联,也可间接维护社会稳定,劳务派遣等一些灵活用工的形式也在促进就业的目标下,得到来自道德的高度肯

①② 全国人大法工委官员曾表示,"有关部门跟工会之间相互看法不一致,目前法工委与国务院有关部门和单位正在研究这一问题。""既然问题没有弄清楚,各方的利益没有协调好,所以现在对劳动合同法进行修改的条件还不具备,时机也不成熟。"《修改劳动合同法有两个问题未解决,法工委:修改时机还不成熟》,来源:澎湃新闻网,载 https://www.thepaper.cn/newsDetail_forward_2009374, 2019 年 3 月 7 日访问。

③ 《全国人民代表大会社会建设委员会关于第十三届全国人民代表大会第一次会议主席团交付审议的代表提出的议案审议结果的报告》(2018 年 12 月 24 日)中第 18 个项目是关于修改《劳动合同法》的议案,审议意见为:鉴于该法的修改涉及用人单位和广大职工的切身利益,社会关注度高,建议有关方面深入调查、研究论证、分析评估,广泛征求和收集各方意见和建议,待条件成熟时,提出修改完善建议。

④ "要积极发展劳务派遣和其他类型的就业服务组织,把分散、单个的下岗失业人员组织起来,为他们实现再就业提供组织依托和帮助。"《胡锦涛在全国再就业工作座谈会上的讲话》(2003 年 8 月),http://www2.ahldt.gov.cn/dat_img/05127114415zjybfxxcl.doc, 2007 年 1 月 9 日访问。"加强有组织的劳务输出,引导农民工有序流动。组织返乡农民工参与农村公共设施建设。"《温家宝 2009 年政府工作报告》,http://www.chinacourt.org/html/article/200903/14/348506.shtml, 2009 年 3 月 16 日访问。

定,政治的有力支持(董保华,2021:52)。

最后,两种制度并存会产生制度歧视。当我国存在多种用工形式时,笔者当时就预言:“凝固化用工体制与灵活化的用工体制,事实上将贯彻两套不同的法规体系,形成巨大的制度性歧视,引发社会矛盾。”(董保华,2006a:51)在劳动法的调整范围内,强弱从属性的两种社会人的假设,事实上必然会有相互比较的那一天,这种情形在笔者预言三年后果真出现了。一旦进入比较,道德往往成为唯一评判标准,灵活就业以劳务派遣的方式来进行时,被一些劳动法学者评价为“低质量的就业”,甚至于是“歧视性的、低成本用工和低质量就业”(王全兴,2006a:43)。“低”是相对“高”而言的,其实已经进入了标准与非标准两种从属性社会人假设的比较,这种比较的结果会形成所谓“制度性歧视”的认识,道德否定必然丧失政治支持,非标准劳动关系会面临着真正的制度性歧视。2012 年《劳动合同法修正案》之所以要对之前曾经高度肯定的劳务派遣进行严格限制,正是基于所谓“制度性歧视”理由①,我们采取诸如“同工同酬”的各种限制措施,让溢出的非标准关系回到标准劳动关系,事实上,这种道德评判从一开始就有违市场的内在需求(董保华,2021:52)。

(三) 两条进路带给我们的现实启示

在政府通过修改劳动合同法来进行基准调整的努力被全国总工会拒绝之后,我国实际上只剩下范围调整的道路。现行规定允许某些新业态从业关系当事人在民事合同与劳动合同中做出选择。②签订劳动合同后,一定程度上体现成员法要求,实行契约法与基准法相结合,适用劳动法调整模式,成员法要求以“看得见的手”来规范劳动关系;签订民事合同时,主要体现契约法要求,进入民法调整模式,市场以“看不见的手”来影响各类民事关系。两种调整方式有不同的特点,“看得见的手”是国家以用人单位作为课以义务的中心单位,劳动关系偏重以法律为依据的构建秩序,按照法律规定的标准来实现对劳动者的保护。“看不见的手”体现为非中心化秩序,这是相对中心化提出的概念,劳动者作为独立的经济主体与社会各方发生性质不同的法律关系,民事关系更偏重以合同为依据的自发秩序(董保华,2021:50)。根据市场信息,我国以选择模式来应对和满足劳动者、客户需求。当前我国采取的方式是让两套制度并行,且协调两者的冲突,我们可称之为“双轨制”多元化就业模式。

“共享经济”促成的法律变局是劳动、民事关系的比较中形成的,并对既存制度安

① 《全国人民代表大会常务委员会工作报告》从工人阶级主体地位、党的执政基础出发,强调“劳务派遣被滥用等问题还很突出”。《关于〈中华人民共和国劳动合同法修正案(草案)〉的说明》,来源:中国人大网,载 http://www.npc.gov.cn/npc/xinwen/lfgz/flca/2012-07/06/content_1729107.htm,2015 年 8 月 28 日访问。

② 《网络预约出租汽车经营服务管理暂行办法》第 18 条规定:“网约车平台公司应当保证提供服务的驾驶员具有合法从业资格,按照有关法律法规规定,根据工作时长、服务频次等特点,与驾驶员签订多种形式的劳动合同或协议,明确双方的权利和义务。”

排提出挑战。作为一种法律调整,“共享经济”被视为增量用工关系。存量与增量的划定界限是劳动合同法的公布与实施的必然结果。2016 年时任人社部部长尹蔚民将“共享经济”表述为《劳动合同法》实施之后出现的新的业态、新的就业形式。“随着经济社会的发展,出现了一些新的业态、新的就业形式,这是在制定劳动合同法时还没有出现的。”[①]最高人民法院在 2015 年、2016 年也多次表态,并提出防止泛化劳动关系。[②]与我国很多学者对于互联网分析不同的是,官方将两者的区别定位于劳动合同法的实施。职能部门作为管制观念逻辑的维护者,这番表态可以说是在一定经济、社会、政治压力下形成的。中国经济出现了增长放缓的压力,“存量”劳动关系欠缺灵活性的问题自劳动合同立法以来便备受诟病;修法呼声从未间断,很多人大代表的呼吁形成了社会压力;2016 年 7 月,中共中央政治局会议更是指出“降成本的重点是增加劳动力市场灵活性”[③],中央搞活用工的表态形成了政治压力。

从社会法的公共政策目标的选择来看,劳动基准有着易上难下的特点,然而高标准一旦生成,窄覆盖也会成为必然的趋势。从内容上看,全国总工会的特殊地位,当其选择合同立法的单保护,工会立法的双保护思路时,就注定其不仅会推动标准劳动关系“去灵活化”立法,也会推动非标准劳动关系的“去灵活化”立法。从形式上看,当《劳动合同法》规范限制灵活性内容时,市场化机制只能依赖《劳动法》规范中灵活性的规范。当标准劳动关系的非标准化道路也被堵塞的时候,民事雇佣的权利主体设置就会被市场机制青睐,单雇主到多雇主再到无雇主成为中国立法的必然选择。

第三节 自利人与受益人的平衡

经济人观念对道德人的整合,道德人观念对经济人的整合,是我国历史上两次方向相反的整合。两次整合反映了经济人与道德人的观念冲突,也折射出我国关于自利人与受益人平衡的难点。

---

① 《人社部:将就新的就业形式等对劳动合同法提出意见》,中国新闻网 2016 年 2 月 29 日,转载新浪网 http://finance.sina.com.cn/roll/2016-02-29/doc-ifxpvzah8378840.shtml,2024 年 5 月 29 日访问。

② 2015 年 12 月 24 日,最高人民法院在《关于当前民事审判工作中的若干具体问题》中提出:“要依法维护劳动用工制度改革成果,准确界定劳动关系和劳务关系的界限,切忌脱离法律规定和客观实际将劳动关系泛化。”2016 年 11 月 30 日,最高人民法院在《第八次全国法院民事商事审判工作会议(民事部分)纪要》中再次提出:“应当坚持依法保护劳动者合法权益和维护用人单位生存发展并重的原则,严格依法区分劳动关系和劳务关系,防止认定劳动关系泛化。”

③ 《中共中央政治局召开会议 习近平主持会议 决定召开十八届六中全会 分析研究当前经济形势 部署下半年经济工作》,《人民日报》2016 年 7 月 27 日,载人民网:http://cpc.people.com.cn/n1/2016/0727/c64094-28587218.html,2024 年 6 月 27 日访问。

一、自利人与受益人的聚焦点

权利主体与受益主体的平衡，如果更加细分的话，可以分为权利主体与义务主体的关系，以及自利主体与受益主体的关系。后者涉及个人利益、社会利益、公共利益的相互关系，集中体现为经济人与道德人的观念冲突。

（一）自利人与经济人

雇佣主体、劳动主体都具有自利人与经济人的特点，这是源于他们原生状态上的相似特点。雇佣主体是自利人与经济人的立法假设，劳动主体的复合人格存在着个人利益与社会利益交织的立法假设。雇佣主体的抽象人格强调个人利益，作为自利主体，有着权利主体与利益主体高度一致性的特点，适应契约调整。劳动关系也具有财产关系的特点，也应适用自利机制，在社会法微观层次上，权利主体具有财产权利、个人权利的属性，具有经济利益、私人利益的特点，应当以经济人假说来理解。

我国现行法律制度中雇佣主体与劳动主体涉及两种不同的利益机制，这是各国立法介入法律假设之后的不同状态。德国法官法以善良风俗、诚实信用的方式引入社会利益，对司法判决产生影响，社会利益与个人利益联系还比较紧密。我国社会法宏观层次以伦理法律化的方式形成诸法合体的情形，使雇佣主体与劳动主体截然不同。自利主体与受益主体有了明显的区别，前者往往是当事人的概念，后者是第三人的概念；前者强调个人利益，后者强调社会利益；前者是契约法调整，后者是基准法调整。雇佣主体作为抽象的权利主体，劳动主体作为复合主体，强化了义务性的特点，法律对两种关系适用完全不同的调整模式。反射利益的存在，从法律适用的结果看，我国雇佣关系与劳动关系分别归属于民法与劳动法调整，成为异质的社会关系。

可见，自利人构成了雇佣、劳动这两种关系的联系，受益人构成了这两种关系的区别。个人的自利机制与国家的利他机制是对立统一关系，社会因为个人利益与社会利益的交织，构成了劳动主体区别于雇佣主体的特点。在特定条件下，我国可能夸大这种法律调整后产生的异质现实，而忽视劳动主体、雇佣主体原生状态的同质。

（二）受益人与道德人

雇佣、劳动两种主体与道德人产生了不同程度的联系。在社会法的视域中，经济人与道德人是对立统一关系，产生出契约化与基准化相结合的调整方式。历史上，道德人与经济人的观念冲突，反映出复合人格的内在矛盾。受益人的法益来源于社会利益，处理不当也会转化为公共利益，在我国存在行政机关、准行政机关的政治体制下，社会利益公共化是特别需要界定并防范的情形。

在西方，基尔克在援引日耳曼法忠勤契约（Treuedienstvertrag）的基础上，提出劳动关系是一种人格法上的统治关系(ein personenrechtliches Herrschaftsverhältnis)。在忠勤契约中,主人与随从作为契约当事人,双方系人格法上的双务关系。随从的行为自由受到限制,主人享有命令、惩罚随从的权利;与此同时,随从享有请求主人提供保护的权利(李干,2017:13)。这种历史现象极大地影响了基尔克的理论逻辑。这种与受益相联系的忠勤关系具有某种道德人的含义,是社会利益原始形态。历史上,社会利益公共化是通过纳粹时代基于经营共同体意识形态来实现的。纳粹时代受益机制被夸大,由此强调雇主对劳动者的全面支配,并据此畸形放大国家对企业的管控。这一理念在"二战"后遭到批判。[①]为保证自利机制正常行使,有学者在债权交换关系与人格共同体关系之外提出劳动契约系角色契约的观点,一方面界定劳动者的角色期待与角色范畴,强调其与劳动者日常生活圈子的区分,并就此建立起防止对这一自由实施不当侵犯的屏障;另一方面把劳动关系与企业的目的和企业的整体功能关联起来,这意味着在与劳动者角色相适应的义务范围内,劳动者不得逃避企业内与之功能相适应的行为要求(莱塞尔,2014:134—136)。在这样的历史背景下,社会利益与公共利益的关系得以界定。

我国劳动法确定了一个相对狭窄的调整范围,立法者本可对调整对象进行更为细致和具体的规范,然而我国道德人概念与公德的紧密联系,使社会利益常常混同于公共利益。在传统劳动关系中,由于国家、企业、个人的纵向排列,劳动关系体现公共利益。我国现行法律制度中行政主体与劳动主体背后有两种不同的利益机制,受益主体是反射利益的重要表现形式,这时劳动者作为受益主体,依赖国家立法、执法行为。社会利益通过反射利益来保护时,与公共利益有高度的相似性,在我国有时也因此被混同于公共利益,社会公共利益成为我国流行且不准确的表述。

在我国,一种较为流行的看法是:"社会有两个领域,市民社会和政治国家。特殊的私人利益关系总和构成市民社会,普遍的公共利益的总和构成政治国家。公共利益表现为社会利益或国家利益。"(赵震江,1998:253)这种看法由于只将利益分为个人利益与公共利益,可以称之为利益的"二分法"。按照这种看法,社会利益只是公共利益的组成部分(董保华,2003a:58)。也有的学者有意识的通过社会利益的概念扩大国家的行政权力。他们对"社会公共利益"的定义是:"社会公共利益是指广大公民的利益。这里所指的'广大',一是指范围上的广大。这种'广大'既有全国性的广大,又有地区性的广大,其外延取决于特定法律、法规的适用区域。二是指时间上的'广大'。此种'广大'既包括生活在地球上的当代人,也包括未来将生活于地球上的人们。"这样的理解虽然认为"社会公共利益"独立于"国家利益",但又认为两者并无明确界限:"就国家利益和社会公共利益而言,有时很难找出它们的区别,因为在我国社会主义条件下,国家利益和社会公共利益从根本上来讲是一致的。"(李昌麒,1999:827)这种看法其实仍是一种利益的两分法,反映出社会法反射利益与公共利益的高度混淆。

① Neumann, Das Arbeitsrecht in der modernen Gesellschaft, RdA 1951, p.2f.

(三) 经济人与道德人

在社会法宏观层次上,尽管用人单位常常作为义务主体,但劳动者往往并非对应的权利主体。“道德人”是与“经济人”相对的概念,亚当·斯密最早提出人的“自利性”但也强调“利他行为”。“经济人”和“道德人”出现矛盾,被西方经济学家称为“斯密悖论”(马向荣,2017:163)。如同世界上不存在没有主体归属的利益,社会利益也不能脱离弱势主体而存在,法益是归属于某一主体并满足其需要的客观存在。伦理法律化的结果使社会利益体现为反射利益,政府对居于弱势地位的个人利益的特别关注而形成的一种社会利益,社会法主体在调整手段上有时采用了公法手段。政府也有自身利益,将社会利益转化为公共利益,必然侵犯劳动者利益。“利益的社会性”与“保障的公共性”是我们界定社会法受益主体的关键。

我国社会法作为三分法本是从一统法中分离出来,也一直存在着某种返祖现象。在我国,从维护公共利益的角度看,以传统主人理论来进行解说,将经济组织转变为政治组织,以从根本上反对自利机制。“政治性、先进性、群众性”的排序,通过阶级意识、政治教育和文化控制来保证具有政治品位道德人的塑造,试图让国家行为以符合“革命式”伦理的方式来运用。从阶级斗争观念出发,单位人只是一种政治团体,体现的是公共利益。改革开放后,正是我国放弃阶级斗争理论,才使社会法的改良观念得以接受。在政企分开的基础上,强调劳动关系具有人身关系的特点,在一定条件下适用受益机制。这种不对称性是由社会性特点决定的,在改革开放的历史背景下,社会利益与公共利益需要严格界定。劳动合同法的立法活动中,我国道德人观念对经济人观念的批判,是以“革命式”立场来进行的,也再现了传统政治人格抽象性。直接用工被道德人理念“神性化”,派遣用工被归为经济人理念妖性化,派遣用工因而被认为欠缺道德人特质而受到立法限制。两种具体的用工形式被夸大为天差地别的人格假设,有必要从利益主体、决策主体、行为主体等方面进行实事求是的分析。

二、道德人与经济人的观念视域

2012 年《劳动合同法》修法缘于管制对于自治的挑战,立足于道德人立场对于自治中出现的经济人观念发起了批判。以维护工人阶级主体地位为由,形成了一次闪电式的成功修法。劳务派遣的立法过程中,主体理论与主人理论围绕着经济人与道德人的争论,折射出个人利益、公共利益、社会利益等不同的利益观念。

(一) 个人利益视域下的劳务派遣

个人利益强调契约人格。劳务派遣是指劳务派遣单位与被派遣劳动者建立劳动关系,并将劳动者派遣到用工单位,被派遣劳动者在用工单位的指挥、监督下从事劳动的一种用工形式。有学者也从这一角度进行概括:“派遣劳动,系指自己所雇用之劳工,在该雇佣关系下,使其为他人从事劳动、接受该他人指挥命令者而言。”(刘志鹏,2000b:212)劳务派遣中雇佣与使用相分离,对用人单位而言,最重要的特征是发生了劳动力支配权转移，派遣劳工虽然由派遣单位雇用，却必须在用工单位提供劳务，遵守用工单位的工作规则、规章制度等，并接受其监督管理。一些学者从这一角度进行定义，以揭示这一法律关系实际运行中的特征。

从主体理论出发，强调平等性的抽象人格，主要以经济人理性来理解劳务派遣现象，强调个人利益协调。古典自然法使这种理论与第一代人权理论相联系，雇佣契约时代是受18、19世纪法国大革命影响而开始有显著进展的，抽象人格因权利主体的概念而得到发展，大写主体成为自然人的普遍定位，主体理论必然强调个人利益。日本学者高梨昌（1997）认为，依人才派遣法所定义之派遣行为，派遣公司将自己直接雇用之劳工提供他人，并且使其在他人的指挥监督下从事劳动的一种事业活动称之。三浦和夫（1997）也认为，将自己雇用之劳工，于雇佣关系存续中，并且在他人的指挥监督下，为他人从事直接劳动为事业的业者称之（林纹君等，2003：6）。"派遣公司与劳工之间有雇佣关系，而使用公司与劳工之间则有指挥命令关系之谓。""劳动派遣契约是由雇主与劳动者约定，劳动者必须依雇主之指示，受派为另一企业主提供劳务之契约。"（林基丰，2002）从经济人假说出发，劳动力支配权转移与劳动者身份转换常常是通过一系列的合约来进行安排的，劳务派遣只是一种契约形式，并被视为市场经济条件下，市场主体自发选择的结果。法律应当对以契约形式反映出的个人利益予以尊重。

（二）公共利益视域下的劳务派遣

公共利益强调政治人格。2012年我国在审议劳动合同法修正草案的《修法决定》中重新使用"维护工人阶级主体地位"提法。单雇主与多雇主本只是两种用工形式而已，立法者却认为，劳务派遣这一多雇主用工形式动摇了"工人阶级主体地位""党的执政基础"[①]，主人理论重新以一种极其醒目的方式进入我国正式立法议程，并以维护公共利益的名义，推动限制自利机制的立法得以通过。

劳务派遣被视为规避现有法律而采取的行为，没有任何正当性。对劳务派遣的负面评价成为劳动法学研究者的基本态度，一旦进入"维护工人阶级主体地位"的公共利益视域，否定理由开始变得五花八门：(1)规避用人单位应当与劳动者签订劳动合同的法定义务；(2)劳动合同进一步短期化；(3)"杀鸡取卵"式的掠夺；(4)为了使用劳动者的黄金年龄；(5)是过去"假临时工"的复归；(6)劳务派遣是一种"低质量"就业形式；(7)原来应续签劳动合同的职工改为劳务工；(8)完全背离了以无固定期限合同为主的国际潮流；(9)提高了失业率；(10)加强了社会歧视现象，强化了社会不公；(11)直接损害了劳动者的尊严和利益，是对人的尊严和价值的无视；(12)对劳动者多层盘剥；(13)扩大了企业滥用权力的可能；(14)损害企业竞争力；(15)原有单位为甩包袱，哄骗职工；(16)允

---

① 2012年6月26日，十一届全国人大常委会第27次会议审议《劳动合同法》修正草案（以下简称《修法草案》），2012年12月28日《修法决定》公布。该法在起草说明中极不寻常的多次强调"从维护工人阶级主体地位、巩固党的执政基础的高度来认识这个问题"。《关于〈中华人民共和国劳动合同法修正案（草案）〉的说明》，来源：中国人大网，载 http://www.npc.gov.cn/npc/xinwen/lfgz/flca/2012-07/06/content_1729107.htm，2015年8月28日访问。

许以提供劳动力为营利目的的行为普遍存在;(17)减少企业社会责任;(18)派遣单位赚取了不该赚取的经营利润;(19)用工单位转移了本应承担的劳动风险;(20)派遣单位与用工单位合谋向受派员工转嫁用工成本;(21)加大用工的社会成本;(22)劳工团结权受到制约;(23)无法正常参与党团及工会活动;(24)逃避社会保险费的缴费义务;(25)逃避同工同酬义务;(26)不利于我国劳动关系机制培养与和谐社会的建立。①

从传统主人理论出发,为本属于个人利益的抽象人格、社会利益的具体人格,都打上公共利益的印记,并给予某种神性的解释,形成以阶级立场划分的抽象政治人格。历史上,人格的概念首先是与公法性的人法相联系的,这种具体人格以不平等为特征。在生物人与法律人相互分离的立法模式之下,一方面,符合什么样条件的生物人才可以成为法律人?另一方面,符合什么样条件的非生物人也可成为法律人?这是法律技术首先必然面临的价值选择,这种类型的具体人格是主人理论的重要来源,主人理论必然强调伦理义务。进入中世纪,这种理论开始与神性的理解相联系,主体区分为大写与小写,在基督教神学法哲学家阿奎那那里,只有"地位较高的人"才是法律的主人,是大写主体;而"地位较低的人"只有服从"主人"的义务,是小写主体,他们只是在法律关系上遵守自然法与神法的主体(倪正茂,2002:47),并无对外合同的自主权。从学者对派遣员工的描绘来看,那些"身份上的差别""次等员工""消沉的心态""对人的尊严和价值的无视""人的重大原则和价值的无视和摒弃""多层盘剥""经济安全受到威胁""消解了许多劳工的社会保险权利""降低劳动报酬标准""逃避缴纳社会保险的义务""缺少成长机会""多雇主的非标准劳动关系",显然比历史上"地位较低的人"描绘有过之而无不及。一旦进入所谓的"工人阶级主体地位""党的执政基础"的政治人格的定位,已经没有任何讨论的余地,法律主体之间签订的合同自然不值得尊重,对于市场经济契约平等的特征,只能是除之而后快。

(三)社会利益视域下的劳务派遣

社会利益强调复合人格。20世纪后发展起来的具体人格也由伦理—政治的结合而转变为高度的社会要素。在债权要素之外,开始包括身份要素的不对等人格间之"人的关系"(黄越钦,2003:6),他律在保留自主主体的基础上才能加入,这是复合主体理论的重要观念,具有社会色彩的劳动契约本身是为了体现人性的内在要求,行政主体总体上代表公共利益,在劳动领域发展出一种特定的社会利益;劳动主体通过反射利益而形成受益主体并成为社会利益重要表现形式。法律在形成复合人格时就已经有自己质的规定性,劳动关系财产性特点决定了个人利益的协调机制;劳动关系人身性特点决定了社会利益的反射机制。如果没有主人理论的神性表达,经济人与道德人引发的理论冲

---

① (1)陈爱江,2006:64;(2、21)郭军,2006;(3、4)常凯、李坤刚,载周长征,2007:309;(5、6、14)王全兴,2006a:43;(7)屠国明,载周长征,2007:16;(8)常凯、李坤刚,2006:11;(9、25、26)李坤刚,载周长征,2007:57—74、60、66;(10、11、13、16)郑爱青,载周长征,2007:109;(12、24)李坤刚,2005a:25—26;(15)吴修安,2006;(17)张治金,2005;(18、19)黎建飞,2005:22、20;(20)王全兴、侯玲玲,载丁薛祥,2006:31—34;(22)郑尚元,载周长征,2007:37;(23)顾伟峰,载丁薛祥,2006:448—449。

突，以共同雇主理论可以达成共识。在我国劳务派遣讨论中，最先由笔者将美国共同雇主理论引入并建立了相应的分析体系（董保华，2005c：11）。以后，南京大学法学院黄秀梅、劳动关系学院姜颖和燕山大学曹艳春亦持双重劳动关系的共同雇主理论。①

从抽象人格看，“雇用”与“使用”相分离的三方主体关系，涉及的是财产性内容，本应发挥个人利益法律协调机制。对用人单位而言，最重要的特征是发生了劳动力支配权转移，劳动关系这种财产性特点应当纳入契约调整范围。派遣单位与用工单位间签订派遣协议，该协议为双务、有偿合同。派遣单位与派遣劳工之间往往通过订立不定期劳动合同或是订立定期劳动合同，建立劳动关系，向派遣劳工支付工资、为其缴纳社会保险。依据劳动合同，派遣单位作为雇主依法对派遣劳工享有劳动法上的权利：招工权、辞退权、分配权、用人权。除劳动合同外，劳务派遣两个用人单位间还存在着商务合同，有的学者将劳务派遣界定为劳务公司间的交易，即由专业公司招募劳工，再向用人单位派遣，所以劳务派遣关系是一种基于劳动关系产生的劳动商务关系（杨燕绥、赵建国，2006：147—148）。通过一系列合约安排，派遣劳工给付劳务的利益直接归属于用工单位，用工单位将使用派遣劳工的对价交付给派遣单位，派遣单位将该对价的一部分作为派遣劳工的工资（张帆，2011：49）。这些内容可以个人利益来进行协调。

从具体人格看，涉及劳动关系的人身性内容，为了防止“雇用”与“使用”分离对劳动者人身的损害，美国采用共同雇主制度设计。在美国的劳动立法中并没有对雇佣关系、雇主、雇员作统一的定义。美国联邦最高法院认为如果法规中缺少雇佣关系的明确定义，法院就应该适用普通法中的“机构”（agency）和“主仆”来决定是否是雇员和雇主的身份。②普通法中的标准一般来说是“控制权标准”（right to control test）。如果一个公司是一个个人的雇主，它就有权力控制个人的工作成果及其开展工作的方式和方法。③随着三角雇佣关系的发展，现在在美国，很多情况下两个雇主常常会被认定为劳动者的共同雇主（岳宗福，2011：113）。在派遣机构和用工单位共同承担雇主义务的情况下，可以说两者都不是完整地承担了劳动关系的义务，可以视为半劳动关系，如果进一步认为派遣机构和用工单位作为两个主体也不完整，是法律上的半主体，则构成一重劳动关系的理论；如果认为虽然两个主体各自只承担了劳动关系的部分义务，但仍是以一个完整的主体承担部分义务，则构成两重劳动关系的理论。根据双重劳动关系的共同雇主理论，在劳务派遣中，派遣机构与用工单位是派遣员工的共同雇主。不仅派遣机构和派遣员工之间形成劳动关系，用工单位与派遣员工间也存在劳动关系。笔者认为可以从以下方面来认识共同雇主理论。

首先，派遣机构与派遣员工的关系。派遣机构与派遣员工通过签订派遣合同，建立“一般劳动关系”。但派遣合同与传统的劳动合同有一定的差别。在传统的劳动合同中，劳动者提供劳动的对象是与其签订劳动合同的雇主，即劳动合同的相对方。而

① 参见黄秀梅，载周长征，2007：283—291；姜颖，2006：341；曹艳春，2006。

② Nationwide Mutual Insurance Co. v. Darden，503 U.S. 318(1992)(“Darden”).

③ Community for Creative Non-Violence v. Reid，490 U.S. 730，751—752(1989)(“CCNV”).

在劳务派遣合同当中，派遣员工提供劳动的对象是劳动合同以外的第三人(用工单位)，即存在雇佣与使用的分离。该派遣劳动合同一般包括工资福利、社会保险、工作时间、工作地点、工作内容、加班等事项。当然，派遣合同尽管与传统的劳动合同有些差别，但仍属于劳动合同范畴，受劳动法调整。

其次，用工单位与派遣员工的关系。用工单位与派遣员工也形成了一种"特殊劳动关系"。根据这种特殊劳动关系，用工单位有指挥监督权，对派遣劳工进行指挥和管理；对派遣员工有劳务给付请求权，受领派遣员工提供的劳动；用工单位对派遣员工具有保护和照顾义务，保护派遣员工的生命、健康免受职业伤害。

最后，派遣机构与用工单位的关系。派遣机构与用工单位签订的用工合同是民事有偿合同。派遣机构提供劳动力给用工单位使用，用工单位依合同的约定将所需支付的费用给付派遣机构，虽然双方形成有偿的民事关系，但也涉及派遣员工的人身关系。在劳务合同中，派遣机构与用工单位只能依法约定派遣员工所需从事的工作内容、相关的劳动条件、工资给付，以及派遣机构与用工单位之间的权利、义务分配等。对于劳动者承担的法定义务，当派遣机构与用工单位在履行法律规定发生争议时，适用民法上的连带规定。

从历史发展来看，我国既存在着以经济人观念对道德人的整合，也存在着以道德人观念对经济人的整合。对于一个稳定的法制环境来说，自利机制、利他机制、他利机制需要界定。经济人的自利机制是市场经济存在的先定条件，因经济组织从属性而形成的利他机制，一旦过分发展，不利于市场自利机制的发展。从属性理论揭示了市场单位人劳动者利他特点，如不注意必要的尺度容易过分发展，因此有必要将用人单位设置为义务主体。国家他律的机制介入，对经济组织中强势主体进行抑制，从而以利他的形式让弱势主体受益。然而，社会主义市场经济的建立亦不能否定劳动关系双方都具有经济人的自利性要求，用人单位作为义务主体须以双方保持自利为前提。总结两次历史整合，需要对公共利益、个人利益、社会利益进行界定。

三、道德人与经济人的现实平衡

道德人与经济人的争论，涉及客观利益与主观权利两种主要调整方法。主体理论与主人理论的冲突背后是社会利益异化为公共利益的社会现实。如果说主体在西方中世纪时期主要以"上帝"这一"大写"主体的形式徜徉于人类信仰史的长河之上的话，"小写"主体从"大写"主体的阴影下凸显出来，"人性"才得到张扬，"神性"受到批判(徐俊，2013：114)。市场经济体现的个人利益必然与主体理论相适应，这是我国道德人与经济人的现实平衡基本逻辑。如果说以"工人阶级主体地位""党的执政基础"为借口，将个人利益、社会利益推进到公共利益管控，这是社会法立法者以政治理由搭建的建构秩序。单雇主、双雇主到无雇主的发展，这是市场经济毫不留情的回应，是自发秩序发展的结果，也是法社会的真实秩序。当现实的逻辑和观念的逻辑发生冲突时，需要重新审视的恰恰是社会法的观念逻辑。

（一）单雇主与公共利益协调

单雇主是我国标准劳动关系的基本形态，历史上我国曾将劳动关系纳入国家高度集中统一管理体制，以公共利益来协调劳动关系，强调政治人格。《劳动合同法》确立的无固定期限合同是改革前终身雇佣制价值在《劳动合同法》的存续，只有用古老的身份理论才能得以解说。《劳动合同法》公布后的第一时间，立法负责人就特别强调"重拾'铁饭碗'"的意义（单芸，2007）。这种以所谓公共利益来协调劳动关系的身份制度只能用改革开放前的主人理论来解说。在立法者看来，劳务派遣威胁了无固定期限合同的价值意义，因此需要以"动摇执政基础"这种公共利益的理由来进行限制，以维护"工人阶级主体地位"。

在 2011 年"两会"期间，全国总工会向全国人大常委会法工委提交了一份《国内劳务派遣调研报告》，称"全国劳务派遣人员总数已经达到 6 000 多万，这比此前人社部公布的 2 700 万多出逾一倍"（降蕴彰，2011）。在全国总工会看来，"滥用劳务派遣工的问题，已经到了非解决不可的时候了"。建议修改《劳动合同法》中与"劳务派遣"相关的内容（许雪毅、伍晓阳，2011）。改革开放以来，劳务派遣一直起着化解传统用工制度弊病的作用，以主人理论为标志的身份理论是支撑传统用工制度的核心，当《劳动合同法》延续传统用工理念时，与劳务派遣必然发生正面冲撞。若全国总工会提供的数据属实，意味着改革开放 30 多年，劳务派遣的市场规模尚未达到 2 000 万，而在《劳动合同法》公布三年多的时间内，派遣用工的人数竟然增长至三倍多。值得注意的是，在 2008 年开始实施的《劳动合同法》中已经有了限制劳务派遣发展的相关规定，这种限制措施并没有能够达到限制派遣规模的目的。劳务派遣的市场规模在 2008 年之后实现更大增长，市场自治与国家管制进行了空前激烈的博弈。

如果说加强行政管制构成了《劳动合同法》的社会法逻辑，那么在行政执法状况不够理想的情况下，法社会现实逻辑更多体现的是劳动关系当事人的意志，劳动力市场供求的实际状况起着决定性的作用。从应然的角度来观察，无固定期限合同贯彻力度排序，依次应当是国有企业、外资企业、民营企业，然而，劳务派遣状况也与之相适应，发展最快的是国有企业，发展最慢的是民营企业。在立法、执法、守法的各种力量的现实博弈中，中国出现了一个极为奇特的现象：一方面，在国有企业中，制度安排中作为短期用工的劳务派遣，出现长期化的情形，对一些国有企业而言，劳务派遣这一被立法者赋予临时用工含义的非标准劳动关系的形式，在实践中却有了长期化、正式化的用工趋势。①另一方面，在民营企业中，制度安排中作为长期用工的正式职工，

① "1998 年央企有 196 家，在册职工 3 000 万人；现在，央企 117 家，在册职工 1 000 万人，十几年减少了 2/3 的正式工数量。"全国政协委员、国有大型重点企业监事会主席倪小庭告诉记者，深化国有企业改革确实增强了央企实力，企业的效益大幅度增长。表面上看，央企是"减员增效"了，但目前实际用工依然是 3 000 万左右。"那 2 000 万'非正式职工'从哪里来，可想而知。"倪小庭委员说。此外，中华全国总工会原副主席、书记处书记、全国政协委员苏立清说："那么多劳务派遣工，用了那么多年，甚至在关键岗位上也在使用，还分不清楚是临时性、辅助性、替代性的？我看说不通。"《修改〈劳动合同法〉反响热烈，代表委员们表示——"规范劳务派遣当为修法的关键"》，《工人日报》2012 年 3 月 11 日。

出现短期化、临时化的现象①，与劳务派遣相反，这一本应成为长期用工的期限制度，演变成了临时用工制度，农民工的大量辞职不仅放弃了签订无固定期限合同的利益，因其采取主动辞职的解除方式，也将不能领取经济补偿。国有企业劳务派遣的长期化与民营企业农民工短工化现象的出现，说明《劳动合同法》精心设计的无固定期限制度，受到了用人单位与劳动者的双重冷遇（董保华，2013b：57—58）。

从社会法管制的目标出发，《劳动合同法》将"稳定的劳动关系"作为自己的立法宗旨，通过无固定期限合同中的强制续签制度②试图引导出一个长期用工的结果。按合同原理，任何合同订立或续订都应当是双方行为，应当是协商一致的结果，强制续签突破了合同原理。然而法社会的现实中，国有企业非标准劳动关系的长期化与民营企业标准劳动关系的短期化，都在说明无固定期限合同的制度逻辑正在被市场逻辑否定。在农民工"短工化"现象无法克服的情况下，劳务派遣因为对"重拾'铁饭碗'"的抵制而受到立法否定。全国总工会认为，劳务派遣呈现"非正常繁荣"的一个重要原因，是原《劳动合同法》对劳务派遣的规定过于"原则"，无法起到限制用人单位规避《劳动合同法》的作用（董保华，2013b：51）。

（二）双雇主与社会利益协调

双雇主是我国非标准劳动关系的基本形态，劳务派遣也是其中的一种形式，引入共同雇主理论是以社会利益来协调劳动关系，强调复合人格。主体理论是尊重劳动者理性的一种权利观念，承认私人利益对劳动关系的财产性内容的协调作用。从经济人理念出发也会对道德人观念过分发展提出挑战。随着我国以道德人观念对经济人的整合，2012 年底我国以传统主人理论为指导思想对《劳动合同法》做出了进一步刚性化的修正，法律主体理论体现出的经济人选择特点受到立法否定。立法活动受到各种主客观条件的限制，立法机关选择也存在局限性，某些建构制度反映出来的管制观念与社会发展并不相符。主体理论与双雇主的结合，是市场选择的结果。在社会法的逻辑中，当我们以所谓的执政理念为由予以拒绝时，让人始料不及的是，在法社会的逻辑中，我们真的会遭遇执政理念的考验。经济危机与社会灾难往往会使社会矛盾以压缩的方式呈现。

"共享员工"是新型冠状病毒肺炎疫情防控中出现的劳务派遣新型用工模式。③

---

① 清华大学社会学系和工众网联合发布的《农民工"短工化"就业趋势研究报告》显示，"短工化"已成为当前农民工就业一个相当普遍的趋势，66%的农民工更换过工作，25%的人在近 7 个月内更换了工作，50%的人在近 1.8 年内更换了工作；农民工平均每份工作的持续时间为 2 年，两份工作的时间间隔约为半年多（白田田，2012）。

② 按《劳动合同法》第 14 条规定，劳动者在用人单位连续工作满 10 年或连续订立 2 次固定期限劳动合同，劳动者提出或者同意续订、订立劳动合同的，除劳动者提出订立固定期限劳动合同外，应当订立无固定期限劳动合同。用人单位违反这一规定，会受到双倍赔偿的惩罚。

③ 2020 年 2 月 3 日，阿里旗下的盒马鲜生正式宣布"跨界租赁"北京心正意诚有限公司旗下餐饮品牌云海肴，青年餐厅近 500 名员工。这些员工将会在盒马在北京、上海、杭州、南京、西安、深圳、广州等地的门店上班，负责参与打包、分拣、上架、餐饮等工作。盒马紧接着又对接了蜀大侠、望湘园、57 度湘、西贝、茶颜悦色等 30 多家餐饮企业，其中光西贝就有预计 1 000 多名员工加入盒马。盒马负责体检，盒马购买保险，双方签署临时劳务合同。

随着疫情防控进入复工阶段，诸多餐饮企业有大量员工却无规模的营业，有些企业有大量的工作却缺少合格的员工，“共享员工”派遣方式，成为挽救经济滑坡的重要形式。然而，2012 年底的立法使这种本应属于正常的用工形式具有明显的违法性。生存利益涉及的现实逻辑与思维逻辑就会形成冲突。(1)从合理性上看，现实生活中“共享员工”在用工上实现契约调整，具有两方面重要的特点：用工单位是与员工个人签署劳务合同，具有民事雇佣的性质，还购买了类似雇主责任的商业保险。这种用工方式将自治关系引入了劳动关系的内部，可以视为在“共享经济”的基础上将零工经济的观念再往前推进一步。劳务派遣本就有“人力派遣”“劳力派遣”“工人派遣”“人事派遣”“人才派遣”或“人才租赁”“临时劳动(temporary work)”“代理劳动(agency work)”及“租赁劳动(leased work)”等来指称，“共享员工”正属于这种形式。(2)从合法性上看，“共享员工”在法律认定上存在显而易见的违法性。法律定性要面对劳动者与原用人单位有劳动关系，而无劳动内容；劳动者虽仍与原用人单位保持着特定的隶属关系，却由于原单位已经无工可复，而不得不与劳动过程相分离；部分劳动者虽已无劳动岗位，并撤出了劳动过程，但又未进入社会保障系统，“共享员工”涉及多雇主主体视角冲击了《劳动合同法》的制度逻辑，由此形成的社会危机再一次对管制观念发起了冲击。“共享员工”的操作由于深入劳动关系的内部，现实生活的合理性与法律定性的违法性会发生更激烈的冲撞。

在社会各界热切期望下，从执政为民的理念出发，我国有关方面均对共享员工形式给予了大力支持。在疫情面前，包括各级政府在内的全社会的一致赞扬[①]，暴露出《劳动合同法》观念逻辑中严重脱离实际的尴尬。[②]当我国的一些制度设计与现实生活相背离时，中国的民营企业家在战疫期间所彰显出来的高效行动力、卓越领导力，以及解决难题的能力受到社会好评。企业、员工、政府又一次形成一种冲击劳动合同法制度逻辑的合力。新冠肺炎疫情防控中“共享经济”“共享员工”发挥了积极作用，正在促使劳动领域中的法律制度安排以修正自己的方式向现实生活的客观规律妥协。

(三) 无雇主与个人利益协调

无雇主是由民法调整的各类合同关系，个人利益成为协调各方关系的依据。由

---

① 根据恒大研究院最新发布的数据显示，新型冠状病毒肺炎疫情对餐饮、旅游、电影、培训等行业冲击最大。受此次疫情影响，餐饮零售业据估算仅在春节七日内的损失就可能高达人民币 5 000 亿元。西贝创始人贾国龙先生在接受媒体专访时，坦陈“目前企业遇到了极大的困难，全国 2 万多员工待业，即便贷款发工资，也撑不过 3 个月，占据餐饮企业 30%成本的人员开支是疫情当下决定企业生死的最大问题”。西贝作为餐饮业的头部企业尚且如是说，由于疫情仍在持续，不难设想此次疫情对于其他中小型餐饮企业将是多么严峻的考验。可以说阿里这次“共享员工”不仅让部分停业的餐饮企业降低了成本，待岗员工有钱赚，还让盒马春节运力不足的情况有人可用，一举三得。官方开始选择性忽视这种用工形式的违法性，并对“共享员工”合理性大肆宣传，极力推广。《一起扛过去！盒马将租用西贝逾千待业员工，疫情中开启员工共享模式》，载 sohu.com/a/370863323_ 100064460，2024 年 5 月 29 日访问。

② 有人的评价是：“在维护保障城市稳定供应的同时，也降低餐饮企业的损失，利人利己，格局之大，实在是高明。”同上文。

于无雇主是一种不存在劳动关系的状态，行政机构、准行政机构均失去了干预的理由。遵循抽象的主体理论，经营活动中发生的各类关系纳入契约调整，不受劳动法约束。主人视角从表面上看是将劳动者奉为神明的一种视角，从“工人阶级主体地位”出发，劳动者利益成为公共利益，立法者以阶级立场，将道德人对经济人观念的挑战重新“提升”到改革开放之前的水平。随着多雇主的用工被打压，市场经济催化出更体现个人利益的无雇主模式。面对无雇主反映出的经济人特征，学者希望以法律的强制力，重新回复至更具道德人特点的单雇主模式。在主人理论与主体理论各执一词的情形下，执政理念的调整促使官方采纳了选择模式，让两套制度并行且协调两者的冲突，我们可称之为“双轨制”模式。现行规定允许某些新业态从业关系当事人依据个人利益的考量，在民事合同与劳动合同中做出选择。①在双轨制选择模式下，绝大部分的劳动者选择了民事用工的方式。“被动选择”与“无知选择”成为主人理论支持者对选择结果的宣泄，这是一种与当年对劳务派遣类似的指责，只是矛头对准了劳动者。

就“被动选择”而言，一些学者理解的社会人假设是：劳动者实际上并无“用脚投票”的可能。当前社会的快速发展似乎并没有改变学者长期形成的主人理论的思维定势，我国当今很有影响的报告依然得出最传统的结论：“非标准就业群体的整体就业质量较差”结论，②在一些学者看来，“灵活就业者降格以求，待遇问题、保障问题使他们普遍缺乏安全感，还要遭遇中间环节（代理商）的转包盘剥”（肖巍，2019：163）。以这样的观察，只要让劳动者体现其真实意思，他们必然会放弃各种灵活就业的形式。2016 年后我国开始将两种就业制度的选择权交给双方当事人，在一个制造业严重缺工的环境下，这种选择权主要在劳动者手里。大数据告诉我们，三分之一的骑手在送外卖之前，职业身份是产业工人（韦雯，2019）。劳动者正从学者所推崇的高质量就业领域转向他们认为的低质量就业领域。新业态就业中劳动者恰恰是有着最为完整的“用脚投票”机制，然而依据劳动者真实意愿的选择却与这些理论预测完全相反（董保华，2021：53）。

就“无知选择”而言，这是基于我国长期思维惯性而产生的一种对劳动者的定位。事实上，从外卖骑手的学历来看，高中及以上学历比例为 66％，其中大学生的比例为 16％。高达 24％的骑手保持着学习和阅读的好习惯（韦雯，2019）。劳动者的选择是他们真实意思的表示，反映出的内容与学者的观点截然相反。当代青年对于个性的追求以及自由的渴望，是传统社会法生存权研究所忽视的内容。

从道德人出发，“被迫”“无知”作为学术滤镜还忽视了劳动力交易时的成本制约。

---

① 《网络预约出租汽车经营服务管理暂行办法》第 18 条规定：“网约车平台公司应当保证提供服务的驾驶员具有合法从业资格，按照有关法律法规规定，根据工作时长、服务频次等特点，与驾驶员签订多种形式的劳动合同或协议，明确双方的权利和义务。”

② 2019 年中国社会科学院人口与劳动经济研究所、社会科学文献出版社在北京共同发布的《人口与劳动绿皮书：中国人口与劳动问题报告 No.19》指出，非标准就业群体的整体就业质量较差，在劳动力市场中处于相对弱势的地位，是未来劳动力市场制度建设和改革的一个重要领域。

考虑一个简单的道理，任何法律建构都需要成本。在单一雇主模式下，国家以集中化方式分配给雇主的义务，具有经济人本性的用人单位也很容易以集中化的方式加以转移，最终会平均化到个体劳动者身上。例如，国家规定的企业福利是企业给员工提供的用以改善其本人和家庭生活质量的各项现金补贴和非货币性福利。[①]这种按需分配的福利费事实上必然挤占按劳分配的空间，降低按劳分配的比例。限制解雇也有类似的效果，法律在以公平的名义帮助一个懒人时，以承担法律成本的方式，降低企业的效率，损害另一个勤劳者，从整体上看其实并不公平。我国在新业态上提出选择模式，强调了自利是自由价值的一种具体体现，实际上是将两种就业形态的选择权交给劳动者，劳动者也具有经济人的特点。“收入和未来发展被骑手排在就业因素前列，42%的骑手认为，高收入比稳定重要，美团外卖自营骑手月收入在 7 000—8 000，众包骑手月收入多在 4 000 以内。”（韦雯，2019）一旦变成标准劳动关系，收入与自由度均更会大打折扣。被学者神化了的单雇主劳动关系模式与被学者妖化了的无雇主服务关系模式，在实际竞争中前者如此不堪一击。服务关系之所以能够明显胜出，恰恰是因为法律成本从隐性转化为显性，并成为左右劳动者选择的主要因素（董保华，2021：54）。

（四）单雇主、双雇主、无雇主的自利机制

新业态就业引发的争论，本质上是自利价值带来的冲击，我国一些学者在论述社会人这一概念时，从传统主人视角出发，却以完全排除劳动者意愿为基本倾向。主人理论拥护者的当代特点是：一方面抽象地高扬“保护劳动者”的旗帜，另一方面又极力排斥具体劳动者意愿，以劳动者只可能是“被动选择”“无知选择”为论述前提。事实上，社会人假设不能脱离供求规律、“用脚投票”、成本观念，这是权利理论的基础，只有当我们融入经济人假设时才会更完整地体现社会人假设的理论价值。

我国在新业态合同法律适用上放弃单一的强制模式，可以说是一种历史的无奈选择。由于《劳动合同法》中已经有劳务派遣、非全日用工等非标准劳动关系的规定，灵活用工的努力最早体现为以“多雇主”为典型特征的非标准劳动关系。“双雇主化”的重要形式是劳务派遣，2012 年底立法中对劳务派遣进行了严格的刚性化限制，才会促使有关方面只能将新业态置于劳动关系之外进行规范。笔者曾提出改革的两条进路，我国当前的做法是在后一种进路的基础上，通过合同类型的选择，在社会人假设中融入了经济人的内涵，合同类型的选择是当前制度设计中画龙点睛的浓重一笔。事实上，不仅用人单位，劳动者也同样具有经济人的特征。社会法往往强调自然人、社会人的理论假设，忽视了这些假设必须是以经济人的假设为前提的。“用脚投票”机制背后有着供求规律上的依据，新旧就业形态事实上正在发生对劳动者的争夺，劳动者是处于比较有利的地位，也正是我国在这一范围内让劳动者进行选择的依据（董保华，2021：53）。新业态的快速发展，很大程度上是劳动者以“用脚投票”的方式对依

---

① 《财政部关于企业加强职工福利费财务管理的通知》（财企〔2009〕242 号）。

据主人理论所形成的用工制度的放弃。

当经济人、道德人假设与主体理论、主人理论相联系时,道德人假设从德性理论上升到了神性的立场。有关“人性”与“神性”在本质上其实都是人类自身本性的阐述,前者张扬源于人类自身对“此岸”世界以及人类自身的“发现”;后者因批判而可归于人类自身对“彼岸”世界的憧憬,这两个世界中最重要的差异是对自利机制的定位。古代自然法人法主要包括的内容是:根据是否享有自由权、家父权、市民权对人进行的分类(徐国栋,2002:47)。通过家族身份,把所有的生物人分为自权人和他权人,自权人就是享有家族权的家父,他权人是处于家父支配下的家子或奴隶。“神性”的核心意义是限制自权人的范围。我国主人理论对现行制度依然能产生影响,原因是我国反射利益目前仍是主要工具,强化伦理人格,学者试图将反射利益描绘成上帝之光,通过强制性规范,抑制法律主体的自利机制。从我国一些社会法研究者的主张来看,对于从契约的自利机制发展出来的灵活用工有着近乎仇视的描述,可以看出,他们“彼岸”世界是一个高度僵化、没有灵活用工的世界,显然是一个改革开放前的用工环境。市场经济的发展,学者倾注感情的那种远离了现实生活的空中楼阁,其实是遥不可及的神性目标。

第二十章

社会法的综合权益

社会法学说是指立足点从社会到个人、从客观法到主观权利、从社会规则到个人权利的所有学说；它确认存在一条规则约束社会中的个人，个人的主观权利产生于其社会义务。

——**莱昂·狄骥（Léon Duguit）**

第一节　契约权利与生存法益的平衡

从社会法域的视角来观察，法律有机体的平衡取决于权利与利益的协调。法律内容上，微观层次是自在性领域，宏观层次是自为性领域，两者存在内在的冲突。内容平衡中应强调低标准。

一、主观权利与客观法益的联系

利益涉及个人利益与整体利益，客观法益与整体利益相联系；广义权利（力）分为权利与权力；主观权利与私权利与公权利相联系，公权力与客观利益相联系。正如有学者指出的："'现代国家'不仅存在权力与权利之间的张力，事实上，更重要的或许来自权力建制之间的张力关系以及各种权利之间的冲突，这些使权力与权利的关系远比我们想象的要更加复杂。"（曾毅，2012：120）围绕微观、中观、宏观三个层次利益、法益、权利、权力，不同的范畴有着复杂的联系。

（一）个人利益与私权利的联系

内容上，微观的个人权利，作为一种消极权利，以个体主义的观念，强调个体的自主性。个体主义认为社会是个体以及个体与个体关系的简单聚集，不存在超越个体的社会实在，故而社会科学的最终分析单元是个体。按照《简明大英百科全书》的解释，个人主义是政治和社会哲学。它高度重视个人自由，广泛强调自我支配、自我控制，不受外事约束的个人和自我。作为一种哲学，个人主义包含一种价值体系，一种人性理论，一种对于某些政治、经济、社会和宗教行为的总的态度、倾向和信念（刘保民,2004:395)。个体行动构成了韦伯理解社会学的最基本分析单位。个人成为一个超越历史的不变的、自由的、离散的、自主的个人,这个原本是抽象的个体却被个体主义赋予了实体行动者的性质,一个抽象概念在不知不觉中被物象化为一个封闭、自主的行动者。这样的个人是非现实的、神秘的、抽象的个人,而非具体的社会—历史人(王宁,2002:129)。以个人利益与私权利的联系为中心,会延伸出三对关系:(1)个人利益与社会责任,个人利益以私权利的方式体现法律权利,社会责任则是一种伦理责任;(2)私权利与私权力,形式平等的私权利在契约关系中会转化为实质不等的私权力,即经济权力;(3)私权力与社会责任,任何权力客观上需要责任制约,社会责任可以制约经济权力。

形式上,以个人利益与私权利的联系为中心,也可明确法律调整的基本形式。我国有学者将法典化区分为实质意义的法典与形式意义的法典,强调民法典改变社会、重构社会秩序的深层价值(易继明,2002:119)。法典化应当是以一种相对抽象的方式来制定规范的。作为德国历史法学派理论催生的产物并在德国民法典立法过程中孕育出的潘德克顿学派,相信法律秩序体现为一个以罗马法为基础而发展的制度、概念和原则的完整体系。这样的规范方式使法典具有"逻辑自足"的抽象理性。建设法典化的法律体系是所有将成文法作为基本渊源的国家的共同目标,许多国家的立法机关和法律工作者一直在为此做出不懈的努力。

两者综合,以消极权利为内容,以抽象法典为形式,形成了法律非伦理化的秩序,具有形式法的一般特点。以逻辑自洽性形成某种法律的有机体:(1)立法者认为,通过在具有私法性质的法典将社会生活类型化,抽象出各项调整契约关系的法律规范。这类法律规范可以为调整市民生活、解决民事纠纷提供系统性的解决方案;借助类推适用,集结成保障契约权利的完整制度。(2)德国潘德克顿体系的一个鲜明特点就是进一步以提取公因式的方法构建一个法典的总则编,强化对契约关系的统摄力。(3)意思自治是私法基本精神,以自愿原则为法律主体确立了基础性的抽象内容,合意作为指导准则,可解释契约规则。(4)从填补契约制定中的漏洞出发,西方法官法的发展,通过概括条款,有限的引入伦理规则。

(二) 社会利益与公权力的联系

内容上,宏观的社会利益作为一种反射利益,以整体主义的观念强调个体的社会性。生存利益表现为客观利益时,是个人利益整合为整体利益,在客观秩序的规范下,常以反射性法益的形式存在。我国社会利益分化、认同的过程是非常规性的,从特定的意识形态出发,弱势群体利益中体现的个人利益常被认为需要予以淡化。从社会主体良好的基本生存和发展出发,为保障他们能够过上合乎人类尊严的生活,要求社会的总代表——国家及其他社会主体——采取积极措施和行为予以满足(菅从进,2008c:90)。在我国的意识形态中,个体的"自我"满足程度与发展归宿,只能在"整体"中完善。以社会利益与公权力的联系为中心,也会延伸出三对关系:(1)公权力与社会利益,作为一种整体性的社会利益,主要体现为公权力,这种社会利益有时也会被视为公共利益;(2)公权力与私义务,在公法关系中行政主体行使公权力,行政相对人会产生出义务,与公共利益相区别,义务主体涉及的常常是契约签订、履行上的私义务;(3)公权力与私义务整合出来的是社会义务,形成反射利益,对于受益者来说也是义务。

形式上,以社会利益与公权力的联系为中心,政策化是以一种相对灵活的方式来制定规范。“民事特别法旨在促使和监控人们朝一个特定目的行使权利。”(徐学鹿、梁鹏,载张礼洪、高富平,2008:578)社会化立法往往强调立法意图,在诸多单行法规中,立法者明确指出了其立法目的,这些具体目的对法律的解释和实施起着关键性的作用,并且具有约束力。国家出于对社会经济生活干预和调整的需要,制定大量特别规定以鼓励民事主体实现国家所希望达到的具体目的。

两者综合,以客观法益为内容,以政策化为形式,形成了伦理法律化的秩序,在一定程度上体现了实质法的特点。根据莱昂·狄骥的观点,法律的社会功能乃是实现社会连带。狄骥强调个人在社会中都有一定的任务要执行,即强调一种社会义务。从集体到整个人类,在动机、权力和利益的诸层面上,是互为“对象性”关系,个体“自我”的实现必然是以承认和依赖“整体”的存在为前提。经济发展总是以推陈出新的方式来呈现,一部法规只是那个时代社会关系的反映,在追求法律体系化的同时也应当看到,社会生活总是在不断发展,要受到制定时社会背景的局限。随着时间的推移,已有的法律也会被单行法规、政策性文件或其他形式不断地补充、修改和完善。

(三) 私权利与公权力的联系

内容上,在我国,私权利与公权力的关系具有实然的特点,我国合同法与基准法的制度设计,其实是以私权利与公权力作为假设前提的,国家权力具有优势性和首位性。既然国家在法律制定之前就已经潜在地拥有了一切主权,之后才通过制定法律规定权利,那么国家就必然居于法律秩序之上,除国家发布的法律外,不可能再存在其他的法律来源。在我国现实生活中,国家是首位的,而权利是次位的,国家权力当然不能被置换为“权利”①。以私权利与公权力的联系为中心,也会延伸出三对关系:(1)个人利益与社会利益,在欠缺调整法益的情形下,社会利益、生存法益主要为反射利益时,容易被误解为公共利益;(2)私权利与公权力,在缺乏社会权力的情形下,公权力很容易被宣传为社会权利;(3)公责任与社会责任,公权力客观上需要公责任的制约,社会责任虽然可以制约私权力,却无法制约公权力。

形式上,法典化的抽象立法受到政策化的具体立法的补充,挑战了法律有机体的存在价值。萨维尼主张的是一种法律有机体。他在指出法典的缺陷时有如下论述:“这种思维模式(法典的整体性)设定,法典本身乃一有机的整体。然而,无论内容还是形式,即便从最低限度的和谐一致而言,事实上都不存在这样一个有机体。”(萨维尼,2001:57)萨维尼认为一部平庸的法典,只可能产生一种机械、僵硬和毫无生机的

① Otto Mayer, Deutsches Verwaltungsrecht, Bd.I, 3. Aufl.1924, Berlin, p.104.

关于法的观念，这种看法多少预言了《德国民法典》等世界上几乎所有民法典的归宿。我国的政策化以规范性文件来强调的社会，是具有特定发展目的的现实社会。

两者综合，人是社会之人，他在社会中生活，他应该为他在社会生活中从事的行为（活动）负责。故若他的行为不合社会生活规范之法的要求，便应受到社会的非难，故法律责任本质上是对行为人的反社会的危险行为之否定，是对行为人侵犯社会各种利益尤其是侵犯社会利益的补救和维护。社会法理论恰恰应当关注客观法益与法律义务这两个概念的连接关系。公法是“权力/权利”的对峙，而非权利/权利之间的互动，后者往往被学者“误会”为“一般认知”①。与主观权利的无限性相联系的是契约确立的私权利，随着社会法强弱理念的提出，基准法中的强制性，使行政行为会突破契约相对性法理，而产生过分的扩展。不仅劳动基准法的适用范围越来越广，也使定式合同适用社会基准法，基准法在社会性法中的适用，使权利关系中加入权力因素的范围日益广泛。

（四）公权力与公权利的联系

内容上，以个人的公权利限制国家的公权力具有应然的特点，将这套积极权利的思想移入我国的制度设计时，这种理想主义的色彩就会更明显。以公权力与公权利的联系为中心，也会延伸出三对关系：(1)公权力与公责任，公共利益要求公权力受公责任的制约，社会利益形式上的私利益特点，其实很难发展出这种制约力；(2)公权力与社会权力，在我国由于工会制度扭曲，很难发展出社会权力的概念，更谈不上以社会权力制约政治权力；(3)公权力与私权利，在一个私权利发达的社会，政治权力有诸多不能进入的私领域，我国的私权利并不发达。

形式上，社会保险作为一种包含权利救济的保障法，被理解为积极权利，正是由于这类权利所具有的救济权特点，行政权力之公权力中能加入私权利因素，是由于其所具有的保险因素所决定的。这种模式未必有在社会法范围内普遍推广的可能性。

两者综合，公权利尽管在很多领域只是应然权利，但是一个可以期待的权利。在整体的利益是否可以化约为个体利益上，个体主义与整体主义是有着严重分歧的。这也使主观公权利的概念充满分歧，这种分歧也使社会权的概念充满不确定性。公权利观点则是建立在个人请求权基础上，个体主义并不拒绝使用“社会”的概念。

社会权理论的发展，使积极权利的概念受到广泛的关注，积极权利内容上具有整体性，试图赋予个人请求权，加入个体主义的思维方式。如果说“消极权利”是指“要求权利相对人予以尊重与容忍的权利”；“积极权利”是指“要求权利相对人予以给付或作为的权利”（周刚志，2015：40）。在整体的利益是否可以化约为个体利益上，个体主义与整体主义是有着严重分歧的。这也使主观公权利的概念充满分歧，这种分歧也使社会权的概念充满不确定性。

---

① Hartmut Bauer, Subjektive oeffentliche Recht des Staates, DVBL. 1986, p.211（转自赵宏，2019：653）。

二、主观权利与客观法益的区别

围绕着个人利益与私权利，社会利益与公权力，私权利与公权力，公权力与公权利产生的各种复杂的联系，主观权利与客观法益的区别集中在受益功能与防御功能上。

（一）主观权利的防御功能

主观权利承载的自由和自我肯定的个人利益，社会法在表述消极权时只是继承了法理学的一般理解。广大社会主体不仅要享有消极的自由和财产权，还要享有需要社会和国家采取积极措施与行为的诸多社会基本权利或基本权益。主观权利可以包括私权利与公权利，除在一定范围内体现受益权能外，更强调防御权能。

私权利的防御功能。私法以个人权利作为价值原点，坚持个人主义的价值体系，将一切民法上的设置甚至是基于社会公共利益的限制都解释为是为了更好地保障个人权利的实现。从历史上看，个体主义是西方源于文艺复兴和启蒙运动的一个传统，即保护个人免受专制权力的迫害，防御权能也由此产生，权利因此成为民法上的伦理本位。自由意味着在一定限度内的自主，他人不得侵犯和干预。以利益人格与权利人格的视角来分析，两种人格是合并一体的。权利所承载的自由和自我肯定，首先就意味着防御他人不当干涉、妨碍、侵犯，防御权能也因此成为权利的基本权能。个人主义的价值体系至少含三个主要命题：(1)“一切价值以个人为中心，即一切价值都是由人体验的但不一定是由人创造的”；(2)“个人本身就是目的，是具有最高价值的，社会(和其他事物)只是达到个人目的的手段”；(3)“一切个人从某种意义上说，在道义上是平等的，即任何个人都不可被作为他人谋利益的手段”(余谋昌，2000：113—114)。法治国家首先确认和保障的第一代人权，为防御国家和他人干预的自由权，因此，第一代人权也被称为防御权(菅从进，2008c：89)。基本权源于承认公民拥有一个不受干涉的私领域，而国家恰恰是外在的可能对此领域予以侵犯的最大威胁。因此，抵御国家对于私人领域的侵犯就成为基本权最传统也最经典的功能。

公权利的防御权能。在社会法的范围内，公权力只有在公民受益的情况下行使才具有合法性，公权利是建立在公权力的基础上的，也具有受益权能，这是公权力与公权利所具有的共性。公权利的防御权能是与个体利益相联系的权能，这是公权利与公权力相区别的特点。德国学者在研究基本权时强调主观权利，使公民获得主观能动地抵御国家侵犯的权能，这一权能是基本权作为主观权利最传统、最经典的功能。从历史发展脉络来看，基本权最初也正是以防御权(Abwehrsrecht)[①]的面貌出现的(赵宏，2011a：58)，在现代各国宪法文本中，基本权无疑是最重要的组成部分，基本权的典型功能亦被归纳为抵御国家侵害和保障私人自由，具有防御权能。从防御

---

① Sachs，Grundgesetz Kommentar，2. Auflage，C.H.Beck，A4 Rn.38ff.

功能到防御权能，积极权利侧重强调其作为“权利”的属性，即公民在法律上所拥有的，可以要求他人为自己利益的实现，履行特定义务的权能。借由宪法规定，基本权被视为公民的一种主观权利，具备诸如能够诉诸司法救济等与其他主观权利相同的属性特征，国家权力因此受到限制，人民自由因此得保障。它是公民权利序列中最基本的、最重要的权利。社会法作为部门法，生存权作为公权利应当视为基本权的延伸，也应当具有公权利的防御权能。

个体主义者所使用的“社会”一词的含义与整体主义者不同。个体主义者采取了“化约主义”(reductionism)或“原子主义”(atomism)的立场来看待“社会整体”。因此，在他们看来，社会不过是许许多多个体的集合、相加或汇总，社会整体的属性、性质、特征或状态只能从个体的属性、性质、特征或行动来得到解释，因此，整体可以还原为个体(王宁，2002：128)。正如黑格尔所言，“权利只涉及一个人对另一个人的外在的和实践的关系”(黑格尔，2009：54)。积极权利表现为主观公权利时，必然与整体主义的思维方式发生冲突。

(二) 客观法益的受益功能

社会法的受益功能是依据某种客观价值理论产生出来的，由于实定法意义上的统治者是由各国家机关组成的，故每一个国家机关包括立法、行政和司法机关都有义务保护和遵守作为客观规范的基本权(郑贤君，2006：36)。我国社会法的法益主要通过反射利益来体现，在各种生存法益中得到发展，劳动者在这种关系中常常是被动的受保护的对象，在立法、行政、司法关系中成为受益主体，这一现象的出现主要归结为利益形态的多样化，一些利益难以确定，类型化的基础过于薄弱，尚无法将其上升为一种法律权利形态(熊谓龙，2005：55)。

生存利益作为生存法益时具有受益功能，受益功能是与整体利益相联系的功能，意味着要有相应的义务主体履行积极作为义务，满足利益主体的利益要求，从而实现社会法整体利益。受益功能是与福利国家、积极国家或给付国家的国家观相适应的第二代基本人权概念，明显不同于以防御权能为基本内涵的第一代人权。一个社会的整体利益从根本意义上来说，要实现社会的公平原则、社会财富的分享原则和社会的关怀与人道原则，国家承担的积极义务有着较为复杂的机制，生存利益在通过反射利益或积极权利两种形式来实现时，都与受益功能密切相关，换言之，在生存利益未凝结为积极权利时，也可以法益方式体现受益功能。社会法研究中由于未对法益与权利概念进行区别，有时也在并不严格的意义上将社会基本权利称为“受益权”，其实，社会法上生存利益功能主要是受益功能而非受益权能。

(三) 受益功能与防御权能

权利主体享有的主观权利与受益主体享有的客观利益两者有着紧密的联系。主观权利以客观规则为依据，并通过客观规则来实践，反映个体利益的主观权利与反映整体价值的客观利益，两者各自独立又互相依存。宪法所确立的基本权，“作为客观规范而产生，基本法赋予国家诸多功能，国家对各种基本权负有保障义务，国家建制、作为及程序都应该以保障基本权为准则，以补个人主观上权利的不足”（吴庚，2004：132）。生存利益可以是客观利益，也在一定条件下体现为主观权利。

从规范构造的层面讲，客观法不仅是主观权利的基础和母体，也是客观法益产生的前提。两者都是客观法应有的派生物。当生存利益表现为客观利益时，以反射利益为基本形式，形成生存法益；当生存利益表现为主观权利时，以权利救济为显著标志，形成积极权利。生存利益作为客观利益主要发挥受益功能；积极权利这种主观权利体现出来的防御功能，可以发展为权利救济措施。受益功能与防御功能的关系聚焦个人利益与整体利益，权利与权力的关系，这是每个国家在制度建设时都无法回避的问题。从我国社会法的制度安排上看，劳动基准法是以反射利益为基本特点，社会保险由于采取了保险这种传统的私法形式，为积极权利的制度设计提供了便利。前者只强调受益功能，后者还强调了防御功能，这种定位是由劳动基准法与社会保险在社会法体系内所起的不同作用所决定的。

当生存利益表现为主观权利时，是整体利益通过个人请求来实现的积极权利，也反映了生存利益的要求，是人民获得请求国家积极为某些行为的权利。国家以积极义务作为主要手段达到权利人期待的利益保护，受益功能转化为受益权能。受益权能针对的是相应义务主体的积极给付义务，又可称为“给付请求权能”或“获益权能”，受益权能针对的是相应义务主体，要求给予权利主体物质、精神、机会和程序上的满足。国家为帮助、促进和保证公民基本权利的实现而承担的积极义务，并非都属于与主观权利相对应的给付义务的范围，只有公民可以直接向国家请求的，才属于这类给付义务。与主观权利相对应的给付义务是与公民权利的受益权能相对应的，义务主体所负的是一种积极给付义务，积极权利是法益转化为权利的一种法律形式，受益权能是积极权利的主要功能。只有与这种请求权直接对应的国家公权主体对公民的给付，才属于这类给付义务范围（菅从进，2008c：90—91）。国家应该从实现个人利益与社会利益的协调的角度有所作为，为社会弱者提供实现权利的必要条件。

总之，客观法益与主观权利是两种并存的法律形式，自由权是一种以消极权为主的权利，必然强调主观权利；受益功能常被理解为与给付行政相联系，其实在社会法范围内受益的范围应当更广泛，只有当公民借由客观规则，获得某种法律上的利益时，公民个人的自由权才得以真正落实，从这一意义上说，自由权也与国家的积极义务的履行有关。在一定条件下，形成了一定的救济机制的情况下，受益功能才可能转化为受益权利，从而成为主观权利。社会法应当努力将权利的受益法益转化为受益权利。

三、社会法内容中的低标准

法律内容上，微观层次是具有自发性内容的自在性领域，宏观层次是具有制定性内容的自为性领域。社会法从公权力到公权利的发展，内容平衡中应当强调自由原则，这种自由原则应当更多体现为对法律强制标准的“低标准”要求上。

(一) 低标准与高标准

在平衡保护的协调范式中应坚持低标准的观念。我国生存利益常被特定的社会意识形态所替代，并由国家来代表整体利益，在个人利益同化为社会利益的意识形态中，原子化的劳动者被推定为依赖这种受益功能。理解生存法益涉及生命体的维护、有尊严的生活和安全的生活的“最低限度核心义务”的概念具有重要意义。通过规定最低工资、最高工时等劳动基准法的内容，倾斜立法，实现宏观控制。中国的改革开放是市民社会的发展过程，国家与社会之间出现了结构分化，“低标准”是适应我国市场经济发展而提出来的理论范畴。《劳动法》对原有劳动关系进行了再构造，国家从完全包揽的状态逐渐降为底线约束，还权于民(董保华，2007c：53)。通过私权利来制约公权力。国家不再是劳动关系的当事人，而是以保障劳动者的生存利益为目标，从而改变我国在高度集中统一的管理体制下实行管制的高标准。从标准法到基准法，我国的改革开放可以说是通过国家管制的高标准向低标准的调整才出现了社会空间。

英国的阿克顿勋爵针对权力就有一句名言，即“权力导致腐败，绝对权力导致绝对腐败”。为防止权利关系的权力化的过度发展，以私权利限制公权力。伯林也提出了理性主义的“一与多”的问题，即个人的理性自由选择何以能够保证终极价值的实现？伯林说：“只有多元主义以及它所蕴含的‘消极’自由标准，在我看来，比那些在纪律严明的威权式结构中寻求阶级、人民或整个人类的‘积极’自我控制的人所追求的目标，显得更真实也更人道。”(伯林，2011：219—220)低标准是相对高标准而提出的范畴，在权利与利益的平衡关系中，我们要减少反射利益过度膨胀，只有让出私权利的存在空间，才可能形成私权利对公权力的制约。笔者以“低标准”来概括这种指导思想，法律调整中的自由目标要求增加“现代的自由”和“古代的自由”在我们体制中所占的比重，前者涉及受益权能，后者涉及防御权能。前者是要通过公权利，发展权力关系的权利化；后者是要通过私权利，抑制权利关系的权力化的过度发展。

(二) 低标准与自在内容

平衡保护中的法律标准仅指国家以强制性规范形式确定的法律规范，范围极其狭窄。制度是规范和约束(激励)人的行为的规则。它以三种形式存在着：(1)在人们思想观念形态上存在的规则，包括意识形态、道德规范、伦理观念等；(2)形成文字的各种规则和契约；(3)各种风俗、习惯等约定俗成的隐形规则或潜规则。法律标准在我国劳动基准、集体合同、劳动合同的调整模式中，应当只起到保底的作用。劳动关系应当是自在内容为主的经济关系，低标准是强调国家应当为各种社会规范留下空间。

其一，宏观层次从内容上看是伦理性的，微观层次从内容上看是经济性的，中观层次从内容上看兼具伦理与经济的特点。随着社会空间的出现，企业与个人对国家的伦理性依附明显降低，社会成为一个提供发展和机会的源泉。为保障劳动者的利益，社会法除以法律标准进行宏观底线控制外，还形成了劳动者"用手投票"和"用脚投票"的制度。中观上，通过企业集体合同调整集体劳动关系，由企业与工会进行集体协商，劳动者可以通过"用手投票"的形式调整自身在劳动关系中的权利义务，对由此产生的争议主要采取社会协调的方式来处理。微观上的"用脚投票"，通过劳动合同调整个别劳动关系（董保华，2006c：63）。低标准体现出劳动关系作为一种自在内容为主的经济关系的特点。

其二，宏观层次从内容上看完全是建构性的，微观层次从内容上看主要是自发性的，我国的中观层次从内容上看兼具建构性与自发性的特点。各类法律标准是国家制定或认可的一种行为规范，它具有明确的内容，通常要以各种法律渊源的形式表现出来。将制度与精神观念联系是一种较为传统的观念，如最早的凡勃伦和最近的青木昌彦、格雷夫等人都有这样的看法，伦理社会有其自身的表现形式，道德规范居于核心地位。法律标准是依赖国家强制力保障实施的一种他律机制；而道德是主要靠社会舆论和传统力量来维持的一种自律机制。以哈耶克为代表的奥地利学派和以尼尔森与温特为代表的新熊彼特派都强调一个社会不能过度强调某种建构秩序。从实现保护弱者的社会目标来说，我们不应当忽视习惯、道德演进而来的稳定行为和秩序。

其三，宏观层次从内容上看是积极性的，微观层次从内容上看是消极性的，中观层次从内容上看兼具积极性与消极性的特点。道德一般只规定了义务，并不要求对等的权利，随着法律制度对传统伦理道德秩序的替代，权利意识成为经济社会的主流意识。道德与法律是社会规范最主要的两种存在形式，是既有区别又有联系的两个范畴。社会法的发展，使国家在三个层次中有不同的定位。国家的消极行为，使微观层次出现利益与权利相结合的特点，没有无权利的义务，也没有无义务的权利，权利义务对等；国家的积极行为，使宏观层次体现出利益与权力相结合的特点，这种权益很容易与传统的义务本位相混同。宏观层次从低标准转向高标准，当伦理规范披上法律外衣而成为主要的社会秩序时，在克服经济秩序产生的社会问题的同时，契约社会必然转向传统的身份社会；道德法律化也是强制化的过程，这一过程一旦过度，社会进步也会转向社会退步。

（三）低标准的研究路径

狄骥强调："社会法学说是指立足点从社会到个人、从客观法到主观权利、从社会规则到个人权利的所有学说；它确认存在一条规则约束社会中的个人，个人的主观权利产生于其社会义务。"（莱昂·狄骥，1999：7）从研究方式上看，思维逻辑不能脱离历史逻辑。低标准是相对高标准而提出的范畴，高标准是我国在高度集中统一的管理体制下的一种历史形态。国家对劳动关系的各个方面已经作了具体而全面的标准化规定，不可能再存在劳动基准立法，更不可能存在合同立法。这一时期我国的“国家本位”思想，主要表现在“行政一元化”的高标准体制中，国家实行“一竿子插到底”的管理方式。国家制订的工时制度是一种现实生活中必须不折不扣实际执行的制度，用人单位既无权自行延长，也无权随意缩短。国家统一规定工资标准、工资形式、工资水平、工资总额以及奖励办法、津贴办法等，这些决策直接管到用人单位以及职工个人的调资升级。因此既无最高工时也无最低工资这类劳动基准法的范畴。我国不仅从苏联“进口”了劳动管理体制，也“进口”了劳动法学理论。在苏联的劳动法学中没有劳动基准法的概念，照搬苏联理论体系而形成的我国传统劳动法学中也没有这一概念。在这种国家本位的高标准体制下，高度膨胀的国家人格淹没了企业人格、工会人格、劳动者人格，后三者均形成了对国家的高度依附(董保华，2007c:54)，这种体制彻底消灭了社会法中契约制度的存在空间。

现实思维应当是历史与观念的平衡。劳动法对原有劳动关系进行了再构造，国家不再是劳动关系的当事人，而是以保障劳动者的生存利益为目标，通过规定最低工资、最高工时等劳动基准法的内容，倾斜立法，实现宏观控制。劳动基准法主要依靠劳动关系双方当事人自觉履行，作为一种公法性的规范，当用人单位未能履行时，以劳动监察这种行政执法手段，强制当事人履行(董保华，2007c:54)。低标准作为一种学术逻辑，强调这种生存法益只能通过底线控制来实现。在一个由行政机关、准行政机关高度影响的立法机制中，立法观念存在着对私权的极度不信任，而对国家权力的过度迷信。这种迷信在学术上的反映，是将行政权混同于社会权，权力行为可以制约权利行为，权利行为事实上很难真正制约权力行为，我国的伦理法律化表现为公德公法化，福利社会中的国家权威体现为政府权威，并以反射利益作为主要形式，微观层次内容与宏观层次内容相比，具有抵触无效的特点，混淆的结果必然是对私权利的侵犯。在对法益与权利没有进行区别时，我国整个制度设计往往是通过提高立法标准来扩大行政执法的范围。当公权力扩张只有民主政治可以限制时，实行低标准就具有特别重要的意义。

平衡是社会与法的平衡。“国家—社会”框架是一个理解我国权力高度制度化社会的分析工具，新中国成立后，行政权力相对集中，改革开放后社会权力、经济权力都是从国家权力中分离出来的。受传统意识形态的影响，社会法理论和政策因此也特别强调“国家主义”优位论，强调中国的政治发展和劳动者保护应当归于强势的政府。从“国家—社会”的框架来看，就权力建制而言，至少可以划分为国家权力、社会权力、个人权力。西方学者通常认为，个人权力通过让渡和聚合形成稳定的社会权力和国家权力，进一步成了个人权利的工具。我国的路径其实是相反的。在“国家—社会”的框架中，通过反射利益，国家权力有着制约经济权力、社会权力的目标，也存在着自身膨胀的可能。政治权力、社会权力、经济权力中，政治权力始终保持着某种优势地位，清醒地认识我国的社会现实，实行低标准是制约政治权力过度扩张的唯一途径。

第二节　择业权利与就业法益的平衡

择业与就业反映了劳动关系产生过程中权利与法益的冲突与平衡。劳动关系的财产性与人身性的内在矛盾，表现为契约与法律，短期与长期等一系列冲突，就业法益通过反射利益对双方支配权进行限制时，应当掌握必要的尺度。

一、择业权利与就业法益的聚焦点

择业与就业的内在冲突，在我国表现为部分劳权与完全劳权的目标选择，两种理念背后其实是财产神圣与劳动光荣的价值碰撞，思维逻辑与历史逻辑冲突是改革开放前后的观念冲突。

(一) 择业与就业的内在冲突

从我国择业权利与就业法益的关系上看，涉及财产神圣与劳动光荣的关系，对于当前的现实逻辑而言，前者源于思维逻辑，后者源于历史逻辑。劳动就业权作为一个学理概念，往往有不同的含义。《牛津法律大辞典》将其称为“工作权”(right to work)，并在两种对立意义上进行解释。(1)指工作的权利，即工作的自由，不受限制性规则的束缚，通常指不能因性别、民族出身、肤色或是否为工会会员而对就业进行限制，可称之为“工作自由权”，在我国，特别需要强调的是劳动者的“择业权”。(2)指为请求提供工作或使其可以得到工作的权利，也可称之为“职业保障权”或“就业法益”(沃克，1988:775)。财产神圣是一种承认现实的制度安排，劳动光荣涉及伦理法律化的理想目标，两者在三种逻辑中具有内在冲突的含义。

其一，现实逻辑是我国的制度逻辑，择业权与就业法益构成劳动权完整含义。择业权涉及公民的个人权利，既包括消极自由也包括积极自由；就业法益强调国家义务，求职者因此成为受益者，两者的性质有所区别。承认财产权的意义，在微观层次主要通过劳动合同的订立来实现双方各自的目标，劳动者“择业权”与用人单位“择人权”可以统称为择业权。市场经济条件下，“择优而用”“择善而从”的双向选择是一种流动的过程，劳动力和生产资料的结合往往需要几经调试才能达到适宜。宏观层次的就业法益主要体现在国家促进就业的相关措施上，我国对劳动就业的保障也并非提供职业，而是通过就业前、就业后以及转业培训，使劳动者的劳动能力能符合工作岗位的要求；通过失业保险制度，对于暂时脱离工作岗位的失业者给予必要帮助，通过兴办劳动服务企业，为在流动中沉淀下来的失业者提供工作岗位。劳动权实际上是一类权利的统称，是多种权利的组合，包括选择职业权、职业保障权、职业培训的请求权、失业救济权等。

其二,历史逻辑涉及工人运动追求的理想目标。从历史的角度看,劳动光荣的公德概念与劳动就业权相结合会形成特定的理解,劳动权经历了四个历史发展阶段。(1)劳动权的思想萌芽于资产阶级早期启蒙思想家的"天赋人权"理论之中。(2)劳动权诞生于工人阶级反抗资产阶级的剥削和压迫斗争中,是世界工人运动胜利的成果。1831 年法国里昂工人起义时提出了"生活、工作或死亡"的口号;1848 年法国"二月革命"时,资产阶级政府被迫在当年发布的命令中承认了劳动权(但随后废除)。(3)劳动权由理论形态上升为现代各国的宪法形态。1919 年德国的《魏玛宪法》中第一次用宪法的形式规定公民有从事劳动的权利,以后各国也普遍在其宪法中规定了劳动权。(4)劳动权由国内法纳入国际人权法中。1948 年《世界人权宣言》第 23 条规定:"人人有权工作、自由选择职业、享受公正和合适的工作条件并享受免于失业的保障。"1966 年《经济、社会及文化权利国际公约》第 6 条规定:"本公约缔约各国承认工作权,包括人人应有机会凭其自由条件和接受的工作来谋生的权利,并将采取适当步骤来保障这一权利。"

其三,观念逻辑涉及现实与理想的冲突。我国劳动法学者喜欢泛化"劳动权"概念,其研究方法往往是不着边际的放大外延。概念的内涵是指概念所反映对象的特性和本质属性,外延是指概念所反映对象的具体范围。一个概念的外延越大,则其对应的内涵就越小。当劳权概念从所谓个别劳权放大到所谓集体劳权时,外延范围的过分放大,内涵变得极其贫乏。①透过这种研究方法,发生了现实向理想的三个转变:(1)劳动权从个人行为转到团体行为,希望通过团体压力来实现个人就业;(2)劳动权从关注流通领域转到关注生产领域,弱化了择业权,强化实际就业;(3)劳动权含义从相对确定转到完全模糊,劳动权等同于整个劳动者的权利。这三个方面都在强化所谓理想制度,涉及部分劳权与完全劳权的目标碰撞。

(二)部分劳权与完全劳权的目标碰撞

从社会法的历史演变来看,劳动权存在着部分劳权与完全劳权的不同理解,完全劳权是一种理想主义的目标,消极权利转向积极权利的理想主义过程暴露出来的一系列问题,促使消极权利与积极法益需要进行适当的平衡。

完全劳动权是我国曾经追求的目标,苏联关于劳动权有过表述:"只有社会主义制度下劳动权才能真正得到切实的保证,生产资料公有制和国民经济有计划的发展,杜绝了失业现象的发生,使劳动权成为每个有劳动能力的公民可以实现的权利。"②改革开放以前,国家实行包就业的政策,我国只强调就业权完全不考虑择业权;改革开放以来,通过推行劳动合同制度,保障劳动者的择业权,给劳动关系的调整融进具有财产关系特点的私法因素。在社会主义市场经济条件下,完全劳动权转变为部分

① "所谓集体劳权,即为通常所说的'劳工三权',具体包括劳动者的团结权、集体谈判权和集体争议权。"(常凯,2014:11)"劳权是一个社会历史概念,是一个从个别劳权到集体劳权的发展过程。"(陈实,2004:10)"我国对于集体劳权的社会认知远远不够。"(陈步雷,2015:61)

② 1970 年《苏维埃社会主义共和国联盟和加盟共和国劳动法原则》(转自关怀,1987)。

劳动权，在择业权充分发展的基础上，劳动就业压力就会增大。《宪法》所涉及的就业，是从就业政策来强调的，其目的是通过创造就业机会与就业条件，实现权利。《宪法》所规定的就业不是针对公民而言，而是针对国家有关部门而言，是要求各级机构做出积极的行为，实现公民的劳动权（汪强、于鹏飞，2012：190），公民是这种就业政策的受益者。劳动权的保障既包括将求职者转化为劳动者；也包括承认失业者，并对其进行各种帮助，当劳动部门的工作重心在于增加就业，减少失业时，有时会本能地去阻碍市场经济的双向选择。

部分劳权是国际劳工组织在《1988 年促进就业和失业保护公约》中确立的目标。失业分为全失业和半失业。“凡能够工作、可以工作并确实在寻找工作的劳动者不能得到适当职业而没有收入的状态”为全失业。半失业指：(1)因暂时缩短（正常或法定）工作时间引起的收入损失；(2)因暂时停工引起临时解雇而使收入中止，尤其因经济、技术或类似性质的原因而中断就业关系的状态。失业是指符合法定年龄并具有劳动能力和就业愿望的公民未能实现就业的状态。它具有如下特征：(1)失业者仅限于依据有关法规和政策应当保障其就业的公民。不符合法定年龄者，完全丧失劳动能力者、无就业愿望者、在校学生、现役军人等等均不存在失业问题。(2)失业必须是处在未能实现就业的状态，既包括从未获得就业岗位，也包括失去原有的就业岗位后，未获得新的就业岗位。目前我国的失业保险仅对后一类人提供失业救济金。

择业权与就业法益相互对应，此消彼长，存在内在冲突。计划经济体制在劳动关系中最综合的反映就是我国试图以就业权代替择业权，这种历史逻辑对我国构成长期的影响，以固定工制度作为目标模式，成为有关部门推行无固定期限合同的内在动力。在《劳动合同法》中，我国试图实行一种劳动者有完整的择业权，用人单位限制择人权的制度。虽是在不同体制下，一脉相承的是试图抽取劳动关系的财产性内容，将劳动关系推向人身依附关系，这也是我国经济学理论和法学理论中长期否定劳动力为个人所有的现实基础。

（三）两种理念的内在冲突到外部博弈

从我国学者喜欢从集体、生产两个视角来讨论劳动权，现实生活中都会产生排斥市场择业的概念。我们可以德国为例来对这种理解进行解读，企业委员会制度正好是一项与集体、生产两个方面紧密相连的制度。企业委员会依法有权参与对雇员的录用条件、岗位职位的变更、调薪，以及解雇的标准的确定，保障雇员不被无理由解雇是企业委员会的重要职责。如在企业进行招聘时，一般情况下企业委员会会要求首先在企业内部进行招聘，扩大企业内部的就业是企业委员会追求的目标之一。雇主解雇员工必须事先将理由告知企业委员会，并听取其意见。未听取企业委员会意见之前，解雇决定无效；企业委员会对解雇持有异议，可以行使否决权。如果雇主不顾企业委员会的否决意见执意解雇了某一雇员，只要雇员向劳动法院提起解雇保护之诉，则劳动关系依然维持直至法院作出判决之日（洪芳，2015：145）。在我国，劳动就业权涉及的应当只是劳动力在进入劳动过程前劳动力与生产资料的市场交换关系，当劳动权内涵增加时，其实已经从交换领域转入生产领域，劳动权成为一种隐性契约的概念，只能与改革开放前的计划经济相联系，所谓集体劳动权与完全劳权其实只有一步之遥。就我国的情况而言，市场经济意义下的劳动权只能是个人的权利，在尚未就业的情况下不可能有所谓集体劳动权，也不可能有劳动者的其他权利。

日本学者大河内一男考察日本社会政策的发展过程发现，社会政策在形成中一直压制劳动者自主性和自律性的发挥，社会政策被理解为一种自上而下的慈善，不以劳动者而以贫民为政策对象，解决失业问题的不是失业保险制度而是土木救济事业(大河内一男，1984)。择业权利与就业法益冲突背后有着贯穿于劳动关系订立、履行、终结的一些聚焦点。如果说择业权是一种绝对权，就业权就是一种相对权，以就业为目标会压缩择业的空间。在市场经济条件下，相对权本身是不能压缩绝对权的空间的，计划经济体制在劳动关系中最综合的反映就是我国长期实行的固定工制度，在这种体制下劳动者没有择业权，用人单位没有招工权，劳动关系实际上也就成了人身依附关系，我国实际上是压缩“物法”，来扩大“人法”的适用范围。市场经济的流动过程使择业权与就业法益存在一定的冲突，在不同的背景下我国强调的内容不同。求职者行使择业权，用人单位行使用人权，市场经济条件下，难免会使一部分劳动者暂时地丧失职业，我国劳动力从总体上说是供大于求的状况，也会使一部分劳动者由于不符合用人单位的要求而沉淀下来，在一个较长的时期内得不到工作岗位转化为失业者。择业与就业的内在冲突转化为部分劳权与完全劳权的目标碰撞，这种内外冲突背后有着一些基本理念的冲突，社会法研究脱离法社会的制约，会影响我国的立法观念。

二、择业权利与就业法益的社会法设定

社会法研究首先涉及目标设定，“目的—手段”关系本质上是一种实践推理关系。①择业与就业的内在冲突，是部分劳权与完全劳权的目标碰撞结果。用工可以分为标准劳动关系、非标准劳动关系、非劳动关系，我国的目标设定为：用标准用工代替非标准用工，用终身雇佣代替定期雇佣。我国出现以法益彻底改变权利的构想，受到理想制度的强烈影响，非常规的目标必然选择非常规的手段来实现。非常规手段一开始就预示着非常规目标难以实现。在一个“资本雇佣劳动”的环境下，实现“劳动控制资本”的目标，本不现实。我们可以举例分析。

例一，标准用工上的单方强制。《劳动合同法》在有期合同与无期合同中，开始创设了强制续签制度。只要符合法律的规定，劳动者的单方意思表示就可以使合同成立。对于用人单位来说，订立无固定期限合同成了一种单方强制制度。此时用人单位并不是协商主体，只是履行法定的签约义务。用人单位如果不履行这一义务，就要

---

① Aristotle, *Nicomachean Ethics*, Translated and Editedby Roger Crisp, Cambridge University Press, 2004, p.42.

承担相应的法律责任。[①]

例二，非标准用工的歧视规定。劳务派遣只能在临时性、辅助性或替代性岗位上使用，本身就是一个对派遣员工的歧视性规定。就"三性"的界定而言，《修法决定》规定"临时性岗位存续时间不超过六个月"。按《劳动合同法》第 58 条的规定，"劳务派遣单位应当与被派遣劳动者订立两年以上的固定期限劳动合同，按月支付劳动报酬"，作为一种三角关系，派遣单位与被派遣劳动者至少维持 2 年的劳动关系，然而劳动者在用工岗位上的存续时间被限制在 6 个月内，两者显然是矛盾的。两者的冲突能否以再派遣的方式来实现呢？答案是否定的。《劳动合同法》同时还强调"劳务派遣单位与被派遣劳动者订立的劳动合同"，"应当载明被派遣劳动者的用工单位以及派遣期限、工作岗位等情况"。按照这一规定，如果要进行再派遣，派遣岗位要同时规定在劳动合同中，否则被派遣劳动者便有权拒绝去新的用工单位，这等于要求劳务派遣单位与被派遣劳动者在劳动合同中至少同时写出四个岗位，其中三个岗位需要提前空置或者届时腾空。如果提前空置，3 个岗位要分别空置 6 个月、12 个月、18 个月；如果届时腾空，受到变更合同、解雇保护相关规定的严格限制，原来岗位上的员工难以挪移。整个制度设计完全脱离了社会经济现实(董保华，2013b:53)。

霍尔巴赫认为："法律乱七八糟，含义不清，使得主张公道的人不知道自己应该站在哪一方面，只好凭心血来潮作出决定。法律订得神秘、含糊、复杂，说明立法者故意设置陷阱，引人入彀。法律应该写得清楚明白，使应该守法的人一目了然。"(霍尔巴赫，1994:282)强制续签、曲线废除都不是采用正常的立法模式，而是以一种极端的手段来实现某种理想目标。法律本是由国家制定和认可的、体现国家意志的、以权利和义务为主要内容的、由国家以其强制力保证实施的一种社会行为规范。作为一种对社会秩序有引导性的行为规范，对于某一行为或褒或贬，对于某一项制度或立或废，要有明确的目的和可预期的后果。劳动合同是双方合意的结果，单方要约就达成合同效果，是对合意制度的根本扭曲。劳务派遣上采取的这种明立暗废，设计整套根本不可能实现的规则，并加上违规后的重罚，来达到废除劳务派遣的目标，也不是一国立法应当采取的做法。

这两项制度的推出，本身说明起草者并无达成社会共识的信心，[②]道德法律化的过程中，只能调低道德下限标准。问题在于，在缺乏社会共识的情况下，我们是否有可能以这种不择手段的方式达成立法目标呢？结论应当是否定的。合同就其本意来说是"合约"和"同意"的意思，强调的是签约双方的合意行为，也就是双方的任意制度。合同以单方要约的方式成立，对劳动合同制度的贯彻落实带来一系列影响。例如，双方订立的原合同与单方要约产生的新合同之间的效力如何衔接。劳动者的单

① 《劳动合同法实施条例》第 11 条规定："除劳动者与用人单位协商一致的情形外，劳动者依照劳动合同法第 14 条第 2 款的规定，提出订立无固定期限劳动合同的，用人单位应当与其订立无固定期限劳动合同。"按《劳动合同法》第 82 条规定，用人单位违反这些规定，"不与劳动者订立无固定期限劳动合同的，自应当订立无固定期限劳动合同之日起向劳动者每月支付 2 倍的工资"。

② 劳务派遣在西方总体呈现"禁止、管制到放开"的发展趋势，见本书第八章，第 295 页。

方行为可以产生无固定期限合同这种突破原理的制度安排显然是与合同到期终止的正常规定相抵触的(董保华,2009b:81),也带来了法律体系的混乱。2012 年的修法,通过明确劳务派遣只能在临时性、辅助性或替代性岗位上工作,对派遣劳动者是极大的歧视;落实同工同酬,设置劳务派遣用工比例限制、设置劳务派遣业务行政许可等方式,也去除了用工的灵活性。然而,法律是统治阶级管理国家的工具,并规定作为工具的使用方法,体现统治阶级的意志。以这种违背法理或职业歧视的方式实现道德法律化,在执行法中必然会落入法律道德化的困境中,也预示着工具的失灵。15 年的发展历史大体也可这样总结,两项制度均未达成立法预设的目标。

三、禁止歧视与就业权利的法社会现实

法社会研究可以说是一种目标实现状况的研究。在立法、执法、守法的各种力量的现实博弈中,中国出现了与制度安排相反的情形。研究错位现象有助于我们对当前劳动立法中的思维定势有一个更为清晰的认识(董保华,2013b:57)。

(一) 企业选择:长期雇佣与非标准劳动关系

在劳动合同修法的过程中,有关部门在将非标准劳动关系推向标准劳动关系时,之所以要采取曲线废除的手段,是由于修法要达成的目标缺乏社会共识。修法目标针对国企改革,涉及我国改革开放的大方向。对一些国有企业而言,劳务派遣这一被立法者赋予临时用工含义的非标准劳动关系的形式,在国企改革中却被用于长期用工(董保华,2013b:57)。立足于立法者的立场,曲线废除是希望以职业歧视的手段来达成反对职业歧视的目标。

通过立法,以职业歧视的手段达成反对职业歧视的目标,注定不会成功。对于立法者来说,难点在于,他们的看法与社会需求的冲突。原有老职工的用工体制是我国一系列行政管制的产物,当他们以“政府主导下的个别劳动关系”(常凯,2009:247)为标准来衡量时,国有企业凝固化的用工方式不仅不需要改革,而且应当成为整个社会的楷模,新人应当直接采用老办法。劳动合同修法发出的信号是:稳定劳动关系,加强行政管理,在国有企业用工机制不做改造的情况下,将劳务派遣员工转为正式用工,这些举措显然是强化现行的行政机制。正是从这样的视角出发,国有企业的改革措施被认为只是一种职业歧视,完全不具有合理性,劳动立法应当通过调整劳务派遣的认定标准,以强化歧视的方式来消除歧视(董保华,2013b:58)。然而,曲线废除的做法,从手段到目标,本身是与社会大众要求进一步推进国有企业市场化改革的愿望相悖的。曲线废除产生出来的巨大的用工成本如果以垄断的方式来消化,必然带来随意提价;新增的成本将由广大消费者埋单,必然激化国有企业与整个社会的矛盾。随着国有企业用工市场化的努力被否定,在劳务派遣法案提上全国人大常委会审议的当天,国资委特别强调央企要做好过寒冬的准备(钟晶晶,2012),恐怕并不仅仅是时间上的巧合。

“曲线废除”不可能取得立法成功，对于劳务派遣用工替换成外包形式，笔者当年也曾有预料(董保华，2013b：59)。这种情况在其他国家也有发生，从变形为其他用工形式来看，劳务派遣最有可能转型为业务承包、业务承揽。日本当年对于劳务派遣进行限制的结果也是出现了大量的业务承包、业务承揽。据日本厚生劳动省统计，仅制造业2004年8月调查时，伪装承包劳动者达87万以上，而其中许多人仍认为自己是派遣劳动者(田思路、贾秀芬，2007：47—48)。对于我国国有企业或外资企业的派遣员工来说，其劳动关系虽在派遣，但至少用工单位是国有企业或外资企业。这些企业一般信誉、效益较好，员工至少可以部分享受其社会地位带来的利益以及实际薪酬福利待遇。随着业务承包、业务承揽的发展，原来的派遣员工将失去这部分名义与实际的利益。如果这种情况大规模的发生，也将激化社会矛盾。当年日本面对类似的社会矛盾选择的是重新大量开放劳务派遣(董保华，2007b：213—220)[①]。经过十年的历史发展，我国劳务派遣大量转换为外包形式已经成为现实，新型业态中众包得到快速发展。我国以“曲线废除”的手段所立的法律，其法益并未得到真正贯彻。

(二) 员工选择：短期雇佣与标准劳动关系

有关部门在将短期雇佣推向终身雇佣时，之所以采取强制续签的法律手段，是假设这一立法目标可以得到职工的拥护。当职工以单方要约产生的合同，来抑制双方订立合同时，以法律名义给职工以支持。然而，这种以突破法律方式赋予职工的利益，并没有得到职工的响应。如果我们将员工分层为高级管理人员、普通管理人员及技术人员、操作工人(有人将其通俗地概括为“金领”“白领”“蓝领”)，便会发现农民工已经成为“蓝领”的主体力量。清华大学社会学系和工众网联合发布的《农民工“短工化”就业趋势研究报告》显示，“短工化”已成为当前农民工就业一个相当普遍的趋势，66%的农民工更换过工作，25%的人在近7个月内更换了工作，50%的人在近1.8年内更换了工作；农民工平均每份工作的持续时间为2年，两份工作的时间间隔约为半年多(白田田，2012)。这种“短工化”现象主要体现的是员工的意愿。使用农民工最多的民营企业较少采用劳务派遣的形式，这种短工化现象主要针对的是标准劳动关系中的劳动合同期限制度(董保华，2013b：58)。

从管制的目标出发，《劳动合同法》将“稳定劳动关系”作为自己的立法宗旨，通过无固定期限合同中的强制续签制度[②]更是要引导出一个长期雇佣的结果。按合同原理，任何合同订立或续订都应当是双方行为，应当是协商一致的结果，强制续签突破了合同原理。劳动者在用人单位连续工作满10年或连续订立2次固定期限劳动合同，只要劳动者单方意思表示就可以产生无固定期限劳动合同，由于用人单位并不是协商主体，只是履行法定的签约义务，这一制度设计似乎充分体现了劳动者的意愿。

---

① 该书第十二章“日本劳动力派遣放松管制的趋势”对这一情况进行了说明。

② 按《劳动合同法》第14条规定，劳动者在用人单位连续工作满10年或连续订立2次固定期限劳动合同，劳动者提出或者同意续订、订立劳动合同的，除劳动者提出订立固定期限劳动合同外，应当订立无固定期限劳动合同。用人单位违反这一规定，会受到双倍赔偿的惩罚。

然而，如此有利的制度安排，却被农民工以自行辞职的形式轻易放弃了。农民工的大量辞职不仅失去了签订无固定期限合同的利益，当其以解除合同的方式来实现时，也不能领取经济补偿。农民工"短工化"现象的出现，说明《劳动合同法》精心设计的制度，受到了农民工的冷遇。与劳务派遣相反，这一本应成为长期用工的期限制度，演变成了临时用工制度(董保华，2013b：58)。

从意思自治的视角去理解，劳动关系的调整机制中，劳动者存在着"用脚投票"与"用手投票"两种表达意愿的方式。由于劳动者通过组织工会依靠集体的力量争取自身权益这种"用手投票"的机制几乎完全不能发挥作用，劳动者更多的还是依靠劳动力市场供求规律，以"用脚投票"的方式来实现自己利益增长的目标。农民工进入市场的门槛较低，随着经验的积累、技术的提高，他们更愿意通过流动实现自己的价值。对于这种"用脚投票"的机制而言，劳动力市场的充分发展比国家管制更为重要。农民工也在以自己的行动抵制"凝固化"的制度安排。在我们提出稳定劳动关系的目标后，农民工却突破期限制度的框架，以前所未有的规模进行着劳动关系的变动。如果说，"劳务派遣呈现长期化、固定化、普遍化趋势"是作为严重缺陷来认识的，那么本应通过无固定期限合同来实现长期化、固定化、普遍化的制度设计，被农民工的行为异化为短期化用工难道不是同样严重的问题吗？因为在市场行为与管制目标相冲突上，市场机制取得完全胜利，也意味着管制目标完全落空(董保华，2013b：59)。

四、社会法与法社会的综合平衡

农民工与国有企业对劳动领域中的行政管制体制不约而同进行抵制，折射出行政控制出现了某种问题。为什么同样一部劳动立法会在三类企业的标准劳动关系中产生不同的效果呢？这是由于我国的国有企业不仅具有资金、技术优势，更具有其他企业所没有的垄断优势，成为中上层劳动者最向往的用人单位，《劳动合同法》中无固定期限合同的单方强制缔约制度、刚性的解雇保护制度，成为国有企业发展的桎梏；反之，民营企业不仅没有垄断优势，更处于资金短缺、技术转型的困境，员工的流失率很高。最底层的员工与最顶层的企业，强烈地反映出对于人员流动的要求。在一个分层的社会中，生产要素流动本身是社会进步的反映。这些现象从不同的侧面说明，新陈代谢、优胜劣汰的弹性机制是各类企业须臾不可缺少的机制，也是劳务派遣存在的根本原因(董保华，2012e：42—43)。从观念、历史、现实三种逻辑冲突可以理解企业与员工的选择。

社会法的观念逻辑是劳动合同修法的基本依据。提出并实际推动法律起草的单位是全国总工会，他们这样阐述自己的动机：对劳务派遣员工采取职业歧视做法，是为了从根本上解决职业歧视。①长期以来，在国有企业特别是央企中，深受计划经济影响的正式员工的减少，与主要受市场经济调节的非正式员工增加，一直被作为一项

① 见本书第773页注释①。

改革的成果来认识。劳动合同修法正是要对改革开放以来达成的共识提出挑战。中华全国总工会原副主席、书记处书记、全国政协委员苏立清表示:“现在劳务派遣呈现长期化、固定化、普遍化趋势,存在‘有关系没劳动、有劳动没关系’的严重缺陷。”①国有企业减员增效的改革因此也被赋予贬义。通过对一些非标准用工形式的曲线废除,希望回复到改革前的状态。

法社会的历史逻辑显示全总动机是完全脱离实际的。“十几年减少了 2/3 的正式工数量”,是指 20 世纪 90 年代,原固定工制度向劳动合同制度转变过程中发生的下岗。长期的思维定势使劳动部在我国《劳动法》之外,做出国有企业应当对老职工承担签订无固定期限劳动合同义务的政策规定,其实是做了“强制续签”的尝试。②然而,几年之后发生的下岗,使渴求稳定的国有企业老员工在无准备的情况下被推向市场,参与劳动力市场竞争。制度安排中最稳定的群体,恰恰成为变动最大的群体。国有企业员工希望通过无固定期限合同保持一种超稳定劳动关系的愿望被彻底打破,再就业服务中心是当年劳务派遣的雏形,正是为了解决国有企业员工的实际困难。与之相对应的是,当时外商投资企业严格执行我国《劳动法》的规定,作为一种道义责任,劳动者在工作满 10 年的情况下,通过与用人单位协商一致,才签订无固定期限合同,社会责任以签订合同的方式转变为法律责任,这些员工绝大部分稳定工作至正常退休(董保华,2017a:116)。可见正是这种“强制续签”带来全总所说的大下岗,全总将 1998 年发生的下岗视为歧视,重搞“强制续签”并以曲线废除的方式否定当年的帮困手段,是一种倒因为果的看法。

社会法的现实逻辑,最终是观念、历史两种逻辑博弈下企业与员工的行为总结。当下岗离我们而去时,有关部门开始希望恢复无固定期限合同原有的福利功能,一些地方立法更将这种福利功能推向极致。一些参与《劳动合同法》立法起草的负责人甚至再次向劳动者承诺“重拾铁饭碗”③。我们有没有可能以曲线废除的方式,让劳务派遣员工回到正式工的队伍呢?结论是否定的。从合理的方面看,当国有企业以市场导向作为改革方向时,形成了“老人老办法,新人新办法”的双轨制格局。在不得不保持现有体制内人员凝固化用工及较高的工资水平不变的前提下,新进职工并不能

---

① 见本书第 773 页注释①。

② 劳动部 1994 年 8 月 24 日《关于全面实行劳动合同制的通知》规定:“用人单位与原固定工订立劳动合同时,要考虑到两种用人制度存在的差异。为使固定工制度向劳动合同制度平稳过渡,应根据《劳动法》规定的不同合同期限,对工作时间较长,距离退休年龄 10 年以内的老职工,如果本人有要求,可签订无固定期限劳动合同。同时,应注意保护其他老弱病残职工的利益。”劳动部 1996 年 10 月 31 日《关于实行劳动合同制度若干问题的通知》第 2 条规定:“在固定工制度向劳动合同制度转变过程中,用人单位对符合下列条件之一的劳动者,如果其提出订立无固定期限的劳动合同,应当与其订立无固定期限的劳动合同:(1)按照《劳动法》的规定,在同一用人单位连续工作满十年以上,当事人双方同意续延劳动合同的;(2)工作年限较长,且距法定退休年龄十年以内的;(3)复员、转业军人初次就业的;(4)法律、法规规定的其他情形。”

③ 我国《劳动合同法》公布不久,在劳动部劳动科学研究所举办的一次《劳动合同法》贯彻实施“高峰论坛”上,全国人大法工委行政法室副主任、《劳动合同法》起草的主要负责人张世诚面对媒体及几百名听众公开表示:“由于《劳动合同法》对签订无固定期限的劳动合同作出了详细规定,此举将帮助劳动者重拾‘铁饭碗’。”(单芸,2007)

随意进入体制内，采用劳务派遣的灵活用工方式，实行市场定价，从而降低用工成本，将企业的工资总额以较为柔性的方式予以降低并增加企业用工的活力（董保华，2013b：58）。在市场经济已经有了充分发展的情况下，恢复到改革前的状态，国有企业将被打回原形，与此同时，也意味着完全退出市场竞争，这是不符合整个国有企业发展定位的。无固定期限合同的福利功能与企业的非福利机构特征相抵触的矛盾使相当一部分企业开始以种种方式进行抵制；经历了市场经济洗礼的员工也以更成熟的心态对待一些不切合实际的承诺。马克思指出："权利永远不能超出社会的经济的结构以及由经济结构所制约的社会的文化的发展。"①在任何社会，主体所享有的权利均受到其所在的特定社会的社会制度、经济发展状况、历史传统、文化水平等诸因素的制约，立法者不可能任意发明权利。

第三节　报酬权利与保护法益的平衡

报酬权利财产性与保护法益人身性，反映了劳动关系存续过程中两者既存在内在冲突又相互交织的现实。我国出现了"长期目标短期化"和"短期目标长期化"的社会现状，保护法益通过反射利益对双方请求权进行限制时，应当确立一定的边界。

一、报酬权利与保护法益的聚焦点

分配权的属性取决于分配权主体的身份地位差异和分配权配置与行使上的不同，包括企业分配与社会分配，涉及相对弱者时，静态定位与动态定位只能以倾斜保护的方式来结合。总结历史上的一些失误，也许更能理解报酬权利与保护法益应当如何保持平衡。

（一）报酬权利与保护法益的内在冲突

从报酬权利与保护法益的关系上看，涉及资本雇佣与劳动控制的关系，对于当前的现实逻辑而言，前者源于思维逻辑，后者源于历史逻辑。从分配权的性质和内容来看，分配权兼具公私双重属性，包含权力和权利两部分内容。从我国的历史发展来看，国民分配权力行使的目的正是为了通过行政管理，实现劳动控制的目标。企业分配权是企业以独立市场主体资格而获得的权力，其资本雇佣制度根源于国家通过宪法和基本法律对于企业独立人格和完整财产权的确认和保护。随着国家收入、企业资产收入、职工劳动收入分开体制确立，不同主体通过三种渠道去实现各自权力、权利或法益。权力与权利的分化过程中，各自或共同派生相应的权利和权力。国家通

① 《马克思恩格斯全集》第3卷，人民出版社1973年版，第12页。

过公平的税制和合理的税负，硬化国家作为社会管理者应得的收入。企业相对于国家而拥有的权利，相对于劳动者而拥有内部职权。这种国家分配权力和企业分配权力的演化过程注定了报酬权利与保护法益的内在冲突。

劳动报酬具有财产性，市场经济条件下企业间的市场公平竞争，促进社会平均成本利润率的形成，从而促进社会平均工资水平（市场劳务价格）的形成。企业和个人首先是从维护个体利益的角度，按照法律划定的自由或自治的空间，来行使分配权中的权利部分的内容，劳动报酬因此具有相对权的特点。劳动关系具有人身性，在合同法的规范体系中，生存法益是一种反射利益，通过突破相对权的特点，体现了法律对合同自由的限制和对分配正义的维护，实现个体生存与发展。财产性与人身性相互交织并无明确的边界。当国民收入在各生产要素之间进行分配，涉及政府、企业与居民三大主体时，报酬权利与保护法益的内在冲突使国家意志居于某种特殊地位。由一个国家的分配法律制度所确认和维护的分配关系和分配秩序，将直接决定社会资源的合理流动。国家再分配制度本身是对相对权的债法原理的突破，可从三方面理解。

其一，主体的相对性与非相对性。合同主体的相对性是指合同的当事人只能与合同的相对方构成法律关系。在双方相互对应的劳动报酬权利关系中，劳动者与用人单位互为权利主体与义务主体，具有相对性。随着社会保险制度的加入，国家以强制的方式收缴社会保险费，改变了劳动报酬的分配格局，是间接地以第三人的方式进入了劳动合同关系。社会保险机构并非劳动关系相对主体的任何一方，劳动报酬关系的主体事实上由相对性与非相对性构成，改变了债权关系的一般结构。

其二，内容的相对性与非相对性。合同的本质是双方当事人基于意思表示一致而对双方的未来事务所做的一种安排，请求权的内容是请求相对人为或不为一定行为。劳动者的薪金收入属于初次分配，是由劳动关系双方的契约决定，企业单位内部的分配，即根据各生产要素在生产中发挥的效率带来的总收益多少进行分配。从属性的特点主要体现在基准法上，反射利益的存在使合同内容的相对性特点被压缩在一定范围内。

其三，责任的相对性与非相对性。就合同债权救济而言，合同内容的相对性是指合同中约定的权利义务只有当事人可以主张，劳动监察、工会的存在使责任的相对性的特点有所改变。在公权力、准公权力机构之外，劳动者、用人单位也有权利要求劳动关系的对方主体履行劳动合同所约定的义务，以及与此合同相关的法定义务，请求权行使的效果使相对人负担实施特定行为的义务或强制；然而，劳动监察的主动介入，改变劳动关系当事人只能向合同对方请求承担违约责任的特点。

（二）企业分配与社会分配的静态定位

分配权的属性取决于分配权主体的身份地位差异和分配权配置与行使上的不同，包括初次分配和再次分配。有学者将初次分配界定为平等主体之间的分配，是在主体自愿的基础上达成的一种权利交易的结果，才会产生出相对权的形式法特点；将再分配界定为不平等主体之间的分配，是利益的强制性转移，追求的是分配结果的实质公平(孟庆瑜,2004:58—66),是对相对性的一种改变。

企业分配主要是初次分配的概念,作为平等财产主体之间的分配涉及私法权利,是在主体自愿基础上达成的一种权利交易的结果。劳动者提供劳务,在劳动力市场上通过劳动契约的形式进行交换而获得劳动收入;资本所有者支付劳动者的劳动收入,获得劳动力的使用权,将劳动力同生产资料相结合,生产出商品并通过交换,获得资本利润并转化为收入。初次分配实质上是发生在生产领域涉及企业的内部分配,劳动者的报酬权与用人单位的用人权构成了劳动报酬权的基本内容;然而,劳动者与用人单位在劳动力交换过程形成报酬请求权。分配主体行为活动的发起受自我意愿的调节,是行为主体意思自治的产物。人类社会发展到近代以来,由于资本主义商品经济发展与法治之间的内在关系所决定,社会责任在整个社会行为和秩序的调整与控制中的地位和作用得到显著强化。国家也可以反射利益方式形成具有合同效力的条款,法律制度的正义宗旨也在塑造合同内容。

社会分配主要是再次分配的概念,作为不平等行政主体之间的分配涉及社会利益,是利益的强制性转移,追求的是分配结果的实质公平。调整再分配关系的法律众多,行政法、社会保障法、劳动法等都具有国民收入再分配功能,社会法再分配主要采取强制方式。如社会保险基金的缴费对象和范围、资金来源、缴费比例、管理方式、发放方式等都有法律的明确规定,各种职工社会保险大都采用立法加以固定,并强制执行;政府以劳动基准法对最低生活保障的人员范围、最低生活保障标准也有明确规定,收入分配公平有赖于诸多再分配法律的共同调整和作用。近几年来,为缩小贫富差距,我国开始加大社会保障方面的建设,初步建立了居民养老保险、医疗保险、农村合作医疗保险和社会救济等制度,希望通过社会保障制度来缩小城乡差距。

在市场经济的逻辑下,主要存在市场主导的初次分配和政府主导的再分配,企业分配供给主体是市场,而社会分配供给主体是政府,从法律的视角来观察,是国家在多大程度上改变劳动报酬关系相对性的基本特点。初次分配要求市场这只“无形的手”将蛋糕做大,坚持效率优先原则,充分发挥经济主体在资源配置中的作用;再分配要求政府这只“有形的手”在初次分配基础上合理分配蛋糕,坚持效率和公平兼顾原则。国家往往是从维护社会分配公平的功能上,按照公法规定的原则和程序,行使着社会分配权中的职权。从社会法的目标上看,通过对两种主体的合理界定,实现分配供给机制的动态平衡。

(三)企业分配与社会分配的动态定位

法律调整分配关系的目标选择和价值定位,分配正义的实现程度也关涉所有社会主体生存与发展的切身利益,影响着一个国家的社会稳定、安全与进步。报酬权利与保护法益的内在冲突演变为企业分配与社会分配的目标冲撞时,中央的解读有时与地方的解读未必完全一致,通过分析三个备受社会各界关注的重大事件,可以理解企业分配与社会分配的动态定位中的现实问题。

从长远目标上看,不同时期的党代会曾多次提出国内生产总值翻番的概念:1982

年 9 月党的十二大提出，从 1981 年到 20 世纪末的 20 年，全国工农业年总产值实现翻两番。在党的十二大提出的经济总量翻番的计划已经顺利实现的前提下，2002 年 11 月党的十六大提出，国内生产总值到 2020 年力争比 2000 年翻两番（董保华，2013a：54）。从我国初次分配与再分配的关系来看，这本是一个依靠市场发展来实现的目标，然而，长远目标被地方政府进行了短期操作。2008 年广东省曾以加强行政权力的思路实施居民收入五年倍增计划，在脱离经济增量的情况下，通过提高最低工资标准的方式期望短时间实现收入倍增。尽管这种拔苗助长的方式并没有实现计划目标，但许多地方政府还是提出了五年收入倍增计划，最低工资标准由于其强制性受到各地推崇，2011 年全国有 25 个省份上调了最低工资，平均上调幅度为 22%，海南省和湖北省的上调幅度高达 34%和 33%。2012 年，党的十八大也提出了居民收入倍增计划，与众多地方政府要求实施五年倍增不同，中央政府将收入倍增的预期调整为十年，并强调要在经济总量的倍增中实现居民收入倍增，做到同步翻番，基本上是将目标调回了党的十六大目标，在中央政府调整之后，各地政绩冲动才得以下降。党的十八大报告体现的是在做大蛋糕的基础上，实现居民的收入提高，这也是中国共产党的代表大会长期坚持的一贯立场。党的十八大提出居民收入与经济总量实现同步翻番，实际上是强调在经济总量的倍增中实现居民收入倍增。党的十八大的目标应当理解为与历次党代会的目标完全一致。

从中期目标上看，2004 年我国《工伤保险条例》开始实施，2010 年该规定进行了修订。“过劳死”一词源自日本。20 世纪七八十年代是日本经济迅速繁荣的重要时期，因激烈的市场竞争和淘汰所产生的压力，导致人们身心极度疲劳直至死亡的现象时有发生。为此，日本引入“劳灾”认定，在事后予以补偿。我国工伤认定中并未引入这一概念。上述两次立法前后，我国大量发生的这类因过度加班而疲劳致死的案例受到社会广泛关注，为此，人大代表多次呼吁有关部门重视这一现象。随着一些年轻生命的逝去，我国工伤保险的立法及修订思路开始受到人们广泛的质疑（董保华，2012d：56）。从初次分配与再分配的关系来看，这是一种典型的人身关系与财产关系的冲突，是劳动立法最应该关注的内容。然而，我国进行了两次立法活动，均往相反的方向进行修改。这样的立法引发了劳动行政部门与司法审判间的冲突，使立法与执法尺度严重脱节。

从短期目标上看，2004 年时任国务院总理温家宝为农民工“讨薪”，2004 年至 2007 年借助行政权力的“清欠风暴”虽然一时压制了这种违法现象，但并未将其杜绝，短期目标被地方政府进行了长期操作。建设领域拖欠工程款和农民工工资问题则是一个局部领域的短期问题，当中央提出用三年时间去完成时，可见这一任务的紧迫性。如果说 2007 年之前平均每年 100 亿元左右，2012 年至 2014 年劳动监察机构每年为农民工追讨工资的总额均在 200 亿元以上①，根据 2007 年劳动和社会保障事

① 参见 2012—2014 年度《人力资源和社会保障事业发展统计公报》，载 http://www.mohrss.gov.cn/SYrlzyhshbzb/zwgk/szrs/ndtjsj/index.html，2019 年 4 月 10 日访问。

业发展统计公报补发工资待遇等 62 亿元的统计①，前者是后者的 3 倍多。仅劳动监察追缴的数量就比“清欠风暴”的年份翻了一番。即便《劳动合同法》在“对劳动者劳动报酬支付的保护”方面，对原《劳动法》有所突破（新华社，2007），《刑法修正案（八）》更是将“欠薪入刑”，这些立法尝试均未转换成现实的守法动力。2016 年国务院办公厅提出，到 2020 年“使拖欠农民工工资问题得到根本遏制，努力实现基本无拖欠”。

历史上我国两次提出 2020 年分配目标，一次是主动的，一次是被动的。从十二大报告到十八大报告，我国的党代会都会提出一些长远目标，依托市场经济的发展，这些目标也都得以顺利完成。正常情况下，只要能够认真解决中、短期目标，必然也能完成我党 2020 年的长期目标。国家在分配体制中的特殊地位，特殊的时空中，我国发生了一场将长期目标当作短期目标来处理，地方政府提出了对居民的收入增长目标提前一半时间完成的计划。其结果是非但倍增的长期目标没有在短期实现，解决欠薪的短期目标最终被拖成了 2020 年完成的长期目标。

我国传统的计划经济体制是一种行政的经济体制，涵盖了国民经济的各个领域、各个环节。在这种体制下产生的主人理论强调经济对于政治的“服从”，以一定的政治理论为依据，以再分配的方式对经济领域进行切分蛋糕，产生了一种政治性从属的经济体制，使得中国经济的发展长期以来不可能按照自身的规律向前推进。我国的市场经济在改革开放过程中才开始建立，表面看来，市场机制似乎改变了传统计划体制，然而，只需要一定的社会契机，政治性从属体制“切分蛋糕”的动机依然会出现。21 世纪初，政府行政决定以各种理由大规模介入本应由市场决定的初次分配领域。一些政府“切分蛋糕”的思路其实是旧体制的回潮，搁置了本应关注的一些重要目标。当我们的目标不得不做被动调整时，反而会使我们远离主动目标。对上述调整总结，也许更能理解报酬权利与保护法益应当如何保持平衡。

二、报酬权利与保护法益的社会法设定

报酬权利与保护法益的目标设定是一种社会法的研究视角。立法者常常会认为自己可以任意选择立法目标来改变劳动报酬相对性的特点。工资收入倍增，保险收入倍增，分析长期目标短期化，短期目标长期化的本末倒置现象，可以看到反射利益不恰当地压缩企业空间的社会现象。

（一）工资收入倍增：十年目标改为五年目标

随着改革开放的推进，初次分配领域应当由市场决定，劳动关系因此具有财产性

① 根据《2007 年劳动和社会保障事业发展统计公报》，2007 年“通过劳动保障监察执法，责令用人单位为 1 626 万名劳动者补签了劳动合同，责令用人单位为 791 万名劳动者补发工资待遇等 62 亿元”，载 http://www.mohrss.gov.cn/SYrlzyhshbzb/zwgk/szrs/tjgb/201710/t20171031_280387.html，2019 年 4 月 10 日访问。

内容，这是双方当事人行使请求权的协商空间，似乎已经成为社会共识，其实，社会现实并非如此。我国缺乏完整的劳动债权理论，劳动报酬的相对权特点并未被真正认识。缩短收入倍增的时间不约而同成为各地的选择，说明政府以行政决定介入初次分配领域，其实只需要一个似是而非的理由。文跃然副教授的报告（文跃然等，2008）尽管与中央定下的目标严重背离，却成为当时各地政府的理由。各地工资收入倍增在两个方面对中央的决定进行了改变：（1）收入倍增的时间：城乡居民人均收入倍增的时间，党的十八大后来将其定为十年，然而，从媒体报道看，当时相当一部分省份认为，这一计划在 2015 年前后即可完成。党的十八大预计 10 年完成的目标，地方政府认为 5 年便可完成，10 年压缩为 5 年成为一个行政介入市场的理由。在市场经济条件下，各种生产要素是按贡献参与收入分配的，我国可利用行政手段，快速改变收入分配格局，试图使劳动者从中获益。这种看法也成为一些地方制定政策的基本依据，在党的十八大后的一个时期似乎也没有改变。（2）收入倍增的空间：经济增量还是经济存量。城乡居民人均收入五年倍增还是十年倍增，并不仅是一个时间问题，还涉及这种翻番的实现空间是在经济增量还是经济存量中完成。党的十八大提出两个倍增，实际上是强调伴随经济增量提高居民收入，在党的十八大报告中，城乡居民人均收入翻番并不是一个孤立的指标，而是与国内生产总值翻番同步实现的。一些地方政府的收入翻番并不与经济增长相联系。

分配首先是一种经济现象，国家是分配体制、分配制度和分配模式的最终确定者。不论是国民收入的宏观分配比例的确立，还是企业收入、个人收入的微观分配的划分，都要受到国家基于宏观经济稳定、微观经济效益、社会财富最终占有的公平等价值目标的需要而实施的必要干预或调控。在这种体制面前，法益扩张只需要找到一个理由，政府便可采用反射利益压缩企业生存空间。国内生产总值作为一个国家或地区经济中所生产出的全部最终产品和劳务的价值，是衡量一个国家或地区经济状况和发展水平的重要指标。它不仅反映一个国家的经济表现，还反映一个国家的国力与财富。一些地方提出的五年收入倍增计划往往并不强调这种同步翻番。以广东为例，只提五年收入倍增，如果从 2000 年开始计算，到 2012 年翻两番，国内生产总值是 20 年翻两番，而居民收入是 12 年翻两番。长沙也实行五年收入倍增计划，在实际宣传时特别强调“与以往不同，‘建议’通篇没有提及未来五年的 GDP 增速目标。而与之相对应，是醒目的‘居民收入倍增’计划”①。由于居民收入的翻番明显快于国内生产总值的翻番，必然要求调整经济存量分配比例，通过重分蛋糕来实现翻番（董保华，2013a：54）。

在大陆法系，合同相对性原则包含合同主体的相对性、内容的相对性及责任的相对性，劳动报酬的相对权也可从这三方面理解，相对权总是被定义为针对特定人而产生效力的权利，因此也被称为对人权（史尚宽，2000：22）。然而，在我国学者的心目中，这种相对权是国家可以随意突破的。2008 年中国人民大学劳动人事学院新年报告会上，文跃然副教授以发布学术课题的方式呼吁加快工资的增长。他提出从 2008

① 《湖南长沙出台规划 5 年城乡居民收入倍增》，《潇湘晨报》2010 年 11 月 12 日。

年起到2020年，工资总额有3—4倍的提高空间，人均工资约有2.4—3.2倍的增长空间。主张快速翻番的学者一般对最低工资的作用特别推崇。2008年文跃然在发布快速翻番观点时，曾湘泉教授对这一观点进行现场补充：通过最低工资制度来提高最低工资标准，是最有效、最具有强制性的提高低收入者收入水平的方法。他还认为，提高工资并不会削弱企业的竞争力，反而将逼迫产业转型与升级。①这一看法迅速被全国总工会、人保部接受。2010年人保部工资所所长苏海南在强调居民收入五年翻番时也认为："提高最低工资标准对于增加低收入者的收入有'立竿见影'的效果，能够改善民生，促进内需，拉动地区经济发展。"（苏海南，2010a）提出五年收入倍增的学者主要强调加大政府介入力度，利用行政手段，缩小收入分配差异，通过快速改变分配格局，使劳动者从中获益。主张居民人均收入倍增的学者特别强调加强政府"分蛋糕"的权力，常常立足于政府的立场来进行讨论："分好蛋糕"首先要做出第一刀的安排……切完这第一刀以后，在收入分配这个"蛋糕"里面，我们尽可能让低收入者多分一些，中等收入者相应分一些，高收入者应该少分，甚至特高的就应该暂时不分，通过这样一些措施逐步缩小收入差距。②这种"劳动控制资本"的立论完全忽视了初次分配与再次分配的基本分工。

（二）保险收入倍增：搭便车进入保险成主角

劳动关系具有人身性，这本是政府应当关注的内容。工伤认定引起各方关注的是上下班道路交通事故认定工伤的"双份利益"问题。"双份利益"的问题最初出现在2002年实施的《安全生产法》第48条规定中："因生产安全事故受到损害的从业人员，除依法享有工伤社会保险外，依照有关民事法律尚有获得赔偿的权利的，有权向本单位提出赔偿要求。"《最高人民法院关于审理人身损害赔偿案件适用法律若干问题的解释》又将这一"依照有关民事法律尚有获得赔偿"解释为"因用人单位以外的第三人侵权造成劳动者人身损害，赔偿权利人请求第三人承担民事赔偿责任的，人民法院应予支持"。各国制度设计一般以避免双份利益为原则③，这两个规定尽管还可从多种视角进行理解，但我国一些司法实践是努力让劳动者获取"双份利益"（一份补偿，一份赔偿）④并产生了以下极其荒谬的结果（董保华，2019：130）。

---

① 参见罗娟：《工人日报：工资上涨，要让普通职工"有感觉"》，来源：《工人日报》，转载"中国新闻网"2008年2月9日，载 https://www.chinanews.com/cj/hgjj/news/2008/02-09/1159634.shtml，2024年7月17日访问；《专家称2020年前我国工资总额有3—4倍提高空间》，来源：《第一财经日报》，转载"环球在线"2008年1月7日，载 http://www.chinadaily.com.cn/hqzg/2008-01/07/content_6374553.htm，2024年7月17日访问。

② 关于"分蛋糕"的思想，参见苏海南，2010b。

③ 见本书第十二章，第482—484页。

④ 举例子来说，断了一只手，就发生了一笔医药费。医药费只有一笔，怎么可能拿到两笔？这是我们司法制度的问题，他先打工伤的案子，那么工伤的发票、收据等原件和复印件都核对过了，法院就把这套复印件收掉了，而后做出判决。这样的话，原件还是在他本人的手里，于是他还能够拿这些原件向第三人再去求偿，这样就出现了拿到两份的情况。其实这是司法实践中的问题带来的，实践中断了一只手，发生了一笔医药费，最后赔两笔医药费，这肯定是不合理的。

首先，按职业灾害原则建立的补偿制度只能领取一份利益，而搭便车进入保险的上下班道路交通事故获取双份利益，没有社会公平性可言。工伤保险制度在历史上是从劳工补偿制度开始的，工伤作为一种职业灾害，以工作时间、工作地点、工作原因作为认定工伤的基本依据，上下班道路交通事故本不属于工伤范围。劳工补偿制度开启了无过错责任的历史先河，随着这个制度慢慢地扩展，现在许多领域都开始使用无过错责任或严格责任制度，包括我国道路交通法也开始在一定程度上适用无过错责任原则。《工伤保险条例》起草时，随着交强险的发展，从劳动部原来的规定到国务院的规定，曾经考虑让两个制度分离，各自发挥作用，工伤不再涵盖道路交通事故。由于我国交强险的标准还比较低，如果立即取消上下班道路交通事故认定工伤，必定会使保障水平有所下降，最终这一主张没有成为正式规定。双份利益的做法突然让这一照顾性质的规定，完全失去了原来的含义。

其次，双份利益从理论上说，是将工伤保险混同于人寿保险而带来的问题，这本身是一种缺乏常识的看法。工伤作为职业灾害，从劳动者自己责任原则、雇主过失责任原则发展到雇主补偿不究过失原则，可见今天的"无过错责任"原则是"雇主责任"加上"补偿不究过失原则"形成的。两者的相加使雇主责任大大放大，才产生出了通过工伤保险转移风险的需求，工伤保险其实是一种雇主责任险，性质上是财险而非寿险，显然不能获取双份利益。同时，无论是补偿还是赔偿都是按填补原则建立起来的。在总盘子既定的情况下，上下班道路交通事故的增加，也制约了真正因职业灾害发生工伤的支付标准。

最后，由于道路交通事故是随着道路与车辆增加而增加，我们通过改进安全生产措施，控制职业风险的任何努力都会被道路交通事故的增加所抵消。安全生产是保护劳动者的安全，降低工伤发生率的根本措施，也是促进社会生产力发展的基本保证，职业灾害是可以通过改进安全生产而得以控制的理论被颠覆。在制度设计上我们将进入两难境地。如果上下班道路交通事故被认定工伤后，与浮动费率挂钩，我们的浮动费率会变得荒诞，当企业为一个自己完全无法控制的因素的增加而买单的时候，浮动费率将变得没有任何合理性；如果上下班道路交通事故被认定工伤后，不与浮动费率挂钩，工伤基金的安全是没有保障的，快速增长的上下班道路交通事故，会使大量增加的支出没有收入来源。双份利益的实现，制造了安全生产待遇体系的混乱。

从一个《安全生产法》的规定[①]走向颠覆安全生产法待遇体系，是一个戏剧化的变化，其中最高院的理解起到了至关重要的作用。这一变化源于一个案件，[②]本来并

---

① 《安全生产法》第 48 条规定："因生产安全事故受到损害的从业人员，除依法享有工伤社会保险外，依照有关民事法律尚有获得赔偿。"

② 2004 年 12 月 31 日，新疆工程师张秋丽出差到沙湾县地税局做完工程决算审核后，乘坐该局的车返回乌鲁木齐市的途中，因该局驾驶员驾车发生交通事故，造成张秋丽死亡。经交通事故管理部门认定，驾驶员应承担交通事故的全部责任。车主单位沙湾县地税局作为国家机关既不缺钱，也不想找麻烦，很快按当时、当地较高的赔付标准，一次性赔偿给工程师家属 220 615.8 元。随后，工程师家属又依据劳动部门的工伤认定，要求社会保险基金管理中心再支付工伤待遇。这一要求的核心是：一次事故获双份赔偿。管理中心以事故方已赔付的费用均高于《工伤保险条例》为由，作出不予支付工伤保险待遇的决定。

无悬念的案子，然而在新疆的某个法院却引发了争议，因为有人想起了最高院副院长的一段讲话①。既然涉及自己的直接上级，于是新疆有关的高院向最高院打了报告，告知讨论中发生了两种意见，第一种意见的依据是劳动部的相关规定②；第二种意见依据是“黄松有副院长2003年12月9日就《解释》③答记者问时有明确表述”。一个是执行了多年的旧规定，一个是“答记者问”中上级领导别出心裁的新表述。意味深长的是：面对两种观点，新疆有关高院向上级表示：“我院审判委员会倾向于第二种观点。”黄松有领导下的上级部门很快给出了欣然赞赏的答复。在中国的官场中，这种所谓的“请示”实在很微妙，不知请示者和被请示者，上级和下级，谁更需要这样的所谓“请示”，也许都需要。这一“请示”与“答复”迅速传遍全国各地法院。尽管我们是成文法国家，但各地法院毫不犹豫地按照这一“答记者问”来审判案件，各地政府白纸黑字的规定也就莫名其妙的成了废纸。无论谁是始作俑者，黄松有别出心裁的“答记者问”开始越出法制的正常轨道，取得了某种凌驾于地方规定的效力。交通事故这一“搭便车”④进入工伤认定范围的事故，取得了双份待遇。在矫揉造作一问一答中，赔偿损失中的填补原理被突破。为什么伤残客观上支出一份医药费却能获得两份“报销”？由雇主责任险⑤演变而来的工伤保险如何能够突破“一个人不能凭借保险获得额外利益”的原理？理论上的受害者变成现实的获利者时如何避免引发潜在的道德危机？在中国虽不乏重塑理论的学者，但对于现实中的问题，往往少有关注，各种让工伤保险脱离财产保险的说法开始流行。⑥当工伤保险脱离财产保险的定性时，一个副产品是这种保险将不再适用依据填补原理产生出来的代位求偿原则，工伤基金当然也就不可能再承担垫付的责任。⑦

（三）倍增目标设定的连锁反应

比较工资收入倍增、保险收入倍增，前者涉及面更为广泛，然而两者却具有类似的决策机制，总体而言，都比较仓促、随意，一经决策却能迅速推广。

广东省率先公布了五年“收入倍增计划”。而从地方政府提出目标的过程来看，2008年在广东已经正式宣布五年“工资倍增计划”时，相关职能部门依然表示上述工

---

① 最高人民法院副院长黄松有：“如果劳动者受工伤是第三人的侵权行为造成，第三人不能免除民事赔偿责任。例如职工因公出差遭遇交通事故，工伤职工虽然享有工伤保险待遇，但对交通肇事者负有责任的第三人仍应承担民事赔偿责任。”

② 1996年8月12日公布的《企业职工工伤保险试行办法》。

③ 这里的《解释》是指最高人民法院2004年5月1日发布的《关于审理人身损害赔偿案件适用法律若干问题的解释》，其中第12条规定：“依法应当参加工伤保险统筹的用人单位的劳动者，因工伤事故遭受人身损害，劳动者或者其近亲属向人民法院起诉请求用人单位承担民事赔偿责任的，告知其按《工伤保险条例》的规定处理。因用人单位以外的第三人侵权造成劳动者人身损害，赔偿权利人请求第三人承担民事赔偿责任的，人民法法院应予以支持。”这一规定相当含糊，充满歧义。《解释》本身似乎有待解释。

④ 交通事故本不是工伤事故，出于照顾的目的，《工伤保险条例》将上下班途中的机动车事故认定为工伤。

⑤ 雇主责任险作为财产保险严格适用损失补偿原则。

⑥ 例如，“社会保险因其保险标的是人的生命、身体和健康，因而属于人身保险范畴”（庹国柱、刘万，2009：29）。

⑦ 其中的法理可参见李干，载董保华，2012a：304—318。

资倍增计划的具体方案仍在抓紧制定，尚无时间表。可见，这是一个匆忙制定的计划，相关决策部门显然以学者的测算代替了相关职能部门的实际测算。在此之后，居民收入五年倍增迅速成为一种流行的提法。2010 年 3 月全国“两会”之后，关于“国民收入五年倍增”的呼声日益提高。时值“十一五”规划实施进入后期且“十二五”规划正待制订之际，不少学界专家和政府官员提出建议，要求在“十二五”规划中明确列入“国民收入五年倍增”。2010 年 6 月，《人民日报(海外版)》登出《人保部工资所所长：我国可实施国民收入倍增计划》的文章，引起社会各界的广泛关注。在该文中，人保部工资所所长苏海南提出要借鉴日本国民收入倍增计划的经验，“应该在‘十二五’规划或者政府的工作计划里面，酌情考虑或者采取类似的做法。如果年均工资增长15%以上，五年左右就可以翻一番”。人保部工资所所长这一政府官员的特殊身份与《人民日报》的高度权威，都让人误以为这是中央有关部门将一个早已形成的内部意见向海外正式发布(董保华，2013a：53)。

尽管 2008 年与 2009 年广东的翻番计划执行得并不顺利，尤其是 2009 年广东 8.6%的增幅离 14%的目标有很大距离，但 2010 年海南省依然保持五年翻番的热情。在初次分配中，各省主要依赖最低工资、工资指导线、工资集体协商这三项制度来“切分蛋糕”，其中最低工资具有政府的强制效力，提出工资快速翻番的省份不约而同地加大推高最低工资的力度。2010 年，一些省份将其作为收入倍增的开局年，各地纷纷上调最低工资，江苏上调 12%，上海上调 15%，广东上调 21%，湖北上调 28%，海南上调 34%。江苏一月份宣布，上海二月份宣布，广东三月份宣布，湖北四月份宣布，海南六月份宣布。地方政府为拔开局之年的头筹，竞相加码。在 2010 年最低工资普遍上涨的基础上，2011 年全国 25 个省份调整了最低工资标准，平均调增幅度为 22%①(董保华，2013a：56)。

值得注意的是，尽管全国的统计数据不支持居民收入五年倍增，广东也确实未完成收入五年倍增计划，党的十八大更是将收入倍增的时间延至十年，但当年许多省份依然按五年倍增来提出自己的目标。同年 11 月，长沙市提出五年“城乡居民收入实现倍增”的规划；同年 12 月，海南省提出五年“城乡居民收入实现倍增”的规划。地方政府存在政绩冲动，以行政手段快速推高居民收入的想法，很容易在相互攀比中成为一种普遍的认识。如果结合收入倍增的路径来观察，在政绩冲动背后更有“强化权力”的思考(董保华，2013a：55)。

三、报酬权利与劳工保护的法社会现实

报酬权利与劳工保护的现实平衡是一种法社会的观察视角。无论是工资收入倍增还是保险收入倍增，劳工保护法益脱离底线思维是我国报酬权利与劳工保护的现

---

① 《2011 年度人力资源和社会保障事业发展统计公报》，载 http://www.gov.cn/gzdt/2012-06/05/content.2153635.htm.，2013 年 1 月 2 日访问。

实平衡中的突出问题，法社会以迂回曲折方式来改变社会法的理想目标。

（一）财产关系中的现实平衡

2004 年时任国务院总理温家宝曾在政府工作报告中提出："国务院决定，用三年时间基本解决建设领域拖欠工程款和农民工工资问题。"十多年来，我们不断提出解决欠薪问题的时间表，2016 年国务院办公厅以国办发 1 号文件的形式下发《国务院办公厅关于全面治理解决拖欠农民工工资问题的意见》，以标本兼治、综合治理为指导思想，从全面规范企业工资支付行为等多方面出发，提出十余条治理措施，切实保障农民工劳动报酬权益，维护社会公平正义，力求形成制度完备、责任落实、监管有力的治理格局。该文件中所称的最终目的的实现期限是到 2020 年。令人尴尬的是 2018 年中群体争议中近 80%有欠薪的主张。我们似乎离完成这一任务越来越远。法社会中的尴尬，需要到社会法中寻找原因，也许我们应当重新回到问题的源头与演变。这本是一个三年中应当完成的短期目标。拖欠工资形式上是财产关系，其实涉及人格尊严。当地方政府将自己的重心移向其他目标时，短期目标成为长期目标。

从国内实践来看，尽管相当一部分省份提出居民收入五年倍增的目标，但广东省是当时唯一完整经历了五年时间的省份。按广东省的五年倍增计划，从 2008 年开始全省企业职工工资每年平均递增 14%以上，力争到 2012 年实现居民总收入比 2007 年翻一番，如果与 2000 年相比，则是翻两番。其中有两个"工资倍增计划"特别引人注目。除广东全省职工工资 2012 年的工资水平要比 2000 年翻两番外，从 2008 年起要力争广州全市职工平均工资每年递增 12%以上。2000 年，广州全市职工年平均工资为 18 974 元，按照翻两番的目标，到 2012 年，广州在岗职工平均年薪近 7 万元。尽管广东省、广州市"收入倍增计划"在当时一些学者看来太过保守，但是从广东省、广州市实施的效果来看并不理想。广东一篇文章报道，2007 年到 2011 年，城镇居民人均可支配收入增长 52.0%，年均增长 11.0%。农村居民人均纯收入增长 66.6%，年均增长 13.6%，[①]实际上承认收入五年倍增的目标也没有实现（董保华，2013a：54）。

如果我们对城镇居民人均可支配收入和农村居民人均纯收入这两个数据进一步解读，会发现这一目标是脱离实际的。笔者以广东省统计局 2007 年到 2011 年的数字计算，城镇在岗职工收入增长率均低于 14%，分别为 12.45%、9.80%、11.01%、11.88%。这一数据与广东省公布的城镇居民人均可支配收入基本持平，这从另一角度说明广东省没有一年达到五年倍增设定的目标。如果以另一个指标来观察，根据 2007 年到 2011 年广州市的统计年鉴，广州市在岗职工的年均工资分别为 40 562 元、45 702 元、49 519 元、54 807 元、57 473 元，远低于计划中的 7 万元的标准，增长率为 12.67%、8.35%、10.68%、4.86%，其平均水平也低于在岗职工年均增长率 12%的

① 《GDP 从 3 万亿跨上 5 万亿：广东迈进中上等收入国家或地区新门槛 GDP 连续 23 年全国第一》，《广州日报》2012 年 5 月 10 日。

增长目标(计算均未扣除物价上涨因素)。即便在不扣除物价上涨因素的情况下,广东省没有一年达到目标,广州市也只有第一年达标,有些年份离目标还差距甚远。在这期间我国曾发生较大规模的物价上涨,如果扣除物价上涨因素,实际增长率更低,离预定目标差得更远(董保华,2013a:55)。

广东是连续多年保持生产总值增长全国第一,而农村居民纯收入又大大高于全国平均数的省份。然而,即便这样一个省份就是将物价大幅上涨的"贡献"加入进来,也没有一年能达到预定的居民收入增长目标,只能说目标设定存在问题。以城镇居民人均可支配收入为例,对比江苏、广州公布的计划:江苏提出 2020 年达到 4.5 万元,而广州提出 2012 年便达到年薪近 7 万元。其实,江苏的目标,也是一个不低的指标,居民每年收入要增长 10%左右,只有在一个经济长期向好,企业与员工付出艰巨努力的环境下才有可能实现。如果我们从全国的情况来看,在 2002—2011 年的十年间,城镇居民人均可支配收入平均每年增长 9.2%,农村居民人均纯收入平均每年增长 8.1%①,从数据的历史对比上看,五年倍增并无任何依据(董保华,2013a:55)。收入倍增是一个十年完成的目标,尽管当地政府高度重视,最终并未避免目标落空的结果。

(二) 人身关系中的现实平衡

随着双份利益规定的引入,我国"视同工伤"的认定标准的矛盾更加突出。2004 年《工伤保险条例》第 15 条将在工作时间和工作岗位突发疾病死亡或者在 48 小时之内经抢救无效死亡的作为可以视同工伤的一种情形,2010 年该规定进行修订,完全沿用了 2004 年的规定。这一规定也可称为"双工+48 小时死亡"的认定标准。依笔者看来,这一认定标准本身存在着严重的缺陷(董保华,2012d:56)。非职业灾害搭便车进入补偿的上下班道路交通事故倒有可能取得双份利益,"过劳死"这一本应认定为工伤的情形,连一份补偿都无法获得,两者的反差被社会广为诟病。

首先,就工作时间、工作地点的"双工"认定标准而言,其强调发病地点。"过劳死"往往是由于积劳成疾,其发病并不一定在工作时间、工作地点。两次修法中引起媒体关注的两个案件均不符合这一标准。胡新宇是长期加班后患病,入院治疗时病逝的②;潘洁是在其经手的项目终于告一段落,适逢清明节长假,在家休息期间突然昏迷。③两

① 《国家统计局局长马建堂:实现收入倍增目标有条件、有基础》,《第一财经日报》2012 年 11 月 15 日。

② 毕业于四川大学的胡新宇,2002 年考上成都电子科技大学攻读硕士,2005 年毕业以后直接到深圳华为公司从事研发工作。2006 年 4 月初开始,胡新宇经常在公司过夜,甚至长时间在实验室依靠一个睡垫打地铺,加班时间最长到次日凌晨两点左右(曹刚、蔡子祺,2006)。

③ 2010 年 10 月,潘洁被普华永道公司录取,"进入普华永道之后,她就一直在不停地加班",潘妈妈回忆道,今年 1 月份开始,女儿接手一个锦江集团的年报项目,她就经常因加班而很晚回家。到 2 月份,加班的时间更长了,每天都要半夜才到家。"3 月 31 日是潘洁突发病毒性感冒的日子,前一天晚上,她经手的项目终于告一段落,她才得以在凌晨 0 点 24 分回到家中。"潘妈妈说:"回到家里,她没有洗脸,没有洗脚,倒头就睡。"第二天早上,潘洁发起了高烧,父母紧急将她送到了市第五人民医院治疗。适逢清明节长假,潘洁在家休息了几天。然而到了 4 月 5 日潘洁突然在家中昏迷,在第五人民医院诊治后,潘洁被转院到华山医院继续治疗。这时候,她已经陷入了昏迷状态(王亦菲、谢磊、李立非,2011)。

案均不符合视同工伤中的“双工”认定标准，然而，如果与上下班道路交通事故相比，后者也完全不符合“双工”认定标准，后者可得双份，前者作为真正的职业灾害，连一份补偿也不给予，显然是不公平的。

其次，就“突发疾病死亡或在48小时内经抢救无效死亡”认定标准而言，其强调的是抢救时间。即便是上述两案发病在工作时间、工作地点，符合“双工”认定标准，但由于抢救时间过长，也就不符合“48小时死亡”的认定标准。“48小时”是一个极不人道的提法。这一认定标准显然是在暗示家属应当在48小时之内放弃治疗，以取得工伤待遇，这无疑是对社会道德底线的一种挑战。如果与上下班道路交通事故相比，两者在类似情况下，得出完全不同的结论。

最后，“双工+48小时死亡”的认定标准最致命的缺陷是其与加班这种过度劳累现象并无直接的逻辑联系。当立法只强调发病地点、抢救时间时，一个从不加班的员工在工作中旧病复发，在48小时内死亡，便可获得工伤待遇；一个长期加班的员工，只要不是在工作中发病或者抢救时间过长，便不能获得工伤待遇。“双工+48小时死亡”的认定标准没有在休息权这一“原权”与工伤待遇这一“派生权”之间建立起必要的因果联系。如果与上下班道路交通事故相比，两者都存在着对职业灾害不予认定工伤，非职业灾害反而认定工伤的问题。

从国际比较来看，尽管我国目前的立法都是在近15年中公布的，如果我们从一个较为国际的视角来看，“双工+48小时死亡”是一种较为落后的认定方式。现代工伤认定一般在侵犯“休息权”与主张“工伤待遇”，“原权”与“派生权”之间建立起一定的因果联系。日本将劳动者在死亡前是否存在过度工作的情况作为最重要的考察依据。美国则将因精神压力而导致的劳工伤害作为劳工损害赔偿的范围。相当一部分国家强调工伤认定标准与加班导致过度劳累现象之间的因果联系。

从国内比较来看，《劳动法》出台一年后劳动部制定的规定，即我们已废止的《企业职工工伤保险试行办法》①，则有不同的规定。《试行办法》第8条第4项明确将在生产工作的时间和区域内，由于工作紧张突发疾病造成死亡作为工伤的情形之一，在这里，强调的是“由于工作紧张”，我国离“过劳死”的认定只有一步之遥。②而一些地方规定基本上按比较接近“过劳死”的要求来解释“工作紧张”。例如上海市曾经规定“在生产工作的时间和区域内，因下列原因造成工作紧张突发疾病死亡或者经第一次抢救治疗后全部丧失劳动能力的：(1)企业安排职工从事禁忌从事的劳动；(2)企业安排职工加班加点时；(3)企业在正常工作时间内安排职工完成超额劳动的；(4)其他因企业原因造成职工工作紧张的”。两相比较，可以发现旧法将突发疾病死亡的原因限定为“由于工作紧张”所致可以对各种各样的“过劳死”案件提供一定的法律保护，但是，新的《工伤保险条例》却将其废除了。我国现行《工伤保险条例》从扩大工伤保护的范围这样一个立法角度，将和工作无关的突发疾病死亡，在48小时之内经过抢救

① 劳动部发〔1996〕266号。

② “过劳死”不仅认定发生在工作场所的疾病，还要认定非工作场所的疾病。

无效死亡的情形也列进来，这种视角的转换，使真正需要保护的“过劳死”案件却是没有办法得到保护(董保华，2019：132)。

四、社会法与法社会的综合平衡

无论是工资收入倍增还是保险收入倍增，都是劳工保护法益脱离底线思维产生的现象，这是我国报酬权利与劳工保护现实平衡中的突出问题。从社会法的角度看，政府似乎可以立法形式定义自己的政策目标，从法社会的角度来看，一旦脱离底线思维，不仅要承受目标落空的结果，劳动者要承担一定的代价，如真正的工伤无法获得赔偿，拖欠工资难以解决都是社会政策定位错误的代价。无论我们如何膨胀执法队伍，立法、执法资源总是稀缺的，有得必然有失。最低工资不能离开“最低”二字，这是《最低工资规定》中明确的定位，这是法治社会的基本追求。

其一，劳工保护法益需要底线思维。最低工资、工伤待遇、工资支付，涉及的都是劳动关系的底线。拖欠农民工工资是严重的违法现象。“劳动法上之劳动为基于契约上义务在从属的关系所为之职业上有偿的劳动”(史尚宽，1934、1978：1—2)，劳动者与用人单位之间劳务与工资的对价交付被视为劳动合同的主给付义务(黄程贯，2014：A87)。劳动者在用人单位的指挥管理下提供劳动，获得相应的劳动报酬便是最基础的合同权利；加之劳动报酬关涉劳动者的生存利益，属于劳动基准的强制规定。用人单位拖欠工资的行为同时触犯了劳动合同与劳动基准法的底线。《劳动合同法》对劳动合同关系的运行设置了诸多强制性规定。农民工作为底层劳动者，如果其无法获取劳动报酬，很难想象他们可以享受劳动法上的其他权利，例如未签书面劳动合同的两倍工资、违法解除劳动合同的赔偿金等；至于那些“锦上添花”的权利就更不具备实现的可能性，诸如带薪年休假、对无固定期限劳动合同的主张、裁员时要求被优先留用等。

其二，脱离底线思维会进入某种随意空间。我国的“过劳死”现象之所以无法得到单份救济，而上下班道路交通事故会得到“双份利益”与执法部门的利益有关。国务院法制办、劳动和社会保障部参与《工伤保险条例》制定的官员编写的《工伤保险条例问答》一书介绍了保障退步的背景。据介绍，上述第 15 条在立法时已是争论焦点之一。如果不将突发疾病致死认定为工伤，势必缩小职工的保障范围，将其排除则有利于鼓励用人单位参与工伤保险。最终，《工伤保险条例》作了如下认定：突发疾病死亡视同工伤，但死亡时间限制在 48 小时之内。这种决定与解说本身就极其牵强。原来是从工作出发，现在是从疾病出发，原来是认定因工作引发疾病，现在是认定单纯的疾病导致死亡。作为工伤保险，原来规定显然更具合理性，不仅更容易受到员工的欢迎，也更容易受到企业的欢迎。其实真正的原因也是不言而喻的：这样的立法很大程度上是从方便国家机关认定和处理的角度来思考的。“工作紧张突发疾病造成死亡”显然认定难度很大。其实还是劳动保障部官员说得坦率，之所以做出“48 小时”的相关规定，是由于“过劳死”的技术认定非常困难——什么样的机构能够鉴定？如何鉴定？这些都是需要考虑的问题（苏永通、陆占奇，2006）。笔者以为，并不应当一步到位认定“过劳死”，但至少应当保留“工作紧张突发疾病造成死亡”认定工伤的规定，毕竟劳动部门在后者的认定上已经有了10年的经验（董保华，2019：132）。

其三，脱离底线思维进入执法部门的随意空间时，也干扰市场的基本秩序。“最低工资是一种价格的下限管制”。它是指劳动者在法定工作时间或依法签订的劳动合同约定的工作时间内提供了正常劳动的前提下，用人单位依法应支付的最低劳动报酬。最低工资偏离工资价格的下限管制这一目标时，本身会形成一些壁垒而扭曲市场信号。在企业范围内存在着进行绩效考核与不进行绩效考核的员工，实行最低工资的员工一般只能进行考勤而不能进行考绩。推高最低工资必然扩大非绩效考核的员工。近年来，随着最低工资的快速增长，不少用人单位取消了计件工资制。这种平均主义的价值取向显然不符合市场导向，也不符合中央在经济增量中提高居民人均收入的目标。在地区范围内居民存在职工与非职工，最低工资作为一种对劳动关系施加影响的手段主要影响职工的收入。以工资为收入的群体中城镇居民的收入一般高于农村居民，最低工资的过分拉抬也会扩大本已存在的城乡差距。以海南省为例，2010年最低工资曾有34%的增幅，2011年尽管农村居民人均纯收入为6 446元，同比增长22.2%，比上年提高11个百分点，但城乡收入差距依然巨大，城市居民收入为农村居民收入的三倍①（董保华，2013a：56）。

社会法的目标落空，会迫使立法者与执法者去营造一些法社会现象来证明社会法目标的实现。自劳动合同立法以来，各级政府习惯将诸如书面劳动合同签订率、劳动合同的期限长短、集体合同覆盖人数等一系列指标的变化与劳动关系的评价方式相挂钩。例如，全国人大常委会执法检查组2008年与2011年对《劳动合同法》的执行情况进行检查，两次报告将“劳动合同签订率明显上升”“新签劳动合同的平均期限有所延长”“集体合同覆盖人数增加”视为《劳动合同法》的主要成效（华建敏，2009；2011）。社会法执行的表面现象其实是难以长期掩盖法社会落实的真实问题。违法拖欠的触底性折射出一种可称之为“弱执法”的现象。法律总是涉及立法与执法两个面向，拖欠农民工工资这一现象作为我国久未治愈的顽疾，反映出劳动执法的尴尬。中共中央、国务院《关于构建和谐劳动关系的意见》将“有的地方拖欠农民工工资等损害职工利益的现象仍较突出”视为一种亟须解决的问题，说明劳动行政部门虽然每年都会动用公权力为农民工追讨工资，但在行政资源以及可处分资产均有限的情况下，这一问题仍不容乐观。事实上，“拖欠农民工工资”的现象还与另外一种现象形成对比。在发生劳动争议的场合，劳动者对法定利益的高标准预期，以及用人单位对高标准义务与责任的畏惧与抗拒，使法律规则时常被人为地技术化，诸如过度“维权”②、

① 《海南2011年城乡居民收入增长分别为17.9%和22.2%》，载http://www.ce.cn/xwzx/gnsz/gdxw/201202/10/t20120210_23061558.shtml，2012年2月10日访问。

② 根据上海市浦东新区劳动人事争议仲裁院的统计，平均在每个劳动争议案件中，劳动者的不合理请求占请求总量的30%左右（刘俊、维法，2010）。

"碰瓷式"维权①、伪造或隐匿证据,以及故意拖延诉讼时间等现象,均有违和谐社会的价值取向。这些现象使劳动争议案件充斥紧张、对立的情绪,破坏了劳动关系当事人之间的信任基础,制约了内部协商自治的正常运作,继而使劳动关系当事人更加依赖外部性机制,形成一个非良性的循环(董保华、李干,2016:70—71)。

第四节 解雇权利与养老法益的平衡

用人单位终止、解除劳动合同具有解雇的含义,劳动者终止、解除劳动合同具有辞职的含义。作为理论范畴,解雇、辞职,解除、终止,这四个概念如果与自治、管治的命题相结合,可以组合出多种范式。如果我们将解雇与辞职视为制度元素,两者的关系可以概括为:解雇与辞职实行对等、解雇与辞职保持对应、解雇与辞职形成对立、解雇与辞职引入对比。

一、解雇权利与退休法益的聚焦点

从解雇权利与养老法益的关系上看,两者涉及显性契约与隐性契约的关系。20世纪80年代,解雇、辞职、开除、除名、辞退是立法概念,与《劳动法》《劳动合同法》的提法不同,劳动合同解除与终止是用于分析的理论范畴。由于国企与外企实行截然不同的两种用工制度,一些看似类似的概念,背后的理念并不相同。国企隐性契约可完全归入公法理解,外企显性契约则可归入私法理解。两类关系的共同特点是都只涉及两方主体,前者是国家与个人,后者是企业与职工。

(一)辞退与退休背后的行政性对等关系

我国长期存在的隐性契约观念体现的是一种社会保障的行政性观念,企业与职工可以说是一种对等的服从国家的关系。社会保障是一种人法,强调人身性,我们常常以"国家主人翁"进行理论概括,也可称之为"主人模式"。历史上我国长期实行的"对等关系"体现隐性契约的基本逻辑:职工完全没有辞职权,企业也无解雇权,两个主体都高度服从国家的管理权。在这里,对等含义并非主体双方是平等主体的含义,只是在劳动关系的消灭上企业与职工均无自主权,对等地遵从国家意志,这是我国区别于西方市场经济国家的一种基础性关系,可以作为我国第一种形态来分析。如果说解雇与辞职是伴随着市场经济发展而出现的概念,辞退与退休的对等关系是我国的传统形态,那时我国并没有真正意义上的企业,各种行政性单位只是国家权力的延

① 以扬州市维扬区人民法院为例,"同一劳动者一年内向不同企业提起劳动争议诉讼的,已占劳动争议诉讼原告人数的20%以上,'碰瓷式'劳动争议诉讼有呈蔓延趋势"(刘俊、维法,2010)。

伸，是国家与个人关系的一个中介。在回顾改革开放40年的历程时，尽管历史演变中组合出四种制度样态，隐性契约一直在制约我国的制度调整。辞退与退休背后的行政性对等关系，是一种人身关系，体现的是公共利益。

退休是隐性劳动契约正常终止的概念，具有公法的性质。新中国成立以来，我国长期实行高度集中的行政管理制度，有学者将其视为一种隐性契约，退休制度可以说是一种公法性的终止制度。很多劳动法的教科书在概括“劳动法律关系具有长期性”时称：“其他法律部门的法律关系，一般都是有一定期限的。例如民事法律关系就有一定的期限，不会无限期存在。而劳动法的某些法律关系，特别是作为其核心的劳动法律关系，一般是在劳动者参加劳动后，在劳动者的终身期间内存在的(例如从工人参加劳动时起，他与企业间就发生劳动关系，退休后仍与企业有一定的法律关系，直到死亡时止)。”(谢怀栻、陈明侠，1985：7)国家垄断着包括物质财富、人们生存和发展机会(如就业机会)以及信息等所有重要资源，由于缺乏自治空间，这种体制也不需要最低工资、最高工时这样的劳动基准法，国家对劳动关系实行严格而全面的控制。在这种体制下，企业没有解雇权，劳动者没有辞职权，退休的强制制度具有特别重要的意义。退休进入养老从而得到社会的正常的帮助是体现“劳动光荣”正常秩序的，因而有着特别的意义。

辞退是隐性劳动契约提前解除的概念，也具有公法的性质。依据这种观念发展出劳动关系法定解除方式，完全建立在国家法律政策基础上。我国的劳动合同解除实行的是一种“法定理由”制度，从反常的劳动关系来看，开除、除名、辞退开始考虑劳动关系的财产特点。国务院1982年发布了《企业职工奖惩条例》，1986年发布了《国营企业辞退违纪职工暂行规定》，这两个规定确立了我国的劳动纪律制度。《企业职工奖惩条例》规定：“企业实行奖惩制度，必须把思想政治工作同经济手段结合起来。在奖励上，要坚持精神鼓励和物质鼓励相结合，以精神鼓励为主的原则；对违反纪律的职工，要坚持以思想教育为主、处罚为辅的原则。”按照这一原则建立起奖励制度和处分制度。我国的奖惩制度和辞退制度的特点是：(1)由国家通过立法对奖惩的条件和程序作出极其详尽的规定，奖惩制度除了具有维护企业内生产秩序、工作秩序的作用外，还有维护社会秩序的功能；(2)只有职工在符合国家规定的惩处条件时，用人单位才能按照法定的程序予以处理，企业只是代表国家行使制裁权，故使用了“行政处分”之类的称谓；(3)惩处的类型除减少劳动者收入的财产型处罚外，还有以影响声誉为制裁手段的人身型处罚，如警告、记过、记大过直至开除，这种被称为“行政处分”的形式，通过记入档案而对劳动者产生终身影响；(4)在解除劳动关系上，以企业和职工的不等性为显著特征，如用人单位有权依法单方面行使开除、除名、辞退权；职工无相应的辞职权，职工辞职须经企业批准，也是企业代表国家行使的管理行为；(5)对职工惩处的后果也不限于企业范围，如开除、除名后的工龄计算，领取失业救济金、养老金、重新就业的限制，使劳动者离开企业后仍受到多方面的制约。我国的惩处制度，是职工行为越出国家轨道而采取的一种追究法律责任的形式。

(二) 解雇与辞职背后的契约性对等关系

我国显性契约观念是伴随改革开放而形成的劳动关系，独立于社会保障的观念，解雇与辞职实行契约式对等。改革开放使“财产神圣”观念进入我国，也可称之为“契约模式”。对等含义是在劳动关系的消灭上国家基本上不予干预，这是我国劳动关系完全以市场秩序进行安排的一种极端类型。解雇与辞职不仅被理解为对应，而且更强调平等，可以说是一种“对应”加“平等”的模式，对等地遵从市场意志。我们可以将其作为我国历史上的第二种形态来分析，解雇与辞职背后的契约性对等关系，这是一种私法关系，作为一种物法，体现的是私人利益。

我国解雇、辞职作为立法概念，最初用于规范当时外企的劳动关系，性质上类似德国法上普通终止，属于正常消灭劳动关系的范畴。以合同为形式体现显性契约的理念，两种终止方式，建立在双方合同约定基础上，契约性对等关系的含义是强调劳动的财产特点，用人单位与劳动者完全以劳动力市场来联结。以私法意义的对等关系进行制度安排是由我国劳动关系历史发展的特点所决定，改革开放使我国走上了强国之路，20 世纪 80 年代，外商投资企业也应运而生。我国 1980 年 7 月 26 日公布实施的《中华人民共和国中外合资经营企业劳动管理规定》(以下简称《规定》)开始采用“解雇”“辞职”的提法并以一种国际化的方式进行规范，引入了西方市场经济国家关于劳动用工的一些制度安排。①这一时期由于我国连最低工资、最高工时这样的劳动基准法也不具备，几乎是一个将外商投资企业劳动关系所有内容统统交给企业与职工通过合同来进行调整的制度安排。解雇与辞职作为一种合同的对应关系，也完全交给劳动合同来进行规范，可以说实行了一种高度自治的管理模式。在正常情况下，劳动关系作为一种有偿的契约关系，应当主要考虑财产因素。

就外资企业而言，在改革开放中形成了一套以书面合同为核心的终止制度，采用解雇、辞职的提法。从民事合同原理来理解，合同终止是指合同权利义务关系全体消灭，主要适用非违约的情形(王利明，1996：518—519)，如合同因履行、双方协商一致、抵销、混同等终止。解雇与辞职作为形成权，是依一方的意思表示，到达相对人后就发生消灭法律关系的效果，属合同终止。我国当时为了平衡双方当事人之间的利益，这种解雇或辞职必须有劳动合同上的依据。②这里所称的劳动合同包括以工会为主体或以劳动者个人为主体，与企业签订的合同，前者具有某些集体合同性质。解雇与辞职作为一种对等关系，依事先约定的协议实现用人单位与劳动者的自治。

(三) 行政性对等与契约性对等的比较

从 20 世纪 80 年代到 90 年代初，在长达十多年的时间中，当时的国有企业与外资企业在法律适用上是完全独立的，从而形成体现公共利益的主人模式与体现私人

---

① 《规定》第 2 条第 1 款：“合营企业职工的雇佣、解雇和辞职，生产和工作任务，工资和奖惩，工作时间和假期，劳动保险和生活福利，劳动保护，劳动纪律等事项，通过订立劳动合同加以规定。”

② 《规定》第 2 条第 2 款：“劳动合同，由合营企业同本企业的工会组织集体地签订；规模较小的合营企业，也可以同职工个别地签订。”

利益的契约模式两个封闭的系统，在劳动关系的调整方法上，几乎所有的做法都是完全相反的。在第一种主人模式中，国有企业从社会保障的隐性契约出发，退休是劳动关系的正常终止，开除、除名、辞退是非正常解除，所有规定统统法定，由于完全排除私法因素，是一种较为纯粹的“公法—公益”的管制制度。在第二种契约模式中，外资企业从劳动关系独立于社会保障的显性契约出发，解雇与辞职对等的终止制度，完全实行合同调整，由于基本排除公法因素，是一种较为纯粹的“私法—私益”的自治制度。前者是一种人法，后者是一种物法。

在社会法的视域中，我国外资企业是从中外合资起步的，很多国有企业员工也因此进入外商投资企业，由于中外合资企业作为外商投资企业常常办在原国有企业的厂区内，员工间有着紧密的联系，同一个厂门进出的员工，原来可能是师兄弟，进入两个企业的生产过程后，分别执行的是完全不同的管理制度，两类企业又存在某种交集与竞争。历史给我们提供了一次近距离观察劳动关系调整适用完全自治与完全管制方式的机会。“管制”与“自治”这两种抽象制度元素分别配置给国有企业与外资企业。以今天的眼光来看，我们可以将这两种抽象管理模式视为两个极端。在完全自治的外商投资企业的物法调整模式中，显性的个别契约是其调整的基本依据；在完全管制国有企业的人法调整模式中，可以说政策法规体现的某种隐性社会契约是其调整的基本依据，两者有完全不同的内在逻辑，也在一定的范围内进行竞争。与外商投资企业相对应的是我国当时存在大量的国有企业，高度集中管制的体制使我国总体性社会结构中，外资企业在所有的方面均与之相反。

在法社会的视域中，对于两种纯粹的抽象制度竞争，历史已经给出了结论。当我们以解雇与退休作为聚焦点来分析劳动关系消灭制度，其实可以按两方主体的模式来分析，这是历史特定时期的现实情形，由于两种极端模式基本上都抽离了反射利益这种社会利益形式，也不存在具体人格的概念，严格说来并非社会法的常态，但为法社会分析提供了难得的对比样本。在这一时期，第一种主人模式对等关系中，国家作为利益主体，既是国有资产的投资人，又是公共利益的代表者时，在两种极端制度的竞争中，事实上更强调国有资产的投资人身份。当时的国有企业也是国营的，国家进行直接管理，是一种公共管理，劳动关系的双方当事人只是被管理者，与当今的反射利益不同。第二种契约模式对等关系中，在强调外商投资自主性的语境下，国家不对外资企业进行劳动管理，制度运行基本上也不受反射利益的影响。从投资人的角度看，这是一场基本公平的竞争。在抽取所谓社会利益的难得的历史条件下，国营企业这种体现公共利益的极具稳定特点的制度安排，恰恰得到极为不安的社会效果；外资企业这种极具灵活的制度安排，恰恰得到较为稳定的社会效果。

社会法在调整劳动关系时，出现三方主体。我国目前社会法意义上的权利与受益高度分离成为最具中国特色的制度安排。我国社会法的出现，国家直接管理变为以反射利益为主要形式的间接管理，使劳动关系出现对应关系，可以视为《劳动法》所代表的第三种“平衡模式”；随着这种反射利益以公共利益的名义过分的增加，发展成对立关系，可以视为《劳动合同法》所代表第四种形态。如果我们将对应关系视为反射利益低标准制度，对立关系则是一种反射利益高标准制度，从对应关系到对立关系，三、四两种形态也可视为是反射利益的加入程度不同。事实上，第四种形态重新确立劳动光荣、劳动控制、隐性契约的价值目标，意在通向改革开放前的第一种形态。在我国宪法中"劳动光荣"与"主人翁态度"是两种不同的公德标准，尽管现行工会法已经明确提出主人模式，第四种对立模式其实是一种"准主人模式"。

事实上国家也是利益主体，双重代表者更有自己的行为逻辑，作为公法主体是公共利益的代表者。从公共利益的视角，我国不仅会选择性忽视历史已经给出了答案，有时甚至可能将答案视为问题，于是力图在私法关系中过量加入公法因素。在解雇权利与退休法益的两个极端上，两种关系的重心不同。总结"解雇""退休"40多年来的制度演变所折射出来的体系特征，有助于对我国当前劳动立法进行恰当定位，并对正在发生的制度选择形成清醒的认识。不仅应当重视制度设计目标的社会法逻辑，更应当关注社会实际运行中的法社会状况。

二、解雇权利与退休法益的社会法设定

从社会法的视角来观察，反射利益的加入，《劳动法》《劳动合同法》均采取基准与合同相结合的形式，显性契约体现的财产特点与隐性契约体现的人身特点，首先表现在终止制度的设计上，约定的终止强调企业的财产性目标，法定终止很大程度上是强调退休终止的人身性目标。约定终止与法定解除形成对应关系；法定终止与法定解除形成对立关系。退休、辞退，解雇、辞职，解除、终止，不同时代形成的概念，与自治、管治的命题相结合，可以组合出多种范式，并揭示法律制度发展方向。

（一）解雇权利与退休法益的平衡机理

解雇权利与退休法益的平衡涉及国家、企业、职工三方利益。解雇权利反映社会法微观层次中显性契约的基本逻辑，市场经济要求劳动关系具有灵活性，以体现财产关系的特点；退休法益反映社会法宏观层次中隐性契约的基本逻辑，政府管制要求劳动关系的稳定性，体现人身关系的特点。从第三种形态对应关系到第四种形态对立关系，可以视为政府逻辑以反射利益的形式，加强对市场逻辑的干预。福利分配中劳动者、用人单位、国家的三者关系的调整，涉及社会利益的平衡。仅从退休法益带来的社会稳定看，似乎具有公共利益的特点；从解雇权利体现的是市场逻辑看，继续性合同中依赖利益的双方，似乎只具有个人利益的特点。在一个重视公共利益的国家，膨胀反射利益是长期的趋势。然而，三个主体应当合理界分，如果超出一定范围，就可能出现适得其反的情形。

福利分配中劳动者、用人单位、国家的三者关系可用福利三角理论来分析。福利三角最初源于罗斯福提出的福利多元组合理论（welfare mix），他认为一个社会的总体福利源于三个部门：家庭、市场和国家，这三者作为福利的供给方，任何一方对于其他两方都有所影响，将三方提供的福利整合，就形成了一个社会的福利总体。此后，

伊瓦思借鉴了罗斯的福利多元主义理论，将此观点演绎为家庭、市场(经济)和国家共同组成的福利整体，形成福利三角范式(welfare triangle)。伊瓦思认为，福利三角的研究应该放在文化、经济、社会和政治背景中，他还将福利三角具体化为对应的组织、价值和社会成员关系。后来的学者不断扩展这一概念，并在此基础上形成福利多元主义范式(welfare pluralism)。该范式将福利三角从家庭、市场、国家中扩展开来，将志愿机构加了进来，建构了福利多元化中的分权和参与机制，扩充了非正规社会福利制度的力量。格罗斯也认为，在养老议题上，除了国家部门，其他机构提供的对老人的照顾也是解决养老福利的重要方式(彭华民，2006：157—168)。所以，福利分配就应当被视为嵌套于福利分配中的一场国家、市场和家庭的现实角力。从我国的对应关系平衡模式到对立关系准主人模式的发展，可以看到，国家的主导地位总是力图让劳动关系向管制的方向发展。

(二) 对应关系的解雇权利与退休法益

《劳动法》体现了显性契约的逻辑，建立在劳动关系与社会保障关系两分的思路上，退休法益只能直接体现在社会保障法中，总体上不应对劳动合同解除制度施加直接影响。《劳动法》促成了契约性对等关系到对应关系的发展。市场经济条件下，体现市场逻辑的第二种“对等关系”的形态是在契约性意义上使用的，即解雇与辞职的契约性对等，以体现双方权利义务平等的契约关系，《劳动法》在这种契约关系中加入了反射利益以限制解雇权的行使，使之成为形成权，才发展出“对应关系”，我们将之作为我国历史上的第三种形态来分析，立法目标是追求平衡。《劳动法》将国有企业的公法性辞退改造为解除，将外商投资企业的私法性解雇改造为终止。用“解除”(用单位解除合同与劳动者解除合同)概念承载法定内容；“终止”概念强化约定内容，承载商定内容。“解除”与“终止”，作为制度元素，两者相互对应但不要求完全平等。20世纪90年代提出保护劳动者的倾斜立法的原则①，相对理论与倾斜理论相结合，《劳动法》采用解除、终止的概念，可以说是一种终止“对应”加解除“倾斜”的立法模式，这是从契约关系发展而来的对应关系。

在对应平衡模式中，劳动合同终止实现自治，体现了劳动关系契约性与财产性的特点，设定为具有私法特点的正常制度安排。固定期限合同可以实行“到期终止”，无固定期限合同可以实行“约定条件出现终止”，终止项下解雇与辞职纳入了私法性的制度安排。按《国营企业实行劳动合同制暂行规定》规定：“劳动合同期限届满，应即终止执行”；“在双方完全同意的条件下，可以续订合同”。②《劳动法》延续了这样的规

---

① 笔者在20世纪80年代末将“保护劳动者”概括为劳动法的基本原则之一，并做出了与当时传统法学不一样的理解，以后进一步将这一原则提炼为“倾斜立法原则”(董保华、程惠瑛，1992：80)。

② 1986年《国营企业实行劳动合同制暂行规定》第9条：“劳动合同期限，由企业和工人协商确定。劳动合同期限届满，应即终止执行。由于生产、工作需要，在双方完全同意的条件下，可以续订合同。轮换工的劳动合同，期限届满时必须终止。”

定。[1]表面上看，似乎是在用一时性契约的范式进行表述（今天劳动法学界对于“中国式”的固定期限合同仍有误解），其实不然。以继续性契约理论来观察，信赖关系丧失才应该导致继续性合同关系终止。《劳动法》的制度安排是：合同期满或约定的终止条件出现，终止了“中国式”的书面形式，摆脱了书面劳动合同束缚，双方均有一次任意解雇、任意辞职的机会；然而，这时劳动关系作为继续性关系具有持续性、无限延续性，只要双方信赖基础存在，劳动合同书面终止并不意味着劳动关系的实际终止，双方“协商续订”可继续维持原有的合同关系，在签订多次合同的情况下，工龄作为确立待遇的主要依据还是连续计算。可见，“到期终止”与“协商续订”相结合还是比较完整地体现了继续性契约要求。劳动合同终止承担着劳动关系正常结束的功能，在正常情况下应当考虑财产性因素。

在对应平衡模式中，劳动合同解除渗入管制，体现了劳动关系法律性与人身性的特点，设定为具有公法特点的制度安排。从保护劳动者出发，解除项下解雇（用人单位解除）与辞职（劳动者解除）实行不同的约束，在形成权中融入倾斜立法的理念。用人单位解除受到严格的公法限制：我国将各国一般在解雇上使用的正当理由进一步升格为法定理由，再加上法定的提前通知、法定的经济补偿金等内容。用人单位解除劳动合同须符合法定的理由、程序（提前通知期）、待遇（经济补偿金），基本排除了双方当事人的事先约定并将部分内容纳入劳动监察范围[2]，给予行政管制。劳动者解除劳动合同则相对自由，只要履行提前30日的预告，可无理由辞职。这样的制度安排，国家作为投资人有隐性契约的约束，为了适应老员工签订无固定期限劳动合同的实际需要，在国营企业实行劳动合同制时，一般并不约定终止条件，由于也不存在到期终止，劳动关系仍保留了较高的管制因素。劳动合同解除承担着劳动关系非正常结束的功能，在非正常情况下应当考虑人身性因素。

20世纪90年代《劳动法》选择对应模式意在统一之前“公法—公益”“私法—私益”价值完全对立的两种对等模式。不同所有制企业得以从各自封闭的系统解脱出来，由分到合。自治与管制的制度元素分别配置给终止与解除，通过终止与解除的结合，私法与公法融合，实现了外企、国企、民企适用统一的法律制度。尽管国家的双重角色决定了制度设计的特点，但第三种模式的形成显然是反射利益的一次成功运用。在保护劳动关系人身利益的同时也给劳动关系注入了活力，体现了劳动关系的财产性特点。在对应关系中，财产性与人身性实现了制度平衡。

（三）对立关系的解雇权利与退休法益

《劳动合同法》体现了隐性契约的逻辑。将“劳动光荣”这种公德公法化的当前模式与改革开放前“国家主人翁”制度安排相比，两者形式不同，但理路一致。用人单位

---

① 《劳动法》第23条：“劳动合同期满或者当事人约定的劳动合同终止条件出现，劳动合同即行终止。”

② 作为《劳动法》的配套规定，原劳动部颁布《违反〈劳动法〉行政处罚办法》更是将“解除劳动合同后，未依照法律、法规规定给予劳动者经济补偿”纳入劳动监察范围。

终止、解除均实行高度管制，劳动者终止、解除实行高度自由，两个主体在进行规制时不仅不要求对等，也不要求对应，制度设计均按相反的元素来配置。解雇权利的限制与退休法益的保护成为两种对立的要素。建立在以社会保障制度对劳动关系进行改造的思路上，退休法益开始直接出现在劳动关系的法律调整中，间接地对社会保障制度有所影响，我们可以将这种“准主人”模式的制度设计作为我国历史上的第四种形态来分析。21 世纪初，从矫正思维出发，在劳动合同立法过程中出现了单方保护劳动者的观念，并获立法采纳。[①]《劳动合同法》是在对《劳动法》进行修正的基础上，形成自己特有的“准主人”制度逻辑。这种对《劳动法》修正可以较为直观地从两个方面来观察：一是用人单位终止合同制度的解除化，二是劳动者解除合同制度的终止化。通过双向改造，理论意义上的解雇与辞职成为约束力完全相反的两个对立概念。

用人单位终止合同制度的解除化。这是对劳动关系的人身化改造，将人身关系所需要的稳定性赋予用人单位的解雇。《劳动合同法》的矫正思维从狭义上看是一种法律救济思维，通过压缩体现财产性因素的约定终止、扩大法定解除，将用人单位正常行使的终止权转化为只有作为法律救济才能行使的解除权。针对约定期限和约定终止条件，《劳动合同法》采取“终止范围狭义化”“终止条件法定化”两种措施。“终止范围狭义化”是扩大无固定期限合同适用范围、缩小到期终止的适用范围、推行单方强制缔约[②]，通过压缩适用范围来改造固定期限制度；“终止条件法定化”是在劳动合同必备条款中剔除约定终止条款，建立法定终止制度，将原用于合同解除的经济补偿金制度适用于合同终止，从而用解除的规范来改造约定条件制度。对于剔除约定终止条款，有关部门将立法意图解释为限制末位淘汰、竞争上岗等一些较为灵活的人力资源管理形式。[③]用人单位终止制度经狭义化、法定化的改造后趋向传统的退休制度。我国试图以行政的力量将劳动合同长期化以保持至法定退休。退休法益主导下的劳动关系，人身性因素成为正常情况下应当考虑的主要因素。

劳动者解除合同制度的终止化。这是对劳动关系的财产化改造，将财产关系所需要的灵活性赋予劳动者的辞职。《劳动合同法》对企业这一财产主体的矫正思维是广义的，也是理想化的。扩大劳动者解除权来使其更容易摆脱不和谐的劳动关系，这就需要将原来视为违约的解除行为作为正常的终止来看待。在原《劳动法》制度安排中，劳动者结束劳动关系的手段中，法定终止作为结束劳动合同期限的正常手段，本无须追究责任；只有在用人单位另行支付对价的情形下，提前结束服务期、保密期的违约行为，才涉及违约责任。如要给予辞职更大的自由度，就需要减免劳动者因违约

① “单保护”的提出与立法采纳，见本书第二十二章，第 885—887 页。

② 在“连续二次”或“十年”的情况下，劳动者的单方要约，便可产生无固定期限合同的效力，从根本上排除终止制度的适用。

③ 原劳动和社会保障部《关于印发〈劳动合同法〉宣传提纲的通知》：“《劳动合同法》取消了《劳动法》中有关用人单位与劳动者可以约定终止劳动合同的规定，明确劳动合同终止是法定行为，只有符合法定情形的，劳动合同才能终止。”

解除而产生的法律责任,《劳动合同法》通过严格限制违约金[①]、赔偿责任[②],来提高劳动者的自由度。对于违约金窄范围、低标准,有学者如此评价:“不仅无从涉及违约金的惩罚性,就连对资方最基本的投入也未能保障回收”,难以起到制约违约的作用(黎建飞、李敏华,2009)。在企业实行管理的劳动关系中,财产特点改由辞职权利主导,用工灵活成为非正常情况下考虑的因素。

从制度目标上看,用人单位终止合同制度的解除化、劳动者解除合同制度的终止化,这两项制度安排的理据在于《劳动合同法》“和谐稳定”的立法宗旨。[③]如何通过“稳定”实现“和谐”?在具体制度安排时,稳定的职责主要由用人单位承担,形成解雇管制;从保护劳动者的立场出发,赋予劳动者更大的辞职自由,以使劳动者从不和谐的劳动关系中任意摆脱。这样的制度安排是将已经融为一体的制度元素重新分拆开来,并以主体为标准来进行配置,将管制配置给用人单位的解雇,将自由配置给劳动者的辞职。当解雇、辞职以一种对立方式向两个相反方向发展时,用人单位“终止制度解除化”与劳动者“解除制度终止化”,两者共同催生出的法律效果应当是用人单位的解雇因为法律抑制而降低,劳动者辞职因为法律的放任而增长。从一些社会抽样调查看,我国的解雇、辞职制度形成后的短时期内,确实出现了预期的效果,但从长远制度效果来看,并非完全沿着立法设定的目标来发展,劳动力市场发展出隐蔽雇佣来应对这种不合理的制度安排,使制度逻辑出现了变型。

三、隐蔽雇佣与养老权利的法社会现实

从法社会的视角来观察,《劳动合同法》从价值目标调整上看,第四种“准主人”模式本是为了促成对立关系向行政性对等关系的第一种“主人”模式回归,但在已经市场化格局的当下,我国实际运行中却出现了向契约性对等关系的第二种形态发展的局面,可视为法社会中的第五种模式。第一、第二两种形态行政性、契约性“对等关系”本身有两个相反走向,随着劳动关系走向对立,劳动关系会出现内在的不稳定,制度性的行政性对等关系与非制度性的契约对等关系同时大面积出现。

(一) 终止合同解除化的现实演变

立足于用人单位,涉及资本雇佣与劳动控制。解雇权利与退休法益之间的利益变化,反映出国家、市场和家庭力量的现实调整,直至不断平衡。从社会法的设置来

---

① 严格限制服务期、竞业限制期、掌握商业秘密的离职通知期范围,将地方规定中出资招用、培训或者提供其他特殊待遇等范围,缩小到出资培训,其他情形如出资购房等等都不能设定违约金;掌握商业秘密的离职通知期也被废止。

② 在用人单位出资培训的情况下,劳动者违反服务期约定的,违约金的数额只能在“约定的违约金”与“尚未履行部分所应分摊的培训费用”之间从低确定。这样确定的违约金很可能连实际损失都不能弥补。

③ 《劳动合同法》第1条:“为了完善劳动合同制度,明确劳动合同双方当事人的权利和义务,保护劳动者的合法权益,构建和发展和谐稳定的劳动关系,制定本法。”

看，终止合同解除化的正常逻辑是对立性的劳动关系的第四种形态走向行政性对等关系的第一种形态。在法社会的现实来看，国家、市场、家庭这三者都承担的角色会迫使用人单位不断修改自己的定位，定位的改变以正反两种方式呈现。

其一，从终止解除化的制度“正面”效应来看，按工会法提出的“政治性、先进性、群众性”要求，制度引导的结果应当是第四种“准主人”模式向第一种“主人”模式转变。对于企业这样的财产性主体其实是很难完全贯彻对立性劳动关系的非市场性的制度逻辑的，除非整个经营活动围绕着某种上级规定的考核指标进行，这种情形通常只会出现在国有企业，按我国宪法规定，公有制企业员工本应当具有“国家主人翁态度”，第四种形式按照制度逻辑可走向第一种主人模式。随着国家将劳动关系指标化，一些国有企业也开始重新恢复第一种模式中上传下达的功能，将劳动关系纳入社会保障逻辑，以符合隐性契约预期目标的方式得以贯彻，一些国有企业在所谓讲求公平时，脱离了效率原则。当预期目标以排除市场机制的方式得以落实时，就不可避免地出现历史上第一种模式的发展结果。供给侧改革中我国不得不重新沿用了大下岗的逻辑。双鸭山案例①是一个典型案例，劳务派遣这时尽管已经违法，但政府依然要求国有企业使用这种形式进行脱困。

煤炭价格下行的信号是2012年就已经出现了。民营企业可以比较快地调整，但是国有企业为什么调整不掉，以至于围绕欠薪问题，演变成全国震动的案例。双鸭山事件中国有企业主人模式面临辞退难，采用的依然是转岗，以劳务派遣的方式，让员工去林业局工作，拒绝的员工只发生活费。双鸭山是由欠薪问题爆发出来并形成两种对立逻辑：省政府的逻辑是经济学的显性契约逻辑，其认为没有欠薪，依据是员工没有参加劳动；员工的逻辑是《劳动合同法》的隐性契约逻辑，工资从劳动合同上看是几千元，国有企业是违约欠薪，只要员工不辞职劳动关系无法解除，也不能欠薪；劳务派遣更是违法的。这个重工业的企业，整个资金60%是用在工资上的，达100亿元。黑龙江省能动员的财政收入是300亿元，如果用《劳动合同法》、《工会法》的逻辑，黑龙江省就应该破产，当一个省的财政力量支撑不住一个国有企业时，《劳动合同法》的执行机制必然发生变化。事实上，用发生活费来迫使员工辞职时，企业与员工劳动关系的实际状况已经恢复到20世纪90年代隐性契约状态，这时已经是双方均无自主权的行政性“对等关系”。国家推动供给侧改革，这个事实本身就说明：终止解除化的行政管制只能建立在劳动关系完全脱离市场经济的环境下，否则，劳动关系稳定未必会带来社会稳定。这是一次涉及显性契约与隐性契约的国家选择，在难以承受的经

① 由于受煤炭市场持续疲软、煤炭价格持续走低等不利因素影响，国有企业龙煤集团出现了严重亏损，目前仍拖欠职工工资、税收和企业应上缴的各类保险，不少职工生活遇到困难。从2015年9月开始，龙煤实行精简机构，职工分流。2016年初，出现了部分职工群体上访事件（李超，2016）。黑龙江省省长陆昊：“黑龙江省委的财力就300亿，龙煤每年的工资就100亿，如果真正出现资金链断裂，全部停产，先不说安全和稳定的问题，我们省级政府都没有财力来救龙煤。”“坚决打好龙煤集团改革生存攻坚战，推动龙煤破釜沉舟、背水一战……大力精简管理机构、2～3年内组织化分流安置5万员工。”《黑龙江省长陆昊解释龙煤欠薪：正背水一战》，来源：中国经济报，2016年3月13日，载 http://www.mnw.cn/news/china/1123682.html，2020年5月9日访问。

济压力面前，省政府不得不选择并不符合《劳动合同法》的显性契约逻辑。

其二，从终止解除化的制度“负面”效应来看，市场经济要求显性合同，隐性契约对于显性契约的逻辑过度压制，必然产生出针对隐性契约的隐蔽雇佣现象。隐蔽的雇佣关系（这是国际劳工组织的用语，在我国其实是指隐蔽的劳动关系）是一种表里不一的关系，往往是以国家干预较少的社会关系来掩盖国家干预较多的关系，以对劳动者保护较少的关系掩盖对劳动者保护要求较高的关系。以表象关系为标准，国际劳工组织进一步将“隐蔽雇佣关系”归为以下两种类型：以民事关系掩盖雇佣关系（劳动关系），非标准雇佣关系（非标准劳动关系）掩盖标准雇佣关系（标准劳动关系）。在民事关系方面，我国大量发展的经济承包有相当一部分掩盖了劳动关系的实际存在；在非标准劳动关系方面也存在着这种情况。劳务派遣作为一种三角雇佣关系，也是非标准劳动关系的一种合法形式，与隐蔽雇佣关系不同。劳务派遣的问题之所以会引起全国总工会高度关注，很大程度上也是由于其被视为一种临时用工的形式，掩盖了雇主长期雇佣的真实意图。（董保华，2011c：112）按照全国总工会的调查报告显示，全国劳务派遣人员总数已经达到 6 000 多万（降蕴彰，2011），我国也是从隐蔽雇佣这一视角对其进行批评。打击合法的劳务派遣的结果，我们只是用并不合法的隐蔽雇佣代替了合法的非标准劳动关系，劳动者的利益并未获得保护。

新中国成立以来，我国全民所有制企业长期存在的一个突出问题是企业的动力结构极不合理，集中反映在政府几乎包容了企业营运的所有实际内容和后果，劳动法律关系的双方当事人缺乏应有的决策权。在第一种主人模式中，我国普遍实行的固定工制是一种行政因素很强的用工制度，不仅劳动者没有对个人劳动力的决策权；用人单位也没有对生产资料的经营管理权，只是国家行政机关的一个行政管理层次。国有企业的奖惩权虽然是作为扩大企业自主权的一项措施而提出的，但其中有着明显的行政痕迹。当我们重新以这样的用工模式作为一种目标模式时，用人单位终止解除化必然带来隐蔽雇佣的发展。

（二）解除合同终止化的现实演变

立足于劳动者，涉及财产神圣与劳动光荣。劳动光荣的第四种形态的对立关系，事实上也可以逆反的方式重新发展为财产神圣的第二种形态的契约性对等关系，这种发展建立在对比关系的基础上。在不根本触动传统用工关系的基础上，对新型用工关系适用不同的法律规制，通过“双轨制”形成某种比较与选择的机制。解除合同终止化，使员工的选择权加大，解雇与辞职引入对比，促使员工以辞职的方式进行更合理的选择。

在原有劳动关系解除、终止的核心话语系统之外，在雇佣关系中让解雇、辞职作为一种边缘性立法概念来使用。2015 年 4 月中共中央、国务院发布了《关于构建和谐劳动关系的意见》（下文简称《意见》），作为新时期指引劳动关系发展的纲领性文件，《意见》对当下我国劳动关系面临的问题与挑战有着深刻的认识，并为构建和谐劳动关系提出新的定位。《意见》提出“统筹处理好促进企业发展和维护职工权益的关系”，最高人民法院据此提出：“应当坚持依法保护劳动者合法权益和维护用人单位生存发展并重的原则”[①]。《意见》还提出“推动企业和职工协商共事、机制共建、效益共创、利益共享”，共享经济符合这一理念，但无法用现有的劳动法律来规范。我国新型的用工关系允许劳动者与用人单位在法律适用上进行选择，在传统用工关系与新型用工关系上采取不同的规制方式，由此开启了一种新的双轨模式，新业态发展引导出了第五种模式，选择总是建立在对比基础上的，故可称之为对比模式。

对比传统用工与新型用工的区别，新业态的就业人员在工作内容、职业特色等方面与传统的标准劳动关系模式存有差别，在企业用工管理方式上也呈现不同特点，传统用工方式难以适应灵活化、高度自主化的用工需求。共享经济所承载的劳动力市场形成劳动关系与非劳动关系的“双轨制”，雇佣关系成为非劳动关系的一种典型代表。雇佣关系、劳动关系在原生态上都是雇佣劳动产生的社会关系，但在进入两种法律体制调整后，依据不同的立法假设，产生了完全不同的效果，也被视为两种法律关系并形成对比。这是一次涉及财产神圣与劳动光荣的员工选择。

传统用工关系适用解除与终止的第四种准主人模式，这种对立模式被我们宣传为劳动光荣的形态。劳动关系以稳定为预设，高管制往往也限定其适用范围，劳动法采取了一种用人单位、劳动者“双适格”才能纳入调整范围的限定性规定。[②]就用人单位而言，我国《劳动法》以内涵上不规定，仅对外延进行列举的方式进行限制，凡法律没有列举的便不适用《劳动法》，范围较为狭窄；就劳动者而言，受到年龄、文化、健康、行为自由等一些标准的限制，实际适格范围也较为狭窄。最高人民法院在2015年与2016年连续两次发文强调“防止认定劳动关系泛化”[③]要求尊重员工的自愿选择，旨在遏制传统用工关系依靠司法机关的力量向新型用工关系的强制扩张。

新型用工关系产生的第五种对比模式与历史上解雇与辞职对等的第二种契约模式形式不同，理路高度一致，常被我们理解为财产神圣的形态。雇佣关系以灵活为预设，由于国家没有介入，仍实行雇佣自由，解雇与辞职实现对等。雇佣关系只是民事合同的一个种类，实践中双方有时也只缔结合作协议，雇佣关系是法院认定的结果。由于我国目前职工养老保险只与传统劳动关系捆绑，新型用工关系通常只参加居民养老保险、医疗保险。与劳动法采取封闭的调整方式相反，我国的民事关系开放调整范围，受雇人因劳动给付支付报酬，凡不能纳入《劳动法》范围的均可作为民事关系受到民法规范。由于共享经济的运作模式体现为“供给者—共享平台—消费者”的三角关系，区别于传统业态“劳动者—企业—消费者”的线性关系，共享经济平台作为连接供需双方的纽带，形成商品或服务的需求方、供给方的连接，当现有的劳动关系难以适应这种灵活化、自主化发展模式时，雇佣关系以及各种民事合同的作用受到了重

① 2016年11月30日，最高人民法院《第八次全国法院民事商事审判工作会议(民事部分)纪要》。

② 劳动和社会保障部《关于确立劳动关系有关事项的通知》(劳社部发〔2005〕12号)。

③ 2015年12月24日，最高人民法院《关于当前民事审判工作中的若干具体问题》。2016年11月30日，最高人民法院《第八次全国法院民事商事审判工作会议(民事部分)纪要》。

视。国务院明确提出:“支持劳动者通过新兴业态实现多元化就业。”[①]

解除、终止,解雇、辞职,作为一种对比关系,管制与自治这两个要素,分别配置给了传统用工关系与新型用工关系。在标准劳动关系调整范围之外,让传统的雇佣关系或民事关系重新发挥重要作用,通过两者比较形成第五种模式,比较的结果是大量员工放弃了与职工养老保险相联系的传统用工制度。当我们赋予员工充分的辞职权时,员工以赋予的权利放弃了以退休法益作为核心的“劳动光荣”传统体制,形成第五种模式,其实是以契约对等为特点的第二种模式重新流行。这是让制度设计者始料不及的:劳动者选择了财产神圣的用工方式。

(三)显性契约隐性化的现实演变

立足于国家,涉及显性契约与隐性契约。从国家管理的长效机制来看,最终还是要求隐性契约的显性化,这是我国市场经济内在逻辑的要求。立法部门反其道而行之,以隐性契约逻辑对于显性契约进行改造,催生了隐蔽雇佣现象的发展。国际劳工组织所说的隐蔽雇佣现象其实是用民事关系隐蔽劳动关系,当我国允许新兴业态与民事契约相结合,也消灭了隐蔽雇佣现象。

当劳动力市场的悖论以极端的方式呈现在人们面前,而社会管理者又允许当事人选择时,体现国家管制的解除制度与体现市场自治的终止制度发生了较量,较量的结果是隐性契约的显性化,隐蔽雇佣去隐蔽。共享经济发展中,相当多的驾驶员以辞职的方式退出传统的劳动关系,主动加入新型业态中形成的非劳动关系。2016 年上海《劳动报》曾经报道,属于传统用工关系的出租车行业,由于员工的大量辞职,近 3 000 辆出租车没人开[②],与之形成鲜明对照的是网约车的快速发展。[③]许多劳动者主动辞去传统劳动关系,加入非劳动关系行列,资本与劳动达成了高度一致。2017 年我国共享经济市场交易额约为 49 205 亿元,比上年增长 47.2%。其中,非金融共享领域交易额为 20 941 亿元,比上年增长 66.8%。2017 年我国参与共享经济活动的人数超过 7 亿人,比上年增加 1 亿人左右。参与提供服务者人数约为 7 000 万人,比上年增加 1 000 万人。管制与自治,稳定与灵活,劳动者选择的都是后者。企业与劳工通过放弃劳动关系,让契约发挥更大的作用,在选择不适用《劳动合同法》的调整上,两者有高度的共识。这一时期隐性契约的显性化,是我国决策部门有意识引导的结果。

有关部门在这一时期为什么不引导员工往传统用工关系即第四种准主人模式发展呢?存量关系忽视市场取向、缺乏自治,导致灵活性不足的问题,无论是 20 世纪 80 年代还是 21 世纪 10 年代,我国最高层次的社会管理者常有清醒的认识。80 年代

---

① 《国务院关于做好当前和今后一段时期就业创业工作的意见》(国发〔2017〕28 号)。

② 《上海近 3 000 辆出租车没人开》,《劳动报》2016 年 5 月 18 日,第 5 版。

③ “在近三年时间里,滴滴出行不仅大量占领国内市场还将全球合作网络延伸至北美、东南亚、南亚、南美等 1 000 多个城市,覆盖全球 70%以上的市场。”国家信息中心分享经济研究中心、中国互联网协会分享经济工作委员会:《中国共享经济发展年度报告(2018)》,2018 年 2 月发布。

随着劳动合同的试点，我国在新工人中开始试行劳动合同制；从10年代的改革来看，《意见》公布后，中共中央政治局①、全国人大财经委②、财政部长③、人社部部长纷纷表态强调灵活性④，以自上而下的方式进行劳动关系的重构的立法设想已经明确提出；然而一种稳定的预期一旦形成，各种观念逻辑形成的思维定势仍在强烈地影响着当事人，“有关部门跟工会之间相互看法不一致”⑤。“目前法工委与国务院有关部门和单位正在研究这一问题。”⑥在缺乏工会支持的情况下，很难简单的通过立法来进行存量劳动力的机制转变。

有关部门之所以允许第二种模式发展为第五种模式，有历史经验可以借鉴。新型用工形式与当年外企的作用类似，使用解雇、辞职这类边缘性概念，通过增量劳动力的机制转变，以适应市场发展的灵活性，从外部来影响管制过度的标准劳动关系，以自下而上的方式来影响传统用工关系机制再造。通过双轨制的近距离比较，让劳动者以“用脚投票”的方式，对思维定势做出回击，不能不说这是社会管理者充满睿智的做法。隐性契约显性化的过程往往是从边缘到核心的过程，说明观念转变之艰难。

四、社会法与法社会的综合平衡

立足于用人单位，涉及资本雇佣与劳动控制；立足于劳动者，涉及财产神圣与劳动光荣；立足于国家，涉及显性契约与隐性契约。从法社会学的角度看，劳动者、用人单位甚至于地方政府均作出了与社会法制度安排相反的选择。作为制度范畴，在某种“双轨制”的制度安排中，让解雇、辞职从理论概念显性化为一对边缘性的立法概念发挥作用，形成对核心概念的冲击。第二次的契约对等模式，第五次的选择对比模式，两次调整都出现了让管制权力与市场权利比较的情形，比较的结果也都是自治代替管制。

第四种准主人模式的存量关系构成主要用工关系，适用解除为主的权力型调整模式。在劳动力市场的悖论中，以“资强劳弱”的现实格局容易出现权利滥用的社会

---

① 2016年7月，中共中央政治局会议指出：“降成本的重点是增加劳动力市场灵活性。”

② 全国人大财经委员会曾两次表态，争取将修改《劳动合同法》列入全国人大常委会今后立法规划或年度立法计划。

③ 在中共中央、国务院发布《关于构建和谐劳动关系的意见》20多天后，时任财政部长楼继伟便对《劳动合同法》公开批评，并在一年之内三次批评《劳动合同法》，认为其“弊端主要在于降低了劳动力市场的流动性和灵活性”。时任财政部部长楼继伟先后在清华大学经济管理学院演讲（2015年4月24日）、中国经济50人论坛2016年年会演讲（2016年2月19日）和2016年“两会”答记者问（2016年3月7日）三次批评《劳动合同法》。

④ 时任人社部部长尹蔚民在2016年两会期间表示，《劳动合同法》在实施过程中的问题集中在两个方面：“第一，劳动力市场的灵活性不够。第二，企业用工成本比较高。”《人社部：将就新的就业形式等对劳动合同法提出意见》，来源：中国新闻网2016年2月29日，载http://www.chinanews.com/cj/2016/02-29/7777190.shtml，2018年4月11日访问。

⑤⑥ 《修改劳动合同法有两个问题未解决，法工委：修改时机还不成熟》，来源：澎湃新闻网，载https://www.thepaper.cn/newsDetail_forward_2009374，2018年1月25日访问。

逻辑为由，严格约束当事人之间的自治。20 世纪 80 年代国营企业本无市场取向，劳动关系只有开除、除名、辞退这样的解除制度；21 世纪 10 年代受《劳动合同法》限制，劳动关系的市场取向大为削弱，两者都是以高管制的方式对劳动关系深度介入。继续性合同无限延续性的特点，在劳动领域表现为不定期的合同形式，无固定期限合同未必与稳定相联系。然而，我国这两个时期都是力推中国式的除法律规定的理由不得解除的终身雇佣(20 世纪 80 年代)或无固定期限合同(21 世纪 10 年代)，通过国家对法定理由的高管制来实现高稳定的目标。当我们只关注退休法益的社会逻辑时，继续性合同中雇佣权利的市场逻辑被忽视。

第二种契约模式的增量关系构成次要用工关系，适用终止的权利型调整模式。强调继续性合同关系需要赋予双方当事人以形成权[①]，这是市场逻辑。继续性合同当事人间具有相互依赖的特点，丧失信赖基础的劳动关系就没有继续存在的理由。美国的雇佣制度安排体现了这种理念，将无固定期限合同理解为可以任意终止的合同。解雇、辞职作为一种消极形成权，目的是消灭无信赖基础的雇佣关系。20 世纪 80 年代外资企业劳动关系与 21 世纪 10 年代新型用工关系都是以高度灵活的私法意义终止制度来进行规范。两者不同的是，当年外企以双方约定的劳动合同作为形成权的行使基础；当今新型用工关系以行业惯例为依据，采取包括雇佣关系在内的多种形式的合同，实行任意解雇、辞职。后者比前者更具灵活性。

主次关系之间存在着相互转化的关系。对于标准化或趋向标准化的国家管制，20 世纪 80 年代的国企、外企两类企业，21 世纪 10 年代的劳动、雇佣两类关系，都是实行全有与全无的模式，可以说立足于社会逻辑、市场逻辑的两端。这种格局的出现本身是为了让权利型增量关系冲击权力型存量关系，两者不仅存在着对比关系，有关方面也引导其转化。20 世纪 80 年代随着外资企业发展，我国对从国企走向外企的员工持支持、鼓励的态度，允许以商调的形式将国企工龄带入外企。21 世纪 10 年代在雇佣关系实行完全自治，劳动关系中实行管制为主的立法格局下，共享经济正成为社会服务行业内最重要的一股改革力量，作为增量用工关系，我国允许双方当事人自行选择规范方式。2016 年《网络预约出租汽车经营服务管理暂行办法》明确，平台公司“与驾驶员签订多种形式的劳动合同或者协议”[②]，通过劳动合同确立受劳动法规范的劳动关系，通过协议方式产生的是非劳动法规范的民事关系；以稳定为预设的管制，以灵活为预设的自治，构成双轨制的核心内容，一定程度上让劳动者这一改革的最终受益者在两种取向中自行选择。

以福利三角理论进行法社会的观察，家庭、市场和国家是社会福利制度的重要提

① 拉伦茨与沃尔夫将形成权概括为：“指的是由一个特定的人享有的、通过其单方行为性质的形成宣告来实施的、目的在于建立一个法律关系、或者确定一个法律关系的内容、或者变更一个法律关系、或者终止或者废止一个法律关系而导致权利关系发生变动的权利。”(拉伦茨、沃尔夫，2006)

② 2016 年 7 月 27 日，《网络预约出租汽车经营服务管理暂行办法》第 18 条规定：“网约车平台公司应当保证提供服务的驾驶员具有合法从业资格，按照有关法律法规规定，根据工作时长、服务频次等特点，与驾驶员签订多种形式的劳动合同或者协议，明确双方的权利和义务。”

供者,三角部门的总供给或福利总量是大致相同的,但三者之间所承担的份额不同,则整个社会福利制度安排就有所不同(王洛忠、张艺君,2016:135)。从制度目标的落实上看,制度本意与实际执行有时并不一致,一些过于理想化的制度设计未必会落到实处,对于劳动合同法后出现的第四种准主人模式,社会现实有时会以自己的方式来呈现制度效果,这种对立的劳动关系在现实生活中也必然出现两种走向:或者走向更市场的契约“对等关系”;或者走向更行政的主人“对等关系”。事实上,这两种结果都出现了,两种走向以一正一负的方式,沿着与制度设定的相反逻辑来发展。新制度经济学的基石之一是科斯定理,对于这一法社会现象作出了解释。不管权力的初始配置如何,只要出现交易费用为零的情况,交易双方的谈判都会导致资源实现最有效的配置。中国的劳动合同法强调的是单方保护,比较倾向于保护劳动者,雇主解雇的自由度比较低,雇员辞职方面的自由度比较高,也就是说中国的法律实际上是把离职的权利更多地配置给了雇员。雇员辞职的交易费用为零,通过雇员的选择,依然可以让资源达到更有效的配置。20 世纪 80 年代与 21 世纪 10 年代,我国都采取了降低员工辞职成本的措施,根据科斯定理,在交易费用足够低的情况下,哪怕初始权益配置给职工,也可以通过职工的再次选择实现配置的合理化。我国的两次调整,做出了类似的政策选择。

回顾五种模式带来的不同阶段,并存格局在我国改革开放 40 年的首尾具有特别重要的意义。一次发生在 20 世纪 80 年代初,在公有制企业一统天下之外,出现外商投资企业,统一的劳动政策规定之外,我国权力型的国企存量与权利型的外企增量开始形成了不同的调整方式;另一次发生在 21 世纪 10 年代末,在高度管制传统权力型用工存量之外,利用久已存在的权利型雇佣关系等民事合同关系来调整新型业态的增量用工关系。历史竟然出现了某些惊人相似的情形,如果说以“主人”或“准主人”理论建立的法律调整很大程度上可以视为一统天下,由“合”到“分”,让存量关系与增量关系形成“双轨制”的竞争关系。增量关系是作为一种“边缘性”的概念出现的,两次都是将解雇与辞职理解为对等关系,并在终止意义上使用,基本上排除了解除的法理。由于我国解除制度是与国家管制相联系的,这种“去管制”的安排与核心性解除制度形成巨大的反差。20 世纪 80 年代、21 世纪 10 年代两个具有“双轨制”特点的时期,劳动力市场悖论在现实社会演变为终止、解除各执一端,增量关系与存量关系实行完全不同的调整模式。这种高度雷同,绝非历史偶然。社会法与法社会以自己的方式呈现了制度逻辑到社会逻辑的中国进路。

第二十一章

社会法的救济保障

法律秩序只应该在如下的范围内吸收道德的东西，即这些道德的东西同时属于法律理念的领域。法律不应该仅仅因为道德的东西是道德的就加以要求，相反，只有道德的东西同时也被正义所要求的时候，法律才应该去要求；同样，法律不应该仅仅因为不道德的东西是不道德的就加以禁止，相反，只有不道德的东西同时也被认为是非正义的时候，法律才应该去禁止。

——奥托·冯·基尔克（Otto Friedrich von Gierke）

第一节　权利救济与法益保障的平衡

秩序，指的是在社会进程中都会存在的某种程度的一致性、连续性和确定性。按照英国社会学家齐格蒙特·鲍曼的界定："秩序的意思是单一性、稳定性、重复性以及可预见性。"（鲍曼，2002：84）权利救济体现为社会秩序，是社会成员之间稳定的社会关联状态，并且与该社会相应的文化、制度和规范一起约束社会成员的行动。

一、权利救济与法益保障的性质界定

主观权利救济与客观利益保障均有自己的轨迹，一方面，无救济就无权利构成法律有机体的特点；另一方面，无保障就无利益构成社会有机体的特点。两者的关系涉及权利救济与法益保障的平衡。

（一）权利救济与法益保障的思维逻辑

英文中的right、法文中的droit、德文中的Recht，这些单词有一个共同的词源，即拉丁语中的Jus，通常翻译为"正义"。Jus一词作为"正义"与"权利""法"是互换的，在抽象意义上是等同的。"法"与"权"的高度关联，会产生出权力与权利两个概念，利益是法律的灵魂，权利是法律的实体。权利、权力两个概念也会形成救济与保障的不同含义。从思维逻辑上看，权利救济与法益保障的平衡的关键是理解"救济权"的双重含义。权利救济涉及"救济"和"救济权"脱节的定义。"救济"一词通常具

有救援、救治、救助或援助等含义，指对那些陷入困境的人实施的物质意义上的帮助，以使受救济的人摆脱困境或暂时脱离险境。(《现代汉语词典》,2002)根据我国《辞海》的解释，救济是指:“用金钱或物资进行援助。”[①]《现代汉语词典》表述类似:“用金钱或物资帮助灾区或生活困难的人。”(《现代汉语词典》,2005:733)实质法上，“救济”这个概念，从日常涵义上看，一般是以提供财物的方式帮助那些因物质资源匮乏而导致其生活陷入困境的群体。在法律含义上，“救济权”归为“派生权”，“由于他人侵害原权而发生的权利。”[②]这是形式法的理解。“救济”与“救济权”，这两个概念解释完全失去了内在的联系。救济权现在被用来表述并无关系的“派生权”，给人以鸠占鹊巢的感觉。这种状况在其他部门法并不会带来危害，在社会法却会带来表述上的严重混乱。

社会法是一个正好涉及日常理解的救济，也涉及法律理解的救济权的学科。沿着“救济”的本来意义还是“派生权”意义去理解就会有很大的不同。按照日常的理解，救济包括民间救济和政府救济，民间救济由个人或单位提供，这类救济纯粹是一种个人慈善行为;而政府救济属于社会行为，通常被称为社会救济。如果我们将民间救济称为私力救济，政府救济就属于公力救济。可见，沿着救济这个概念探寻下去，救济权并无派生权的含义，不仅救济权有不同含义，私力救济、公力救济也都会出现歧义。法律意义上的“救济”一词，具有救助、恢复、补偿、修复、赔偿、矫正等多种含义。救济权是在第一权利即原权利的有效行使受到损害后，原权利便转化为第二权利即救济权，救济权的意义在于恢复原权利的状态。社会生活中的救济，其实并无恢复原权利的含义，作为一种“获得救济权”是国家按一定的标准提供帮助，给付行政的发展，使这种救济有了形式法的含义。

从法律学科的特点出发，在形式法已经形成较为系统的理解的情况下，让救济这个概念还其本来面目，改变鸠占鹊巢的想法并不现实。当日常“救济”法制化而需要另起炉灶时，于是出现了寻找新词来表达“救济”实质法意义的需求，“保障”这个概念吸纳了原有的“救济”概念而形成新的概念系统，法益保障涉及“保障”的理解，也涉及法律意义上救济的含义，更带来了新的语词争论。根据《辞海》的解释，保障是指:保护、卫护、确保、保证[③]，作为“救济”权属化的替代概念。我国的社会保障概念形成于20世纪改革开放之后，很大程度上参考了世界上各种人权文件的定义，“社会救济”的概念可以说是在“社会保障”项下找回了自己的定义，为了区别法律救济，也称为社会救助。《世界人权宣言》第25条第(一)项规定:“人人有权享受为维持他本人和家属的健康和福利所需的生活水准，包括食物、衣着、住房、医疗和必要的社会服务;在遭到失业、疾病、残废、守寡、衰老或在其他不能控制的情况下丧失谋生能力时，有权享受保障。”各国对于社会保障的理解不尽相同。社会保障在将通俗意义的社会救济

① 《辞海》,上海辞书出版社,74。

② 同上书,1406。

③ 同上书,83。

归入自己项下的同时，也具有更为广泛的含义。在我国甚至可以说一开始就不是从法学的角度提出来的。社会救济本身是否需要一种具有派生权性质的救济权就成为形式法上一个值得研究的问题。

（二）权利救济与法益保障的历史逻辑

从历史逻辑上看，权利救济与法益保障平衡的关键是理解诸法分离与诸法合体两种制度演变对两种“救济权”含义的影响。基尔克强调：“在文化运动中，存在着法律与道德的不断分化。如果说通过历史观察能够在社会发展中认识到某种合规律性（Gesetzmäßigkeit）的话，那么共同生活（Gemeinleben）功能的不断分化则可被作为一个主导的规律（beherrschendes Gesetz）。”（基尔克，2017：92）基尔克强调的“诸法合体”建立在诸法分离的社会进步之上，权利救济是在“诸法分离”历史背景下提出来的。原权与救济权往往有截然相反的形式特点，自由权作为一种消极权利，往往需要某种积极权利的受益权来进行救济。法益保障是在“诸法合体”历史背景下提出来的，法益作为一种积极行为的反射利益，并不具有权利救济的含义。整体主义的法益保障应以个人主义为底色形成派生权，西方福利社会的法律秩序总体也还是围绕着权利救济来展开派生权。

就权利救济而言，如果说“消极权利”是指“要求权利相对人予以尊重与容忍的权利”，“积极权利”是指“要求权利相对人予以给付或作为的权利”（周刚志，2015：40）。两种行为在调整方式上有形式区别也有实质联系：（1）消极权利体现为原权利，救济权作为派生权，自由权的实现要求司法机关提供司法救济，救济权作为权利的一个质的规定，从权利的总要素中分离出来而成为国家的权力或职责，国家应当创造条件履行该义务，原权利对派生权仍有影响；（2）自由权作为一种消极权利时，具有防御权能，往往需要某种积极权利的受益权能来进行弥补，在公力救济中，国家对自由权履行的是积极义务，原权利对派生权影响仍在一定程度上体现着防御权能；（3）国家救济义务建立在权利主体与救济主体分离的基础上，两种行为通过个人请求权来连接，权利主体具有的请求其他人履行不侵犯其权利的义务，反之，在个人不行使请求权时国家无权干预，这种分离使国家与权利主体之间出现了新的平衡关系。尽管这两个概念有很大区别，内容上却相互制约、高度稳定：“救济就是纠正、矫正或改正已发生或业已发生已造成的伤害、危害、损失或损害的不当行为。”（沃克，2003：764）权利救济通常以某种原权利的存在且被侵害为前提，原权利的状态本身限定了法律救济的范围，这才是“救济权”流行的原因。第二权利的内容其实是受到第一权利的限定，而非派生一个内容完全不同的新权利。

就法益保障而言，诸法合体曾是我国普遍存在的现象，法益保障因此得以发展，当反射利益形成受益主体时，体现的是整体利益。整体主义是马克思主义倡导的“类”本性：“社会个体应走出自身封闭的原子式自我的存在状态，每个个人获得类本性，每个民族国家获得世界性，人类才能走出困境，走向未来。”（高清海、胡海波、贺来，1998：265）这种看法形成了我国社会主义的实质法。改革开放前，政治力量的介入使个人利益整合为整体利益，在“公德—公法”模式中，劳动者只能被动地成为受益者。客观利益往往通过国家的积极作为来保障，福利国家强调了“个体”应再度向“整体”靠拢，这时需要“旧题新作”，整体主义应成为个体追求的重要目标。我国更容易发生的是法益保障的过度发展，干预行政也可能以公共利益的名义，得以过分膨胀。法益保障出现了权利关系权力化的情形：(1)法益保障中实质法意义上的社会救济往往体现为某种行政职责；(2)法益保障只强调受益功能，并无防御权能；(3)法益保障强调整体概念，突破了自由权受到侵害时，权利主体具有的请求其他人履行不侵犯其权利的义务的界限。

从中西历史逻辑观察，权利救济与法益保障发展的关键是理解社会进步与社会异化中产生的思维逻辑与历史逻辑的冲突。我国诸法分离的概念是在诸法合体的现实情形下提出的，对于我国而言，市场经济过度发达的情形并未真正出现，我国观念逻辑引入的只是西方的历史逻辑。在假设个体性的权利救济成为问题时，权利关系的权力化，以法益保障的整体方式来弥补就成为答案。“诸法合体”的主张应当建立在社会进步的基础上，而不能建立在社会退步的基础上，干预行政不能转化为给付行政，这种行政方式的过度发展，也有可能阻碍社会进步。当国家权力成为问题时，通过权利渗入个人作为，权利制约权力成为答案。我国强调社会利益时，应当关注权力关系的权利化，整体利益的个体化，社会法实际上提出了在社会利益中渗入个人利益的主张。人类社会的历史也已表明，要求确立社会生活秩序模式的倾向，并不是人类所做的一种任意专断的努力，而是根植于社会结构之中，特别是经济秩序之中的内容(李建华、张善燚，2005：40)，利益保障强调的受益功能应当要受到防御权能的制约。

(三) 权利救济与法益保障的现实逻辑

无论是自然界还是人类社会，都有按照有序模式存在和运作的倾向，主观权利救济与客观法益保障在一定条件下存在着此消彼长的情形，思维逻辑与历史逻辑交织出我国的现实逻辑。

就权利救济与法益保障的区别而言，曼瑟尔·奥尔森(Mancur Olson)指出，在经济学乃至整个社会科学中，实际存在两个基本“定律”，从法律制度的设计来看，前者主要表现为权利救济，后者主要表现为法益保障。我国有学者从形式法学角度概括了“保障”与“救济”五方面差异，包括主体、方式、启动程序、后果、效力。就主体而言，保障的主体是立法机关和行政机关，救济的主体是司法机关；就方式而言，保障的方式是立法、监督和行政程序，救济的方式是司法诉讼程序；就启动而言，保障的启动程序是保障主体的调查与当事人的申诉，救济的启动程序是当事人起诉；就后果而言，保障的后果不直接涉及公民具体权利的实现，救济的后果是确认公民的某一权利；就效力而言，保障的效力不是最终的，当事人可提起司法诉讼，救济则具有终局性，具有最终的法律效力(韩大元，2003：211—212)。

权利救济的基本特点是化整为零，奥尔森的第一定律是指：在某种情况下，当个人仅仅考虑其自身利益时,集体的理性结果会自动产生。这种情况下,个体主义的方法是有效的,个人利益的叠加就是全体利益,这就是斯密所言的"看不见的手"。从主观权利救济的角度来观察,市场权威依靠看不见的手主导契约社会的基本秩序。劳动力市场与其他市场一样,是通过"看不见的手"与"用脚投票"两大机制来体现自己的权威,这是自发秩序的典型形态。当事人一旦缔结契约便应当遵守契约确定的权利,权利人权利受到侵害而依法提起诉讼后,法院依其职权按照一定的程序对权利人的权利进行补救。市场经济是充分尊重人们的选择权的经济,通过对于权利的救济有效维护这种选择权。

法益保障的基本特点是化零为整,奥尔森的第二定律是指:在某种情况下,不管个人如何精明地追逐个人利益,社会的理性结果不会自动地发现,此时此刻,只有借助于"引导之手"(a guiding hand)或者是适当的制度安排,才能求得有效的集体结果。(杨立雄,2000:77)从客观法益保障的角度来观察,国家权威依靠"看得见的手"主导福利社会的基本秩序。国家"引导之手"指国家的宏观调控,必然是"看得见的手",福利社会因此也被称为福利国家。法律是一种特殊的强制规则,是各类规则中的最低准则,从法益保障的角度看,强调某种不可选择,无论主观是否有过错,违法行为必须承担相应的法律后果,依法受到强制矫正。

就权利救济与法益保障的联系而言,生存法益发展为主观公权利时,"积极权利"是指"要求权利相对人予以给付或作为的权利",整体利益可通过个人的诉讼请求来实现制约。德国的主观公权利理论,促进我国行政诉讼法的公布,间接推动社会法的发展。在一定条件下,若没有国家履行积极义务,自由权可能完全无法实现,这种社会现实要求我们将某些反射利益转化为主观权利,对于行政机关的不作为或不当作为具体行政行为,赋予利益人以诉讼地位,我国的行政诉讼法事实上就在承担这样的责任。任何权力主体都对权力带有一种扩张行使的欲望,通过公权利来制约公权力,两个行为在方式上也应有联系。(1)法益保障转化为积极权利,在整体利益中引入个体利益,整体利益的代表者是行政主体,公权利救济权以个人为主体;(2)各种保障举措也需要权利救济,法益保障不应只强调受益功能,也应当具有防御权能;(3)与公民主观公权利相对的并非国家的主观公权利,而是国家的权限、义务和责任,主观公权利这种公权力中加入权利因素。无限的国家权力通过有限主观公权利得到一定范围的限制。

二、权利救济与法益保障的相关制度

从权利救济与法益保障的平衡来看,在不同的国家有不同的重点,同样的问题也可能用不同的法律方式来处理。在我国,法官在成文法有漏洞的情况下求助的主要是政策性文件,我国对法益保障已经过分重视,协调法益保障与权利救济的关系应当受到关注。

(一)法典化权利与政策化法益

从原权利的形成来看,制定法涉及法典化权利与政策化法益的动态平衡。广义规范性文件是指法律、行政法规、地方性法规、规章,以及其他各类规范性文件;狭义规范性文件则是法律、法规和规章以外的其他规范性文件;最狭义规范性文件仅指规章以下的行政规范性文件。本书是在最狭义意义上使用规范性文件的概念,主要指行政规范性文件。法典化与政策化背后是两种权威。法典化强调权利救济体现的是法律权威,而政策化强调法益保障体现的是政治权威,在社会权威缺失的情形下,目前我国可以探索的只有法律权威与政治权威的相互关系。行政规范性文件是国家行政机关为执行法律、法规和规章,对社会实施管理,依据法定权限和法定程序发布的规范,很大程度上是一种政治行为。我国在缺乏社会有机体的社会现实面前,法典化救济与政策化保障的动态平衡其实是法律有机体与政治有机体的平衡。从20世纪80年代后期有人提出"新权威主义",法典化权利与政策化法益的关系,可以这种理论来解说。法典化的静态立法受到政策化的动态立法的补充,立法封闭与政策开放,造就了我国政治有机体的社会现实。两种权威的协调涉及政治、法律有机关系。

"新权威主义"可以解读我国更依赖行政规范文件的政治有机体的理路。"新权威主义"理论基础是建立在美国政治学家塞缪尔·亨廷顿所创立的"强大政府"学说。这一学说认为:发展中国家由于经济的发展,传统结构的解体和民众意识的唤起,社会动员能力的提高,特别是西方的示范作用,产生了高于经济满足能力的期望值。由于这一期望值的受挫,社会流动渠道的闭塞,各种社会集团为了表达和追求自身利益就求诸于政治,从而造成政治压力。用利益保障代替权利救济,正是新权威主义的理论产物,狭义规范性文件也得以泛滥。亨廷顿认为,发展中国家由传统向现代化的过渡是一个克服"政治衰朽"历史阶段,以维持稳定的政治秩序为首要任务。要完成此项重任,关键在于政府的有效程度而非形式,所以必须建立一个强大政府,钳制政治参与的高涨,确保社会的稳定,以求得经济的发展。新权威主义对中国现代化道路的探索具有独到之处,因为在中国这样处于改革攻坚阶段的大国,会出现众多变数,若是没有一个强大的政府和政党作为"稳定阀",是不可能取得改革成功的(姚荣伟,1999:10)。通过合法化的规范性文件形式,形成政治与行政约束,这是威权体制的一般制度逻辑。

我国过度行政化使本应封闭的法律有机体过于开放。契约规范私人间关系,具有相对性,体现法律的形式平衡,是社会有机体存在的基础。从政治公序上看,政治公共领域作为社会管理或社会治理的部门,其责任在于保障全体公民的幸福或全社会成员的幸福,公共权力部门就是决策部门,这些决策部门因所承担的职责而使其具有公共性的品格。契约平等涉及社会生活的私人领域,与公共领域的公共性、公开性相对应,具有隐私或私密的特征,政治公序通过社会化进入私人领域,也模糊了两个领域的相互关系。新权威主义存在着致命的缺陷:将中国改革进退全系于政治集权之上,会形成政治与经济之间的深刻矛盾。从目标设定上看,应当强调法律有机体的独立地位。“法治诞生于法律机构取得足够独立的权威以对政府权力的形使进行规范约束的时候。”(诺内特、塞尔兹尼克,1994:54)在法律有机体脱离社会实践而我国又没有形成社会有机体时,与西方国家倡导的由专家“精心制定的法规”不同,我国事实上依赖的是政治控制和行政约束以及对社会的政治整合。有机体有其自身的膨胀规律,政治有机体也在这种行政整合中形成自己独特的扩张逻辑,这是我国需要特别警惕的情形,高度集权的政治体制本身会构成经济市场化的障碍。平衡民法法典与规范文件的两种极端的形式,从相互制约的目标出发,在我国政治有机体过分发达的情形下,有必要强调法律有机体的独立地位。

(二)行政执法与司法审判

从救济权程序法来看,当行政逻辑与司法逻辑主要体现为某种政治逻辑时,劳动行政与准行政机构的部门利益会在两者相互促进的特定条件下得以放大。我国社会法在司法程序上出现了与其他国家不同的特点。

其一,行政执法与司法审判的现状。在进入诉讼以前,我国《劳动法》规定了两套行政性很强的执法体系:(1)与法益保障相配套的以劳动监察、工会为核心的劳动法监督检查制度;(2)与权利救济相联系的以劳动争议的调解、仲裁为内容的劳动争议的处理程序。对于前者,具有公权力性质的法定内容,国家有直接介入的权力,劳动基准法这一具有公法特征的实体内容主要与劳动监察相配套。在劳动基准法被违反,劳动者的利益受侵害的情况下,劳动监察、工会是依法行使职权,公权力可以主动通过行政程序介入。劳动者在劳动监察关系中作为受益人,也可通过举报、投诉,促使公权力介入。从理论上说,只有劳动监察是一种职责,监察机构也是义务人,对于行政机关的不作为,劳动者可以受益主体的身份,提起行政诉讼。对于后者,具有私权利性质的内容,国家只能间接介入,也就是只有经当事人“提请”才能以解决争议的方式介入,本应与劳动法领域中的各类契约相适应,在追究违约责任时,与诉权联系在一起(董保华,2007c:59)。前者本来就是一项法益保障的配套制度,主要由劳动行政部门来行使。后者涉及行政性仲裁,我国的劳动仲裁与普通仲裁不同,我国将劳动仲裁规定为进入司法程序的必经程序,使行政性规范文件能成为案件处理的依据,仲裁权成为准司法权,以先入为主的形式,影响正式的司法程序。这样的制度安排本身就是为了充分发挥劳动行政部门制约司法的作用。

其二,行政执法与司法审判的特点。我国以裁审规定代替法官法,实际上由劳动部门与法院共同来解释法律。西方制度中涉及整体利益也尽可能个体解决,就会充分发挥权利救济的作用;我国则是个体权利涉及整体利益的,尽量整体解决,倚重法益保障机制。

从制度设计上看,我国并不存在西方的所谓法官法的概念。法官法的存在基础是概括条款,这是法律伦理化的产物,伦理本身也会涉及整体利益,也可视为在法律秩序的基础上加入了外在的伦理秩序的因素,在强调两种秩序区别的基础上强调两者在一定条件下的联系。“大部分法律规范的目的是保证和加强对道德命令的遵守,道德命令对社会福利来说是很要紧的”（罗国杰等，1988：94）。我国的私法公法化过程，其实是法律政治化过程，伦理秩序被理解为公德并由国家权力机构结合执政理论来进行解说，当我国工会强调政治性时，我国社会有机体发掘过程常常是通过行政过程来实现的。法典化与政策化相结合理解思路，使我国的个人与国家成为两个法律逻辑的原点，工会也只是准国家机关，并以类似国家机关的方式来进行管理。我国用政治有机体取代社会有机体时，政治有机体既推动了法律有机体的形成，但也会对法律有机体的长远发展带来阻碍。

权利救济追究的主要是私法责任，这种责任具有个体性，只具有制裁的可能性；劳动监察追究的主要是公法责任，这种责任具有整体性，具有制裁的必然性。(1)法益保障涉及用人单位的违法行为，由特定的国家机关追究，劳动监察机关应当对其职权范围内的事项主动依法进行监察；权利救济涉及的行为只要不损害国家和社会的重大利益，可以由当事人双方平等地在法律规定的范围内自愿协商，自行决定。(2)法益保障处理体现了强制原则，是监察机关依法行政过程；权利救济的程序集中体现了自愿原则。例如提起仲裁、诉讼的自愿，司法、准司法机构只能应争议当事人的请求而实施裁审；处置权利的自愿，司法、准司法机构在实施裁审中贯彻先调后裁原则，当事人还可案外和解。(3)法益保障处理机构做出追究责任的决定一经生效，必须执行；权利救济涉及个体性内容，哪怕是劳动者以共同理由形成的纠纷可以自愿为原则提起仲裁、诉讼。放弃权利的自愿，裁审决定生效后，当事人仍可放弃自己的权利，对于法院做出追究民事责任的生效判决，权利人一方也可以放弃自己的权利，减免对方的责任，而不执行或不完全执行判决（董保华，2005b：9）。

其三，行政执法与司法审判的重构。纠正行政对于司法的过度干预，应当改变我国先裁后审的程序性规定，实行“或裁或审”的裁审分流。当事人可以在劳动争议发生后自主选择解决模式。[①]我国学者对于劳动争议处理程序的改革建议各有优势但均不够完善。学者分析视角都是立足于仲裁外部，期待通过改造仲裁外部的裁审关系来解决现实困境，其实，解决劳动仲裁的内部问题更为重要。我国劳动争议处理制度的四个程序——协商、调解、仲裁和诉讼的制度设置反映出了现代纠纷处理的一般理念，这些程序已经被世界各国证明是行之有效的纠纷解决机制。诉讼制度作为古老而有效的争议处理机制一直以来都发挥着积极的作用。而协商、调解、仲裁程序是典型的非诉讼纠纷解决机制（也称 ADR[②]），它已经成为当代社会中与诉讼制度并行不悖、相互补充的重要社会机制。四种程序的协调配合在制度设计上相得益彰（董保华，2008b：148）。在世界范围内繁荣的 ADR 在中国遭遇“滑铁卢”，分析这一现象就会发现，劳动仲裁制度内部机理的解决至关重要。

---

① 具体而言：第一，仲裁不是诉讼的前置程序和必经途径，当事人可以择一选择仲裁或诉讼；第二，诉讼程序可因一方当事人的起诉行为而启动，但仲裁必须以双方的合意为前提，仲裁合意可以是在协议中约定仲裁条款，或者争议后达成仲裁协议；第三，仲裁实行“一裁终局”制，仲裁调解书或仲裁裁决书均发生实际的法律效力。复审和另行起诉自然而然被排除在制度之外。（陈金红，2002：33）

② ADR，Alternative Disputes Resolution，替代性纠纷解决机制。

中国劳动争议处理程序的问题并不完全是协、调、裁、审这四个程序本身的问题，而是四个程序背后的部门利益的作用，使这四种程序用其所短。我国现行劳动争议处理体制的症结表面上看是程序上的问题，实质是管理体制问题，劳动争议处理程序的合理化涉及部门利益的调整。这种体制上的问题涉及工会、政府、仲裁机构以及法院之间的利益纠葛，而这恰恰是我国劳动争议处理体制改革的关键所在。在我国的劳动立法中，劳动行政部门和全国总工会是享有重要话语权的主体。这些机构既是立法者又是执法者，部门利益的使然相当程度地影响了我国劳动争议处理程序的立法走向(董保华，2008b：150)。唯有劳动仲裁自身的功能性缺陷得到纠正弥补，其柔性机制的特有优势才能从根本上最大程度地展现，与此配套的裁审模式才能顺畅合理。裁、审两者刚柔相济、相互补充的功能才能更好发挥，劳动争议处理的资源才能得到最充分有效的使用。

(三) 过错责任与无过错责任

从救济权实体法来看，传统公法和私法领域中法律责任的理论依据主要是道义责任论，这也是与 18 世纪主观权利体现的个人理性主义哲学相符合的一种学说。社会责任论是 19 世纪末 20 世纪初，以实证主义的决定论为根据，从个人应为全体(社会共同体)而存在的社会本位立场出发而发展起来的一种实证学派的责任理论。道义责任论者强调了过错责任，而社会责任论者强调了无过错责任。

法律责任作为第二义务与权利救济相联系时，传统上以道义责任论为理论基础，在传统公法和私法领域中，主观权利要求法律责任的承担基于行为在道德上的可非难性，因此，法律责任的承担需要责任主体主观上的过错。(董保华等，2001：377)过错责任原则通过对具有主观恶性的过错进行惩罚，实现了法律责任的正义价值，同时也促进了被损害利益的恢复与补偿，成为一项基本的归责原则。然而它并非完美无缺，违法行为复杂化，社会中各种错综的利益冲突和摩擦，有些情况下采用过错责任原则显然有悖于利益与正义的价值。尽管无过错责任现在在私法体系中也能看到，但那只是作为例外而存在，或者说仍是游离于体系之外的。无论是侵权还是违约，在民法中主要都应当适用过错责任，社会法的微观层次具有很强的私法性，以道义责任论为理论基础的过错责任，仍应当成为重要的归责原则。

社会责任论否定、批判了道义责任论的绝对意志自由思想，认为法律责任是对社会利益系统的维护。社会责任论则是以社会本位为其基础，它是与社会法相适应的一种法律责任的理论依据，强调每一个社会成员都应对社会承担责任。在社会法领域中，法律责任的承担不完全是因为责任主体行为在道德上的可非难性，因此，社会法中法律责任的承担也不完全要求有过错的存在(董保华等，2001：377)。社会法宏观层次是以倾斜立法来保护弱者的一种新的法域，就社会法中的法律责任制度而言，也体现出这一个特点，我国强调了无过错责任与单方责任。无过错责任从根本上否定了当事人的自由意志，和“意识自治”为理念的私法体系并不相融。当我们将眼光投向社会法生存法益保障时，在宏观层次上，无过错责任已经不是一种例外，而是大规模地出现在社会法制度安排中。

(四)赔偿责任与惩罚责任

微观层次赔偿责任与宏观层次惩罚责任,两者以某种政治逻辑结合时,整合出具有我国特点的惩罚性赔偿责任。20 世纪 90 年代惩罚性赔偿制度通过《消费者权益保护法》和《劳动法》引入我国,《消费者权益保护法》实行的是请求惩罚性赔偿制度,《劳动法》实行的是责令惩罚性赔偿制度。《劳动合同法》同时实行请求惩罚性赔偿制度和责令惩罚性赔偿制度,从而加大惩罚责任的力度。

从思维逻辑上看,惩罚性赔偿制度源于英美法系,在私法与公法两分的大陆法体系中,本无惩罚性赔偿制度的学理空间。从私法理论来看,民法产生于市民社会,其核心功能在于弥补受害者的损失,民事责任的要义在于对所遭受损害的等额填补,惩罚性赔偿的适用会增加合同的风险性,从而打消合同当事人的缔约积极性,这便不利于鼓励交易(王利明,2000:117)。有观点甚至认为受害者获得惩罚性赔偿属于"不当得利",其与民法所调整的民事法律关系应该遵循的等价有偿原则相违背。私法理论不承认受害者或者守约一方可以获得比损失更多的补偿。"损害赔偿之最高指导原则在于赔偿被害人所受之损害,俾于赔偿之结果,有如损害事故未曾发生者然。"(曾世雄,2001b:16)从公法理论来看,在一个理性的社会共同体中,不能容许私人之间滥施惩罚性力量,任何具有惩罚性的措施必须由公权力行使。民商事交易中实施惩罚性赔偿,其性质属于"私人执法",极易导致惩罚权的滥用(江帆、朱战威,2019:62)。《消费者权益保护法》《劳动法》都是立足于社会法这样的第三法域的思考,这种立场可以轻易突破私法、公法两分的藩篱。

从历史逻辑上看,惩罚性赔偿制度在我国社会法出现,是我国公法体制运行的必然结果。惩罚性赔偿制度源于英美国家判例实践,"于 18 世纪 60 年代在英格兰首次见诸法律",英国最初在商业交易领域适用惩罚性赔偿,直接回应了 19 世纪资本主义商业欺诈的社会现实。此后,惩罚性赔偿制度在英格兰法院所产生的判例法、美国法的制度继受中得以延续并迅速扩张。(江帆、朱战威,2019:62)其经典理论认为,该制度应主要适用于侵权责任而非违约责任,且局限于侵权责任中的恶性侵权案件,即只有"由于被告的罪恶动机或忽视他人权利所造成的可耻行为"才有适用惩罚性赔偿的必要。违约责任的承担遵循无过错原则和可预见性规则,损害赔偿的标准不受违约动机的影响(盖斯特,1998:508),且赔偿标准不得超过违反合同一方订立合同时预见到或者应当预见到的因违反合同可能造成的损失(王利明等,2011:603)。《劳动合同法》所创制的惩罚性赔偿制度典型地体现了该部立法中"劳动控制资本"的基本逻辑,主要适用于劳动合同违约责任而非侵权责任。通过广泛的管制性手段对劳动合同的订立、履行和解除施加干预,淡化劳动合同的自治属性,强化用人单位的法律责任,进而一方面削弱用人单位在劳动合同订立和维持过程中的控制力(段宏磊,2022:83)。我国学者较为一致的认识是:"它只能适用于侵权民事责任,违约责任中不应适用惩罚性赔偿条款"(王小红、钟海华,1995:30)。违约责任中的惩罚性赔偿"会使潜在的受害者因为能从中得益而挑起违约。”[①]《劳动合同法》的赔偿金制度已经引发了大量的碰瓷案件的发生。

从现实逻辑上看,《劳动合同法》之前,惩罚性赔偿主要体现为责令支付赔偿金,这是劳动行政部门的一种行政处罚手段,只能由劳动行政部门决定,其后的《劳动保障监察条例》也将其定性为一种行政处罚,用人单位对处罚不服的只能提起行政诉讼,而不能向劳动者提起劳动仲裁或诉讼。因此在劳动争议仲裁诉讼中,劳动者无权请求仲裁委员会或人民法院判决用人单位支付赔偿金。由于赔偿金是支付给劳动者的,用人单位不服处罚提起行政诉讼却要由劳动行政部门参与诉讼,一旦败诉则劳动行政部门就需要赔偿给用人单位造成的损失。面对可能存在的收支不对等,劳动行政部门极为谨慎,不轻易做此处罚。这种状况使惩罚性赔偿在现实生活中几乎不能发挥作用,笔者曾建议对这种状况进行调整(董保华,2005a:385—402)。《劳动合同法》出台之后,我们正从一个极端走向另一个极端,除不再限定支付赔偿金决定只能由劳动行政部门作出外,还将赔偿金制度置于劳动仲裁“一裁终局”的制度安排中,并大大扩大范围、加重后果。惩罚性赔偿的制度弊病也迅速显现出来。在一系列事实劳动关系的案件中,最引人注目的是一些人事总监、法务总监以及高级管理者,利用管理职权故意隐匿书面合同,以求两倍工资。社会生活中出现的大量恶性碰瓷事件,多少说明这一制度已遭滥用。

事实上,我国《劳动合同法》在对惩罚性赔偿制度进行扩大与强化的立法过程中,就已经有相当一部分人大代表对于这一制度可能被滥用的情形表达了担忧。事实劳动关系这种在各国都作为正常用工的状态,在我国执行所谓的双倍工资罚则,已经完全脱离了损害赔偿的原理,全国人大常委会在《劳动合同法》审议中已经注意这一问题。在审议过程中,厉无畏委员就曾指出:“工作一个月应该获得一个月的工资,这是市场经济的基本准则。现在草案中规定,如果有事实劳动关系而在一个月里没有签订合同,就要支付两个月的工资,算是对用人单位的处罚。”“作为处罚来讲,如果是罚款的话,不应罚款给个人,如果是工资,则不符合市场经济基本的原则。做一个月就应该拿一个月的工资,如果企业违法了,企业就要承担法律责任,现在的法律责任好像转成一种额外补偿,这对其他职工来说是不公平的,人为造成不和谐。所以我认为应该再考虑一下该负什么法律责任。”[②]这一意见在当时是有高度共识的,且无相反意见。遗憾的是,这一批评如同常委的其他批评一样并未被法工委起草人员采纳。正如汪丁丁所言,在现实世界里,如果法律将多数公民置于“不合法”状态,从而执法者有充足理由随意挑选惩戒对象,我们就说这法律是“恶法”,并且还有“恶法非法”之说。[③]惩罚性赔偿制度具有这样的特点,是应当彻底改造的法律制度。

---

① Richard A. Posner, *Economic Analysis of Law*, Little, Brown and Co., 1992, pp.128—129.

② 《劳动行政部门的监督检查及本法的法律责任——审议劳动合同法草案发言摘登(八)》,来源:中国人大网 2006 年 12 月 30 日,载 http://www.npc.gov.cn/zgrdw/npc/xinwen/2006-12/30/content_356063.htm, 2024 年 8 月 7 日访问。

③ 汪丁丁:《善意的恶法》,载 http://xuanzezhoukan.blog.sohu.com/85710855.html, 2009 年 4 月 15 日访问。

三、社会法秩序中的严执法

广义的执法即法的执行，指所有国家行政机关、司法机关及其公职人员依照法定职权和程序实施法的活动。狭义的执法权仅指国家行政机关及其公职人员依照法定职权和程序实施法的活动。平衡保护中涉及司法和行政两种执法活动，也会出现两种状态。从权利救济与法益保障的性质界定、制度梳理来看，自治原则应通过严格执法来实现利益保障向权利救济的转变。

（一）权利救济与社会法严执法

权利作为追求某种个人利益或者社会目的的手段，权利救济本身会导向严执法的逻辑。可以从"权利"与"救济"两方面来分析。

其一，严执法与私法自治。从"权利"来看，严执法是以一定程度自治为前提的，受个人利益制约。从权利救济的角度看，需要价值目的中的"权利的权利"，通常以某种原权利的存在且被侵害为前提。利益、自由、平等要素引进权利论，法律所保障的只是自由人的自由活动。有学者认为，从系统论来分析这种权利，分为核心层次，中间层次和边缘控制层次三个层次。权利的核心层次就是：权利人的选择。这种选择优越于相关其他人的选择，它的外在表现形式可以是自由权、主张权、选择权，等等（刘兴树，1994：45）。人的意志可以依其自身的法则去创设自己的权利义务，核心层次是权利的根本，司法救济恪守"不告不理"原则，自治的"核心"要素才能发挥作用。遵循当事人的请求，启动司法救济，这种选择所体现的"自然正义"，保证司法救济的严格。

其二，严执法与公法他律。从"救济"来看，严执法是以一定程度他律为特征的，受社会目的制约。原权利的存在限制了派生权的目的与方式，这正是"程序帮助权""人权保障的最后一道屏障"的意义。司法权的行使涉及权利相对方的切身利益，必须限定行使主体，当事人的意志不仅是权利义务的渊源，而且也制约了执法的方向，严执法必然成为追求的目标。权利作为追求某种个人利益或者社会目的的手段，私法自治与民法法典化相结合客观上会呈现出严格执法的状态。对义务违反者的严格限制坚决纠正，使权利救济体现出来的意志彰显了人的尊严，体现了对人性的尊重。①

救济权在社会法中通过保障法定主体的权利，使个体利益在整体结构中处于中心地位。社会法内外分离、内外合体、内外分层，三个层次存在冲突。从三类社会涉及法律与伦理的关系来看，存在国家与社会的矛盾。在政治—经济，经济—伦理，政治—伦理关系分割的基础上，形成了社会法的法制文化。权利主体对案件是非曲直判断的权利被公共裁判所取代，使法律取得了独立于政治、伦理的地位。

---

① Joel Feinberg, The Nature and Value of Rights, *Journal of Value Inquiry*, No.4(1970), p.257.

（二）法益保障与社会法宽执法

对于客观利益，社会法的特殊性在于将某些弱势主体的利益从个人利益中抽象出来，从而形成某种具有社会整体利益特点的客观利益。客观利益论认为，利益的本质是独立于个人偏好的客观价值，它们尽管经常被个体所需求，但不依赖于个体的需求（于柏华，2017：33）。当个人目的中分解出社会目的时，也必然出现某种社会手段，弱势主体作为受益人，丧失了部分选择权。选择是权利的根本，"核心"要素的失去，使个人权利的结构发生了变化。为保障社会利益，公权力介入，作为一种反射利益，生存利益成为法益。公权力作为一种手段性内容是借助法益保障目的而介入社会法的相关关系，"社会利益"与"他人义务"关联关系本身具有模糊性。我国一些学者天真地以为我们将"社会利益"称为社会权利，就可使利益有权利的性质。在客观利益性质无法改变的情况下，立法机构与执法机构高度联动会使有关部门随着社会条件的改变而故意推高标准，这是由于国家管制的高标准有利于摆脱对权力的制约，实行宽执法。

客观上，法益保障并非权利主体对案件的是非曲直判断，当权利被公共裁判所取代时，只能服从公权机关的判断。高标准会使违法现象增加，通过行政执法纠正时，需要政府投入，执法资源成本极高，当这种政府资源不可能随着违法现象同步增加时，违法会因得不到制止而变得成本很低，这种状况会反过来促使违法现象增加。这种恶性循环使执法与违法的博弈中，法不责众，违法现象渐占上风，行政机关不得不进入选择性执法的状态。我国事实上已经出现了极其稀缺的行政执法资源与极其庞大的违法现象之间的矛盾，这种矛盾正使劳动监察实际上变为一种"选择性执法"，也就是劳动监察机构面对劳动者的大量举报、投诉有选择地进行监察。这是一种非制度性安排的法社会现实（董保华，2007c：59）。从身份关系的视角来观察，在国家与个人间的关系中，福利国家的社会政策往往采取依法管制的方式。在高度管制的社会，社会资源是通过国家来进行纵向分配的，政治等级也成为经济等级，越是靠近国家这一分配主体的人，越是取得某种优势地位。这种政治、经济的优势地位总是伴随着对某些社会成员歧视而存在的，"选择性执法"成为管制社会无法避免的制度内涵。

主观上，在执法部门与立法部门联动的体制下，法社会也会作用于社会法，行政部门以及准行政部门也会通过提高标准，主动进入选择性执法的状态。"一切有权力的人都容易滥用权力，这是万古不易的一条经验。有权力的人们使用权力一直到遇有界限的地方才休止。"（孟德斯鸠，1961：154）一旦劳动监察陷入非制度性的"选择性执法"境地，会进入只有权力没有义务，权力不受限制的境地。按照我国的制度设计，当劳动监察不作为时，劳动者可以通过行政诉讼的方式促使其介入，但这种诉讼成本的高投入与诉讼结果的低产出，使劳动者几乎不会作出这样的选择，劳动者也只得对普遍的不执法习以为常。当前我国劳动行政执法很大程度上已经难以获得有效的制约，这是行政机关乐于接受的状态。我国工会作为准行政部门在提高标准上有更大的积极性，工会法上的双保护与劳动合同法的单保护，更有利于间接享受类似行政部门的权力而无须承担任何责任。公共选择学派认为个人不仅在经济市场上是自利的“经济人”，而且在政治市场上也是关注自身权力和利益最大化的“经济人”（汪翔、钱南，1993：50—51），他们倾向于利用手中的职权进行寻租（rent-seeking）。从这个角度说，政府并不比其他机构更圣洁、更正确，政府的缺陷至少和市场的缺陷一样严重。事实上我国的一些行政部门、准行政部门已经主动将推行高标准作为获得行政权力的最佳路径。劳动合同法起草时，我国的人均GDP仅排到世界第110位，[①]“以一个发展中国家的经济地位，不断挑战世界劳动基准法最高水平，本身就耐人寻味”。（董保华，2007c：59）

目前，我国劳动基准法执行情况差、劳动监察的公信力低是一个不争的事实。[②]在现实生活中，劳动监察制度早已被劳动者视为是一种“选择性执法”。可以佐证这一结论的是，面对可能发生的劳动问题，愿意选择劳动仲裁这种准司法方式的人数高达58.6%。[③]但劳动合同立法仍选择提高劳动标准，加大选择性执法的制度安排。我国社会法的某些研究者主张将中国劳动关系的调整全系于政府的不受约束的行为之上，一旦付诸实践，会形成政治与经济之间的深刻矛盾（董保华，2007c：59—60）。

（三）宽执法转向严执法的决定因素

在法社会视域中，如果劳动基准超过社会、经济发展的承受力，那么执行难就成为一种现实，劳动者并不能从中受益，低标准是严执法的前提，两者存在着联系。目前我国部分劳动基准已经出现虚高，这类法规往往被以“选择性执法”方式导向“宽执行”（董保华，2007c：58）。更深层观察，社会法涉及权利关系权力化以及权力关系权利化两种形式，其实都与标准的高低有关。

就权利关系权力化而言，我国实行以反射法益限制契约空间的体制，主要是公权力直接制约私权利；在改善投资环境的过程中，以政治安排的形式要求社会尊重私权利，也会间接影响公权力制度的完善发挥。国家管制与当事人自治作为社会法的两种调节手段，是可以相互结合的。但不容忽视的是，这两种手段也存在着相互排斥的一面。过分的管制本身就有抑制自治的作用，宽执法转向严执法的现实路径是限制管制标准的过度膨胀，只有在低标准的环境下，才能真正实现私权利限制公权力目的。伴随劳动合同立法，我国劳动标准有大幅度升高，一些本应具有最低标准性质的立法已经成为用人单位经过努力尚难达到的标准，劳动仲裁、劳动监察两套制度的功能日益重合，很大程度上都在解决劳动基准法的实施问题。虽然宽执法在特定环境

---

① 新华报业网，载 http://www.xhby.net/xhby/content/2004-05/19/content-433195.htm。

② 在劳动合同立法前，我们曾经进行调查，劳动者面临用人单位违法，选择向劳动监察投诉的比例只占31%，选择“找上级领导”的占24.8%，选择“信访”的占23.3%，后两者合计为48.1%，远远高于选择劳动监察。理论上说，后两者本不是一种法律程序，在处理结果上也并无确定性，更不能通过行政诉讼的方式加以制约。换句话说，后两者本身就是一种“选择性执法”的制度安排。然而，当我们将两者放在一起让劳动者选择时，竟然后者的比例远高于前者。

③ 这是上海市政府法制办公室法治研究课题“劳动关系多方协调机制研究”的成果。共发出3 630份问卷。实际进入数据统计为3 532份。

下因反映自治要求，而取得某种社会正当性，但良性的法律生态应是在权利关系权力化中以调整管制标准的方式，实现公法因素与私法因素的平衡。

就权力关系权利化而言，公权力向公权利转化，从而以个人诉讼的方式，既限制行政行为过度膨胀，也防止行政不作为，通过公权利来制约公权力。宽执法转向严执法的公法路径是将法益保障转向主观公权利。以法益、权利二分的观点来观察，强化行政诉讼有可能将法益转化为诉讼权利，使受益主体成为权利主体。在主观公权利的结构中，可以由自由权产生出防御权能。然而，个人的主观权利是有限的，而国家公权力却具有某种无限性，将无限的国家权力置于有限主观公权利予以归纳，"这种点数硬币的方式对于正确理解国家在法律上的无限权力却是一种障碍"①。主观公权利这种在公权力中加入权利因素的理想主义设计，以个人利益制约公权力制度，需要极其复杂的制度建设，其实也限缩了这类制度的适用范围。以公权利制约公权力虽是我国学者称道的理想方案，在我国现行制度中，却是一个牵一发而动全身的制度建设过程，尽管是极其重要的内容，但也不应过于理想化。

在社会法的调整体制上，是强化政府，建立国家的高度管制的体制？还是强化社会，使劳动关系当事人借助各种社会的多元力量，自主争取权利，实现综合平衡？当今依然是我国发展道路上难以回避的问题。就制度性选择执法而言，随着劳动基准的提高，任何具有权利性特征的制度安排将难以奏效。让法律强制性劳动基准实现"低标准"，既是"广覆盖"也是"严执法"的前提，没有前提固然不会有结果，但前提也不会自动生成结果。有了低标准，国家仍应当努力推动劳动法的广覆盖和严执法，因为毕竟有了实现的可能。如果劳动标准过高，无论国家如何努力都是不可能奏效的。因此，这种"低标准"是普通劳动者需要，也是用人单位完全应当遵守的，更是政府应当坚守的"劳动者生存底线"。普通劳动者生存利益的保障，应成为国家执法的重心所在，当然我们也完全应当鼓励企业在此基础上提高待遇，履行社会责任。我国需要建立起一套以保护弱者利益为目标的控权机制，以规范政府公权力的行使方式(董保华，2007c：60)。

第二节　权利关系权力化的平衡

干预行政对劳动契约施加影响，个体关系被介入整体主义，形成权利关系权力化的格局。权利关系权力化的聚焦点是企业义务中心化。公法与私法以效力制度来衔接，建构秩序得以改造自发秩序。在行政权力制约权利关系时，认定合同关系的"自始无效"无疑是力度最大的否定，也成为权利权力化中善法、恶法的争议焦点。

---

① Otto Mayer, Deutsches Verwaltungsrecht, Bd. I, 3. Aufl. 1924, Berlin, p.105(转自赵宏，2019：653)。

一、权利关系权力化的聚焦点

自发秩序与建构秩序常以私法与公法的效力制度来衔接。劳动基准法作为建构秩序，劳动合同作为自发秩序，以抵触无效的方式来衔接。权利权力化平衡中无效合同制度具有重要的意义。

（一）自发秩序与建构秩序

权利权力化是我国干预行政存在的基本前提，我国不仅存在着形式多样的行政机关，工会事实上行使准行政机关的权力，企业义务中心化是这种权力结构的特点。干预行政的发达会使我国从法益保障视角来理解权利救济，国家按一定的标准实施救济，与原权利无关。在法社会视域，劳动关系是实践主义的；在社会法视域，劳动关系书面化、整体化是理性主义的，两者在权利救济的语境下，构成观念的碰撞。

法社会视域是自发秩序，我国契约是实践主义的合意，可以理解为一系列不断达成与变动的诺言。无论从什么角度去审视，契约都体现了契约主体之间的合意，劳动关系体现的是一种动态的合意，主要以口头合同与默示合同为基本形式，劳动关系中的一系列合意由实际履行的事实过程所反映。现实生活中，由于企业行使管理权，协商似乎不存在或者无法被感知，但是合意的客观存在却无可否认，并且通过当事人的实际履行表现出来，这是事实存在的契约和合意（董保华，2007a：220）。继续性合同是一种不完全契约，无论是否存在书面劳动合同，劳动关系是一系列通过履行表现的契约，完整的劳动关系有时不是由一个合意而是由一系列的合意所构成。在个别劳动关系的履行过程中，最初的合意无法涵盖长期的发展变化，如果不产生新的合意则劳动关系无法适应发展，最终导致劳动关系无法继续履行。劳动者与用人单位不断地达成新的合意，共同推动劳动关系向前发展。在市场经济条件下，企业的实际管理与劳动者的用脚投票，构成双方合意的实际压力，从而不断达成新合意。新合意不仅是对最初合意不足的补充，还是对最初合意的修正。从整个个别劳动关系来看，其中存在着许许多多的合意，既有最初的合意，也有过程中的合意，还有最终的合意，这一系列合意的整体才是个别劳动关系的完整面目，是实际存在的劳动契约（董保华，2005a：28）。劳动合同的自发状态，只有通过实践主义的社会观察才能被发现，书面劳动合同在现实生活中的作用非常有限。

社会法视域是建构秩序，我国契约制度是理性主义的干预工具，书面内容制约着口头内容，法定内容制约着约定内容的变动。在建构秩序中，劳动合同体现干预行政所要求的稳定价值。劳动合同作为一种一成不变的静态形式，主要通过法律反射来形成其法定内容，体现国家意志的理性主义也要求高度格式化的书面形式。最集中体现一部法律基本价值与判断准则的是立法宗旨，在《劳动合同法》起草过程中，其立法宗旨的表述四易其稿，强调劳动关系和谐稳定是基本不变的内容。我国大陆劳动法学研究中有一种倾向，认为合意必定采用双方通过协商达成并表现为书面契约的形式，工会可以通过民主程序与集体合同来限制合同内容，《劳动合同法》还进一步发展出规章制度需要工会或职代会审议的规定。《劳动合同法》实施一年后，2009 年 3 月 9 日全国人大常委会工作报告中称："《劳动合同法》颁布实施以来，全社会劳动合同意识普遍提高，劳动合同签订率明显上升，全国规模以上企业劳动合同签订率达 93%，新签劳动合同的平均期限有所延长，就业再就业工作力度进一步加大，企业职工尤其是农民工权益保障工作得到加强。"（吴邦国，2009）《劳动合同法》作为规范劳动合同行为的最高立法，被官方理解为：只要保证合同的书面形式，规章制度走了民主程序就能体现稳定的立法宗旨。这种评判标准，为体现国家意志的权力关系进入合同关系提供了依据，源源不断输入的法定内容，往往与保护劳动者利益并无真正关联。依社会法建构主义的观察，干预行政因此有了广阔的舞台。

契约面前人人平等，法律面前人人平等，真理面前人人平等，然而，契约、法律、真理并不是平等的。在权利救济第二权利中，契约、法律、真理的冲突会以显性的方式来体现。在现实社会中，我国是以干预行政来统一三者的关系。

（二）正常合同与无效合同

正常合同常被视为健康合同，以解决劳动领域中强资本弱劳工问题的名义，《劳动合同法》试图将劳动关系的订立、变更、消灭统统纳入书面化、整体化的法定管理过程。我国《劳动合同法》强调，"建立劳动关系，应当订立书面劳动合同"；"已建立劳动关系，未同时订立书面劳动合同的，应当自用工之日起一个月内订立书面劳动合同"。该法不仅规定了劳动合同"应当具备"和"可以具备"的内容，还规定"用人单位与劳动者应当按照劳动合同的约定，全面履行各自的义务"；"用人单位与劳动者协商一致，可以变更劳动合同约定的内容。变更劳动合同，应当采用书面形式"。由于我国《劳动合同法》强调书面合同，学者很容易得出劳动法律关系就是履行书面劳动合同的结论，如有变更也应当通过格式化的书面方式进行。这种观点在学者中渐成通论。高等政法院校规划教材认为："劳动合同的履行，是指劳动合同的双方当事人按照合同约定完成各自义务的行为。只有双方当事人按照合同约定全面地、实际地履行了自己的义务，劳动过程才能顺利实现。"这里所说的"全面履行""是指劳动合同的当事人按照合同规定和要求全面履行合同义务"；"只有遵循全面履行原则，才能使劳动过程得以顺利实现"（郭捷等，1997：130）。其他学者的看法也较类似。"劳动合同的履行行为，是指劳动的当事人履行劳动合同的行为。"（李景森、王昌硕，1996：97—98）这里说的"劳动合同"都是指书面形式存在的劳动合同，这种看法将整个劳动关系的履行过程视为书面劳动合同的履行过程。劳动过程的书面管理制度是我国的一个创举，确立"全面履行书面合同的原则"，希望以一纸合同来解决劳动关系中错综复杂的问题。我国的健康合同是社会法意义上静态化的理想合同。

无效合同常被视为病态合同，"法国经典作家采用了一种形象化的解释方法：他们将合同比喻为某种'机体'，无效则是这一机体所具有的特殊状态。而绝对无效合同与相对无效的确定，就取决于这一状态的严重程度"。无效劳动合同是指用人单位和劳动者所订立的劳动合同不符合法定条件，不能发生劳动合同当事人预期的法律后果的病态契约(李永军，2005：440、337)。我国在名为权利救济(实际上常常是法益保障)环节，通过干预行政转化为建构秩序，就会人为识别出大量无效合同。劳动合同实行"契约面前人人平等"本来是体现自发秩序的，这种契约在现实生活中体现为书面、口头、默示等多种形式。进入权利救济，书面劳动合同被我国视为唯一形式。同样，"真理面前人人平等"被赋予某些意识形态的固有内容，公理也有变形为工会组织这一准行政机关的随意解释的危险，以建构秩序的方式实现。中国特色的劳动合同制度一开始就是将契约秩序切割为约定内容与法定内容，并依赖干预行政而得以推行，一些在其他国家属于正常的形态，例如口头合同、事实劳动关系、企业制定的规章制度、终止条件，都有可能构成无效合同或无效条款。为了扩展干预行政的范围，我国有关部门更是发明了五花八门的打击目标，诸如末位淘汰、竞争上岗、假外包真派遣等。我国的病态合同有时只是一种法社会意义上的真实合同。

主观权利救济与客观法益保障在一定条件下存在着此消彼长的情形。伦理法律化是通过私法公法化的立法过程来实现的，利益保障挤压权利救济的空间。劳动合同的自发状态与建构状态的内部矛盾表现为实际合同关系与书面化、整体化劳动合同的外部矛盾。随着《劳动合同法》的公布，劳动合同的个体化自发形态与整体化建构形态各有适用领域，以无效合同制度为焦点，两种内在矛盾的形式形成冲突。权利救济就其本意来说，当原权利得不到落实时，救济权作为"权利的权利"出现，病态契约的理解符合第二权利的逻辑，立足于第二权利，似乎只有在第一权利不被履行的病态情形下，才需要第二权利以权利救济方式登场。然而，在我国社会法的秩序中，劳动关系的正常运行中主要是劳动合同自发秩序的口头合同、默示合同，是法社会意义上的合同关系；当劳动合同的书面建构形态成为处理争议的依据时，是以社会法意义上的劳动合同为依据的，第二权利以干预行政的方式脱离第一权利的内在规定性而存在，注定了自发形态与建构形态的紧张关系，法社会与社会法常常是根本对立的。无效合同理论本是一项典型的契约理论，经过中国式的改造，成为判断病态合同的诊断依据，发挥着某种否定契约理念的特殊作用，"自始无效"的理解需要放在这种背景下认识。随着契约的空间被限制，伦理规则与政治规则相结合，社会法中的德治文化对法社会中法制文化进行了挤压，这种挤压可能大大超出必要的范围。

(三) 绝对无效与相对无效

民法中所谓的健康契约是从意思自治和契约自由的自发秩序出发，有悖于意思自治理论的，才会被当作病态合同。"在这种理想的契约模式中，当事人的人身和意志是绝对自由的，其内心的意思与表示于外在的意思完全吻合，就如英美法系契约理论在要约和承诺问题上所谓的'镜中规则'。"(李永军，2005：337)在现代生活中，已发生了于契约法有重大意义的变化。当我们从关系性契约而非孤立性的交易来理解劳动关系时，民法中继续性契约的例外成为劳动法所要面对的常态。随着利益保障范围的扩大，劳动合同违反国家建构的强制性规范，也会认定为无效合同，利益保障会缩小权利救济的范围。换言之，古典意义上的健康合同有可能转变为现代意义上的病态合同。福利国家的出现使社会—国家的二元对立格局得以重整。“福利国家”出现了“社会立法”，“契约自由”也因此变成“对契约自由的限制”，在这些领域国家深入社会领域来发挥作用。从国家的介入方式看，无效合同有广义与狭义之分，广义无效合同既包括绝对无效合同，又包括相对无效合同，即无效合同（狭义）和可撤销合同。

合同绝对无效，以传统的民法原理来观察，合同无效是欠缺有效条件的否定性评价，“当合同的特殊状态极为严重时，为绝对无效。由于绝对无效的合同缺乏合同成立的条件，故其犹如‘死产儿’。一开始就注定不能生存”（李永军，2005：440）。可以用“自始、当然、确定、永久”这八个字来概括。①无效合同制度以高度抽象的方式来体现其理性价值。如果比较坚决地贯彻绝对无效的制度逻辑，劳动合同的建构形态不仅宣布了自发形态的“死刑”，而且要消除其一切影响。无效合同是自始无效，一旦合同被宣告无效，它的效力就要溯及合同成立之时，从订立时候起就是无效的，不能通过当事人的实际的履行行为而使它有效。无效合同是当然无效的，因为它已经明显违反法律法规的强制性规定，哪怕不经过诉讼程序来解决，它也应当是无效；如果进入诉讼程序（或者仲裁程序），即使当事人没有主张无效，法院和仲裁机关也可以代表国家或者依职权对无效合同进行干预，而不受不告不理原则的影响。无效合同是确定无效，其效力的状态是明确的、肯定的，只要对违法的事实没有争议，合同的效力是不会发生变化的。无效合同是永久无效，不能因为时间的经过而使无效合同转为有效。②这种法定强制本是与一时契约相联系的，过度建构会使高度抽象的理性价值，成为与继续性契约有着强烈冲突的内容。

合同相对无效，“当合同的特殊状态不严重时，为相对无效。相对无效的合同只是不健全、有缺陷，是可以治愈的”。由于被认为合同虽有缺陷，但是仍可以治愈，因此并不适用确定无效和当然无效。如果贯彻相对无效的制度逻辑，劳动合同的建构形态是否宣布自发形态的“死刑”，取决于权利人的态度，在这一点上，未生效、效力待定、可撤销这些合同与绝对无效合同不同。然而，一旦享有撤销权的当事人行使撤销权，这一合同依然适用“自始、永久”无效的救济手段。对于可撤销合同而言，“如果撤销权人在法定期间内行使撤销权，合同就会溯及地归于消灭，即自合同成立之日起就不具有约束力。在结果上，同绝对无效的合同是一致的。如《德国民法典》第 142 条规定：‘得撤销的法律行为，经撤销者，视为自始无效处。’我国《民法通则》第 59 条也作了内容相同的规定，《合同法》第 56 条继受了这一原则”（李永军，2005：440、460）。因此有人赞扬道：“它不仅包容了无效制度的全部功能，同时弥补了无效制度的刚性的同时，并没有丧失本身所具有的制裁和遏制违法行为的功能，是一项综合、完善、精巧的安排。”（张渊，2003：83）这种理性价值由于加入了权利人的选择，而使其抽象性上有所减弱，但总体而言，体现的依然是某种抽象价值。

---

①② 王利明：《合同无效制度的问题》，转引自中国民商法律网，载 http://www.jhrlawyer.com/Article_Show.asp?ArticleID=1562，2010 年 10 月 23 日访问。

劳动合同中第一权利、第二权利的矛盾是自发秩序与建构秩序的矛盾，是法社会与社会法的矛盾，不进入权利救济时只是潜在的状态上存在，两种秩序并不存在替代关系。然而，无论是合同绝对无效还是相对无效，一旦进入“自始无效”“推倒重来”的状态就等于第二权利以权力的强制力彻底消灭第一权利的存在空间。微观层次本是一种自发秩序，以市场经济为基本依据；建构秩序中的权力是统治者依据社会稳定的目的，人为建造的一种“理性”制度，其实也是一种“理想”制度，这种理想中不乏对新中国成立以来的稳定秩序的憧憬，只要我国还接受市场经济的秩序，就不可能真正以第二权利来消灭第一权利。当我们将体现为权利的自发秩序视为病态时，建构秩序就会以名为权利救济的权力化方式来充当药。然而，当权力不能对症下药，权力本身可能致病，这时自发秩序中权利关系犹如抗体，抵制权力这味药的侵袭。建构秩序对自发秩序的改造，自发秩序对建构秩序的抵抗，法社会与社会法的冲突就会不断扩大，且愈演愈烈，现实生活会以扩大取缔规范，减少效力规范做出某种妥协。

二、建构秩序对自发秩序的改造

全部无效与自始无效相结合，建构秩序对自发秩序彻底否定。这时建构秩序的合理性就会受到考验。我国的理想主义源于抽象的民法法理与抽象的政治理论，加入的内容常常欠缺基本的合理。在社会法旨在对法社会彻底改造时，就会发生实践主义与理想主义的冲突。

（一）全部无效与理论争鸣

20 世纪 90 年代，在实践主义与理想主义的冲突中，我国理想主义是以抽象理性为内容的。我国 1994 年公布的《劳动法》第 18 条将“违反法律、行政法规的劳动合同”“采取欺诈、威胁等手段订立的劳动合同”确定为无效合同，并规定无效的劳动合同，从订立的时候起，就没有法律约束力。这一劳动合同的建构形态，基本上沿袭了当时《民法通则》一时性契约的规定，这时我国尚无可撤销合同的相应规定。理想主义的建构标准可以说是高度抽象的，《民法通则》的规定被作为抽象理性的象征。按我国当时的民法理论，无效合同是指不符合或违反法律的要求、不具有法律效力的合同。《劳动法》也是按民法理论进行规定的，不仅确定了无效合同的条件，更规定从订立的时候起合同就没有法律约束力。我国还规定劳动合同的无效由劳动争议仲裁委员会或者人民法院确认。按照我国民法对合同通行的解释，无效合同可以分为部分无效和全部无效。《劳动法》第 18 条的规定与《民法通则》第 58 条的规定，在内涵及立法精神上是一脉相承的，只要当事人订立时，违背了平等自愿、协商一致的原则，合同当然就无效。笔者曾在《劳动法教程》(1994)一书中介绍过《民法通则》相关规定进入《劳动法》时的争论。该书是笔者在参加《劳动法》起草过程中撰写的，也婉转地记录了当时笔者从实践主义出发，根据继续性合同社会现状，提出的另类立法意见(董保华，1994:77—80)。

在笔者看来，当时依据抽象的观念逻辑做出的规定忽视了我国书面劳动合同与实际劳动关系具体的结合方式。依抽象主义产生的规定，对部分无效的劳动合同的认定是可以接受的。部分无效的劳动合同是指合同的某些条款虽然违反法律规定，但并不影响其他条款法律效力的劳动合同，也就是说实际的劳动关系仍然存续。《劳动法》规定："确认劳动合同部分无效的，如果不影响其余部分的效力，其余部分仍然有效。"依据部分无效、部分有效合同产生的劳动关系，法律仍将保障劳动关系继续存在。在劳动法起草中，这是笔者认为可以接受的表述，某些合同条款被确认无效后，劳动关系的这部分内容受劳动法规和集体合同的调整。劳动合同中有违反国家政策、法规，与集体合同相抵触，损害劳动者人格尊严，显失公平的内容，"应视为无效条款"①。劳动基准法、集体合同以及大量的国家政策法规，都会对无效条款产生现实关系起到弥补的作用。全部无效劳动合同是国家不予承认和保护的合同，它从合同订立时起就不发生法律效力，这是笔者提出疑义的条款。劳动部在《关于贯彻执行〈中华人民共和国劳动法〉若干问题的意见》中进一步规定："职工被迫签订的劳动合同或未经协商一致签订的劳动合同为无效劳动合同。"从法社会的视角来观察，这类合同实际上是大量存在的，全部认定为无效，事实上存在的劳动关系当如何处理？抽象理性主义对"死产儿""自始、当然、确定、永久"无效的八个字处理，显然是不适应这类现实劳动关系的。笔者也因这一内部争论，率先开启了对中国式事实劳动关系的研究。

依据全部无效合同而产生的劳动关系应当如何看待？我国《劳动法》第 16 条规定，劳动合同是产生劳动关系的唯一依据，而这一依据被认定为全部无效，从订立时起就不发生法律约束力。如果将我国《劳动法》第 16 条、18 条的逻辑贯彻到底，劳动关系也将自始无效。国家不仅应通过认定合同无效，来消除依据该合同而产生的劳动关系，而且还应恢复到合同订立时的状态去处理。由于劳动法律关系须以书面劳动合同来确立，口头合同产生的劳动关系也是全部无效劳动合同，将导致已经产生的劳动关系不被承认。这一"自始、当然、确定、永久"无效的逻辑在实践中是很难行得通的，国家的劳动立法是促进就业而非阻碍就业。履行后的无效劳动合同，虽无法律依据，但事实上存在劳动关系，它的处理远比无效经济合同的处理复杂。一般说来，经济合同主要涉及财产关系，在无效的事实确认后，通过双方返还，使合同关系恢复到合同成立之前的状态，并由过错的一方承担赔偿责任。由劳动合同所确立的劳动关系兼有财产关系和人身关系的性质，劳动者已提供的劳动力是无法返还的，因此，劳动关系也是无法恢复到合同订立之初的状态。在这一点上，"事实劳动关系"与"事实婚姻关系"有相似之处。我国劳动法照搬依据物法产生的民法一时性契约抽象规则已经引起法律条款之间的矛盾和实际工作的混乱。在劳动法起草时，笔者曾以人身关系的法社会立场，举以下三例试图说服其他起草人员（董保华，1999a：196）：

例一，《劳动法》第 18 条规定：违反法律、行政法规的劳动合同为无效劳动合同，从订立时起没有法律约束力。第 25 条又规定：在试用期间被证明不符合录用条件

① 《中华人民共和国劳动法（模拟稿）》第 24 条（董保华，2015b：642；董保华、唐大杰，2021：330）。

的，用人单位可以解除劳动合同。一个未达到法定就业年龄的未成年人，通过隐瞒真实年龄而产生的劳动关系，应当按第 18 条认定为无效劳动合同（合同自签订时无效）？还是应当按第 25 条，解除劳动合同（合同自解除时无效）？如按第 18 条处理，该职工已取得的劳动报酬，难道还要返还？否则又如何按第 18 条处理？抽象理性主义的解答难以自洽。

例二，《劳动法》第 19 条将劳动合同一律规定为书面合同。某劳动者与用人单位以口头形式确立了劳动关系（用人单位也按规定缴纳了有关的社会保险费用），双方如果保持这种关系十几年后，发现这种劳动关系确立时因为不符合法定形式而是无效劳动关系，那么应当如何处理呢？难道能简单地解释为订立时无效而回到十多年前的状态去处理吗？又如何回到订立时的状态处理？抽象理性主义的解答显然不符合当时的公共政策。

例三，农民未按规定办理手续，进城务工，产生的事实劳动关系，在劳动过程中发生伤亡，按《劳动法》第 18 条规定为无效劳动合同，就因双方产生劳动关系时的瑕疵不计算为工伤吗？现实生活中确已出现了大量的案例如此理解。抽象主义的解答显然不符合基本的伦理价值。

笔者从实践出发，其实已经涉及继续性合同的特点，当时对于《劳动法》的制定提出的建议是："通过订立劳动合同，产生劳动关系。我们对劳动法草案的修改主要包括：(1)根据书面合同、口头合同、续订合同的不同特点，分别规定。(2)根据现实生活中已经暴露出来的问题作一些有针对性的规定，如在内容上，技术培训及相应的服务期应在合同中约定；在程序上，用人单位应成为法定要约方。(3)根据劳动关系的特点，做出区别于其他合同的规定。例如，劳动关系具有人身关系的特征，难以恢复原状，世界各国均避免因无效劳动合同而导致无效劳动关系。因此，我们只对无效条款作规定，劳动合同全部无效，通常也按劳动合同解除处理。"（董保华，2015b：635；董保华、唐大杰，2021：324）这是立足于立法者，主动缓和自发秩序与建构秩序的紧张关系，让一时性契约的建构秩序为自发秩序留下更为充足的余地。由于我国当时并无继续性契约的完整理论，对于强行规定主要强调效力规定，但笔者认为涉及人身性关系，更应采取取缔规范。在劳动法起草人员的内部讨论中，私法一时性契约的抽象理论作为理性的标准，对于劳动法的起草人员是金科玉律的存在，笔者对全部无效劳动合同谨慎认定的观点并未得到大多数人的理解。十多年后，笔者当年提出的三条建议才在《劳动合同法》起草中重新进入人们的视野，尽管我国立法部门开始正视事实劳动关系的处理问题，可惜《劳动合同法》的立法风向已经从抽象主义向道德主义发生了根本的转变，对于事实劳动关系适用惩罚性赔偿是措施之一。当我们以极其夸张的方式对待事实劳动关系时，很难给出符合继续性合同的恰当答案。

（二）自始无效与制度调整

在劳动合同法刚开始起草时，王全兴等学者还持民法特别法的观点，建议《劳动合同法》对劳动合同效力制度重新作出设计，其基本思维是民法有的我们也应该有。[①]更有学者上升到体制高度来对《劳动法》的规定进行无端批评。[②]根据所谓"传统的合同原理"，郑尚元[③]、王全兴[④]都强调无效合同所具有的"自始无效"的特点。事实上王全兴的论述本身就存在着逻辑混乱。一方面王全兴已经注意到："劳动者在劳动合同被确认无效前所支出的劳动力具有不可回收性"，然而得出的结论却是："故此阶段原来由无效劳动合同所确定的劳动权利义务应当依法重新确定。"（王全兴，2007：98）明知不可为，而故意为之。受学者的影响，《劳动合同法》最初草案一直按"自始无效"的"明知不可为，而故意为之"逻辑，在追求"合同双方当事人依原合同享有的权利和应履行的义务都归于消灭"（郑尚元，2004a：120），"劳动权利义务应当依法重新确定"的法律效果。

在原《劳动法》无效劳动合同所谓"自始无效"的基本逻辑上，《劳动合同法》在劳动部的一些征求意见稿中有一些以后被删除的内容，这些内容是所谓主流学者在劳动合同立法初期推动的结果。草案内容有：（1）因重大误解订立的劳动合同，在订立合同时显失公平的劳动合同，当事人一方有权请求劳动争议仲裁机构或者人民法院变更或者撤销。一方以欺诈、胁迫的手段或者乘人之危，使对方在违背真实意思的情况下订立的劳动合同，受损害方有权请求劳动争议仲裁或者人民法院变更或者撤销。当事人请求变更的，劳动争议仲裁机构或者人民法院不得撤销。（2）具有撤销权的当事人自知道或者应当知道撤销事由之日起一年内没有行使撤销权，具有撤销权的当事人知道撤销事由后明确表示或者以自己的行为放弃撤销权的，劳动合同撤销权消灭。（3）劳动合同无效、内容约定不明确或者未依法订立书面劳动合同以前发生的争议的，当事人可以重新协商。协商不成的，适用国家规定；国家未规定的，适用集体合同规定；国家未规定的，适用其中有利于劳动者的规定。（4）劳动合同无效或者约定不明确，依据前款规定仍不能确定的，劳动合同无期限的，为无固定期限；劳动报酬标准不明确的，参照用人单位同工种、同岗位劳动者的平均工资等标准确定；用人单位无同工种、同岗位的其他劳动者的，参照用人单位所在地设区的市上一年度

① 一是规定劳动合同无效的情形，包括：（1）一方以欺诈、胁迫的手段订立劳动合同，损害国家利益；（2）恶意串通，损害国家、集体或者第三人利益的；（3）以合法形式掩盖非法目的的；（4）损害社会公共利益的；（5）违反法律、法规、规章及集体合同的强行性规定的。二是规定当事人一方有权请求劳动仲裁机构或法院变更或撤销劳动合同的情形，包括：（1）因重大误解订立的；（2）订立劳动合同时显失公平的；（3）一方以欺诈、胁迫的手段或乘人之危，使对方在违背真实意思的情况下订立劳动合同，单位损害国家利益的（王全兴、侯玲玲，2005：82）。

② 有学者认为《劳动法》制定于1994年，当时我国占主导地位的仍是计划经济，所以《劳动法》第18条规定的两项无效劳动合同的确认标准，即违反法律、行政法规的劳动合同和采取欺诈、威胁等手段订立的劳动合同，不免带有较强的行政色彩，已不适应市场经济发展的需要（张渊，2003：82）。

③ 郑尚元认为，《劳动法》第18条第2款规定，无效的劳动合同，从订立的时候起，就没有法律约束力。也就是说，某一劳动合同被确认无效以后，该劳动合同并非从确认无效之日起开始无效，而是从订立时就没有法律效力，合同双方当事人依原合同享有的权利和应履行的义务都归于消灭（郑尚元，2004a：120）。

④ "自其订立之日起就不能作为确定劳动权利义务的依据，而劳动者在劳动合同被确认无效前所支出的劳动力具有不可回收性，故此阶段原来由无效劳动合同所确定的劳动权利义务应当依法重新确定。"（王全兴，2007：98）

企业职工平均工资等确定。

从《劳动合同法》草案的早期规定中可以看出，除第三点外，立法者开始努力按照民法中无效合同（广义）的规定来改造原《劳动法》的规定。从对《劳动法》的扩展部分来看，其中，第一、第二个要点其实是强调引入《合同法》中可撤销合同的规定；第四个要点是为了实现“自始无效”的基本逻辑。“自始无效”是指一旦合同被宣告无效，它的效力就要溯及合同成立之时，无效合同不能通过当事人的实际的履行行为而使它有效。从“传统的合同解除原理”（王全兴，2007：91）即民法原理出发，有些学者坚持“自始无效”的观点。这些观点一直维持到“单保护”的理论的提出。

（三）欺诈有效与秩序改造

劳动合同因欺诈、胁迫而无效，这是建构秩序中符合伦理规则，也应当坚持的常识。然而，随着我国执政理念的调整，这些长期持民法特别法观点的学者很快意识到自己的观点需要以阶级理论来重新打造，劳动合同立法时的理性主义已经从抽象理性规范替换为政治道德观念，基本思维也从民法思维转变为反民法的思维。王全兴等当初提出引进相对无效合同的一众学者，以后又提出了所谓“单保护”的激进观点，从抽象平等转向抽象不等。劳动合同法在公开讨论的草案中（一审稿）将《劳动法》第18条对无效劳动合同的认定标准“采取欺诈、威胁等手段订立的劳动合同”改为“用人单位以欺诈、胁迫的手段订立劳动合同的”。在“欺诈、胁迫的手段”前加了主体限定词“用人单位”。只有“用人单位以欺诈、胁迫的手段订立劳动合同的”才被认定为无效劳动合同。“用人单位欺诈必然导致劳动合同无效，而劳动者欺诈则不一定劳动合同无效。”王全兴等一些学者后来提出的单保护式的无效逻辑与先前提出的双保护的可撤销制度发生了冲突，法规草案也在这些学者的影响下发生着变化。

提出建议的王全兴解释了制度安排的理由：“劳动合同订立过程中双方信息不对称，即劳动者的信息条件一般劣于用人单位，并且用人单位在招工过程中有权对劳动者进行考试和考核，而劳动者对用人单位没有与此对等的权利。故法律对用人单位欺诈的规制严于对劳动者欺诈的规制，即用人单位欺诈必然导致劳动合同无效，而劳动者欺诈则不一定劳动合同无效。”（王全兴，2006b：27）这一“双方签订的合同，只有一方欺诈、胁迫被认定为无效合同”观点从国务院送审稿到一审稿、二审稿，其间不断有人质疑，但依然不改。我们多次以口头、书面形式向上海的全国人大常委反映，并取得共识。在沪港两地人大常委的异常严厉批评下①，在人大的三审稿中终于重新

① 这种双方签订的合同，只有一方欺诈、胁迫被认定为无效合同的规定在审议过程中受到了人大代表的批评。厉无畏委员说：“法律应该要鼓励诚信，草案中有许多条款规定，如果企业带有欺诈、胁迫，合同就无效。反过来说，如果员工不诚信、欺诈等，那么是不是所签订的合同也无效？对此法律也应有一定规定。”程贻举委员建议在规定用人单位告知义务时应当规定劳动者的告知义务。“应该在第10条中规定劳动者的告知义务，比如你的身体有传染病，就不适应到食品行业中去工作。建议第39条增加劳动者隐瞒其不适宜从事用人单位工作的疾病的情况，用人单位也可以解除合同。”《劳动行政部门的监督检查及本法的法律责任》，载 http://www.hroot.com/contents/156/72704.html，2010年10月23日访问。

改回了类似《劳动法》的提法："以欺诈、胁迫的手段或者乘人之危，使对方在违背其真实意思的情况下订立劳动合同的"为无效劳动合同。终于重新回到那个曾被指责为"带有较强的行政色彩"的劳动法规定上。

三、自发秩序对建构秩序的抵抗

公民在其权利受到损害时，作为一种"权利救济权"，是请求国家为其提供帮助以弥补损害、实现权利的权利。无论是相对无效还是绝对无效合同制度的建设，都不应忽视背后的自治逻辑。权利关系权力化的过程中，受干预行政过度发展的影响，我国一些体现国家意志的制度设计失去了起码的合理性，以巨大的制度成本去膨胀行政权力。本应作为权利救济的内容，采用"法益保障"时，自发秩序会以各种形式对建构秩序进行抵抗，社会法的一些制度设计在法社会的逻辑中有了新的含义。

（一）自始无效与法益保障

社会法的视角强调整体主义的法益保障。按《劳动合同法》二审稿第 29 条[①]的规定，将劳动关系"推倒重来"后，劳动报酬按人民政府公布的劳动力市场工资指导价位确定，这样的制度设计无疑有着推动政府工资指导价发展的行政目的。政府工资指导价是历史上标准工资制度（八级工资制）演变而来的一种社会分配形式，本不是由市场需求产生出来内容，其完整程度也取决于政绩考核的要求，很难真正影响市场发展。市场经济较为发达的地区，根本没有劳动力市场工资指导价；即便存在这一制度的地区，工资指导价位本身也不能覆盖所有的工作，且还存在着高、中、低三类。当我们的制度设计进入所谓"原来由无效劳动合同所确定的劳动权利义务应当依法重新确定"的境地，对已经履行完毕的劳动关系推倒重新计算时，便会发现其制度成本高到根本无法实现的地步。在一片反对声中，以后的草案去除了按劳动力市场工资指导价来调整工资的设想，但在一个干预行政高度发达的环境下，劳动关系"推倒重来"的立法思路，尽管被社会质疑为"恶法"，但仍是有关部门不舍割弃的内容。然而，"推倒重来"这样制度成本的高投入，无非是要得出一个"高于"或"低于"原劳动报酬的工资水平，这本身会带来新的不公平。"高于"原劳动报酬的工资水平的，适用于劳动者欺诈显然是不公平的；"低于"原劳动报酬的工资水平的，适用于用人单位的欺诈显然是不公平的。

法社会的视角关注个体主义的权利。讨论我国劳动关系"推倒重来"的立法思路时，英美法系默示条款理论的发展可以给我们提供启示：在权利实现过程中，不去通过权力干预而形成一种国家意志，而是去更深层次地开掘当事人的真实意志。作为

① 《劳动合同法》二审稿第 29 条的规定："劳动合同被确认无效，劳动者已付出劳动的，用人单位应当向劳动者支付劳动报酬。劳动报酬的数额，参考用人单位同类岗位劳动者的劳动报酬确定；用人单位无同类岗位的，参照用人单位所在地设区的市级人民政府公布的劳动力市场工资指导价位确定。"

在私法中补充明示契约不足的默示制度，由于在社会法中明示契约的不足显著增加而显得异常重要。在劳动法领域，默示不再是附属而是主体。双方当事人通过默示行为达成的合意成了劳动关系存在的一种重要表现形式，默示意图注重合意的行为识别，注重实际履行的要求。传统上说，英国默示条款的范围尽管在劳动法领域被极大的扩展，但作为一项基本制度，默示条款主要是在当事人契约未加规定的情况下法院依照当事人的默示意图或推定意图，来识别存在于双方之间的合意条款，在私法中补充明示契约的不足。随着时代的发展，在雇佣合同上，一贯保守的英国也根据实际需要走得很远，默示雇佣合同作为一种理论，实际上是承认在一定条件下默示条款取得了否定明示条款的效力。国际劳工组织也据此提倡"事实第一"原则。

(二) 解除规范与权利救济

劳动合同法发生的理论争鸣，使正式公布的立法在保留脱离实际的自始无效的整体主义制度设计的同时，开始增加了解除的制度设计。对于以欺诈、胁迫的手段或者乘人之危，使对方在违背真实意思的情况下订立或者变更劳动合同的，劳动者可适用《劳动合同法》第 38 条推定解雇(或称为被动辞职)的规定；用人单位可适用《劳动合同法》第 39 条过失性解除的规定。[①]劳动力市场工资指导价位这类制度设计，使《劳动合同法(草案)》承受了来自社会各方面的批评，也使立法者在保持"推倒重来"原规定的情形下，较为仓促地增加了"解除劳动合同"的制度设计。其实这是一个解除劳动关系的规定，意在不对已经发生的劳动关系产生溯及既往的效力。这是社会法向法社会的一次让步，既是一个现实的选择，也是一个无奈的选择(董保华，2012f：28)。

对于这一修改，冯彦君认为："从这些理想的立法要求出发，《劳动合同法》并非尽善尽美，存在瑕疵和遗憾。""不应将'无效'作为解除的条件。""依学理和立法共识，解除与无效为劳动合同独立之制度，解除的前提是合同有效成立且未履行完毕，将无效作为解除条件，概念使用混淆，制度安排不逻辑。遗憾的是，《劳动合同法》第 38 条第 1 款第 5 项和第 39 条第 5 项却将劳动合同无效作为解除合同的条件之一。"(冯彦君，2008：125)王全兴认为："《劳动合同法》第 38、39 条中关于解除无效劳动合同的规定，与相对无效合同可撤销的制度设计有所不同，并且，突破了有效合同才可解除，而无效合同不适用解除的原理。""这种设计与传统的合同解除原理相悖。"(王全兴，2007：91)显然，这一批评的视角是传统的合同理论。从法律专家提倡以"滥用权利""欺诈"作为促使企业守法的手段回归到传统的合同理论，应当是一种进步。但这一理解本身是不恰当的。

---

① 按第 38 条推定解雇(或称为被动辞职)的规定，劳动者可以随时通知用人单位解除劳动合同，用人单位应当支付经济补偿金，违者应当支付 2 倍的赔偿金；劳动者违反这一项，用人单位适用《劳动合同法》第 39 条过失性解除的规定，用人单位可以随时通知劳动者解除劳动合同，用人单位不必支付经济补偿金。

（三）自始无效与合同解除

在自始无效、解除规范两套制度并行的情况下，司法机关在实际执法中毫不犹豫地转向了后者，前者的规定形同虚设。一个意在膨胀行政权力的主张，最后被有关部门冷落，这是曾经主张所谓民法特别法而现在主张单保护观点的学者特别难以接受的社会现实，所谓民法原理重新成为他们批评的武器。针对王全兴、冯彦君对无效合同适用解除的批评，我们可以将可撤销合同与合同解除的原理做一个对比，看一下两者的异同。

可撤销合同与合同解除存在相同之处。可撤销合同动摇了“确定无效”“当然无效”的概念。“确定无效”体现了法律对无效合同的坚决否定态度。对于可撤销合同而言，法律赋予受不利影响的人在一定期间内根据自己的利益衡量对合同做出有效或者无效的自由决定，即决定是否撤销的权利（李永军，2005：436）。可撤销合同颠覆了“确定无效”的概念。从“当然无效”的角度看，对于可撤销合同的主张权利之归属问题，各国民法几乎均规定只能由法律规定的意在保护的特定当事人才能提出，其他人或机关无权提出或依职权否定合同效力。《劳动合同法》的解除，在这两方面有类似的效果，其实是从所谓法益保障回到了真正意义上的权利救济。

首先，采用解除劳动关系的方式来处理，作为一种权利救济，法律赋予受不利影响的当事人在一定期间内根据自己的利益衡量对劳动关系做出保持还是解除的决定。从法律效果上看，类似可撤销合同，只是不适用“确定无效”的处理。不仅如此，我国《劳动合同法》第 26 条第 2 款规定：“对劳动合同的无效或者部分无效有争议的，由劳动争议仲裁机构或者人民法院确认。”只有在当事人有争议的情况下，才由仲裁、司法机关处理。劳动争议仲裁委员会和人民法院对劳动合同效力的认定是被动的，当事人不行使变更或撤销劳动合同的权利，就无法启动劳动合同的司法救济程序。如果用人单位和劳动者对这类劳动合同无争议，劳动争议仲裁机构或者人民法院无权干预，显然不适用“当然无效”的规定。这一表述与《合同法》第 54 条可撤销制度相类似。当事人有权选择以第一权利的方式还是第二权利方式来处理双方的纠纷。以我国现行劳动合同的制度安排，第二权利的救济方式是具有破坏性的，一旦以对簿公堂的方式诉诸法律，一般是难以再恢复双方第一权利的约定状态。

其次，意思表示不真实的合同在当事人未行使解除权前是有效的，不符合“永久无效”的认定。关于可撤销合同在撤销前的效力状态上，德国学者认为：可撤销的法律行为是有效的，如果它不被撤销，它将继续有效（拉伦茨，2003a：659）。但过去很长一段时期内，我国学理将可撤销合同视为效力未定的合同。“可撤销合同具有可治愈性，即如果有撤销权的人在法律规定的权利行使期间内不行使撤销权的话，该合同即变为完全有效的合同。”（李永军，2005：460）法律具有外观主义的特点，有效、无效应当是二分法，既然没有提出无效审查，就是有效的。笔者认为，对于因意思表示不真实而产生的病态的契约，合同的解除（其实在这里有些类似民事合同的撤销）这种否定性评价具有相对性，是在尊重受害人意思基础上的否定性评价。如果受害人仍然让合同有效，愿意继续履行劳动合同的相关义务，法律承认并加以保护；如果受害人不愿意受合同约束，为使自己的利益不受损，也可通过行使解除权，使合同效力归于消灭。在有解除权的一方行使解除前，劳动合同应当理解为有效。对于有效合同，采取合同解除在法理上并无不通。

最后，两者真正的差异在于自始无效还是取缔规范的制度安排。当我们进入具体制度层面时，在《劳动合同法》第七章“法律责任”的规定中也会涉及违反强制性规定的处理，然而，却会得出一些与学者主张的“传统合同原理”不一样的结论，这是由社会法的特点决定的。劳动法的强制性规定涉及的主体、内容、形式、程序四个方面，违反劳动法的强制性规定，依民法合同原理是无效的，但社会法似乎并未以“自始、当然、确定、永久”效力性强制规范来做制度安排，具体制度安排中主要是按照取缔性强制规范来处理的，无溯及既往效力。违反强制性规定不仅引入了有效合同解除的经济补偿，还规定了连带责任。与有效合同“解除”类似，主要还是加入了行政性罚款、赔偿金等带有惩罚性的社会法的法律责任。违反强制性规定的处理重点在于未来的劳动关系，而非过去的劳动关系。在违反劳动法的强制性规定已经有过度的制度供应的情况下，又搞出一套更难执行的自始无效的规定，使后者显得更脱离实际，在社会生活中自然受到冷遇。

哈耶克对社会科学方法的研究中理性主义的抨击在其社会理论中居于核心地位。在继续性合同中，构成人类生存环境的事实不可胜数而关于这些事实的知识也必然是广为分散和零碎的，人们在决定行动方针的时候，所能依靠的最多也只是有限的信息。自发与建构秩序失衡的根本原因是我国基于理性主义、理想主义而产生的干预行政的过度发展，抑制公权力的过度发展是我国实现权利救济或法益保障平衡的根本举措。

第三节　权力关系权利化的平衡

给付行政对劳动关系施加影响时，整体关系应介入个体主义，形成权力关系权利化的救济。权力关系权利化的聚焦点是国家义务中心化。当客观利益通过具体行政行为来体现时，主观公权利作为利益保障措施，国家与个人以请求权来衔接，以个人利益制约国家的建构秩序。

一、权力关系权利化的聚焦点

在法益保障的基础上，加入主观公权利的因素，可以形成“权力关系权利化”的救济，即国家作为公权利关系中的义务主体，劳动者作为公权利关系中请求权主体，受益与权利在一定程度上回归统一。

(一) 公权利的含义

公法权利,在德语相对应的词是 subjektive öffentliche Rechte,在中文中有多种译法,比较通行的译法是将其直译为主观公权利。公权利被定义为:"公法权利指人民基于法律行为或以保障其个人利益为目的而制定之强行性法规,得援引该法规向国家为某种请求或为某种行为之法律地位。"①在我国传统的政治秩序中,以公权力形成反射利益来保障生存利益,必然使权利关系权力化。随着权力关系的权利救济,生存利益表现为主观权利时,生存利益才可转化为积极权利,这种救济权往往呈现出国家义务中心化的特点。

现代意义上的公权利概念的建立,一般认为应自卡尔·弗里德里希·戈伯(Carl Friendrich Gerber)于 1852 年著的《公权论》一书中而见其端。在此之前的绝对君主专制时期,乃至于更早的中古时期,虽也有类似的公权的概念,但那时所谓权利的概念,乃是领主与家臣之间基于一定的身份关系而产生的权利义务,强调得更多的是"特权",与现代意义上的公权概念完全不同。德国传统的公法权利的概念,由奥特马·比勒尔(Ottmar Bühler)于 1914 年教授资格论文《公法权利及其在德国行政裁判上之保障》一文中提出,他认为"公权是指人民基于法律行为或以保障其个人利益为目的而制定的强行性法规,得援引该法规向国家为某种请求或为某种行为的法律上的地位"②。该理论在比勒尔的书中奠定雏形。耶里内克讨论了公法权利的一系列基本理论,把公法权利界定为由法律规范所确认和保护的,以特定的利益为目的的人的意志力。意志力被视为公法权利的形式,而利益才是公法权利的实体因素。③他的界定融合了黑格尔的法哲学思想和耶林的利益法学的内核(徐以祥,2009:105、109)。

迈耶在《行政法总论》"公法上的权利"一章中首先引用经典的私法定义来界定"权利",认为权利是"个人为其利益而相对于他人所拥有的有限的意志力",之后他马上指出,将此概念适用于公法中会遇到重大难题。此处的法律关系是公权力自身也参与其中的关系,而公权力在此又不可否认地具备法律上的优势,处于行政关系两端的国家与臣民也"完全不同",因此平等并置地讨论"国家的主观公权利"和"臣民的主观公权利"并不妥当。④从观点上看,迈耶与耶利内克存在根本分歧。在迈耶看来,权利应当理解为私权利,而不宜扩大到公权利概念。如果说耶利内克"国家的主观公权利"确实具有某种理想主义色彩,将这套所谓的积极权利的思想移入我国的制度设计时,这种理想主义的色彩就会更明显。迈耶反对"国家的主观权利"的理由对于理解我国制度安排均具有意义。

①② Ottmar Bühler, Die Subjektiven öffentlichen Rechte und ihr Schutz in der deutschen Verwaltungsrechtsprechung, Berlin: Kohlhammer 1914, p.224.

③ Georg Jellinek, System der subjektiven öffentlichen Recht, Neudruck der 2, Auflage Tübingen 1919, Scientia Verlag Aalen 1964, pp.44—45.

④ Otto Mayer, Deutsches Verwaltungsrecht, Bd. I, 3. Aufl. 1924, Berlin, p.104(转自赵宏,2019:653)。

(二) 公权利的沿革

联邦德国从来不是教科书里的19世纪古典自由的法治国家,在某些方面与我国颇为相似。联邦德国从一开始就是一个社会福利和调整市场的干预国家,这符合其经济状况、公民愿望和社会传统。国家对臣民和公民的生活进行父系社会般的照料式的干预,也许是德国国家理论中最稳定的部分(蒋银华,2010:113)。对于手工业、知识分子的自由职业、教会、社会保险、学校和大学制度、广播电台、电视、农业生产、警察值班、商店关门的时间或国家对艺术场所和博物馆的赞助进行立法上的统一规定,对德国人来说已经是天经地义的事了。国家必须"生存关照"(雅斯贝斯,1997),这一点早已成为传统,早在法学家使用这个说法以前就这么做了。联邦德国继续魏玛共和国的一些传统:地方的生存关照,对农业市场进行高权管制、补助制度,经济导向,社会保险,等等(施密特-阿斯曼等,2006:14)。德国《基本法》颁布后,主观公权利理论的重心转移至行政诉讼中的第三人权利保护上来。尽管德国基本权理论以后又在主观面向上,发展出公民可向国家要求积极作为,为其自由的实现创造条件的给付权(Leistungsrecht)功能①,但这种主观功能因为遭遇国家财政能力的现实局限,以及宪法传统分配格局被打破等困难,仅在一定限度内获得承认。德国学者也大多主张,《基本法》中的大部分基本权条款在主观面向上都只是防御权,并不能从中直接导出公民可向国家请求为积极给付的权能(赵宏,2011a:58—59)。

基本权的原始防御权功能,至今仍然相当重要,德国宪法法院在判决中强调了这种防御权能:"毫无疑问,基本权利的主要目的在于确保个人的自由免受公权力的干预。基本权利是个人对抗国家的防御权,从基本权利在人类历史上的发展,以及各国将基本权利纳入宪法的历史过程中,我们可能看出这一点。……这也是为什么会存在针对公权力行为的宪法诉愿制度的原因所在。"接下来,宪法法院又说明了基本权利具备客观法的性质:"然而,同样正确的是,基本法无意构造一个价值中立的体系。基本法的基本权利一章建立了一个客观价值秩序,这个价值秩序极大地强化了基本权利的实效性。这一价值秩序以社会团体中的人类的人性尊严和个性发展为核心,应当被看作是宪法的基本决定而对所有的法领域产生影响。立法、行政和司法都应该从这一价值秩序中获得行为准绳与驱动力。"②

以德国法上的主观公权利理论,推动我国宪法基本权诉讼,对于我国社会法长远的发展具有指引的意义。在我国宪法学者看来,德国也经历了我国目前正在经历的类似过程,因此我国也有望步德国后尘而实行某种政治秩序的调整。在生存利益的保障上,我国可否以及多大程度上在政治秩序中更多加入主观公权利的法律秩序的元素?在"权利关系权力化"的基础上实行"权力关系权利化"仍有巨大的制度障碍。我国宪法学者的研究者往往更强调主观公权利对于基本权诉讼的意义,我国宪法学

① Josef Isensee & Paul Kirchhof, Handbuch des Staatsrechts der Bundesrepublik Deutschland, Heidelberg 1992, p.254.

② BVerfGE 7, 198(1958). See Donald P. Kommers, The Constitutional Jurisprudenc of the Federal Republic of Germany, Duke University Press, 1997, p.363.(转自张翔,2005b:23)

的研究者也因此从基本权受益权能的角度来概括受益功能。有学者对受益权能的理解是:公民基本权利所具有的可以请求国家作为某种行为,从而享受一定利益的功能。受益权功能针对的是国家的给付义务,也就是国家提供基本权利实现所需的物质、程序或者服务,也如提供失业救济、免费教育或者职业培训等(张翔,2006:24)。这种观点也极大地影响了我国社会法的研究,我国社会法研究中也出现了以"请求权"作为基本范畴来解读我国现行社会法制度的主张,这种观点忽视了应然与实然的关系。我国学者主张扩大请求权的主张,更需要相应的机制配套,目前我国完全没有宪法诉讼机制,其他机制也不健全。在我国缺乏相应机制保护的情况下,至少在相当长的时期,这种请求权理论基本建立在空中楼阁上,可以作为制度改进的远期目标来讨论。

(三) 公权利的界定

积极权利在从道德权利转变为法律权利时,涉及公法权利的理解,这种公法权利理论也被德国战后的公法理论所继承。国家治理的基本矛盾意味着中央与地方关系处于不断调整、试错的过程之中。基本权保障义务本是指国家负有通过积极地确立一个法秩序,由各机关协力创造条件促成基本权得以实现的制度。我国社会法中符合公权利标准的主要是社会保险,从这个意义上看,我国社会法中只有社会保险制度目前可在法律意义上称为积极权利。

其一,宏观上,客观规范是社会共同体通过立法确认的规范和价值,政府有义务遵守并保证这些规范和价值的实现。公权力与公责任相配合,存在着逻辑上的自洽。在宪法逻辑中,政治权问题其实是公民权问题,在权力关系中加入权利因素,基本权需要设定一系列前后相连的权利。在社会权与公民权的双重叙事中,基本权利在客观价值秩序与主观公权利有着密切的联系,甚至可以说前者是后者的基础。社会权利的保障没有办法脱离政治权利的完善,在社会法的语境中,社会权利构成了实体法内容,公民权利成为程序法内容。积极权利不仅仅是由宪法所确定的,一切公权力必须自觉遵守的"客观规范",部门法意义上的积极权利还是社会弱者针对国家提出的请求帮助权。请求权是社会权的重要权能,主要包括制度构建请求权、实施请求权、给付请求权以及救济请求权,这是构成一种实然的法律权利应当满足的条件。公权利首先强调整体利益的属性,表现为个别利益的整体保护,我国的社会保险制度基本符合这种整体特点。

其二,微观上,法律规范的目的是达成个别人民之利益,存在着特定受益主体。"国家—民众"关系是中国国家治理的主线,主观公权利表现为公民在公法尤其是行政法上的法益的实体保障。公权利须具有个别利益的属性,作为一种西方舶来的理论,表现为整体利益的个别救济。一项具体的利益在利益结构中的位置并非一成不变,经济技术的发展以及社会文化观念的变迁都可能引起它在利益结构中位置的变化。一般认为,从一般利益、法益再到权利,其间需要的是一个将利益类型化的立法技术处理(熊谓龙,2005:52)。我国社会保险基金的建立,社会保险的互济性质,形成了相对独立的运行空间，行政权与保险制度的结合，可以认为已经完成了利益类型化的处理。

其三，行政机关做出特定行为义务时，存在着权力行使针对的具体关系的特点。生存法益与法益保障相适应。作为实现某种利益的意志能力（Wollenkönnen），私法权利往往基于某种特定的法律关系，公法权利也与之类似。私法的请求权来源于特定的法律状态或法律地位，与此类推，公法请求权也产生于特定的法律状态（rechtliche Zustände）。[①]耶里内克把公法中作为请求权基础的状态称为法律关系，认为这种法律关系体现了公民与国家关系中不同的法律地位（Status）[②]，在一个利害关系中，授予当事人保障其利益之法律力量。我国的社会保险符合这种特定的法律状态，可以形成较为稳定的社会保险关系。

其四，各种规范要在中国的法律秩序中顺畅运行，须存在着诉讼制度的保障。积极权利科以公权力"保护义务"时，应当赋予个人诉请法院对抗国家侵害的权利，主观公权利往往更多强调救济权的法律特点。宪法为保护某一特定的利益并不只设定一种静止的公权力，公权利的加入往往更多强调法律救济权。对于社会法其他制度而言，从国家治理现状出发，我国公权利理论对于公权力理论的完善，至少要考虑两方面问题：从实体法上要考虑宪法规范的具体准则，从程序法上要考虑公权利请求权、公权力可诉性的具体范围。

二、权力关系权利化的现实意义

救济权本是一项私法理论，这一理论的公法化是将公法意义的行政行为与传统的私法救济方式直接联系在一起，因行政行为引起的行政司法救济权，也被称为行政司法救济权。行政法赋予行政相对人以行政复议请求权和行政诉讼提起权为内容的救济权，使得行政相对人与利害关系人，因行政机关的不当或违法行为所受到的利益上的损害，能通过法律程序使行政机关改变、撤销其具体行政行为或作出一定行为的裁决而获得补救和赔偿。

我国有学者将第一、第二代人权的冲突概括为"可诉性"的问题。在英语语境中，"可诉性"的英文是 justiciability，形容词形式为"justiciable"，国内对"justiciable"一词存在非常不同的翻译，如"可审判性""可司法性"或者"可诉性"。[③]另外，"可诉性"的英文单词还有"suability"和"actionability"，但最常用的英文单词还是"justiciability"。

---

① Georg Jellinek, System der subjektiven öffentlichen Recht, Neudruck der 2, Auflage Tübingen 1919, Scientia Verlag Aalen 1964, p.86.

② Walter Pauly, Martin Stebinger, Staat und Individuum, Georg Jellineks Statuslehre, in: Andreas Anter (Hrsg.), Die normativer Kraft des Faktischen: Das Staatsverständnis Georg Jellirteks, Nomos Vedag 2004, pp.146—147.

③ "可审判性"，见艾德等，2003：5；"可司法性"，见汪习根，2002：280，但该书有时也将它翻译为"可诉性"和"可受法院审判性"；"可诉性"，见王晨光，1998：19。

“可诉性”一词的基本含义是，某一事项或规范可以被司法机关进行裁判的属性。它通常既可以指某些纠纷(disputes)的可诉性，也可以指规范的可诉性，这两者既有区别但又密切相关。[①]纠纷的可诉性问题是指哪些社会纠纷可以或者适合由法院裁决。公权利的可诉权与私权利的可诉权相类似之处是具有第二权利的性质。公民社会权利请求权是一种“享有权利的权利”，显然，这种请求权和救济权中的权利救济权的涵义和功能基本相同，所以有学者直接将请求权与救济权等同，指出“这个层面上的请求权实际上可看作为遭受侵害的宪法性原权利(自由权、社会权、平等权)提供救济的宪法性救济权”(余军，2005：53)。

德国基本权利作为可请求的“主观权利”的规范依据，在《联邦德国基本法》中非常明确，《基本法》第19条第4款规定：“任何人的权利受到公权力的侵犯，都可以向法院起诉。”由于联邦德国1949年基本法建立了以联邦宪法法院为核心的违宪审查制度，特别是建立了可以由个人在具体案件审理过程中提请对违宪法律法规进行“具体审查制度”，公民基本权利具备“主观权利”的性质在法律上已非常明确。更为重要的是，德国通过宪法修正案(基本法93条4a)和《联邦宪法法院法》确立了“宪法诉愿”制度，也就是个人在穷尽了一切法律途径的情况下，还可以向联邦宪法法院诉请保护基本权利，这就使得基本权利具备了彻底而完整的“主观权利”功能(张翔，2005b：22)。

在行政机关、司法机关侵害特定人权利的救济方面，我国自改革开放以来逐步建立了行政诉讼、行政复议、国家赔偿等法律制度。1989年《行政诉讼法》规定：“公民、法人或者其他组织认为行政机关和行政机关工作人员的具体行政行为侵犯其合法权益，有权依照本法向人民法院提起诉讼。”1990年《行政复议条例》(已为1999年《行政复议法》所取代)在诉讼途径外，为公民、法人权利的行政救济提供了又一途径。1994年《国家赔偿法》对行政赔偿和刑事赔偿的赔偿范围、赔偿程序以及赔偿方式和计算标准都作了具体的规定，实现了国家赔偿的制度化。(柳经纬，2014：187)这类行政立法，对于劳动政策环境能否发生根本影响，结论是否定的。

政策能力是政策改变政策目标群体状况的能力，是政策主体行动的综合反映。政策情景是政策运行的政策系统内部和外部的环境。诸法合体过度的道德诉求，很大程度上可以抵消公权力的可诉性的价值意义。随着社会权利满足条件的成就和保障程度的发展，只有公民具有可以请求立法机关实施保障立法或请求行政机关采取相关保障措施的受益权能，使国家要承担为保证社会权利而进行立法和采取行政手段的具体义务，社会权利在实践中才可能逐渐被作为法律意义的基本权利来对待。

三、权力关系权利化的体制制约

在我国论证经济和社会权利的可诉性时，争论集中在：(1)“积极/消极”问题；

---

① Geoffrey Marshall, *Justiciability Jurisprudence*, Oxford University Press, 1961, p.265.

(2)资源限制问题;(3)规范模糊性问题;(4)司法能力;(5)以及政治合法性问题(黄金荣,2009:108)。这给人的感觉似乎只是一些技术性障碍。我国学者大体认为,既然德国实现了从反射利益为主的调整模式向主观公权利的转变,我国也自然可以实现这样的转变。我国学界的讨论就直接将语境定在德国。资源限制问题成为我国学者讨论的一个基本甚至唯一的瓶颈问题。其实,在社会法益与政治改革中,公民权问题表现出更大的波动性和不确定性(周雪光,2011)。

公权利的发展可以说是权力关系权利化的产物,这种发展本身受到权利关系权力化进程的制约,前者是一种化整为零的思路,后者是一种化零为整的思路,我国的政治体制更支持后者。无论私权利还是公权利,我国有学者认为,权利总是由三大要件构成:(1)行为的可能性;(2)请求履行与权利相对应的义务的能力;(3)权利受到侵犯时的诉权(陈焱光,2003:29)。公权利的在这三个方面发展均受到体制制约。

其一,就行为的可能性而言,社会法意义上的公权利总体上只可能与给付行政的发展相联系。福利国家的积极地位是与市民社会的消极地位相比较而体现出差异。由于社会权是个人要求国家给予物质利益的权利,所以也有人直接称其为受益权,或者积极受益权。我国社会法意义上的行政行为主要是以干预行政的方式发生的。以劳动权所对应的国家给付义务为例,国家对劳动权的给付义务最重要的是为劳动者创造就业机会,但国家并不负有直接雇佣或者招募劳动者的义务。这种义务更像是一种"政策性义务",而非一种给付义务。对于这一类生存法益,我们常以权利的方式来称呼,劳动权、社会保障权、文化教育权,以及婚姻、家庭等受保障的权利。其实有很多内容并未真的达到权利的标准,即一项权利意味着权利主体享有作为或不作为的选择能力。在我国现阶段,给付行政的不发达,公权利主张是难以真正抑制公权力的过度扩张的,只有行政方式的实际转变,才可能出现将法益转化为权利的实际可能。

其二,就请求履行与权利相对应的义务的能力而言,福利国家彻底摒弃了早期个人只是消费者而不是行动者的社会福利慈善式的济贫观念,从而在社会权利层面把福利当作权利赋予每一个社会成员。然而,公权力机关与人民不具有平等的地位,因此公权力机关对人民权利的侵害,与来自私主体对权利的侵害就有很大的不同。后者的表现形式总是个案的,与此不同的是,公权力机关侵害人民权利的情形,既可能是个案的,也可能是非个案的,而具有普遍性。如行政机关发布的具有普遍效力的行政文件,其对人民权利的侵害就不是个案的,而是具有普遍性的。因此,在人民权利受到公权力机关侵害时,必须构建相应的法律救济制度。如果没有整体性处理思路,实际上是不可能对普遍错误进行纠正。从权力关系权利化的目标出发,私权利对公权力形成制约,与整体主义相对立,个体主义者须提出一种不同的社会整体观,才可能通过一定的法律程序,将社会利益还原为个人利益。生存法益转变为生存权利是伴随给付行政发展而发展,还受到一系列社会条件的限制,存在着技术上的障碍。观念与体制的转变都是一个长期的过程。

其三,就权利受到侵犯时的诉权而言,这是请求予以保护并追究侵权人法律责任的能力。基本权利的客观属性与主观属性相互关联还可产生另一种理论，即客观价值秩序可以向主观权利转化，也就是所谓客观法的“再主观化”理论。客观法只是单纯地对国家课以义务，而国家在如何履行此项义务上有着充分的裁量权，这使得客观价值秩序仍然流于空泛，缺乏真正的实效性。客观价值秩序理论是希望赋予基本权利以更强的实效性，然而仅仅课以国家义务，不赋予个人权利却使得这种有效性大打折扣。这就产生了将客观价值秩序“再主观化”的必要。正如亚历克西(Alexy)所言：“如果想避免权利与义务间的断裂，唯一的选择就是从保护义务条款中导出保护性权利。”①德国联邦宪法法院的一些判决也已经承认从客观价值秩序中可以导出主观请求权，其实是提出一种概括性请求权。

然而，客观价值秩序的再主观化却也遭到了严重的质疑，反对将客观价值秩序主观化主要有以下两点理由：(1)国家决定保护一方的利益，往往同时意味着对他方利益的限制。“保护”和“侵害”都是国家的某种积极作为，在本质上没有根本的区别。国家保护义务的履行是一个综合考量的问题，如果赋予权利人概括性的请求权，极易造成涉及个案当事人具备贯彻其主张的实力，而其他不直接涉案的社会公众的利益遭到过分压抑(陈爱娥，载李建良、简资修，2000：262)。(2)承担国家积极作为义务是需要国家财政支持的。国家必须作财政上的重新安排，进行社会资源的重新分配，这是一个政治决策的过程，应当属于立法机关的权限。再主观化的过程中，法院成为“代位立法者”，这也会破坏分权原则。客观法“再主观化”的这两点担忧不无道理。再主观化理论对于我国社会法发展的现实意义需要谨慎评价。在“客观法的无力”与“再主观化的危害”这两难之间，更应该成为问题焦点的是“再主观化”的标准问题。

公共政策知识体系的根本目的在于解释政策与政策效能之间关系。“权力—责任”关系须以公权利关系进行救济，往往缺乏社会法学作为部门法学的支持。社会法学是一个高度道德化的社会环境，在化零为整的锦上添花与化整为零的雪中送炭中，我国社会法的理论研究总体更关注前者。改“用人单位义务中心化”为“国家义务中心化”是一个深刻而长远的目标，也是政治秩序的重大调整。积极权利作为公权利须以权利对权力限制条件的形成来实现。从实然的视角来观察，当社会制约条件难以形成时，积极权利的理论研究会成为一种宣示性的抽象内容。公权利法律秩序的建立，在我国还有很长的路要走，中国公共政策分析需要借鉴西方政策分析理论与方法，结合中国具体的社情与国情，重新发掘中国情景对政策走向的影响。

---

① Robert Alexy, A Theory of Constitutional rights, Oxford University press, 2002, p.302(转自訾从进，2008c：95)。

第二十二章

社会法理论的主要争鸣

历史从哪里开始，思想进程也应当从哪里开始，而思想进程的进一步发展不过是历史过程在抽象的、理论上前后一贯的形式上的反映。

——弗里德里希·恩格斯（Friedrich Engels）

第一节　社会法与经济法的争议焦点

相对平衡的立法格局的形成，是观念逻辑顺应历史逻辑所产生的现实立法现象。平衡理论作为平衡管制与自治相互关系的一种理论，要受到自治与管制两个方面的理论挑战。在中国特有的历史条件下，真正需要研究的是平衡理论与管制理论的冲突。

一、社会法与经济法的学术争鸣

一统法与三分法的博弈，在20世纪被称为“单一的法律调整”与“综合法律调整”（梁慧星、王利明，1986:71）的分歧，间接影响着我国社会法的理论的发展。20世纪80年代民法与经济法的大论战，对于民法与经济法日后的发展带来了强烈的影响。经济法理论演变不仅反映了我国以国家管制为特征的经济法调整由广到狭的历史，也反映了个人自治民法范围由狭到广的历史。社会法的理论可以说在这种夹缝中成长起来。

（一）统一调整论

第一时期，经济法以国家“统一调整论”为主要学说。我国改革开放初期，社会经济体制并没有发生大的变化，“统一调整论”作为“单一的法律调整”理论，临摹了新中国成立初期开始形成的传统计划经济体制。“统一调整论”从理论渊源上看，源于苏联学者。20世纪20年代、30年代苏联学者曾主张“把法所调整的社会主义组织之间所产生的关系，划分为法和法学的独立部门，即经济法”；“要求制定调整社会主义经济组织之间一切关系的专门的苏俄经济法典，用以取代民法典”。这种理论认为社会主义与商品生产不相容，在社会主义经济关系与商品货币关系之间存在着前者战胜后者的原则斗争(转自梁慧星、王利明，1986：42—43)。

劳动关系在“统一调整论”的单一的法律调整中只强调服从国家管理的被动地位，尽管这一时期我国各地已经开始在新工人中试行劳动合同制度，“统一调整论”并不关注这一试点。关怀作为“统一调整论”的代表人物①，认为以国家管理为基本内容的经济法调整一切经济关系。所谓“一切经济关系”包括经济管理关系、民事经济关系、劳动经济关系等②。这一时期国家在经济关系中可以说是无所不在，国家、社会两位一体，反映在理论观点中是经济法调整一切经济关系。劳动关系只明确一方而不明确另一方，这是由我国长期实行的“国家用工”体制所决定的，企业、机关、集体组织只是国家实施管理的一个中间环节，作为一个社会安置主体，其只有服从国家安排的道德(政治)人格，不是独立的经济实体。关怀主编的《劳动法学》(1987)教材强调劳动者只是“公民”，对应的显然是行政机关。对于劳动关系内容，该书强调的是“这种关系的发生、变更、终止，在劳动过程中的权利以及劳动条件应按国家有关法令办理”(关怀，1987)。劳动关系完全是作为一种传统行政关系来表述的。就与劳动关系密切联系的一些关系而言，该书涉及的是国家管理以及工会关系。这两类关系当时在性质上并无太大的差别，一类是国家的管理关系，另一类是协助国家进行管理的主体，两者被归为同类，作为行政关系的组成部分。

总之，这一时期行政法并无控权理论，民法少有立足之地，劳动法则作为经济法重要的组成部分，体现了国家大一统的管理特征。

(二) 纵横关系论

第二时期，经济法以国家调整“纵横关系论”为主要学说。随着改革开放逐步展开，尽管计划经济体制仍占上风，平等的商品经济关系开始出现，并企图挣脱固有体制的约束。经济法理论中盛行的是“纵横关系论”，以单一的法律调整为立论依据，尽管调整对象较之“统一调整论”已大为缩小，但所涉及的范围仍很广泛。这种观点的实质是横向关系(私法关系)统一于纵向关系(公法关系)，将私法关系与内部经济关系均视为国家可以随意进入的领域。“纵横统一论”从理论渊源上看，也是源于苏联学者。纵横统一论在苏联的代表人物拉普捷夫指出：“经济法作为一个部门法的理论基础，就是横向的和纵向的经济关系的统一，就是所有这些关系中的计划组织因素和财产因素的结合。”(拉普捷夫，1983：13—14)需要说明的是，苏联学者并不回避这种理论与产品经济条件下计划经济的管理模式相联系。马穆托夫也指出：“不论是纵向关系，还是横向关系，都是产品的生产和流通方面的有计划的直接社会关系。”(马穆托夫，1979)

劳动关系在“纵横关系论”中的地位，依然只是服从国家管理的地位。1984 年

① 关怀被誉为“新中国劳动法学科的奠基人”和“经济法理论的早期开创者”，更是“统一调整论”代表性人物。

② 1980 年关怀受邀担任了《法学辞典》的常务编委，并撰写了其中关于“经济法”和“劳动法”的全部词条。

8月《上海市国营企业实行劳动合同制暂行规定》公布，1986年《国营企业实行劳动合同制暂行规定》公布，"纵横关系论"仍选择性忽视。我国经济法学者强调的纵横经济关系，具体包括三类对象：(1)调整国民经济管理在经济活动中所发生的社会关系——纵向经济关系；(2)调整社会组织之间经济活动中所发生的社会关系——横向经济关系；(3)调整国家机关、企业、事业单位和其他社会组织的内部经济关系(陶和谦、杨紫，1983：5—8)。民事关系取得了横向经济关系的地位，劳动关系在这三种关系中是作为"其他社会组织的内部经济关系"来纳入国家管理。民法学者并不满足于横向经济关系统一于纵向关系的提法。围绕着"纵横关系论"，民法学者展开了集中的批评，也拉开了民法与经济法的大论战。在这场论战中，以关怀为代表的老一辈劳动法学研究者是坚定地站在经济法所主张的国家管制理论这一边。尽管这时劳动法专业尚置于经济法学科组织体系之下，笔者因关注上海的地方立法，一开始就没有能够融入劳动法学的整体氛围，以后，也因此常被称为"极个别学者"。

(三) 纵向关系为主论

第三时期，经济法以国家调整"纵向关系为主论"为主要学说。改革开放初见成效，特别是《民法通则》的公布(1986年)，国家进行大规模的民商事立法，由于思维定势和体制改革的不彻底，计划体制留有浓重的痕迹，经济法理论开始盛行"纵向关系为主论"。原来主张"纵横统一论"的经济法学者，意识到他们的观点与《民法通则》不符，在原来的框架内对"纵横统一论"进行修补，主张经济法既要调整一定范围内的纵向关系，又要调整一定范围内的横向关系。但是对于如何界定"一定范围"作出了新的界定，遂有人提出"密切联系说"①和"管理协作说"②。两种观点都是在"纵横统一论"所主张的调整对象的基础上，将横向经济关系缩小。这两种学说之间与其说是观点上有区别，不如说是一种文字表达的差别。这些有差别的文字本身没有对立的含义。因此，也有些学者将其糅合为一体。③有学者试图统一这些概念："这里我们没有使用'介入''调节''协调''调控'和'管理'等词。因为，在我们看来，上述任何一个词都难以涵盖经济法对社会经济生活的全部作用。""'干预'更能体现经济法的权力属性。"(李昌麒，1994：51)经济法被认为最基本的属性是它体现了国家运用法律对社会经济生活的干预。

---

① "密切联系说"认为经济法只调整经济管理关系(纵向关系)和与经济管理关系密切联系的那部分横向关系。陶和谦认为，经济法调整经济管理关系和与经济管理密切相关的经济关系。

② "管理协作说"中的"管理关系"就是纵向关系；"协作关系"也就是从横向关系中划出的一部分。在具体表述上也存在一些区别。徐杰认为，经济法调整经济管理和经营协作中所产生的经济关系。杨紫亘认为，经济法是调整经济管理关系和经济协作关系。潘念之、王峻岩认为，经济法调整国家在组织国民经济中、国家在管理企业中、企业在内部管理中以及企业相互之间的协作过程中发生的关系。

③ 潘静成、刘文华认为，经济法是确立国家机关、社会组织和其他经济实体在国民经济体系中的法律地位，调整它们在经济管理和与经济管理、计划密切相联系的经济协作过程中所发生的经济关系(潘静成、刘文华，1993)。

劳动关系在“纵向关系为主论”中的地位，依然是服从国家管理的地位。这是延续至20世纪90年代的一种观点，“纵向关系为主论”对于劳动关系统一于国家管理关系并无改变，在“纵横统一论”中的“经济组织的内部管理关系”，如劳动管理关系，在“密切联系说”“管理协作说”中都与“国民经济管理关系”一起归于“经济管理关系”之中；在“平衡、协调结合说”又作为被公法“兼顾”的私法而纳入经济法调整对象。从“纵横统一论”到“密切联系说”“管理协作说”再到“平衡、协调结合说”，虽然换了提法，但理论内涵并无实质的变化，仍然夸大了经济法的调整范围，因而仍可以说是一种“大经济法”的观点。经济法理论一方面被迫承认横向的合同关系不再是经济法的调整对象；另一方面又希望以一些“密切联系”“管理协作”“国家需要”的模糊字眼，将具有私法性内容的劳动关系保留在经济法体系内。

针对当时的改革开放，史探径的探索在老一辈劳动法学者中是独树一帜的，尽管他强调不能忽视国家管理，但在表述上与经济法不同。他不赞成“劳动法将只调整依据劳动合同所发生的劳动关系。”并认为“不符合中外各国劳动法的发展历史和现实状况，因此是不可取的。”（史探径，1990：47—48）他沿用当时纵横统一的语言，但更多关注横向关系，也促使我们更多反省苏联的立法模式。20世纪90年代初发生了姓社姓资的讨论，笔者提出的合同法与基准法相结合的立法思路，适应了当时市场经济的发展的需要，有幸参与了《劳动法》的起草工作，随着《劳动法》的公布，劳动领域发生了深刻的变化。

（四）纵向关系论

第四时期，经济法出现国家调整“纵向关系论”的学说。“纵向关系论”是指把国家经济管理活动作为经济法的调整对象。孙明亚认为，经济法调整我国社会主义经济关系中的宏观纵向经济关系。当然，纵向经济法论中最具典型意义的当推“经济行政法论”。一统法与三分法的争论，在当时被称为“单一的法律调整”与“综合法律调整”分歧，后者其实主张从大一统经济法中分离出更多的法律门类。

“经济行政法论”是我国一些民法学者在批评“纵横统一论”基础上提出来的。他们在20世纪80年代就认为，“纵横统一论”将横向的平等主体之间的商品经济关系纳入经济法调整范围，否定了商品关系需要用民法调整，因而是不恰当的。“在全部管理关系中，凡具有经济性的管理关系即经济管理关系，属于经济行政法的调整范围……经济管理关系兼有行政性和经济性。”[①]这一时期由于西方社会法理论已经开始介绍进中国，劳动法研究中也出现了对苏联模式的质疑声音。面对并非铁板一块的劳动法学界，民法学者认为“纵横统一论”“实际是单一的法律调整体制的主张”，他们主张一种综合法律调整主张。“对于国民经济实行综合法律调整，主要依靠民法和经济行政法。民法和经济行政法是调整社会主义经济关系的基本法。除这两个法律

① “经济行政法论”认为：“所谓经济行政法调整，是指由国家颁布的行政性经济法规作出规定，并由被授权的行政机关依法对整个国民经济进行计划、管理、监督、调节和干预活动。”（梁慧星、王利明，1986：85）

部门以外，刑法、劳动法、环境保护法等也将对国民经济发挥调整作用。"（梁慧星、王利明，1986：71）这时就已经提出不仅民法，劳动法也应当从经济法中分离出来的主张。有学者认为，社会经济关系可分为五类：即平等性的经济关系；因商事行为而发生的商品货币流转关系；因社会公务而形成的直接管理性经济关系；市场主体与劳动者之间形成的劳动关系；国家作为经济管理主体之间的间接宏观经济调控性经济关系。前四种关系依序由民法、商法、行政法、劳动法进行调整，只有第五种关系才由经济法调整（王希仁，1994：4）。

"综合法律调整"发出了三分法要从一统法中彻底分离出来的信号，然而，在20世纪90年代这种三分法观点并未得到老一辈劳动法学者的积极响应，以关怀为首的劳动法学界坚定支持一统论，这种格局被《劳动法》的公布彻底打破。在当时的理论环境下，《劳动法》的公布具有相当的超前性，推动劳动关系从广义说向狭义说转变，国家不再被认为是劳动关系的一方主体，笔者开始在《劳动法》的基础上形成对社会法的认识。2003年《论经济法的国家观》的发表（董保华，2003a），不仅对经济法国家观进行反思，更强调了社会法应当从一统法中分离出来，取得独立的地位。社会法学者的这一言论在当时被视为石破天惊。李昌麒迅速率两名弟子发起商榷：《经济法与社会法关系考辨——兼与董保华先生商榷》一文（李昌麒等，2003）。作为一种三分法学说，劳动关系的狭义说总体上是与"经济行政法论"相联系的，只有在民法、行政法、社会法的三分法都从经济法的一统法中分离出来的前提下，才能来讨论劳动关系与行政法的相互关系。经济法学者普遍不赞成"经济行政法论"必然延伸出的行政法控制权理论。在《劳动法》基础上发展起来的社会法必然与经济法的这种看法出现冲突。笔者与李昌麒关于经济法国家观的争论是不可避免的，笔者对于这场争论有具体的介绍（董保华，2015a：18—22）。从以下两个方面可以看到，社会法与经济法的争论①中出现了一种犬牙交错非常奇特的现象。

一方面，在社会法内部一统法仍有相当的影响力。常凯认为："社会劳动关系，是指整个社会层面为实现劳动过程而形成的相关的社会关系。""社会劳动关系"根本已经脱离劳动者与用人单位双方所形成的劳动关系的概念，其实就是当年的"广义劳动关系"概念。对于这种学说的渊源，论者是如此交代的："关于社会劳动关系的概念，在我国的劳动法中屡有提及，其含义可以理解为一般的、宏观的、广义的劳动关系。"（常凯，2004a：84、83）在劳动合同法起草中，出现了三分法向一统法回归的情形，李昌麒模糊的国家观也被郑尚元、谢增毅等一些社会法研究者所赞赏，并以某种实质法含义的公法理论来构筑他们理解的社会法。

另一方面，在反驳行政法控制权理论过程中，经济法内部也出现了一些与笔者观点较为相近的观点，甚至也有极少数经济法学者对综合法律调整体制予以承认。例

① 社会法与经济法的相互关系，当时存在三种看法。见本书第一章，第26—30页。

如，新经济行政法论[①]、国家经济管理关系论[②]、行政管理关系论[③]、宏观经济调控论。[④]这些学者理解的经济法调整范围大为限缩。石少侠认为，经济法是调整国家在调控社会经济运行、管理社会经济活动的过程中，在政府机关与市场主体之间发生的经济关系。我国经济法应包括：宏观调控法、市场管理法、资产管理法、涉外经济法四类。[⑤]

纵观经济法各种学说的发展，总体上是一个“调整范围”越来越缩小的过程。伴随着我国“公法私法化”进程，国家还权于民，退出一些干预领域，在这一改革过程中，逐步形成关于经济法适用范围的各种学说，可以说经济法学说的每一次缩小范围都是被动的。一种学说只能被动地对已经变化的体制作一种图解式的表面说明，这种学说是否还是理论就很值得怀疑。经济法范围缩小的过程产生出的“纵向关系论”的发展也间接推动了中国社会法理论的发展。在20世纪90年代，伴随着劳动制度的改革实践，笔者成为极个别明确支持综合法律调整理论的劳动法学者。在参加《劳动法》起草以及立法后的阐述中，笔者开始酝酿中国式社会法理论体系，内外因素促成了社会法理论的创新。同时，也开始有人以多数法则来否定这种创新。社会法研究中对少数与多数的强调成为一种以后长期存在的特有现象。

二、社会法研究的少数与多数

尽管时过境迁，与少数观点相对应，当今社会法学术总结中依然会不断出现所谓多数法则，吴文芳作为王全兴的学生，以所谓学术反思为题，将分散于不同时期文献中的表达方式集中起来，对理解社会法研究中的多数法则具有一定的典型意义。

（一）社会法研究中多数法则的重新提出

社会法研究中消极无为的观念强调部门法学不要进行基本理论或者基本理念的抽象研究，在王全兴、郑尚元、谢增毅的文章中都有类似的弱理性表达，这种表达往往以多数的名义来进行。这种观点早期是与大经济法观念，晚期是与大民法观念相联

① 余庆福认为经济法是国家从社会整体利益出发，对市场进行干预和调控、管理的法律。就性质而言，它是公法，也就是经济行政法。经济法大体包括两方面内容：一是创造竞争环境、维护市场秩序的法律；二是国家宏观经济调控和管理的法律（余庆福，2004）。

② 持这种观点的学者认为，经济法调整国家经济管理关系，以保障国家调节社会经济，促进其协调、稳定和发展。所谓国家经济管理关系，是指国家运用“国家之手”，干预、管理和组织社会经济活动中所发生的经济关系，包括宏观经济管理关系和微观经济管理关系。漆多俊认为：“经济法是调整在国家调节社会经济过程中发生的各种社会关系……这种社会关系是一种国家经济管理关系，国家以自己为一方主体并作为管理主体，另一方则为被管理主体……”（漆多俊，1996：121）

③ 李中圣认为经济法是政府管理经济的法，它的调整对象是行政隶属性经济关系。正是由政府调控社会经济运行活动而直接产生出来的多种经济关系便构成了经济法的调整内容（李中圣，1994）。

④ “我国经济法是国家对国民经济进行宏观间接调控的部门法。”（王希仁，1994：4）

⑤ “这种经济关系发生于政府机关与市场主体之间，以行政管理性为其基本特征，可以把它简单地概括为行政管理性经济关系。”（石少侠，1998：23）

系。强调社会法应当依赖其他学科的理论总结，从而形成我国社会法的基本理论。这种以多数人名义发出的无为表述极具中国社会法研究的特色。

日本学者丹宗晓信1958年在论文《日本社会法理论的发展》中对社会法理论产生的一般规律进行了总结："回顾过去三十年我国社会法研究的足迹就会发现，其中已经形成了二种不同的倾向：一种倾向于社会法理论的研究（理论法学派），另一种倾向于对社会法体系化乃至社会法领域构成的研究（实证学派）。"（丹宗晓信，1958：44）[①]在社会法理论的初创阶段，笔者作为社会法的代表时常与"个别""少数"表述相联系（李昌麒等，2003），对于我国社会法研究而言，实证学派与理论法学派不得不由一种学术思想来论证完成，于是出现了"社会法基础理论研究的社会法学者并不多"（吴文芳，2019：81）的局面。循着王全兴的说法，吴文芳完整阐述了一种基于多数法则而主张的消极无为的观念。

笔者的研究方式是一个由狭到广的逻辑成长的过程，广义社会法本身也是在中义社会法基础上依据逻辑的扩张力生成的。从劳动法实证法学发展到社会法的理论法学的研究路径，到底是应当批评还是赞许？在吴文[②]中似乎看到了两种截然相反的表述。一是"切忌"的评价。王全兴那句"切忌"之下的话："依据某个社会法部门（如劳动法）的素材和研究成果抽象出社会法总论。"在道出了笔者从劳动法中归纳出社会法理论的做法后，对于这种社会法理论研究轨迹进行了"切忌"的严厉批评。二是"倡导"的评价。在另一处的表述中："有学者坚定地主张，必须尽快构建既包含法律理念又包含法律技术规则的社会法基础理论体系，但更多的学者强调应从具体部门制度研究出发，逐渐上升抽象出有一定统摄性和可演绎性的基础理论。"（吴文芳，2019：81）在吴文的上下文表述中，这时笔者与"少数"的特定联系，又被人为的定义为前者；从"更多的学者强调"来看，依据多数法则，吴文强调后一条才是学术正道。然而在社会法研究者极为稀少的历史背景下，实践这种学术正道的少有他人。笔者的研究方式到底应当"切忌"还是"倡导"？吴文以一种看似自相矛盾的表达方式，强调了基于人际关系产生的多数规则。

（二）社会法研究中多数法则的一般论证

社会法研究中强调某种抽象多数的数量概念，这是一种基于学术领地的关系性法则。吴文在反思社会法理论演进与研究路径时，有一番强调，"在立法与理论的推进中，一些关键性的问题未得到妥善解决"，所谓"关键性的问题"是指："未兼顾劳动法与社会法领域中其他子部门的研究关系"并总结出一个"未处理好社会法的中国特色与市场经济法治共性的关系"的教训（吴文芳，2019：76）。何谓未处理好法治共性的关系？在民法与经济法的大论战中，其实是指在劳动法整体站位于经济法时，个别

---

① 前者以桥本文雄、加古佑二郎、沼田次郎教授等京都的理论法学派为代表，后者以菊池勇夫教授为代表（转自竺效，2004c：40）。

② 即：吴文芳：《我国社会法理论演进与研究路径之反思》，《华东政法大学学报》2019年第4期。后文简称"吴文"。

支持综合法律调整理论的劳动法学者的学术行为。这是在最初意义上使用多数法则。在论述多数法则时也采用了后来广泛使用的时空错位的总结方式。

在一些学者看来，社会法的“消极无为”是建立在经济法学者的“积极有为”的基础上的，“社会法在20世纪90年代初，仰仗于经济法、法理学和其他部门法学科的人才储备与理论积累，第一次获得了学术界的广泛关注”（吴文芳，2019：77）。社会法发展需要所谓仰仗于经济法、法理学，使用的是少数服从多数的规则；笔者作为极个别的学者显然一开始就不服从这种“仰仗”的规则。按吴文的表达，在社会法研究领域，经济法等其他部门法学科的学者尽管发表了真知灼见，然而，被国家立法部门采纳的却不是主张纳入经济法体系的多数论著者的观点，而是个别支持综合法律调整理论的劳动法学者的观点。为什么会出现这种现象呢？回答是：“逢官方急需确立社会主义市场经济法律体系的良机”，这一良机为什么没有落在已经有“人才储备与理论积累”学者头上，而会落在个别没有“仰仗于”人的学者头上呢？郑尚元的回答是：“‘社会法’能获得官方认可实为‘幸运’”。在吴文的表述中，这是个别学者接受启蒙而又不遵守“仰仗”规则的结果。为了论证这种启蒙关系，吴文还沿用郑尚元的论述方式（郑尚元，2008b：155、154）拟就了一份对社会法学者进行学术启蒙的名单，我们不妨沿着郑文、吴文的名单，来观察那个抽象多数法则。

吴文列出的最早对社会法有启蒙意义的名字是程信和。1992年程信和因写下了“社会性问题的经济法规范”①这样的文字，而获得了早期“对于法律体系的划分产生影响”的经济法学者评价。程信和是一位笔者熟悉且尊重的学者，但坦率地说，这种“微言大义”的论述很难对社会法研究产生启发意义。同年，笔者在《中国法学》发表了“合同化与基准化”的立法思路以及具体范式（董保华，1992b）。这一年笔者所著《中国劳动法学》出版，对于中国式“法律社会化”进行了更具体的阐述。实际上这时中义社会法的研究早已经走得更远，20世纪80年代社会法研究中已经开始概括具有合同相对性的狭义劳动关系、具体劳动关系，并提出保护弱者、倾斜立法理论范畴。90年代初笔者的观点受到立法部门的重视，依据这一思路参加劳动法实际起草，正是在劳动法起草之后，笔者从中义社会法走向广义社会法。

吴文列出的第二个对社会法有启蒙意义的名字是李昌麒、单飞跃等。吴文芳应当读一下自己列出的那些文献。《经济法与社会法关系考辨》一文的副标题是“兼与董保华先生商榷”（李昌麒等，2003）。该文开宗明义的第一句话是：“经济法与社会法的界域划分问题是近几年来经济法学界与社会法学界探讨较甚的一个问题。”至少论辩双方都知道对手已有充分的学术准备。该文第二句便是：在经济法学界，有相当一部分学者认为经济法是社会法法域下的一个法部门现象；②“有学者从社会法视角对经济法之本质与存在进行了检视，此以董保华先生为代表。”（李昌麒等，2003：

① “经济法与社会法的交叉，这一交叉部分法律规范可称为社会性问题的经济法。”（程信和，1992：6—7）

② 将经济法归并于社会法的学者主要以王保树、王全兴、邱本、郑少华等为代表（王保树、邱本，2000；王全兴，2002；邱本，2001；郑少华，2001）。

3）如果从第三句开始往下读，也应该注意到笔者当时认为经济法的国家观是需要批评的。这是一统法与三分法之间的一次正常讨论，何来社会法学者“仰仗于经济法”的语境。

吴文列出第三串对社会法有启蒙意义的名字是王为农、吴谦、邱本以及随后的一长串名字，其中当然有王全兴。王为农、吴谦的文章发表于2002年，邱本2001年，王全兴的论文更是发表于2005年。笔者《社会法——对第三法域的探索》发表于1999年初，《社会法原论》发表于2001年。无论社会法学者多么想受到经济法学者的启发，但已经发表的学术著作根本无法受到后文的启发，这应当是常识。吴文那句“继其他学科在20世纪90年代早期对社会法领域产生一定学术积累的基础上”从而产生社会法论著的表述，悄悄的将时钟往前拨了十年，这些论著整体性提前十年发表，成就了社会法“仰仗于经济法”的说法。显然这是一个时空错位的总结。

学术研究本不存在少数服从多数，笔者与李昌麒为代表的一些经济法学者的争鸣反映了两种学术思想的冲突，根本不存在谁仰仗谁的问题。

（三）社会法研究中多数法则的重点论证

为了将脱离人际关系产生的社会法描绘为无根之木，臆造了笔者的社会法观点来源于自己学生的说法：“在此基础上，学者对社会法起源做出了进一步阐释。郑少华教授自1997年开始发表关于社会法的系列研究成果且具有相当影响”，吴文认为，“在董保华教授之后的系列社会法论著中这些观点得到了进一步的阐释”（吴文芳，2019：79）。1997年的郑少华被描绘为“教授”“研究成果具有相当影响”至少是与事实不符的。以今天的眼光来看，郑少华是学有所成的学者，然而，90年代只是20多岁的学术新人，不仅不是教授、副教授，也还未攻读博士，“研究成果具有相当影响”的表述有很大的主观随意性。所谓笔者“社会法论著中这些观点得到了进一步的阐释”更是信口开河。这一时期，我国社会法研究还处于中义阶段，即劳动法研究阶段。郑少华本人当时将笔者《社会法原论》前的研究成果称为“劳动法学者的标准叙述”“董保华教授以总论篇、主体篇、合同篇、基准篇、保障篇、执法篇来构筑其劳动法体系。”“董保华教授以个别契约、团体契约、社会基准的三元调整模式来描述劳动法的调整模式。”（郑少华，2007：5）笔者之所以能创造这些劳动法学的“标准叙述”，除了笔者参加上海改革创新过程及劳动法起草的经历外，也与笔者发表了六七本著作，对现在学者所说的中义社会法已经有了独立且完整的理论概括有关，笔者也因此破例担任中国劳动法研究会的副会长的职务。

郑少华攻读经济法硕士生时是金融专业，比较感兴趣的是环保问题，后来攻读的是法律史博士。由于郑少华硕士生导师患病，笔者曾是郑少华本科生时的班主任，这种亲近感使本人将其视为自己的弟子。1993年笔者在参加《劳动法》起草的过程中，就已经开始根据正在起草的新规定撰写教材。为了赶在《劳动法》公布时同步发表（最终结果是：1994年7月5日《劳动法》公布，该教材是同年8月公开出版）。当时挑选了两名在读经济法硕士生，在笔者指导下撰写初稿（这时劳动法专业尚置于经济法学科之下)。郑少华是其中之一,参加了其中一章(第 11 章《社会保险制度》)的初稿撰写,全书共 14 章,笔者只来得及写 12 章的初稿,将两章变化不大的内容交研究生撰写初稿(董保华,1994)。据笔者所知,郑少华也是在这一时期有了对社会法的兴趣。几年后,在笔者经过一系列劳动法总论的研究和出版(也就是今天学者喜欢谈论的中义社会法),准备进一步提炼为《社会法原论》(也就是今天学者喜欢谈论的广义社会法),选择助手时,尽管当时郑少华兴趣广泛,劳动法也不是其主要方向,但前期的合作使其成为首选,这是笔者将书稿提纲发给他的原因。吴文引述的《社会法的勃兴与中国社会法之使命》《社会法——对第三法域的探索》,后文除一些文字表述外,完全由笔者撰写,该文就是后来发表的《社会法原论》的纲要,稍加对照便可看到关联。笔者的提纲已经酝酿多年,写作时也没有读学生的文章,当时甚至于不了解郑已经准备攻读法律史博士。如同前述的文章一样,笔者可以断定吴文芳并未读过自己所引用的两篇作为依据的文章,稍加阅读,便会发现理路上的根本不同,两文之间并无任何继承关系。

吴文在写作时,郑少华是其直接领导,作者应当向其了解当时的真实情况。多年以后,郑少华对我们两人学术理路的分歧是这样表述的:"按照劳动法学者的标准叙述,劳动法上的'人'主要显现在劳动法主体的论述中,而归隐于合同、基准、保障、执法等各项制度中。①这种叙述方式,虽有利于按劳动法规范的不同性质来理解劳动法各项制度。②但是劳动法上的'人'却在程度上被遮蔽了。笔者的兴趣在于通过另一种叙述方式——寻找劳动法上的'人',构建劳动法上人的模式,以此来注释劳动法主要制度之变迁。"(郑少华,2007:5)文章中的两个注均为原文所注释。他引注了两本著作,其实笔者这一时期已经撰写了四本专著:1997 年《劳动法——"劳工神圣"的卫士》、1998 年《劳动法原理》、1999 年《劳动法论》和 2000 年《劳动关系调整的法律机制》。除第一本沿着 1994 年《劳动法教程》的思路继续介绍我国《劳动法》的具体规范,后三本都致力于从法律部门具体规范抽象出后来中义社会法的部门法基本原理。以后的《社会法原论》作为广义社会法的著作,只是中义社会法逻辑的自然延伸。这种学术进路被郑少华视为我们两人分歧的由来。每个学者都会有路径依赖,郑少华当年难以接受的一些实证性理路,恰恰是笔者从 20 世纪 80 年代延续至本书的一些基于实践探索的基本治学思想。

郑少华关于"寻找劳动法上的'人'"的见解更多源于法律史的视角,这与其选择的博士生方向是一致的。在笔者看来,中外的社会法形成之路不同甚至相反,我国更应当强调一种分层的综合体制。以后各自出版的《社会法原论》与《生态主义法哲学》,构成了我们两人完整的学术总结。出于某种刻意的动机,吴文也选择性地忽视

---

① 董保华教授以总论篇、主体篇、合同篇、基准篇、保障篇、执法篇来构筑其劳动法体系(董保华,1997a)。(原文的注)

② 董保华教授以个别契约、团体契约、社会基准的三元调整模式来描述劳动法的调整模式(董保华,1998a:108—154)。

《社会法原论》之后笔者的系列文章。[①]如果观察各自的系列文章可以清楚地看到学术旨趣完全不同。这种学术进路的分歧正是日本学者丹宗晓信讲的社会法研究中的两种倾向，当理论法学派与实证学派开拓被迫由一个人来承担时，必然存在理论进路的优先选择。基准法与合同法相结合的劳动立法思路，是笔者起草劳动法时所持的主要理论，也构成对社会法的基本理解，这一社会法思想是源于劳动法的立法实践。参加立法的需要以及由狭到广的研究进路，决定了由实证到理论的研究轨迹。对于正在准备攻读法律史专业的青年来说，不愿意在一个日后并非其研究领域的部门法领域进行实证式的深耕，制度变迁的历史理路，必然成为兴趣所在，这是极其正常的现象。这正是笔者当年重新选择学术助手的最主要原因。

三、社会法治学术观念的分歧

社会法研究中出现的少数观点与多数法则，争议焦点背后有不同的治学理念，正是这种治学理念决定了历次学术争论中的学术立场。

（一）争议焦点后的治学理念

根据学者各自的表述，社会法研究有三种基本的治学理念与治学方法，可以概括为自洽观、调动观、服从观。前者解释了被称为"少数学者"的治学理念，后二者解释了多数法则存在理由。

其一，自洽观。这是社会法研究中被称为极个别学者所持的治学观。笔者在劳动合同立法开始前曾在一本专为这一立法活动撰写的著作中将学者的角色理解为："劳动法的繁荣，应是建立在尊重本土化和国际化基础之上的学术创新。只有创造性劳动才是振兴劳动法的根本出路。"逻辑自洽是学者对自己提出的基本要求，这是一个学者起码的要求。在自洽逻辑面前，并不存在少数服从多数的原则，不仅如此，社会法学者还应将自己与官方置于平等合作地位。从理论创新出发，"学者的任务只是自圆其说，选择是立法者的事。""如果学者要追求选择，应当是历史的理性选择。多一份清醒，也会多一份坦然。无论立法者是否采纳某些学术思想，这些学术思想自有

① 董保华：《论事实上的契约关系——对第三法域的探索》，《南京大学法律评论》2000 年第 2 期；董保华：《试析社会法的调整模式——对第三法域的探索》，《西南政法大学学报》2000 年第 1 期；董保华：《社会基准法与相对强制性规范——对第三法域的探索》，《法学》2001 年第 4 期，转载人大复印资料《法理学、法史学》2001 年第 8 期；董保华：《从历史与逻辑的视角透视社会法的体系——兼论社会法中的十大热点问题》，《华政法律评论·第 1 卷》，法律出版社 2002 年版；董保华：《社会保障法与劳动法的界定》，《华东政法学院学报》2001 年第 3 期，转载人大复印资料《社会保障制度》2001 年第 9 期；董保华：《论经济法的国家观——从社会法的视角探索经济法的理论问题》，《法律科学（西北政法学院学报）》2003 年第 2 期，转载人大复印资料《经济法学、劳动法学》2003 年第 6 期；董保华：《劳动权与三种本位观》，《中国劳动》2004 年第 1 期；董保华、周开畅：《也谈"从契约到身份"——对第三法域的探索》，《浙江学刊》2004 年第 1 期，转载人大复印资料《经济法学、劳动法学》2004 年第 3 期、人大复印资料《法理学、法史学》2004 年第 6 期；董保华：《略论经济法学的视角转换——兼谈经济法与社会法的关系》，《法学》2004 年第 5 期。

其存在的价值。只有百花齐放，才会有劳动法的繁荣。”（董保华，2005a：442）

其二，调动观。这种治学观以“双调动”为基本内容。在劳动合同立法接近尾声时，常凯对自己当时所持学术思想总结为：“擎起劳动者权利的天空。”如此宏大的目标，自然决定了不同凡响的治学观：“‘劳动关系和劳动法学的基本理念，就是要调动各利益相关方，特别是政府的力量，共同维护作为弱势一方的劳动者的权益’，这也是常凯教授作为一名追求独立、公正、良心的知识分子的根本治学之道。”（李宇宙、王群会，2007）从维护作为弱势一方的劳动者的权益出发，符合学者心中独立、公正、良心这些“善”的标准，这里已经出现了后来宣传为“保护神”的一些概念，学者将某些意识形态的理论进行了神化。这种论述方式来源于前苏联学者，例如安德罗波夫所说的：“全社会的利益、全体劳动人民享有优先权”“我们相信这是一条公正的原则”[①]。学者采用的手段是服从其调动观的革命目标：“调动各利益相关方，特别是政府的力量。”常识告诉我们，我国的政府不会也不能为学者所调动，“两个调动”中核心是“调动各利益相关方”，来“擎起天空”。这种理想主义的治学观决定了学术手段的多样性。

其三，服从观。这种治学观以“双忠于”为基本内容。在常凯强调自己的使命时，王全兴在《劳动合同法》公布后的一本书的后记中那两句“自以为是的‘自圆其说’”“拉大旗做虎皮”的说法（王全兴，2007：封底、5），分明对上述两种治学观给出了嗤之以鼻的评价。当王全兴以“两个忠实”作为学术总结时[②]，笔者对第一个“忠实”颇为存疑。“忠实于法理。即尽可能以一般可理解、可交流的法学原理和知识为依据来解释”，这位学者在两场讨论中所持观点各异，在第一场讨论中强调的是：“劳动合同是一种合意行为”“劳动合同是劳动者与用人单位通过双向选择和协商一致而确立劳动关系的法律形式”（王全兴，1997：150）；在第二场讨论中强调的是“单保护”“劳动者的契约自由”。双方契约自由与单方契约自由，哪一个算是“可理解、可交流的法学原理和知识”？依笔者看来第二个“忠实”可能更可执行，即“忠实于立法本意，即尽可能按照立法者或法律条文的本来意图来解释”。在一个立法的过程中，立法本意还处于未定型的阶段，能够忠实的有时只是“立法者的本意”。拉伦茨是不少学者的楷模。[③]这种实用主义的治学观决定了学术立场的多变性。

（二）争议焦点后的学术立场

吴文半句不经意间的表述回到当时的真实情形：“对于法律体系的划分产生影响

---

① ［英］霍勒曼：《西方人权运动中的个人主义》，汪晓丹，中国人权网，载 http://www.humanrights-china.org/china/rqll/l22004841544 51.htm，2011 年 3 月 3 日访问。

② “我作为学者的基本态度是，尽可能做到两个忠实：（1）忠实于法理。即尽可能以一般可理解、可交流的法学原理和知识为依据来解释，而不作自我想当然的自言自语，不满足于自以为是的‘自圆其说’。（2）忠实于立法本意，即尽可能按照立法者或法律条文的本来意图来解释。”（王全兴，2007：封底）

③ 拉伦茨是著名民法学家，任教于基尔大学，成为基尔学派的一员。在纳粹时代是主要的官方思想家，战后受到处分，冷战开始后恢复了教职，继续在基尔任教授。思想也发生极大转变而成为自由主义的鼓吹者。波恩大学法哲学学家雅克布斯曾经批评了他的理论，但也“在沉默中被扼杀”。他的经历证明法律方法只是一种奴仆，是一种工具性的适用。在任何时期，任何意识形态之下都可以被自由便利的适用。

的多为经济法学者，盖与经济法以法律部门的地位在中国法学界面临的理论质疑关系密切。”这一表述本身是矛盾的，一种备受质疑的理论，怎么可能对国家法律体系的划分产生影响？后半句话才触及了历史真相：在我国发展市场经济的背景下，经济法这一源于苏联的一统法思维，在当时备受质疑，这是经济法理论发生裂变的根本原因。社会质疑促成了“综合法律调整”（梁慧星、王利明，1986：71）理论的发展，促使三分法的形成。三分法从一统法中分离出来，“单一的法律调整”体制事实上也就不再存在，社会法学者从三分法的立场出发，必然涉及与一统法的理论分歧。这场争论结果是：我国三分法从一统法中分离出来，从而形成我国七分法的法律体系。国家保留了一统法的历史地位，在社会质疑下，一些经济法学者试图以多数法则将经济法更名为社会法，然而始终没有得到官方认可，足以说明这种多数理论对“法律体系划分”的实际影响[①]。吴文其实也不经意间道出了为什么只有“极个别学者”主张的社会法学，取得如此重要的学科地位的真实原因。

一统法的“单一调整”与三分法“综合调整”博弈，引发了经济法与社会法学者的争鸣。2003年笔者发表《论经济法的国家观》一文，这本是一篇对经济法国家观应当如何定位进行探讨的学术文章，随后，笔者还发表《略论经济法学的视角转换》（2004）的笔谈文章，强调经济法只有摆脱大一统的思路，才可能成为社会性法。然而，一些经济法研究者却以《经济法与社会法关系考辨》（2003）来对笔者文章提出商榷，“视角”从“经济法的国家观”转换到了“学者的相互关系”，从学术逻辑转向学术领地的讨论，引发了社会法与经济法学者人际关系的讨论，这也是“多数法则”的最初运用。“多数法则”很大程度上是从“学者的相互关系”出发来讨论学术领地，不仅吴文芳，谢增毅的观点也脱胎于这一文章（谢增毅，2006）。笔者曾撰写《评“国家需要干预论”——兼谈社会法、经济法》的回应文章，试图将这一批评重新引入“国家观”的正常学术争鸣，但并未成功。[②]一篇批评单位意识的文章，最终却由单位意识决定最终结果。

根据吴文的归纳，对于社会法的发展，事实上存在两种进路。王全兴将经济法的窘境归为：经济法学者进行了所谓“经济法基础研究”[③]。在王全兴看来，部分经济法学者没有遵循消极无为逻辑，才引来社会各界的质疑。这种观点其实是主张将一统法模糊的国家观贴上“法律社会化”的标签，而不要触及国家主义的真实问题，这是李昌麒、关怀的做法，其实也是后来王全兴的做法。事实也如这些学者的愿望，在经济法学者发表商榷文章后，笔者当时的回应文章《评“国家需要干预论”——兼谈社会法、经济法》，十年后才得以公开发表（董保华，2015：184—202）。（当时劳动法专业尚

① 关于我国七分法的形成过程，可参见本书第一章，第26—33页。

② 本文是对李昌麒等《经济法与社会法关系考辨——兼与董保华先生商榷》一文的回应，论文写成于2004年，终因各种压力而放弃发表。

③ 吴文举王全兴的观点确实代表了一种想法：“在于许多社会法学者有经济法研究的学术背景，未敢忘我国经济法基础研究曾遭受的挫折。例如，王全兴自2004年就曾反复警告，社会法学研究切忌把总论研究放在优先位置。”

置于经济法学科组织体系之下，该文被认为会对学科发展有害，摆脱这种组织隶属之后才得以发表）。这一时期经济法学者却发表了大量批评笔者观点的论述。笔者对经济法国家观批评的观点，很大程度上是以被广为批评的方式来传播的，这种不正常的批评方式也助长了“多数法则”的发展。

上述三种治学观虽然都是在劳动合同法讨论前后概括出来的，但多数法则是经年累月的发展结果，服从说、调动说只是给出了最“学术”的解释。笔者相信无论逻辑自洽如何被批评，依然应该是大多数学者的治学方式。三种治学观都有历史轨迹可循，围绕合同法、劳动合同法、民法典编撰等立法活动展开的社会法讨论，可从三种治学观出发来进行总结。

第二节　围绕合同法的争论

社会法有“法律性质介于公法与私法之间”的定位，民法特别法的观点试图膨胀合同空间挤出基准法，改变社会法与私法的边界，将社会法中的劳动合同以从属于雇佣合同的名义，归入民法。这种观点由于不符合官方的定位，最终导致雇佣合同内容被从《合同法》中删除。在这一过程中，我国社会法内部的所谓“多数”学者主张民法特别法的观点，少数学者主张社会法的独立地位。以二分法批评三分法，主张回归民法，渐成主流。在改良与保守的冲突中，实用主义的学术立场的多变性初露端倪。

一、合同法起草带来的争论

我国于 1999 年 3 月 15 日第九届全国人民代表大会第二次会议通过颁布《中华人民共和国合同法》。在我国，合同法是调整平等主体之间的交易关系的法律，它主要规定合同的订立、合同的效力及合同的履行、变更、解除、保全、违约责任等问题。自《劳动法》公布以来，《合同法》起草过程第一次搅动了社会法研究领域，既涉及民法学者本身的主张，也涉及对《劳动法》的批评。

（一）劳动合同从属于雇佣合同的观点

史尚宽认为劳动合同是一种特殊的雇佣合同，是一种“从属的雇佣契约”（史尚宽，2000：294）。我国民法学者一般认为，劳动合同只是一种特殊的民事合同，“民法上关于雇佣合同的规定为一般规定，劳动法上关于劳动合同无特别规定时，适用民法上雇佣合同的规定。”（彭万林，1999：730）这种认识也是很多国家的认识，在德国、日本等一些国家劳动关系也确实受到民法的调整。在我国，总体而言，并不存在“从属的雇佣契约”调整体制。由于社会法研究薄弱，民法研究已经较为深入，这种观点很容易导致过分强调合同法的一般性，忽视在劳动合同中社会法的特殊性。可以说，自改革开放以来，这种要求建立大一统合同制度的呼声历久不衰。《合同法》的起草成为一次将劳动合同规范并入合同法的机会。《合同法(草案)》中建议单列一章“雇佣合同”，这是我国真正意义上将劳动合同法纳入民法调整的一次努力。

早在20世纪90年代末，在关怀与夏积智的争论中，“我国的学术界可以说是一起向其开火”(董保华，2000a:3)，王全兴就选择了以民法特别法的立场支持代表官方立场的夏积智。[①]笔者不合时宜地提醒注意关怀表述中有他自己都不再坚持的合理成分。然而，在劳动合同从属于雇佣合同的问题上，民法学者的主张总体与我国正在酝酿的七分法体系并不符合，在各方面的努力下，不仅劳动合同并未如民法学者的愿望纳入“雇佣合同”章节，最终学者稿中的“雇佣合同”章节也从《合同法》中删除了，两年之后七分法的公布，官方再一次以极其正式的方式强调劳动合同属于社会法。

(二) 对劳动合同从属于劳动法的批评

在“单一调整”与“综合调整”的争论中梁慧星是主张三分法从一统法分离出来的代表人物，他又是现代民法观念“吞并”劳动合同法的力推者。他的后一想法与国家的立法构想并不相同，他们的做法不仅没有撼动劳动合同法的独立地位，也影响了雇佣合同的地位。“雇佣合同”的章节从《合同法》中删除，曾引起民法学者的极大不满。在劳动法已经确立合同法与基准法调整方式的情况下，民法学者的观点是膨胀合同空间挤出基准法。

梁慧星对基准法的批评是：“我们看一下那部劳动法上，劳动者有什么真正的保护措施？可以说劳动法把劳动人民，这个过去被称为领导阶级的整个阶级出卖给了企业家。也许这话说得极端一点。”(梁慧星，1999、2000)梁慧星的学术地位以及对劳动法的严厉指责，很大程度上从外部促成了劳动法学者的学术立场变化，这种情形在以后的25年间不断发生。

梁慧星将媒体中的负面报道集中起来描绘劳动法的状态，是一种极端的表述。劳动领域确实存在着诸多问题，但这是贯彻以倾斜立法为原则的劳动法带来的，还是当时劳动法未被贯彻执行带来的？这些问题如果纳入以平等保护，契约自由为原则的民法，是否就会解决得更好呢？这些问题是值得我们深思的。梁慧星批评的是《劳动法》采取的改良主义立场，劳动基准法正是这种改良措施，这种公法性质使其难以纳入民法体系。《劳动法》在我国已经坚持市场导向的情况下，发生的工伤事故，损害人格尊严的极端案例，正说明劳动关系中的一些人身性内容需要纳入社会法的调整机制并通过加强执法来解决，民法学者当时开出的药方并不能解决他们发现的问题。劳动合同法讨论中，以当时梁慧星式的论证会得出放弃管制的结论，在劳动合同法的大讨论中梁慧星对向管制方向的演化是持反对意见的。

---

① 关怀与夏积智的争论以及王全兴的观点，见本书第六章，第224—226页。

二、民法特别法的历史逻辑

在社会压力下及人类理性自觉的基础上，各种具有“身份”调整色彩的社会立法纷纷出现。有学者介绍了“从契约到身份”反向运动的观点，笔者以此论证社会法的历史逻辑。这一观点是否成立？学界发生争论。21世纪初，据我们所掌握的资料，对社会法观点的批评可以归纳为三个视角。如果以梅因的视角为中线，另两个视角可以形容为一个更抽象、更应然，让我们离现实生活更远，另一个则更具体、更实然，也离现实生活更近。两种观点对于《合同法》制定提出求“纯”与求“全”的不同要求，对于形式平等的不同看法，会形成不同的平衡观。

其一，契约与身份的传统视角。从社会结构的变迁出发，一些学者认为中国社会阶层分化的特征或实质只是一个“从身份到契约”的过程（朱光磊，1998）。也有学者从社会契约理论层面用国家和政府的权力来源和如何规制的理论解释近代和现代社会已经或正在“从身份到契约”，并没有出现相反的运动。有的学者在解释梅因观点时认为：“英国的法律史学家梅因正是从这一点敏锐地捕捉到现代社会与以往各个时代的基本区别，他以个人权利的变化来划分时代……”“每个人的自由发展以什么作保证？40年来正反两方面经验使我们认识到：只有确立了个人权利，才谈得上自由、平等、人格尊严和人的发展。”（何清涟，1998：198）由此得出结论：中国应当由身份型社会走向契约型社会，而这一转折点则是确立个人权利。即认为现代社会仍然是梅因所说的契约社会。也有学者认为“套用梅因提出的带有质变意义的格言，显然有东施效颦之嫌”。（方鸿钧等，2002：396）

笔者的回应是：将梅因的观点视为“现代社会”与“以往社会”的基本区别，静止地认为现代社会和梅因所处的时代是同一的，是不恰当的。联系梅因所处的时代，梅因的观点最多只能代表“近代社会”的看法。现代契约法中出现了这样一种倾向，即近代社会中的“从身份到契约”的运动在现代社会中正转变为“从契约到身份”的运动。我们这里所说的“身份”不同于传统社会那种以“人身依附”“身份等级”为联系纽带的“身份”。而是确定为强势主体与弱势主体这样一种“新身份”。上述观点显然对这种“新身份”缺乏认识（董保华、周开畅：2004：45）。

其二，契约与身份的抽象视角。一些学者从极其抽象的视角理解梅因公式，他们对“契约”和“身份”的内涵作泛化的理解，从而更坚决地否定上述反向运动的概括。我国经济学、历史学学者秦晖在他的《天平集》中多次使用了“广义契约”这一概念，在他的《问题与主义》中也使用了这一概念（秦晖，1998：109）。在这里身份关系和契约关系的界限、专制社会和民主社会的区别，都被抹杀了，但是，广义契约也在一定程度上揭示出中国历史上隐性契约的特点。有学者对民法中的契约作一种哲学式的抽象解释。基于这种抽象的思维还得到如下结论：“现代法律和现代民法的理念仍然是形式平等。”（李锡鹤，2000：79—80）

笔者认为从古代身份型社会过渡到近代契约型社会，基于这种历史现实，梅因是从社会进步历史观来进行总结的，这也是梅因公式的精粹所在。脱离了这一历史观进行讨论，是一种舍本求末的解释。抽象人格平等无以应对具体地位不等所带来的弊端。近代民法之所以对新出现的表面平等而实际上不平等的法律关系解释时捉襟见肘，很大程度上在于近代民法过于抽象的逻辑体系。我们不应当用一种比传统民法更为抽象的方式去图解生活，但是，广义契约用于解释中国历史上隐性契约的特点，这是值得关注的。

其三，契约与身份的现实视角。也有一些观点，把握住梅因公式的积极意义，正视现代社会所发生的变化，并提出相应的调整方案。但是在具体方法上，常常自觉或不自觉地陷入细微调整的思路。一些学者发现古典契约法已经难以适应现代社会的发展，进而对契约理论做出具体改造。这种观点尽管也反对已出现上述反向运动的观点，但得出现代契约的观点。“这种转变与其说是‘从契约到身份’的运动，不如说是从绝对的契约关系向相对的契约关系的回归。”（傅静坤，1997：62—63）也有的学者针对“抽象人离现实社会中的人越来越远，平等主体越来越成为空洞的说辞”的现象，提出现代民法的概念。并进一步认为，近代民法的产生和发展是从身份到契约的运动，而近代民法到现代民法则是“从契约到身份”的过程（邓小荣，2000：699、739—741）。

这一现代民法观点其实是要对近代民法做出一个较为彻底的改造，因而具有合理性。然而这种改造基本上局限于民法体系范围内，仍在“二元法律结构”中找寻答案，因而仍存在诸多问题。笔者认为，“从契约到身份”的“身份调整”只有在一定的法域内发挥作用，即在强弱主体鲜明对比的第三法域中发挥作用才是恰当的，在其他平等的私法领域内契约仍应处在支配地位。

三、民法特别法的思维逻辑

“单一调整”与“综合调整”的争鸣最终形成了我国三分法与一统法的格局，在中国特有的文化传统影响下，民法的独立地位一旦确立，迅速地向大民法的观点发展，如同当年的大经济法理论，现代民法也提出了将劳动合同纳入民法调整从而形成公法与私法的区分为特征的二分法设想。针对现实社会中出现的“公私法交融的社会关系领域”，固守二元法律结构的民法学者提出“现代民法”的概念，以弥补二元法律结构自身之不足，一些社会法学者所称的民法特别法是被他们作为现代民法的内容来认识的。

按照具有代表性的民法学者梁慧星的观点，现代民法是在近代民法的法律结构之上，对近代民法的原理、原则进行修正、发展的结果。现代民法的基本特征，可以概括为以下几个方面：（1）近代民法的两个基础判断：平等性与互换性的丧失；（2）民法理念由形式正义转为追求实质正义；（3）价值取向由法的安定性转向具体案件的社会妥当性；（4）民法模式由抽象的人格、财产权保护的绝对化、私法自治（或契约自由）和自己责任，转变为现代模式，即具体的人格、财产所有权的限制、对私法自治或契约自由的限制以及社会责任(梁慧星,1999:229—254)。笔者认为,有几个问题梁先生没有做出合理解释。(1)近代民法的两个基本判断是在全部领域内丧失,还是在部分领域内丧失?显然,平等性在现实生活中还是存在的,只是在劳动关系、消费关系、环境关系等有强弱特征的社会关系中部分丧失而已。(2)现代民法还追不追求形式正义?比如"契约合意还要不要遵守"。(3)由抽象的人格、财产权保护、私法自治(或契约自由)和自己责任构成的民法固有模式是否在转变过程中都放弃了?

实际上民法是无法放弃主体平等、抽象人格、形式正义的,否则就等于承认自然人人格不平等。按现代民法的观点,民法调整的领域势必包括两部分:一部分是传统民法规制的领域,这部分关系没有明显的强弱对比,基本上是平等型的商品交换关系;另一部分是劳动关系、消费关系、环境关系等具有强弱地位差别的关系。对前部分,民法仍坚持私法自治的理念或本质;而后一部分关系调整涉及国家干预、社会利益等因素。如果坚持将两种不同性质的社会关系放入私法体系,或者民法体系中调整,这就会产生价值冲突,比如形式正义抑或实质正义,国家干预还是私法自治,抽象人格平等还是具体人格不等。为将新出现的具有强弱对比关系的社会关系纳入自己的逻辑体系中,固守"二元法律结构"的藩篱,民法只能违反"逻辑的同一律",破坏自己原有的体系,将民法改造为一个四不像的东西。这样民法就越来越远离自己的私法本质特征,甚至走向没有自己的逻辑体系,没有自己个性的窘迫境地。

严格说来,由于民法对强弱主体之间关系的调整是一些抽象的原则或理念,这样利益失衡的矫正任务就主要依靠司法环节来调整。①由于民法自身逻辑体系的局限,任何通过对民法的修补来调整强弱关系都显得力不从心。单就诚实信用原则来说,其"在很大程度上是不确定、意义有待充实的概念"(海尔穆特·库勒尔,载梁慧星,1994:233)。"诚实信用原则作为实现契约正义的手段,有其存在的价值。但是,它赋予法官以自由裁量权,如果运用不当,就会导致司法专横、剥夺契约自由的权利,并且为公法对私法的人以侵犯制造合理的借口。"(李永军,2002:15)就劳动关系、消费关系等强弱主体之间的社会关系来说,由于当事人地位不等,本身缺乏有效的制衡机制,依靠司法平衡,微调的成效很大程度上要满足一个条件:法官是可以信赖和期待的,但是现实中失望却常常伴随。

四、民法特别法的现实逻辑

随着民法观点在学术界取得某种压倒性优势,在主张"劳动法是民法特别法"的所谓社会法学者中,笔者认为最优秀的代表当推冯彦君。随着王全兴以及一些具有

① "在司法上,法官基于对实质正义的追求,利用立法上的弹性条款,创设了种种判例规则,如诚实信用原则、情势变更原则、契约解释规则等,从司法审判上对契约自由进行规制。"(李永军,2002:14)

北大博士研究生背景的学者加入，这种观点渐渐成为劳动法学的主流观点。个人本位开始对社会法理论进行挑战。这种主张劳动法是民法特别法的思想，易于与我国主流法学保持良好的关系，与“主流法学派”不仅“声气相通”①，而且存在着一脉相承的人际关系，这一点是多数法则赖以生存的重要依据。

（一）民法特别法的主张

我国民法特别法作为一种社会法内的学术流派，很大程度上是大民法观点的一种回声，研究的是一种应然法，而非我国实存的法律。我国社会法从社会主义的实质法发展而来，更适宜以日耳曼法的理论来进行理解，以北大学子为主的持有民法特别法理论却是罗马法教育的产物，正是基尔克当年批评的保守立场。他们更多的是根据民法教科书来按图索骥，提出一些脱离实际的观点，尽管如此，将劳动法理解为“民法特别法”，客观上强化了对契约社会的关注。作为一种学术流派，具有以下一些标志性的观点。

其一，在法律原则上强调“契约自由”。冯彦君最早将劳动法的基本原则概括为三大原则，为首的原则就是“劳动自由原则”。“劳动自由，是现代劳动法制存在和发展的基础。劳动自由包括两个方面，即劳动者的劳动自由和用人单位的用工自由。”（冯彦君，1999a：43—44）这一概括受到诸多年轻学者的推崇，在劳动合同法的立法原则上，更是强调“契约自由无疑仍应是劳动合同的主要原则”②。“要在一定范围内遵循平等自愿、意思自治等民法基本原则。”这是挑战倾斜立法而产生的原则。事实上，契约自由不可能成为社会法的第一原则。这些学者认为我国劳动法体现了这种意思自治原则。③

其二，在调整方式上强调“合并式”立法。这些学者建议在劳动合同立法中应当使用民法的立法技术。认为很多国家将劳动合同纳入民法债的范畴统一调整，使劳动合同立法成为民法的特别立法发挥调整功能，主张用民法的“合并式”立法，即将劳资双方主体纳入同一条文，同等授予权利，施加义务（冯彦君，1999b：44）。事实上，社会法存在基准法，这种以反射利益形成的法定优先，劳动者的弱者地位，使社会法在立法时往往采取权利义务分配的不对称，因此不可能采用“合并式”立法模式。

---

① 常凯观点，见汪伟，2006a。

② “契约自由无疑仍应是劳动合同的主要原则。只是为了抑制这种自由所导致的不尽如人意的结果，才产生了劳动合同法的抑制与平衡。除法定的限制外，契约自由应始终体现在劳动合同中。”（李坤刚，2005b：82）

③ “劳动合同与劳动法的其他部分不同，劳动基准法、劳动关系法等部分属于典型的公法，而劳动合同则具有较强的私法属性。虽然国家对劳动合同进行了大量的干预，但是在各国劳动法中，劳动合同至今仍然要在一定范围内遵循平等自愿、意思自治等民法基本原则。例如我国《劳动法》第17条规定：‘订立和变更劳动合同，应当遵循平等自愿、协商一致的原则。’具体言之劳动合同的订立，必须是基于双方的自愿，这体现了平等自愿、契约自由的原则。双方当事人的权利义务，除法律有明文规定者外，当事人都可以在劳动合同中加以规定，这体现了意思自治原则。劳动者一方应当向劳动使用者给付劳动，而劳动使用者应当向劳动者支付报酬，这体现了等价有偿原则。”（周长征，2004：118）

其三，作为基本范畴，“劳动合同则具有较强的私法属性”。“尽管劳动合同已经取得了一定的独立地位，但是其基本性质仍然属于私法的范畴。”（周长征，2004：118）“应以合同法为核心，辅之以劳动基准法、集体劳动合同法构建成完整的劳动合同制度，其核心是合同的平等、自愿原则，同时以社会正义观来匡正其不足。”（洪秀丽、黄必义，2002：66）在与国家的关系上，强调国家应当实行非常有限的干预。“劳动合同的自由性（或自愿性）、协商性是第一位的，而国家干预是第二位的。”（周长征，2004：118）这种契约优先的表述至少是与我国社会法的现实情况不符合的。

其四，在立法体例上，“劳动合同的独立性只是一种学理上的区分，而并不必然要在法律适用上直接体现出来。在我国目前条件下，如果劳动合同完全不适用民法的规定，那么不是会导致劳动合同在一些具体问题上无法可依，就是会造成将来‘劳动合同法’照抄《民法通则》与《合同法》的基础规定而浪费法资源。”（周长征，2004：118）事实上，这句话正好讲反了学理与法律适用的关系，从法律适用上看，我国劳动合同并不直接适用民法，这种独立性是法规性的，而非学理性的。私法原理的存在，使我们可以适用私法原理来阐释劳动合同，这在司法实践中也很普遍。

这种观点最后以强调劳资伙伴关系，并介绍劳动立法有回归民法的观点，而发展到登峰造极（王全兴，2004：43）。王全兴也成为这一流派的最具代表性的人物。如果说冯彦君最主要的贡献是强调“劳动自由原则”，王全兴的贡献则是强调劳资合作。“劳资合作、契约自由”构成了这些学者的理论基调，也是他们当时观察和分析一些社会现象的出发点。

（二）民法特别法的影响

在“效率优先，兼顾公平”的观念指引下，劳动法受到了不应有的忽视。研究劳动法的学者很少，并以“兼顾”研究为主。王全兴、冯彦君作为有影响的劳动法研究者，也只是“兼顾”社会法。[①]北大民法学科培养出一批劳动法学博士时，社会法正从传统的一统法走向三分法，处于学术权威青黄不接的时期。在民法繁荣与劳动法萧瑟的强烈对比下，新一代研究者一开始就具有强烈的不安全感，不仅是“兼顾”研究，而且渐渐地有了“回归民法”的主张，因此，要与其他学科搞好所谓“人际关系”。社会法研究中从强调“仰仗于”其他学科，到无为观念正是产生于这种背景。

早在1999年《中华人民共和国合同法》公布时，冯彦君就提出了一个对后来劳动法产生了很大影响的观点：“借口劳动法为独立的法部门而否定劳动合同关系适用民法调整的可能性和必要性，显然是无视历史也无助于现实的。将劳动法的一部分——劳动合同法作为民法的特别法对待，有助于对劳动合同进行严密的法律调整，

① 按王全兴自己的说法：“公开发表经济法学论文70多篇、社会法学论文50多篇。”其中相当一部分社会法学论文还是劳动法转热后发表的。

也有助于协调劳动法与民法的关系。”(冯彦君,1999b)为了协调关系,我们应当将劳动合同法划归民法,这时已经有了“多数规则”的论述,但毕竟强调“严密的法律调整”这样的学术目的的。这种回归会使劳动合同进行严密的法律调整吗?笔者认为劳动合同法总体上应当强调与民法的区别:“劳动合同虽也体现了一种‘合意’,但是这种‘合意’正如麦克尼尔所说‘充其量只能发挥一种触发性作用’。”“从‘触发机制’的思路,可以看到我国的立法应当将注意力集中在劳动合同的订立、终止、解除这样的一些体现劳动者与用人单位双向选择的环节上,以防止规避劳动法;劳动关系一经建立,其履行和变更则更多地依赖法律和集体合同的调整。”(董保华,1999a:130)尽管冯彦君的观点与笔者不同,但他本身还是赞成“触发机制”这一提法的。但更多的年轻劳动法学博士甚至走得比他更远。例如,北大博士周长征认为劳动合同的基本性质仍然是属于私法范畴。“尽管劳动合同已经取得了一定的独立地位,但是其基本性质仍然属于私法的范畴。”其还认为:“国家对于劳动合同的干预,主要是体现在劳动条件和劳动合同终止两个方面,至于在劳动合同的订立、效力、履行、变更、违约责任等方面,如果劳动法没有特别规定的,应当参照适用《民法通则》和《合同法》的有关规定执行(周长征,2004:118)。

常凯当时有一个概括是恰当的:“中国不仅存在‘主流经济学’,亦存在一个与‘主流经济学’声气相通的‘主流法学’。”在这种主流法学看来,所有的法律都要归入或公或私的二元结构中进行界定,“这个‘主流法学’致力于建构中国市场经济的公法和私法法制体系。”(汪伟,2006a)随着“‘主流法学’致力于建构中国市场经济的公法和私法法制体系”努力的日益成功,劳动法学的主流思想也发生了变化。从“一般法补充特别法”观点,到在我国劳资状态上应强调劳资伙伴关系(王全兴,2004:43),最终导向了劳动立法有必要回归民法的主张。2005 年北大博士郑尚元在《中国法学》总结了我国劳动法自公布以来的学术历程,对中国社会法研究应当采取无为的研究方式进行了最完整的表述。“大陆编著民法典不能忘却雇佣契约制度。”“劳动合同理论低水平的原因是多方面的,其中,最突出的是劳动合同制度的打造欠缺民法契约理论的支撑。”(郑尚元,2005:88)

这一时期,日耳曼法在我国几乎没有人研究,罗马法被理解为包治百病,强调民法契约理论渐成流行趋势。这种保守趋势是笔者所不赞成的。针对郑尚元以及王全兴的观点,笔者在 2005 年 8 月写下了这样一段话:“诚然,我国劳动法学界的现状并不令人乐观。那么,我国的劳动法研究到底落后在哪里?有学者认为我们之所以落后是由于劳动法从民法中‘反叛’出来,主张重新归依民法,这既违背历史也脱离现实,笔者以为,只有以社会法的理念为基础,才能构建劳动法的理论体系,回归民法并不是劳动法的出路。”(董保华,2005a:442)笔者在《劳动合同研究》一书中发表了《论雇佣关系与劳动关系》,强调了从雇佣关系到劳动关系不仅是一个社会化的过程而且是一种必然出现的趋势(钱斐、董保华,载董保华,2005a:3—25)。不过这种改良性声音总体上是非常微弱的。

第三节 围绕劳动合同法的争论

社会法有“法律性质介于公法与私法之间”的定位，劳资冲突说试图膨胀基准法挤出合同空间，我国劳动合同法的管制特点强化劳动合同的公法性质，随着劳资冲突理论、公权膨胀理论的发展，民法特别法理论少有主张。这种理论发展也滋生出以公法方式改变社会法与公法的边界的观点。劳动合同法开始流行贴标签，资方代表、民法理论、工具理性、形式法理论、反对官方，这是学术文章中对笔者的描述。理想主义的治学观决定了学术手段的多样性。

一、劳动合同法起草带来的争论

在劳动合同法讨论之前，中国大陆劳动法学界的学术观点呈现出“三足鼎立”的局面。中国大陆劳动法学界大致存在三种主要的观点，这三种观点曾以常凯、笔者和王全兴、冯彦君为代表。如果将其概括为左、中、右的话，那么笔者只能算是中间派，常凯比笔者更强调公法因素；王全兴、冯彦君比笔者更强调私法因素。尽管这三种观点均声称以“社会本位”为基本指导思想，三种观念从价值判断上，其实对应着三种法律结构以及三种本位思想。

（一）单保护立法宗旨的含义

20世纪初我国开始制定《劳动合同法》，随着社会主义市场经济体制的进一步完善，企业与劳动者作为经济活动主体在市场中享有权利，承担经营风险，决定其自身的命运。合同作为民事主体之间设立、变更、终止民事法律关系的协议，是契约权利的体现，本应强调任意性规范的特点，我国劳动合同法却以管制规范为特点。常凯曾认为劳动合同法起草中有所谓合同法向劳动法的转化①，其实这只是一种学者行为，在合同法与基准法的格局中，这时国家立法主导思想是提高劳动基准，事实上也会挤出合同空间。主张民法特别法学者观点有转变的需要。立法宗旨作为最集中体现一部法律基本价值判断的指导思想，它的确立关乎我们对于一部法律性质的基本认识。学者观点转变与单保护立法宗旨的提出密切相关，大量学者以这一学术观点为基础，进行了学术思想的突变。在立法宗旨上，“单保护”可细分为两种观点，为了讨论方便

① “有关的分歧最早始于《劳动合同法》起草时的立法依据。一派认为，应该以《合同法》为依据，‘要维护当事人的利益’。而另一派认为，《劳动合同法》应该是《劳动法》的系列法。”（张立伟、陈欢，2006）“从最初送审稿到修订稿再到一审草案，《劳动合同法》经历了‘脱胎换骨’的过程。显著的变化就是将立法依据从原来的《合同法》转变为《劳动法》。两者最大的区别是，《合同法》将劳资双方作为具有同等权利义务的主体，而《劳动法》则明确强调立法必须向劳动者倾斜。这是当前《劳动合同法》争议的起点。”（郭晋晖，2006）

笔者将其概括为“形式单保护说”与“实质单保护说”。

“形式单保护说”的主要代表是王全兴。他认为：任何一部法律或一个法律部门，对所调整的社会关系的各方当事人都会保护其合法权益，但在立法目的条款中有的作“双保护”表述，有的作“单保护”表述。[①]劳动法区别于民法的根本标志是，劳动法基于劳动关系中劳动者是相对弱者的假设，在保护双方当事人合法权益的同时，偏重保护劳动者合法权益，故立法目的条款中作“单保护”表述；民法基于平等主体的假设，对当事人双方的合法权益给予平等保护，故立法目的条款中作“双保护”表述。

“实质单保护说”的代表是常凯。他对于“单保护”的表述则是：“《劳动合同法》立法宗旨是保护劳动者还是保护双方当事人”；“如果从民法的原则出发，当然应该保护合同双方当事人，如果从劳动法的原则出发，其立法主旨应该是保护劳动者。”（常凯，2006b）“《劳动合同法》是保护劳动者的，而不是双方同时保护。这是因为，劳动关系是一个双方形式上平等而实际上并不平等的关系，劳动者是弱势。”（常凯，2009：206）“那种认为《劳动合同法》是维护双方当事人权益的认识，是与《劳动合同法》性质不相符合的。”（郭晋晖，2006）。这种观点也构成“劳资冲突说”的重要内容。

“单保护”本是集体性劳资关系中描述工会代表劳方的一项理论[②]，然而，无论是常凯还是王全兴，都是将“单保护”原则视为区别劳动法与民法的重要标志，所说的很大程度上是我国一统法的概念[③]。涉及立法宗旨，触及了劳动法学界最敏感的神经。已经退隐多年的关怀作为一统法代表性的前辈学者，完全不计某些学者当年以特别民法的思想对其激烈批评的情形，强调“义无反顾”支持“单保护”的观点。[④]

徐小洪对于这场争论做出了这样的描述：“学界对劳动法价值取向基本有三种说法：‘单保护’（劳动者）、‘双保护’（用人单位和劳动者）、‘倾斜性保护’（劳动者）。这三种观点对于‘保护劳动者’都是一致的，他们的根本性区别是在于‘保护劳动者’背后的学术理论体系，如主张‘倾斜性保护’的董保华先生就认为现行《劳动合同法》存在四化的特点：凝固化、书面化、标准化、行政化，进而持基本否定态度。而持‘单保护’观点的学者对《劳动合同法》持基本肯定观点。显然，他们之间的分歧不在于是否‘保护劳动者’，而在于‘保护劳动者’的实质是什么？如何保护劳动者？”（徐小洪，2009：48）尽管这位学者也是对笔者持批评态度的，但至少是将批评建立在尊重事实

---

① 前者如《合同法》第1条中“保护合同当事人的合法权益”的规定，这意味着给双方当事人以同等力度的保护，即平等保护；后者是将保护某方当事人合法权益在立法目的条款中作明确表述，而将保护他方当事人合法权益的精神蕴含于其他条款中，如《担保法》第1条中“保障债权的实现”，《消费者权益保护法》第1条中“保护消费者的合法权益”，《劳动法》第1条中“保护劳动者的合法权益”，《刑法》第1条和《刑事诉讼法》第1条中“惩罚犯罪，保护人民”，这只是表明偏重或倾斜保护某方当事人合法权益，即对某方当事人的保护力度相对较大，并不意味着只保护某方当事人而不保护他方当事人。

② 工会功能被要求限定于“单保护”的规定，有利于集体行动的开展。见本书第十五章，第599页。

③ 可以对比当年主人理论的表述，见本书第一章，第12—14页。

④ 关怀：“作为劳动法法律体系的《劳动合同法》义无反顾地亦应以保护劳动者合法权益作为立法宗旨。”（关怀，2006）

的基础上。

(二)单保护立法宗旨的理据

“单保护”宗旨通过强制性规范、行政管制来达到零和博弈的立法目标。《劳动合同法》公布后,全国人大法工委在第一时间(2007年7月)编写了释义丛书。由全国人大法工委副主任信春鹰主编的《中华人民共和国劳动合同法释义》中认为“劳动合同法的立法宗旨是保护劳动者的合法权益,还是保护劳动者和用人单位的合法权益?也就是说,是‘单保护’还是‘双保护’,是劳动合同立法中争论的一个‘焦点’的问题。”“应当旗帜鲜明地保护劳动者合法权益。”(信春鹰,2007:3)在接受《经济参考报》采访中,信春鹰还对立法目标进一步解释:中国经济前30年的高速增长,其实是建立在中国亿万廉价劳动力的基础之上,从世界范围来看,人力成本在中国GDP中的比例远低于世界平均水平。而现在,到了该改变的时候(方烨,2007)。这是一方向另一方的支付,是一次还欠账的立法,要通过该法来提高人力成本在中国国内生产总值(GDP)中的比例。相对于利益主体而言,这是一个零和博弈。

这是一个较少发生的历史现象,赞扬该法的学者都公开表示该法追求零和博弈。其实基尔克、韦伯对这种现象早有分析①。作为一种革命立场,须证明“实在法在该法域(Rechtsgebiet)已无任何自然法基础”(基尔克,2017:6—7)。中国之所以需要一场零和博弈,是建立在对中国前30年经济高速增长的否定性评价的基础上。常凯对于我国20世纪开始的改革开放的评价是:“以经济建设为中心的改革年代开始,但这场经济建设是在劳动者缺乏基本权利保障的情况下进行的。”②信春鹰解释比较委婉:劳资双方具有先天不平衡性,新法出台是各方博弈的结果,已充分考虑了公平。其实也是说明原来立法的不公平、不平衡。两人的意思类似,原来改革开放就是一次“零和博弈”,我们需要再来一次“零和博弈”来进行平衡,赞扬者将其称为是一剂猛药(王震,2008)。作为一种零和博弈,支出的一方不满意是很正常的。从《中国企业家》杂志的调查来看,七成企业希望国家有关部门对《劳动合同法》的相关条文进行修改、调整,超过一半的企业对《劳动合同法》的某些条款有不同看法(曾兰,2008:76),这显然不是一个正和博弈。

二、劳资冲突与社会法理论的冲突

常凯以其对劳资冲突的强调而引起人们关注,并成为一统法公权本位观念的代表人物。“调动论”成为基本方法,学者与媒体按在笔者头上的观点正是这些学者在劳动合同法之前的观点,社会法的争论开始有了对人不对事的特点。

---

① 自然法与革命、改良的关系,见本书第二章,第56—58页。

② 常凯:《论中国的罢工权立法》,载 http://www.wyzxsx.com/Article/Class4/201006/162462.html,2010年10月26日访问。

(一) 劳资冲突理论的基本内容

一些研究劳动关系的学者将劳动关系称之为劳资关系并强调:"在私有制企业中,劳动关系即劳资关系,具有明显的阶级关系的性质。而劳资关系法制化的实质,即通过法律来维护、保障和实现劳动者的权利。无视劳资矛盾的客观存在或对于这一矛盾采用放任主义政策,其实质只能是偏袒和纵容资产所有者,其结果只能是激化劳资矛盾,并造成劳动者的自发反抗。"(常凯,2004a:27)在王全兴加入后,这些学者将目之所及事物都打上冲突烙印。社会法本是改良法,将所有的概念以冲突的名义推向两极,必然违背改良法的初衷。例如:

其一,将民法与劳动法推向两极。这些学者认为,对立法草案的否定,就是代表资方。[1]在将学者推为"资方代言人"后,这些学者又提出了一个新分类方法,一旦成了"资方代言人",你就不可能是劳动法学者而只可能是民法学者。王全兴的说法是:"曾听一位日本劳动法学家说过,劳动法学科的基本立场和价值取向是非常明显的,若用'劳方'和'资方'的称谓来表述,只可能是所谓'劳方派',而所谓'资方派'只可能是民法学科,劳动法学科不应当有'劳方派'和'资方派'的区别。我很同意这种看法,其实这也是劳动法学与民法学区分的常识问题。"(王全兴,2007:2)

其二,将"双保护"与"单保护"推向两极。在劳动合同立法过程中,关于立法宗旨,劳动法学界出现了所谓"双保护"和"单保护"之争。所谓"单保护"是指"保护劳动者合法权益";所谓"双保护"是指"保护劳动者和用人单位合法权益",并认为立法必须在"双保护""单保护"之间做出非此即彼的选择(王全兴,2005c; 2006b)。

其三,将效率与公平推向两极。"在关于《劳动合同法》的立法争论中,追求效益和追求公平其实体现了劳资双方的不同利益诉求,从企业的利益出发必然希望这一法律能够更加促进企业效益,从劳方出发则更希望这一法律能够促进社会公平。"(常凯,2006b:34)笔者的观点被视为追求效益。事实上,这种为公平与效率标上"劳""资"标签,完全对立起来的认识是不科学的。也有些学者以市场经济为前提,强调了两者的辩证统一:"劳动合同立法不能单纯强调公平或者单纯强调效率,这不是一个非此即彼的选择,单纯强调某一方面的结果都是矫枉过正,难以避免走向企业和劳动者'双输'的局面。"(程延园,2007:36)

其四,将人力资源管理学与劳动法学推向两极。在将笔者的观点概括为人力资源管理立场后,常凯认为,从人力资源管理学出发批评《劳动合同法》,"就等于完全站在资方的立场理解劳动合同法。如果完全照此,劳动合同法就变成'工人管理法'了,这是方向性错误"(郭晋晖,2006)。对照美国著名学者的观点,可以看到这种观点的极端。寇肯等认为:"20 世纪 60 年代以后出现的非工会的劳动关系系统,也叫非工

---

① "自全国人大常委会 2006 年 3 月 20 日向社会公布《中华人民共和国劳动合同法(草案)》(以下简称《草案》)并征求意见以来,关于劳动合同立法的争论,尤其是带有劳方或资方倾向的对《草案》是作基本肯定还是作基本否定的争论,进入白热化阶段,不同利益集团的激烈博弈尽显其中。尽管有学者声称无意成为劳方或资方代言人,但其立场昭然若揭。"(王全兴,2006b:19)

会的人力资源管理模式。"①从冲突立场出发，完全不理解当代人力资源管理学具有企业社会责任的某些特点，并非所谓工人管理法。一些学者觉得这种表述还不够极端，需要对人力资源管理理论更进一步丑化，将基于人力资本理论产生的人力资源管理形式与中世纪的压榨形式混为一谈。"如果以人力资源管理理论为评判标准，劳动法只能取消；如果以人力资源管理理论为指导思想制定劳动法，是倒退到工厂立法之前，即回归'劳工法规'阶段，是对民法的逆向矫正。"（刘诚，2008：2）劳工法规与人力资源管理本不是一个世纪的产物，两者也没有任何联系，恰恰这些学者使用的是200年前的观念。

在劳动合同立法过程中，学者间争论的各种命题都被打上了劳资烙印后，越是极端的观点越能得到喝彩，学者对一些最基础的概念失去了分辨力。从两年前的刑事、民事的立法混淆②，扩大到行政和企业的管理混淆："关于企业权力，由于存在管理和被管理的关系，一定程度上具有行政权的特征，潜在着扩张性，需要进行一定程度的约束和限制，否则必然走向堕落（黑砖窑奴工事件就是例证）。"（刘诚，2009：1—2）为了防止黑砖窑的出现，我们可以混淆行政管理与企业经营管理的界限，按这些学者的理解，要约束和限制的是企业管理，而非行政管理，否则必然走向黑砖窑式的堕落。当我们将所有的概念都推向劳、资两端时必然会带来法律、管理的混淆。施塔姆勒在《正当法的理论》中指出，意志的共同性是从人们的社会合作中引申出来的法是先验的必然，因为法存在于合作的思想中。社会法就是根据社会合作的要求，调整个人目的与社会合作的矛盾之手段，极端化的思维是违背社会法立法目标的。

（二）劳资冲突理论的学术假想

劳资冲突已经成为一种学术符号时，学者间"对人不对事"的争论性质发生了变化，学术规范就变得可以完全忽视。通过媒体宣传，社会法研究中出现故意张冠李戴的表述方式。

第一，概念称谓。劳动法中的劳动者与用人单位的劳动关系概念被改造成了"劳资矛盾"。在当代工业民主中，集体性的"劳资关系"与个别性的雇佣关系含义不同。③劳资关系含有对立意味，因劳方资方的界限分明，其所展开的关系自然包含一致性与冲突性在内。为构建和谐社会，不仅我国一般不在个别性劳动关系中使用这一概念，其他国家也有类似的做法，日本一般称为"劳使关系"。然而，这次铺天盖地到来的首先是"劳资冲突"的概念。

第二，具体人格。学者被分为"劳方""资方"，凡对《草案》表扬为主的，称为劳方

① T.A. Kochan, H.C. Katz and R.B. McKer-sie, The Transformation of American Industrial Relations, New York: Basic Books, 1986（转自游正林，2014：166）。

② 见本书第十四章，第547—548页。

③ 两个概念的具体含义，可见本书第十六章，第654—655页。

代表，凡对《草案》持批评意见的称为资方代表。“由于董保华教授在这次征求意见时提出了不同的看法，有人认为他代表了资方的意见。”常凯最早对学者进行这样定性[①]，第一次将征求意见中发表不同观点与所谓资方立场相联系，多数法则被赋予新的含义。在“劳资冲突已经成为了社会的主要矛盾之一”[②]时，《草案》的公开征求意见应当被解读为普法教育[③]，在一个公开征求意见的环境下，“这么多人的广泛参与”却不是来对法案提批评意见的，而是对批评者进行批评。

第三，争论起点。学术分歧被概括为两种观点：“具有同等权利义务的主体”；“向劳动者倾斜。这是当前《劳动合同法》争议的起点。”（郭晋晖，2006）其实劳动法起草应当向劳动者倾斜没有任何分歧。《劳动合同法》的讨论根本不是要不要倾斜立法的问题，而是向谁倾斜的问题。笔者在劳动合同立法中对“贵族法”进行批评并提出分层原则，认为应当向社会最底层的劳动者倾斜，事实上并没有实现这种倾斜。

第四，主要理论。劳方是社会法理论，资方是合同法理论[④]；前者是社会法，后者是民法。社会法理论是笔者的主攻方向，并撰写了理论著作及大量的论文（董保华等，2001）。笔者没有见过所谓劳方学者写过一篇关于社会法的文章。劳方学者需要使用“社会法”这一概念，别人给笔者按上了合同法的理论。[⑤]劳动合同法在正式拉开帷幕前，笔者主要担心的是当时处于主流地位的民法特别法理论。然而，在提出“单保护”理论之后，起草法律之前的“民法特别法”流派一夜消失，笔者被按上了合同法理论代言人的头衔。提出“所谓‘资方派’只可能是民法学科”（王全兴，2007：2），并据此给笔者扣上合同法帽子的恰恰是起草前极力主张合同法理论的那批“民法特别法”观点的倡导者。笔者多年的研究成果，一夜之间全部按到了别人头上，自己反倒成了自己学说的对立面。

第五，基本原则。劳方是主张倾斜保护，资方是主张平等保护。“事实上，围绕着劳动合同法草案诸多条款发生的纷争，都可以归结到一个更为实质、更为本源的分歧——劳动合同法究竟应该是平等保护劳资双方利益的‘平等法’，还是侧重保护劳动者权益的‘倾斜法’?”（阿计，2006）“倾斜立法原则”本由笔者概括[⑥]，并作为立法建

---

① “由于董保华教授在这次征求意见时提出了不同的看法，有人认为他代表了资方的意见，是属于少数派的意见。常凯并不这样认为，他表示，资方的意见从来都不是少数派意见。”（郭晋晖，2006）

② 常凯观点，参见郭晋晖，2006。

③ “这次《劳动合同法（草案）》向社会公布以后，没有想到有这么多人的广泛参与，应该说这是前所未有的普法大教育。”（常凯，2007c）

④ 常凯认为，“从本质上来说，《劳动合同法》是社会法，应以社会利益作为直接的立法取向，对大量劳动者的保护是社会利益最基础的东西。那种认为《劳动合同法》是维护双方当事人权益的认识，是与《劳动合同法》性质不相符合的。”

⑤ 尽管笔者很尊重研究合同法的学者，但学术是不能作假的，恰恰是本人在这次起草《劳动合同法》的过程中一再提醒不要用合同法的理论，来替代劳动法的理论。“有一种流行的观点认为，既然是合同立法我们就可以按一般的私法契约制度来进行规定。其实这是一种误解。”（董保华，2005a：1）

⑥ 笔者很早就将“保护劳动者”概括为劳动法的基本原则之一（宣冬玲、董保华，1989：46—47）（该书共有十四章，笔者撰写了其中的十二章）。在1992年6月的著作中，进一步将这一原则提炼为“倾斜立法原则”（董保华、程惠瑛，1992：80）。

议提出。[1]劳动合同法讨论之后，曾提出“劳动自由原则”[2]观点的学者最终也以否定自己观点的方式回归新的主流。

第六，具体观点。劳方认为工人得不到保障，要提高标准；资方认为雇主得不到保障，要降低标准。“对现行劳动关系是工人还是雇主得不到保障”[3]，为了彰显自己的立场，特别强调：“我们的劳工标准不能再降低了。”[4]笔者认为，“当下中国只能选择‘低标准、广覆盖、严执法’的立法。”[5]笔者也从来没有认为在现行劳动关系“雇主得不到保障”。笔者不仅本人参与了原劳动法的立法过程，也在该法公布第一时间（一个月内）对该法进行了阐述。原劳动法的规定总体是恰当的，部分标准虚高，使其没有得到执行，劳动者并未从中受益，更不存在雇主得不到保障的问题。面对部分虚高标准，笔者也不赞成轻易降低，因为由此引发的社会震荡，是我们难以承受的。笔者认为，劳动基准是刚性的，一旦上去了不能下来，否则会引起剧烈的社会震荡，正因为如此，我们每次提高劳动标准时，应当慎重。

第七，立法过程。常凯将立法过程描绘成从《合同法》到《劳动法》的转变，[6]笔者成合同法的代表人物。[7]《劳动合同法》一开始就是作为劳动法的组成部分来起草的，这一点从来没有改变。所谓劳动部草案为《合同法》，国务院的稿子是《劳动法》，完全是杜撰的缺乏常识的观点。[8]真正主张将劳动合同归类为民法雇佣合同学者其实根本没有勇气提出一个将劳动合同法归入合同法的立法建议，相反诸多学者更是快速

① 1993年笔者在参与劳动法起草时，曾建议将劳动法的立法宗旨表述为：“为了保护劳动者的合法权益，建立、维护和发展和谐的劳动关系，促进经济发展和社会进步，根据宪法，制定本法。”参见董保华，2005a：423。该书介绍了笔者参加劳动法起草的过程，及其当时提供的课题报告。

② “劳动自由，是现代劳动法制存在和发展的基础。劳动自由包括两个方面，即劳动者的劳动自由和用人单位的用工自由。”（冯彦君，1999a：43—44）

③ “常凯表示，他与董保华之间分歧并不是法律条文上的分歧，而在对《劳动合同法》的评价、对劳动标准的评价、对现行劳动关系是工人还是雇主得不到保障等基本问题上存在严重分歧。”（郭晋晖，2006）

④ “新民周刊：你与董保华教授被认为代表了草案中两种不同意见，双方分歧何在？常凯：我们的分歧首先是中国现有的劳工标准高不高。他认为标准偏高，我认为中国的劳工标准相当低，劳工标准最核心的内容是劳动力价格，如果中国的最低工资很高，外企为什么要来中国？通过对近10年来工资占GDP的比重的分析，劳动者工资不仅所占份额很小，而且逐年走低。我们的劳工标准不能再降低了。”（汪伟，2006b）

⑤ 《专家抨击劳动法草案贵族化》，《天府早报》2006年4月10日。

⑥ “常凯：……现在很多人都是持着《合同法》的观点分析《劳动合同法》，这也是产生分歧的原因之一。”“当前认为《劳动合同法》向劳方‘一边倒’的观点就是基于这种认识。”（郭晋晖，2006）

⑦ “实际上，对于该法草案，一直存在两种对立的立场，代表人物就是董保华和常凯。两人都是劳动法课题组成员，该课题组由18名专家组成。”“有关的分歧最早始于《劳动合同法》起草时的立法依据。一派认为，应该以《合同法》为依据，‘要维护当事人的利益’。而另一派认为，《劳动合同法》应该是《劳动法》的系列法。”（张立伟、陈欢，2006）

⑧ “‘最初的送审稿中是以《合同法》为依据，稿中写道要维护当事人的利益。我们上报给国务院法制办的意见也专门提到了这一条，《劳动合同法》应该是《劳动法》的系列法，而不是《合同法》的。立法依据的差别是争论的起点。’常凯在接受媒体采访时表示。而董保华认为，立法性质从来就不存在分歧。在董保华看来，无论是劳动部的稿子还是国务院的稿子，都是属于《劳动法》范畴，主要是对一些具体问题进行细化。在董看来，如果《劳动合同法》作为《合同法》的系列法，那么劳动部就没有资格起草了。”（陈君，2006）

地加入了对名为笔者的观点，其实只是他们起草前观点的批评。

第八，文章引述。笔者观点的核心是要雪中送炭，而不要锦上添花。这一观点被人为地割裂开来，并宣传成代表资方，理由是某些商会引用了笔者的部分观点。笔者的观点早在《劳动合同法》公开讨论之前的半年就已经公开发表，本是任何人都可以引用的。一些学者故意强调某些引述者的特定身份。①别人引用了笔者的观点，反而是笔者代表他？为了成就这种奇怪的代表说，凡被商会引用观点被宣传为是笔者的观点，不被引用的就不是笔者的观点。如果以严肃的学术态度让“立场昭然若揭”，本人的学术观点肯定不是资方观点。“尽管有学者声称无意成为资方代言人”却“带有资方倾向”的观点②，当首推作者本人以及他所代表的民法特别法观点。作为负面材料引用的观点，基本是民法特别法观点，这是整个劳动合同法讨论中的主要批评对象。

可见，真以上述八个方面来衡量真实的学术思想，劳方代表与资方代表要重新划分，主张民法特别法观点的学者才应当被划为所谓“资方”，但这些学者却加入了推波助澜的所谓“多数”行列。在一系列杜撰后，语焉不详却暗示明显，含沙射影且角度雷同的批判，竟然构成这一时期文风的新特点。“华东政法学院一位教授就表示”，“一些专家学者看似‘公允’的言论似乎难逃资方代言人之嫌”（阿计，2006）。“学者声称无意成为劳方或资方代言人，但其立场昭然若揭。”（王全兴，2006b：19）劳动合同法讨论创造了一种对人不对事的批评风气。围绕民法典编撰展开的下一场争论中几乎完全沿用了这种风格，只是所有的标签完全相反。

（三）劳资冲突理论的争议焦点

劳资冲突说试图膨胀基准法挤出合同空间，如果我们去除劳资阶级冲突的包装，常凯的劳资冲突理论与笔者社会分层理论之间的区别可以分为三个方面。

其一，两种理论的空间论，这是基准与合同边界的讨论。两种理论均将讨论的时间定在《劳动法》实施的那一年，并据此进行了否定与肯定的评价。1995 年《劳动法》开始实施，从世界范围来看，在此前后出现了经济全球化的趋势，并影响了中国。“劳资冲突说”“劳动者分层保护说”，对于由劳动法所确定下来的立法体制，形成了“权利真空说”和“社会空间说”的评价，并以此作为论证的逻辑起点。

“劳资冲突说”认为，“旧体制不复存在，新体制下的权利没有建立，这种权利真空会导致激进行为，导致付出高昂的社会成本。”（汪伟，2006b）《劳动法》的规定之所以被视为权利真空，是与之前高度管制体制比较而得出的结论。“从 19 世纪下半叶到

---

① 例如，上海美国商会即提出：《草案》的规定“与国际通行的人力资源管理理念产生冲突，对企业正常的招聘机制、解聘机制、绩效管理、留人方案造成了全方位的影响”（常凯，2006b）。

② 王全兴本人却在学术刊物上做了如下的表述：“自全国人大常委会 2006 年 3 月 20 日向社会公布《中华人民共和国劳动合同法（草案）》（以下简称《草案》）并征求意见以来，关于劳动合同立法的争论，尤其是带有劳方或资方倾向的对《草案》是作基本肯定还是作基本否定的争论，进入白热化阶段，不同利益集团的激烈博弈尽显其中。尽管有学者声称无意成为劳方或资方代言人，但其立场昭然若揭。”（王全兴，2006b：19）

20 世纪初，随着工人运动的兴起，社会主义不仅成为一种社会思潮，而且作为一种社会实践而有了十月革命的成果”——“形成社会主义阵营。”“世界范围内劳动与资本的相抗衡，获得了相对稳定状态。”（常凯，2004b）“以 WTO 作为全世界资本的政府”（常凯，2007c），导致劳资激烈冲突。“劳资矛盾越来越激化……劳资冲突已经成为社会最突出的问题”（郭晋晖，2006）。这里所说的“旧体制”是一种政治挂帅且高度管制的政治体制，在这些学者看来，这种体制的不复存在，影响了工人运动发展，出现了所谓“权利真空”。

“劳动者分层保护”认为，当着国家权力被理解为可以随时无限制地侵入和控制社会每一个领域时，国家必然直接面对民众，社会空间几乎不存在，整个社会被国家化。新中国成立以来，我国长期实行固定工制度，这是一种“劳动关系国家化”的用工制度，是一种低效且抹杀个性的静态和谐。《劳动法》依照市场经济规律，建立了调整劳动关系的“三层次模式”。宏观上以劳动基准法调整全部劳动关系，中观上通过企业集体合同调整企业内的集体劳动关系，微观上通过劳动合同调整用人单位与劳动者之间的个别劳动关系。这种“三层次模式”使劳动领域成为私域与公域之间的一个弹性空间。这恰恰是将原有的政治权力型的社会转变成为“权利型社会”。如果要使用“权利真空”这一概念，主要不是劳动法带来的权利真空，而是社会的某些层次（中观层次）没有被劳动法覆盖所带来的“权利真空”（董保华，2011a：99—100）。

其二，两种理论的本位论，这是自治与管制的讨论。对于劳动关系调整体制，是以“管制”为主还是“自治”为主。“劳资冲突说”以“国家”为本位[①]，“劳动者分层保护说”以“社会”为本位。

“劳资冲突说”强调“劳资不成熟，公权需介入”。公权力本身有两种作用方式，一种是作为私权利的救济手段，另一种则是政府主动介入。既然以“限制雇主的权利”为目标“公权力的介入”，显然是指后一种。这种政府干预本身是不需要以合同作为媒介的。在这些学者的眼中，劳动合同法并不是为了规范双方当事人签订、履行、终止劳动合同的行为，只是为了给政府干预或公权力介入提供法律依据，双方当事人的意思表示都是无足轻重的。“《劳动合同法》颁布的意义就在于使劳动关系法治化，有了最基础在政府主导下，个别劳动关系调整机制，相对来说比较平衡。”（常凯，2009：247）这些学者显然希望“高标准”能够带来政府的“高管制”。劳动基准被抬高，社会空间会被缩小，国家可以行政执法的方式，找到重回旧体制的路径。

“劳动者分层保护说”强调“低标准、广覆盖、严执法”，主张对不同层次的劳动者应当采用不同的保护方式。我们国家只能实行“低标准、广覆盖、严执法”的公共政策，能够直接从这一公共政策受益的只能是底层劳动者。对于劳动关系留出的社会空间，应当依赖社会力量而非政府力量去调整。针对“冲突说”，“分层说”进行了反驳。前者针对当前中国劳动关系紧张，且越来越呈现出集体争议的性质，提出“解决

① 这些学者自己更喜欢用“公权”的表述，因此，在本书的有些地方，按这些学者的表述称为“公权本位”。

集体的[①]，我们从个别的地方来规范它”，[②]“除了政府加强监管，别无他路可走”[③]。他们认为，在目前工人自身及相关组织未能形成有效力量来与资本抗衡的情况下，国家劳动立法和劳动行政就必须在更多方面保护劳动者。而后者认为，这是“头痛医脚”的药方，这种论证本身就不合逻辑，既然我们的问题出在集体谈判上，为什么学者不提倡加强工会力量，尤其是改善工会维权的动力机制，而要以行政力量作为替代机制呢？事实上国家力量的过分介入只会使这一空间丧失活力，也使工会不可能真正形成。

其三，两种理论的调整论，这是抽象与具体的讨论。对于社会空间的调整，首先涉及两个主体间的关系。劳资冲突理论采用阶级斗争理论来塑造抽象政治人格。劳动者分层保护理论认为当今社会阶层结构呈现出向多元化、现代化发展的趋势，已经不是原来的“两个阶级一个阶层”的结构，而出现了诸多阶层[④]，这是用复合人格来塑造社会人格。

两种理论在调整方式上有不同的认识。(1)对于劳动者这一主体，两种学说的认识建立在不同假设上。“劳资冲突说”也是一种“抽象人”假说，将整个劳动者完全视为利益共同体；“劳动者分层保护说”是一种“具体人”假说，不仅将劳动者视为利益共同体，更视为利益差异体，认为中国的劳动者已经出现了不同的层次，当前劳动领域的问题出现在底层，立法主要应当解决底层劳动者的保护问题(董保华、李国庆，载高翔，2009)。(2)在劳动者与用人单位的关系上，“劳资冲突说”是以此消彼长的思维方式来观察劳动者与用人单位的关系，因此认为，我国正处在有产者“权利和地位不断飙升”“劳动者的权利和地位不断下降的趋势中”(常凯，2004b)。“劳动者分层保护说”认为劳动关系有相互对立的一面，但也存在相互依存、相互促进的一面，不应将劳动关系底层的问题夸大为整个劳动领域的问题，劳动关系的调整要努力寻找恰当的平衡点，实现双赢(董保华，2007d：24)。(3)在解决中国劳动关系问题的方案选择上，“劳资冲突说”强调公权介入，实现“政府主导下的个别劳动关系”(常凯，2009：247)。“劳动者分层保护说”主张对不同层次的劳动者采用不同的保护方式，“公权介入”只适用于底层劳动者。

---

① 所引原文即“解决集体的”。

② “我们靠什么呢？我们就目前来说主要靠法律，而且对于劳工标准，个别劳工标准的法律，形不成劳资相对平衡的力量，我们也不希望用这种抗衡的力量，在这种情况下，政府作为公权利建立劳动关系，特别是对弱者进行保护和协调，就特别重要了。那么《劳动合同法》在相当程度上就要解决这样的问题，解决集体的，我们从个别的地方来规范它，这是我们基本的出发点，也是我们和西方最大的差别。”(常凯，2009：236)

③ “常凯告诉本刊：在中国现有国情下，企业工会不够强大，除了政府加强监管，别无他路可走”。(杨中旭，2006)

④ 其中，“两个阶级一个阶层”是指工人阶级、农民阶级和知识分子。十个阶层是指：国家与社会管理阶层；经理阶层；私营企业主阶层；专业技术人员阶层；办事人员阶层；个体工商户阶层；商业服务人员阶层；产业工人阶层；农业劳动者阶层；城乡无业、失业和半失业人员阶层。(陆学艺，2006：55)

三、劳资冲突与民法特别法的合流

2005年《劳动合同法》开始起草，王全兴的学术观点又一次开始发生变化。值得注意的是主张劳动法是民法特别法的代表性学者冯彦君、王全兴在以后的讨论中，观点出现差异，但都从民法特别法转向强化国家管理的方向，两者的差异在于对劳资冲突的阶级论的接受程度。

（一）"劳动法是民法特别法"代表学者观点变化

2005年后王全兴从强调合同的"一般性"，转向了强调"特殊性"："劳动合同作为从民事合同中分离出来的一种特殊合同，虽然具有合同的一般性，更有其基于劳动者是弱者的特殊性。""其'特别'正在于劳动者的弱者地位和对劳动者的偏重保护以及为实现偏重保护而对契约自由的限制。"（王全兴，2005c；2006b）随着这一"更需要公权力介入"观点的提出，王全兴著作中的表述开始发生变化。[①]然而，在2008年7月最新版本的《劳动法》中，王全兴似乎又部分回复到了2004年的提法（王全兴，2008a：43）。从一些文章看，"保守"旧瓶已经装上了"革命"新酒。

首先，劳资合作的评价转变为劳资冲突的评价。对于现行劳动关系的评估与劳动合同法起草前，发生了很大的变化。2005年主编的《劳动法学》中，"劳资矛盾日趋缓和"的提法（王全兴，2005a：54），让位于"现代劳动关系原始性与现代性相混合"的提法。"国有企业的改革、非公有制企业的快速发展和户籍制度的松动将无数的下岗职工、农民工和其他出卖劳动力的职工卷入主体力量极不均衡的劳动力市场；人口多、素质低和劳动力供大于求的就业局面将广大劳动者抛上任人宰割的案板。"（王全兴、钱叶芳，2010：169）"对资本的巨大需求和政府官员的政绩本位使'社会主义市场经济'制度在施行中偏重市场的力量而漠视了'社会主义'的内在公正性。"（王全兴，2008b：198）社会主义与市场经济被割裂开来。

其次，从强调契约的一般性转变为强调特殊性。王全兴称，之所以仍要强调劳动法是民法的特别法，竟然是为了强调民法中的强行性规范对劳动法的补充作用。"劳动合同法与民法尤其是其中的民事合同法，是特别法与一般法的关系。依法理，在劳动法无规定而民法有规定的场合，只要不违背劳动法的立法目的和基本精神，民法的相应规定可补充适用于劳动合同。因此，应当特别注重运用民法中的强行性规范来评价劳动合同的效力。"对于"特别注重运用民法中的强行性规范"，在同一篇

---

① 在王全兴2004年到2008年极其类似的四本教材中，一些提法有了显著的不同。其在2005年主编的《劳动法学》中，"劳资矛盾日趋缓和"、"回归民法"的提法以及"在讨论劳动法与民法的关系时，只注重特别法优先于一般法，却忽视了一般法补充特别法"的批评都不再提及（王全兴，2005a：54）。与2005年的教材相比，在2008年初的《中国劳动法》中（王全兴、黄昆，2008a：16），"民法中某些反映合同一般特征的规定，可在一定条件下用来规范劳动合同"（王全兴，2004：40）的提法也不见了。在《劳动合同法》的大讨论中，正是王全兴所提出的"单保护"观点被媒体称为是民法理论向社会法理论转变的关键。

文章中，王全兴也做出了说明，“这里的‘强制性规定’，是指与任意性规范相对应的强行性规范（又称强制性规范），即当事人不得通过意思自治排除其适用的法律规范，依其被违反而发生的法律后果不同可分为取缔性规范和效力性规范”（王全兴、黄昆，2008b：72）。

最后，从“契约自由”转变为“劳动者的契约自由”，从“双方诚信”转变为“单方诚信”。随着“单保护”理论的提出，其他观点也有了变化。例如，“契约自由”替换成了“劳动者的契约自由”，双方自由成了单方自由：“劳动关系运行中的契约自由，关键是劳动者的契约自由。劳动法当然要以保障劳动者的契约自由为重点。所以，劳动法不是反契约自由的法，而是保障契约自由的法。这完全符合市场逻辑。”诚信也须分出高低，事实上也是一种单方诚信：“劳动关系中强调诚信有其特殊性。首先，诚信对劳资双方的要求是不一样的。资方强势，劳方弱势，应该说资方的诚信责任更重。也就是说，这种诚信首先要雇主诚信；当然劳动者也要诚信，但对其诚信义务的要求应当相对减轻。”（陆占奇、刘晓倩、张皓，2008：13、23）经过这种将自由分配给劳动者，成为“劳动者的契约自由”；将诚信分配给用人单位，成为“资方的诚信责任更重”的改造，自由、诚信都与主体平等割裂开来。

经过这种改造，“劳动法是民法的特别法”作为一种体现个人主义的保守性理论形态已经荡然无存了，王全兴的观点与常凯的观点已经毫无二致。在接受一些记者采访时，笔者向他们强调了劳动法学界至少有保守、改良、革命三种主要的学说，他们均不相信，因为在具体问题的论述上，实在看不出常凯与王全兴的区别，两位教授的观点均与官方媒体宣传无缝对接。赵国伟针对这种观点的批评击中了要害：“契约自由在现代市场经济中不是绝对的，要受到公共利益优先和弱势群体利益救助原则的制约，对劳动者进行‘适当的倾斜保护’和对消费者等其他弱势群体进行倾斜保护从本质上是一致的。但是保护一方，决不是干涉双方的正当合意，由此契约自由虽受到限制，却仍是不容侵犯的。”（陆占奇、刘晓倩、张皓，2008：12）

（二）“劳动法是民法特别法”其他学者观点变化

观点改变在《劳动合同法》的大讨论中并不是一种孤立的现象。

郑尚元在《劳动合同法》起草初期还在感叹劳动合同制度“欠缺民法契约理论的支撑”①。但在大讨论中后期已经转向极其强烈地要求行政管制。这种转变有时极富戏剧性。也许是出版周期过长，在 2008 年 3 月公开出版的理论著作中，还在表示当年《劳动法》的无固定期限劳动合同是“立法者理想化的结果”，对老职工的这种制度关怀或者说福利性合同只是老职工或特殊职工的护身符，签订无固定期限劳动合同无异于过去的固定工。因此目前这些通过相关制度设计促进长期化的学理主张和立法倾向是很大的误区（郑尚元，2008a：37—39）。然而，郑尚元在同一时期接受媒体

① “劳动合同理论低水平的原因是多方面的，其中，最突出的是劳动合同制度的打造欠缺民法契约理论的支撑。”（郑尚元，2005：88）

采访时“无固定期限劳动合同不是雇用终身制”的观点却已面目全非。[1]

周长征不久以前还在强调劳动合同“属于私法的范畴”，应当适用“《合同法》的有关规定”[2]，在《劳动合同法》公布后，称《劳动法》第四条中的“劳动纪律”为“僵尸条款”；针对地方立法依据《劳动合同法》引用“诚实信用原则”，则认为“从民法中找出了‘诚实信用原则’这杆大旗”不符合《劳动合同法》的所谓“精神”（周长征，2010：146）。

与几年前相反，“民法思维”“除非废除劳动法，回到民法调整时代”（刘诚，2007：31）竟成为对批评者一种最无可置疑的指责。例如，一些全国人大常委会委员认为《劳动合同法》如果过分强化对于劳动者的保护不利于企业的经营，应体现平等的立法理念。[3]劳动法学者故意歪曲人大代表仅针对劳动合同立法的观点，他们的回答是：“劳动法律对资本者和劳动者应当同等保护，这是一种民法思维，按照这一思维，劳动法就不需要了。”（常凯，2007a：29）《劳动合同法》大讨论中一个意味深长的现象是众多学者的学术观点同时往一个方向快速（甚至是一夜之间）发生根本性变化，这种殊途同归现象，使劳动合同法的大讨论成为两种观点的交锋。正是在劳动合同法的讨论中某些学者的变调和失声，使手段多样性与观点多变性联结为所谓“大多数”。

四、社会法研究方式的继承与演变

“褒贬论”是2006年劳动合同法大讨论中出现的理论观点，是在常凯、王全兴“阶级论”的“对人不对事”学风影响下形成的一种延伸观点。笔者在发表《经济法的国家观》三年后，撰写了《劳动法的国家观》，无论从时间还是内容上看，这场围绕社会法国家观而展开的争论只是“经济法国家观”争论的延续，所不同的只是转换了立足点，由经济法的视角，转向劳动法的视角。一些自称是中义社会法的学者对广义社会法批评时，将国家的现行立法体例与“广义社会法”对立，在褒、贬两个方向上展开论述，因此可以概括为“褒贬论”，其实质与当年李昌麒的“国家需要干预论”一样，是一种“国家职责的模糊论”。

---

① 2008年3月8日郑尚元一改自己过去对无固定期限劳动合同的激烈批评，对无固定期限劳动合同作出了新的评价：“无固定期限劳动合同不是雇用终身制，不是‘铁饭碗、铁交椅’，更不是计划经济时期的固定工。在法定情形下，用人单位同样可以解除劳动合同。至于是否雇用终身须看企业的发展和员工自身情况而定，有些员工可能会在一个用人单位签订无固定期限劳动合同而干到退休，而有的员工可能由于自身严重违反企业劳动规章等过错行为、丧失劳动能力、企业经营遭遇不可抗力而离职，有的员工在岗位上待得时间可能很短。再者，我国法律对于固定期限劳动合同和无固定期限劳动合同的解除合同的条件相同，何谓无固定期限劳动合同即是终身雇用？何谓无固定期限劳动合同是不可解除的劳动合同？”《郑尚元：对劳动合同期限制度的客观评价》，转引自央视国际2008年3月8日，载http://news.163.com/08/0308/15/46H7IF5U00012DLF.html，2009年6月14日访问。

② “尽管劳动合同已经取得了一定的独立地位，但是其基本性质仍然属于私法的范畴。”“如果劳动法没有特别规定的，应当参照适用《民法通则》和《合同法》的有关规定执行。劳动合同的独立性只是一种学理上的区分，而并不必然要在法律适用上直接体现出来。”（周长征，2004：118）

③ “劳动合同法不能被片面理解为偏袒劳动者的法律，对劳动者权益的重视与维护，恰恰是基于‘平等’的立法理念，是为了使处于弱势地位的劳动者取得与用人单位或雇主平等的法律地位。”（郑功成，2007）

(一) 褒贬论视野下的中义社会法

先看对"中义社会法"的褒扬。经济法学者[①]陈海嵩在要求社会法概念进行限缩时,提出"我国立法机关已明确提出了社会法的概念,并将其界定为'调整劳动关系、社会保障和社会福利关系'的法律,采纳了非广义的理解。这说明在社会法的范围上,法学界的共识是其包括劳动法与社会保障法。""以法学界达成的共识为标准,宜将社会法定位于劳动法与社会保障法"(陈海嵩,2003:151)。如果法律公布就叫共识,那么这种共识已经在他发表这一文章前几个月打破了。"调整劳动关系、社会保障和社会福利关系"这是依据李鹏委员长在第九届全国人大四次会议的报告中的提法,然而,就在文章发表几个月前,第十届全国人大法律委员会主任委员杨景宇将"社会法"解释为:"规范劳动关系、社会保障、社会福利和特殊群体权益保障方面的法律关系的总和。""所调整的是政府与社会之间、社会不同部分之间的法律关系。"(杨景宇,2003)社会法所涉及的范围不仅没有限缩,而是有所放大。在他谈共识之时,中国几乎已经少有学者认为社会法仅仅是劳动社会保障法了。

面对官方一些变化的提法,沿用当年经济法学者的论证方式,一些社会法的研究者设计出一个更具涵盖性的理论:对官方可能的做法,先行肯定,以免被动。冯彦君的说法是:"社会法的概念则宜在中义层面上求同存异、传播使用。"(冯彦君,2013:16)按照学者统一口径的想法,"中义层面"其实是官方的代名词,在此基础上"求同存异、传播使用"自然是按照官方变化不断调整学者的认识。谢增毅更以"国际通行""史无前例""具有理论创新勇气""具有科学性""勇气和智慧""值得肯定""值得称道""比较恰当""有益尝试""触及了社会法的本质"来称赞官方确定的中义社会法,并据此批评广义社会法(谢增毅,2006:96—97)。为了对官方的中义社会法观点进行赞美,谢增毅在同一篇文章中对中义社会法给出了两个顶级的褒义词:"国际通行"[②]"史无前例",[③]遗憾的是作者可能忽略了这两个顶级褒义词含义上的冲突:"史无前例"讲的是除我国外没有先例,"国际通行"讲的是在世界范围内已经成为共同的规则。中义社会法的观点究竟是"国际通行"还是"史无前例"?

(二) 褒贬论视野下的广义社会法

再看对"广义社会法"的贬低。对于广义社会法,他们从国外、国内影响两方面来进行批评。

从国际影响来看,郑尚元的说法是:"不可能与国外社会法理论与制度进行比较。"(郑尚元,2008b:149)谢增毅的说法是:"不符合目前国际上关于社会法的普遍

---

① 国家当时将环境法也归为经济法。三分法从一统法分离出来时,仍有诸多法律部门保留在经济法的范围,例如消费者权益保护法。

② "将社会法作为法律部门,而不是第三法域,既符合目前国际上通行的社会法学说,也符合我国立法理念和立法实践。"(谢增毅,2006:96)

③ "立法机关承认社会法作为与民法、刑法相并列的法律部门,在世界上应属史无前例。"(谢增毅,2006:96—97)

学说。"然而，他们却忽视了在赞扬官方时透露出相互矛盾的信息："立法机关将社会法定义为法律部门，而不是国际上曾经流行而且现在又受到国内某些学者推崇的'第三法域'，也值得肯定。"（谢增毅，2006：96—97）"第三法域"的说法到底有没有国际影响力呢？至少从谢增毅的文章中我们可以看到广义社会法在德国、法国、日本均有人主张，在日本还极为流行，何来"不可能与国外社会法理论与制度进行比较"的说法？

从国内影响来看，郑尚元将"社会法作为第三法域的代名词"视为"理论与实践脱节"的重要证据。"理论与实践的脱节使这种'社会法'论述几乎毫无价值，更不可能与国外社会法理论与制度进行比较。"（郑尚元，2008b：149）对于广义社会法的现实影响，谢增毅认为："将社会法作为法律部门，而不是第三法域，既符合目前国际通行的社会法学说，也符合我国立法理念和立法实践。相反，如果将社会法作为第三法域，将无法构建社会法自身体系，社会法只能沦为一种法律性质或者法律理念，而且也不符合目前国际上关于社会法的普遍学说，最终将危害社会法的存在价值。"（谢增毅，2006：96）他们将法律原理与实质法混为一谈本不恰当；即便按他们的理解，为什么法律性质或者法律理念的实质法讨论要与"沦为""扰乱"这样贬义词联系？只有用实质法去取代形式法，才会"危害社会法的存在价值"。将宪法中的道德权利与部门法的法律权利混为一谈，这种情形恰恰存在于郑尚元、谢增毅的论述中。这种说法在不久后的劳动法典起草中被这些学者自己推翻，有了面目全非的表达。

（三）褒贬论给学术研究带来的影响

起源于20世纪50年代、以关怀为代表的老一辈劳动法学遵循着公权本位思想，传统上将劳动法作为纯公法来认识。由于我国"文化大革命"十年的停滞，尽管关怀本人的著作大多成书于80年代，但是，其学术思想带有50年代的深深烙印。三分法通过《劳动法》的立法，从一统法分离出来后，经历《劳动合同法》，开始一步步重新返回一统法的定位。如果说常凯"调整观"与王全兴"服从观"算是中一辈学者的治学观念，年轻学者则以"褒贬论"提出了青年一辈的治学方式。

以这些学者最在乎的社会法定义为例，官方其实只是采纳了早已存在的广义社会法的定义。官方2003年提出的定义是："社会法是在国家干预社会生活过程中逐渐发展起来的一个法律门类。"（杨景宇，2003）我们不妨对比此前笔者广义社会法提出的定义："社会法是国家为保障社会利益，通过加强对社会生活干预而产生的一种立法。"（董保华等，2001：11）观察两位学者的文字风格，对官方与学者，以"对人不对事"的态度从两个相反的方向将褒、贬的形容效果发挥到极致，于是两个极其类似的定义，有着"捧到天上"与"贬入地下"的不同命运。在郑尚元、谢增毅那里我们看到一种奇怪的逻辑。理论工作者的本职工作本应是"理论创新"，但郑尚元认为"毫无价值"（郑尚元，2008b：149），谢增毅更认为"危害社会法的存在价值"。理论创新的任务应当交给谁呢？他们的回答是"立法机关"。他们高度赞扬"立法机关对社会法理论创新的一种勇气"。学者的任务是什么呢？"关于社会法的价值目标和核心范畴主要是学者的使命，不是立法机关应该做出的回答。"（谢增毅，2006：97）在"立法机关对社会法理论创新"之后，由学者来回答的"价值目标和核心范畴"充其量只是事后的图解政策。

以上学者的共同特点，是要赋予国家无限权力，将中国改革开放的命运寄托在国家不受限制的权力上。正是基于这样的目标，一些经济法学者与一些社会法学者以所谓多数法则，达成共识：要求这种法律理念限定在官方划定的法律门类内进行，取得各自的专属解释权，即在官方进行理论创新之后，按官方划定的范围，对价值目标和核心范畴进行图解。随着国家权力无限加大，官方以实践方式进行所谓理论创新必然出现朝令夕改的情形，以图解政策为己任的学者，只能不停地修正自己的理论阐述，甚至于进行更彻底的学术转型，"褒贬论"其实是另一种版本的"服从论"。

第四节 围绕民法典编纂的争论

社会法有"法律性质介于公法与私法之间"的定位，特别私法观点试图在不改变合同与基准现状的情形下，以更名方式，从形式上将社会法并入私法。民法典编纂对社会法产生的影响是已经消失的保守观点再次出现并重新引发关于第三法域的争论。从劳动合同法开始流行贴标签，在这一时期更加流行，社科理论、价值理性、实质法理论、反对个人主义成为新的标签。尽管大部分标签与前一场讨论相反，不变的是，实用主义学术立场多变性与理想主义学术手段的多样性相结合的讨论方式。

一、民法典编纂带来的争论

2014 年 11 月，党的十八届四中全会明确提出编纂《民法典》。2015 年 3 月 21 日，中共中央、国务院发布了《关于构建和谐劳动关系的意见》，为劳动法制的发展提出新思路。前者恢复了民法典的立法进程，后者推动了劳动合同法的修订工作，但两者的结果并不相同。

2006 年，有一篇《劳动合同法草案引发法学界分化》文章描绘了法学界分化："法学领域内的争议与经济学领域内的争议，议题不同，根源一致；经过了短暂的共同进退之后，法学界内部的观念和话语分化，正凸现于公共领域。"(汪伟，2006a)凸现于公共领域的法学争议主要是指《物权法》《劳动合同法》引发的两场争论。从当年的立法过程来看，作为《民法典》重要组成部分的《物权法》法案引发了姓社姓资的极大的争议，物权法的讨论尚未完全平息，《劳动合同法》以更猛烈的势头展开了姓社姓资的大讨论。《物权法》草案征求意见时，收到群众意见 11 543 件，并在当时创造了一个单行法规征求意见的最高纪录。劳动合同法是一次破纪录的立法，在全国总工会的刻意安排下，从立法机构收到的意见数量上来看，全国人大共收到各地人民群众意见191 849件，远远超过在此之前的《物权法》讨论。《物权法》讨论并未引发民法学界的理论分歧，在冲突理论冲击下，法学的专业意见保持了稳定。《劳动合同法》讨论中，劳资冲突理论成为劳动法学界主流观点，波及社会的各阶层。从这一时期开始，民法与社会法也开始彻底分道扬镳。

2006年民法与社会法的分道扬镳决定2014年立法目标的落实情况。如果说物权法中冲突理论的讨论总体上并未阻止我国转向民法典作为私法的基本方向，劳动合同的修法并不那么顺利。2014年，当年强调单方保护的人大法工委领导开始撰文修正当年的一些提法，并重提"倾斜保护"观点，[①]2016年11月我国正式启动《劳动合同法》修改程序，修法工作看似箭在弦上。面对社会上再次兴起修改《劳动合同法》的声浪，工会系统反对"《劳动合同法》的有关规定导致企业用工不灵活"的观点。针对修改《劳动合同法》这一议题，2018年2月全国人大常委会法工委社会法室主任郭林茂在接受媒体采访时表示："一些部门和单位认为劳动合同法的有关规定导致企业用工不灵活"，"有关部门跟工会之间相互看法不一致，目前法工委与国务院有关部门和单位正在研究这一问题。"[②]这一表态意味着具有市场导向的修法之事在短期之内难以提上议事日程。民法典编纂与《劳动合同法》修法也带来了新的争议。

《物权法》《劳动合同法》引发争论很大程度上源于对市场机制的质疑。这两部法最终有了不同的走向。针对《物权法》的讨论并未引发民法学界的根本分歧，《劳动合同法》讨论中，在立法前持民法特别法观点学者通过提出所谓"单保护"观点并开始集体转向。两场讨论不仅带来了两部具体立法，更带来了两个截然不同的立法方向，不管学者出于什么动机，《劳动合同法》已经没有可能走向民法典。意味深长的是一些社会法学者的表现，如果要强调市场机制，本应参与《劳动合同法》的修法争论，他们却舍近求远加入了民法学者的队伍，从外部对社会法发起了批评。我们看到了劳动合同法讨论中某些文风得以延续。

二、二分法与私法特别法

当《民法典》被赋予某种特殊地位时，当年"大经济法"式的思维重新出现，只是换成了"大民法"而已。如果说大经济法的体系与我国市场经济发展不相符合，在七分法已经明确的情况下，"大民法"同样不符合我国法律体系的要求。

---

① "社会法与公法的不同，主要表现在公法是强制性规范，社会法是强制性规范与任意性规范的结合，如《劳动合同法》确定了劳动基准，在法定基准的前提下当事人享有选择的自由。公法强调权利义务对称，社会法规范可能表现为当事人权利义务的不对称，如公民享受社会保障的权利可能与其义务脱离，称为'倾斜保护'。"（信春鹰，2014：25）

② 《修改劳动合同法有两个问题未解决，法工委：修改时机还不成熟》，来源：澎湃新闻网，载 https://www.thepaper.cn/newsDetail_forward_2009374，2018年1月25日访问。

（一）《民法典》编纂中民法学者的观点

《民法典》重新编纂的深远意义是我国强调市场经济的基础地位，对于在争议中公布生效的《劳动合同法》，是否应将其纳入《民法典》，以扩大私法的覆盖范围？“借助于法典编纂，中国民法将完成民法基本原则、一般性民法规则和民事法律制度的系统化、逻辑化和现代化。”（陈卫佐，2014：271）有些民法研究者提出“重要的范式转变”，这种转变“蕴藏着民法典新的机遇”（茅少伟，2013：1140）。将民法典编撰仅视为一种系统化的逻辑安排，是我国学界较为流行的看法。民法学者更关心的是消费者保护法、产品责任法、劳动合同法如何借助法典编纂列为特别私法，以形成所谓“多种法源并存的局面”（陈卫佐，2014：271）。对于《劳动合同法》，民法学者更多地是从望“名”生义的角度，当然地理解为私法，较少从法理的角度给予深入的解析。事实上，《劳动合同法》走了一条与《民法典》完全不同的道路，民法调整平等主体的自然人、法人和非法人组织之间的人身关系和财产关系。在引入单方保护的观念后，《劳动合同法》对于管制的过度追求，其实早已经与私法调整没有多大关系。

我们可以将 1999 年的《合同法》立法过程中对于“私法自治”的努力与 2014 年重新开始《民法典》立法过程中对于“私法调整”的努力联系起来进行分析。如果说当年梁慧星那代民法学者是希望以求“纯”的模式将劳动合同纳入雇佣合同，雇佣合同本身在合同法中应为有名合同，现在民法学者对雇佣合同的研究热情大大下降。在求“全”的模式下，民法典追求目标是：“制定出‘自治’与‘管制’兼顾、公法与私法相容、各种不同性质的规范和谐共处的规范体系。”（钟瑞栋，2014）时过境迁，物是人非，如果说当年强调的是雇佣合同对劳动合同的改造，那么今天更多强调的是劳动合同法对民法的改造。当年认为劳动合同不成熟，需要雇佣合同的呵护；现在是劳动法太成熟，有了拯救民法体系的功能。劳动法这种以强制性规范为主要特点的立法，已经不以肢解而是以完整的形式进入民法，学者对他们所希望建立的民法体系已经有了不同的认识。从完善民法体系，充分发挥民法典功能的角度要求将劳动合同以特别私法的形式纳入私法，从而让民法典能紧扣时代脉搏。

上述学者的观念逻辑脱离社会现实也与历史逻辑相悖，这种看法无论在学术界取得怎样的主流地位，借用学者的说法，都因“无视历史也无助于现实”（冯彦君，1999b：43）而难以对劳动法的立法现实产生影响。无论求“纯”还是求“全”的模式，事实上都很难将我国的劳动合同法纳入民事合同或者民法典。当年《合同法》讨论的最大贡献可以说是通过学者强调的“亲和性”，为“雇佣”正名，最高人民法院在司法解释中将“从事雇主授权或者指示范围内的生产经营活动或者其他劳务活动”定义为“雇佣”，并在人身损害赔偿中做出了规定。[①]现实生活中，劳动关系与雇佣关系的不同规定，使并列的格局不仅依然维持，而且得到了强化。

---

① 《最高人民法院关于审理人身损害赔偿案件适用法律若干问题的解释》第 9 条：“从事雇佣活动，是指从事雇主授权或者指示范围内的生产经营活动或者其他劳务活动。雇员的行为超出授权范围，但其表现形式是履行职务或者与履行职务有内在联系的，应当认定为从事雇佣活动。”（2003 年 12 月 4 日最高人民法院审判委员会第 1299 次会议通过）

（二）《民法典》编纂中社会法学者观点

在《民法典》编纂的浪潮中，出现了与当年《合同法》起草非常相似的一幕，民法学者的观点很快在所谓社会法研究者中有了回声，重新出现应然法的观点，不研究我国的实然法依然是基本特点，与消极无为的主张不同的是社会法出现了一种时空错位的表达方式。在一个不求甚解的学术环境中，努力将研究对象置于国人较为陌生的语境中进行削足适履的论述，通过赋予多数法则新含义，构成了时空错位的另类方式。

《劳动法作为特别私法——〈民法典〉制定背景下的劳动法定位》从前提、观念、技术、结构、应用五个方面对"劳动法作为特别私法"进行了比较完整的论述。"从我国民法典的基本立法理念出发，应确立民法是私法的一般法，而劳动法是私法的特别法观念。"（沈建峰，2017：1525）该文中提出了"劳动法是私法的特别法"提法。随着民法学者的观点变化，所谓社会法学者的观点也相应变化，文章的真正特点是大量补入了德国的背景资料。该文将劳动法归为民法典，理解为某种双向需求。

从民法对劳动法的依赖来看，"在立法技术上，应在民法总则和合同法总则部分通过解释和立法等引入更多社会化的思想，同时将劳动合同法纳入合同法分则中。形成通过民法总则、合同法总则实现劳动法对民法的精神融入，通过纳入《民法典》的劳动合同法实现劳动法对民法的形式融入，同时在民法典之外进行集体合同和民主管理立法，最终形成劳动法和民法的融合与分立并存的关系格局。在此基础上，劳动法应在弱者保护，社会自治，持续性合同理论等方面努力发展一般规则，为民法的社会化作出贡献"（沈建峰，2017：1525）。具体观点与 20 多年前的民法特别法如出一辙。①然而，与王全兴、郑尚元不主张研究社会法总论相反，这一观点主张以劳动法素材和研究成果为基础，应在弱者保护、社会自治、持续性合同理论等方面提炼出总则论观念，发展为一般规则并进入民法典总则，为民法的社会化作出贡献。

从劳动法对民法的依赖来看，该文以德国学者论述为依据讨论了依附性劳动的本质，市场配置劳动力资源与社会保护，残缺的劳动法与民法教义学的进一步发展，劳动法与民法的结构关系，以及劳动合同单方解除制度的体系构建。"市场配置劳动资源这一基本前提决定了劳动法无法完全从传统市场经济的一般法律——民法中分离而出。在观念上，劳动法的社会法属性，弱者保护的思想都无法实现劳动法和民法的分离。相反，劳动法本身的残缺性，劳动合同理论和实践的发展，民法中持续性合同规则和理论的完善，公法对私法效力认识的发展，集体自治的二元结构的理论突破都为将劳动法置于民法的基本框架下提供了依据。"（沈建峰，2017：1525）

"劳动法是私法的特别法"观点完全源于民法学者，在引入这种观点时论者至少应当调整自己的立足点，习惯于依样画葫芦的社会法学者连这一点都没有做到。"一句简单的劳动法属于社会法并不能将劳动法从民法中解放出去。"（沈建峰，2017：1515）在双依赖的视域中，沈建峰站在民法的角度来讨论社会法问题，时空错位的研

① 见洪秀丽、黄必义，2002：66，可见本书第 883 页。

究方式,致使一开始就讲反了方向。如果在德国搞社会法当然存在"从民法中解放出去"的问题,在中国的语境下,则是民法有没有力量将劳动法从社会法中分离出来的问题。社会法需要去改造民法体系吗?社会法体系需要民法来改造吗?如果这两个问题的答案是否定的,特别私法观点就不可能转化为立法现实。为此,这些学者强调了社会法的理论危机与信任危机"正是由于社科法理与规范法理的发展不均衡,导致法学界对社会法独立的不信任感与日俱增"(吴文芳,2019:88)。在他们看来,"社会法想要存在似乎必须证成自己是第三法域才可以"(沈建峰,2019a:51),依据这些社会法学者观点,这一证明是不可能完成的,于是,通过学习德国经验,回归民法就成为克服理论危机与信任危机的唯一途径。严格说来,这些海归学者提出理论危机与信任危机并非完全空穴来风,只是他们在论证过程中,自己进入了某种时空错位的幼稚语境,不可能得出正确的结论。

三、私法特别法与社会法理论的冲突

"海归组文"①的重要目标是否定第三法域。他们将历史重塑为"迷失于个别其他国家学者只言片语的论述"的形象(沈建峰,2019b:36),并希望以私法特别法来拯救。某些"海归"学者对西方制度不甚了了,对中国现实又一无所知的现状,致使他们希望以人多势众的方式,来取得相对于"个别学者"的优势地位,多数法则有了新的表现形式。

(一) 第三法域成为争论焦点

广狭概念的共存是各国社会法普遍存在的现象,社会法的广义原理有时也称为社会政策法原理。②沈文③描述了德国的情形:德国学者们认为"目前已经形成了二元的社会法概念,也即广义社会法和狭义社会法。被理解为社会政策法的广义社会法的意义却比狭义社会法小得多,狭义的社会法仅涵盖了广义社会法的部分并被理解为一个学科"④。建立在德国文献检索的基础上,得出的结论是:"从目前来看,人们认为,这两种社会法界定思路不是互相排斥的,而是互补而共存的,它们各自承载着不同的功能。人们往往需要从社会政策意义上的社会法出发,理解和认识社会安全意义上的社会法。"(沈建峰,2019a:49)显然这是一个较为理性的看法。

吴文芳有在德国短暂学习的经历,但进入中国语境就会得出不一样的结论:"许多社会法学者反对'广义社会法'支持官方的'中义社会法'。"(吴文芳,2019:81)从学

---

① 一些具有海外学习背景的学者希望以联合的力量,集中发出某种统一的声音。见《华东政法大学学报》2019 年第 4 期。

② 各国泛义、广义、中义、狭义社会法的内容介绍,见本书第四章。

③ 即:沈建峰:《社会法、第三法域与现代社会法——从基尔克、辛茨海默、拉德布鲁赫到〈社会法典〉》,《华东政法大学学报》2019 年第 4 期。后文简称"沈文"。

④ Felix Schmidt, Sozialrecht und Recht der sozialen Sicherheit, Duncker & Humblot, 1981, p.180.

术原理来看，笔者其实是从中义发展至广义学理阐述，两种学理最早都是由笔者来论证完成的。中义、广义被吴文故意制造成对立的学说。我们不妨看一下人大法工委负责人的表述："社会法作为一个独立的法律部门，表现为对民法'意思自治'原则的修正，所以学术界将之称为公法和私法之外的'第三领域'。""社会法规范可能表现为当事人权利义务的不对称，如公民享受社会保障的权利可能与其义务，称为'倾斜保护'。"(信春鹰，2014:25)如果吴文芳稍微翻一下《社会法原论》，就会发现，主管官员在撰文时完全采纳笔者阐述的广义社会法原理来定义现实的中义社会法。

吴文芳的观点来源于郑尚元，"坚持'公法—社会法—私法'观点的学者一般将社会法阐释为一种理念，所以其学术探讨一般只能停留在社会法基础理论层面，至于范畴、体系、法律关系、法律结构、法律程序及救济等理论探讨因其'广义'而不可能展开。"(郑尚元，2008b:155)这恰恰是郑尚元本人研究方式，以自己过去的观点来包装假想敌，是劳动法讨论中常常出现的现象。如果说郑尚元对《社会法原论》阅读停留在前三页，吴文芳连这样的阅读量也未达到。《社会法原论》是按具体到抽象的方式形成的，王全兴至少读过该书："依据某个社会法部门(如劳动法)的素材和研究成果抽象出社会法总论"。笔者作为原理概括出来的广义社会法，本就是从所谓中义社会法现实规定提炼而成，《社会法原论》是建立在《劳动法原理》(1998)、《劳动法论》(1999)、《劳动关系调整的法律机制》(2000)上的(这里的劳动法包括促进就业法、社会保险法、工会法的规定，后被学者冠以"中义社会法"名义)。中义、广义两者本不存在冲突。

出于某种特定的目的，吴文芳沿用了在社会法与经济法讨论中形成，而在劳动合同法讨论时有极大发展的那种语焉不详的多数法则，在论证"许多社会法学者"时举了两个例子，然而，这两个例子却无一可以支持她的结论。反对广义社会法的例子当属林嘉，举例是："环境法、产品质量法、消费者权益保护法等"不应包括在社会法范围内，林嘉的这一观点本没有什么错，按现行立法，这些内容是经济法的调整范围，属于社会性法。然而，由此能推论其反对社会性法中"消费者是弱势群体""产品质量标准有基准法特点"的广义社会法原理吗？广义社会法本就是以原理形式存在的，与中义社会法有很大的不同。"支持官方的'中义社会法'"引用的例子是谢增毅文章，谢增毅认为："可以将涉及公民住房权、教育权、健康权、安全权等教育法、医疗卫生法、安全生产法等保护公民社会权利的法律纳入社会法的范围之中，从而丰富社会法的体系。"(谢增毅，2006:97)这是一个从基本权发展而来的公民社会权纯公法概念。这种类似宪法学者的表述无论从哪个角度看，都是完全不同于官方法律部门、法律门类的表述①，套用吴文的语言，这是彻头彻尾地反对中义社会法。连一个例子都举不出来，遑论"许多"。

(二) 第三法域争论中的历史逻辑

在德国语境下，沈建峰似乎保持着学者应有的客观。中国的多数法则语境也会

① 关于道德权利与法律权利的区别，见本书第十二章，第445—451页。

让沈建峰失去起码的学术理性，在“海归组文”中，对第三法域给予了极富感情色彩的“魔咒”比喻：“中国社会法发展过程中的魔咒是所谓的第三法域的观念，社会法想要存在似乎必须证成自己是第三法域才可以。”(沈建峰，2019a：51)时空错位带来的感情用事会让部分学者对我国社会法历史发展失去基本的判断。

其一，“海归组文”强调“社会法独立的不信任感与日俱增”，借此来检讨我国立法过程。在这些学者看来，我国社会法范畴研究过程中，“一种重要的路径是以对大陆法系主要市场经济国家的社会法范畴”引入。①从概念溯源出发，强调潘念之对德日观点的介绍②，并形成法律辞典的理解。③在这一描述的基础上，得出了他们的结论：“囿于文献和资料限制，其中许多却迷失于个别其他国家学者只言片语的论述之中，缺乏对概念发展史和概念背后思想史的挖掘。”④这一段论述从描述、分析到结论，充满主观臆断。为建构法律体系，我国集中了当时最优秀的法学家，“只言片语的论述”的说法，没有任何事实根据。在已经出现狭义社会法与中义社会法不同理解的情况下⑤，尤其是狭义社会法主张者张守文所在的北大有多人参与了法律体系的论证⑥，这些法学专家不可能不知道德国民法特别法的体制，只是从中国的社会现实来看，没有专家认为这是适合中国国情的选择。在冷战的背景下，德国在1959年制定哥德斯堡纲领，放弃了马克思主义⑦，也放弃了具有马克思主义基因的三分法。从《社会法》的法律规范上看，仅包括社会保障法，也没有制定魏玛共和国时期曾明确的《劳动法》。我国并没有放弃马克思主义，这是没有采取德国法作为蓝本的重要原因。

其二，社会法存在必须证成自己是第三法域吗？王家福认为：“社会法作为一个法律部门主要是20世纪60年代以后的事情，法律性质介于公法与私法之间。”(王家福，载肖扬，1995：18)德国当时明显不在参考名单中，即便是在参考国家名单中，中国的法律体系需要向它们证成吗？官方反复强调“根据立法工作的实际需要，初步将有中国特色社会主义法律体系划分为七个法律部门”，社会法一经确立具有独立地位，动摇社会法独立地位的只能是立法的社会效果。“海归组文”中吴文对社会效果的评估是：“‘社会法’概念与社会法的独立法律地位，为社会问题的解决提供了自上而下的管道，也为‘社会法’理念从立法者到司法者的普及产生了一定影响，以矫正形式主

---

①④ “在我国社会法范畴研究的过程中，一种重要的路径是以对大陆法系主要市场经济国家的社会法范畴比较、借鉴为基础，试图发现社会法的应然一般概念。这些研究虽不乏熠熠生辉之作，但囿于文献和资料限制，其中许多却迷失于个别其他国家学者只言片语的论述之中，缺乏对概念发展史和概念背后思想史的挖掘。”(沈建峰，2019b：36)

② “潘书对日本与德国学界著名社会法学者有关社会法概念、理论来源及体系之经典论述进行了编译与转述。潘书对社会法的独立学科意义大加赞赏”。(吴文芳，2019：76)

③ 自潘书对日本学界“社会法”概念与理论进行介绍后，20世纪80年代一些有影响的法律辞典将“社会法”列为条目进行解释。(吴文芳，2019：77)

⑤ 七分法体系产生之前已经有不少学者介绍过德国的立法体例，并希望能进行移植，见本书第一章，第24—26页。

⑥ 参见中国特色社会主义法律体系专题研究小组的名单，见本书第一章，第18页。

⑦ 1959年的哥德斯堡计划中社民党放弃了阶级政党和马克思主义的某些概念，不主张暴力革命，不主张无产阶级专政，并从阶级政党改革为人民党。

义的方式实现实质公平。"(吴文芳,2019:89)可见,从立法的社会效果来看,"海归组文"也不得不承认社会法理论已经取得积极效果。社会法是官方明定的七分法之一,即便产生时以第三法域来解释,今天的存在也不依赖理论证成。

其三,如果"证成第三法域"真如学者说的那么重要,法学理论落后已经到了"社会法独立的不信任感与日俱增"的地步,应当得出社会法学者加强法理研究的结论。然而,这些学者的结论却是:"当官方将'中义社会法'作为独立法律部门列入中国社会主义法律体系之时,仅从立法论与社科法理层面论证'社会法'的意义就已不那么强烈了。"(吴文芳,2019:89)整个表述的逻辑是混乱的。作为"海归组文"的两位学者好像有一个基本分工,吴文在强调证明第三法域的不必要,目的是促使理论界放弃研究;沈文在强调证成的必要性,不证成第三法域,社会法就没有资格存在,目的是否定实存的社会法。如果这是一种分工合作,两位学者可能高估了自己对已经成为历史存在的国家法律体系的影响力。这里又一次用到了他们自己发明的所谓"规范法理"的概念,既然他们已经将自己的工作定位为法教义学,无论别人如何研究,从法理层面证成国家的有关决定是他们的唯一任务。

其四,以国外经验来分析中义与广义社会法是不是普遍存在形式。沈文以"社会政策立法"的视角切入分析:"社会政策立法意义上的社会化是第三法域吗?从当时学者的讨论来看,应该不是。"(沈建峰,2019a:48)这里用得上他们自己的说法,仅举"只言片语"是不足以概括德国"当时学者的讨论"。按基尔克的理解,"这些最新的法律,即通常被冠之以'社会政策(sozialpolitisch)'法称号的法律"(基尔克,2017:33)。这一"全新的法律领域"被拉德布鲁赫以三分法的形式称为"社会法"(拉德布鲁赫,2017:114)。问题是:为什么要局限在当时的讨论呢?除去这些不科学的表述方法外,其要证明的是在官方命名的"社会法"之外,是否存在社会性法?社会法与社会性法自然会合成广义社会法,以致形成了至少两个层次的规制模式。如果中国需要向德国证成,沈文似乎已经在无意中完成了。[①]其实绝大部分国家都是多层次的规制模式,在本书中已有讨论。[②]

总之,在认识论上,"海归组文"颠倒了社会存在与社会意识的关系。当时我国专家的争论集中于三分法与九分法的议题,最终达成七分法的折衷方案。其实即便放在今天,他们认真阅读了"海归组文",可能依然会得出现在的结论。法律体系的七分法作为一种历史存在,从党和国家历届最高层次会议报告来看,均认为已经取得了较好的社会效果。

(三) 第三法域争论中的观念逻辑

当第三法域理论阻断回归民法道路时,沈文称其为魔咒,恰恰说明这一理论的重

---

① "人们往往需要从社会政策意义上的社会法出发,理解和认识社会安全意义上的社会法。"说明德国也存在着社会性法(沈建峰,2019a:49)。

② 各国多层次的规制模式,见本书第四章"社会法的体系论"。

要性。“西方传统法学科业已形成的逻辑自洽的制度性原理，如从社会政策到社会保障法的公法理论发展。”（吴文芳，2019：87）二分法是一套自洽的法理吗？德国学者恐怕都没有这个自信力。第三法域争论背后是罗马法与日耳曼法的解释力的问题。[①]当我们主张回归民法时，就会发现沈文不存在起码的“逻辑自洽”。

其一，对于罗马法公法和私法的划分标准。沈文在论证时用了两个结论：一是这种划分本身就是不规范的，不是先验存在的；二是公法和私法的总体却是完整的。我们不妨先来分别讨论这两条标准。就第一条标准而言，公法和私法的划分不是先验存在且不规范，得出的结论应当是放弃这种分类标准，“海归组文”的核心思想是要让社会法并入私法，既然私法是不规范的概念，有什么必要固执地强调社会法是私法呢？就第二条标准而言，公法和私法的划分范围是完整的，固然可以得出社会法是私法的结论，但要完成社会法中基本没有公法规范的证明，在我国劳动合同法大规模地进行公法建设后，有谁能接受这种结论。其实沈文采两条标准时，规范、完整是近义词，反义词是不规范、不完整。一个不规范的概念可能是完整的吗？当“不规范”与“完整”结合时，一开始就是自相矛盾的。社会法本身就是从日耳曼法发展而来，一些学者却硬要钻入公法和私法的划分标准的罗马法困境中去。

这种自相矛盾，我们在谢增毅、郑尚元的文章中已经看到，对于“第三法域”这一提法是持肯定还是否定态度，作为一种学术观点，至少应当保持逻辑上的统一，然而我们看到了在一篇文章中两种完全相反的说法。先看谢增毅的观点：一方面他认为“社会法属于公私融合之法或‘第三法域’，应不成问题”；另一方面似乎又很成问题：“现在的法律已经很难找到纯粹的公法或者私法，公法私法化或者私法公法化已经是法律的普遍现象”；“要从公法、私法之外刻意划分出第三法域，是相当困难的。”（谢增毅，2006）到底是“不成问题”还是“相当困难的”？再看郑尚元的观点：一方面认为中义社会法本身就从属于“第三法域”，另一方面他又认为“现代社会公法与私法的融合是普遍现象，将公法与私法的划分理论作为界定社会法的理论前提存在严重问题”（郑尚元等，2008：421）。其实涉及的也是同样的问题，如果说“公法私法化或者私法公法化已经是法律的普遍现象”，只能说明罗马法解释标准已经全面丧失了解释力，社会法就更有必要采用公私法混合的解释方法。

对比两种自相矛盾，这是在私法、公法两个极端上发生的逻辑混乱，反映出两种截然相反的判断，沈建峰强调公法、私法虽“不规范”但还可以完整地发挥作用，这与其主张二分法中社会法的私法属性相关；谢增毅、郑尚元强调的“私法公法化已经是法律的普遍现象”与其主张一统法中社会法的公法属性相关。引入休谟的铡刀[②]，将“形式法”与“实质法”截然分开，两者站在铡刀的两边。对于中国社会发展而言，后者那种回归改革前实质法的管制思维远比沈文形式法危险，历史上二分法学者冲击三分法的结果，最终都是走向一统法，在本书的编写过程中，沈文在强调劳动法典编撰

① 关于罗马法与日耳曼法的解释力的比较，见本书第三章，第84—91页。

② 关于休谟的铡刀，见本书第二章，第58—59页。

时已经开始了这样的转变。这也正是三分法理论存在的现实价值。

其二，沈文中还有第二个价值标准。“社会法要作为第三法域不仅要证成自己，还要改变公法和私法本身，也就是说如果要产生作为第三法域的社会法，就必须改变整个法律的体系。这种改变的起点，应该是打破个人主义的传统，但这个能实现吗?”(沈建峰，2019a：51)时空错位的一个突出的问题是将自己置于海外的法制环境。新中国成立以来，我国社会主义管理体制一开始就适应人法的整体理论，这也决定了市场经济发展中，我国社会法更为接近日耳曼法。基尔克认为，在市场经济条件下，应当“涵括人法上的持续关系，这涉及整体和其部分之间的关系。而罗马和日耳曼的法观点、个人的和社会的制度在这里分歧更严重”。(基尔克，2017：47)“海归组文”中的吴文至少还知道整体主义的概念。整体主义在中国立法、执法中显示出如此强大的生命力。“打破个人主义的传统，但这个能实现吗?”这是一个基于中国观察提的问题吗？谢增毅、郑尚元与沈建峰似乎完全不站在一片土地上。三分法是在承认公法和私法的地位，通过设立中间地带来保持另两个法域相对纯正的独立地位。沈、谢与郑立足于中间地带的私法、公法的两端，对中间地带进行攻击，本身说明中间地带的重要性。

沈文将我国的整个法律体系理解为个人主义，恐怕没有人会接受。“在一定程度上，中国社会法必须回答的问题是：为什么需要社会法概念?”中国必须向谁回答？社会主义国家存在有马克思主义基因的社会法难道不是天经地义的事吗？沈文又一次站反了立场。关于社会法存在的目的论问题，沈文的描绘是：“中国社会法太渴望存在了，在一定程度上，我们似乎认为存在着一个先验存在的社会法，因此我们要论证并找到它。”没有先验的法，民法也不是；却存在着历史的法，德国法也是历史的法，今天他们津津乐道的很多规范法理都是历史法学派创造的。社会法最初含义是社会主义法，中国改革开放前就存在着一个完全整体主义的社会主义实质法。如果说私法总体上是个人主义的，公法总体上是整体主义的，改良主义学者主张的社会法恰恰是个人主义与整体主义相结合的产物。三分法中的社会法是要在整体主义中融入个人主义，在经历了劳动合同法的讨论后，还不能明白其中的艰辛，才是危险的。

其三，沈文中还有第三个方法标准。该文要求：“对社会法来说，要想成为与公私法处于同一层面的范畴，则必须发展出自己特有的法方法和技术。”(沈建峰，2019a：51)这个问题答案太过庞杂，我们不妨从作者自己的三段论述入手。(1)“在根本上，基尔克的社会法是对纯粹的个人主义为核心的法律结构的反对，他所要面对的是个人的社会存在，所要解决的是团体的法律地位和法律结构问题，可以称其为作为社团法的社会法。而无论从是否具有罗马法传统，还是从个人主义还是团体主义来审视，基尔克的社会法和私法的罗马法传统从一开始就是分道扬镳的，这在一定程度上也种下了社会法与传统私法不同源的基本基调。”(沈建峰，2019a：39)个人主义与团体主义在以后的发展中相互借鉴，从民法走到商法的过程来看，很大程度上借鉴了社会法的规则，美国商法制度的发达，与其日耳曼法基因不无关系，从某种意义上说，民法的现代化很大程度上是罗马法的日耳曼法化。(2)大陆法系个人主义传统使社会法被严格限缩,即便如此,作者在另一篇文章中将“弱者保护,社会自治,持续性合同理论”补充进民法的一般规则中,以“为民法的社会化作出贡献”(沈建峰,2017:1525)。这三个特点正是“涵括人法上的持续关系”(基尔克,2017:47)日耳曼法的特点。在严格限缩的条件下,社会法仍是向民法输出的那一方。(3)“传统公法和私法的区分更多是一种方法上的区分,‘两个不同法律综合体的区分更多不是目的论的区分而是法律手段的区分:通过国家机关的介入而满足需求还是通过个人推动来满足需求’。”(沈建峰,2019a:51)从方法论上看,公法强调国家机关依法行政,私法强调私法自治。社会法保护弱者,倾斜立法。在当代社会已经成为第三种基本方式,我国以社会主义为指导思想,根本不用担心社会法的方法论,倒是民法能不能守住自己“私法自治”的立法本色,才更令人担心。没有了私法自治,民法就彻底丧失了自我。

其四,吴文中还有第四个实质标准。吴文在讨论“社科法理与规范法理发展的非均衡性”时其实也涉及了新的标准。[①]如果说私法与公法都是形式法概念,只能使用所谓规范法理来分析;社会法还涉及实质法的概念。这似乎也在回答沈文中的第三个方法标准,按照吴文对我国社会法状态所进行的夸张的说法:“社会法学界进行了大量的理论证成,但主要方式是引入社科法理如法律社会学、社会政策等理论框架,以论证社会法对实质不平等的矫正。”尽管这段文字意在贬低社会法中形式法的含量,形式法与实质法本具有高度的统一性,其实这也正是日耳曼法的特点。沈文强调“人们往往需要从社会政策意义上的社会法出发,理解和认识社会安全意义上的社会法。”(沈建峰,2019a:49)事实上也承认了这种方法标准在德国的运用。实质标准还涉及我国特有的国情,基尔克理论中强烈的实质法特点会被归入社科法理。吴文、沈文所谓规范法理,只是强调罗马法物法对社会法的影响,社会法不会因为他们画地为牢而改变人法的基本特点。社会法学具有兼收并蓄的特点,劳动合同法讨论中的一大教训是社会法的研究完全脱离法社会的现实,当回归民法典衍生出以法外视角的名义,堵塞其他学科进入的通道,无论从哪个角度看都是不恰当的。

沈建峰由于站反了立场已经不是社会法研究者,所有的质问、尽管居高临下,却虚张声势,这种状态正是我国民法的真实写照。中国真正的问题不是民法有多强大,而是民法有多脆弱,失去了第三法域的屏障,让公法的“依法行政”与私法的“私法自治”直接交锋,可以断定必然是一统法再次兴盛,谢增毅、郑尚元只不过是提前进行了欢呼。谢增毅那句“公法私法化或者私法公法化已经是法律的普遍现象”的自豪宣称(谢增毅,2006:96),才是私法理论的真正问题,不仅是社会法,整个法学界都应当为公法对私法过度介入的情形而担忧。

---

① “必须承认,‘社会法’概念与社会法的独立法律地位,为社会问题的解决提供了自上而下的管道,也为‘社会法’理念从立法者到司法者的普及产生了一定影响,以矫正形式主义的方式实现实质公平。”(吴文芳,2019:89)

(四) 第三法域争论中的现实逻辑

在民法典起草的背景下,学者的上述论证是以社会法归入民法典为应然目标的。这种努力要奏效,应当论证社会法归入民法典的现实意义,对于一群不研究我国实然法的海归学者而言,恰恰是他们的软肋。一旦进入真刀真枪的立法境界,主要理由更是没有一条站得住。

其一,完善体系。公法、私法相互融合产生了劳动基准、集体合同、劳动合同等形式,并形成劳动法中层层限定的有机整体。主张将劳动合同并入民法的学者本身存在求"纯"与求"全"两种观点。求"纯"的学者要求以私法的请求权为制度设计的基础,将劳动法中劳动契约的部分划入民法,劳动法中以劳动监察为执法手段的劳动基准置于何处?一些民法学者认为劳动法将"整个阶级出卖给了企业家"(梁慧星,1999;2000)暗示以劳动基准法的方式深入生产过程的调整是不成功的,放弃也罢。这大概是让社科法理适应规范法理的最初表达。当劳动法的一部分归入私法体系调整,成为私法的特别法;另一部分似乎只能成为公法的特别法,就会发生史探径在20世纪90年代就指出过的割裂问题①,事实上这是没有可操作性的。例如,现实生活中大量存在的拖欠工资问题应当如何处理?拖欠工资中违反最低工资可以公法手段来解决,违反约定工资是私法问题,如何纳入两个体系分别处理?通过肢解劳动法来进行所谓完善体系,从表面上看,也只可能是完善民法体系,事实上,正如基尔克早就预料的那样,民法特别法体系本身会带来民法体系的价值冲突。②立法者显然不会去迁就这种所谓规范法理,这是当年合同法扩张失败的原因,最终连符合规范法理的"雇佣合同"章节都被删除。

其二,改进立法。社会法本就承认劳动合同的私法属性,实现这样的目标根本不需要改变劳动法独立的现状。求"纯"的学者希望以民法规范改进劳动合同法,当劳动法学者准备按照雇佣合同的规则来提出立法建议时,不得不面临现实的尴尬。与劳动合同立法已经有几十年的发展历程从而形成一套完整制度不同的是,我国对雇佣合同表述却语焉不详。这是当前海归组文中最自信的地方,因为他们可以从德国法中找到一些规范。其实这也是当年主张民法特别法观点的人的具体做法。我国劳动合同解雇保护制度与雇佣合同任意解雇制度的区别成为当时学者找到的主要差异。相当一部分劳动法学者(冯彦君、王全兴、李坤刚、王旭东等,可列出一长串名字)主张限制劳动者过大的辞职权,并引入民法调整平等主体关系时常用的合并式抽象立法模式,改变劳动法根据强弱主体分列式的具体规范,从而赋予用人单位更大的辞退权,以实现民法要求的平等保护。③就在学者讨论得热火朝天的时候,《劳动合同法》的立法窗口真的打开,这一讨论偃旗息鼓,一些学者还迅速改变观点,那一长串名字中的很多人都加入了主张加强管制的队伍。除了这种观点与当时的立法理念不合

① "这种割裂劳动法律规范的意见,既有悖于为了加速发展社会经济,必须充分发挥劳动法作用的紧迫需要,也不符合中外各国劳动法的发展历史和现实状况,因此是不可取的。"(史探径,1990:47—48)

② 关于基尔克对"两种不同精神控制"带来的逻辑混乱见本书第三章,第109页。

③ 王全兴,2005b;李坤刚,2000;徐智华,2000;王旭东,2004:9—11;张怡超,2003:129。

外，恐怕与可行性较差有关。

“海归组文”中只有极少作者是真正意义上参加了劳动合同法大讨论的，与文中观点不同的是，也是以强化管制为理论特点的。在当时，其他海归学者的表态也是类似的。试想一下，如果立法部门请吴文芳、沈建峰参与立法讨论，可能会提出什么修法建议呢？会不会也是如王全兴那样，提出单保护建议呢？还是去发表一些个人主义的空洞言论。事实上，沈建峰在提出特别私法建议时，我国正面临着一次劳动合同法修法窗口的打开①，中央也明确要加强灵活性。我们没有看到一个主张民法特别法或特别私法观点的学者哪怕提出一条修法建议，沈建峰更是以“目前并没有确切数据证实《劳动合同法》给企业带来不合理用工成本”，得出了“目前修改《劳动合同法》的时机并不成熟”的结论（姜颖、沈建峰，2017：56）。既然立法没有问题，何来“社会法独立的不信任感与日俱增”的定性，更没有什么必要舍近求远地主张将劳动合同法归为民法。

其三，填补空白。基于所谓“劳动法本身的残缺性”，求“纯”求“全”的学者都要求一些立法空白直接适用民法调整（周长征，2004：118）。在劳动司法中，法官并不能直接适用《民法通则》《合同法》的相关规定，目前做法具有合理性。在改革开放的过程中，我国开始试行中国式的劳动合同制度，改革原来的固定工制度，形成了一套相对完善的规范，并不存在沈文所谓“劳动法本身的残缺性”的问题（这种所谓“残缺性”是德国法官法依赖概括性条款的存在方式）。我国在解决类似的社会问题时，民商法与社会法适用完全不同的调整方式、救济手段，也形成两套独立的话语系统。“劳动法的独立性并不意味着什么都必须是不同的，它更多意味着在适用民法典或者商法典等的规则前要先审查，这些规范所要实现的结果与当今的社会国家观念是否一致。”②时空错位的研究方法，使他们主张的“社会国家观念”完全是德国语境。德国有法官法的概念，中国不仅根本没有这种机制，短时间内也不可能形成这种机制。这是实现所谓海归组文“规范法理”的必备条件。面对社会问题，我国民法与劳动法更多是两种不同的做法，例如侵权责任与工伤保险，过错责任与无过错责任，基层法官

---

① 2016—2018年，伴随供给侧结构性改革的深入推进，劳动关系欠缺灵活性的问题愈发突出。2016年7月召开的中共中央政治局会议更是明确指出，“降成本的重点是增加劳动力市场灵活性、抑制资产泡沫和降低宏观税负”，劳动关系的灵活性问题可谓首当其冲。原财政部部长楼继伟更是在一年之内三次批评《劳动合同法》，直言《劳动合同法》的“弊端主要在于降低了劳动力市场的流动性和灵活性”。作为就业与劳动关系的主管部门，时任人社部部长尹蔚民在2016年表示，《劳动合同法》实施以来，在规范用人单位用工行为、维护劳动者和用人单位的合法权益、构建和谐劳动关系方面发挥了积极作用，但也反映出一些问题，主要集中在两个方面：第一，劳动力市场的灵活性不够。第二，企业用工成本比较高。在2015年至2017年间，多位人大代表向立法机关提出修改《劳动合同法》的议案。针对修改《劳动合同法》这一议题，全国人大财经委员会曾在2016年11月指出，修改《劳动合同法》确有立法必要，建议有关部门加强调研起草工作，待草案成熟时，争取列入全国人大常委会今后立法规划或年度立法工作计划。2017年11月，全国人大财经委员会再次提出，修改《劳动合同法》争取列入下届全国人大常委会立法计划。

② Franz Gamillsheg, Zivilrechtliche Denkformen des Individualarbeitsrecht, AcP (1976), p.202（转自沈建峰，2017：1520）。

是无法判断学者眼中的所谓立法空白的。①规范法理不仅与法教义学相联系，更与司法经验相联系，劳动法独立性意味着一定层级的审查后才可适用民法规范。王全兴在强调“单保护”原则时，也提出过引进民法强制性规范的建议，现在那种通过最高人民法院的案例公开、司法解释等有限度接纳民法规范的做法在实践中都已经产生了扩大适用的问题。②贸然放开法律适用必然形成侵权责任与工伤保险，过错责任与无过错责任简单相加的情形，同一行为追究双重责任或获得双份利益，导致不公平的结果。在一个对法律后果不可预期的情况下，盛行的必然是道德绑架，私人利益不可能得到保障。

其四，改造民法。这是最有可能实现，也最可怕的前景。由于我国民法学界本就缺乏个人本位、私法自治的基本理念，民法教义学很容易为过度管制增加一个解释视角的功能。“让劳动法回归一般私法秩序的要求，不应被仅仅认为是保守的，它让劳动法成为整个私法发展的发动机，让一般私法编撰的重大变革不可避免。”③一旦采纳特别私法的发动机观点，契约自由成为单方契约自由，诚信成为单方诚信，欺诈行为无效成为单方无效，对于欺诈也只是限制单方，等等。采纳求“全”观点，社会法研究者甚至可以乐观预言，民法典编撰只可能是一次社会法理论的大扩盘。问题是：中国真需要这样的一次加强管制的扩盘吗？求“全”的学者要求将《劳动合同法》中的具有公法性的内容也一起合并进《民法典》。沈建峰在照抄这种主张时，早已经背离了他们所谓“规范法理”而进入“社科法理”。

以上各种论据综合之后，形成了学者的特有逻辑。2017 年出台的《民法总则》第 128 条规定“法律对未成年人、老年人、残疾人、妇女、消费者等的民事权利保护有特别规定的，依照其规定”，相较于《民法总则》草案，其中的“劳动者”三字被删除，吴文得出“可见立法者对劳动法与私法关系的判断似乎也犹豫不决”(吴文芳，2019：84)。其实立法者在这个问题上的态度始终没有变化。从上述分析可以看出，一些社会法学者在提各种建议时，是没有起码的法社会学思考的，这是立法机关屡屡拒绝他们观点的根本原因。从客观方面来看，让劳动法适用民法，有两个路径可以实现这种范式转变。一是让劳动法适用《民法典》总则的规定；二是对雇佣合同进行规定，劳动合同归属于雇佣合同。这两个路径正是我国社会法学界长期流行无为观念的依据。我国民法典在实际编纂中既没有让劳动法适用《民法典》总则的规定，也没有设立雇佣合同的专章。随着官方态度明朗，如同劳动合同法讨论中看到的情形，持民法特别法观点的学者又一次快速地改变了自己的观点。沈建峰一篇洋洋洒洒的新论文从论据与体系角度论证了雇佣合同进入《劳动法典》的必要性(沈建峰，2022)，完全忘记了五年前“劳动法置于民法的基本框架下”的强烈主张(沈建峰，2017：1525)。

---

① 例如，一些民法采用损害赔偿的地方，劳动法则用经济补偿金制度或惩罚性赔偿来处理。

② 通过最高院的判例，在上下班途中发生交通事故，既适用工伤规定，又适用损害赔偿，一笔医疗费获得双份“赔偿”，引发各地不同的理解，已经在全国引起极大的混乱。

③ Theo Mayer-Maly，Arbeitsrecht und Privatrechtsordnung，in：Ausgewaelte schriften zum Arbeitsrecht，1991，p.21(转自沈建峰，2017：1521)。

四、社会法研究方式演变出的误区

《民法典》编纂的背景下，与历次立法情况相类似，民法学者的观点很快在劳动法学者中激起了热烈的反响，随着《民法典》编纂的展开，一些社会法研究者开始重新活跃，学术观点再次发生 180 度的转变。我们不妨举郑尚元、谢增毅、王全兴的例子来观察，他们都反对"法律理念"的研究，主张无为逻辑，没有理念的"障碍"，观点才能不断转换。

（一）郑尚元、谢增毅的观点演变

赞成将劳动合同纳入民法典的学者并不认为劳动合同法纳入民法典将影响社会法的独立地位，郑尚元、谢增毅主张将雇佣合同纳入民法典，既能为无法纳入劳动法的一般雇佣关系提供规则，也能为劳动关系适用民法规则提供制度的连接点。[①]郑尚元、谢增毅均反对第三法域的中间地带，在劳动合同法的争论中，他们主张的社会法是一个公民社会权的纯公法概念。为什么需要民法规则提供制度的连接点？只有在民法特别法语境中，至少也在第三法域的语境中才需要这样的连接点。其实郑尚元、谢增毅已经又一次从公法立场跳到了私法立场。学术研究很大程度上是一种理念研究，劳动合同法起草过程中，郑尚元、谢增毅在强调所谓的中义社会法的法律部门（他们将法律门类视为同义）后，"社会法是一个法律门类，而不是法律理念"（郑尚元，2008b：148）。并进一步将所谓"法律理念"的研究斥为"毫无价值"[②]，"危害社会法的存在价值"（谢增毅，2006：96）。没有理念牵绊，才能随便横跳。

吴文中引为论据的郑尚元"法律理念"的提法，本是一次出尔反尔的学术表达。经济法学者在与笔者商榷时便提出，第三法域不应再被称为社会法，以方便保持用语的统一。[③]这本不是一个正当的学术要求[④]，社会法还是通过社会法域、社会性法的概念进行了相应的调整。在因历史原因引发的语词争论应当落下帷幕。对于用语不同，郑尚元在 2004 年的一段说法也比较客观："第三法域能否被'社会法'替代，这个问题并不重要，所谓的名称仅仅是一个称谓，正如自然人的名字一样。""在中国大陆就必须为'社会法'实在寻求代名词。"（郑尚元，2004c：16）这显然是一个正常的学术

---

① 适用民法规则制度的连接点的观点，参见郑尚元，2016；谢增毅，2016；宋夏瀛洁、李西霞，2016。

② "理论与实践的脱节使这种'社会法'论述几乎毫无价值，更不可能与国外社会法理论与制度进行比较。"（郑尚元，2008b：149）

③ 陈海嵩认为："我国立法机关已明确提出了社会法的概念，并将其界定为'调整劳动关系、社会保障和社会福利关系'的法律，采纳了非广义的理解。这说明在社会法的范围上，法学界的共识是其包括劳动法与社会保障法。以法学界达成的共识为标准，宜将社会法定位于劳动法与社会保障法。""如果再对社会法作广义的理解，使其涵盖更多的法律，不仅将使社会法自身内容庞杂、尾大不掉，也容易在概念的使用上产生混淆。"（陈海嵩，2003）

④ 法学研究中，在一些基本概念上，如权利、义务、法益、公法、私法，历来存有分歧，这是一种普遍的学术现象，社会法学者却被要求必须统一概念。

表达。数年后①,在劳动合同法的硝烟中,郑尚元有了新的发现,写下了吴文推崇的那句话:“社会法属于第三法域而不是第三法域的代名词,社会法是一个法律门类,而不是法律理念。”用语争论开始与“独立的法律部门”的提法相联系,不同观点被重新定性:“将造成基础理论与具体制度的脱节”“几乎毫无价值”(郑尚元:2008b:149)。民法特别法学者惯用的方法就是树立一个以别人命名的假想敌,假想敌的观点其实是昨日自己的观点,以这种批判方式从一个极端跳到另一个极端。

在社会法是不是一个独立的法律部门上,自相矛盾的表述在郑尚元早期的文章中就存在。先看其“理论右臂”:它不是独立的法律部门。“社会法是我国社会主义市场经济法律体系的有机组成部分,它不是独立的法律部门”,“社会法不仅仅指社会保障法”,“社会法是调整自然人基本生活权利保障而衍生的社会关系的法律规范的法律群”。(郑尚元,2003b:126、128)作为法律群显然是以某种“法律理念”集合起来,“社会法主体具有扩散性”,强调的只是社会公共性,而没有特定的调整对象。这是一个广义社会法的表达。再看其“理论左臂”:“社会法是独立的法律部门。”“社会法有其特定的调整对象。”(郑尚元,2003a:43)左右开弓,便会自相矛盾。这种自相矛盾有时会出现在同一篇文章紧邻的上下两段中。例如,上一段表述:“社会法主体具有扩散性,社会法法律关系的社会公共性决定了社会法主体的扩散性。”这显然是一个广义社会法的表述。然而下一段表述:“本文以社会法是独立法律部门的命题展开,寻求支持社会法作为独立部门法的理论依据。”(郑尚元,2003a:43)这似乎是一个符合中义社会法的表述。社会法到底是不是一个独立的法律部门?当时就已经有学者指出郑的文章中存在两种自相矛盾的答案(竺效,2005:63)。然而,那时没有人认为中义社会法与广义社会法有什么冲突,这种表述最多也就是违反了形式逻辑的同一律。自从“发明”了中义社会法与广义社会法对立的观点后,左右开弓有了不同的目标。

劳动合同法讨论之前,郑尚元主要挥动“社会法不是独立的法律部门”的“理论右臂”,目的是要强调私法理论。郑尚元根本反对“法律部门”这一行政划界的提法,这是与他们强调民法,甚至于回归民法的观点相联系,在《劳动合同法》起草初期还在强调:“劳动合同理论低水平的原因是多方面的,其中,最突出的是劳动合同制度的打造欠缺民法契约理论的支撑。”(郑尚元,2005:88)从打造我国欠缺的民法契约理论出发,“法律部门”这一行政划界,被视为“法律部门的学术运用存在着先天营养不良的现象”(郑尚元,2003b:126)。

劳动合同法讨论之中,郑尚元主要挥动“社会法是独立的法律部门”的“理论左

① 随着“中义社会法”的提出,官方的表述被理解为“法律门类”而非“基本结构”,在法律用语上便出现了一些混乱,有些学者将“社会法”语词归类为狭义、中义、广义和泛义四种。为了在社会法研究中解除困惑、方便使用,有学者进一步建议将社会法研究中狭义、中义、广义和泛义相关语词统一为“社会保障法”、“社会法”、“社会法域”和“社会中的法”。依笔者看来,在这四个用语中,官方所具有的强势地位,使“社会法”只能用于官方确定的中义范围,成为一个有排他性的概念,超出这一范围的,都只能归入广义社会法范畴,否则会引起新的语词混乱。经济法学界已经有人提出以“社会性法”来称呼超出官方确定范围的那部分内容。笔者以为,这也是一个不错的提法。

臂”,目的是要强调公法理论。“社会法不是第三法域的代名词,而是实实在在的法律制度,是一个完整的法律门类。”在法德社会行政法的基础上,认为社会保障法应成为我国内地社会法之实在法。目前七大法律部门“并不证明劳动法属于社会法”(郑尚元,2008b:148、157)。吴文称“许多学者”反对广义社会法时,也不得不承认,郑尚元并不赞同官方确定的“中义社会法”体系,在郑尚元看来,社会法一般涉及公权或准公权机构,社会法的核心是社会保障法(吴文芳,2019:80—81)。这种观点与谢增毅将社会法理解为公民社会权纯公法概念颇为一致。

劳动合同法讨论之后,郑尚元、谢增毅的观点似乎又要发生180度的突变了。如何理解劳动合同通过雇佣合同来曲线适用民法规则这一与劳动合同法讨论中的看法明显不符的观点呢?民法典编撰中似乎又到了挥动“理论右臂”的时候,作为独立的公法部门本没有必要去寻找适用民法规则制度的连接点,不是独立的法律部门才有利于纳入民法典,这些学者又回到社会法的无为观念。

随着我国民法典编纂的巨大成功和广泛影响,2022年的全国人大常委会工作报告明确提出,要增强立法工作的系统性、整体性、协同性,在条件成熟的立法领域继续开展法典编纂工作。①从强调适用民法规则无为观念到强调制定劳动法典积极作为,为了实现新的目标,不得不修正若干年前刚刚形成的“寻找适用民法规则制度的连接点”的无为观点。劳动法编纂需要总论的设置,不可能脱离法律理念的加持。郑尚元、谢增毅又一次开始了学术观点的剧变。王全兴反对总论研究的无为态度曾深得郑尚元教授的赞同,他主张“尽快从制度与理念的学术纷争中摆脱出来,将研究精力放在社会法具体制度的理论研究中”(郑尚元,2008b:159)、总论的理念研究“毫无价值”②。郑尚元历来的学术观点中唯一“共识”是否定劳动法典的存在空间。在彻底转变后,现在也特别强调“总论”的理论研究。③谢增毅曾将“法律理念”研究斥为“危害社会法的存在价值”。如今引用高仰光的观点“提出基本议题、贡献核心概念、设定理论范式乃至塑造思想传统的能力”(高仰光,2021:84),对于学者进行的“法律理念”的研究,表示了高度赞同。(谢增毅,2023:7)

在故意将中义法规与广义法理设置为对立后,根据不同的社会环境,选择不同的手臂,实用主义的研究方式注定了逻辑混乱。在制定劳动法典的语境下,谢增毅终于从褒贬论的逻辑回到我国真实的历史逻辑:“《劳动法》是一部‘袖珍型’的‘劳动法典’,内容涉及劳动法的主要内容,总体的立法指导思想和立法内容均体现了现代劳动法的理念,《劳动法》的篇章结构奠定了我国劳动法体系,编纂劳动法典时应当认真

---

① 对于条件成熟,《全国人大常委会2021年度立法工作计划》有明确的解释:“研究启动环境法典、教育法典、行政基本法典等条件成熟的行政立法领域的法典编纂工作。”

② “理论与实践的脱节使这种‘社会法’论述几乎毫无价值,更不可能与国外社会法理论与制度进行比较。”(郑尚元,2008b:149)

③ 在模式选择上不无贬义的强调:“《法国劳动法典》没有总则,也不可能有总则,只是应对劳动问题之法,其内容庞杂且量大,前后卷、编、章、节间彼此关联不大。从这个意义讲,这个法典更像是一部劳动法规汇编”。(郑尚元,2023:27)

传承。"(谢增毅,2023:15)从改良主义出发,中义法规与广义法理得到应有的统一,理论左臂与理论右臂握手言和,值得肯定。只是吴文芳拼凑的两个例子,又少了一个。

(二) 王全兴的观点演变

粟瑜与王全兴认为,在民法典中整合劳动法相关规范不仅不会削弱劳动法的独立地位,反而为理顺民法与劳动法的体系关联奠定制度基础(粟瑜、王全兴,2015:114)。民法特别法的学者的观点似乎回到了劳动合同法起草之前的保守状态。这些学者完全忘记了劳动合同法起草以来如此密集发表的观点。王全兴的民法特别法观点,在经历劳动合同法讨论后会形成新的自相矛盾。

其一,从价值上看,与个人主义相对应的是社会主义。王全兴在劳动合同法大讨论中对常凯的助攻是将"社会主义市场经济"拆解成"社会主义"与"市场经济"两个部分,并分别贴上"劳""资"的标签。①"劳方"与"社会主义"、"社会法"相联系,"社会法"被巧妙地贴上"姓社"标签;资方与"市场经济"、"合同法"相联系,"合同法"则被贴上"姓资"的标签。"论者观点大致被划分为代表'劳方'与'资方'两派"(郭晋晖,2006)。在这种切割下,王全兴主张"所谓'资方派'只可能是民法学科"的观点(王全兴,2007:2)。笔者被王全兴指为"资方倾向",并第一个在学术刊物上使用昭然若揭②这种久违的语言。在民法典的起草过程中,王全兴却极力主张迈向他们自己定义为昭然若揭的资方立场。《民法典》重新编纂的深远意义是我国强调市场经济的基础地位,以王全兴观点来衡量,这种偏重市场力量的行为,是会产生忽视社会主义内在公正性的效果。以这样的观点来考量,以民法典来整合劳动法相关规范为什么不会削弱劳动法的独立地位,反而为理顺民法与劳动法的体系关联奠定制度基础?以王全兴从劳动合同法讨论以来的观点来看,两者应当会发生劳资冲突,社会主义与市场经济的冲突。

其二,从形式上看,吴文芳在"海归组文"中以这样的方式来赞扬其导师:"王全兴自2004年就曾反复警告,社会法学研究切忌把总论研究放在优先位置"(吴文芳,2019:81),回归民法典本身就是一个总论式的思维,即民法学者所称的"一般性民法规则"(陈卫佐,2014:271)或沈建峰所说的"民法总则和合同法总则部分通过解释"来纳入(沈建峰,2017:1525),劳动法以下位法的方式受到民法总论理论的规范。不仅如此,王全兴认为:"切忌仅依据某个社会法部门(如劳动法)的素材和研究成果抽象出社会法总论。"民法总论本身就是以民法部门法的素材和研究成果抽象出来内容,按照王全兴的说法,民法学科是一套资方派理论:"劳动法学科的基本立场和价值取向是非常明显的,若用'劳方'和'资方'的称谓来表述,只可能是所谓'劳方派'。"(王全兴,2007:2)为何不能以劳动法素材以及"劳方派"研究成果抽象出社会法总论,反而要让劳动法归依那种以民法素材和研究成果抽象出的"资方派"民法典总论?

---

① 王全兴在劳动合同法讨论中曾经认为:"对资本的巨大需求和政府官员的政绩本位使'社会主义市场经济'制度在施行中偏重市场的力量而漠视了'社会主义'的内在公正性。"(王全兴,2008b:198)

② "尽管有学者声称无意成为劳方或资方代言人,但其立场昭然若揭。"(王全兴,2006b:19)

其三，从主体上看，民法典强调“民事主体在民事活动中的法律地位一律平等”。王全兴在劳动合同法讨论中概括的单方保护原则本就与之不符。更何况王全兴已经将这一原则发挥到极致，因而提出了单方自由、单方诚信、欺诈行为的单方无效等一系列单方制度设计。王全兴认为诚信原则须进行某些改造，方可使用。从劳善资恶的价值观出发，诚信也须分出高低，事实上也是一种单方诚信。[①]什么叫做“对其诚信义务的要求应当相对减轻”？王全兴在《劳动合同法》草案中留下了具体答案。对于“劳动合同订立过程中双方信息不对称，即劳动者的信息条件一般劣于用人单位”因此得出“用人单位欺诈必然导致劳动合同无效，而劳动者欺诈则不一定劳动合同无效”（王全兴，2006b：27）。这些观点怎么可能与民法典相符？我国民法典强调：“民法调整平等主体的自然人、法人和非法人组织之间的人身关系和财产关系。”这种单方保护的思想是民法典可以接受的内容吗？

随着人大法工委负责人开始支持“倾斜保护”的提法（信春鹰，2014：25），王全兴的观点也从对这一原则的批评转向支持：“分类配置倾斜保护的措施”（粟瑜、王全兴，2016：104）；“倾斜保护和社会保护需要构建由劳动法……法律体系”（王全兴、王茜，2018：68）；“有劳动关系则倾斜保护”（王全兴、刘琦，2019：88）。几年后，从强调制定劳动法典出发，王全兴的观点也再一次发生了根本性的变化。2019 年学者还在对“总论”研究中两种截然相反的争鸣观点进行综述：一是“切忌”的观点，[②]二是“倡导”的观点。[③]笔者作为后一种倡导观点的代表者，被概括为：“有学者坚定地主张，必须尽快构建既包含法律理念又包含法律技术规则的社会法基础理论体系。”这种观点受到当时劳动法学相当普遍的抵制。短短三年，王全兴又一次从切忌观点翻转为对方观点，对于“法律理念”的研究，表示了高度赞同。“应以解决体系性问题为导向，设计《劳动法典》的结构，布局其与以下位阶立法对劳动法律规范的安排。”（王全兴，2022：5）高度评价劳动法总论的制定意义，学术观点再次以极其突然的方式发生变化。

（三）社会法研究的逻辑自洽

吴文有一段描述：“早在 20 世纪 90 年代，《合同法》的立法者就考虑过设置‘雇佣契约’的有名合同，但未能成功。当时已有一些学者讨论劳动合同是否应归入雇佣契约，劳动合同法是否应视为民法的特别法。”[④]（立法者并无这样的看法，而是学者稿中的观点。）在她列出的一长串名字中有王全兴写的教材。2005 年劳动合同法大讨论拉开序幕之前，笔者曾写过题为《论雇佣关系与劳动关系》的文章，这是专为劳动合

---

① 王全兴认为：“劳动关系中强调诚信有其特殊性。首先，诚信对劳资双方的要求是不一样的。资方强势，劳方弱势，应该说资方的诚信责任更重。也就是说，这种诚信首先要雇主诚信；当然劳动者也要诚信，但对其诚信义务的要求应当相对减轻。”（陆占奇、刘晓倩、张皓，2008：23）

② 王全兴那句“切忌”之下的话：“依据某个社会法部门（如劳动法）的素材和研究成果抽象出社会法总论”。（吴文芳，2019：81）

③ “有学者坚定地主张，必须尽快构建既包含法律理念又包含法律技术规则的社会法基础理论体系。”（吴文芳，2019：81）

④ 王全兴，2004：123；冯彦君，1999b；宁红丽，载王利明等，2004：654；周长征，2004：118。——吴文注

同法起草而撰写的论文。按照吴文一贯风格，笔者的论著（董保华，2005a：3）照例是会被选择性忽视。稍加对比，冯彦君、王全兴、周长征当时的观点，如今看来恍如隔世；笔者似乎并无太大的“进步”，学术上的稳定是建立在逻辑自洽上的（董保华，2016b）。笔者从不认为“海归组文”回归市场的价值判断有什么问题，敢于主张个人主义至少也值得赞赏，然而，时空转换的幼稚理路以及实用主义的学术风格，加之从劳动合同法讨论中承继的文风，注定会在实际立法中重走私法特别法到公法管制法的理论旧路。

吴文强调社会法存在理论危机与信任危机（吴文芳，2019）。问题是这种危机到底源于哪里？在一个连“逻辑自洽”都会被公开嘲笑的学术环境中，这场《民法典》制定背景下的劳动法定位的讨论，最终会走向何处？沿着民法特别法理论留下的坐标，将自治到管制道路再走一遍。这才是社会法的理论危机与信任危机。其实无论是一人还是多人进行莫名其妙的学术转型都无伤大雅，社会法研究中真正需要警惕的是一种人多势众式的“众口铄金”，指鹿为马。多数法则对人不对事的表述方式，足以让一个学科“积毁销骨”。

第五节　历史与观念的现实汇合

如何在和谐社会的理念下探索中国道路？对于三代人权观念的演变，社会主义国家曾经重视甚至只讲第二代人权中的社会权及第三代人权中的发展权，市场经济观念遭到极其严厉的批判。在这种语境下讨论劳动者的地位，中国式的诸法合体始终是在讨论韦伯所称的两种从属性①的合体与分离。

一、两种从属性的合体

改革开放前中国一统法理论兴盛，引入苏联理论模式，我国劳动法形成以关怀为学科带头人，以中国人民大学为研究核心的学术中心。关怀培养的弟子也成为各地高校的学术骨干，在常凯成为新学科带头人后，一统法始终是我国不容忽视的学术力量。由整体主义发展出来的理想主义，也是催生这种理论发展的外部原因，一统法依据的主要是我国的历史逻辑②。在历史逻辑中才能理解“调动说”③的学术特色。

“调动说”与中国传统的“再分配社会”相适应，调动的底气源于我国强国家的历史事实。有学者评价：“《劳动合同法》的出台带有社会主义传统国家的‘强国家’的特

① 韦伯曾经讨论从属人格的两种类型：一是，依仗利益状况进行的统治，通过过不平等的交换而产生的服从关系；二是，强制性命令统治，这是一种“独立于”特定利益之外的权力。

② 一统法来源于前苏联，见本书第一章，第 20—21 页。

③ 常凯调动说的观点，见本书第 875 页。

点，是政府能动的结果。”（佟新，2008：56）劳动合同法从社会参与程度来看是一次破纪录的立法，需要研究的是这种社会参与对于立法者的影响到底如何？感性的、理性的，道德的、法律的，社会的、学术的，这些不同因素究竟如何影响立法。我国一统法理论虽然不断改变自己的存在形式，但显示出强大且持久的生命力。梁启超曾认为，公私相混是造成社会公德缺乏的根本原因（肖群忠，2007：35）。“双调动”搭载在历史逻辑上，一虚一实，公私相混。

从“公”的目的上看，“调动说”主张调动“政府的力量”，其实为虚。整体主义方法论，通常也被称为集体主义方法论，这是“调动观”的理论来源，其多数法则源于阶级论。在中国传统的“再分配社会”中，对依仗利益状况进行的经济从属与强制性命令政治从属，采取“合二为一”的统治形式，典型形式是集经济、政治于一身的“单位组织”，它既是国家行政机构的一个延伸层次，同时也是社会资源或财产的占有者，历史已经证明劳动者并未从这种“组织”中受益。劳动合同法讨论中出现了沿着历史逻辑走回到改革开放前的努力，常凯的观点无疑具有代表性。政治、经济合体的形式，会使各种各样的单位组织的主要功能，不再是人们组织起来运用资源实现利益，而转化为国家实现统治的一种组织化手段。政府利益本身会推动国家机关、准国家机关往这个方向发展，阻止这种行为的力量是市场经济逻辑。从根本上说，立法部门是受自身利益驱动，学者以劳动者的名义，提供了一个往管制方向发展的借口，不是调动方而是被调动方。

从“私”的动机上看，“调动各利益相关方”，所指为实。从个人主义的视角来对历史观察，在这种“合二为一”的统治形式中，一方面需要在口头上“立公灭私”，另一方面在现实生活中又离不开私人利益于是人们成了“阳公阴私”的“假人”“伪君子”（刘泽华、张荣明，2003：37—38）。华尔德的研究[①]与之前的一些研究的最大区别，并非仅仅看到单位制以拥有控制权和分配资源为特征，而是透过组织中的个人行动，发展出了一种独特的上下间的“庇护依赖关系”（patron clientrelations）的认识（汪和建，2006：191），并从这一视角来强调个人对单位尤其是单位领导的严重的政治经济依附。这一理论也可以解说学者的行为，“庇护依赖关系”存在说明哪怕我们不承认利益机制，但经济利益仍以某种变形的方式存在于现实生活中。

就“双调动”而言，目的上的“公”与动机上的“私”联系在一起。对于“调动观”涉及的利益关系，冯彦君无疑作出了最为清晰的分析。在他看来，立法中有经济力量、社会力量、政治力量、学术力量这样四种影响力：“《劳动合同法》的制定过程实质上就是四种力量的较量与妥协的过程，即政府力量-政治力量、用人单位力量-经济力量、劳动者力量-社会力量、学者力量-学术力量。”学术力量本应是一种独立于前三种力量之外的力量，“前三种力量标志着劳动合同法上的三种法益，是劳动法上的本体利益与力量结构，它们之间存在着利益上的对立统一的关系，在力量的对比上展示出此长彼消的博弈关系”（冯彦君，2008：123）。从整体主义来观察，学术力量一旦以劳资

---

① 参见华尔德，1996，见本书第十一章，第427页。

冲突的方式与三种法益力量联系，就会从三种力量来汲取巨大无比的能量，学术力量与政府力量相结合，可以确立官方正统地位①；学术力量与劳方、资方的概念相结合，可以发展成道德绑架。学者并不否定调动各种社会力量的整体主义动机，只要找到一个高尚的理由。②

公目的与私动机，一虚一实。在布迪厄看来，整体主义具有狂妄性、虚假性、独断论特色，这和我国一统法理论的历史表现形式相吻合。“单位人”一词是在反思批判计划主义的过程中提出的，作为一个附随概念，学界主要强调“单位意识”。有学者认为，单位意识在人际交往方面表现出强烈的私人关系意识，在工作努力上最小化意识、在权威规则面前表现出盲目服从意识、在分配上表现出平均主义意识、在生活目标方面具有一种追求身份的意识（于显洋，1991：76—78）。一旦以劳资冲突的名义将国家强制描绘为符合大多数人的利益，就没有任何学术规范可以约束，这是理想主义具有手段多样性并能够调动各种学术力量的原因。

二、两种从属性的分离

随着我国劳动合同制度的试行与推行，逐步形成微观层次，个体主义方法论开始盛行，合同制度的引入是我国二分法理论出现的历史条件，根据民法理论，形成我国民法特别法的理论形态。劳动法被归入民法学科，使北大培养的第一批劳动法博士，主要接受的是脱胎于罗马法的民法教育，以后加入的各类海归学子壮大了这一队伍。二分法依据的是海外传入我国的思维逻辑，需要在观念逻辑中理解“服从说”③。

① 一个并没有参加起草工作的人，可以被媒体如此评价：“据了解，常凯此前担任国务院法制办‘劳动合同法（草案）’课题组组长，并且在即将于年底出台的相关司法解释起草工作中任职，是《劳动合同法》制定工作的直接参与者。”《劳动法课题组专家称华为事件程序上明显有纰漏》，《南方都市报》2007 年 11 月 19 日；“常凯参与过国内多部劳动法律的立法工作。作为国务院法制办《劳动合同法（草案）》研究课题组组长，他参与了《劳动合同法（草案）》制定，同时正在参与国家相关部门就《劳动合同法》的进一步法律解释、实施细则等的制定工作。”《国务院法制办课题组：企业勿采取无谓规避新劳动法行为》，《21 世纪经济报道》2007 年 11 月 8 日；“作为立法者的一方，常凯等人认为，新劳动合同法将为构建和谐稳定的劳动关系，保护相对弱势的劳方正当权益迈上一大步。但吊诡的是，这一政策并没有得到社会各界的认同，也从来没有一部新法会引起如此强烈的反响。”《由调研看新劳动合同法的影响》，《董事会》2008 年 5 月 15 日；“《小康》记者采访了中国人民大学劳动关系研究所所长常凯，他作为新劳动合同法草案课题组的组长，接触到了社会各界对该法草案的意见。”《新劳资时代》，《理财》2007 年 11 月 2 日；“常凯是人民大学劳动关系研究所所长、国务院法制办‘劳动合同立法研究’课题组组长，其所倡导的保护劳动者的立法精神为这部新法所采用。”《新劳动合同法：华为的门　中国的坎》，载：http://news.163.com/07/1122/13/3TTHMTGF000120GU.html，2010 年 10 月 25 日访问；华为事件后，《劳动合同法》立法专家组组长常凯以及广东省劳动保障厅先后出来澄清：先辞职后上岗，仍连续计算工龄。这给工厂当头泼了一瓢冷水，新法中关于“无固定期限合同”的规定带来的劳资纷争，逐渐平息下去。《新劳动法震荡东莞“华为事件”重演》，《南方都市报》2007 年 12 月 6 日。——值得注意的是这只是媒体宣传中极小部分。

② “‘劳动关系和劳动法学的基本理念，就是要调动各利益相关方，特别是政府的力量，共同维护作为弱势一方的劳动者的权益’，这也是常凯教授作为一名追求独立、公正、良心的知识分子的根本治学之道。”（李宇宙、王群会，2007）

③ 王全兴的服从说，见本书第 875 页。

“服从说”是教科书思维逻辑与社会立法碰撞后的一种现实反映，脚踏虚地是“无为论”容易流行的原因。“海归组文”与当年民法特别法类似之处是严重脱离社会实际且从不审视自己应有的立足地。例如，“‘二战’后的主线问题”“更多是直接对个人主义”[①]，这是中国的问题吗？中国的个人主义从来没有成为主线，何来问题，有问题的是国家主义。但国家主义恰恰是教科书思维不会去触碰的内容。“双忠于”搭载在观念逻辑上，一虚一实，私公相混。

就“私”理论而言，“服从说”主张遵从“法理”，其实为虚。“罗马人最先制定了私有财产的权利、抽象权利、私人权利、抽象人格的权利”[②]，马克思将这些内容罗列出来，恰恰是要一一否定。个人主义的思想虽曾对我国用工制度的改革产生过启发意义，但不可能产生文化启蒙的意义。从思维逻辑上看，沈建峰所言不无道理：“反思个人主义的过程中必须明确是要反思个人主义而不是放弃个人主义。”[③]罗马法与日耳曼法冲突会形成我国民法、劳动法认识差异。民法学科以罗马法为基础并无问题，我国的社会法源于我国社会主义实质法的历史实践，加入市场经济元素后，事实上更接近日耳曼法的理论表达。基尔克对社会法的表述是：“在我们的公法中务必要飘荡着自然法自由王国的空气，而我们的私法也必须浸透着社会主义的膏油！”（基尔克，2017：31）用民法理论解读中国现实，存在先天不足。依赖其他学科拯救的“无为论”就会不时出现。

就“公”现实而言，“服从说”主张遵从“立法者”，所言为实。改革开放前的中国社会是高度组织化的社会，改革开放中个人主义思想方法在我国的提出，与我国当时要切断个人对企业，企业对国家的过度依附有关，通过引入合同机制，分离两种过于紧密结合在一起的从属功能，实现政治组织与经济组织的合理界定，然而，这并不意味我国官方要根本改变社会结构。单位意识本是“单位人”批判的核心，个体主义方法论可以成为一种有力的思想武器。单位的研究不仅涉及制度还涉及文化，作为一种文化现象，我国对单位人批判并不彻底也不可能彻底。我国对个人主义思想方法长期保持着警惕，不时纠正其可能过度发展的倾向，使我国并未真正形成个体文化。产生于这种背景的“服从观”，摇摆于国家主义与个人主义，从某种意义上看，这些学者从来没有真正消极过。

“私”与“公”，两者虚实结合还会强化中国特色的学术形态。“海归组文”由来自不同国家的学子介绍各国的社会法情况，只要坚守独立的学术观念，本有很高的文献价值；可惜他们捆绑起来挑战“第三法域”的做法却是整体主义的。吴文是一篇不长

① “人们讨论的出发点更多是直接对个人主义，对人的法律形象的反思；而‘二战’之后，人们关注的重点则是解决社会问题的社会政策；但社会政策其实是应对个人主义的社会政策，个人主义其实是引发社会问题的个人主义。所以，不论社会法的内涵如何变化，这个主线并没有根本性变化。”（沈建峰，2017）

② 《马克思恩格斯全集》第1卷，人民出版社1956年版，第382页。

③ “社会法概念的发展是反思个人主义和自由主义的结果。作为一个论战性的或者诠释性的概念，其在反思个人主义的过程中必须明确是要反思个人主义而不是放弃个人主义。在承认私人利益、市场经济和法治国家的背景下，应承认个人能解决的问题首先由个人解决，个人不能解决的交给团体，团体不能解决的交给国家。”（沈建峰，2019a：50）

的文章，却反复强调所谓"大多数"的概念，"经济法学者多主张"①"许多社会法学者"②"更多的学者强调"③"不少学者"④"社会法学者大多反对"⑤，等等（吴文芳，2019）。"多数"是一个统计学的概念，以经济法学者、社会法学者、学者作为统计对象，有相当难度。该文没有交代统计方法与统计结果，个别性的举例也多不能证明其观点。吴文关于"大多数"的表述只一处有具体数据："社会法学界的 60 多名学者参与了这次大讨论，现场讨论极为热烈。"⑥面对真实的场景，吴文也不得不承认："社会法学者大多反对劳动法作为特别私法这一命题。"还原真实的现场，这里的"大多数"恰恰是在用第三法域的理论批评特别私法。从"大多数"表达方式来看，既说明论者缺乏学术自信，又说明论者的有恃无恐，针对"实的大多数"，只需制造一个"虚的大多数"便可制造出所谓学术共识。

"海归组文"作者中只有两位真正经历过劳动合同法的讨论，回国时间的长短决定了其学术立场。一位回国较早，当时为了尽快融入整体主义的氛围，也使用了这种没有任何统计依据的"大部分"表达。"不能盲目地跟从某些观点，因为其中大部分负面评价都是来自对这部法律本身性质和规定的匮乏和误解。"（郑爱青，2008：2）这位学者给负面评价设定了两个前提：(1)法律只能从一个视角进行解读；(2)只有负面评价才会和"误解"联系起来。这位学者采用"大部分"表达，其实是按照当时流行的"福音"来定义的，批评意见都被归入了"杂音"。海归组文中另一位作者这时刚从海外归来，也有"少"与"多"的评价。在素昧平生情形下，笔者收到了其对"独立的人格精神"的"少数人"赞扬，其还将当时的流行观点称为"少了些国际视野和未来眼光，多了些御用理论和实用主义"评价（董保华，2015b）。然而，一旦真正拥抱多数法则，实用主义会彻底改变其学术使命。常凯一统法观点成就其"学术考察和学理证成，成为本研究的缘起"⑦。"海归组文"从克服自己的学术短板出发，强调规范法理的概念，并将自己的职责定义为以"规范法理"来提供法教义学的事后解释，已经没有一丝一毫的个人主义了。即便在我国这样一个强调整体主义的国家，学术也被要求以个人主义的方式进行。以"福音"式的整体主义方式来显示其存在价值，以降低知识门槛，甚至不讲道理为代价，整体主义只可能是一统法的表达方式，个人主义的目标最终会消解在整体主义的方法论中。时空转换的研究方式在这一背景下出现。

可见，"调动说"与"服从说"是可以联手的。民法特别法与道德绑架的联姻本是最难以理解的学术现象，却也是最具中国特色的理论现象，极大地降低了学术底线。

---

① "经济法学者多主张社会法应与经济法并列，属于公法与私法之间第三法域的新型法律部门。"

② "许多社会法学者反对'广义社会法'支持官方的'中义社会法'。"

③ "更多的学者强调应从具体部门制度研究出发，逐渐上升抽象出有一定统摄性和可演绎性的基础理论。"

④ 对于社会法基础理论是否能处理好跨越公私两大法域，并且能够在立法体制及法律适用层面处理好相互关系，不少学者仍持怀疑态度。

⑤ "社会法学者大多反对劳动法作为特别私法这一命题。"

⑥ 2018 年 11 月，华东师范大学法学院组织了一场题为"劳动法的归属与定位——民法还是社会法"的学术沙龙。

⑦ 参见田思路，2022：132。对比本书第二十章，第 795 页观点。作者的观点现已发生了根本性的转变。

劳动合同法讨论前持二分法观点的民法特别法学者最终几乎全部被这种力量所调动，放弃了讨论前的个人主义观点。之所以称“几乎”，是有一个例外，冯彦君是在劳动合同法公布时进行了前面那番分析，这种分析的底气源于整个劳动合同法的讨论中，难能可贵地守住了学术寂寞。但是，几年以后还是通过对自己过往学术观点的否定（冯彦君，2013），来强调学术领地这种非学术力的政治力量，最终还是服从了多数法则（董保华，2014）。在社会法研究范围内，个体主义学术研究规范已被严重摧毁。我们可以看到，强政治与弱理性相结合，使学术定力难以保持。

三、两种从属性的互动

20世纪90年代中期，随着我国劳动法的公布，两种从属性在相互独立基础上的互动关系受到重视。随着劳动合同的推行，研究两种从属性的互动关系构成社会法的三分法解读。在劳动合同法起草过程中，时常有媒体报道称劳动法学界分为“海派”“京派”（郭晋晖，2006）、“南派”“北派”（郭军，2007），劳动法学界“分化”为“冲突的双方——中国人民大学常凯教授和华东政法学院董保华教授”（汪伟，2006a），这种看法确实反映了劳动合同法争论的状况。社会法学术流派从三派变为两派的转折点是“单保护”立法宗旨的提出，笔者作为三分法的代表与常凯作为一统法的代表，构成了我国社会法研究的现实格局。为了摆脱社会法对经济法组织隶属形成的单位意识，华东政法大学是少数社会法专业既不与民法也不与经济法相联系，而是与社会学相联系的学科设置，也在我国第一个设立社会法的博士点。三分法依据的主要是我国的现实逻辑。

从逻辑自洽出发，笔者的广义社会法是在当时中义社会法基础上长成的，这种学术思维依据的是一种现实逻辑。我国社会法制度设计从一开始就限定在弱者保护，这是罗马法绝不可能接受的逻辑起点，与基尔克的社会法也有不同。在公法与私法分立的基础上引入诸法合体的改良思路，对现有的立法格局进行必要的调整。中义社会法主要被理解为劳动关系调整与提供社会保障，历史上这两个方面被统称为我国的劳动法，20世纪90年代笔者的研究方向主要是劳动法，从社会法后来的定义看，就是中义社会法。在中义社会法研究中，逻辑会有自身的发展轨迹。例如，当你提出相对弱者理论时，就会注意到消费者也具有类似的特点；当你提出倾斜保护时，就会注意到义务教育法也存在这种基准法的立法模式，这是逻辑自洽的必然结果。

基尔克根据“人一面以个体而生存，同时，在他面又居于为组织全部之一员的地位”的双重身份而将法分为个人法和社会法。由于历史的原因，在增加了保护弱者的内涵后，限缩了外延，基尔克的合体逻辑目前只构成我国第三法域的解读方式。广义社会法作为理论形态，之所以受到批评，缘于两种“亲和性”的理解，分别产生于观念逻辑与历史逻辑。劳动关系与雇佣关系的“亲和性”，是民法学者基于文献产生出来的认识，是外国历史存在的一种“亲和性”，由此得出没有第三法域概念，劳动法就会成为民法的组成部分的结论。劳动关系与管制关系的“亲和性”，是包括传统劳动法在内的大经济法学者基于中国历史传统产生出来的一种"亲和性",他们并不谋求推翻第三法域,只要让经济法思维加入第三法域,便可实现公法对于私法的一统法。观念逻辑与历史逻辑不同的诉求本身说明两者的力量对比。

四、合体、分离、互动

在社会法的视野中,一旦抽去平等关系,两种从属性会自动联结,从而实现一统法。从《合同法》到《劳动合同法》,两次立法实践告诉我们,国家管制才具有真正力量,劳动合同法也因此有了过度强制的特点。德国是一个私权保护根深蒂固的国家,仅将消费者保护引入民法典就造成民法体系传统价值的巨大危机。在追求形式上的大而全时,我国民法很难不放弃长期坚守的某些价值底线。当民法大量吞入强制性规范时,真有能力消化吗?在同情弱者、加强管制的呼声中,"恰到好处"的标准是极难把握的,"私法自治"的理论建树显得多么艰难。铁扇公主吞入孙悟空时,铁扇公主虽可宣示形式上的胜利,但取得主导地位的一定是孙悟空,民法典编撰可能成为社会法理论扩盘的机会。问题是:中国真需要这样的一次扩盘吗?我国社会法理论的一大问题是用国家管制代替社会自治,失去了民法学者在私法自治上的坚守,社会法立法时也失去了一个参照的对象,必然会向国家管制走得更快。从这一意义上看,根据已经变化了的社会环境,论证私法自治的当今价值及表现形式,才是中国民法典能为我国法治建设做出的真正贡献。

我国民法典编撰已经摆脱一种只有纳入自己体系才能施加影响的思维。没有立法上依归,并不等于说劳动法不需要借鉴私法的理论,劳动法作为公法与私法相融合而产生的法律部门,存在着私法性规范与公法性规范,只有公法规范受到行政法控权理论的规范,才能保护好私法自治的残余内容,私法理论得以在这部分内容中发挥作用。不仅如此,与西方"私法公法化"的路径相反,我国的社会立法可以说走的是一条"公法私法化"的道路,通过合同制度来改造高度集中统一的管理制度,使我国改革开放取得巨大成效,私法理论在推动劳动公法转向社会立法中功不可没。在过去《合同法》讨论以及今天民法典讨论时,学者立论时将理论影响与立法制约相混淆。正是这种立论上的错误导致两种倾向:要么试图肢解劳动法来让民法观念对劳动法施加影响,要么试图大大改造自己的价值观念,来使劳动法进入自己的体系。如果说肢解别人如同伤人,过度改造自己如同伤己,这都是对私法传统价值的不自信。这种不自信本身说明中国"意思自治"不是讲过头,而是没讲够。

与基尔克理论不同的是,我国第三法域理论本身既强调了独立也强调了对另两个法域的承认和依赖。中义社会法与广义社会法两个概念体现了法规与法理的差异,从学者的反复横跳中可以看到,争论中学者敌视的法律理念恰恰是社会法学发展的定海神针。私法的自治机制、公法的控权机制都应以一种完整的机制独立存在,才可能从外部对社会法域产生影响。吴文认为"反对将劳动合同纳入民法典债篇有多种理由"(吴文芳,2019:85)。笔者的观点也被列为其中一种理由,这一概括本身是以移花接木的方式，歪曲了笔者的看法。社会法下的劳动合同与行政法下的行政合同，皆有合同的性质，是否都应当纳入民法典债篇的范畴呢？如果纳入民法典债篇，民法典那句“民法调整平等主体的自然人、法人和非法人组织之间的人身关系和财产关系”表述还存在吗？不仅如此，民法典债的一般原理也会发生很大变化。从主体上看，行政合同中国家与个体并非平等主体；从内容上看，劳动合同实行基准法与合同法相结合时，合同的相对性原则也被极大改变。私法机制常常是以原理方式影响另两个法域的，与我国某些学者观点相反，民法典只有与劳动法分离并保持其私法自治的精髓，才可能真正以一种参照标准，对社会法产生辐射力。

学者与官方应当有正常的相处方式，“立法活动受到各种主客观条件的限制，立法机关选择也存在局限性。马克思主义强调必然法，这是与大部分法学家的区别。当我国的一些制度设计与现实生活相背离时，现实生活的压力会要求法律制度与之相适应，最终现实生活会改变不合时宜的制度设计。在劳动领域，我国许多法律制度都是以修正自己的方式向现实生活的客观规律妥协。”（董保华，2005a：442—443）20多年前的著作，早就有学者将“法律理念”研究斥为“毫无价值”，但十年之后仍斥为“魔咒”，要以自称的“大多数”来声讨。走出“自称社会法研究者”的小圈子，本书以大量的引注，呈现了另一种“大多数”。20 多年来，标签满天，攻击不断，却没有一篇正面商榷文章，笔者发起的商榷也没有任何应战。这一现象多少说明理论自洽的价值，学者的终极目标应当是“书比人长寿”。

参 考 文 献

《现代汉语词典》,商务印书馆 2002、2005 年版。

《辞海(中)》,上海辞书出版社 1990 年版。

《大辞海(法学卷)》,上海辞书出版社 2003 年版。

《国外法学知识译丛·法学总论》,知识出版社 1982 年版。

《法国劳动法典》,罗结珍译,国际文化出版公司 1996 年版。

《德国民法典》,郑冲、贾红梅译,法律出版社 1999 年版。

《瑞士债法典》,吴兆祥等译,法律出版社 2002 年版。

国务院新闻办公室编:《中国的人权状况》,中央文献出版社 1991 年版。

劳动部课题组:《中国社会保障体系的建立与完善》,中国经济出版社 1994 年版。

上海市劳动保障局课题组:《劳动合同立法研究》,《中国劳动》2005 年第 12 期。

联合国人权事务高级专员办事处:《国家人权机构手册:经济、社会、文化权利》(专业培训丛刊第十二辑),2004 年纽约和日内瓦版中文译本。

《中华人民共和国行政诉讼法解读》,中国法制出版社 2014 年版。

《劳动法论文选译》,中国人民大学出版社 1956 年版。

A

[日]阿部照哉、池田政典等编:《宪法的基本人权》,许志雄翻订,周宗宪译,元照出版公司 2001 年版。

[美]阿尔文·托夫勒、海蒂·托夫勒:《再造新文明》,白裕承译,北京中信出版社 2006 年版。

阿计:《劳动合同法:倾斜才有平衡》,《工人日报》2006 年 7 月 10 日。

[德]阿列克西:《作为主观权利与客观规范之基本权》,程明修译,《宪政时代》1999 年第 4 期。

[印]阿马蒂亚·森:《以自由看待发展》,任赜、于真译,中国人民大学出版社 2002 年版。

阿依古丽:《财产法律制度视角下的日耳曼法与罗马法的差异》,《求索》2010 年第 6 期。

安建增:《对自治施以控制的正当性——基于政治哲学的考察》,《社会主义研究》2012 年第 1 期。

安连成:《人权理论的产生及历史演变》,《求知》1998 年第 8 期。

[德]艾亨霍夫:《德国社会法》,李玉君等译,新学林出版股份有限公司 2019 年版。

[挪]艾德等:《经济、社会和文化的权利》,黄列译,中国社会科学出版社 2003 年版。

艾思奇:《努力研究社会主义社会的矛盾规律》,《哲学研究》1958 年第 7 期。

[英]艾利森·邦、马纳·撒夫:《劳动法基础(第二版)(影印本)》,武汉大学出版社 2004 年版。

[法]埃利希:《权利能力论》、[法]里佩尔:《职业民法》,载梁慧星主编:《民商法论丛》第 8 卷,法律出版社 1997a 年版。

[奥]埃利希:《法社会学原理》,舒国滢译,中国大百科全书出版社 2009a 年版。

[奥]埃利希:《法律社会学基本原理》,叶名怡、袁震译,中国社会科学出版社 1999b 年版。

[丹麦]埃斯平-安德森:《福利资本主义的三个世界》,苗正民、藤玉英译,商务印书馆 2010 年版。

[美]奥尔、凯斯:《工业化国家就业的灵活性和稳定性问题(一)》,王亚栋编译,《中国劳动》2005年第7期。

[德]奥科·贝伦茨:《市民社会和欧洲民法典化》,载张礼洪、高富平主编:《民法法典化、解法典化和反法典化》,中国政法大学出版社2008年版。

[英]奥利弗:《法律和经济》,张嵛春译,武汉大学出版社1986年版。

[英]奥斯汀:《法理学的范围》(英文版),英国全盛出版社1954年版。

[英]奥斯汀:《法理学的范围》,刘星译,中国法制出版社2002年版。

B

[德]巴霍夫:《公法中的反射作用以及主观权利》,载[德]施密特-阿特曼等:《德国行政法读本》,巴迪斯编选,于安等译,高等教育出版社2006年版。

白田田:《报告显示农民工就业"短工化"加剧》,《经济参考报》2012年2月9日。

[英]鲍曼:《流动的现代性》,欧阳景根译,上海三联书店2002年版。

[英]鲍曼:《共同体》,欧阳景根译,江苏人民出版社2003年版。

包秦:《对企业收益分配理论和实践的再认识》,《社会科学战线》1993年第4期。

包玉秋:《法治进程中的权力与权利》,《沈阳师范大学学报(社会科学版)》2008年第6期。

[日]百瀬孝:《"社会福利"の成立》,ミネルヴァ書房2002年版。

北岳:《关于义务与权利的随想(上)》,《法学》1994年第8期。

北岳:《法律义务的合理性依据》,《法学研究》1996年第5期。

[美]贝尔:《资本主义文化矛盾》,赵一凡等译,北京三联书店1989年版。

[法]贝尔特朗德·法居:《法国法典化的经验》,载张礼洪、高富平主编:《民法法典化、解法典化和反法典化》,中国政法大学出版社2008年版。

[意]彼德罗·彭梵得:《罗马法教科书》,黄风译,中国政法大学出版社1992年版。

[英]边沁:《道德与立法原理导论》,时殷弘译,商务印书馆2000年版。

[美]博登海默:《法理学——法哲学及其方法》,邓正来译,华夏出版社1987年版。

[美]博登海默:《法理学——法律哲学与法律方法》,邓正来译,中国政法大学出版社1999、2004年版。

[德]博伊庭:《德国公司法中的代表理论》,邵建东译,载梁慧星:《民商法论丛》,法律出版社1999年版。

[德]伯恩施坦:《渐进的社会主义》,纽约1961年版。

[德]伯恩施坦:《崩溃论和殖民政策》,《新时代》1898年第16卷。

[美]伯尔曼:《法律与革命》,贺卫方等译,法律出版社2008年版。

[英]伯林:《自由论》,胡传胜译,译林出版社2011年版。

[美]布劳:《社会生活中的交换与权力》,孙非、张黎勤译,华夏出版社1988年版。

[美]布劳、[美]梅耶:《现代社会中的科层制》,马戎等译,学林出版社2001年版。

[英]布洛克等编:《枫丹娜现代思潮辞典》,中国社会科学院文献情报中心译,社会科学文献出版社1993年版。

C

[德]Christian Starck:《法学、宪法法院审判权与基本权利》,杨子慧等译,元照出版有限公司

2006年版。

蔡定剑:《宪法精解》,法律出版社2006年版。

蔡坊:《二元劳动力市场条件下的就业体制转换》,《中国社会科学》1998年第2期。

蔡禾:《从“底线型”利益到“增长型”利益——农民工利益诉求的转变与劳资关系秩序》,《开放时代》2010年第9期。

蔡茂寅:《社会法之概念、体系与范畴——以日本法为例之比较观察》,台湾地区《政法大学评论》1997年第58期。

蔡茂寅:《全民健康保险现行制度分析与探讨》,《月旦法学杂志》2008年第153期。

蔡枢衡:《中国法理自觉的发展》,河北第一监狱1947年版。

蔡维音:《全民健康保险之法律关系剖析(上)》,《月旦法学杂志》1999年第48期。

蔡维音:《社会国之法理基础》,正典出版文化有限公司2001年版。

蔡维音:《全民健保行政之法律关系》,《成大法学》2002年第4期。

蔡维音:《全民健保之给付法律关系析论》,元照图书出版有限责任公司2014年版。

曹刚、蔡子祺:《25岁白领过度加班致死引发争议》,《新民晚报》2006年6月13日。

曹刚:《从权利能力到道德能力》,《中国人民大学学报》2007年第2期。

曹海东:《劳务派遣的非正常繁荣》,《南方周末》2007年12月13日,第11版。

曹红冰:《论民法的性质及在市场经济中的作用》,《长沙铁道学院学报(社会科学版)》2004年第1期。

曹锦清、张贯磊:《道德共同体与理想社会:涂尔干社会理论的再分析》,《中南民族大学学报(人文社会科学版)》2018年第1期。

曹行健:《我国现行工会法令对劳资关系之影响——兼论劳动三法之修正》,《劳资关系月刊》2001年第4期。

曹艳春:《劳动合同法确立双重劳动关系之肯定论》,《政法论丛》2006年第2期。

柴发邦主编:《诉讼法大辞典》,四川人民出版社1989年版。

柴荣:《论民国时期的民法思想》,《河北学刊》2007年第1期。

柴彬:《从工会法律地位的演进看工业化时期英国政府劳资政策的嬗变(1799—1974)》,《史学理论研究》2012年第2期。

常凯:《劳权论》,中国劳动社会保障出版社2004a年版。

常凯:《劳权保障:社会主义市场经济的题中之义》,《中国劳动》2004b年第1期。

常凯:《将企业社会责任运动纳入我国的劳动法制轨道》,《中国党政干部论坛》2004c年第3期。

常凯:《工会何为?》,《南风窗》2005年第23期。

常凯、李坤刚:《必须严格规制劳动者派遣》,《中国劳动》2006年第3期。

常凯:《劳资不成熟,公权需介入》,《新民周刊》2006a年5月25日。

常凯:《关于劳动合同立法的几个基本问题》,《当代法学》2006b年第6期。

常凯、李坤刚:《必须严格规制劳动派遣——论我国劳动派遣的作用及其法律规制》,载周长征主编:《劳动派遣的发展与法律规制》,中国劳动社会保障出版社2007年版。

常凯:《构建和谐社会与劳资关系法制化》,《检察风云》2007a年第6期。

常凯:《劳动合同法绝不是要捆死企业》,《南都周刊》2007b年7月23日。

常凯:《〈劳动合同法〉本来就应该是保护劳工利益的》,来源:作者博客2007c年12月10日,载http://www.wyzxsx.com/Article/Class4/200712/28710.html,2010年5月11日访问。

常凯:《劳权保障与劳资双赢——〈劳动合同法〉论》,中国劳动社会保障出版社 2009 年版。

常凯:《关于罢工的合法性及其法律规制》,《当代法学》2012 年第 5 期。

常凯:《劳动关系的集体化转型与政府劳工政策的完善》,《中国社会科学》2013 年第 6 期。

常凯:《切实保障集体劳权》,《新民周刊》2014 年第 29 期。

车文奎:《日本劳动关系的法律保障及思考》,《法学天地》1998 年第 8 期。

陈爱蓓:《论经济法的范式》,《湖北社会科学》2009 年第 1 期。

陈爱江:《就业与劳动权益的法律保护》,国防工业出版社 2006 年版。

陈爱娥:《基本权作为客观法规范——以组织与程序保障功能为例,检讨其衍生的问题》,载李建良、简资修主编:《宪法解释之理论与实务(第二辑)》,中山人文社会科学研究所 2000 年版。

陈步雷:《集体劳权保障与劳资博弈机制完善》,《中州学刊》2015 年第 2 期。

陈步雷:《工人代表制:"制度边缘"的革新——以我国珠三角地区的案例为考察对象》,《探索与争鸣》2016 年第 11 期。

陈慈阳:《宪法学》,元照出版有限公司 2005 年版。

陈凡、高兆明:《社会主义与社会自由——霍耐特对早期社会主义理念的反思》,《马克思主义与现实》2017 年第 2 期。

陈刚:《从身份社会到契约社会》,《南京师大学报(社会科学版)》2005 年第 1 期。

陈国富、卿志琼:《从身份到契约:中国制度变迁的特征透视》,《人文杂志》2000 年第 3 期。

陈国钧:《现代劳工问题及劳工立法》,正光书局有限公司 1982 年修订三版。

陈海嵩:《经济法与社会法关系之我见》,《中南民族大学学报(人文社会科学版)》2003 年第 8 期。

陈宏辉、贾生华:《企业社会责任观的演进与发展:基于综合性社会契约的理解》,《中国工业经济》2003 年第 12 期。

陈欢:《诸多条文几上几下,劳动合同法实施细则博弈劳资平衡线》,《21 世纪经济报道》2008 年 5 月 12 日,第 7 版。

陈继盛:《劳资关系》,中正书局 1990 年版。

陈继盛:《西德劳工立法》,载《劳工法论文集》,陈林法学文教基金会 1994 年版。

陈继盛:《劳动学导论》,台湾劳动学会 2014 年版。

陈冀:《珠三角中小企业倒闭:"倒闭潮"还是加速洗牌》,《商务时报》2008 年 12 月 6 日。

陈健生:《新型农村合作医疗筹资制度的设计与改进》,《财经科学》2005 年第 1 期。

陈晋:《毛泽东五十年代后期的探索思路和他读几本书的情形(上)》,《党的文献》1993 年第 4 期。

陈劲松:《传统法律主体资格标准理论及其当代变革》,《学术交流》2019 年第 7 期。

陈金红:《应建立"裁审分离"的劳动争议处理体制》,《中国劳动》2002 年第 6 期。

陈君:《部门利益角逐劳动合同法　外商撤资说别有用心》,《法制早报》2006 年 5 月 7 日。

陈开琦、黄聪:《法律权利的道德争论——关于权利来源的两种思考》,《云南师范大学学报(哲学社会科学版)》2014 年第 6 期。

陈林林:《"正义科学"之道德祭品极权统治阴影下的法实证主义》,《中外法学》2003 年第 4 期。

陈璐旸:《从〈安提戈涅〉看自然法的精神》,《江苏广播电视大学学报》2006 年第 4 期。

陈晴:《我国破产程序中的劳动债权保护评析》,《求索》2007 年第 8 期。

陈默:《基本解决建设领域拖欠工程款和农民工工资问题》,《新华网》2007 年 3 月 5 日,转引自搜狐:http://news.sohu.com/20070305/n248502687.shtml, 2019 年 6 月 10 日访问。

陈庆才:《劳资争议处理机制之研究——以信立化工罢工事件为例》,台湾中正大学 2009 年硕士学位论文。

陈弱水:《公共意识与中国文化》,新星出版社 2006 年版。

陈实:《集体劳权与中国工会》,《工运研究》2004 年第 2 期。

陈涛:《社会政策学:"政策科学"之外的一种选择》,《中国行政管理》1999 年第 12 期。

陈文曲:《民事公益诉讼简释》,《长沙航空职业技术学院学报》2002 年第 4 期。

陈文渊:《加强劳动立法是当务之急》,《政法论坛》1989 年第 4 期。

陈卫佐:《现代民法典编纂的沿革、困境与出路》,《中国法学》2014 年第 5 期。

陈微波:《工业民主理论的发展、困境及其变革——以民主与管理的价值整合为线索》,《社会科学》2012 年第 6 期。

陈唯得:《劳动争议处理制度的反思与完善》,复旦大学 2010 年硕士学位论文。

陈湘珍、张亮:《黑格尔市民社会理论及其现代意义》,《南京社会科学》2004 年第 2 期。

陈向聪:《论合同法中的情势变更原则及其适用》,《前沿》1999 年第 4 期。

陈晓平:《评汉普希尔的公德私德观》,《南京大学学报(哲学、人文、社科版)》2000 年第 4 期。

陈新民:《宪法基本权利之基本理论(上)》,三民书局 1992 年版。

陈新民:《宪法基本权利之基本理论(上)》,元照出版公司 1999 年版。

陈新民:《公法学札记》,中国政法大学出版社 2001 年版。

陈亚:《用人单位规章制度的相关法律问题》,《中国人力资源开发》2006 年第 2 期。

陈焱光:《论宪法基本权利的效力》,《湖北社会科学》2003 年第 8 期。

陈晏清、王新生:《马克思的市民社会理论及其意义》,《天津社会科学》2001 年第 4 期。

陈怡安:《论〈劳动合同法〉对企业人力资源管理的影响》,《现代商贸工业》2008 年第 5 期。

陈亦信:《西方"第三条道路"的新理论》,《二十一世纪》1999 年第 8 期。

陈银娥:《美国的失业保险制度及其对我国的启示》,《华中师范大学学报(人文社会科学版)》1999 年第 3 期。

陈云中:《保险学》,五南图书出版公司 1985 年版。

陈征:《基本权利的国家保护义务功能》,《法学研究》2008 年第 1 期。

陈志刚:《马克思的工具理性批判思想——兼与韦伯思想的比较》,《科学技术与辩证法》2001 年第 6 期。

陈忠林:《"恶法"非法——对传统法学理论的反思》,《社会科学家》2009 年第 2 期。

程凤朝:《美国的社会安全福利制度》,《经济论坛》1995 年第 10 期。

程关松:《公法理论中的三种功能主义范式》,《江西社会科学》2010 年第 9 期。

程汉大:《正和博弈是立宪成功之道》,《山东师范大学学报(人文社会科学版)》2005 年第 4 期。

程华:《普芬道夫法哲学思想论析》,《武汉大学学报(哲学社会科学版)》2008 年第 1 期。

程明修:《宪法保障之制度与基本权之制度性保障》,载廖福特主编:《宪法解释之理论与实务》(第 6 辑),台北"中央研究院"法律学研究所筹备处 2009 年版。

程顺增:《论情势变更制度与我国合同法体系之契合——以最高法院〈关于适用《中华人民共和国合同法》若干问题的解释(二)〉第 26 条的适用为视角》,《法律适用》2012 年第 6 期。

程小勇:《用人单位设置劳动报酬支付条件方略》,《中国劳动》2013 年第 4 期。

程信和:《试论实践意义上的经济法》,《中山大学学报》1992 年第 3 期。

程延园:《当代西方劳动关系研究学派及其观点评述》,《教学与研究》2003 年第 3 期。

程延园:《劳动合同立法如何平衡劳动者与企业的权益》,《法学杂志》2007 年第 3 期。

程延园、王甫希:《变革中的劳动关系研究:中国劳动争议的特点与趋向》,《经济理论与经济管理》2012 年第 8 期。

程志民:《康德和马克思》,《马克思主义研究》1997 年第 3 期。

成之约:《"劳资争议行为与集体劳资关系发展关联"专题评析一》,2007 年《劳资争议行为论文集》。

春阳:《劳动合同法就该"偏袒"劳动者》,《沈阳今报》2007 年 7 月 24 日。

[德]茨威格特、克茨:《比较法总论》,潘汉典等译,贵州人民出版社 1992 年版。

丛日云:《论黑格尔的"市民社会"概念》,《哲学研究》2008 年第 10 期。

[日]川岛武宜:《现代化与法》,申政武等译,中国政法大学出版社 1994 年版。

[日]川口清史:《非营利组织与合作社》,日本经济评论社 1994 年版。

崔建远:《合同法》,法律出版社 2003、2006 年版。

崔拴林:《动物地位问题的法学与伦理学分析》,法律出版社 2012 年版。

D

[美]Daniel Foote:《美国劳动法的放松规制》,杜钢建、彭亚楠译,《国家行政学院学报》2001 年第 5 期。

[日]大河内一男:《社会政策论》(大河内一男集第一卷),劳働旬報社 1981 年版。

[日]大河内一男:《我国に於ける社会事業の現在及び将来——社会事業と社会政策の関係を中心として一(〈社会事業〉第 22 卷第 5 号昭和 13 年 8 月所載)(社会福祉のあゆみ)一(歴史再現)》,《月刊福祉》1984 年第 67 卷第 12 号。

[日]大须贺明:《生存权论》,林浩译,法律出版社 2001 年版。

[日]大塚仁:《刑法概说》,有斐阁 1992 年版。

[日]丹宗晓信:《社会法理论的发展》,载[日]菊池勇夫编:《社会法综说(上)——劳动法、社会保障法、经济法》,有斐阁 1958 年版。

[日]丹宗晓信:《日本社会法理论的发展》,《法律时报》1958 年第 4 期。

戴孟勇:《论公序良俗的判断标准》,《法制与社会发展》2006 年第 3 期。

戴锐、龚廷泰:《利益理性的成长与利益主体的形态发展》,《南京社会科学》2002 年第 1 期。

[美]德沃金:《至上的美德:平等的理论与实践》,冯克利译,江苏人民出版社 2007 年版。

邓安庆:《从道德世界向伦理世界的生存论突围——论谢林早期伦理思想的意义》,《陕西师范大学学报(哲学社会科学版)》2013 年第 3 期。

邓安庆:《国家与正义——兼评霍耐特黑格尔法哲学"再现实化"路径》,《中国社会科学》2018 年第 10 期。

邓大松:《论美国社会保障发展趋势》,《世界经济与政治势》1997 年第 4 期。

邓大松:《论战后德国社会保障发展及其意义》,《经济评论》1998 年第 3 期。

邓方媛:《罢工的属性研究》,华东政法大学 2015 年硕士学位论文。

邓海建:《谁更该警惕——新〈劳动合同法〉实施前的异动》,来源:东北网 2007 年 8 月 13 日,载 http://star.news.sohu.com/20070813/n251547264.shtml, 2023 年 2 月 22 日访问。

邓宏炎:《论马克思市民社会决定国家理论的形成》,《华中师范大学学报(人文社会科学版)》1996 年第 6 期。

邓伟志:《如何推动社会管理》,《学习月刊》2006 年第 14 期。

邓伟志:《论社会平衡》,《探索与争鸣》2017 年第 12 期。

邓少岭:《建立法与“活法”的连续体》,《政治与法律》2007 年第 3 期。

邓小荣:《契约、身份与近现代民法的演变》,载梁慧星主编:《民商法论丛》第 15 卷,法律出版社 2000 年版。

邓正来:《哈耶克的社会理论》,载[英]哈耶克:《自由秩序原理》,邓正来译,北京三联书店 1997 年版。

邓正来、[美]亚历山大主编:《国家与市民社会:一种社会理论的研究路径》,中央编译出版社 1999 年版。

邓正来:《社会学法理学中的“社会”神——庞德法律理论的研究和批判》,《中外法学》2003 年第 3 期。

邓正来:《哈耶克关于自由的研究》,《哲学研究》2008 年第 10 期。

[德]迪特格林:《狄骥思想之德式解读》,王蔚译,《交大法学》2018 年第 3 期。

[法]迪韦尔热:《政治社会学》,杨祖功、王大东译,华夏出版社 1987 年版。

[英]蒂特姆斯:《社会政策十讲》,江绍康译,商务印书馆 1991 年版。

[韩]丁泰镐:《宪法诉愿的概念与历史的发展》,载韩国宪法学研究会:《宪法研究》1996 年第 4 集。

丁东红:《论福利国家理论的渊源与发展》,《中共中央党校学报》2011 年第 2 期。

丁海俊:《论民事权利、义务和责任的关系》,《河北法学》2005 年第 7 期。

丁建定:《试论英国济贫法制度的功能》,《学海》2013 年第 1 期。

丁建弘:《德国通史》,上海社会科学院出版社 2002 年版。

董保华:《试论我国劳动立法思路的转变》,《中国劳动科学》1990 年第 9 期。

董保华、程惠瑛:《中国劳动法学》,中国政法大学出版社 1992 年版。

董保华:《建立集体合同制度是深化劳动合同制度改革的重要之举》,《上海工运》1992a 年第 3 期。

董保华:《劳动制度改革的法学探索》,《中国法学》1992b 年第 5 期。

董保华:《劳动制度改革与政府职能的转变》,《法学》1992c 年第 9 期。

董保华主编:《劳动法教程》,上海市交通大学出版社 1994 年版。

董保华:《“劳工神圣”的卫士——劳动法》,上海人民出版社 1997a 年版。

董保华:《劳动关系变形引起的法学思考》,《法学》1997b 年第 10 期。

董保华:《劳动法原理》,上海社会科学出版社 1998a 年版。

董保华:《试论劳动法律关系的客体》,《法商研究》1998b 年第 5 期。

董保华:《劳动法论》,世界图书出版公司 1999a 年版。

董保华、郑少华:《社会法——对第三法域的探索》,《华东政法大学学报》1999 年第 1 期。

董保华:《“隐性失业”和“隐性就业”》,《探索与争鸣》1999b 年第 2 期。

董保华:《集体合同立法模式的比较》,《工会理论研究(上海工会管理干部学院学报)》1999c 年第 3 期。

董保华:《劳动关系调整的法律机制》,上海交通大学出版社 2000a 年版。

董保华:《试析社会法的调整模式——对第三法域的探索》,《西南政法大学学报》2000b 年第 1 期。

董保华:《论事实上的契约关系——对第三法域的探索》,《南京大学法律评论》2000c 年第

2 期。

董保华：《试析集体合同的主体与法律责任》，《工会理论研究（上海工会管理干部学院学报）》2000d 年第 2 期。

董保华：《劳动合同的再认识》，《法学》2000e 年第 5 期。

董保华等：《社会法原论》，中国政法大学出版社 2001 年版。

董保华：《社会保障法与劳动法的界定》，《华东政法学院学报》2001a 年第 3 期。

董保华：《社会基准法与相对强制性规范——对第三法域的探索》，《法学》2001b 年第 4 期。

董保华：《新〈工会法〉的四大特色》，《工会理论研究（上海工会管理干部学院学报）》2001c 年第 6 期。

董保华：《无效劳动合同与事实劳动关系》，《工会理论研究（上海工会管理干部学院学报）》2002a 年第 1 期。

董保华：《论我国工会的职业化、社会化和行业化》，《工会理论与实践》2002b 年第 1 期。

董保华：《论经济法的国家观——从社会法的视角探索经济法的理论问题》，《法律科学（西北政法学院学报）》2003a 年第 2 期。

董保华：《论工会职能的新定位》，《工会理论研究（上海工会管理干部学院学报）》2003b 年第 6 期。

董保华：《劳动权与三种本位观》，《中国劳动》2004a 年第 1 期。

董保华、周开畅：《也谈"从契约到身份"——对第三法域的探索》，《浙江学刊》2004 年第 1 期。

董保华：《略论经济法的视角转换——兼谈经济法与社会法的关系》，《法学》2004b 年第 5 期。

董保华：《社会团体与团体社会》，《上海工会管理干部学院学报》2004c 年第 6 期。

董保华：《论社会保障法的受益主体》，《中国劳动》2004d 年第 10 期。

董保华、陆胤：《论实际履行原则——调整个别劳动关系的基本原则》，钱斐、董保华：《论雇佣关系与劳动关系》，载董保华主编：《劳动合同研究》，中国劳动社会保障出版社 2005a 年版。

董保华：《劳动保障监察与劳动仲裁选择或互补》，《中国劳动》2005b 年第 1 期。

董保华：《劳务派遣的法学思考》，《中国劳动》2005c 年第 6 期。

董保华：《锦上添花抑或雪中送炭——析〈中华人民共和国劳动合同法（草案）〉的基本定位》，《法商研究》2006a 年第 3 期。

董保华：《企业社会责任与企业办社会》，《上海师范大学学报（哲学社会科学版）》2006b 年第 5 期。

董保华、杨杰：《劳动法律与人力资源管理的冲撞与协调——试析〈劳动合同法（草案）〉的缺陷》，《中国人力资源开发》2006 年第 5 期。

董保华、张宪民、郭文龙、周开畅：《我国现行劳动争议处理体制的问题与思考》，《工会理论研究（上海工会管理干部学院学报）》2006 年第 6 期。

董保华：《劳动关系对立与和谐》，《上海企业》2006c 年第 9 期。

董保华、邱婕：《劳动合同法的适用范围应作去强扶弱的调整》，《中国劳动》2006 年第 9 期。

董保华：《十大热点事件透视劳动合同法》，法律出版社 2007a 年版。

董保华主编：《劳动力派遣》，中国劳动社会保障出版社 2007b 年版。

董保华：《中国劳动基准法的目标选择》，《法学》2007c 年第 1 期。

董保华：《和谐劳动关系的思辨》，《上海师范大学学报（哲学社会科学版）》2007d 年第 2 期。

董保华：《论劳动合同法的立法宗旨》，《现代法学》2007e 年第 6 期。

董保华：《论我国无固定期限劳动合同》，《法商研究》2007f 年第 6 期。

董保华:《公司并购中的新话题——劳动合同的承继》,《中国人力资源开发》2007g 年第 9 期。

董保华:《论我国劳动争议处理立法的基本定位》,《法律科学(西北政法大学学报)》2008b 年第 2 期。

董保华:《论劳动合同中的服务期违约金》,《法律适用》2008c 年第 4 期。

董保华:《论非标准劳动关系》,《学术研究》2008d 年第 7 期。

董保华:《"黑砖窑事件"引发的法律思考》,《甘肃社会科学》2009a 年第 6 期。

董保华:《无固定期限劳动合同的法律适用》,《中国人力资源开发》2009b 年第 6 期。

董保华:《〈劳动合同法〉实施中的若干关系(二)》,作者博客 2009c 年 9 月 18 日,载 http://blog.sina.com.cn/s/blog_4fab7fbf0100f0z0.html, 2023 年 2 月 18 日访问。

董保华、李国庆:《争鸣中的探索——2008 年劳动法学前沿问题报告》,载高翔主编:《社会科学蓝皮书　中国社会科学学术前沿(2008—2009)》,社会科学文献出版社 2009 年版。

董保华:《实施劳动法疑难问题深度透视——十大热点事件之名家详解》,法律出版社 2010 年版。

董保华:《劳动合同立法的争鸣与思考》,上海人民出版社 2011a 年版。

董保华:《中国劳动关系的十字路口——管制与自治:富士康、本田案件提出的法治命题》,《探索与争鸣》2011b 年第 3 期。

董保华:《隐蔽雇佣关系研究》,《法商研究》2011c 年第 5 期。

董保华:《劳动立法中道德介入的思辨》,《政治与法律》2011d 年第 7 期。

董保华:《规范劳动者维权行动的制度选择》,《法治研究》2012b 年第 1 期。

董保华:《劳动者自发罢工的机理及合法限度》,《甘肃社会科学》2012c 年第 1 期。

董保华:《"过劳死"的法律思考》,《检察风云》2012d 年第 6 期。

董保华:《劳务派遣的题中应有之义——论劳务派遣超常发展的"堵"与"疏"》,《探索与争鸣》2012e 年第 8 期。

董保华:《口头劳动合同的效力研判——评劳动争议司法解释草案中的口头形式变更书面合同》,《政治与法律》2012f 年第 12 期。

董保华:《专家称职业维权折射法律制度不足》,《人民法院报》2012g 年 1 月 3 日。

董保华:《关于居民收入倍增的多重思考》,《探索与争鸣》2013a 年第 2 期。

董保华:《论劳务派遣立法中的思维定势》,《苏州大学学报(哲学社会科学版)》2013b 年第 3 期。

董保华:《"广义社会法"与"中义社会法"——兼与郑尚元、谢增毅先生商榷》,《东方法学》2013c 年第 3 期。

董保华:《劳务派遣的堵与疏》,《检察风云》2013d 年第 15 期。

董保华:《社会法研究中"法律部门"与"法律理念"的关系——兼与冯彦君先生商榷》,《法学》2014 年第 2 期。

董保华:《"社会法"与"法社会"》,上海人民出版社 2015a 年版。

董保华、李国庆:《争鸣中的探索》,载董保华:《劳动合同制度中的管制与自治》,上海人民出版社 2015b 年版。

董保华、李干:《依法治国须超越"维权"VS"维稳":基于沃尔玛"常德事件"的考察》,《探索与争鸣》2015a 年第 1 期。

董保华、李干:《我国社会保险权利救济制度的理论悖论与现实困境——"裕元事件"引发的思考》,《法学》2015b 年第 1 期。

董保华、李干:《构建和谐劳动关系的新定位》,《南京师大学报(社会科学版)》2016 年第 2 期。

董保华:《〈劳动合同法〉的十大失衡问题》,《探索与争鸣》2016a 年第 4 期。

董保华:《雇佣、劳动立法的历史考量与现实分析》,《法学》2016b 年第 5 期。

董保华、孔令明:《经济补偿与失业保险之制度重塑》,《学术界》2017 年第 1 期。

董保华:《我国劳动关系解雇制度的自治与管制之辨》,《政治与法律》2017a 年第 4 期。

董保华:《劳动领域群体争议的法律规制》,《法学》2017b 年第 7 期。

董保华:《〈工伤保险条例〉修改的若干思考》,《东方法学》2019 年第 5 期。

董保华:《疫情防控中如何平衡两类生存权》,《探索与争鸣》2020 年第 4 期。

董保华主编、唐大杰副主编:《劳动合同法修法的争鸣与思考》,上海人民出版社 2021 年版。

董保华等:《集体劳动争议与群体劳动争议的法律机制研究》,上海人民出版社 2021 年版。

董保华:《社会法"非中心化"调整模式的思考——新业态下劳动者权益保障的观念更新与制度调整》,《浙江社会科学》2021 年第 12 期。

董宏伟:《民生保障的国家保护义务》,《北京理工大学学报》(社会科学版)2012 年第 4 期。

董景荣:《制度经济学》,科学出版社 2015 年版。

董士忠:《劳动债权在破产法中的立法定位初探》,华东政法大学 2006 年硕士学位论文。

董学立:《诚实信用原则与公序良俗原则的界分》,《法学论坛》2013 年第 6 期。

都阳:《积极就业政策的新内涵》,《劳动经济研究》2019 年第 1 期。

杜承铭:《论结社自由权的宪法权利属性、价值及其限制》,《河北法学》2002 年第 6 期。

[德]杜茨:《劳动法》,张国文译,法律出版社 2005 年版。

杜钢建、陈壮志:《人权发展的渊源与学说简论》,《法治湖南与区域治理研究》2011 年第 4 期。

杜景林、卢谌:《德国新债法研究》,中国政法大学出版社 2004 年版。

段凡:《论权力应是公权力》,《武汉大学学报(哲学社会科学版)》2012 年第 5 期。

段宏磊:《〈劳动合同法〉中惩罚性赔偿制度的立法反思与改进》,《西南民族大学学报(人文社会科学版)》2022 年第 7 期。

段葳、刘权:《法、德行政法院考察及其启示》,《云南行政学院学报》2017 年第 6 期。

段毅、李琪:《中国集体劳动关系的生成、发展与成熟——一个自下而上的分析视角》,《中国人力资源开发》2014 年第 23 期。

[英]多尔:《股票资本主义:福利资本主义　英美模式 VS 日德模式》,李岩、李晓桦译,社会科学文献出版社 2002 年版。

F

[美]法伯:《法律形式主义举隅》,刘秀华译,《中央政法管理干部学院学报》2001 年第 1 期。

[美]法恩思沃斯:《美国法律体系》,李明倩译,上海人民出版社 2018 年版。

法治斌、董保城:《宪法新论》,元照出版公司 2004 年版。

房敏:《工会代表权研究》,华东政法学院 2005 年硕士学位论文。

樊琳:《论劳动法上的劳动者》,北京化工大学 2013 年硕士学位论文。

樊小贤:《道德"应该"的生态伦理归向》,《西北大学学报(哲学社会科学版)》2009 年第 3 期。

范健、张萱:《德国法中雇员参与公司决策制度比较研究》,《外国法译评》1996 年第 3 期。

范雪飞:《请求权的一种新的类型化方法:攻击性请求权与防御性请求权》,《学海》2020 年第 1 期。

范愉:《论我国社会调整系统中的政策与法》,《中国人民大学学报》1988 年第 6 期。

范愉:《私力救济考》,《江苏社会科学》2007 年第 6 期。

范愉主编:《ADR 原理与实务》,厦门大学出版社 2002 年版。

范跃如:《劳动争议诉讼程序研究》,中国人民大学出版社 2002 年版。

方鸿钧等:《法治:理念与制度》,中国政法大学出版社 2002 年版。

方江宁:《囿于"私法"理念的劳动合同效力及对其立法的思考》,2005 年《"2005 年度中国劳动法学研究会年会暨劳动合同立法理论研讨会"论文汇编》。

方强:《西进与东渐:马克思主义社会进化论的社会存在形态》,《开封教育学院学报》2015 年第 5 期。

方秋兰:《浅析"第三条道路"的价值理念及其对当代中国社会的启示:读〈第三条道路——社会民主主义的复兴〉》,《华中师范大学研究生学报》2011 年第 2 期。

方新军:《内在体系外显与民法典体系融贯性的实现》,《中外法学》2017 年第 3 期。

方烨:《劳动合同法:创建规范的劳资关系》,《经济参考报》2007 年 12 月 14 日。

[德]费尔巴哈:《费尔巴哈哲学著作选集》下卷,荣振华等译,商务印书馆 1984 年版。

[英]费伦德:《比较法与法律移植》,贺卫方译,《比较法研究》1990 年第 3 期。

冯同庆:《国有企业职工参与的价值取向与组织体制》,《工会理论与实践》2003 年第 10 期。

冯彦君:《劳动法学》,吉林大学出版社 1999a 年版。

冯彦君:《解释与适用——对我国〈劳动法〉第 31 条规定之检讨》,《吉林大学社科学学报》1999b 年第 2 期。

冯彦君:《理想与现实之间的〈劳动合同法〉——总体评价与创新点解析》,《当代法学》2008 年第 6 期。

冯彦君:《中国特色社会主义社会法学理论研究》,《当代法学》2013 年第 3 期。

[美]弗里德曼:《法律制度——从社会科学角度观察》,李琼英、林欣译,中国政法大学出版社 2004 年版。

[美]弗里德里希:《超验正义——宪政的宗教之维》,周勇、王丽芝译,北京三联书店 1997 年版。

[德]福尔伦德:《康德和马克思》,图宾根 1926 年版。

[日]福田德三:《生存権の社会政策》,講談社学術文庫 1980 年版。

[日]福田平、[日]大塚仁编:《日本刑法总论讲义》,李乔等译,辽宁人民出版社 1986 年版。

傅静坤:《二十世纪契约法》,法律出版社 1997 年版。

傅旭:《为依法治国打下坚实基础——王维澄谈建立有中国特色社会主义法律体系》,《人民日报》1999 年 5 月 26 日,第 9 版。

傅殷才、颜鹏飞:《自由经营还是国家干预》,经济科学出版社 1955 年版。

付翠英:《破产法比较研究》,中国人民公安大学出版社 2004 年版。

付翠英:《人格·权利能力·民事主体辨思——我国民法典的选择》,《法学》2006 年第 8 期。

付龙飞:《德国社会保障权法律救济制度及启示》,《河南省政法管理干部学院学报》2011 年第 2 期。

[美]富勒:《法律的道德性》,1964 年首版。

G

[英]盖斯特:《英国合同法案例》,张文镇等译,中国大百科全书出版社 1998 年版。

[古罗马]盖尤斯:《法学阶梯》,黄风译,中国政法大学出版社 1996 年版。

[英]甘布尔:《自由的铁笼:哈耶克传》,王晓冬、朱之江译,江苏人民出版社 2002 年版。

甘绍平:《人权基准与文化自觉》,《中国政法大学学报》2007 年第 2 期。

甘绍平:《人权伦理学》,中国发展出版社 2009a 年版。

甘绍平:《关于人权概念的两个哲学论争》,《哲学动态》2009b 年第 1 期。

[美]高尔曼:《劳动法基本教程　劳工联合与集体谈判》,马静等译,中国政法大学出版社 2003 年版。

高慧铭:《论基本权利的滥用禁止》,《清华法学》2015 年第 1 期。

[日]高桥一修:《自力救济》,《基本法学》第 8 卷《纷争》,岩波书店 1982 年版。

高清海、胡海波、贺来:《人的类生命与类哲学》,吉林人民出版社 1998 年版。

高世缉:《更自由的市场、更复杂的交易、更严格的规则》,载吴敬琏主编:《比较(第 1 辑)》,中信出版社 2002 年版。

高仰光:《法典化的历史叙事》,《中国法学》2021 年第 5 期。

高远戎:《"大跃进"期间的资产阶级法权讨论及影响——试析毛泽东对社会主义社会的一些构想》,《中共党史研究》2006 年第 3 期。

高兆明:《信任危机的现代性解释》,《学术研究》2004 年第 4 期。

高志明:《刑法法益概念学说史初探——以德国学说为主》,台北大学 2003 年硕士论文。

[荷]格劳秀斯:《战争与和平法》,载《西方法律思想史资料选编》,北京大学出版社 1983 年版。

[英]格林:《政治义务原则讲演集》,载黄坍森、沈宗灵主编:《西方人权学说(上)》,四川人民出版社 1994 年版。

葛少英:《我国罢工立法问题初探》,《法商研究》1996 年第 3 期。

葛寿昌主编:《社会保障经济学》,复旦大学出版社 1990 年版。

龚建礼等:《劳动法教程》,北京经济学院出版社 1989 年版。

龚曙东:《日耳曼法的启示——从李宜琛〈日耳曼法概说〉谈起》,《比较法研究》2004 年第 1 期。

龚向和:《社会权的概念》,《河北法学》2007 年第 9 期。

龚向和、刘耀辉:《论国家对基本权利的保护义务》,《政治与法律》2009 年第 5 期。

龚向和:《生存权概念的批判与重建》,《学习与探索》2011 年第 1 期。

龚炜、徐婷:《论禁止权利滥用与和谐社会》,《学习与探索》2007 年第 2 期。

[法]贡斯当:《古代人的自由与现代人的自由之比较》,载刘军宁、王焱编:《公共论丛——自由与社群》,北京三联书店 1998 年版。

[法]贡斯当:《古代人的自由和现代人的自由》,阎克文、刘满贵译,冯克利校,商务印书馆 1999 年版。

[日]沟口雄三:《中国公私概念的发展》,汪婉译,《国外社会科学》1998 年第 1 期。

谷春德:《人权的理论与实践》,陕西人民出版社 1991 年版。

[日]谷口安平:《程序的正义与诉讼》,王亚新、刘荣军译,中国政法大学出版社 1996 年版。

顾俊礼主编:《福利国家论析》,经济管理出版社 2002 年版。

顾伟峰:《浅析派遣员工权益之保障》,载丁薛祥主编:《人才派遣理论规范与实务》,法律出版社 2006 年版。

关保英:《恶法非法论》,《学术月刊》2017 年第 11 期。

关怀主编:《劳动法学》,群众出版社 1983、1987 年版。

关怀主编:《法学概论与劳动法》,劳动人事出版社 1985 年版。

关怀:《略论集体合同制度》,《法制与社会发展》1996 年第 2 期。

关怀主编:《劳动法》,中国人民大学出版社 2005 年版。

关怀、林嘉主编:《劳动法》,中国人民大学出版社 2006 年版。

关怀:《〈劳动合同法〉与劳动者合法权益的保护》,《法学杂志》2006 年第 5 期。

关怀:《要求修改〈劳动合同法〉是对法律的误读》,《法制日报》2008 年 2 月 7 日。

关馨:《强迫劳动与免于强迫劳动权》,华东政法学院 2004 年硕士学位论文。

关信平:《社会政策概论》,高等教育出版社 2005 年版。

[日]光冈正博:《经营参加权的研究》,法律文化社出版社 1988 年版。

管欧:《当前法律思潮问题》,载刁荣华主编:《法律之演进与适用》,汉林出版社 1977 年版。

管跃庆:《地方利益论》,复旦大学出版社 2006 年版。

桂裕:《保险法论》,三民书局 1981 年版。

郭爱萍:《和谐社会构建中的劳资关系思考》,《求实》2006 年第 8 期。

郭崇德主编:《社会保障学概论》,北京大学出版社 1992 年版。

郭道晖:《试论权利与权力的对立统一》,《法学研究》1990 年第 4 期。

郭道晖:《社会权力与公民社会》,凤凰出版传媒集团、译林出版社 2009 年版。

郭航帆:《改善民生与建设有中国特色的福利国家》,《吉林省经济管理干部学院学报》2011 年第 3 期。

郭建:《中国财产法史稿》,中国政法大学出版社 2005 年版。

郭捷等:《劳动法学》,中国政法大学出版社 1997 年版。

郭晋晖:《劳动合同法争论继续:谁真正代表工人利益》,《第一财经日报》2006 年 4 月 7 日。

郭军:《劳务派遣畸形发展　亟待法律正本清源》,《检察日报》2006 年 10 月 9 日。

郭军:《〈劳动合同法(草案)〉三审后值得关注的几个问题》,《中国劳动》2007 年第 6 期。

郭明瑞、房绍坤、於向平等:《民事责任论》,中国社会科学出版社 1991 年版。

郭明瑞、房绍坤、唐广良:《民商法原理(一)　民商法总论·人身权法》,中国人民大学出版社 1999 年版。

郭明政:《劳动关系中权利争议处理之比较研究》,台湾政治大学 1984 年硕士学位论文。

郭明政:《社会安全制度与社会法》,台湾地区政治大学法学院劳动法与社会法研究中心 1997 年版。

郭琦、雷蕾:《论军事法应作为一个独立的法律部门》,《法制与社会》2011 年第 19 期。

郭曰君:《社会保障权研究》,上海世纪出版集团 2010 年版。

H

[德]Hans F. Zacher(ハンス?F?ツァハー):《ドイツ社会法の构造と展开:理论、方法、实践》,藤原正则、多治川卓朗、北居功、佐藤启子译,日本评论社 2005 年版。

[德]哈贝马斯:《公共领域的结构转型》,曹卫东等译,学林出版社 1999 年版。

[德]哈贝马斯:《在事实与规范之间》,童世骏译,北京三联书店 2003、2014 年版。

[英]哈特:《法律的概念》,张文显等译,中国大百科全书出版社 1996 年版。

[英]哈特:《法理学与哲学论文集》,支振峰译,法律出版社 2005 年版。

[美]哈特:《企业、合同与财务结构》,费方域译,格致出版社、上海三联书店、上海人民出版社

2006 年版，作者中译本序。

［英］哈耶克：《通往奴役之路》，王明毅等译，中国社会科学出版社 1997 年版。

［英］哈耶克：《法律、立法与自由》第 1 卷，邓正来等译，中国大百科全书出版社 2000 年版。

韩大元主编：《比较宪法学》，高等教育出版社 2003 年版。

韩大元主编：《宪法学》，高等教育出版社 2006 年版。

韩克庆：《第三条道路与中国的福利改革》，《天津社会科学》2010 年第 2 期。

韩强：《论政治社会学的研究对象》，《理论学刊》1999 年第 4 期。

韩世远：《合同法总论（第二版）》，法律出版社 2008 年版。

韩忠谟：《法学绪论》，中国政法大学出版社 2002 年版。

［德］海尔穆特·库勒尔：《德国民法典的过去与现在》，载梁慧星主编：《民商法论丛》第 1 卷，法律出版社 1994 年版。

［德］海因·波特霍夫：《劳动法》（《活着的科学》第 5 卷），1928 年版。

［德］汉斯·哈腾鲍尔：《民法上的人》，孙宪忠译，《环球法律评论》2001 年第 4 期。

［日］河上肇：《贫乏物语》，林直道解说，新日本出版社 2008 年版。

何兵：《华为事件是企业反击劳动法的第一枪》，《南方都市报》2007 年 11 月 6 日。

何兵：《真正的黑心资本家们是无视任何法律的》，《南方都市报》2008 年 1 月 24 日。

何海波：《实质法治》，法律出版社 2009 年版。

何家弘：《论法官造法》，《法学家》2003 年第 5 期。

何力：《一次得到褒奖的集体违法行动》，来源：盈科 2010 年 6 月 1 日，载 http://lawyer.9ask.cn/lvshi/heli/blog_140270.html，2019 年 3 月 15 日访问。

何勤华：《近代德国私法学家祁克述评》，《法商研究》1995a 年第 6 期。

何勤华：《耶林法哲学理论述评》，《法学》1995b 年第 8 期。

何勤华主编：《英国法律发达史》，法律出版社 1999 年版。

何勤华等：《日本法律发达史》，上海人民出版社 1999 年版。

何勤华：《德国法律发达史》，法律出版社 2000 年版。

何清涟：《从历史的阴影中直出来》，《深圳商报》1997 年 3 月 6 日。

何清涟：《经济学与人类关怀》，广东教育出版社 1998 年版。

何增科：《市民社会概念的历史演变》，《中国社会科学》1994 年第 5 期。

何峥嵘：《给付行政的发展与行政法理论、制度的回应》，《学术论坛》2007 年第 11 期。

贺海仁：《从私力救济到公力救济——权利救济的现代性话语》，《法商研究》2004 年第 1 期。

［德］黑勒：《国家学的危机　社会主义与民族》，刘刚译，中国法制出版社 2010 年版。

［德］黑格尔：《法哲学原理》，范扬、张企泰译，商务印书馆 1961、1979、1996、2009、2017 年版。

［德］黑格尔：《精神现象学（上）》，商务印书馆 1981 年版。

洪芳：《德国雇员民主参与的特点及其对我国的启示》，《山东社会科学》2015 年第 9 期。

洪福增：《刑事责任之理论》，三民书局 1988 年版。

洪秀丽、黄必义：《劳动合同的性质探究》，《宜春学院学报（社会科学）》2002 年第 10 期。

洪逊欣：《中国民法总则》，三民书局 1979 年版。

洪远朋、高帆：《关于社会利益问题的文献综述》，《社会科学研究》2008 年第 2 期。

侯健：《实质法治、形式法治与中国的选择》，《湖南社会科学》2004 年第 2 期。

侯文学主编：《劳动法概论》，兰州大学出版社 1988 年版。

侯玲玲:《中国和瑞典劳动争议处理体制的比较研究》,《西南民族大学学报》2006年第3期。

侯玲玲:《事实与法律规范的冲突和协调——透视"南海本田停工"事件》,在中国法学会社会法学研究会2010年年会发布,并被评为年会青年学者优秀论文。

侯玲玲:《比较法视野下的劳动者集体争议行动之法律规制》,《法律科学》2013年第4期。

胡长清:《中国民法总论》,中国政法大学出版社1997年版。

胡明:《历史学派与德国特殊发展道路》,《德国研究》2008年第3期。

胡立峰:《劳动规章制度法律性质之"法律规范说"检讨》,《西南政法大学学报》2008年第5期。

胡立峰:《美国劳动法对雇主不当解雇行为的规制:源流、发展与反思》,《环球法律评论》2009年第1期。

胡连生:《论西欧福利国家的危机及其未来走向》,《当代世界与社会主义》2015年第4期。

胡平仁:《法社会学的法观念》,《社会科学战线》2007年第3期。

胡西瑞:《结社自由与团结权之辨:以社会法为研究视角》,华东政法大学2014年硕士学位论文。

胡兴建:《从"社会契约"到"社会连带"——思想史中的卢梭和狄骥》,《西南政法大学学报》2004年第2期。

胡欣诣:《三代人权观念:源流、争论与评价》,《泰山学院学报》2011年第4期。

胡欣诣:《从二分法到不可分性——经济、社会和文化权利的人权属性》,《道德与文明》2013年第5期。

胡岩:《比较视野下财团法人概念辨析》,《比较法研究》2011年第5期。

胡艳萍:《在法制的框架下构建企业和谐劳动关系》,《安徽电气工程职业技术学院学报》2007年第4期。

胡余旺:《良法与法治》,《前沿》2008年第3期。

胡玉鸿:《"法律人"建构论纲》,《中国法学》2006年第5期。

胡玉鸿:《法律主体概念及其特性》,《法学研究》2008年第3期。

胡玉鸿:《社会本位法律观之批判》,《法律科学(西北政法大学学报)》2013年第5期。

胡玉鸿:《论社会权的性质》,《浙江社会科学》2021年第4期。

胡玉浪:《劳动报酬权研究》,知识产权出版社2009年版。

[美]华尔德:《共产党社会的新传统主义》,龚小夏译,牛津大学出版社1996年版。

华建敏:《全国人民代表大会常务委员会执法检查组关于检查〈中华人民共和国劳动合同法〉实施情况的报告》,《全国人民代表大会常务委员会公报》2009年第1期、2011年第7期。

[日]荒木尚志:《日本劳动法》,李坤刚、牛志奎译,北京大学出版社2010年版。

[日]荒木尚志:《労働法》,有斐閣2013年版。

黄晨熹:《社会政策概念辨析》,《社会学研究》2008年第4期。

黄程贯:《劳动法中关于劳动关系之本质的理论》,《政大法学评论》1987年第6期。

黄程贯:《劳资争议法律体系中之罢工的概念、功能及基本法律结构》,《政大法学评论》1989年第39期。

黄程贯:《论政治罢工》,《政大法学评论》1989年第40期。

黄程贯:《劳动法中关于劳动关系之本质的理论》,《政大法学评论》1998年第59期。

黄程贯:《劳动法》,空中大学1997、2001年版。

黄程贯:《我国罢工合法要件之检讨》,《月旦法学杂志》2004年第4期。

黄程贯:《团体协约》,载台湾法学会编:《台湾法学新课题(四)》,元照出版有限公司2006

年版。

黄程贯:《团体协约之和平义务及其反思》,《劳工研究》2006 年第 1 期。

黄程贯等:《从德国工厂会议制度探讨台湾劳资会议制度改革方向》,台湾劳工委员会研究计划 2010 年版。

黄程贯主编:《劳动法》,新学林出版股份有限公司 2014、2015 年版。

黄东兰:《跨语境的"自治"概念——西方·日本·中国》,《江海学刊》2019 年第 1 期。

黄辉明:《利益法学的源流及其意义》,《云南社会科学》2007 年第 6 期。

黄家亮、廉如鉴:《"中国人无所谓自私"——梁漱溟关于民族自私性问题的思想》,《江苏社会科学》2011 年第 5 期。

黄建辉:《法律漏洞·类推适用》,蔚理法律出版社 1998 年版。

黄金荣:《司法保障人权的限度——经济和社会权利可诉性问题研究》,社会科学文献出版社 2009 年版。

黄金荣:《经济、社会及文化权利委员会对中国履约状况第二次审议述评》,《人权》2015 年第 1 期。

黄俊:《经济法的价值与独立性再探讨》,《学理论》2011 年第 3 期。

黄君:《福利国家的"奥菲悖论"》,《河北学刊》2017 年第 5 期。

黄力之:《资本主义文化矛盾理论与马克思的文化思想及其延伸》,《中国社会科学》2012 年第 4 期。

黄茂荣:《法学方法与现代民法》,中国政法大学出版社 2001 年版。

黄卉:《德国劳动法中的解雇保护制度》,《中外法学》2007 年第 1 期。

黄申:《公司法人人格否认之补充:代理人担保》,《经济论坛》2010 年第 7 期。

黄枬森、沈宗灵主编:《西方人权学说(上)》,四川人民出版社 1994 年版。

黄涛:《论历史与法权——谢林〈先验唯心论体系〉中有关法权演绎的学说》,《人大法律评论》2018 年第 1 期。

黄文艺:《全球化时代的国际法治——以形式法治概念为基础的考察》,《吉林大学社会科学学报》2009 年第 4 期。

黄薇:《政府管制中的法律救济》,《江西科技师范学院学报》2009 年第 2 期。

黄小雨:《狭义民事法益探讨》,中国人民大学 2000 年硕士学位论文。

黄秀梅:《论劳动派遣争议案件当事人》,载周长征主编:《劳动派遣的发展与法律规制》,中国劳动社会保障出版社 2007 年版。

黄越钦:《从劳动斗争权到和谐义务》,《政大法学评论》1989 年第 39 期。

黄越钦:《劳动法论》,政治大学劳工研究所 1993 年版。

黄越钦:《劳动法新论》,中国政法大学出版社 2003 年版、翰芦图书出版有限公司 2012 年版。

黄子鸿:《关于法的阶级性和社会性问题的讨论综述》,《法学》1983 年第 9 期。

[英]霍布斯:《利维坦》,黎思复等译,商务印书馆 1985 年版。

[英]霍布斯:《利维坦》(一),刘胜军、胡婷婷译,中国社会科学出版社 2007 年版。

[德]霍恩等:《德国民商法导论》,楚建译,中国大百科全书出版社 1996 年版。

[法]霍尔巴赫:《自然政治论》,陈太先、眭茂译,商务印书馆 1994 年版。

[德]霍尔斯特·杰格尔:《社会保险入门——论及社会保障法的其他领域》,刘翠霄译,中国法制出版社 2000 年版。

[德]霍克海默:《自然法与意识形态》,载曹卫东编选:《霍克海默集》,渠东、付德等译,上海远

东出版社 1997 年版。

J

[德]基尔克:《人的社团之本质》,杨若漾译,王洪亮校,《中德私法研究》2013 年第 1 期。

[德]基尔克:《私法的社会任务》,刘志阳、张小丹译,中国法制出版社 2017 年版。

[日]矶谷幸次郎、[日]美浓部达吉:《〈法学通论〉与〈法之本质〉》,王国维、林纪东译,中国政法大学出版社 2006 年版。

[美]吉尔莫:《契约的死亡》,曹士兵等译,中国法制出版社 2005 年版。

[英]吉登斯:《社会的构成》,李康、李猛译,北京三联书店 1998 年版。

[英]吉登斯:《第三条道路:社会民主主义的复兴》,郑戈译,北京大学出版社 2000 年版。

[日]加古佑二郎:《理论法学の诸问题》,有斐阁 1935 年版。

贾彬:《提升公共管理者　应对群体性事件的能力》,《企业家天地(理论版)》2010 年第 6 期。

菅从进:《权利的受益权能与国家公权主体的给付义务》,《徐州师范大学学报(哲学社会科学版)》2008a 年第 5 期。

菅从进:《论权利的救济权能及其发展》,《河北法学》2008b 年第 8 期。

菅从进:《论基本权利的受益权能及其主要指向》,《广西社会科学》2008c 年第 10 期。

[日]菅野和夫:《劳动法》,弘文堂 1989 年版。

简良机:《劳资争议立法规范及处理制度之研究》,五南图书出版有限公司 1991 年版。

姜明安主编:《行政法与行政诉讼法》,北京大学出版社、高等教育出版社 1999 年版。

姜峰:《权利宪法化的隐忧——以社会权为中心的思考》,《清华法学》2010 年第 5 期。

姜红明、唐文彰:《〈贝弗里奇报告〉与现代英国社会保障制度》,《武汉科技大学学报(社会科学版)》1999 年第 2 期。

姜颖:《劳动合同法论》,法律出版社 2006 年版。

姜颖、沈建峰:《正确评估〈劳动合同法〉适时修改〈劳动法〉》,《中国劳动关系学院学报》2017 年第 3 期。

姜涌:《简论积极义务与消极义务》,《广东社会科学》2015 年第 3 期。

姜珍、杜玉芍:《市场中的自由及其局限性》,《甘肃理论学刊》1996 年第 6 期。

江必新:《能动司法:依据、空间和限度》,《人民司法》2010 年第 1 期。

江帆、朱战威:《惩罚性赔偿:规范演进、社会机理与未来趋势》,《学术论坛》2019 年第 3 期。

[日]江口公典:《経済法研究序説》,有斐閣 2000 年版。

江平、米健:《罗马法基础》,中国政法大学出版社 1987 年版。

江平:《罗马法精神与当代中国立法》,《中国法学》1995 年第 1 期。

江平:《民法学》,中国政法大学出版社 2000 年版。

江平:《社会权力与和谐社会》,《中国社会科学研究生院学报》2005 年第 4 期。

江耘:《论惩罚性赔偿在食品消费领域的适用》,《辽宁教育行政学院学报》2008 年第 11 期。

江泽丰、陈慧:《劳动者从此有了"大靠山"》,《中山日报》2007 年 7 月 3 日。

蒋德海:《公德是公权的道德义务》,《学术月刊》2014 年第 9 期。

蒋济:《公民权利能力与行为能力的区别》,《法学》1983 年第 8 期。

蒋君芳:《浅议权力与权利的关系》,《法制与社会》2011 年第 15 期。

蒋学跃:《法人本质理论的重新审视与评判》,载梁慧星主编:《民商法论丛》第 39 卷,法律出版社 2008 年版。

蒋银华:《论国家义务的理论渊源:福利国理论》,《河北法学》2010 年第 10 期。

蒋月等:《中国农民工劳动权利保护研究》,法律出版社 2006 年版。

降蕴彰:《全国劳动派遣人员达 6 000 万,国企和机关是重灾区》,《经济观察报》2011 年 2 月 28 日。

焦洪昌、贾志刚:《基本权利对第三人效力之理论与实践》,《厦门大学法律评论》2003 年第 1 期。

焦晶:《工会理想与现实的差距》,《中外管理》2006 年第 10 期。

焦兴铠:《雇主雇用罢工替代者在美国所引起之劳工法争议》,《欧美研究》1995 年第 2 期。

焦兴铠:《美国联邦政府劳资关系制度之最新发展趋势》,载《美国劳工法论集(二)》,月旦出版社股份有限公司 1997 年版。

[日]京极高宣:《"福祉"経済思想》,ミネルヴァ書房 1999 年版。

金观涛、刘青峰:《观念史研究》,法律出版社 2009 年版。

[日]金井正元:《劳动基准法解说——个别的劳动关系法》,一桥出版社 1989 年版。

金可可:《论绝对权与相对权——以德国民法学为中心》,《山东社会科学》2008 年第 11 期。

[加]金里卡:《当代政治哲学》(下),刘莘译,上海三联书店 2004 年版。

[日]金泽良雄:《经济法概论》,满达人译,甘肃人民出版社 1985 年版。

[日]菊池勇夫:"社会法"词条,载《社会科学大辞典》,改造社 1930 年版。

[日]菊池勇夫:《社会事业法与社会法体系》,《社会事业研究》第 23 卷第 1 号(1935 年)。

[日]菊池勇夫:"社会法"词条,载《岩波法理学辞典》1936 年版。

[日]菊池勇夫:《劳动契约的本质及其社会法的性质》,《九大法文十周年纪念论集》1937 年版。

[日]菊池勇夫:《经济统治法》,有斐阁 1938 年版。

[日]菊池勇夫:《社会法》,载《社会科学大辞典》,改造社 1939 年版。

K

[奥]凯尔森:《法与国家的一般理论》,沈宗灵译,中国大百科全书出版社 1996 年版。

[爱尔兰]凯利:《西方法律思想简史》,王笑红译,法律出版社 2002 年版。

[英]凯瑟琳·巴纳德:《欧盟劳动法》,付欣译、郭捷校,中国法制出版社 2005 年版。

[德]康德:《历史理性批判文集》,何兆武译,商务印书馆 1990 年版。

[德]康德:《法的形而上学原理　权利的科学》,沈叔平译,商务印书馆 1991 年版。

[德]康德:《道德形而上学原理》,苗力田译,上海人民出版社 2005 年版。

康晓光主编:《权力的转移》,浙江人民出版社 1999 年版。

[德]考夫曼:《法律哲学》,刘幸义等译,法律出版社 2004 年版。

[英]柯茨:《资本主义的模式》,耿修林、宗兆昌译,江苏人民出版社 2001 年版。

[美]柯亨、[美]阿拉托:《社会理论与市民社会》,时和兴译,载邓正来、[美]亚历山大主编:《国家与市民社会——一种理论的研究路径》,中央编译出版社 1999 年版。

柯宇航:《团结权研究》,厦门大学 2018 年博士学位论文。

柯振兴编:《美国劳动法》,中国政法大学出版社 2014 年版。

[美]科瑟:《社会学思想名家》,石人译,中国社会科学出版社 1990 年版。

[德]科殷:《法哲学》,林荣远译,华夏出版社 2002 年版。

[德]克莱因海尔、[德]施罗德:《九百年来德意志及欧洲法学家》,许兰译,法律出版社 2005 年版。

[奥]克莱默:《法律方法论》,周万里译,法律出版社 2019 年版。

[德]克尼佩尔:《法律与历史》,朱岩译,法律出版社 2003 年版。

孔德威、王伟:《西方国家劳动力市场的灵活化改革》,《河北大学学报(哲学社会科学版)》2005 年第 2 期。

孔令明:《东莞罢工演变及其分类处理之法律研究》,华东政法大学 2018 年博士学位论文。

孔庆平:《个人或社会:民国时期法律本位之争》,《中外法学》2008 年第 6 期。

孔祥俊:《合同法教程》,中国人民公安大学出版社 1999 年版。

寇东亮:《德性与自由:道德的两个基本构成因子》,《浙江社会科学》2007 年第 4 期。

寇艳芳:《集体合同中和平义务的效力研究》,华东政法大学 2016 年硕士学位论文。

L

[德]拉德布鲁赫:《法律中的人》,桑田三郎、常盘忠允译,东京大学出版会 1962a 年版。

[德]拉德布鲁赫:《法律学入门》,碧海纯一译,东京大学出版会 1962b 年版。

[德]拉德布鲁赫:《社会主义的文化理论》,野田良之、山田晟译,东京大学出版会 1970 年版。

[德]拉德布鲁赫:《法学导论》,米健、朱林译,中国大百科全书出版社 1997 年版。

[德]拉德布鲁赫:《法律智慧警句集》,舒国滢译,中国法制出版社 2001 年版。

[德]拉德布鲁赫:《法哲学》,王朴译,法律出版社 2005 年版。

[德]拉德布鲁赫:《法学导论》,米健译,商务印书馆 2017 年版。

[德]拉伦茨:《德国民法通论》上册,王晓晔等译,法律出版社 2001、2003a 年版。

[德]拉伦茨:《德国民法通论》,王晓晔等译,法律出版社 2002 年版。

[德]拉伦茨:《法学方法论》,陈爱娥译,商务印书馆 2003b 年版。

[德]拉伦茨、[德]沃尔夫:《德国民法中的形成权》,孙宪忠译注,《环球法律评论》2006 年第 4 期。

[苏]拉普捷夫主编:《经济法》,法律书籍出版社 1983 年莫斯科版。

[日]来栖三郎:《法解释与法律家》,载吕荣海:《从批判的可能性看——法律的客观性》,蔚理法律出版社 1987 年版。

[法]莱昂·狄骥:《宪法论》第 1 卷,钱克新译,商务印书馆 1959、1962 年版。

[法]莱昂·狄骥:《宪法论》,载《西方法律思想史资料选编》,北京大学出版社 1983 年版。

[法]莱昂·狄骥:《宪法学教程》,王文利等译,春风文艺出版社、辽海出版社 1999 年版。

[法]莱昂·狄骥:《公法的变迁》,郑戈译,商务印书馆 2013 年版。

[德]莱塞尔等:《德国资合公司法》,高旭军等译,法律出版社 2005 年版。

[德]莱塞尔:《法社会学导论》,高旭军等译,上海人民出版社 2011 年版。

[德]莱塞尔:《法社会学基本问题》,王亚飞译,法律出版社 2014 年版。

[美]莱斯利:《劳动法概要》,张强等译,中国社会科学出版社 1997 年版。

[德]莱茵哈特·巴恩米勒:《德国利益代表的双轨制:结构与当前发展》,载[德]鲁道夫·特劳普-梅茨、张俊华主编:《劳动关系比较研究——中国、韩国、德国·欧洲》,中国社会科学出版社 2010 年版。

赖骏楠:《马克斯·韦伯“法律社会学”之重构:观念论的力量与客观性的界限》,《中外法学》2014 年第 1 期。

赖美贞:《团体协商与劳工参与关系之研究》,中国文化大学 1992 年硕士学位论文。

赖臻:《北京市总工会:外企最低工资应为城市标准的 1.5 倍》,《东方早报》2011 年 4 月 5 日。

郎志恒:《试论我国人权的宪法保障》,《河南师范大学学报(哲学社会科学版)》2006 年第 5 期。

[法]勒内·达维:《英国法与法国法》,舒扬、刘晓星译,西南政法学院出版社 1980 年版。

[美]雷恩:《管理思想史》(第 5 版),孙健敏等译,中国人民大学出版社 2009 年版。

雷兴虎、刘水林:《论和谐社会的法治根基》,《湖南社会科学》2006 年第 3 期。

[美]里根:《最后一次演说》,《领导文萃》1998 年第 4 期。

[美]理查德·拉克曼:《国家与权力》,郦菁、张昕译,上海人民出版社 2013 年版。

黎建飞:《对无过错赔偿原则在工伤认定中歧见的探讨》,《河南省政法管理干部学院学报》2004 年第 2 期。

黎建飞:《“派遣劳动”应当缓行》,《法学家》2005 年第 5 期。

黎建飞、李敏华:《劳动合同服务期责任的法哲学思考》,《河南省政法管理干部学院学报》2009 年第 2 期。

李步云:《人权的三种存在形态》,《法学研究》1991 年第 4 期。

李步云:《法的应然与实然》,《法学研究》1997 年第 5 期。

李步云、赵迅:《什么是良法》,《法学研究》2005 年第 6 期。

李炳安:《公民劳动权的立宪思考》,《河北法学》2002 年第 6 期。

李炳安:《社会权:社会法的基石范畴》,《温州大学学报》2013 年第 4 期。

李昌麒主编:《经济法学》,中国政法大学出版社 1994、1999、2002 年版。

李昌麒等:《经济法与社会法关系考辨——兼与董保华先生商榷》,《现代法学》2003 年第 5 期。

李长勇、吴继刚:《社会保障概念考察》,《黑龙江社会科学》2001 年第 5 期。

李超:《黑龙江双鸭山官方通报解决龙煤职工上访工作进展》,来源:北方网 2016 年 3 月 14 日,载 http://news.cnhubei.com/xw/gn/201603/t3568023.shtml, 2023 年 2 月 18 日访问。

李传军:《德国公司的共同治理模式及其对我国的启示》,《经济界》2003 年第 2 期。

李大勇:《行政强制中的第三人权益保障》,《行政法学研究》2018 年第 2 期。

李德齐:《劳动争议处理与制度选择》,《工会理论研究(上海工会管理干部学院学报)》2003 年第 1 期。

李盾:《灵活就业——又一条就业绿色通道》,《统计与决策》2003 年第 9 期。

李赋宁:《英语史》,商务印书馆 2005 年版。

李干:《美的、格力员工冲突致死事件中责任竞合的法律规制》,载董保华主编:《名案背后的劳动法思考》,法律出版社 2012a 年版。

李干:《第三法域的正名与反思》,华东政法大学 2013 年硕士学位论文。

李干:《劳动关系转型的另一种思考》,《广西社会科学》2016 年第 9 期。

李干:《劳动者人格从属性的理论阐述》,华东政法大学 2017 年博士学位论文。

李干、董保华:《劳动关系治理的变革之道——基于“增量”与“存量”的二重视角》,《探索与争鸣》2019 年第 1 期。

李亘:《德国劳动者忠实义务的制度发展与历史变迁》,《德国研究》2017 年第 3 期。

李光宇、王守臣、徐伟:《对保险概念的重新解读——保险与人寿保险的语义分析》,《社会科学战线》2005 年第 6 期。

李广德:《民法典编纂背景下劳动法典立法的初步展开》,《地方立法研究》2017年第4期。

李桂林:《论良法的标准》,《法学评论》2000年第2期。

李汉林:《关于中国单位社会的一些议论》,载潘乃谷、马戎主编:《社区研究与社会发展》,天津人民出版社1996年版。

李汉林、李路路:《资源与交换——中国单位组织中的依赖性结构》,《社会学研究》1999年第4期。

李国兴:《超越"生存照顾"的给付行政 论给付行政的发展及对传统行政法理论的挑战》,《中外法学》2009年第6期。

李海星:《主体自由:康德道德法则的价值底蕴》,《社会科学家》2009年第8期。

李洪雷:《德国行政法学中行政主体概念的探讨》,《行政法学研究》2000年第1期。

李化:《古希腊时期的自然法观念》,《科学咨询》2010年第34期。

李慧:《法律救济权的法理学探析》,湘潭大学2013年硕士学位论文。

李景森主编:《劳动法学》,北京大学出版社1989、1996年版。

李景森、王昌硕:《劳动法学》,中国人民大学出版社1996年版。

李建华、张善燚:《市场秩序、法律秩序、道德秩序》,《哲学动态》2005年第4期。

李建良:《基本权利理论体系之构成及其思考层次》,《人文及社会科学集刊》1997年第1期。

李坤刚:《关于我国劳动合同制度两个问题的探讨》,《现代法学》2000年第5期。

李坤刚:《我国劳动派遣法律规制初探》,《中国劳动》2005a年第2期。

李坤刚:《劳动合同法中的抑制与平衡》,《中州学刊》2005b年第6期。

李坤刚:《劳动者派遣:起因与规制》,载周长征主编:《劳动派遣的发展与法律规制》,中国劳动社会保障出版社2007年版。

李立新:《劳动者参与公司治理的法律探讨》,中国法制出版社2009年版。

李路路:《论"单位"研究》,《社会学研究》2002年第5期。

李路路:《"单位制"的变迁与研究》,《吉林大学社会科学学报》2013年第1期。

李猛、周飞舟、李康:《单位:制度化组织的内部机制》,《中国社会科学季刊》1996年总第16期。

李猛编:《韦伯:法律与价值》,上海人民出版社2001年版。

李猛:《"社会"的构成:自然法与现代社会理论的基础》,《中国社会科学》2012年第10期。

李鹏:《全国人民代表大会常务委员会工作报告》,《人民日报》2001年3月20日。

李培林:《中国就业面临的挑战和选择》,《中国人口科学》2000年第5期。

李萍:《工业民主对管理哲学研究的时代意义》,《中国人民大学学报》2006年第4期。

李强:《自由主义》,中国社会科学出版社1998年版。

李仁淼:《日本行政对劳动纷争之处理——以日本最近之动向为线索》,载行政院劳工委员会:《劳资争议行为论文集》(2007年)。

李蕊:《社会法的基本范畴》,载丛晓峰主编:《社会法专题研究》,知识产权出版社2007年版。

李瑞昌:《基于"政策关系"的政策知识体系论纲》,《学术月刊》2021年第3期。

李盛楠:《我国群体性劳动争议的影响因素与制度调整》,华东政法大学2016年硕士论文。

[德]李斯特:《德国刑法教科书》,徐久生译,法律出版社2000年版。

李时荣、王利明:《关于经济法的几个基本问题》,《中国社会科学》1984年第4期。

李文静:《医疗保险经办机构之法律定位——论社会行政给付主体之角色与功能》,《行政法学研究》2013年第2期。

李文静:《台湾地区全民健康保险法律关系研究之评析——兼及对大陆基本医疗保险法律制

度研究之启示》,《社会法评论》2016 年第 11 期。

李文祥、高锡林、吴德帅:《社会福利演进视域下的社会权发展研究》,《福建论坛(人文社会科学版)》2018 年第 2 期。

[英]李维斯等:《雇佣关系——解析雇佣关系》,高嘉华等译,东北财经大学出版社 2005 年版。

李伟民主编:《法学辞源》,中国工人出版社 1994 年版。

李锡鹤:《民法哲学论稿》,复旦大学出版社 2009 年版。

李翔:《单位自首正当性根据及其认定》,《法学家》2010 年第 4 期。

李晓鸿:《论我国医疗保险法律关系的定性及争议回应》,《甘肃社会科学》2013 年第 6 期。

李新天:《对人格权几个基本理论问题的认识》,《法学评论》2009 年第 1 期。

李秀清:《日耳曼法研究》,社会科学文献出版社 2018 年版。

李雪梅:《合理调整就业结构　加强人力资源开发》,《楚雄师范学院学报》2001 年第 4 期。

李岩:《人格权立法模式类型化研究——以比较法为视角的考察》,《科技经济市场》2007 年第 1 期。

李岩:《民事法益的界定》,《当代法学》2008 年第 3 期。

李艳萍、徐艳君:《谈事实与价值的关系》,《湖南经济管理干部学院学报》2006 年第 5 期。

李宜琛:《日耳曼法概说》,中国政法大学出版社 2003 年版。

李迎生:《国家、市场与社会政策:中国社会政策发展历程的反思与前瞻》,《社会科学》2012 年第 9 期。

李永军:《从契约自由原则的基础看其在现代合同法上的地位》,《比较法研究》2002 年第 4 期。

李永军:《合同法》,法律出版社 2005 年版。

李永军:《民法总论》,法律出版社 2006 年版。

李永军主编:《民事权利体系研究》,中国政法大学出版社 2008 年版。

李咏玲:《无固定期限劳动合同的适用问题研究》,《法制与经济(中旬刊)》2012 年第 1 期。

李拥军:《当代中国法律中的"政治人"影像》,《华东政法大学学报》2011 年第 5 期。

李筱丰:《劳资会议与组织资本:台湾个案研究》,台湾地区中央大学人力资源管理所 2006 年博士学位论文。

李佑颐、赵曙明、刘洪:《人力资源管理研究述评》,《南京大学学报(哲学・人文科学・社会科学)》2001 年第 4 期。

李友根:《惩罚性赔偿制度的中国模式研究》,《法制与社会发展》2015 年第 6 期。

李由义主编:《民法学》,北京大学出版社 1988 年版。

李宇宙、王群会:《常凯擎起劳动者权利的天空》,《大地》2007 年第 12 期。

李云刚:《有法可依与依法治国——写在中国特色社会主义法律体系形成之际》,《山东人大工作》2011 年第 4 期。

李哲:《公司高级管理人员雇员地位问题之探讨——从一则高额经济补偿金案例谈起》,《兰州学刊》2007 年第 12 期。

李哲罕:《需要"实质性内容"的公法学——赫尔曼・黑勒公法学思想论析》,《浙江学刊》2016 年第 2 期。

李哲罕:《论早期现代自然权利学说的解体——从康德、黑格尔到马克思》,《安徽大学学报(哲学社会科学版)》2019 年第 3 期。

李梓烨:《浅析"第三条道路"下英国体育公共服务的发展》,《当代体育科技》2014 年第 15 期。

李中圣:《"经济法:政府管理经济的法律"》,《吉林大学社会科学学报》1994 年第 1 期。

李忠索:《宪法要义》,元照出版公司 2006 年版。

李琮主编:《西欧社会保障制度》,中国社会科学出版社 1989 年版。

李祖军:《利益保障目的论解说——论民事诉讼制度的目的》,《现代法学》2000 年第 2 期。

栗劲、李放主编:《中华实用法学大辞典》,吉林大学出版社 1988 年版。

连玉如:《二战以后德国“社会国家”发展问题探索》,《德国研究》2009 年第 3 期。

廉如鉴:《“崇公抑私”与“缺乏公德”——中国人行为文化的一个悖论》,《江苏社会科学》2015 年第 2 期。

梁慧星、王利明:《经济法的理论问题》,中国政法大学出版社 1986 年版。

梁慧星:《民法解释学》,中国政法大学出版社 1995 年版。

梁慧星:《民法总论》,法律出版社 1996 年版。

梁慧星、陈华彬:《物权法》,法律出版社 1997 年版。

梁慧星主编:《民商法论丛》第 8 卷,法律出版社 1997a 年版。

梁慧星:《从近代民法到现代民法——二十世纪民法回顾》,《中外法学》1997b 年第 2 期。

梁慧星主编:《民商法论丛》第 7 卷,法律出版社 1999 年版。

梁慧星:《合同法的成功与不足》,《中外法学》1999 年第 6 期以及《中外法学》2000 年第 1 期。

梁慧星:《民法总论》,法律出版社 2001、2004、2007 年版。

梁启超:《新民说》,辽宁人民出版社 1994 年版。

梁启超:《饮冰室文集点校　第 1 辑》,云南教育出版社 2001 年版。

梁上上:《利益的层次结构与利益衡量的展开——兼评加藤一郎的利益衡量论》,《法学研究》2002 年第 1 期。

梁晓晖:《〈经济、社会和文化权利国际公约〉下国家一般人权义务的解析》,《北大国际法与比较法评论》2007 年第 8 期。

梁兴国:《法律自治与伦理道德》,《伦理学研究》2008 年第 3 期。

梁漱溟:《梁漱溟全集》第 3 卷,山东人民出版社 2005 年版。

梁治平:《立法何为?——对〈劳动合同法〉的几点观察》,《书屋》2008 年第 6 期。

列宁:《国家与革命》,外国文书籍出版局 1949 年版。

凌雨、肖欢欢:《工资集体协商,“武汉模式”或成样本》,《民主与法制时报》2011 年 5 月 9 日。

林更盛:《劳动法案例研究(一)》,翰户图书出版有限公司 2002 年版。

林更盛:《论广义比例原则在解雇法上之适用》,《中原财经法学》2000 年第 5 期。

林国荣:《君主之鉴》,上海三联书店 2005 年版。

林海:《浅析劳动合同的附合性》,《广西政法管理干部学院学报》2002 年第 3 期。

林纪东:《行政法》,三民书局 1988 年版。

林嘉:《论社会保障法的社会法本质》,《法学家》2002 年第 1 期。

林嘉、马特:《工伤赔偿请求权竞合问题研究》,《法学论坛》2008 年第 3 期。

林嘉:《社会保险的权利救济》,《社会科学战线》2012 年第 7 期。

林佳和:《德国联邦劳工法院及联邦宪法法院有关关厂之判决》,《劳工研究季刊》1990 年第 101 期。

林佳和:《欧盟争议行为制度现状与前瞻》,载林佳和:《劳动与法论文集(1)》,元照出版有限公司 2014a 年版。

林佳和:《德国罢工法秩序:1950 至 1980 年的法官造法及其形成背景分析》,《欧美研究》2014b 年第 4 期。

林卡:《"福利社会":社会理念还是政策模式?》,《学术月刊》2010 年第 4 期。

林来梵:《从宪法规范到规范宪法》,法律出版社 2001 年版。

林莉红、孔繁华:《行政给付研究》,载武汉大学法学院编、李龙主编:《珞珈法学论坛》第 2 卷,武汉大学出版社 2002 年版。

林庆伟、沈少阳:《规范性文件的法律效力问题研究》,《行政法学研究》2004 年第 3 期。

林万亿:《福利国家——历史比较的分析》,巨流图书公司 1994 年版。

林纹君等:《派遣员工对要派公司组织承诺影响因素之研究》,2003 年《辅仁大学企业管理学系第三十七届人力资源管理专题报告》。

林怡:《论利益衡量原则的实践进路》,《武夷学院学报》2008 年第 4 期。

林永基、何燕真:《劳动关系调整典型模式的比较》,《福建商业高等专科学校学报》2005 年第 1 期。

林珏主编:《美国市场经济体制》,兰州大学出版社 1994 年版。

林振贤:《从台达化工的劳资纠纷论"封锁厂店"的法理》,《台中商专学报》1990 年 6 月。

林振贤:《劳基法的理论与实务》,台湾捷太出版社 2003 年版。

林基丰:《"劳动派遣"相关法律问题及在我国台湾劳动法制适用上之研究》,东海大学 2002 年硕士论文。

[日]铃木敬夫:《论自由社会主义——论拉德布鲁赫〈社会主义文化理论〉的现代意义》,《比较法研究》2004 年第 5 期。

刘保民:《从"个人主义者"到"整体主义者"——浅论社会个体的自我超越问题》,《武汉大学学报(人文科学版)》2004 年第 4 期。

刘波:《试用期单方解除劳动关系问题研究》,华东政法大学 2011 年硕士学位论文。

刘诚:《社会保障法概念探析》,《法学论坛》2003 年第 4 期。

刘诚:《论劳动合同立法的指导原则》,《上海师范大学学报》2007 年第 2 期。

刘诚:《全球化背景下劳动法面临的挑战及对策》,《工会理论研究》2008 年第 4 期。

刘诚:《论〈劳动合同法〉的理论价值与现实意义——兼评对〈劳动合同法〉的有关责难》,《上海师范大学学报(哲学社会科学版)》2009 年第 5 期。

刘翠霄:《从英美看社会保障制度在经济社会发展中的重要作用》,《环球法律评论》2010 年第 4 期。

刘风景:《基于"正反合"定律的良法重述》,《南京社会科学》2018 年第 7 期。

刘富起:《论黑格尔的"法的客观现实性"》,《吉林大学社会科学学报》1982 年第 6 期。

刘根荣:《共享经济:传统经济模式的颠覆者》,《经济学家》2017 年第 5 期。

刘贯学:《新中国劳动保障史话(1949—2003)》,中国劳动社会保障出版社 2004 年版。

刘国光、戴园晨等:《不宽松的现实和宽松的实现——双重体制下的宏观经济管理》,上海人民出版社 1991 年版。

刘海燕:《解雇权限制制度之研究》,华东政法学院 2005 年硕士学位论文。

刘继臣:《集体合同制度》,中国工人出版社 1990 年版。

刘建军:《单位中国:社会调控体系重构中的个人、组织与国家》,天津人民出版社 2000 年版。

刘建涛、杨静:《社会权力的起源、表现及消亡——一个历史唯物主义的分析》,《南昌大学学报(人文社会科学版)》2019 年第 1 期。

刘敬鲁:《论分配正义的结构整体标准》,《中国人民大学学报》2017 年第 3 期。

刘金祥:《构筑劳资关系制衡机制是消除"资本强权"的根本之道——从"华为辞职门"事件想

到的》,《政治与法律》2008 年第 4 期。

刘金祥、高建东:《论我国集体劳动争议行为及其正当性判断标准》,《华东理工大学学报(社会科学版)》2014 年第 3 期。

刘俊、维法:《“碰瓷式”劳动争议诉讼影响恶劣》,《人民法院报》2010 年 10 月 30 日,第 3 版。

刘军:《试论西方产业民主》,《国外社会科学》2007 年第 6 期。

刘军宁:《保守主义》,东方出版社 2014 年版。

刘科、李东晓:《价值理性与工具理性:从历史分离到现实整合》,《河南师范大学学报・哲学社会科学版》2005 年第 6 期。

刘孔中、李建良主编:《宪法解释之理论与实务》,中山人文社会科学研究所 1998 年版。

刘孔中、李建良主编:《宪法解释之理论与实务》第 2 辑,中山人文社会科学研究所 1999 年版。

刘连煜:《公司治理与公司社会责任》,中国政法大学出版社 2001 年版。

刘倩:《在失衡中平衡:福利国家理念政策的两难抉择及其对我国的启示》,《法学评论》2016 年第 5 期。

刘培峰:《结社自由及其限制》,社会科学文献出版社 2007 年版。

刘巧玲:《关怀教授与他的劳动法情缘》,《法制日报》2004 年 12 月 6 日。

刘烁、逄丹:《日本社会保障制度的建立、发展与管理特色》,《管理现代化》1995 年第 1 期。

刘素民:《托马斯・阿奎那的伦理自然法与道德价值》,《东南学术》2005 年第 5 期。

刘素吟:《解雇法上相当性原则之适用》,《中国法学会社会法学研究会 2007 年年会论文集——和谐社会建设与社会法保障》。

刘士豪:《劳动三法修正后罢工规范之研究》,《台湾中正大学法学集刊》2016 年 4 月 29 日。

刘涛、王琦:《劳动合同法:激辩与冲击》,《中国企业家》2008 年第 2 期。

刘旺洪:《国家与社会:法哲学研究范式的批判与重建》,《法学研究》2002 年第 6 期。

刘为民:《法团主义与中国政治转型的新视角》,《理论与改革》2005 年第 4 期。

刘性仁:《论四大法学研究学派——实证法学派、自然法学派、历史法学派及自由法学派》,北大公法网 2007 年,载 https://www.doc88.com/p-585704670904.html?r=1, 2022 年 7 月 18 日访问。

刘兴树:《论法律权利》,《湖南师大社会科学学报》1994 年第 1 期。

刘绪贻、李存训:《富兰克林・D.罗斯福时代 1929—1945》,人民出版社 1994 年版。

刘雪松、宁虹超:《论“社会人”利益伦理与现代法律精神的正相关》,《北方论丛》2012 年第 1 期。

刘亚东:《民法概括条款适用的方法论》,《政治与法律》2019 年第 12 期。

刘廷华:《法经济学视野下的情势变更》,《北方论丛》2011 年第 2 期。

刘莹珠:《形式、实质合理性与韦伯的价值无涉理论》,《中国青年社会科学》2014 年第 1 期。

刘玉安、武彬:《第三条道路:社会民主主义还是社会自由主义?》,《当代世界社会主义问题》2010 年第 3 期。

刘泽华:《春秋战国的“立公灭私”观念与社会整合》、刘中建:《“崇公抑私”简论——一项对中国传统政治思维方式的反思》,载刘泽华、张荣明:《公私观念与中国社会》,中国人民大学出版社 2003 年版。

刘召成:《权利能力与行为能力的合与分》,《国家检察官学院学报》2013 年第 5 期。

刘兆年:《西方国家公私法述评》,《法学家》1986 年第 8 期。

刘兆兴:《公法与私法》,《中国人大》1999 年第 5 期。

刘志鹏:《劳动法解读》,元照出版公司 2000a 年版。

刘志鹏:《劳动法理论与判决研究》,元照出版公司 2000b 年版。

刘芝祥:《法益概念辨识》,《政法论坛》2008 年第 4 期。

刘志英:《德国与美国社会保障制度的差异性》,《统计与决策》2006 年第 9 期。

刘宗德:《行政法基本原理》,学林文化事业有限公司 1998 年版。

柳经纬:《从权利救济看我国法律体系的缺陷》,《比较法研究》2014 年第 5 期。

柳砚涛:《行政给付制度研究》,苏州大学 2005 年博士学位论文。

柳砚涛、刘宏渭:《行政给付的功能》,《行政与法》2006 年第 2 期。

龙晟:《社会国的宪法意义》,《环球法律评论》2010 年第 3 期。

卢代富:《国外企业社会责任界说述评》,《现代法学》2001 年第 3 期。

[法]卢梭:《社会契约论》,何兆武译,商务印书馆 1962、1980、1982、2003 年版。

[法]路易·迪蒙:《论个体主义——对现代意识形态的人类学观点》,谷方译,上海人民出版社 2003 年版。

[法]路易·若斯兰:《权利相对论》,王伯琦译,中国法制出版社 2006 年版。

[美]路易斯·亨金:《权利的时代》,信春鹰等译,知识出版社 1997 年版。

陆海燕:《工业民主理论与实践及其在中国的运用》,《浙江学刊》2014 年第 3 期。

陆晓禾:《不完全契约、效率与信任》,《云梦学刊》2019 年第 1 期。

陆学艺:《当代中国社会阶层的分化与流动》,《紫光阁》2006 年第 9 期。

陆占奇、刘晓倩、张皓:《"多赢"的期待:劳动关系市场化博弈的评价与前瞻》,《劳动关系》2008 年第 2 期。

罗贝妮:《论雇佣合同与劳动合同之关系》,武汉大学 2005 年硕士学位论文。

[美]罗尔斯:《正义论》,何怀宏等译,中国社会科学出版社 1988、2009 年版。

罗国杰等:《西方伦理思想史》(下),中国人民大学出版社 1988 年版。

罗豪才主编:《行政法学》,中国政法大学出版社 1996 年版。

罗豪才:《社会转型中的我国行政法制》,《国家行政学院学报》2003 年第 1 期。

[英]洛克:《政府论》下篇,叶启芳、瞿菊农译,商务印书馆 1964 年版。

吕朝华:《社会政策范式变迁及其对完善我国社会政策的启示》,《社会建设》2019 年第 4 期。

[德]吕迪格尔·冯姆·布鲁赫:《既不是共产主义,也不是资本主义》,慕尼黑 1985 年版。

吕楠:《自由主义·合作主义·新保守主义·第三条道路》,《当代世界与社会主义》2008 年第 3 期。

吕琳:《工伤保险与民事赔偿适用关系研究》,《法商研究》2003 年第 3 期。

吕世伦、谷春德编:《西方政治法律思想史(增订本)》,辽宁人民出版社 1987 年版。

吕世伦、郑国生:《"从身份到契约"公式引发的法律思考》,《中外法学》1996 年第 4 期。

吕世伦、张学超:《权利义务关系考察》,《法制与社会发展》2002 年第 3 期。

吕世伦、薄振峰:《论人权的几个对应范畴》,《金陵法律评论》2004 年第 1 期。

吕世伦主编:《西方法律思潮源流论》,中国人民大学出版社 2008 年版。

吕薇洲:《发达资本主义国家的模式:共同特征、主要区别与矛盾对立》,《当代世界与社会主义》2005 年第 4 期。

M

马波:《论安全观念的法哲学认知——兼谈茂名滨海新区生态安全观的确立》,《政法学刊》

2013 年第 4 期。
马朝杰:《“经济人”假设的争论:本源与超越》,《河南社会科学》2014 年第 3 期。
马超俊、余长河:《比较劳动政策》,商务印书馆 2013 年版。
马建军:《企业降成本与工会经费》,载董保华主编、唐大杰副主编:《劳动合同法修法的争鸣与思考》,上海人民出版社 2021 年版。
马俊驹、张翔:《人格权的理论基础及其立法体例》,《法学研究》2004 年第 6 期。
马俊驹:《论作为私法上权利的人格权》,《法学》2005 年第 12 期。
马俊驹:《人与人格分离技术的形成、发展与变迁——兼论德国民法中的权利能力》,《现代法学》2006 年第 4 期。
马俊驹:《关于人格权基础理论问题的探讨》,《法学》2007 年第 5 期。
马俊驹:《人格和人格权理论讲稿》,法律出版社 2009 年版。
马俊驹、童列春:《论私法上人格平等与身份差异》,《河北法学》2009 年第 11 期。
马俊驹、王恒:《未来我国民法典不宜采用“一般人格权”概念》,《河北法学》2012 年第 8 期。
[德]马克思:《法兰西内战》,人民出版社 1961 年版。
[德]马克思:《资本论》第 1 卷,人民出版社 2004 年版。
[德]马克思:《1844 年经济学哲学手稿》,北京人民出版社 2018 年版。
[苏]马穆托夫:《调整经济关系的各种法律主张》,《苏维埃国家与法》1979 年第 5 期。
马向荣:《“经济人”假设的辨析与重构——兼论斯密悖论的破解》,《经济问题探索》2017 年第 1 期。
[英]马歇尔:《公民身份与社会阶级》、《福利的权利及再思考》,载郭忠华、刘训练编:《公民身份与社会阶级》,江苏人民出版社 2007 年版。
[英]马歇尔、[英]吉登斯等:《公民身份与社会阶级》,郭忠华、刘训练译,江苏人民出版社 2008 年版。
马原主编:《劳动法条文精释》,人民法院出版社 2003 年版。
麦冰冰:《美国集体谈判中的最终报价仲裁制度》,华东政法大学 2016 年硕士学位论文。
[英]麦考密克、[奥]魏因贝格尔:《制度法论》,中国政法大学出版社 1994 年版。
[英]麦克莱伦:《马克思以后的马克思主义》,林春、徐贤贞译,东方出版社 1986 年版。
[英]麦克莱伦:《马克思以后的马克思主义》,李智译,中国人民大学出版社 2004 年版。
[美]麦克尼尔:《新社会契约论——关于现代契约关系的探讨》,雷喜宁、潘勤译,中国政法大学出版社 1994、2004 年版。
[德]曼海姆:《保守主义》,李朝晖等译,译林出版社 2002 年版。
[美]曼斯菲尔德:《驯化君主》,冯克利译,译林出版社 2005 年版。
茅少伟:《寻找新民法典:“三思”而后行——民法典的价值、格局与体系再思考》,《中外法学》2013 年第 6 期。
毛德龙、王燕:《近年来中外社会法研究述评》,《东方论坛》2008 年第 1 期。
[德]梅迪库斯:《德国民法总论》,1985 年第 2 版。
[德]梅迪库斯:《德国民法总论》,邵建东译,法律出版社 2000、2001 年版。
[德]梅迪库斯:《德国债法总论》,杜景林、卢谌译,法律出版社 2004 年版。
[美]梅里曼:《大陆法系》,顾培东等译,西南政法学院 1983 年版、法律出版社 2004 年版。
[英]梅因:《古代法》,沈景一译,商务印书馆 1959、1984、1995、2009 年版。
梅仲协:《民法要义》,中国政法大学出版社 1998 年版。

[日]美浓部达吉:《公法与私法》,黄冯明译,中国政法大学出版社 2003 年版。

[法]孟德斯鸠:《论法的精神》上册,商务印书馆 1961 年版。

孟庆瑜:《分配关系的法律调整论纲》,《法律科学(西北政法学院学报)》2004 年第 2 期。

孟钟捷:《"经济民主"在德国的确立——试论胡戈·辛茨海默与〈魏玛宪法〉第 165 条》,《历史教学问题》2007 年第 6 期。

孟钟捷:《试论魏玛"福利国家"的早期实践(1918—1920)》,《安徽史学》2008 年第 5 期。

孟钟捷:《试析魏玛德国集体合同制的兴衰》,《武汉大学学报(人文科学版)》2009 年第 6 期。

[法]米尔丝:《社会保障经济学》,郑秉文译,法律出版社 2003 年版。

[英]米勒等:《布莱克维尔政治学百科全书》,邓正来译,中国政法大学出版社 1992 年版。

[加]米什拉:《资本主义社会的福利国家》,郑秉文译,法律出版社 2003 年版。

[法]米歇尔·阿尔贝尔:《资本主义反对资本主义》,杨祖功等译,社会科学文献出版社 1999 年版。

[德]米歇尔·施托莱斯:《德国公法史(1800—1914):国家法学说和行政法》,雷勇译,法律出版社 2007 年版。

苗荣珍:《论理性与非理性根源的科技异化》,《吉林省教育学院学报》2010 年第 3 期。

[日]明石三郎:《自力救济的研究》,有斐阁 1978 年增补版。

莫静、刘宇:《我国社会保险法的制度经济学分析》,《沈阳大学学报(社会科学版)》2012 年第 4 期。

穆镇汉、侯文学:《劳动法是一个独立的法律部门》,《法律科学——西北政法学院学报》1984 年第 3 期。

N

[意]那蒂达林若·伊尔蒂:《欧洲法典的分解和中国民法典之未来——告中国同仁书》,载张礼洪,高富平主编:《民法法典化、解法典化和反法典化》,中国政法大学出版社 2008 年版。

[日]内藤谦:《刑法中法益概念的历史的展开》,《东京都立大学法学会杂志》1967 年第 7 期。

[日]内田贵:《契约法的现代化——展望 21 世纪的契约与契约法》,胡宝海译,载梁慧星主编:《民商法论丛》第 6 卷,法律出版社 1997a 年版。

[日]内田贵:《契約の時代一日本社会と契約法》,日本岩波书店 2000 年版。

[英]尼古拉斯·巴尔:《福利国家经济学》,郑秉文、穆怀中等译,中国劳动社会保障出版社 2003 年版。

倪正茂:《法律的主体与法律的主人》,《人文杂志》2002 年第 2 期。

聂海军:《德国的集体合同制度(下)》,《中国劳动科学》1997 年第 10 期。

宁红丽:《我国雇佣契约制度的立法完善》,载王利明等主编:《中国民法典基本理论问题研究》,人民法院出版社 2004 年版。

宁立成:《社会保障权略论》,《湖北社会科学》2003 年第 2 期。

[英]诺曼·巴里:《福利》,储建国译,吉林人民出版社 2005 年版。

[美]诺内特、[美]塞尔兹尼克:《转变中的法律与社会:迈向回应型法》,张志铭译,中国政法大学出版社 1994 年版。

O

欧阳景根:《作为一种法律权利的社会福利权及其限度——公民身份理论视野下的社会公平

正义之省察》,《浙江学刊》2007 年第 4 期。

P

[美]Peter F. Drucker:《非营利组织经营》,日本经济评论社 1997 年版。

[德]帕夫洛夫斯基:《德国民法总论》,1987 年第 3 版。

潘静成、刘文华主编:《经济法基础理论教程》,高等教育出版社 1993 年版。

潘维和:《中西法律思想之基础》,载潘维和等著、刁荣华主编:《中西法律思想论集》,汉林法律出版社 1984 年版。

潘毅、陈敬慈:《阶级话语的消逝》,《开放时代》2008 年第 5 期。

潘荣伟:《论公民社会权》,《法学》2003 年第 4 期。

潘念之主编、华友根著:《中国近代法律思想史(下册)》,上海社会科学院出版社 1993 年版。

[美]庞德:《法学肄言》,雷沛鸿译,商务印书馆 1934 年版。

[美]庞德:《通过法律的社会控制》,沈宗灵、董世忠译,商务印书馆 1984 年版。

[美]庞德:《法律与道德》,陈林林译,中国政法大学出版社 2003 年版。

[美]庞德:《法理学》第 3 卷,廖德宇译,法律出版社 2007a 年版。

[美]庞德:《法理学》第 4 卷,王保民、王玉译,法律出版社 2007b 年版。

[美]庞德:《通过法律的社会控制》,沈宗灵译,商务印书馆 2008、2010 年版。

庞永红:《"契约人"假设的伦理意蕴》,《河北学刊》2005 年第 5 期。

[日]棚濑孝雄:《日本法律话语中的现代性之缺位》,张薇薇译,《中外法学》2002 年第 6 期。

彭安明、胡君:《工会代表权的完善》,《文史博览·理论》2010 年第 6 期。

彭诚信:《情势变更原则的探讨》,《法学》1993 年第 3 期。

彭光华:《执著地关注〈劳动合同法〉》,《劳动关系》2008 年第 2 期。

彭华民:《福利三角:一个社会政策分析的范式》,《社会学研究》2006 年第 4 期。

彭华民、张晶:《新马克思主义论福利国家内在矛盾与重组》,《国外社会科学》2009 年第 1 期。

彭庆伟:《试论民事权利的私力救济制度》,《法学评论》1994 年第 2 期。

彭爽、刘丹:《宏观调控、微观管制与房地产市场稳定》,《经济学家》2017 年第 6 期。

彭万林主编:《民法学》,中国政法大学出版社 1999 年版。

彭希哲:《变革中的劳动就业》,《复旦学报(社会科学版)》2000 年第 4 期。

彭钰:《浅谈西欧中世纪的法律格局》,《中国商界》2011 年第 6 期。

[法]皮埃尔·勒鲁:《论平等》,王允道译,商务印书馆 1988 年版。

[日]平井常雄:《论日本终身雇佣制》,华东政法学院 2006 年硕士学位论文。

[德]平特纳:《德国普通行政法》,朱林译,中国政法大学出版社 1999 年版。

[德]普芬道夫:《人和公民的自然法义务》,鞠成伟译,商务印书馆 2014 年版。

[前苏联]普钦斯基:《美国民事诉讼》,江伟、刘家辉译,法律出版社 1983 年版。

Q

漆多俊:《经济法基础理论》,武汉大学出版社 1996 年版。

齐乃宽:《日本法学家对法的分类》,《现代法学》1980 年第 4 期。

[德]齐佩利乌斯:《德国国家学》,赵宏译,法律出版社 2011 年版。

钱斐:《雇佣关系与劳动关系及其法律调整机制研究》,华东政法学院 2005 年硕士学位论文。

钱玉林:《禁止权利滥用的法理分析》,《现代法学》2002 年第 1 期。

[日]桥本文雄:《社会法学的课题》,《社会法的研究》1929 年版。

[日]桥本文雄:《社会法与市民法》,有斐阁 1934 年版。

[日]桥本文雄:《社会法の研究》,岩波書店 1935 年版。

[日]桥本文雄:《社會法と市民法》,有斐阁 1957 年版。

[法]乔治・勒费弗尔:《法国大革命的降临》,黄艳红译,上海人民出版社 2010 年版。

[美]乔治・霍兰・萨拜因:《政治学说史(上)》,盛葵阳,商务印书馆 1986 年版。

秦国荣:《市民社会与法的内在逻辑》,社会科学文献出版社 2005 年版。

秦晖:《天平集》,新华出版社 1998 年版。

秦晖:《问题与主义》,长春出版社 1999 年版。

秦前红、陈俊敏:《"人权"入宪的理性思考》,《法学论坛》2004 年第 3 期。

邱本:《自由竞争与秩序调控》,中国政法大学出版社 2001 年版。

邱聪智:《民法研究(一)》,中国人民大学出版社 2002 年版。

邱婕:《〈劳动合同法〉十周年回顾系列之十〈劳动合同法〉研究之集体合同》,《中国劳动》2018 年第 10 期。

邱骏彦:《劳资争议处理之自主解决与公的解决方式》、林佳和:《台湾劳资争议调解制度的观察与分析——实践与本质的辩证》,载董保华主编:《劳动争议处理法律制度研究》,中国劳动社会保障出版社 2008a 年版。

邱昭继:《法律消亡论的概念分析》,《浙江社会科学》2015 年第 1 期。

邱周刚:《美国公共部门团体协商之法律政策分析》,《问题与研究》1999 年第 6 期。

屈茂辉、张红:《继续性合同:基于合同法理与立法技术的多重考量》,《中国法学》2010 年第 4 期。

屈满学:《从国际比较视角看我国养老保障体系的可持续性》,《甘肃社会科学》2013 年第 5 期。

R

[美]R. Sennett:《権威への反逆》,今防人译,岩波書店 1987 年版。

[法]让-雅克・迪贝卢等:《社会保障法》,蒋将元译,法律出版社 2002 年版。

任剑涛:《从冲突理论视角看和谐社会建构》,《江苏社会科学》2006 年第 1 期。

任扶善:《新中国劳动法的产生和发展》,《法学》1957 年第 4 期。

任扶善:《劳动经济与劳动法文集》,北京经济学院出版社 1989 年版。

任宝宣、国庆:《60 年来人力资源和社会保障事业取得历史性成就》,《劳动保障世界》2009 年第 10 期。

任小平、许晓军:《职工权益自救与工会维权策略研究——基于"盐田国际"罢工事件的观察》,《学海》2008 年第 5 期。

荣剑:《马克思的国家和社会理论》,《中国社会科学》2001 年第 3 期。

阮占江:《劳动合同法决非"善良的恶法":认为法律实施会搞垮中国经济之说严重不负责任》,《法制日报》2008 年 1 月 29 日。

S

[美]萨伯:《洞穴奇案》,北京三联书店 2009 年版。

[美]萨缪尔森、[美]诺德豪斯:《经济学(下)》(第 12 版),高鸿业等译,中国发展出版社 1992 年版。

[美]萨缪尔森、[美]诺德豪斯:《经济学》,萧琛等译,华夏出版社 1999 年版。

[德]萨维尼:《论立法与法学的当代使命》,许章润译,中国法制出版社 2001 年版。

[美]塞拉蒙:《非营利领域及其存在的原因》,载李亚平、于海编选:《第三域的兴起》,复旦大学出版社 1998 年版。

桑铭一:《拉德布鲁赫社会法思想研究》,苏州大学 2019 年硕士学位论文。

商继政:《论基本权利的双重属性》,《四川师范大学学报(社会科学版)》2007 年第 6 期。

单希岩、刘小生:《公民行政受益权初探》,《法学论坛》2002 年第 2 期。

单芸:《劳动部门:警惕用人单位大规模裁减老员工》,《东方早报》2007 年 8 月 12 日。

申珂:《劳动法上劳动者的范围》,华东政法大学 2009 年硕士学位论文。

申卫星:《对民事法律行为的重新思考》,《吉林大学社会科学学报》1995 年第 6 期

申卫星:《民法学》,北京大学出版社 2017 年版。

沈建峰:《德国集体性劳动争议处理的框架及其启示》,《中国劳动关系学院学报》2013 年第 3 期。

沈建峰:《劳动法作为特别私法——〈民法典〉制定背景下的劳动法定位》,《中外法学》2017 年第 6 期。

沈建峰:《社会法、第三法域与现代社会法——从基尔克、辛茨海默、拉德布鲁赫到〈社会法典〉》,《华东政法大学学报》2019a 年第 4 期。

沈建峰:《社会法的基本范畴》,《华东政法大学学报》2019b 年第 4 期。

沈建峰:《论用人单位指示权及其私法构造》,《环球法律评论》2021 年第 2 期。

沈建峰:《劳动的法典:雇佣合同进入〈劳动法典〉的论据与体系》,《北方法学》2022 年第 6 期。

沈岿:《平衡论:一种行政法认知模式》,北京大学出版社 1999 年版。

沈立成:《集体合同效力形式研究》,华东政法大学 2014 年硕士学位论文。

沈寨:《从“伦理人”到“科学人”:以民法为例看近现代中国法律上的“人”的变迁》,《太平洋学报》2011 年第 8 期。

沈水生:《对〈劳动合同法〉性质的分析与理解》,《中国劳动保障报》2008 年 3 月 4 日,第 3 版。

沈同仙:《劳动权探析》,《法学》1997 年第 8 期。

沈同仙:《劳动力派遣中的政府规制研究》,苏州大学 2007 年博士学位论文。

沈懿:《契约人:一个关于主流制度经济学的纯理论模块》,《西南民族大学学报(人文社科版)》1999 年第 1 期。

沈宗灵、黄摘森主编:《西方人权学说》(下),四川人民出版社 1994 年版。

盛钰:《继续性债之关系》,台湾大学法律系 1988 年硕士论文。

[古罗马]圣·奥古斯丁:《忏悔录》,周士良译,商务印书馆 1963 年版。

施璟:《日耳曼法之特点浅析》,《高等教育与学术研究》2008 年第 10 期。

[德]施米特:《宪法学说》,刘锋译,世纪出版集团、上海人民出版社 2005 年版。

[德]施密特-阿斯曼等:《德国行政法读本》,巴边斯编选,于安等译,高等教育出版社 2006 年版。

施启扬:《民法总则》,施启扬自版发行 2007 年版。

[德]施塔姆勒:《现代法学之根本趋势》,姚远译,商务印书馆 2016 年版。

[德]施瓦布:《民法导论》,1985 年第 6 版。

石飞:《〈劳动合同法〉给劳动者撑起了“保护伞”》,来源:红网 2007 年 7 月 4 日,转载 http://finance.sina.com.cn/review/20070704/07573751365.shtml, 2023 年 2 月 18 日访问。

[日]石井照久:《团体交涉. 劳使協議制(劳働法实務大系 4)》,総合労働研究所 1972 年版。

石美遐:《亚太法协第四届劳动法讨论会》,载《中国法律年鉴 1995》,中国法律年鉴社 1995 年版。

石美遐:《欧洲和北美国家关于产业行为的法律制度(下)》,《中国劳动科学》1997 年第 7 期。

石美遐主编:《劳动关系国际比较》,中国劳动社会保障出版社 2010 年版。

石少侠:《对经济法概念、对象、体系的再认识》,《吉林大学社会科学学报》1988 年第 5 期,转载人大复印资料《经济法学、劳动法学》1998 年第 12 期。

石旭雯:《两种理念的公司职工参与制——德国和美国的比较研究》,《兰州学刊》2007 年第 2 期。

石佑启:《论公共行政与行政法学范式的转换》,载罗豪才主编:《行政法论丛》第 4 卷,法律出版社 2001 年版。

石佑启:《论公共行政与行政法学范式转换》,北京大学出版社 2003 年版。

史际春、邓峰:《合同的异化与异化的合同》,《法学研究》1997 年第 3 期。

史际春、宋槿篱:《论财政法是经济法的“龙头法”》,《中国法学》2010 年第 3 期。

史探径:《劳动法》,经济科学出版社 1990 年版。

史探径:《论社会主义市场经济与劳动立法》,《法学研究》1994 年第 1 期。

史探径:《社会保障法研究》,法律出版社 2000 年版。

史探径:《社会法学》,中国劳动社会保障出版社 2007 年版。

[美]史普博:《管制与市场》,余晖等译,上海三联书店、上海人民出版社 1999 年版。

史尚宽:《劳动法原论》,1934 年上海初版,1978 年正大印书馆重刊版。

史尚宽:《债法总论》,荣泰印书馆 1954 年版。

史尚宽:《债法各论》,中国政法大学出版社 2000a 年版。

史尚宽:《民法总论》,中国政法大学出版社 2000b 年版。

舒国滢:《阿图尔·考夫曼:〈古斯塔夫·拉德布鲁赫传:法律思想家、哲学家和社会民主主义者〉》,《清华法学》2003 年第 2 期。

司马南:《司马南:你们打工仔到底想怎么样?》,哔哩哔哩专栏 2021 年 9 月 2 日,载 https://www.bilibili.com/read/cv12997581/, 2022 年 12 月 23 日访问。

司伟:《养老基金与信托制度——基于信托法基本理论的分析》,《贵州警官职业学院学报》2003 年第 3 期。

[美]斯坦、[美]香德:《西方社会的法律价值》,王献平译,中国人民公安大学出版社 1990 年版。

[日]松尾敬一:《近代日本生存权思想的展开》,《神户法学杂志》第 4 卷第 3 号。

宋宝安、于天琪:《我国群体性事件的根源与影响》,《吉林大学社会科学学报》2010 年第 5 期。

宋雷主编:《英汉法律用语大辞典》,法律出版社 2005 年版。

宋希仁:《论伦理关系》,《中国人民大学学报》2000 年第 3 期。

宋夏瀛洁、李西霞:《民法典编撰与雇佣合同及劳动合同的规范化》,《中国劳动》2016 年第 12 期。

宋湛:《集体协商与集体合同》,中国劳动社会保障出版社 2008 年版。

苏海南:《调整最低工资时机和力度至关重要》,《经济参考》2010a 年 2 月 9 日。

苏海南:《价值追求决定“蛋糕”分配》,《中国党政干部论坛》2010b 年第 6 期。
苏力:《也许正在发生——中国当代法学发展的一个概览》,《比较法研究》2001 年第 3 期。
苏万觉:《加快培育和发展劳动力市场的法律思考》,《劳动法学通讯》1997 年第 2 期。
苏永通、陆占奇:《胡新宇“过劳死”死了白死?》,《南方周末》2006 年 6 月 15 日。
苏永钦:《民法典的时代意义》,载王利明主编:《中国民法典基本理论问题研究》,人民法院出版社 2004 年版。
苏永钦:《寻找新民法》(增订版),北京大学出版社 2012 年版。
苏永钦:《现代民法典的体系定位与建构规则——为中国大陆的民法典工程进一言》,《交大法学》2010 年第 1 期。
粟瑜、王全兴:《〈意大利民法典〉劳动编及其启示》,《法学》2015 年第 10 期。
粟瑜、王全兴:《我国灵活就业中自治性劳动的法律保护》,《东南学术》2016 年第 3 期。
孙冲、朱杲:《打工求职,你有了新护身宝剑》,《合肥晚报》2007 年 7 月 30 日。
孙德强、沈建峰:《集体合同主体辨析》,《政法论坛》2009 年第 3 期。
孙国华、杨思斌:《公私法的划分与法的内在结构》,《法制与社会发展》2004 年第 4 期。
孙宏涛、田强:《试析破产企业职工工资债权清偿优先的理由及其制度设计》,《广东行政学院学报》2006 年第 1 期。
孙劲松:《马克思主义与德国社会民主党的纲领》,《科学社会主义》2002 年第 5 期。
孙静、崔婕:《会计人员的劳动保护机制——对新〈会计法〉下如何救济会计人员弱势地位的思考》,《会计研究》2001 年第 5 期。
孙立平等:《改革以来中国社会结构的变迁》,《中国社会科学》1994 年第 2 期。
孙世强:《“制度人”假设与制度功能性分析》,《学习与探索》2006 年第 2 期。
孙笑侠:《法的现象与观念》,群众出版社 1995 年版。
孙学华:《对新旧〈合同法〉违约责任制度的比较研究》,《经济问题探索》2001 年第 4 期。

T

[美]塔玛纳哈:《论法治——历史、政治和理论》,李桂林译,武汉大学出版社 2010 年版。
[美]泰格、[美]利维:《法律与资本主义的兴起》,纪琨译,学林出版社 1996 年版。
汤维建:《企业破产法新旧专题比较与案例应用》,中国法制出版社 2006 年版。
汤耀国:《立法者的酸甜苦辣》,《瞭望新闻周刊》2010 年 3 月 7 日。
覃有土、樊启荣:《社会保障法》,法律出版社 1997 年版。
覃有土、韩桂君:《略论对弱势群体的法律保护》,《法学评论》2004 年第 1 期。
谭泓:《中国工会双重角色定位的形成渊源与探索发展》,《马克思主义现实》2015 年第 1 期。
谭深:《城市“单位保障”的形成及特点》,《社会学研究》1991 年第 5 期。
唐钧:《社会政策学导引》,《社会科学》2009 年第 4 期。
唐钧:《社会保障价值理念溯源》,《中国社会保障》2012 年第 2 期。
唐钧:《从社会保障到社会保护:社会政策理念的演进》,《社会科学》2014 年第 10 期。
唐鑛:《企业社会责任视角下的战略劳动关系管理》,《中国人民大学学报》2011 年第 2 期。
[美]唐纳利:《普遍人权的理论与实践》,王浦劬等译,中国社会科学出版社 2001 年版。
唐士其:《西方政治思想史》,北京大学出版社 2008 年版。
唐泽文:《四次审议 19 万条意见　京派与海派之争　一位亲身参与立法的浙江专家披露劳动

合同法后面的劳资博弈　用工者不必过分恐慌　劳动者不必过分乐观》,《杭州日报》2007 年 11 月 25 日。

陶富源:《社会关系形成中主体向度的契约方式》,《哲学动态》2013 年第 1 期。

陶和谦、杨紫:《经济法学》,群众出版社 1983 年版。

陶芸:《日本福利经济思想研究》,武汉大学 2017 年博士论文。

陶正付:《评布莱尔的"第三条道路"》,《现代国际关系》1998 年第 12 期。

[德]滕尼斯:《共同体与社会》,林荣远译,商务印书馆 1999、2010 年版。

田建湘:《社会医疗保险改革对商业健康保险发展的影响》,《长沙民政职业技术学院学报》2004 年第 3 期。

田思路、贾秀芬:《契约劳动的研究——日本的理论与实践》,法律出版社 2007 年版。

田思路、贾秀芬:《日本劳动法研究》,中国社会科学出版社 2013 年版。

田思路:《日本"社会法"概念·范畴·演进》,《华东政法大学学报》2019 年第 4 期。

田思路:《技术从属下雇主的算法权力与法律规制》,《法学研究》2022 年第 6 期。

田野:《拉德布鲁赫:新康德主义法学的鬼才》,西安交通大学出版社 2019 年版。

田毅鹏:《"单位研究"70 年》,《社会科学战线》2021 年第 2 期。

仝素勤:《笛卡儿的数学思想方法》,《曲阜师范大学学报(自然科学版)》1994 年第 1 期。

童世骏:《"后马克思主义"视野中的市民社会》,《中国社会科学季刊(香港)》1993 年第 5 期。

童世骏:《中西对话中的现代性问题》,学林出版社 2010 年版。

佟柔主编:《中华法学大辞典(民法学卷)》,中国检察出版社 1996 年版。

佟新:《"强国家、弱市场",劳工福利制度市场化转型的必然选择?》,《劳动关系》2008 年第 2 期。

屠国明:《上海市企业劳务用工的现状、问题与对策》,载周长征主编:《劳动派遣的发展与法律规制》,中国劳动社会保障出版社 2007 年版。

庹国柱、刘万:《工伤保险代位追偿问题研究——兼论代位追偿原则对人身保险的应用》,《经济与管理研究》2009 年第 3 期。

[法]托克维尔:《论美国的民主》上、下卷,商务印书馆 1988a、b 年版。

[法]托克维尔:《旧制度与大革命》,冯棠译,商务印书馆 1992、2012、2013、2017 年版。

W

[德]瓦尔特曼:《德国劳动法》,沈建峰译,法律出版社 2014 年版。

[法]瓦萨克:《人权的不同类型》,张丽萍、程春明译,中国政法大学出版社 2001 年版。

[苏]瓦西林科夫:《苏维埃行政法总论》,姜明安、武树臣译,北京大学出版社 1985 年版。

王保树、邱本:《经济法与社会公共性论纲》,《法律科学》2000 年第 3 期。

王本存:《论行政法上的反射利益》,《重庆大学学报(社会科学版)》2017 年第 1 期。

王炳瑞:《试论劳动合同的违约责任》,《天津经济》2007 年第 10 期。

王炳书:《实践理性论》,武汉大学出版社 2002 年版。

王伯琦:《近代法律思潮与中国固有文化》,清华大学出版社 2005 年版。

王彩莲、尉文明、张安顺主编:《新劳动法教程》,青岛海洋大学出版社 1995 年版。

王晨:《刑事责任的一般理论》,武汉大学出版社 1998 年版。

王晨光:《法律的可诉性:现代法治国家中法律的特征之一》,《法学》1998 年第 4 期。

王昌硕:《集体合同综述》,《政法论坛》1980 年第 2 期。

王春福:《社会权利与社会性公共产品的均等供给》,《中共中央党校学报》2010 年第 1 期。

王斐:《“活法”与“行动中的法”——兼论民间法研究的两条路径》,《甘肃政法学院学报》2007 年第 3 期。

王凤鸣、李艳:《英国新工党的宪政改革》,《当代世界社会主义问题》2003 年第 2 期。

王华华:《政治参与、政治吸纳与政权合法性的相生机理——重读李普塞特的〈政治人〉》,《理论导刊》2017 年第 7 期。

王惠玲:《成文宪法的比较研究》,对外经济贸易大学出版社 2010 年版。

王家福等:《合同法》,中国社会科学出版社 1986 年版。

王家福:《中国民法学·民法债权》,法律出版社 1991 年版。

王家福:《社会主义市场经济法律制度建设问题》,载肖扬主编:《社会主义市场经济法制建设讲座》,中国方正出版社 1995 年版。

王家福、李步云、刘海年等:《论依法治国》,《光明日报》1996 年 9 月 28 日。

王江雨:《论情势变更原则》,《现代法学》1997 年第 1 期。

王建勋:《法眼审视新〈劳动合同法〉》,《南方都市报》2008 年 3 月 16 日。

王建芹:《论结社自由及其实现》,《人文杂志》2006 年第 3 期。

王娇萍:《法律的权威性不容损害?》,《工人日报》2010 年 2 月 8 日。

王俊豪:《政府管制经济学导论》,商务印书馆 2001 年版。

王蕾:《论社会权的宪法规范基础》《环球法律评论》2009 年第 5 期。

王琳:《对我国开征社会保障税若干问题的思考》,《吉林财税高等专科学校学报》2003 年第 3 期。

王利明、郭明瑞、方流芳:《民法新论》,中国政法大学出版社 1988 年版。

王利明:《侵权行为法归责原则研究》,中国政法大学出版社 1992 年版。

王利明主编:《民法·侵权行为法》,中国人民大学出版社 1993 年版。

王利明主编:《人格权法新论》,吉林人民出版社 1994 年版。

王利明:《违约责任论》,中国政法大学出版社 1996 年版。

王利明:《惩罚性赔偿研究》,中国社会科学 2000 年第 4 期。

王利明:《关于劳动债权与担保物权的关系》,《法学家》2005 年第 2 期。

王利明等:《民法学(第三版)》,法律出版社 2011 年版。

王利锐:《公益慈善社团是社会保障体系中的重要力量》,《理论界》2006 年第 7 期。

王洛忠、张艺君:《福利三角理论视角下延迟退休年龄政策选择分析》,《理论探讨》2016 年第 4 期。

王明文:《目的理性行为、形式合理性和形式法治——马克斯·韦伯法律思想解读》,《前沿》2011 年第 19 期。

王能君:《日本“解雇权滥用法理”与“整理解雇法理”》,载台湾劳动法学会:《台湾劳动法学会学报第三期——大量解雇劳工保护法制之研究》,新学林出版股份有限公司 2004 年版。

王能君:《日本团体交涉权与团体行动权》,《劳动基本权学术研讨会论文集》2005 年版。

王宁:《个体主义与整体主义对立的新思考——社会研究方法论的基本问题之一》,《中山大学学报(社会科学版)》2002 年第 2 期。

王宁:《后单位制时代,“单位人”转变成了什么人》,《学术研究》2018 年第 11 期。

王倩:《德国特殊解雇保护制度及其启示》,《德国研究》2014a 年第 2 期。

王倩:《抽象行政行为的可诉性分析》,《法制博览(中旬刊)》2014b 年第 4 期。

王倩、朱军:《德国联邦劳动法院典型判例研究》,法律出版社 2015 年版。

王倩:《德国法中劳动关系的认定》,《暨南学报(哲学社会科学版)》2017 年第 6 期。

王全兴:《劳动法》,法律出版社 1997 年版。

王全兴:《经济法基础理论专题研究》,中国检察出版社 2002 年版。

王全兴:《劳动法》,法律出版社 2004 年版。

王全兴主编:《劳动法学》,人民法院出版社、中国人民公安大学出版社 2005a 年版。

王全兴:《社会法学的双重关注:社会与经济》,《法商研究》2005b 年第 1 期。

王全兴:《我国劳动合同立法的基本取向》,《中国劳动》2005c 年第 7 期。

王全兴、管斌:《社会法在中国的界定和意义》,中国方正出版社 2005 年版。

王全兴、侯玲玲:《劳动合同法的地方立法资源评述》,《法学》2005 年第 2 期。

王全兴:《劳动派遣是“鸡刀”还是“牛刀”——我国劳动派遣的现实本质及其矫正》,《当代法学》2006a 年第 6 期。

王全兴:《劳动合同立法争论中需要澄清的几个基本问题》,《法学》2006b 年第 9 期。

王全兴、侯玲玲:《我国劳动派遣的负面作用及其立法对策》,载丁薛祥主编:《人才派遣理论规范与实务》,法律出版社 2006 年版。

王全兴:《劳动合同法条文精解》,中国法制出版社 2007 年版。

王全兴:《劳动法》,法律出版社 2008a 年版。

王全兴:《劳动法学》,高等教育出版社 2008b 年版。

王全兴、黄昆:《中国劳动法》,中国政法大学出版社 2008a 年版。

王全兴、黄昆:《劳动合同效力制度的突破和疑点解析》,《法学论坛》2008b 年第 2 期。

王全兴、钱叶芳:《劳动合同期限制度两种模式的比较及其启示》,《2010 两岸劳动法学术研讨会劳动契约法律化:台湾劳动法基准法与大陆劳动合同法之同步观察》。

王全兴、倪雄飞:《论我国罢工立法与罢工转型的关系》,《现代法学》2012 年第 4 期。

王全兴、王茜:《我国“网约工”的劳动关系认定及权益保护》,《法学》2018 年第 4 期。

王全兴、刘琦:《我国新经济下灵活用工的特点、挑战和法律规制》,《法学评论》2019 年第 4 期。

王全兴:《我国〈劳动法典〉编纂若干基本问题的初步思考》,《北方法学》2022 年第 6 期。

王森波:《人格——源流、涵义及功能》,《甘肃政法学院学报》2010 年第 3 期。

王胜俊:《最高人民法院工作报告》,《新华社》2009 年 3 月 17 日,载党政机关:http://www.gov.cn/2009lh/content_1261101.htm,2019 年 3 月 20 日访问。

王松柏:《劳资争议行为之法律效果——最高法院八十四年度台上字第一〇七四号民事判决评释》,载中华民国劳动法学会编:《劳动法裁判选辑　二》,元照出版有限公司 1999 年版。

王松柏:《简论劳动法之特殊性格、规范方法与劳动三权在我国之现况》,《台湾劳工研究》2006 年第 1 期。

王涛:《德英两国日耳曼法与罗马法关系史论》,《第四届“罗马法、中国法与民法法典化国际研讨会”》2009 年版。

王涛:《德英两国日耳曼法历史比较中的解构意义》,《武汉大学学报(哲学社会科学版)》2011 年第 4 期。

王天玉:《职工基本医疗保险个人账户的权利构造》,《法学》2021 年第 8 期。

王巍:《社会养老保险政策问答》,《劳动保障世界》2004 年第 4 期。

王蔚:《“法律限制国家如何可能”:莱昂·狄骥法学思想的理论脉络与方法变迁》,《政法论坛》

2021年第5期。

王伟光:《从马克思主义哲学的高度科学认识人民内部矛盾问题》,《实事求是》2005年第3期。

王为农、吴谦:《社会法的基本问题:概念与特征》,《财经问题研究》2002年第11期。

王为农:《日本的社会法学理论:形成与发展》,《浙江学刊》2004年第1期。

王卫国:《超越概念法学》,《法制与社会发展》1995年第3期。

王文明:《〈道德经〉与企业社会责任》,《企业文明》2012年第8期。

王希仁:《经济法概念新论》,《河北法学》1994年第2期。

王鲜萍:《解读"企业社会责任"》,《上海企业》2004年第4期。

王小红、钟海华:《也谈民法中惩罚性赔偿责任——兼与叶彬同志商榷》,《人民司法》1995年第3期。

王欣新:《新破产立法中对劳动债权的保护》,《人民法院报》2004年7月23日。

王欣新、杨涛:《破产企业职工债权保障制度研究——改革社会成本的包容与分担》,《法治研究》2013年第1期。

王新生:《现代市民社会概念的形成》,《南开学报(哲学社会科学版)》2000年第3期。

王新生:《略论社会权的国家义务及其发展趋势》,《法学评论》2012年第6期。

王新生:《论社会权领域的非国家行为体之义务》,《政治与法律》2013年第5期。

王小林:《论国际私法的法律价值导向及其实现》,《求索》2010年第7期。

王旭东:《劳动者无条件预告解除权之畸形现状——对我国〈劳动法〉第31条规定之反思》,《连云港职业技术学院学报》2004年第3期。

王岩:《人大常委会法工委官员谈〈劳动合同法〉四大亮点》,来源:中国新闻网2007年6月29日,载http://www.chinanews.com/gn/news/2007/06-29/968575.shtml,2023年2月18日访问。

王艳慧:《关系契约的理论功能与实定法表现》,《江西社会科学》2016年第7期。

王耀海、盛丰:《私力救济的法治困境及其解决》,《学术界》2013年第4期。

王一江、孔繁敏:《现代企业中的人力资源管理》,上海人民出版社1998年版。

王益英、黎建飞:《外国劳动法和社会保障法》,中国人民大学出版社2001年版。

王亦菲、谢磊、李立非:《潘妈妈:女儿生前常加班到半夜》,《新闻晨报》2011年4月15日。

王涌:《私权的概念》,载夏勇主编:《公法》(第一卷),法律出版社1999年版。

王勇:《法典化的理论和方法初探》,吉林大学2004年硕士学位论文。

王勇:《现代中国哲学进化论特征探析》,《齐齐哈尔大学学报(哲学社会科学版)》2019年第4期。

王裕:《法治框架下法的价值、规范、事实的关系解构》,《法制博览》2018年第1期。

王云霞:《〈法国民法典〉的时代精神探析》,《法学家》2004年第2期。

王元璋、崔建华:《论马克思将共产主义社会划分为两个发展阶段对唯物史观的新贡献》,《华中师范大学学报(人文社会科学版)》2001年第1期。

王泽鉴:《民法学说与判例研究》第2册,台湾大学法学院编辑委员会1979年版、中国政法大学出版社1997、1998b年版。

王泽鉴:《民法学说与判例研究》第1、3、4册,中国政法大学出版社1998a、c、d年版。

王泽鉴:《民法丛书》,三民书局2000年版。

王泽鉴:《民法总论》,中国政法大学出版社2001a年版。

王泽鉴:《债法原理》第1册,中国政法大学出版社2001b年版。

王泽鉴:《民法概要》,中国政法大学出版社2003年版。

王泽鉴:《英国劳工法之特色、体系及法源理论》,载王泽鉴:《民法学说与判例研究》第 2 册,中国政法大学出版社 2005 年版。

王泽鉴:《民法总则》,北京大学出版社 2015 年版。

王兆良、吴传华:《马恩市民社会理论初探》,《安徽教育学学院学报(哲学社会科学版)》1999 年第 2 期。

王震:《新劳动法是一剂猛药》,《黄金时代》2008 年第 3 期。

王振东:《历史法学回题》,《成人高教学刊》2009 年第 2 期。

王志惠:《浅谈文化馆对弱势群体的知识援助》,《西部论丛》2017 年第 4 期。

王中江:《中国哲学中的"公私之辨"》,《中州学刊》1995 年第 6 期。

王卓祺、Alan Walker:《西方礼会政策理念与 21 世纪中国福利事业的发展》,载张敏杰主编:《中国的第二次革命》,商务印书馆 2001 年版。

王卓祺、[英]雅伦·获加:《西方社会政策概念转变及对中国福利制度发展的启示》,《社会学研究》1998 年第 5 期。

王宗见:《公共养老保险制度改革之国际化比较(上)》,《外国经济与管理》1998 年第 2 期。

王祖书:《法官受制定法约束的理论谱系及其评价——基于德国法学方法论视角的考察》,《北方法学》2014 年第 1 期。

汪和建:《"新传统主义"的真义与走向——读华尔德的〈共产党社会的新传统主义〉》,《中国研究》2005 年第 1 期。

汪和建:《自我行动的逻辑理解"新传统主义"与中国单位组织的真实的社会建构》,《社会》2006 年第 3 期。

汪建华:《实用主义团结:基于珠三角新工人集体行动案例的分析》,《社会学研究》2013 年第 1 期。

汪进元:《论生存权的保护领域和实现途径》,《法学评论》2010 年第 5 期。

汪玲萍:《从两对范畴看滕尼斯与涂尔干的学术旨趣——浅析"共同体""社会"和"机械团结""有机团结"》,《社会科学论坛》2006 年第 24 期。

汪强、于鹏飞:《〈宪法〉就业政策条款对劳动权的保障及其完善——兼议〈宪法〉劳动权的属性》,《企业经济》2012 年第 1 期。

汪伟:《劳动合同法草案引发法学界分化》,《新民周刊》2006a 年 5 月 24 日。

汪伟:《常凯:"劳资不成熟,公权需介入"》,《新民周刊》2006b 年 5 月 25 日。

汪习根:《法治社会的基本人权——发展权法律制度研究》,中国人民公安大学出版社 2002 年版。

汪翔、钱南:《公共选择理论导论》,上海人民出版社 1993 年版。

汪渊智:《论禁止权利滥用原则》,《法学研究》1995 年第 5 期。

汪渊智:《形成权理论初探》,《中国法学》2003 年第 3 期。

汪子嵩等:《希腊哲学史(第 2 卷)》,人民出版社 1993 年版。

[美]威格摩尔:《世界法系概览》,何勤华等译,上海人民出版社 2004 年版。

[德]威廉·冯·洪堡:《论国家的作用》,林荣远、冯兴元译,中国社会科学出版社 1998 年版。

[德]维亚克尔:《近代私法史(下)》,陈爱娥、黄建辉译,上海三联书店 2006 年版。

[英]韦伯:《社会主义的历史基础》,载[英]萧伯纳等编:《费边论丛》,袁绩藩等译,北京三联书店出版社 1958 年第 1 版。

[德]韦伯:《社会科学方法论》,华夏出版社 1987 年版。

[德]韦伯:《经济与社会》上、下卷,林荣远译,商务印书馆 1997a、b 年版。

[德]韦伯:《论经济与社会中的法律》,张乃根译,中国大百科全书出版社 1998 年版。

[德]韦伯:《法律社会学》,康乐、简惠美译,广西师范大学出版社 2011 年版。

韦建平、孙来斌:《"福利国家"与社会主义》,《江汉论坛》1999 年第 10 期。

韦建桦:《马克思恩格斯文集》第 1 卷,人民出版社 2009 年版。

韦雯:《钱和自由一个也不能少,这届年轻人宁愿送外卖也不去工厂》,《南周知道》2019 年 4 月 12 日。

卫民:《劳资关系与争议问题》,空中大学 2005 年版。

卫民、许继峰:《劳资关系与人力资源管理的合与分》,《劳工研究》2006 年第 1 期。

卫知唤:《"国家—社会"框架下的中国社会权力溃散及其治理》,《探索》2015 年第 4 期。

[德]魏德士:《法理学》,丁晓春、吴越译,法律出版社 1995、2005 年版。

魏迪:《基本权利的国家保护义务》,《当代法学》2007 年第 4 期。

魏继华:《我国弱势群体法律保障的法理分析及制度构想》,《河南省政法管理干部学院学报》2007 年第 3 期。

魏磊杰:《论民法典的发展历程》,河南大学 2006 年硕士学位论文。

魏磊杰、王明锁:《民法法典化、法典解构化及法典重构化》,载张礼洪,高富平主编:《民法法典化、解法典化和反法典化》,中国政法大学出版社 2008 年版。

魏乐:《南海本田罢工事件正转向非正常化　谈判双方爆发冲突》,来源:财新网 2010 年 5 月 31 日,载搜狐:https://business.sohu.com/20100531/n272472543.shtml, 2019 年 6 月 10 日访问。

魏千峰:《劳动刑法之特殊性》,载《劳动法裁判选辑(二)》,元照出版有限公司 1992 年版。

魏千峰:《劳动基准法上之劳工》,载《劳动法裁判选辑(一)》,元照出版有限公司 1999 年版。

[德]魏斯、[德]施米特:《德国劳动法与劳资关系》,倪斐译,商务印书馆 2012 年版。

魏小潭:《马克思异化劳动理论的探究》,《柳州师专学报》2011 年第 4 期。

翁岳生:《行政法(上册)》,中国法制出版社 2002 年版。

[德]温德夏特:《罗马判例法》,载[法]莱昂·狄骥:《宪法论》第 1 卷,钱克新译,商务印书馆 1959 年版。

温文丰:《现代社会与土地所有权理论之发展》,五南图书出版公司 1984 年版。

文跃然等:《新形势下中国人力资源管理面临的三大问题　2008 年中国人力资源管理新年报告会上的对话》,《中国劳动》2008 年第 2 期。

[日]我妻榮、横田喜三郎、宮澤俊義编:《岩波法律学小辞典》,岩波書店 1937 年版。

[日]我妻荣编:《新法律学辞典》,中国政法大学出版社 1991 年版。

[德]沃尔夫冈·多伊普勒:《德国劳动法》,王倩译,上海人民出版社 2016 年版。

[美]沃尔泽:《正义诸领域:为多元主义与平等一辩》,褚松燕译,译林出版社 2002 年版。

[英]沃克:《牛津法律大辞典》,北京社会与科技发展研究所译,光明日报出版社 1988 年版。

[英]沃克:《牛津法律大辞典》,李双元等译,法律出版社 2003 年版。

[美]沃森:《民法法系的演变及形成》,李静冰、姚新华译,中国法制出版社 2005 年版。

[德]乌尔里希·贝克尔:《社会法:体系化、定位与制度化》,王艺非译,《华东政法大学学报》2019 年第 4 期。

吴邦国:《全国人民代表大会常务委员会工作报告——2009 年 3 月 9 日在十一届全国人大二次会议上》,《中国人大》2009 年第 6 期。

吴超民:《劳动法通论》,华中师范大学出版社 1988 年版。

吴迪:《亚里士多德的分配正义:整体主义还是平等主义》,《华中科技大学学报(社会科学版)》2017 年第 6 期。

吴飞:《劳动法教授质疑劳动合同法》,《民主与法制时报》2006 年 4 月 10 日。

吴飞:《儒家文化在日本的传播和实践——评周逢年的〈朱舜水思想在日传播研究〉》,《新闻爱好者》2019 年第 3 期。

吴庚:《宪法的解释与适用》,2003 年自刊、三民书局 2004 年版。

吴庚:《行政法之理论与实用》,中国人民大学出版社 2005 年版。

吴海燕:《论劳务派遣法律制度中的雇主责任》,复旦大学 2009 年硕士学位论文。

吴家凌:《公司治理与劳工参与——日本劳资协议制度之考察》,逢甲大学 2008 年硕士学位论文。

吴经熊:《法律艺术化》,载孙莉主编:《东吴法学先贤文录 · 法理学卷》,中国政法大学出版社 2015 年版。

吴军:《中国社会保障争议处理体制研究》,华东政法大学 2003 年硕士学位论文。

吴骏莲、崔功豪:《管治的起源、概念及其在全球层次的延伸》,《南京大学学报(哲学 · 人文科学 · 社会科学版)》2001 年第 5 期。

吴丽萍、鲍明:《西方国家社会保障制度对经济发展的影响》,《人口与经济》2004 年第 5 期。

吴美然:《争议行为民事与刑事免责之研究》,政治大学 2011 年硕士学位论文。

吴清军、徐晓军:《中国劳资群体性事件的性质与特征研究》,《学术研究》2010 年第 8 期。

吴全成、马翠华编:《劳资关系》,台北一品文化出版社 2011 年版。

吴文嫔:《第三人利益合同原理不制度论》,法律出版社 2009 年版。

吴文芳:《德国集体合同"法规性效力"与"债权性效力"之研究》,《法商研究》2010 年第 2 期。

吴文芳:《我国社会法理论演进与研究路径之反思》,《华东政法大学学报》2019 年第 4 期。

吴社兴:《比较与借鉴:英美社会保障机制》,《江汉石油学院学报》1996 年第 4 期。

吴晓蓉:《论行政相对人的德性》,《求索》2012 年第 4 期。

吴修安:《管理学博士刘岩先生认为——劳务派遣弊大于利》,《齐鲁晚报》2006 年 10 月 8 日,载 http://www.dzwww.com/shandong/jinanxinwen/200610/t20061008_1793253.htm, 2023 年 2 月 17 日访问。

吴学义:《法学纲要》,中华书局 1935 年版。

吴育仁:《团体协商程序规范之研究——以美国为例》,台湾政治大学 1994 年硕士学位论文。

吴育仁:《美国劳资集体协商制度之法律政策分析》,《台湾欧美研究》2002 年第 2 期。

吴兆祥、石佳友、孙淑妍译:《瑞士债法典》,法律出版社 2002 年版。

吴忠民:《"效率优先,兼顾公平"提法再认识》,《天津社会科学》2002 年第 1 期。

吴忠民:《从平均到公正:中国社会政策的演进》,《社会学研究》2004 年第 1 期。

伍奕:《关于用人单位劳动规章制度的立法思考》,《海南大学学报人文社会科学版》2003 年第 2 期。

毋国平:《法律主体的内涵》,《辽宁大学学报(哲学社会科学版)》2013 年第 2 期。

X

[日]西谷敏:《ドィッ労働法思想史論》,日本評論社 1987 年版。

夏积智等:《劳动合同制问答》,劳动人事出版社 1985 年版。

夏团主编:《最新常用法律大词典》,中国检察出版社 2000 年版。
夏勇:《人权概念起源》,中国政法大学出版社 1992 年版。
夏勇:《权利哲学的基本问题》,《法学》2004 年第 3 期。
夏征农主编:《辞海》(1999 年缩印本),上海辞书出版社 2002 年版。
夏征农、陈至立主编:《辞海》,上海辞书出版社 2009、2010 年版。
[日]相马达雄:《论日本工会组织诸问题》,王丽华译,《中外法学》1996 年第 3 期。
向玉琼:《从契约正义到合作正义:公共政策的目标转向》,《浙江学刊》2018 年第 3 期。
肖峰昌:《完善社会保障法律制度　促进社会和谐发展》,《教育理论与实践》2006 年第 24 期。
肖富群、李广义:《马克思的市民社会理论》,《广西社会科学》2002 年第 5 期。
肖建华:《民事诉讼当事人研究》,中国政法大学出版社 2002 年版。
肖倩:《超越整体主义和个体主义:试论布迪厄的关系主义方法论》,《晋阳学刊》2005 年第 5 期。
肖群忠:《关于社会公德的几个基本理论问题》,《河北学刊》2007 年第 6 期。
肖岁寒:《"市民社会"的历史考察》,《天津社会科学》1999 年第 3 期。
肖巍:《灵活就业、新型劳动关系与提高可雇佣能力》,《复旦学报(社会科学版)》2019 年第 5 期。
肖祥:《论伦理秩序建设中的制度性道德关怀及其限度》,《中州学刊》2005 年第 1 期。
肖新喜:《论社会权请求权》,《江汉学刊》2020 年第 1 期。
[日]孝桥正一:《社会事業の基本問題》(全订本),ミネルヴァ書房 1962 年版。
谢大任主编:《拉丁语汉语词典》,商务印书馆 1988 年版。
谢怀栻、陈明侠:《劳动法简论》,中国财政经济出版社 1985 年版。
谢怀栻:《大陆法国家民法典研究(续)》,《环球法律评论》1994 年第 4 期。
谢鹏程:《论市场经济法律体系的基本结构》,《法学研究》1994 年第 4 期。
谢鹏程:《公民的基本权利》,中国社会科学出版社 1999 年版。
谢小洁:《论第三人利益合同之第三人权利》,《现代商贸工业》2021 年第 21 期。
谢瀛洲:《民国宪法》,载林纪东:《民国宪法逐修释义》第 1 册,三民书局 1970 年版。
谢玉华、何包钢:《工业民主和员工参与:一个永恒的话题——中国工业民主和员工参与研究述评》,《社会主义研究》2008 年第 3 期。
谢玉华:《市场化集体谈判成功案例——番禺利得鞋厂劳资集体谈判分析》,《中国工人》2015 年第 2 期。
谢岳:《文件制度:政治沟通的过程和功能》,《上海交通大学学报》2007 年第 6 期。
谢增毅:《社会法的概念、本质和定位:域外经验与本土资源》,《学习与探索》2006 年第 5 期。
谢增毅:《民法典编纂与雇佣(劳动)合同规则》,《中国法学》2016 年第 4 期。
谢增毅:《劳动法典编纂的重大意义与体例结构》,《中国法学》2023 年第 3 期。
[德]辛茨海默:《劳动法的基本特征》,1927 年版。
[英]辛克莱:《柯林斯精选英语词典》,中国对外翻译出版公司 1989 年版。
辛民:《劳动制度的重大改革——访劳动人事部部长赵东宛》,《经济工作通讯》1986 年第 18 期。
新华社:《警惕用人单位大规模裁减老员工》,《河北工人报》2007 年 8 月 13 日,第 1 版。
新华社:《中共中央　国务院关于构建和谐劳动关系的意见》,《四川劳动保障》2015 年第 4 期。
[日]新里孝一:《"依存"的伦理——日本社会的关怀伦理研究》,周琛译,《东南大学学报(哲学

社会科学版)》2015 年第 5 期。

信春鹰主编:《中华人民共和国劳动合同法释义》,法律出版社 2007 年版。

信春鹰:《中国特色社会主义法律体系及其重大意义》,《法学研究》2014 年第 6 期。

[日]星野英一:《私法中的人》,王闯译,载梁慧星主编:《民商法论丛》第 8 卷,法律出版社 1997a、1999 年版。

[日]星野英一:《私法中的人》,王阁译,中国法制出版社 2004 年版。

熊光清:《论孟德斯鸠与列宁权力制衡理论的不同》,《山西高等学校社会科学学报》2002 年第 11 期。

熊晖:《解雇保护制度研究》,西南政法大学 2010 年博士学位论文。

熊谞龙:《权利,抑或法益?——一般人格权本质的再讨论》,《比较法研究》2005 年第 2 期。

熊跃根:《国家力量、社会结构与文化传统——中国、日本和韩国福利范式的理论探索与比较分析》,《江苏社会科学》2007 年第 4 期。

熊跃根:《动荡岁月的韦伯与德国社会政策的历史发展(1890—1920 年)——一种历史社会学的分析》,《社会科学研究》2020 年第 1 期。

徐冬梅:《论工伤保险赔偿与民事侵权赔偿之间的适用关系》,复旦大学 2009 年硕士学位论文。

徐放鸣、路和平、朱青:《社会保障初论》,中国财经出版社 1990 年版。

徐国栋:《市民社会与市民法——民法的调整对象研究》,《法学研究》1994 年第 4 期。

徐国栋:《“人身关系”流变考(上)》,《法学》2002 年第 6 期。

徐国栋:《民法基本原则解释》,中国政法大学出版社 2004a 年版。

徐国栋:《寻找丢失的人格——从罗马、德国、拉法族国家、前苏联、俄罗斯到中国》,《法律科学》2004b 年第 6 期。

徐国栋:《从身份到理性——现代民法中的行为能力制度沿革考》,《法律科学(西北政法学院学报)》2006 年第 4 期。

徐国栋:《权利能力制度的理想与现实——人法的英特纳雄耐尔之路》,《北方法学》2007 年第 2 期。

徐国栋:《民法哲学》,中国法制出版社 2009、2015 年版。

徐建伟:《论自助行为》,《理论观察》2001 年第 1 期。

徐杰:《合同法中的违约责任制度》,《中国法学》1999 年第 3 期。

徐俊:《“主体”概念的演进历程——从阿那克萨戈拉到齐泽克》,《齐鲁师范学院学报》2013 年第 5 期。

徐丽红:《二元社会结构下中国公民社会权利保障问题》,《前沿》2011 年第 21 期。

徐颂陶主编:《劳动法教程》,中国政法大学出版社 1988 年版。

徐显明主编:《人权法原理》,中国政法大学出版社 2008 年版。

徐小洪:《劳动法的价值取向:效率、劳动者主体地位》,《天津市工会管理干部学院学报》2009 年第 1 期。

徐小洪:《中国工会的双重角色定位》,《人文杂志》2010 年第 6 期。

徐昕:《私力救济的概念》,《刑事司法论坛》2004a 年第 1 期。

徐昕:《私力救济的正当性及其限度》,《法学家》2004b 年第 2 期。

徐学鹿、梁鹏:《论非法典化》,《时代法学》2005 年第 4 期。

徐学鹿、梁鹏:《时代潮流——非法典化》,载张礼洪,高富平主编:《民法法典化、解法典化和反法典化》,中国政法大学出版社 2008 年版。

徐扬:《我国集体协商法律规范性研究——基于全国 99 个法律文本的实证研究》,华东政法大学 2016 年硕士论文。

徐以祥:《耶里内克的公法权利思想》,《比较法研究》2009 年第 6 期。

徐友龙、潘海平:《双重的短缺》,《观察与思考》2004 年第 21 期。

徐智华:《劳动合同解除之法律适用》,《中南财经大学学报》2000 年第 5 期。

许春清:《西方自然法思想的演进轨迹》,《甘肃政法成人教育学院学报》2002 年第 4 期。

许娟娟:《论私力救济》,《金陵科技学院学报(社会科学版)》2006 年第 3 期。

许晓军、吴清军:《对中国工会性质特征与核心职能的学术辨析》,《人文杂志》2011 年第 5 期。

许雪毅、伍晓阳:《滥用劳务派遣工问题　已到非解决不可的时候》,来源:新华网 2011 年 3 月 6 日,转载 http://ngdsb.hinews.cn/html/2011-03/07/content_331049.htm, 2023 年 2 月 17 日访问。

许育典:《法治国与教育行政:以人的自我实现为核心的教育法》,台湾高等教育出版社 2002 年版。

许育典:《社会国》,《月旦法学杂志》2003 年第 12 期。

许育典:《宪法》,元照出版社 2008 年版。

许志雄等:《现代宪法论》,元照出版公司 2000、2004 年版。

薛波主编:《元照英美法词典》,潘汉典审,法律出版社 2003 年版。

薛军:《权利的道德基础与现代权利理论的困境》,《法学研究》2009 年第 4 期。

薛松、柏兴伟:《演进制度主义下的德国社会民主党变迁》,《德国研究》2016 年第 2 期。

薛少峰:《程序规定的实体法思考:试论雇佣关系的界定和雇主替代责任》,《前沿》2004 年第 7 期。

Y

[美]雅克·布道:《建构世界共同体——全球化与共同善》,万俊人、姜玲译,江苏教育出版社 2006 年版。

[法]雅克·盖斯旦等:《法国民法总论》,陈鹏等译,法律出版社 2004 年版。

[美]雅诺斯基:《公民与文明社会》,柯雄译,辽宁教育出版社 2000 年版。

[德]雅斯贝斯:《时代的精神状况》,1931 年首版,王德峰译,上海译文出版社 1997 年版。

[英]亚当·斯密:《国民财富的性质和原因的研究》下卷,商务印书馆 1974 年版。

[英]亚当·斯密:《国富论——国民财富的性质和起因的研究》(An Inquiry into the Nature and Causes of the Wealth of Nations),谢祖钧等译,中南大学出版社 2003 年版。

[苏]亚历山洛夫:《苏维埃劳动法教程》,李光谟、康宝田译,中国人民大学出版社 1955 年版。

[古希腊]亚里士多德:《政治学》,吴寿彭译,商务印书馆 1981 年版。

严存生:《法哲学应从实然和应然两个领域研究法》,《中外法学》1993 年第 6 期。

严存生:《"法"的"存在"方式之三义:必然法、应然法、实然法》,《求是学刊》2015 年第 2 期。

严玮:《集体合同主体问题研究》,华东政法大学 2014 年硕士学位论文。

严瑕:《劳动合同解雇保护制度比较研究》,《法制与社会》2009 年第 5 期。

阎天:《美国集体劳动关系法的兴衰——以工业民主为中心》,《清华法学》2016 年第 2 期。

颜运秋:《公益诉讼理论研究》,中国检察出版社 2002 年版。

颜运秋:《从公共利益到公益诉讼的跨越》,《经济法论丛》2008 年第 2 期。

杨波:《别忽视“福音”中的一丝杂音》,《解放日报》2007 年 8 月 7 日。

杨春福、陈学超:《劳动权性质论——自由主义视野下的初步探讨》,《南京社会科学》2004 年第 3 期。

杨春学:《经济人与社会秩序分析》,上海三联书店、上海人民出版社 1998 年版。

杨翠迎、冯广刚:《我国失业保险金功能异化及失业贫困问题分析——基于社会保障待遇梯度的比较视角》,《云南社会科学》2014 年第 1 期。

杨黛:《经济人的特性对制度设计与道德建设的价值》,《社会科学辑刊》2004 年第 6 期。

杨代雄:《伦理人概念对民法体系构造的影响——民法体系的基因解码之一》,《法制与社会发展》2008 年第 6 期。

杨慧:《工伤保险保障主体理论反思及其重构》,《人民论坛》2013 年第 5 期。

杨继春:《企业规章制度的性质与劳动者违纪惩处》,《法学杂志》2003 年第 5 期。

杨建华:《当代中国发展:国家权威与社会权威的融合》,《中共浙江省委党校学报》2016 年第 1 期。

杨建顺:《日本行政法通论》,中国法制出版社 1998 年版。

杨解君:《法律漏洞略论》,《法律科学—西北政法学院学报》1997 年第 3 期。

杨解君主编:《行政法学》,中国方正出版社 2002 年版。

杨景宇:2003 年 4 月 25 日在第十届全国人民代表大会常务委员会法制讲座第一讲中有关《我国的立法体制、法律体系和立法原则》的讲座讲稿,载 http://www.npc.gov.cn/zgrdw/common/zw.jsp?label=WXZLK&id=316546&pdmc=010505, 2012 年 2 月 2 日访问。

杨丽君:《医疗保险法律问题研究》,《山西财经大学学报》2007 年第 A2 期。

杨仁寿:《法学方法论》,中国政法大学出版社 1999 年版。

杨仁忠:《市民社会理论的学术局限性与政治哲学范式的公共性走向》,《河南师范大学学报(哲学社会科学版)》2010 年第 2 期。

杨思远:《社会与社会学——兼与潘修华先生商榷》,《社会科学论坛》2010 年第 20 期。

杨松:《继续性合同的终止》,长春工业大学 2017 年硕士学位论文。

杨通轩:《争议行为合法性之判断基准》,载《劳动法裁判选辑(一)》,元照出版社 1998 年版。

杨通轩:《非典型工作形态相关法律问题之研究》,1999 年《台湾行政劳工委员会 88 年度委托研究计书》。

杨通轩:《集体劳工法——理论与实务》,五南图书出版股份有限公司 2012 年第三版。

杨团:《社会政策研究范式的演化及其启示》,《中国社会科学》2002 年第 4 期。

杨伟民:《社会政策导论》,中国人民大学出版社 2004、2006 年版。

杨文:《就业歧视缘何禁而不绝》,《山西日报》2015 年 6 月 9 日。

杨晓畅:《社会正义抑或个人自由?——庞德利益理论根本诉求的探究》,《法制与社会发展》2010 年第 1 期。

杨小君:《试论行政作为请求权》,《北方法学》2009 年第 1 期。

杨燕绥:《社会保险法》,中国人民大学出版社 2000 年版。

杨燕绥:《中国社会保障法律体系的构想》,《公共管理学报》2004 年第 1 期。

杨燕绥、赵建国:《灵活用工与弹性就业机制》,中国劳动社会保障出版社 2006 年版。

杨月明:《读〈第三条道路:社会民主主义的复兴〉后有感》,《现代商贸工业》2017 年第 22 期。

杨在文:《专家解读〈劳动合同法(草案)〉劳动者和单位都保护》,《成都商报》2005 年 4 月

18日。

杨增崇:《精辟阐明唯物史观基本原理的经典之作——〈《政治经济学批判》序言〉赏析》,《当代党员》2018年第5期。

杨展嘉:《论人格尊严在法律上之地位——依社会国原则论我国对人民最低限度生存保障之实践》,中国文化大学法律学研究所2007年硕士学位论文。

杨振山:《试论我国民法确定情势变更原则的必要性》,《中国法学》1990年第5期。

杨支柱:《社会契约再探索——兼评秦晖广义契约论》,《江苏行政学院学报》2001年第4期。

杨治:《浅析共产主义社会理论的形成——从〈神圣家族〉到〈共产党宣言〉》,《科技信息(学术研究)》2008年第16期。

杨志淮:《生产关系·经济关系·财产关系——有关民法调整对象的一些问题》,《法学研究》1983年第1期。

杨中旭:《激烈博弈下的劳动合同法》,《中国新闻周刊》2006年第21期。

姚辉:《人格权法论》,中国人民大学出版社2011年版。

姚荣伟:《国家体制的现代化理论》,《探索与争鸣》1999年第12期。

姚望:《利益表达与治道变革》,《中共桂林市委党校学报》2009年第1期。

姚树洁、戴颖杰:《对政府出资筹集农村社会养老保险基金的制度探讨》,《西安交通大学学报(社会科学版)》2009年第5期。

[德]耶利内克:《主观公法权利体系》,曾韬、赵天书译,中国政法大学出版社2012年版。

[德]耶林:《为法律而斗争》,J. Labor译,芝加哥1915年版。

[德]耶林:《法律:实现目的的手段》,I. Husik译,纽约1924年版。

叶必丰、刘道筠:《规范性文件的种类》,《行政法学研究》2002年第2期。

叶必丰:《行政法学》,武汉大学出版社2003年修订版。

叶笃初等主编:《党的建设辞典》,中共中央党校出版社2009年版。

叶金方:《行政法上的反射利益理论再探》,《怀化学院学报》2016年第2期。

叶静漪、伊克鲁德主编:《瑞典劳动法导读》,北京大学出版社2008年版。

叶静漪、李少文:《国家治理视野下的劳动法典编纂》,《行政法学研究》2022年第5期。

叶立煊、李似珍:《人权论》,福建人民出版社1991年版。

叶敏、袁旭阳:《"第三代人权"理论特质浅析》,《中山大学学报(社会科学版)》1999年第4期。

叶汝贤:《每个人的自由发展是一切人的自由发展的条件——〈共产党宣言〉关于未来社会的核心命题》,《中国社会科学》2006年第3期。

[日]伊藤博文听、[日]伊藤巳代治记录:《大博士斯丁氏讲义笔记》第八编(1882年12月18日),载[日]清水伸:《明治宪法制定史》(上卷),原书房1971年版。

宣冬玲、董保华:《劳动的法律保障》,知识出版社1989年版。

轶凡:《国外医疗保险制度种种》,《社会》2000年第11期。

易继明:《民法法典化及其限制》,载易继明主编:《私法》第2辑第1卷,北京大学出版社2002年版。

易军:《民法基本原则的意义脉络》,《法学研究》2018年第6期。

易臻真、[法]Claude DIDRY:《劳动制度对社会协同创新能力的影响——以法国劳动法体系的嬗变为例》,《社会保障研究》2021年第4期。

尹田:《法国现代合同法》,法律出版社1995年版。

尹田:《契约自由与社会公平的冲突与平衡》,法律出版社1999年版。

尹田:《论自然人的法律人格与权利能力》,《法制与社会发展》2002 年第 1 期。

尹田:《自然人具体人格权的法律探讨》,《河南省政法管理干部学院学报》2004 年第 3 期。

应松年主编:《行政行为法》,人民出版社 1993 年版。

[古罗马]优士丁尼:《法学阶梯》,徐国栋译,中国政法大学出版社 1999 年版。

尤雪云:《为了劳动者的权益——记劳动法学家关怀教授》,《人权》2007 年第 6 期。

游正林:《对中国劳动关系转型的另一种解读——与常凯教授商榷》,《中国社会科学》2014 年第 3 期。

于安:《论社会行政法》,《现代法学》2007 年第 5 期。

于柏华:《权利的公益构成》,《北方法学》2017 年第 4 期。

于柏华:《权利概念的利益论》,《浙江社会科学》2018 年第 10 期。

于飞:《〈德国民法典〉第 823 条第 1 款上"其他权利"的法解释发展——积极意义及解释困境》,《中国政法学报》2012a 年第 3 期。

于飞:《"法益"概念再辨析——德国侵权法的视角》,《政法论坛》2012b 年第 4 期。

于飞:《基本原则与概括条款的区分:我国诚实信用与公序良俗的解释论构造》,《中国法学》2021 年第 4 期。

于海:《西方社会思想史》,复旦大学出版社 1993 年版。

于浩:《客观法是什么?——读狄骥〈客观法〉》,《政法论坛》2017 年第 4 期。

于建东:《当代公德与私德的抵牾与和谐》,《湖南大学学报(社会科学版)》2015 年第 1 期。

于洁:《公众心理对核能市场的影响》,《中国市场》2018 年第 16 期。

于敏:《劳动合同纠纷中违约受害人补救之研究》,《法学研究》1997 年第 5 期。

于显洋:《单位意识的社会学分析》,《社会学研究》1991 年第 5 期。

余军:《宪法权利的逻辑构造:分析法学路径的诠释》,《法学》2005 年第 3 期。

余敏:《工会劳动关系预警机制的构建》,《山东工会论坛》2019 年第 3 期。

余谋昌:《生态哲学》,陕西人民教育出版社 2000 年版。

余庆福:《"经济法:一个独立的法律领域——经济法地位新探"》,2004 年第五届经济法理论研讨会论文。

余叔通、文嘉主编:《新汉英法学词典》,法律出版社 1998 年版。

余盛峰:《社会连带法学的问题意识与内在张力——以狄骥法律思想为例》,载胡水君主编:《民主法治评论》第 1 卷,中国社会科学出版社 2015 年版。

俞可平:《人权引论——纪念法国〈人与公民权利宣言〉问世 200 周年》,《政治学研究》1989 年第 4 期。

俞可平:《马克思的市民社会理论及其历史地位》,《中国社会科学》1993a 年第 4 期。

俞可平:《社会主义市民社会:一个新的研究课题》,《天津社会科学》1993b 年第 4 期。

俞可平:《从权利政治学到公益政治学——新自由主义之后的社群主义》,载刘军宁等编:《自由与社群》,北京三联书店 1998 年版。

俞可平:《权利政治与公益政治》,社会科学文献出版社 2000 年版。

俞可平主编:《政治学教程》,高等教育出版社 2010 年版。

俞睿:《社会冲突与政治妥协:社会和谐的内在张力》,《探索》2008 年第 6 期。

俞维强:《社会主义市场经济条件下的劳动关系》,《武汉冶金管理干部学院学报》1994 年第 5 期。

俞吾金:《意识形态:哲学之谜的解答》,《求是学刊》1993 年第 1 期。

语贺楠、方涛:《德国现代社会保障制度建立的历史考察——基于社会主义运动视角的分析》,

《科学社会主义》2008 年第 4 期。

喻丽、何金旗:《关于我国农村养老模式的探讨》,《华东经济管理》2003 年第 2 期。

喻权域:《人权问题的来龙去脉》,《党建研究》1999 年第 7 期。

袁立:《作为基本权的劳动权国家保护义务》,《太平洋学报》2011 年第 7 期。

袁林:《论前资本主义公社的本质特征》,《陕西师范大学学报(哲学社会科学版)》2001 年第 1 期。

袁中红:《利益衡量中利益的探析》,《法制与社会》2009 年第 23 期。

[美]约瑟夫·斯托里:《美国宪法评注》,毛国权译,上海三联书店 2006 年版。

岳宗福:《基于人力资源外包的企业劳动保障责任承担机制研究》,《科学经济社会》2011 年第 2 期。

Z

曾尔曼:《生产力决定论唯物史观之统计热力学原理——兼析"李约瑟难题"与"钱学森之问"》,《厦门科技》2017 年第 5 期。

曾繁正等编译:《西方国家法律制度:社会政策及立法》,红旗出版社 1998 年版。

曾航:《法国 35 小时工作制存废之争》,《数字商业时代》2008 年第 3 期。

曾琳、康茜:《浅析劳动法对工作场所性骚扰的规范》,《重庆工学院学报》2005 年第 12 期。

曾兰:《〈劳动合同法〉:企业意见调查》,《中国企业家》2008 年第 2 期。

曾庆敏主编:《法学大辞典》,上海辞书出版社 1988 年版。

曾世雄:《民法总则之现在与未来》,三民书局 1993、2001a 年版。

曾世雄:《损害赔偿法原理》,中国政法大学出版社 2001b 年版。

曾恂:《美国反就业歧视立法的启示》,《南方经济》2003 年第 5 期。

曾毅:《"现代国家"的含义及其在建构中的内在张力》,《中国人民大学学报》2012 年第 3 期。

[古罗马]查士丁尼:《法学总论》,张企泰译,商务印书馆 1995 年版。

翟林瑜:《经济发展与法律制度——兼论效率、公正与契约》,《经济研究》1999 年第 1 期。

翟寅生、姜志强:《形成权基本问题之再反思》,《广西政法管理干部学院学报》2010 年第 5 期。

翟玉娟:《破产程序中的劳动债权的界定及保障》,《云南大学学报(法学版)》2006 年第 5 期。

詹火生:《劳动争议之理念、立法与实例》,台湾劳工委员会研究计划 1995 年。

[英]詹姆斯:《法律原理》,关贵森等译,中国金融出版社 1990 年版。

战建华:《福利国家改革与公民社会权利重构》,《湖北社会科学》2010 年第 6 期。

张爱党:《三资企业民主管理初探》,《理论界》2002 年第 1 期。

张春生主编:《中华人民共和国工会法释义》,法律出版社 2002 年版。

张驰、韩强:《民事权利类型及其保护》,《法学》2001 年第 12 期。

张淳:《对情势变更原则的进一步研究》,《南京大学学报(哲学·人文科学·社会科学版)》1999 年第 1 期。

张夺:《"积极自由"与"消极自由"——弗洛姆自由思想及其对伯林的回应》,《中南大学学报(社会科学版)》2014 年第 3 期。

张国鸣:《浅论建筑企业的劳动法律关系》,《中国建筑金属结构》2002 年第 10 期。

张帆:《〈侵权责任法〉视角下的劳务派遣雇主责任探析》,《中国劳动关系学院学报》2011 年第 1 期。

张海夫:《论马克思市民社会思想及意义》,《广西公安管理干部学院学报》2001 年第 1 期。

张海鹰主编:《社会保障辞典》,经济管理出版社 1993 年版。

张恒山、黄金华:《法律权利与义务的异同》,《法学》1995 年第 7 期。

张恒山:《义务先定论》,山东人民出版社 1999 年版。

张红:《19 世纪德国人格权理论之辩》,《环球法律评论》2010 年第 1 期。

张宏生主编:《西方法律思想史》,北京大学出版社 1998 年版。

张红彦:《对人事争议仲裁制度的反思与构建》,华东政法学院 2005 年硕士学位论文。

张卉:《从以道德立论的自由到以利益立论的自由——卢梭自由观与马克思早期自由观初探》,《西南政法大学学报》2003 年第 3 期。

张嘉尹:《论"价值秩序"作为宪法学的基本概念》,《台大法学论丛》2001 年第 5 期。

张金海:《重思"从身份到契约"命题》,《云南大学学报(法学版)》2006 年第 2 期。

张静:《法团主义》,东方出版社 2015a 年版。

张静:《通道变迁:个体与公共组织的关联》,《学海》2015b 年第 1 期。

张俊浩主编:《民法学原理》,中国政法大学出版社 1991、2000 年版。

张俊华主编:《劳动关系比较研究——中国、韩国、德国、欧洲》,中国社会科学出版社 2010 年版。

张礼洪:《民法典的分解现象和中国民法典的制定》,《法学》2006 年第 5 期。

张康之:《基于权利的社会建构陷入了困境》,《新视野》2016 年第 1 期。

张魁兴:《谁为〈劳动合同法〉保驾护航》,《广州日报》2007 年 7 月 15 日。

张鲲:《社会法概念之辨析》,《济南大学学报(社会科学版)》2007 年第 5 期。

张立栋:《周小川阐述新破产法四大议题》,《中华工商时报》2004 年 12 月 8 日,载 http://finance.sina.com.cn/g/20041208/01511208739.shtml,2024 年 5 月 30 日访问。

张立富:《中国和美国劳动关系转型的比较分析》,《中国人力资源开发》2010 年第 4 期。

张立伟、陈欢:《外商反弹劳动合同法草案》,《21 世纪经济报道》2006 年 5 月 1 日。

张立伟:《独立的社会保障体系比最低工资制度更重要》,《21 世纪经济报道》2006 年 6 月 26 日。

张民安:《第三人契约性侵权责任研究》,《中山大学学报(社会科学版)》1997 年第 4 期。

张敏:《从行政性、合同性双重视角审视行政合同的延展与规范》,《政法论坛》2018 年第 4 期。

张明楷:《法益初论》,中国政法大学出版社 2003 年版。

张世诚主编:《〈中华人民共和国劳动合同法实施条例〉释义・案例・评析・疑难问题解答》,中国方正出版社 2008a 年版。

张世诚:《〈劳动合同法〉是在"解雇"企业吗?》,《中外管理》2008b 年第 1 期。

张世雄:《社会福利的理念与社会安全制度》,唐山出版社 1996 年版。

张式军:《环境公益诉讼浅析》,《甘肃政法学院学报》2004 年第 4 期。

张守文:《社会法论略》,《中外法学》1996 年第 6 期。

张坦:《论对情势变更原则的限制》,《河北法学》1996 年第 5 期。

张同超:《继续性合同任意解除研究》,大连海事大学 2018 年硕士学位论文。

张文显:《法学基本范畴研究》,中国政法大学出版社 1993 年版。

张文显:《二十世纪西方法哲学思潮研究》,法律出版社 1996 年版。

张文显主编:《法理学》,高等教育出版社、北京大学出版社 1999 年版。

张文显:《法哲学范畴研究》,中国政法大学出版社 2001 年版。

张薇嫣:《劳动者权益新添"保护神"》,《上海金融报》2007 年 7 月 3 日。

张维:《权利的救济和获得救济的权利》,《法律科学(西北政法大学学报)》2008 年第 3 期。

张维迎:《博弈论与信息经济学》,上海三联书店、上海人民出版社 1996 年版。

张巍:《德国基本权第三人效力问题》,《浙江社会科学》2007 年第 1 期。

张喜亮:《工会在集体合同制度中的角色》,《劳动法学通讯》1997a 年第 2 期。

张喜亮:《论工会在集体合同制度中的角色》,《工会理论与实践(中国工运学院学报)》1997b 年第 3 期。

张喜亮、刘青山:《重温党史砺初心　勇担使命开新局　中国共产党领导的国企管理体制改革发展历史探究》,《国资报告》2021 年第 7 期。

张翔:《论基本权利的防御权功能》,《法学家》2005a 年第 2 期。

张翔:《基本权利的双重性质》,《法学研究》2005b 年第 3 期。

张翔:《主观权利、客观法与基本权利的保障体系》,爱思想 2005c 年 8 月 1 日,载 http://www.aisixiang.com/data/7862.html,2022 年 8 月 23 日访问。

张翔:《基本权利的受益权功能与国家的给付义务——从基本权利分析框架的革新开始》,《中国法学》2006 年第 1 期。

张晓玲主编:《人权理论基本问题》,中共中央党校出版社 2006 年版。

张旭:《政府和市场关系中的管制主义》,《经济学家》2016 年第 3 期。

张治金:《劳务派遣机构应当取缔》,《经济参考报》2005 年 8 月 28 日,载 http://finance.sina.com.cn/roll/20050828/0120285748.shtml?qq-pf-to=pcqq.c2c,2023 年 2 月 17 日访问。

张学京:《论环境公益诉讼》,《林业建设》2005 年第 6 期。

张艳:《关系契约理论基本问题研究》,南京大学 2014 年博士学位论文。

张怡超:《劳动合同单方预告解除制度研究》,2003 年《中国劳动法学研究会会员代表大会暨完善劳动保障法律制度研讨会优秀论文集》。

张义德:《拒绝团体协商之不当劳动行为》,台湾地区政治大学 2016 年博士学位论文。

张宇燕:《经济发展与制度选择　对制度的经济分析》,中国人民大学出版社 1992 年版。

张玉堂:《利益论——关于利益冲突与协调问题的研究》,武汉大学出版社 2001 年版。

张渊:《劳动合同无效制度研究》,《法学》2003 年第 2 期。

张志铭、李若兰:《迈向社会法治国——德国学说及启示》,《国家检察官学院学报》2015 年第 1 期。

张子源、赵曙明:《试论产业关系与人力资源视角下的劳资冲突根源与解决途径》,《外国经济与管理》2008 年第 10 期。

章惠琴:《劳动者集体行动合法性辨析》,《中国政法大学学报》2016 年第 6 期。

章惠琴:《劳动者争议行为的法治化探析》,《甘肃社会科学》2017a 年第 2 期。

章惠琴:《劳动关系中利益争议研究》,华东政法大学 2017b 年博士学位论文。

章礼强:《民法本位新论》,《安徽警官职业学院学报》2004 年第 2 期。

章礼强、汪文珍:《经典理论与法本位》,《中共中央党校学报》2006 年第 6 期。

[日]沼田稻次郎:《労働法論序説》,勁草書房 1950 年版。

[日]沼田稻次郎:《市民法と社会法》,日本評論新社 1953 年版。

[日]沼田稻次郎:《社会法理论の总括》,劲草书房 1975 年版。

[日]沼田稻次郎等:《劳动法事典》,《劳动旬报社》1979 年日文版。

赵常兴:《冲突视阈下城中村的社会互动与整合》,《开放导报》2012 年第 4 期。

赵敦华:《西方哲学简史》,北京大学出版社 2001 年版。

赵宏:《社会国与公民的社会基本权:基本权利在社会国下的拓展与限定》,《比较法研究》2010 年第 5 期。

赵宏:《作为客观价值的基本权利及其问题》,《政法论坛》2011a 年第 2 期。

赵宏:《主观权利与客观价值——基本权利在德国法中的两种面向》,《浙江社会科学》2011b 年第 3 期。

赵宏:《主观公权利的历史嬗变与当代价值》,《中外法学》2019 年第 3 期。

赵宏:《主观公权利、行政诉权与保护规范理论——基于实体法的思考》,《行政法学研究》2020 年第 2 期。

赵红梅:《第三法域社会法理论之再勃兴》,《中外法学》2009 年第 3 期。

赵洁:《“第三条道路”:从理论到实践的尝试》,《成都行政学院学报》2009 年第 5 期。

赵立新:《日本法制史》,知识产权出版社 2010 年版。

赵小剑、楼夷:《社保基金入市风波》,《财经》2003 年第 3 期。

赵迅、严颂:《弱势群体保护的法哲学诠释——以社会连带为视角》,《法学》2006 年第 5 期。

赵震江:《法律社会学》,北京大学出版社 1998 年版。

赵志伟:《社保资金的性质与征管问题研究》,吉林大学 2009 年硕士学位论文。

郑爱青:《法国劳动法对劳务派遣行为的规范及其对我国立法的启示》,载周长征主编:《劳动派遣的发展与法律规制》,中国劳动社会保障出版社 2007 年版。

郑爱青主编:《劳动合同法十大热点评析》,中国劳动社会保障出版社 2008 年版。

郑保华:《法律社会化论》,本文原刊于《法学季刊(上海)》1930 年第 7 期。

郑秉文、和春雷主编:《社会保障分析导论》,法律出版社 2001 年版。

郑秉文:《论“合作主义”理论中的福利政制》,《社会科学论坛》2005 年第 11 期。

郑成良:《法律、契约与市场》,《吉林大学社会科学学报》1994 年第 4 期。

郑功成:《规范和发展规范、和谐、稳定劳动关系》,《中国人大》2007 年 7 月 10 日。

郑辉:《关系契约:理论构建与现实考量》,西南政法大学 2011 年硕士学位论文。

郑津津:《美国劳资争议行为正当性之探讨》,《台北大学法学论丛》2006 年第 60 期。

郑竞毅编:《法律大辞书》,商务印书馆 2012 年版。

郑孟状、潘霞蓉:《论企业的社会责任》,《浙江学刊》2003 年第 3 期。

郑文涛:《论劳动关系》,兰州大学 2006 年硕士学位论文。

郑尚元:《社会法的存在与社会法理论探索》,《法律科学》2003a 年第 3 期。

郑尚元:《社会法的定位和未来》,《中国法学》2003b 年第 5 期。

郑尚元:《劳动法学》,中国政法大学出版社 2004a 年版。

郑尚元:《社会法是法律部门,不是法律理念》,《法学》2004b 年第 5 期。

郑尚元:《社会法的特有属性与范畴》,《法学》2004c 年第 5 期。

郑尚元:《雇佣关系调整的法律分界——民法与劳动法调整雇佣类合同关系的制度与理念》,《中国法学》2005 年第 3 期。

郑尚元:《劳动派遣之立法因应——劳动派遣之社会价值与负效应》,载周长征主编:《劳动派遣的发展与法律规制》,中国劳动社会保障出版社 2007 年版。

郑尚元:《劳动合同法的制度与理念》,中国政法大学出版社 2008a 年版。

郑尚元等:《劳动和社会保障法学》,中国政法大学出版社 2008 年版。

郑尚元:《社会法语境与法律社会化——“社会法”的再解释》,《清华法学》2008b 年第 3 期。

郑尚元:《民法典制定中民事雇佣合同与劳动合同的功能与定位》,《法学家》2016 年第 6 期。

郑尚元:《〈劳动法典〉法典编纂的能与不能》,《法治研究》2023 年第 3 期。

郑少华:《社会法的勃兴与中国社会法之使命》,《政法高教研究》1997 年第 3 期。

郑少华:《社会经济法散论》,《法商研究》2001 年第 4 期。

郑少华:《经济法中的社团》,2005 年第七届全国经济法理论研讨会交流论文。

郑少华:《寻找劳动法上的"人"——以社会法为视角》,《社会科学家》2007 年第 1 期。

郑少华:《简论社会自我管制》,《政治与法律》2008 年第 3 期。

郑贤君:《作为客观价值秩序的基本权——从德国法看基本权保障义务》,《法律科学——西北政法学院学报》2006 年第 2 期。

郑晓剑:《权利能力相对性理论之质疑》,《法学家》2019 年第 6 期。

郑玉波:《民法总则》,三民书局 1979 年版。

[日]植草益:《微观规制经济学》,朱绍文等译,中国发展出版社 1992 年版。

钟秉正:《论社会法之生存权保障功能——以社会救助制度为例》,《台北大学法学论丛》2004 年第 54 期。

钟秉正:《论社会福利之宪法保障——兼论相关宪法解释》,载汤德宗主编:《宪法解释之理论与实务》,台湾中央研究院法律研究所筹备处 2006 年版。

钟晶晶:《国资委再次提醒央企"过冬"要 3 到 5 年》,《新京报》2012 年 6 月 26 日。

钟瑞栋:《民法典规范配置问题初探——以公、私法"接轨"为视角》,《光明日报》2014 年 6 月 4 日。

仲崇玉:《法人人格学说研究》,西南政法大学 2006 年博士学位论文。

仲崇玉:《法人有机体说研究》,载梁慧星:《民商法论丛》第 39 卷,法律出版社 2008 年版。

仲崇玉:《论萨维尼法人拟制说的政治旨趣》,《华东政法大学学报》2011 年第 11 期。

仲崇玉:《论基尔克法人有机体说的法理内涵和政治旨趣》,《现代法学》2013 年第 2 期。

仲崇玉:《耶林法人学说的内涵、旨趣及其对我国法人分类的启示》,《法学评论》2016 年第 5 期。

周长征:《劳动法原理》,科学出版社 2004 年版。

周长征:《企业正当利益与劳动者违约责任的界限》,2010 年《两岸劳动法学术研讨会劳动契约法律化:台湾劳动基准法与大陆劳动合同法之同步观察》。

周长征:《社会转型视野下农民工养老保险权利的法律救济:以去私法化为中心》,《法学评论》2012 年第 2 期。

周刚志:《论"消极权利"与"积极权利"——中国宪法权利性质之实证分析》,《法学评论》2015 年第 3 期。

周穗明:《罗斯福新政与 20 世纪资本主义》,《当代世界与社会主义》2000 年第 4 期。

周剑云:《美国劳资法律制度研究》,中央编译出版社 2009 年版。

周力:《法律实证主义的基本命题》,《华东政法大学学报》2008 年第 2 期。

周开畅:《论工伤保险与民事赔偿的法律适用》,华东政法学院 2004 年硕士学位论文。

周枏:《罗马法原论》上、下册,商务印书馆 1994a、b 年版。

周培:《德国劳动标准集体协议概述》,《中国劳动》2011 年第 6 期。

周其仁:《市场里的企业:一个人力资本与非人力资本的特别合约》,《经济研究》1996 年第 9 期。

周其仁:《最低工资法增加寻租机会》,来源:凤凰网 2008 年 7 月 25 日,载 http://book.

ifeng.com/column/xgwz/200807/0725_3560_779747.shtml，2015 年 8 月 28 日访问。

周沂林：《权利观念史论》，《中国社会科学院研究生院学报》1985 年第 4 期。

周沂林等：《经济法导论》，未来出版社 1995 年版。

周少青：《中国的结社权问题及其解决——一种法治化的路径》，法律出版社 2008 年版。

周望：《"政策试验"解析：基本类型、理论框架与研究展望》，《中国特色社会主义研究》2011 年第 2 期。

周详：《新破产法明年春节前将诞生、优先保护职工债权》，《法制早报》2004 年 11 月 11 日，载 http://gb.cri.cn/3821/2004/11/11/922@356106.htm，2010 年 4 月 15 日访问。

周雪光：《权威体制与有效治理：当代中国国家治理的制度逻辑》，《开放时代》2011 年第 10 期。

周艳群：《我国无固定期限劳动合同的完善》，湘潭大学 2010 年硕士学位论文。

周懿：《大学生兼职之法律问题探析》，华东政法大学 2013 年硕士学位论文。

周昀、黄骏：《浅议社会保障筹资管理与我国开征社会保障税》，《南通工学院学报（社会科学版）》2003 年第 4 期。

周业勤：《从实体到关系：个体主义和整体主义的困境与超越》，《上海大学学报（社会科学版）》2004 年第 4 期。

周永坤：《"集体返航"呼唤罢工法》，《法学》2008 年第 5 期。

周政华、刘子倩：《中国本田南海厂今复工　从员工角度看劳资事件》，《中国新闻周刊》2010 年 6 月 2 日，载 https://bbs.528500.com/forum.php?mod＝viewthread&ordertype＝1&tid＝363888，2019 年 6 月 10 日访问。

周志忍、陈庆云主编：《自律与他律》，浙江人民出版社 1999 年版。

朱慈蕴：《公司法人格否认法理研究》，法律出版社 1998 年版。

朱懂理：《试论我国消除就业与职业歧视立法》，华东政法学院 2004 年硕士学位论文。

朱光磊：《从身份到契约——当代中国社会阶层分化的特征与性质》，《当代世界与社会主义》1998 年第 1 期。

朱力宇、刘建伟：《新康德主义法学三论》，《法学家》2007 年第 5 期。

朱宁宁：《编纂劳动法典呼声渐起》，《法治与社会》2022 年第 6 期。

朱庆育：《权利的非伦理化：客观权利理论及其在中国的命运》，《比较法研究》2001 年第 3 期。

朱庆育：《意志抑或利益：权利概念的法学争论》，《法学研究》2009 年第 4 期。

朱晓喆：《论近代民法的理性精神——以 19 世纪民法法典化为中心》，《法学》2004 年第 5 期。

朱学勤：《通往理想国的覆灭》，上海三联书店 1994 年版。

朱垭梁：《法律权利的社会空间阐释——作为社会空间的法律权利》，《湖北社会科学》2014 年第 3 期。

朱媛：《论法律意义上弱势群体的相对性与确定性》，《北京师范大学学报（社会科学版）》2014 年第 1 期。

朱振、都本有：《人格权的伦理分析》，《法制与社会发展》2005 年第 3 期。

竺效：《祖国大陆学者关于"社会法"语词之使用考》，《现代法学》2004a 年第 4 期。

竺效：《"社会法"意义辨析》，《法商研究》2004b 年第 2 期。

竺效：《关于"社会法"概念探讨之探讨》，《浙江学刊》2004c 年第 1 期。

竺效：《法学体系中存在中义的"社会法"吗？——"社会法"语词使用之确定化设想》，《法律科学（西北政法学院学报）》2005 年第 2 期。

［日］竹内理三等编：《日本历史辞典》，沈仁安、马斌等译，天津人民出版社 1988 年版。

[日]竹内昭夫等:《新法律学辞典》,有斐阁 1989 年版。
庄国荣:《西德之基本权理论与基本权的功能》,《宪政时代》1990 年第 3 期。
宗宁:《论法人的权利能力》,西南政法大学 2009 年硕士学位论文。
左平凡:《情势变更原则焦点问题探析》,《法制与社会发展》2000 年第 2 期。
左平良:《关于特种债权之物权担保的否定性思考》,《云梦学刊》2006 年第 2 期。
左卫民、朱桐辉:《公民诉讼权:宪法与司法保障研究》,《法学》2000 年第 4 期。
左卫民等:《诉讼权研究》,法律出版社 2003 年版。

社会法悖论与理论的对称框架及索引①

1. 社会法的悖论与理论			
社会法与弱者理论(3)	**社会法与社会法域(14)**	**法社会与社会领域(35)**	**社会法与法社会(43)**
社会法概念(3) 基尔克之问(5) 弱者理论的提出(9)	官方确定的社会法概念(15) 历史视域中社会法概念(18) 思维视域中社会法概念(26) 现实视域中社会法概念(30)	社会领域含义(35) 社会领域构成(37) 社会领域整合(42)	社会悖论与弱者理论(44) 社会政策与倾斜理论(46) 社会运动与分层理论(47) 社会整合与平衡理论(48)

2. 社会法的实质论	3. 社会法的形式论	4. 社会法的体系论
社会领域与实质法(50) 社会法必然法(50) 社会法应然法(54) 社会法实然法(58)	**社会法域与形式法(76)** 两大实证法形态产生(76) 两大实证法形态差异(77) 两大实证法形态冲突(81)	**社会法体系概述(112)** 社会法体系现实面向(112) 社会法体系历史面向(115) 社会法体系理论面向(118)
社会主义实质法(60) 社会主义必然法(60) 社会主义应然法(64) 社会主义实然法(66)	**公法、私法分立逻辑(84)** 分立逻辑物法思维(84) 分立逻辑的单一划分标准(85) 分立逻辑的综合划分标准(89) 分立逻辑背后机械论(91)	**德法社会法(120)** 德法泛义社会法(120) 德法广义社会法(123) 德法中义社会法(125) 德法狭义社会法(130)
实质法在我国演变(70) 我国实质法历史表现(71) 我国实质法当代表达(72)	**个体、社会的融合逻辑(94)** 融合逻辑人法思维(94) 融合逻辑适用范围(95) 融合逻辑内外机理(100) 融合逻辑有机论(101)	**英美社会法(132)** 英美泛义社会法(132) 英美广义社会法(136) 英美中义社会法(139) 英美狭义社会法(141)
	分立、融合逻辑理论冲突(103) 以分立逻辑整合融合逻辑(103) 以融合逻辑整合分立逻辑(106) 两种进路背后理论与思考(108)	**日本社会法(144)** 日本泛义社会法(144) 日本广义社会法(150) 日本中义社会法(153) 日本狭义社会法(156)

5. 社会法的本位论			
社会法利益观(172)	**社会法权利观(182)**	**社会法法益观(193)**	**社会法权益观(206)**
法本位及早期争鸣(172) 社会利益本位释义(175) 社会利益本位思考(179)	权利概念概览(182) 个人本位权利观(183) 社会本位权利观(187) 社会法权利界定(189)	社会法人身法益(193) 社会法反射法益(197) 社会法调整法益(200)	社会法权益关系(207) 社会法权益转化(211) 社会法权益界定(214)

① 括号里的数字为本书的页码。

社会法各篇的概述章节				
	6. 契约理论 微观机制	10. 倾斜理论 宏观机制	14. 分层理论 中观机制	18. 平衡理论 协调机制
悖论	**契约理论悖论(219)** 微观层次悖论(219) 契约社会悖论(222) 契约理论提出(224)	**倾斜理论悖论(367)** 宏观层次悖论(367) 福利社会悖论(370) 倾斜理论提出(375)	**分层理论悖论(537)** 中观层次悖论(537) 团体社会悖论(541) 分层理论提出(543)	**平衡理论悖论(697)** 社会法基本悖论(697) 法社会具体悖论(702) 平衡理论提出(705)
历史	**从身份到契约(226)** 西方身份到契约(227) 我国身份到契约(230) 第一代人权观念(233)	**从契约到身份(377)** 西方契约到身份(377) 我国新旧身份演变(382) 第二代人权观念(385)	**契约与身份融合(550)** 西方集体争议定位(550) 我国集体争议定位(553) 第三代人权观念(559)	**三代人权的平衡(708)** 三代人权内容演变(709) 三类人权价值冲突(710) 三类人权价值协调(712)
思维	**契约面前人人平等(234)** 正当性自治机制(235) 正当性实然价值(237) 正当性进化意义(238)	**法律面前人人平等(387)** 应当性管制机制(387) 应当性应然价值(389) 应当性异化理论(391)	**真理面前人人平等(560)** 相当性管治机制(560) 相当性必然价值(563) 相当性博弈实践(567)	**历史面前人人平等(715)** 伦理法律化立法平衡(715) 法律非伦理化现实平衡(717) 法律伦理化司法平衡(721) 三种逻辑相互转换(725)
现实	**相对弱者理论定位(239)** 相对弱者理论概念(240) 社会进化法律主体(241) 社会异化伦理定位(243)	**倾斜保护基本原则(394)** 倾斜保护原则理据(394) 倾斜保护原则内容(395) 倾斜保护原则界定(398)	**分层保护法律机制(569)** 宏观层次生存法益(569) 中观层次团体权力(570) 微观层次契约权利(572)	**平衡保护目标演变(727)** 平衡保护思维逻辑(727) 平衡保护历史逻辑(730) 平衡保护现实逻辑(732)

社会法各篇的主体章节				
	7. 平等主体	11. 从属人格	15. 社团人格	19. 复合人格
平等与从属	**平等法律主体(245)** 平等法律主体含义(245) 平等法律主体特征(249) 从属伦理人格演变(252)	**从属法律人格(402)** 从属法律人格含义(402) 从属法律人格特征(405) 从属法律人格认定(408) 从属法律人格类型(411)	**社会团体法律人格(574)** 社会团体现实逻辑(574) 社会团体思维逻辑(578) 社会团体历史逻辑(581)	**平等人与从属人平衡(735)** 平等人从属人聚焦点(735) 权利人受益人思维逻辑(739) 权利人受益人历史逻辑(742) 社会法适用中广覆盖(746)
权利与义务	**合同关系权利主体(253)** 劳动关系主体理论(253) 西方自然人到法律人(257) 我国自然人到法律人(262) 劳动能力的抽象标准(263)	**福利关系义务主体(414)** 劳动关系客体理论(415) 西方法律人到自然人(419) 我国伦理人到自然人(424) 劳动能力的具体标准(428)	**社团关系权力主体(587)** 社会权力主体(587) 政治权力主体(592) 社会、政治权力主体(599)	**权利人与义务人平衡(749)** 权利人义务人聚焦点(749) 市场人对单位人整合(752) 单位人对市场人整合(756) 市场人单位人现实平衡(761)
法律与社会	**合同关系受益主体(265)** 微观层次受益主体(265) 法律受益主体特征(268) 社会受益主体特征(270)	**福利关系受益主体(430)** 社会法受益主体概念(430) 社会法受益主体形式(434) 社会法受益主体界定(437)	**社团关系受益主体(603)** 调整法益受益主体(603) 反射法益受益主体(606) 团结权与受益主体(613)	**自利人与受益人平衡(765)** 自利人受益人聚焦点(766) 道德人经济人观念视域(768) 道德人经济人现实平衡(772)

社会法各篇的内容章节				
	8. 契约权利	**12. 生存法益**	**16. 调整法益**	**20. 综合权益**
权利与法益	**契约权利消极权利 (274)** 主观权利含义(274) 主观权利内容(276) 主观权利形式(278)	**生存法益积极权利 (441)** 客观利益含义(441) 客观利益内容(445) 客观利益形式(451)	**社会权力社会责任(619)** 调整法益集体法益(619) 社会权力谈判模式(622) 社会责任行为模式(626) 西方工业民主影响(631)	**契约权利生存法益平衡(779)** 主观权利客观法益联系(779) 主观权利客观法益区别(783) 社会法内容中低标准(785)
择业与就业	**劳动择业权利(283)** 择业权利含义(283) 择业消极自由(287) 择业积极自由(291)	**劳动就业法益(456)** 就业法益含义(457) 就业生存法益(460) 就业生存权利(463)	**谈判参与机制差异(634)** 性质:斗争与合作(634) 形式:外部与内部(636) 内容:限定与广泛(639)	**择业权利与就业法益平衡(789)** 择业权利与就业法益聚焦(789) 择业权利与就业法益设定(792) 禁止歧视与就业权利现实(794) 劳动关系产生中平衡(796)
报酬与保护	**劳动报酬权利(295)** 报酬权利含义(296) 报酬消极自由(301) 报酬积极自由(308)	**劳动保护法益(470)** 保护法益含义(470) 保护生存法益(475) 保护生存权利(478)	**谈判参与机制合并(642)** 性质:合作吸收斗争(643) 形式:外部取代内部(646) 内容:广泛取代限定(649)	**报酬权利与保护法益平衡(798)** 报酬权利与保护法益聚焦(798) 报酬权利与保护法益设定(802) 报酬权利与劳工保护现实(807) 劳动关系存续中平衡(811)
解雇与退休	**解雇限制权利(313)** 劳动关系消灭(313) 辞职无因解除(317) 解雇有因解除(322)	**退休养老法益(491)** 退休物质帮助(491) 退休生存法益(495) 养老生存权利(499)	**谈判参与机制界分(652)** 谈判与参与分离(652) 谈判与参与界定(653) 谈判与参与互动(655) 谈判与参与配合(658)	**雇佣权利与养老法益平衡(813)** 解雇权利与退休法益聚焦(813) 解雇权利与退休法益设定(817) 隐蔽雇佣与养老权利现实(821) 劳动关系消灭中平衡(826)

社会法各篇的方式章节				
	9. 权利救济	**13. 法益保障**	**17. 权力衡量**	**21. 救济保障**
救济与保障	**自发秩序权利救济(327)** 权利救济概念(327) 权利公力救济(330) 权利私力救济(333) 公力救济私力救济(336)	**建构秩序法益保障(504)** 法益保障思维逻辑(504) 法益保障历史逻辑(507) 法益保障现实逻辑(508)	**团体社会争议行为(660)** 集体争议行为(660) 自发罢工违法(664) 违法理由阻却(669)	**权利救济法益保障(829)** 救济保障性质界定(829) 救济保障相关制度(833) 社会法秩序严执法(840)
自发与建构	**一般:法律非伦理化(340)** 权利救济一般秩序(340) 契约社会法律责任(341) 契约社会社会责任(346) 责任论的区别联系(349)	**契约的行政干预(510)** 行政干预保障(510) 基准的行政监察(513) 契约的法定责任(515)	**利益争议社会救济(671)** 利益争议权力机制(671) 利益争议职责限制(679) 利益争议社会救济(686)	**权利权力化中平衡(843)** 自发与建构聚焦点(843) 建构对自发改造平衡(848) 自发对建构抵抗平衡(853)
伦理与法律	**特殊:法律伦理化(352)** 权利救济的特殊秩序(352) 概括条款一般含义(355) 概括条款社会法含义(358)	**福利的行政给付(519)** 行政给付保障(519) 生存权基本准则(524) 生存权立法机制(526) 生存权司法保障(531)	**权利争议公力救济(689)** 工会诉权概念(689) 西方社会利益诉讼(691) 我国社会利益诉讼(692)	**权力权利化中平衡(856)** 权力权利化聚焦点(856) 权力权利化现实意义(860) 权力权利化体制制约(861)

后记

山不转水转

谢绝学术会议的高谈阔论，笔者关注一个男孩的天籁之声。《湾区升明月》是我国一台群星汇聚的大型晚会，有人请声乐专家詹·博普蕾(Jenn Beaupre)女士进行点评。面对瑕疵，开始还能保持克制，随着假唱、破音与跑调问题接踵而来，吃惊之余，开始讨论修音技术如此发达的当下，真唱与音准的意义。直到周深出现，她忍了很久的泪水夺眶而出，发出了"这场晚会唯一真正的歌手"的感慨。她还提出了一个严肃的问题：这样的歌手会不会被修音技术消灭？"白衣过泥潭，世故里浪漫"是周深唱的歌，也是他走的路。在博普蕾女士视频下方，网友以"忍辱负重"来描述他曲折的成长经历。用修音加假唱可以轻易达到的目标，为什么还要花十几年甚至几十年去提高包括音准在内的真唱水平？我国社会法研究中充斥着"伪唱"的"奸猾"，一种号称"多数法则"的"修音技术"发达到可以"大伪似真，大奸似忠"的程度。忍辱负重，笨鸟也难起飞，从这一意义上，笔者很怀念那个虽百废待兴但也返璞归真的年代。

时光荏苒，十多年匆匆而过，最后一本学术著作准备付梓。本没有最后一章，有感于学者提出"法学界对社会法独立的不信任感与日俱增"，一些年轻学者更以推陈出新的豪气提出了诸多似曾相识的观点，使笔者不得不加个"狗尾"。对于中国的知识分子而言，最难的不是拒绝权贵（尽管也很难），而是不迎合乌合之众。面对"伪"与"奸"催生的以"多数法则"命名的"逗"文化，不得不去抖落那些陈芝麻烂谷子。总结备受"多数法则"攻伐的学术生涯，会记起有个同事曾赠一副特别的拜年对联：上联：董保华劳动法；下联：劳动法董保华；横批：老董劳动。一副描绘孤独的戏对，在两种文化投射下，终于一语成谶，反映出劳动法学界由山水文化转向天地文化的现实。

上联：董保华劳动法

理解上联不能脱离山水文化产生的社会环境。改革开放初期，我国百废待兴，法学各个分支学科的研究空白甚多，劳动法作为冷门学科，研究者一般采兼任的方式，以方便学术方向的转换，当时笔者专攻劳动法的做法引起同事的好奇和关注。"董保华劳动法"是这位同事对笔者研究方式的调侃，其实也是一种善意的担忧与提醒。在当时大部分人看来，这种后来被智叟称为"幸运"的研究方法，犹如只身进入深山老林，一条道可能会走到黑，这一上联刻画了“笨鸟”形象。这种另类的研究方式也造就了寻山问水两种研究模式：水追求灵动，山追求厚重。只要“逗”文化不过度发展，本可以互补。然而，一些智叟将学术争论上升为真伪之争，于是，上联体现了劳动法研究中的山水状态。

水的性格是灵动，流动的海水却可常年保持着一色的蔚蓝，灵动也可不失厚重。“山溪信清浅，入海作洪波”，各个学科通过基础理论的提炼，由溪入海，形成自己的蔚蓝。诗人雪莱的名言：浅水是喧哗的，深水是沉默的，静水流深是基础理论形成的必要条件。灵动并非没有意义，多源头可以融合创新，然而，过分兼职会使灵动演变成喧哗。喧哗是因学者脚踏几只船而带来的热闹，除了劳动法还有经济法，因强调民法特别法，还与民法有紧密的联系，频繁的学科穿梭使其自嘲会长，不是在开会就是在开会的路上。在一众以民法教科书培养的博士生加入研究队伍并过快取得学术高位后，通过“躺平”于民法理论，来拒绝社会法基本理论建设，对外作揖，对内无为，成为一种实用主义的治学方式。这一时期，在强调“合意”这一民事合同理论精髓的前提下，只撰写教材。这些学者的逻辑至少还算统一，不仅反对社会法的基础理论，也反对各学科搞总论研究。一个学科的基本理论是学术沉淀的结果，这也是水之所以会成为蔚蓝的条件，在随波逐流的学术穿梭中，水的喧哗从根本上拒绝深沉。

山的特点是厚重，层峦耸翠却在四季中出现缤纷的色彩，山景变化不失灵动。社会法奠基于日耳曼法学，基尔克被称为“伟大反对家”(维亚克尔，2006：434)。就中国的社会法而言，仅有面壁也不会顿悟。笔者有幸参与了 20 世纪 90 年代初改革开放的各种法律实践活动，更直接参与了地方、国家的劳动法立法进程。为将社会法理论付诸实践，筹资组建了法律援助中心，这是全国第一个组织法学院校的师生利用劳动法的专业特长帮助务工人员的志愿机构，正常运转 14 年，随笔者退休离校而终止。山路崎岖，拾级而上，风光只在险峰。跨入新千年，笔者推出《社会法原论》，成为智者集中攻击的广义社会法目标。该书其实只是一系列台阶中的一个。在此之前的三个台阶是：《劳动法原理》、《劳动法论》、《劳动关系调整的法律机制》，是后来学者喜欢谈论的中义社会法。从弱者理论到倾斜理论，总结了合同化与基准化相结合的中国式道路。在有更便捷的方式时，通过不断攀登去发现新境界无疑是一种很笨的方式。

上大学前七年的务农经历，“种豆得豆，种瓜得瓜；君子务本，本立而道生”，愚公只会以最笨的方式安身立命。社会法是冷门学科，这时的多数法则以崇尚“躺平”为内涵。一代“逗”文化匍匐于民法教科书，其实是一种以“拜”为特征的孙文化；当智叟以多数自居，便会嘲笑攀登，社会法基础理论的成果被指责为妨碍学科发展，破坏相邻关系的伪科学。尽管如此，限于本土的视野，智者还无法完全脱离对“豆”生长规律的基本认识。在山水之间，溪水潺潺，山峦绵绵，山水未必完全对立。有一位早期劳动法的研究者回忆了当时高山流水的基本联系：攀登文化是根据我国国情提出一些社会法观点，也成为源头活水，现实生活中会通过智者的注水模式悄悄进入他们的各种教材，说一套做一套从来是社会法多数法则的基本底色。当时这种中国式的教材，是不会注明水源的，多年以后，笔者与台湾地区学者交流时，对方引述大陆学者的一些观点，笔者的很多观点都标注在别人名下，这种现象在大陆学术界更是司空见惯。只要存在注水文化，愚者的一份耕耘未必是一份收获，这也是真伪的现实状态。这种另类的山水相依，虽令人啼笑皆非，但在那个抱团取暖的日子里，劳动法学研究的氛围还算和谐，毕竟在中国历史上，大伪总是似真的。

下联：劳动法董保华

理解下联不能脱离天地文化产生的社会环境。同事的下联本是刻画笔者参加我国《劳动法》起草的孤独身影。劳动法学曾经是一个几乎被法学遗忘的学科，在笔者看来，这句话多少也折射出劳动法研究的萧瑟，以至于上海各类劳动法学术组织均由本人担任负责人，实务部门讨论法规、案件时，总是由笔者代表学界意见，下联道出了“先飞”的事实。然而，《劳动合同法》的立法过程，也让劳动法学突然迎来高光时刻。常凯作为劳动关系学的研究者，加入到劳动法学的讨论中，居高临下的天降姿态带来了“爷文化”，也为下联赋予新的含义。工人日报要闻版主编石述思，在一档公开的电视辩论节目中，将笔者与常凯的分歧概括为“现实的大地”与“理想的天空”。石述思作为常凯战队的成员是我国媒体的知名评论人，“理想的天空”是一个极高的评价；在当时的媒体宣传中，“现实的大地”则有贬义的定位。在意识形态的视域中，愚公那条拾级而上的道路，被智叟宣布已经走到黑，在部分劳动法学者的引导下，媒体将天地之辩定性为忠奸之辩。这种“爷文化”为特点的理论观念与现实做法，促使大量劳动法学者离开大地与厚土。2006 年《劳动合同法》的法律起草由内部讨论转为草案公开，有记者这样描述：“《劳动合同法（草案）》倾向劳动者的立场获得了非常多的赞誉，而反对的声音几乎没有。”（吴飞，2006）“劳动法董保华”新涵义反映了学术研究中天差地别的无奈现实。

“理想的天空”成为一个遮天蔽日的福音概念，也成就了“雨急山溪涨”的天、水关系。立法起草者特别强调他们是基于“保证劳动者利益最大化”的“法治理想”来进行劳动合同立法，①催生两种学说。“擎起天空”②，以爷逻辑产生了“调动论”；“对天发誓”，以孙逻辑产生了“忠实说”。“躺平”时早已经没有合同理论的依托，只是智者一种对天的忠诚姿态，“风雨急”促成了“山溪涨”。忠是相对于奸而言，被智者抛弃的“契约平等”，与资方挂钩，给予了奸的定性。于是，一部规范双方当事人签订合同的

---

① 《劳动合同法》的起草负责人张世诚的说法是：“在立法单位工作，有个基本的素质要求，就是要坚持最基本的法律原则，要有法治理想，否则就很没意思了。就我二十多年来参与的行政法、社会法立法工作来说，一个基本的原则是，要保证劳动者、公民利益最大化。”（汤耀国，2010）

② “擎起劳动者权利的天空”。如此宏大的目标，自然决定了不同凡响的治学观：“‘劳动关系和劳动法学的基本理念，就是要调动各利益相关方，特别是政府的力量，共同维护作为弱势一方的劳动者的权益’，这也是常凯教授作为一名追求独立、公正、良心的知识分子的根本治学之道。”（李宇宙、王群会，2007）

立法，在众多宣传中，却以“劳动者的福音”①、“劳动者保护神”②来描述。没有基础理论负担的水文化，可以尺水丈波，爷、孙两种逻辑，以“单保护”理论无缝对接，形成劳动法的水天一色。

“现实的大地”被描述成枯枝败叶的蛮荒之地，形成了“云迷岭树低”的山、地关系。在那场天与地的电视辩论节目中，针对笔者对“华为”的赞扬，对手将其贬为“狼为”。改革开放被视为对劳动者的欠账过程，笔者对劳动合同法的批评声更被定义为杂音。从我国推行劳动合同制度以来，弱者理论、倾斜理论，分层理论、平衡理论，笔者伴随改革过程逐步形成自己的理论体系。从理想天空来进行俯视，由《劳动法》确立的法律秩序，竟是如此不堪，需要以革命理论来重新安排。当我们开始从大地重回天国时，扎根越深，越没有鸡犬升天的可能性。在劳动合同法讨论中，笔者因为在全国人大公开向社会征求意见时，发表了被称之为“万言书”的批评意见，被新老智叟们联合起来，定性为走资派，硬给分配了一个代表资方的“合同理论”，并以新晋社会法的名义来进行批判。通过忠奸站队，水、天两种逻辑似乎找到了共同的敌人，并合力打造了信口开河的神力。合同理论曾经是智者最在乎的观点，如今弃之如弊履，并按在笔者的头上予以践踏，不仅笔者写的文章在学者评审中经常被扣上政治帽子，还会殃及“无辜”。苏州大学一位学者写了一篇介绍英国制度的文章，因为引述笔者那本让智叟讳莫如深的著作③而被误认为是笔者的文章，在匿名评审时，被以政治理由拒绝，④享受了笔者的日常待遇，这种借力使力手段在一个时期竟成普遍现象。为了制造“忠”的形象，新老智叟要“擎起天空”、“对天发誓”，愚公就不得不“躺地中枪”，被置于“奸”的地位。

社会法成为热门学科，“逗”文化通过顶礼膜拜，多数法则进入致对手“躺枪”的二代观念。二代“逗”文化重点在于“豆”的利用。法律知识有很强的局限性，十年寒窗苦，货于帝王家。当需求变化时，以信口开河的天赋神力，致别人“躺枪”。农民的儿子自有其狡黠的盘算，作为“修音”的依据，来自天的福音而鄙视来自地的杂音，遵循的却是种豆得瓜的逻辑。远看是“秋水共长天一色”，近观是用自己的豆，偷换别人的瓜，并用今日到手的瓜，批昨日放弃的豆，美景背后，有着丑陋的选择。中国历史上，大奸从来似忠。

横批：老董劳动

如果说上、下联讲的本是笨鸟先飞，在横批中，同事预言了笔者的劳碌命。立足

① “广大劳动者千呼万唤的《劳动合同法》终于获得人大通过，这是劳动者的福音，是为劳动者撑起的保护伞。”(春阳，2007)

② 《劳动者权益新添“保护神”》，《今晚报》2005 年 2 月 1 日。

③ 《劳动合同立法的争鸣与思考》(董保华，2011a)这本书由于再现了劳动合同法大讨论真实情况，而成为很多人心头大患。

④ 通过各级领导的交涉，该文换了一批专家评审，被认定为是学术价值较高的文章，并得以在我国最重要的学术刊物上公开发表。

于大地，劳碌于理论逻辑自身演变。昔日劳动法被作为合同法与基准法相结合的中义社会法，有“法律性质介于公法与私法之间”的基本定位，逻辑自洽也会生成广义社会法。这种老董与劳动相联系的观念，被相当一部分劳动法学者攻击，在一个雨急山溪涨，云迷岭树低的环境中，爷孙联手，辨风向，贴标签、念符咒，更能实现“躺赢”，其实有人只是以别样的方式在忙碌。于是，20 多年前的著作被视为独耸的孤峰，出现“山不转水转”的现象。

世纪之初，围绕合同法起草发生的争论。民法特别法作为水文化的主要观点，曾试图膨胀合同空间挤出基准法，改变社会法与私法的边界，将社会法中劳动合同以从属于雇佣合同的名义，归入民法。以二分法批评三分法，“躺平”于民事合同理论，主张回归民法。左右相对，合同立法之风吹着水转至右边时，山为左。

若干年后，围绕劳动合同法再有争论。劳资冲突说从天而降，试图膨胀基准法挤出合同空间，我国劳动合同法的管制特点强化劳动合同法的公法性质，随着公权膨胀理论的发展，以一统法批评三分法，水天一体，“躺枪”流行。劳动合同法大讨论中开始贴标签，资方代表、民法理论、工具理性、形式法理论、反对社会主义、反对官方，这是学术文章中的描述。左右依然相对，劳动合同立法之风吹着水转向左边时，山为右。

再过几年，围绕民法典编撰又起争论。特别私法观点试图在不改变合同与基准现状的情形下，改换门庭，从形式上将社会法并入私法。已经消失的观点再次出现并重新引发关于三分法的争论。从劳动合同法开始出现贴标签，在这一时期更加流行。社科理论、法外理论、合同虚无主义、反对个人主义、反对官方，这是学术文章的描述。除了反对官方以外，大部分标签与前一场讨论相反。左右依然相对，民法典编撰之风吹着水转到右边时，山又为左。

天道轮回，劳动法重回冷门学科，但“逗”文化已然升级为三代，“躺赢”成为多数法则新内涵。福音、杂音之外，“修音”的依据是来自西洋的仙音，更有了撒豆成兵的神逻辑。农民延续三代时，脱土为洋，爷孙联手，仗仰逻辑背后流行的却是崽卖爷田。既然忠佞本就难分，讲一个山文化陷入“千山鸟飞绝，万径人踪灭”的故事，伪造一个抽象“大多数”概念，便可“躺赢”。信息时代，轻口薄舌，唾沫已成锐利武器，种下悠悠众口，便可众口铄金。当劳动法学者纷纷将水与天结合作为致胜法宝时，强调的水是由天而降的无根之水。

上下联与横批：山、水、天、地

20 多年前的著作，早就有学者将笔者的“法律理念”研究斥为“毫无价值”，但十年之后仍被称为“魔咒”，还从中变化出名为“大多数”的天兵神将来讨伐。皆因“天空”二字，学者太看重“天”字。禅宗六祖惠能在《坛经》中的说到：“一切草木、恶人善人、恶法善法、天堂地狱，尽在空中。”这里重视的是“空”字[①]，仪式上虽有顶礼膜拜，

① 道空、天空、地空、人空，谁能真正做到四大皆空，就可一心修佛。

精神上却是站立的。回到文章开头关于"社会法独立"受质疑的话题，至少说明法学界是从"立"的角度发出的质疑，如学者所言，社会法学科以"与日俱增"速度退化，说明弱势学科被多数法则折腾得正在走向弱智学科，以至于日益失去立足之地。学术研究未必真能做到四大皆空，然而，一种视站立为罪过的学科，只能用"伪"与"奸"来评价。

大伪似真，大奸似忠，大智也会若愚。如何还社会法一片净土？独立的关键在于"立"，"躺平"、"躺枪"、"躺赢"的要害在于"躺"，只有"立"才需要讨论立足何地。"擎起天空"与"对天发誓"相联系，"躺平"是主动的"躺"；只要站立，被视为危峰兀立，通过借力打力，"躺枪"是被动的"躺"。总结我国社会法的发展，离开西洋的"躺赢"仙音，中国的仙字是人与山的合体，说明攀登重要性。"人生固有命，天道信无言"，学术研究要忍耐寂寞，山不转水转现象本身说明沉默中才有真正的大多数。

上述后记是在著作完成时写下的，沉默是金，希望是个光明结尾。出版需要时间来编审，社会法研究变化太快，其间，水又转过一个弯，一些提法已成历史。我国沉默的劳动法学界突然热火朝天，与之相伴，一首《罗刹海市》搅动了歌坛。无论刀郎本意为何，老百姓以自己的理解来对马户与马骥进行历史解读，①在大部分人看来，马户中那些"未曾开言先转腚"的专家是要为今天歌坛萧瑟承担责任的，老百姓的愤怒也由此而生。"过七冲越焦海三寸的黄泥地，只为那有一条一丘河，河水流过苟苟营"。"苟苟营"其实是我国社会法多数法则的圣地；"一丘河"何尝不是描写我国社会法学界"水转"的现实。"欲说还羞"、"欲罢不能"，"欲说还休"、"欲哭无泪"成为无奈的感慨。

导火索都在2004年，关键也都因本土化。如果说2002年的第一场雪引发了歌坛的纷争，2007年北方刮来的风带来南方的雪灾，由劳动法学发展为广泛的社会争议，两者都有延续至今的寒意。在官方提出的系统性、法典化要求后，②深陷黄泥地的劳动法研究状况，让不少学者感到欲说还羞③，然而专家当家人却做出了劳动法典立法时机已经成熟的判定。④"法学界对社会法独立的不信任感与日俱增"话音未落，多数法则开启了与劳动合同立法时似曾相识的一幕：那些渴望民法典调整，贬低社会法体系化研究的学者，响应当家人的号召，突然从一个极端跳到另一个极端。曾将

① 马户的四大恶人利用官家给予的当家人地位，以某种所谓的多数将返璞归真的"美少年"马骥逼出圈子，十年磨一刀，马骥杖刀归来。

② 全国人大常委会工作报告提出，要增强立法工作的系统性、整体性、协同性，在条件成熟的立法领域继续开展法典编纂工作。对于条件成熟，《全国人大常委会2021年度立法工作计划》有明确的解释："研究启动环境法典、教育法典、行政基本法典等条件成熟的行政立法领域的法典编纂工作"。

③ 有研究生在《人民日报》社实习期间采访了诸多劳动法学者，并得出"社会法学界存在法典梦是一个不争的事实，但因受制于方方面面的原因，显得异常保守和谨慎，可以说呼吁编纂劳动法典的声音存在着正当性质疑，形成一种'欲说还羞'的尴尬景象。这种尴尬的矛盾态度值得深思"(李广德，2017：10)。

④ 中国社会法学研究会会长、常务副会长、副会长兼秘书长均做出中国特色的劳动法典的立法时机已经成熟的判定(朱宁宁，2022：54—55)。

“法律理念”斥为“毫无价值”的，强调法律理念的重要①；反对总论的，强调总论必不可少②；强调目标离我们太远的，认为共识可以一夜达成。③无根之水，欲罢不能，这种苟苟营的“共识”让我们可以理解刀郎当年承受的压力，马户与又鸟的关系在当今社会具有普遍性。左右依然相对，劳动法典之风吹着一丘河转向左边时，山为右。

“知其不可为而为之”（吴飞，2006）是20年前的立场，时光只解催人老，有些角色似乎不应再由笔者担任，然而，面对西洋经文与中国式道德绑架的再次结合，“欲说还休，却道天凉好个秋”④。劳动法学研究正在重回将“事故”当“故事”来讲的传统。爱字有心心有好歹，百样爱也有千样的坏。这种山不转水转的现象，用得到一句杜牧在《阿房宫赋》中“欲哭无泪”的总结：“秦人不暇自哀，而后人哀之；后人哀之而不鉴之，亦使后人而复哀后人也。”唾沫充其量属朝露之水，一个学科应当有自己的根本：根深才能叶茂，本固才能枝荣。

2023年11月19日

① “提出基本议题、贡献核心概念、设定理论范式乃至塑造思想传统的能力。”（谢增毅，2023：7）

② 王全兴也一反过去的态度，“应以解决体系性问题为导向，设计《劳动法典》的结构，布局其与以下位阶立法对劳动法律规范的安排”（王全兴，2022：13）。

③ 参见郑尚元，2023：27。“从现实情况来看，较之民法典以及理论界倡导的行政法典、环境法典、教育法典等，劳动法典的编纂难度较小，共识也较多。”（叶静漪、李少文，2022：23）

④ 真作假时假亦真，当研究伪问题研究成风时，笔者不得不写下几篇对当今学术界评价的文章，然而，在一个马户只愿听又鸟唱歌的环境下，显得那么不合时宜。

图书在版编目(CIP)数据

社会法哲学 / 董保华著. -- 上海 : 上海人民出版社, 2024. -- (社会法与法社会论丛). -- ISBN 978-7-208-19071-9

Ⅰ. D90-052

中国国家版本馆 CIP 数据核字第 2024WC2801 号

责任编辑 王 冲
封面设计 夏 芳

社会法与法社会论丛
社会法哲学
董保华 著

出 版 上海人民出版社
(201101 上海市闵行区号景路 159 弄 C 座)
发 行 上海人民出版社发行中心
印 刷 苏州工业园区美柯乐制版印务有限责任公司
开 本 787×1092 1/16
印 张 62.5
插 页 8
字 数 1,323,000
版 次 2024 年 10 月第 1 版
印 次 2024 年 10 月第 1 次印刷
ISBN 978-7-208-19071-9/D·4376
定 价 248.00 元(全二册)